KB049767

제2판

민법 판례

지원림 지음

박영사

제 2 판 머리말

이 책의 초판이 나오고 2년이 넘는 시간이 흘렀다. 그동안 주목해야 할 판례가 상당수 선고되었다. 초판을 준비하던 자세를 유지하면서 이들을 반영하려고 노력하였다. 아울러 오탈자를 포함하여 초판의 오류를 수정하려 애썼다.

이번 판을 준비하면서 수고를 아끼지 않은 박영사 편집부의 식구들께 감사드린다.

2023. 11.

지 원 림

머리말

1. 판례가 연구와 교육의 대상으로서 가치를 가지는 것은 법의 흠결을 메우는 경우(예컨대 대상청구권을 인정한 대판 1992.5.12. 92다4581·4598), 복수의 가능성 중 어느 하나로 歸依하는 경우(가령 변제자 대위와 후순위 저당권자 대위 사이의 우열을 정한 대판 1994.5.10. 93다25417), 규정의 의미 및/또는 적용범위를 명확하게 하는 경우(대표적으로 제107조 제2항 등에서 제3자의 범위를 한정하는 대판 2000.7.6. 99다51258) 등에서이다.

그리고 판례공부의 목표는 분쟁사안이 해결되는 모습을 통하여 법전 속의 규정들이나 그 배후의 기본개념들에 생명력을 부여하고(이른바 '살아 있는 법'), 나아가 그러한 이해를 기반으로 기존의 법리나 해결방식에 대하여 비판적 대안을 제시할 수 있는 식견을 키우는 것이어야 한다.

그러나 법학교육이나 법 실무에서 판례는 대적할 수 없는 무오류의 존재로서 압도적인 권위를 가져서, 많은 경우에 판례의 의미나 유효범위를 제대로 알지 못한 채 그저 암기하여 기계적으로 원용하는 단계에 머무르는 것으로 보이기도 한다.

다른 한편 실제로 선도적 판결(leading case)과 일회성 판결의 혼재, 법적 추론(결론의 도출을 위한)과 무관한 obiter dicta(傍論)에 ratio decidendi(主旨?)에 버금가는 의미를 부여하는 듯한 자기과시성 판시의 등장, 의도적이든 아니든 숨겨진 판결의 존재 등 개개의 재판례를 그대로 연구와 교육의 소재로 쓰기에 어려움이 적지 않다.

이러한 상황에서 법을 공부하는 이들에게 — 스스로 중요도를 가릴 수준에 이르지 못하였다면 거의 모든 — 판례의 원문(나아가 원심판결까지)을 읽고 쟁점을 분석·정리하고 해결구조를 익히도록 요구하는 것은 가혹한 일이 아닐 수 없다.

2. 이 책의 체제에 대하여 간략하게 밝힌다.

첫째, 이 책은 '살아 있는 법'으로서 판례를 공부하는 초입에서 적절한 '안내도'를 제시하는 것을 목표로 한다. 그리고 판례는 구체적 맥락 속에서 이해되어야 하므로, 개개의 법제도와 관련하여 간략한 소개에 이어서 그에 상응하는 판례를 정리하였다.

둘째, 민법은 「권리」라는 개념을 통하여 사회에서 발생하는 분쟁을 권리자와 상대방(대개는 의무자) 사이의 '私的·個人的' 관계로 환원하여 해결하려는 機制이다. 그래서 이 책에서는 민법의 재산법분야를 법전의 순서가 아니라 '분쟁'이라는 관점에서 재구성하였다. 즉 계약의 성립, 계약의 유효성, 계약의 소멸과 고장 그리고 계약이행의 확보의 순으로 계약관계를 살펴본 후 법정채권관계와 물건의 직접지배관계를 다룬다. 목차 뒤에 대조표를 두었으니 참조하기 바란다. 그리고 가족법 중 중요한 부분에 대한 판례도 소개하였다.

3. 이 책이 나오기까지 여러모로 도움을 주신 모든 분들께 머리 숙여 감사드리며, 앞으로 판례의 '玉石'을 제대로 가려 보다 나은 안내도로 기능할 수 있도록 애쓰겠다고 다짐한다.

2021. 3.

지 원 림

목 차

제 1 장 계약법 서론

제 2 장 계약의 효력

제 3 장 계약의 이행

제 6 장 각종의 계약

제 7 장 법정채권관계

제 8 장 물권법

내용 대비표

제1편 총 칙	
제1장 통 칙	→ 1−1, 3−5−6
제2장 인	→ 1−4−2, 2−2−7
제1절 능 력	
제2절 주 소	
제3절 부재와 실종	
제3장 법 인	→ 1−4−3, 1−4−4, 1−4−5, 1−4−6
제1절 총 칙	
제2절 설 립	
제3절 기 관	
제4절 해 산	
제5절 벌 칙	
제4장 물 건	→ 8−1−2
제5장 법률행위	
제1절 총 칙	→ 1−2, 2−2
제2절 의사표시	→ 1−2, 2−1−3, 2−2, 2−3−3
제3절 대 리	→ 2−4
제4절 무효와 취소	→ 2−3
제5절 조건과 기한	→ 2−1−2
제6장 기 간	
제7장 소멸시효	→ 3−5
제2편 물 권	
제1장 총 칙	→ 8−1, 8−3, 8−4
제2장 점유권	→ 8−2

* 화살표 뒷부분의 숫자는 이 책의 편제를 나타내는데, ‘장’, ‘절’ 그리고 아라비아 번호를 지칭한다.

제 1 장

계약법 서론

제 1 절　민법 서론
제 2 절　계약법 서론
제 3 절　계약의 성립
제 4 절　계약의 주체

제 1 장
계약법 서론

제 1 절 민법 서론

1. 서 설

(1) 민법은 시민 각자의 자아실현을 가능하게 하는 법적 기반이자 동시에 분쟁을 예방·해결하고 거래를 촉진하기 위한 사회규범인데, 권리와 의무라는 개념을 통하여 인간관계를 이해하는 「기술」이라고 할 수 있다.

(2) 법관이 민사에 관하여 재판을 할 때 적용할 기준, 즉 민법의 존재형식 내지 인식근거를 민법의 법원(法源)이라 한다.

제1조는 ① 일단 '법률과 관습법 그리고 조리'를 법원으로 열거하고, ② 이들의 적용순서에 관하여, 법률=제정법이 1차적으로 적용되고, 제정법이 없는 경우에 관습법이 적용되며(성문법주의), 관습법조차 없으면 조리에 따르도록 규정한다.

〈1-1-1〉 관습법에 관한 판례

㉮ 대판(전) 2005.7.21. 2002다1178: "관습법이란 사회의 거듭된 관행으로 생성한 사회생활규범이 사회의 법적 확신과 인식에 의하여 법적 규범으로 승인·강행되기에 이른 것을 말하고, 그러한 관습법은 법원(法源)으로서 법령에 저촉되지 아니하는 한 법칙으로서의 효력이 있는 것이고, 또 사회의 거듭된 관행으로 생성한 어떤 사회생활규범이 법적 규범으로 승인되기에 이르렀다고 하기 위하여는 헌법을 최

상위규범으로 하는 전체 법질서에 반하지 아니하는 것으로서 정당성과 합리성이 있다고 인정될 수 있는 것이어야 하고, 그렇지 아니한 사회생활규범은 비록 그것이 사회의 거듭된 관행으로 생성된 것이라고 할지라도 이를 법적 규범으로 삼아 관습법으로서의 효력을 인정할 수 없다. […] 사회의 거듭된 관행으로 생성된 사회생활규범이 관습법으로 승인되었다고 하더라도 사회구성원들이 그러한 관행의 법적 구속력에 대하여 확신을 갖지 않게 되었다거나, 사회를 지배하는 기본적 이념이나 사회질서의 변화로 인하여 그러한 관습법을 적용하여야 할 시점에 있어서의 전체 법질서에 부합하지 않게 되었다면 그러한 관습법은 법적 규범으로서의 효력이 부정될 수밖에 없다."[1]

㉯ 관습법의 효력에 관한 선도적 판결인 대판 1983.6.14. 80다3231은 ㉠ 관습법이 성문법에 대하여 보충적 효력을 가지고, ㉡ 사실인 관습은 당사자의 의사를 보충하는 것으로서 관습법과 구별된다는 입장인데, 그 요지는 다음과 같다:

"[1] 관습법이란 사회의 거듭된 관행으로 생성한 사회생활규범이 사회의 법적 확신과 인식에 의하여 법적 규범으로 승인·강행되기에 이르른 것을 말하고, 사실인 관습은 사회의 관행에 의하여 발생한 사회생활규범인 점에서 관습법과 같으나 사회의 법적 확신이나 인식에 의하여 법적 규범으로서 승인된 정도에 이르지 않은 것을 말하는바, 관습법은 바로 법원으로서 법령과 같은 효력을 갖는 관습으로서 법령에 저촉되지 않는 한 법칙으로서의 효력이 있는 것이며, 이에 반하여 사실인 관습은 법령으로서의 효력이 없는 단순한 관행으로서 법률행위의 당사자의 의사를 보충함에 그치는 것이다.

[2] 법령과 같은 효력을 갖는 관습법은 당사자의 주장 입증을 기다림이 없이 법원이 직권으로 이를 확정하여야 하고 사실인 관습은 그 존재를 당사자가 주장 입증하여야 하나, 관습은 그 존부 자체도 명확하지 않을 뿐만 아니라 그 관습이 사회의 법적 확신이나 법적 인식에 의하여 법적 규범으로까지 승인되었는지의 여부를 가리기는 더욱 어려운 일이므로, 법원이 이를 알 수 없는 경우 결국은 당사자가 이를 주장 입증할 필요가 있다.

[3] 사실인 관습은 사적자치가 인정되는 분야 즉 그 분야의 제정법이 주로 임의규정일 경우에는 법률행위의 해석기준으로서 또는 의사를 보충하는 기능으로서 이를 재판의 자료로 할 수 있을 것이나 이 이외의 즉 그 분야의 제정법이 주로 강

1) 이 판결에 관하여 〈1-4-14〉도 참조.

행규정일 경우에는 그 강행규정 자체에 결함이 있거나 강행규정 스스로가 관습에 따르도록 위임한 경우 등 이외에는 법적 효력을 부여할 수 없다.

[4] 가족의례준칙 제13조의 규정과 배치되는 관습법의 효력을 인정하는 것은 관습법의 제정법에 대한 열후적, 보충적 성격에 비추어 민법 제1조의 취지에 어긋나는 것이다.

[5] 가족의례준칙 제13조의 규정과 배치되는 사실인 관습의 효력을 인정하려면 그와 같은 관습을 인정할 수 있는 당사자의 주장과 입증이 있어야 할 뿐만 아니라 이 관습이 사적자치가 인정되는 임의규정에 관한 것인지 여부를 심리 판단하여야 한다."

(3) 민법전은 총칙, 물권, 채권, 친족, 상속의 5편으로 구성되는데, 이러한 구성 방식을 판덱텐체계라 한다. 판덱텐체계의 특징은 「개념을 통한 추상화」에 있으며, 그러한 특징이 총칙(總則)의 모습으로 나타난다.

2. 민법의 기본원리

(1) 사적자치(私的自治)의 원칙이 민법의 토대를 이루는데, 시민 각자는 자기의 인생관·사회관을 바탕으로 자기의 생활관계를 「의사」에 따라 스스로 결정하고 형성할 수 있고, 의사활동에 대하여 책임도 진다(자유와 책임의 「병존」). 그런데 이 원칙은 「법질서」가 허용하는 범위 안에서만 작동한다.

(2) ① 자유로운 삶의 물적 기반을 이루는 소유권의 존중, ② 의사에 기한 권리변동을 가능케 하는 계약자유, ③ 책임을 지우는 근거를 가해자의 의사작용에서 찾는 과실책임이 사적자치의 중요한 발현형태이다.

(3) 민법은 권리를 기준으로 법률관계를 규율함으로써 진정한 권리자를 보호하는 한편, 거래의 안전을 위하여 예외적으로 — 진정한 권리관계와 일치하지 않는 — 외관을 신뢰한 이를 보호하기도 한다(선의취득, 표현대리, 선의의 제3자 보호 등). 그런데 신뢰보호와 진정한 권리자의 희생은 동전의 양면을 이루므로, 진정한 권리자와 제3자의 이해가 적절하게 조절되어야 한다.

(4) 정의를 실현하기 위한 사적자치의 제한이 부득이하더라도, 그 방법은 사적자치의 폐단을 최소화하는 것이어야지, 사적자치의 원칙 자체를 부정하는 것이어서는 안 된다(대판(전) 2007.11.22. 2002두8626[2] 참조).

3. 민법의 기본개념들

(1) 인간의 생활관계 중 법에 의하여 규율되는 관계를 「법률관계」라 하는데, 사람과 사람 사이의 권리·의무관계이다.

(2) 사권(私權)은 여러 기준에 의하여 분류되는데, 물권과 채권의 구분이 가장 기본적이다.

① 물권(物權)은 전형적인 지배권인데, 배타성(排他性)이라는 속성에 따라 (우선하는) 물권을 가진 이는 물권의 실현을 방해하는 이를 상대로 — 그가 누구이든 가리지 않고 — 방해의 제거를 청구할 수 있다(물권적 청구권). 요컨대 절대권으로서 물권은 권리자를 제외한 모든 이에게 그 대상인 물건에 관하여 불가침의무를 지운다. 그래서 잠재적 이해관계인을 보호하기 위하여 어떤 물건에 대하여 누가 어떤 내용의 물권을 가지는지를 대외적으로 알릴 필요가 있다: 「공시(公示)의 원칙」.

② 채권(債權)은 대표적인 청구권인데, 채권자가 만족을 얻으면 소멸한다. 따라서 채무자가 채무내용에 좇은 이행을 하지 않는 경우가 채권법의 주된 관심사이다. 그런데 물권과 달리 채권에는 원칙적으로 배타성이 인정되지 않으며, 채권은 채무자에 대해서만 주장할 수 있는 상대권으로, 다른 이를 구속하지 않는다.[3]

(3) 신의성실(信義誠實)의 원칙에 관하여 본다.

① 제2조는 법률관계의 당사자 각자가 권리를 행사하거나 의무를 이행할 때 사회공동체의 일원으로서 신의와 성실에 따라 행동해야 한다는 추상적 법원칙을 선언한다.[4]

---

2) 계약자유에 대한 "제한 내지 규제는 계약자유의 원칙이라는 시민법원리를 수정한 것이기는 하나 시민법원리 그 자체를 부정하는 것은 아니며, 시민법원리의 결함을 교정함으로써 그것이 가지고 있던 본래의 기능을 회복시키기 위한 것으로 이해"하였다.

3) 따라서 공시가 요구되지 않는다.

4) 대판 1989.5.9. 87다카2407: "민법상 신의성실의 원칙은 법률관계의 당사자는 상대방의 이익

② 신의칙은 형식적인 법적 지위와 상대방의 역할기대 사이의 충돌을 조정하는 역할을 수행한다.

③ 신의칙은 계약상 의무의 이행이나 권리의 행사에 영향을 미치는데, 특히 권리남용(제2조 제2항)을 둘러싸고 검토할 점이 적지 않다.

〈1-1-2〉 신의칙과 강행규정의 관계에 관한 판례

㉮ 신의칙을 적용함으로써 강행규정을 위반하는 결과가 초래된다면 신의칙을 적용할 수 없다(대판 1996.11.22. 86다37084; 대판 2007.11.29. 2005다64552).

구체적인 예로 대판 2007.11.16. 2005다71659·71666·71673: "행위무능력자제도는 사적자치의 원칙이라는 민법의 기본이념, 특히, 자기책임원칙의 구현을 가능케 하는 도구로서 인정되는 것이고, 거래의 안전을 희생시키더라도 행위무능력자를 보호하고자 함에 근본적인 입법취지가 있는바, 행위무능력자제도의 이러한 성격과 입법취지 등에 비추어 볼 때, 신용카드 가맹점이 미성년자와 신용구매계약을 체결할 당시 향후 그 미성년자가 법정대리인의 동의가 없었음을 들어 스스로 위 계약을 취소하지는 않으리라고 신뢰하였다 하더라도 그 신뢰가 객관적으로 정당한 것이라고 할 수 있을지 의문일 뿐만 아니라, 그 미성년자가 가맹점의 이러한 신뢰에 반하여 취소권을 행사하는 것이 정의관념에 비추어 용인될 수 없는 정도의 상태라고 보기도 어려우며, 미성년자의 법률행위에 법정대리인의 동의를 요하도록 하는 것은 강행규정인데, 위 규정에 반하여 이루어진 신용구매계약을 미성년자 스스로 취소하는 것을 신의칙 위반을 이유로 배척한다면, 이는 오히려 위 규정에 의해 배제하려는 결과를 실현시키는 셈이 되어 미성년자제도의 입법취지를 몰각시킬 우려가 있으므로, 법정대리인의 동의 없이 신용구매계약을 체결한 미성년자가 사후에 법정대리인의 동의 없음을 사유로 들어 이를 취소하는 것이 신의칙에 위배된 것이라고 할 수 없다."

㉯ 다만 대판(전) 2013.12.18. 2012다89399는 강행규정인 근로기준법에 위반한

을 배려하여 형평에 어긋나거나 신뢰를 저버리는 내용 또는 방법으로 권리를 행사하거나 의무를 이행하여서는 안 된다는 추상적 규범을 말하는 것인바, 이를 구체적인 법률관계에 적용함에 있어서는 상대방의 이익의 내용, 행사하거나 이행하려는 권리 또는 의무와 상대방 이익과의 상관관계 및 상대방의 신뢰의 타당성 등 모든 구체적인 사정을 고려하여 그 적용 여부를 결정하여야 한다."

노사합의에 대하여 예외적으로 신의칙을 적용하였는데,5) 신의칙이 「형평」을 위한 도구라는 점을 고려하여 신의칙의 적용을 수긍할 만한 특별한 사정이 있는 경우라고 이해하면 될 것이다.

〈1-1-3〉 권리남용에 관한 판례6)

1) 권리남용의 주관적 요건

㉮ 판례는 ― 학설의 주류와 달리 ― 권리남용이 성립하기 위하여 해의(害意)와 같은 주관적 요건이 갖추어져야 한다는 입장이다. 예컨대 대판 2006.11.23. 2004다44285: "권리행사가 권리의 남용에 해당한다고 할 수 있으려면, 주관적으로는 그 권리행사의 목적이 오직 상대방에게 고통을 주고 손해를 입히려는 데 있을 뿐 권리를 행사하는 사람에게 아무런 이익이 없는 경우이어야 하고, 객관적으로는 그 권리행사가 사회질서에 위반된다고 볼 수 있어야 하는 것이며, 이와 같은 경우에 해당하지 않는 한 비록 그 권리의 행사에 의하여 권리행사자가 얻는 이익보다 상대방이 입을 손해가 현저히 크다고 하여도 그러한 사정만으로는 이를 권리남용이라 할 수 없다."7)

5) 노사가 ― 일반화된 관행에 따라 ― 정기상여금을 통상임금에서 제외하기로 합의하고 이를 전제로 임금수준을 정한 경우에, 근로자가 노사합의의 무효를 주장하며 정기상여금을 통상임금에 포함하여 산정한 추가법정수당을 청구하는 것은 신의칙에 위배되어 허용되지 않는다고 한 사례.

6) 대판 2021.10.14. 2021다242154: "어떤 토지가 개설경위를 불문하고 일반 공중의 통행에 공용되는 도로, 즉 공로가 되면 그 부지의 소유권 행사는 제약을 받게 되며, 이는 <u>소유자가 수인하여야만 하는 재산권의 사회적 제약</u>에 해당한다. 따라서 공로부지의 소유자가 이를 점유·관리하는 지방자치단체를 상대로 공로로 제공된 도로의 철거, 점유이전 또는 통행금지를 청구하는 것은 법질서상 원칙적으로 허용될 수 없는 '권리남용'이라고 보아야 한다."
상속분쟁을 자신에게 유리하게 해결하기 위하여 이미 해소된 혼인관계를 부활시킬 목적으로 행한 혼인무효심판청구를 권리남용을 이유로 배척한 대판 1987.4.28. 86므130도 참조.

7) 토지소유권에 기한 지상물 철거청구사안을 통하여 판례의 태도를 검토한다.
㉠ 우선 대판 1999.9.7. 99다27613에서, Y는 토지수용위원회의 수용재결을 받아 X 소유의 甲 토지에 관하여 소유권이전등기를 마치고 그 지상에 변전소를 신축하였다. Y는 甲에 근저당권이 설정되고 처분금지가처분등기가 마쳐져서 피보상자가 누구인지 알 수 없다는 이유로 매수대금을 공탁하였는데, X가 제기한 행정소송에서 공탁이 부적법하여 수용재결이 실효되었다는 취지의 판결이 확정됨으로써 Y는 권한 없이 甲을 점유하는 결과로 되었다. 한편 X의 청구가 인용되어 변전소가 철거되면 인근의 약 6만 가구에 대하여 전력공급이 불가능하고, 변전소 인근은 이미 개발이 완료되어 더 이상 변전소부지를 확보하기가 어려울 뿐만 아니라 설령 부지를 확보하더라도 변전소를 신축하는 데 상당한 기간이 소요되며, 甲의 시가는 약

다만 상계권의 남용에서 주관적 요건이 문제되지 않음에 관하여 (<3-4-5>에 소개된) 대판 2003.4.11. 2002다59481 참조.

㉯ 판례는 권리남용의 주관적 요건이 객관적 사정으로부터 추인할 수 있다는 입장이다.[8)]

2) 확정판결에 기한 집행과 권리남용

㉮ 확정판결의 내용이 실체적 권리관계에 배치되는 경우에, 그 확정판결에 기한 집행이 현저히 부당하고 상대방으로 하여금 집행을 수인하도록 하는 것이 정의에 반함이 명백하여 사회생활상 용인할 수 없다고 인정된다면 그 집행은 권리남용으로서 허용되지 않는다(대판 2001.11.13. 99다32899).

㉯ 확정판결의 집행이 권리남용에 해당하는 경우에 집행채무자는 청구이의의 소에 의하여 그 집행의 배제를 구할 수 있고(대판 2009.5.28. 2008다79876), 이처럼 집행의 배제를 구할 수 있을 정도라면 그러한 판결금채권에 기한 다른 권리의 행사, 예를 들어 그 채권을 피보전채권으로 하여 채권자취소권을 행사하는 것도 허용될 수 없다(대판 2014.2.21. 2013다75717).

6억 원인 반면 변전소를 철거하고 같은 규모의 변전소를 신축하는 데 약 164억 원이 소요될 것으로 추산되고, X는 甲이 자연녹지지역에 속하고 개발제한구역 내에 위치하여 甲을 인도받더라도 이를 개발·이용하기가 어려운데도 甲 또는 甲을 포함한 그들 소유의 임야 전부를 시가의 120%에 상당하는 금액으로 매수하겠다는 Y의 제의를 거절하고 변전소의 철거와 甲의 인도를 요구하였다. 대법원은 X의 청구가 권리남용에 해당한다고 보았다.
㉡ 반면 대판 1996.5.14. 94다54283은, A가 그 상공에 송전선이 설치되어 있음을 알면서 乙 토지를 취득한 후 13년이 경과하여 송전선의 철거를 구한 사안에서 권리남용의 성립을 부정하였는데, B가 乙 상공에 송전선을 설치할 때 적법하게 그 상공의 공간사용권을 취득하거나 그에 따른 손실을 보상하지 않아서 송전선의 설치는 설치 당시부터 불법점유라고 볼 수 있으며, 설치 후에도 적법한 사용권을 취득하려고 노력했다거나 그 사용에 대한 손실을 보상한 사실이 전혀 없고, 乙의 지목은 田이지만 도시계획상 일반주거지역에 속하고 주변토지들에 아파트나 빌라 등이 들어서 있음에 비추어 乙도 아파트, 빌라 등의 공동주택의 부지로 이용될 가능성이 농후하고, B로서는 지금이라도 적법한 수용이나 사용절차에 의하여 乙 상공의 사용권을 취득할 수 있다는 등의 사정이 고려되었다.
㉢ 권리남용의 객관적 요건(권리자의 이익과 그로 인하여 침해되는 상대방의 이익 사이의 불균형)이 충족된 두 사건 중 99다27613 판결에서 X가 「정당한」 이익을 가진다고 보기 어려운 반면, 94다54283 판결에서는 A의 「정당한」 이익이 인정될 뿐만 아니라 오히려 B의 보호가치가 부정된다는 점에서 대법원의 상반된 결론이 이해될 수 있다. 「자기의 권리를 행사하는 이는 그 누구를 해치는 것이 아니다」.

8) 대판 1993.5.14. 93다4366: "권리의 행사가 상대방에게 고통이나 손해를 주기 위한 것이라는 주관적 요건은 권리자의 정당한 이익을 결여한 권리행사로 보여지는 객관적인 사정에 의하여 추인할 수 있다."

3) 금반언(禁反言)의 원칙

㉮ 신의성실의 원칙에 위배된다는 이유로 권리의 행사를 부정하기 위해서는 상대방에게 신의를 공여하였다거나 객관적으로 보아 상대방이 신의를 가짐이 정당한 상태에 있어야 하며, 이러한 상대방의 신의에 반하여 권리를 행사하는 것이 정의관념에 비추어 용인될 수 없는 정도의 상태에 이르러야 한다(대판 2007.11.29. 2005다64552).

㉯ 근저당권자가 담보로 제공된 건물(甲)에 대한 담보가치를 조사할 당시 대항력을 갖춘 임차인이 임대차사실을 부인하고 임차보증금에 대한 권리주장을 않겠다는 내용의 확인서를 작성해 주었다가 甲에 대한 경매절차에서 이를 번복하여 근저당권자보다 우선적 지위를 가지는 확정일자부 임차인임을 주장하여 임차보증금반환채권에 대한 배당요구를 하는 경우(대판 1997.6.27. 97다12211)가 전형적인 모순행위에 해당한다. 대판 1998.5.22. 96다24101도 시효원용을 하지 않기로 약정한 경우에, 비록 취득시효 완성사실을 모르고 권리주장을 하지 않기로 하였더라도 나중에 시효주장을 하는 것은 신의칙에 반한다고 했다.

그 밖에 무권대리와 상속에 관하여 〈2－4－10〉 참조.

㉰ 대판 1995.8.25. 94다27069는, 송전선이 토지 위를 통과하고 있음을 알고서 토지를 취득했다고 하여 그 취득자가 그 소유 토지에 대한 소유권의 행사가 제한된 상태를 용인했다고 할 수 없으므로 그 취득자의 송전선철거청구 등 권리행사가 신의성실의 원칙에 반하지 않는다고 보면서, "종전 토지소유자가 자신의 권리를 행사하지 않았다는 사정은 그 토지의 소유권을 적법하게 취득한 새로운 권리자에게 실효의 원칙을 적용함에 있어서 고려하여야 할 것은 아니"라고 하였고, 대판 1998.7.24. 98다9021은 "상속인 중의 1인이 피상속인의 생존시에 피상속인에 대하여 상속을 포기하기로 약정하였다고 하더라도, 상속개시 후 민법이 정하는 절차와 방식에 따라 상속포기를 하지 않은 이상, 상속개시 후에 자신의 상속권을 주장하는 것은 정당한 권리행사로서 권리남용에 해당하거나 또는 신의칙에 반하는 권리의 행사라 할 수 없다"고 하였다.[9]

9) 그러한 판단의 전제로서 "유류분을 포함한 상속의 포기는 상속이 개시된 후 일정한 기간 내에만 가능하고 가정법원에 신고하는 등 일정한 절차와 방식을 따라야만 그 효력이 있으므로, 상속개시 전에 한 상속포기약정은 그와 같은 절차와 방식에 따르지 아니한 것으로 효력이 없다"고 하였다.

제 2 절 계약법 서론

1. 서 설

(1) 서로 대립하는 둘 이상의 의사표시의 합치로 성립하는 법률행위로서 「계약」은 당사자들 사이에 적용될 사적인 규범의 정립이라는 실질을 가진다.[10]

(2) 이해(利害)가 상반되는 당사자들 사이에서 분쟁의 해결과 예방을 위한 기준, 즉 적절한 이해조정의 지도상을 제시하는 것이 계약법의 1차적 과제이다. 나아가 사회 전체의 관점에서 자원의 효율적 배분을 통한 사회적 효용의 증대라는 목표를 달성할 수 있도록 거래를 촉진하면서 동시에 사회적 약자의 보호 등을 통하여 정의를 구현하는 것도 계약법에 주어진 중요한 과제이다.

(3) 계약은 여러 가지 기준에 따라 분류될 수 있는데, 특히 쌍무계약과 편무계약, 유상계약과 무상계약, 계속적 계약과 일시적 계약의 구분 등이 중요하다.

2. 계약에서 자유와 정의

(1) 계약자유의 원칙에 따라 시민 각자는 자유롭게 선택한 상대방과 합의를 통하여 법률관계의 내용을 자유롭게 형성할 수 있고 법이 그 합의를 법적 구속력 있는 것으로 승인하는데, 사적자치의 가장 중요한 발현형태이다. 특히 내용결정의 자유가 인정됨에 따라, 계약에 관한 법규정들은 기본적으로 당사자들이 그와 다른 내용을 정하더라도 무방한(당사자들의 의사에 기한 이탈이 예정된) 임의규정(任意規定)이며, 당사자의 의사가 명확하지 않은 경우에 이를 보충하기 위한 「기본값」(상반되는 이해의 조정을 위한 일응의 기준)이다.

그러나 일단 계약이 성립하면 구속력이 발생한다: 「pacta sunt servanda」.

(2) 이해가 상반되는 당사자들 사이에서 zero－sum game인 계약에서 이기적 욕구에 기한 상호양보를 통하여 최적의 결과에 도달할 것이라는 가설(기대)은 일정

10) 관련하여 "혼인은 일생의 공동생활을 목적으로 하여 부부의 실체를 이루는 신분상 계약"이라는 대판 2022.5.26. 2021므15480 참조.

한 전제를 요한다. 즉 교섭력이 대등한 당사자와 그들의 자유로운 경쟁(달리 말하면 완전시장과 그에 참여하는 이성적 존재)이라는 여건이 갖추어져야 계약내용의 일방적 결정(강요)이 아닌 「교섭」이 이루어질 수 있다. 그러나 현실이 반드시 그렇지는 않다. 여기서 계약자유가 사회적·경제적 강자의 이른바 「갑질」을 정당화하는 도구로 전락하지 않도록 계약에서 정의를 어떻게 실현할 것인가 하는 문제가 발생한다.

그런데 ① 계약에서 중시되어야 하는 것은 우선 「절차적 정의」이고(제104조 참조), 이를 위하여 공정하고 자유로운 경쟁이 이루어질 수 있는 시장체제를 구축해야 한다. 나아가 ② 어느 사회에나 자기의 이익을 제대로 지키지 못하여 보호받아야 하는 약자군이 존재하는데, 이들의 상황에 따라 보호의 방법 및 정도가 결정되어야 한다.

3. 법률행위 기초이론 1: 권리변동 총설

⑴ 조건명제의 형식을 취하는 법규범의 특성상 일정한 원인(「법률요건」)이 있어야 그 결과로 법률관계의 변동(「법률효과」)이 일어난다.

⑵ 법률요건은 증명책임의 소재와 관련하여 권리의 존재를 주장하는 이가 증명책임을 지는 적극요건과 권리의 존재를 다투는 상대방이 증명해야 하는 소극요건으로 나뉘는데, 법률행위의 효력이 발생하기 위하여 적극요건 전부가 충족되어야 하는 반면, 소극요건 중 어느 하나라도 충족되면 그 효력이 발생하지 않는다.[11)]

한편 법률요건을 구성하는 개개의 사실을 「법률사실」이라고 하는데, 특히 중요한 것은 인간의 의사를 외부로 표현하는 「행위」, 그중에서도 법이 가치 있는 것으로 평가하여 허용하는 적법행위(適法行爲)이다. 적법행위로 의사표시와 준법률행위가 있는데, 의사표시와 준법률행위 중 표현행위(특히 의사의 통지)는 일정한 의식내용을 외부로 표현한다는 점에서 유사하지만, 근거와 효과에서 서로 다르다. 즉 의사표시에서 당사자가 원한(의욕한) 법률효과가 발생하고, 그 효과는 「당사자가 원하

11) 증명책임의 소재는 당사자들 사이의 이해를 조절하는 기능을 담당하는데, 같은 표현대리라 하더라도 제125조, 제126조 및 제129조에서 이해충돌의 원인 및 모습이 다르고, 이 점이 선의 및 무과실에 대한 증명책임의 소재로 귀결된다.

였기 때문에」 발생하는 반면, 표현행위에서는 당사자가 원한 바와 무관하게 「법률의 규정에 따른 효과」가 발생하며, 그 근거도 바로 법률의 규정이다.[12]

〈1-2-1〉 표현행위에 관한 판례

㉮ 표현행위는 일정한 의식내용을 출발점으로 하여 일정한 법률효과가 발생한다는 점에서 의사표시와 유사하므로, 표현행위에도 행위능력이 필요하다.

㉯ 성질이 허용하는 한 의사표시에 관한 규정이 유추되는데, 그 예로 채권의 양수인이 양도인의 사자 또는 대리인으로서 한(제450조 제1항 참조) 양도통지의 효력을 인정한 대판 1997.6.27. 95다40977·40984[13]; 채무자에게 우송된 채권양도통지서를 통지인인 채권자가 바로 회수해 간 경우에 채권양도통지가 도달되었다고 볼 수 없다고 한 대판 1983.8.23. 82다카439 등.

(3) 법률효과로서 권리의 발생으로는 승계취득과 원시취득이 있다. 그런데 승계취득에서 後主는 前主가 가지던 것 이상의 권리를 넘겨받지 못하므로(「누구도 자기가 가지는 것 이상을 남에게 양도할 수 없다」), 권리에 붙은 제한이나 부담이 승계인에게 미치는 반면, 원시취득에서는 그렇지 않다.

4. 법률행위 기초이론 2: 법률행위

(1) 「법률행위」란 자기의 의사에 따른 법률효과를 발생시키는 행위로서, 의사표시를 불가결의 요소로 하는 법률요건이다. 법률행위는 사적자치의 실현수단이지만, 법질서가 승인하는 한도에서만 허용된다.

(2) 법률행위는 그 구성요소인 의사표시의 수 및 방향에 따라 계약과 단독행위로 나뉘고, 그 밖에 합동행위라는 개념을 인정할 것인지에 관하여 다툼이 있다.

① 상대방과의 의사합치를 요하는 계약과 달리, 「단독행위」는 상대방의 의사

12) 최고(확답촉구)의 효과에 관한 제2장 제2절 7. (4) ① 참조.

13) 다만 대판 2011.2.24. 2010다96911이 제한적 입장을 취함에 관하여 〈2-1-9〉 참조.

에 기하지 않은(심지어는 그의 의사에 반하는) 효과를 일방적으로 발생시키므로, 당연히 일정한 제약이 따른다. 즉 법률의 규정 또는 사전의 약정이 있어야 허용되고, 조건이나 기한을 붙이지 못한다(제493조 제1항 참조).

한편 권리자의 일방적인 의사표시에 의하여 법률관계의 변동(즉 권리의 발생·변경·소멸)을 일어나게 할 수 있는 법적 지위를 형성권(形成權)이라고 한다.

② 사단법인의 설립행위는 같은 방향의 의사의 합치로 성립하고 당사자들이 공동의 목적을 위하여 협력하는 등 계약과 사회적·경제적 의미를 달리한다는 점에 착안하여 다수설은 이를 합동행위(合同行爲)라고 한다.[14]

〈1-2-2〉 **형성권의 재판상 행사에 관한 판례**

소송상 항변으로 형성권을 행사한 후 소가 취하되거나 부적법하여 각하되는 경우에 실체법상의 효력이 어떠한지에 관하여,

㉮ 대판 1982.5.11. 80다916은, 소장의 송달에 의하여 해제의 의사표시가 묵시적으로 행사되었다면 소 취하 등은 해제권 행사의 효력에 아무런 영향을 미치지 않는다고 하였는데, 소장 부본의 송달에 의하여 해제권이 이미 행사된 이상, 그 후 소의 취하나 각하에도 불구하고 실체법상의 효력에는 영향이 없다.

이 점은 형성권 일반에서도 마찬가지라고 해야 한다. 경매신청에 의하여 근저당권이 확정되면 경매신청의 취하에도 불구하고 확정의 효과가 번복되지 않는다고 한 대판 2002.11.26. 2001다73022 참조.

㉯ 다만 상계권의 소송상 행사에서는 상계항변 자체가 조건부로 이루어지기 때문에 법원의 실체적 판단이 있기 전에 소가 취하된다면 실체법상으로도 상계의 효과가 발생하지 않는데(대판 2013.3.28. 2011다3329), 재판상 이혼권(제840조) 등 형성소권(形成訴權)의 경우에도 다르지 않다.

---

(3) 그 밖에도 법률행위는 여러 기준에 의하여 분류되는데, 여기서는 의무부담

14) 이를 특수한 계약으로 보는 입장 역시 사단법인 설립행위 참가자 중 1인의 의사표시가 무효라도 설립행위 자체의 효력은 유지된다고 함에 따라 이에 관한 논의는 naming의 문제에 불과하다.

행위와 처분행위의 구분만 본다.

처분행위에 의하여 현존하는 권리의 변동이 일어나므로, 처분행위가 유효하려면 행위자에게 처분권한과 처분능력이 있어야 한다. 반면 의무부담행위는 행위자에게 처분권한이 없더라도 유효하게 성립할 수 있다. 즉 타인 소유의 물건에 관해서도 의무부담행위인 매매계약을 유효하게 체결할 수 있다(제569조 참조).

5. 법률행위 기초이론 3: 의사표시

(1) 일정한 법률효과를 원하는 의사가 외부로 객관화되는 의사표시가 있고, 그것을 불가결의 요소로 하는 법률행위가 성립하여야 비로소 그 효력(표의자가 원한 법률효과)이 발생한다.

(2) 「의사표시」는 의사와 표시라는 두 요소로 구성된다.[15]

① 의사표시의 주관적 요소 중 특히 중요한 것은 구체적인 법률효과의 발생을 의욕하는 효과의사이다.

한편 효과의사 형성 이전에 그 계기로 된 심리과정을 동기(動機)라 한다. 의사표시의 내용을 이루지 않는 동기가 의사표시의 효력에 「일반적으로」 영향을 미칠 수 없지만, 동기가 사회질서 위반이나 착오와 관련되는 때에도 그러한지에 관하여 다툼이 심하다.

② 의사표시의 객관적 요소 중 묵시적 표시를 본다.

ⓐ 먼저 침묵은 특별한 사정이 있는 경우에만 의사표시로 되는데, 이때 침묵은 동의를 의미한다(상법 제53조도 참조).

ⓑ 한편 추단적 행위에 대하여 행위자는 이의(異議)를 제기할 수 있지만, 이의가 이의자 자신의 선행행위와 모순되어서는 안 된다.

---

15) 관련하여 해고사유 등을 서면통지하도록 규정한 근로기준법 제27조의 입법취지를 해치지 않는 범위 내에서 e-mail에 의한 해고통지도 구체적 사안에 따라 서면에 의한 해고통지로서 유효할 수 있다고 한 대판 2015.9.10. 2015두41401 및 상법 제366조 제1항에서 정한 '전자문서'에 전자우편은 물론 휴대전화 문자메시지·모바일 메시지 등까지 포함된다고 한 대결 2022.12.16. 2022그734 참조.

〈1-2-3〉 효과의사에 관한 판례

㉮ 효과의사의 내용에 관하여 사실적 효과설과 법률효과설이 대립하는데, 법률행위에서 중요한 것은 법적인 효과의 발생 및 그에 기한 자기구속이라는 점에 비추어 법률효과설을 따라야 한다.

판례의 입장도 같다. 예컨대 대판 2008.6.12. 2008다7772·7789: "제3자가 금전소비대차약정서 등 대출 관련서류에 주채무자 또는 연대보증인으로서 직접 서명·날인하였다면 제3자는 자신이 그 소비대차계약의 채무자임을 금융기관에 대하여 표시한 셈이고, 제3자가 금융기관이 정한 여신제한 등의 규정을 회피하여 타인으로 하여금 제3자 명의로 대출을 받아 이를 사용하도록 할 의사가 있었다거나 그 원리금을 타인의 부담으로 상환하기로 하였더라도, 특별한 사정이 없는 한 이는 소비대차계약에 따른 경제적 효과를 타인에게 귀속시키려는 의사에 불과할 뿐, 그 법률상의 효과까지도 타인에게 귀속시키려는 의사로 볼 수는 없으므로 제3자의 진의와 표시에 불일치가 있다고 보기는 어렵다 할 것인바, 구체적 사안에 있어서 위와 같은 특별한 사정의 존재를 인정하기 위해서는, [⋯] 모든 사정을 종합하여, 금융기관이 명의대여자와 사이에 당해 대출에 따르는 법률상의 효과까지 실제 차주에게 귀속시키고 명의대여자에게는 그 채무부담을 지우지 않기로 약정 내지 양해하였음이 적극적으로 입증되어야 할 것"이다.

㉯ 효과의사를 내심의 효과의사와 표시상의 효과의사 중 어느 것으로 이해하는지에 따라 큰 차이가 발생할 수 있는데, 의사표시의 요소가 되는 것은 「표시상의 효과의사」라는 것이 다수설의 입장이고, 판례도 같은 입장이다. 가령 대판 2002.6.28. 2002다23482: "의사표시 해석에 있어서 당사자의 진정한 의사를 알 수 없다면, 의사표시의 요소가 되는 것은 표시행위로부터 추단되는 효과의사, 즉 표시상의 효과의사이고 표의자가 가지고 있던 내심적 효과의사가 아니므로, 당사자의 내심의 의사보다는 외부로 표시된 행위에 의하여 추단된 의사를 가지고 해석함이 상당하다."

(3) 의사표시는 표의자의 입장에서 사적자치를 실현하는 수단이지만, 사회적 관점에서는 의사소통의 방법이다. 따라서 의사표시는 (그에 대하여 직접적인 이해관계를 가지는) 상대방에게 알려져야 하고, 나아가 그 존재 또는 내용에 대한 상대방의

(보호가치 있는) 신뢰도 무시되어서는 안 된다. 앞의 것이 제111조가 규정하는 도달주의(到達主義)이고, 뒤의 것이 흠 있는 의사표시의 효력을 어떻게 할 것인지의 문제이다.

① 상대방 있는 의사표시에서 상대방에게 도달된 때에 의사표시가 그 효력을 발생한다(제111조 제1항).

여기서 「도달」이란 사회통념상 상대방이 통지의 내용을 알 수 있는 객관적 상태에 놓이는 것을 말하고, 상대방이 그 내용을 알았을 것까지 요하지는 않는다.

② 표의자는 의사와 표시가 일치하지 않거나 의사가 자유롭게 형성되지 않은 경우에 법률행위의 효력이 발생하지 않음을 주장할 것인데, 그 주장이 받아들여지면 표시라는 외관을 신뢰한 상대방 또는 제3자가 예기치 않은 불이익을 입을 수 있다. 이러한 상반된 이해관계가 의사주의와 표시주의의 대립으로 나타나는데, 표의자의 보호와 상대방의 보호가 모두 고려되어야 하므로 절충적 입장이 불가피하다. 다만 표시주의는 내심의 의사를 알 수 없는 상대방의 입장에서 표시로부터 표의자의 의사를 추측한다는 의미를 가질 뿐이고, 표의자의 사적자치를 존중하는 한도에서 표시에 의미를 부여한다는 점을 잊어서는 안 된다. 표의자의 내심의 의사를 알 수 있다면 그 한도에서 표시의 의미는 뒤로 물러날 수밖에 없음을 falsa demonstratio non nocet 원칙(〈2-1-3〉 참조)이 보여 준다.

〈1-2-4〉 의사표시의 도달에 관한 판례

㉮ 대판 2008.9.11. 2008다27301·27318: "취소권자가 취소의 의사표시를 담은 반소장 부본을 원고에게 송달함으로써 취소권을 재판상 행사하는 경우에는 반소장 부본이 원고에게 도달한 때에 비로소 취소권 행사의 효력이 발생하여 취소권자와 원고 사이에 취소의 효력이 생기므로, 취소의 의사표시가 담긴 반소장 부본이 제척기간 내에 송달되어야만 취소권자가 제척기간 내에 적법하게 취소권을 행사하였다고 할 것"이다.16)

㉯ 상대방이 의사표시의 내용을 확인하지 않은 채 그 수령을 거절하였더라도 그가 통지의 내용을 알 수 있는 객관적 상태에 있는 때에 의사표시는 도달된 것으로

16) 해제권의 재판상 행사에서 소장 부본의 송달을 요함에 관하여 〈4-6-5〉도 참조.

보아야 한다. 정당한 사유 없이 해제통지의 수령을 거절한 경우에 도달을 인정한 대판 2008.6.12. 2008다19973 참조.

제3절 계약의 성립

1. 서 설

(1) 당사자들 사이에 의사의 합치, 즉 합의가 있으면 계약이 성립하여 그 효력이 발생한다. 즉 계약의 자유에 갈음하여 계약의 구속력이 들어선다.

(2) 재판규범의 관점에서 계약이 성립하여 효력이 발생하였는지 그리고 그 시기가 언제인지에 관한 사후적 심사가 필요하다. 한편 행위규범의 관점에서 효력의 발생 여부 또는 그 시기와 관련된 주도권의 (사전적) 확보가 중요한 의미를 가진다.

(3) 이 절에서는 계약의 성립에 관한 법적 쟁점을 한꺼번에 살펴보는데, 다만 대리에 의한 계약의 성립은 특별효력요건의 문제로 넘긴다.

2. 계약성립의 모습

(1) 먼저 「청약」에 관하여 본다.

① 청약은 계약의 성립에 향한 구체적·확정적 의사표시로서, 청약자에게 법적 구속의사가 있어야 한다. 반면 청약의 유인(請約의 誘引)에는 확정적 구속의사가 결여되어 있다.

② 청약의 효력이 발생하면, 청약자가 청약을 마음대로 철회하지 못하지만, 철회를 유보한 경우에 그렇지 않고(제527조는 임의규정이다), 방문판매법 등은 소비자거래에서 일정한 기간 내의 청약철회(Cooling-off)를 인정한다.[17]

---

17) 나아가 대판 1992.4.10. 91다43138은, 근로자가 사직원을 제출한 경우에 사용자의 승낙이 있기 전이라면 특별한 사정이 없는 한 근로자는 사직의 의사표시를 철회할 수 있다고 하여, 근로자의 근로계약 합의해지의 청약에 대하여 철회의 자유를 인정하였다.

③ 승낙기간(또는 상당한 기간)이 지나면 청약은 그 효력을 잃고, 그 기간이 지난 후에 도달한 승낙은 계약을 성립시킬 수 없다. 다만 승낙연착의 통지를 하지 않아서 계약이 유효하게 성립하는 경우도 있고(제528조 제3항. 상법 제53조도 참조), 청약자가 이를 새로운 청약으로 보아 이에 대하여 승낙할 수 있다(제530조).

(2) 역시 의사표시인 「승낙」은 청약과 합치함으로써 계약을 성립케 하는 효력을 가진다.

① 청약에 조건을 붙이거나 청약의 내용을 변경하는 등 청약과 내용적으로 합치하지 않는 '승낙'은 승낙일 수 없는데, 제534조는 변경된 내용의 새로운 청약(반대청약)을 한 것으로 본다.

② 승낙의 효력발생시기는 계약의 성립시기로 귀결되는데, 그에 관하여 발신주의를 취한 제531조와 그를 제한하는 제528조 제1항과 제529조를 어떻게 조화롭게 해석할 것인지에 관하여 발신주의를 중시하는 해제조건설과 도달주의를 중시하는 정지조건설이 대립한다.

(3) 계약이 성립하려면 합의(合意)가 있어야 한다. 그런데 합의의 범위와 관련하여, 계약의 「본질적 요소」에 관한 의사의 합치가 있어야 하고, 청약에서 제안된 사항도 그것이 간략하든 상세하든 승낙에서 그대로 받아들여져야 한다(대판 2001. 3.23. 2000다51650).

한편 불합의가 있으면, 그것이 아무리 경미한 점에 관한 것이라도, 계약은 처음부터 성립하지 않는다.

(4) 선행하는 청약과 그에 대한 승낙이라는 모습을 갖추지 않았더라도 당사자들 사이에 합의가 인정되면 계약이 성립하는데, 이러한 경우에 문제되는 것은 계약성립의 — 여부가 아니라 — 「시기」이다.

① 의사실현(제532조)의 경우에 승낙의 의사를 표시하는 통지는 없더라도 승낙의 의사 자체는 존재하기 때문에 계약이 성립한다.[18] 이 경우 계약성립시기는 의

18) 의사실현의 예로 대판 2003.5.13. 2000다45273은, 토지구획정리사업의 시행으로 인하여 당초 오피스텔 부지로 예정되었던 토지의 일부에 대한 소유권을 이전받지 못한 오피스텔 수분양자들(X)이 분양자(Y)에게 분할 후 미이전토지에 대하여 환지 대신 환지청산금을 교부받아 그 돈으로 X에게 부과될 환지청산금을 처리하여 달라고 요구한 경우에, Y가 그 요청에 따라 환지계획서의견서 양식 말미에 서명·날인하여 이를 토지구획정리사업시행자에게 제출한 행위는 제532조에 따라 승낙의 의사표시로 인정될 수 있다고 하였다.

사실현의 사실이 있는 때이며, 청약자가 그 사실을 알았는지 여부는 문제되지 않는다.

② 교차청약(제533조)에서 두 청약이 동시에 도달하지 않았다면, 나중에 상대방에게 도달한 청약이 도달하는 때에 계약이 성립한다.

〈1-3-1〉 계약의 성립에 관한 판례

㉮ 청약에 대하여 승낙이 있으면 곧바로 계약이 성립하므로, 청약은 계약의 내용을 결정할 수 있을 정도의 사항을 포함해야 한다(대판 2003.4.11. 2001다53059).

㉯ 대판 1999.1.29. 98다48903은, 상법 제53조가 적용될 수 있는 경우가 아니라면 청약의 상대방은 청약을 받아들일 것인지 여부에 관하여 회답할 의무를 지지 않으므로, 청약자가 미리 '정한 기간 내에 이의를 하지 않으면 승낙한 것으로 간주한다'는 뜻을 청약시 표시하였더라도 이는 상대방을 구속하지 않고 그 기간은 경우에 따라 단지 승낙기간을 정하는 의미를 가질 수 있을 뿐이라고 하였다.

㉰ 계약내용의 '중요한 점' 및 계약의 객관적 요소에 해당하지 않더라도 특히 당사자가 그것을 계약성립의 요건으로 할 의사를 표시한 때에는 이에 관하여 합치가 있어야 계약이 적법·유효하게 성립한다(앞의 2001다53059 판결).

그리고 대판 2017.5.30. 2015다34437: "계약이 성립하기 위해서는 당사자 사이에 계약의 내용에 관한 의사의 합치가 있어야 한다. 이러한 의사의 합치는 계약의 내용을 이루는 모든 사항에 관하여 있어야 하는 것은 아니고, 본질적 사항이나 중요사항에 관하여 구체적으로 의사가 합치되거나 적어도 <u>장래 구체적으로 특정할 수 있는 기준과 방법 등에 관한 합의가 있으면 충분하다</u>. 한편 당사자가 의사의 합치가 이루어져야 한다고 표시한 사항에 대하여 합의가 이루어지지 않은 경우에는 특별한 사정이 없는 한 계약은 성립하지 않은 것으로 보는 것이 타당하다."[19]

---

19) 분양대금의 액수, 목적물의 인도시기 등을 정하지 않고 아파트의 동·호수만 지정하는 합의를 분양계약으로 볼 수 없다고 한 사례.

3. 성립과정의 법률관계

(1) 계약의 성립을 둘러싼 법적 문제를 제대로 해결하기 위하여, 합의의 순간에 「無」에서 「有」로의 질적 전환이 일어난다고 보는 전통적 관념에서 벗어나, 당사자들이 교섭을 통하여 상반되는 이해를 조절함으로써(자기의 자유의 감소와 상대방의 구속의 증대라는 상관적 과정) 계약의 효력을 만들어 가는 과정(process)으로 계약의 성립을 이해할 필요가 있다.

(2) 제535조는 원시적으로 불능인 급부를 목적으로 하는 계약이 무효임을 전제로 일정한 요건 하에 손해배상책임을 인정한다. 즉 유책당사자는 이행이익의 한도에서 신뢰이익의 손해를 배상해야 한다.

〈1-3-2〉 제535조에 관한 판례

㉮ 원시적 주관적 불능에는 제535조가 적용되지 않는다. 대판 1993.9.10. 93다20283도 타인권리의 매매를 원시적 불능이 아니라고 하였다.

㉯ 매매 기타 유상계약(제567조 참조)에서 원시적 일부불능이 있으면, 특별규정인 제574조, 제580조 등이 적용되고 제535조의 적용이 배제된다. 가령 대판 2002.4.9. 99다47396: "부동산 매매계약에 있어서 실제면적이 계약면적에 미달하는 경우에는 <u>그 매매가 수량지정매매에 해당할 때에 한하여 민법 제574조, 제572조에 의한 대금감액청구권을 행사함은 별론으로 하고</u>, 그 매매계약이 그 미달부분만큼 일부무효임을 들어 이와 별도로 일반 부당이득반환청구를 하거나 그 부분의 원시적 불능을 이유로 민법 제535조가 규정하는 계약체결상의 과실에 따른 책임의 이행을 구할 수 없다."

(3) 계약성립에 이르기 전의 교섭단계에서도 신의칙에 기하여 각 당사자에게 상대방의 정당한 기대를 보호할 의무로 성실교섭의무와 정보제공의무가 인정된다.

① 계약자유의 내용으로 불체결의 자유가 인정되지만, 당사자 일방이 계약을 체결할 의도 없이 이를 감춘 채 교섭을 시작하거나 교섭이 상당히 진행된 상태에

서 정당한 이유 없이 일방적으로 교섭을 중단한 경우에, 상대방이 그로 인하여 손해를 입었다면 그 손해를 배상해야 한다. 이때의 손해배상책임의 법적 성질을 판례는 불법행위책임으로 본다.

② 거래에서 통상 당사자들의 이해가 상반되고, 거래의 기초가 되는 정보의 진실성은 당사자 각자가 스스로 검증해야 한다. 그러나 계약당사자들 지위의 비대칭성이 구조화·일상화된 결과로 계약당사자 일방의 「실질적인」 계약자유가 침해된다면, 예외적으로 정보제공의무가 인정되어야 한다. 정보제공의무를 유책적으로 위반한 경우에 손해배상이 문제되고, 나아가 사기취소도 가능하다(<2-2-5>에 소개된 대판 2006.10.12. 2004다48515 참조).

〈1-3-3〉 전계약적(前契約的) 의무에 관한 판례

㉮ 계약책임의 확장으로서 제535조를 넘어 「일반적인」 계약체결상의 과실책임을 인정할 것인지에 관하여 판례는 소극적이다. 특히 대판 1997.8.22. 97다13023: "불법행위로 인한 손해배상책임이 성립하기 위하여는 가해자의 고의 또는 과실 이외에 행위의 위법성이 요구되므로, 전문건설공제조합이 계약보증서를 발급하면서 조합원이 수급할 공사의 실제 도급금액을 확인하지 아니한 과실이 있다고 하더라도 민법 제109조에서 중과실이 없는 착오자의 착오를 이유로 한 의사표시의 취소를 허용하고 있는 이상, 전문건설공제조합이 과실로 인하여 착오에 빠져 계약보증서를 발급한 것이나 그 착오를 이유로 보증계약을 취소한 것이 위법하다고 할 수는 없다."

㉯ 계약교섭의 부당파기에 관하여 대판 2003.4.11. 2001다53059는 "어느 일방이 교섭단계에서 계약이 확실하게 체결되리라는 정당한 기대 내지 신뢰를 부여하여 상대방이 그 신뢰에 따라 행동하였음에도 상당한 이유 없이 계약의 체결을 거부하여 손해를 입혔다면 이는 신의성실의 원칙에 비추어 볼 때 계약자유원칙의 한계를 넘는 위법한 행위로서 불법행위를 구성한다"고 전제한 후, "계약교섭의 부당한 중도파기가 불법행위를 구성하는 경우 그러한 불법행위로 인한 손해는 일방이 신의에 반하여 상당한 이유 없이 계약교섭을 파기함으로써 계약체결을 신뢰한 상대방이 입게 된 상당인과관계 있는 손해로서 계약이 유효하게 체결된다고 믿었던 것에 의하여 입었던 손해 즉 신뢰손해에 한정된다고 할 것이고, 이러한 신뢰손해란 예

컨대, 그 계약의 성립을 기대하고 지출한 계약준비비용과 같이 그러한 신뢰가 없었더라면 통상 지출하지 아니하였을 비용 상당의 손해라고 할 것이며, 아직 계약체결에 관한 확고한 신뢰가 부여되기 이전상태에서 계약교섭의 당사자가 계약체결이 좌절되더라도 어쩔 수 없다고 생각하고 지출한 비용, 예컨대 경쟁입찰에 참가하기 위하여 지출한 제안서, 견적서 작성비용 등은 여기에 포함되지 아니"하고, "침해행위와 피해법익의 유형에 따라서는 계약교섭의 파기로 인한 불법행위가 인격적 법익을 침해함으로써 상대방에게 정신적 고통을 초래하였다고 인정되는 경우라면 그러한 정신적 고통에 대한 손해에 대하여는 별도로 배상을 구할 수 있다"고 하였다.[20]

나아가 대판 2004.5.28. 2002다32301: "계약교섭단계에서는 아직 계약이 성립된 것이 아니므로 당사자 중 일방이 계약의 이행행위를 준비하거나 이를 착수하는 것은 이례적이라고 할 것이므로 설령 이행에 착수하였다고 하더라도 이는 자기의 위험판단과 책임에 의한 것이라고 평가할 수 있지만 만일 이행의 착수가 상대방의 적극적인 요구에 따른 것이고, 바로 위와 같은 이행에 들인 비용의 지급에 관하여 이미 계약교섭이 진행되고 있었다는 등의 특별한 사정이 있는 경우에는 당사자 중 일방이 계약의 성립을 기대하고 이행을 위하여 지출한 비용 상당의 손해가 상당인과관계 있는 손해에 해당한다."

㉰ 판례는 — 재산적 거래에서 당사자들의 이해가 상반됨을 들어 — 정보제공의무를 「일반적으로」 인정하지는 않는다. 가령 대판 2014.4.10. 2012다54997: "일반적으로 매매거래에서 매수인은 목적물을 염가로 구입할 것을 희망하고 매도인은 목적물을 고가로 처분하기를 희망하는 이해상반의 지위에 있으며, 각자가 자신의 지식과 경험을 이용하여 최대한으로 자신의 이익을 도모할 것으로 예상되기 때문에, 당사자 일방이 알고 있는 정보를 상대방에게 사실대로 고지하여야 할 신의칙상 의무가 인정된다고 볼 만한 특별한 사정이 없는 한, 매수인이 목적물의 시가를 묵비하여 매도인에게 고지하지 아니하거나 혹은 시가보다 낮은 가액을 시가라고 고지하였다 하더라도, 상대방의 의사결정에 불법적인 간섭을 하였다고 볼 수 없으므

---

20) 사실관계는 다음과 같다: 한국무역협회(Y)는 수출 1,000억 불 달성을 기념하기 위하여 조형물을 건립하기로 하고 시안 제작을 X 등에게 의뢰하면서 최종선정된 작가와 조형물의 제작, 납품, 설치계약을 체결할 것임을 통보하였다. X의 시안이 최종선정되어 X에게 통보되었으나, 그 후 외환위기 때문에 Y가 조형물 건립사업을 취소하고 X에게 이를 통지하였다. 한편 Y는 그 후 다른 조형물 건립사업을 완료하였다.

이 사건에서 위자료청구가 인용된 반면, 창작비 등에 대한 청구는 배척되었는데, 만일 최종선정 통보 후 X가 이행에 착수하여 지출한 비용이 있었다면 그것도 배상되어야 할 것이다.

로 불법행위가 성립한다고 볼 수 없다."[21]

다만 계약의 효력에 영향을 미치거나 상대방의 권리확보에 위험을 가져올 수 있는 구체적 사정을 고지하였다면 상대방이 계약을 체결하지 않았거나 적어도 그와 같은 내용 또는 조건으로 계약을 체결하지 않았을 것임이 경험칙상 명백한 경우에는 계약당사자가 신의성실의 원칙상 상대방에게 미리 그와 같은 사정을 고지할 의무가 있다고 하여 예외를 인정한다(대판 2014.7.24. 2013다97076).[22]

4. 약관(約款)에 의한 계약의 성립

(1) 계약내용의 사전적(事前的)·일방적 형성이라는 사정 및 개별교섭의 현실적 한계 때문에 약관에 의한 계약체결은 고객에게 불리하기 쉽다. 여기서 약관법이 경제적 약자를 보호하고 계약당사자들의 실질적 평등을 이루기 위하여 약관을 규제한다.

(2) 약관규제의 종국적 목표는 독소(毒素)인 불공정조항의 배제(내용통제)인데,

---

21) "매수인이 목적물의 시가를 미리 알고 있었던 것이 아니라 목적물의 시가를 알기 위하여 감정평가법인에 의뢰하여 감정평가법인이 산정한 평가액을 매도인에게 가격자료로 제출하는 경우라면, 특별한 사정이 없는 한 매수인에게 평가액이 시가 내지 적정가격에 상당하는 것인지를 살펴볼 신의칙상 의무가 있다고 할 수 없고, 이러한 법리는 법적 성격이 사법상 매매인 공유재산의 매각에서도 마찬가지"라는 판시를 덧붙였다.

22) 예외를 인정한 예로 아파트분양자는 아파트단지 인근에 공동묘지가 조성되어 있는 사실을 수분양자에게 고지할 신의칙상의 의무를 진다고 한 대판 2007.6.1. 2005다5812·5829·5836.
나아가 대판 2022.5.26. 2020다215124: "계약의 일방당사자는 신의성실의 원칙상 상대방에게 계약의 효력에 영향을 미치거나 상대방의 권리 확보에 위험을 가져올 수 있는 사정 등을 미리 고지할 의무가 있다. 이러한 의무는 계약을 체결할 때뿐만 아니라 계약 체결 이후 이를 이행하는 과정에서도 유지된다. 당사자 상호간의 신뢰관계를 기초로 하는 계속적 계약의 일방당사자가 계약을 이행하는 과정에서 상대방의 생명, 신체, 건강 등의 안전에 위해가 발생할 위험이 있고 계약당사자에게 그 위험의 발생 방지 등을 위하여 합리적 조치를 할 의무가 있는 경우, 계약당사자는 그러한 위험이 있음을 상대방에게 미리 고지하여 상대방으로 하여금 그 위험을 회피할 적절한 방법을 선택할 수 있게 하거나 계약당사자가 위험발생 방지를 위한 합리적 조치를 함으로써 그 위험을 제거하였는지를 확인할 수 있게 할 의무가 있다. 특히 계속적 계약의 일방당사자가 고도의 기술이 집약된 제품을 대량으로 생산하는 제조업자이고 상대방이 소비자라면 정보 불균형으로 인한 부작용을 해소하기 위해 제조업자에 대하여 위와 같은 고지의무를 인정할 필요가 더욱 크다." 관련하여 제조물책임법 제2조 제2호의 "표시상의 결함"도 참조.

그에 앞서 편입통제 및 해석통제가 행하여진다.

① 명시·설명을 통하여 약관이 계약내용으로 편입되었는지에 대한 심사를 「편입통제」라 한다. 명시·설명을 요하는 사항이 명시·설명되지 않은 경우에, 사업자가 그 사항을 계약의 내용으로 주장하지 못한다(약관법 제3조 제4항).[23]

② 편입된 약관의 의미를 확정하는 「해석통제」는, 내용형성의 일방성을 극복한 개별약정을 규율대상에서 제외한 후 객관적·통일적으로 약관조항의 의미를 확정하고 그것을 기초로 작성자에게 불리하게 해석하는 과정을 거치는데, 약관이 무효로 됨을 방지하는 기능을 담당한다.

③ 법원에 의한 사후적인 「내용통제」(불공정성통제)의 방법으로, 무효로 되는 경우를 열거하는 개별통제(약관법 제7조 이하)와 신의성실의 원칙에 반하여 공정을 잃었는지 여부를 기준으로 하는 일반통제(제6조)의 두 가지가 있다.

④ 약관의 일부무효의 경우에 — 제137조와 반대로 — 계약은 나머지 부분으로 유효하게 존속한다(약관법 제16조).

〈1-3-4〉 약관의 규제에 관한 판례

1) 사법적 통제의 방법에 관하여 대결 2008.12.16. 2007마1328: "법원이 약관의 규제에 관한 법률에 근거하여 사업자가 미리 마련한 약관에 대하여 행하는 구체적 내용통제는 개별 계약관계에서 당사자의 권리·의무를 확정하기 위한 선결문제로서 약관조항의 효력 유무를 심사하는 것이므로, 법원은 약관에 대한 단계적 통제과정, 즉 약관이 사업자와 고객 사이에 체결한 계약에 편입되었는지의 여부를 심사하는 편입통제와 편입된 약관의 객관적 의미를 확정하는 해석통제 및 이러한 약관의 내용이 고객에게 부당하게 불이익을 주는 불공정한 것인지를 살펴보는 불공정성통제의 과정에서, 개별사안에 따른 당사자들의 구체적인 사정을 고려해야 한다."

2) **편입통제**

㉮ 약관의 명시·설명의무는 고객으로 하여금 약관에 의한 계약성립에서 각 당사자를 구속할 내용을 미리 알고 계약을 체결하도록 함으로써 예측하지 못한 불이익을 받는 것을 방지하여 고객을 보호하려는 데 그 취지가 있는데(대판 2016.6.23. 2015

23) 보험약관이 명시·설명되지 않은 점을 계약의 취소사유로 한 상법 제638조의3도 참조.

다5194), 그렇다고 하여 반드시 고객이 그 내용을 알고 있어야 하는 것은 아니다(대판 1992.7.28. 91다5624).

㈏ 명시·설명의 대상은 사회통념에 비추어 고객이 계약체결 여부나 대가를 결정함에 직접적인 영향을 미칠 수 있는 사항인데, 약관조항 중 무엇이 이에 해당하는지를 일률적으로 말할 수는 없고, 개개의 사안에서 구체적 사정을 고려하여 판단해야 한다(대결 2008.12.16. 2007마1328). 판례에서 인정된 명시·설명의 대상으로, 자동차종합보험약관 중 가족운전자 한정운전특약(대판 2003.8.22. 2003다27054), 보험자의 책임개시시기를 상법 제656조와 다르게 정한 조항(대판 2005.12.9. 2004다26164·26171), 항공사 제휴 신용카드 회원가입계약에서 마일리지 제공기준에 관한 조항(대판 2013.2.15. 2011다69053) 등.

반면 약관조항에 관한 명시·설명의무가 제대로 이행되었는지 여부가 계약의 체결에 영향을 미치지 않는다면 명시·설명의무의 대상인 중요한 내용이라고 할 수 없다(대판 2016.9.23. 2016다221023[24]). 그리고 대판 2019.5.30. 2016다276177: "사업자의 설명의무를 면제하는 사유로서 '거래상 일반적이고 공통된 것'이라는 요건은 해당 약관조항이 거래계에서 일반적으로 통용되고 있는지의 측면에서, '고객이 별도의 설명 없이도 충분히 예상할 수 있는 사항'인지는 소송당사자인 특정고객에 따라 개별적으로 예측가능성이 있었는지의 측면에서 각 판단되어야 한다. 다음으로 약관에 정하여진 사항이 '이미 법령에 의하여 정하여진 것을 되풀이하거나 부연하는 정도에 불과한지'는 약관과 법령의 규정내용, 법령의 형식 및 목적과 취지, 해당 약관이 고객에게 미치는 영향 등 여러 가지 사정을 종합적으로 고려하여 판단하여야 한다."

㈐ 명시·설명의 방법에 관하여 대판 2013.2.15. 2011다69053: "약관규제법 제3조 제3항은 […] 약관에 정하여져 있는 중요한 내용을 설명하는 방법에 관하여는 특별한 제한을 두지 않고 있지만, 당해 계약의 체결경위 및 방법, 약관에 대한 고객의 이해가능성, 당해 약관이 고객에게 미치는 불이익의 정도 등에 비추어 고객이

24) 화물운송주선업 등을 영위하는 A가 B 보험회사와 체결한 적재물배상책임보험의 보통약관에서 '보상하는 손해'에 관하여 피보험자가 화주로부터 수탁받은 시점으로부터 수하인에게 인도하기까지의 운송과정(차량운송 및 화물운송 부수업무) 동안에 발생한 보험사고로 수탁화물에 대한 법률상의 배상책임을 부담함으로써 입은 손해를 보상한다고 규정한 사안에서, 위 약관조항은 명시·설명의무의 대상이 되는 보험계약의 중요한 내용이라고 할 수 없다고 하였는데, A가 가입한 위 보험은 「의무」보험이어서 명시·설명 여부와 무관하게 가입이 강제되기 때문이다.

이해할 수 있는 설명방법을 취하여야 한다. 따라서 사업자가 인터넷을 통하여 약관을 게시하고 그 약관이 적용됨을 전제로 하여 전자거래의 방법으로 고객과 사이에서 재화나 용역 공급계약을 체결하는 경우에, 법령에서 특별히 설명의무를 면제하고 있다는 등의 특별한 사정이 없는 한, 그것이 비대면거래라는 사정만으로 약관규제법 제3조 제3항 단서가 적용되어 다른 통상의 경우와 달리 약관의 중요한 내용에 관하여 고객이 이해할 수 있도록 설명할 의무가 면제된다고 볼 수 없다."[25]

한편 대판 1999.3.9. 98다43342·43359는, 통신판매방식으로 체결된 상해보험계약에서 보험자가 약관내용의 개요를 소개한 것이라는 내용과 면책사고에 해당하는 경우를 확인하라는 내용이 기재된 안내문과 청약서를 보험계약자에게 우송한 것만으로는 보험자의 면책약관에 관한 설명의무를 다한 것으로 볼 수 없다고 하였다.

3) 해석통제

㉮ 개별약정에 관하여 대판 2008.7.10. 2008다16950: "계약의 일방당사자가 다수의 상대방과 계약을 체결하기 위해서 일정한 형식에 의하여 미리 계약서를 마련하여 두었다가 어느 한 상대방에게 이를 제시하여 계약을 체결하는 경우에도 그 상대방과 특정조항에 관하여 개별적인 교섭(또는 흥정)을 거침으로써 상대방이 자신의 이익을 조정할 기회를 가졌다면, 그 특정조항은 약관의 규제에 관한 법률의 규율대상이 아닌 개별약정이 된다고 보아야 하고, 이때 개별적인 교섭이 있었다고 하기 위해서는 비록 그 교섭의 결과가 반드시 특정조항의 내용을 변경하는 형태로 나타나야 하는 것은 아니라 하더라도, 적어도 계약의 상대방이 그 특정조항을 미리 마련한 당사자와 거의 대등한 지위에서 당해 특정조항에 대하여 충분한 검토와 고려를 한 뒤 영향력을 행사함으로써 그 내용을 변경할 가능성은 있어야 한다."

㉯ 작성자에게 불리하게 해석된 예로 대판 2012.9.27. 2010다101776은, '협회가 보상하는 금액은 공제가입금액을 한도로 한다'라고 규정한 한국공인중개사협회의 공제규정과 공제약관에서 정한 공제금은 '공제계약의 유효기간 내에 발생한 공제사고 1건당 보상한도'라고 해석함이 타당하다고 했다.

25) 대판 2010.10.28. 2010다9153은, 웹사이트에서 다중이용자 온라인 롤 플레잉 게임(MORPG) 서비스를 제공하는 사업자가 「개별이용자의 게임 이용시 화면에 이용자 동의서를 띄워 놓는 방법」으로 운영정책의 내용을 개별적으로 고지한 후 게임을 이용하도록 하였다면, 게임이용자들은 그 동의서의 내용에 동의한 사실을 추단할 수 있으므로 운영정책이 편입된 위 게임약관에 동의한 것으로 보았다.

4) 내용통제 중 개별통제에 관하여 중요한 재판례들

㉮ 면책조항의 금지(약관법 제7조)와 관련하여 대판 1998.6.23. 98다14191은, 운전자연령 26세 이상 한정운전 특별약관은 이로 인하여 보험자의 담보범위가 축소되어 보험계약자에게 불리한 것은 분명하나, 보험계약자에게도 위 특별약관을 보험계약에 편입시킴으로써 보험료가 할인되어 그 할인된 만큼의 보험료를 납부하지 않음으로써 얻는 이익이 있고, 위 특별약관을 보험계약에 편입시킬 것인지 여부는 전적으로 보험계약자의 의사에 달려 있으므로, 무효라고 볼 수 없다고 하였다.

반면 대판 2009.10.15. 2009다31970: "신용카드회원약관에서 비밀번호가 회원으로부터 타인에게 유출되어 발생하는 모든 책임은 회원에게 귀속되고, 카드비밀번호 유출로 인한 부정사용의 경우에는 부정사용대금에 대하여 보상에서 제외된다고 규정하고 있는 경우, 위 약관규정을 회원에게 고의나 과실이 없는 경우에도 신용카드 부정사용으로 인한 손해를 회원이 부담하여야 한다고 해석하는 것은 […] 상당한 이유 없이 사업자가 부담하여야 할 위험을 고객에게 이전시키는 조항에 해당하여 무효이다. 그리고 신용카드업자와 회원 사이의 거래약관인 위 회원약관규정에 의할 때, 회원은 신용카드의 이용·관리 및 비밀번호의 관리에 선량한 관리자의 주의의무를 다할 의무가 있으므로, 신용카드를 분실·도난당하여 제3자가 신용카드를 부정사용한 경우에 신용카드회원이 그 책임을 면하기 위해서는 회원에게 신용카드의 분실·도난 및 비밀번호의 누설에 있어 아무런 과실이 없는 경우라야 하고, 이 점에 대한 입증책임은 회원에게 있다."

㉯ 손해배상액의 예정(약관법 제8조)과 관련하여 대판 2000.9.22. 99다53759·53766은, 약관상 매매계약 해제시 매도인을 위한 손해배상액의 예정조항은 있는 반면 매수인을 위한 손해배상액의 예정조항은 없는 경우에, 매도인 일방만을 위한 손해배상액의 예정조항을 두었다고 하여 곧 그 조항이 무효라 할 수는 없다고 하였다.

㉰ 계약의 해제·해지(약관법 제9조)와 관련하여 대판 1998.1.23. 96다19413은, 계약기간 종료시 이의통지 등에 의해 보증인의 지위에서 벗어날 수 있다는 규정도 없이 새로운 계약기간을 정하여 계약갱신의 통지를 하거나 그것이 없으면 자동적으로 1년 단위로 계약기간이 연장되도록 규정하는 연대보증기간 자동연장조항은 무효라고 하였다.

그리고 대판 2014.12.11. 2014다39909: "계약해제로 사업자가 이미 받은 금전을 반환함에 있어 이자의 반환의무를 배제하는 약관조항은 고객에게 부당하게 불리하여 공정을 잃은 것으로 추정되어 무효이지만, 이자를 가산하여 반환하기로 한 경우에는 가산이자율이 공정을 잃은 것으로서 무효인지를 판단함에 있어 일률적으로 이자율이 법정이율보다 높거나 낮다는 것만을 기준으로 하여서는 아니 되고, 당해 약관을 설정한 의도 및 목적, 당해 업종에서의 통상적인 거래관행, 관계법령의 규정, 거래대상 상품 또는 용역의 특성, 사업자의 영업상 필요 및 고객이 입을 불이익의 내용과 정도 등을 종합적으로 고려하여 판단하여야 한다."

5) 약관법 제6조의 일반통제[26)]

㉮ 고객에게 부당하게 불리한 조항의 예로, 은행이 상계를 할 때 이자나 지연손해금 등의 계산의 종기를 임의로 정할 수 있도록 한 은행여신거래기본약관조항(대판 2003.7.8. 2002다64551), 어음거래약정서 중 채권자에게 무제한의 포괄적 충당권을 부여하면서도 그 순서와 방법의 기준 등을 전혀 규정하지 않아, 채무자 또는 담보제공자로서는 충당되는 채무를 알 수도 없고 심지어 채권자가 자신에게 아무런 이익이 없으면서 채무자에게 불리한 순서와 방법으로 변제충당을 하더라도 채무자가 이의를 할 여지도 없는, 변제충당에 관한 조항(대판 2002.7.12. 99다68652) 등.

그리고 (시정명령에 관한) 대판 2003.1.10. 2001두1604는, 사업자와 판매대리점 중 어느 당사자든 대리점계약을 해지하고자 할 경우에 상대방에게 그 뜻을 계약해지 예정일부터 2개월 전에 서면으로 예고해야 한다고 한 약관조항이, 형식적으로 당사자 쌍방에게 동등하게 해지권을 유보한 것처럼 보이지만, 실질적으로는 사업자의 이익을 위하여 기능하는 조항이어서 무효라고 하였다.

㉯ 무효가 아니라고 한 예로, 하도급대금지급채무의 이행기일(어음지급의 경우 만기일)이 보증기간 안에 있지 않으면 해당 채무를 하도급대금지급보증서에 의하여 보증하는 범위에서 제외하는 건설공제조합의 하도급대금지급보증약관조항(대판 2001.3.23. 2000다11560), '근저당권설정비용의 부담에 관하여 항목별로 제시된 세 개의 난 중 하나에 √표시를 하는 방법으로 비용을 부담한다'는 취지의 조항(대판 2014.6.12. 2013다214864) 등.

26) 주택용 전기에 관한 누진요금제가 이에 해당하지 않는다고 한 대판 2023.3.30. 2018다207076: "약관의 규제에 관한 법률 제6조 제1항, 제2항 제1호가 적용되기 위해서는 문제되는 약관조항이 고객에게 다소 불이익하다는 점만으로는 부족하고, 약관작성자가 거래상의 지위를 남용하여 계약상대방의 정당한 이익과 합리적인 기대에 반하여 형평에 어긋나는 약관조항을 작성·사용함으로써 건전한 거래질서를 훼손하는 등 고객에게 부당하게 불이익을 주었다는 점이 인정되어야 한다."

6) 대판(전) 1991.12.24. 90다카23899가 "법원에 의한 내용통제 즉 수정해석[…]은 조항 전체가 무효사유에 해당하는 경우뿐만 아니라 조항 일부가 무효사유에 해당하고 그 무효부분을 추출 배제하여 잔존부분만으로 유효하게 존속시킬 수 있는 경우에도 가능하다"고 하면서 무면허운전 면책약관을 보험계약자나 피보험자의 지배 내지 관리가능성이 있는 상황의 무면허운전에만 적용되는 것으로 보아 절취운전이나 무단운전의 경우에 그 적용을 제한하였는데, 이처럼 약관조항의 질적 또는 양적 일부에 독소가 포함되어 있는 경우에 그 부분을 도려냄으로써 그 조항의 효력이 유지되도록 하는 것을 「효력유지적 축소」라 한다.[27]

그런데 약관법 제8조를 위반한 경우에도 효력유지적 축소를 인정할 수 있는지(즉 과다하지 않은 범위에서 유효로 하기 위하여 손해배상예정액을 감액할 수 있는지)에 관하여 논의가 있지만, 대판 2009.8.20. 2009다20475·20482는 "약관의 규제에 관한 법률에 의하여 약관조항이 무효인 경우 그것이 유효함을 전제로 민법 제398조 제2항을 적용하여 적당한 한도로 손해배상예정액을 감액하거나, 과중한 손해배상의무를 부담시키는 부분을 감액한 나머지 부분만으로 그 효력을 유지시킬 수는 없다"고 하여 부정적 입장을 밝혔다. 위약벌의 감액 일반에 관하여 〈4-4-11〉 참조.

5. 예약과 계약금

(1) 계약에 임하는 이들은 계약의 성립 또는 해소에 관한 주도권을 가짐으로써 사정변경에 대처하고자 한다. 성립이나 해소에 관한 주도권은 특약이나 부관에 의하여 확보될 수 있지만, 예약이나 계약금도 마찬가지의 기능을 가진다. 즉 예약은 계약의 성립 여부를 예약상 권리자의 의사에 좌우되게 하고, 계약금은 해약금으로 추정됨에 따라 약정해제권을 유보하는 실질을 가진다.

(2) 먼저 예약을 본다.

① 예약으로 편무예약, 쌍무예약, 일방예약, 쌍방예약의 네 유형을 생각할 수

---

27) 용역경비계약에 편입된 면책약관조항이 용역경비업자의 고의·중과실로 인한 경우까지 적용된다면 약관법 제7조 제1호에 위반되어 무효라고 볼 수밖에 없기 때문에, 그 외의 경우에 한하여 경비업자의 면책을 정한 규정이라고 해석하는 한도 내에서만 유효하다고 수정해석(효력유지적 축소)해야 한다고 한 대판 1996.5.14. 94다2169도 참조.

있는데, 법은 특히 일방예약에 관한 규정을 두기 때문에(제564조 제1항), 매매의 예약은 일방예약으로 추정되고(「의사추정」), 이러한 입장은 계약 일반에서도 마찬가지이다(제567조 참조).

② 부동산물권을 이전해야 하는 본계약의 예약완결권을 가등기할 수 있다(부동산등기법 제88조). 그리고 예약완결권이 여러 명에게 속하는 경우에 그들 사이의 관계는 매매예약의 내용에 따라 결정된다.

〈1-3-5〉 예약에 관한 판례

㉮ 예약상의 의무자가 정당한 이유 없이 본계약의 체결을 거절한 경우에, 본계약의 체결 및 이행을 통하여 얻을 수 있었던 이익, 즉 이행이익 상실의 손해는 통상의 손해에 해당한다(대판 2011.11.10. 2011다41659).

㉯ 매매의 일방예약에서 예약완결권은 일종의 형성권으로서, 당사자들이 행사기간을 약정하였다면 그 기간 내에,[28] 그러한 약정이 없으면 예약이 성립한 때부터 10년 내에 이를 행사해야 하고, 그 기간이 지나면 예약완결권은 제척기간의 경과로 인하여 소멸한다(대판 2000.10.13. 99다18725).

㉰ 1인의 채무자에 대한 복수의 채권자의 채권을 담보하기 위하여 채무자 소유의 부동산에 관하여 그 채권자들을 권리자로 하는 1개의 매매예약이 체결되고 그에 따른 가등기를 마친 경우에, 종래의 판례(대판 1987.5.26. 85다카2203 참조)는 '매매예약의 내용이나 매매예약 완결권 행사와 관련한 당사자의 의사와 관계없이 언제나' 수인의 채권자가 공동으로 매매예약 완결권을 가지고, 매매예약 완결의 의사표시도 그들 전원이 공동으로 행사해야 한다는 입장이었으나, 대판(전) 2012.2.16. 2010다82530이 이를 변경하였는데, 판결요지는 다음과 같다:[29]

---

28) 당사자 사이에 약정하는 예약완결권의 행사기간에는 특별한 제한이 없다(대판 2017.1.25. 2016다42077).

29) 사실관계 및 사건의 경과는 다음과 같다: ㉠ X가 Y에게 1억 원을 대여하면서 이를 담보하기 위하여 Y에 대한 다른 채권자 5인과 공동명의로 甲 부동산 중 Y 소유의 1,617분의 1,607 지분에 관하여 Y와 매매예약을 체결하였고, 이에 따라 위 담보지분에 관하여 X 등 6인 각자의 채권액의 비율에 따라 산정된 지분으로 특정하여 가등기를 마쳤다. ㉡ 원심은 X를 포함한 6인의 채권자가 각자의 지분별로 별개의 독립적인 예약완결권을 가지고, 채권자 중 1인인 X는 단독으로 위 담보지분 중 자기지분에 관하여 예약완결권을 행사할 수 있으며, 이에 따라 단독으로 X의 지분에 관하여 가등기에 기한 본등기절차의 이행을 구할 수 있다고 판단하였

"[1] 수인의 채권자가 각기 채권을 담보하기 위하여 채무자와 채무자 소유의 부동산에 관하여 수인의 채권자를 공동매수인으로 하는 1개의 매매예약을 체결하고 그에 따라 수인의 채권자 공동명의로 그 부동산에 가등기를 마친 경우, 수인의 채권자가 공동으로 매매예약완결권을 가지는 관계인지 아니면 채권자 각자의 지분별로 별개의 독립적인 매매예약완결권을 가지는 관계인지는 매매예약의 내용에 따라야 하고, 매매예약에서 그러한 내용을 명시적으로 정하지 않은 경우에는 수인의 채권자가 공동으로 매매예약을 체결하게 된 동기 및 경위, 매매예약에 의하여 달성하려는 담보의 목적, 담보 관련권리를 공동행사하려는 의사의 유무, 채권자별 구체적인 지분권의 표시 여부 및 지분권비율과 피담보채권비율의 일치 여부, 가등기담보권 설정의 관행 등을 종합적으로 고려하여 판단하여야 한다.

[2] 공동명의로 담보가등기를 마친 수인의 채권자가 각자의 지분별로 별개의 독립적인 매매예약 완결권을 가지는 경우, 채권자 중 1인은 단독으로 자신의 지분에 관하여 가등기담보 등에 관한 법률이 정한 청산절차를 이행한 후 소유권이전의 본등기절차 이행청구를 할 수 있다."

⑶ 계약금에 관하여 본다.

① 계약금의 법적 성질에 관하여, 증약금, 해약금, 위약금 등 여러 유형 중 어디에 해당하는지는 의사해석의 문제인데, 제565조는 해약금(解約金)으로 추정한다(「의사추정」).

② 계약금의 교부자는 의사표시만으로 해제권을 행사할 수 있는 반면, 그 수령자는 해제의 의사표시와 함께 계약금 배액의 상환 또는 그 제공을 해야 하는데(대판 1992.7.28. 91다33612), 상대방이 수령하지 않는다고 하여 이를 공탁해야 하는 것은 아니다(대판 1992.5.12. 91다2152).

③ 해약금에 기한 해제의 시적(時的) 한계로서 「이행의 착수」는 외부에서 인식할 수 있는 형태로 이행행위의 일부를 하거나 이행에 필요한 전제행위를 하는 때를 의미하고, 판례는 이행에 착수한 당사자도 해제할 수 없다고 한다.

고, 대법원은 원심의 판단을 지지하였다.

〈1-3-6〉 계약금에 관한 판례

㉮ 대판 1992.5.12. 91다2151은 "매매당사자 사이에 수수된 계약금에 대하여 매수인이 위약하였을 때에는 이를 무효로 하고 매도인이 위약하였을 때에는 그 배액을 상환할 뜻의 약정이 있는 경우에는 특별한 사정이 없는 한 그 계약금은 민법 제398조 제1항 소정의 손해배상액의 예정의 성질을 가질 뿐 아니라 민법 제565조 소정의 해약금의 성질도 가진 것으로" 보았고, 대판 1996.6.14. 95다54693은 계약금을 「위약금으로 하기로 하는 특약이 없는 이상」 계약이 당사자 일방의 귀책사유로 인하여 해제되었더라도 상대방은 계약불이행으로 입은 실제 손해만을 배상받을 수 있을 뿐 계약금이 위약금으로서 상대방에게 당연히 귀속되는 것은 아니라고 하였다.

㉯ 대판 1993.1.19. 92다31323: "매도인이 민법 제565조에 의하여 계약을 해제하고자 하는 경우에는 계약금의 배액을 제공하고 하여야 할 것이나, 이 해약금의 제공이 적법하지 못하다면 해제권을 보유하고 있는 기간 안에 적법한 제공을 한 때에 계약이 해제된다고 볼 것이고, 또 매도인이 계약을 해제하기 위하여 계약금의 배액을 공탁하는 경우에는 공탁원인사실에 계약해제의 의사가 포함되어 있다고 할 것이므로, 상대방에게 공탁통지가 도달한 때에 계약해제의사표시가 있었다고 보는 것이 옳다."

㉰ 해약금에 기하여 계약을 해제할 수 있는 기간은 "당사자의 일방이 이행에 착수할 때"까지인데, 여기서 "당사자의 일방"은 상대방에 한정되지 않는다는 것이 판례의 입장이다. 예컨대 대판 2000.2.11. 99다62074: "제565조 제1항에서 말하는 당사자의 일방이라는 것은 매매 쌍방 중 어느 일방을 지칭하는 것이고, <u>상대방이라 국한하여 해석할 것이 아니므로</u>, 비록 상대방인 매도인이 매매계약의 이행에는 전혀 착수한 바가 없다 하더라도 매수인이 중도금을 지급하여 이미 이행에 착수한 이상 매수인은 민법 제565조에 의하여 계약금을 포기하고 매매계약을 해제할 수 없다."

㉱ 앞의 92다31323 판결은 "민법 제565조가 해제권 행사의 시기를 당사자의 일방이 이행에 착수할 때까지로 제한한 것은 당사자의 일방이 이미 이행에 착수한 때에는 그 당사자는 그에 필요한 비용을 지출하였을 것이고, 또 그 당사자는 계약이 이행될 것으로 기대하고 있는데 만일 이러한 단계에서 상대방으로부터 계약이 해

제된다면 예측하지 못한 손해를 입게 될 우려가 있으므로 이를 방지하고자 함에 있고, 이행기의 약정이 있는 경우라 하더라도 당사자가 채무의 이행기 전에는 착수하지 아니하기로 하는 특약을 하는 등 특별한 사정이 없는 한 이행기 전에 이행에 착수할 수 있다"고 하면서도,[30] "매도인이 민법 제565조에 의하여 계약을 해제한다는 의사표시를 하고 일정한 기한까지 해약금의 수령을 최고하며 기한을 넘기면 공탁하겠다고 통지를 한 이상 중도금지급기일은 매도인을 위하여서도 기한의 이익이 있다고 보는 것이 옳고, 따라서 이 경우에는 매수인이 이행기 전에 이행에 착수할 수 없는 특별한 사정이 있는 경우에 해당하여 매수인은 매도인의 의사에 반하여 이행할 수 없다고 보는 것이 옳으며, 매수인이 이행기 전에, 더욱이 매도인이 정한 해약금수령기한 이전에 일방적으로 이행에 착수하였다고 하여도 매도인의 계약해제권 행사에 영향을 미칠 수 없다"고 하였다.

㉮ 계약금의 수수가 채무불이행을 이유로 하는 (법정)해제 및 그에 따른 손해배상을 배제하지는 않는다(대결 1990.3.27. 89다카14110).

㉯ 계약금 후지급 또는 분할지급의 약정이 있는 경우를 본다.

㉠ 대판 2008.3.13. 2007다73611은, 계약금계약이 「요물계약」임을 전제로 "당사자가 계약금의 일부만을 먼저 지급하고 잔액은 나중에 지급하기로 약정하거나 계약금 전부를 나중에 지급하기로 약정한 경우, 교부자가 계약금의 잔금이나 전부를 약정대로 지급하지 않으면 상대방은 계약금 지급의무의 이행을 청구하거나 채무불이행을 이유로 계약금약정을 해제할 수 있고, 나아가 위 약정이 없었더라면 주계약을 체결하지 않았을 것이라는 사정이 인정된다면 주계약도 해제할 수도 있을 것이나, 교부자가 계약금의 잔금 또는 전부를 지급하지 아니하는 한 계약금계약은 성립하지 아니하므로 당사자가 임의로 주계약을 해제할 수는 없다"고 하였다.

㉡ 나아가 대판 2015.4.23. 2014다231378은 — 본안과 무관한 가정적 판단으로 — "계약금 일부만 지급된 경우 수령자가 매매계약을 해제할 수 있다고 하더라도, 그 해약금의 기준이 되는 금원은 '실제 교부받은 계약금'이 아니라 '약정계약금'이라고 봄이 타당하다. '실제 교부받은 계약금'의 배액만을 상환하여 매매계약을 해제할 수 있다면 이는 당사자가 일정한 금액을 계약금으로 정한 의사에 반하게 될 뿐

---

30) 대판 2006.2.10. 2004다11599도, 매매계약 체결 후 시가 상승이 예상되자 매도인이 구두로 구체적인 금액의 제시 없이 매매대금의 증액요청을 하였고, 매수인은 이에 대하여 확답하지 않은 상태에서 중도금을 이행기 전에 제공하였는데, 그 후 매도인이 계약금의 배액을 공탁하여 해제권을 행사한 사안에서, 매도인은 해제권을 행사할 수 없다고 하였다.

아니라, 교부받은 금원이 소액일 경우에는 사실상 계약을 자유로이 해제할 수 있어 계약의 구속력이 약화되는 결과가 되어 부당하기 때문"이라고 하였다.

ⓒ 요컨대 계약금 후지급 또는 분할지급의 약정이 있더라도 계약금계약에 기하여 해제하기 위해서는 계약금 전액지급의 상태에 있거나 적어도(앞의 2014다231378 판결에 따르면) 약정된 계약금 전부의 포기 또는 그 배액의 상환이 필요하다는 것이 판례의 입장이다.

제 4 절 계약의 주체

1. 권리주체 총설

일반적으로 권리를 가질 수 있고 의무를 부담할 수 있는 추상적 지위 내지 자격을 권리능력(權利能力. 또는 법인격)이라 하고, 권리능력을 가지는 이를 권리주체 또는 권리능력자라고 한다.

2. 자연인의 권리능력[31]

(1) 제3조는 "사람은 생존한 동안 권리와 의무의 주체가 된다"고 하여 「권리능력 평등의 원칙」을 선언한다.

(2) 사람의 권리능력은 출생과 함께 시작한다. 다만 민법은 중요한 몇몇의 법률관계에 관하여 태아(胎兒)가 출생한 것으로 보아 권리능력을 인정하는데(가령 제762조, 제1000조 제3항), 태아의 법률상의 지위에 관하여 판례는 정지조건설을 따른다.

(3) 사람은 사망으로 권리능력을 상실하고(제3조), 그가 사망하는 순간에 가지던 권리와 의무는 유언 또는 상속법이 정하는 바에 따라 누군가에게 돌아간다. 그런데 사망의 사실을 증명하지 못하는 경우에 대비하기 위한 제도로 실종선고와 인정사망이 있고, 사망시기를 둘러싼 다툼을 해결하기 위하여 제30조는 동시사망을

31) 자연인의 행위능력에 관해서는 제2장 제2절 7. 참조.

추정한다.

〈1-4-1〉 자연인의 권리능력의 시기와 종기에 관한 판례

1) 태 아

㉮ 대판 1993.4.27. 93다4663: “태아도 손해배상청구권에 관하여는 이미 출생한 것으로 보는바, 父가 교통사고로 상해를 입을 당시 태아가 출생하지 아니하였다고 하더라도 그 뒤에 출생한 이상 父의 부상으로 인하여 입게 될 정신적 고통에 대한 위자료를 청구할 수 있다.”

㉯ 대판 1976.9.14. 76다1365: “태아가 특정한 권리에 있어서 이미 태어난 것으로 본다는 것은 살아서 출생한 때에 출생시기가 문제의 사건의 시기까지 소급하여 그때에 태아가 출생한 것과 같이 법률상 보아준다고 해석하여야 상당하므로 그가 모체와 같이 사망하여 출생의 기회를 못 가진 이상 배상청구권을 논할 여지 없다.”

㉰ 그 밖에 의용민법이 적용된 사안에서 태아인 동안에는 법정대리인이 있을 수 없다고 한 대판 1982.2.9. 81다534도 참조.

2) 동시사망의 추정

㉮ 상속인으로 되려면 상속이 개시될 때(=피상속인의 사망시) 생존하고 있어야 한다: 「동시존재(同時存在)의 원칙」.

동시사망이 추정되는 경우에도 그들 사이에 상속이 인정되지 않지만, 대습상속과 관련하여 예외가 인정된다. 즉 대판 2001.3.9. 99다13157: “원래 대습상속제도는 대습자의 상속에 대한 기대를 보호함으로써 공평을 꾀하고 생존배우자의 생계를 보장하여 주려는 것이고, 또한 동시사망 추정규정도 자연과학적으로 엄밀한 의미의 동시사망은 상상하기 어려운 것이나 사망의 선후를 입증할 수 없는 경우 동시에 사망한 것으로 다루는 것이 결과에 있어 가장 공평하고 합리적이라는 데에 그 입법취지가 있는 것인바, 상속인이 될 직계비속이나 형제자매(피대습자)의 직계비속 또는 배우자(대습자)는 피대습자가 상속개시 전에 사망한 경우에는 대습상속을 하고, 피대습자가 상속개시 후에 사망한 경우에는 피대습자를 거쳐 피상속인의 재산을 본위상속을 하므로 두 경우 모두 상속을 하는데, 만일 피대습자가 피상속인의 사망, 즉 상속개시와 동시에 사망한 것으로 추정되는 경우에만 그 직계비속 또는

배우자가 본위상속과 대습상속의 어느 쪽도 하지 못하게 된다면 동시사망 추정 이외의 경우에 비하여 현저히 불공평하고 불합리한 것이라 할 것이고, 이는 앞서 본 대습상속제도 및 동시사망 추정규정의 입법취지에도 반하는 것이므로, 민법 제1001조의 '상속인이 될 직계비속이 상속개시 전에 사망한 경우'에는 '상속인이 될 직계비속이 상속개시와 동시에 사망한 것으로 추정되는 경우'도 포함하는 것으로 합목적적으로 해석함이 상당하다."[32)]

㉯ 대판 1998.8.21. 98다8974: 동시사망의 "추정은 법률상 추정으로서 이를 번복하기 위하여는 동일한 위난으로 사망하였다는 전제사실에 대하여 법원의 확신을 흔들리게 하는 반증을 제출하거나 또는 각자 다른 시각에 사망하였다는 점에 대하여 법원에 확신을 줄 수 있는 본증을 제출하여야 하는데, 이 경우 사망의 선후에 의하여 관계인들의 법적 지위에 중대한 영향을 미치는 점을 감안할 때 충분하고도 명백한 입증이 없는 한 위 추정은 깨어지지 아니한다고 보아야 한다."

(4) 부재와 실종에 관하여 본다.

① 어떤 사람이 종래의 주소나 거소를 떠나 돌아올 가망이 없는 상태가 오래 계속되면, 우선 부재자의 귀환을 기다리며 그의 잔류재산을 관리하다가(제22조 이하),[33)] 생사불명상태가 일정기간 계속되면 실종선고의 효과로서 그가 사망한 것으로 보는데(제28조), 실종선고는 실종자의 종래의 주소를 중심으로 한 법률관계를 정리하기 위한 법기술이다.

② 실종선고를 받은 이는 사망한 것으로 의제(擬制. 간주라고도 한다)되므로, 추정에서와 달리 실종자의 생존 기타 반대증거를 들어 선고의 효과를 다투지 못하며, 사망의 효과를 저지하려면 실종선고를 취소해야 한다(제29조. 대판 1995.2.17. 94다52751 참조).

---

32) A와 그의 딸 B가 비행기사고로 동시에 사망하여 B의 남편이자 A의 사위인 C가 A 소유의 부동산에 관하여 상속을 원인으로 한 소유권이전등기를 경료하자, A의 형제자매들이 소유권이전등기의 말소등기를 구한 사안에서 청구를 기각하였는데, 사위의 대습상속이 인정되는지가 주된 쟁점이었다.

33) 부재자와 무관한 제3자를 위하여 부재자의 재산에 근저당권을 설정한 행위는 비록 부재자 재산관리인이 법원의 매각처분허가를 얻었더라도 권한을 넘은 무효의 처분행위라고 한 대결 1976.12.21. 75마551 참조.

〈1-4-2〉 실종선고에 관한 판례

㉮ 선순위상속인만이 실종선고를 청구할 수 있다(대결 1992.4.14. 92스4·5·6).

㉯ 실종선고에 기하여 상속이 개시된 경우에, 그 후 실종기간 만료시와 다른 시기에 실종자가 사망한 사실이 확인되었더라도, 실종선고가 취소되지 않는 한 이미 개시된 상속을 부정하고 그와 다른 상속관계를 인정할 수 없다(대판 1994.9.27. 94다21542).

㉰ 참고로 대판 1992.7.14. 92다2455: "실종선고의 효력이 발생하기 전에는 실종기간이 만료된 실종자라 하여도 소송상 당사자능력을 상실하는 것은 아니므로 실종선고 확정 전에는 실종기간이 만료된 실종자를 상대로 하여 제기된 소도 적법하고 실종자를 당사자로 하여 선고된 판결도 유효하며 그 판결이 확정되면 기판력도 발생한다고 할 것이고, 이처럼 판결이 유효하게 확정되어 기판력이 발생한 경우에는 그 판결이 해제조건부로 선고되었다는 등의 특별한 사정이 없는 한 그 효력이 유지되어 당사자로서는 그 판결이 재심이나 추완항소 등에 의하여 취소되지 않는 한 그 기판력에 반하는 주장을 할 수 없는 것이 원칙이라 할 것이며, 비록 실종자를 당사자로 한 판결이 확정된 후에 실종선고가 확정되어 그 사망간주의 시점이 소 제기 전으로 소급하는 경우에도 위 판결 자체가 소급하여 당사자능력이 없는 사망한 사람을 상대로 한 판결로서 무효가 된다고는 볼 수 없다." 요컨대 실종기간 만료 후 실종선고 전에 실종자를 당사자로 하는 소가 제기된 경우에, 실종선고가 확정됨에 따라 실종기간 만료시에 사망한 것으로 의제된다고 하여 소 제기 자체가 소급하여 당사자능력 없는 사망자에 의한 것으로 되지 않는다는 입장이다.[34)]

3. 법인의 권리능력

(1) 법인의 본질에 관하여 논의가 있지만, 법인제도의 실질적으로 중요한 기능은 단체나 재산 자체가 법인격을 획득함에 따른 「법적 분리(法的 分離)」이다.

---

34) 대판 1977.3.22. 77다81·82가 「실종선고의 효력이 생기기 전」까지 생존하였던 것으로 보는 것 역시 사망으로 인한 소송절차의 중단과 관련된 판단으로 절차법적 특수성에 기한 것이다.

〈1-4-3〉 법적 분리에 관한 판례

㉮ 대판 2019.5.30. 2017다53265: "법인의 적법한 대표권을 가진 자가 하는 법률행위는 성립상 효과뿐만 아니라 위반의 효과인 채무불이행책임까지 법인에 귀속될 뿐이고, 다른 법령에서 정하는 등의 특별한 사정이 없는 한 법인이 당사자인 법률행위에 관하여 대표기관 개인이 손해배상책임을 지려면 민법 제750조에 따른 불법행위책임 등이 별도로 성립하여야 한다."

㉯ 법인 대표기관의 불법행위로 인하여 법인이 손해를 입고 결과적으로 사원의 경제적 이익이 침해되었더라도 그가 입은 손해는 "간접적인 손해"로서 제35조에 기하여 그 배상을 청구할 수 없다고 한 대판 1999.7.27. 99다19384(〈4-4-3〉에 소개된)도 참조.

(2) 권리능력의 시기(始期)에 관하여 본다.

① 출생에 의하여 당연히 권리능력을 취득하는 자연인과 달리, 법인은 설립등기를 함으로써 비로소 성립한다(제33조).

② 비영리법인의 설립요건은 목적의 비영리성,[35] 설립행위, 주무관청의 허가 및 설립등기의 4가지이다.

③ 사단법인 설립행위의 법적 성질에 관하여 학설이 대립하지만 명명(命名)의 문제에 불과하다는 점은 제1장 제2절 4. (2)에서 보았다.[36]

④ 재단의 실체는 일정한 목적「재산」이므로, 재산의 출연(出捐)이 재단법인 설립행위의 요체인데, 출연재산의 귀속시기를 둘러싸고 의논이 분분하다(제48조와 제186조 참조).

〈1-4-4〉 권리능력의 시기에 관한 판례

㉮ 비영리법인의 설립허가를 할 것인지 여부는 주무관청의 정책적 판단에 따른

35) 영리성은 사업 자체의 수익성과 다른 개념이다.

36) 사단법인 정관의 법적 성질을 계약이 아닌 자치법규로 보아야 하고, 정관의 해석도 법규해석의 방법으로 해야 한다는 대판 2000.11.24. 99다12437도 참조.

재량에 맡겨져 있다(대판 1996.9.10. 95누18437).

㉯ 착오를 이유로 출연의 의사표시를 취소할 수 있는데, 재단법인의 성립 여부나 출연된 재산이 기본재산인지 여부와 무관하다(대판 1999.7.9. 98다9045).

㉰ 재단법인 설립에서 출연재산인 부동산의 귀속시기에 관하여 판례는 출연자와 법인의 관계에서 제187조가, 제3자에 대한 관계에서는 제186조가 적용된다는 (절충적) 입장을 취한다.[37] 즉 대판(전) 1979.12.11. 78다481·482: "재단법인을 설립함에 있어서 출연재산은 그 법인이 성립된 때로부터 법인에 귀속된다는 민법 제48조의 규정은 출연자와 법인과의 관계를 상대적으로 결정하는 기준에 불과하여 출연재산이 부동산인 경우에도 출연자와 법인 사이에는 법인의 성립 외에 등기를 필요로 하는 것은 아니지만, 제3자에 대한 관계에 있어서, 출연행위는 법률행위이므로 출연재산의 법인에의 귀속에는 부동산의 권리에 관한 것일 경우 등기를 필요로 한다."[38] 대판 1993.9.14. 93다8054도, 유언으로 재단법인을 설립하는 경우에 제3자에 대한 관계에서 출연재산이 부동산이라면 법인에의 귀속에는 법인의 설립 외에 등기를 필요로 하므로, 재단법인이 그와 같은 등기를 마치지 않았다면 유언자의 상속인의 한 사람으로부터 부동산의 지분을 취득하여 이전등기를 마친 선의의 제3자에 대하여 대항할 수 없다고 하였다.

⑶ 권리능력의 범위를 살펴본다.

① 법인도 권리능력을 가지지만, 성질상 또는 법령상의 제한을 받음은 당연하다. 나아가 제34조는 법인의 권리능력이 정관의 목적에 의하여 제한될 수 있다고 한다.[39]

② 「법인격 남용의 이론」은 법인이라는 방어막(법적 분리에 따른) 뒤에 숨어있는 구성원/출연자로부터 그 방어막을 제거함으로써, 계약당사자 아닌 그들에 대해서

37) 출연재산의 귀속시기는 결국 대외적 관계의 문제라는 점에서 판례는 이전등기를 요한다는 입장으로 이해될 수 있다.

38) 'A가 재단법인(X) 설립 및 토지(甲) 출연 → 법인설립등기 후 甲에 관하여 제3자(Y) 앞으로 소유권이전등기 경료 → A의 상속인(Z)이 Y 명의 등기의 말소를 구하는 소송 제기 → X가 독립당사자참가를 하여 Y에게는 등기의 말소를, Z에게는 이전등기를 구한 사안'에서, 원심 중 Y의 패소부분을 파기한 사례.

39) 협동조합에서 조합원 아닌 이에 대한 대출이 제한되는 등 비영리법인에서 목적에 의한 제한이 드물지 않다.

도 법인의 채무에 기한 청구가 가능하게 한다.

〈1-4-5〉 권리능력의 범위에 관한 판례

㉮ 목적에 의한 제한과 관련하여 대결 2001.9.21. 2000그98: "법인의 권리능력은 법인의 설립근거가 된 법률과 정관상의 목적에 의하여 제한되나 그 목적범위 내의 행위라 함은 법률이나 정관에 명시된 목적 자체에 국한되는 것이 아니라 그 목적을 수행하는 데 있어 직접, 간접으로 필요한 행위는 모두 포함된다."[40] 목적 수행에 필요한지 여부는 행위의 객관적 성질에 따라 추상적으로 판단할 것이지, 행위자의 주관적·구체적 의사에 따라 판단할 것이 아니다(대판 1991.11.22. 91다8821; 대판 1987.10.13. 86다카1522).

㉯ 판례는 대판 1988.11.22. 87다카1671 이래 신의칙에 기하여 법인격남용론을 명시적으로 승인한다. 구체적으로 회사가 외형상으로 법인의 형식을 갖추고 있으나 법인의 형태를 빌린 것에 지나지 않고 실질적으로는 완전히 법인격의 배후에 있는 사람의 개인기업에 불과하거나 법인격이 배후자에 대한 법률적용을 회피하기 위한 수단으로 이용되는 경우(대판 2008.9.11. 2007다90982; 대판 2001.1.19. 97다21604) 또는 기존회사가 채무를 면탈하기 위하여 기업의 형태·내용이 실질적으로 동일한 신설회사를 설립하는 경우(대판 2008.8.21. 2006다24438)[41]에 법인격남용을 인정하여,[42] 회사와 배후자(또는 기존회사와 신설회사) 모두 또는 그중 어느 쪽을 상대로 해서도 책임을 물을 수 있다고 한다.[43]

(4) 자연인이 사망하면 상속이 개시되지만 법인에는 상속이 인정되지 않으므로

40) 법인이 타인간의 계약에 대한 보증을 한 경우에 그 보증행위가 법인의 목적범위 내에 속한 여부에 관하여 심리함이 없이 법인의 보증책임을 인정할 수 없다고 한 대판 1974.11.26. 74다310도 참조.

41) 개인이 회사를 설립하지 않고 영업을 하다가 그와 영업목적이나 물적 설비, 인적 구성원 등이 동일한 회사를 설립하는 경우에 법인격을 부인한 대판 2023.2.2. 2022다276703도 참조.

42) 그 밖에 친자회사에 관한 대판 2006.8.25. 2004다26119도 참조.

43) 나아가 대판 2019.12.13. 2017다271643: "이러한 법리는 어느 회사가 이미 설립되어 있는 다른 회사 가운데 기업의 형태·내용이 실질적으로 동일한 회사를 채무를 면탈할 의도로 이용한 경우에도 적용된다."

권리능력의 상실에 따른 재산관계를 정리하기 위하여 해산 및 청산의 절차를 거친다.[44] 그런데 청산에 관한 민법규정은 제3자의 이해관계에 중대한 영향을 미치므로 강행규정이다(대판 2000.12.8. 98두5279).[45]

4. 법인의 행위능력

(1) 법인에서 행위능력은 대표기관 내지 대표권의 문제이다. 즉 법인을 위하여 권리를 취득하고 의무를 부담할 수 있는 자연인을 대표기관(代表機關)이라 하는데, 대표기관의 행위만이 법인의 행위로 된다.

〈1-4-6〉 법인의 인식에 관한 판례

㉮ 대판 2005.12.23. 2003다30159: "법인이 피해자인 경우 법인의 업무에 관하여 일체의 재판상 또는 재판 외의 행위를 할 권한이 있는 법률상 대리인이 가해자인 피용자의 행위가 사용자의 사무집행행위에 해당하지 않음을 안 때에는 피해자인 법인이 이를 알았다고 보아야 하고, 이러한 법리는 그 법률상 대리인이 본인인 법인에 대한 관계에서 이른바 배임적 대리행위를 하는 경우에도 마찬가지"이다.[46]

㉯ 다만 대판 1998.11.10. 98다34126은 제766조 제1항과 관련하여 다른 입장인데(〈7-3-3〉 참조), 대표자 자신이 불법행위에 가담하여 법인에 대한 책임추궁이 어렵다는 특성이 반영된 것으로 보아야 한다.

---

44) 청산종결등기가 경료되었더라도 청산사무가 종료되었다고 할 수 없다면 청산법인으로 존속한다는 대판 1980.4.8. 79다2036 참조.

45) 참고로 조합의 청산에 관한 제724조(법인의 청산에 관한 규정을 준용하는)는 임의규정인데(대판 1985.2.26. 84다카1921), 조합이 소멸하더라도 조합의 채권자는 조합원이었던 이 전원에 대하여 분할적·개인적 채권을 행사할 수 있다는 점에서 법인의 청산과 상황이 다르다.

46) 사용자(A)로부터 위임을 받지 않은 채 행하여진 피용자(B)의 금원차용행위 및 예금인출행위에 대하여 피해자인 은행의 지점장(C)이 B의 행위가 A의 사무집행행위에 해당하지 않음을 알고도 이에 응했다면 위 은행은 그로 인한 손해에 대하여 사용자책임을 물을 수 없다고 한 사례.

(2) 민법상 법인의 이사(理事)에 관하여 본다.

① 이사는 대외적으로 법인을 대표하고(대표기관) 대내적으로 법인의 사무를 집행하는(업무집행기관) 상설의 필요기관이다(제57조).

② 이사의 선임은 법인과 이사 사이의 위임과 유사한 계약인데,47) 이에 따라 이사는 경업(競業) 등 이해상반행위의 금지를 포함하여 선량한 관리자의 주의의무를 진다(제61조).

③ 이사의 해임 및 퇴임은 정관에 따라야 하지만,48) 정관에 규정이 없거나 있더라도 불충분하다면 대리와 위임에 관한 규정(제127조 및 제689조)을 유추해야 한다.49) 그리고 제691조의 유추에 의하여 임기만료된 법인 이사의 업무수행권이 인정될 수 있다.

(3) 이사의 대표권의 범위에 관하여 본다.

① 이사의 대표권에 대한 일반적 제한으로 제34조에 따른 법인의 목적, 강행규정(예: 공익법인의 기본재산 처분에 관한 공익법인법 제11조 제3항) 등이 있다.

② 이사의 대표권은 정관에 의하여 제한될 수 있지만(제41조, 제59조 제1항 단서), 이 제한을 등기하지 않으면 제3자에게 대항하지 못한다(제60조).

〈1-4-7〉 대표권의 범위에 관한 판례

㉮ 제60조의 제3자에 악의자도 포함되는지에 관하여 견해가 나뉘는데, 판례는 선·악의를 불문한다는 입장이다(무제한설). 즉 대판 1992.2.14. 91다24564는 "법인의 정관에 법인 대표권의 제한에 관한 규정이 있으나 그와 같은 취지가 등기되어 있지 않다면 법인은 그와 같은 정관의 규정에 대하여 선의냐 악의냐에 관계없이 제3자에 대하여 대항할 수 없"고, 대표권의 제한을 주장하는 이가 「등기사실에 대한 증명책임」을 진다고 하였다.50)

---

47) 권리능력 없는 사단에 관한 대판 2003.7.8. 2002다74817 참조.

48) 법인의 정관에 이사의 해임사유에 관한 규정이 있으면, 특별한 사정이 없는 이상 정관에서 정하지 않은 사유로 이사를 해임할 수 없다고 한 대판 2013.11.28. 2011다41741 참조.

49) 법인 이사의 임기가 만료되면 후임자가 선임될 때까지 이사의 직무를 수행할 수 있지만, 별다른 급박한 사정도 없이 임기만료 전의 현임이사를 해임하는 등의 일은 부적당한 임무에 해당한다고 한 대판 1982.3.9. 81다614도 참조.

50) X 재단법인으로부터 진입로 포장공사의 도급을 받은 수급인의 원자재대금채무에 대하여 X의 이사가 연대보증을 하였는데, 그 연대보증이 이사회의 결의, 소속 노회의 승인, 주무관청

한편 권리능력 없는 사단의 경우에 대표권의 제한을 등기할 길이 없어 제60조를 유추할 수 없다. 따라서 권리능력 없는 사단의 대표자가 정관에서 사원총회의 결의를 거쳐야 하도록 규정한 대외적 거래행위에 관하여 이를 거치지 않았더라도 이와 같은 사원총회 결의사항은 권리능력 없는 사단의 내부적 의사결정에 불과하므로, 그 거래상대방이 그와 같은 대표권 제한사실을 알았거나 알 수 있었을 경우가 아니라면 그 거래행위는 유효하다고 보아야 하는데, 대표권 제한사실을 알았거나 알 수 있었다는 점에 대한 증명책임은 비법인사단 측에 있다(대판 2003.7.22. 2002다64780).

㉯ 이해상반에 관하여 대판 2013.11.28. 2010다91831: "민법 제64조에서 말하는 법인과 이사의 이익이 상반하는 사항은 법인과 이사가 직접 거래의 상대방이 되는 경우뿐 아니라, 이사의 개인적 이익과 법인의 이익이 충돌하고 이사에게 선량한 관리자로서의 의무 이행을 기대할 수 없는 사항은 모두 포함한다고 할 것이고, 형식상 전혀 별개의 법인 대표를 겸하고 있는 자가 양쪽 법인을 대표하여 계약을 체결하는 경우는 쌍방대리로서 특별한 사정이 없는 이상 이사의 개인적 이익과 법인의 이익이 충돌할 염려가 있는 경우에 해당한다."

그런데 (법인을 대표하기에 충분한 數의) 다른 이사가 있으면 그 다른 이사가 법인을 대표하면 되므로, 그렇지 않은 경우에만 특별대리인을 선임해야 한다.

(4) 법인의 대표기관이 외형적·형식적으로 대표권의 범위 내에서 그러나 실질적으로 자기 또는 제3자의 이익을 위하여 대표행위를 한 경우가 대표권남용(代表權濫用)에 해당한다. 판례가 「대리권」남용에서 일관되게 제107조 제1항 단서를 유추하는 심리유보설을 따르는 반면(〈2-4-3〉 참조), 대표권남용에 관하여 종래 주로 심리유보설을 따랐으나(대판 1997.8.29. 97다18059 등), 최근 신의칙설을 따르는 판례가 늘고 있다.

의 인가 등 정관 소정의 절차를 거치지 않았으므로 무효라는 X의 주장에 대하여, 그와 같은 절차는 법인 대표권의 제한에 관한 것으로서 이러한 제한은 등기하지 않으면 제3자에게 대항할 수 없다고 한 사례.

참고로 주식회사 대표이사의 대표권 제한은 선의의 제3자에게 대항할 수 없다(상법 제389조 제3항, 제209조 제2항). 이와 관련하여 주식회사의 정관이나 이사회 규정 등에서 이사회 결의를 거치도록 대표이사의 대표권을 제한한 경우에, 거래행위의 상대방인 제3자가 상법 제209조 제2항에 따라 보호받기 위하여 선의 외에 무과실까지 필요하지는 않지만, 제3자에게 중대한 과실이 있으면 거래행위가 무효라고 한 대판(전) 2021.2.18. 2015다45451도 참조.

〈1-4-8〉 대표권남용에 관한 판례

㉮ 심리유보설을 따른 대판 2004.3.26. 2003다34045: "대표이사의 대표권한범위를 벗어난 행위라 하더라도 그것이 회사의 권리능력의 범위 내에 속한 행위이기만 하면 대표권의 제한을 알지 못하는 제3자가 그 행위를 회사의 대표행위라고 믿은 신뢰는 보호되어야 하고, 대표이사가 대표권의 범위 내에서 한 행위는 설사 대표이사가 회사의 영리목적과 관계없이 자기 또는 제3자의 이익을 도모할 목적으로 그 권한을 남용한 것이라 할지라도 일단 회사의 행위로서 유효하고, 다만 그 행위의 상대방이 대표이사의 진의를 알았거나 알 수 있었을 때에는 회사에 대하여 무효가 되는 것이며, 이는 민법상 법인의 대표자가 대표권한을 남용한 경우에도 마찬가지"이다(대판 1988.8.9. 86다카1858도 동지).

㉯ 반면 신의칙설을 따르는 대판 1987.10.13. 86다카1522: "주식회사의 대표이사가 그 대표권의 범위 내에서 한 행위는 설사 그 대표이사가 회사의 영리목적과 관계없이 자기 또는 제3자의 이익을 도모할 목적으로 그 권한을 남용한 것이라 할지라도 일응 회사의 행위로서 유효하고, 다만 그 행위의 상대방이 그와 같은 정을 알았던 경우에는 그로 인하여 취득한 권리를 회사에 대하여 주장하는 것이 신의칙에 반하므로 회사는 상대방의 악의를 입증하여 그 행위의 효과를 부인할 수 있을 뿐"이다(대판 2016.8.24. 2016다222453도 동지).

(중)과실 유무를 따지지 않는 점에서 심리유보설보다 상대방의 보호범위가 넓다.

5. 법인에 관한 그 밖의 사항들

(1) 먼저 법인의 불법행위에 관하여 본다.

① 제35조가 규정하는 법인의 불법행위능력은 누구의 어떤 행위에 대하여 법인의 불법행위가 성립하는지에 관한 것이다.

② "이사 기타 대표자"의 행위에 의하여 법인의 불법행위가 성립하는데, 대표기관의 가해행위가 직무와 관련성을 가져야 한다. 그런데 제35조의 "직무에 관하여"는 대표기관의 위법행위의 효과가 어느 범위에서 법인에게 귀속되는지를 정하는 잣대인데, 그 내용은 사용자책임(제756조)의 "사무집행에 관하여"에 관한 외형이

론과 다르지 않다.

〈1-4-9〉 법인의 불법행위에 관한 판례

㉮ 제35조 제1항은 권리능력 없는 사단에 대해서도 적용 내지 유추된다. 노동조합에 관한 대판 1994.3.25. 93다32828과 종중에 관한 대판 2003.7.25. 2002다27088 참조.

㉯ 대표권 없는 이사는 법인의 대표기관이 아니기 때문에 그의 행위로 인하여 법인의 불법행위가 성립하지 않는다(대판 2005.12.23. 2003다30159).

이와 관련하여 대판 2011.4.28. 2008다15438: 제35조 제1항의 "'법인의 대표자'에는 그 명칭이나 직위 여하, 또는 대표자로 등기되었는지 여부를 불문하고 당해 법인을 실질적으로 운영하면서 법인을 사실상 대표하여 법인의 사무를 집행하는 사람을 포함한다고 해석함이 상당하다. 구체적인 사안에서 이러한 사람에 해당하는지는 법인과의 관계에서 그 지위와 역할, 법인의 사무집행 절차와 방법, 대내적·대외적 명칭을 비롯하여 법인 내부자와 거래상대방에게 법인의 대표행위로 인식되는지 여부, 공부상 대표자와의 관계 및 공부상 대표자가 법인의 사무를 집행하는지 여부 등 제반 사정을 종합적으로 고려하여 판단하여야 한다. 그리고 이러한 법리는 주택조합과 같은 비법인사단에도 마찬가지로 적용된다."[51]

한편 대판 2009.1.30. 2006다37465: "법인의 대표자가 그 직무에 관하여 타인에

51) Y 주택조합의 대표자(A)가 B에게 대표자의 모든 권한을 포괄적으로 위임하여 B가 Y의 사무를 집행하던 중 불법행위로 X에게 손해를 입힌 데 대하여 X가 Y를 상대로 제35조에서 정한 법인의 불법행위책임에 따른 손해배상청구를 한 사안에서, Y의 등기부상 대표자 A는 조합 설립시부터 B에게 대표자로서의 모든 권한을 일임하여 B가 조합의 도장, 대표자의 신분증 등을 소지하면서 조합 대표자로서 사무를 집행한 점, Y의 등기부상 대표자 A는 B로부터 월급을 받는 직원에 지나지 않아서 B의 사무집행에 관여할 지위에 있지 않았고, 실제로도 일절 대표자로서의 사무를 집행하지 않은 점 등 여러 사정에 비추어 볼 때, B는 Y를 실질적으로 운영하면서 법인을 사실상 대표하여 법인의 사무를 집행하는 사람으로서 제35조에서 정한 '대표자'에 해당한다고 본 사례.

그런데 Y가 주택조합이라는 특수성이 있고 상법 제401조의2 소정의 업무집행지시자의 책임에 비추어 결론 자체에 수긍할 여지가 있지만, 이러한 태도를 끝까지 밀고 나가면 (대표)이사로 등기되었더라도 실질적인 운영 또는 사실상의 대표라는 징표가 없다면 그의 행위로 인하여 법인의 불법행위가 성립하지 않고 역으로 B처럼 아무런 지위도 가지지 않는 이의 행위에 대하여 법인이 책임을 질 수도 있다는 결론에 이르게 될 것이라는 점에서, 이 판시를 일반화할 것은 아니다.

게 손해를 가함으로써 법인에 손해배상책임이 인정되는 경우에, 대표자의 행위가 제3자에 대한 불법행위를 구성한다면 그 대표자도 제3자에 대하여 손해배상책임을 면하지 못하며(민법 제35조 제1항), 또한 사원도 위 대표자와 공동으로 불법행위를 저질렀거나 이에 가담하였다고 볼 만한 사정이 있으면 제3자에 대하여 위 대표자와 연대하여 손해배상책임을 진다. 그러나 사원총회, 대의원총회, 이사회의 의결은 원칙적으로 법인의 내부행위에 불과하므로 특별한 사정이 없는 한 그 사항의 의결에 찬성하였다는 이유만으로 제3자의 채권을 침해한다거나 대표자의 행위에 가공 또는 방조한 자로서 제3자에 대하여 불법행위책임을 부담한다고 할 수는 없다."[52]

㈐ "직무에 관하여"의 의미에 관하여 판례(대판 1990.3.23. 89다카555 등)는 외형이론(〈7-4-3〉 참조)을 따른다. 즉 외형상 대표기관의 직무행위라고 볼 수 있는 행위 및 직무행위와 사회관념상의 관련성을 가지는 행위가 직무관련성을 가진다고 넓게 새긴다.

㉠ 우선 행위의 외형상 대표기관의 직무행위에 속하는 것은 그 행위가 부당하게 행하여졌더라도 "직무에 관하여"에 해당하고(대판 2004.2.27. 2003다15280), 대표기관 개인의 내심의 의사(가령 사리를 도모하는지 여부)는 문제되지 않는다.[53] 상대방에게 과실이 있다는 점은 과실상계의 사유인데(대판 1975.8.19. 75다666), 대표기관의 고의의 불법행위의 경우에도 마찬가지이다(대판 1987.12.8. 86다카1170).

나아가 행위 자체로는 대표기관의 직무행위에 속하지 않지만 통상적 업무행위와 밀접한 관련을 가지고 외관상으로도 그 업무행위와 유사하여 집무행위의 범위에 속하는 것으로 보이는 행위도 "직무에 관하여"에 해당한다(대판 1974.5.28. 73다2014).

㉡ 그런데 "직무에 관하여"를 외형을 기초로 객관적·추상적으로 판단함으로써 그 범위를 확장하는 것은 집무집행행위의 외관에 대한 피해자의 신뢰를 보호하기 위해서이므로, 피해자의 보호가치가 부정된다면 법인의 불법행위책임을 물을 수

---

52) 나아가 "이때 의결에 참여한 사원 등이 대표자와 공동으로 불법행위를 저질렀거나 이에 가담하였다고 볼 수 있는지 여부는, 그 의결에 참여한 법인의 기관이 당해 사항에 관하여 의사결정권한이 있는지 여부 및 대표자의 집행을 견제할 위치에 있는지 여부, 그 사원이 의결과정에서 대표자의 불법적인 집행행위를 적극적으로 요구하거나 유도하였는지 여부 및 그 의결이 대표자의 업무집행에 구체적으로 미친 영향력의 정도, 침해되는 권리의 내용, 의결내용, 의결행위의 태양을 비롯한 위법성의 정도를 종합적으로 평가하여 법인 내부행위를 벗어나 제3자에 대한 관계에서 사회상규에 반하는 위법한 행위라고 인정될 수 있는 정도에 이르러야 한다."

53) 금원차용에서 차용금의 사용목적은 문제되지 않는다고 한 대판 1987.4.28. 86다카2534 참조.

없다고 해야 한다. 따라서 대표권의 제한 때문에 계약이 무효라는 점을 상대방이 알았거나 중대한 과실로 알지 못한 경우에, 법인에 대하여 제35조의 책임을 묻지 못한다(비법인사단에 관한 대판 2003.7.25. 2002다27088 참조).

㉣ 판례는 법인의 대표기관이 권한을 유월하여 부정한 대표행위를 한 경우에도 법인의 불법행위책임을 인정한다(대판 1990.3.23. 89다카555).

㉤ 법인의 대표자가 직무에 관하여 불법행위를 한 경우에 제35조 제1항에 의하여, 법인의 피용자가 사무집행에 관하여 불법행위를 한 경우에는 제756조 제1항에 의하여, 법인도 손해배상책임을 부담한다(대판 2009.11.26. 2009다57033). 그리고 회사의 대표기관이 업무를 집행하다가 고의 또는 과실로 타인에게 손해를 가하면 회사의 불법행위가 성립하여 회사가 손해배상책임을 지는데, 판례는 이 경우 회사와 대표기관의 연대책임을 규정하는 상법 제210조(및 이를 준용하는 제269조, 제287조의 20, 제389조 제3항, 제567조)를 근거로 회사와 대표기관의 공동불법행위가 성립한다고 한다(대판 2007.5.31. 2005다55473).

⑵ 정관의 변경에 관한 제42조와 제45조. 특히 재단법인의 기본재산에 관한 사항은 정관의 기재사항이므로 기본재산의 변경도 정관의 변경을 초래한다.

〈1-4-10〉 정관의 변경에 관한 판례

㉮ 정관의 변경은 주무관청의 「허가(許可)」를 받아야 한다. 즉 대판(전) 1996.5.16. 95누4810: "민법 제45조와 제46조에서 말하는 재단법인의 정관변경 "허가"는 법률상의 표현이 허가로 되어 있기는 하나, 그 성질에 있어 법률행위의 효력을 보충하여 주는 것이지 일반적 금지를 해제하는 것이 아니므로, 그 법적 성격은 인가라고 보아야 한다." 사단법인에서도 다르지 않다.

㉯ 재단법인 기본재산의 변경을 본다.

㉠ 재단법인의 기본재산에 관한 사항은 정관의 기재사항이므로 기본재산의 변경도 정관의 변경을 초래하는데, 주무관청의 허가가 없으면 기본재산 처분행위는 무효이지만,[54] 사후에 허가를 받아도 된다(대판 1998.7.24. 96다27988). 기본재산을 증

54) 경매절차에 의한 매각도 허가를 요한다는 대결 2007.6.18. 2005마1193 참조.

가시키는 경우에도 같다(대판 1991.5.28. 90다8558).

㉡ 주무관청의 허가를 얻어 기본재산에 편입하여 정관에 기재된 경우에, 비록 그 것이 명의신탁관계에 있었더라도 이것을 처분(반환)하는 것은 정관의 변경을 초래하는 점에서 다르지 않으므로 주무관청의 허가 없이 이를 이전등기할 수는 없다(앞의 90다8558 판결).

㉢ 재단법인의 기본재산에 관한 저당권설정행위는 정관의 변경을 요하지 않으므로 그에 관하여 주무관청의 허가를 얻을 필요가 없고, 기본재산에 대한 강제집행에서 집행법원은 주무관청의 허가를 얻어 제출할 것을 특별매각조건으로 경매절차를 진행하고, 매각허가결정 시까지 이를 제출하지 못하면 매각불허가결정을 하면 된다(대결 2018.7.20. 2017마1565).55)

〈1-4-11〉 법인에 관한 그 밖의 판례

㉮ 법인의 정관에 규정된 이사회 소집통지절차를 위반하여 이루어진 이사회 결의는 당연무효이고, 적법한 소집통지를 받지 못한 이사가 출석하여 반대의 표결을 했다 한들 이사회 결의의 성립에 영향이 없었다고 하더라도 그 결의가 당연무효라는 결론에 지장을 주지 않는다(대판 1992.7.24. 92다749).

㉯ 사단법인 사원의 지위는 양도 또는 상속할 수 없다고 규정한 제56조는 강행규정이 아니므로, 사원의 지위는 규약이나 관행에 의하여 양도 또는 상속될 수 있다(대판 1997.9.26. 95다6205).

㉰ 사원에 대한 제명처분은 사단법인의 이익을 위하여 불가피한 경우에 최종적인 수단으로 인정되어야 하고, 법원은 제명처분의 효력을 심사할 수 있다고 한 대판 1994.5.10. 93다21750도 참조.

55) 정관규정에 따라 주무관청의 허가를 받아 재단법인 기본재산에 근저당권을 설정하였다면 그 실행으로 기본재산을 매각할 때 주무관청의 허가를 다시 받을 필요는 없다(대결 2019.2.28. 2018마800).

6. 비법인사단과 총유

(1) 비법인사단의 법률관계를 본다.

① 이에 관한 명문규정으로 재산소유형태를 총유라고 한 제275조, 당사자능력을 인정한 민사소송법 제52조 및 등기능력을 인정한 부동산등기법 제26조 등.

② 사단법인에 관한 규정 중 법인격을 전제로 하는 것(예: 법인등기)을 제외한 나머지의 유추가 인정된다.56)

〈1-4-12〉 비법인사단의 소송상 지위에 관한 판례

㉮ 종중이나 종중 유사단체가 당사자능력을 가지는지 여부는 법원의 직권조사사항이므로, 당사자능력 판단의 전제인 사실에 관하여 법원이 당사자의 주장에 구속될 필요 없이 직권으로 조사해야 하는데(대판 1997.12.9. 94다41249), 사실심 변론종결시를 기준으로 판단한다(대판 1991.11.26. 91다31661).

㉯ 비법인사단이 당사자인 사건에서 대표자에게 적법한 대표권이 있는지 여부는 소송요건으로 법원의 직권조사사항인데(대판 2009.1.30. 2006다60908), 남자 종중원들에게만 소집통지를 하여 개최된 종중총회에서 대표자로 선출된 이에 의하여 제기된 소는 부적법하여 각하된다(대판 2009.2.26. 2008다8898).

그런데 적법한 대표자자격이 없는 비법인사단의 대표자가 한 소송행위는 후에 대표자자격을 적법하게 취득한 대표자가 그 행위를 추인하면 행위시에 소급하여 효력을 갖고, 이러한 추인은 상고심에서도 할 수 있다(대판 1997.3.14. 96다25227).

㉰ 대판 2011.7.28. 2010다97044: "비법인사단이 총유재산에 관한 소송을 제기할 때에는 정관에 다른 정함이 있다는 등의 특별한 사정이 없는 한 사원총회 결의를 거쳐야 하는 것이므로, 비법인사단이 이러한 사원총회 결의 없이 그 명의로 제기한 소송은 소송요건이 흠결된 것으로서 부적법하다."57)

56) 예컨대 임시이사에 관한 제63조의 유추를 인정한 대결(전) 2009.11.19. 2008마699.

57) 반면 비법인사단의 채권을 대위행사하기 위하여 사원총회의 결의 등 내부절차를 거칠 필요가 없음에 관하여 대판 2014.9.25. 2014다211336 및 〈5-1-2〉 참조.

(2) 총유(總有)의 법률관계를 본다.

① 총유에서는 물건에 대한 지배권능이 단체로서 집합체와 그 구성원인 개개인에게 분속(分屬)된다. 즉 집합체 자체가 물건의 관리·처분에 관한 권능을 가지고, 그 구성원은 이를 사용·수익할 수 있을 뿐이다(제276조).

② 정관이나 규약에 다른 정함이 없는 경우에 사원총회의 결의를 거치지 않은 총유물의 관리 및 처분행위는 무효이다. 상대방이 선의였는지 여부는 문제되지 않으며, 제126조도 적용되지 않는다(대판 2003.7.11. 2001다73626).

③ 정관이나 규약에 달리 정한 바가 없으면 비법인사단의 사원들은 목적범위 내에서 총유물을 사용·수익할 수 있다.

④ 비법인사단 구성원들은 총유물의 보존행위를 할 수 없다(아래 2004다44971 판결).

〈1-4-13〉 총유에 관한 판례

㉮ 비법인사단의 대표자가 타인의 채무를 보증한 행위가 총유물의 관리·처분에 속하는지에 관하여 대판(전) 2007.4.19. 2004다60072·60089의 다수의견: "비법인사단이 타인간의 금전채무를 보증하는 행위는 총유물 그 자체의 관리·처분이 따르지 아니하는 단순한 채무부담행위에 불과하여 이를 총유물의 관리·처분행위라고 볼 수는 없다. 따라서 비법인사단인 재건축조합의 조합장이 채무보증계약을 체결하면서 조합규약에서 정한 조합임원회의 결의를 거치지 아니하였다거나 조합원총회 결의를 거치지 않았다고 하더라도 그것만으로 바로 그 보증계약이 무효라고 할 수는 없다."[58]

나아가 다수의견은 임원회의 결의를 거치도록 한 규약을 대표자의 대표권을 제한하는 규정으로 보아 거래상대방이 그러한 대표권 제한 및 그 위반사실을 알았거나 과실로 인하여 이를 알지 못한 때에는 그 거래행위가 무효로 되며, 이 경우 그 거래상대방이 대표권 제한 및 그 위반사실을 알았거나 알지 못한 데에 과실이 있다는 사정은 그 거래의 무효를 주장하는 측이 이를 주장·증명해야 한다고 했다

58) 비법인사단이 부담하는 보증채무가 자연채무가 아닌 한 그러한 보증채무 부담행위는 그 채무 변제를 위한 책임재산과 별도로 생각할 수 없다고 한 반대의견도 참조.

(〈1-4-7〉에 소개된 대판 2003.7.22. 2002다64780도 참조).

㈏ 총유재산의 보존행위에 관하여 대판(전) 2005.9.15. 2004다44971: 총유의 경우에 "공유나 합유의 경우처럼 보존행위는 그 구성원 각자가 할 수 있다는 민법 제265조 단서 또는 제272조 단서와 같은 규정을 두고 있지 아니한바, 이는 법인 아닌 사단의 소유형태인 총유가 공유나 합유에 비하여 단체성이 강하고 구성원 개인들의 총유재산에 대한 지분권이 인정되지 아니하는 데에서 나온 당연한 귀결이라고 할 것이므로 총유재산에 관한 소송은 법인 아닌 사단이 그 명의로 사원총회의 결의를 거쳐 하거나 또는 그 구성원 전원이 당사자가 되어 필수적 공동소송의 형태로 할 수 있을 뿐 그 사단의 구성원은 설령 그가 사단의 대표자라거나 사원총회의 결의를 거쳤다 하더라도 그 소송의 당사자가 될 수 없고, 이러한 법리는 총유재산의 보존행위로서 소를 제기하는 경우에도 마찬가지"이다.

〈1-4-14〉 종중과 교회에 관한 판례

1) 종중에 관한 대판(전) 2005.7.21. 2002다1178

㉮ A 종중 소유의 토지가 수용되어 그 보상금의 분배를 둘러싸고 다툼이 생기자 공동선조의 후손인 여성들이 종원지위의 확인을 구한 사안에서 다수의견의 입장은 다음과 같다:

㉠ "종원의 자격을 성년 남자로 제한하고 여성에게는 종원의 자격을 부여하지 않는 종래 관습에 대하여 우리 사회 구성원들이 가지고 있던 법적 확신은 상당부분 흔들리거나 약화되었고, 무엇보다도 헌법을 최상위규범으로 하는 우리의 전체 법질서는 개인의 존엄과 양성의 평등을 기초로 한 가족생활을 보장하고, 가족 내의 실질적인 권리와 의무에 관하여 남녀의 차별을 두지 아니하며, 정치·경제·사회·문화 등 모든 영역에서 여성에 대한 차별을 철폐하고 남녀평등을 실현하는 방향으로 변화되어 왔으며, 앞으로도 이러한 남녀평등의 원칙은 더욱 강화될 것인바, […] 공동선조의 후손 중 성년 남자만을 종중의 구성원으로 하고 여성은 종중의 구성원이 될 수 없다는 종래의 관습은, 공동선조의 분묘수호와 봉제사 등 종중의 활동에 참여할 기회를 출생에서 비롯되는 성별만에 의하여 생래적으로 부여하거나 원천적으로 박탈하는 것으로서, 위와 같이 변화된 우리의 전체 법질서에 부합하지 아니하여 정당성과 합리성이 있다고 할 수 없으므로, 종중구성원의 자격을 성년 남자로 제한

하는 종래의 관습법은 이제 더 이상 법적 효력을 가질 수 없게 되었다."

ⓛ "종중은 공동선조의 분묘수호와 제사 및 종원 상호간의 친목 등을 목적으로 하여 구성되는 자연발생적인 종족집단이므로, 종중의 이러한 목적과 본질에 비추어 볼 때 공동선조와 성과 본을 같이 하는 후손은 성별의 구별 없이 성년이 되면 당연히 그 구성원이 된다고 보는 것이 조리에 합당하다."

이러한 취지를 이어받은 재판례로, 여성 종중원에 대한 소집통지를 결여한 종중총회에서 대표자로 선출된 이에 의하여 제기된 소는 부적법하다고 한 대판 2009.2.26. 2008다8898, 종중총회의 소집권을 가지는 연고항존자(年高行尊者)에 여성도 포함된다는 대판 2010.12.9. 2009다26596 및 자녀의 성과 본이 모의 성과 본으로 변경되면 성년인 그 자녀는 모가 속한 종중의 공동선조와 성과 본을 같이 하는 후손으로서 당연히 종중의 구성원이 된다고 한 대판 2022.5.26. 2017다260940 등.

㈏ 나아가 판례변경의 유효범위에 관하여 다음과 같이 판시하였다:

ⓒ "종중구성원의 자격에 관한 대법원의 견해의 변경은 관습상의 제도로서 대법원 판례에 의하여 법률관계가 규율되던 종중제도의 근간을 바꾸는 것인바, 대법원이 이 판결에서 종중구성원의 자격에 관하여 […] 견해를 변경하는 것은 그 동안 종중구성원에 대한 우리 사회 일반의 인식변화와 아울러 전체 법질서의 변화로 인하여 성년 남자만을 종중의 구성원으로 하는 종래의 관습법이 더 이상 우리 법질서가 지향하는 남녀평등의 이념에 부합하지 않게 됨으로써 그 법적 효력을 부정하게 된 데에 따른 것일 뿐만 아니라, 위와 같이 변경된 견해를 소급하여 적용한다면, 최근에 이르기까지 수십 년 동안 유지되어 왔던 종래 대법원 판례를 신뢰하여 형성된 수많은 법률관계의 효력을 일시에 좌우하게 되고, 이는 법적 안정성과 신의성실의 원칙에 기초한 당사자의 신뢰보호를 내용으로 하는 법치주의의 원리에도 반하므로, 위와 같이 변경된 대법원의 견해는 이 판결 선고 이후의 종중구성원의 자격과 이와 관련하여 새로이 성립되는 법률관계에 대해서만 적용된다고 함이 상당하다."

ⓡ "대법원이 […] 종중구성원의 자격에 관한 종래의 견해를 변경하는 것은 결국 종래 관습법의 효력을 배제하여 당해 사건을 재판하도록 하려는 데에 그 취지가 있고, 원고들이 자신들의 권리를 구제받기 위하여 종래 관습법의 효력을 다투면서 자신들이 피고 종회의 회원(종원)자격이 있음을 주장하고 있는 이 사건에 대해서도 위와 같이 변경된 견해가 적용되지 않는다면, 이는 구체적인 사건에서 당사자의 권리구제를 목적으로 하는 사법작용의 본질에 어긋날 뿐만 아니라 현저히 정의에 반하

게 되므로, 원고들이 피고 종회의 회원(종원)지위의 확인을 구하는 이 사건 청구에 한해서는 위와 같이 변경된 견해가 소급하여 적용되어야 할 것이다."

참고로 판례변경의 경우에 이른바 장래효가 기본값인데, 이 판결과 제사주재자의 결정에 관한 대판(전) 2008.11.20. 2007다27670은 당해 사건에 한하여 소급효를 인정한 반면, 성공보수약정의 효력에 관한 (<2-2-8>에 소개된) 대판(전) 2015. 7.23. 2015다200111은 당해 사건에 대해서도 소급효를 인정하지 않았다.

2) 종중에 관한 그 밖의 판례들

㉮ 종중은 공동선조의 분묘수호 및 봉제사와 후손 상호간의 친목을 목적으로 형성되는 「자연발생적인 종족단체」로, 선조의 사망과 동시에 그 후손에 의하여 성립하며, 종중의 규약이나 관습에 따라 선출된 대표자 등에 의하여 대표되는 정도로 조직을 갖추고 지속적인 활동을 하고 있다면 비법인사단으로서의 단체성이 인정된다(대판 1994.9.30. 93다27703). 이와 같은 종중의 성격에 비추어, 종중에 대해서는 가급적 그 독자성과 자율성을 존중해 주는 것이 바람직하고(「단체자치」의 인정), 따라서 종중규약은 종원이 가지는 고유하고 기본적인 권리의 본질적인 내용을 침해하는 등 종중의 본질이나 설립목적에 크게 위배되지 않는 한 그 유효성이 인정되어야 한다(대판 2008.10.9. 2005다30566).

반면 공동선조의 후손 중 특정지역 거주자나 지파 소속 종중원만으로 조직체를 구성하여 활동하고 있다면, 이는 본래의 의미의 종중으로 볼 수 없고(대판 1992.9.22. 92다15048) 종중 유사의 권리능력 없는 사단이 될 수 있을 뿐이다(대판 1996.10.11. 95다34330).

㉯ 종중의 규약이나 관례가 없는 한 일부종원에 대한 소집통지를 결여한 채 개최된 종중총회의 결의는 효력이 없다(대판 2007.3.29. 2006다74273). 그 결의가 통지가능한 종원 중 과반수의 찬성을 얻은 것이라도 마찬가지이지만, 소집통지를 받지 않은 종원이 다른 방법에 의하여 이를 알게 되었음에도 종중총회에 참석하지 않았다면 종중총회의 결의를 무효라고 할 수 없다(대판 1995.6.9. 94다42389). 한편 종중총회의 결의방법에 관하여 종중규약에 다른 규정이 없는 이상 종원은 서면이나 대리인으로 결의권을 행사할 수 있으므로, 일부종원이 총회에 직접 출석하지 않고 다른 출석종원에 대한 위임장 제출방식에 의하여 종중의 대표자 선임 등에 관한 결의권을 행사하는 것도 허용된다(대판 2000.2.25. 99다20155).

㉰ 종중의 토지에 대한 수용보상금은 종원의 총유에 속하고, 수용보상금의 분배

는 총유물의 처분에 해당하므로 정관 기타 규약에 달리 정함이 없는 한 종중총회의 분배결의가 없으면 종원이 종중에 대하여 직접 분배청구를 할 수 없지만, 수용보상금을 종원에게 분배하기로 결의하였다면 종원은 종중에 대하여 직접 분배금의 지급을 청구할 수 있다(대판 1994.4.26. 93다32446).[59]

3) 교회의 분열과 소속교단의 변경에 관한 대판(전) 2006.4.20. 2004다37775[60]

㉮ 먼저 이 판결의 다수의견은 교회의 분열을 인정하던 종래의 입장(대판(전) 1993.1.19. 91다1226 등)을 변경하였다: "우리 민법이 사단법인에 있어서 구성원의 탈퇴나 해산은 인정하지만 사단법인의 구성원들이 2개의 법인으로 나뉘어 각각 독립한 법인으로 존속하면서 종전 사단법인에게 귀속되었던 재산을 소유하는 방식의 사단법인의 분열은 인정하지 아니한다. 그 법리는 법인 아닌 사단에 대하여도 동일하게 적용되며, 법인 아닌 사단의 구성원들의 집단적 탈퇴로써 사단이 2개로 분열되고 분열되기 전 사단의 재산이 분열된 각 사단들의 구성원들에게 각각 총유적으로 귀속되는 결과를 초래하는 형태의 법인 아닌 사단의 분열은 허용되지 않는다. 교회가 법인 아닌 사단으로서 존재하는 이상, 그 법률관계를 둘러싼 분쟁을 소송적인 방법으로 해결함에 있어서는 법인 아닌 사단에 관한 민법의 일반이론에 따라 교회의 실체를 파악하고 교회의 재산귀속에 대하여 판단하여야 하고, 이에 따라 법인 아닌 사단의 재산관계와 그 재산에 대한 구성원의 권리 및 구성원 탈퇴, 특히 집단적인 탈퇴의 효과 등에 관한 법리는 교회에 대하여도 동일하게 적용되어야 한다. 따라서 교인들은 교회재산을 총유의 형태로 소유하면서 사용·수익할 것인데, 일부 교인들이 교회를 탈퇴하여 그 교회 교인으로서의 지위를 상실하게 되면 탈퇴가 개별적인 것이든 집단적인 것이든 이와 더불어 종전교회의 총유재산의 관리처분에

59) 종중재산의 분배에 관한 종중총회의 결의내용이 현저하게 불공정하거나 선량한 풍속 기타 사회질서에 반하거나 종원의 고유하고 기본적인 권리의 본질적인 내용을 침해하는 경우에 그 결의는 무효라고 한 대판 2010.9.9. 2007다42310·42327도 참조.

60) 사안은 다음과 같다: ㉠ X 교회의 당회장으로 재직하던 A가 소속 교단의 징계재판을 받자 지지교인들을 모아 교단 탈퇴와 독립교회(X와 명칭이 같은데, 편의상 Y라고 한다) 설립을 결의하였다. ㉡ 그 후 A가 관련서류를 위조하여 X 소유의 부동산(甲)에 관하여 Y 명의로 소유권이전등기를 마쳤다. ㉢ 소속 교단은 A를 면직하고 X의 당회장으로 B를 파송하였고, 그 후 X가 Y를 상대로 甲에 관한 소유권이전등기의 말소를 구하였다.

원심은 교회의 분열을 인정하는 종래의 판례법리에 따라 총유자인 분열 당시 교인들의 총회 결의가 존재하지 않으므로 분열 후의 X가 종전교회의 총유재산에 대한 말소를 청구할 수 없다는 이유를 들어 Y 명의 등기의 효력에 관하여 아무런 판단을 하지 아니한 채 X의 청구를 배척하였는데, 대법원이 이를 파기하였다.

관한 의결에 참가할 수 있는 지위나 그 재산에 대한 사용·수익권을 상실하고, 종전교회는 잔존교인들을 구성원으로 하여 실체의 동일성을 유지하면서 존속하며 종전교회의 재산은 그 교회에 소속된 잔존교인들의 총유로 귀속됨이 원칙이다. 그리고 교단에 소속되어 있던 지교회의 교인들의 일부가 소속교단을 탈퇴하기로 결의한 다음 종전교회를 나가 별도의 교회를 설립하여 별도의 대표자를 선정하고 나아가 다른 교단에 가입한 경우, 그 교회는 종전교회에서 집단적으로 이탈한 교인들에 의하여 새로이 법인 아닌 사단의 요건을 갖추어 설립된 신설교회라 할 것이어서, 그 교회 소속교인들은 더 이상 종전교회의 재산에 대한 권리를 보유할 수 없게 된다."

㈏ 나아가 소속교단의 변경에 관한 다수의견: "특정교단에 가입한 지교회가 교단이 정한 헌법을 지교회 자신의 자치규범으로 받아들였다고 인정되는 경우에는 소속교단의 변경은 실질적으로 지교회 자신의 규약에 해당하는 자치규범을 변경하는 결과를 초래하고, 만약 지교회 자신의 규약을 갖춘 경우에는 교단변경으로 인하여 지교회의 명칭이나 목적 등 지교회의 규약에 포함된 사항의 변경까지 수반하기 때문에, 소속교단에서의 탈퇴 내지 소속교단의 변경은 사단법인 정관변경에 준하여 의결권을 가진 교인 2/3 이상의 찬성에 의한 결의를 필요로 하고, 그 결의요건을 갖추어 소속교단을 탈퇴하거나 다른 교단으로 변경한 경우에 종전교회의 실체는 이와 같이 교단을 탈퇴한 교회로서 존속하고 종전교회 재산은 위 탈퇴한 교회 소속 교인들의 총유로 귀속된다."[61]

7. 조합과 합유

(1) 조합관계가 있다고 하려면 서로 출자하여 공동사업을 경영할 것을 약정해야 하는데(제703조),[62] 조합의 대표적인 예로 동업관계와 공동이행방식의 공동수급체를 들 수 있다.

61) 교단변경이 목적변경의 요건(총사원 3분의 2 이상의 동의: 제42조)으로 충분한지 아니면 해산의 요건(총사원 4분의 3 이상의 동의: 제78조)을 갖추어야 하는지에 관하여 논란이 있다.

62) 부동산의 공동매수인들이 전매차익을 얻으려는 '공동의 목적' 달성을 위하여 상호 협력한 것에 불과하고 이를 넘어 '공동사업을 경영할 목적'이 있었다고 인정되지 않는 경우에 이들 사이의 법률관계를 민법상 조합관계로 볼 수 없다고 한 대판 2012.8.30. 2010다39918 참조.

그런데 조합원 전원에 대한 「이익」분배가 조합의 필수적 요소인 반면, 「손실」을 일부조합원에게만 부담시키는 특약은 유효하다.

(2) 조합은 공동사업의 경영을 위한 단체/조직이자 동시에 공동사업과 관련된 재산이라는 측면도 가지는데, 조합의 법률관계에서 업무집행과 조합재산이 중심문제로 된다.

① 조합의 「통상사무」(일상적으로 반복되는 사무)는 각 조합원/업무집행조합원이 전행(專行), 즉 단독으로 행할 수 있는 반면(제706조 제3항), 「특별사무」는 조합원/업무집행조합원의 과반수로써 결정한다(같은 조 제2항 전문). 한편 업무집행조합원이 있는 경우에, 다른 조합원은 조합의 통상사무라도 이를 행하지 못하지만, 언제든지 조합의 업무 및 재산상태를 검사할 권리를 가진다(제710조).

② 조합계약의 내용으로 각 조합원은 조합의 목적을 달성함에 필요한 범위 내에서 전 조합원을 대리할 권한을 가진다고 보아야 한다. 업무집행조합원의 대리권을 추정하는 제709조도 참조.

③ 조합재산은 조합원의 개인재산과 구별되는 독립성을 가지지만, 조합 자체가 독립한 권리주체는 아니므로 조합재산은 전 조합원의 합유(合有)에 속한다(제704조).

④ 조합채무는 각 조합원의 채무이기도 하므로, 각 조합원은 손실분담의 비율로 각자의 개인재산으로 책임을 지는데, 그 한도에서 각 조합원의 책임은 무한책임이다.

⑤ 조합관계의 종료는 해산과 청산의 단계를 거친다.[63)]

〈1-4-15〉 조합에 관한 판례

㉮ 대판 1992.7.10. 92다2431: "민법상의 조합과 법인격은 없으나 사단성이 인정되는 비법인사단을 구별함에 있어서는 일반적으로 그 단체성의 강약을 기준으로 판단하여야 하는바, 조합은 2인 이상이 상호간에 금전 기타 재산 또는 노무를

63) 관련하여 대판 2009.6.11. 2009다21096: "동업계약과 같은 조합계약에 있어서는 조합의 해산청구를 하거나 조합으로부터 탈퇴를 하거나 또는 다른 조합원을 제명할 수 있을 뿐이지 일반계약에 있어서처럼 조합계약을 해제하고 상대방에게 그로 인한 원상회복의 의무를 부담지울 수는 없고, 조합원 사이의 신뢰관계가 깨어져서 원만한 조합운영을 기대할 수 없게 된 상황에서 다른 조합원에게 해지통고를 한 것은 조합의 해산청구로 볼 수 있으며, 위와 같은 해산청구가 계약해제 내지 해지의 요건을 별도로 충족할 필요는 없다."

출자하여 공동사업을 경영할 것을 약정하는 계약관계에 의하여 성립하므로(민법 제703조) 어느 정도 단체성에서 오는 제약을 받게 되는 것이지만 구성원의 개인성이 강하게 드러나는 인적 결합체인 데 비하여 비법인사단은 구성원의 개인성과는 별개로 권리의무의 주체가 될 수 있는 독자적 존재로서의 단체적 조직을 가지는 특성이 있다 하겠는데 민법상 조합의 명칭을 가지고 있는 단체라 하더라도 고유의 목적을 가지고 사단적 성격을 가지는 규약을 만들어 이에 근거하여 의사결정기관 및 집행기관인 대표자를 두는 등의 조직을 갖추고 있고, 기관의 의결이나 업무집행방법이 다수결의 원칙에 의하여 행해지며, 구성원의 가입, 탈퇴 등으로 인한 변경에 관계없이 단체 그 자체가 존속되고, 그 조직에 의하여 대표의 방법, 총회나 이사회 등의 운영, 자본의 구성, 재산의 관리 기타 단체로서의 주요사항이 확정되어 있는 경우에는 비법인사단으로서의 실체를 가진다."

㉯ 대판 2009.1.30. 2008다79340: "민법상 조합의 경우 법인격이 없어 조합 자체가 본인이 될 수 없으므로, 이른바 조합대리에 있어서는 본인에 해당하는 모든 조합원을 위한 것임을 표시하여야 하나, 반드시 조합원 전원의 성명을 제시할 필요는 없고, 상대방이 알 수 있을 정도로 조합을 표시하는 것으로 충분하다. 그리고 […] 조합대리에 있어서도 그 법률행위가 조합에게 상행위가 되는 경우에는 조합을 위한 것임을 표시하지 않았다고 하더라도 그 법률행위의 효력은 본인인 조합원 전원에게 미친다."64)

㉰ 대판(전) 2012.5.17. 2009다105406: "공동이행방식의 공동수급체는 기본적으로 민법상 조합의 성질을 가지는 것이므로, 공동수급체가 공사를 시행함으로 인하여 도급인에 대하여 가지는 채권은 원칙적으로 공동수급체 구성원에게 합유적으로 귀속하는 것이어서 특별한 사정이 없는 한 구성원 중 1인이 임의로 도급인에 대하여 출자지분비율에 따른 급부를 청구할 수 없고, 구성원 중 1인에 대한 채권으로써 그 구성원 개인을 집행채무자로 하여 공동수급체의 도급인에 대한 채권에 대하여 강제집행을 할 수 없다. 그러나 공동이행방식의 공동수급체와 도급인이 공사도급계약에서 발생한 채권과 관련하여 공동수급체가 아닌 개별구성원으로 하여금 지분비율에 따라 직접 도급인에 대하여 권리를 취득하게 하는 약정을 하는 경우와 같이 공사도급계약의 내용에 따라서는 공사도급계약과 관련하여 도급인에 대하여 가지는 채권이 공동수급체 구성원 각자에게 지분비율에 따라 구분하여 귀속될

64) 제114조와 상법 제48조를 근거로 한다.

수도 있고, 위와 같은 약정은 명시적으로는 물론 묵시적으로도 이루어질 수 있다."

한편 공사도급계약의 이행에서 실질적 기여비율에 따른 공사대금의 최종적 귀속은 도급인과 무관한, 공동수급체 구성원들 내부의 정산문제일 뿐이다(대판 2013.2.28. 2012다107532).

㉣ 대판 2014.8.20. 2014다26521: "조합을 구성하는 다수의 사람들이 그들의 공동사업을 위하여 거래상대방과 계약을 체결할 경우에도 그 조합원들은 원칙적으로는 민법 제712조에 따라 그 지분의 비율에 따라 상대방에게 그 계약에 따른 책임을 부담하여야 하는 것이지만, 구체적인 사건에 있어서는 그 거래관계에서 부담하게 되는 급부의 성질이나 거래경위 등 […] 사정 여하에 따라 조합원들이 상대방에 대해 불가분적으로 채무 전액에 대하여 책임을 부담하기로 한 것으로 해석함이 상당한 경우도 있다. 조합의 채무는 조합원의 채무로서 특별한 사정이 없는 한 조합채권자는 각 조합원에 대하여 지분의 비율에 따라 또는 균일적으로 변제의 청구를 할 수 있을 뿐이나, 조합채무가 특히 조합원 전원을 위하여 상행위가 되는 행위로 인하여 부담하게 된 것이라면 상법 제57조 제1항을 적용하여 조합원들의 연대책임을 인정함이 상당하다."

㉤ 대판 2018.1.24. 2015다69990: "공동수급체의 구성원이 출자의무를 이행하지 않더라도, 공동수급체가 출자의무의 불이행을 이유로 이익분배 자체를 거부할 수도 없고, 그 구성원에게 지급할 이익분배금에서 출자금이나 그 연체이자를 당연히 공제할 수도 없다. 다만 구성원에 대한 공동수급체의 출자금채권과 공동수급체에 대한 구성원의 이익분배청구권이 상계적상에 있으면 상계에 관한 민법규정에 따라 두 채권을 대등액에서 상계할 수 있을 따름"이다.[65]

---

65) 나아가 대판 2022.2.17. 2016다278579·278586: "조합의 일부조합원이 당초 약정한 출자의무를 이행하고 있지 않은 상태에서 조합의 해산사유가 발생하여 해산이 이루어진 경우 그 잔여업무가 남아있지 않고 다만 잔여재산의 분배절차만이 남아있을 때에는 조합원 사이에 별도의 약정이 없는 이상, 그 이행되지 아니한 출자금채권을 추심하거나 청산절차를 거치지 않고도 각 조합원은 자신이 실제로 출자한 가액비율의 범위 내에서 그 출자가액비율을 초과하여 잔여재산을 보유하고 있는 조합원에 대하여 잔여재산의 분배절차를 진행할 수 있다. 이때 잔여재산은 특별한 사정이 없는 한 각 조합원이 실제로 출자한 가액에 비례하여 이를 분배하여야 할 것인데, 일부 이행되지 아니한 출자금이 있더라도 이를 고려하지 않고 잔여재산의 범위를 확정한 다음 각 조합원이 실제로 출자한 가액에 비례하여 이를 분배함이 타당하다. 그리고 이러한 기준에 따라 잔여재산분배절차를 진행하는 이상 다른 조합원들은 출자의무를 이행하지 아니한 조합원에게 더 이상 출자의무의 이행을 청구할 수 없다고 보아야 한다."

(3) 합유(合有)에 관하여 본다.

① 합유지분은 조합체의 일원으로서의 지위를 의미하므로, 합유자 전원의 동의 없이 합유물에 대한 지분을 처분하지 못하고(제273조 제1항), 조합체가 존속하는 한 합유자는 합유물의 분할을 청구할 수 없다(같은 조 제2항).

② 합유물의 처분·변경에 관하여 제272조와 제706조 제2항이 상충되고 이에 관하여 의견이 분분한데, 아래 2007다18911 판결처럼 합유법의 보충성(補充性)으로 해결할 것이다.

〈1-4-16〉 합유에 관한 판례

㉮ 부동산의 합유자 중 일부가 사망한 경우에, 합유자 사이에 특별한 약정이 없는 한 사망한 합유자의 상속인은 합유자지위를 승계하지 못하므로, 해당 부동산은 잔존합유자가 2인 이상이라면 잔존합유자의 합유로 귀속되고 잔존합유자가 1인이라면 잔존합유자의 단독소유로 귀속된다(대판 1996.12.10. 96다23238[66]).

㉯ 대판 2002.6.14. 2000다30622: "수인이 부동산을 공동으로 매수한 경우에, 매수인들 사이의 법률관계는 공유관계로서 단순한 공동매수인에 불과하여 매도인은 매수인 수인에게 그 지분에 대한 소유권이전등기의무를 부담하는 경우도 있을 수 있고, 그 수인을 조합원으로 하는 동업체에서 매수한 것으로서 매도인이 소유권 전부의 이전의무를 그 동업체에 대하여 부담하는 경우도 있을 수 있고, 부동산의 소유자가 동업계약(조합계약)에 의하여 부동산의 소유권을 투자하기로 하였으나 아직 그 소유로 등기가 되어 있고 조합원의 합유로 등기되어 있지 않다면, 그와 조합 사이에 채권적인 권리의무가 발생하여 그로 하여금 조합에 대하여 그 소유권을 이전할 의무 내지 그 사용을 인용할 의무가 있지만, 그 동업계약을 이유로 조합계약 당사자 아닌 사람에 대한 관계에서 그 부동산이 조합원의 합유에 속한다고 할 근거는 없으므로 조합원 아닌 제3자에 대하여 여전히 소유자로서 그 소유권을 행사할 수 있으며, 제271조 제1항(이는 물권법상의 규정으로서 강행규정이고, 따라서 조합체의 구성원인 조합원들이 공유하는 경우에 조합체로서 물건을 소유하는 것으로 볼 수 없다)과 제704

66) 나아가 합유물에 관한 소송은 고유필요적 공동소송에 해당하여 합유자 전원을 피고로 해야 할 뿐만 아니라 합유자 전원에 대하여 합일적으로 확정되어야 하므로, 합유자 중 일부의 청구인낙이나 합유자 중 일부에 대한 소의 취하는 허용되지 않는다고 하였다.

조에 비추어 동업을 목적으로 한 조합이 조합체로서 또는 조합재산으로서 부동산의 소유권을 취득하였다면 제271조 제1항에 의하여 당연히 그 조합체의 합유물이 되고(이는 제187조에 규정된 '법률의 규정에 의한 물권의 취득'과는 아무 관계가 없다. 따라서 조합체가 부동산을 법률행위에 의하여 취득한 경우에는 물론 소유권이전등기를 요한다), 다만 그 조합체가 합유등기를 하지 않고 그 대신 조합원들 명의로 각 지분에 관하여 공유등기를 하였다면 이는 그 조합체가 조합원들에게 각 지분에 관하여 명의신탁한 것으로 보아야 한다."67)

그런데 이러한 명의신탁을 해지하는 행위는 조합재산의 관리방법의 변경에 해당하여 단순한 보존행위라고 볼 수 없으므로, 조합원 각자가 단독으로 명의신탁을 해지할 수 없다(대판 1997.5.30. 95다4957).

㉰ 대판 2010.4.29. 2007다18911: "민법 제272조에 따르면 합유물을 처분 또는 변경함에는 합유자 전원의 동의가 있어야 하나, 합유물 가운데서도 조합재산의 경우 그 처분·변경에 관한 행위는 조합의 특별사무에 해당하는 업무집행으로서, 이에 대하여는 특별한 사정이 없는 한 민법 제706조 제2항이 민법 제272조에 우선하여 적용되므로, 조합재산의 처분·변경은 업무집행자가 없는 경우에는 조합원의 과반수로 결정하고, 업무집행자가 수인 있는 경우에는 그 업무집행자의 과반수로써 결정하며, 업무집행자가 1인만 있는 경우에는 그 업무집행자가 단독으로 결정한다." 요컨대 조합재산의 처분이 업무집행에 해당하면 제706조 제2항이, 그렇지 않으면 제272조가 각 적용된다는 입장이다.

㉱ 대판 2013.11.28. 2011다80449: "합유재산의 보존행위는 합유재산의 멸실·훼손을 방지하고 그 현상을 유지하기 위하여 하는 사실적·법률적 행위로서 이러한 합유재산의 보존행위를 각 합유자 단독으로 할 수 있도록 한 취지는 그 보존행위가 긴급을 요하는 경우가 많고 다른 합유자에게도 이익이 되는 것이 보통이기 때문이다. 민법상 조합인 공동수급체가 경쟁입찰에 참가하였다가 다른 경쟁업체가 낙찰자로 선정된 경우, 그 공동수급체의 구성원 중 1인이 그 낙찰자 선정이 무효임을 주장하며 무효확인의 소를 제기하는 것은 그 공동수급체가 경쟁입찰과 관련하여 갖

67) 이때 부동산실명법 제4조 제2항 본문이 적용되어 명의수탁자인 조합원들 명의의 소유권이전등기는 무효여서 그 부동산지분은 조합원들의 소유가 아니기 때문에 이를 일반채권자들의 공동담보인 책임재산이라고 볼 수 없고, 따라서 조합원 중 1인이 조합에서 탈퇴하면서 나머지 조합원들에게 그 지분에 관한 소유권이전등기를 경료해 주었더라도 그로써 채무자인 그 조합원의 책임재산에 감소를 초래한 것이라고 할 수 없으므로, 이를 들어 일반채권자를 해치는 사해행위라고 볼 수는 없으며, 그에게 사해의 의사가 있다고 볼 수도 없다고 하였다.

는 법적 지위 내지 법률상 보호받는 이익이 침해될 우려가 있어 그 현상을 유지하기 위하여 하는 소송행위이므로 이는 합유재산의 보존행위에 해당한다.”

제 2 장
계약의 효력

제2장
계약의 효력

제1절 일반론

1. 총 설

(1) 먼저 계약의 효력을 살핀다.

① 계약이 성립하여 「효력(效力)」(당사자가 원한 효과)이 발생하면, 당사자들 사이에 별도의 합의가 있거나 법률의 규정이 있는 경우를 제외하고 당사자 일방의 의사만으로 그 구속력을 해소하지 못한다.

② 계약에 기한 권리의 행사에서 계약의 성립은 권리근거사실로서 청구원인을 이루는 반면, 효력의 발생을 방해하는 무효사유 등은 권리장애사실로서 항변에 속한다.

③ 계약의 효력과 관련하여 특히 중요한 것은 쌍무계약(雙務契約)이다. 그런데 두 개의 편무계약이 교차하는 경우와 달리 쌍무계약에 기한 채무들 사이에 상호의존관계가 인정되고 이를 견련관계(牽連關係)라 하는데, 동시이행의 항변권과 위험부담이 그 발현모습이다. 다만 이들이 실제로 기능하는 것은 주로 급부장애와 관련해서이므로, 그곳에서 살핀다.

(2) 이제 채권의 효력 일반으로 시야를 넓힌다.

① 특별결합관계로서 채권관계에 기하여 채권자는 채무자에 대해서「만」 권리를 가지고, 채권은 통상 채무자에 의해서만 침해될 수 있다: 채권의 상대효(相對效).

② 채권의 효력을 어떻게 분류할 것인지에 관하여 의논이 분분한데, 대내적 효력을 ⓐ 본질적 효력으로서 청구력과 급부보유력, ⓑ 통상적 효력으로서 소구력과 강제집행력으로 나누고, ⓒ 채권자대위권·채권자취소권을 채권의 확장적 효력으로 파악한 후 ⓓ 방어적 효력으로서 제3자의 채권침해를 추가하면 충분할 것이다.

⑶ 강제집행가능성으로서 「책임(責任)」에 관하여 본다.

① 「인적 무한책임」이 책임의 기본형이다. 즉 채무자의 전 재산이 강제집행의 대상이다(제5장 제1절 1. ⑵ 참조).

② 이에 대한 예외로 강제집행가능성이 없는 「책임 없는 채무」와 책임이 제한되는 경우가 있다. 후자로 ⓐ 강제집행의 대상이 일정한 독립적 재산집단으로 한정되는 물적 유한책임과 ⓑ 강제집행의 범위가 일정액으로 제한되는 금액유한책임이 있다.

〈2-1-1〉 물적 유한책임으로서 상속의 한정승인(限定承認)에 관한 판례

㉮ 상속에 의하여 피상속인의 「채무」가 상속인에게 당연히 승계되지만, 한정승인을 한 상속인은 자기가 상속받은 재산의 한도에서만 피상속인의 채무에 대하여 「책임」을 진다.

이처럼 채무 자체가 감축되는 것이 아니라 책임이 제한될 뿐이므로, 상속채권자의 청구에 대하여 법원은 상속채무 전부에 관하여 이행판결을 선고하되, 주문에 상속재산의 한도에서만 집행할 수 있다는 취지를 밝혀야 한다. 즉 대판 2003.11.14. 2003다30968: "상속의 한정승인은 채무의 존재를 한정하는 것이 아니라 단순히 그 책임의 범위를 한정하는 것에 불과하기 때문에, 상속의 한정승인이 인정되는 경우에도 상속채무가 존재하는 것으로 인정되는 이상, 법원으로서는 상속재산이 없거나 그 상속재산이 상속채무의 변제에 부족하다고 하더라도 상속채무 전부에 대한 이행판결을 선고하여야 하고, 다만, 그 채무가 상속인의 고유재산에 대해서는 강제집행을 할 수 없는 성질을 가지고 있으므로, 집행력을 제한하기 위하여 이행판결의 주문에 상속재산의 한도에서만 집행할 수 있다는 취지를 명시하여야 한다."

㉯ 한정승인을 한 상속인의 지위에 관하여 본다.

㉠ 대판(전) 2010.3.18. 2007다77781의 다수의견: "법원이 한정승인신고를 수리하게 되면 피상속인의 채무에 대한 상속인의 책임은 상속재산으로 한정되고, 그 결과 상속채권자는 특별한 사정이 없는 한 상속인의 고유재산에 대하여 강제집행을 할 수 없다. 그런데 민법은 한정승인을 한 상속인(이하 '한정승인자'라 한다)에 관하여 그가 상속재산을 은닉하거나 부정소비한 경우 단순승인을 한 것으로 간주하는 것(제1026조 제3호) 외에는 상속재산의 처분행위 자체를 직접적으로 제한하는 규정을 두고 있지 않기 때문에, 한정승인으로 발생하는 위와 같은 책임제한효과로 인하여 한정승인자의 상속재산 처분행위가 당연히 제한된다고 할 수는 없다. 또한 민법은 한정승인자가 상속재산으로 상속채권자 등에게 변제하는 절차는 규정하고 있으나(제1032조 이하), 한정승인만으로 상속채권자에게 상속재산에 관하여 한정승인자로부터 물권을 취득한 제3자에 대하여 우선적 지위를 부여하는 규정은 두고 있지 않으며, 민법 제1045조 이하의 재산분리제도와 달리 한정승인이 이루어진 상속재산임을 등기하여 제3자에 대항할 수 있게 하는 규정도 마련하고 있지 않다. 따라서 한정승인자로부터 상속재산에 관하여 저당권 등의 담보권을 취득한 사람과 상속채권자 사이의 우열관계는 민법상의 일반원칙에 따라야 하고, 상속채권자가 한정승인의 사유만으로 우선적 지위를 주장할 수는 없다. 그리고 이러한 이치는 한정승인자가 그 저당권 등의 피담보채무를 상속개시 전부터 부담하고 있었다고 하여 달리 볼 것이 아니"다. 이러한 경우에 상속채권자는 재산분리(제1045조 이하, 특히 제1052조 참조)를 통하여 우선권을 확보할 수 있다.

㉡ 대판 2016.5.24. 2015다250574: "상속재산에 관하여 담보권을 취득하였다는 등 사정이 없는 이상, 한정승인자의 고유채권자는 상속채권자가 상속재산으로부터 그 채권의 만족을 받지 못한 상태에서 상속재산을 고유채권에 대한 책임재산으로 삼아 이에 대하여 강제집행을 할 수 없다고 보는 것이 형평의 원칙이나 한정승인제도의 취지에 부합하며, 이는 한정승인자의 고유채무가 조세채무인 경우에도 그것이 상속재산 자체에 대하여 부과된 조세나 가산금, 즉 당해세에 관한 것이 아니라면 마찬가지"이다. 요컨대 상속재산에 대한 상속채권자의 우선적 지위가 인정된다.

㉢ 두 판결을 모아 보면, 한정승인신고가 수리된 경우에 상속재산에 관한 우선순위가 '상속재산에 관하여 저당권 등 담보권을 취득한 이 → 상속채권자 → 한정승인자의 일반채권자'의 3단계로 정해진다.[1]

---

1) 한정승인이 있으면, 피상속인의 채무는 전부 승계되지만 그에 대하여 상속재산만이 책임을

㉰ 제1019조 제3항의 특별한정승인과 관련하여 대판(전) 2020.11.19. 2019다232918의 다수의견: “미성년 상속인의 법정대리인이 인식한 바를 기준으로 ‘상속채무 초과사실을 중대한 과실 없이 알지 못하였는지 여부’와 ‘이를 알게 된 날’을 정한 다음 이를 토대로 살폈을 때 특별한정승인규정이 애당초 적용되지 않거나 특별한정승인의 제척기간이 이미 지난 것으로 판명되면, 단순승인의 법률관계가 그대로 확정된다. 그러므로 이러한 효과가 발생한 이후 상속인이 성년에 이르더라도 상속개시 있음과 상속채무 초과사실에 관하여 상속인 본인 스스로의 인식을 기준으로 특별한정승인규정이 적용되고 제척기간이 별도로 기산되어야 함을 내세워 새롭게 특별한정승인을 할 수는 없다고 보아야 한다.”2)

㉱ 참고로 대판 2006.10.13. 2006다23138은 “한정승인에 의한 책임의 제한은 상속채무의 존재 및 범위의 확정과는 관계가 없고 다만 판결의 집행대상을 상속재산의 한도로 한정함으로써 판결의 집행력을 제한할 뿐이다. 특히 채권자가 피상속인의 금전채무를 상속한 상속인을 상대로 그 상속채무의 이행을 구하여 제기한 소송에서 채무자가 한정승인사실을 주장하지 않으면, 책임의 범위는 현실적인 심판대상으로 등장하지 아니하여 주문에서는 물론 이유에서도 판단되지 않는 것이므로 그에 관하여는 기판력이 미치지 않는다. 그러므로 채무자가 한정승인을 하고도 채권자가 제기한 소송의 사실심 변론종결시까지 그 사실을 주장하지 아니하는 바람에 책임의 범위에 관하여 아무런 유보가 없는 판결이 선고되어 확정되었다고 하더라도, 채무자는 그 후 위 한정승인사실을 내세워 청구에 관한 이의의 소를 제기하는 것이 허용된다고 봄이 옳다”고 하여 실권효(失權效)를 제한하였다.

그런데 책임이 제한되는 한정승인과 달리, 상속에 의한 채무의 존재 자체가 문제되어 그에 관한 확정판결의 주문에 당연히 기판력이 미치는 상속포기의 경우에는 ‘실권효 제한의 법리’가 적용될 수 없다(대판 2009.5.28. 2008다79876).

㉲ 대판 2022.10.27. 2022다254154·254161: “상속채권자가 피상속인에 대하여

지고 상속인의 고유재산은 상속채무의 책임재산이 아니라는 점에서, 담보권자가 우선한다는 2007다77781 판결의 태도는 법정책적으로 재고의 여지가 없지 않다. 즉 상속개시 전부터 한정승인자에 대하여 채권을 가지던 이가 피상속인의 사망이라는 우연한 사정을 계기로 상속재산에 관하여 (저당권을 설정받아) 선순위로 되고 그 결과 상속채권자가 불리하게 되는 것은, 한정승인에서 상속재산이 특별재산이라는 취지에 반한다고 볼 여지가 있다.

2) 다만 2022년 신설된 제1019조 제4항에 따라 상속개시 당시 미성년자인 상속인의 법정대리인이 상속을 단순승인하였더라도 이와 관계없이 미성년자인 상속인이 성년이 된 후 한정승인을 할 수 있는 특별절차가 마련되었다.

는 채권을 보유하면서 상속인에 대하여는 채무를 부담하는 경우, 상속이 개시되면 위 채권 및 채무가 모두 상속인에게 귀속되어 상계적상이 생기지만, 상속인이 한정승인을 하면 상속이 개시된 때부터 민법 제1031조에 따라 피상속인의 상속재산과 상속인의 고유재산이 분리되는 결과가 발생하므로, 상속채권자의 피상속인에 대한 채권과 상속인에 대한 채무 사이의 상계는 제3자의 상계에 해당하여 허용될 수 없다. 즉, 상속채권자가 상속이 개시된 후 한정승인 이전에 피상속인에 대한 채권을 자동채권으로 하여 상속인에 대한 채무에 대하여 상계하였더라도, 그 이후 상속인이 한정승인을 하는 경우에는 민법 제1031조의 취지에 따라 상계가 소급하여 효력을 상실하고, 상계의 자동채권인 상속채권자의 피상속인에 대한 채권과 수동채권인 상속인에 대한 채무는 모두 부활한다."

2. 효력의 시적(時的) 범위

(1) 계약에 기한 채무는 계약의 성립과 동시에 발생하고 이행에 의하여 소멸하지만, 당사자들이 효력의 발생이나 소멸의 사유 및/또는 시기를 이와 달리 정함으로써 장래의 사정변경에 대비할 수 있다. 이처럼 법률행위 「효력」의 발생 또는 소멸을 정하기 위하여 법률행위에 부가되는 약관을 부관(附款)이라 한다.

(2) 정지조건이나 시기의 존재는 권리저지사실인 반면, 해제조건의 성취, 종기의 도래는 권리소멸사실이다.

〈2-1-2〉 부관에 관한 판례[3]

㉮ 부관의 의미에 관하여 판례는 「항변설」을 따른다. 가령 대판 1993.9.28. 93다20832: "어떠한 법률행위가 조건의 성취시 법률행위의 효력이 발생하는 소위 정지조건부 법률행위에 해당한다는 사실은 그 법률행위로 인한 법률효과의 발생을 저지하는 사유로서 그 법률효과의 발생을 다투려는 자에게 주장입증책임이 있다."

그런데 정지조건의 성취에 대한 증명책임은 그로 인하여 권리를 취득하는 이가

3) 이행기한에 관하여 〈4-2-2〉 참조.

진다(대판 1984.9.25. 84다카967).

한편 대판 1992.5.22. 92다5584: "해제조건부 증여로 인한 부동산소유권이전등기를 마쳤다 하더라도 그 해제조건이 성취되면 그 소유권은 증여자에게 복귀한다고 할 것이고, 이 경우 당사자간에 별단의 의사표시가 없는 한 그 조건성취의 효과는 소급하지 아니하나, 조건성취 전에 수증자가 한 처분행위는 조건성취의 효과를 제한하는 한도 내에서는 무효라고 할 것이고, 다만 그 조건이 등기되어 있지 않는 한 그 처분행위로 인하여 권리를 취득한 제3자에게 위 무효를 대항할 수 없다."

㈏ 흔히 가족법상의 행위에 조건을 붙일 수 없다고 하지만, 판례는 상속재산 분할협의에 정지조건을 붙일 수 있다고 한다. 상속인 중 1인이 상속세와 상속관련 채무를 모두 변제하는 것을 정지조건으로 하여 그가 단독상속하기로 한 상속재산 분할협의의 효력을 인정한 (<4-6-10>에 소개된) 대판 2004.7.8. 2002다73203 참조.

㈐ 대판 2003.5.13. 2003다10797: "조건은 법률행위의 효력의 발생 또는 소멸을 장래의 불확실한 사실의 성부에 의존케 하는 법률행위의 부관으로서 당해 법률행위를 구성하는 의사표시의 일체적인 내용을 이루는 것이므로, 의사표시의 일반원칙에 따라 조건을 붙이고자 하는 의사 즉 조건의사와 그 표시가 필요하며, 조건의사가 있더라도 그것이 외부에 표시되지 않으면 법률행위의 동기에 불과할 뿐이고 그것만으로는 법률행위의 부관으로서의 조건이 되는 것은 아니다"[4](대판 2020.7.9. 2020다202821도 동지).

그리고 대결 2005.11.8. 2005마541: "조건부 법률행위에 있어 조건의 내용 자체가 불법적인 것이어서 무효일 경우 또는 조건을 붙이는 것이 허용되지 아니하는 법률행위에 조건을 붙인 경우 그 조건만을 분리하여 무효로 할 수는 없고 그 법률행위 전부가 무효로 된다."

㈑ 조건의 성취로 인하여 불이익을 받을 당사자가 신의성실에 반하여 조건의 성취를 방해한 경우에 상대방은 그 조건이 성취된 것으로 주장할 수 있는데(제150조 제1항),[5] 조건성취로 의제되는 시점은 신의칙에 반하는 방해행위가 없었다면 조건

4) C의 오빠인 A가 B에게 C의 횡령금 중 일부를 지급하기로 한 약정은 C가 B에 대하여 부담하는 손해배상채무 중 일부를 대신 변제한다는 취지이고, 그러한 약정을 하는 A의 내심에 C가 처벌받지 않기를 바라는 동기 외에 C가 실제로 처벌을 받는 경우에 위 약정 자체가 무효라는 조건의사까지 있었을지 모르지만, 그것만으로 C의 선처를 조건으로 한 조건부 약정이 이루어졌다고 단정할 수 없다고 한 사례.

5) 대판 2021.1.14. 2018다223054: "당사자들이 조건을 약정할 당시에 미처 예견하지 못했던 우발적인 상황에서 상대방의 이익에 대해 적절히 배려하지 않거나 상대방이 합리적으로 신뢰

이 성취되었으리라고 추정되는 시점이다(대판 1998.12.22. 98다42356).

한편 대판 2022.12.29. 2022다266645: "'조건의 성취를 방해한 때'란 사회통념상 일방당사자의 방해행위가 없었더라면 조건이 성취되었을 것으로 볼 수 있음에도 방해행위로 인하여 조건이 성취되지 못한 정도에 이르러야 하고, 방해행위가 없었더라도 조건의 성취가능성이 현저히 낮은 경우까지 포함되는 것은 아니다."

㉮ 법률행위에 붙은 부관이 조건인지 기한인지가 명확하지 않으면 법률행위의 해석을 통하여 이를 결정해야 하는데, 부관에 표시된 사실이 발생하지 않으면 부관의 효력이 발생하지 않는다고 보는 것이 상당하다면 「조건」인 반면, 표시된 사실이 발생한 때는 물론이고 발생하지 않는 것으로 확정되더라도 부관의 효력이 발생하는 것으로 보는 것이 상당한 경우에는 표시된 사실의 발생 여부가 확정되는 것을 불확정「기한」으로 정한 것으로 보아야 한다(대판 2018.6.28. 2018다201702).[6)]

3. 효력의 객관적 범위

(1) 계약의 객관적 효력범위와 관련하여 검토할 것은 채무의 내용을 명확하게 하는 해석과 계약내용의 사후적 변경이다.

(2) 계약의 「해석」은 계약의 내용을 확정함으로써 당사자들의 법률관계를 명확하게 하고 나아가 법질서의 승인과 조력을 받을 수 있는지를 판단하기 위한 전제이다.

〈2-1-3〉 해석에 관한 판례

㉮ 대판 2011.1.13. 2010다69940: "의사표시와 관련하여, 당사자에 의하여 무엇

한 선행행위와 모순된 태도를 취함으로써 형평에 어긋나거나 정의관념에 비추어 용인될 수 없는 결과를 초래하는 경우 신의성실에 반한다고 볼 수 있다. […] 제150조 제1항은 계약당사자 사이에서 정당하게 기대되는 협력을 신의성실에 반하여 거부함으로써 계약에서 정한 사항을 이행할 수 없게 된 경우에 유추적용될 수 있다."

제150조 제2항에 관하여 같은 취지의 판시를 한 대판 2021.3.11. 2020다253430도 참조.

6) 희망퇴직신청을 하면 회사정리계획 인가결정일부터 1월 내에 평균임금 3월분의 퇴직위로금을 지급하겠다는 의사표시를 불확정기한으로 본 대판 2003.8.19. 2003다24215도 참조.

이 표시되었는가 하는 점과 그것으로써 의도하려는 목적을 확정하는 것은 사실인정의 문제이고, 인정된 사실을 토대로 그것이 가지는 법률적 의미를 탐구 확정하는 것은 이른바 의사표시의 해석으로서, 이는 사실인정과는 구별되는 법률적 판단의 영역에 속하는 것이다. 그리고 어떤 목적을 위하여 한 당사자의 일련의 행위가 법률적으로 다듬어지지 아니한 탓으로 그것이 가지는 법률적 의미가 명확하지 아니한 경우에는 그것을 법률적인 관점에서 음미, 평가하여 그 법률적 의미가 무엇인가를 밝히는 것 역시 의사표시의 해석에 속한다."

㈏ 판례의 주류는, 해석이란 표의자의 내심의 효과의사를 탐구하는 것이 아니라, 표시행위가 가지는 객관적 의미를 밝히는 것이라고 한다. 예컨대 대판 2001.3.23. 2000다40858: "법률행위의 해석은 당사자가 그 표시행위에 부여한 객관적인 의미를 명백하게 확정하는 것으로서, 사용된 문언에만 구애받는 것은 아니지만, 어디까지나 당사자의 내심의 의사가 어떤지에 관계없이 그 문언의 내용에 의하여 당사자가 그 표시행위에 부여한 객관적 의미를 합리적으로 해석하여야 [하고,] 당사자가 표시한 문언에 의하여 그 객관적인 의미가 명확하게 드러나지 않는 경우에는 그 문언의 형식과 내용, 그 법률행위가 이루어진 동기 및 경위, 당사자가 그 법률행위에 의하여 달성하려는 목적과 진정한 의사, 거래의 관행 등을 종합적으로 고려하여 사회정의와 형평의 이념에 맞도록 논리와 경험의 법칙, 그리고 사회 일반의 상식과 거래의 통념에 따라 합리적으로 해석하여야 한다."[7]

㈐ 다른 한편 판례는 표의자의 내심의 효과의사를 중시하는 「falsa demonstratio non nocet의 원칙」[8]도 수용하였다. 즉 대판 1993.10.26. 93다2629·2636: "부동산의 매매계약에 있어 쌍방당사자가 모두 특정의 甲 토지를 계약의 목적물로 삼았으나 그 목적물의 지번 등에 관하여 착오를 일으켜 계약을 체결함에 있어서는 계약서상 그 목적물을 甲 토지와는 별개인 乙 토지로 표시하였다 하여도 甲 토지에 관하여 이를 매매의 목적물로 한다는 쌍방당사자의 의사합치가 있은 이상 위 매매계약은 甲 토지에 관하여 성립한 것으로 보아야 할 것이고 乙 토지에 관하여 매매계약이 체결된 것으로 보아서는 안 될 것이며, 만일 乙 토지에 관하여 위 매매계약을

---

7) "어떠한 의무를 부담하는 내용의 기재가 있는 문면에 "최대 노력하겠습니다"라고 기재되어 있는 경우, 특별한 사정이 없는 한 당사자가 위와 같은 문구를 기재한 객관적인 의미는 문면 그 자체로 볼 때 그러한 의무를 법적으로는 부담할 수 없지만 사정이 허락하는 한 그 이행을 사실상 하겠다는 취지로 해석함이 상당하다"고 한 대판 1994.3.25. 93다32668도 참조.

8) 표의자와 상대방이 일치된 의사를 가진 경우에, 표시가 잘못되었더라도 당사자들의 일치된 내심의 의사가 효력을 가진다는 원칙.

원인으로 하여 매수인 명의로 소유권이전등기가 경료되었다면 이는 원인이 없이 경료된 것으로서 무효"이다.

나아가 대판 2018.7.26. 2016다242334: "이러한 법리는 계약서를 작성하면서 계약상 지위에 관하여 당사자들의 합치된 의사와 달리 착오로 잘못 기재하였는데 계약당사자들이 오류를 인지하지 못한 채 계약상 지위가 잘못 기재된 계약서에 그대로 기명날인이나 서명을 한 경우에도 동일하게 적용될 수 있다."

㉣ 참고로 처분문서의 진정성립이 인정되면 그 문서에 표시된 의사표시의 존재와 내용을 부정할 만한 분명하고도 수긍할 수 있는 특별한 사정이 없는 한 법관은 그 내용되는 법률행위의 존재를 인정해야 한다(대판 2000.10.13. 2000다38602).

나아가 대판 2014.6.26. 2014다14115: "계약당사자간에 어떠한 계약내용을 처분문서인 서면으로 작성한 경우, 문언의 객관적인 의미가 명확하다면 특별한 사정이 없는 한 문언대로의 의사표시의 존재와 내용을 인정하여야 하지만, 문언의 객관적인 의미가 명확하게 드러나지 않는 경우에는 당사자의 내심의 의사 여하에 관계없이 문언의 내용과 계약이 이루어지게 된 동기 및 경위, 당사자가 계약에 의하여 달성하려고 하는 목적과 진정한 의사, 거래의 관행 등을 종합적으로 고찰하여 사회정의와 형평의 이념에 맞도록 논리와 경험의 법칙, 그리고 사회 일반의 상식과 거래의 통념에 따라 당사자 사이의 계약의 내용을 합리적으로 해석하여야 하고, 특히 당사자 일방이 주장하는 계약의 내용이 상대방에게 중대한 책임을 부과하거나 그가 보유하는 소유권 등 권리의 중요한 부분을 침해 내지 제한하게 되는 경우에는 문언의 내용을 더욱 엄격하게 해석하여야 한다."[9)]

---

(3) 계약/채무의 내용은 당사자의 의사에 따라 결정되고, 당사자들이 합의하지 않은 사항에 대하여 기본값으로서 「임의규정」이 적용된다.

---

9) 이러한 법리를 바탕으로 "소유자 스스로의 의사에 기한 임차권 등 용익권의 설정에 의하여 소유권 행사가 제한될 수도 있다. 그러나 임대차기간 등 용익권설정계약의 기간이 경과한 후에는 소유자가 용익권 설정으로 인한 제한으로부터 벗어나 자유롭게 소유권을 행사할 수 있는 권리가 보장되어야 하므로, 임대차기간 중의 해제·해지 의사표시에 어떠한 절차가 요구되거나 제한이 따른다고 하여 임대차기간 만료에 의한 임대차계약의 종료시에도 당연히 그와 같은 제한이 적용된다고 확대해석하여서는 안 되고, 기간 만료로 인한 임대차계약의 종료에 어떠한 제한이 따른다고 하기 위해서는 그러한 내용의 법률규정이나 당사자 사이의 별도의 명시적 또는 묵시적 약정이 있어야 한다"고 한 사례.

그런데 임의규정의 적용에 앞서 계약에서 정해지지 않은 사항을 보충하는 작업이 필요하고 보충적 해석은 그 일환이다. 보충적 해석에서는 당사자들의 「가정적」 의사가 탐구되므로 착오가 문제되지 않는다.

〈2-1-4〉 분양광고에 관한 판례

㉮ 일반적으로 광고는 청약의 유인에 불과하지만, 이후의 거래과정에서 상대방이 광고의 내용을 전제로 청약을 하고 광고주가 이를 승낙하여 계약이 체결된 경우에는 광고에 담긴 분양조건이 계약의 내용으로 된다(대판 2018.2.13. 2017다275447).

㉯ 아파트분양광고에 관하여 본다.

㉠ 「선분양·후시공」의 방식에 관하여 대판 2007.6.1. 2005다5812·5829·5836: "상가나 아파트의 분양광고의 내용은 청약의 유인으로서의 성질을 갖는 데 불과한 것이 일반적이라 할 수 있다. 그런데 선분양·후시공의 방식으로 분양되는 대규모 아파트단지의 거래사례에 있어서 분양계약서에는 동·호수·평형·입주예정일·대금지급 방법과 시기 정도만이 기재되어 있고 분양계약의 목적물인 아파트 및 그 부대시설의 외형·재질·구조 및 실내장식 등에 관하여 구체적인 내용이 기재되어 있지 아니한 경우가 있는바, 분양계약의 목적물인 아파트에 관한 외형·재질 등이 제대로 특정되지 아니한 상태에서 체결된 분양계약은 그 자체로서 완결된 것이라고 보기 어렵다 할 것이므로, 비록 분양광고의 내용, 모델하우스의 조건 또는 그 무렵 분양회사가 수분양자에게 행한 설명 등이 비록 청약의 유인에 불과하다 할지라도 그러한 광고내용이나 조건 또는 설명 중 구체적 거래조건, 즉 아파트의 외형·재질 등에 관한 것으로서 사회통념에 비추어 수분양자가 분양자에게 계약내용으로서 이행을 청구할 수 있다고 보이는 사항에 관한 한 수분양자들은 이를 신뢰하고 분양계약을 체결하는 것이고 분양자들도 이를 알고 있었다고 보아야 할 것이므로, 분양계약시에 달리 이의를 유보하였다는 등의 특단의 사정이 없는 한, 분양자와 수분양자 사이에 이를 분양계약의 내용으로 하기로 하는 묵시적 합의가 있었다고 봄이 상당하다."[10)]

10) 사실관계는 다음과 같다: ㉠ Y 회사는 아파트분양광고에서 단지 내 온천 개발, 단풍나무 원목의 거실바닥재, 테마공원 조성, 도로 확장, ○○대학교의 이전 예정, 유명 콘도회원권의 이용, 경의선전철 복선화 등의 분양조건을 열거하였다. ㉡ Y와 아파트분양계약을 체결한 X가 Y를 상대로 분양광고의 내용이 사실과 다름을 근거로 손해배상청구를 하였다.

㉡ 한편 「선시공·후분양」의 방식과 관련하여 대판 2014.11.13. 2012다29601: "선시공·후분양의 방식으로 분양되거나, 당초 선분양·후시공의 방식으로 분양하기로 계획되었으나 계획과 달리 준공 전에 분양이 이루어지지 아니하여 준공 후에 분양이 되는 아파트 등의 경우에는 수분양자는 실제로 완공된 아파트 등의 외형·재질 등에 관한 시공상태를 직접 확인하고 분양계약 체결 여부를 결정할 수 있어 완공된 아파트 등 그 자체가 분양계약의 목적물로 된다고 봄이 상당하다. 따라서 비록 준공 전에 분양안내서 등을 통해 분양광고를 하거나 견본주택 등을 설치한 적이 있고, 그러한 광고내용과 달리 아파트 등이 시공되었다고 하더라도, 완공된 아파트 등의 현황과 달리 분양광고 등에만 표현되어 있는 아파트 등의 외형·재질 등에 관한 사항은 분양계약시에 아파트 등의 현황과는 별도로 다시 시공해 주기로 약정하였다는 등의 특별한 사정이 없는 한 이를 분양계약의 내용으로 하기로 하는 묵시적 합의가 있었다고 보기는 어렵다."[11]

㉢ 정리하자면 이미 준공된 상가나 아파트를 분양하는 경우에 분양광고는 계약의 내용으로 되지 않는데, 광고와 실제의 시공상태가 다르면 — 착오나 사기를 이유로 하는 취소 등의 구제수단 외에 — 표시광고법에 기하여 허위·과장광고로 인한 손해(수분양권의 실제가격과 허위·과장광고가 없었을 경우의 수분양권의 적정한 가격의 차액)의 배상을 청구할 수 있다(대판 2015.7.23. 2012다15336·15343·15350·15367·1

대법원은 위의 판시에 기하여, 광고내용 중 대학교의 이전이나 도로 확장 등 아파트의 외형·재질과 관계가 없을 뿐만 아니라 사회통념에 비추어 보더라도 수분양자들 입장에서 분양자가 그 광고내용을 이행한다고 기대할 수 없는 것은 그 광고내용이 그대로 분양계약의 내용을 이룬다고 볼 수 없지만, 이와 달리 온천, 바닥재(원목마루), 유실수단지 및 테마공원 등의 광고는 아파트의 외형·재질 등에 관한 것으로서, 콘도회원권광고는 아파트에 관한 것은 아니지만 부대시설에 준하는 것이고 또한 이행가능하다는 점에서, 각 분양계약의 내용이 된다고 하였다.

11) 원심은, Y가 신축공사를 시행하여 분양한 아파트형 공장의 공용부분 중 옥상 휴게공원, 복도 휴게공간 등이 Y가 준공 전 분양을 위해 제작한 분양 카탈로그에 표시된 내용과 달리 시공되었다는 이유로 하자로 인정하고, 그 하자 보수에 드는 비용 중 X에게 Y에 대한 하자보수에 갈음한 손해배상청구권을 양도한 구분소유자들의 공용부분 지분에 해당하는 금액을 손해배상액으로 인정하여 Y에게 그 지급을 명하였다.

대법원은 "선분양·후시공의 방식으로 분양하기로 한 아파트 등의 단지 중 일부는 준공 전에, 일부는 준공 후에 분양된 경우에는 각 수분양자마다 분양계약 체결의 시기 및 아파트 등의 외형·재질 등에 관한 구체적 거래조건이 분양계약에 편입되었다고 볼 수 있는 사정이 있는지 여부 등을 개별적으로 살펴 분양회사와 각 수분양자 사이에 이를 분양계약의 내용으로 하기로 하는 묵시적 합의가 있었는지 여부를 판단하여야 한다"고 하며, 구분소유자 중 사용승인일 이후에 Y와 분양계약을 체결한 일부에 관하여 원심을 파기하였다.

5374·15381·15398·5404 참조). 반면 선분양·후시공방식의 분양에서는 분양광고가 계약내용을 결정하는 자료로 될 수 있다.

---

(4) 계약내용의 사후적 변경을 본다.

① 계약은 자유이자 동시에 구속이다.

② 계약이 성립한 후 사정변경 또는 변심 등 때문에 계약의 내용을 변경하거나 계약적 구속에서 벗어나고자 하는 경우에, 당사자들의 의사(이해)가 일치된다면 변경계약(變更契約)이 성립하겠지만,[12] 당사자 쌍방의 이해가 엇갈리면 이러한 합의에 이를 수 없다. 여기서 계약 당시에 당사자들이 예견할 수 없는 극심한 사정변경으로 말미암아 계약내용을 지킬 것을 요구하는 것이 적정하지 않게 된 경우에, 신의칙에 따라 계약내용의 수정 내지 파기가 요구되기도 하는데, 이를 사정변경의 원칙(事情變更의 原則. 또는 행위기초론)이라고 한다.

〈2-1-5〉 계약내용의 사후적 변경에 관한 판례

㉮ 계약의 불가파기성(不可破棄性)에 관하여 대판 2016.12.1. 2016다240543: “유효하게 성립한 계약상의 책임을 공평의 이념 또는 신의칙과 같은 일반원칙에 의하여 제한하는 것은 사적자치의 원칙이나 법적 안정성에 대한 중대한 위협이 될 수 있으므로, 채권자가 유효하게 성립한 계약에 따른 급부의 이행을 청구하는 때에 법원이 급부의 일부를 감축하는 것은 원칙적으로 허용되지 않는다.”

㉯ 계약의 구속력이 발생한 후에라도 당사자들이 변경합의를 할 수 있는데, 묵시적인 변경합의를 인정함에 신중해야 한다. 즉 대판 2016.10.27. 2014다88543·88550: “계약체결 후에 한쪽 당사자가 계약의 내용을 변경하고자 계약내용과는 다른 사항이 포함된 문서를 상대방에게 송부하고 상대방이 이를 수령하고도 이의를 제기하지 않은 경우에 계약의 내용이 변경되었다고 보려면, 거래의 종류와 성질, 거

---

12) 참고로 상가임대차에서 임대기간과 관련하여 대판 2020.12.30. 2017다1760: “하나의 법률관계를 둘러싸고 각기 다른 내용을 정한 여러 개의 계약서가 순차로 작성되어 있는 경우 […] <u>여러 개의 계약서에 따른 법률관계 등이 명확히 정해져 있지 않다면 각각의 계약서에 정해져 있는 내용 중 서로 양립할 수 없는 부분에 관해서는 원칙적으로 나중에 작성된 계약서에서 정한 대로 계약내용이 변경되었다고 해석하는 것이 합리적이다</u>.”

래관행, 발송한 문서의 내용과 형식, 상대방의 태도 등에 비추어 상대방이 변경에 묵시적으로 동의하였다고 볼 수 있어야 한다. 이때 변경되는 사항이 이미 체결된 계약의 내용을 중요하게 변경하는 결과를 초래하는 경우에는 묵시적 동의를 쉽사리 인정해서는 안 된다."

㈐ 판례는 사정변경의 원칙에 기한 해제·해지에 대하여 종래 부정적 입장을 취하여, 매매계약을 맺을 때와 잔대금을 지급할 때 사이에 오랜 시일이 지나 화폐가치의 변동이 극심하게 된 경우에도 매도인에게 사정변경의 원리에 의한 계약해제권을 인정하지 않았으나(대판 1991.2.26. 90다19664), 대판 2007.3.29. 2004다31302는 사정변경을 이유로 하는 계약해제의 가능성을 열었다(〈4-6-2〉 참조). 그 밖에 계속적 보증(특히 회사 임원의 지위에서 부득이하게 한)에서 사정변경을 이유로 한 특별해지권을 인정한다(대판 1992.5.26. 92다2332 등).

한편 금전채무 일반과 인플레이션의 관계에 관하여 〈3-2-1〉 참조.

4. 효력의 주관적 범위

(1) 계약에 기한 권리와 의무는 계약당사자에게 귀속되고, 당사자 아닌 이에게는 이익도 불이익도 주지 않는다: 계약의 상대효(相對效). 이러한 상대효 때문에 계약관계는 공시를 요하지 않는다(당연히 법정책적으로 계약상의 권리에 대항력이 부여되는 경우를 제외하고).

(2) 먼저 「계약당사자의 확정」을 본다.

① 행위자와 명의자가 다른 경우에 그들 중 누가 당사자인지는 상대방의 입장에서 중대한 관심사(특히 이행을 둘러싼 위험의 귀속이라는 관점에서)인데, 의사해석의 문제이다. 즉 ⓐ 행위자와 상대방의 의사가 일치하면 그 의사에 따라 당사자가 결정되고(자연적 해석), ⓑ 그들의 의사가 일치하지 않으면 합리적인 제3자의 입장에서 당사자가 누구인지를 결정해야 한다(규범적 해석)는 것이 판례의 입장이다.

② 예금계약의 당사자에 관해서는 앞의 법리가 적용되지 않는다. 즉 판례는 예금계약의 경우에 금융실명법에 따라 실명확인을 받은 이가 당사자로 된다는 입장이다(〈6-3-7〉 참조).

〈2-1-6〉 계약당사자의 확정에 관한 판례

㉮ 대판 2003.9.5. 2001다32120: "계약을 체결하는 행위자가 타인의 이름으로 법률행위를 한 경우에 행위자 또는 명의인 가운데 누구를 계약의 당사자로 볼 것인가에 관하여는, 우선 행위자와 상대방의 의사가 일치한 경우에는 그 일치한 의사대로 행위자 또는 명의인을 계약의 당사자로 확정하여야 할 것이고, 행위자와 상대방의 의사가 일치하지 않는 경우에는 그 계약의 성질·내용·목적·체결경위 등 그 계약 체결 전후의 구체적인 제반 사정을 토대로 상대방이 합리적인 사람이라면 행위자와 명의자 중 누구를 계약당사자로 이해할 것인가에 의하여 당사자를 결정하여야" 한다.[13]

명의인이 허무인인 경우에도 같은 법리가 적용되고(대판 2012.10.11. 2011다12842[14]), 나아가 대판 2003.12.12. 2003다44059는, 행위자가 명의자의 대리인임을 표시하고 계약을 체결하는 경우에, 계약상대방이 대리인을 통하여 본인과의 사이에 계약을 체결하려는 데 의사가 일치하였다면, 대리인의 대리권 존부와 무관하게 상대방과 본인이 그 계약의 당사자라고 하였다.

㉯ 대판 2008.3.13. 2007다76603: "실제 매매계약을 체결한 행위자가 자신의 이름은 특정하여 기재하되 불특정인을 추가하는 방식으로 매매계약서상의 매수인을 표시한 경우(즉, 실제 계약체결자의 이름에 '외 ○인'을 부가하는 형태)에 있어서는, 비록 실제 계약을 체결한 행위자가 당시 계약금 마련과정에서 일부자금을 출연한 사람

13) X가 Y를 통하여 부동산을 매수하면서 매수인명의 및 소유권이전등기명의를 Y로 하기로 했다면, 이와 같은 매수인 및 등기 명의의 신탁관계는 그들 사이의 내부관계에 불과하므로 특별한 사정이 없는 한 대외적으로는 Y가 매매당사자라고 본 사례.

한편 대판 2010.4.29. 2009다29465는, 매매계약을 체결한 X가 계약서에 Y를 매수인으로 기재하였으나, 그 후 매도인이 매매계약이 파기되었다는 취지의 통고서를 Y가 아닌 X에게 발송하였고, 그 통고서에 X가 매수인으로서 잔대금지급의무를 불이행한 것을 계약파기사유로 들고 있는 점 등의 사정에 비추어 볼 때, 합리적인 사람이라면 매도인이 X를 매수인으로 이해하고 매매계약을 체결하였다고 봄이 상당하다고 했다.

14) A가 허무인 B 명의의 자동차운전면허증과 인장을 위조한 후 이를 이용하여 C 증권회사에 B 명의의 계좌개설을 신청하였고, C는 실명확인절차를 거쳐 B 명의로 증권위탁계좌를 개설한 사안에서, 위 실명확인절차가 허무인에 대한 것으로서 적법하지 않더라도 B가 허무인임을 알지 못한 C로서는 명의자 B를 계약당사자로 인식하여 계좌개설계약을 체결한 것이라고 보아야 하지만, B가 허무인인 이상 C와 B 사이에서 유효한 계좌개설계약이 성립하였다고 볼 수 없으므로 위 계좌에 입고된 주식은 이해관계인들 사이에서 부당이득반환 등의 법리에 따라 청산될 수 있을 뿐이라고 한 사례. 이 판결은 실명확인절차를 거친 금융거래에 관한 것이지만, 그 취지는 일반적인 경우에도 다르지 않을 것이다.

이나 장래 중도금 및 잔금의 지급과정에서 예상되는 제3자의 투자자 등을 "외 ○인"에 해당하는 공동매수인으로 추가시키려는 내심의 의사를 가지고 있었다고 하더라도, 계약체결시나 그 이후 합의해제시점까지 매도인에게 "외 ○인"에 해당하는 매수인 명의를 특정하여 고지한 바가 없고 매도인의 입장에서 이를 특정 내지 확정할 수 있는 다른 객관적 사정도 존재하지 않는다면, 그러한 계약의 매수인지위는 매도인과 명확하게 의사합치가 이루어진 부분으로서 실제 계약을 체결한 행위자에게만 인정된다고 보아야 할 것"이다.

(3) 「제3자를 위한 계약」을 본다.

① 직접청구권(제630조, 상법 제724조 제2항 참조)과 함께 계약의 상대효에 대한 중대한 예외를 이루는 제3자를 위한 계약을 통하여 계약당사자는 자기가 취득할 계약상의 권리를 제3자로 하여금 「직접」 취득하게 할 수 있다.[15]

제3자를 위한 계약은 요약자(채권자)와 낙약자(채무자) 사이의 계약(기본관계 또는 보상관계라 한다)에 「제3자 약관」이 붙은 것으로, 요약자와 수익자 사이의 관계(대가관계 또는 출연관계라 한다)는 계약의 효력에 영향을 미치지 않는다(대판 2003.12.11. 2003다49771).

② 수익자는 채무자에 대하여 수익의 의사표시를 함으로써 권리를 취득하는데, 묵시적 표시도 가능하고 법률의 규정에 의한 예외도 인정된다.

③ 수익자는 수익의 의사표시를 통하여 권리를 취득하지만, 계약당사자가 아니므로 계약당사자에게 주어지는 해제권이나 취소권을 행사할 수 없다. 즉 「계약관계」(해제나 해지 또는 취소 그리고 그에 따른 부당이득 등)는 그 당사자인 요약자와 낙약자 사이에서 유지되는 반면, 「채권관계」(채무불이행 및 그 효과로서 손해배상 등)는 낙약자와 수익자 사이에서 문제된다.

〈2-1-7〉 제3자를 위한 계약에 관한 판례

㉮ 대판 2004.9.3. 2002다37405는, 계약의 당사자가 제3자에 대하여 가진 채권

15) 어떤 계약이 제3자를 위한 계약인지 여부는 당사자가 제3자에게 「직접」 권리를 취득하게 하려는 것인지에 관한 의사해석의 문제라는 대판 1996.1.26. 94다54481 참조.

에 관하여 그 채무를 면제하는 계약도 제3자를 위한 계약에 준하는 것으로서 유효하다고 했다.

㉯ 수익자가 계약 당시 현존하지 않거나 특정되지 않아도 된다. 주택분양보증약정이 조건부 제3자를 위한 계약으로서 장래의 불특정 분양계약상의 입주자를 위한 것이라는 대판 1997.10.10. 97다7264·7271·7288·7295·7301 참조.16)

그리고 수익자의 권리취득에 조건이나 기한도 붙일 수 있다. 제3자를 위한 조건부 보증계약에 관한 대판 1996.5.28. 96다6592·6608·6615·6622·6639 참조.

㉰ 수익의 의사표시가 있은 후에는, 요약자와 낙약자의 합의에 의하여 제3자의 권리를 변경·소멸시킬 수 있음을 미리 유보하였거나 제3자의 동의가 있는 경우가 아니면 계약의 당사자인 요약자와 낙약자는 제3자의 권리를 변경·소멸시키지 못하고, 계약의 당사자가 제3자의 권리를 임의로 변경·소멸시키는 행위를 한 경우에 이는 제3자에 대하여 효력이 없다(대판 2002.1.25. 2001다30285).

그런데 제541조에 기한 이러한 제한은 제3자를 위한 계약에 기하여 발생한 권리에 관한 것일 뿐이고, 요약자나 낙약자가 계약당사자의 지위에서 계약 자체를 취소하거나 해제하는 것을 방해하지는 않는다(대판 1970.2.24. 69다1410·1411).

㉱ 대판 1966.6.21. 66다674: "제3자를 위한 계약은 그 성질상 낙약자의 행위 자체가 불법행위가 되거나 약속이 무효인 경우에는 제3자는 특별한 사정이 없는 한 위 불법행위나 채무불이행을 이유로 하는 손해배상청구는 할 수 없다."

한편 대판 1994.8.12. 92다41559는, 수익자에게 해제권이나 해제를 원인으로 한 원상회복청구권이 없다고 하면서도 "제3자를 위한 계약에 있어서 수익의 의사표시를 한 수익자는 낙약자에게 직접 그 이행을 청구할 수 있을 뿐만 아니라 요약자가 계약을 해제한 경우에는 낙약자에게 자기가 입은 손해의 배상을 청구할 수 있는 것이므로, 수익자가 완성된 목적물의 하자로 인하여 손해를 입었다면 수급인은 그 손해를 배상할 의무가 있다"고 하였다. 그런데 수익의 의사표시가 있은 후 채무불이행으로 인한 손해배상청구권이 「권리자」인 수익자에게 귀속하지만, 기본계약이 무효이거나 해제 등으로 실효된 후에는(즉 제3자 약관도 실효되어 권리자의 지위를 소급적으로 잃은 후에는) 수익자가 손해배상청구를 할 수 없다고 할 것이다. 다만 92다41559 판결은 채무불이행 자체에 따른 손해가 아니라 하자로 인한 손해가 수익자

16) 제3자를 위한 계약으로서 용역경비계약에서 제3자는 건물을 일상적으로 사용하는 건물소유자 및 그의 동거가족을 말하고, 일시방문한 이들은 제3자의 범위에 속하지 않는다고 한 대판 1993.8.27. 92다23339도 참조.

에게 발생한 사안에 관한 것이어서 이를 일반화할 것은 아니다.

㉤ 제3자를 위한 계약에서의 부당이득에 관하여 〈7－5－5〉 참조.

5. 채권양도와 채무인수

(1) 계약당사자의 의사에 기하여 채권관계의 당사자가 변경되는 경우로 채권양도(제449조 이하), 채무인수(제453조 이하) 그리고 계약인수가 있다.

한편 법률행위에 의하지 않은 경우로 ① 법률의 규정에 의한 이전인 변제자대위, 손해배상자의 대위, 상속 등과 ② 재판에 의한 이전인 전부명령(轉付命令)이 있다.

(2) 채권양도 일반에 관하여 본다.

① 처분행위로서 채권양도에 의하여 채권(계약당사자로서의 지위가 아니라)이 동일성을 가진 채 양도인으로부터 양수인에게 이전한다. 경개와의 구별에 관하여(<3－3－2>에 소개된) 대판 1996.7.9. 96다16612 참조.

② 물건의 매매와 마찬가지로 양도인과 양수인의 합의만으로 채권양도가 성립하는데, 채무자의 의사와 무관하다.[17]

그런데 채권의 양도성이 제한되는 경우가 있고, 「지명」채권의 선의취득은 인정되지 않는다.

③ 양도의 결과로 양도인의 채권은 그대로(동일성을 유지한 채) 양수인에게 이전된다. 즉 채무자의 법적 지위가 채권양도에 의하여 악화되지 않는다(예외: 제451조 제1항 본문).

〈2-1-8〉 채권양도 일반에 관한 판례

1) 대판 2011.3.24. 2010다100711: "지명채권(이하 단지 '채권'이라고만 한다)의 양도라 함은 채권의 귀속주체가 법률행위에 의하여 변경되는 것, 즉 법률행위에 의한 이전을 의미한다. 여기서 '법률행위'란 유언 외에는 통상 채권이 양도인에게서 양수

17) 채무자에게 채권의 양수를 주장하기 위하여 대항요건을 갖추어야 함은 별개의 문제이다.

인으로 이전하는 것 자체를 내용으로 하는 그들 사이의 합의(이하 '채권양도계약'이라고 한다)를 가리키고, 이는 이른바 준물권행위 또는 처분행위로서의 성질을 가진다. 그와 달리 채권양도의 의무를 발생시키는 것을 내용으로 하는 계약(이하 '양도의무계약'이라고 한다)은 채권행위 또는 의무부담행위의 일종으로서, 이는 구체적으로는 채권의 매매(민법 제579조 참조)나 증여, 채권을 대물변제로 제공하기로 하는 약정, 담보를 위하여 채권을 양도하기로 하는 합의(즉 채권양도담보계약), 채권의 추심을 위임하는 계약(지명채권이 아닌 증권적 채권에 관하여서이기는 하나, 어음법 제18조, 수표법 제23조는 어음상 또는 수표상 권리가 추심을 위하여 양도되는 방식으로서의 추심위임배서에 대하여 정한다), 신탁(다만 신탁법 제7조 참조) 등 다양한 형태를 가질 수 있다. <u>비록 채권양도계약과 양도의무계약은 실제의 거래에서는 한꺼번에 일체로 행하여지는 경우가 적지 않으나, 그 법적 파악에 있어서는 역시 구별되어야 하는 별개의 독립한 행위이다</u>. 그리하여 채권양도계약에 대하여는 그 원인이 되는 개별적 채권계약의 효과에 관한 민법상의 임의규정은 다른 특별한 사정이 없는 한 적용되지 아니[하고,] 종전의 채권자가 채권의 추심 기타 행사를 위임하여 채권을 양도하였으나 양도의 '원인'이 되는 그 위임이 해지 등으로 효력이 소멸한 경우에 이로써 채권은 양도인에게 복귀하게 되고, 나아가 양수인은 그 양도의무계약의 해지로 인하여 양도인에 대하여 부담하는 원상회복의무(이는 계약의 효력 불발생에서의 원상회복의무 일반과 마찬가지로 부당이득반환의무의 성질을 가진다)의 한 내용으로 채무자에게 이를 통지할 의무를 부담한다."[18]

2) 지명채권의 양도제한

㉮ 판례는 양도금지특약의 효력에 관하여 채권은 그 양도성을 상실한다는 절대적 효력설(대개 물권적 효력설이라고 한다)을 취한다. 즉 대판(전) 2019.12.19. 2016다24284의 다수의견: "채권은 당사자가 반대의 의사를 표시한 경우에는 양도하지 못한다. 그러나 그 의사표시로써 선의의 제3자에게 대항하지 못한다(민법 제449조 제2항). 이처럼 <u>당사자가 양도를 반대하는 의사를 표시(이하 '양도금지특약'이라고 한다)한 경우 채권은 양도성을 상실한다. 양도금지특약을 위반하여 채권을 제3자에게 양도한 경우에 채권양수인이 양도금지특약이 있음을 알았거나 중대한 과실로 알지 못</u>

18) 지명채권의 양도에서 독자성 및 유인성을 인정한 이 판결과 달리 대판 1999.11.26. 99다23093은, 채권양도가 다른 채무의 담보조로 이루어진 경우에, 그 피담보채무가 변제로 소멸하더라도 양도채권의 채무자로서는 이를 이유로 채권양수인의 양수금청구를 거절할 수 없다고 하였는데, 양도담보의 법적 성질에 관하여 신탁적 양도설을 따른 결과로 이해할 것이다.

하였다면 채권이전의 효과가 생기지 아니한다. 반대로 양수인이 중대한 과실 없이 양도금지특약의 존재를 알지 못하였다면 채권양도는 유효하게 되어 채무자는 양수인에게 양도금지특약을 가지고 채무이행을 거절할 수 없다. 채권양수인의 악의 내지 중과실은 양도금지특약으로 양수인에게 대항하려는 자가 주장·증명하여야 한다."19)

㈏ 절대적 효력설에서도 예외가 인정되는데,

㉠ 채무자가 사후에 승낙한 경우에, 승낙이 추인으로 되므로 승낙시부터 「장래에 향하여」 채권양도의 효력이 발생한다고 한다(대판 2000.4.7. 99다52817).

㉡ 양도금지의 특약은 선의의 제3자에게 대항할 수 없는데, 제449조 제2항은 제3자의 과실의 유무를 문제 삼지 않지만, 대판 1996.6.28. 96다18281은 — 제3자의 중대한 과실은 악의와 마찬가지로 취급되어야 함을 근거로 — 양수인이 양도금지특약에 대하여 선의이지만 중대한 과실이 있는 경우에 채권을 취득할 수 없다고 하였다.20)

한편 대판 2015.4.9. 2012다118020: "민법 제449조 제2항 단서는 채권양도금지특약으로써 대항할 수 없는 자를 '선의의 제3자'라고만 규정하고 있어 채권자로부터 직접 양수한 자만을 가리키는 것으로 해석할 이유는 없으므로, 악의의 양수인으로부터 다시 선의로 양수한 전득자도 위 조항에서의 선의의 제3자에 해당한다. 또한 선의의 양수인을 보호하고자 하는 위 조항의 입법취지에 비추어 볼 때, 이러한 선의의 양수인으로부터 다시 채권을 양수한 전득자는 선의·악의를 불문하고 채권을 유효하게 취득한다."21)

---

19) 참고로 반대의견: "채권자와 채무자의 양도금지특약은 채권자가 채무자에게 채권을 양도하지 않겠다는 약속이다. 채권자가 이 약속을 위반하여 채권을 양도하면 채권자가 그 위반에 따른 채무불이행책임을 지는 것은 당연하다. 그러나 이것을 넘어서서 양도인과 양수인 사이의 채권양도에 따른 법률효과까지 부정할 근거가 없다. 채권양도에 따라 채권은 양도인으로부터 양수인에게 이전하는 것이고, 채권양도의 당사자가 아닌 채무자의 의사에 따라 채권양도의 효력이 좌우되지는 않는다. 따라서 양수인이 채무자에게 채무이행을 구할 수 있고 채무자는 양도인이 아닌 양수인에게 채무를 이행할 의무를 진다고 보아야 한다."

20) 중대한 과실이 인정된 예로 은행거래의 경험이 있는 이가 양도금지특약이 붙은 예금채권을 양수한 경우에 관한 대판 2003.12.12. 2003다44370.

21) 'A가 실질적으로 운영하던 B 회사가 Y로부터 건물 신축공사를 수급하고(도급계약에 공사대금채권에 관한 양도금지특약 존재), A가 B의 수급인으로서의 의무를 연대보증 → 기성 공사대금 일부를 Y로부터 받지 못한 B가 하수급인 C에게 공사대금채권을 양도한 후 Y에게 통지 → C는 그중 일부를 실제 시공을 한 A에게 양도한 후 Y에게 통지 → X는 A의 Y에 대한 위 공사대금채권에 관하여 압류 및 추심명령을 발령받았고, Y에게 송달'의 사안에서, 위 공

ⓒ 양도금지특약이 붙은 채권이라도 전부명령에 의하여 이전되는 데에는 지장이 없고, 양도금지의 특약이 있는 사실에 관하여 집행채권자가 선의인가 악의인가는 전부명령의 효력에 영향을 미치지 못한다(대판 2003.12.11. 2001다3771).

㉰ 「소유권이전등기청구권」의 양도성에 관하여 대판 2005.3.10. 2004다67653·67660: "부동산의 매매로 인한 소유권이전등기청구권은 물권의 이전을 목적으로 하는 매매의 효과로서 매도인이 부담하는 재산권이전의무의 한 내용을 이루는 것이고, 매도인이 물권행위의 성립요건을 갖추도록 의무를 부담하는 경우에 발생하는 채권적 청구권으로 그 이행과정에 신뢰관계가 따르므로, 소유권이전등기청구권을 매수인으로부터 양도받은 양수인은 매도인이 그 양도에 대하여 동의하지 않고 있다면 매도인에 대하여 채권양도를 원인으로 하여 소유권이전등기절차의 이행을 청구할 수 없고, 따라서 매매로 인한 소유권이전등기청구권은 특별한 사정이 없는 이상 그 권리의 성질상 양도가 제한되고 그 양도에 채무자의 승낙이나 동의를 요한다고 할 것이므로 통상의 채권양도와 달리 양도인의 채무자에 대한 통지만으로는 채무자에 대한 대항력이 생기지 않으며 반드시 채무자의 동의나 승낙을 받아야 대항력이 생긴다."[22] 이러한 태도는 특히 중간생략등기청구권을 부정하는 근거를 이룬다(〈8-3-5〉 참조).

한편 대판 2018.7.12. 2015다36167: "취득시효 완성으로 인한 소유권이전등기청구권은 채권자와 채무자 사이에 아무런 계약관계나 신뢰관계가 없고, 그에 따라 채권자가 채무자에게 반대급부로 부담하여야 하는 의무도 없다. 따라서 취득시효 완성으로 인한 소유권이전등기청구권의 양도의 경우에는 매매로 인한 소유권이전등기청구권에 관한 양도제한의 법리가 적용되지 않는다."

㉱ 임금채권 양도의 효력에 관하여 대판(전) 1988.12.13. 87다카2803: "근로자의 임금채권의 양도를 금지하는 법률의 규정이 없으므로 이를 양도할 수 있다. [···] 그러나 근로기준법 제36조 제1항에서 임금 직접지급의 원칙을 규정하고 그에 위반

사대금채권을 최초로 양수한 C가 양도금지특약을 알았거나 알지 못한 데에 중과실이 있다는 점에 관하여 Y의 아무런 주장·입증이 없으므로 그 채권양도는 유효하다고 볼 수밖에 없고, 이를 다시 양수한 A가 양도금지특약을 알았거나 알지 못한 데에 중과실이 있다는 사정만으로 위 채권양도가 효력을 잃는다고 할 수 없다고 한 원심을 지지한 사례.

22) 다세대건물에 대한 분양계약상의 매수인의 지위를 양수하지 않은 이상 매수인으로부터 소유권이전등기청구권을 양도받은 것만으로는 양수인이 매도인에 대하여 매수인임을 주장할 수 없고, 매수인의 지위를 양수하려면 계약의 상대방인 매도인과의 합의(승낙)가 있어야 한다고 한 사례.

하는 자는 처벌을 하도록 하는 규정(같은 법 제109조)을 두어 그 이행을 강제하고 있는 이유는 임금이 확실하게 근로자 본인의 수중에 들어가게 하여 그의 자유로운 처분에 맡기고 나아가 근로자의 생활을 보호하고자 하는 데 있는 것이므로 이와 같은 근로기준법의 규정의 취지에 비추어 보면 근로자가 그 임금채권을 양도한 경우라 할지라도 그 임금의 지급에 관하여는 같은 원칙이 적용되어 사용자는 직접 근로자에게 임금을 지급하지 아니하면 안 되는 것이고 그 결과 비록 양수인이라고 할지라도 스스로 사용자에 대하여 임금의 지급을 청구할 수는 없다고 해석하여야 할 것이며, 그렇게 하지 아니하면 임금 직접지급의 원칙을 정한 근로기준법의 규정은 그 실효를 거둘 수 없게 될 것"이다.[23]

3) 채권양도의 요건

㉮ 대판 2016.7.14. 2015다46119: "지명채권의 양도란 채권의 귀속주체가 법률행위에 의하여 변경되는 것으로서 이른바 준물권행위 내지 처분행위의 성질을 가지므로, 그것이 유효하기 위하여는 양도인이 채권을 처분할 수 있는 권한을 가지고 있어야 한다. 처분권한 없는 자가 지명채권을 양도한 경우 특별한 사정이 없는 한 채권양도로서 효력을 가질 수 없으므로 양수인은 채권을 취득하지 못[하고,] 양도인이 지명채권을 제1양수인에게 1차로 양도한 다음 제1양수인이 그에 따라 확정일자 있는 증서에 의한 대항요건을 적법하게 갖추었다면 이로써 채권이 제1양수인에게 이전하고 양도인은 채권에 대한 처분권한을 상실하므로, 그 후 양도인이 동일한 채권을 제2양수인에게 양도하였더라도 제2양수인은 채권을 취득할 수 없다. 이 경우 양도인이 다른 채무를 담보하기 위하여 제1차 양도계약을 하였더라도 대외적으로 채권이 제1양수인에게 이전되어 제1양수인이 채권을 취득하게 되므로 그 후에 이루어진 제2차 양도계약에 따라 제2양수인이 채권을 취득하지 못하게 됨은 마찬가지이다. 또한 제2차 양도계약 후 양도인과 제1양수인이 제1차 양도계약을 합의해지한 다음 제1양수인이 그 사실을 채무자에게 통지함으로써 채권이 다시 양도인에게 귀속하게 되었더라도 특별한 사정이 없는 한 양도인이 처분권한 없이 한 제2차 양도계약이 채권양도로서 유효하게 될 수는 없으므로, 그로 인하여 제2양수

23) 참고로 대판 2014.1.23. 2013다71180: "민사집행법은 제246조 제1항 제4호에서 퇴직연금 그 밖에 이와 비슷한 성질을 가진 급여채권은 그 1/2에 해당하는 금액만 압류하지 못하는 것으로 규정하고 있으나, 이는 '근로자퇴직급여 보장법'(이하 '퇴직급여법'이라고 한다)상 양도금지규정과의 사이에서 일반법과 특별법의 관계에 있으므로, 퇴직급여법상 퇴직연금채권은 그 전액에 관하여 압류가 금지된다고 보아야 한다."

인이 당연히 채권을 취득하게 된다고 볼 수는 없다."[24]

㉯ 판례는 「장래의 채권」의 양도를 부정하면서도, 특정(가능)성 및 발생의 개연성을 전제로 예외를 인정한다. 즉 대판 1996.7.30. 95다7932: "장래의 채권도 양도 당시 기본적 채권관계가 어느 정도 확정되어 있어 그 권리의 특정이 가능하고 가까운 장래에 발생할 것임이 상당 정도 기대되는 경우에는 이를 양도할 수 있다."[25]

---

(3) 지명채권양도의 대항요건을 본다.

① 채권양도에서 채권의 귀속주체 변경의 효과는 원칙적으로 채권양도에 따른 처분행위시에 발생한다(대판 2022.1.13. 2019다272855).[26] 한편 채무자는 채권양도의 당사자가 아니지만 채무의 이행을 위하여 누가 채권자인지 알아야 하고, 나아가 채권이 이전되었음과 이전의 시기에 대하여 제3자도 이해관계를 가질 수 있다. 그래서 대항요건이 요구된다.

그런데 양수인이 채무자에게 자신이 채권자임을 주장하기 위하여 양도인의 통지 또는 채무자의 승낙으로 족한 반면, 채무자 외의 제3자에게 자신이 정당한 권리자임을 주장하기 위해서는 통지나 승낙이 확정일자 있는 증서에 의할 것이 요구된다.

한편 채권이 변제 등의 사유로 소멸한 후에는 대항요건이 문제될 여지가

---

24) 타인권리 매매의 유효성이 부정되지 않고(제569조 참조), 제1차 양도계약이 합의해지되면 그때부터 채권이 양도인에게 귀속된다는 점에서 이 판결의 결론은 검토를 요한다.

25) 대판 1997.7.25. 95다21624는 "채권양도 당시 양도목적 채권의 채권액이 확정되어 있지 아니하였다 하더라도 채무의 이행기까지 이를 확정할 수 있는 기준이 설정되어 있다면 그 채권의 양도는 유효한 것으로 보아야 한다"고 하면서, 매매계약의 해제시 발생할 원상회복채권은 채권양도 당시 특정할 수 있거나 가까운 장래에 발생할 가능성을 상당한 정도로 기대할 수 있었다고 하였다.

26) 참고로 대판(전) 2022.6.23. 2017도3829의 다수의견: "채권양도인이 채무자에게 채권양도통지를 하는 등으로 채권양도의 대항요건을 갖추어 주지 않은 채 채무자로부터 채권을 추심하여 금전을 수령한 경우, 특별한 사정이 없는 한 금전의 소유권은 채권양수인이 아니라 채권양도인에게 귀속하고 채권양도인이 채권양수인을 위하여 양도채권의 보전에 관한 사무를 처리하는 신임관계가 존재한다고 볼 수 없다. 따라서 채권양도인이 위와 같이 양도한 채권을 추심하여 수령한 금전에 관하여 채권양수인을 위해 보관하는 자의 지위에 있다고 볼 수 없으므로, 채권양도인이 위 금전을 임의로 처분하더라도 횡령죄는 성립하지 않는다."

없다.27)

② 대항요건으로서 채무자에 대한「통지」에 관하여 본다.

ⓐ 허위의 양도통지를 방지하기 위하여 법은 통지의 주체를 양도인으로 규정하지만, 실제로 조속한 대항요건 구비를 원하는 양수인이 양도인의 대리인 또는 사자(使者)로서 통지하는 경우가 허다하다.

ⓑ 통지만 있었던 경우에 채무자는 통지 전에 양도인에 대하여 가지던 모든 사유를 양수인에게 주장할 수 있고, 양수인의 동의가 없으면 양도인은 채권양도의 통지를 철회하지 못한다. 양도통지에 금반언의 원칙이 적용된다는 제452조 제1항도 참조.

〈2-1-9〉 채권양도통지에 관한 판례

㉮ 의사의 통지인 양도통지에 의사표시에 관한 규정이 유추되므로(〈1-2-1〉 참조), 양수인이 양도인의 대리인으로서 또는 사자로서 한 통지도 유효하고(대판 1997.6.27. 95다40977·40984), 현명되지 않은 채권양도통지도 유효하다(대판 2004.2.13. 2003다43490).

다만 대판 2011.2.24. 2010다96911: "채권양도의 통지를 양수인이 양도인을 대리하여 행할 수 있음은 일찍부터 인정되어 온 바이지만, 대리통지에 관하여 그 대리권이 적법하게 수여되었는지, 그리고 그 대리행위에서 현명의 요구가 준수되었는지 등을 판단함에 있어서는 양도인이 한 채권양도의 통지만이 대항요건으로서의

27) 대판 2017.1.25. 2014다52933: "임대차보증금반환채권이 양도되거나 임대차보증금반환채권에 대하여 채권가압류명령, 채권압류 및 추심명령 등(이하 '채권가압류명령 등'이라 한다)이 이루어지기에 앞서 임대차계약의 종료 등을 원인으로 한 변제, 상계, 정산합의 등에 의하여 임대차보증금반환채권이 이미 소멸하였다면, 채권양도나 채권가압류명령 등은 모두 존재하지 아니하는 채권에 대한 것으로서 효력이 없고, 대항요건의 문제는 발생할 여지가 없다." 나아가 대판 2010.10.28. 2010다57213·57220은, 채권압류의 효력발생 전에 채무자가 그 채권을 처분한 경우에, 그보다 먼저 압류한 채권자가 있어 그 채권자에게는 대항할 수 없는 사정이 있더라도 그 처분 후에 집행에 참가하는 채권자에 대해서는 처분의 효력을 대항할 수 있으므로, 채무자가 압류 또는 가압류의 대상인 채권을 양도하고 확정일자 있는 통지 등에 의한 채권양도의 대항요건을 갖추었다면, 그 후 채무자의 다른 채권자가 그 양도된 채권에 대하여 압류 또는 가압류를 하더라도 그 압류 또는 가압류 당시에 피압류채권은 이미 존재하지 않는 것과 같아 압류 또는 가압류로서의 효력이 없고, 따라서 그 다른 채권자는 압류 등에 따른 집행절차에 참여할 수 없다고 하였다.

효력을 가지게 한 뜻이 훼손되지 아니하도록 채무자의 입장에서 양도인의 적법한 수권에 기하여 그러한 대리통지가 행하여졌음을 제반 사정에 비추어 커다란 노력 없이 확인할 수 있는지를 무겁게 고려하여야 한다. 특히 양수인에 의하여 행하여진 채권양도의 통지를 대리권의 '묵시적' 수여의 인정 및 현명원칙의 예외를 정하는 민법 제115조 단서의 적용이라는 이중의 우회로를 통하여 유효한 양도통지로 가공하여 탈바꿈시키는 것은 법의 왜곡으로서 경계하여야 한다. 채권양도의 통지가 양도인 또는 양수인 중 누구에 의하여서든 행하여지기만 하면 대항요건으로서 유효하게 되는 것은 채권양도의 통지를 양도인이 하도록 한 법의 취지를 무의미하게 할 우려가 있다."

㉯ 「채권양도계약이 해제된 경우」에, 선의의 채무자에 대한 관계에서 「양수인」이 해제사실을 통지하지 않는 한 여전히 양수인이 채권자로 다루어진다(대판 1993.8.27. 93다17379). 가령 대판 2012.11.29. 2011다17953: "민법 제452조는 […] 채권양도가 해제 또는 합의해제되어 소급적으로 무효가 되는 경우에도 유추적용할 수 있다고 할 것이므로, 지명채권의 양도통지를 한 후 양도계약이 해제 또는 합의해제된 경우에 채권양도인이 해제 등을 이유로 다시 원래의 채무자에 대하여 양도채권으로 대항하려면 채권양도인이 채권양수인의 동의를 받거나 채권양수인이 채무자에게 위와 같은 해제 등 사실을 통지하여야 한다. 이 경우 위와 같은 대항요건이 갖추어질 때까지 양도계약의 해제 등을 알지 못한 선의인 채무자는 해제 등의 통지가 있은 다음에도 채권양수인에 대한 반대채권에 의한 상계로써 채권양도인에게 대항할 수 있다고 봄이 타당하다."[28]

㉰ 채권양도가 있기 전에 미리 하는 「사전통지」는, 채무자로 하여금 양도의 시기를 확정할 수 없는 불안한 상태에 있게 하므로, 허용되지 않는다는 것이 판례의 입장이다(대판 2000.4.11. 2000다2627). 다만 — 제3자에 대한 대항요건과 관련하여 — 대판 2010.2.11. 2009다90740: "사전통지가 있더라도 채무자에게 법적으로 아무런

---

28) 나아가 질권설정계약의 합의해지에 제452조 제1항을 유추한 대판 2014.4.10. 2013다76192: "제3채무자가 질권설정사실을 승낙한 후 질권설정계약이 합의해지된 경우 질권설정자가 해지를 이유로 제3채무자에게 원래의 채권으로 대항하려면 질권자가 제3채무자에게 해지사실을 통지하여야 하고, 만일 질권자가 제3채무자에게 질권설정계약의 해지사실을 통지하였다면, 설사 아직 해지가 되지 아니하였다고 하더라도 선의인 제3채무자는 질권설정자에게 대항할 수 있는 사유로 질권자에게 대항할 수 있다고 봄이 타당하다. 그리고 위와 같은 해지통지가 있었다면 해지사실은 추정되고, 그렇다면 해지통지를 믿은 제3채무자의 선의 또한 추정된다고 볼 것이어서 제3채무자가 악의라는 점은 선의를 다투는 질권자가 증명할 책임이 있다."

불안정한 상황이 발생하지 않는 경우에까지 그 효력을 부인할 것은 아니"다.[29]

㉣ 그 밖에 채권양도 후 대항요건을 갖추지 않은 「양수인」의 소 제기와 시효중단에 관한 (〈3-5-6〉에 소개된) 대판 2005.11.10. 2005다41818 및 채권양도계약이 해제되고 채권양도인이 채무자에게 양도철회통지를 하였더라도 채무자는 이것을 채권양수인에게 대항할 수 없다고 한 대판 1978.6.13. 78다468도 참조.

③ 대항요건으로서 채무자의 「승낙」을 본다.

ⓐ 승낙의 주체로서 채무자는 이해관계 있는 제3자의 채권의 존재 및 내용에 관한 의문을 해소하는 「정보센터」로 기능한다. 따라서 채무자가 이의(異議)를 보류하지 않고 채권양도를 승낙한 경우에, 양도인에 대하여 주장할 수 있는 사유가 있었더라도 채무자는 그 사유로 양수인에게 대항할 수 없다.

ⓑ 판례는 제451조 제1항을 채무자의 승낙에 공신력(公信力)을 부여하여 양수인을 보호하는 규정으로 이해하고, 양수인이 선의이고 중과실이 없어야 한다는 입장이다.

〈2-1-10〉 채무자의 승낙에 관한 판례

1) 양도통지와 달리 승낙을 하면서 이의를 유보할 수 있을 뿐만 아니라 조건을 붙여서 할 수 있고(대판 1989.7.11. 88다카20866), 나아가 양도될 채권이 특정될 수 있다면 사전승낙도 가능하다. 채권양도에 대하여 사전에 해제조건이 붙은 승낙을 한 경우에 관한 대판 2011.6.30. 2011다8614 참조.

그리고 대판 1971.12.28. 71다2048은, 확정일자 있는 증서에 의하지 않았더라도 채무자가 일단 채권양도의 통지를 받고 그 양수인에게 변제할 것을 승낙하였다면, 그 후 채권이 이중양도되어 채무자가 다시 위 채권의 양도통지(확정일자 있는 증서에 의하지 않은)를 받고 그 이중양수인에게 변제를 하였더라도, 채무자는 1차양수인에게 채무를 변제할 의무가 있다고 하였다.

---

29) 채권양도인의 확정일자부 채권양도통지와 채무자의 확정일자부 채권양도승낙이 모두 있은 후 채권양도계약이 체결된 경우에, 「실제로 채권양도계약이 체결된 날」 위 채권양도의 제3자에 대한 대항력이 발생한다고 본 사례.

2) 이의를 보류하지 않은 승낙의 효력

㉮ 대판 2019.6.27. 2017다222962: "채무자가 [제451조 제1항]에 따른 이의를 보류하지 않은 승낙을 할 때에 명시적으로 항변사유를 포기한다거나 양도되는 채권에 대하여 이의가 없다는 뜻을 표시할 것까지 요구하지는 않는다. 그러나 이의를 보류하지 않은 승낙으로 말미암아 채무자가 양도인에 대하여 갖는 대항사유가 단절되는 점을 감안하면, 채무자가 이 조항에 따라 이의를 보류하지 않은 승낙을 했는지는 [제반 사정]을 종합적으로 고려하여 양수인으로 하여금 양도된 채권에 대하여 대항사유가 없을 것을 신뢰하게 할 정도에 이르렀는지를 감안하여 판단해야 한다."

㉯ 제451조 제1항의 "양도인에게 대항할 수 있는 사유"란 채권의 성립, 존속, 행사를 저지·배척하는 사유를 가리킬 뿐이고, 채권의 귀속(채권이 이미 타인에게 양도되었다는 사실)은 이에 포함되지 않는다(대판 1994.4.29. 93다35551).

㉰ 대판 2002.3.29. 2000다13887은,

㉠ 제451조 제1항이 "이의를 보류하지 않은 승낙에 대하여 항변사유를 제한한 취지는 이의를 보류하지 않은 승낙이 이루어진 경우 양수인은 양수한 채권에 아무런 항변권도 부착되지 아니한 것으로 신뢰하는 것이 보통이므로 채무자의 '승낙'이라는 사실에 공신력을 주어 양수인의 신뢰를 보호하고 채권양도나 질권설정과 같은 거래의 안전을 꾀하기 위한 규정이라 할 것이므로, 채권의 양도나 질권의 설정에 대하여 이의를 보류하지 아니하고 승낙을 하였더라도 양수인 또는 질권자가 악의 또는 중과실의 경우에 해당하는 한 채무자의 승낙 당시까지 양도인 또는 질권설정자에 대하여 생긴 사유로써도 양수인 또는 질권자에게 대항할 수 있다"고 하면서도,

㉡ 보험금청구권의 양도에서 예외를 인정한다: "보험금청구권은 보험자의 면책사유 없는 보험사고에 의하여 피보험자에게 손해가 발생한 경우에 비로소 권리로서 구체화되는 정지조건부 권리이고, 그 조건부 권리도 보험사고가 면책사유에 해당하는 경우에는 그에 의하여 조건 불성취로 확정되어 소멸하는 것이라 할 것이므로, 위와 같은 보험금청구권의 양도 또는 질권 설정에 대한 채무자의 승낙은 별도로 면책사유가 있으면 보험금을 지급하지 않겠다는 취지를 명시하지 않아도 당연히 그것을 전제로 하고 있다고 보아야 하고, 그 양수인 또는 질권자도 그러한 사실을 알고 있었다고 보아야 할 것이며, 더구나 보험사고 발생 전의 보험금청구권 양도 또는 질권 설정을 승낙함에 있어서 보험자가 위 항변사유가 상당한 정도로 발생할 가

능성이 있음을 인식하였다는 등의 사정이 없는 한 존재하지도 아니하는 면책사유 항변을 보류하고 이의하여야 한다고 할 수는 없으므로, 보험자가 비록 위 보험금청구권 양도 승낙시나 질권 설정 승낙시에 면책사유에 대한 이의를 보류하지 않았다 하더라도 보험계약상의 면책사유를 양수인 또는 질권자에게 주장할 수 있다."

㉢ 다만 면책사유 중 보험료 미납으로 인한 것은 예외에 해당하지 않는다: "다른 면책사유의 경우에는 보험자가 채권양도 또는 질권 설정 승낙시에 면책사유 발생 가능성을 인식할 수 있었다고 단언할 수 없는 것이지만, 보험료 미납이라는 사유는 승낙시에 이미 발생할 수 있는 가능성이 있다는 점을 보험자가 누구보다도 잘 알고 있었다고 보아야 할 것이어서, 보험료 미납이라는 면책사유는 당연히 승낙시에 보험자가 이의를 보류할 수 있는 것이라 할 것이고, 그러함에도 보험자가 이의를 보류하지 아니한 경우에까지 면책사유의 일종이라는 이유만으로 양수인 또는 질권자에게 대항할 수 있다고 하는 것은 양수인 또는 질권자의 신뢰보호라는 원칙을 무시하는 결과가 된다 할 것이므로, 보험료 미납을 이유로 한 해지항변은 보험자가 이의를 보류하지 아니하고 양도 또는 질권 설정을 승낙한 경우에는 양수인 또는 질권자에 대하여 대항할 수 없다." 그런데 승낙 이후의 보험료 미납을 이유로 한 해지항변으로 대항할 수 있음은 물론이다.

㉣ 같은 취지로 임차보증금반환채권의 양도에 관한 대판 2002.12.10. 2002다52657: "부동산임대차에 있어서 임차인이 임대인에게 지급하는 임대차보증금은 임대차관계가 종료되어 목적물을 반환하는 때까지 그 임대차관계에서 발생하는 임차인의 모든 채무를 담보하는 것으로서, 임대인의 임대차보증금반환의무는 임대차관계가 종료되는 경우에 그 임대차보증금 중에서 목적물을 반환받을 때까지 생긴 연체차임 등 임차인의 모든 채무를 공제한 나머지 금액에 관하여서만 비로소 이행기에 도달하는 것이므로, 그 임대차보증금반환채권을 양도함에 있어서 임대인이 아무런 이의를 보류하지 아니한 채 채권양도를 승낙하였어도 임차목적물을 개축하는 등 하여 임차인이 부담할 원상복구비용 상당의 손해배상액은 반환할 임대차보증금에서 당연히 공제할 수 있다 할 것이나, 임대인과 임차인 사이에서 장래 임대목적물 반환시 위 원상복구비용의 보증금 명목으로 지급하기로 약정한 금액은, 임대차관계에서 당연히 발생하는 임차인의 채무가 아니라 임대인과 임차인 사이의 약정에 기하여 비로소 발생하는 채무에 불과하므로, 반환할 임대차보증금에서 당연히 공제할 수 있는 것은 아니라 할 것이어서, 임대차보증금반환채권을 양도하기 전

에 임차인과 사이에 이와 같은 약정을 한 임대인이 이와 같은 약정에 기한 원상복구비용의 보증금청구채권이 존재한다는 이의를 보류하지 아니한 채 채권양도를 승낙하였다면 민법 제451조 제1항이 적용되어 그 원상복구비용의 보증금청구채권으로 채권양수인에게 대항할 수 없다."

④ 제3자에 대한 대항요건을 본다.

ⓐ 확정일자부 대항요건은 채권에 대한 양립할 수 없는 지위의 경합을 해결하는 기준이다.

ⓑ 채권이 변제 등의 사유로 소멸한 후에는 확정일자부 대항요건을 갖춘 양수인이라도 채권을 취득할 수 없다.30)

ⓒ 복수의 양수인이 모두 제3자에 대한 대항요건을 갖춘 경우에, 판례는 채권양도에 대한 채무자의 인식을 기준으로 양수인의 우열을 정한다는 입장이다.

〈2-1-11〉 제3자에 대한 대항요건에 관한 판례

1) 일반법리

㉮ 제3자에 대한 대항요건으로 "확정일자 있는 증서에 의"한 통지나 승낙을 갖추도록 하는 취지는, 채권의 양도인, 양수인 및 채무자가 통모하여 통지일 또는 승낙일을 소급함으로써 제3자의 권리를 침해하는 것을 방지하기 위한 것이다(대판 2011.7.14. 2009다49469).

㉯ 이중의 채권양도가 있었는데 그중 한 양수인은 확정일자 있는 증서에 의한 대항요건을 갖추었으나 다른 양수인은 그러한 요건을 갖추지 못한 경우에, 확정일자 있는

30) 대판 2022.1.13. 2019다272855: "민법 제450조 제2항에서 정한 지명채권 양도의 제3자에 대한 대항요건은 <u>양도된 채권이 존속하는 동안에 그 채권에 관하여 양수인의 지위와 양립할 수 없는 법률상의 지위를 취득한 제3자가 있는 경우</u>에 적용된다. 따라서 지명채권 양수인이 '양도되는 채권의 채무자'여서 양도된 채권이 민법 제507조 본문에 따라 혼동에 의하여 소멸한 경우에는 후에 채권에 관한 압류 또는 가압류결정이 제3채무자에게 송달되더라도 채권압류 또는 가압류결정은 존재하지 아니하는 채권에 대한 것으로서 무효이고, 압류 또는 가압류채권자는 민법 제450조 제2항에서 정한 제3자에 해당하지 아니한다." 확정일자부 대항요건을 갖추더라도 채권이 이미 소멸한 경우에 더 이상 채권을 주장할 수 없다는 대판 2003.10.24. 2003다37426도 참조.

증서에 의한 대항요건을 갖춘 양수인이 우선함은 당연하다(대판 1972.1.31. 71다2697).

㉰ 대판 2005.6.23. 2004다29279: "선순위의 근저당권부 채권을 양수한 채권자보다 후순위의 근저당권자는 채권양도의 대항요건을 갖추지 아니한 경우 대항할 수 없는 제3자에 포함되지 않는다."

2) 양수인들이 모두 제3자에 대한 대항요건을 갖춘 경우에 관한 대판(전) 1994. 4.26. 93다24223[31]

㉮ 복수의 양수인들 사이의 우열에 관하여 "채권이 이중으로 양도된 경우의 양수인 상호간의 우열은 통지 또는 승낙에 붙여진 확정일자의 선후에 의하여 결정할 것이 아니라, 채권양도에 대한 채무자의 인식, 즉 확정일자 있는 양도통지가 채무자에게 도달한 일시 또는 확정일자 있는 승낙의 일시의 선후에 의하여 결정하여야 할 것이고, 이러한 법리는 채권양수인과 동일채권에 대하여 가압류명령을 집행한 자 사이의 우열을 결정하는 경우에 있어서도 마찬가지이므로, 확정일자 있는 채권양도통지와 가압류결정 정본의 제3채무자(채권양도의 경우에는 채무자)에 대한 도달의 선후에 의하여 그 우열을 결정하여야 한다."[32]

㉯ 한편 위 기준에 의하여 우열을 정할 수 없는 경우에 관하여 "채권양도통지, 가압류 또는 압류명령 등이 제3채무자에 동시에 송달되어 그들 상호간에 우열이 없는 경우에도 그 채권양수인, 가압류 또는 압류채권자는 모두 제3채무자에 대하여 완전한 대항력을 갖추었다고 할 것이므로, 그 전액에 대하여 채권양수금, 압류전부금 또는 추심금의 이행청구를 하고 적법하게 이를 변제받을 수 있고, 제3채무자로서는 이들 중 누구에게라도 그 채무 전액을 변제하면 다른 채권자에 대한 관계에서도 유효하게 면책되는 것이며, 만약 양수채권액과 가압류 또는 압류된 채권액의 합계액이 제3채무자에 대한 채권액을 초과할 때에는 그들 상호간에는 법률상의 지위가 대등하므로 공평의 원칙상 각 채권액에 안분하여 이를 내부적으로 다시 정산할 의무가 있[고,] 채권양도의 통지와 가압류 또는 압류명령이 제3채무자에게 동시에 송달되었다고 인정되어 채무자가 채권양수인 및 추심명령이나 전부명령을 얻은 가압류 또는 압류채권자 중 한 사람이 제기한 급부소송에서 전액 패소한 이후에

31) '㉠ A가 Y에 대한 물품대금채권을 X에게 양도하고 1992. 8. 3.자 내용증명우편으로 양도사실을 통지하여 8. 4. 그 통지가 Y에게 도달, ㉡ 한편 A의 Y에 대한 채권 중 일부에 대한 8. 2.자 가압류결정의 정본이 8. 4. Y에게 송달, ㉢ 도달의 선후는 불명'의 사안에 관한 판결이다.

32) 나아가 "채권양도통지와 채권가압류결정 정본이 같은 날 도달되었는데 그 선후관계에 대하여 달리 입증이 없으면 동시에 도달된 것으로 추정한다."

도 다른 채권자가 그 송달의 선후에 관하여 다시 문제를 제기하는 경우 기판력의 이론상 제3채무자는 이중지급의 위험이 있을 수 있으므로, 동시에 송달된 경우에도 제3채무자는 송달의 선후가 불명한 경우에 준하여 채권자를 알 수 없다는 이유로 변제공탁을 함으로써 법률관계의 불안으로부터 벗어날 수 있다."

㉰ 참고로 대판 2004.9.3. 2003다22561은 "압류의 처분금지효력은 절대적인 것이 아니고, 이에 저촉되는 채무자의 처분행위도 그 압류채권자와 처분 전에 집행절차에 참가한 압류채권자나 배당요구채권자에게 대항하지 못한다는 의미에서의 상대적 효력을 가지는 데 그치므로 압류의 효력발생 전에 채무자가 처분한 경우에는 그보다 먼저 압류한 채권자가 있어 그 채권자에게는 대항할 수 없는 사정이 있더라도 그 처분 후에 집행에 참가하는 채권자에 대하여는 처분의 효력을 대항할 수 있는 것이고, 이는 가압류의 경우에도 마찬가지이므로 동일한 채권에 관하여 가압류명령의 송달과 확정일자 있는 양도통지가 동시에 제3채무자에게 도달함으로써 채무자가 가압류의 대상인 채권을 양도하고 채권양수인이 채권양도의 대항요건을 갖추었다면 다른 채권자는 더 이상 그 가압류에 따른 집행절차에 참가할 수는 없다"는 점을 전제로 "확정일자 있는 채권양도통지와 채권가압류명령이 제3채무자에게 동시에 도달된 경우에도 제3채무자는 송달의 선후가 불명한 경우에 준하여 채권자를 알 수 없다는 이유로 변제공탁을 할 수 있다"고 하면서, 그 후 다른 채권압류 또는 가압류가 이루어졌더라도 채권양수인과 선행가압류채권자 사이에서만 채권액에 안분하여 배당해야 한다고 했다.

⑷ 채무인수를 본다.

① 먼저 좁은 의미의 채무인수, 즉 면책적 채무인수(免責的 債務引受)를 본다.

ⓐ 채권양도의 반대개념으로서 면책적 채무인수에 의하여 채무가 동일성을 가진 채 구채무자로부터 신채무자에게 이전된다(채무자가 바뀐다).

ⓑ 면책적 채무인수는 다양한 모습으로 행하여질 수 있는데, 어느 경우이든 새로 채무자로 되는 인수인이 인수계약의 당사자여야 하고, 채무자의 교체에 따른 책임재산의 변동 때문에 채권자의 참여 또는 승낙이 필요하다.

② 그 밖의 경우를 본다.

ⓐ 제3자가 채무관계에 가입하여 종전의 채무자와 함께 동일내용의 채무를 부

담하는 경우를 병존적 채무인수라 하는데, 인수인의 일반재산이 책임재산으로 추가됨에 따라 채무를 담보하는 작용을 한다.

ⓑ 이행인수(履行引受)의 경우에 인수인은 채무자의 채권자에 대한 채무를 이행할 의무를 — 채권자가 아니라 — 채무자에 대하여 부담한다.

〈2-1-12〉 채무인수 등에 관한 판례

㉮ 채무자와 인수인이 면책적 채무인수약정을 하더라도, 채권자의 승낙이 없으면 이행인수 등으로서의 효력밖에 갖지 못하며 채무자는 채무를 면하지 못한다(대판 2012.5.24. 2009다88303).

그리고 채권자의 승낙이 있어야 채무인수의 효력이 생기는 경우에, 채권자가 승낙을 거절하였다면 그 후에는 채권자가 다시 승낙하더라도 채무인수로서의 효력이 생기지 않는다(대판 1998.11.24. 98다33765).

㉯ 채무인수가 면책적인지 아니면 병존적인지의 구별은 당사자의사의 해석에 관한 문제인데(대판 1998.11.24. 98다33765), 어느 쪽인지 분명하지 않다면 채권자에게 유리한 병존적 채무인수로 추정할 것이다(대판 2002.9.24. 2002다36228).

그리고 대판 2009.8.20. 2009다32409: "중첩적 채무인수에서 인수인이 채무자의 부탁 없이 채권자와의 계약으로 채무를 인수하는 것은 매우 드문 일이므로 채무자와 인수인은 원칙적으로 주관적 공동관계가 있는 연대채무관계에 있고, 인수인이 채무자의 부탁을 받지 아니하여 주관적 공동관계가 없는 경우에는 부진정연대관계에 있는 것으로 보아야 한다."

병존적 채무인수의 예로, 기존채무에 관하여 제3자가 어음이나 수표를 발행하는 경우(대판 1998.3.13. 97다52493), 상법 제724조의 직접청구권(대판 2010.10.28. 2010다53754) 등.

㉰ 대판 1997.10.24. 97다28698: "채무자와 인수인의 계약으로 체결되는 병존적 채무인수는 채권자로 하여금 인수인에 대하여 새로운 권리를 취득하게 하는 것으로 제3자를 위한 계약의 하나로 볼 수 있고, 이와 비교하여 이행인수는 채무자와 인수인 사이의 계약으로 인수인이 변제 등에 의하여 채무를 소멸케 하여 채무자의 책임을 면하게 할 것을 약정하는 것으로 인수인이 채무자에 대한 관계에서 채무자를 면책케 하는 채무를 부담하게 될 뿐 채권자로 하여금 직접 인수인에 대한 채권

을 취득케 하는 것이 아니므로 결국 제3자를 위한 계약과 이행인수의 판별기준은 계약당사자에게 제3자 또는 채권자가 계약당사자 일방 또는 인수인에 대하여 직접 채권을 취득케 할 의사가 있는지 여부에 달려 있다 할 것이고, 구체적으로는 계약체결의 동기, 경위 및 목적, 계약에 있어서의 당사자의 지위, 당사자 사이 및 당사자와 제3자 사이의 이해관계, 거래관행 등을 종합적으로 고려하여 그 의사를 해석하여야 한다."

㉱ 이행인수에서 인수인(A)의 이행이 있으면 채무자(S)의 채권자(G)에 대한 채무가 소멸하는데, 이는 「제3자의 변제」에 해당하고, A의 출재가 미리 S에 의하여 보상되지 않은 한 A는 S에 대하여 구상권을 가지며, 변제자대위에 의하여 G의 S에 대한 채권과 담보권이 변제할 정당한 이익 있는 A에게 이전된다(대결 2012.7.16. 2009마461 참조).

부동산의 매수인이 매매목적물에 관한 저당권의 피담보채무 등을 인수하면서 그 채무액을 매매대금에서 공제하기로 하는 합의를 판례는 일단 이행인수로 보는데(대판 1993.2.12. 92다23193 등),33) 인수채무의 불이행과 해제에 관하여 〈5-2-4〉 참조.

〈2-1-13〉 계약인수에 관한 판례

㉮ 대판 2012.5.24. 2009다88303: "계약당사자로서 지위 승계를 목적으로 하는 계약인수는 계약으로부터 발생하는 채권·채무 이전 외에 계약관계로부터 생기는 해제권 등 포괄적 권리의무의 양도를 포함하는 것으로서, 계약인수가 적법하게 이루어지면 양도인은 계약관계에서 탈퇴하게 되고, 계약인수 후에는 양도인의 면책을 유보하였다는 등 특별한 사정이 없는 한 잔류당사자와 양도인 사이에는 계약관계가 존재하지 않게 되며 그에 따른 채권채무관계도 소멸하지만, 이러한 계약인수

33) 다만 인수의 대상인 채무의 책임을 구성하는 권리관계도 함께 양도하거나 채무인수인이 그 채무부담에 상응하는 대가를 얻을 때에는 특별한 사정이 없는 한 이행인수가 아닌 병존적 채무인수로 보아야 한다는 대판 2008.3.13. 2007다54627 참조.

한편 대판 2021.11.25. 2020다294516: "이행인수계약의 불이행으로 인한 손해배상의 범위는 원칙적으로 채무자가 채무의 내용에 따른 이행을 하지 않음으로써 생긴 통상의 손해를 한도로 한다. 매수인이 인수하기로 한 근저당권의 피담보채무를 변제하지 않아 원리금이 늘어났다면 그 원리금이 매수인의 이행인수계약 불이행으로 인한 통상의 손해액이 된다."

는 양도인과 양수인 및 잔류당사자의 합의에 의한 삼면계약으로 이루어지는 것이 통상적이며 관계당사자 3인 중 2인의 합의가 선행된 경우에는 나머지 당사자가 이를 동의 내지 승낙하여야 그 효력이 생긴다."[34)]

그리고 대판 2020.12.10. 2020다245958: "계약인수는 개별채권·채무의 이전을 목적으로 하는 것이 아니라 다수의 채권·채무를 포함한 계약당사자로서의 지위의 포괄적 이전을 목적으로 하는 것으로서 계약당사자 3인의 관여에 의해 비로소 효력을 발생하는 반면, 개별채권의 양도는 채권양도인과 양수인 2인만의 관여로 성립하고 효력을 발생하는 등 양자가 법적인 성질과 요건을 달리하므로, 채무자 보호를 위해 개별채권 양도에서 요구되는 대항요건은 계약인수에서는 별도로 요구되지 않는다. 그리고 이러한 법리는 상법상 영업양도에 수반된 계약인수에 대해서도 마찬가지로 적용된다."

㉯ 임대인지위의 양도와 관련하여 대결 1998.9.2. 98마100은, 임대차계약에서 임대인의 지위의 양도는 임대인의 의무의 이전을 수반하지만, 임대인의 의무는 임대인이 누구인지에 의하여 이행방법이 특별히 달라지지 않고, 목적물소유자의 지위에서 거의 완전히 이행할 수 있으며, 임차인의 입장에서 보아도 신소유자에게 그 의무의 승계를 인정하는 것이 오히려 임차인에게 훨씬 유리할 수도 있으므로 임대인과 신소유자와의 계약만으로써 그 지위의 양도를 할 수 있으나, 이 경우에 임차인이 원하지 않으면 임대차의 승계를 임차인에게 강요할 수는 없어서 스스로 임대차를 종료시킬 수 있어야 한다는 공평의 원칙 및 신의성실의 원칙에 따라 임차인이 곧 이의를 제기함으로써 승계되는 임대차관계의 구속을 면할 수 있고, 임대인과의 임대차관계도 해지할 수 있다고 하였다.

㉰ 계약인수에서 이미 발생한 계약상의 채무의 승계에 관하여 대판(전) 2011.

34) 다만 "계약에서 채무자가 변경될 경우에 채권자의 승낙을 얻도록 함으로써 채권자가 불이익을 입지 않도록 하려는 민법 제454조의 규정과 계약인수의 해석론에 비추어 보면, 통상 변제자력이 더 풍부한 지방자치단체가 계약관계에서 발생된 채무에 관하여 채권자의 승낙을 받지 않고 일방적으로 조례 제정을 통하여 지방공사에 면책적으로 인수시킬 수 있다고 보는 것은 부당하고, 지방자치단체에 대하여 민법 제454조의 적용을 배제할 만한 합리적인 이유를 찾을 수 없다"고 하면서, 시영아파트를 건축·분양한 지방자치단체(A)가 조례를 제정하여 지방공사(B)를 설립한 후 분양계약에 관한 사무 내지 분양계약당사자의 지위를 포괄하여 인수시켰는데 수분양자들이 A를 상대로 아파트에 관한 하자담보책임을 구한 사안에서, A가 조례규정에 기초하여 B에 분양계약에 관한 사무 내지 분양계약당사자의 지위를 포괄하여 인수시키고 하자담보책임을 비롯한 분양자의 권리의무를 승계시켰더라도 채권자인 수분양자들의 승낙 없이는 하자담보책임을 면할 수 없다고 한 사례.

6.23. 2007다63089·63096: "계약당사자 중 일방이 상대방 및 제3자와 3면계약을 체결하거나 상대방의 승낙을 얻어 계약상 당사자로서의 지위를 포괄적으로 제3자에게 이전하는 경우 이를 양수한 제3자는 양도인의 계약상 지위를 승계함으로써 종래 계약에서 이미 발생한 채권·채무도 모두 이전받게 된다."[35)]

한편 비계약상의 채무의 승계에 관하여 대판 2015.7.23. 2012다15336·15343·15350·15367·15374·15381·15398·5404: "계약상 지위의 양도에 의하여 계약당사자로서의 지위가 제3자에게 이전되는 경우 계약상 지위를 전제로 한 권리관계만이 이전될 뿐 불법행위에 기한 손해배상청구권은 별도의 채권양도절차 없이 제3자에게 당연히 이전되는 것이 아니"다.[36)]

제 2 절 계약의 무효사유

1. 서 설

(1) 법률행위가 성립하면 그 효력이 발생하지만, 그렇지 않은 경우(취소를 포함하는 넓은 의미의 무효의 경우)도 있다. 그런데 계약의 성립요건은 권리근거사실로서 청구원인을 이루고, 효력을 주장하는 이가 성립요건 전부의 존재에 대한 증명책임을 지는 반면, 계약의 유효요건은 무효사유(권리장애사실)의 부존재를 의미하는 소극적 요건으로 어느 한 사유라도 존재하면 효력이 발생하지 않고, 효력의 발생을 부정하는 쪽에서 증명해야 한다(다만 특별효력요건, 특히 대리권의 존재는 대리행위의 유효를 주장하는 상대방이 증명책임을 진다).

35) 계속적 계약관계에서 계약인수 이전에 이미 발생하였으나 탈퇴당사자가 이행하지 않고 있는 채무(가령 미이행된 임료채무)에 관해서도 그러한지 검토를 요한다. 임대인지위의 승계와 차임연체로 인한 해지에 관한 대판 2008.10.9. 2008다3022도 참조.

36) 표시광고법상 허위·과장광고로 인한 손해배상청구권을 가지던 아파트 수분양자가 수분양자의 지위를 제3자에게 양도하였다는 사정만으로 양수인이 당연히 위 손해배상청구권을 행사할 수 있다고 볼 수는 없고, 다만 허위·과장광고를 그대로 믿고 허위·과장광고로 높아진 가격에 수분양자지위를 양수하는 등으로 양수인이 수분양자지위를 양도받으면서 허위·과장광고로 인한 손해를 입었다는 등의 특별한 사정이 있는 경우에만 양수인이 손해배상청구권을 행사할 수 있다고 한 사례.

⑵ 법률행위를 통한 사적자치의 실현은 각자가 자기의사에 기하여 법률관계의 내용을 자유롭게 형성할 수 있고 이를 법질서가 승인함에 의하여 보장된다. 그러나 이를 방해하는 무효사유를 ① 절차적 고장사유로서 의사표시의 흠, ② 내용적 한계로서 강행규정이나 사회질서의 위반 그리고 ③ 정책적 배려(의사의 지배가능성을 결한 이의 보호)로서 행위능력의 결여로 나눌 수 있다.

2. 착오에 의한 의사표시

⑴ 착오에 의한 의사표시에서 표의자는 표시에 상응하는 효과의사가 없음을 들어 법률행위의 구속에서 벗어나려고 하는 반면, 표시로부터 그에 상응하는 효과의사가 존재할 것이라고 믿은 상대방은 반대의 이해관계를 가진다.

이러한 이해의 상충에 대하여 제109조는 의사표시의 「잠정적/유동적 유효」에서 출발하되 그 효력을 취소에 의하여 제거할 수 있도록 하는데, 법률행위의 내용의 중요부분과 중대한 과실이라는 요건은 취소가능성을 제한함으로써 상대방의 이익을 보호하는 기능을 수행한다.

착오취소와 하자담보책임의 경합에 관하여 (<4-5-2>에 소개된) 대판 2018. 9.13. 2015다78703 참조.

⑵ 착오취소의 요건을 본다.

① 제109조가 전제하는 착오는 표시에 상응하는 의사가 결여된 경우(이른바 행위착오)이다. 그런데 일상에서 자주 발생하는 「동기의 착오」(인식과 인식의 대상인 사실 사이의 불일치)를 어떻게 취급할 것인지에 관하여 다툼이 심한데, 다수설과 판례는 동기가 표시되어 상대방에게 알려지면 제109조에 포섭될 수 있다는 입장이다.

② 제109조 제1항 본문은 법률행위 내용의 중요부분에 관한 착오로 취소의 대상을 한정한다. 이 요건은 계약에 기한 이행청구에서 항변(반면 급부이득의 반환을 구하는 경우에는 청구원인)으로서 착오취소의 적극적 요건인데, 그에 대한 증명책임이 표의자에게 있다.

법률행위 내용의 중요부분에 관한 착오로 되려면 주관적 인과관계와 객관적 현저성이라는 두 기준이 충족되어야 하는데, 개개의 사안에서 주관적·객관적 표준을 좇아 구체적 사정에 따라 가려야 하고, 추상적·일률적으로 이를 가릴 수 없다(대판 1985.4.23. 84다카890).

③ 제109조 제1항 단서에 따라 표의자에게 중대한 과실이 없어야 하는데, 표의자의 보호가치가 부정되는 경우에 취소가 배제된다는 의미를 가진다. 이 요건은 착오취소에 대한 재항변으로서 상대방에게 증명책임이 있다(대판 2005.5.12. 2005다6228).

〈2-2-1〉 착오취소의 요건에 관한 판례

1) 동기의 착오를 이유로 표의자가 법률행위를 취소하려면 그 동기를 당해 의사표시의 내용으로 삼을 것을 상대방에게 표시하고 의사표시의 해석상 법률행위의 내용으로 되어 있다고 인정되면 충분하고 당사자들 사이에 별도로 그 동기를 의사표시의 내용으로 삼기로 하는 합의까지 이루어질 필요는 없다(대판 2000.5.12. 2000다12259 등).

한편 (장래의 불확실한) 사실 자체에 대하여 오인한 것이 아니라 장래의 미필적 사실의 발생에 대한 「표의자의 주관적 기대나 예상」이 빗나간 것에 불과하다면 이를 착오로 보기 어렵다(대판 2010.5.27. 2009다94841 등. 대판 2020.5.14. 2016다12175[37]도 참조).

2) 법률행위 내용의 중요부분

㉮ 대판 1999.4.23. 98다45546: "법률행위의 중요부분의 착오라 함은 표의자가 그러한 착오가 없었더라면 그 의사표시를 하지 않으리라고 생각될 정도로 중요한 것이어야 하고 보통 일반인도 표의자의 처지에 섰더라면 그러한 의사표시를 하지 않았으리라고 생각될 정도로 중요한 것이어야 한다."

「주관적 인과관계」에 관하여 대판 1986.8.19. 86다카448은, 근저당권설정자 또는 보증인이 그 계약서에 나타난 채무자가 마음속으로 채무자라고 본 사람의 이름을 빌린 것에 불과하여, 계약 당시에 위 두 사람이 같은 사람이 아닌 것을 알았더

37) "장래에 발생할 막연한 사정을 예측하거나 기대하고 법률행위를 한 경우 그러한 예측이나 기대와 다른 사정이 발생하였다고 하더라도 그로 인한 위험은 원칙적으로 법률행위를 한 사람이 스스로 감수하여야 하고 상대방에게 전가해서는 안 되므로 착오를 이유로 취소를 구할 수 없다."

라도 그 계약을 맺을 것이라고 보이는 등 특별한 사정이 있는 경우에, 법률행위의 내용의 중요부분에 관한 착오가 아니라고 하였다.

그리고 「객관적 현저성」과 관련하여[38] 특히 대판 2006.12.7. 2006다41457은, 표의자가 착오로 인하여 경제적 불이익을 입지 않았다면 현저성이 인정되지 않는다는 입장이다.[39]

㈏ 보증은 주채무자의 무자력위험을 인수하는 제도이므로, 보증인이 주채무자의 변제자력 또는 다른 담보의 가치에 관하여 착오하였더라도 보증의사표시를 취소할 수 없다.

그런데 판례의 주류(대판 1987.7.21. 85다카2339; 대판 1996.7.26. 94다25964 등)는 (신용)보증계약에서 주채무자의 신용상태에 대한 보증인의 착오를 이유로 한 보증의사표시의 취소를 용인하였다. 여기서는 채권자가 주채무자의 신용상태에 관하여 잘못 작성된 거래상황확인서를 보증인이 될 이(B)에게 통지하는 바람에 B가 이를 신뢰하여 (신용)보증계약을 체결하였는데, 주채무자의 신용상태에 대한 B의 착오를 유발한 채권자의 보호가치가 부정된다.[40] 따라서 이를 보증계약 일반으로 확장할 것은 아니다.

㈐ 목적물의 시가(時價)에 관한 착오는 동기의 착오에 불과하여 이를 이유로 취소할 수 없다. 다만 대판 1998.2.10. 97다44737은 과다하게 잘못 평가된 금액을 기준으로 토지의 협의매수계약을 체결한 경우에 착오취소를 허용하였는데, 계약의 효

38) 대판 2018.4.12. 2017다229536: "보험회사 또는 보험모집종사자가 설명의무를 위반하여 고객이 보험계약의 중요사항에 관하여 제대로 이해하지 못한 채 착오에 빠져 보험계약을 체결한 경우, 그러한 착오가 동기의 착오에 불과하다고 하더라도 그러한 착오를 일으키지 않았더라면 보험계약을 체결하지 않았거나 아니면 적어도 동일한 내용으로 보험계약을 체결하지 않았을 것이 명백하다면, 위와 같은 착오는 보험계약의 내용의 중요부분에 관한 것에 해당하므로 이를 이유로 보험계약을 취소할 수 있다."

39) "주채무자의 차용금반환채무를 보증할 의사로 공정증서에 연대보증인으로 서명·날인하였으나 그 공정증서가 주채무자의 기존의 구상금채무 등에 관한 준소비대차계약의 공정증서이었던 경우, 소비대차계약과 준소비대차계약의 법률효과는 동일하므로 공정증서가 연대보증인의 의사와 다른 법률효과를 발생시키는 내용의 서면이라고 할 수 없어 표시와 의사의 불일치가 객관적으로 현저한 경우에 해당하지 않을 뿐만 아니라, 연대보증인은 주채무자가 채권자에게 부담하는 차용금반환채무를 연대보증할 의사가 있었던 이상 착오로 인하여 경제적인 불이익을 입었거나 장차 불이익을 당할 염려도 없으므로 위와 같은 착오는 연대보증계약의 중요부분의 착오가 아니"다. 계약 체결 당시에 착오가 있었으나 그 후 착오로 인한 불이익이 소멸한 경우에 취소는 신의칙상 허용될 수 없다고 한 대판 1995.3.24. 94다44620도 참조.

40) 신용보증계약은 보증인과 주채무자 사이의 제3자를 위한 계약으로, 채권자는 수익자이다.

력을 유지할 수밖에 없는 사안의 특수성[41)]이 고려된 결과로 보이는 이 판결의 판지를 일반화할 것은 아니다.

㉣ 목적물의 수량 등에 관한 착오는 내용의 중요부분의 착오에 해당한다(대판 1997.8.22. 97다13023[42)] 참조). 그러나 건물 및 그 부지를 「현상대로」 매수하였다면 부지의 지분이 다소 부족하더라도, 판례는 이를 중요부분의 착오로 보지 않는다(대판 1984.4.10. 83다카1328·1329).[43)]

㉤ 동일성에 관한 착오도 그것이 중요한 의미를 가지는 계약에서 내용의 중요부분에 해당한다. 기술신용보증기금이 금융불실거래자인 A를 신용 있는 B로 착각하여 신용보증을 한 경우에 관한 대판 1993.10.22. 93다14912, 매수인이 다른 점포를 매매계약의 목적물이라고 오인한 경우에 관한 대판 1997.11.28. 97다32772·32789[44)] 등 참조.

㉥ 그 밖에 외형적인 경계(담장)를 기준으로 하여 A, B 사이에 인접토지에 관한 교환계약이 이루어졌으나 그 경계가 실제의 경계와 일치하지 않아서 결국 B가 자기 소유의 대지와 교환으로 제공받은 A의 대지 또한 그 대부분이 B의 소유인 것으로 판명되었다면, 이는 토지의 경계(소유권의 귀속)에 관한 착오로서 특단의 사정이 없는 한 법률행위의 중요부분에 관한 착오라고 본 대판 1993.9.28. 93다31634·31641도 참조.

3) 표의자에게 중대한 과실이 있음에도 취소가 허용되기도 하는데, ㉠ (뒤에서 보는) 상대방이 착오를 유발한 경우 외에, ㉡ 대판 2014.11.27. 2013다49794는, 상대방이 표의자의 착오를 알면서 이를 이용한 경우에, 표의자에게 중대한 과실이 있더라도 표의자는 그 의사표시를 취소할 수 있다고 하였다.

4) 이상의 요건 전부와 관련하여, 의사표시의 상대방이 표의자의 착오를 유발한 경우에, 판례의 주류는 이를 이유로 취소할 수 있다고 한다. 동기의 표시 여부를 문제 삼지 않은 대판 1996.7.26. 94다25964, 내용의 중요부분인지를 따지지 않은 대

41) 원고는 지방자치단체로서 용지보상업무를 위탁받아 감정평가기관의 잘못된 감정결과에 기하여 토지의 매수에 임하였다는 등.

42) 전문건설공제조합의 계약보증에서 도급금액이 조합원의 도급한도액 내인 것으로 잘못 알고 계약보증서를 발급한 것이 중요부분의 착오에 해당한다고 한 사례.

43) 특정토지 전부를 매수한 경우에도 중요부분에 해당하지 않는다고 한 대판 1969.5.13. 69다196도 참조.

44) 매수인이 공인중개사를 신뢰하여 부동산을 현장에서 확인하지 않은 것을 중과실로 볼 수 없음도 밝히고 있다.

판 1997.8.26. 97다6063과 대판 1994.6.10. 93다24810,[45] 중대한 과실 부존재의 판단자료로 삼은 대판 2023.4.27. 2017다227264[46] 등. 표의자의 (동기)착오를 유발한 상대방의 보호가치가 부정되기 때문이다.

---

(3) 착오취소의 효과를 본다.

① 표의자는 착오취소를 통하여 자기의 진의를 관철할 수 있는데, 취소는 소급효를 가진다.[47]

② 경과실이 있음에도 표의자가 착오를 이유로 의사표시를 취소하고 그에 따라 법률행위가 효력을 잃은 경우에, 선의·무과실의 상대방이 신뢰이익의 배상을 청구할 수 있는지에 관하여 학설상 다툼이 있지만, (<1-3-3>에 소개된) 대판 1997.8.22. 97다13023은, 법이 규정하는 취소권을 행사하는 것은 위법하지 않음을 근거로 이를 부정하였다.

〈2-2-2〉 공통의 동기착오에 관한 판례

㉮ 계약당사자 쌍방이 공통의 동기착오에 빠진 경우에도 제109조를 적용한다면, ㉠ 당사자 중 일방만이 동기를 표시하였다면 상대방의 취소권이 부정되고, ㉡ 당사자 일방에게만 중과실이 있다면 그의 취소권이 부정되어 불합리한 결과에 이를 수 있다.

㉯ 공통의 착오에 행위기초론을 적용해야 한다는 학설도 있으나, 판례는 보충적 해석에 의해야 한다는 입장이다. 즉 대판 2006.11.23. 2005다13288: "계약당사자 쌍방이 계약의 전제나 기초가 되는 사항에 관하여 같은 내용으로 착오가 있고 이로 인하여 그에 관한 구체적 약정을 하지 아니하였다면, 당사자가 그러한 착오가 없을 때에 약정하였을 것으로 보이는 내용으로 당사자의 의사를 보충하여 계약을 해석

---

45) 나아가 "부동산의 양도가 있은 경우에 그에 대하여 부과될 양도소득세 등의 세액에 관한 착오가 미필적인 장래의 불확실한 사실에 관한 것이라도 민법 제109조 소정의 착오에서 제외되는 것은 아니"다.

46) 제109조 제1항 단서는 "표의자의 상대방의 이익을 보호하기 위한 것이므로, 상대방이 표의자의 착오를 알고 이를 이용한 경우에는 착오가 표의자의 중대한 과실로 인한 것이라고 하더라도 표의자는 의사표시를 취소할 수 있다."

47) 소급효가 인정되지 않을 수 있음에 관하여 (〈2-3-2〉에 소개된) 대판 2017.12.22. 2013다25194·25200 참조.

할 수 있는바, 여기서 보충되는 당사자의 의사는 당사자의 실제의사 또는 주관적 의사가 아니라 계약의 목적, 거래관행, 적용법규, 신의칙 등에 비추어 객관적으로 추인되는 정당한 이익조정의사를 말한다."[48]

3. 비진의표시와 허위표시

(1) 착오와 달리 비진의표시나 허위표시에서는 표의자가 의사와 표시가 일치하지 않음을 알면서 의사표시를 하였다는 점에서 표의자의 보호는 문제되지 않고, 상대방의 보호가치만이 문제된다.

여기서 진의(眞意)는 표의자가 원한 사실상의 효과가 아니라 그것을 법적 관점에서 파악한 법적 효과, 즉 내심의 효과의사로 이해해야 한다.

(2) 비진의표시에 관하여 제107조 제1항은 의사표시의 유효를 기본값으로 하면서, 상대방이 표의자의 진의 아님을 알았거나 알 수 있었다면 무효라고 한다.

(3) 허위표시에서 표시에 상응하는 의사가 없을 뿐만 아니라 상대방의 보호가치가 부정되므로 무효이다.

그러나 일정한 경우에 법률행위의 효력이 발생한다. ① 선의의 제3자에 대해서는 무효로 대항하지 못한다(제108조 제2항). ② 당사자들의 진의가 일치되고 그 표시가 진의와 다를 뿐인 경우에 falsa demonstratio non nocet 원칙(〈2-1-3〉 참조)에 따라 진의에 따른 법률효과가 발생한다. 나아가 ③ 가장행위(假裝行爲) 속에 감추어진 은닉행위(隱匿行爲)로서 유효할 수 있다.

48) 국가와 기부채납자가 국유지인 대지 위에 건물을 신축하여 기부채납하고 위 대지 및 건물에 대한 사용수익권을 받기로 하면서 그 기부채납이 부가가치세 부과대상인 것을 모른 채 계약을 체결한 사안에서, 두 계약당사자의 진의(眞意)가 국가가 부가가치세를 부담하는 것이었다고 추정하여 그러한 내용으로 계약을 수정해석해야 한다고 본 원심을 파기한 사례.

A 회사가 국가와 장기공급계약을 상한가 개산(槪算)방식으로 체결하면서 그 당시 부가가치세 과세대상이던 부분에 대한 부가가치세만 예정계약금액에 포함시켰는데, 그 후 법령 개정으로 부가가치세 면세대상 중 일부가 과세대상으로 변경된 경우에, 부가가치세 증액분이 계약금액에 포함되는 것으로 해석함이 타당하다고 한 대판 2014.11.13. 2009다91811도 참조.

〈2-2-3〉 비진의표시 및 허위표시에 관한 판례

㉮ 대판 2002.12.27. 2000다47361: 진의란 "특정한 내용의 의사표시를 하고자 하는 표의자의 생각을 말하는 것이지 표의자가 진정으로 마음속에서 바라는 사항을 뜻하는 것은 아니"다.[49] 가령 대판 1997.7.25. 97다8403은, A가 S로 하여금 A를 대리하여 금융기관으로부터 대출을 받도록 하여 그 대출금을 S가 부동산의 매수자금으로 사용하는 것을 승낙하였을 뿐이라고 볼 수 있는 경우에, A의 의사는 특별한 사정이 없는 한 대출에 따른 「경제적인 효과」는 S에게 귀속시킬지라도 「법률상의 효과」는 A에게 귀속시킴으로써 대출금채무에 대한 주채무자로서의 책임을 지겠다는 것으로 보아야 하므로, A가 대출을 받을 때 한 표시행위의 의미가 A의 진의와는 다르다고 할 수 없다고 하였다.

㉯ 진의 아닌 의사표시의 무효를 주장하는 이가 상대방의 악의 또는 과실에 대한 증명책임을 지는 것은 당연하다(대판 1992.5.22. 92다2295).

㉰ 다른 이의 동의를 받아 그를 채무자로 하여 대출을 받는 차명대출(借名貸出)에 관하여, (〈1-2-3〉에 소개된) 대판 2008.6.12. 2008다7772·7789는 유효하다는 입장인 반면, 대판 2001.5.29. 2001다11765는 무효라고 하였다. 그런데 앞의 판결은 금융기관과 명의대여자 사이에 「당해 대출에 따르는 법률상의 효과까지 실제 차주에게 귀속시키고 명의대여자에게는 그 채무부담을 지우지 않기로 하는 약정 내지 양해」가 없었음을 판단의 근거로 들고 있어서,[50] 금융기관의 양해, 즉 「제3자에 대해서는 채무자로서의 책임을 지우지 않을 의도」가 있었던 뒤의 판결과 사안을 달리한다.[51]

---

49) 비록 재산을 강제로 뺏긴다는 것이 표의자의 본심으로 잠재되어 있었더라도 표의자가 강박에 의해서나마 증여를 하기로 하고 그에 따른 증여의 의사표시를 한 이상 증여의 내심의 효과의사가 결여된 것이라고 할 수는 없다고 한 사례.

반면 근로자가 사용자의 지시에 좇아 일괄하여 사직서를 작성 제출할 당시 그 사직서에 기하여 의원면직처리될지 모른다는 점을 인식했더라도 이것만으로 그의 내심에 사직의 의사가 있는 것이라고 할 수 없고 이를 기화로 근로계약관계를 종료시키는 것은 부당해고에 다름없다고 한 대판 1991.7.12. 90다11554도 참조.

50) 차명대출에서 설령 명의대여자의 의사표시가 비진의표시에 해당하더라도 그 의사표시의 상대방인 금융기관으로서는 명의대여자가 전혀 채무를 부담할 의사 없이 진의에 반한 의사표시를 하였다는 것까지 알았다거나 알 수 있었다고 볼 수도 없다고 보아, 그 명의대여자는 표시행위에 나타난 대로 대출금채무를 부담한다고 한 대판 1996.9.10. 96다18182도 참조.

51) 이러한 경우에 형식상 주채무자가 실질적인 주채무자를 위하여 보증인이 될 의사가 있었다는 등의 특별한 사정이 없는 한 그 형식상의 주채무자에게 실질적 주채무자에 대한 보증의

㉱ 채권의 우선변제를 받을 목적으로 기존채권을 임대차보증금으로 하는 주택임대차계약을 체결한 경우에 대항요건을 갖추었더라도 대항력을 부여할 수 없다(대판 2002.3.12. 2000다24184·24191).

㉲ 가장행위에 기하여 급부한 당사자는 부당이득 또는 소유권에 기하여 그 반환을 청구할 수 있는데, 허위표시 자체가 불법은 아니기 때문에[52] 제746조는 적용되지 않는다. 허위표시를 한 채무자의 채권자가 채권자취소권을 행사할 수 있음에 관하여 〈5-1-6〉 참조.

4. 사기·강박에 의한 의사표시

(1) 의사형성과정에 대한 위법한 간섭을 이유로 법률행위의 효력을 부정하기 위한 제도가 사기·강박을 이유로 한 취소로, 계약상의 이행청구에 대하여 항변사유를 이룬다.

(2) 인접제도와의 관계를 본다.

① 사기나 강박에 의한 의사표시가 불법행위의 성립요건을 충족하면, 표의자의 취소권과 손해배상청구권(제750조)이 경합한다.[53]

② 매매목적물에 흠이 있음에도 이를 속이고 매도한 경우에, 사기에 의한 의사표시와 매도인의 담보책임이 경합하는데, 피기망자가 의사표시를 취소하였다면 더 이상 담보책임(매매계약의 유효를 전제로 하는)을 물을 수 없음은 당연하다.

〈2-2-4〉 사기와 착오의 관계에 관한 판례

㉮ 착오와 사기는 그 인정근거 및 요건을 달리하는 별개의 제도이므로, 표의자는 어느 쪽이든 그 요건을 증명하여 의사표시를 취소할 수 있다(대판 1985.4.9. 85도167).

의사가 있는 것으로 볼 수는 없다고 한 대판 1996.8.23. 96다18076도 참조.

52) 강제집행을 면할 목적으로 허위의 근저당권설정등기를 경료하는 행위의 반사회성을 부정한 대판 2004.5.28. 2003다70041 참조.

53) 이 경우 취소에 기한 부당이득반환청구권과 불법행위로 인한 손해배상청구권은 경합하여 병존하므로, 채권자는 어느 것이라도 행사할 수 있지만 중첩적으로 행사할 수는 없다고 한 대판 1993.4.27. 92다56087 참조.

㉯ 대판 2005.5.27. 2004다43824: “사기에 의한 의사표시란 타인의 기망행위로 말미암아 착오에 빠지게 된 결과 어떠한 의사표시를 하게 되는 경우이므로 거기에는 의사와 표시의 불일치가 있을 수 없고, 단지 의사의 형성과정 즉 의사표시의 동기에 착오가 있는 것에 불과하며, 이 점에서 고유한 의미의 착오에 의한 의사표시와 구분되는데, […] 신원보증서류에 서명날인한다는 착각에 빠진 상태로 연대보증의 서면에 서명날인한 것[은] 강학상 기명날인의 착오(또는 서명의 착오), 즉 어떤 사람이 자신의 의사와 다른 법률효과를 발생시키는 내용의 서면에, 그것을 읽지 않거나 올바르게 이해하지 못한 채 기명날인을 하는 이른바 표시상의 착오에 해당하므로, 비록 위와 같은 착오가 제3자의 기망행위에 의하여 일어난 것이라 하더라도 그에 관하여는 사기에 의한 의사표시에 관한 법리, 특히 상대방이 그러한 제3자의 기망행위사실을 알았거나 알 수 있었을 경우가 아닌 한 의사표시자가 취소권을 행사할 수 없다는 민법 제110조 제2항의 규정을 적용할 것이 아니라, 착오에 의한 의사표시에 관한 법리만을 적용하여 취소권 행사의 가부를 가려야 할 것”이다.[54)]

이 판결은 제3자의 기망행위에 의하여 표시상의 착오가 유발되었다면 착오취소가 사기취소를 배제하는 듯한 판시를 했으나, 표시상의 착오가 타인의 기망에 의하여 유발된 경우에 표의자가 제109조에 의하여 취소하는 외에 제110조에 의하여 취소하는 것을 배제할 이유는 없다.[55)]

(3) 제110조를 이유로 의사표시를 취소하기 위해서는 ① 기망/강박이 있어야 한다는 당연한 요건에 더하여, ② 그것이 고의(표의자를 기망/강박하려는 고의와 기망/강박에 기하여 의사표시를 하게 하려는 고의)에 기한 것으로, ③ 사회적으로 허용되는 범위

54) ‘A 회사에 대한 계약상 채무의 이행을 담보하기 위하여 채무자 B 회사와 X 보증보험회사가 이행보증보험계약 체결 → B의 이사 C가 대표이사 D와 공모하여 E를 통하여 Y에게 E의 아들을 위한 신원보증을 부탁 → 이에 속은 Y가 신원보증을 할 의사로 이행보증보험약정서의 연대보증인란에 서명날인 → B가 계약상 채무를 이행하지 않아서 X가 A에게 보험금을 지급한 후 Y에게 보증채무의 이행을 청구’의 사안에서, 제110조 제2항에 따라 Y에 대한 기망행위에 관하여 X가 알았거나 알 수 있었다고 볼 수 없음을 들어 Y로서 위 연대보증의 효력을 다툴 수 없다고 한 원심을 파기한 사례.

55) 오히려 타인의 기망에 의해 유발된 동기착오의 경우에 제109조의 요건이 충족되는지 여부를 따지지 않고 취소를 허용한다는 것이 제110조의 취지이고, 따라서 보호되는 착오의 범위가 제109조보다 넓은데, 표의자는 적용조문을 선택할 수 있다. 그렇다면 이 판결은 제110조 제2항의 적용을 피하고자 했을 뿐이라고 이해할 것이다.

를 넘어서는 위법한 간섭이어야 하며, ④ 기망/강박과 의사표시 사이에 인과관계가 존재해야 한다.

〈2-2-5〉 요건에 관한 판례

㉮ 대판 2009.4.23. 2009다1313: "상품의 선전·광고에 있어 다소의 과장이나 허위가 수반되는 것은 그것이 일반 상거래의 관행과 신의칙에 비추어 시인될 수 있는 한 기망성이 결여된다고 하겠으나, 거래에 있어서 중요한 사항에 관하여 구체적 사실을 신의성실의 의무에 비추어 비난받을 정도의 방법으로 허위로 고지한 경우에는 기망행위에 해당한다."

㉯ 부작위에 의한 기망은, 고지 또는 설명의무가 인정되고 이를 이행하지 않아서 (동기)착오를 유발하는 한도에서 취소사유로 된다.

㉠ 「신의칙상의 고지의무」에 관하여 대판 2006.10.12. 2004다48515: "부동산거래에 있어 거래상대방이 일정한 사정에 관한 고지를 받았더라면 그 거래를 하지 않았을 것임이 경험칙상 명백한 경우에는 신의성실의 원칙상 사전에 상대방에게 그와 같은 사정을 고지할 의무가 있으며, 그와 같은 고지의무의 대상이 되는 것은 직접적인 법령의 규정뿐 아니라 널리 계약상, 관습상 또는 조리상의 일반원칙에 의하여도 인정될 수 있다."56)

㉡ 「교환계약에서 목적물의 시가에 대한 묵비」에 관하여 대판 2002.9.4. 2000다54406·54413: "일반적으로 교환계약을 체결하려는 당사자는 서로 자기가 소유하는 교환목적물은 고가로 평가하고 상대방이 소유하는 목적물은 염가로 평가하여 보다 유리한 조건으로 교환계약을 체결하기를 희망하는 이해상반의 지위에 있고 각자가 자신의 지식과 경험을 이용하여 최대한으로 자신의 이익을 도모할 것이 예상되기 때문에, 당사자 일방이 알고 있는 정보를 상대방에게 사실대로 고지하여야 할 신의칙상의 주의의무가 인정된다고 볼 만한 특별한 사정이 없는 한, 어느 일방

56) 아파트분양자는 아파트단지 인근에 쓰레기매립장이 건설될 예정이라는 점을 분양계약자에게 고지할 신의칙상의 의무를 부담한다고 한 사례.
나아가 "고지의무 위반은 부작위에 의한 기망행위에 해당하므로 원고들로서는 기망을 이유로 분양계약을 취소하고 분양대금의 반환을 구할 수도 있고 분양계약의 취소를 원하지 않을 경우 그로 인한 손해배상만을 청구할 수도 있다"고 하면서, 분양 후 아파트의 시가가 상승하여 분양가격을 상회함에도 쓰레기매립장 건설을 고려한 아파트의 가치하락액 상당을 분양계약자의 손해액으로 보았다.

이 교환목적물의 시가나 그 가액 결정의 기초가 되는 사항에 관하여 상대방에게 설명 내지 고지를 할 주의의무를 부담한다고 할 수 없고, 일방당사자가 자기가 소유하는 목적물의 시가를 묵비하여 상대방에게 고지하지 아니하거나 혹은 허위로 시가보다 높은 가액을 시가라고 고지하였다 하더라도 이는 상대방의 의사결정에 불법적인 간섭을 한 것이라고 볼 수 없다."

㈐ 강박에 관하여 본다.

㉠ 대판 1996.12.23. 95다40038: "국가기관이 헌법상 보장된 국민의 기본권을 침해하는 위헌적인 공권력을 행사한 결과 국민이 그 공권력의 행사에 외포되어 자유롭지 못한 의사표시를 하였다고 하더라도 그 의사표시의 효력은 의사표시의 하자에 관한 민법의 일반원리에 의하여 판단되어야 하고, 그 강박행위의 주체가 국가공권력이고 그 공권력 행사의 내용이 기본권을 침해하는 것이라고 하여 그 강박에 의한 의사표시가 항상 반사회성을 띠게 되어 당연히 무효로 된다고는 볼 수 없다."[57]

㉡ 대판 1992.12.24. 92다25120: "일반적으로 부정행위에 대한 고소, 고발은 그것이 부정한 이익을 목적으로 하는 것이 아닌 때에는 정당한 권리행사가 되어 위법하다고 할 수 없으나, 부정한 이익의 취득을 목적으로 하는 경우에는 위법한 강박행위가 되는 경우가 있고 목적이 정당하다 하더라도 행위나 수단 등이 부당한 때에는 위법성이 있는 경우가 있을 수 있다."

---

(4) 실제로 자주 문제되는 것은 의사표시의 상대방 아닌 제3자가 부당한 간섭을 하는 경우인데, 의사결정의 자유를 침해당한 표의자와 함께 그의 의사표시를 믿은 상대방(의 신뢰)도 보호될 것이 요청된다. 그래서 제110조 제2항은 상대방의 보호가치를 기준으로 부당한 간섭을 한 제3자와 의사표시의 상대방이 분리됨에 따른 이해관계를 조절한다.

〈2-2-6〉 제3자의 사기·강박에 관한 판례

㉮ 제3자의 기망 또는 강박에 대하여 상대방이 선의·무과실이라면 취소할 수 없

57) 나아가 "의사표시가 강박에 의한 것이어서 당연무효라는 주장 속에 강박에 의한 의사표시이므로 취소한다는 주장이 당연히 포함되어 있다고는 볼 수 없다."

고, 제3자에 대한 손해배상(불법행위에 기한)이 가능할 뿐이다.

㉯ 그런데 기망/강박을 한 제3자와 의사표시의 상대방이 「법적」으로 분리되지만 책임 내지 이익을 함께하는 관계(이른바 「한통속」)에 있다고 보이는 경우에도 제110조 제2항을 적용하면 표의자에게 지나치게 불리하게 된다. 그래서 상대방의 대리인과 같이 「사회경제적」 관점에서 상대방과 동일시할 수 있는 이의 기망/강박에 대하여 상대방이 선의·무과실이라도 제110조 제2항이 아니라 제1항을 적용해야 한다(대판 1999.4.23. 98다60828·60835).

㉰ 반면 상대방의 피용자 등을 상대방과 동일시할 수는 없다(대판 1998.1.23. 96다41496).

5. 강행규정 위반

(1) 당사자의 의사가 명확하지 않은 경우에 이해관계 조정의 표준(「기본값」)을 정하는 임의규정과 달리, 당사자의 의사에 의하여 그 적용이 배제될 수 없는 강행규정(효력규정)은 사적자치의 허용한계를 이룬다.

강행규정은, 그 취지가 당해 규정이 정하는 행위 자체를 금지하는지 아니면 그러한 행위를 특정한 단면에서만 금지하는지에 따라 효력규정과 단속규정으로 나뉘는데, 법률행위의 내용/목적에 관한 흠의 하나로 강행규정 위반을 논의할 때에는 효력규정만이 문제된다.

(2) 효력규정을 위반하는 법률행위는 무효이다. 추인에 의하여 유효로 될 수 없고, 상대방이 선의·무과실이라도 표현대리법리가 적용될 수 없다. 그리고 효력규정 위반에 따른 무효는 절대적이어서, 선의의 제3자에게도 대항할 수 있다.

〈2-2-7〉 강행규정에 관한 판례

㉮ 효력규정 위반으로 무효라면 추인에 의하여 유효로 될 수 없고, 상대방이 선의·무과실이라도 표현대리법리가 적용될 여지는 없다(대판 2016.5.12. 2013다49381).

㉯ 판례에 나타난 단속규정의 예로, 중간생략등기를 금지하는 부동산등기특별조치법 제2조 제2항(대판 1993.1.26. 92다39112), 비실명금융거래를 금지하는 금융실명

법 제3조 제1항(대판 2001.12.28. 2001다17565) 등.

특기할 것은 대판 1993.7.27. 93다2926이, 당사자가 통정하여 「단속규정」을 위반하는 법률행위를 한 경우에는 사회질서 위반으로 무효라고 하였다는 점이다.

㉰ 판례에 나타난 효력규정의 예 중 실생활과 관련된 것으로, (예외사유에 해당하지 않는 한) 농지의 임대를 금지한 농지법 제23조(대판 2017.3.15. 2013다79887·79894),[58] 부동산중개수수료의 상한을 정하는 규정(대판(전) 2007.12.20. 2005다32159),[59] 변호사 아닌 이의 법률상담 등의 행위를 금지하는 변호사법 제109조(대판 1990.5.11. 89다카10514), 의료인이나 의료법인 등 비영리법인 아닌 이의 의료기관 개설을 금지하는 의료법 제33조(대판 2003.4.22. 2003다2390·2406), 타인의 생명보험에 관한 상법 제731조(대판 2010.2.11. 2009다74007) 등.

6. 사회질서 위반

(1) 효력규정이 없더라도 일반적·포괄적인 법의 근본이념이 사적자치의 한계를 이룬다. 즉 법률행위의 내용이 "선량한 풍속 기타 사회질서"에 반하면 무효이다(제103조).[60]

(2) 제103조의 법문은 법률행위의 「내용」이 반사회적일 것을 요구하지만, 동기의 불법 등 내용 자체가 사회질서에 반하지 않더라도 제103조가 적용되는 경우도 적지 않다.

---

58) 나아가 특별한 사정이 없는 한 농지임대인이 임대차기간 동안 임차인의 권원 없는 점용을 이유로 손해배상을 청구한 데 대하여 임차인이 불법원인급여의 법리를 이유로 반환을 거부할 수 없다고 하였다.

59) "부동산중개수수료에 관한 […] 규정들은 중개수수료약정 중 소정의 한도를 초과하는 부분에 대한 사법상의 효력을 제한하는 이른바 강행법규에 해당하고, 따라서 […] 관련법령에서 정한 한도를 초과하는 부동산중개수수료약정은 그 한도를 초과하는 범위 내에서 무효이다."

60) 단체협약의 내용이 선량한 풍속 기타 사회질서에 위배된다면 법률적 효력이 배제되어야 함을 전제로, '산재유족 특별채용조항'이 제103조에 의하여 무효로 되지 않는다고 한 대판(전) 2020.8.27. 2016다248998도 참조.

〈2-2-8〉 사회질서 위반의 모습에 관한 판례

㉮ 대판 2023.2.23. 2022다287383: "민법 제103조에 따라 무효로 되는 반사회질서행위는 법률행위의 목적인 권리의무의 내용이 선량한 풍속 기타 사회질서에 위반되는 경우, 그 권리의무의 내용 자체는 반사회질서적인 것이 아니라고 하여도 법률적으로 이를 강제하거나 그 법률행위에 반사회질서적인 조건 또는 금전적 대가가 결부됨으로써 반사회질서적 성격을 띠는 경우, 표시되거나 상대방에게 알려진 법률행위의 동기가 반사회질서적인 경우 등을 포괄하는 개념이다. 법률행위의 일방당사자로서 경제력의 차이로 인하여 우월한 지위에 있는 사업자가 그 지위를 이용하여 자기는 부당한 이득을 얻고 상대방에게 과도한 반대급부 내지 부당한 부담을 지우는 것으로 이를 강제하는 것이 사회적 타당성이 없다고 평가할 수 있는 경우 역시 이에 해당하여 무효가 된다."[61]

㉯ 금전적 대가와의 결부에 관하여 본다.

㉠ 먼저 「성공보수약정」에 관하여 대판(전) 2015.7.23. 2015다200111: "형사사건에 관하여 체결된 성공보수약정이 가져오는 여러 가지 사회적 폐단과 부작용 등을 고려하면, 구속영장청구 기각, 보석 석방, 집행유예나 무죄판결 등과 같이 의뢰인에게 유리한 결과를 얻어내기 위한 변호사의 변론활동이나 직무수행 그 자체는 정당하다 하더라도, 형사사건에서의 성공보수약정은 수사·재판의 결과를 금전적인

61) 나아가 "계약 등 법률행위의 내용이 민법 제103조에서 정한 선량한 풍속 기타 사회질서에 위반한 법률행위로서 무효인지 여부는 계약 등의 실질을 살펴 판단하여야 하는데, 경제적 지위에서 우위에 있는 당사자와의 관계에서 상대방의 계약상 의무와 그 위반에 따른 손해배상책임에 관하여 구체적이고 상세한 규정을 두는 등 계약상 책임의 요건과 범위 및 절차 등을 정한 경우, 그 취지는 계약상 책임의 부과절차의 객관성·공정성을 확보하기 위한 것이므로, 이러한 요건과 절차에 따르지 않은 채 상대방에게 이를 초과하는 책임을 추궁하는 것은 비록 그것이 계약상 별도의 약정에 기한 것이더라도 달리 그 합리성·필요성을 인정할 만한 사유가 존재하지 않는 한 경제적 지위의 남용에 따른 부당한 이익의 취득 및 부담의 강요로서 민법 제103조에 위반되어 무효로 볼 여지가 있다."

법률행위의 성립과정에서 불법적 방법이 사용되고 그 불법이 의사표시의 형성에 영향을 미친 경우에, 의사표시의 하자를 이유로 그 효력을 논의할 수 있을지언정 반사회질서의 법률행위로서 무효라고 할 수는 없다고 한 대판 1996.4.26. 94다34432; 대판 2002.12.27. 2000다47361 그리고 대출 및 연대보증이 선불금 수령 및 그 전제로서 윤락행위의 권유 또는 알선이라는 동일한 목적을 위하여 대출과 상호 불가분의 관계에서 행하여진 행위이고, 채권자가 이 점에 대하여 알았던 경우에 연대보증은 윤락행위 관련법규정의 취지 등에 비추어 반사회질서의 법률행위라고 한 대판 2009.9.10. 2009다37251도 참조.

대가와 결부시킴으로써, 기본적 인권의 옹호와 사회정의의 실현을 사명으로 하는 변호사 직무의 공공성을 저해하고, 의뢰인과 일반 국민의 사법제도에 대한 신뢰를 현저히 떨어뜨릴 위험이 있으므로, 선량한 풍속 기타 사회질서에 위배되는 것으로 평가할 수 있다."62)

성공보수는 성공의 정도에 따라 의뢰인이 변호사에게 지급하는 보수인데, 종래의 판례는 민·형사를 가리지 않고 성공보수약정이 유효함을 전제로 「부당하게 과다한 경우의 감액」에 초점을 맞추었다(대판 2009.7.9. 2009다21249 참조). 그런데 앞의 2015다200111 판결은 형사사건에 한하여 성공보수약정 자체를 「무효화」하였다.

ⓛ 대판 1999.4.13. 98다52483은, 소송사건에서 일방당사자를 위하여 증인으로 출석하여 증언했거나 증언할 것을 조건으로 어떤 대가를 받을 것을 약정한 경우에, 증인은 법률에 의하여 증언거부권이 인정되지 않은 한 진실을 진술할 의무가 있으므로 그 대가의 내용이 통상적으로 용인될 수 있는 수준을 초과하면 그와 같은 약정은 금전적 대가가 결부됨으로써 선량한 풍속 기타 사회질서에 반하는 법률행위로서 그 효력이 없다고 하였다.

㉰ 위험인수계약으로서 보험계약과 관련하여, 당초부터 보험사고를 가장하여 보험금을 취득할 목적으로 생명보험계약을 체결한 경우(대판 2000.2.11. 99다49064) 또는 보험금을 부정취득할 목적으로 다수의 보험계약을 체결한 경우(대판 2005.7.28. 2005다23858)에 이러한 보험계약은 선량한 풍속 기타 사회질서에 반하여 무효이다.

(3) 그 내용이 일의적(一義的)으로 정해지지 않은 조항을 일반조항(一般條項)이라 하는데, 제103조는 제2조와 더불어 그 대표적인 예이다. 그리고 제103조가 말하는 사회질서는 기본적으로 「지금 우리 사회」의 근간을 이루는 질서를 유지하고 개인의 권리와 자유를 보장하기 위한 도구개념인데, 시대에 따라 문제영역이나 비중이

---

62) '구속된 절도범의 아들이 변호사를 선임하면서 석방되면 사례금을 지급하기로 약정 → 보석허가에 따라 사례금 지급 → 종국적으로 징역형 및 집행유예의 선고 확정 → 사례금의 반환을 구하는 소 제기'의 사안에서, 대법원의 입장 표명 전에 이루어진 성공보수약정의 효력을 인정하면서도, 신의칙이나 형평의 원칙에 반하여 부당하게 과도한 부분의 반환을 인정한 원심을 긍정한 사례.

한편 이러한 판단의 유효범위와 관련하여, 종래 이루어진 보수약정의 경우에 성공보수라는 명목으로 되어 있다는 이유만으로 이를 무효라고 단정하기는 어렵지만, 향후에도 성공보수약정이 체결된다면 이는 제103조에 의하여 무효로 보아야 한다고 했다.

바뀔 수 있다. 특히 최근 정치적·도덕적 관점(즉 국가·사회·가족적 차원에서 질서의 유지)에서 경제적 관점(경제적 약자의 보호와 경쟁질서의 유지 등 시장환경의 규제, 특히 이른바 「갑질」의 방지)으로 중심이 옮겨가고 있다.63)

한편 일반조항의 내용을 구체화하고 한계를 명확하게 함으로써 법적 안정성을 확보하기 위하여 판례를 통한 구체화·유형화가 필요하고 유용하다.

〈2-2-9〉 사회질서 위반에 관한 판례

㉮ 정의관념에 반하는 행위로, 뒤에서 보는 이중매매 외에, 도박자금에 제공할 목적으로 이루어진 대차계약(대판 1973.5.22. 72다2249), 공무원의 직무에 관하여 청탁하고 그 보수로 돈을 지급할 것을 내용으로 한 약정(대판 1995.7.14. 94다51994) 등.

㉯ 개인의 자유를 지나치게 제한하는 행위로, 어떤 일이 있어도 이혼하지 않겠다는 각서를 써 주는 경우(대판 1969.8.19. 69므18), 윤락행위 등 성적 자기결정권을 침해하는 것을 내용으로 하는 계약,64) 과도한 위약벌의 약정(대판 2002.4.23. 2000다56976. 〈4-4-11〉 참조), 당사자 일방이 독점적 내지 우월한 지위를 악용하여 자기는 부당한 이득을 얻으면서 상대방에게 과도한 반대급부 또는 부당한 부담을 지우는 법률행위(〈6-3-3〉에 소개된 대판(전) 2007.2.15. 2004다50426 참조) 등.

(4) 사회질서 위반에 따른 무효에 추인의 법리가 적용될 수 없다(앞의 72다2249 판결).65)

한편 법률행위가 사회질서에 반하여 무효인 경우에, 이미 이행을 한 당사자의 부당이득 반환청구가 제746조에 의하여 배제된다. 소유권에 기한 물권적 청구로서 반환청구도 할 수 없어서 급여한 물건의 소유권은 반사적으로 급여를 받은 상대방

63) 앞의 대판 2023.2.23. 2022다287383 외에 거래상 지위의 남용이 공정거래법상 불공정거래행위에 해당하는 것과 별개로 사회질서에 반하여 무효로 될 수 있다고 한 대판 2017.9.7. 2017다229048도 참조.

64) 영리를 목적으로 윤락행위를 하도록 권유·강요 등의 행위를 하는 이가 영업상 관계있는 윤락행위를 하는 이에 대하여 가지는 채권은 계약의 형식에 관계없이 무효라고 한 대판 2004.9.3. 2004다27488·27495. (〈7-5-11〉에 소개된) 대판 2013.6.14. 2011다65174도 참조.

65) 다만 제103조가 당사자 일방의 이익을 보호하기 위해서만 작동하고 그 당사자가 자의로 추인하는 경우에 그 효력을 부정할 이유는 없음에 관하여 〈2-3-4〉 참조.

에게 귀속됨에 관하여 〈7－5－11〉 참조.

(5) 「이중매매」의 법률관계를 본다.

① A가 그 소유의 甲 부동산에 관하여 X와 매매계약을 체결하고 매매대금을 전부 지급받았음에도 다시 Y와 甲에 관한 매매계약을 체결하고 그 앞으로 소유권이전등기를 마쳐준 경우에, X가 甲의 소유권을 취득하기 위해서는 A와 Y의 매매계약을 무효로 만들어야 하는데, 다른 무효사유가 없는 한 A의 이중매매행위가 배임에 해당함을 전제로 제103조를 원용하는 수밖에 없다.

〈2-2-10〉 배임죄의 성립 여부에 관한 판례

㉮ 이중매매의 반사회성을 인정하기 위하여 매도인의 배임죄(예외적으로 횡령이 문제되는 경우를 제외하면)가 성립해야 하는데, 이에 관하여 주목할 만한 재판례가 적지 않다.

㉠ 우선 「동산」의 이중양도[66]에 관한 대판(전) 2011.1.20. 2008도10479, 대물변제예약목적물의 처분[67]에 관한 대판(전) 2014.8.21. 2014도3363, 양도담보목적물의 처분[68]에 관한 대판(전) 2020.2.20. 2019도9756,[69] 저당권을 설정하기로 한 부동산의 처분[70]에 관한 대판(전) 2020.6.18. 2019도14340, 저당권이 설정된 동산의 임의처분 및 권리이전에 등기·등록을 요하는 동산의 이중양도에 관한 대판(전) 2020.10.22. 2020도6258, 동산채권담보법에 따른 동산담보권이 설정된 동산의 처분에 관한 대판(전) 2020.8.27. 2019도14770, 특정동산저당법이나 공장저당법에 따라 저당권이 설정된 동산의 처분에 관한 대판(전) 2020.10.22. 2020도6258, 자동차 등에 관하여 양도담보설정계약을 체결한 채무자가 채권자에게 양도담보설정계약에

66) B가 인쇄기를 X에게 양도하기로 하고 계약금 및 중도금을 수령하였음에도 이를 자신의 채권자 Y에게 기존채무의 변제에 갈음하여 양도한 사안.

67) 채무자가 채권자에게 차용금을 변제하지 못하면 자신의 어머니 소유 甲 부동산에 대한 유증상속분을 대물변제하기로 약정한 후 유증을 원인으로 甲에 관한 소유권이전등기를 마쳤음에도 이를 제3자에게 매도한 사안.

68) A 회사를 운영하는 피고인이 B 은행으로부터 대출을 받으면서 대출금을 완납할 때까지 A 소유의 동산 甲을 점유개정방식으로 양도담보로 제공하기로 하는 계약을 체결하였음에도 담보목적인 甲을 C에게 매각한 사안.

69) 이러한 법리는 주식에 관하여 양도담보설정계약을 체결한 채무자가 제3자에게 해당 주식을 처분한 사안에도 적용된다고 하였다.

70) 피고인이 B로부터 돈을 빌리면서 담보로 피고인 소유의 아파트에 B 명의의 4순위근저당권을 설정해 주기로 약정하였음에도 제3자에게 4순위근저당권을 설정하여 준 사안.

따른 의무를 다하지 아니하고 이를 타에 처분한 경우에 관한 대판(전) 2022.12.22. 2020도8682 등은 각 배임죄의 성립을 부정하였다. 이러한 경우에 — 제103조가 작동할 근거가 결여됨에 따라 — 이중매매는 무효로 되지 않는다.

㉡ 반면 「부동산」의 이중매매에 관하여 대판(전) 2018.5.17. 2017도4027의 다수의견은 배임죄가 성립할 수 있다는 종전의 입장을 유지하였다.

㉯ 이상과 관련하여 대판(전) 2017.7.20. 2014도1104의 다수의견이 "형사재판에서 배임죄의 객관적 구성요건요소인 손해 발생 또는 배임죄의 보호법익인 피해자의 재산상 이익의 침해 여부를 판단할 때에는 종래의 대법원 판례를 기준으로 하되 구체적 사안별로 타인의 사무의 내용과 성질, 임무위배의 중대성 및 본인의 재산상태에 미치는 영향 등을 종합하여 신중하게 판단하여야 한다"고 한 점을 음미할 필요가 있다.

② A의 배임이 성립한다는 사유만으로 A와는 별개의 독자적 이해관계를 가지는 Y에게 계약의 무효라는 불이익을 지울 수 없고, Y에게도 A의 반사회성에 버금가는 정도의 책임귀속사유가 있어야 비로소 그 계약이 사회질서 위반으로 무효로 된다. 즉 Y가 A에게 이중으로 양도할 것을 권유하는 등 양도인의 배임행위에 「적극 가담」한 경우에, 이중매매가 무효로 된다.

〈2-2-11〉 이중매매의 반사회성에 관한 판례

㉮ 대판 2009.9.10. 2009다23283: "어떠한 부동산에 관하여 소유자가 양도의 원인이 되는 매매 기타의 계약을 하여 일단 소유권양도의 의무를 짐에도 다시 제3자에게 매도하는 등으로 같은 부동산에 관하여 소유권양도의 의무를 이중으로 부담하고 나아가 그 의무의 이행으로, 그러나 제1의 양도채권자에 대한 양도의무에 반하여, 소유권의 이전에 관한 등기를 그 제3자 앞으로 경료함으로써 이를 처분한 경우에, 소유자의 그러한 제2의 소유권양도의무를 발생시키는 원인이 되는 매매 등의 계약이 소유자의 위와 같은 의무위반행위를 유발시키는 계기가 된다는 것만을 이유로 이를 공서양속에 반하여 무효라고 할 것이 아님은 물론이다. 그것이 공서양속에 반한다고 하려면, 다른 특별한 사정이 없는 한 상대방에게도 그러한 무효의 제

재, 보다 실질적으로 말하면 나아가 그가 의도한 권리취득 자체의 좌절을 정당화할 만한 책임귀속사유가 있어야 한다. 제2의 양도채권자에게 그와 같은 사유가 있는지를 판단함에 있어서는, 그가 당해 계약의 성립과 내용에 어떠한 방식으로 관여하였는지(당원의 많은 재판례가 이 문제와 관련하여 제시한 "소유자의 배임행위에 적극 가담하였는지" 여부라는 기준은 대체로 이를 의미한다)를 일차적으로 고려할 것이고, 나아가 계약에 이른 경위, 약정된 대가 등 계약내용의 상당성 또는 특수성, 그와 소유자의 인적 관계 또는 종전의 거래상태, 부동산의 종류 및 용도, 제1양도채권자의 점유 여부 및 그 기간의 장단과 같은 이용현황, 관련 법규정의 취지·내용 등과 같이 법률행위가 공서양속에 반하는지 여부의 판단에서 일반적으로 참작되는 제반 사정을 여기서도 종합적으로 살펴보아야 할 것이다. 그리고 법률행위로 인한 부동산물권변동에 등기를 요구하는 민법 제186조의 입법취지 등에 비추어 보면, 제2의 양도채권자가 소유자가 같은 부동산에 대하여 이미 다른 사람에 대하여 소유권양도의무를 지고 있음을 그 채권발생의 원인이 되는 계약 당시에 알고 있었다는 것만으로 당연히 위와 같은 책임귀속이 정당화될 수는 없다."

㉯ 제2매수인의 적극 가담을 인정하려면 목적물이 제1매수인에게 양도된 사실을 안다는 것만으로 부족하고(대판 2009.3.26. 2006다47677 참조), 적어도 양도인의 배임행위에 공모 내지 협력하거나 양도사실(즉 소유권이전의무의 존재사실)을 알면서 제2매매행위를 요청하거나 유도하여 계약에 이르게 하는 정도가 되어야 하는데(대판 1994.3.11. 93다55289), 단순한 이중매매의 권유는 이에 해당하지 않는다.

㉰ 양도인 자신의 범죄행위가 없음에도 무효로 되기도 한다. 예컨대 제3자가 피상속인으로부터 토지를 매수하였다는 사실을 알면서 그 사실을 모르는 상속인(A)을 기망하여 결과적으로 A로 하여금 토지를 이중으로 양도하게 했다면, 그 매수인(Y)의 적극적인 기망행위에 의하여 이루어진 A와 Y의 토지매매계약은 반사회적 법률행위로 무효이다(대판 1994.11.18. 94다37349).

③ A와 Y의 매매계약이 제103조에 위반되어 무효인 경우에, A는 스스로 Y에 대하여 甲의 반환 및 소유권이전등기의 말소를 구할 수 없는데, 판례는 X가 A를 대위하여 Y 명의 등기의 말소를 구할 수 있다고 한다.

〈2-2-12〉 반사회적 이중매매의 효과에 관한 판례

㉮ A와 Y의 매매계약이 제103조 위반이어서 무효인 경우에, 제746조에 따라 A는 Y에 대하여 그 부동산의 반환 및 소유권이전등기의 말소를 청구할 수 없는데, 소유권에 기한 물권적 청구로서의 반환청구도 배제된다(대판(전) 1979.11.13. 79다483. 〈7-5-11〉 참조).

㉯ 한편 대판 1983.4.26. 83다카57은 "매도인의 매수인에 대한 배임행위에 가담하여 증여를 받아 이를 원인으로 소유권이전등기를 경료한 수증자에 대하여 매수인은 매도인을 대위하여 위 등기의 말소를 청구할 수는 있으나 직접 청구할 수는 없다는 것은 형식주의 아래서의 등기청구권의 성질에 비추어 당연하다"고 하였는데, Y 명의의 등기가 말소되면 X가 A에 대하여 매매계약에 기한 등기청구권을 행사할 수 있다.[71]

(6) 불공정한 법률행위에 관하여 본다.

① 상대방의 약점을 이용하여 폭리를 취함을 규제하기 위하여, 제104조는 상대방의 궁박, 경솔 또는 무경험을 이용하여 자기의 급부에 비하여 현저하게 균형을 잃은[72] 반대급부를 받는 행위를 무효로 한다.

② 폭리행위(暴利行爲)의 요건으로서 궁박은 경제적 곤궁 외에 정신적 또는 신체적 원인에 기인하는 것을 포함한다.[73]

그리고 폭리행위에 기한 이행이 이미 마쳐진 경우에, 불법원인이 폭리행위자 측에만 있으므로, 피해자는 제746조 단서에 따라 급부한 것의 반환을 구할 수 있는 반면, 폭리행위자는 같은 조 본문에 의하여 급부한 것의 반환을 청구할 수 없다.

71) 이러한 판례의 입장을 어떻게 이론적으로 근거지울 것인지에 관하여 논란이 많다.

72) 법률행위시를 기준으로 판단한다. 환매권 양도약정에 관한 대판 1984.4.10. 81다239 참조.

73) 수사기관에 30시간 이상 불법구금된 상태가 이에 해당한다고 본 대판 1996.6.14. 94다46374 참조.

〈2-2-13〉 불공정한 법률행위에 관한 판례

㉮ 대판 2002.10.22. 2002다38927: "민법 제104조에 규정된 불공정한 법률행위는 객관적으로 급부와 반대급부 사이에 현저한 불균형이 존재하고, 주관적으로 그와 같이 균형을 잃은 거래가 피해당사자의 궁박, 경솔 또는 무경험을 이용하여 이루어진 경우에 성립하는 것으로서, 약자적 지위에 있는 자의 궁박, 경솔 또는 무경험을 이용한 폭리행위를 규제하려는 데에 그 목적이 있고, 불공정한 법률행위가 성립하기 위한 요건인 궁박, 경솔, 무경험은 모두 구비되어야 하는 요건이 아니라 그 중 일부만 갖추어져도 충분한데, 여기에서 '궁박'이라 함은 '급박한 곤궁'을 의미하는 것으로서 경제적 원인에 기인할 수도 있고 정신적 또는 심리적 원인에 기인할 수도 있으며, '무경험'이라 함은 일반적인 생활체험의 부족을 의미하는 것으로서 어느 특정영역에 있어서의 경험부족이 아니라 거래 일반에 대한 경험부족을 뜻하고, 당사자가 궁박 또는 무경험의 상태에 있었는지 여부는 그의 나이와 직업, 교육 및 사회경험의 정도, 재산상태 및 그가 처한 상황의 절박성의 정도 등 제반 사정을 종합하여 구체적으로 판단하여야 하며, 한편 피해당사자가 궁박, 경솔 또는 무경험의 상태에 있었다고 하더라도 그 상대방당사자에게 그와 같은 피해당사자측의 사정을 알면서 이를 이용하려는 의사, 즉 폭리행위의 악의가 없었다거나 또는 객관적으로 급부와 반대급부 사이에 현저한 불균형이 존재하지 아니한다면 불공정법률행위는 성립하지 않는다."

그리고 대판 2010.7.15. 2009다50308: "급부와 반대급부 사이의 '현저한 불균형'은 단순히 시가와의 차액 또는 시가와의 배율로 판단할 수 있는 것은 아니고 구체적·개별적 사안에 있어서 일반인의 사회통념에 따라 결정하여야 한다. 그 판단에 있어서는 피해당사자의 궁박·경솔·무경험의 정도가 아울러 고려되어야 하고, 당사자의 주관적 가치가 아닌 거래상의 객관적 가치에 의하여야 한다."

㉯ 대리인에 의한 법률행위에서 경솔과 무경험은 행위와 관련되므로 대리인을 기준으로 판단하지만, 궁박상태에 있었는지는 효과의 귀속과 관련되므로 본인을 기준으로 판단해야 한다(앞의 2002다38927 판결).

㉰ 판례는 무효행위의 전환(제138조)에 의하여 폭리행위의 일부가 유효할 수 있다는 입장이다. 즉 앞의 2009다50308 판결: "매매계약이 약정된 매매대금의 과다로 말미암아 민법 제104조에서 정하는 '불공정한 법률행위'에 해당하여 무효인 경

우에도 무효행위의 전환에 관한 민법 제138조가 적용될 수 있다. 따라서 당사자 쌍방이 위와 같은 무효를 알았더라면 대금을 다른 액으로 정하여 매매계약에 합의하였을 것이라고 예외적으로 인정되는 경우에는, 그 대금액을 내용으로 하는 매매계약이 유효하게 성립한다. 이때 당사자의 의사는 매매계약이 무효임을 계약 당시에 알았다면 의욕하였을 가정적(假定的) 효과의사로서, 당사자 본인이 계약체결시와 같은 구체적 사정 아래 있다고 상정하는 경우에 거래관행을 고려하여 신의성실의 원칙에 비추어 결단하였을 바를 의미한다. 이와 같이 여기서는 어디까지나 당해 사건의 제반 사정 아래서 각각의 당사자가 결단하였을 바가 탐구되어야 하는 것이므로, 계약 당시의 시가와 같은 객관적 지표는 그러한 가정적 의사의 인정에 있어서 하나의 참고자료로 삼을 수는 있을지언정 그것이 일응의 기준이 된다고도 쉽사리 말할 수 없다. 이와 같이 가정적 의사에 기한 계약의 성립 여부 및 그 내용을 발굴·구성하여 제시하게 되는 법원으로서는 그 '가정적 의사'를 함부로 추단하여 당사자가 의욕하지 아니하는 법률효과를 그에게 또는 그들에게 계약의 이름으로 불합리하게 강요하는 것이 되지 아니하도록 신중을 기하여야 한다."[74]

7. 제한능력자의 법률행위

(1) 법률행위의 영역에서 「의사」가 효력의 근거인데, 정상적인 판단능력이 결여된 이의 법률행위를 그의 의사에 기한 행위라고 보아 그에 기한 법률효과를 부

74) 재건축사업부지에 포함된 토지에 대하여 재건축사업조합과 토지소유자가 체결한 매매계약이 불공정한 법률행위에 해당하지만 선행하는 조정절차에서 제시된 금액을 기준으로 가정적 의사를 추론하여 유효하다고 한 원심의 판단을 수긍한 사례.

이 판결은 폭리행위의 실질적인 감액을 「일부무효」로 해결하기 어려워서(행위의 가분성이라는 요건 때문에) 「전환」으로 우회한 것으로 보이는데, 감액 전과 감액 후를 다른 「행위」로 볼 수 있는지에 대하여 법교의학적 의문이 없지 않다. 오히려 이 사건에서는 토지소유자가 선행하는 조정결정에 대하여 감사의 뜻을 표한 점에 비추어 금반언의 법리에 의하여 같은 결론에 이를 수 있다.

다른 한편 이 판결은 "매매계약과 같은 쌍무계약이 […] '불공정한 법률행위'에 해당하여 무효라고 한다면, 그 계약으로 인하여 불이익을 입는 당사자로 하여금 위와 같은 불공정성을 소송 등 사법적 구제수단을 통하여 주장하지 못하도록 하는 부제소합의 역시 다른 특별한 사정이 없는 한 무효"라고 하였다(반면 법률행위가 무효인 경우에 대비하기 위한 관할합의나 중재합의는 무효로 되지 않는다).

여할 수 없기 때문에, 의사무능력자의 행위는 무효이다.75) 그런데 의사능력의 유무는 「구체적인 법률행위와 관련하여 개별적으로」 판단된다(대판 2006.9.22. 2006다29358).76)

〈2-2-14〉 의사무능력자에 관한 판례

㉮ 의사무능력을 이유로 법률행위의 무효를 주장하는 측은 그에 대하여 증명책임을 부담한다(대판 2022.12.1. 2022다261237).

㉯ 가정법원의 (성년 또는 한정)후견개시의 심판이 없었더라도 의사능력이 「지속적으로」 결여된 이77)를 보호하기 위하여 제한능력자에 관한 규정들(제135조 제2항, 제141조 단서 등)이 유추되어야 한다.

그런데 대판 2009.1.15. 2008다58367은 제141조 단서를 유추하여 의사무능력자의 부당이득 반환범위를 현존이익으로 제한한 반면(〈2-3-3〉 참조), 대판 2010.5.27. 2009다44327은 교통사고로 인하여 심신상실의 상태에 빠진 이의 보험금청구권에 관하여 소멸시효의 정지에 관한 제179조의 준용 또는 유추를 쉽사리 인정해서는 안 된다고 하였다.78)

(2) 행위능력(行爲能力)이란 독자적으로 유효하게 법률행위를 할 수 있는 지위를 말하는데, 의사능력과 달리 획일적으로 판단된다. 그런데 행위능력제도는 제한능력자의 「보호」를 목적으로 한다.79)

(3) 민법상의 제한능력자로 ① 연령에 의하여 획일적으로 정해지는 미성년자

75) 의사능력을 흠결한 상태에서 체결된 계약을 무효라고 본 대판 2002.10.11. 2001다10113.

76) 특히 어떤 법률행위가 일상적인 의미만 이해해서는 알기 어려운 특별한 법률적 의미나 효과가 부여되어 있는 경우에, 의사능력이 인정되기 위해서는 그 행위의 일상적인 의미뿐만 아니라 법률적인 의미나 효과에 대해서도 이해할 수 있어야 한다(대판 2022.5.26. 2019다213344).

77) 의사무능력자를 위한 특별대리인의 선임에 관하여 규정하는 민사소송법 제62조의2도 이러한 상태를 전제한 것으로 이해해야 한다.

78) 다만 신의칙을 통하여 제179조가 유추된 경우와 결론을 달리하지는 않았다.

79) 거래의 안전을 희생시키더라도 행위무능력자를 보호하고자 함에 행위능력제도의 입법취지가 있다는 (〈1-1-2〉에 소개된) 대판 2007.11.16. 2005다71659·71666·71673 참조.

와 ② 법원의 후견개시의 심판을 받은 피성년후견인·피한정후견인이 있다.80)

이 중 성년후견제도는 피후견인의 의사 및 현존능력의 존중을 전제로 성년의 제한능력자를 효율적으로 보호함을 목적으로 하는데, 법정후견으로 보호의 필요성과 정도에 따라 성년후견, 한정후견, 특정후견이 있다. 그런데 후견계약에 기한 임의후견제도를 도입함으로써 법정후견은 보충적 성격을 가진다.

(4) 제한능력자의 상대방 보호에 관하여 본다.

① 제한능력자의 상대방은 「유동적」인 상태에서 벗어날 수 있는 수단으로 확답촉구권(또는 최고권)을 가진다. 즉 제한능력자 측에 대하여 취소할 수 있는 행위를 추인할 것인지 여부의 확답을 촉구할 수 있고, 이에 대한 응답이 없으면 「법률이 규정하는」 취소 또는 추인의 효과가 발생한다(제15조). 확답촉구의 법적 성질은 의사의 통지이다.

② 상대방은 철회·거절을 통하여 스스로 법적 구속으로부터 벗어날 수 있다(제16조).

③ 제한능력자가 자기를 능력자로 믿게 하거나 법정대리인의 동의가 있는 것으로 믿게 하기 위하여 속임수를 쓴 경우에, 취소권이 배제된다(제17조). 여기서 속임수란 기망을 의미하는바, 그 정도에 관하여 대판 1971.12.14. 71다2045는 적극적 기망수단(예: 주민등록증의 변조, 법정대리인의 동의서 위조)을 요하고, 상대방이 그에 대한 증명책임을 진다고 하였다.

제 3 절 계약의 무효

1. 일반론

(1) 법률행위가 성립하더라도 지금까지 살펴본 무효사유 중 어느 하나라도 있으면, 법률행위는 그 「효력(效力)」, 즉 당사자가 원한 효과를 발생시킬 수 없다.

---

80) 피한정후견인이 제한능력자인지에 관하여 논란이 있다. 관련하여 제한능력자의 소송능력에 관한 민사소송법 제55조도 참조.

성립한 법률행위의 효력이 거부되는 경우로, 법률행위를 무효로 할 권리를 가진 이가 그 권리를 행사함으로써 비로소 무효로 되는 「취소」와 처음부터 효력이 발생하지 않는 「무효」의 2가지가 있다.

⑵ 법률행위의 일부가 무효인 경우에, 법률행위 전부가 무효이지만, 당사자 쌍방이 법률행위 당시 일부무효임을 알았다면 나머지 부분만으로 법률행위를 하였을 것이라고 인정되는 경우에 나머지 부분은 유효하다(제137조).

〈2-3-1〉 광의의 무효에 관한 판례

1) 무효 일반

㉮ 무효와 취소의 「이중효」에 관하여 대판 1991.8.27. 91다11308: "매도인이 매수인의 중도금지급채무 불이행을 이유로 매매계약을 적법하게 해제한 후라도 매수인으로서는 상대방이 한 계약해제의 효과로서 발생하는 손해배상책임을 지거나 매매계약에 따른 계약금의 반환을 받을 수 없는 불이익을 면하기 위하여 착오를 이유로 한 취소권을 행사하여 위 매매계약 전체를 무효로 돌리게 할 수 있다."

㉯ 대판 2011.1.13. 2010다67890: "무효인 약정에 기하여 급부의 이행을 청구하는 것은 허용되지 않고, 이행을 구하는 급부의 내용을 새로운 약정의 형식을 통해 정리하거나 일부를 가감하였다 하더라도 무효인 약정이 유효함을 전제로 한 이상 그 급부의 이행청구가 허용되지 않음은 마찬가지이며, 다만 그 무효인 약정으로 인하여 상호 실질적으로 취득하게 된 이득을 부당이득으로 반환하게 되는 문제만 남게 된다."[81]

2) 법률행위의 일부에 무효사유가 있는 경우

㉮ 대판 2010.3.25. 2009다41465: "복수의 당사자 사이에 어떠한 합의를 한 경우 그 합의는 전체로서 일체성을 가지는 것이므로, 그중 한 당사자의 의사표시가 무효인 것으로 판명된 경우 나머지 당사자 사이의 합의가 유효한지의 여부는 민법 제137조에 정한 바에 따라 당사자가 그 무효부분이 없더라도 법률행위를 하였을 것

81) 비의료인 A가 의료인 B를 고용하여 B 명의로 의료기관 개설신고를 하되 의료기관의 운영 및 손익 등은 A에게 귀속되도록 하는 약정을 체결하고, A와 그의 처 C가 연대하여 B에게 의료기관 운영과 관련된 각종 채무 상당의 금원을 지급하겠다는 취지로 각서를 작성한 사안에서, 각서 작성으로 인한 약정은 새로운 약정의 형식을 통해 의료법 제33조 제2항 위반으로 인하여 무효인 제1차 약정의 이행을 청구하는 것에 불과하여 무효라고 한 사례.

이라고 인정되는지의 여부에 의하여 판정되어야 하고, 그 당사자의 의사는 실재하는 의사가 아니라 법률행위의 일부분이 무효임을 법률행위 당시에 알았다면 당사자 쌍방이 이에 대비하여 의욕하였을 가정적 의사를 말하는 것이지만, 한편 그와 같은 경우에 있어서 나머지 당사자들이 처음부터 한 당사자의 의사표시가 무효가 되더라도 자신들은 약정내용대로 이행하기로 하였다면 무효가 되는 부분을 제외한 나머지 부분만을 유효로 하겠다는 것이 당사자의 의사라고 보아야 할 것이므로, 그 당사자들 사이에서는 가정적 의사가 무엇인지 가릴 것 없이 무효부분을 제외한 나머지 부분은 그대로 유효하다."[82]

㈏ 법률행위의 일부가 효력규정에 위반되어 무효인 경우에, 그 부분의 무효가 나머지 부분의 유·무효에 영향을 미치는지에 관하여 개별법령이 규정을 두는 경우에 그에 따라야 하고, 그러한 규정이 없다면 원칙적으로 제137조가 적용된다. 다만 나머지 부분을 무효로 한다면 당해 효력규정의 취지에 명백히 반하는 결과가 초래되는 때에는 나머지 부분까지 무효가 된다고 할 수는 없다(대판 2010.7.22. 2010다23425).[83]

담보제공약정이 효력규정에 위반하여 무효라도, 그와 일체로 이루어진 대출약정까지 무효로 된다고는 할 수 없다고 한 대판 2004.6.11. 2003다1601도 참조.

㈐ 하나의 법률행위의 일부에만 취소사유가 있는 경우에, 그 법률행위가 가분적이거나 그 목적물의 일부가 특정될 수 있고 나머지 부분만이라도 유지하려는 당사자의 가정적 의사가 인정되면 일부만의 취소도 가능하고, 그 일부의 취소는 법률행위의 일부에 관하여 효력이 생긴다(대판 1998.2.10. 97다44737).

3) 참고로 대판(전) 1991.12.24. 90다12243은 구 국토이용관리법상의 토지거래허가를 받지 않은 토지거래계약에 관하여 이른바 「유동적 무효의 법리」를 채택하였는데, 기본법리는 다음과 같다.

---

82) 그리고 대판 2023.2.2. 2019다232277: "법률행위의 일부무효법리는 여러 개의 계약이 체결된 경우에 그 계약 전부가 경제적, 사실적으로 일체로서 행하여져서 하나의 계약인 것과 같은 관계에 있는 경우에도 적용된다."

83) 대판 2007.6.28. 2006다38161·38178은, 회사가 직원들을 유상증자에 참여시키면서 퇴직시 출자손실금을 전액 보전해 주기로 약정한 경우에, 직원들의 신주인수의 동기가 된 위 손실보전약정이 주주평등의 원칙에 위배되어 무효라는 이유로 신주인수까지 무효로 보아 신주인수인들로 하여금 그 주식인수대금을 부당이득으로서 반환받을 수 있도록 한다면 이는 사실상 다른 주주들과 달리 그들에게만 투하자본의 회수를 보장하는 결과가 되어 오히려 강행규정인 주주평등의 원칙에 반하는 결과를 초래하므로, 위 신주인수계약까지 무효라고 보아서는 안 된다고 하였다.

㉮ 토지거래허가를 받기까지 거래계약은 미완성의 법률행위로서 물권적 효력은 물론 채권적 효력도 발생하지 않는다. 따라서 이행청구를 할 수 없고(대판 1992.9.8. 92다19989), 채무불이행에 기한 손해배상청구(대판 1994.1.11. 93다22043)나 계약해제(대판 1995.1.24. 93다25875)가 인정되지 않지만, 약정해제권의 행사는 가능하다(대판 1997.6.27. 97다9369).

한편 유동적 무효상태인 동안에는 이미 지급한 계약금의 반환을 부당이득으로 청구할 수 없고(대판 1993.6.22. 91다21435), 유동적 무효상태가 확정적으로 무효로 되어야 비로소 부당이득으로 그 반환을 구할 수 있다(대판 1997.11.11. 97다36965·36972).

㉯ 토지거래허가는 허가 전의 유동적 무효상태에 있는 법률행위의 효력을 완성시켜 주는 인가(認可)의 성질을 가진다. 그리고 허가를 받으면 그 계약이 소급하여 유효하게 되므로 허가 후 새로 계약을 체결할 필요가 없다(앞의 90다12243 판결).

㉰ 거래계약의 당사자들 사이에 계약이 효력 있는 것으로 완성될 수 있도록 서로 협력할 의무가 인정되고, 협력의무의 이행을 소구할 수 있는데, 매매대금의 이행제공이 없었음을 이유로 협력의무의 이행을 거절할 수 없다(대판 1996.10.25. 96다23825).

㉱ 유동적 무효가 확정적 무효로 되는 사유로, 토지거래허가를 배제하거나 잠탈하는 내용의 계약인 경우(대판 2010.6.10. 2009다96328), 관할관청의 불허가처분이 확정된 경우, 당사자의 일방 또는 쌍방이 허가신청절차협력의무를 포함하여 이행거절 의사를 명백히 표시하거나(대판 1995.12.26. 93다59526) 거래계약의 존속을 더 이상 바라지 않는 경우(대판 2010.8.19. 2010다31860·31877) 등이 있는데, 거래계약이 확정적으로 무효로 되는 데 대하여 책임 있는 이도 계약의 무효를 주장할 수 있다(대판 1997.7.25. 97다4357·4364).

㉲ 토지거래허가구역 지정이 해제되거나 허가구역 지정기간이 만료된 후 재지정을 하지 않은 경우에, 더 이상 토지거래허가를 받을 필요 없이 확정적으로 유효로 되지만(대판(전) 1999.6.17. 98다40459), 이미 확정적으로 무효로 된 계약이 유효로 되지는 않는다(대판 2019.1.31. 2017다228618).

2. 당사자 사이의 법률관계

(1) 법률행위가 무효이거나 취소되면 당사자가 원한 법률효과가 발생하지 않는다. 따라서 무효인 법률행위에 따른 법률효과를 침해하는 것처럼 보이는 위법행위나 채무불이행이 있더라도 법률효과 침해에 따른 손해배상을 청구할 수 없다(대판 2003.3.28. 2002다72125).

한편 취소에 소급효가 인정되지만(제141조 본문), 판례는 계속적 법률관계에서 당사자의 이익을 해치지 않는 한도에서 해지의 법리를 유추하여 취소의 소급효를 제한한다.

〈2-3-2〉 취소의 소급효의 제한에 관한 판례

대판 2017.12.22. 2013다25194·25200: "근로계약의 무효 또는 취소를 주장할 수 있다 하더라도 근로계약에 따라 그동안 행하여진 근로자의 노무제공의 효과를 소급하여 부정하는 것은 타당하지 않으므로 이미 제공된 근로자의 노무를 기초로 형성된 취소 이전의 법률관계까지 효력을 잃는다고 보아서는 아니 되고, 취소의 의사표시 이후 장래에 관하여만 근로계약의 효력이 소멸된다고 보아야 한다."[84)]

(2) 무효/취소로 인하여 법률행위가 그 효력을 잃은 경우에, 이미 이행한 부분은 부당이득(제741조)으로 반환되어야 한다. 급부이득의 반환에는 부당이득 일반의 법리, 즉 원상회복의 방법에 관한 제747조와 반환범위에 관한 제748조가 적용되지만,

① 제한능력자는 악의라도 현존이익만 반환하면 되는데, 이 점에서 제141조 단서는 제748조 제2항에 대한 특칙을 이룬다.

---

84) A 주식회사가 B로부터 백화점 의류판매점 매니저로 근무한 경력이 포함된 이력서를 제출받아 그 경력을 보고 A가 운영하는 백화점 매장에서 B가 판매 매니저로 근무하는 내용의 근로계약을 체결하였으나, 실제의 경력이 이력서의 기재와 다르다는 이유로 A가 이를 취소한다는 의사표시를 한 사안에서, B의 기망으로 체결된 위 근로계약은 A의 취소의 의사표시로써 적법하게 취소되었고, 다만 취소의 소급효가 제한되어 위 근로계약은 취소의 의사표시 이후의 장래에 관해서만 효력이 소멸할 뿐 이전의 법률관계는 여전히 유효하다고 한 사례.

② 사회질서에 반하여 무효인 경우에 제746조에 따라 부당이득의 반환이 제한된다.

〈2-3-3〉 제141조에 관한 판례

㉮ 이익의 현존에 대한 증명책임의 소재에 관하여 대판 2005.4.15. 2003다60297·60303·60310·60327은, 이익이 현존하는 것으로 추정되고, 따라서 제한능력자 측이 현존이익 없음을 증명해야 한다는 입장이다.

㉯ 대판 2009.1.15. 2008다58367: "무능력자의 책임을 제한하는 민법 제141조 단서는 부당이득에 있어 수익자의 반환범위를 정한 민법 제748조의 특칙으로서 무능력자의 보호를 위해 그 선의·악의를 묻지 아니하고 반환범위를 현존이익에 한정시키려는 데 그 취지가 있으므로, 의사능력의 흠결을 이유로 법률행위가 무효가 되는 경우에도 유추적용되어야 할 것"이다.85)

이 판결은 의사능력이 「지속적으로」 결여되어 있음에도 (성년 또는 한정)후견개시의 심판을 받지 않은 이의 행위에 관한 것이므로, 이를 — 개별적·구체적으로 판단되어야 하는 — 의사능력이 결여된 경우 일반으로 확장할 것은 아니다.

(3) 유효요건이 결여된 경우에 당사자가 원한 법률효과가 발생하지 않지만, 예외적으로 효력이 발생하는 경우를 본다.

① 「추인」은 사후적인 효력부여행위라 할 수 있다. 민법상의 추인으로, 법률행위의 효력이 발생하지 않는 것으로 확정된 것을 '장래에 향하여' 유효하게 하는 무효행위의 추인(제139조), 잠정적으로 효력 있는 행위를 '확정적·소급적으로' 유효하게 하는 취소할 수 있는 행위의 추인(제143조) 및 유동적으로 무효인 행위에 관하여 그 행위의 효력을 소급적으로 발생하게 하는 무권대리행위의 추인(제130조)과 무권리자의 처분행위에 대한 추인(〈2-4-11〉 참조)이 있다.

85) 금전상 이득이 현존하는 것으로 추정되므로, 의사무능력자가 자기 소유의 부동산에 근저당권을 설정해 주고 금융기관으로부터 금원을 대출받아 이를 제3자(D)에게 대여하였다면, 대출로써 받은 이익이 D에 대한 대여금채권 또는 부당이득반환채권의 형태로 현존하므로, 금융기관은 대출거래약정 등의 무효에 따른 원상회복으로서 대출금 자체의 반환을 구할 수는 없더라도 「현존이익인 위 채권의 양도」를 구할 수 있다고 한 사례.

〈2-3-4〉 추인에 관한 판례

㉮ 무효행위의 추인은 무효임을 알고 무효사유가 종료된 후에 해야 하고(대판 1997.12.12. 95다38240), 당연히 새로운 법률행위로서 유효해야 한다.

㉯ 강행규정 또는 사회질서 위반의 법률행위가 추인에 의하여 유효로 될 수 없다(대판 2002.3.15. 2001다77352·77369).

다만 무효가 오직 당사자 일방의 보호를 위해서 작동하는 경우에 그 당사자의 자의에 기한 추인이 있다면 유효로 된다고 할 것이다. 예컨대 대판 2013.11.28. 2010다91831: "법인의 대표자가 한 매매계약이 법인에 대한 배임행위에 해당하고 그 매매계약 상대방이 배임행위를 유인·교사하거나 배임행위의 전 과정에 관여하는 등 배임행위에 적극 가담한 경우에는 그 매매계약이 반사회적 법률행위에 해당하여 무효로 될 수 있지만, 이때 매매계약을 무효로 한 이유는 본인인 법인의 이익을 보호하기 위한 데에 있는 것이어서, 무효의 원인이 소멸된 후 본인인 법인의 진정한 의사로 무효임을 알고 추인한 때에는 새로운 법률행위로 그 효력이 생길 수 있다."

㉰ 무효행위의 추인에 소급효가 인정되지 않지만, 판례는 입양 등 신분행위의 경우에 그 내용에 맞는 신분관계가 실질적으로 형성되어 당사자 쌍방이 이의 없이 그 신분관계를 계속해 왔다면 「소급적 추인」을 인정한다. 사실혼관계의 당사자 일방이 모르는 사이에 혼인신고가 이루어진 후 쌍방당사자가 그 혼인에 만족하고 부부생활을 계속한 경우에 그 혼인의 효력을 인정한 대판 1965.12.28. 65므61 참조. 그러나 무효인 신고행위에 상응하는 신분관계가 실질적으로 형성되어 있지 않다면 추인의 의사표시만으로 추인의 효과, 특히 소급효를 인정할 수 없음은 당연하다(대판 2004.11.11. 2004므1484 참조).

㉱ 취소된 법률행위의 추인은 무효행위의 추인에 관한 제139조에 의하는데, 당초의 의사표시의 성립과정에 존재하였던 취소의 원인이 종료된 후일 것이 요구된다(대판 1997.12.12. 95다38240).

② 형성권인 취소권의 소멸로 법률행위는 확정적으로 유효하게 되는데, 그 소멸사유로, 추인할 수 있은 후 당사자 사이에 일정한 사유가 있기만 하면 — 취소권자가 이의를 보류하지 않는 한 — 추인의사의 유무 또는 취소권의 존재에 대한 인

식 여부를 묻지 않고 추인한 것으로 보는 법정추인(제145조)과 취소권 행사기간의 도과(제146조)가 있다.

〈2-3-5〉 취소권의 소멸에 관한 판례

대판 1993.7.27. 92다52795: "민법 제146조에 규정된 취소권의 존속기간은 제척기간이라고 보아야 할 것이지만, 그 제척기간 내에 소를 제기하는 방법으로 권리를 재판상 행사하여야만 되는 것은 아니고, 재판 외에서 의사표시를 하는 방법으로도 권리를 행사할 수 있다고 보아야 한다."

③ 전환에 의하여 무효인 행위가 다른 법률행위로서 효력을 가질 수 있는데(제138조. 유언의 전환에 관한 제1071조도 참조), 전환행위의 유효요건을 갖추어야 함은 물론이다.

〈2-3-6〉 가족법상 행위의 전환에 관한 판례

㉮ 판례는 ㉠ 혼인 외의 출생자를 혼인중의 출생자로 신고한 경우에 그 신고는 친생자출생신고로서 무효이지만 인지신고로서 효력을 가진다고 하고(대판 1971.11.15. 71다1983), ㉡ 상속인 중 일부의 포기가 무효인 경우에 상속재산의 협의분할이 있었다고 보았다(대판 1989.9.12. 88누9305).

㉯ 한편 타인의 子를 자기의 子로 출생신고를 한 경우에, 그 신고는 출생신고로서 무효이지만 입양신고로서 유효하다고 했는데(대판(전) 1977.7.27. 77다492), 이러한 효과가 발생하기 위해서는 당연히 대체행위의 유효요건을 구비해야 한다. 그런데 2012년 민법 개정에 따라 미성년자를 입양할 때 가정법원의 허가를 받아야 하므로(제867조), 앞으로는 입양신고로의 전환이 인정되기 어렵다.

3. 제3자에 대한 파급효

⑴ 법률행위가 무효이거나 취소된 경우에 누구든지 또 누구에 대해서도 그 효력의 불발생을 주장할 수 있지만, 법은 일정한 경우에 선의의 제3자에 대하여 그 효력 없음을 주장하지 못하도록 한다. 이를 「상대적 무효/취소」라 하는데, 특히 부동산거래에서 공신의 원칙에 갈음하여 거래의 안전을 보호한다는 의미를 가진다. 그런데 제도의 운영에서 무효 또는 취소를 주장하는 진정한 권리자와 제3자 사이의 이해충돌의 합리적 조정을 도모할 필요가 있다.

⑵ 판례는 ① 제3자가 보호되기 위하여 선의이면 족하고 무과실까지 요구되지는 않고(대판 2004.5.28. 2003다70041), ② 제3자의 선의가 추정되므로 무효를 주장하는 이가 제3자의 악의를 증명해야 하며(대판 1978.12.26. 77다907), ③ 제3자가 악의라도 그로부터의 전득자가 선의라면 그 전득자는 보호된다고 한다(대판 2013.2.15. 2012다49292).[86]

⑶ 상대적 무효/취소에서 거래의 안전을 위하여 제3자가 예외적으로 보호되지만, 진정한 권리자의 보호를 위하여 예외의 지나친 확대를 막을 필요가 있다. 판례도 상대적 무효/취소에서 제3자를 무효인 또는 취소된 의사표시의 당사자 및 포괄승계인이 아니면서 그 의사표시에 의하여 외형상 형성된 법률관계를 토대로 실질적으로 새로운 법률상 이해관계를 가지게 된 이로 한정한다(대판 2000.7.6. 99다51258): 「목적론적 축소」.

〈2-3-7〉 제3자의 범위에 관한 판례

1) 일반적인 유형

㉮ 보호되는 제3자의 예로, 가장양수인으로부터 목적부동산을 양수한 이(대판 1996.4.26. 94다12074), 가장양수인으로부터 저당권을 설정받은 이(대판 2008.3.13.

86) A가 B의 임차보증금반환채권을 담보하기 위하여 통정허위표시로 B에게 전세권설정등기를 마친 후 C가 이러한 사정을 알면서도 B에 대한 채권을 담보하기 위하여 위 전세권에 대하여 전세권근저당권설정등기를 마쳤는데, 그 후 D가 C의 전세권근저당권부 채권을 가압류하고 압류명령을 받은 경우에, D가 통정허위표시에 관하여 선의라면 비록 C가 악의라도 허위표시자는 그에 대하여 전세권이 통정허위표시에 의한 것이라는 이유로 대항할 수 없다고 한 사례.

2006다29372·29389), 가장양수인으로부터 소유권이전등기청구권 보전을 위한 가등기를 경료받은 이(대판 1970.9.29. 70다466), 가장채권의 양수인(대판 2011.4.28. 2010다100315), 가장채권을 가압류한 이(근저당권부 채권에 관한 대판 2004.5.28. 2003다70041, 전세권부 채권에 관한 대판 2010.3.25. 2009다35743), 임대차보증금반환채권에 대하여 채권압류 및 추심명령을 받은 가장양수인의 채권자(대판 2014.4.10. 2013다59753) 등.

한편 보증보험계약의 당사자는 채무자와 보증인이고, 보증보험계약이 취소되더라도, 보증보험계약의 채권담보적 기능을 근거로 「이미」 새로운 이해관계를 가지게 된 피보험자(채권자)에게 대항할 수 없다(제110조 제3항. 구체적으로 보험자는 보험금의 지급을 거절하거나 이미 지급한 보험금의 반환을 구할 수 없다). 가령 보증보험계약의 사기취소에 관하여 대판 2001.2.13. 99다13737: "일반적으로 타인을 위한 보험계약에서 보험계약자의 사기를 이유로 보험자가 보험계약을 취소하는 경우 보험사고가 발생하더라도 피보험자는 보험금청구권을 취득할 수 없는 것과는 달리, 보증보험계약의 경우 보험자가 이미 보증보험증권을 교부하여 피보험자가 그 보증보험증권을 수령한 후 이에 터 잡아 새로운 계약을 체결하거나 이미 체결한 계약에 따른 의무를 이행하는 등으로 보증보험계약의 채권담보적 기능을 신뢰하여 새로운 이해관계를 가지게 되었다면 그와 같은 피보험자의 신뢰를 보호할 필요가 있으므로, 주채무자에 해당하는 보험계약자가 보증보험계약을 체결함에 있어서 보험자를 기망하였다는 이유로 보험자가 보증보험계약 체결의 의사표시를 취소하였다 하더라도, 이미 그 보증보험계약의 피보험자인 채권자가 보증보험계약의 채권담보적 기능을 신뢰하여 새로운 이해관계를 가지게 되었다면, 피보험자가 그와 같은 기망행위가 있었음을 알았거나 알 수 있었던 경우이거나, 혹은 피보험자와 보험자 사이에 피보험자가 보험자를 위하여 보험계약자가 제출하는 보증보험계약 체결 소요서류들이 진정한 것인지 등을 심사할 책임을 지고 보험자는 그와 같은 심사를 거친 서류만을 확인하고 보증보험계약을 체결하도록 미리 약정이 되어 있는데, 피보험자가 그와 같은 서류심사에 있어서 필요한 주의의무를 다하지 아니한 과실이 있었던 탓으로 보험자가 보증책임을 이행한 후 구상권을 확보할 수 없게 되었다는 등의 특별한 사정이 없는 한 그 취소를 가지고 피보험자에게 대항할 수 없다."

㈏ 반면 보호되지 않는 제3자의 예로, 채권의 가장양도에서 채무자(대판 1983.1.18. 82다594: 가장양수인 또는 전부채권자의 이행청구에 대한 관계에서), 계약이전을 받

은 이(대판 2004.1.15. 2002다31537) 등.

2) 가장소비대차의 대주(貸主)가 파산한 경우

㉮ 대판 2003.6.24. 2002다48214는 이러한 경우에 파산관재인은 제3자에 해당한다고 하는데, 그 근거는 다음과 같다: "파산관재인은 파산자의 포괄승계인과 같은 지위를 가지지만, 파산이 선고되면 파산채권자는 파산절차에 의하지 않고는 파산채권을 행사할 수 없고 파산관재인이 파산채권자 전체의 공동의 이익을 위하여 선량한 관리자의 주의로써 그 직무를 행하므로, 파산관재인은 파산선고에 따라 파산자와 독립하여 그 재산에 관하여 이해관계를 가지는 제3자의 지위도 가지고, 따라서 파산자가 허위표시를 통하여 가장채권을 보유하다가 파산이 선고된 경우에 그 가장채권도 일단 파산재단에 속하며, 파산선고에 따라 파산자와는 독립한 지위에서 파산채권자 전체의 공동의 이익을 위하여 직무를 행하는 파산관재인은 그 허위표시에 따라 외형상 형성된 법률관계를 토대로 실질적으로 새로운 법률상 이해관계를 가지는 제3자에 해당한다."

㉯ 나아가 대판 2006.11.10. 2004다10299: "가장소비대차의 대주가 파산한 경우에, 선량한 관리자의 지위에 있는 파산관재인의 선의 여부는 총 파산채권자를 기준으로 정하고, 파산채권자 모두가 악의로 되지 않는 한 파산관재인이 개인적인 사유로 파산선고 전에 가장소비대차임을 알았더라도 파산관재인이 악의자에 해당한다고 할 수 없다."[87]

3) 가장소비대차에 기한 채무의 보증인이 보증채무를 이행한 경우

㉮ 대판 2000.7.6. 99다51258은, 공제조합인 보증인(B)이 주채무자(S)의 기망행위에 의하여 주채무가 유효한 것으로 믿고 S와 보증계약을 체결한 다음 그에 따라 보증채무자로서 그 채무를 이행한 경우에, B는 S에 대한 구상권 취득에 관하여 법률상의 이해관계를 가지고 그 구상권 취득에는 보증의 부종성으로 인하여 주채무가 유효하게 존재할 것을 필요로 한다는 이유로, B는 S의 채권자에 대한 채무부담행위라는 허위표시에 기초하여 구상권 취득에 관한 법률상 이해관계를 가지게 되었다고 보았다.

87) 'A 신용금고가 대주주인 B에게 대출을 해주기로 하면서 관련법령의 규제를 피하기 위하여 X와 대출계약을 체결 → X가 대출을 받은 후 대출금을 B에게 전달 → A의 파산 그리고 Y가 파산관재인으로 취임 → X가 Y를 상대로 채무부존재확인소송 제기'의 사안에서, Y가 파산선고 전에 개인적인 사유로 A가 체결한 대출계약이 통정허위표시에 의한 것임을 알게 되었더라도 그러한 사정만으로 파산선고시 Y가 악의자에 해당한다고 할 수 없다고 한 사례.

㉯ 다만 B의 「연대보증인들에 대한」 구상은 신의칙에 의하여 제한된다. 즉 앞의 판결에 대한 환송 후 판결인 대판 2006.3.10. 2002다1321은, B가 채권자에 대하여 보증채무를 부담하지 않음을 주장할 수 있었는데도 그 주장을 하지 않은 채 보증채무의 전부를 이행하였다면 그 주장을 할 수 있는 범위 내에서는 신의칙상 그 보증채무의 이행으로 인한 구상금채권에 대한 연대보증인들에 대해서도 그 구상금을 청구할 수 없다고 하였다.

4) 취소에도 불구하고 제거되지 않은 외관에 대한 신뢰도 보호된다. 대판 1975. 12.23. 75다533은, 사기를 이유로 의사표시를 취소하면 취소의 소급효로 인하여 그 행위의 시초부터 무효인 것으로 되고 취소한 때 비로소 무효로 되는 것이 아니므로, 취소를 주장하는 이와 양립되지 않는 법률관계를 가졌던 것이 취소 이전에 있었든지 이후에 있었든지는 가릴 필요 없이 사기에 의한 의사표시 및 그 취소사실을 몰랐던 모든 제3자에 대해서는 그 의사표시의 취소를 대항하지 못한다고 보아야 하고 이는 거래안전의 보호를 목적으로 하는 제110조 제3항의 취지에도 합당한 해석이라고 하였다.[88]

---

88) 반면 대판 2020.1.30. 2019다280375는, A가 甲 부동산의 관리를 위해 B에게 매매예약을 등기원인으로 소유권이전등기청구권 가등기를 마쳐주었고, 그 후 B가 제기한 가등기에 기한 본등기의 이행을 구하는 소송이 공시송달로 진행된 결과 B의 승소판결이 선고되어 외형상 확정되었으나, A가 추완항소를 제기하여 가등기의 등기원인인 매매예약이 A와 B의 통정한 허위의 의사표시에 의한 것으로 무효라는 이유로 제1심판결을 취소하고 B의 청구를 기각하는 판결이 선고·확정되었는데, 甲에 관하여 B가 A의 추완항소 이전에 발급받았던 송달증명원 및 확정증명원을 가지고 확정판결을 원인으로 지분소유권이전등기를 마쳤고, B의 남편인 C가 재산분할을 원인으로 지분소유권이전등기를 마쳤으며, 그 후 D와 E가 甲에 관하여 매매를 원인으로 지분소유권이전등기를 순차로 마친 사안에서, 甲에 관한 B 명의의 본등기는 A와 B 사이의 허위가등기 설정이라는 통정한 허위의 의사표시 자체에 기한 것이 아니라, 이러한 통정한 허위의 의사표시가 철회된 후 B가 항소심판결에 의해 취소·확정되어 소급적으로 무효가 된 제1심판결에 기초하여 일방적으로 마친 원인무효의 등기라고 봄이 타당하고, 이에 따라 B 명의의 본등기를 비롯하여 그 후 E에 이르기까지 순차적으로 마쳐진 각 지분소유권이전등기는 부동산등기에 관하여 공신력이 인정되지 않는 우리 법제 하에서는 특별한 사정이 없는 한 무효임을 면할 수 없으며, 나아가 A와 B가 통정한 허위의 의사표시에 기하여 마친 가등기와 C 명의의 지분소유권이전등기 사이에는 B가 일방적으로 마친 원인무효의 본등기가 중간에 개재되어 있으므로, 이를 기초로 마쳐진 C 명의의 지분소유권이전등기는 B 명의의 가등기와는 서로 단절된 것으로 평가되고, 가등기의 설정행위와 본등기의 설정행위는 엄연히 구분되는 것으로서 C 내지 그 후 지분소유권이전등기를 마친 자들에게 신뢰의 대상이 될 수 있는 '외관'은 B 명의의 가등기가 아니라 단지 B 명의의 본등기일 뿐이라는 점에서도 이들은 B 명의의 허위가등기 자체를 기초로 하여 새로운 법률상 이해관계를 맺은 제3자의 지위에 있다고 볼 수 없으며, 이는 A의 추완항소를 계기로 A와 B 사이의 통정한 허위의 의사표시가 실체적으로는 철회되었음에도 불구하고 그 외관인 B 명의의 가등기가 미처 제거

5) 계약이 해제된 경우에 제548조 제1항 단서에 의하여 보호받기 위해서는 공시방법이나 대항요건을 갖추어야 하는데(대판 2005.1.14. 2003다33004),89) 상대적 무효/취소에 관해서는 판례가 보이지 않고 학설은 나뉜다.

제 4 절 법률행위의 대리

1. 대리법 총설

(1) 대리제도는「법률행위의 효과는 법률행위를 한 이(즉 표의자)에게 귀속된다」는 법리에 대한 중대한 예외를 이룬다.

(2) 대리인이 한 행위의 효과가 본인에게 미치기 위해서는 ① 대리인에게 그 행위에 관한 대리권이 있고, ② 본인을 위한 것임을 상대방에게 표시해야 한다(제114조). 따라서 대리에 특유한 문제는 위 두 요건 중 어느 것이 결여된 경우에 발생하는데, ①과 관련되는 대리권의 문제가 특히 중요하다.

(3) 대리는 의사표시 또는 그것을 요소로 하는 법률행위에 한하여 인정된다. 다만 준법률행위 중 의사의 통지(예: 최고)나 관념의 통지(예: 채권양도의 통지)와 같은 표현행위에 의사표시에 관한 규정이 유추되므로, 대리가 가능하다(〈1−2−1〉 참조).

2. 대리권

(1) 대리권 일반을 본다.

① 대리권의 존재는 대리행위의 효과가 본인에게 귀속되기 위한 요건(권리근거사실)으로서 법률행위의 특별효력요건이다. 따라서 대리행위의 효과를 주장하는 상대방이 대리권의 존재에 대한 증명책임을 부담한다(대판 1994.2.22. 93다42047).

되지 않고 잔존하는 동안에 B 명의의 본등기가 마쳐졌다고 하여 달리 볼 수 없다고 하였다.

89) 제1015조 단서에 의한 보호를 받기 위하여 등기, 인도 등을 요한다는 (〈8−5−16〉에 소개된) 대판 2020.8.13. 2019다249312도 참조.

② 임의대리에서 본인이 다른 이에게 대리권을 수여하는 행위를 수권행위(授權行爲)라 하는데, 상대방 있는 단독행위이다.[90]

수권행위는 본인과 대리인으로 될 이 사이의 기초적 내부관계를 발생케 하는 행위(예: 위임)와 별개의 독립된 행위(단독행위이다)로, 양자는 개념적으로 구별되어야 한다.

(2) 대리권의 범위를 살핀다.

① 임의대리권의 범위는 수권행위의 해석에 의하여 결정되는데, 수권행위의 문언, 대리인과 본인의 관계, 대리의 목적인 사항의 성질, 거래관행 등을 고려해야 한다.

〈2-4-1〉 임의대리권의 범위에 관한 판례

㉮ 임의대리권은 그 권한에 부수하여 필요한 한도에서 상대방의 의사표시를 수령하는 권한(수령대리권)을 포함한다(대판 1994.2.8. 93다39379).

㉯ 부동산소유자로부터 매매계약을 체결할 대리권을 수여받은 대리인은 그 매매계약에서 정한 바에 따라 중도금이나 잔금을 수령할 수 있다(대판 1994.2.8. 93다39379). 그리고 매매계약의 체결 및 이행에 관하여 「포괄적으로」 대리권을 수여받은 대리인은 상대방에 대하여 약정된 매매대금지급기일을 연기해 줄 권한도 가진다(대판 1992.4.14. 91다43107).

㉰ 반면 계약의 체결에 관한 대리권을 수여받은 대리인이 수권된 법률행위를 하면 그것으로 대리의 원인된 법률관계는 목적을 달성하여 종료하고, 법률행위에 의하여 수여된 대리권은 그 원인된 법률관계의 종료에 의하여 소멸하므로(제128조), 그 계약을 대리하여 체결하였던 대리인이 체결된 계약의 해제 등 일체의 처분권과 상대방의 의사를 수령할 권한까지 가진다고 볼 수는 없다(대판 2008.6.12. 2008다11276; 대판 1997.3.25. 96다51271). 부동산을 매수할 권한을 수여받은 대리인이 그 부동산을 처분할 대리권도 가진다고 볼 수 없음은 당연하고(대판 1991.2.12. 90다7364),

90) 참고로 대판 2016.5.26. 2016다203315: "대리권을 수여하는 수권행위는 불요식의 행위로서 명시적인 의사표시에 의함이 없이 묵시적인 의사표시에 의하여 할 수도 있으며, 어떤 사람이 대리인의 외양을 가지고 행위하는 것을 본인이 알면서도 이의를 하지 아니하고 방임하는 등 사실상의 용태에 의하여 대리권의 수여가 추단되는 경우도 있다."

예금계약의 체결을 위임받은 이가 가지는 대리권에 그 예금을 담보로 하여 대출을 받거나 이를 처분할 수 있는 대리권이 당연히 포함되지는 않는다(대판 1995.8.22. 94다59042).

---

② 대리권이 존재하는 것은 분명하지만 그 범위가 명확하지 않은 경우에 보충규정으로서 제118조가 적용되는데, 권한을 정하지 않은 대리인은 처분행위를 할 수 없고, 이른바 관리행위까지만 허용된다.

③ 대리인은 대리행위에서 "본인을 위한 것임"을 표시해야 하는데(제114조), 이것이 「본인의 이익을 위하여」라는 의미는 아니어서, 결과적으로 본인에게 불리한 대리행위라도 그 효과가 본인에게 귀속된다. 그러나 대리인에게는 본인의 이익을 배려해야 할 「충실의무」가 인정된다.91) 따라서 대리인은 본인의 이익을 해치는 행위를 해서는 안 된다.

ⓐ 자기계약과 쌍방대리는 행위의 외형상 충실의무에 반하므로 금지된다(제124조). 다만 본인의 이익을 보호한다는 금지의 취지에 반하지 않는 경우, 즉 본인의 허락이 있는 경우와 이미 확정된 법률관계를 단순히 결제하는 데 불과하고 새로운 이해관계를 창설하는 것이 아닌 경우(예: 채무의 이행)에 자기계약이나 쌍방대리가 허용된다.

ⓑ 대리인이 외형적·형식적으로 대리권의 범위 내에서 대리행위를 하였지만 그 행위가 실질적으로는 자신 또는 제3자의 이익을 꾀할 목적으로 행하여진 경우에도 그 법률효과가 본인에게 귀속되는가 하는 것이 대리권남용의 문제이다.

〈2-4-2〉 친권의 행사와 이해상반에 관한 판례

㉮ 제124조의 특칙으로 제921조(제949조의3 및 제59조 제2항도 참조)는, 친권의 공정한 행사를 기대하기 어려운 이해상반의 경우에, 친권의 남용을 예방하고 미성년인 子의 이익을 보호하기 위하여 친권자의 대리권 및 동의권을 제한하고, 특별대리

91) 대리권이 발생하면, 대리인이 본인의 법률관계를 처리한다는 점에서, 그들 사이의 법률관계가 어떠하든, 위임적 요소가 포함된다. 따라서 대리인은 본인의 이익을 배려해야 하고, 자기나 다른 이의 이익을 위하여 본인에게 불리한 행위를 해서는 안 된다(제681조 참조).

인을 선임하여 그로 하여금 앞의 권한을 행사하게 한다(대판 1996.4.9. 96다1139).

특히 대판 2001.6.29. 2001다28299: "상속재산에 대하여 그 소유의 범위를 정하는 내용의 공동상속재산 분할협의는 그 행위의 객관적 성질상 상속인 상호간의 이해의 대립이 생길 우려가 있는 민법 제921조 소정의 이해상반되는 행위에 해당하므로 공동상속인인 친권자와 미성년인 수인의 자 사이에 상속재산 분할협의를 하게 되는 경우에는 미성년자 각자마다 특별대리인을 선임하여 그 각 특별대리인이 각 미성년자인 자를 대리하여 상속재산 분할의 협의를 하여야 하고, 만약 친권자가 수인의 미성년자의 법정대리인으로서 상속재산 분할협의를 한 것이라면 이는 민법 제921조에 위반된 것으로서 이러한 대리행위에 의하여 성립된 상속재산 분할협의는 적법한 추인이 없는 한 무효"이다.

㉯ 이해상반행위에 해당하는지 여부를 판단하는 기준으로 ㉠ 행위의 형식 여하를 불문하고 친권자의 행위의 동기·목적·결과 등을 고려하여 실질적으로 미성년자에게 불리한 행위는 모두 이해상반행위에 해당한다는 실질적 판단설과 ㉡ 당해 법률행위의 동기나 실질적인 결과 여하와 관계없이 법률행위 자체 내지 법률행위의 외형으로 보아 미성년자에게 불리한지 여부를 판단해야 한다는 형식적 판단설이 대립하는데, 판례는 뒤의 입장을 따른다(대판 1996.11.22. 96다10270 참조).

㉰ 판례가 인정한 이해상반행위의 예로, 子의 재산관리에 관한 포괄적 위임을 받은 父가 자신의 채무 지급을 위하여 子를 대리하여 공동명의로 어음을 발행한 경우(대판 1971.2.23. 70다2916), 친권자가 자기의 채무를 위하여 미성년의 子의 부동산을 담보로 제공한 경우(대판 1971.7.27. 71다1113), 양모가 미성년의 양자를 상대로 소유권이전등기청구소송을 제기한 경우(대판 1991.4.12. 90다17491), 친권자인 모가 공동상속인으로서 미성년의 子를 대리하여 상속재산 분할협의를 하는 경우(대판 1993.3.9. 92다18481) 등.

㉱ 판례가 이해상반에 해당하지 않는다고 한 예로, 친권자인 모가 자기 오빠의 제3자에 대한 채무의 담보로 미성년의 子의 부동산에 근저당권을 설정한 경우(대판 1991.11.26. 91다32466: 제3자의 채무를 담보하기 위한 물상보증행위), 친권자인 모가 자신이 대표이사로 있는 주식회사의 채무보증을 위하여 자신과 미성년의 子의 공유재산을 담보로 제공한 경우(앞의 96다10270 판결), 법정대리인인 친권자가 부동산을 미성년자인 子에게 명의신탁하는 경우(대판 1998.4.10. 97다4005) 등.

특히 대판 1981.10.13. 81다649는, 친권자가 미성년의 子의 강력한 반대에도 불구하고 미성년자의 이복형제인 「성년」의 다른 아들에게 위 미성년자 소유의 부동산을 증여한 경우에도 이해상반행위에 해당하지 않는다고 하였다.[92]

〈2-4-3〉 대리권 남용에 관한 재판례

㉮ 대리권 남용에서 본인과 상대방 사이의 이해관계를 어떻게 조절할 것인지에 관하여 ㉠ 대리인의 배임적 의도를 상대방이 알았거나 알 수 있었다면 제107조 제1항 단서를 유추하여 대리행위의 효력을 부정할 것이라는 심리유보설과 ㉡ 악의나 중과실 등 상대방의 권리행사를 신의칙에 반하게 하는 사정이 있다면 상대방이 그러한 위험을 부담해야 한다는 신의칙설이 대립하는데, 판례는 ㉠의 입장이다.[93] 한편 이익상황이 비슷한 대표권남용에 관하여 대판 1987.10.13. 86다카1522 등은 ㉡의 입장인데(〈1-4-8〉 참조), 상대방의 (중)과실 유무를 문제 삼지 않는다.

㉯ 법정대리에 관해서도 대리권 남용법리가 적용된다(대판 1997.1.24. 96다43928 등).

그런데 대판 2018.4.26. 2016다3201은 "법정대리인인 친권자의 대리행위가 객관적으로 볼 때 미성년자 본인에게는 경제적인 손실만을 초래하는 반면, 친권자나 제3자에게는 경제적인 이익을 가져오는 행위이고 행위의 상대방이 이러한 사실을 알았거나 알 수 있었을 때에는 민법 제107조 제1항 단서의 규정을 유추적용하여 행위의 효과가 자(子)에게는 미치지 않는다고 해석함이 타당하나, 그에 따라 외형상 형성된 법률관계를 기초로 하여 새로운 법률상 이해관계를 맺은 선의의 제3자에 대하여는 같은 조 제2항의 규정을 유추적용하여 누구도 그와 같은 사정을 들어 대항할 수 없으며, 제3자가 악의라는 사실에 관한 주장·증명책임은 무효를 주장하는

92) 다만 친권의 남용에 해당하여 그 미성년자의 子에게 그 효과가 미치지 않는다고 하였다.

93) 가령 대판 2001.1.19. 2000다20694: "진의 아닌 의사표시가 대리인에 의하여 이루어지고 그 대리인의 진의가 본인의 이익이나 의사에 반하여 자기 또는 제3자의 이익을 위한 배임적인 것임을 그 상대방이 알았거나 알 수 있었을 경우에는 민법 제107조 제1항 단서의 유추해석상 그 대리인의 행위에 대하여 본인은 아무런 책임을 지지 않는다고 보아야 하고, 그 상대방이 대리인의 표시의사가 진의 아님을 알았거나 알 수 있었는가의 여부는 표의자인 대리인과 상대방 사이에 있었던 의사표시 형성과정과 그 내용 및 그로 인하여 나타나는 효과 등을 객관적인 사정에 따라 합리적으로 판단하여야 한다." 증권회사(Y)의 직원(A)이 고객(X)으로부터 채권과 채권매수대금을 교부받아 임의로 운용한 사안에서 X와 Y 사이의 채권 및 채권매수대금 위탁계약의 성립을 부인하였는데, 이처럼 위탁계약의 효력이 부정되더라도, Y의 X에 대한 사용자책임이 성립할 수는 있다.

참고로 이에 관한 선도적 판례인 대판 1987.7.7. 86다카1004이다.

자에게 있다"고 하였으나, 제한능력자 보호라는 민법의 근본결단에 비추어 같은 조 제2항의 유추는 허용되지 않는다고 해야 한다.

---

(3) 대리권의 소멸: 제127조, 제128조.

(4) 복대리인은 ① 대리인이 선임한 ② 본인의 대리인이다(제123조 제1항).

대리인이 임의대리인인지 아니면 법정대리인인지에 따라 복임권 및 책임의 범위가 다르다(제120조 내지 제122조 참조).

3. 대리행위와 대리의 효과

(1) 본인을 위한 것임을 표시하는 것, 즉 현명(顯名)은 상대방의 입장에서 그 행위의 효과가 누구에게 귀속되는지를 판별하기 위한 기준이다. 따라서 상대방이 효과귀속의 주체를 알았거나 알 수 있었다면 생략될 수 있는데, 이에 관하여 제115조 및 상법 제48조 참조.

(2) 대리행위의 흠과 관련하여 본인과 대리인 중 누구를 기준으로 무효사유의 존재 여부를 판단할 것인지가 문제되는데, 대리에서 법률행위를 하는 이는 「대리인」이므로 그를 기준으로 결정한다(제116조 제1항).

(3) 대리인은 행위능력자임을 요하지 않는다(제117조). 다만 대리행위 당시 대리인이 적어도 의사능력은 가져야 한다.

〈2-4-4〉 대리행위 및 대리의 효과에 관한 판례

㉮ 본인을 위한 것임을 현명하지 않고 본인 명의로 대리행위가 행하여지는 서명대리(署名代理)도 허용된다. 대리인이 본인인 양 행세했더라도 대리인의 권한범위 내에서 한 근저당권설정계약의 효과는 본인에게 귀속된다고 한 대판 1987.6.23. 86다카1411 참조.

㉯ 대리인이 본인을 대리하여 매매계약을 체결할 때 매매대상토지에 관한 저간의 사정을 잘 알고 그 배임행위에 가담하였다면, 설사 본인이 미리 그러한 사정을

몰랐거나 반사회성을 야기한 것이 아니라도 그로 인하여 매매계약이 가지는 사회질서에 반한다는 장애사유가 부정되지는 않는다(대판 1998.2.27. 97다45532).

㉰ 대판 2011.8.18. 2011다30871: "대리인이 그 권한에 기하여 계약상 급부를 수령한 경우에, 그 법률효과는 계약 자체에서와 마찬가지로 직접 본인에게 귀속되고 대리인에게 돌아가지 아니한다. 따라서 계약상 채무의 불이행을 이유로 계약이 상대방당사자에 의하여 유효하게 해제되었다면, 해제로 인한 원상회복의무는 대리인이 아니라 계약의 당사자인 본인이 부담한다. 이는 본인이 대리인으로부터 그 수령한 급부를 현실적으로 인도받지 못하였다거나 해제의 원인이 된 계약상 채무의 불이행에 관하여 대리인에게 책임 있는 사유가 있다고 하여도 다른 특별한 사정이 없는 한 마찬가지"이다.[94]

4. 표현대리

(1) 대리권 없이 대리행위가 행하여진 경우를 무권대리(無權代理)라 한다.

무권대리행위의 효과를 단계적으로 정리하면,

① 대리권의 부존재 때문에 무권대리행위는 「무효」여서 본인에게 효력이 미치지 않는다.

② 다만 효과귀속의 주체인 본인이 「추인」하면 유효로 될 수 있다.

③ 추인이 없더라도 대리권이 존재하는 듯한 외관에 대하여 본인이 책임져야 할 사정이 있는 경우에 「표현대리(表見代理)」가 성립하여 대리행위의 효과가 본인에게 귀속된다.

④ ②와 ③의 어디에도 해당하지 않는 경우에 「확정적」 무효로 되어 비로소 무권대리인의 책임을 물을 수 있다.[95]

---

94) A가 B 주택조합을 대리한 C와 조합가입계약을 체결하고 C에게 조합원분담금 일부를 송금한 경우에, C가 B를 대리하여 조합가입계약을 적법하게 체결하였고 나아가 C가 계약상 급부를 B를 위하여 수령할 권한이 없다고 할 특별한 사정이 없음에도, A가 계약상 채무의 이행불능을 이유로 조합가입계약을 유효하게 해제했다고 인정하면서도 C가 해제로 인한 원상회복의무를 부담한다고 본 원심을 파기한 사례.

95) 다만 상대방은 표현대리규정과 무권대리규정 중 어느 쪽이든 선택적으로 행사할 수 있다는 주장도 유력하다.

⑵ 표현대리에 관하여 민법은 대리권의 발생, 범위 및 소멸의 3측면에서 규정한다. 즉 ① 대리권이 없더라도 대리권을 수여하였다는 본인의 표시를 믿은 제3자가 보호되고(제125조), ② 대리권의 범위를 넘더라도 외관상 권한범위 내라고 믿을 만한 사정이 있으면 본인은 그 행위에 대하여 책임을 지며(제126조), ③ 대리권이 소멸하였더라도 그러한 사정을 알지 못하는 제3자에게 대항하지 못한다(제129조).

그런데 표현대리에서 「본인과 상대방 사이」의 이해조정이 관건인데, 상대방에게 대리권이 있다고 믿는 것이 무리는 아니라고 할 만한 사정(보호가치)이 있어야 하고, 본인에게도 효과의 귀속이라는 불이익을 감수할 수밖에 없도록 하는 사정(귀책요소)이 있어야 한다.

〈2-4-5〉 표현대리 일반에 관한 판례

㉮ 표현대리제도의 근거에 관하여 대판 1998.5.29. 97다55317: "표현대리의 법리는 거래의 안전을 위하여 어떠한 외관적 사실을 야기한 데 원인을 준 자는 그 외관적 사실을 믿음에 정당한 사유가 있다고 인정되는 자에 대하여는 책임이 있다는 일반적인 권리외관이론에 그 기초를 두고 있"다.

㉯ 대판(전) 1983.12.13. 83다카1489는

㉠ "유권대리에 있어서는 본인이 대리인에게 수여한 대리권의 효력에 의하여 법률효과가 발생하는 반면 표현대리에 있어서는 대리권이 없음에도 불구하고 법률이 특히 거래상대방 보호와 거래안전 유지를 위하여 본래 무효인 무권대리행위의 효과를 본인에게 미치게 한 것으로서 표현대리가 성립된다고 하여 무권대리의 성질이 유권대리로 전환되는 것은 아니"라고 하여 표현대리가 무권대리임을 분명히 밝히고,

㉡ 이를 전제로 "대리권에 기한 대리의 경우나 표현대리의 경우나 모두 제3자가 행한 대리행위의 효과가 본인에게 귀속된다는 점에서는 차이가 없으나 […] 양자의 구성요건 해당사실 즉 주요사실은 서로 다르다고 볼 수밖에 없다. 그러므로 유권대리에 관한 주장 가운데 무권대리에 속하는 표현대리의 주장이 포함되어 있다고 볼 수 없으며, 따로이 표현대리에 관한 주장이 없는 한 법원은 나아가 표현대리의 성립 여부를 심리 판단할 필요가 없다"고 하여 유권대리의 주장에 표현대리의 주장이

포함되지 않는다는 입장을 밝혔다.

㉰ 표현대리가 성립하여 본인이 「이행」책임을 부담하는 경우에, 상대방에게 과실이 있더라도 ― 손해배상의 범위에 관한 ― 과실상계의 법리를 적용할 수 없다(대판 1996.7.12. 95다49554).

㉱ 표현대리규정의 중복적용에 관하여 판례는 긍정설을 취한다. 즉 대판 1979.3.27. 79다234: "과거에 가졌던 대리권이 소멸되어 민법 제129조에 의하여 표현대리로 인정되는 경우에 그 표현대리의 권한을 넘는 대리행위가 있을 때에도, 민법 제126조 소정의 표현대리가 성립할 수 있다." 대판 2008.1.31. 2007다74713도 동지.

(3) 제125조의 표현대리(授權代理라고도 한다)가 성립하려면 ① (본인의 귀책요소로서) 대리권 수여의 표시, ② 표시된 대리권 범위 내의 행위, ③ 제3자와의 대리행위 및 ④ (상대방의 보호가치로서) 제3자의 선의·무과실[96]이라는 요건이 갖추어져야 한다.

이 중 ①을 수권표시(授權表示)라 하는데, 「관념의 통지」에 해당하고, 그 방법에 제한이 없다. 특히 대리권을 추단케 하는 직함·명칭·상호 등의 사용의 허락 또는 묵인도 대리권 수여의 표시로 보는 것이 판례(대판 1998.6.12. 97다53762)의 입장이다.

(4) 실무상 빈번하게 문제되는 제126조의 표현대리(越權代理라고도 한다)가 성립하려면 ❶ 기본대리권의 존재, ❷ 대리인의 월권행위[97] 그리고 ❸ 정당한 이유라

96) 중개인(A)이 본인인 B 회사에게 오피스텔의 분양희망자를 중개해 주고 그 대가로 B로부터 수수료만 지급받기로 하였고, 분양계약서 작성 및 분양대금 수납은 B가 직접 관리하였으며, A는 오피스텔을 분양받고자 하는 이가 있으면 그를 오피스텔 내에 있는 B의 분양사무소에 데리고 가서 분양대금을 지급하고 B 명의의 계약서를 작성하여 받아오는 방식을 취하였고, 상대방의 매매계약서도 그러한 방식에 의하여 작성되었다면, 상대방이 A에게 지급한 매매대금에 대한 영수증이 B 명의로 발행되지 않고 A 명의로 발행된 경우에 오피스텔을 분양받으려는 상대방으로서는 B에게 A의 대리권 유무를 확인하여 보았더라면 A가 단순한 중개인에 불과하고 오피스텔의 매매대금을 수령할 대리권이 없다는 점을 쉽게 알 수 있었을 것임에도 이를 게을리 한 과실이 있고, 나아가 B가 A에게 오피스텔의 분양중개를 부탁한 것을 가지고 오피스텔분양에 관련한 어떤 대리권을 수여한 것이라고 볼 수도 없다고 보아 제125조의 표현대리에 해당하지 않는다고 한 대판 1997.3.25. 96다51271 참조.

97) 참고로 대판 2002.6.28. 2001다49814: "대리행위의 표시를 하지 아니하고 단지 본인의 성명

는 요건이 갖추어져야 한다.98)

❶ 판례는 제126조가 법정대리에도 적용된다는 입장이다.

〈2-4-6〉 법정대리와 제126조에 관한 판례

㉮ 제한능력자를 위한 법정대리에 관하여 대판 1997.6.27. 97다3828: "제126조 소정의 권한을 넘는 표현대리규정은 거래의 안전을 도모하여 거래상대방의 이익을 보호하려는 데에 그 취지가 있으므로 법정대리라고 하여 임의대리와는 달리 그 적용이 없다고 할 수 없고, 따라서 한정치산자의 후견인이 친족회의 동의를 얻지 않고 피후견인의 부동산을 처분하는 행위를 한 경우에도 상대방이 친족회의 동의가 있다고 믿은 데에 정당한 사유가 있는 때에는 본인인 한정치산자에게 그 효력이 미친다."99)

그러나 적어도 제한능력자의 법정대리에 제126조를 적용해서는 안 된다는 주장

을 모용하여 자기가 마치 본인인 것처럼 기망하여 본인 명의로 직접 법률행위를 한 경우에는 특별한 사정이 없는 한 [제126조] 소정의 표현대리는 성립될 수 없다."

98) 대리인이 수권범위를 넘어서 한 대리행위가 무권대리에 해당하는 경우에도 대리권의 범위 내에 속하는 부분에 관해서는 본인에게 그 효력이 미친다. 2,000만 원의 차용 및 근저당권 설정의 대리권을 수여하였는데 피담보최고액을 1억 3,000만 원으로 하여 근저당권설정계약을 체결한 경우에 2,000만 원을 담보하는 범위 내에서는 근저당권이 유효하다고 한 대판 1987.9.8. 86다카754 참조.

99) 이 판결의 사실관계는 다음과 같다(성년후견제도가 도입되기 전의 사안이다): ㉠ 동생 A에 의하여 정신병원에 강제로 입원하게 된 X가 한정치산선고를 받고 A가 후견인으로 선임되었다. ㉡ A의 신청에 의하여 A와 다른 동생 B 및 그들의 처가 친족회원으로 선임되고, A가 X의 부동산을 매각할 때 그 동의 여부를 의결하기 위한 친족회를 소집한다는 심판이 있었다. ㉢ A가 후견인(법정대리인)으로서 X 소유의 부동산 중 일부를 친족회의 소집심판 및 결의 「전」에 Y에게, 다른 일부를 그 「후」에 Z에게 각 매각하고 허위의 친족회 의사록을 첨부하여 소유권이전등기를 마쳤다. ㉣ X가 능력을 회복한 후 위 각 매매계약을 취소하고 소유권이전등기말소청구소송을 제기하였다.

대법원은 Y에 대한 청구는 인용하였는데(Z와의 매매는 적법한 대리권을 갖추었으므로 그에 대한 청구는 당연히 기각되었다), 그 이유는 다음과 같다: ㉠ 정당한 이유의 유무는 대리행위 당시를 기준으로 판정하고 매매계약 성립 후의 사정은 고려할 것이 아니다. ㉡ A가 후견인으로서 상당기간 피후견인(X)의 재산을 관리하여 왔더라도 후견인(A)을 상대로 중요한 재산적 가치를 가지는 X의 부동산을 매수하는 Y로서는 친족회의 동의가 있었는지 여부를 확인했어야 함에도 막연히 부동산중개업자를 통하여 A가 후견인으로 선임된 후 1년 이상 부동산의 관리를 전담하여 온 사실만을 확인하였을 뿐 친족회의 동의에 관하여 전혀 확인하지 않았다면, Y는 후견인을 상대로 거래하는 이로서 마땅히 해야 할 주의를 다하지 못한 과실이 있다.

이 점차 늘고 있다.

㉯ 부부간의 일상가사대리권에 관하여 본다.[100)]

㉠ 대판 1968.11.26. 68다1727 · 1728은, 아내가 집에 둔 남편의 인감도장과 등기권리증 등을 가지고 남편의 위임을 받았다고 하면서 남편 소유의 부동산에 관하여 근저당권설정등기를 경료한 사안에서, “아내가 특별한 수권 없이 남편 소유 부동산에 관하여 위와 같은 행위를 하였을 경우에 그것이 민법 제126조 소정의 표현대리가 되려면 그 아내에게 가사대리권이 있었다는 것뿐만 아니라 상대방이 남편이 그 아내에게 그 행위에 관한 대리의 권한을 주었다고 믿었음을 정당화할 만한 객관적인 사정이 있었어야 하는 것”이라고 했다. 이 판결의 취지는, 일상가사대리권이 기본대리권으로 될 수 있으나 문제된 월권행위에 관하여 권한을 수여받았다고 믿을 만한 정당한 이유가 있어야만 제126조의 표현대리가 성립된다는 것으로 이해되며, 이는 판례의 일관된 입장이다.

㉡ 판례는 사실혼관계에 있는 이들 사이에서도 일상가사대리권을 기본대리권으로 하는 제126조의 표현대리의 성립을 긍정한다(대판 1984.6.26. 81다524).

㉢ 판례는, 남편이 장기간 외국 또는 지방에 체류하면서 아내에게 살림 일체를 맡긴 경우에 정당한 이유를 긍정하였지만(대판 1964.12.22. 64다1244 참조), 그러한 특수한 사정이 없는 경우에 통상 정당한 이유가 부정된다(대판 1990.12.26. 88다카24516 참조).[101)]

---

❸ 판례의 주류는 무권대리인에게 본인을 대리할 권한이 있다고 믿었고 그렇게 믿은 데 과실이 있는지 여부를 “정당한 이유” 유무를 판단하는 기준으로 삼는다

100) 참고로 아내가 자동차를 구입하기 위하여 타인으로부터 금전을 차용하는 행위(대판 1985.3.26. 84다카1621), 아내가 별거하여 외국에 체류 중인 남편의 재산을 처분하는 행위(대판 1993. 9.28. 93다16369) 등은 일상가사에 속한다고 할 수 없다. 나아가 주택이나 아파트 구입비용 명목으로 차용한 경우에, 그러한 “비용의 지출이 부부공동체를 유지하기 위하여 필수적인 주거공간을 마련하기 위한 것이라면 일상의 가사에 속한다고 볼 여지가 있을 수 있으나”, 매매대금이 거액에 이르는 대규모의 주택이나 아파트의 구입이라면 일상의 가사에 속한다고 보기는 어렵다(대판 1997.11.28. 97다31229).

101) 판례는 이른바 비상가사대리권을 부정한다. 가령 대판 2000.12.8. 99다37856: “부부의 경우에도 일상의 가사가 아닌 법률행위를 배우자를 대리하여 행함에 있어서는 별도로 대리권을 수여하는 수권행위가 필요한 것이지, 부부의 일방이 의식불명의 상태에 있어 사회통념상 대리관계를 인정할 필요가 있다는 사정만으로 그 배우자가 당연히 채무의 부담행위를 포함한 모든 법률행위에 관하여 대리권을 갖는다고 볼 것은 아니다.”

(앞의 97다3828 판결 참조).[102)]

〈2-4-7〉 정당한 이유에 관한 판례

㉮ 정당한 이유의 유무는 자칭대리인의 대리행위 당시의 사정을 기초로 판단하고(대판 1997.6.27. 97다3828; 대판 2008.1.31. 2007다74713), 무권대리행위 이후의 사정은 고려할 것이 아니다(대판 2018.7.24. 2017다2472[103)]).

㉯ 정당한 이유에 관한 판례의 입장을 정리하면,

㉠ 이를 긍정케 하는 요소로, 당해 거래에 필요한 서류 일체의 구비, 과거에 동종의 거래가 반복된 점, 본인과 대리인 사이의 관계(특히 부모자식 간이거나 형제간인 경우 또는 재산관리인인 경우), 기본대리권과 월권행위의 동종성 등.

㉡ 정당한 이유를 부정케 하는 요소로서, 앞의 요소들의 반대측면 외에 거래관념에 비추어 대리행위 자체가 비정상적이거나 이례적인 경우(예컨대 후견인으로부터 제한능력자 소유의 부동산을 매수하는 경우: 앞의 97다3828 판결)를 들 수 있다.

㉢ 특히 보증과 관련하여 보증보험계약 등 이른바 기관보증의 경우에 정당한 이유를 너그럽게 인정하는 반면, 사인간의 일반보증에서는 대리인이 보증계약에 필요한 인감도장과 인감증명서를 소지하였더라도 상대방은 본인에게 보증의사를 확인해야 한다는 입장을 확고히 함으로써, 정당한 이유가 긍정된 예를 찾아보기 힘들다(정당한 이유가 긍정된 가장 최근의 것으로 대판 1972.11.28. 72다1534).[104)]

102) 이와 달리 무권대리행위 당시 존재한 여러 사정을 객관적으로 관찰하여 보통인이라면 유효한 행위가 있었던 것으로 믿는 것이 당연하다고 보이면 정당한 이유를 긍정할 수 있다고 한 판결로 대판 2000.2.11. 99다47525 등.

103) 무권대리인이 매매계약 후 그 이행단계에서야 비로소 본인의 인감증명과 위임장을 상대방에게 교부한 사정만으로는 상대방이 무권대리인에게 그 권한이 있다고 믿을 만한 정당한 이유가 있었다고 단정할 수 없다고 한 사례.

104) 예를 들어 기관보증에 관하여 대판 1997.7.8. 97다9895: "대리인에 의하여 보증보험계약이 체결되는 경우, 본인의 자필서명을 받지 아니하였다는 사정만으로 표현대리의 성립을 부정한다면 모든 대리행위에 있어 본인의 출석을 요구하여야 한다는 결과를 초래하여 결국 대리행위의 필요성을 부정하는 데까지 나아갈 우려가 있어 본인의 자필서명이 그 보증보험계약의 유효요건이 된다고 볼 수 없고, 또한 반드시 본인에게 전화 등으로 보증의사를 확인하여야 할 의무가 있다고도 볼 수 없다."

반면 호의보증에 관하여 대판 1992.2.25. 91다490은, 물품공급계약에 따른 거래로 말미암

⑸ 제129조의 표현대리(滅權代理라고도 한다)가 성립하려면 ① 대리권의 소멸,105) ② 권한 내의 대리행위 및 ③ (대리권의 — 존재가 아니라 — 「존속」에 관한) 상대방의 선의·무과실이라는 요건이 갖추어져야 한다.

5. 협의의 무권대리

⑴ 무권대리행위가 — 본인에 대하여 — 무효이지만, 확정적인 것은 아니고 「유동적/불확정적 무효」로서 그 효력이 발생하는지 여부는 본인의 의사, 즉 추인에 좌우된다(제130조).

추인은 본인 또는 포괄승계인이 대리행위의 상대방에 대한 의사표시로 해야 하는데, 묵시적 추인도 가능하다. 그리고 추인은 소급효를 가진다(제133조).

한편 법은 상대방에게 무권대리행위의 유효 여부를 확인할 수 있는 조치로서 최고권(제131조)과 선제적 조치로서 (상대방이 선의인 경우에) 철회권(제132조)106)을 부여한다.

⑵ 무권대리행위는 본인에 대하여 효력이 없지만, 본인의 추인에 의하여 소급적으로 그 효력이 발생한다(제130조).

〈2-4-8〉 묵시적 추인에 관한 판례

㉮ 묵시적 추인을 인정하기 위해서는 본인이 그 행위로 처하게 된 법적 지위를 충분히 이해하고 진의에 기하여 그 행위의 결과가 자기에게 귀속된다는 것을 승인한 것으로 볼 만한 사정이 있어야 하므로 관계되는 여러 사정을 종합적으로 검토하

아 A가 부담할 채무에 관하여 B의 대리인이라 칭하는 A와 연대보증계약을 체결하면서 B가 대리권을 수여하였는지 여부를 확인하지 않은 채 B가 직접 발급받은 보증용 인감증명서와 재산세 납부증명서를 소지하고 있었다는 사실만으로는 A에게 B를 대리하여 연대보증계약을 체결할 권한이 있었다고 믿을 만한 정당한 이유가 있다고 볼 수 없다고 하였다.

105) 본인의 사망으로 대리권이 소멸하였더라도 그 후 선임한 복대리인과 상대방 사이의 법률행위에 제129조가 적용될 수 있다고 한 대판 1998.5.29. 97다55317 참조.

106) 상대방이 적법하게 철회를 하면 무권대리행위는 확정적으로 무효가 되어 그 후에는 본인이 무권대리행위를 추인할 수 없는데, 상대방이 대리인에게 대리권이 없음을 알았다는 점에 대한 주장·증명책임은 철회의 효과를 다투는 본인에게 있다(대판 2017.6.29. 2017다213838).

여 신중하게 판단해야 한다(대판 2009.9.24. 2009다37831).

㈏ 판례가 무권대리행위의 추인을 긍정한 예를 본다. ㉠ 무권대리행위에 기한 권리를 행사하는 경우로 무권대리인이 매매계약을 함부로 해제하고 반환받은 돈으로 매수한 대지의 등기 관계서류를 본인이 교부받아 남편 명의로 소유권이전등기를 경료한 경우에, 본인이 매매계약의 해제를 추인한 것으로 본 대판 1979.12.28. 79다1824, ㉡ 무권대리행위에 기한 의무를 이행하거나 이행에 필요한 행위를 한 경우로 본인이 무권대리행위의 상대방에게 의무를 이행하겠다는 의사를 적극적으로 표명한 경우에 추인을 인정한 대판 2015.4.23. 2013다61398, ㉢ 무권대리행위에 기한 의무에 대하여 이행의 유예를 구하는 경우에 추인을 인정한 대판 1991.1.25. 90다카26812, ㉣ 무권대리행위에 기한 의무와 관련하여 별도의 합의를 한 경우로 처가 승낙 없이 남편 소유의 부동산에 근저당권을 설정한 것을 알게 된 남편이 그 정산에 관하여 합의했다가 그 후 합의가 결렬된 경우에 추인을 인정한 대판 1995.12.22. 94다45098 등.

㈐ 본인이 무권대리행위의 사실을 알고도 이의(異議)를 제출하지 않았다는 것만으로 곧바로 추인으로 되지는 않는다. 약속어음위조사실을 알고도 장기간 형사고소를 하지 않은 경우에 관한 대판 1998.2.10. 97다31113 참조.[107)]

(3) 제135조의 책임은 무권대리행위의 상대방에게 주어지는 구제책의 「기본값」이다.

이 책임이 성립하기 위한 요건으로 중요한 것은 ① 대리행위의 효과가 본인에게 귀속되지 않을 것, ② 상대방이 선의·무과실일 것[108)] 및 ③ 무권대리인이 행위능력자일 것의 3가지이다. 그 밖에 ④ 상대방이 아직 철회권을 행사하지 않아야 하고, ⑤ 다른 무효·취소사유가 없어야 함은 물론이다.

이상의 요건이 갖추어지면 무권대리인은 상대방의 선택에 따라 계약을 이행할 책임 또는 손해를 배상할 책임을 진다. 이 중 이행이 선택되면 상대방에 대한 관계

---

107) 다만 상당한 기간 동안 이의가 없었음을 근거로 추인을 긍정한 사례로 대판 1991.1.29. 90다12717 참조.

108) 제135조 제2항은 무권대리인의 (무과실)책임에 관한 원칙규정인 제1항에 대한 예외규정이므로 상대방이 대리권 없음을 알았다는 사실 또는 알 수 있었는데도 알지 못하였다는 사실에 관한 주장·증명책임은 무권대리인에게 있다(대판 2018.6.28. 2018다210775).

에서 무권대리인 자신이 계약당사자인 것과 같은 「법정」채권관계가 발생한다.

〈2-4-9〉 무권대리인의 책임에 관한 판례

㉮ 대판 2014.2.27. 2013다213038: "민법 제135조 제1항[…]에 따른 무권대리인의 상대방에 대한 책임은 무과실책임으로서 대리권의 흠결에 관하여 대리인에게 과실 등의 귀책사유가 있어야만 인정되는 것이 아니고, 무권대리행위가 제3자의 기망이나 문서위조 등 위법행위로 야기되었다고 하더라도 책임은 부정되지 아니한다."

㉯ 대판 2018.6.28. 2018다210775: "상대방이 계약의 이행을 선택한 경우 무권대리인은 계약이 본인에게 효력이 발생하였더라면 본인이 상대방에게 부담하였을 것과 같은 내용의 채무를 이행할 책임이 있다. 무권대리인은 마치 자신이 계약의 당사자가 된 것처럼 계약에서 정한 채무를 이행할 책임을 지는 것이다. 무권대리인이 계약에서 정한 채무를 이행하지 않으면 상대방에게 채무불이행에 따른 손해를 배상할 책임을 진다. 위 계약에서 채무불이행에 대비하여 손해배상액의 예정에 관한 조항을 둔 때에는 특별한 사정이 없는 한 무권대리인은 조항에서 정한 바에 따라 산정한 손해액을 지급하여야 한다. 이 경우에도 손해배상액의 예정에 관한 민법 제398조가 적용됨은 물론이다."

㉰ 이행청구권이나 손해배상청구권의 소멸시효는 상대방이 선택권을 행사할 수 있을 때부터 진행하고, 선택권을 행사할 수 있는 때란 대리권의 증명이 없고 추인의 가능성이 없어져서 무권대리인의 책임이 성립하는 때이다(대판 1965.8.24. 64다1156 참조).

(4) 무권대리인과 본인 사이에 상속이 일어나는 경우에, 본인의 지위와 무권대리인의 지위가 모두 상속인에게 귀속된다. 이 경우 행위의 주체와 효과귀속의 주체가 분리되는 대리 특유의 상황이 종료됨에 따라 그 행위가 당연히 유효로 되는지 아니면 무권대리 그 상태대로 상속되는지가 문제되는데, 판례는 본인의 지위(추인권·추인거절권)와 무권대리인의 지위(제135조의 책임)가 혼동되지 않고 각 지위가 병존하는데, 무권대리인이 본인을 상속한 경우에 신의칙에 따라 추인을 거절할 수 없다는 입장이다.

〈2-4-10〉 무권대리와 상속에 관한 판례

㉮ 무권대리인이 본인을 상속한 경우에 관하여 대판 1994.9.27. 94다20617: "A가 대리권 없이 B 소유 부동산을 C에게 매도하여 부동산소유권이전등기 등에 관한 특별조치법에 의하여 소유권이전등기를 마치어 주었다고 하여도 그 매매계약은 무효이고 이에 터 잡은 이전등기 역시 무효가 되나, A는 B의 무권대리인으로서 민법 제135조 제1항의 규정에 의하여 매수인인 C에게 부동산에 대한 소유권이전등기를 이행할 의무가 있으므로 그러한 지위에 있는 A가 B로부터 부동산을 상속받아 그 소유자가 되어 소유권이전등기 이행의무를 이행하는 것이 가능하게 된 시점에서 자신이 소유자라고 하여 자신으로부터 부동산을 전전매수한 D에게 원래 자신의 매매행위가 무권대리행위여서 무효였다는 이유로 D 앞으로 경료된 소유권이전등기가 무효의 등기라고 주장하여 그 등기의 말소를 청구하거나 부동산의 점유로 인한 부당이득금의 반환을 구하는 것은 금반언의 원칙이나 신의성실의 원칙에 반하여 허용될 수 없다."

㉯ 본인이 무권대리인을 상속한 경우에는 특별한 사정이 없는 한 추인을 거절할 수 있다(대판 2001.9.25. 99다19698).[109]

109) 특별한 사정이 인정된 예로, 회사의 경영이 어려워 대주주들이 스스로 자신들의 주식을 담보로 제공하고 은행에 금융지원을 호소하던 실정이어서 회사의 경영주인 A와 가족관계에 있는 B 등 역시 자신들의 주식을 담보로 제공하는 데 아무런 이의를 제기할 여지가 없었으며, 그 결과 은행으로부터 거액의 금융지원을 받게 되어 회사가 정상화되는 데에 상당한 도움을 받았고 나아가 B 등은 자신들의 주식이 담보로 제공된 것을 알고 있었을 것으로 보이는데도 불구하고 A의 사망 이후 상당기간 동안 아무런 이의를 제기하지 아니함으로써 은행으로 하여금 계약이 그대로 이행될 것이라고 신뢰하게 하였던 사정이 있었던 점 등에 비추어 보면, B 등이 이제 와서 은행의 위와 같은 신뢰에 반하여 자신들 명의의 주식은 물론 당연히 계약 내용에 따라 인도해 주어야 할 A 명의의 주식까지도 인도를 거절하고 있는 것은 신의칙에 어긋난다고 본 대판 1994.8.26. 93다20191 참조.

6. 처분수권과 무권리자의 처분

〈2-4-11〉 처분수권과 무권리자의 처분에 관한 판례

㉮ 대판 2014.3.13. 2009다105215: "소유자에게 소유권의 핵심적 내용에 속하는 처분권능이 없다고 하면(민법 제211조 참조), 이는 결국 민법이 알지 못하는 새로운 유형의 소유권 내지 물권을 창출하는 것으로서, 객체에 대한 전면적 지배권인 소유권을 핵심으로 하여 구축되어 있고 또한 물권의 존재 및 내용에 관하여 일정한 공시수단을 요구하는 물권법의 체계를 현저히 교란하게 된다. [… 물건의] 소유자는 제3자에게 그 물건을 제3자의 소유물로 처분할 수 있는 권한을 유효하게 수여할 수 있다고 할 것인데, 그와 같은 이른바 '처분수권'의 경우에도 그 수권에 기하여 행하여진 제3자의 처분행위(부동산의 경우에 처분행위가 유효하게 성립하려면 단지 양도 기타의 처분을 한다는 의사표시만으로는 부족하고, 처분의 상대방 앞으로 그 권리 취득에 관한 등기가 있어야 한다. 민법 제186조 참조)가 대세적으로 효력을 가지게 되고 그로 말미암아 소유자가 소유권을 상실하거나 제한받게 될 수는 있다고 하더라도, 그러한 제3자의 처분이 실제로 유효하게 행하여지지 아니하고 있는 동안에는 소유자는 처분수권이 제3자에게 행하여졌다는 것만으로 그가 원래 가지는 처분권능에 제한을 받지 아니한다. 따라서 그는, 처분권한을 수여받은 제3자와의 관계에서 처분수권의 원인이 된 채권적 계약관계 등에 기하여 채권적인 책임을 져야 하는 것을 별론으로 하고, 자신의 소유물을 여전히 유효하게 처분할 수 있고, 또한 소유권에 기하여 소유물에 대한 방해 등을 배제할 수 있는 민법 제213조, 제214조의 물권적 청구권을 가진다."

㉯ 무권리자의 처분행위에 대한 추인은 처분권의 흠결을 사후적으로 치유하는 기능을 가진다. 이러한 추인은 무권리자의 처분이 있음을 알고 해야 하고, 명시적으로 또는 묵시적으로 할 수 있으며, 그 의사표시는 무권리자나 그 상대방 어느 쪽에 대하여 해도 무방하다(대판 2017.6.8. 2017다3499).

한편 추인의 근거에 관하여 대판 2001.11.9. 2001다44291: "특별한 사정이 없는 한 [추인으]로써 권리자 본인에게 위 처분행위의 효력이 발생함은 사적자치의 원칙에 비추어 당연하"다.

㉰ 추인의 효과에 관하여 앞의 2017다3499 판결: "권리자가 무권리자의 처분을

추인하면 무권대리에 대해 본인이 추인을 한 경우와 당사자들 사이의 이익상황이 유사하므로, 무권대리의 추인에 관한 민법 제130조, 제133조 등을 무권리자의 추인에 유추적용할 수 있다. 따라서 무권리자의 처분이 계약으로 이루어진 경우에 권리자가 이를 추인하면 원칙적으로 계약의 효과가 계약을 체결했을 때에 소급하여 권리자에게 귀속된다고 보아야 한다."[110)]

㉣ 무권리자(A)의 처분행위임에도 선의의 제3자 보호규정에 의하여 권리자(B)가 권리를 상실한 경우에 B가 A를 상대로 침해이득의 반환을 구할 수 있음에 관하여 (<7-5-3>에 소개된) 대판 2011.6.10. 2010다40239 참조.

---

110) 나아가 대판 2022.6.30. 2020다210686·210693: "무권리자에 의한 처분행위를 권리자가 추인한 경우에 권리자는 무권리자에 대하여 무권리자가 처분행위로 인하여 얻은 이득의 반환을 청구할 수 있다." 부동산공유자 A가 다른 공유자 B 등을 상대로 제기한 공유물분할의 소에서 제1심법원이 공시송달방법으로 소장부본 등을 송달한 다음 'B 등은 A로부터 가액보상금을 지급받음과 동시에 각 지분에 관하여 소유권이전등기절차를 이행하라'는 판결을 선고하였고, 그 후 A는 C에게 부동산을 매도한 후 제1심판결에서 정한 가액보상금을 공탁하고 B 등의 지분에 관한 소유권이전등기를 마친 다음 C에 부동산에 관한 소유권이전등기를 해 주었는데, B 등이 제1심판결에 대하여 추완항소를 제기하고, A에 대하여 부동산매매대금 중 B 등의 지분에 상응하는 금액의 지급을 구하는 반소를 제기한 사안에서, 원심 변론종결시를 기준으로 A와 B 등은 부동산의 지분을 소유하고 있지 않으므로 공유물분할청구의 소는 당사자적격을 갖추지 못한 것이어서 부적법하며, B 등이 무권리자인 A의 처분행위를 추인하였으므로 A는 매매대금 중 B 등의 지분에 상응하는 금액을 B 등에게 반환할 의무가 있다고 한 사례.

제 3 장

계약의 이행

제 3 장
계약의 이행

제 1 절 총 설

(1) 채무가 채무내용에 좇은 임의이행(변제)에 의하여 소멸하는 것이 정상적이고 보통이지만, 상계나 혼동 등에 의해서도 소멸하고, 소멸시효도 채무의 소멸원인이며, 나아가 강제이행에 의해서도 채무가 소멸한다. 여기서는 임의이행으로서 변제(제2절)와 함께, 그 밖의 채권소멸사유로서 ① 변제의 대용인 대물변제와 경개 및 공탁(제3절), ② 채권의 강제적 실현의 실질을 가지는 상계(제4절) 및 ③ 소멸시효(제5절)를 본다.

〈3-1-1〉 나머지 채권소멸사유에 관한 판례

㉮ 채권소멸사유로서 채무의 면제는 채권자의「채무자에 대한」의사표시만으로 이루어지는 단독행위이다. 검사 작성의 피의자신문조서에 채무면제의 의사가 표시되었더라도 이를 채무면제의 처분문서로 보기 어렵다고 한 대판 1998.10.13. 98다17046 참조.

㉯ 혼동에 의한 손해배상청구권의 소멸과 상속포기에 관하여 (<7-4-6>에 소개된) 대판 2005.1.14. 2003다38573·38580 참조.

(2) 계약 자체가 (그에 기한 권리·의무도 함께) 종료/소멸하는 경우와 개개의 채권

만 소멸하는 경우를 구별해야 한다. 즉 해제·해지나 취소 등은 계약 자체의 소멸 원인인 반면, 변제나 공탁, 상계, 면제 등에 의해서는 개개의 채무가 소멸할 뿐이다. 그런데 채권의 소멸만으로는 채권관계 자체가 영향을 받지 않는다.

제2절 변 제

1. 변제의 내용

(1) 변제는 "채무의 내용에 좇은" 것으로 채무내용과 양적·질적으로 합치해야 하는데, 채무의 내용은 계약의 해석을 통하여 결정된다.

(2) 변제와 관련하여 유의미한 채무의 분류를 살펴본다.

① 결과채무와 수단채무의 구별은 기본적으로 채무의 소멸이라는 관점에 기한 것이지만, 증명책임의 대상 및 소재와도 관련된다.[1)]

② 물건의 인도를 목적으로 하는, 특정물채권과 종류채권 및 금전채권의 구별은 특히 불능의 성립 여부와 관련된다.

ⓐ 특정물채권[2)]에서 변제는 현상인도(제462조)의 모습으로 이루어진다. 그리고 불능은 채무를 소멸케 하는데, 그 위험으로부터 채권자의 이익을 지키기 위하여 채무자에게 목적물의 보관에 관하여 선관주의의무(제374조)를 지운다.

ⓑ 종류채권에서 (종류물이 존재하는 한) 불능이 성립하지 않으므로 채무자는 보관의무 대신 조달의무를 부담한다. 그리고 「특정」(제375조)은 채무자의 책임을 경감하는(조달의무 대신 선관주의의무를 지움으로써) 계기이다.

ⓒ 금전채권은 일종의 종류채권이지만, 금전의 물성(物性)이 아니라 수량으로

---

1) 수단채무에서는 주의의무의 내용을 확정하고 실제로 이루어진 행위(취하여진 수단)가 그에 부합하지 않음을 채권자가 증명해야 한다. 수단채무인 의사의 진료채무에서 진료의 결과를 가지고 바로 진료채무 불이행사실을 추정할 수는 없다고 한 대판 1988.12.13. 85다카1491 참조.

2) 수임인이 위임사무를 처리하면서 받은 물건으로 위임인에게 인도할 목적물은 그것이 대체물이라도 당사자간에는 특정된 물건과 같은 것으로 보아야 한다는 대판 1962.12.16. 67다1525 참조.

표시된 일정한 화폐가치(즉 화폐의 구매력)가 주된 관심사이다. 따라서 인도할 목적물(즉 금전)의 「특정」이라는 것이 없고, 불능이 인정되지 않는 대신 채권자의 이익을 보호하기 위하여 제397조가 금전채무 불이행에 관한 특칙을 규정한다.

〈3-2-1〉 금전채권에 관한 판례

㉮ 판례는 외화채권의 환산시기를 종래 지급하기로 했던 시기, 즉 이행기라고 하였으나(대판 1987.6.23. 86다카2107 등), 대판(전) 1991.3.12. 90다2147이 입장을 바꾸어 지금은 제378조의 법문대로 「이행시」(사실심 변론종결시)로 본다.[3)]

㉯ 대판 1955.9.22. 4286민상161: "현행법의 해석으로는 금전채무의 불이행의 경우에 사정변경의 원칙을 적용할 수 없다."

그런데 유류분 반환과 관련하여 대판 2009.7.23. 2006다28126은, 증여받은 재산이 금전일 경우에 그 증여받은 금액을 상속개시 당시의 화폐가치로 환산하여 이를 증여재산의 가액으로 봄이 상당하고, 그러한 화폐가치의 환산은 증여 당시부터 상속개시 당시까지 사이의 물가변동률을 반영하는 방법으로 산정하는 것이 합리적이라고 하였는데, 이는 「공동상속인들 사이의 실질적 공평」을 도모하기 위한 것으로, 특별수익의 산정을 제외한 그 밖의 경우에까지 일반화할 것은 아니다.[4)]

2. 변제제공과 채권자지체

(1) 변제는 올바른 시기에 올바른 장소에서 이루어져야 하는데, 이는 유효한 변제제공이 있었는지를 판단하는 전제로서 의미를 가진다.

---

3) 앞의 90다2147 판결은 나아가 "채권자가 […] 외화채권을 대용급부의 권리를 행사하여 우리나라 통화로 환산하여 청구하는 경우에도 법원이 채무자에게 그 이행을 명"할 수 있다고 하였는데, 제378조는 「채무자」의 대용권능을 인정할 뿐 「채권자」의 대용권능을 인정하지 않는다는 점에서 의문이 없지 않다.

4) 참고로 대판 2023.5.18. 2019다222867: "피상속인이 상속개시 전에 재산을 증여하여 그 재산이 유류분반환청구의 대상이 된 경우, 수증자가 증여받은 재산을 상속개시 전에 처분하였거나 증여재산이 수용되었다면 민법 제1113조 제1항에 따라 유류분을 산정함에 있어서 그 증여재산의 가액은 증여재산의 현실가치인 처분 당시의 가액을 기준으로 상속개시까지 사이의 물가변동률을 반영하는 방법으로 산정하여야 한다."

그런데 변제(급부)의 시기는, 채무자가 급부를 해도 좋은 시기를 뜻하기도 하지만, 보통 채무자가 늦어도 그때까지는 급부를 해야 한다는 시기, 즉 이행기의 의미로 쓰인다.5)

(2) 변제제공(辨濟提供)에 관하여 본다.

① 변제제공이 있었던 것만으로 채권이 소멸하지 않는다. 그러나 채무자로서는「해야 하고 또 할 수 있는 바」를 다하였으므로, 법은 이러한 채무자를 보호하기 위하여 변제제공에 일정한 효과를 부여한다.

② 변제제공의 기본적 효과로, 변제의 제공이 있으면 채무자는 변제제공의 때부터 지체책임을 면하고(제461조), 종류채권의 특정이 이루어지며(제375조 제2항 참조), 채무자는 변제공탁을 할 수 있다(제487조).

한편 변제제공의 가중된 효과로 채권자에게 일정한 불이익이 발생하는데, 동시이행의 항변권의 상실(제536조)과 채권자지체의 성립(제400조) 및 그 연장선상에서 위험의 이전(제538조 제1항 후문) 등이 그 예이다.

③ 변제제공의 방법으로 법은 현실제공과 구두제공의 둘을 규정하는데(제460조), 변제제공은 채권자와 채무자 사이의 이해관계 조절의 변곡점이므로, 변제제공의 유무를 판단할 때 개별사안의 구체적 사정을 기초로 변제제공의 효과도 고려하여 유연하게 접근해야 하고, 채권자 보호의 필요성이 없어서 구두제공조차 요구되지 않는 경우도 있다.

〈3-2-2〉 변제제공에 관한 판례

㉮ 대판 2001.12.11. 2001다36511: "쌍무계약에 있어서 일방당사자의 자기채무에 관한 이행의 제공을 엄격하게 요구하면 오히려 불성실한 상대당사자에게 구실을 주는 것이 될 수도 있으므로 일방당사자가 하여야 할 제공의 정도는 그 시기와 구체적인 상황에 따라 신의성실의 원칙에 어긋나지 않게 합리적으로 정하여야 하

---

5) 현존하는 채무의 변제에 관하여 나중에 일정한 부관이 붙여진 경우에, 특별한 사정이 없는 한 그것은 변제기를 유예한 것으로서 그 사실이 발생한 때 또는 발생하지 않는 것으로 확정된 때에 기한이 도래한다(대판 2003.8.19. 2003다24215).

그 밖에 지급을 위하여 어음이 교부된 경우의 이행기 유예에 관한 〈3-3-1〉도 참조.

고, 매수인이 계약의 이행에 비협조적인 태도를 취하면서 잔대금의 지급을 미루는 등 소유권이전등기서류를 수령할 준비를 아니한 경우에는 매도인으로서도 그에 상응한 이행의 준비를 하면 족하다."6)

㉯ 대판 2012.10.11. 2011다17403: "금전채무의 경우 현실제공은 특별한 사정이 없는 한 채권자가 급부를 즉시 수령할 수 있는 상태에 있어야만 인정될 수 있다. 따라서 채무자가 채무내용에 좇은 급부를 제공하면서도 채권자가 그 급부를 즉시 수령하기 어려운 장애요인을 형성·유지한 경우에는 현실제공이 있다고 할 수 없다."

㉰ 대판 1995.4.28. 94다16083: "매수인이 잔대금 지급의무를 이행하고 소유권이전등기를 넘겨받을 의사가 없음을 미리 표시한 것으로 볼 수 있는 객관적인 명백한 사정이 있는 경우에는 당사자 일방이 자기의 채무의 이행을 제공을 하지 않더라도 상대방의 이행지체를 이유로 계약을 해제할 수 있는 것으로, 매수인이 이를 번복할 가능성이 있다고 볼 만한 다른 특별한 사정이 없는 한, 이러한 경우까지 매도인에게 매수인을 이행지체에 빠뜨리기 위하여 구두제공의 방법으로라도 자기의 반대채무를 이행제공할 것을 요구할 것은 아니"다.

㉱ 일부제공은 채무의 본지에 따른 이행의 제공이 아니어서 이행제공의 효력이 발생할 수 없으므로 채무의 일부를 공탁하더라도 변제의 효력이 발생할 수 없다(대판 1984.9.11. 84다카781).

(3) 법은 채권자의 협력이 없어서 채무의 이행이 이루지지 않는 경우에 — 변제제공의 가중된 효과로서 — 채권자지체(債權者遲滯)를 성립케 하여 일정한 불이익(주의의무의 경감, 이자의 정지 및 증가된 보관비용 등의 채권자 부담 및 쌍무계약에서 위험의 이전)을 채권자에게 지움으로써 성실한 채무자를 보호한다(제400조 이하).

6) 매도인이 법무사 사무소에 소유권이전등기에 필요한 대부분의 서류를 작성하여 주었고 일부 미비된 서류들은 잔금 지급시에 교부하기로 했으며 이들 서류는 매도인이 언제라도 발급받아 교부할 수 있다면, 매도인으로서는 비록 일부 미비된 서류가 있더라도 소유권이전등기의무에 대한 충분한 이행의 제공을 마쳤다고 보아야 하고, 잔대금지급기일에 이를 지급하지 않고 계약의 효력을 다투는 등 계약의 이행에 비협조적이고 매도인의 소유권이전등기서류를 수령할 준비를 하지 않고 있던 매수인은 이 점을 이유로 잔대금지급을 거절할 수 없다고 한 사례.

〈3-2-3〉 채권자지체에 관한 판례

㉮ 채권자의 수령의무가 「일반적으로」 인정되지는 않는다. 다만 대판 2021.10.28. 2019다293036: "채권자지체가 성립하는 경우 그 효과로서 원칙적으로 채권자에게 민법규정에 따른 일정한 책임이 인정되는 것 외에, 채무자가 채권자에 대하여 일반적인 채무불이행책임과 마찬가지로 손해배상이나 계약해제를 주장할 수는 없다. 그러나 […] 채권자에게 계약상 의무로서 수령의무나 협력의무가 인정되는 경우, 그 수령의무나 협력의무가 이행되지 않으면 계약목적을 달성할 수 없거나 채무자에게 계약의 유지를 더 이상 기대할 수 없다고 볼 수 있는 때에는 채무자는 수령의무나 협력의무 위반을 이유로 계약을 해제할 수 있다."

㉯ 이행거절의 경우에 변제제공의 기본적 효과가 발생하기 위하여 구두제공조차 필요하지 않다.

그러나 가중된 효과로서 채권자지체의 성립에 따른 대가위험(제538조 제1항 후문)을 채권자에게 지우기 위해서는 채권자의 이행거절에도 불구하고 채무자가 이행의 제공을 해야 한다. 즉 대판 2004.3.12. 2001다79013: "채권자가 변제를 받지 아니할 의사가 확고한 경우(이른바, 채권자의 영구적 불수령)에는 구두의 제공을 한다는 것조차 무의미하므로 그러한 경우에는 구두의 제공조차 필요 없다고 할 것이지만, 그러한 구두의 제공조차 필요 없는 경우라고 하더라도, 이는 그로써 채무자가 채무불이행책임을 면한다는 것에 불과하고, 민법 제538조 제1항 제2문 소정의 '채권자의 수령지체 중에 당사자 쌍방의 책임 없는 사유로 이행할 수 없게 된 때'에 해당하기 위해서는 현실제공이나 구두제공이 필요하다(다만, 그 제공의 정도는 그 시기와 구체적인 상황에 따라 신의성실의 원칙에 어긋나지 않게 합리적으로 정하여야 한다)."

㉰ 채권자지체가 성립한 후 급부가 불능으로 되면, 불능으로 된 때부터 채권자지체가 종료한다. 예컨대 대판 2014.4.30. 2010다11323: "비록 어떠한 부동산에 관한 소유권이전등기의무에 관하여 채무자가 일단 그 이행제공을 하여 채권자가 수령지체에 빠지게 되었다고 하더라도 그 후 채무자가 목적부동산을 제3자에게 양도하여 그 소유권이전등기의무의 이행이 불능하게 되었다면, 채무자는 다른 특별한 사정이 없는 한 민법 제401조, 제390조에 기하여 상대방에 대하여 자기채무의 이행불능으로 인한 손해배상채무를 부담한다."

3. 변제의 당사자

(1) 변제는 통상 채무자와 채권자 사이에서 이루어지지만, 채무자 아닌 이에 의한 또는 채권자 아닌 이에 대한 변제가 유효할 수도 있다.

(2) 제3자 변제(제469조)를 본다.

① 제3자는 「자기의 이름으로」 그러나 「타인(즉 채무자)의 채무를 이행하려는 의사를 가지고」 급부를 해야 한다. 이와 달리 자기채무로 오인하여 변제한 경우에 부당이득의 반환이 제한됨에 관하여 제745조 참조.

② 「단축된 급부」는 외견상 1개의 급부가 이루어지지만 규범적으로는 독립된 2개의 급부로 평가되므로 제3자 급부와 구별된다.

〈3-2-4〉 제3자 변제에 관한 판례

㉮ 대판 2010.2.11. 2009다71558: "제3자가 타인의 채무를 변제하여 그 채무를 소멸시키기 위하여는 제3자가 타인의 채무를 변제한다는 의사를 가지고 있었음을 요건으로 하고 이러한 의사는 타인의 채무변제임을 나타내는 변제지정을 통하여 표시되어야 할 것이지만, 채권자가 변제를 수령하면서 제3자가 타인의 채무를 변제하는 것이라는 사실을 인식하였다면 타인의 채무변제라는 지정이 있었다고 볼 수 있다."

㉯ 제3자가 채권자에 대한 자기의 채권으로 상계할 수 있는지에 관하여 견해가 나뉘는데, 판례가 제3자 변제적 상계에 대하여 부정적임에 관하여 〈3-4-1〉 참조.

㉰ 이해관계 없는 제3자는 채무자의 의사에 반하여 변제할 수 없는데(제469조 제2항),[7] 변제를 함에 대하여 「법률상」 이해관계(변제를 하지 않으면 채권자로부터 집행을 받거나 채무자에 대한 자기의 권리를 잃는 지위 등)를 가지는지에 따라 결정된다는 것이 판례의 입장이다(대판 1991.7.12. 90다17774 등).

그런데 건물의 매수인 겸 (이전등기 전까지의) 임차인은 유치권을 행사하는 건물공

---

7) 채무자의 반대의사는 제3자가 변제할 당시의 객관적인 제반 사정에 비추어 명확하게 인식될 수 있어야 하고, 함부로 이를 추정함으로써 제3자의 변제효과를 무효화시키는 일은 피해야 한다는 대판 1988.10.24. 87다카1644도 참조.

사 수급인에 대한 공사대금채무의 변제에서 법률상 이해관계 있는 제3자라고 한 반면(대판 1993.10.12. 93다9903·9910), 공동저당의 목적인 물상보증인 소유의 부동산에 후순위로 담보목적의 소유권이전청구권 가등기가 설정되어 있는데 그 부동산에 대하여 먼저 경매가 실행되어 공동저당권자가 매각대금 전액을 배당받고 채무의 일부가 남은 경우에 물상대위를 통하여 우선변제를 받을 수 있는 가등기권리자는 법률상 이해관계 있는 제3자가 아니라고 하였다(대결 2009.5.28. 2008마109).

㉣ 단축된 급부에서의 부당이득에 관하여 〈7-5-5〉 참조.

---

(3) 변제수령자에 관하여 본다.

① 채권자이지만 변제수령권한이 없는 경우에, 그에게 변제하더라도 채무가 소멸하지 않는다.

② 무권한자, 즉 변제수령권한 없는 이에 대한 변제는 무효이다. 그러나

ⓐ 외관을 신뢰한 변제자를 보호하기 위하여 '변제를 수령한 무권한자에 대한 반환청구+권한자에 대한 유효한 변제' 대신 '유효한 변제+무권한자에 대한 권한자의 청구(손해배상 또는 부당이득의 반환을 내용으로 하는)'를 인정하기도 한다. 채권의 준점유자에 대한 변제(제470조)와 영수증소지자에 대한 변제(제471조)가 이에 속한다.

ⓑ 무권한자에 대한 변제라도 그 이익이 권한자에게 귀속되는 한도에서 유효하다(제472조).

〈3-2-5〉 무권한자에 대한 유효한 변제에 관한 판례

㉮ 채권의 준점유자를 본다.

㉠ 판례는 표현상속인도 채권의 준점유자에 포함된다고 한다. 즉 대판 1995.1.24. 93다32200은, 생부가 사망한 후 혼인 외의 출생자가 인지청구의 소를 제기하였더라도 인지판결이 확정되기 전에는 상속인으로서의 권리를 행사할 수 없고, 인지판결이 확정되기 전의 정당한 상속인이 상속채무자를 상대로 소를 제기하고 나아가 승소판결까지 받았다면 채무자로서는 그 상속인이 장래 혼인 외의 子에 대한 인지판결이 확정됨으로 인하여 소급하여 상속인의 지위를 상실할 수 있음을 들어

그 권리행사를 거부할 수 없으므로, 그러한 표현상속인에 대한 채무자의 변제는 특별한 사정이 없는 한 채무자가 표현상속인이 정당한 권리자라고 믿은 데 과실이 있다 할 수 없어서 채권의 준점유자에 대한 변제로서 적법하다고 했다.

그런데 인지청구가 인용되기 전에 이루어진 후순위상속인에 대한 변제의 효력에 관하여 학설은 대체로 제1014조를 유추하여 후순위상속인에게 가액지급을 청구할 수 있을 뿐이라고 하지만, 판례는 후순위상속인에게 제1014조를 적용할 수 없다고 한다(대판 1974.2.26. 72다1739).[8] 이 점을 고려하여 앞의 93다32200 판결이 제470조를 적용하였다.

㉡ 대판 1997.3.11. 96다44747은 'A가 Y에 대한 임차보증금반환채권을 B에게 양도하고 Y에게 통지 → B에 대한 채무가 변제되었음을 이유로 A가 B의 동의 없이 Y에게 채권양도 철회의 통지 → A의 채권자 C가 위 채권에 대하여 압류 및 전부명령을 받아 이를 D에게 양도하고 Y에게 통지 → D가 Y를 상대로 전부금청구의 소 제기 → Y는 적법한 철회로 믿고 철회무효의 주장을 하지 않아서 패소 확정 → D에게 임차보증금 지급 → X는 B의 Y에 대한 보증금반환채권에 대하여 가압류결정을 받은 후 본압류로 전이하는 압류 및 전부명령을 받아 Y에 대하여 피전부채권의 지급을 구하는 소 제기'의 사안에서, 법률전문가가 아닌 Y로서는 A의 채권양도 철회통지로 인하여 채권양도가 없었던 것과 같이 되었다고 믿을 수밖에 없었고, D가 제기한 전부금청구의 소에서 전부명령의 효력을 적극 다투었다가 패소판결을 선고받기까지 하였다면, Y가 D가 유효하게 임대보증금반환채권을 전부받은 채권자인 것으로 오인한 데 대하여 과실이 있다고 볼 수 없고, 따라서 Y의 D에 대한 변제는 유효하다고 보아 X의 청구를 기각하였다.

㉢ 채권 압류나 가압류가 경합된 경우에 압류채권자의 한 사람이 전부명령을 얻더라도 그 전부명령은 무효이지만, 이 경우에도 그 전부채권자는 채권의 준점유자에 해당하므로, 제3채무자가 그 전부채권자에게 전부금을 변제하였다면 제3채무자가 선의·무과실일 때에는 제470조에 의하여 그 변제는 유효하고 제3채무자는 다른 압류채권자에 대하여 이중변제의 의무를 부담하지 않으며(대판 1988.8.23. 87다카546),[9] 전부채권자에 대하여 전부명령의 무효를 주장하여 부당이득반환청구를 할

8) 이때 제860조 단서를 적용하여 후순위상속인을 보호한다면 그들은 제1014조에 따라 가액지급의무를 지는 동순위상속인들보다 더 유리하게 되는 모순이 발생한다고도 했다.

9) 고문변호사에게 자문을 구했는데 사실관계에 대한 설명과 자료의 제공 등을 제대로 하지 않아서 잘못된 답변을 듣고 전부금을 지급한 경우에 반대의 결론에 이른 대판 2000.10.27.

수는 없다(대판 1980.9.30. 78다1292).

㉣ 대판 1999.4.27. 98다61593: "채권의 준점유자에 대한 변제가 유효하기 위한 요건으로서의 선의라 함은 준점유자에게 변제수령의 권한이 없음을 알지 못하는 것뿐만 아니라 적극적으로 진정한 권리자라고 믿었음을 요하는 것이고, 무과실이란 그렇게 믿는 데에 과실이 없음을 의미"한다.

한편 대판 2004.6.11. 2003다1601은, 효력규정에 위반되는 계약을 체결한 이가 그 약정의 효력이 부인된다는 사실을 알지 못한 탓에 그 약정에 따라 변제수령권을 가지는 듯한 외관을 갖춘 이에게 변제를 한 경우에, 특별한 사정이 없는 한 그 변제자가 채권의 준점유자에게 변제수령권이 있는 것으로 오해한 것은 법률적 검토를 제대로 하지 않은 과실에 기인한 것이라고 보았다.

㉤ 대리권 없는 이가 채권자의 대리인이라고 주장하면서 채권을 행사하는 경우에 그 이에 대한 변제도 채권의 준점유자에 대한 변제에 해당한다고 한 대판 2004.4.23. 2004다5389도 참조.

㉯ 대판 2012.10.25. 2010다32214: "민법 제472조는 불필요한 연쇄적 부당이득반환의 법률관계가 형성되는 것을 피하기 위하여 변제받을 권한 없는 자에 대한 변제의 경우에도 채권자가 이익을 받은 한도에서 효력이 있다고 규정하고 있는데, 여기에서 말하는 '채권자가 이익을 받은' 경우에는 변제의 수령자가 진정한 채권자에게 채무자의 변제로 받은 급부를 전달한 경우는 물론이고, 그렇지 않더라도 무권한자의 변제수령을 채권자가 사후에 추인한 때와 같이 무권한자의 변제수령을 채권자의 이익으로 돌릴 만한 실질적 관련성이 인정되는 경우도 포함된다고 봄이 상당하다."10)

4. 변제의 효과

(1) 변제에 의하여 채무(채권)가 소멸한다. 이것이 변제의 기본적 효과이다.

2000다23006도 참조.

10) 한편 대판 2014.10.15. 2013다17117: 제472조가 "변제수령자가 변제로 받은 급부를 가지고 채권자의 자신에 대한 채무의 변제에 충당하거나 채권자의 제3자에 대한 채무를 대신 변제함으로써 채권자의 기존채무를 소멸시키는 등 채권자에게 실질적인 이익이 생긴 경우를 포함하나, 변제수령자가 변제로 받은 급부를 가지고 자신이나 제3자의 채권자에 대한 채무를 변제함으로써 채권자의 기존채권을 소멸시킨 경우에는 채권자에게 실질적인 이익이 생겼다고 할 수 없으므로 민법 제472조에 의한 변제의 효력을 인정할 수 없다."

(2) 일부변제임에도 불구하고 채권자가 수령하였다면, 그 한도에서 유효한 변제로 된다. 그런데 채무자가 동일한 채권자에게 여러 개의 「동종」의 급부의무(주로 금전채무)를 부담하는데, 그가 제공한 급부가 채무 전부를 소멸시키기에 부족하다면 그 급부를 어느 채무의 변제에 할당할 것인가? 이것이 변제충당(辨濟充當)의 문제인데(제476조 이하), 여러 개의 동종채무의 발생근거, 이자의 유무, 소멸시효 등과 관련하여 어느 채무가 소멸하고 어느 채무가 남는지에 대하여 당사자들이 이해를 달리하므로, 충당순서는 실무상 중요한 쟁점이다.

〈3-2-6〉 변제충당에 관한 판례

㉮ 충당은 '합의충당 → 지정충당 → 법정충당'의 순으로 이루어지는데,[11] 충당순서에 관한 증명책임은 (안분에 의한) 법정충당보다 자기에게 유리한 충당을 주장하는 이가 진다(대판 1994.2.22. 93다49338). 즉 그가 충당의 합의 또는 지정이 있었다거나 법정충당의 우선순위에 있는 채무에 전액 변제되었다는 점에 관하여 증명을 다하지 못했다면 각 채무액에 비례하여(제477조 제4호 참조) 법정충당이 행하여진다.

㉯ 담보권 실행을 위한 경매에서 채권자와 채무자 사이에 변제충당에 관한 합의가 있더라도 그 합의가 우선하지 않고 제476조에 의한 지정충당도 허용되지 않으며, 획일적으로 공평·타당한 방법인 제477조 및 제479조의 법정충당의 방법에 의하는데(대판 2000.12.8. 2000다51339), 강제경매에서도 다르지 않다.

㉰ 법정충당의 순서를 정하는 기준인 변제이익에 관하여 본다.

㉠ 변제이익의 많고 적음은 변제자를 기준으로 판단하고, 변제자가 여러 명인 경우에 각별로(따로따로) 판단한다(대판 1999.8.24. 99다22281·22298).

㉡ 변제자가 채무자인 경우에 「채무자 자신의 재산」에 대하여 저당권이 붙은 채무가 그렇지 않은 채무보다 변제이익이 많다. 반면 물상보증인이 제공한 물적 담보나 인적 담보의 유무 등 채무자 자신의 재산에 직접 영향을 미치지 않는 경우에는 변제이익과 무관하다는 것이 판례의 입장이다. 물적 담보에 관한 대판 2014.4.30.

11) 비용, 이자, 원본에 대한 변제충당은 제479조의 충당순서에 따르고 지정충당에 관한 제476조는 준용되지 않지만, 당사자 사이에 (묵시적) 충당에 관한 합의가 있는 경우에는 달리 정할 수 있다고 한 대판 2002.5.10. 2002다12871·12888 참조.

2013다8250, 인적 담보에 관한 대판 1985.3.12. 84다카2093[12] 참조.

㉢ 보증채무(연대보증채무를 포함한다)가 변제자 자신의 채무에 비하여 변제이익이 적다(대판 2002.7.12. 99다68652).

㉣ 대판 2013.3.14. 2012다85281: "여러 명의 연대채무자 또는 연대보증인에 대하여 따로따로 소송이 제기되는 등으로 그 판결에 의하여 확정된 채무 원본이나 지연손해금의 금액과 이율 등이 서로 달라지게 되어 원금이나 지연손해금에 채무자들이 공동으로 부담하는 부분과 공동으로 부담하지 않는 부분이 생긴 경우에 어느 채무자가 채무 일부를 변제한 때에는 그 변제자가 부담하는 채무 중 공동으로 부담하지 않는 부분의 채무 변제에 우선 충당되고 그 다음 공동부담부분의 채무 변제에 충당된다."

5. 변제자대위

(1) 제3자의 변제로 채무가 소멸한 경우에, 증여의 의사로 변제하지 않았다면, 변제자는 채무자에 대하여 체당(替當)한 것의 정산, 즉 구상(求償)을 할 수 있다.

한편 구상을 가능/용이하게 하기 위하여 법은 일정한 요건 하에 변제받은 채권자의 채권 및 이에 부속하는 권리가 채무자 대신 변제를 한 이에게 이전되게 한다. 대위변제한 제3자는 채무자에 대한 자신의 구상권 외에 채권자가 채무자에 대하여 가지던 채권 기타 권리도 취득하는바, 양 권리는 「청구권경합」의 관계에 선다.

〈3-2-7〉 구상과 대위에 관한 판례

㉮ 제3자가 자기의 출연으로 채무자의 채무가 소멸하였음을 주장하면서 채무자를 상대로 구상권을 행사하거나 부당이득의 반환을 구하는 경우에, 채무자의 채무가 존재한 사실(및 채무소멸사실)에 대한 증명책임을 그 제3자가 부담한다(대판 1995.8.22. 94다32054).

12) 그 연장선상에서 보증기간 중의 채무와 보증기간 종료 후의 채무는 변제이익의 점에서 차이가 없어서 주채무자가 변제한 금원은 이행기가 먼저 도래한 채무부터 법정충당해야 한다는 대판 1999.8.24. 99다26481도 참조.

㈏ 대판 1996.9.20. 96다22655: "주채무가 제3자의 변제에 의하여 소멸한 경우에는 주채무의 소멸로 인하여 보증채무도 소멸하므로(연대보증의 경우도 보증인은 채무자와 연대하여 채무를 이행할 책임이 있어 보증채무의 보충성이 인정되지 아니하는 것에 불과하고, 보증이라고 하는 성질에는 다름이 없으므로 주채무가 제3자의 변제에 의하여 소멸하는 경우에는 연대보증채무도 소멸되는 것은 마찬가지이다.), 민법 제480조 내지 제481조 소정의 변제자대위가 성립하지 아니하는 한 제3자는 보증인에 대하여 부당이득반환청구 등의 어떠한 청구도 할 수 없게 되며, 또한 […] 제3자의 출재로 인하여 주채무가 소멸되면 제3자로서는 주채무자에 대하여 자신의 출재에 대한 구상권을 행사할 수 있어 그에게 손해가 있다고 보기도 어려우므로 제3자의 연대보증인에 대한 부당이득반환청구는 받아들일 수 없다." 그런데 변제한 제3자는 채무자에 대하여 전부구상할 수 있음은 물론이고, 나아가 「변제자대위에 기하여」 보증채무의 이행을 구할 수 있다.

㈐ 채무자의 지위와 물상보증인의 지위가 바뀐 경우에, 실질적 채무자인 물상보증인이 채무를 변제하더라도 채권자를 대위하여 채권 및 담보에 관한 권리를 행사할 수 없다(대판 2014.4.30. 2013다80429·80436).[13)]

㈑ 물상보증인이 채무자의 채무를 변제한 경우에, 그가 가지는 구상권과 변제자대위권은 원본, 변제기, 이자, 지연손해금의 유무 등에서 내용이 다른 별개의 권리로서, 물상보증인은 고유의 구상권을 행사하든 대위하여 채권자의 권리를 행사하든 자유이며, 다만 채권자를 대위하는 경우에 제482조 제1항에 의하여 고유의 구상권의 범위에서 채권 및 그 담보에 관한 권리를 행사할 수 있어서, 변제자대위권은 고유의 구상권의 효력을 확보하는 역할을 한다(대판 1997.5.30. 97다1556).

대위변제자와 채무자 간에 체결된 구상금에 관한 지연손해금약정이 변제자대위권을 행사하는 경우에 적용되지 않는다고 한 대판 2009.2.26. 2005다32418도 참조.

13) C와 친분관계에 있던 A와 B가 C의 부탁으로 대가 없이 C의 자금조달을 위하여 A는 금융기관과의 어음거래약정상 형식상의 주채무자가 되고 B는 그 연대보증인이 되었는데 A, B는 서로 그 사정을 알고 있었던 경우에, A와 B 사이의 내부관계에서는 C의 어음채무의 상환을 각각 연대보증한다는 취지의 양해가 묵시적으로 있었던 것으로 보아야 하므로 A는 B가 대위변제한 금액의 1/2에 대한 구상의무가 있다고 본 대판 1999.10.22. 98다22451도 참조.

(2) 변제자대위의 일반적 효과를 본다.

① 대위변제자는 「자기의 출재(出財)를 한도로」 「구상권의 범위 내에서」 채권자가 가지던 "채권 및 그 담보에 관한 권리를 행사할 수 있다"(제482조 제1항. 제368조 제2항에 따른 후순위저당권자의 대위와의 충돌에 관하여 〈5-2-12〉 참조).

② 채권의 일부에 대하여 대위변제가 있은 경우에, 대위변제자는 그 변제한 가액에 비례하여 채권자와 함께 그 권리를 행사한다(제483조 제1항).

③ 대위변제자는 계약의 해지 또는 해제권을 행사할 수 없다.

④ 법정대위를 할 이가 있는 경우에 그의 구상권 및 대위에 대한 기대권을 보호하기 위하여 제485조는 채권자에게 담보보존의무를 지운다.

〈3-2-8〉 일부대위에 관한 판례

㉮ 일부대위변제자는 단독으로 대위한 권리를 행사할 수 없고, 나머지 채무액의 변제에 관해서도 채권자가 대위변제자에게 우선한다(대판 1988.9.27. 88다카1797).

㉯ 대판 2006.2.10. 2004다2762: "변제할 정당한 이익이 있는 자가 채무자를 위하여 근저당권의 피담보채무의 일부를 대위변제한 경우에는 대위변제자는 근저당권의 일부이전의 부기등기의 경료 여부에 관계없이 변제한 가액의 범위 내에서 종래 채권자가 가지고 있던 채권 및 담보에 관한 권리를 법률상 당연히 취득하게 되는 것이고, 대위할 범위에 관하여 종래 채권자가 이미 배당요구를 하였거나 배당요구 없이도 당연히 배당받을 수 있었던 경우에는 대위변제자는 따로 배당요구를 하지 않아도 배당을 받을 수 있[는데,] 수인이 시기를 달리하여 채권의 일부씩을 대위변제한 경우 그들은 각 일부대위변제자로서 그 변제한 가액에 비례하여 근저당권을 준공유하고 있다고 보아야 하고, 그 근저당권을 실행하여 배당함에 있어서는 다른 특별한 사정이 없는 한 각 변제채권액에 비례하여 안분배당하여야 한다."

㉰ 대판 2011.6.10. 2011다9013: "채권자가 어느 일부대위변제자와 변제순위나 배당금 충당에 관하여 따로 약정을 한 경우에는 약정에 따라 배당방법이 정해지는데, 이 경우에 채권자와 다른 일부대위변제자들 사이에 동일한 내용의 약정이 있는 등 특별한 사정이 없는 한 약정의 효력은 약정당사자에게만 미치므로, 약정당사자가 아닌 다른 일부대위변제자가 대위변제액에 비례하여 안분배당받을 권리를 침

해할 수는 없다. 따라서 경매법원으로서는 ① 채권자와 일부대위변제자들 전부 사이에 변제순위나 배당금충당에 관하여 동일한 내용의 약정이 있으면 약정내용에 따라 배당하고, ② 채권자와 어느 일부대위변제자 사이에만 그와 같은 약정이 있는 경우에는 먼저 원칙적인 배당방법에 따라 채권자의 근저당권 채권최고액 범위 내에서 채권자에게 그의 잔존채권액을 우선배당하고, 나머지 한도액을 일부대위변제자들에게 각 대위변제액에 비례하여 안분배당하는 방법으로 배당할 금액을 정한 다음, 약정당사자인 채권자와 일부대위변제자 사이에서 약정내용을 반영하여 배당액을 조정하는 방법으로 배당을 하여야 한다."

〈3-2-9〉 채권자의 담보보존의무에 관한 판례

㉮ 대판 2018.7.11. 2017다292756은, 채무자 소유 부동산과 물상보증인 소유 부동산에 공동근저당권을 설정받은 채권자가 공동담보 중 채무자 소유 부동산에 대한 담보 일부를 포기하거나 순위를 불리하게 변경하여 담보를 상실하게 하거나 감소하게 한 경우에, 물상보증인은 그로 인하여 상환받을 수 없는 한도에서 책임을 면하고, 이 경우 공동근저당권자는 나머지 공동담보목적물인 물상보증인 소유 부동산에 관한 경매절차에서, 물상보증인이 위와 같이 담보 상실 내지 감소로 인한 면책을 주장할 수 있는 한도에서는, 물상보증인 소유 부동산의 후순위근저당권자에 우선하여 배당받을 수 없다고 하였다.

㉯ 제485조는 "보증인 등 법정대위를 할 자가 있는 경우에 채권자에게 담보보존의무를 부담시킴으로써 대위할 자의 구상권과 대위에 대한 기대권을 보호하려는 것"으로, 물상보증인이 동조에 따라 "면책주장을 할 수 있다는 것은 채무자가 부담하는 근저당권의 피담보채무 자체가 소멸한다는 뜻은 아니고 피담보채무에 관한 물상보증인의 책임이 소멸한다는 의미"이다(대판 2017.10.31. 2015다65042).

㉰ 면책 여부 및 그 범위를 어느 시기를 기준으로 정할 것인지에 관하여, 담보권을 실행하거나 실행할 수 있었던 때를 표준으로 한다는 설이 유력하지만, 판례는 담보의 상실 또는 감소의 시기를 표준으로 한다. 면책 여부에 관한 대판 2001.12.24. 2001다42677 및 면책범위에 관하여 담보상실 당시의 교환가치 상당액이라는 대판 2001.10.9. 2001다36283 참조.

㉱ 경매절차에서 채권자가 착오로 실제 채권액보다 적은 금액을 채권계산서에

기재하여 제출하여 배당에서 불이익을 입은 경우에 제485조가 유추된다(대판 2000.12.8. 2000다51339).

㉮ 대판 2022.12.29. 2017다261882: "법정대위를 할 자는 채권자가 고의나 과실로 담보를 상실하게 하거나 감소하게 한 때에는 원칙적으로 민법 제485조에 따라 면책을 주장할 수 있을 뿐이지만, 채권자가 제3자에 대하여 자신의 담보권을 성실하게 보존·행사하여야 할 의무를 부담하는 특별한 사정이 인정되는 경우에는 채권자의 담보권의 포기행위가 불법행위에 해당할 수 있다."[14]

(3) 복수의 대위변제자 상호간의 관계를 본다.

① 제482조 제2항은 수인의 대위변제자들이 있는 경우에, 「채무자에 대한 전부구상」과 「대위변제자들 사이의 부분구상」을 전제로 그들 사이의 관계를 규정하는데, 실질적으로 종국적인 구상의무자인 채무자의 무자력위험을 어떻게 배분할 것인지에 관한 기준이다.

② 보증인과 제3취득자[15] 사이에서, 보증인은 출재(出財)한 전액에 관하여 제3취득자에 대하여 채권자를 대위할 수 있지만,[16] 제3취득자는 보증인에 대하여 대위할 수 없다(제482조 제2항 제1호, 제2호).

③ 보증인과 물상보증인 사이에서, 물상보증인과 복수의 보증인은 인원수에 비례하여 채권자를 대위한다(제482조 제2항 제5호 본문). 그리고 보증인이 여러 명인 경우에 공동보증인 상호간의 구상에 관한 제448조의 범위 내에서 대위할 수 있다. 한편 물상보증인이 여러 명인 경우에, 보증인의 부담부분을 공제하고 그 잔액에 관

14) 채무자와 물상보증인이 공유하는 부동산 전체에 공동근저당권이 설정되었다가 물상보증인의 지분에 대하여 임의경매절차가 진행되어 매각대금이 납부된 상황에서 공동저당권자가 채무자 명의 지분에 대한 근저당권을 포기한 행위가 변제자대위를 할 수 있는 물상보증인에 대하여 불법행위를 구성한다고 본 사례.

15) 여기의 제3취득자는 채무자로부터 담보목적물을 취득한 이로 한정되어야 한다는 견해가 유력하다.

16) 제482조 제2항 제1호와 관련하여 대판 2020.10.15. 2019다222041: "제3취득자가 목적부동산에 대하여 권리를 취득한 후 채무를 변제한 보증인은 대위의 부기등기를 하지 않고도 대위할 수 있다고 보아야 한다. 보증인이 변제하기 전 목적부동산에 대하여 권리를 취득한 제3자는 등기부상 저당권 등의 존재를 알고 권리를 취득하였으므로 나중에 보증인이 대위하더라도 예측하지 못한 손해를 입을 염려가 없다."

하여 각 담보물의 가액에 비례하여 대위한다(제482조 제2항 제5호 단서).

〈3-2-10〉 대위변제자들 사이의 관계에 관한 판례

1) 대판 2013.2.15. 2012다48855는 "민법 제482조 제2항 제1호와 제2호에서 보증인에게 대위권을 인정하면서도 제3취득자는 보증인에 대하여 채권자를 대위할 수 없다고 규정한 까닭은, 제3취득자는 등기부상 담보권의 부담이 있음을 알고 권리를 취득한 자로서 그 담보권의 실행으로 인하여 예기치 못한 손해를 입을 염려가 없고, 또한 저당부동산에 대하여 소유권, 지상권 또는 전세권을 취득한 제3자는 저당권자에게 그 부동산으로 담보된 채권을 변제하고 저당권의 소멸을 청구할 수 있으며(민법 제364조), 저당물의 제3취득자가 그 부동산의 보존, 개량을 위하여 필요비 또는 유익비를 지출한 때에는 저당물의 경매대가에서 우선상환을 받을 수 있도록(민법 제367조) 하는 등 그 이익을 보호하는 규정도 마련되어 있으므로, 변제자대위와 관련해서는 제3취득자보다는 보증인을 보호할 필요가 있기 때문이다. 그러나 저당부동산에 대하여 후순위근저당권을 취득한 제3자는 민법 제364조에서 정한 저당권소멸청구권을 행사할 수 있는 제3취득자에 해당하지 아니하고, 달리 선순위근저당권의 실행으로부터 그의 이익을 보호하는 규정이 없으므로 변제자대위와 관련해서 후순위근저당권자보다 보증인을 더 보호할 이유가 없으며, 나아가 선순위근저당권의 피담보채무에 대하여 직접 보증책임을 지는 보증인과 달리 선순위근저당권의 피담보채무에 대한 직접 변제책임을 지지 않는 후순위근저당권자는 보증인에 대하여 채권자를 대위할 수 있다고 봄이 타당하므로, 민법 제482조 제2항 제2호의 제3취득자에 후순위근저당권자는 포함되지 아니한다"고 한 후, "민법 제482조 제2항 제2호의 제3취득자에 후순위근저당권자가 포함되지 않음에도 같은 항 제1호의 제3자에는 후순위근저당권자가 포함된다고 하면, 후순위근저당권자는 보증인에 대하여 항상 채권자를 대위할 수 있지만 보증인은 후순위근저당권자에 대하여 채권자를 대위하기 위해서는 미리 대위의 부기등기를 하여야만 하므로 보증인보다 후순위근저당권자를 더 보호하는 결과가 되는데, 이러한 결과는 법정대위자인 보증인과 후순위근저당권자 간의 이해관계를 공평하고 합리적으로 조절하기 위한 민법 제482조 제2항 제1호와 제2호의 입법취지에 부합하지 않을뿐더러 후순위근저당권자는 통상 자신의 이익을 위하여 선순위근저당권의 담보가치를 초과하는 담보가치

만을 파악하여 담보권을 취득한 자에 불과하므로 변제자대위와 관련해서 후순위근저당권자를 보증인보다 더 보호할 이유도 없다. 이러한 사정들과 민법 제482조 제2항 제1호와 제2호가 상호작용 하에 법정대위자 중 보증인과 제3취득자의 이해관계를 조절하는 규정인 점 등을 종합하여 보면, 보증인은 미리 저당권의 등기에 그 대위를 부기하지 않고서도 저당물에 후순위근저당권을 취득한 제3자에 대하여 채권자를 대위할 수 있다고 할 것이므로 민법 제482조 제2항 제1호의 제3자에 후순위근저당권자는 포함되지 않는다"고 하였다.

2) 대판(전) 2014.12.18. 2011다50233[17)]

㉮ 판결요지는 다음과 같다: "물상보증인과 제3취득자 사이의 변제자대위에 관하여는 명확한 규정이 없다. 그런데 보증인과 제3취득자 사이의 변제자대위에 관하여 민법 제482조 제2항 제1호는 "보증인은 미리 전세권이나 저당권의 등기에 그 대위를 부기하지 아니하면 전세물이나 저당물에 권리를 취득한 제3자에 대하여 채권자를 대위하지 못한다."라고 규정하고, 같은 항 제2호는 "제3취득자는 보증인에 대하여 채권자를 대위하지 못한다."라고 규정하고 있다. 한편 민법 제370조, 제341조에 의하면 물상보증인이 채무를 변제하거나 담보권의 실행으로 소유권을 잃은 때에는 '보증채무'에 관한 규정에 의하여 채무자에 대한 구상권을 가지고, 민법 제482조 제2항 제5호에 따르면 물상보증인과 보증인 상호간에는 그 인원수에 비례하여 채권자를 대위하게 되어 있을 뿐 이들 사이의 우열은 인정하고 있지 아니하다. 위와 같은 규정내용을 종합하여 보면, 물상보증인이 채무를 변제하거나 담보권의

17) 사실관계는 다음과 같다: ㉠ Y는 남편(A)과 공동으로 甲 부동산을 경락받고 2000. 2. 11. 그 대금을 지급한 다음 1/2지분씩 소유권이전등기를 마쳤는데, 그 후 A는 2001. 5.부터 2002. 6. 사이에 甲을 담보로 제공하여(채무자는 A, Y는 물상보증인) 농협으로부터 4억 5천만 원을 대출받았다. ㉡ 그런데 Y의 시어머니(B)가, B의 밭을 매도한 대금과 A의 돈을 합하여 甲을 매입하면 각자 부담한 대금의 비율에 따라 지분등기를 해주겠다는 약속을 어겼다는 이유로, A를 상대로 甲에 대한 지분이전등기청구소송을 제기하여 승소하고 A의 지분 중 일부를 이전받았다. B는 X에게 甲의 지분을 유증한 후 사망하였고, X는 자기명의로 이전등기를 마쳤다. ㉢ Y는 2009. 8. 위 대출금을 모두 변제하였고, 농협은 甲 중 A와 X의 지분에 관한 근저당권을 Y에게 이전해 주고 등기를 마쳤다. 그 후 Y는 A와 X의 지분에 대해 경매를 신청하였다. 그러자 X는 위 대출금을 실제로 변제한 이는 A이고, 설령 그렇지 않더라도 위 대출금이 Y의 甲의 지분 취득에 사용된 만큼 Y는 사실상의 채무자에 해당하므로 변제자대위를 할 수 없다고 주장하면서 X 지분에 설정된 근저당권의 말소를 구하는 소를 제기하였다.

원심은 물상보증인 Y가 채무자 A의 대출금채무를 변제한 이상, A로부터 (B를 거쳐) 甲의 지분을 취득한 X에 대하여 Y가 출재한 전액의 범위에서 근저당권을 대위행사할 수 있다고 판단하고, X의 청구를 기각하였고, 대법원은 X의 상고를 기각하였다.

실행으로 소유권을 잃은 때에는 보증채무를 이행한 보증인과 마찬가지로 채무자로부터 담보부동산을 취득한 제3자에 대하여 구상권의 범위 내에서 출재한 전액에 관하여 채권자를 대위할 수 있는 반면, 채무자로부터 담보부동산을 취득한 제3자는 채무를 변제하거나 담보권의 실행으로 소유권을 잃더라도 물상보증인에 대하여 채권자를 대위할 수 없다고 보아야 한다. 만일 물상보증인의 지위를 보증인과 다르게 보아서 물상보증인과 채무자로부터 담보부동산을 취득한 제3자 상호간에는 각 부동산의 가액에 비례하여 채권자를 대위할 수 있다고 한다면, 본래 채무자에 대하여 출재한 전액에 관하여 대위할 수 있었던 물상보증인은 채무자가 담보부동산의 소유권을 제3자에게 이전하였다는 우연한 사정으로 이제는 각 부동산의 가액에 비례하여서만 대위하게 되는 반면, 당초 채무 전액에 대한 담보권의 부담을 각오하고 채무자로부터 담보부동산을 취득한 제3자는 그 범위에서 뜻하지 않은 이득을 얻게 되어 부당하다."

㉯ 물상보증인이 채무자의 채무를 대신 변제한 경우에, 채무자로부터 담보부동산을 취득한 제3자에 대하여 출재한 전액에 대하여 채권자를 대위할 수 있는지 아니면 각 부동산의 가액에 비례해서만 채권자를 대위할 수 있는지에 대하여, 이 판결은 물상보증인은 보증인과 마찬가지로 출재한 전액에 관하여 채권자를 대위할 수 있다는 입장을 밝혔다.

그런데 채무자로부터 담보목적물을 취득한 제3취득자는 채무자와 동일한 지위에 있다고 보아야 한다. 물상보증인으로서는 당연히 채권자를 대위할 수 있다고 기대하였는데, 담보목적물이 양도되었다는 우연한 사정 때문에 그의 지위가 불리하게 되어서는 안 되기 때문이다. 앞의 2011다50233 판결은 바로 이러한 경우에 관한 것이다. 반면 물상보증인으로부터 담보목적물을 취득한 제3취득자라면 사정이 달라져야 한다. 즉 이러한 경우에 다른 물상보증인으로서는 처음부터 가액에 비례하여 채권자를 대위할 수 있을 뿐이라는 각오를 하였는데(제482조 제2항 제4호, 제3호), 담보목적물이 양도되었다는 우연한 사정 때문에 그의 지위가 갑자기 유리하게 되어서도 안 된다. 요컨대 이해관계의 조정에서 제3취득자는 前主의 지위를 그대로 승계한다고 해야 한다.

3) 대판 2010.6.10. 2007다61113·61120

㉮ 먼저 보증인이 물상보증인을 겸하는 경우에 관하여 "민법 제482조 제2항 제4호, 제5호가 물상보증인 상호간에는 재산의 가액에 비례하여 부담부분을 정하도록

하면서, 보증인과 물상보증인 상호간에는 보증인의 총 재산의 가액이나 자력 여부, 물상보증인이 담보로 제공한 재산의 가액 등을 일체 고려하지 아니한 채 형식적으로 인원수에 비례하여 평등하게 대위비율을 결정하도록 규정한 것은, 인적 무한책임을 부담하는 보증인과 물적 유한책임을 부담하는 물상보증인 사이에는 보증인 상호간이나 물상보증인 상호간과 같이 상호 이해조정을 위한 합리적인 기준을 정하는 것이 곤란하고, 당사자간의 특약이 있다는 등의 특별한 사정이 없는 한 오히려 인원수에 따라 대위비율을 정하는 것이 공평하고 법률관계를 간명하게 처리할 수 있어 합리적이며 그것이 대위자의 통상의 의사 내지 기대에 부합하기 때문이다. 이러한 규정취지는 동일한 채무에 대하여 보증인 또는 물상보증인이 여럿 있고, 이 중에서 보증인과 물상보증인의 지위를 겸하는 자가 포함되어 있는 경우에도 동일하게 참작되어야 하므로, 위와 같은 경우 민법 제482조 제2항 제4호, 제5호 전문에 의한 대위비율은 보증인과 물상보증인의 지위를 겸하는 자도 1인으로 보아 산정함이 상당하다"고 하여 복수지위를 인정하지 않았는데, 인원수에 따른 대위비율에 따르도록 한 태도는 보증인의 지위를 전제로 한 것으로 보인다.

㉯ 보증인 또는 물상보증인이 대위하기 위해서는 자기의 부담부분을 초과하는 출연이 있어야 하는데, 그 판단에 관하여 "여러 보증인과 물상보증인 사이에서 민법 제482조 제2항 제5호에 의하여 대위관계에서의 부담부분을 정하는 경우, 당초 성립한 주채무가 주채무자의 변제나 채무면제 등으로 감소하거나 이자·지연손해금이 증가하는 때에는 그 당시 현존하고 있는 보증인이나 물상보증인의 부담부분도 원칙적으로 그에 상응하여 감소하거나 증가하게 되므로, 보증인이나 물상보증인이 대위변제 등을 할 당시에 이미 주채무자의 변제나 채무면제 등으로 주채무가 감소하거나 이자·지연손해금이 증가한 사정이 있다면, 이를 반드시 참작하여 그 대위변제 등 당시를 기준으로 하여 당해 보증인이나 물상보증인의 대위변제액 등이 그의 부담부분을 초과하는 것인지 여부를 판단하여야 한다"고 했다.

4) 대판 1990.11.9. 90다카10305: "타인의 채무를 변제하고 채권자를 대위하는 대위자 상호간의 관계를 규정한 민법 제482조 제2항 제5호 단서에서 대위의 부기등기에 관한 제1호의 규정을 준용하도록 규정한 취지는 자기의 재산을 타인의 채무의 담보로 제공한 물상보증인이 수인일 때 그중 일부의 물상보증인이 채무의 변제로 다른 물상보증인에 대하여 채권자를 대위하게 될 경우에 미리 대위의 부기등기를 하여 두지 아니하면 채무를 변제한 뒤에 그 저당물을 취득한 제3취득자에 대

하여 채권자를 대위할 수 없도록 하려는 것이라고 해석되므로 자신들 소유의 부동산을 채무자의 채무의 담보로 제공한 물상보증인들이 채무를 변제한 뒤 다른 물상보증인 소유 부동산에 설정된 근저당권설정등기에 관하여 대위의 부기등기를 하여 두지 아니하고 있는 동안에 제3취득자가 위 부동산을 취득하였다면, 대위변제한 물상보증인들은 제3취득자에 대하여 채권자를 대위할 수 없다."[18]

5) 채무자가 아닌 위탁자가 타인의 채무를 담보하기 위하여 금전채권자를 우선수익자로 하는 부동산담보신탁을 설정한 경우에, 위탁자가 물상보증인에 해당하지 않으며, 채권자의 우선수익권에 대한 보증인의 변제자대위도 보증인과 물상보증인 상호간의 관계와 마찬가지로 인원수에 비례하여 채권자를 대위하는 제한을 받는다고 한 대판 2022.5.12. 2017다278187도 참조.

제 3 절 변제의 대용

1. 대물변제와 경개

(1) 대물변제가 성립하여 채무가 소멸[19]하기 위해서는 본래의 채무의 목적인 급부와는 다른 급부가 변제에 「갈음하여」 현실적으로 행해져야 하고,[20] 그에 대한 채권자의 승낙이 있어야 한다(제466조).

18) 'A 등이 Y의 B에 대한 채권의 담보를 위하여 각자 소유의 부동산에 Y 앞으로 근저당권설정등기 경료(물상보증) → B 및 물상보증인들(A 제외)에 의하여 공동근저당권의 피담보채무 소멸 → 그 후 X가 A로부터 저당부동산(甲)을 매수하여 이전등기 경료 → A가 Y를 상대로 근저당권설정등기의 말소를 청구하다가 탈퇴하고 X가 승계참가'의 사안에서, B 등이 甲에 설정된 근저당권설정등기에 관하여 대위의 부기등기를 하지 않았더라도 X에 대하여 Y를 대위할 수 있음을 이유로 A의 Y에 대한 청구를 기각한 원심을 파기한 사례.

19) 부동산으로 대물변제를 하였으나 본래의 채무가 존재하지 않았던 경우에, 대물변제는 무효로서 부동산의 소유권이 이전되는 효과가 발생하지 않는다(대판 1991.11.12. 91다9503).

20) 등기나 등록을 요하는 경우에 그 등기나 등록까지 마쳐야 한다.

〈3-3-1〉 대물변제에 관한 판례

㉮ 채무자가 채권자에게 채무변제와 관련하여 다른 채권을 양도하는 것은 특단의 사정이 없는 한 채무변제를 위한 담보 또는 변제의 방법으로 양도되는 것으로 추정할 것이지 채무변제에 갈음한 것으로 볼 것은 아니고, 이 경우 채권양도만 있으면 바로 원래의 채권이 소멸한다고 볼 수는 없으며 채권자가 양도받은 채권을 변제받은 때에 비로소 그 범위 내에서 채무자가 면책된다(대판 1995.9.15. 95다13371).

반면 채무자가 채권자에게 채무변제에 「갈음하여」 다른 채권을 양도하기로 한 경우에는 특별한 사정이 없는 한 채권양도의 요건을 갖추어 대체급부가 이루어짐으로써 원래의 채무는 소멸하고 그 양수한 채권의 변제까지 이루어져야만 원래의 채무가 소멸하는 것은 아니며, 이 경우 대체급부로서 채권을 양도한 양도인은 양도 당시 양도대상인 채권의 존재에 대해서는 담보책임을 지지만 당사자 사이에 별도의 약정이 있다는 등 특별한 사정이 없는 한 그 채무자의 변제자력까지 담보하는 것은 아니다(대판 2013.5.9. 2012다40998).

㉯ 기존채무와 관련하여 어음이나 수표가 교부된 경우의 법률관계를 본다.

㉠ 기존채무와 관련하여 어음이나 수표(우편환이나 은행 발행의 자기앞수표는 제외하고)가 교부되는 경우의 법률관계에 관하여 대판 1996.11.8. 95다25060: "당사자의 의사는 기존원인채무의 '지급에 갈음하여', 즉 기존원인채무를 소멸시키고 새로운 어음채무만을 존속시키려고 하는 경우와, 기존원인채무를 존속시키면서 그에 대한 지급방법으로서 이른바 '지급을 위하여' 교부하는 경우 및 단지 기존채무의 지급담보의 목적으로 이루어지는 이른바 '담보를 위하여' 교부하는 경우로 나누어 볼 수 있는데, 당사자 사이에 특별한 의사표시가 없으면 어음의 교부가 있다고 하더라도 이는 기존원인채무는 여전히 존속하고 단지 그 '지급을 위하여' 또는 그 '담보를 위하여' 교부된 것으로 추정할 것이며, 따라서 특별한 사정이 없는 한 기존의 원인채무는 소멸하지 아니하고 어음상의 채무와 병존한다고 보아야 [하고,] 어음상의 주채무자가 원인관계상의 채무자와 동일하지 아니한 때에는 제3자인 어음상의 주채무자에 의한 지급이 예정되고 있으므로 이는 '지급을 위하여' 교부된 것으로 추정하여야 한다."

㉡ 나아가 앞의 95다25060 판결: "어음이 '지급을 위하여' 교부된 경우에는 채권자는 어음채권과 원인채권 중 어음채권을 먼저 행사하여 만족을 얻을 것을 당사자

가 예정하였다고 할 것이므로 채권자로서는 어음채권을 우선 행사하고, 그에 의하여서는 만족을 얻을 수 없을 때 비로소 채무자에 대하여 기존의 원인채권을 행사할 수 있다."

이처럼 채권자는 어음채권을 먼저 행사해야 하므로, 어음의 만기일이 기존채무의 이행기보다 나중이라면 기존채무의 이행기가 어음의 만기일로 유예된다. 즉 기한유예의 합의가 묵시적으로 이루어졌다고 보아야 한다(대판 1999.8.24. 99다24508). 다만 채무자가 기존채무에 관하여 채무불이행상태에 빠진 후에 그 채무의 지급을 위하여 어음이 발행된 경우에는 그렇지 않은데(대판 2000.7.28. 2000다16367), 채권자에게 지체책임을 면제하려는 의사가 있다고 볼 수 없기 때문이다.

한편 「담보를 위하여」 어음이 교부된 경우에, 채권자는 기존채권으로부터 먼저 만족을 얻어야 하고 그렇지 않은 경우에만 어음채권을 행사할 수 있는지 아니면 두 채권 중 어느 것을 먼저 행사할 것인지에 관하여 판례는 선택권을 가진다는 입장이다(수표채권에 관한 대판 1999.6.11. 99다16378 참조).

㉢ 기존원인채무와 수표상의 채무가 병존하는 한 채무자로서는 그 수표상의 상환의무를 면하기 전까지 이중으로 채무를 지급하게 될 위험을 피하기 위하여 원인관계상의 채권자에 대하여 수표의 반환 없는 기존채권의 지급청구를 거절할 수 있고, 나중에 수표금이 지급되는 등 채무자가 그 수표상의 상환의무를 면할 때 비로소 원인관계상의 채무도 소멸한다고 볼 것이므로, 채무자는 원인관계상의 채권자에 대하여 수표상의 상환의무를 면하였음을 사유로 하여 그 원인관계상 채무의 소멸을 주장할 수 있다(대판 2003.5.30. 2003다13512).

이러한 경우에 인정되는 동시이행관계는 공평의 요청에 기한 동시이행관계와 다름에 관하여 〈4－2－12〉 참조.

㉯ 대물변제의 예약이 담보제도로 전용되기도 하는데, 비전형담보에 관한 제5장 제2절 8. 참조.

---

(2) 채무변경계약으로서 경개(제500조 이하)는 원래의 채무 대신 다른 급부를 할 새로운 채무를 부담함으로써 원래의 채무를 소멸시킨다는 점에서 대물변제와 구별된다. 그런데 구채무가 소멸하고 채권의 동일성이 유지되지 않으므로(특히 그에 따라 담보 및 구채무에 부착된 항변이 소멸하므로) 실제로는 잘 활용되지 않는다.

〈3-3-2〉 경개에 관한 판례

㉮ 기존채무와 관련하여 새로운 약정을 체결한 경우에, 그 약정이 경개에 해당하는지 아니면 단순히 기존채무의 변제기나 변제방법 등을 변경한 것인지는 당사자의 의사에 의하여 결정되는 의사해석의 문제이다(대판(전) 2019.10.23. 2012다46170).

그런데 당사자의 의사가 명백하지 않을 때에는 특별한 사정이 없는 한 동일성을 상실함으로써 채권자가 담보를 잃고 채무자가 항변권을 잃게 되는 등 스스로 불이익을 초래하는 의사를 표시하였다고는 볼 수 없으므로 일반적으로 준소비대차로 보아야 하지만, 신채무의 성질이 소비대차가 아니거나 기존채무와 동일성이 없는 경우에는 준소비대차로 볼 수 없음은 당연하다(대판 2003.9.26. 2002다31803·31810).[21]

㉯ 경개계약은 신채권을 성립시키고 구채권을 소멸시키는 처분행위로서 신채권이 성립하면 그 효과는 완결되고 경개계약 자체의 이행의 문제는 발생할 여지가 없으므로 경개에 의하여 성립한 신채무의 불이행을 이유로 경개계약을 해제할 수는 없지만, 계약자유의 원칙상 경개계약의 성립 후에 그 계약을 합의해제하여 구채권을 부활시키는 것은 적어도 당사자 사이에서는 가능하다(대판 2003.2.11. 2002다62333).

2. 공 탁

(1) 공탁을 하기 위해서는 공탁원인(供託原因)과 공탁적성(供託適性)이라는 두 요건이 갖추어져야 한다.

① 공탁원인은 채권자의 불이익[22]을 고려한 것으로, 수령거절 또는 불능과 채권자 불확지 중 하나가 존재해야 한다. 여기서의 수령불능은 「채무자로 하여금 종국적으로 채무를 면하게 하는 효과를 가져다주는 변제」를 결과지울 수 없음을 의

21) 기존채권이 제3자에게 이전된 경우에, 당사자의 의사가 명백하지 않으면 특별한 사정이 없는 한 채권양도로 볼 것이라는 대판 1996.7.9. 96다16612 및 금전채무를 부담하는 채무자가 채권자에게 그 금전채무와 관련하여 다른 급부를 하기로 약정한 경우에 그 약정을 언제나 기존 금전채무를 소멸시키고 다른 채무를 성립시키는 약정이라고 단정할 수 없다고 한 대판 2018.11.15. 2018다28273도 참조.

22) 급부결과를 다른 곳에 실현시켜 놓고 채권자로 하여금 이를 찾아가게 함에 따른.

미하므로, 특히 채권자에게 처분권한이 없는 경우에 변제수령이 불능이다.

② 공탁하려는 물건이 공탁에 적합한 것이어야 하는데(공탁적성), 부동산은 공탁에 부적합한 물건으로 보아야 한다.[23] 그런데 변제의 목적물이 공탁적성을 가지지 않으면, 변제자가 자조매각(自助賣却)하여 그 대금을 공탁할 수 있다(제490조).

(2) 변제공탁이 적법하다면, 채권자가 공탁물출급청구를 하지 않더라도 공탁을 한 때에 변제의 효력이 발생하여 채무는 소멸한다. 다만 이 효과는 확정적인 것이 아니고, 공탁자가 공탁물을 회수하면 채무가 부활된다(해제조건설).

〈3-3-3〉 공탁에 관한 판례

㉮ 공탁의 법적 성질에 관하여 판례는 채권자를 위한 공법상의 임치관계라는 입장이다. 즉 대판 2013.7.25. 2012다204815: "공탁관의 처분에 대하여 불복이 있는 때에는 공탁법이 정한 바에 따라 이의신청과 항고를 할 수 있고, 공탁관에 대하여 공탁법이 정한 절차에 의하여 공탁금지급청구를 하지 아니하고 직접 민사소송으로써 국가를 상대로 공탁금지급청구를 할 수는 없다."

㉯ 대판(전) 1994.12.13. 93다951: "가압류에 불구하고 제3채무자가 채무자에게 변제를 한 때에는 나중에 채권자에게 이중으로 변제하여야 할 위험을 부담하게 되므로 제3채무자로서는 민법 제487조의 규정에 의하여 공탁을 함으로써 이중변제의 위험에서 벗어나고 이행지체의 책임도 면할 수 있다고 보아야 할 것이다. 왜냐하면 민법상의 변제공탁은 채무를 변제할 의사와 능력이 있는 채무자로 하여금 채권자의 사정으로 채무관계에서 벗어나지 못하는 경우를 대비할 수 있도록 마련된 제도로서 그 제487조 소정의 변제공탁의 요건인 "채권자가 변제를 받을 수 없는 때"의 변제라 함은 채무자로 하여금 종국적으로 채무를 면하게 하는 효과를 가져다주는 변제를 의미하는 것이므로 <u>채권이 가압류된 경우와 같이 형식적으로는 채권자가 변제를 받을 수 있다고 하더라도 채무자에게 여전히 이중변제의 위험부담이 남는 경우에는 마찬가지로 "채권자가 변제를 받을 수 없는 때"에 해당한다고 보아야 할 것</u>이기 때문이다. 그리고 제3채무자가 이와 같이 채권의 가압류를 이유로 변제공탁을 한 때에는 그 가압류의 효력은 채무자의 공탁금출급청구권에 대하여 존속한다

23) 부동산매도인의 등기인수청구권을 인정한 (〈8-3-8〉에 소개된) 대판 2001.2.9. 2000다60708은 이러한 입장을 전제로 한 것으로 이해해야 한다.

고 할 것이므로 그로 인하여 가압류채권자에게 어떤 불이익이 있다고도 할 수 없다.” 그런데 현재의 법상황으로는, 채권이 (가)압류된 경우에 제3채무자는 (권리)공탁에 의하여 면책되는데(민사집행법 제248조 제1항, 제291조), 이러한 면책공탁은 변제공탁이 아니라 집행공탁이다. 즉 제3채무자가 압류나 가압류를 이유로 앞의 조항에 따라 집행공탁을 하면 제3채무자에 대한 피압류채권은 소멸한다(대판 2015.7.23. 2014다87502[24]).

그 밖에 이중의 채권양도 등이 모두 대항요건을 갖춤으로써 이중지급의 위험이 있는 경우에 관하여 (<2−1−11>에 소개된) 대판(전) 1994.4.26. 93다24223도 참조.

㉰ 대판 2001.2.9. 2000다10079: “양도금지 또는 제한의 특약이 있는 채권에 관하여 채권양도통지가 있었으나 그 후 양도통지의 철회 내지 무효의 주장이 있는 경우 제3채무자로서는 그 채권양도의 효력에 관하여 의문이 있어 민법 제487조 후단의 채권자 불확지를 원인으로 한 변제공탁사유가 생긴다.”[25] 그리고 대판 2000.12.22. 2000다55904는, 양도금지의 특약이 붙은 채권이 양도된 경우에, 양수인의 악의 또는 중과실 여부를 알 수 없다면 채무자는 채권자 불확지를 원인으로 변제공탁을 할 수 있다고 하였다.

㉱ 대판 2022.11.30. 2017다232167·232174: “채무 전액이 아닌 일부에 대한 공탁은 일부의 제공이 유효한 제공이라고 볼 수 있거나 변제자의 공탁금액이 채무의 총액에 비하여 아주 근소하게 부족하여 해당 변제공탁을 신의칙상 유효한 것이라고 볼 수 있는 등의 특별한 사정이 있는 경우를 제외하고는 채권자가 이를 수락하지 않는 한 그 공탁부분에 관하여서도 채무소멸의 효과가 발생하지 않는다.”

일부공탁이라도 채권자가 공탁금을 채권 일부에 충당한다는 유보의 의사표시를 하고 이를 수령하였다면 그 공탁금은 채권 일부의 변제에 충당된다(대판 1996.7.26. 96다14616).

---

24) 제3채무자의 집행공탁 전에 동일한 피압류채권에 대하여 다른 채권자의 신청에 따라 압류·가압류명령이 발령되었으나 집행공탁 후에 제3채무자에게 송달된 경우에, 압류·가압류명령은 이미 소멸한 피압류채권에 대한 것이어서 그 효력이 생기지 않는다고 한 사례.

25) 나아가 “그 채권양도 후에 그 채권에 관하여 다수의 채권가압류 또는 압류결정이 순차 내려짐으로써 그 채권양도의 대항력이 발생하지 아니한다면 압류경합으로 인하여 민사소송법 제581조 제1항 소정의 집행공탁의 사유가 생기는 경우에 채무자는 민법 제487조 후단 및 민사소송법 제581조 제1항을 근거로 채권자 불확지를 원인으로 하는 변제공탁과 압류경합 등을 이유로 하는 집행공탁을 아울러 할 수 있고, 이러한 공탁은 변제공탁에 관련된 채권양수인에 대하여는 변제공탁으로서의 효력이 있고 집행공탁에 관련된 압류채권자 등에 대하여는 집행공탁으로서의 효력이 있다.”

㉮ 매수인이 매도인을 대리하여 매매대금을 수령할 권한을 가진 이에게 잔대금의 수령을 최고하고 그 이를 공탁물수령자로 지정하여 변제공탁을 한 경우에, 매도인에 대한 잔대금 지급의 효력이 있다(대판 2012.3.15. 2011다77849).

한편 채무의 이행제공을 하였더라도 그 수령을 거절하였을 것이 명백한 경우에 채무자는 이행의 제공을 하지 않고 바로 변제공탁할 수 있다(대판 1994.8.26. 93다42276).

㉯ 공탁에 의하여 채무소멸의 효력이 발생한 후 「공탁물출급청구권」에 대하여 가압류집행이 되더라도 변제의 효력에 영향을 미치지 않는다(대판 2011.12.13. 2011다11580).

반면 제3자가 공탁자에게 대하여 가지는 별도채권의 집행권원으로써 공탁자의 「공탁물회수청구권」에 대하여 압류 및 추심명령을 받아 그 집행으로 공탁물을 회수한 경우에는 채권소멸의 효력이 소급하여 없어진다(대판 2014.5.29. 2013다212295; 대결 2020.5.22. 2018마5697).

제4절 상 계

1. 서 설

상계의 기능으로 ① 사적 집행을 통한 간편한 결제수단, ② 당사자 사이의 형평 도모 및 ③ 담보적 기능을 들 수 있다.

2. 상계의 요건

(1) 상계를 하기 위하여 양 당사자의 채권이 상계적상(相計適狀)에 있어야 한다(제492조). 그런데 상계는 변제의 비용과 위험을 줄일 수 있다는 점에서 유용한 제도이지만, 그로 인하여 피상계자나 제3자의 이익을 해쳐서는 안 된다. 이러한 취지에 따라 — 동종채무의 대립이라는 당연한 전제를 제외한 나머지 — 상계적상의 요건을 재구성하면,

① 채무의 유효와 확정 및 이행기의 도래, 소구 및 강제집행의 가능성 그리고 항변사유의 부존재 등의 요건은 자동채권의 실현과 관련하여 피상계자를 보호하기 위한 것이다. 다만 소멸시효가 완성된 경우에 관한 제495조는 상계에 의하여 정산되리라는 당사자들의 신뢰를 보호하기 위한 예외이다.

② 상계금지특약이나 고의의 불법행위에 기한 손해배상채권의 상계 제한(제496조) 등은 수동채권의 현실적 만족의 요청에 기한 것으로 역시 피상계자를 보호한다.

③ 한편 압류금지채권(제497조)이나 지급금지채권(제498조)의 상계의 제한은 제3자와의 이해관계를 조절하기 위한 기준이다.

(2) 양 채권에 공통된 요건은 ① 유효한 두 채권의 대립, ② 두 채권의 동종성 및 ③ 채권의 성질이 상계를 허용할 것이다.

〈3-4-1〉 양 채권에 공통된 요건에 관한 판례

㉮ 저당부동산의 제3취득자나 물상보증인처럼 수동채권의 채무자가 아니지만 변제할 정당한 이익을 가지는 이가 자기채권으로 상계를 할 수 있는지(이른바 제3자변제적 상계)에 관하여 대판 2011.4.28. 2010다101394: "수동채권으로 될 수 있는 채권은 상대방이 상계자에 대하여 가지는 채권이어야 하고, 상대방이 제3자에 대하여 가지는 채권과는 상계할 수 없다고 보아야 한다. 그렇지 않고 만약 상대방이 제3자에 대하여 가지는 채권을 수동채권으로 하여 상계할 수 있다고 한다면, 이는 상계의 당사자가 아닌 상대방과 제3자 사이의 채권채무관계에서 상대방이 제3자에게서 채무의 본지에 따른 현실급부를 받을 이익을 침해하게 될 뿐 아니라, 상대방의 채권자들 사이에서 상계자만 독점적인 만족을 얻게 되는 불합리한 결과를 초래하게 되므로, 상계의 담보적 기능과 관련하여 법적으로 보호받을 수 있는 당사자의 합리적 기대가 이러한 경우에까지 미친다고 볼 수는 없다."[26]

㉯ 채권의 일부양도가 이루어지면 각 분할된 부분에 대하여 독립한 분할채권이 성립하는데, 그 채권에 관하여 양도인에 대한 반대채권으로 상계하려는 채무자로서

---

26) 유치권의 목적인 아파트를 경락·취득한 이는 아파트 일부를 점유·사용하는 유치권자에 대한 임료 상당의 부당이득금반환채권을 자동채권으로 하고 유치권자의 종전 소유자에 대한 유익비상환채권을 수동채권으로 하여 상계할 수 없다고 한 사례.

는 양도인을 비롯한 각 분할채권자 중 어느 누구라도 상대방으로 하여 상계할 수 있고, 그러한 채무자의 상계표시를 수령한 분할채권자는 제3자에 대한 대항요건을 갖춘 양수인이라도 양도인 또는 다른 양수인에 귀속된 부분에 대하여 먼저 상계되어야 한다거나 각 분할채권액의 채권 총액에 대한 비율에 따라 상계되어야 한다는 이의를 할 수 없다(대판 2002.2.8. 2000다50596).

㉰ 공법상의 확정된 벌금채권도 자동채권으로 될 수 있다는 대판 2004.4.27. 2003다37891도 참조.

(3) 자동채권으로 되기 위한 요건은 ① 소구력(다만 소멸시효가 완성된 경우에 관한 예외로 제495조 참조)과 강제집행가능성 및 이행기의 도래, ② 항변권의 부존재 및 ③ 상계금지특약의 부존재이다.

〈3-4-2〉 자동채권에 관한 판례

㉮ 임대차 존속 중 차임채권의 소멸시효가 완성된 경우에 관하여 대판 2016. 11.25. 2016다211309: "민법 제495조는 […] '자동채권의 소멸시효 완성 전에 양 채권이 상계적상에 이르렀을 것'을 요건으로 하는데, 임대인의 임대차보증금반환채무는 임대차계약이 종료된 때에 비로소 이행기에 도달하므로, 임대차 존속 중 차임채권의 소멸시효가 완성된 경우에는 소멸시효 완성 전에 임대인이 임대차보증금반환채무에 관한 기한의 이익을 실제로 포기하였다는 등의 특별한 사정이 없는 한 양 채권이 상계할 수 있는 상태에 있었다고 할 수 없다. 그러므로 그 이후에 임대인이 이미 소멸시효가 완성된 차임채권을 자동채권으로 삼아 임대차보증금반환채무와 상계하는 것은 민법 제495조에 의하더라도 인정될 수 없지만, 임대차 존속 중 차임이 연체되고 있음에도 임대차보증금에서 연체차임을 충당하지 않고 있었던 임대인의 신뢰와 차임연체상태에서 임대차관계를 지속해 온 임차인의 묵시적 의사를 감안하면 연체차임은 민법 제495조의 유추적용에 의하여 임대차보증금에서 공제할 수는 있다."[27]

27) 그리고 대판 2021.2.10. 2017다258787: "임차인의 유익비상환채권은 임대차계약이 종료한 때에 비로소 발생한다고 보아야 한다. 따라서 존속 중 임대인의 구상금채권의 소멸시효가 완성된 경우에는 위 구상금채권과 임차인의 유익비상환채권이 상계할 수 있는 상태에 있었다고

㉯ 대판 2019.3.14. 2018다255648: "매도인의 담보책임을 기초로 한 매수인의 손해배상채권 또는 수급인의 담보책임을 기초로 한 도급인의 손해배상채권이 각각 상대방의 채권과 상계적상에 있는 경우에 당사자들은 채권·채무관계가 이미 정산되었거나 정산될 것으로 기대하는 것이 일반적이므로, 그 신뢰를 보호할 필요가 있다. 이러한 손해배상채권의 제척기간이 지난 경우에도 그 기간이 지나기 전에 상대방에 대한 채권·채무관계의 정산 소멸에 대한 신뢰를 보호할 필요성이 있다는 점은 소멸시효가 완성된 채권의 경우와 아무런 차이가 없다. 따라서 매도인이나 수급인의 담보책임을 기초로 한 손해배상채권의 제척기간이 지난 경우에도 제척기간이 지나기 전 상대방의 채권과 상계할 수 있었던 경우에는 매수인이나 도급인은 민법 제495조를 유추적용해서 위 손해배상채권을 자동채권으로 해서 상대방의 채권과 상계할 수 있다고 봄이 타당하다." 이러한 태도에 대하여 평가가 나뉜다.

㉰ 가정법원의 심판에 의하여 구체적으로 확정된 양육비채권 중 이미 이행기가 도달한 부분에 한하여 이를 자동채권으로 하는 상계가 허용된다고 한 대판 2006.7.4. 2006므751 참조.

㉱ 자동채권의 채무자가 동시이행의 항변권을 가진다면 자동채권의 채권자는 상계할 수 없지만(대판 2004.5.28. 2001다81245), 대판 2006.7.28. 2004다54633은, 컴퓨터 할부매매계약이 해제된 후 매도인이 매수인에 대하여 가지는 컴퓨터 사용이익 등의 반환채권을 자동채권으로 삼아 매수인이 매도인에게 지급한 할부대금 상당의 부당이득반환채권과 상계한다는 항변에 대하여 "상계제도는 서로 대립하는 채권·채무를 간이한 방법에 의하여 결제함으로써 양자의 채권·채무관계를 원활하고 공평하게 처리함을 목적으로 하고 있으므로, 상계의 대상이 될 수 있는 자동채권과 수동채권이 동시이행관계에 있다고 하더라도 서로 현실적으로 이행하여야 할 필요가 없는 경우라면 상계로 인한 불이익이 발생할 우려가 없고 오히려 상계를 허용하는 것이 동시이행관계에 있는 채권·채무관계를 간명하게 해소할 수 있으므로 특별한 사정이 없는 한 상계가 허용된다"고 하였다.

(4) 수동채권으로 될 수 없는 채권은 ① 고의의 불법행위로 인한 손해배상채권(제496조), ② 압류금지채권(제497조) 및 ③ 지급금지채권(제498조)이다.

할 수 없으므로, 그 이후에 임대인이 이미 소멸시효가 완성된 구상금채권을 자동채권으로 삼아 임차인의 유익비상환채권과 상계하는 것은 민법 제495조에 의하더라도 인정될 수 없다."

〈3-4-3〉 수동채권에 관한 판례

1) 고의의 불법행위로 인한 손해배상채권

㉮ 자동채권이 싸움과 같은 쌍방 고의의 불법행위에 의한 손해배상채권인 경우에도 상계가 허용되지 않는다(대판 1994.2.25. 93다38444).

㉯ 고의의 불법행위에 기한 손해배상채권에 대한 상계금지를 중과실의 불법행위에 기한 손해배상채권에까지 유추 또는 확장적용해야 할 필요는 없다(대판 1994.8.12. 93다52808).

㉰ 대판 2002.1.15. 2001다52506은 사기취소가 문제된 사안에서, 부당이득의 원인이 고의의 불법행위에 기인함으로써 불법행위로 인한 손해배상채권과 부당이득반환채권이 모두 성립하여 양 채권이 경합하는 경우에, 피해자가 부당이득반환채권만 청구하고 불법행위로 인한 손해배상채권을 청구하지 않았더라도 그 청구의 실질적 이유, 즉 부당이득의 원인이 고의의 불법행위였다는 점은 불법행위로 인한 손해배상채권을 청구하는 경우와 다를 바 없어서, 고의의 불법행위에 의한 손해배상채권은 현실적으로 만족을 받아야 한다는 상계금지의 취지는 이러한 경우에도 타당하므로, 제496조를 유추함이 상당하다고 했다. 같은 취지에서 대판 2017.2.15. 2014다19776·19783은 고의에 의한 행위가 불법행위를 구성함과 동시에 채무불이행을 구성하여 불법행위로 인한 손해배상채권과 채무불이행으로 인한 손해배상채권이 경합하는 경우에, 고의의 채무불이행으로 인한 손해배상채권을 수동채권으로 하는 상계로 채권자에게 대항할 수 없다고 하였다.

㉱ 대판 2006.10.26. 2004다63019: "민법 제756조에 의한 사용자의 손해배상책임은 피용자의 배상책임에 대한 대체적 책임이고, […] 사용자책임에서 사용자의 과실은 직접의 가해행위가 아닌 피용자의 선임·감독에 관련된 것으로 해석되는 점에 비추어 볼 때, 피용자의 고의의 불법행위로 인하여 사용자책임이 성립하는 경우에 민법 제496조의 적용을 배제하여야 할 이유가 없으므로 사용자책임이 성립하는 경우 사용자는 자신의 고의의 불법행위가 아니라는 이유로 민법 제496조의 적용을 면할 수는 없다."

2) 압류금지채권

㉮ 채무자가 채권자에 대하여 실제로 채무를 이행하도록 하려는 제497조의 취지에 따라 압류금지채권의 변형인 부당이득반환채권을 수동채권으로 하는 상계도 허

용되지 않는다(대판 1977.5.24. 77다309).

㉯ 근로자의 임금채권의 경우에 압류가능한 부분에 대해서도 「임금 직접·전액 지급의 원칙」(근로기준법 제43조) 때문에 사용자가 근로자의 급료 등 임금채권을 수동채권으로 하여 사용자의 근로자에 대한 다른 채권으로 상계할 수 없다.

다만 제한적으로 예외를 인정한 대판(전) 1995.12.21. 94다26721: "일반적으로 임금은 직접 근로자에게 전액을 지급하여야 하므로 사용자가 근로자에 대하여 가지는 채권으로서 근로자의 임금채권과 상계를 하지 못하는 것이 원칙이나, 계산의 착오 등으로 임금이 초과지급되었을 때 그 행사의 시기가 초과지급된 시기와 임금의 정산, 조정의 실질을 잃지 않을 만큼 합리적으로 밀접되어 있고 금액과 방법이 미리 예고되는 등 근로자의 경제생활의 안정을 해할 염려가 없는 경우나, 근로자가 퇴직한 후에 그 재직 중 지급되지 아니한 임금이나 퇴직금을 청구하는 경우에는 초과지급된 임금의 반환청구권을 자동채권으로 하여 상계하는 것은 무방하다."[28] 임금채권과의 상계를 허용하는 예외적 법리는 "사용자가 근로자에게 이미 퇴직금 명목의 금원을 지급하였으나 그것이 퇴직금지급으로서의 효력이 없어 사용자가 같은 금원 상당의 부당이득반환채권을 갖게 된 경우에 이를 자동채권으로 하여 근로자의 퇴직금채권과 상계하는 때에도 적용된다"고 한 대판(전) 2010.5.20. 2007다90760[29]도 참조.

㉰ 압류금지채권이 양도되거나 대위의 요건이 구비된 후에도 이를 수동채권으로 한 상계로써 채권양수인 또는 대위채권자에게 대항할 수 없다(대판 2009.12.10. 2007다30171).

3) 지급금지채권

㉮ (가)압류명령이 송달된 후에 제3채무자가 채권을 취득하였다면 그는 그 채권으로 압류채권자에게 대항하지 못하는데(제498조), <u>압류명령이 송달되기 전에 취득한 채권을 자동채권으로 하는 상계로 압류채권자에게 대항할 수 있는지 여부</u>를 판례는 <u>변제기를 기준으로</u> 판단한다. 즉 압류명령의 송달 당시 양 채권이 이미 상계적상에 있는 경우는 물론 그렇지 않더라도 자동채권의 변제기가 수동채권(피압류채권)의 변제기보다 먼저 또는 그와 동시에 도래하는 경우에, 제3채무자는 자기의 채

---

28) 또 다른 예외로 근로자의 자유로운 의사에 기한(이 판단은 엄격하고 신중하게 이루어져야 한다) 동의를 얻으면 상계할 수 있다는 대판 2001.10.23. 2001다25184도 참조.

29) 다만 급여채권이나 퇴직금채권의 2분의 1을 초과하는 부분에 해당하는 금액에 관하여만 허용된다고 하였다.

권(자동채권)으로써 장래 상계할 기대이익을 가진다고 보아야 하므로 보호되는 반면, 자동채권의 변제기가 수동채권의 변제기보다 나중에 도래하는 경우에는 제3채무자의 상계에 대한 기대가 보호되지 않는다고 한다(대판 1982.6.22. 82다카200 등).[30] 상계의 담보적 기능에 관한 〈3－4－5〉도 참조.

㈏ 한편 반대채권(자동채권)이 압류명령 송달 후에 성립하였으나 그 성립의 기초는 송달 전부터 존재하였다면 상계가 허용된다. 가령 대판 2010.3.25. 2007다35152: "금전채권에 대한 압류 및 전부명령이 있는 때에는 압류된 채권은 동일성을 유지한 채로 압류채무자로부터 압류채권자에게 이전되고, 제3채무자는 채권이 압류되기 전에 압류채무자에게 대항할 수 있는 사유로써 압류채권자에게 대항할 수 있는 것이므로, 제3채무자의 압류채무자에 대한 자동채권이 수동채권인 피압류채권과 동시이행의 관계에 있는 경우에는, 압류명령이 제3채무자에게 송달되어 압류의 효력이 생긴 후에 자동채권이 발생하였다고 하더라도 제3채무자는 동시이행의 항변권을 주장할 수 있다. 이 경우에 자동채권이 발생한 기초가 되는 원인은 수동채권이 압류되기 전에 이미 성립하여 존재하고 있었던 것이므로, 그 자동채권은 민법 제498조의 '지급을 금지하는 명령을 받은 제3채무자가 그 후에 취득한 채권'에 해당하지 않는다고 봄이 상당하고, 제3채무자는 그 자동채권에 의한 상계로 압류채권자에게 대항할 수 있다."[31]

---

30) 나아가 대판 2019.2.14. 2017다274703: "이러한 법리는 채권압류명령을 받은 제3채무자이자 보증채무자인 사람이 압류 이후 보증채무를 변제함으로써 담보제공청구의 항변권을 소멸시킨 다음, 압류채무자에 대하여 압류 이전에 취득한 사전구상권으로 피압류채권과 상계하려는 경우에도 적용된다. [···] 결국 제3채무자가 압류채무자에 대한 사전구상권을 가지고 있는 경우에 상계로써 압류채권자에게 대항하기 위해서는, 압류의 효력 발생 당시 사전구상권에 부착된 담보제공청구의 항변권이 소멸하여 사전구상권과 피압류채권이 상계적상에 있거나, 압류 당시 여전히 사전구상권에 담보제공청구의 항변권이 부착되어 있는 경우에는 제3채무자의 면책행위 등으로 인해 위 항변권을 소멸시켜 사전구상권을 통한 상계가 가능하게 된 때가 피압류채권의 변제기보다 먼저 도래하여야 한다."

31) 가령 전세금반환채권은 전세권 성립시부터 이미 발생이 예정되어 있으므로, 전세권저당권이 설정된 때 이미 전세권설정자가 전세권자에 대하여 반대채권을 가지고 있고 반대채권의 변제기가 장래 발생할 전세금반환채권의 변제기보다 먼저 또는 그와 동시에 도래하는 경우처럼 전세권설정자에게 합리적 기대이익을 인정할 수 있는 경우에는 특별한 사정이 없는 한 전세권설정자는 반대채권을 자동채권으로 하여 전세금반환채권과 상계함으로써 전세권저당권자에게 대항할 수 있다(대판 2014.10.27. 2013다91672).

(5) 나아가 상계적상에 있는 두 채권이 소멸하기 위하여 당사자 일방의 상대방에 대한 상계표시(相計表示)가 있어야 한다.

그런데 상계표시에는 조건이나 기한을 붙이지 못한다(제493조 제1항 후문).

〈3-4-4〉 상계의 방법에 관한 판례

㉮ 채권자가 주채무자에 대하여 상계적상에 있는 자동채권을 상계처리하지 않았다 하여 이를 이유로 보증채무자가 보증채무의 이행을 거절할 수 없으며, 나아가 보증채무자의 책임이 면제되는 것도 아니다(대판 1987.5.12. 86다카1340).[32)]

상계권의 불행사가 제3자에 대하여 불법행위를 구성하지 않는다고 한 (<7-2-3>에 소개된) 대판 2002.2.26. 2001다74353도 참조.

㉯ 대판 1991.4.9. 91다2892: "어음채권을 자동채권으로 하여 상계의 의사표시를 하는 경우에 있어 재판 외의 상계의 경우에는 어음채무자의 승낙이 없는 이상 어음의 교부가 필요불가결하고 어음의 교부가 없으면 상계의 효력이 생기지 아니한다 할 것이지만, 재판상의 상계의 경우에는 어음을 서증으로써 법정에 제출하여 상대방에게 제시되게 함으로써 충분하다."[33)]

㉰ 참고로 소송상 상계를 본다.

㉠ 상계항변의 경우에 판결이유에서의 판단임에도 예외적으로 기판력이 생기므로(민사소송법 제216조 제2항), 다른 항변사유 모두가 이유 없는 때에만 상계항변을 심리·판단해야 한다.

㉡ 소송상 방어방법으로서 상계항변은 수동채권의 존재가 확정되는 것을 전제로 행하여지는 「예비적 항변」으로서, 소송상 상계의 의사표시에 의하여 확정적으로 효과가 발생하는 것이 아니라, 당해 소송에서 수동채권의 존재 등 상계에 관한 법원의 실질적 판단이 이루어져야 비로소 실체법상 상계의 효과가 발생한다(대판 2014.6.12. 2013다95964).[34)]

㉢ 상계주장에 관한 판단에 기판력이 인정되는 경우는, 상계주장의 대상이 된 수

---

32) 이 경우 보증인은 제434조에 기하여 주채무자의 상계권을 행사할 수 있다.

33) 재판 외의 상계에서 어음의 교부는 상계의 효력발생요건이므로 상계의 의사표시를 하는 이가 이를 주장·증명해야 한다는 대판 2008.7.10. 2005다24981도 참조.

34) 소송절차 진행 중 당사자 사이에 조정이 성립한 경우에 소송상 상계항변의 사법상 효과도 발생하지 않는다고 한 대판 2013.3.28. 2011다3329도 참조.

동채권이 소송물로서 심판되는 소구(訴求)채권이거나 그와 실질적으로 동일하다고 보이는 경우(예: 원고가 상계를 주장하면서 청구이의의 소를 제기하는 경우)로서 상계를 주장한 반대채권(자동채권)과 그 수동채권을 기판력의 관점에서 동일하게 취급할 필요성이 인정되는 경우를 말한다(대판 2018.8.30. 2016다46338·46345).

3. 상계의 효과

상계의 효과로 각 채무가 대등액에 관하여 소멸하는데, 그 효과는 "상계할 수 있는 때"에 발생한다(제493조 제2항): 「상계의 소급효」.[35)]

〈3-4-5〉 상계의 담보적 기능에 관한 판례

㉮ 대판(전) 2012.2.16. 2011다45521의 다수의견: "민법 제498조[…]의 취지, 상계제도의 목적 및 기능, 채무자의 채권이 압류된 경우 관련당사자들의 이익상황 등에 비추어 보면, 채권압류명령 또는 채권가압류명령(이하 채권압류명령의 경우만을 두고 논의하기로 한다)을 받은 제3채무자가 압류채무자에 대한 반대채권을 가지고 있는 경우에 상계로써 압류채권자에게 대항하기 위하여는, 압류의 효력 발생 당시에 대립하는 양 채권이 상계적상에 있거나, 그 당시 반대채권(자동채권)의 변제기가 도래하지 아니한 경우에는 그것이 피압류채권(수동채권)의 변제기와 동시에 또는 그보다 먼저 도래하여야 한다."[36)]

35) 대판 2021.5.7. 2018다25946: "민법 제492조 제1항에서 정한 '채무의 이행기가 도래한 때'는 채권자가 채무자에게 이행의 청구를 할 수 있는 시기가 도래하였음을 의미하고 채무자가 이행지체에 빠지는 시기를 말하는 것이 아니다. […] 상계에 따른 양 채권의 차액계산 또는 상계충당은 상계적상의 시점을 기준으로 한다. 따라서 그 시점 이전에 수동채권에 대하여 이자나 지연손해금이 발생한 경우 상계적상시점까지 수동채권의 이자나 지연손해금을 계산한 다음 자동채권으로써 먼저 수동채권의 이자나 지연손해금을 소각하고 잔액을 가지고 원본을 소각하여야 한다."

그리고 대판 2022.6.30. 2022다200089: "채권양수인이 양수채권을 자동채권으로 하여 그 채무자가 채권양수인에 대해 가지고 있던 기존채권과 상계한 경우, 채권양수인은 채권양도의 대항요건이 갖추어진 때 비로소 자동채권을 행사할 수 있으므로 채권양도 전에 이미 양 채권의 변제기가 도래하였다고 하더라도 상계의 효력은 변제기로 소급하는 것이 아니라 채권양도의 대항요건이 갖추어진 시점으로 소급한다."

36) 사실관계는 다음과 같다: ㉠ A 회사는 Y와의 도급계약에 따른 건물공사를 완공하여 2008.

㉯ 채권양도에서도 채무자가 양도인에 대한 채권을 취득한 경우에 어느 시기까지 취득해야 이 채권을 자동채권으로 하여 상계할 수 있는지가 문제될 수 있는데, 이에 관하여 대판 2015.4.9. 2014다80945: "채권양도에 의하여 채권은 그 동일성을 유지하면서 양수인에게 이전되고, 채무자는 양도통지를 받은 때까지 양도인에 대하여 생긴 사유로써 양수인에게 대항할 수 있다(민법 제451조 제2항). 따라서 채무자의 채권양도인에 대한 자동채권이 발생하는 기초가 되는 원인이 양도 전에 이미 성립하여 존재하고 자동채권이 수동채권인 양도채권과 동시이행의 관계에 있는 경우에는, 양도통지가 채무자에게 도달하여 채권양도의 대항요건이 갖추어진 후에 자동채권이 발생하였다고 하더라도 채무자는 동시이행의 항변권을 주장할 수 있고, 따라서 그 채권에 의한 상계로 양수인에게 대항할 수 있다."[37]

㉰ 상계권의 남용에 관하여 대판 2003.4.11. 2002다59481: "일반적으로 당사자 사이에 상계적상이 있는 채권이 병존하고 있는 경우에는 이를 상계할 수 있는 것이 원칙이고, 이러한 상계의 대상이 되는 채권은 상대방과 사이에서 직접 발생한 채권에 한하는 것이 아니라, 제3자로부터 양수 등을 원인으로 하여 취득한 채권도 포함한다 할 것인바, 이러한 상계권자의 지위가 법률상 보호를 받는 것은, 원래 상계제도가 서로 대립하는 채권, 채무를 간이한 방법에 의하여 결제함으로써 양자의 채권채무관계를 원활하고 공평하게 처리함을 목적으로 하고 있고, 상계권을 행사하려고 하는 자에 대하여는 수동채권의 존재가 사실상 자동채권에 대한 담보로서의 기능

---

6. 10.경 Y에게 인도하였는데, A의 Y에 대한 공사대금채권의 최종변제기는 건물인도일과 같다. ㉡ 한편 2008. 1. 19. A와 하도급계약을 체결하여 공사를 완성한 X는 공사대금 중 일부를 지급받지 못하자 그 지급을 구하는 지급명령을 신청하였고, 그 명령은 같은 해 7. 23. 확정되었다. ㉢ X는 하도급채권의 보전을 위하여 위 공사대금채권을 가압류하였고, 채권가압류결정은 2008. 6. 30. Y에게 송달되었다. ㉣ X는 2008. 8. 6. 본압류로 전이하여 압류 및 추심명령을 받았고 그 명령은 같은 달 11. Y에게 송달되었다. ㉤ X의 추심금청구에 대하여 Y는 A에게 추가로 할인하여 준 액면금 1억 원의 약속어음에 관한 대여금채권(지급기일은 2008. 7. 25.)으로 A의 공사대금채권과 상계한다고 항변하였다.

원심은 Y의 상계항변을 받아들였으나, 대법원은 원심을 파기하며 (〈3-4-3〉에 소개된) 대판 1982.6.22. 82다카200 등의 입장을 유지하였는데, 이에 대하여 반대의견은 수동채권이 추심되지 않은 채 자동채권의 변제기가 도래하면 제3채무자가 상계할 수 있다고 하였다.

37) 채권양도에서 채무자가 양도인에게 이의를 보류하지 아니하고 승낙을 하였다는 사정이 없거나 또는 이의를 보류하지 아니하고 승낙을 하였더라도 양수인이 악의 또는 중과실의 경우에 해당하는 한, 채무자의 승낙 당시까지 양도인에 대하여 생긴 사유로써 양수인에게 대항할 수 있는데, 승낙 당시 이미 상계를 할 수 있는 원인이 있었던 경우에는 아직 상계적상에 있지 않더라도 그 후에 상계적상이 생기면 채무자는 양수인에 대하여 상계로 대항할 수 있다고 한 대판 1999.8.20. 99다18039도 참조.

을 하는 것이어서 그 담보적 기능에 대한 당사자의 합리적 기대가 법적으로 보호받을 만한 가치가 있음에 근거하는 것이므로 당사자가 상계의 대상이 되는 채권이나 채무를 취득하게 된 목적과 경위, 상계권을 행사함에 이른 구체적·개별적 사정에 비추어, 그것이 위와 같은 상계제도의 목적이나 기능을 일탈하고, 법적으로 보호받을 만한 가치가 없는 경우에는, 그 상계권의 행사는 신의칙에 반하거나 상계에 관한 권리를 남용하는 것으로서 허용되지 않는다고 함이 상당하고, 상계권 행사를 제한하는 위와 같은 근거에 비추어 볼 때 일반적인 권리남용의 경우에 요구되는 주관적 요건을 필요로 하는 것은 아니"다.[38]

그 밖에 수취은행이 대출채권을 자동채권으로 하여 착오송금에 기한 예금채권과 상계하는 것도 상계권의 남용에 해당할 수 있음에 관하여 (〈7-5-6〉에 소개된) 대판 2010.5.27. 2007다66088 참조.

제 5 절 소멸시효

1. 시효법 총설

(1) 시효(時效)란 어떤 사실상태가 일정기간 계속된 경우에 그 상태를 법률관계로 고양시키는 제도로, 소멸시효와 취득시효의 두 종류가 있다.

(2) 판례는 소멸시효제도가 "법적 안정성의 달성, 입증곤란의 구제, 권리행사의 태만에 대한 제재를 이념으로 삼"는다고 한다(대판(전) 2013.5.16. 2012다202819).

그런데 소멸시효이든 취득시효이든 시효로 인하여 권리를 잃는 권리자와 의무를 면하거나 권리를 취득하는 상대방 사이의 이해관계의 조절이 시효제도의 운용에 반영되어야 한다.

38) 자신이 상대방에 대하여 부담하는 채무와 상계할 목적으로 상대방 발행의 약속어음을 액면가의 40%에도 미치지 못한 가격으로 할인취득하고 어음금채권을 자동채권으로 하여 상계한 사안에서 상계가 허용되지 않는다고 한 사례.

2. 요 건

(1) 소멸시효의 요건으로 ① 대상적격과 ② 시효기간 및 ③ 기산점이 검토되어야 한다.

(2) 채권뿐만 아니라 소유권을 제외한 그 밖의 재산권도 소멸시효의 대상이지만(제162조), 주된 대상은 채권이다.

〈3-5-1〉 등기청구권과 소멸시효에 관한 판례

1) 부동산매수인의 소유권이전등기청구권

㉮ 대판(전) 1976.11.6. 76다148의 다수의견: "시효제도의 존재이유에 비추어 보아 부동산매수인이 그 목적물을 인도받아서 이를 사용 수익하고 있는 경우에는 그 매수인을 권리 위에 잠자는 것으로 볼 수도 없고 또 매도인 명의로 등기가 남아 있는 상태와 매수인이 인도받아 이를 사용 수익하고 있는 상태를 비교하면 매도인 명의로 잔존하고 있는 등기를 보호하기보다는 매수인의 사용 수익상태를 더욱 보호하여야 할 것이므로 그 매수인의 등기청구권은 다른 채권과는 달리 소멸시효에 걸리지 않는다고 해석함이 타당하다."[39]

㉯ 이어서 대판(전) 1999.3.18. 98다32175의 다수의견: "부동산의 매수인이 그 부동산을 인도받은 이상 이를 사용·수익하다가 그 부동산에 대한 <u>보다 적극적인 권리행사의 일환으로</u> 다른 사람에게 그 부동산을 처분하고 그 점유를 승계하여 준 경우에도 그 이전등기청구권의 행사 여부에 관하여 그가 그 부동산을 <u>스스로</u> 계속 사용·수익만 하고 있는 경우와 특별히 다를 바 없으므로 위 두 어느 경우에나 이전등기청구권의 소멸시효는 진행되지 않는다고 보아야 한다."[40]

㉰ 정리하자면, ㉠ 부동산매수인의 소유권이전등기청구권은 채권적 청구권으로 소멸시효에 걸리지만, ㉡ 인도받아 사용·수익하는 등 권리의 행사가 있으면 시효

---

39) 시효로 소멸하지 않는다는 결론 자체에 대해서는 반대가 없었지만, 대법원이 등기청구권의 대상적격 자체를 부정하는지 아니면 시효가 중단되었다는 것인지 그리고 중단되었다면 중단의 근거가 무엇인지에 대하여 의견이 분분하였다.

40) 'Y → A → X'에게로 임야가 순차 매도되어 인도되었는데, X에게 매도된 지 20여 년이 지난 후 X가 A를 대위하여 Y에게 소유권이전등기를 청구한 사안에서 Y의 소멸시효의 항변을 배척한 사례.

가 중단된다는 것이 판례의 입장이다.

그런데 종전의 판례 중 점유를 침탈당한 경우에 관한 대판 1992.7.24. 91다40924가 폐기대상에서 제외된 점에 비추어 앞의 98다32175 판결의 유효범위는 점유의 상실이 그 부동산에 대한 권리행사의 일환으로 이해될 수 있는 경우로 한정되어야 한다.

2) 취득시효를 완성한 이의 등기청구권은 채권적 청구권으로 소멸시효에 걸리는데, 판례는 앞의 76다148 판결의 태도에 따라 시효완성자가 점유를 계속하는 동안에는 등기청구권의 소멸시효가 진행되지 않지만(대판 1990.11.13. 90다카25352), 시효완성자가 점유를 상실한 경우에 등기청구권은 10년의 소멸시효에 걸린다고 한다(대판 1996.3.8. 95다34866·34873). 점유의 승계에 관한 (〈8-5-5〉에 소개된) 대판(전) 1995.3.28. 93다47745도 참조.

---

(3) 채권의 소멸시효기간은 10년이지만(제162조 제1항), 시효기간의 단축에 관한 합의(제184조 제2항 참조) 또는 법률의 다른 규정(제163조, 제164조, 상법 제64조 등)이 있으면 그에 의한다.

그런데 단기소멸시효에 해당하는 채권이라도 그에 관한 판결이 확정되면, 그 소멸시효기간은 그때부터 다시 10년으로 연장된다(제165조 제1항).

〈3-5-2〉 시효기간에 관한 판례

㉮ 절차법적으로 어떤 시효기간이 적용되는지에 관한 주장은 단순히 법률의 해석이나 적용에 관한 의견을 표명한 것에 불과하므로 변론주의의 적용대상이 아니고, 따라서 당사자가 민법에 따른 소멸시효기간을 주장한 경우에도 법원은 직권으로 상법에 따른 소멸시효기간을 적용할 수 있다(대판 2013.2.15. 2012다68217).

㉯ 단기시효가 적용되는 채권의 채권자가 그 채권의 발생원인인 계약에 기하여 상대방에게 부담하는 반대채무에 대해서는 10년의 시효기간이 적용된다(대판 2013.11.14. 2013다65178).

㉰ 대판 2005.1.14. 2002다57119는, 우수현상광고의 당선자가 광고주에 대하여 우수작으로 판정된 계획설계에 기초하여 기본 및 실시설계계약의 체결을 청구할

수 있는 권리를 가지는 경우에, 「계약체결의무의 불이행」을 원인으로 하는 손해배상청구권은 계약이 체결되었다면 취득할 계약상의 이행청구권과 실질적이고 경제적으로 밀접한 관계가 형성되기 때문에, 그 손해배상청구권의 소멸시효기간은 계약이 체결되었을 때 취득할 이행청구권에 적용되는 소멸시효기간에 따르고, 이러한 청구권에 기하여 계약이 체결되었다면 취득할 계약상의 이행청구권은 "설계에 종사하는 자의 공사에 관한 채권"으로서 이에 관하여 제163조 제3호 소정의 3년의 단기소멸시효가 적용되므로, 위의 기본 및 실시설계계약의 체결의무의 불이행으로 인한 손해배상청구권의 소멸시효도 3년의 단기소멸시효가 적용된다고 하였다.[41]

㉣ 「채권자와 주채무자 사이」의 확정판결에 의하여 시효기간이 10년으로 된 경우에, 보증채무는 주채무와 별개의 독립된 채무이므로 「채권자와 보증인 사이」에서 위 확정판결은 그 시효기간에 대하여 영향을 미치지 않고, 보증채무의 소멸시효기간은 여전히 종전의 소멸시효기간에 따른다(대판 2006.8.24. 2004다26287·26294).

㉤ 상사시효(상법 제64조)에 관하여 본다.

㉠ 상사시효의 대상인 "상행위로 인한 채권"은 당사자 일방에 대해서만 상행위에 해당하는 행위로 인한 채권도 포함하고, 상행위에는 상인이 영업을 위하여 하는 보조적 상행위도 포함된다(대판 2000.5.12. 98다23195). 나아가 직접 상행위로 인하여 생긴 채권뿐만 아니라 상행위로 인하여 생긴 채무의 불이행에 기한 손해배상채권도 포함한다(대판 1997.8.26. 97다9260).[42]

㉡ 상사시효제도는 대량, 정형, 신속이라는 상거래관계 특유의 성질에 기인한 제도이므로, 그 성질상 정형적이고 신속한 해결이 필요하지 않는 경우에 동조의 적용이 배제되기도 한다.

먼저 대판 2019.9.10. 2016다271257: "부당이득반환청구권이라도 그것이 상행위

---

41) 은행이 영업행위로서 한 대출금에 대한 변제기 이후의 지연손해금은 그 원본채권과 마찬가지로 상행위로 인한 채권으로서 상사시효가 적용된다고 한 대판 2008.3.14. 2006다2940도 참조.

42) 학원 설립과정에서 영업준비자금으로 돈을 차용한 후 학원을 설립하여 운영한 사안에서, "영업자금 차입행위는 행위 자체의 성질로 보아서는 영업의 목적인 상행위를 준비하는 행위라고 할 수 없지만, 행위자의 주관적 의사가 영업을 위한 준비행위이었고 상대방도 행위자의 설명 등에 의하여 그 행위가 영업을 위한 준비행위라는 점을 인식하였던 경우에는 상행위에 관한 상법의 규정이 적용된다"고 보아 상사시효를 적용한 대판 2012.4.13. 2011다104246 및 당사자 일방이 상인이라면 토지보상법에 의한 협의취득으로 체결된 부동산매매계약도 보조적 상행위에 해당하므로, 매도인의 채무불이행책임이나 하자담보책임에 기한 매수인의 손해배상채권에 상사소멸시효가 적용된다고 한 대판 2022.7.14. 2017다242232도 참조.

인 계약에 기초하여 이루어진 급부 자체의 반환을 구하는 것으로서, 그 채권의 발생경위나 원인, 당사자의 지위와 관계 등에 비추어 그 법률관계를 상거래관계와 같은 정도로 신속하게 해결할 필요성이 있는 경우 등에는 5년의 소멸시효를 정한 상법 제64조가 적용된다. 그러나 이와 달리 부당이득반환청구권의 내용이 급부 자체의 반환을 구하는 것이 아니거나, 위와 같은 신속한 해결필요성이 인정되지 아니하는 경우라면 특별한 사정이 없는 한 상법 제64조는 적용되지 아니하고 10년의 민사소멸시효기간이 적용된다." 상법 제64조의 적용이 부정된 예로, 무효인 부동산 매매계약의 이행으로 매매대금을 의료법인인 매도인에게 지급한 주식회사인 매수인의 부당이득반환청구(대판 2003.4.8. 2002다64957·64964), 건물임대차계약이 종료되었음에도 임차건물을 무단으로 점유·사용하는 임차인 B 주식회사을 상대로 한 임대인 A 주식회사의 부당이득반환청구(대판 2012.5.10. 2012다4633), 가해차량이 가입한 책임보험의 보험자로부터 보험금을 수령하였음에도 자동차손해배상 보장사업을 위탁받은 보험사업자로부터 또다시 피해보상금을 수령한 교통사고 피해자를 상대로 한 위 보험사업자의 부당이득반환청구(대판 2010.10.14. 2010다32276), 배당가능이익이 없음에도 이익의 배당이나 중간배당을 한 회사가 배당을 받은 주주를 상대로 한 부당이득반환청구(대판 2021.6.24. 2020다208621) 등. 다만 대판(전) 2021.7.22. 2019다277812는, 보험계약이 사회질서에 반하여 무효인 경우에, 보험회사의 보험계약자 등에 대한 부당이득반환청구권에 상법 제64조를 유추적용하여 5년의 상사소멸시효기간이 적용된다고 하였고,[43] 대판 2021.8.19. 2018다258074도 실제로 발생하지 않은 보험사고의 발생을 가장하여 청구·수령된 보험금 상당 부당이득반환청구권은 5년의 상사소멸시효기간에 걸린다고 하였다.

43) "보험계약자가 다수의 계약을 통하여 보험금을 부정취득할 목적으로 보험계약을 체결하여 그것이 민법 제103조에 따라 선량한 풍속 기타 사회질서에 반하여 무효인 경우 보험자의 보험금에 대한 부당이득반환청구권은 상법 제64조를 유추적용하여 5년의 상사소멸시효기간이 적용된다고 봄이 타당하다." 그 근거로 기본적 상행위인 보험계약(상법 제46조 제17호)에 따라 그 의무 이행으로 지급된 보험금의 반환청구권은 보험계약의 이행과 밀접하게 관련되어 있어 그 이행청구권에 대응하는 것이라는 점, 사안의 특성상 복수의 보험계약이 관련되는데 이러한 법률관계는 실질적으로 동일한 원인에서 발생한 것이므로 정형적으로 신속하게 처리할 필요가 있다는 점, 상법 제648조나 제662조는 보험계약 무효의 특수성 등을 감안한 입법정책적 결단인 이상 이를 보험자가 보험금반환을 청구하는 경우에까지 확장하거나 유추하여 적용하는 것은 적절하지 않다는 점 및 보험계약이 무효인 경우에 보험금반환청구권에 대하여 10년의 민사소멸시효기간을 적용하는 것은 보험계약당사자인 보험계약자와 보험자 사이의 형평에 부합하지 않는다는 점을 든다.

나아가 불법행위로 인한 손해배상채권에도 상사시효는 적용되지 않는다(대판 1985.5.28. 84다카966). 민사시효가 적용된 예로, 근로자의 근로계약상의 주의의무 위반으로 인한 상인의 손해배상청구권에 관한 대판 2005.11.10. 2004다22742, 근로계약상 보호의무 위반에 따른 근로자의 손해배상청구권에 관한 대판 2021.8.19. 2018다270876.

(4) 소멸시효의 기산점으로서 "권리를 행사할 수 있는 때"(제166조 제1항)란 권리를 행사함에 법률상의 장애사유(예: 기간의 미도래나 조건 불성취)가 없음을 말한다.

〈3-5-3〉 시효의 기산점에 관한 판례

㉮ 소멸시효의 기산점은 주요사실로서 변론주의의 적용대상이다(취득시효에서는 그렇지 않음에 관하여 〈8-5-3〉 참조). 따라서 실제의 기산일과 당사자가 주장하는 기산일이 다른 경우에, 변론주의의 원칙상 법원은 당사자가 주장하는 기산일을 기준으로 소멸시효를 계산해야 하는데, 당사자가 본래의 기산일보다 뒤의 날짜를 기산일로 주장하는 경우는 물론이고, 특별한 사정이 없는 한 반대의 경우에도 마찬가지이다(대판 1995.8.25. 94다35886).

㉯ 채권을 계속 행사하고 있다고 볼 수 있으면 소멸시효가 진행하지 않는데, 채권을 행사하는 방법에는 채무자에 대한 직접적인 이행청구 외에도 변제의 수령이나 상계, 소송상 청구 및 항변으로 채권을 주장하는 경우 등 채권이 가지는 다른 여러 가지 권능을 행사하는 것도 포함된다(대판 2020.7.9. 2016다244224·244231).[44]

㉰ 대법원이 전원합의체 판결로 종래의 입장을 변경한 점(대판 2010.9.9. 2008다15865)이나 법인 대표자의 불법행위로 인한 신원보증보험계약에 기한 보험금청구에서 법인과 대표자의 이해가 상반된다는 점(대판 2002.10.25. 2002다13614) 등은 사실상의 장애사유에 불과하다.

㉱ 구체적인 경우들을 본다.

44) 임대차 종료 후 임차인이 보증금을 반환받기 위하여 동시이행의 항변권을 행사하며 목적물을 점유하는 경우에 보증금반환채권에 대한 권리를 행사하는 것으로 보아야 하지만, 임차인이 목적물을 점유하지 않거나 동시이행의 항변권을 상실하여 정당한 점유권원을 갖지 않는 경우에까지 인정되는 것은 아니라고 한 사례.

㉠ 기한 있는 채권의 소멸시효는 이행기가 도래한 때부터 진행하지만, 이행기가 도래한 후 채권자와 채무자가 기한을 유예하기로 합의하였다면, 유예된 때로 이행기가 변경되어 소멸시효는 변경된 이행기가 도래한 때부터 다시 진행한다(대판 2017.4.13. 2016다274904).

㉡ 동시이행의 항변권이 붙은 채권의 경우에, 이행기 도래 후에는 반대급부를 제공하면 언제라도 권리를 행사할 수 있으므로, 이행기부터 소멸시효가 진행한다(대판 1991.3.22. 90다9797).

㉢ 채무불이행으로 인한 손해배상청구권은 채무불이행이 있은 때부터 소멸시효가 진행한다는 것이 판례의 입장이다(대판 1995.6.30. 94다54269). 다만 시효기간은 본래의 채권에 적용될 기간에 의한다(〈3-5-2〉에 소개된 대판 2005.1.14. 2002다57119 참조).

㉣ 권리를 행사할 수 있는 방법과 절차가 나중에 마련된 경우에도 그러한 방법이 마련되기 전에는 권리행사에 대한 법률상 장애가 있다고 보아야 한다. 매매목적물의 수용 또는 국유화에 따른 보상금을 청구할 수 있는 절차와 방법이 마련된 시점부터 대상청구권에 대한 소멸시효가 진행하는 것으로 본 대판 2002.2.8. 99다23901 참조.[45]

㉤ 대결 2011.8.16. 2010스85: "미성년의 자녀를 양육한 자가 공동양육의무자인 다른 쪽 상대방에 대하여 과거 양육비의 지급을 구하는 권리는 당초에는 기본적으로 친족관계를 바탕으로 하여 인정되는 하나의 추상적인 법적 지위이었던 것이 당사자의 협의 또는 당해 양육비의 내용 등을 재량적·형성적으로 정하는 가정법원의 심판에 의하여 구체적인 청구권으로 전환됨으로써 비로소 보다 뚜렷하게 독립한 재산적 권리로서의 성질을 가지게 되는 것으로서, 당사자의 협의 또는 가정법원의 심판에 의하여 구체적인 지급청구권으로 성립하기 전에는 과거 양육비에 관한 권리는 양육자가 그 권리를 행사할 수 있는 재산권에 해당한다고 할 수 없으므로 그 상태에서는 소멸시효가 진행할 여지가 없다고 보아야 한다."

㉥ 보험금청구권은 보험사고의 발생으로 인하여 구체적으로 확정되어 그때부터 그 권리를 행사할 수 있으므로 「보험사고가 발생한 때」부터 소멸시효가 진행한다(대판 2009.7.9. 2009다14340).

---

45) 공무원의 면직처분이 그 근거법률에 대한 위헌결정으로 인하여 불법행위가 된 경우에 위헌결정일부터 손해배상청구권의 소멸시효가 진행된다고 한 대판 1996.7.12. 94다52195도 참조.

다만 이에 대하여 예외가 인정된다. 즉 보험사고가 발생하였는지 여부가 객관적으로 분명하지 않아서 보험금청구권자가 과실 없이 보험사고의 발생을 알 수 없었던 경우에도 보험사고가 발생한 때부터 보험금청구권의 소멸시효가 진행한다고 해석하는 것은 보험금청구권자에게 너무 가혹하여 사회정의와 형평의 이념에 반할 뿐만 아니라 소멸시효제도의 존재이유에 부합하지 않으므로, 이처럼 객관적으로 보아 보험사고가 발생한 사실을 확인할 수 없는 사정이 있는 경우에는 「보험금청구권자가 보험사고의 발생을 알았거나 알 수 있었던 때」부터 보험금액청구권의 소멸시효가 진행한다(대판 2001.4.27. 2000다31168).[46]

㉦ 대판 2022.8.19. 2020다220140은 "임치계약 해지에 따른 임치물반환청구는 임치계약 성립시부터 당연히 예정된 것이고, 임치계약에서 임치인은 언제든지 계약을 해지하고 임치물의 반환을 구할 수 있는 것이므로, 특별한 사정이 없는 한 임치물반환청구권의 소멸시효는 임치계약이 성립하여 임치물이 수치인에게 인도된 때부터 진행하는 것이지, 임치인이 임치계약을 해지한 때부터 진행한다고 볼 수 없다"고 하였는데, 형성권의 제척기간과 그 권리의 행사로 발생하는 청구권의 소멸시효에 관한 판례의 입장(〈3-5-13〉 참조)에 반할 뿐만 아니라 임치에서 임치인이 기한의 이익을 가진다는 점에서도 동의하기 어렵다.

3. 시효의 장애 1: 일반론

(1) 권리의 불행사라는 사실상태가 지속되어 소멸시효의 완성을 향해서 나아가는 과정을 소멸시효의 「진행」이라 하고, 시효의 진행이 방해되는 사태를 시효의 「장애」라 한다.

(2) 시효의 장애로 중단과 정지 두 유형이 있는데, 특히 중단은 시효완성 여부를 결정하는 요체로 기능한다.

46) 법인의 이사회 결의가 부존재함에 따른 제3자의 부당이득반환청구권에 관하여 '이사회 결의 부존재 확인판결의 확정과 같이 객관적으로 청구권의 발생을 알 수 있게 된 때'부터 소멸시효가 진행된다고 하여 예외를 인정한 대판 2003.4.8. 2002다64957·64964 및 수급인의 저당권설정청구권에 관한 (〈6-3-4〉에 소개된) 대판 2016.10.27. 2014다211978도 참조.

〈3-5-4〉 시효의 장애에 관한 판례

㉮ 판례는 기본적으로 권리자를 위하여 시효의 중단에 대하여 너그러운 입장이라고 할 수 있다. 가령 대판 2006.6.16. 2005다25632: "소멸시효제도 특히 시효중단제도는 그 제도의 취지에 비추어 볼 때 이에 관한 기산점이나 만료점은 원권리자를 위하여 너그럽게 해석하는 것이 상당하다."47)

㉯ 절차법적으로 시효소멸의 주장은 통상 권리의 주장에 대한 항변(권리소멸사유)으로 시효이익을 주장하는 이(대개 채무자)가 그에 대한 증명책임을 지고, 시효중단사유는 시효소멸의 항변에 대한 재항변으로 시효완성을 다투는 반대당사자(보통은 채권자)가 그에 대한 주장 및 증명책임을 진다(대판 2003.6.13. 2003다17927·17934).

㉰ 시효의 중단은 당사자 및 그 승계인 사이에서만 그 효력이 있는데(제169조), 여기서 「당사자」란 시효중단에 관여한 당사자를 의미하고, 시효의 대상인 권리관계의 당사자를 말하는 것은 아니다. 손해배상청구권을 공동상속한 이들 중 1인이 자기의 상속분을 행사하여 승소판결을 얻었더라도 다른 공동상속인의 상속분에까지 중단의 효력이 미치지 않는다고 한 대판 1967.1.24. 66다2279 참조.

㉱ 참고로 대판 2011.10.13. 2010다80930은, 채권자 A가 채무자 B를 대위하여 C를 상대로 부동산에 관하여 부당이득반환을 원인으로 한 소유권이전등기절차 이행을 구하는 소를 제기하였다가 피보전권리가 인정되지 않는다는 이유로 소 각하판결을 선고받아 확정되었고, 그로부터 3개월 남짓 경과한 후에 다른 채권자 D가 B를 대위하여 C를 상대로 같은 내용의 소를 제기하였다가 C와 사이에 피보전권리가 존재하지 않는다는 취지의 조정이 성립되었는데, 또 다른 채권자인 E가 조정 성립일부터 10여 일이 경과한 후에 B를 대위하여 C를 상대로 같은 내용의 소를 다시 제기한 사안에서, B의 C에 대한 위 부동산에 관한 부당이득반환을 원인으로 한 소유권이전등기청구권의 소멸시효는 A, D, E의 순차적인 채권자대위소송에 따라 최초의 재판상 청구인 A의 채권자대위소송 제기로 중단되었다고 보았다.

47) 주택임대차법상의 임대차에서 그 기간이 끝난 후 임차인이 보증금을 반환받기 위해 목적물을 점유하는 경우에, 보증금반환채권에 대한 소멸시효는 진행하지 않는다고 본 (〈3-5-3〉에 소개된) 대판 2020.7.9. 2016다244224·244231도 참조.

4. 시효의 장애 2: 중단사유

(1) 소멸시효의 중단사유를 제168조가 규정하는데, ① 청구, ② 압류 또는 가압류·가처분, ③ 승인의 3가지이다.

시효중단의 효력은 당사자 및 그 승계인 간에만 미치지만(제169조), 예외도 있다.

(2) 재판상 청구에 관하여 본다.

① 재판상 청구는 보통 소를 제기하는 것을 지칭하지만, 재심청구(대판 1996.9.24. 96다11334), 공시최고의 신청은 물론 소송계속 중의 청구의 변경이나 확장도 시효중단사유로 된다. 본소인지 반소인지도 묻지 않는다. 특히 판례는 최근 시효중단을 위한 재소(再訴)의 적법성을 재확인한 외에 시효중단을 위한 확인소송의 제기도 적법하다고 보았다.

② 재판상 청구에 의한 시효중단의 효력은 소를 제기한 때에 발생한다(민사소송법 제265조).

〈3-5-5〉 승소 확정판결의 존재와 시효중단을 위한 조치에 관한 판례

1) 시효중단을 위한 재소(再訴)의 적법성

㉮ 대판(전) 2018.7.19. 2018다22008의 다수의견: “확정된 승소판결에는 기판력이 있으므로, 승소 확정판결을 받은 당사자가 그 상대방을 상대로 다시 승소 확정판결의 전소(前訴)와 동일한 청구의 소를 제기하는 경우 그 후소(後訴)는 권리보호의 이익이 없어 부적법하다. 하지만 예외적으로 확정판결에 의한 채권의 소멸시효기간인 10년의 경과가 임박한 경우에는 그 시효중단을 위한 소는 소의 이익이 있다. 나아가 이러한 경우에 후소의 판결이 전소의 승소 확정판결의 내용에 저촉되어서는 아니 되므로, 후소법원으로서는 그 확정된 권리를 주장할 수 있는 모든 요건이 구비되어 있는지 여부에 관하여 다시 심리할 수 없다. 대법원은 종래 확정판결에 의한 채권의 소멸시효기간인 10년의 경과가 임박한 경우에는 그 시효중단을 위한 재소(再訴)는 소의 이익이 있다는 법리를 유지하여 왔다. 이러한 법리는 현재에도 여전히 타당하다. 다른 시효중단사유인 압류·가압류나 승인 등의 경우 이를 1

회로 제한하고 있지 않음에도 유독 재판상 청구의 경우만 1회로 제한되어야 한다고 보아야 할 합리적인 근거가 없다. 또한 확정판결에 의한 채무라 하더라도 채무자가 파산이나 회생제도를 통해 이로부터 전부 또는 일부 벗어날 수 있는 이상, 채권자에게는 시효중단을 위한 재소를 허용하는 것이 균형에 맞다."[48]

㈏ 다만 후소판결의 기판력은 후소의 변론종결시를 기준으로 발생하므로, 전소의 변론종결 후에 발생한 변제, 상계, 면제 등과 같은 채권소멸사유는 후소의 심리대상이 된다. 따라서 채무자는 후소절차에서 위와 같은 사유를 들어 항변할 수 있고, 심리 결과 그 주장이 인정되면 법원은 원고의 청구를 기각해야 하며, 채권의 소멸사유 중 하나인 소멸시효 완성의 경우에도 마찬가지이다. 이처럼 판결이 확정된 채권의 소멸시효기간의 경과가 임박하였는지 여부에 따라 시효중단을 위한 후소의 권리보호이익을 달리 보는 취지와 채권의 소멸시효 완성이 갖는 효과 등을 고려해 보면, 시효중단을 위한 후소를 심리하는 법원으로서는 전소판결이 확정된 후 소멸시효가 중단된 적이 있어 그 중단사유가 종료한 때로부터 새로이 진행된 소멸시효기간의 경과가 임박하지 않아 시효중단을 위한 재소(再訴)의 이익을 인정할 수 없다는 등의 특별한 사정이 없는 한, 후소가 전소판결이 확정된 후 10년이 지나 제기되었더라도 곧바로 소의 이익이 없다고 하여 소를 각하해서는 아니 되고, 채무자의 항변에 따라 채권이 소멸시효 완성으로 소멸하였는지에 관한 본안판단을 해야 한다(대판 2019.1.17. 2018다24349).

2) 시효중단을 위한 확인소송의 제기

㈎ 대판(전) 2018.10.18. 2015다232316의 다수의견: "종래 대법원은 시효중단사유로서 재판상의 청구에 관하여 반드시 권리 자체의 이행청구나 확인청구로 제한하지 않을 뿐만 아니라, 권리자가 재판상 그 권리를 주장하여 권리 위에 잠자는 것이 아님을 표명한 것으로 볼 수 있는 때에는 널리 시효중단사유로서 재판상의 청구에 해당하는 것으로 해석하여 왔다. 이와 같은 법리는 이미 승소 확정판결을 받은 채권자가 그 판결상 채권의 시효중단을 위해 후소를 제기하는 경우에도 동일하게 적용되므로, 채권자가 전소로 이행청구를 하여 승소 확정판결을 받은 후 그 채권의 시효중단을 위한 후소를 제기하는 경우, 그 후소의 형태로서 항상 전소와 동일한 이행청구만이 시효중단사유인 '재판상의 청구'에 해당한다고 볼 수는 없다. 시

48) X가 1997년 Y를 상대로 소를 제기하여 승소 확정판결을 받았고, 2007년 시효중단을 위하여 다시 소송을 제기하여 이행권고결정을 확정받았는데, 2016년 재차 시효중단을 위한 소송을 제기한 사안에서, X의 청구를 전부 인용한 원심의 판단을 지지한 사례.

효중단을 위한 이행소송은 다양한 문제를 야기한다. 그와 같은 문제들의 근본적인 원인은 시효중단을 위한 후소의 형태로 전소와 소송물이 동일한 이행소송이 제기되면서 채권자가 실제로 의도하지도 않은 청구권의 존부에 관한 실체심리를 진행하는 데에 있다. 채무자는 그와 같은 후소에서 전소판결에 대한 청구이의사유를 조기에 제출하도록 강요되고 법원은 불필요한 심리를 해야 한다. 채무자는 이중집행의 위험에 노출되고, 실질적인 채권의 관리·보전비용을 추가로 부담하게 되며 그 금액도 매우 많은 편이다. 채권자 또한 자신이 제기한 후소의 적법성이 10년의 경과가 임박하였는지 여부라는 불명확한 기준에 의해 좌우되는 불안정한 지위에 놓이게 된다. 이처럼 시효중단을 위한 이행소송은 이를 제기한 채권자의 의사에도 부합하지 않을 뿐만 아니라 채권자와 채무자의 법률적 지위마저 불안정하게 한다. 그럼에도 시효중단을 위한 후소로서 이행소송만이 제기되어 온 것은 종래 '재판상의 청구'의 가장 전형적인 형태가 이행소송이라고 하는 고정관념에 따라 확정판결의 기판력과 집행력에 관한 깊이 있는 고찰 없이 단지 기판력 저촉을 우회하는 수단으로서 시효완성이 임박했다는 모호한 기준에 기초하여 이를 규율해 오면서도, 보다 적정하고 효율적인 절차적 도구를 고안함으로써 위와 같은 불합리를 시정하려는 노력을 기울이지 않은 데 그 원인이 있다. 위와 같은 종래 실무의 문제점을 해결하기 위해서, 시효중단을 위한 후소로서 이행소송 외에 전소판결로 확정된 채권의 시효를 중단시키기 위한 조치, 즉 '재판상의 청구'가 있다는 점에 대하여만 확인을 구하는 형태의 '새로운 방식의 확인소송'이 허용되고, 채권자는 두 가지 형태의 소송 중 자신의 상황과 필요에 보다 적합한 것을 선택하여 제기할 수 있다고 보아야 한다."49)

㉯ 이 판결에 대하여, 실무적으로 기존 이행의 소의 문제점을 해결할 수 있고 이론상 확인의 이익도 인정된다면서 찬성하는 입장과 함께 확인의 대상이 단지 지금 소를 제기한 사실 자체가 되므로 위와 같은 확인의 소는 권리보호자격이 없어 부적법하다는 등 소송법적 측면에서의 비판도 제기된다.

---

49) 사실관계 및 사건의 경과는 다음과 같다: ㉠ X는 Y를 상대로 대여금 1억 6,000만 원 및 이에 대한 지연손해금청구를 하여, 2004. 11. 11. 전부승소판결을 선고받고 2004. 12. 7. 그 판결이 확정되었다. X는 2014. 11. 4. 다시 위 대여금채권의 시효중단을 위한 후 소로서 Y를 상대로 1억 6,000만 원 및 그 지연손해금의 지급을 구하는 이행의 소를 제기하여 원심은 X의 청구를 인용하였다. ㉡ 대법원은 Y의 상고를 기각하면서 「직권으로」 소멸시효 중단을 위하여 새로운 방식의 확인소송도 허용된다는 입장을 밝혔다.

〈3-5-6〉 재판상 청구에 관한 판례[50)]

1) 시효중단의 근거 및 범위에 관하여 판례는 이른바 권리행사설을 따른다. 가령 대판 2011.7.14. 2011다19737: "시효중단사유로서 재판상 청구에는 소멸시효대상인 권리 자체의 이행청구나 확인청구를 하는 경우만이 아니라, 권리가 발생한 기본적 법률관계를 기초로 하여 소의 형식으로 주장하는 경우에도 권리 위에 잠자는 것이 아님을 표명한 것으로 볼 수 있을 때에는 이에 포함된다고 보아야 하고, 시효중단사유인 재판상 청구를 기판력이 미치는 범위와 일치하여 고찰할 필요는 없다."[51)]

2) 형사소송이나 행정소송을 제기한다고 해서 사권에 대한 시효가 중단되지는 않지만(대판 1999.3.12. 98다18124), 예외를 인정한 대판(전) 1992.3.31. 91다32053: "오납한 조세에 대한 부당이득반환청구권을 실현하기 위한 수단이 되는 과세처분의 취소 또는 무효확인을 구하는 소는 그 소송물이 객관적인 조세채무의 존부확인으로서 실질적으로 민사소송인 채무부존재확인의 소와 유사할 뿐 아니라, 과세처분의 유효 여부는 그 과세처분으로 납부한 조세에 대한 환급청구권의 존부와 표리관계에 있어서 실질적으로 동일당사자인 조세부과권자와 납세의무자 사이의 양면적 법률관계라고 볼 수 있으므로, 위와 같은 경우에는 과세처분의 취소 또는 무효확인청구의 소가 비록 행정소송이라고 할지라도 조세환급을 구하는 부당이득반환청구권의 소멸시효 중단사유인 재판상 청구에 해당한다고 볼 수 있다."[52)]

3) 응소(應訴)

㉮ 상대방이 제기한 소에 응소하는 것도 재판상의 청구로 되어 소멸시효가 중단

50) 이미 사망한 이를 피고로 하여 제기된 소는 부적법하여 이를 간과한 채 본안판단에 나아간 판결은 당연무효로서 그 효력이 상속인에게 미치지 않고, 채권자의 이러한 제소는 권리자의 의무자에 대한 권리행사에 해당하지 않으므로, 상속인을 피고로 하는 당사자표시정정이 이루어진 경우와 같은 특별한 사정이 없는 한, 거기에는 애초부터 시효중단효력이 없어 제170조 제2항이 적용되지 않고, 법원이 이를 간과하여 본안에 나아가 판결을 내린 경우에도 마찬가지라고 보아야 한다는 대판 2014.2.27. 2013다94312도 참조.

51) 소유권이전등기청구권이 발생한 기본적 법률관계에 해당하는 매매계약을 기초로 하여 건축주명의의 변경을 구하는 소도 소멸시효를 중단시키는 재판상 청구에 포함된다고 한 사례.

52) 나아가 시효의 기산점에 관하여 "과세처분의 취소를 구하였으나 재판과정에서 그 과세처분이 무효로 밝혀졌다고 하여도 그 과세처분은 처음부터 무효이고 무효선언으로서의 취소판결이 확정됨으로써 비로소 무효로 되는 것은 아니므로 오납시부터 그 반환청구권의 소멸시효가 진행한다."

된다고 한 대판(전) 1993.12.21. 92다47861: "민법 제168조 제1호, 제170조 제1항에서 시효중단사유의 하나로 규정하고 있는 재판상의 청구란 일반적으로 권리자가 원고로서 시효를 주장하는 자를 피고로 하여 소송물인 권리를 소의 형식으로 주장하는 경우를 가리키지만, 이와 반대로 시효를 주장하는 자가 원고가 되어 소를 제기한 데 대하여 피고로서 응소하여 그 소송에서 적극적으로 권리를 주장하고 그것이 받아들여진 경우도 마찬가지로 이에 포함되는 것으로 해석함이 타당하다." 시효중단의 주장은 반드시 응소시에 할 필요는 없고 소멸시효기간이 만료된 후라도 사실심 변론종결 전에는 언제든지 할 수 있다(대판 2010.8.26. 2008다42416·42423).

㉯ 권리자인 피고가 응소하여 권리를 주장하였으나 소가 각하되거나 취하되는 등의 사유로 본안에서 권리주장에 관한 판단 없이 소송이 종료된 경우에도 제170조 제2항을 유추하여 그때부터 6월 이내에 재판상의 청구 등 다른 시효중단조치를 취하였다면 응소한 때에 소급하여 시효중단의 효력이 있다고 보아야 한다(대판 2012.1.12. 2011다78606).

㉰ (물적 유한)책임을 질 뿐 채무를 부담하지 않는 물상보증인이 피담보채무의 부존재 또는 소멸을 이유로 제기한 저당권설정등기말소등기절차 이행청구소송에서 채권자 겸 저당권자가 청구기각의 판결을 구하고 피담보채권의 존재를 주장하였더라도 이로써 「채무자에 대하여」 재판상 청구를 한 것으로 볼 수 없어서 시효중단사유로 되지 않는다(대판 2004.1.16. 2003다30890).[53]

4) 요건을 갖추지 못한 재판상 청구

㉮ 어음금청구와 관련하여 대판(전) 2010.5.20. 2009다48312: "만기는 기재되어 있으나 지급지, 지급을 받을 자 등과 같은 어음요건이 백지인 약속어음의 소지인이 그 백지부분을 보충하지 않은 상태에서 어음금을 청구하는 것은 어음상의 청구권에 관하여 잠자는 자가 아님을 객관적으로 표명한 것이고 그 청구로써 어음상의 청구권에 관한 소멸시효는 중단된다. 이 경우 백지에 대한 보충권은 그 행사에 의하여 어음상의 청구권을 완성시키는 것에 불과하여 그 보충권이 어음상의 청구권과 별개로 독립하여 시효에 의하여 소멸한다고 볼 것은 아니므로 어음상의 청구권이 시효중단에 의하여 소멸하지 않고 존속하고 있는 한 이를 행사할 수 있다."[54]

---

53) 담보가등기가 설정된 부동산의 제3취득자가 응소한 경우에 관한 대판 2007.1.11. 2006다33364도 동지.

54) 지급지 등 부분이 백지로 된 약속어음의 소지인이 그 지급기일부터 3년이 경과한 후에야 위 백지부분을 보충하여 발행인에게 지급제시를 하였으나 그 소지인이 위 약속어음의 지급기일

㉯ 채권양도의 대항요건을 갖추지 못한 「양수인」의 소 제기에 관하여 대판 2005.11.10. 2005다41818: "채권양도에 의하여 채권은 그 동일성을 잃지 않고 양도인으로부터 양수인에게 이전되며, 이러한 법리는 채권양도의 대항요건을 갖추지 못하였다고 하더라도 마찬가지인 점, 민법 제149조의 […] 규정은 대항요건을 갖추지 못하여 채무자에게 대항하지 못한다고 하더라도 채권양도에 의하여 채권을 이전받은 양수인의 경우에도 그대로 준용될 수 있는 점, 채무자를 상대로 재판상의 청구를 한 채권의 양수인을 '권리 위에 잠자는 자'라고 할 수 없는 점 등에 비추어 보면, 비록 대항요건을 갖추지 못하여 채무자에게 대항하지 못한다고 하더라도 채권의 양수인이 채무자를 상대로 재판상의 청구를 하였다면 이는 소멸시효 중단사유인 재판상의 청구에 해당한다."[55] 이 경우 채무자가 대항요건 불비를 들어 채무의 이행을 거절할 수 있지만, 양수인에게 채권이 귀속되는 이상 청구 자체는 적법·유효하고, 나아가 양수인이 채권 자체를 실현하는 것이 아니라 보존행위를 하는 것만으로 채무자의 이익을 해친다고 볼 것은 아니다.

한편 대항요건 구비 전의 「양도인」의 소 제기에 관하여 대판 2009.2.12. 2008두20109: "채권양도 후 대항요건이 구비되기 전의 양도인은 채무자에 대한 관계에서는 여전히 채권자의 지위에 있으므로 채무자를 상대로 시효중단의 효력이 있는 재판상의 청구를 할 수 있고, 이 경우 양도인이 제기한 소송 중에 채무자가 채권양도의 효력을 인정하는 등의 사정으로 인하여 양도인의 청구가 기각됨으로써 민법 제170조 제1항에 의하여 시효중단의 효과가 소멸된다고 하더라도, 양도인의 청구가 당초부터 무권리자에 의한 청구로 되는 것은 아니므로, 양수인이 그로부터 6월 내에 채무자를 상대로 재판상의 청구 등을 하였다면, 민법 제169조 및 제170조 제2항에 의하여 양도인의 최초의 재판상 청구로 인하여 시효가 중단된다."[56]

부터 3년의 소멸시효기간(어음법 제70조 참조)이 완성되기 전에 그 어음금을 청구하는 소를 제기한 이상 이로써 위 약속어음상의 청구권에 대한 소멸시효는 중단되었다고 한 사례.

55) 사실관계는 다음과 같다: Y의 불법행위로 A의 근저당권설정등기가 불법말소되었다가 회복되었는데, 그 사이에 B가 취득한 근저당권이 후순위로 되는 재산상 손해를 입었고, B로부터 불법행위로 인한 손해배상청구권을 양수한 X가 손해배상청구소송을 제기하였는데, 시효기간인 3년(제766조 제1항)이 지나기 전에 소가 제기되었으나 채권양도통지는 3년이 지난 후에 이루어졌다.

원심은 대항요건을 갖추지 못해서 Y에게 대항할 수 없는 X가 소를 제기했다고 하여 소멸시효가 중단되지 않는다고 하였으나, 대법원은 원심을 파기하였다.

56) 하천구역으로 편입되어 국유로 된 토지의 구소유자(A)가 서울시(B)를 상대로 손실보상금청구소송을 제기하였다가 기각되자 그때부터 6월 내에 채권의 양수인(C)이 다시 손실보상금을

5) 기 타

㉮ 판례는 청구의 교환적 변경을 신청구의 추가와 구청구의 취하의 결합으로 보므로, 청구의 교환적 변경이 있으면 구청구에 따른 시효중단효가 소멸하고 신청구에 따른 시효중단효는 변경시점에 발생한다고 한다(대판 2009.2.12. 2008다84229).[57]

㉯ 동일한 목적을 달성하기 위하여 복수의 채권을 가지는 채권자는 그의 선택에 따라 권리를 행사할 수 있지만, 어느 하나의 청구를 한 것만으로 다른 채권을 행사한 것으로 볼 수는 없으므로 특별한 사정이 없는 한 다른 채권에 대한 소멸시효 중단의 효력은 없다(대판 2002.6.14. 2002다11441). 다만 원인채권의 「지급을 위하여」 어음이 교부된 경우에, 원인채권에 기한 청구가 어음채권의 소멸시효를 중단시키지는 못하지만, 어음채권에 기한 청구는 원인채권의 소멸시효를 중단시키는 효력이 있다(대판 1999.6.11. 99다16378).[58]

한편 기본적 법률관계에 관한 확인소송의 제기는, 그 확인청구가 파생적 청구권의 실현수단의 의미를 가진다면, 파생적 청구권에 대한 소멸시효의 중단사유로 될 수 있다. 예컨대 고용관계 존재확인의 소는 부당해고 후의 임금채권에 대해서도 시효중단의 효력이 있다는 대판 1978.4.11. 77다2509.[59]

청구한 사안에서, A의 청구가 채권양도 후 대항요건이 구비되기 전의 청구라도 그로부터 6월 내에 C가 손실보상을 청구한 이상 시효가 중단되었다고 본 사례.

채권양도로 채권이 C에게 이전되었더라도 대항요건 구비 전에는 A의 재판상 청구가 유효하지만, B가 채권양도의 효력을 인정함으로써 승낙의 요건이 갖추어져서 A의 청구가 기각된 후 채권의 귀속주체인 C가 6월 내에 재판상 청구를 하면, 채권의 행사주체가 바뀌었음에도 불구하고 — 채권의 동일성은 유지되므로 — 제170조 제2항이 적용될 수 있다는 의미로 이해할 것이다.

57) 한편 K가 <u>채권자대위권에 기해 청구를 하다가 당해 피대위채권 자체를 양수하여 양수금청구로 소를 변경한</u> 사안에서, 이는 청구원인의 교환적 변경으로 채권자대위권에 기한 구청구는 취하된 것으로 보아야 하나, 그 채권자대위소송의 소송물은 채무자의 제3채무자에 대한 계약금반환청구권인데 위 양수금청구는 K가 위 계약금반환청구권 자체를 양수하였다는 것이어서 양 청구는 동일한 소송물에 관한 권리의무의 특정승계가 있을 뿐 그 소송물은 동일한 점, 시효중단의 효력은 특정승계인에게도 미치는 점, 계속 중인 소송에 소송목적인 권리 또는 의무의 전부나 일부를 승계한 특정승계인이 소송참가하거나 소송인수한 경우에 소송이 법원에 처음 계속된 때에 소급하여 시효중단의 효력이 생기는 점, K는 위 계약금반환채권을 채권자대위권에 기해 행사하다 다시 이를 양수받아 직접 행사한 것이어서 위 계약금반환채권과 관련하여 K를 '권리 위에 잠자는 자'로 볼 수 없는 점 등에 비추어 볼 때, 당초의 채권자대위소송으로 인한 시효중단의 효력이 소멸하지 않는다고 본 대판 2010.6.24. 2010다17284도 참조.

58) 이러한 법리는 채권자가 어음채권을 피보전권리로 하여 채무자의 재산을 가압류함으로써 그 권리를 행사한 경우에도 마찬가지로 적용된다고 한 사례.

59) 근저당권설정등기청구의 소의 제기는 피담보채권에 대한 소멸시효 중단의 효력을 생기게 한

㉰ 「일부청구」의 경우에 그 취지로 보아 채권 전부에 관하여 판결을 구하는 것으로 해석된다면 동일성의 범위 내에서 채권 전부에 관하여 소멸시효 중단의 효력이 발생한다(대판 2001.9.28. 99다72521). 반면 소 제기시 일부청구임을 명시적으로 밝혔다면 시효중단의 효력이 나머지 부분에 미치지 않는다.

그런데 대판 2020.2.6. 2019다223723: "소장에서 청구의 대상으로 삼은 채권 중 일부만을 청구하면서 소송의 진행경과에 따라 장차 청구금액을 확장할 뜻을 표시하고 당해 소송이 종료될 때까지 실제로 청구금액을 확장한 경우에는 소 제기 당시부터 채권 전부에 관하여 판결을 구한 것으로 해석되므로, 이러한 경우에는 소 제기 당시부터 채권 전부에 관하여 재판상 청구로 인한 시효중단의 효력이 발생한다. […] 당해 소송이 종료될 때까지 실제로 청구금액을 확장하지 않은 경우에는 소송의 경과에 비추어 볼 때 채권 전부에 관하여 판결을 구한 것으로 볼 수 없으므로, 나머지 부분에 대하여는 재판상 청구로 인한 시효중단의 효력이 발생하지 아니[하지만, 이 경우에도] 다른 특별한 사정이 없는 한 당해 소송이 계속 중인 동안에는 나머지 부분에 대하여 권리를 행사하겠다는 의사가 표명되어 최고에 의해 권리를 행사하고 있는 상태가 지속되고 있는 것으로 보아야 하고, 채권자는 당해 소송이 종료된 때부터 6월 내에 민법 제174조에서 정한 조치를 취함으로써 나머지 부분에 대한 소멸시효를 중단시킬 수 있다."

(3) 최고(催告)에 관하여 본다.

① 「의사의 통지」로서 최고는 법정된 효과인 시효중단효를 가지는데, 특별한 형식이 요구되지 않고, 행위 당시 당사자가 그 효과를 발생시킨다는 점을 알았거나 의욕하지 않았더라도 권리행사의 주장을 하는 취지임이 명백하다면 최고에 해당한다(대판 2003.5.13. 2003다16238).

② 최고의 시효중단효는 잠정적인 것으로, 6월 내에 재판상의 청구, 파산절차참가, 화해를 위한 소환, 임의출석, 지급명령[60] 또는 압류·가압류·가처분을 하지 않으면 시효중단의 효력이 없다(제174조).

다는 대판 2004.2.13. 2002다7213도 참조.

60) 제174조에 열거되지 않았지만 제외될 이유가 없다. 대판 2011.11.10. 2011다54686 참조.

〈3-5-7〉 최고에 관한 판례

㉮ 묵시적 최고가 있었는지 여부는 해석에 의하여 판단되는데, 판례는 권리자의 보호를 위하여 너그럽게 해석한다. 예컨대 재판상 청구가 취하된 경우에 최고의 효력을 인정한 대판 1987.12.22. 87다카2337, 연대채무자 1인 소유의 부동산에 대한 경매신청이 최고로서의 효력을 가진다고 한 대판 2001.8.21. 2001다22840.

㉯ 최고를 여러 번 거듭하다가 재판상 청구 등을 한 경우에, 시효중단의 효력은 최초의 최고시에 발생하는 것이 아니라 재판상 청구 등을 한 시점을 기준으로 하여 이로부터 소급하여 6월 내에 한 최고시에 발생한다(대판 1983.7.12. 83다카437).

㉰ 채무이행을 최고받은 채무자가 그 이행의무의 존부 등에 관하여 조사를 해 볼 필요가 있다는 이유로 채권자에 대하여 그 이행의 유예를 구한 경우에, 채권자가 그 회답을 받을 때까지 최고의 효력이 계속되고, 따라서 제174조에 규정된 6월의 기간은 채권자가 채무자로부터 회답을 받은 때부터 기산된다(대판 2006.6.16. 2005다25632).

㉱ 판례는 재산관계 명시신청(대판 2001.5.29. 2000다32161)과 소송고지(대판 2009.7.9. 2009다14340)에 대하여 최고와 같은 효력을 부여한다.

(4) 그 밖의 중단사유를 본다.

① 민법은 압류 또는 가압류·가처분을 압류채권자 등의 채권에 대한 독립된 시효중단사유로 규정한다. 그런데 압류 등을 시효의 이익을 받는 이에 대해서 하지 않은 경우에, 이를 그에게 통지한 후가 아니면 시효중단의 효력이 없다(제176조).

② 소멸시효 중단사유로서 승인은 시효이익을 받을 당사자인 채무자 또는 그 대리인이[61] 소멸시효의 완성으로 채권을 상실할 이 또는 그 대리인에 대하여 상대방의 권리(자신의 채무)가 있음을 알고 있다는 뜻을 표시함으로써 성립한다. 그런데 시효중단의 효력 있는 승인에 상대방의 권리에 관한 처분의 능력이나 권한 있음을 요하지 않지만(제177조), 적어도 승인자에게 관리권한은 있어야 한다.

61) 이행인수인이 채권자에 대하여 채무자의 채무를 승인하더라도 다른 특별한 사정이 없는 한 시효중단사유가 되는 채무승인의 효력은 발생하지 않는다고 한 대판 2016.10.27. 2015다239744 참조.

〈3-5-8〉 압류 등에 관한 판례

㉮ 당연무효의 압류, 예컨대 사망한 사람을 피신청인으로 한 가압류신청(대판 2006.8.24. 2004다26287·26294)이나 이미 시효로 소멸한 어음채권을 피보전권리로 한 가압류결정(대판 2007.9.20. 2006다68902) 등에는 시효중단효가 인정되지 않는다.

㉯ 판례는 집행권원에 기한 배당요구를 압류에 준하는 소멸시효 중단사유로 보는데(대판 2002.2.26. 2000다25484), 배당표가 확정되면 권리행사는 종료되고 중단된 소멸시효는 종료시점부터 다시 진행된다(대판 2009.3.26. 2008다89880).[62]

㉰ 채권자(G)가 채무자(S)의 제3채무자(D)에 대한 채권(甲)을 압류 또는 가압류한 경우에, S에 대한 G의 채권(乙)에 관하여 시효중단의 효력이 생긴다. 그런데 甲에 대하여 제168조 제2호 소정의 소멸시효 중단사유에 준하는 확정적인 시효중단효가 생긴다고 할 수 없지만, G가 확정판결에 기한 채권의 실현을 위하여 甲에 관하여 압류 및 추심명령을 받아 그 결정이 D에게 송달되었다면 최고로서의 효력이 인정될 수 있다(대판 2003.5.13. 2003다16238).

㉱ 압류 등에 의한 시효중단효의 발생시점에 관하여 판례는 민사소송법 제265조를 유추하여 (가)압류를 신청한 때에 소급하여 시효중단의 효력이 생긴다고 한다(대판 2017.4.7. 2016다35451).

가압류에 의한 시효중단의 효력은 가압류의 집행보전의 효력이 존속하는 동안 계속되는데(대판 2000.4.25. 2000다11102),[63] 특별한 사정이 없는 한 가압류등기가 말소되면 그 중단사유가 종료되어, 그때부터 새로 소멸시효가 진행한다(대판 2013.11.14. 2013다18622·18639).

㉲ 대판 2019.5.16. 2017다226629: “주택임대차보호법 제3조의3에서 정한 [···]

---

62) 관련하여 대판 2022.5.12. 2021다280026: “가압류채권자에 대한 배당액을 공탁한 뒤 그 공탁금을 가압류채권자에게 전액 지급할 수 없어서 추가배당이 실시됨에 따라 배당표가 변경되는 경우에는 추가배당표가 확정되는 시점까지 배당요구에 의한 권리행사가 계속된다고 볼 수 있으므로, 그 권리행사로 인한 소멸시효 중단의 효력은 추가배당표가 확정될 때까지 계속된다.”

63) 나아가 “가압류의 피보전채권에 관하여 본안의 승소판결이 확정되었다고 하더라도 가압류에 의한 시효중단의 효력이 이에 흡수되어 소멸된다고 할 수 없다.”

한편 대판 2011.5.13. 2011다10044는 본문의 법리를 전제하면서도 “유체동산에 대한 가압류집행절차에 착수하지 않은 경우에는 시효중단효력이 없고, 집행절차를 개시하였으나 가압류할 동산이 없기 때문에 집행불능이 된 경우에는 집행절차가 종료된 때로부터 시효가 새로이 진행된다”고 하였다.

임차권등기명령에 따른 임차권등기에는 민법 제168조 제2호에서 정하는 소멸시효 중단사유인 압류 또는 가압류, 가처분에 준하는 효력이 있다고 볼 수 없다."[64]

〈3-5-9〉 승인에 관한 판례

㉮ 승인으로 인한 시효중단의 효력은 승인의 통지가 상대방에게 도달한 때에 생긴다(대판 1995.9.29. 95다30178).

㉯ 소멸시효의 진행이 개시되기 전에 승인을 하더라도 시효가 중단되지 않고, 또한 현존하지 않는 장래의 채권을 미리 승인하는 것은 채무자가 그 권리의 존재를 인식하고서 한 것이라고 볼 수 없어 허용되지 않는다(대판 2001.11.9. 2001다52568).

㉰ 묵시적 승인의 예로, 면책적 채무인수(대판 1999.7.9. 99다12376), 변제기한의 유예요청, 이자의 지급(이자지급에 갈음하여 부동산을 사용·수익하게 한 경우에 피담보채권의 소멸시효가 중단된다고 본 대판 2009.11.12. 2009다51028), 일부의 변제(채무의 액수에 관한 다툼이 없어야 함에 관하여 대판 1996.1.23. 95다39854 참조) 등.

㉱ 동일한 채권자와 채무자 사이에 다수의 채권이 존재하는 경우에, 채무자가 변제를 충당해야 할 채무를 지정하지 않고 모든 채무를 변제하기에 부족한 금액을 변제한 때에는 특별한 사정이 없는 한 그 변제는 모든 채무에 대한 승인으로서 소멸시효를 중단하는 효력을 가진다고 한 대판 2021.9.30. 2021다239745도 참조.

64) 임차권등기명령에 따른 임차권등기는 특정목적물에 대한 구체적 집행행위나 보전처분의 실행을 내용으로 하는 압류 또는 가압류, 가처분과 달리 어디까지나 주택임차인이 주택임대차법에 따른 대항력이나 우선변제권을 취득하거나 이미 취득한 대항력이나 우선변제권을 유지하도록 해 주는 담보적 기능을 주목적으로 하고, 비록 주택임대차법이 임차권등기명령의 신청에 대한 재판절차와 임차권등기명령의 집행 등에 관하여 민사집행법상 가압류에 관한 절차규정을 일부 준용하고 있지만, 이는 일방당사자의 신청에 따라 법원이 심리·결정한 다음 등기를 촉탁하는 일련의 절차가 서로 비슷한 데서 비롯된 것일 뿐 이를 이유로 임차권등기명령에 따른 임차권등기가 본래의 담보적 기능을 넘어서 채무자의 일반재산에 대한 강제집행을 보전하기 위한 처분의 성질을 가진다고 볼 수는 없음을 근거로 든다.

5. 시효완성의 효과

(1) 소멸시효는 기산일에 소급하여 그 효력이 생긴다(제167조. 예외로 제495조 참조). 그리고 주된 권리의 소멸시효가 완성되면 종속된 권리에 그 효력이 미친다(제183조).[65]

(2) 시효완성의 효과에 관하여 절대적 소멸설과 상대적 소멸설이 대립하는데,[66] 판례는 절대적 소멸설을 취한다. 가령 대판 1979.2.13. 78다2157: "당사자의 원용이 없어도 시효완성의 사실로서 채무는 당연히 소멸되는 것이고 다만 변론주의의 원칙상 소멸시효의 이익을 받을 자가 그것을 포기하지 않고 실제 소송에 있어서 권리를 주장하는 자에 대항하여 시효소멸의 이익을 받겠다는 뜻을 항변하지 않는 이상 그 의사에 반하여 재판할 수 없을 뿐"이다.

(3) 소멸시효 완성의 효과에 관하여 어느 입장을 취하더라도 원용이 필요한데, 판례는 절대적 소멸설을 전제로 변론주의의 원칙상 원용이 필요하다고 하면서,[67] 소멸시효 완성을 원용할 수 있는 이를 — 채무자를 포함하는 — 「직접수익자」, 즉 권리의 소멸에 의하여 직접 이익을 받는 이로 한정한다.

〈3-5-10〉 시효원용권에 관한 판례

㉮ 대판 1995.7.11. 95다12446: "소멸시효를 원용할 수 있는 사람은 권리의 소

65) 대판 2008.3.14. 2006다2940은, 하나의 금전채권의 원금 중 일부가 변제된 후 나머지 원금에 대하여 소멸시효가 완성된 경우에, 가분채권인 금전채권의 성질상 변제로 소멸한 원금부분과 소멸시효 완성으로 소멸한 원금부분을 구분하는 것이 가능하고, 원금에 종속된 권리인 이자 또는 지연손해금 역시 변제로 소멸한 원금부분에서 발생한 것과 시효완성으로 소멸된 원금부분에서 발생한 것으로 구분하는 것이 가능하므로, 소멸시효 완성의 효력은 소멸시효가 완성된 원금부분으로부터 그 완성 전에 발생한 이자 또는 지연손해금에는 미치지만, 변제로 소멸한 원금부분으로부터 그 변제 전에 발생한 이자 또는 지연손해금에는 미치지 않는다고 하였다.

66) 어느 설을 취하는지에 따른 실질적인 차이는 없고, 단지 원용, 시효완성 후 변제 및 시효이익 포기의 의미에 대한 이해가 다소 달리질 뿐이다.

67) 소멸시효 항변은 변론주의 원칙에 따라 당사자의 주장이 있어야만 법원의 판단대상이 된다고 하는 대판 1979.2.13. 78다2157; 대판 2017.3.22. 2016다258124 등에 비추어 판례는 시효소멸의 항변을 — 주장공통의 원칙의 예외를 이루는 — 「권리항변」으로 보는 듯하다.

멸에 의하여 직접 이익을 받는 사람에 한정되는바, 채권담보의 목적으로 매매예약의 형식을 빌어 소유권이전청구권 보전을 위한 가등기가 경료된 부동산을 양수하여 소유권이전등기를 마친 제3자는 당해 가등기담보권의 피담보채권의 소멸에 의하여 직접 이익을 받는 자이므로, 그 가등기담보권에 의하여 담보된 채권의 채무자가 아니더라도 그 피담보채권에 관한 소멸시효를 원용할 수 있고, 이와 같은 직접수익자의 소멸시효원용권은 채무자의 소멸시효원용권에 기초한 것이 아닌 독자적인 것으로서 채무자를 대위하여서만 시효이익을 원용할 수 있는 것은 아니며, 가사 채무자가 이미 그 가등기에 기한 본등기를 경료하여 시효이익을 포기한 것으로 볼 수 있다고 하더라도 그 시효이익의 포기는 상대적 효과가 있음에 지나지 아니하므로 채무자 이외의 이해관계자에 해당하는 담보부동산의 양수인으로서는 여전히 독자적으로 소멸시효를 원용할 수 있다."

시효를 원용할 수 있는 직접수익자의 예로 채무자 외에 가등기담보가 설정된 부동산의 제3취득자(앞의 95다12446 판결), 매매예약에 기한 가등기가 경료된 부동산의 제3취득자(대판 1991.3.12. 90다카27570), 유치권이 성립된 부동산의 매수인(대판 2009.9.24. 2009다39530),[68] 물상보증인(대판 2004.1.16. 2003다30890), 사해행위 취소소송의 상대방인 수익자(대판 2007.11.29. 2007다54849) 등.

㉯ 반면 후순위저당권자[69]나 채무자에 대한 일반채권자는 직접수익자가 아니어서 시효이익을 원용하지 못한다. 다만 자기채권을 보전하기 위하여 필요한 한도에서「채무자를 대위하여」시효소멸을 주장할 수 있지만, 채무자가 소멸시효의 이익을 받을 수 있는 권리를 이미 처분하여 대위권 행사의 대상이 존재하지 않는 경우에 채권자대위에 의하여 시효이익을 원용할 수 없다(대판 1997.12.26. 97다22676; 대판

68) "유치권이 성립된 부동산의 매수인은 피담보채권의 소멸시효가 완성되면 시효로 인하여 채무가 소멸되는 결과 직접적인 이익을 받는 자에 해당하므로 소멸시효의 완성을 원용할 수 있는 지위에 있다고 할 것이나, 매수인은 유치권자에게 채무자의 채무와는 별개의 독립된 채무를 부담하는 것이 아니라 단지 채무자의 채무를 변제할 책임을 부담하는 점 등에 비추어 보면, 유치권의 피담보채권의 소멸시효기간이 확정판결 등에 의하여 10년으로 연장된 경우 매수인은 그 채권의 소멸시효기간이 연장된 효과를 부정하고 종전의 단기소멸시효기간을 원용할 수는 없다."

69) 대판 2021.2.25. 2016다232597: "후순위담보권자는 선순위담보권의 피담보채권이 소멸하면 담보권의 순위가 상승하고 이에 따라 피담보채권에 대한 배당액이 증가할 수 있지만, 이러한 배당액 증가에 대한 기대는 담보권의 순위상승에 따른 반사적 이익에 지나지 않는다. 후순위담보권자는 선순위담보권의 피담보채권 소멸로 직접 이익을 받는 자에 해당하지 않아 선순위담보권의 피담보채권에 관한 소멸시효가 완성되었다고 주장할 수 없다고 보아야 한다."

1979.6.26. 79다407).

㉰ 채권자대위소송에서 제3채무자는 채무자가 채권자에 대하여 가지는 항변으로 대항할 수 없으므로, 시효완성의 항변도 원용할 수 없다는 것이 확고한 판례의 입장이다(대판 2004.2.12. 2001다10151).

그런데 대판 2008.1.31. 2007다64471은 'A와 B 사이의 동업관계 정산에 따라 A의 B에 대한 금전채권 발생 → B가 그 소유의 부동산을 Y에게 명의신탁 → X가 A로부터 위 금전채권 중 일부 양수 → X가 양수금채권의 보전을 위하여 B의 Y에 대한 소유권이전등기절차의 이행을 구하는 채권자대위소송 및 Y에 대하여 양수금의 지급을 구하는 별소 제기 → Y가 양수금청구소송에서 소멸시효 항변'의 사안에서, 위의 입장을 전제로 하면서도, 채권자가 채무자에 대한 채권을 보전하기 위하여 제3채무자를 상대로 채무자의 제3채무자에 대한 채권에 기한 이행청구의 소를 제기하는 한편, 채무자를 상대로 피보전채권에 기한 이행청구의 소를 제기한 경우에, 채무자가 그 소송절차에서 소멸시효를 원용하는 항변을 하였고, 그러한 사유가 현출된 채권자대위소송에서 심리를 한 결과 실제로 피보전채권의 소멸시효가 적법하게 완성된 것으로 판단되면, 채권자는 더 이상 채무자를 대위할 권한이 없다고 하였다.

(4) 시효이익의 포기는 시효완성에 따른 이익을 받지 않으려는 채무자의 주도적 행위로서,[70] 묵시적으로도 가능하다. (중단사유로서 승인과 달리) 소멸시효이익의 포기는 처분행위이므로, 포기자는 처분권한과 처분능력을 가져야 한다.[71]

〈3-5-11〉 시효이익의 포기에 관한 판례

㉮ 시효이익의 포기는 상대적 효과를 가질 뿐이어서, 주채무자가 시효이익을 포기하더라도 보증인이나 물상보증인에게 포기의 효과가 미치지 않는다(대판 1991.1.29. 89다카1114).

70) 상대적 효과를 가질 뿐이어서 다른 직접수익자는 시효원용권을 행사할 수 있지만, 채무자가 시효이익을 포기하면 — 채무자를 대위해야 하는 — 직접수익자 아닌 이들은 시효를 원용할 수 없다.

71) 반면 소멸시효 중단사유로서 채무승인에서는 관리권한만 있으면 된다.

관련하여 대판 2015.6.11. 2015다200227: "소멸시효이익의 포기는 상대적 효과가 있을 뿐이어서 다른 사람에게는 영향을 미치지 아니함이 원칙이나, 소멸시효이익의 포기 당시에는 권리의 소멸에 의하여 직접 이익을 받을 수 있는 이해관계를 맺은 적이 없다가 나중에 시효이익을 이미 포기한 자와의 법률관계를 통하여 비로소 시효이익을 원용할 이해관계를 형성한 자는 이미 이루어진 시효이익 포기의 효력을 부정할 수 없다. 왜냐하면, 시효이익의 포기에 대하여 상대적인 효과만을 부여하는 이유는 포기 당시에 시효이익을 원용할 다수의 이해관계인이 존재하는 경우 그들의 의사와는 무관하게 채무자 등 어느 일방의 포기의사만으로 시효이익을 원용할 권리를 박탈당하게 되는 부당한 결과의 발생을 막으려는 데 있는 것이지, 시효이익을 이미 포기한 자와의 법률관계를 통하여 비로소 시효이익을 원용할 이해관계를 형성한 자에게 이미 이루어진 시효이익 포기의 효력을 부정할 수 있게 하여 시효완성을 둘러싼 법률관계를 사후에 불안정하게 만들자는 데 있는 것은 아니기 때문"이다.[72]

㉯ 채무자가 시효완성 후 채무를 일부변제한 경우에 그 액수에 관하여 다툼이 없는 한 그 채무 전체에 관하여 시효이익을「묵시적으로」포기한 것으로 보아야 하고, 이 경우 시효완성의 사실을 알고 그 이익을 포기한 것으로 추정된다. 따라서 소멸시효가 완성된 채무를 피담보채무로 하는 근저당권이 실행되어 채무자 소유의 부동산이 경락되고 그 대금이 배당되어 채무의 일부변제에 충당될 때까지 채무자가 아무 이의를 제기하지 않았다면, 경매절차의 진행을 채무자가 알지 못했다는 등 다른 특별한 사정이 없는 한 채무자는 시효완성의 사실을 알고 그 채무를 묵시적으로 승인하여 시효의 이익을 포기한 것으로 보아야 한다(대판 2001.6.12. 2001다3580).[73]

㉰ 대판 2013.5.23. 2013다12464: "원금채무에 관하여는 소멸시효가 완성되지 아니하였으나 이자채무에 관하여는 소멸시효가 완성된 상태에서 채무자가 채무를

---

72) 시효이익 포기의 상대효는 복수의 시효원용권자들 사이의 문제로, 어느 한 시효원용권자가 시효이익을 포기했다고 하여 다른 시효원용권자의 시효이익을 박탈할 수 없다. 반면 이 판결의 사안처럼 어느 한 시효원용권자가 시효이익을 포기한 후 그 지위를 양도한 경우에, 양도인이 이미 포기하여 가지지 않던 시효원용권이 상대효 때문에 다시 살아나는 것은 아니라고 해야 한다.

73) 대판 2017.7.11. 2014다32458은 이러한 입장을 전제하면서도 "소멸시효가 완성된 경우 채무자에 대한 일반채권자는 채권자의 지위에서 독자적으로 소멸시효의 주장을 할 수는 없지만 자기의 채권을 보전하기 위하여 필요한 한도 내에서 채무자를 대위하여 소멸시효 주장을 할 수 있으므로 채무자가 배당절차에서 이의를 제기하지 아니하였다고 하더라도 채무자의 다른 채권자가 이의를 제기하고 채무자를 대위하여 소멸시효 완성의 주장을 원용하였다면, 시효의 이익을 묵시적으로 포기한 것으로 볼 수 없다"고 하였다.

일부변제한 때에는 액수에 관하여 다툼이 없는 한 원금채무에 관하여 묵시적으로 승인하는 한편 이자채무에 관하여 시효완성의 사실을 알고 그 이익을 포기한 것으로 추정"된다.

㉱ 시효중단사유로서 채무승인은 「관념의 통지」로 여기에 어떠한 효과의사가 필요하지 않는 반면, 시효이익의 포기가 인정되려면 시효이익을 받는 채무자가 시효의 완성으로 인한 법적인 이익을 받지 않겠다는 효과의사가 필요하기 때문에, 시효완성 후 시효중단사유에 해당하는 채무의 승인이 있더라도 그것만으로는 곧바로 소멸시효이익의 포기라는 의사표시가 있었다고 단정할 수는 없다(대판 2013.2.28. 2011다21556). 그리고 잔존채무에 대한 묵시적 승인은 적어도 채무자가 그 잔존채무의 존재 및 액수에 대하여 인식하고 있음을 전제로 하여 그 표시를 대하는 상대방으로 하여금 채무자가 그 시효이익을 포기하였음을 그 표시를 통해 추단하게 할 수 있는 방법으로 행해져야 한다(대판 2011.10.27. 2011다52031).

〈3-5-12〉 소멸시효의 남용에 관한 판례

㉮ 대판 2002.10.25. 2002다32332: "채무자의 소멸시효에 기한 항변권의 행사도 우리 민법의 대원칙인 신의성실의 원칙과 권리남용금지의 원칙의 지배를 받는 것이어서, 채무자가 시효완성 전에 채권자의 권리행사나 시효중단을 불가능 또는 현저히 곤란하게 하였거나, 그러한 조치가 불필요하다고 믿게 하는 행동을 하였거나, 객관적으로 채권자가 권리를 행사할 수 없는 장애사유가 있었거나, 또는 일단 시효완성 후에 채무자가 시효를 원용하지 아니할 것 같은 태도를 보여 권리자로 하여금 그와 같이 신뢰하게 하였거나, 채권자보호의 필요성이 크고, 같은 조건의 다른 채권자가 채무의 변제를 수령하는 등의 사정이 있어 채무이행의 거절을 인정함이 현저히 부당하거나 불공평하게 되는 등의 특별한 사정이 있는 경우에는 채무자가 소멸시효의 완성을 주장하는 것이 신의성실의 원칙에 반하여 권리남용으로서 허용될 수 없다."[74)]

74) 다만 법률관계의 주장에 일정한 시간적 한계를 설정함으로써 그에 관한 당사자 사이의 다툼을 종식시키려는 소멸시효제도의 취지에 비추어 "소멸시효에 관하여 신의칙을 원용함에는 신중을 기할 필요가 있다. 특히 채권자에게 객관적으로 자신의 권리를 행사할 수 없는 장애사유가 있었다는 사정을 들어 그 채권에 관한 소멸시효 완성의 주장이 신의성실의 원칙에 반하여 허용되지 아니한다고 평가하는 것은 소멸시효의 기산점에 관하여 변함없이 적용되어

㉯ 대판(전) 2013.5.16. 2012다202819: "채무자가 소멸시효의 이익을 원용하지 않을 것 같은 신뢰를 부여한 경우에도 채권자는 그러한 사정이 있은 때로부터 상당한 기간 내에 권리를 행사하여야만 채무자의 소멸시효의 항변을 저지할 수 있는데, 여기에서 '상당한 기간' 내에 권리행사가 있었는지는 채권자와 채무자 사이의 관계, 신뢰를 부여하게 된 채무자의 행위 등의 내용과 동기 및 경위, 채무자가 그 행위 등에 의하여 달성하려고 한 목적과 진정한 의도, 채권자의 권리행사가 지연될 수밖에 없었던 특별한 사정이 있었는지 여부 등을 종합적으로 고려하여 판단할 것이다. 다만 신의성실의 원칙을 들어 시효완성의 효력을 부정하는 것은 법적 안정성의 달성, 입증곤란의 구제, 권리행사의 태만에 대한 제재를 이념으로 삼고 있는 소멸시효제도에 대한 대단히 예외적인 제한에 그쳐야 할 것이므로, 위 권리행사의 '상당한 기간'은 특별한 사정이 없는 한 민법상 시효정지의 경우에 준하여 단기간으로 제한되어야 한다. 그러므로 개별사건에서 매우 특수한 사정이 있어 그 기간을 연장하여 인정하는 것이 부득이한 경우에도 불법행위로 인한 손해배상청구의 경우 그 기간은 아무리 길어도 민법 제766조 제1항이 규정한 단기소멸시효기간인 3년을 넘을 수는 없다고 보아야 한다."[75]

㉰ 수사과정에서 불법구금이나 고문을 당한 사람이 국가배상책임을 물은 사안에서 시효의 남용이 아니라 기산점의 관점에서 접근한 대판 2019.1.31. 2016다258148도 참조.[76]

왔던 법률상 장애/사실상 장애의 기초적인 구분기준을 내용이 본래적으로 불명확하고 개별 사안의 고유한 요소에 열려 있는 것을 특징으로 하는 일반적인 법원칙으로서의 신의칙을 통하여 아예 무너뜨릴 위험이 있으므로 더욱 주의를 요한다"고 한 대판 2010.9.9. 2008다15865도 참조.

75) 대판 2013.12.12. 2013다201844는, '불법 체포·구금 후 위법수집증거에 의하여 국가보안법 위반의 확정판결을 받아 복역 → 진실·화해를 위한 과거사정리위원회의 진실규명 결정 → 유죄 확정판결에 대한 재심청구 및 무죄 확정 → 나라를 상대로 한 국가배상청구소송 제기'의 사안에서, ㉠ 무죄판결이 확정될 때까지는 채권자가 손해배상청구를 할 것을 기대할 수 없는 사실상의 장애사유가 있었으므로 국가의 소멸시효 완성의 항변은 권리남용으로 허용될 수 없고, ㉡ 그러한 장애가 해소된 재심무죄판결 확정일부터 민법상 시효정지에 준하는 6개월 내에 권리를 행사해야 하는데, ㉢ 그 기간 내에 권리행사가 있었는지는 손해배상을 청구하는 소를 제기하였는지 여부를 기준으로 판단하지만, ㉣ 형사보상청구를 하여 형사보상결정을 받은 후 그 확정일부터 6개월 내에 손해배상청구의 소를 제기한 경우에는 그 제소가 재심무죄판결 확정일부터 3년(제766조 제1항 참조) 내라면 소멸시효가 완성하지 않는다고 하였다.

76) 참고로 대판 2016.6.10. 2015다217843: "공무원의 불법행위로 손해를 입은 피해자의 국가배

6. 제척기간과 실효

⑴ 제척기간 내에 권리를 행사하지 않으면 그 권리는 소멸하고, 당사자에게 책임 없는 사유로 인하여 그 기간을 준수하지 못했더라도 마찬가지이다(대결 2003.8.11. 2003스32).77)

⑵ 소멸시효와 달리 제척기간은 당사자가 주장하지 않더라도 법원이 당연히 고려해야 하는 직권조사사항이고(대판 2000.10.13. 99다18725 등), 권리발생시부터 기산하며, 중단이 있을 수 없고(대판 2003.1.10. 2000다26425), 소급효도 인정되지 않는다.

⑶ 제척기간이 출소기간(出訴期間)인 경우로 채권자취소권(제406조 제1항) 외에 점유보호청구권(대판 2002.4.26. 2001다8097·8103)과 상속회복청구권(대판 1993.2.26. 92다3083)을 들 수 있고, 재판 외의 행사로 족한 경우로 매매예약완결권, 하자담보책임 등이 있다.

〈3-5-13〉 제척기간에 관한 판례

1) 형성권을 행사한 결과로 발생하는 채권(예: 취소로 인한 부당이득반환청구권)도 그 형성권의 제척기간까지 존속한다는 것이 다수설의 입장이지만, 제척기간 내에 형성권이 행사되면 그로써 권리관계는 확정되므로 <u>행사의 결과 발생하는 채권까지 제척기간 내에 행사할 필요는 없다</u>고 할 것이다. 대판 1991.2.22. 90다13420도 환매권의 행사로 발생한 소유권이전등기청구권은 환매권 행사에 관한 기간제한과는 별도로 환매권을 행사한 때부터 일반채권과 같이 제162조 소정의 10년의 소멸시효 기간이 진행되는 것이지, 위 제척기간 내에 이를 행사해야 하는 것은 아니라고 하여 같은 입장이다.

상청구권의 소멸시효기간이 지났으나 국가가 소멸시효 완성을 주장하는 것이 신의성실의 원칙에 반하는 권리남용으로 허용될 수 없어 배상책임을 이행한 경우에는, 소멸시효 완성주장이 권리남용에 해당하게 된 원인행위와 관련하여 공무원이 원인이 되는 행위를 적극적으로 주도하였다는 등의 특별한 사정이 없는 한, 국가가 공무원에게 구상권을 행사하는 것은 신의칙상 허용되지 않는다."

77) 나아가 대판 2022.12.1. 2020다280685: "제척기간은 적어도 권리가 발생하였음을 전제하는 것이고, 아직 발생하지 않은 권리에까지 그 제척기간에 관한 규정을 적용하여 권리가 소멸하였다고 볼 수는 없다."

2) 대판(전) 2012.3.22. 2010다28840

㉮ 사실관계를 정리하면 다음과 같다: ㉠ 아파트 입주자대표회의(X)가 아파트분양자(Y)를 상대로 아파트 하자로 인한 손해배상을 구하는 소를 제기하였다. ㉡ 소송계속 중 위 아파트의 구분소유자들(A)로부터 손해배상청구권을 양도받은 X가 A의 위임을 받아 Y에게 채권양도통지를 한 후 제1심법원에 채권양수를 원인으로 하는 청구취지 및 청구원인 변경신청서를 제출하였다. 그런데 채권양도통지는 아파트를 인도받은 날부터 10년 내이지만, 소의 변경은 10년이 지난 후에 이루어졌다.

㉯ 원심은, A의 채권양도통지는 Y에게 하자담보책임에 따른 의무이행을 최고한 것으로서 각 하자부분에 대한 손해배상청구권을 재판 외에서 행사한 것이고, 그 권리행사가 아파트를 인도받은 날부터 10년의 제척기간 내에 이루어졌다고 판단하여 Y의 제척기간 도과주장을 배척하였으나, 대법원은 원심을 파기하였다.

대법원의 다수의견: "채권양도의 통지는 양도인이 채권이 양도되었다는 사실을 채무자에게 알리는 것에 그치는 행위이므로, 그것만으로 제척기간 준수에 필요한 권리의 재판 외 행사에 해당한다고 할 수 없[고,] 따라서 집합건물인 아파트의 입주자대표회의가 스스로 하자담보추급에 의한 손해배상청구권을 가짐을 전제로 하여 직접 아파트의 분양자를 상대로 손해배상청구소송을 제기하였다가, 소송계속 중에 정당한 권리자인 구분소유자들에게서 손해배상채권을 양도받고 분양자에게 통지가 마쳐진 후 그에 따라 소를 변경한 경우에는, 채권양도통지에 채권양도의 사실을 알리는 것 외에 이행을 청구하는 뜻이 별도로 덧붙여지거나 그 밖에 구분소유자들이 재판 외에서 권리를 행사하였다는 등 특별한 사정이 없는 한, 위 손해배상청구권은 입주자대표회의가 위와 같이 소를 변경한 시점에 비로소 행사된 것으로 보아야 한다."

3) 대판 2000.1.28. 99다50712는, X가 보험계약 해지의 의사표시를 담은 소장 부본을 Y에게 송달함으로써 해지권을 재판상 행사하는 경우에, 소장 부본이 Y에게 도달해야 비로소 해지권 행사의 효력이 발생하므로, 해지의 의사표시가 담긴 소장 부본이 제척기간 내에 Y에게 송달되지 않았다면 소장이 제척기간 내에 법원에 접수되었더라도 X가 제척기간 내에 적법하게 해지권을 행사하였다고 볼 수는 없다고 하였다.

4) 대판 1995.11.10. 94다22682·22699: "제척기간[…]의 기산점은 특별한 사정이 없는 한 원칙적으로 권리가 발생한 때이고, 당사자 사이에 매매예약 완결권을

행사할 수 있는 시기를 특별히 약정한 경우에도 그 제척기간은 당초 권리의 발생일로부터 10년 간의 기간이 경과되면 만료되는 것이지 그 기간을 넘어서 그 약정에 따라 권리를 행사할 수 있는 때로부터 10년이 되는 날까지로 연장된다고 볼 수 없다." 매매예약 완결권의 행사기간에 관한 〈1－3－5〉 참조.

5) 대판 2022.6.9. 2017다247848: "상법 제814조 제1항에서 정한 제척기간이 지난 뒤에 그 기간 경과의 이익을 받는 당사자가 기간이 지난 사실을 알면서도 기간 경과로 인한 법적 이익을 받지 않겠다는 의사를 명확히 표시한 경우에는, 소멸시효 완성 후 이익의 포기에 관한 민법 제184조 제1항을 유추적용하여 제척기간 경과로 인한 권리소멸의 이익을 포기하였다고 인정할 수 있다."[78]

(4) 형성권과 같이 소멸시효에 걸리지 않는 권리(해제권에 관한 대판 1994.11.25. 94다12234 참조)나 소멸시효가 아직 완성되지 않은 권리가 실효(失效)되면, 더 이상 그 권리를 주장할 수 없다.

〈3-5-14〉 실효에 관한 판례

㉮ 권리자가 권리를 행사할 수 있었음에도 불구하고 상당한 기간이 경과하도록 권리를 행사하지 아니하여 의무자인 상대방으로서도 이제는 더 이상 권리자가 권리를 행사하지 않을 것이라고 신뢰할 만한 정당한 기대를 가지게 된 다음에 새삼스럽게 그 권리를 행사하는 것이 법질서 전체를 지배하는 신의성실의 원칙에 위반하는 것으로 인정될 때에는 실효의 원칙에 따라 그 권리의 행사가 허용되지 않는다(대판 2005.10.28. 2005다45827).

구체적인 예로, 실효의 원칙이 사용자와 근로자 사이의 고용관계(근로자의 지위)의 존부를 둘러싼 노동분쟁에서 더욱 적극적으로 적용되어야 할 필요가 있다고 하면서도, 의원면직된 때로부터 상당한 기간이 경과한 후에 제기한 근로자지위확인의

78) 학설은 일반적으로 제척기간과 소멸시효를 준별하고, 포기를 포함하여 소멸시효에 관한 민법 규정은 제척기간에 적용 또는 유추될 수 없다고 한다. 그런데 이와 다른 입장인 이 판결의 결론은 상법 제814조 제1항 등 당사자의 합의에 의하여 제소기간을 연장할 수 있다고 규정함으로써 법률관계 조기확정의 요청이 뒤로 물러서는 특수한 제척기간에 한하여 타당할 수 있고, 제척기간 일반에 관하여 같은 법리를 개진해서는 안 될 것이다.

소를 실효의 원칙에 비추어 허용될 수 없다고 한 대판 1992.1.21. 91다30118.

㉯ 포기할 수 없는 권리의 실효는 인정되지 않는다. 인지청구권은 실효의 대상이 아니라고 한 대판 2001.11.27. 2001므1353 참조.

제 4 장
계약의 장애

제 4 장
계약의 장애

제 1 절 총 설

1. 서 설

(1) 채무가 제대로 이행되지 않은 경우를 규율하는 것이 채무불이행법이다. 그런데 당사자들이 「자기 또는 상대방」의 채무불이행에 대비하기 위하여 해제권의 유보, 위약금, 책임의 제한, 담보책임의 면제 등에 관한 특약(부제소나 관할의 특약이나 중재조항 등도 포함하여)을 하는 경우가 적지 않은데, 이러한 특약이 채무불이행법에 우선한다.

(2) 민법은 채무불이행의 객관적 요건에 관하여 제390조에서 "채무의 내용에 좇은 이행을 하지 아니한" 것이라고 하여 일반적·포괄적으로 규정한다. 따라서 채무불이행의 유형을 이행불능, 이행지체 및 불완전이행(또는 적극적 채권침해)의 셋으로 한정하는 이른바 「폐쇄적 3유형론」은 지양(止揚)되어야 한다.

2. 불완전이행

불완전이행을 이행지체와 이행불능이 아닌 나머지를 포괄하는 채무불이행유형으로 이해하는 것이 다수설의 입장이지만, 포섭범위를 좁힐 필요가 있다. 특히 급부이익이 아니라 「완전성이익」이 침해된 경우로 좁혀야 한다는 입장을 따른다면 불완전이행은 — 계약상의 의무로서 — 보호의무를 위반한 경우로 한정되어야 한다.

〈4-1-1〉 보호의무와 불완전이행에 관한 판례

㉮ 판례는 공중접객업자(대판 1997.10.10. 96다47302), 여행업자(기획여행계약에 관한 대판 1998.11.24. 98다25061), 고용계약이나 노무도급계약에서 사용자(대판 1999.2.23. 97다12082), 증권회사 직원(대판 2003.1.24. 2001다2129), 정보통신서비스 제공자(개인정보 등의 분실·도난·누출·변조 또는 훼손에 관한 대판 2015.2.12. 2013다43994·44003), 병원(입원환자 등의 휴대품 등의 도난방지에 관한 대판 2003.4.11. 2002다63275) 등의 보호의무를 인정한다.

㉯ 판례는 보호의무 위반의 경우에 대체로 불법행위가 성립한다고 하고, 피해자에게 과책에 대한 증명책임을 지운다.

그러나 「계약상」의 의무로서 보호의무를 인정되기도 하는데, 이 경우 당연히 계약법리가 적용된다. 가령 대판 2000.11.24. 2000다38718·38725는, 숙박업자는 신의칙상의 부수의무로서 고객의 안전을 배려해야 할 보호의무를 부담하고, 이를 위반하여 투숙객에게 손해를 입혔다면 "불완전이행으로 인한 채무불이행책임"을 지는데, 이 경우 피해자로서는 구체적 보호의무의 존재와 그 위반사실을 주장·증명해야 하고 숙박업자로서는 통상의 채무불이행에서와 마찬가지로 그 채무불이행에 관하여 자기에게 과실이 없음을 주장·증명하지 못하는 한 그 책임을 면할 수는 없다고 하였다(대판 1994.1.28. 93다43590도 동지). 나아가 대판 2013.11.28. 2011다60247: "근로자 파견관계에서 사용사업주와 파견근로자 사이에는 특별한 사정이 없는 한 파견근로와 관련하여 사용사업주가 파견근로자에 대한 보호의무 또는 안전배려의무를 부담한다는 점에 관한 묵시적인 의사의 합치가 있다고 할 것이고, 따라서 사용사업주의 보호의무 또는 안전배려의무 위반으로 손해를 입은 파견근로자는 사용사업주와 직접고용 또는 근로계약을 체결하지 아니한 경우에도 위와 같은 묵시적 약정에 근거하여 사용사업주에 대하여 보호의무 또는 안전배려의무 위반을 원인으로 하는 손해배상을 청구할 수 있다. 그리고 이러한 약정상 의무 위반에 따른 채무불이행책임을 원인으로 하는 손해배상청구권에 대하여는 불법행위책임에 관한 민법 제766조 제1항의 소멸시효규정이 적용될 수는 없다." 그 밖에 학교법인이 학생과의 재학계약에 기하여 부담하는 안전배려의무를 위반하여 학생의 생명,

신체, 건강 등을 침해하여 손해를 입힌 때에는 불완전이행으로서 채무불이행으로 인한 손해배상책임을 진다는 대판 2018.12.28. 2016다33196도 참조.

㉰ 여러 해 동안 완제품을 생산한 매수인이 부품의 재질에 따라 그 등급과 가격 및 용도에 차이가 있다는 사실을 알면서도 부품의 품질과 성능에 대하여 언급하지 않은 채 거래관행에 따라 품명과 수량만 구두로 발주하고 부품을 공급받아 사용하였고, 그 부품에 대하여 매도인이 일정한 품질과 성능을 보증하였다고 할 수 없는 경우의 부품공급업자의 확대손해와 관련하여 대판 1997.5.7. 96다39455: "매도인이 매수인에게 공급한 부품이 통상의 품질이나 성능을 갖추고 있는 경우, 나아가 내한성이라는 특수한 품질이나 성능을 갖추고 있지 못하여 하자가 있다고 인정할 수 있기 위하여는, 매수인이 매도인에게 완제품이 사용될 환경을 설명하면서 그 환경에 충분히 견딜 수 있는 내한성 있는 부품의 공급을 요구한 데 대하여, 매도인이 부품이 그러한 품질과 성능을 갖춘 제품이라는 점을 명시적으로나 묵시적으로 보증하고 공급하였다는 사실이 인정되어야만 할 것이고, 특히 매매목적물의 하자로 인하여 확대손해 내지 2차손해가 발생하였다는 이유로 매도인에게 그 확대손해에 대한 배상책임을 지우기 위하여는 채무의 내용으로 된 하자 없는 목적물을 인도하지 못한 의무 위반사실 외에 그러한 의무 위반에 대하여 매도인에게 귀책사유가 인정될 수 있어야만 한다."[1)]

제 2 절 이행지체

1. 서 설

(1) 이행지체의 경우에 채권자는 제때 이행되지 않음에 따른 손해의 배상을 청구할 수 있는데, 그 배상과 무관하게 채권자는 여전히 가능한 급부의 이행을 청구

1) '㉠ 농업용 난로 제조업자 X가 Y로부터 부품인 커플링을 공급받아 난로를 제작, 판매, ㉡ A가 X로부터 난로를 구입하여 비닐하우스에서 사용하였으나 난로가 작동하지 않아서 냉해 발생, ㉢ Y가 공급한 커플링의 샤프트부분이 마모되어 난로가 가동되지 않았음을 밝혀짐, ㉣ A에게 손해를 배상한 X가 Y를 상대로 손해배상청구'의 사안에서, 부품의 하자를 이유로 Y의 손해배상책임을 인정한 원심을 파기한 사례.

할 수 있다.

(2) 채무자가 채무를 이행하지 않을 의사를 진지하고 종국적으로 표시함으로써 채권자로 하여금 임의이행을 기대할 수 없게 만드는 경우를 이행거절(履行拒絶)이라 하는데, 이행지체의 하부유형으로 볼 수 있지만, 독자적인 채무불이행유형으로 인정해야 한다는 견해가 유력하다.

〈4-2-1〉 이행거절에 관한 판례

㉮ 대판 1993.6.25. 93다11821은, 'X가 Y로부터 토지를 매수 → 중도금지급기일에 X가 중도금을 지급하려 하자 Y가 지급기일을 연기하고 연기된 기일에도 수령을 거절한 후 연락 두절 → X가 내용증명우편으로 중도금 수령거절을 이유로 위 매매계약을 해제한다고 통고 → X가 Y를 상대로 계약금 및 동액 상당의 위약금 지급청구'의 사안에서, X는 "신의성실의 원칙상" 소유권이전등기의무 이행기일까지 기다릴 필요 없이 이를 이유로 매매계약을 해제할 수 있다고 하였다(이행의 최고나 자기채무의 이행제공 없이 그리고 이행기가 도래하지 않았더라도).

㉯ 대판 2021.7.15. 2018다214210: "이행거절로 인한 계약해제의 경우에는 채권자의 최고도 필요하지 않고 동시이행관계에 있는 자기채무의 이행제공도 필요하지 않아, 이행지체를 이유로 한 계약해제와 비교할 때 계약해제의 요건이 완화되어 있으므로, 이행거절의사가 명백하고 종국적인 것으로 볼 수 있어야 한다. 명시적으로 이행거절의사를 표명하는 경우 외에 계약 당시 또는 그 후의 여러 사정을 종합하여 묵시적 이행거절의사를 인정하기 위해서는 그 거절의사가 정황상 분명하게 인정되어야 한다." 당사자 일방이 위와 같은 의사를 표명한 것으로 볼 것인지 여부는 계약해제시를 기준으로 판단한다(대판 2014.10.6. 2014다210531[2]).

㉰ 이행거절이라는 채무불이행이 성립하기 위해서는 채무를 이행하지 않을 채무자의 명백한 의사표시가 위법한 것으로 평가되어야 한다(대판 2015.2.12. 2014다227225).

한편 이행거절의 의사표시가 적법하게 철회된 경우에 상대방으로서는 자기채무

2) 당사자 일방이 자기채무의 전부를 아직 이행하지 않았으면서도 이미 다 이행했다고 주장하면서 상대방채무의 이행을 구하는 제소까지 하였다면, 그것이 계산상의 착오 때문이라는 등 특별한 사정이 없는 한 미리 자기채무를 이행하지 않을 의사를 표명한 것으로 볼 것이어서 상대방은 계약을 해제할 수 있다고 한 사례.

의 이행을 제공하고 상당한 기간을 정하여 이행을 최고한 후가 아니면 채무불이행을 이유로 계약을 해제할 수 없다(대판 2003.2.26. 2000다40995).

㉣ 대판 2005.8.19. 2004다53173: "계약상 채무자가 계약을 이행하지 아니할 의사를 명백히 표시한 경우에 채권자는 신의성실의 원칙상 이행기 전이라도 이행의 최고 없이 채무자의 이행거절을 이유로 계약을 해제하거나 채무자를 상대로 손해배상을 청구할 수 있다."[3] 그리고 대판 2007.9.20. 2005다63337: "채무자의 이행거절로 인한 채무불이행에서의 손해액 산정은, 채무자가 이행거절의 의사를 명백히 표시하여 최고 없이 계약의 해제나 손해배상을 청구할 수 있는 경우에는 이행거절 당시의 급부목적물의 시가를 표준으로 해야 한다." 이 판결들에서 문제된 손해배상은 전보배상을 의미하고, 이행기가 도래하기 전이므로 지연배상이 허용되지 않음은 당연하다.

2. 이행지체의 요건과 효과

(1) ① 이행기가 도래하였을 것, ② 이행이 가능할 것, ③ 이행 또는 그 제공이 없을 것, ④ 이행하지 않은 데 대하여 채무자에게 귀책사유(고의·과실)가 있을 것(제390조 단서), ⑤ 이행하지 않는 것이 위법할 것의 요건이 갖추어지면 이행지체가 성립한다.

(2) 위 요건들을 좀 더 살펴본다.

① 해석규정으로서 제387조는 채무를 확정기한 있는 채무, 불확정기한 있는 채무, 기한 없는 채무의 셋으로 나누어 그 각각에 대하여 이행지체에 빠지는 시기를 규정한다.

② 유치권, 동시이행의 항변권 등 이행거절권능이 있으면 이행지체에 빠지지 않는다. 이 중 동시이행의 항변권은 대개 쌍무계약의 효력으로 다루어지지만, 실제

3) 'Y가 X 소유의 부동산(甲)에 관하여 통정허위표시에 의하여 자기 명의로 근저당권설정등기를 마친 후 이를 A에게 이전하여 X가 소유권 상실 → Y가 이에 대한 보상으로 甲을 X에게 매입하여 주기로 이행각서를 작성하고도 그 각서가 무효라고 주장하면서 자기 소유의 유일한 부동산을 처분 → X가 Y를 상대로 손해배상청구'의 사안에서, Y가 이행각서에 따른 의무를 이행할 의사가 없음을 명백히 하였다고 볼 수 없다고 판단한 원심을 파기한 사례.

로 이행지체와 밀접하게 관련되는데, 뒤에서 따로 살펴본다.

그런데 채권이 가압류되거나 채무에 관한 지급금지가처분이 있었다는 점은 채무자의 불이행을 정당화해 주는 사유에 해당하지 않는다.

〈4-2-2〉 이행기에 관한 판례

㉮ 확정기한이 붙은 경우에 기한이 도래한 다음날부터 지체책임을 지는데, 채권자가 기한의 존재만 주장·증명하면 되고 그 도과사실을 주장·증명할 필요가 없다.4)

반면 불확정기한부 채무에서 지체책임을 묻기 위하여 채권자는 ㉠ 불확정기한의 약정사실 외에 ㉡ 그 기한의 도래사실 및 ㉢ 채무자가 기한의 도래를 안 사실을 주장하고 증명해야 한다(대판 2011.2.24. 2010다83755). 그리고 당사자가 불확정한 사실이 발생한 때를 이행기한으로 정한 경우에, 그 사실이 발생한 때는 물론 그 사실의 발생이 불가능하게 된 때에도 기한이 도래한 것으로 보아야 한다(대판 2002.3.29. 2001다41766).

㉯ 이행기한의 정함이 없는 경우에 그 이행의 청구를 받은 다음날부터 이행지체의 책임을 진다(대판 1988.11.8. 88다3253).

그런데 대판 2014.4.10. 2012다29557: "지명채권이 양도된 경우 채무자에 대한 대항요건이 갖추어질 때까지 채권양수인은 채무자에게 대항할 수 없으므로, 이행기의 정함이 없는 채권을 양수한 채권양수인이 채무자를 상대로 그 이행을 구하는 소를 제기하고 소송계속 중 채무자에 대한 채권양도통지가 이루어진 경우에는 특별한 사정이 없는 한 채무자는 채권양도통지가 도달된 다음날부터 이행지체의 책임을 진다."

그리고 대판 2018.7.20. 2015다207044: "기한을 정하지 않은 채무에 정지조건이 있는 경우, 정지조건이 객관적으로 성취되고 그 후에 채권자가 이행을 청구하면

---

4) 다만 대판 2023.6.29. 2023다218353: "만기가 정해진 예금계약에 따른 금융기관의 예금반환채무는 만기가 도래하더라도 임치인이 미리 만기 후 예금수령방법을 지정한 경우와 같은 특별한 사정이 없는 한 임치인의 적법한 지급청구가 있어야 비로소 이행할 수 있으므로, 예금계약의 만기가 도래한 것만으로 금융기관인 수치인이 임치인에 대하여 예금반환 지연으로 인한 지체책임을 부담한다고 볼 수는 없고, 정당한 권한이 있는 임치인의 지급청구에도 불구하고 수치인이 예금반환을 지체한 경우에 지체책임을 물을 수 있다고 보아야 한다."

바로 지체책임이 발생한다. 조건과 기한은 하나의 법률행위에 독립적으로 작용하는 부관이므로, '조건의 성취'는 '기한이 없는 채무에서 이행기의 도래'와는 별개의 문제이기 때문이다. 그리고 청구금액이 확정되지 아니하였다는 이유만으로 채무자가 지체책임을 면할 수는 없다. 청구권은 이미 발생하였고 가액이 아직 확정되지 아니한 것일 뿐이므로, 지연손해금 발생의 전제가 되는 원본채권이 부존재한다고 말할 수는 없기 때문이다. 불법행위로 인한 손해배상채무의 경우 불법행위가 발생한 시점에는 손해배상액을 확정할 수 없는 경우가 대부분이지만, 그 발생시점부터 지체책임이 성립하는 점에 비추어도 그러하다."

㉰ 참고로 대판 1972.11.14. 72다1159: "동시이행관계에 있는 쌍무계약에 있어서 당사자 일방의 요청에 의하여 계약이행기일을 연기한 경우에도 연기된 이행기일에 당사자 쌍방의 의무이행이 없으면 동 쌍무계약은 이행기일의 정함이 없는 것으로서 존속한다."

〈4-2-3〉 보전처분과 지체에 관한 판례

㉮ 채무에 관한 지급금지가처분과 지체책임의 성립에 관하여 대판 2010.2.25. 2009다22778: "이행보증계약에 기한 보증인의 보증금지급의무에 관하여 지급금지가처분결정이 있었다고 하더라도 그것으로써 보증인에게 그 지급을 거절할 수 있는 사유, 즉 지급거절의 권능이 발생한다고 할 수 없고, 보증금지급의무가 실제로 발생하여 그 이행기가 도래하면 보증인은 보증채권자에게 이를 이행하여야 하며, 이를 이행하지 아니하는 경우에는 지체책임 발생의 다른 요건이 갖추어지는 한 그 이행의 지체로 인한 손해배상 등 법적 책임을 져야 한다. 다만, 그는 보증금을 채권자의 수령불능을 이유로 변제공탁함으로써 자신의 보증금지급채무로부터 벗어날 수 있고, 그에 따라 위에서 본 바와 같은 지체책임도 면하게 된다."

㉯ 가압류에 관한 (<3-3-3>에 소개된) 대판(전) 1994.12.13. 93다951도 참조.

(3) 기한이익의 상실을 본다.

① 당사자의 특약이나 법률행위의 성질에 비추어 반대의 취지가 명백하지 않는 한 기한은 채무자의 이익을 위한 것으로 추정된다(제153조 제1항: 의사추정).

② 제388조가 규정하는 기한이익 상실사유가 발생하면, 채권자는 기한의 도래를 기다리지 않고 즉시 채무의 이행을 청구할 수 있으며, 그럼에도 불구하고 채무의 이행이 없으면 이행지체로 된다.

③ 그 밖에 당사자들이 기한이익 상실의 특약을 하는 경우가 거래계에서 드물지 않다.

〈4-2-4〉 기한이익 상실특약에 관한 판례

㉮ 특약의 모습에 관하여 대판 2002.9.4. 2002다28340: "기한이익 상실의 특약은 그 내용에 의하여 일정한 사유가 발생하면 채권자의 청구 등을 요함이 없이 당연히 기한의 이익이 상실되어 이행기가 도래하는 것으로 하는 정지조건부 기한이익 상실의 특약과 일정한 사유가 발생한 후 채권자의 통지나 청구 등 채권자의 의사행위를 기다려 비로소 이행기가 도래하는 것으로 하는 형성권적 기한이익 상실의 특약의 두 가지로 대별할 수 있고, 기한이익 상실의 특약이 위의 양자 중 어느 것에 해당하느냐는 당사자의 의사해석의 문제이지만 일반적으로 기한이익 상실의 특약이 채권자를 위하여 둔 것인 점에 비추어 명백히 정지조건부 기한이익 상실의 특약이라고 볼 만한 특별한 사정이 없는 이상 형성권적 기한이익 상실의 특약으로 추정하는 것이 타당하다."

㉯ 할부채무에 관하여 형성권적 기한이익 상실의 특약이 있는 경우에, 기한이익의 상실사유가 발생하였더라도 채권자가 잔액 전부를 일시에 청구할 것인지 아니면 종래대로 할부변제를 청구할 것인지를 선택할 수 있으므로, 1회의 불이행이 있더라도 각 할부금에 대해 그 각 변제기의 도래시마다 그때부터 순차로 소멸시효가 진행하고, 채권자가 특히 잔존채무 전액의 변제를 구하는 취지의 의사를 표시한 경우에 한하여 전액에 대하여 그때부터 소멸시효가 진행한다(대판 1997.8.29. 97다12990; 앞의 2002다28340 판결).

반면 정지조건부 기한이익 상실의 특약을 한 경우에, 그 특약에 정한 기한이익 상실사유가 발생함과 동시에 (기한의 이익을 상실케 하는 채권자의 의사표시가 없더라도) 이행기 도래의 효과가 발생하고, 특별한 사정이 없는 한 채무자는 그때부터 이행지체의 상태에 놓이는데(대판 1989.9.29. 88다카14663), 소멸시효는 채무불이행시부터 진행한다.

㈐ 참고로 기한이익의 포기에 관하여 대판 2023.4.13. 2021다305338: "채권자와 채무자 모두가 기한의 이익을 갖는 이자부 금전소비대차계약 등에 있어서, 채무자가 변제기로 인한 기한의 이익을 포기하고 변제기 전에 변제하는 경우 변제기까지의 약정이자 등 채권자의 손해를 배상하여야 하고, 이러한 약정이자 등 손해액을 함께 제공하지 않으면 채무의 내용에 따른 변제제공이라고 볼 수 없으므로, 채권자는 수령을 거절할 수 있다. 이는 제3자가 변제하는 경우에도 마찬가지이다. [⋯] 기한의 이익과 그 포기에 관한 민법 제153조 제2항, 변제기 전의 변제에 관한 민법 제468조의 규정들은 임의규정으로서 당사자가 그와 다른 약정을 할 수 있다. 은행여신거래에 있어서 당사자는 계약내용에 편입된 약관에서 정한 바에 따라 위 민법 규정들과 다른 약정을 할 수도 있다."

⑷ 이행지체의 효과를 본다.

① 채무자의 급부의무는 이행지체의 성립에 의하여 영향을 받지 않는다. 다만 이행지체의 효과로 책임이 가중되어 무과실책임을 진다(제392조).

한편 채권자에게 계약해제권이 발생하는데(제544조, 제545조), 계약의 해제는 손해배상의 청구에 영향을 미치지 않는다(제551조).

② 이행지체로 인한 손해배상은 지연배상(遲延賠償)이지만, 예외적으로 전보배상(塡補賠償)이 인정될 수도 있다(제395조 참조).

〈4-2-5〉 이행지체로 인한 손해배상에 관한 판례

㈎ 일단 확정된 지연손해금채무는 기한 없는 채무로서 채권자의 최고로 이행지체에 빠진다(대판 2004.7.9. 2004다11582).

참고로 대판 2022.4.14. 2020다268760: "판결이 확정된 채권자가 시효중단을 위한 신소를 제기하면서 확정판결에 따른 원금과 함께 원금에 대한 확정지연손해금 및 이에 대한 지연손해금을 청구하는 경우, 확정지연손해금에 대한 지연손해금채권은 채권자가 신소로써 확정지연손해금을 청구함에 따라 비로소 발생하는 채권으로서 전소의 소송물인 원금채권이나 확정지연손해금채권과는 별개의 소송물이므로, 채무자는 확정지연손해금에 대하여도 이행청구를 받은 다음날부터 지연손해금을 별도로 지급하여야 하되 그 이율은 신소에 적용되는 법률이 정한 이율을 적용하여야 한다.”

㉯ 이행지체 성립 후의 변제제공이 유효한 제공으로 되기 위하여 채무자는 본래의 급부뿐만 아니라 지연배상도 함께 제공해야 한다. 대판 2005.8.19. 2003다22042도 원본과 지연이자의 합계액에 미치지 못하는 이행제공을 하면서 이를 원본에 대한 변제로 지정한 경우에 그 효력이 없다고 하였다.

㉰ 전보배상에서 배상액 산정에 관하여 (<4-4-7>에 소개된) 대판 1997.12.26. 97다24542 참조.

---

(5) 이행지체의 종료사유로 변제 등으로 인한 채권의 소멸, 변제의 제공, 채권자의 지체면제, 지체 후의 불능 등이 있는데, 이행지체에 빠진 후 채무의 일부를 수령하였다고 해서 이행지체의 효과가 없어지지는 않는다(대판 1992.10.27. 91다483).

3. 동시이행의 항변권

(1) 쌍무계약에서 견련관계(상호의존관계)에 기하여 선이행의 위험을 피할 수 있는 제도가 동시이행의 항변권이다(제536조).

(2) 동시이행의 항변권이 발생하기 위한 요건은, 상대방의 이행청구를 당연한 전제로 하여, ⓐ 쌍무계약에 기한, 서로 대가적 의미를 가지는 채무가 존재할 것, ⓑ 상대방의 채무가 변제기에 있을 것, ⓒ 상대방이 자기채무의 이행 또는 그 제공 없이 이행을 청구할 것의 3가지이다.

이 중 ⓑ와 관련하여 선이행의무를 이행하지 않고 있던 중 상대방채무의 이행기가 도래한 경우와 “상대방의 이행이 곤란할 현저한 사유”가 있는 경우(제536조 제2항: 「불안의 항변권」)에 예외가 인정된다.

〈4-2-6〉 동시이행관계에 서는 채무에 관한 판례

㉮ 대판 2000.11.28. 2000다8533: “부동산의 매매계약이 체결된 경우에는 <u>매도</u>

인의 소유권이전등기의무, 인도의무와 매수인의 잔대금지급의무는 동시이행의 관계에 있는 것이 원칙이고, 이 경우 매도인은 특별한 사정이 없는 한 제한이나 부담이 없는 완전한 소유권이전등기의무를 지는 것이므로 매매목적부동산에 가압류등기 등이 되어 있는 경우에는 매도인은 이와 같은 등기도 말소하여 완전한 소유권이전등기를 해 주어야 하는 것이고, 따라서 가압류등기 등이 있는 부동산의 매매계약에 있어서는 매도인의 소유권이전등기의무와 아울러 가압류등기의 말소의무도 매수인의 대금지급의무와 동시이행관계에 있다."[5]

㉯ 대판 2010.3.25. 2007다35152: "하나의 계약 혹은 그 계약에 추가된 약정으로 둘 이상의 민법상의 전형계약 내지 민법상의 채권적 권리의무관계(이하 '민법상의 전형계약 등'이라 한다)가 포괄되어 있고, 이에 따른 당사자 사이의 여러 권리의무가 동일한 경제적 목적을 위하여 서로 밀접하게 연관되어 있는 경우에는, 이를 민법상의 전형계약 등에 상응하는 부분으로 서로 분리하여 그 각각의 전형계약 등의 범위 안에서 대가관계에 있는 의무만을 동시이행관계에 있다고 볼 것이 아니고, 당사자 일방의 여러 의무가 포괄하여 상대방의 여러 의무와 사이에 대가관계에 있다고 인정되는 한, 이러한 당사자 일방의 여러 의무와 상대방의 여러 의무는 동시이행의 관계에 있다고 볼 수 있다."

㉰ 부동산교환계약에서 목적부동산에 설정된 담보권의 피담보채무를 인수하기로 하는 약정이 행하여진 경우에, 그 일방(X)이 상대방(Y)의 채무인수의무 불이행으로 말미암아 그 채무를 대신 변제하였다면 그로 인한 손해배상채무는 채무인수의무의 변형으로서 X의 소유권이전등기의무와 Y의 그 손해배상채무는 이행상 견련관계에 있어서, 양자는 동시이행의 관계에 있다고 해석함이 공평의 관념 및 신의칙에 합당하다(대판 2014.4.30. 2010다11323).

㉱ 채권이 양도되거나 채무가 인수되더라도 동일성이 유지되므로 동시이행관계는 존속하는데, 전부명령을 받은 경우에도 다르지 않다. 즉 임차인의 임차보증금반환채권이 전부된 경우에, 채권의 동일성은 그대로 유지되므로 동시이행관계도 당연히 그대로 존속하고, 임대차계약이 해지된 후 임대인이 잔존 임차보증금반환채권을 전부받은 이에게 그 채무를 현실적으로 이행하였거나 그 채무이행을 제공하였음에도 불구하고 임차인이 목적물을 인도하지 않음으로써 임차목적물반환채무가 이행지체에 빠지는 등의 사유로 동시이행의 항변권을 상실하였다는 점에 관하여 임대

5) 처분금지가처분등기가 마쳐진 경우에 관한 대판 1999.7.9. 98다13754·13761도 동지.

인이 주장·증명을 하지 않은 이상, 임차인의 목적물에 대한 점유는 동시이행의 항변권에 기한 것이어서 불법점유라고 볼 수 없다(대판 1989.10.27. 89다카4298; 대판 2002.7.26. 2001다68839).6)

㉰ 당사자 일방의 채무가 이행불능을 이유로 한 손해배상의무로 바뀌더라도 동일성이 유지되므로 동시이행관계는 존속한다(대판 2000.2.25. 97다30066).

〈4-2-7〉 선이행의무와 동시이행의 항변권에 관한 판례

㉮ 부동산매수인이 선이행의무인 중도금지급의무를 이행하지 않고 있던 중 계약이 해제되지 않은 채 잔금지급기일이 도래하면, 중도금 및 잔금 지급의무와 소유권이전등기 소요서류의 제공의무 사이에 동시이행관계가 인정되고(대판 1998.3.13. 97다54604·54611),7) 이 시점부터 반대채무(즉 소유권이전등기 소요서류의 교부의무)의 이행 또는 그 제공이 없는 한 중도금지급의무에 관해서도 이행지체에서 벗어난다(대판 2002.3.29. 2000다577).

그렇다고 하여 잔금지급기일까지의 지체가 없어지지는 않으므로, 잔금지급기일 이후 소유권이전등기 소요서류의 제공의무와 동시이행관계에 서는 채무는 「중도금과 잔금 및 중도금지급기일 다음날부터 잔금지급기일까지의 지연손해금을 포함한 금원」의 지급의무이다(대판 1991.3.27. 90다19930).

㉯ 대판 2012.3.29. 2011다93025: "민법 제536조 제2항의 이른바 불안의 항변권을 발생시키는 사유에 관하여 신용불안이나 재산상태 악화와 같이 채권자측에 발생한 객관적·일반적 사정만이 이에 해당한다고 제한적으로 해석할 이유는 없다. 특히 상당한 기간에 걸쳐 공사를 수행하는 도급계약에서 일정기간마다 이미 행하여진 공사부분에 대하여 기성공사금 등의 이름으로 그 대가를 지급하기로 약정되어 있는 경우에는, 수급인의 일회적인 급부가 통상 선이행되어야 하는 일반적인 도급계약에서와는 달리 위와 같은 공사대금의 축차적인 지급이 수급인의 장래의 원

6) 금전채권에 대한 압류 및 추심명령이 있는 경우에 추심채무자는 제3채무자에 대하여 피압류채권에 기하여 그 동시이행을 구하는 항변권을 상실하지 않는다고 한 대판 2001.3.9. 2000다73490도 참조.

7) 교환계약의 당사자 일방이 인수한 교환목적물에 관한 근저당권의 피담보채무 지급의무와 상대방의 소유권이전등기의무가 모두 각 이행기에 이행되지 않은 채 이행기가 도과한 경우에, 양 채무가 동시이행의 관계에 있다고 한 대판 1998.7.24. 98다13877도 참조.

만한 이행을 보장하는 것으로 전제된 측면도 있다고 할 것이어서, 도급인이 계약 체결 후에 위와 같은 약정을 위반하여 정당한 이유 없이 기성공사금을 지급하지 아니하고 이로 인하여 수급인이 공사를 계속해서 진행하더라도 그 공사내용에 따르는 공사금의 상당부분을 약정대로 지급받을 것을 합리적으로 기대할 수 없게 되어서 수급인으로 하여금 당초의 계약내용에 따른 선이행의무의 이행을 요구하는 것이 공평에 반하게 되었다면, 비록 도급인에게 신용불안 등과 같은 사정이 없다고 하여도 수급인은 민법 제536조 제2항에 의하여 계속공사의무의 이행을 거절할 수 있다."[8]

나아가 대판 2022.5.13. 2019다215791: "상대방의 채무가 아직 이행기에 이르지 않았지만 이행기에 이행될 것인지 여부가 현저히 불확실하게 된 경우에는 선이행채무를 지고 있는 당사자에게 상대방의 이행이 확실하게 될 때까지 선이행의무의 이행을 거절할 수 있다."

㉰ 대판 2019.10.31. 2019다247651: "금전채권의 채무자가 채권자에게 담보를 제공한 경우 특별한 사정이 없는 한 채권자는 채무자로부터 채무를 모두 변제받은 다음 담보를 반환하면 될 뿐 채무자의 변제의무와 채권자의 담보반환의무가 동시이행관계에 있다고 볼 수 없다. 따라서 채권자가 채무자로부터 제공받은 담보를 반환하기 전에도 특별한 사정이 없는 한 채무자는 이행지체책임을 진다."

〈4-2-8〉 이행 또는 그 제공에 관한 판례

㉮ 부동산매매에서 매도인이 매수인에게 지체책임을 지워 매매계약을 해제하려면, 매수인이 이행기일에 잔대금을 지급하지 아니한 사실만으로는 부족하고, 매도인이 소유권이전등기신청에 필요한 일체의 서류를 수리할 수 있을 정도로 준비하여 그 뜻을 상대방에게 통지하여 수령을 최고함으로써 이를 제공해야 하는 것이 원칙이고, 또 상당한 기간을 정하여 상대방의 잔대금채무이행을 최고한 후 매수인이 이에 응하지 아니한 사실이 있어야 한다(대판 1992.7.14. 92다5713).

㉯ 대판 2010.10.14. 2010다47438: "동시이행관계에 있는 쌍무계약상 자기채무

8) 계속적 임가공거래에서 변제기가 지난 기간의 임가공비를 지급받지 못하였고 정산완료 후 변제기 미도래의 임가공비에 대한 지급보장수단이 없다는 이유로 불안의 항변권을 인정한 대판 1995.2.28. 93다53887도 참조.

의 이행을 제공하는 경우 그 채무를 이행함에 있어 상대방의 행위를 필요로 할 때에는 언제든지 현실로 이행을 할 수 있는 준비를 완료하고 그 뜻을 상대방에게 통지하여 그 수령을 최고하여야만 상대방으로 하여금 이행지체에 빠지게 할 수 있다"9)

(3) 동시이행의 항변권은 이행거절권능(연기적 항변권)이므로,10) 상대방채무의 이행 또는 그 제공이 없는 한 자기채무의 이행기가 지난 후에 이행을 하지 않더라도 이행지체의 책임을 지지 않는다.

〈4-2-9〉 **효과에 관한 판례**

㉮ 채무자가 동시이행의 항변권을 행사하지 않더라도 이행거절권능의 존재 자체로 이행지체책임은 발생하지 않는다(대판 1998.3.13. 97다54604·54611; 대판 2001.7.10. 2001다3764): 「당연효」(當然效. 또는 존재효). 불안의 항변권에서도 마찬가지이다(대판 1997.7.25. 97다5541).

다만 이러한 효과를 소송에서 관철하려면 동시이행관계를 소송상 원용해야 하고, 당사자가 원용하지 않는데도 법원이 직권으로 고려해서는 안 된다(대판 1990.11.27. 90다카25222).11)

㉯ 동시이행관계에 있는 양 채무가 모두 금전채무라면 공평의 원칙상 대등액의 범위에 한하여 이행거절이 정당화된다. 즉 대판 2007.8.23. 2007다26455·26462는,

9) A가 B와의 甲 토지에 관한 매매계약을 기망을 이유로 취소한 경우에 A가 B를 이행지체에 빠뜨리기 위해서는 소유권이전등기의 말소등기에 필요한 서류 등을 현실적으로 제공할 필요까지는 없으나, 최소한 위 서류 등을 준비하여 두고 그 뜻을 B에게 통지하여 매매대금의 반환과 아울러 이를 수령하여 갈 것을 최고함을 요한다고 한 사례.

10) 이행거절권능을 가지는 매수인이 이를 행사하지 않고 대금채무를 이행한 경우에, 납부기한 전에 선납한 것에 해당한다고 볼 수 없다(대판 1997.7.25. 97다5541).

11) 참고로 대판 2021.7.8. 2020다290804: "동시이행판결의 반대의무 이행 또는 이행제공은 집행개시의 요건으로서 채권자가 이를 증명하는 방법에는 제한이 없으나, 반대의무의 내용이 특정되지 아니하여 반대의무의 이행 또는 이행제공을 증명할 수 없는 경우에는 강제집행을 할 수 없게 되어 결국 채권자는 강제집행을 위해 동일한 청구의 소를 다시 제기하여야 하므로, 동시이행판결을 하는 법원으로서는 반대의무의 내용을 명확하게 특정하여야 하고 자칫 이를 가볍게 여겨 강제집행에 지장이 생김으로써 무익한 절차의 반복을 하게 하는 것은 아닌지 여부 등을 확인할 필요가 있다."

도급계약에 기하여 동시이행관계에 있는 반대채권의 존재로 인하여 상대방에 대한 채무의 이행을 거절할 권능을 가지고 이행지체책임을 지지 않는 것은 서로 자신과 상대방의 채무액 중 대등액의 범위에 한하여 인정될 뿐이라고 하였다.

㉰ 동시이행의 항변권이 붙은 채권을 자동채권으로 하여 다른 채권과의 상계를 허용하면 상계자 일방의 의사표시에 의하여 상대방의 항변권 행사의 기회를 상실시키는 결과로 되므로, 그러한 상계는 허용될 수 없다(대판 2014.4.30. 2010다11323). 다만 예외가 허용됨에 관하여 〈3－4－2〉 참조.

〈4-2-10〉 이행제공과 동시이행의 항변권에 관한 판례

㉮ 대판 1999.7.9. 98다13754 · 13761: "쌍무계약의 당사자 일방이 먼저 한 번 현실의 제공을 하고 상대방을 수령지체에 빠지게 하였다 하더라도 그 이행의 제공이 계속되지 않는 경우에는 과거에 이행의 제공이 있었다는 사실만으로 상대방이 가지는 동시이행의 항변권이 소멸하는 것은 아니므로, 일시적으로 당사자 일방의 의무의 이행제공이 있었으나 곧 그 이행의 제공이 중지되어 더 이상 그 제공이 계속되지 아니하는 기간 동안에는 상대방의 의무가 이행지체상태에 빠졌다고 할 수는 없다고 할 것이고, 따라서 그 이행의 제공이 중지된 이후에 상대방의 의무가 이행지체 되었음을 전제로 하는 손해배상청구도 할 수 없다."[12]

㉯ 판례는 반대채무의 이행제공이 — 한 번의 제공에 그치는 것이 아니라 — 「계속」되면 동시이행의 항변권이 소멸하고, 따라서 소송에서 항변으로 동시이행관계를 주장할 수 없다는 입장으로 이해된다.

그런데 반대채무의 이행제공이 계속되어 소송에서 항변이 봉쇄되고 그 결과 단순이행판결이 확정된 경우에, 그 후 원고가 이행제공을 중단하면 피고는 집행단계에서 동시이행관계를 주장할 수 있어야 하고, 따라서 청구이의의 소를 제기할 수

---

12) 대판 2014.4.30. 2010다11323도 이러한 법리를 전제로 "비록 어떠한 부동산에 관한 소유권이전등기의무에 관하여 채무자가 일단 그 이행제공을 하여 채권자가 수령지체에 빠지게 되었다고 하더라도 그 후 채무자가 목적부동산을 제3자에게 양도하여 그 소유권이전등기의무의 이행이 불능하게 되었다면, 채무자는 다른 특별한 사정이 없는 한 민법 제401조, 제390조에 기하여 상대방에 대하여 자기채무의 이행불능으로 인한 손해배상채무를 부담한다"고 하면서, 이 손해배상채권은 동시이행 항변권의 대항을 받아 이를 자동채권으로 한 상계는 허용되지 않는다고 하였다.

있다. 즉 대판 2013.1.10. 2012다75123·75130: "집행증서상의 청구권은 의무의 단순이행을 내용으로 하는 것인데 그 청구권이 반대의무의 이행과 상환으로 이루어져야 하는 동시이행관계에 있으므로 그 집행증서에 기한 집행이 불허되어야 한다는 주장은, 집행증서상으로는 단순이행의무로 되어 있는 청구권이 반대의무와 동시이행관계의 범위 내에서만 집행력이 있고 그것을 초과하는 범위에서의 집행력은 배제되어야 한다는 것을 의미한다. 따라서 이러한 사유는 본래 집행권원에 표시된 청구권의 변동을 가져오는 청구이의의 소의 이유가 된다고 할 것이다. 그리고 이러한 사유를 이유로 하는 청구이의의 소에 관한 재판에서 집행권원상의 청구권과 동시이행관계에 있는 반대의무의 존재가 인정되는 경우, 법원으로서는 본래의 집행권원에 기한 집행력의 전부를 배제하는 판결을 할 것이 아니라, 집행청구권이 반대의무와 동시이행관계에 있음을 초과하는 범위에서의 집행력의 일부배제를 선언하는 판결을 하여야 할 것"이다.

㉰ 이행제공이 중단된 후에는 이행지체를 전제로 한 손해배상청구를 할 수 없다는 것이 판례의 입장인데(앞의 94다26646 판결 등), 「이행제공의 계속」이라는 요건을 다소 완화한다. 가령 대판 2001.5.8. 2001다6053·6060·6077은, 쌍무계약에서 어느 당사자의 채무에 관하여 이행의 제공을 엄격하게 요구하면 불성실한 상대당사자에게 구실을 줄 수도 있으므로 당사자가 해야 할 제공의 정도는 그의 시기와 구체적인 상황에 따라 신의성실의 원칙에 어긋나지 않게 합리적으로 정해야 하며, 부동산매매계약에서 매도인이 매수인을 이행지체에 빠뜨리기 위해서는 소유권이전등기에 필요한 서류 등을 현실적으로 제공하거나 그렇지 않더라도 이행장소에 그 서류 등을 준비하여 두고 매수인에게 그 뜻을 통지하고 수령하여 갈 것을 최고하면 되므로, 특별한 사정이 없으면 이행장소로 정한 법무사 사무실에 그 서류 등을 계속 보관시키면서 언제든지 잔대금과 상환으로 그 서류들을 수령할 수 있음을 통지하고 신의칙상 요구되는 상당한 시간간격을 두고 거듭 수령을 최고하면 이행의 제공을 다한 것이 되고, 그러한 상태가 계속된 기간 동안은 매수인이 이행지체로 된다고 하였다.[13]

㉱ 쌍무계약의 일방당사자가 이행기에 한 번 이행제공을 하여 상대방을 이행지체에 빠지게 한 경우에, 신의성실의 원칙상 이행을 최고하는 일방당사자로서는 그

13) 소유권이전등기에 필요한 서류 중 부동산매도용 인감증명서만 발급받지 않은 경우에, 소유권이전등기의무에 관한 이행제공을 마쳤다고 본 대판 2012.11.29. 2012다65867도 참조.

채무이행의 제공을 계속할 필요는 없더라도, 상대방이 최고기간 내에 이행 또는 이행제공을 하면 계약해제권은 소멸되므로 상대방의 이행을 수령하고 자신의 채무를 이행할 수 있는 정도의 준비가 되어 있으면 된다(대판 1996.11.26. 96다35590·35606).

(4) 동시이행관계의 확장에 관하여 살펴본다.

① 입법에 의한 확장으로 제317조, 제549조, 제583조 등.

② 원래 쌍무계약에서 인정되는 동시이행의 항변권을 비쌍무계약에 확장함에는, 양 채무가 동일한 법률요건으로부터 생겨서 공평의 관점에서 견련적으로 이행시킴이 마땅한 경우라야 한다(대판 2000.10.27. 2000다36118; 대판 1997.6.27. 97다3828).

〈4-2-11〉 동시이행관계의 확장에 관한 판례

㉮ 쌍방의 채무가 쌍무계약이 아니라 별개의 계약에 기한 것이라도 구체적인 계약관계에서 각 당사자가 부담하는 채무에 관한 약정내용에 따라 그것이 대가적 의미가 있어 이행상의 견련관계를 인정해야 할 사정이 있는 경우(대판 2006.2.24. 2005다58656·58663[14] 등) 또는 특약이 있는 경우(대판 1990.4.13. 89다카23794 등)에 동시이행의 항변권이 인정되는 반면, 쌍무계약에 기한 것이라도 동시이행의 항변권을 배제할 수 있다(동시이행의 항변권을 포기한 이가 선이행의 위험을 스스로 인수한 것으로 평가된다는 대판 2011.4.28. 2011도3247 참조).

㉯ 쌍무계약이 무효로 되어 각 당사자가 서로 취득한 것을 반환해야 하는 경우에도 동시이행관계가 있다고 보아 제536조를 유추해야 하는데, 공평의 관념상 계약이 무효인 때의 원상회복의무이행과 계약해제에서의 그것(제549조 참조)을 구별해야 할 이유가 없고 무효의 경우라 하여 어느 일방의 당사자에게만 먼저 반환의무이행이 강제된다면 공평과 신의칙에 위배되기 때문이다(대판 1993.5.14. 92다45025).[15]

14) 부동산매수인이 부가가치세를 부담하기로 약정한 경우에 특별한 사정이 없는 한 부가가치세를 포함한 매매대금 전부와 부동산의 소유권이전등기의무가 동시이행의 관계에 있다고 한 사례.

15) 참고로 대판 2006.9.22. 2006다24049: "근저당권 실행을 위한 경매가 무효로 되어 채권자(=근저당권자)가 채무자를 대위하여 낙찰자에 대한 소유권이전등기말소청구권을 행사하는 경우, 낙찰자가 부담하는 소유권이전등기말소의무는 채무자에 대한 것인 반면, 낙찰자의 배당금반환청구권은 실제 배당금을 수령한 채권자(=근저당권자)에 대한 채권인바, 채권자(=근

쌍무계약이 취소된 경우에도 각 당사자의 원상회복의무는 동시이행의 관계에 있다(대판 2001.7.10. 2001다3764; 대판 2010.10.14. 2010다47438).

㈐ 판례에 의한 동시이행관계 확장의 효시로 보이는 대판(전) 1977.9.28. 77다1241·1242는, 임대차계약의 기간이 만료된 경우에 임차인이 임차목적물을 인도할 의무와 임대인이 보증금 중 연체차임 등 당해 임대차에 관하여 인도시까지 생긴 모든 채무를 공제한 나머지를 반환할 의무는 동시이행관계에 있다고 하였다(전세권에 관한 제317조 참조).

이러한 취지에 따라 대판 1998.7.10. 98다15545는, 임차인이 동시이행의 항변권에 기하여 임차목적물을 점유하고 사용·수익한 경우에, 그 점유는 불법점유라 할 수 없어 그로 인한 손해배상책임은 지지 않지만, 사용·수익으로 인하여 실질적으로 얻은 이익이 있으면 부당이득으로 반환해야 한다고 했다.[16)]

한편 임차인이 동시이행의 항변권을 상실한(적법한 변제공탁 등에 의하여) 후에도 임차목적물의 반환을 계속 거부하면서 점유한다면, 특별한 사정이 없는 한 이러한 점유는 적어도 과실에 의한 점유로서 불법행위를 구성한다(대판 2020.5.14. 2019다252042).

㈑ 기존채무와 관련하여 어음이나 수표가 교부된 경우에 원인채무의 이행의무와 어음 또는 수표의 반환의무 상호간에도 동시이행관계가 인정됨에 관하여 〈3-3-1〉 참조.

저당권자)가 낙찰자에 대하여 부담하는 배당금반환채무와 낙찰자가 채무자에 대하여 부담하는 소유권이전등기말소의무는 서로 이행의 상대방을 달리하는 것으로서, 채권자(=근저당권자)의 배당금반환채무가 동시이행의 항변권이 부착된 채 채무자로부터 승계된 채무도 아니므로, 위 두 채무는 동시에 이행되어야 할 관계에 있지 아니하다."

16) 주택임대차법상의 대항력 및 우선변제권을 겸유하는 임차인이 배당요구를 하였으나 보증금 전액을 배당받지 못하였다면 임차인은 임차보증금 중 배당받지 못한 금액을 반환받을 때까지 그 부분에 관하여는 임대차관계의 존속을 주장할 수 있으나 그 나머지 보증금부분에 대해서는 이를 주장할 수 없으므로, 임차인이 그의 배당요구로 임대차계약이 해지되어 종료된 다음에도 계쟁 임대부분 전부를 사용·수익하고 있어 그로 인한 실질적 이익을 얻고 있다면 그 임대부분의 적정한 임료 상당액 중 임대차관계가 존속되는 것으로 보는 배당받지 못한 금액에 해당하는 부분을 제외한 나머지 보증금에 해당하는 부분에 대하여는 부당이득을 얻고 있다고 할 것이어서 이를 반환해야 한다고 본 사례.

〈4-2-12〉 동시이행관계의 확장과 당연효에 관한 판례

㉮ 동시이행관계가 확장된 경우에도 당연효가 인정된다(대판 2010.10.14. 2010다47438).

㉯ 다만 기존채무와 관련하여 어음이 교부된 경우에 원인채무이행의무와 어음반환의무가 동시이행의 관계에 있더라도, 이는 어음의 반환과 상환으로 하지 아니하면 지급을 할 필요가 없으므로 이를 거절할 수 있다는 것을 의미하는 것에 지나지 않아서, 채무자가 어음의 반환이 없음을 이유로 원인채무의 변제를 거절할 수 있는 권능을 가지지는 않으므로(대판 1999.7.9. 98다47542·47559),[17] 당연효가 인정되지 않는다. 즉 원인채무의 이행기를 도과하면 이행지체가 성립하지만, 채무자가 동시이행의 항변권을 행사하여 이행을 거절하는 경우에만 지체책임을 면한다(대판 1993.11.9. 93다11203·11210).

제3절 불 능

1. 서 설

(1) 이행불능(履行不能)이란 급부의 제공불가능을 말한다.

(2) 불능에 해당하는지 여부는 이행기를 표준으로 사회관념에 따라 판단되는데, 물리적 불능 외에 법률적 불능도 불능에 속한다.

(3) 후발적 불능은 유효하게 성립된 계약을 전제로 하는 채무불이행의 문제인 반면, 제535조에 따라 원시적 불능은 계약을 무효로 한다.

(4) 후발적 불능의 경우에 계약 및 채무는 존속하지만, 채권자의 이행청구가 좌절된다. 여기서 손해배상의무가 발생하는지는 채무자에게 책임이 있는지 여부에 좌우된다.

17) 공평의 관념에 기해서가 아니라 이중지급의 위험을 피하기 위해서 동시이행관계가 인정된다. 어음상 권리가 시효완성으로 소멸하여 채무자에게 이중지급의 위험이 없는 경우에 채무자의 동시이행 항변권은 부인된다는 대판 2010.7.29. 2009다69692도 참조.

〈4-3-1〉 불능 일반에 관한 판례

1) 채권자가 본래의 급부를 청구하는 경우에 불능은 항변사유이고(대판 1996.2.27. 95다43044), 따라서 채무자가 불능에 대한 증명책임을 진다.

2) 법률적 불능

㉮ 매매목적부동산에 관하여 이중으로 매매계약이 체결된 사실만으로 이행불능이라 할 수 없지만(대판 1996.7.26. 96다14616), 제3자 앞으로 소유권이전등기가 경료되면, 목적물의 소유권을 회복하여 이를 권리자에게 이전할 수 있는 특별한 사유가 없는 한, 이행불능으로 된다. 그러한 「특별한 사유」로 환매, 재매매의 예약, 이전등기의 원인무효, 매도인의 처 앞으로 소유권이 이전된 경우(대판 1992.10.13. 91다34394), 그 제3자가 명의수탁자인 경우(대판 1989.9.12. 88다카33176) 등.

㉯ 소유권이전등기의무자가 그 부동산에 제3자 명의로 가등기를 마쳐주었더라도, 가등기는 본등기의 순위보전의 효력을 가지는 것에 불과하고 소유권이전등기의무자의 처분권한이 상실되는 것도 아니므로, 그 가등기만으로 소유권이전등기의무가 이행불능이 된다고 할 수 없다(대판 1993.9.14. 93다12268). 또한 등기의무자의 상속인 명의로 소유권이전등기가 경료된 경우에도 불능이라고 할 수 없다(대판 1984.4.10. 83다카1222).

㉰ 매매목적물에 관하여 처분금지가처분등기가 기입되거나(대판 2002.12.27. 2000다47361) 가압류집행이 있다는(대판 1999.6.11. 99다11045) 등의 사정만으로 곧바로 이행불능이 성립하지는 않는다. 가처분이나 가압류가 채무자의 처분행위 자체를 금지하는 것이 아니라, 집행채권자에 대한 관계에서 처분의 효력을 부정할 뿐이기 때문이다.

㉱ 참고로 대판 2009.1.15. 2007다51703: "피고가 원고를 강박하여 그에 따른 하자 있는 의사표시에 의하여 부동산에 관한 소유권이전등기를 마친 다음 타인에게 매도하여 소유권이전등기까지 마친 경우, 그 소유권이전등기는 소송 기타 방법에 따라 말소환원 여부가 결정될 특별한 사정이 있으므로 피고의 원고에 대한 소유권이전등기의 말소등기의무는 아직 이행불능이 되었다고 할 수 없으나, 원고가 그 부동산의 전득자들을 상대로 제기한 소유권이전등기말소등기 청구소송에서 패소로 확정되면 그때에 피고의 소유권이전등기말소등기의무가 이행불능상태에 이른다고 할 것이며, 이러한 이치는 원고가 피고에 대한 소유권이전등기말소등기 청구

소송의 승소판결이 확정되기 이전에 원고가 그 부동산의 전득자들을 상대로 제기한 소유권이전등기말소등기 청구소송에서 패소로 확정되었다고 하여 달리 볼 것이 아니"다.

3) 참고로 대판 2017.10.12. 2016다9643: "계약 당시에 이미 채무의 이행이 불가능했다면 특별한 사정이 없는 한 채권자가 이행을 구하는 것은 허용되지 않고, 이미 이행한 급부는 법률상 원인 없는 급부가 되어 부당이득의 법리에 따라 반환청구할 수 있으며, 나아가 민법 제535조에서 정한 계약체결상의 과실책임을 추궁하는 등으로 권리를 구제받을 수 있다."

2. 협의의 이행불능

(1) 협의의 이행불능은 채무자에게 책임 있는 사유로 인한 후발적인 급부불능만을 말한다.

(2) 이 경우 원래의 급부청구권에 갈음하여 (그와 동일성을 가지는) 손해배상청구권이 발생한다(제390조).

〈4-3-2〉 불능으로 인한 손해배상청구권에 관한 판례

㉮ 본래의 채권이 시효로 소멸한 경우에 이행불능으로 인한 손해배상청구도 허용될 수 없다(대판 1987.6.23. 86다카2549).

㉯ 이행불능으로 인한 손해는 이행불능시를 표준으로 산정한다. 즉 그 당시의 시가 상당액이 통상의 손해이며, 그 후의 시가의 등귀는 특별사정으로 인한 손해로서 채무자가 알았거나 알 수 있었을 경우에 한하여 그 배상을 청구할 수 있다(대판 1996.6.14. 94다61359·61366).[18]

그리고 대판 1967.11.28. 67다2178: "배상액의 지급을 지연한 경우에는 이행불능케 된 당시부터 배상을 받을 때까지의 법정이자를 청구할 수 있다."

㉰ 참고로 대판(전) 2012.5.17. 2010다28604의 다수의견은, 이행불능 및 전보배

---

18) 이중매매에서 매도인이 매매목적물을 제2매수인에게 처분한 가격이 통상가격을 넘더라도, 그것을 배상액 산정의 기준으로 삼을 수는 없다고 한 대판 1990.12.7. 90다5672도 참조.

상에 관한 규정이 물권적 청구권에 적용되지 않는다고 하였다. 즉 X의 선대(先代)가 사정받은 것으로 추정되는 토지에 관하여 나라(Y) 명의의 소유권보존등기와 A 명의의 소유권이전등기가 차례로 마쳐졌는데, X가 등기말소를 구하는 소를 제기하여 Y는 X에게 원인무효인 등기의 말소등기절차를 이행할 의무가 있지만 A 명의의 소유권이전등기는 등기부취득시효 완성을 이유로 유효하다는 취지의 판결이 확정되자, X가 Y를 상대로 손해배상을 구한 경우에, A의 등기부취득시효 완성으로 토지에 관한 소유권을 상실한 X가 불법행위를 이유로 소유권 상실로 인한 손해배상을 청구할 수 있음은 별론으로 하고, 애초 Y의 등기말소의무 이행불능으로 인한 채무불이행책임을 논할 여지는 없고, 또한 토지의 소유권 상실로 인한 손해배상을 구하는 X의 청구에 대하여 당사자가 주장하지 아니한 소유권보존등기말소등기절차 이행의무의 이행불능으로 인한 손해배상책임을 인정할 수 없다고 하였다.[19]

(3) 명문규정은 없지만, 판례는 이행불능의 효과로 채권자의 대상청구권(代償請求權)을 인정한다.

〈4-3-3〉 대상청구권에 관한 판례

㉮ 대판 1992.5.12. 92다4581·4598: "우리 민법에는 이행불능의 효과로서 채권자의 전보배상청구권과 계약해제권 외에 별도로 대상청구권을 규정하고 있지 않으나 해석상 대상청구권을 부정할 이유가 없"다.[20]

㉯ 목적부동산이 수용되어 소유권이전등기의무가 이행불능으로 된 경우에, 등기청구권자는 등기의무자에게 대상청구권의 행사로써 등기의무자가 지급받은 수용보상금의 반환을 구하거나 등기의무자가 취득한 수용보상금청구권의 양도를 구할 수

---

19) 이 사안에서 소유권 상실은 시효취득에 따른 반사적 효과이고 말소등기의 불능은 그 결과이다. 그런데 이 판결에 의하여 변경된 판결들은 무권리자가 임의로 소유권보존등기를 마친 사안에 관한 판결인 반면, 소유자의 (하자 있는) 처분행위로 인하여 말소의 대상이 되는 소유권이전등기가 마쳐진 사안에 관한 대판 2009.1.15. 2007다51703은 변경되지 않았다.

20) 매매목적토지의 수용보상금을 수령하였음을 이유로 매도인에게 그 금원의 지급을 구하는 청구를, 위 토지에 대한 소유권이전등기의무의 이행불능을 발생케 한 원인인 토지수용으로 인하여 위 토지의 대상인 보상금을 취득하였음을 이유로 그 보상금의 지급을 구하는 것으로서 대상청구권을 행사하는 취지라고 볼 수 있다고 한 사례.

있을 뿐이고, 수용보상금청구권 자체가 등기청구권자에게 귀속되는 것은 아니다(대판 1996.10.29. 95다56910). 다만 어떤 사유로 채권자가 직접 자기 명의로 대상청구의 대상이 되는 보상금을 지급받았다 하여 이로써 채무자에 대한 관계에서 바로 부당이득이 되는 것은 아니다(대판 2008.6.12. 2005두5956).

㉰ 대판 2002.2.8. 99다23901: "대상청구권은 특별한 사정이 없는 한 매매목적물의 수용 또는 국유화로 인하여 매도인의 소유권이전등기의무가 이행불능되었을 때 매수인이 그 권리를 행사할 수 있다고 보아야 할 것이고 따라서 그때부터 소멸시효가 진행하는 것이 원칙이라 할 것이나, 국유화가 된 사유의 특수성과 법규의 미비 등으로 그 보상금의 지급을 구할 수 있는 방법이나 절차가 없다가 상당한 기간이 지난 뒤에야 보상금청구의 방법과 절차가 마련된 경우라면, 대상청구권자로서는 그 보상금청구의 방법이 마련되기 전에는 대상청구권을 행사하는 것이 불가능하였던 것이고, 따라서 <u>이러한 경우에는 보상금을 청구할 수 있는 방법이 마련된 시점부터 대상청구권에 대한 소멸시효가 진행하는 것으로 봄이 상당할 것</u>인바, 이는 대상청구권자가 보상금을 청구할 길이 없는 상태에서 추상적인 대상청구권이 발생하였다는 사유만으로 소멸시효가 진행한다고 해석하는 것은 대상청구권자에게 너무 가혹하여 사회정의와 형평의 이념에 반할 뿐만 아니라 소멸시효제도의 존재이유에 부합된다고 볼 수 없기 때문이다."

㉱ 대상이 원래의 급부의 가치(즉 전보배상의 범위)보다 많은 경우에도 채무자는 그 초과이익을 포함하여 그 대상 전부를 채권자에게 양도해야 하는지에 관하여 견해의 대립이 있는데, 판례의 입장은 분명하지 않다. 즉 대판 2008.6.12. 2005두5956이 "채무자가 목적물소유자로서 수령하게 되는 보상금에 대하여 채권자인 경락인이 대상청구권을 가진다고 보는 이상, 특별한 사정이 없는 한 채권자는 <u>그 목적물에 대하여 지급되는 보상금 전부에 대하여 대상청구권을 행사할 수 있는 것</u>이고, 소유권이전등기의무의 이행불능 당시 채권자가 <u>그 목적물의 소유권을 취득하기 위하여 지출한 매수대금 상당액 등의 한도 내로 그 범위가 제한된다고 할 수 없다</u>"고 하였으나, 비교대상을 매수대금으로 삼은 점에서 학설의 대립에 관한 입장을 밝힌 것으로 보기는 어렵다.

㉲ 판례는 쌍무계약에서 「당사자 쌍방의 급부가 모두 이행불능으로 된」 경우에 대상청구권의 행사가 허용되지 않는다는 입장이다. 즉 대판 1996.6.25. 95다6601: "쌍무계약의 당사자 일방이 상대방의 급부가 이행불능이 된 사정의 결과로 상대방

이 취득한 대상에 대하여 급부청구권을 행사할 수 있다고 하더라도, 그 당사자 일방이 대상청구권을 행사하려면 상대방에 대하여 반대급부를 이행할 의무가 있는바, 이 경우 당사자 일방의 반대급부도 그 전부가 이행불능이 되거나 그 일부가 이행불능이 되고 나머지 잔부의 이행만으로는 상대방의 계약목적을 달성할 수 없는 등 상대방에게 아무런 이익이 되지 않는다고 인정되는 때에는, 상대방이 당사자 일방의 대상청구를 거부하는 것이 신의칙에 반한다고 볼 만한 특별한 사정이 없는 한, 당사자 일방은 상대방에 대하여 대상청구권을 행사할 수 없다."

3. 위험부담

(1) 쌍무계약의 견련성이 소멸단계에서 발현된 것이 위험부담(危險負擔)이다.

(2) 민법은 「채무자위험부담」을 원칙으로 삼고(제537조. 채무자라는 지위는 불능으로 된 채무를 기준으로 판단한다), 예외적으로 채권자위험부담을 가미한다(제538조).

그런데 매매에서 목적물의 인도에 의하여 위험이 이전된다고 해야 하고, 특약으로 위험부담자를 법문과 달리 정할 수 있다.

〈4-3-4〉 위험부담에 관한 판례

㉮ 대판 2009.5.28. 2008다98655·98662는, 매매목적물이 경매절차에서 매각됨으로써 당사자 쌍방의 책임 없이 이행불능에 이르러 매매계약이 종료된 사안에서, 매도인은 이미 지급받은 계약금을 반환해야 하고 매수인은 목적물을 점유·사용함으로써 취득한 임료 상당의 부당이득을 반환할 의무가 있다고 하였다.

㉯ 대판 2004.3.12. 2001다79013: "제538조 제1항 소정의 '채권자의 책임 있는 사유'라고 함은 채권자의 어떤 작위나 부작위가 채무자의 이행의 실현을 방해하고 그 작위나 부작위는 채권자가 이를 피할 수 있었다는 점에서 신의칙상 비난받을 수 있는 경우를 의미한다." 이 판결이 이행거절의 경우에 제538조 제1항 후문에 따라 채권자에게 위험을 이전시키기 위해서는 이행제공이 필요하다고 하였음에 관하여 〈3-2-3〉 참조.

㉰ 대판 2008.8.21. 2007다8464·8471: "부동산매수인이 매매목적물에 설정된

근저당권의 피담보채무에 관하여 그 이행을 인수한 경우, 채권자에 대한 관계에서는 매도인이 여전히 채무를 부담한다고 하더라도, 매도인과 매수인 사이에서는 매수인에게 위 피담보채무를 변제할 책임이 있으므로, 매수인이 그 변제를 게을리하여 근저당권이 실행됨으로써 매도인이 매매목적물에 관한 소유권을 상실하였다면, 특별한 사정이 없는 한, 이는 매수인에게 책임 있는 사유로 인하여 소유권이전등기의무가 이행불능으로 된 경우에 해당하고, 거기에 매도인의 과실이 있다고 할 수는 없다."

㉣ 참고로 부당해고기간 중 근로자가 소득활동을 한 경우에 제538조 제2항의 이익상환과 관련하여 견해가 나뉘지만, 판례는 근로자는 사용자에 대하여 해고기간 중의 임금 전액의 청구권을 가짐과 동시에 해고기간 내에 얻은 이익을 상환할 의무를 지지만, 근로기준법 제46조에 의하여 적어도 휴업수당 상당액의 지급을 보장받기 때문에, 해고기간 중 타에 근로를 제공하여 얻은 중간수입 중 휴업수당 상당액 부분을 상환의 대상으로 하는 것은 허용되지 않는다고 한다(대판 1993.11.9. 93다37915).

제 4 절 손해배상

1. 손해배상법 서론

(1) 채무불이행의 경우에 채무내용의 강제적 실현과 함께 또는 그에 갈음하여 채권자가 입은 손실을 회복하는 방법이 손해배상이다.

(2) 손해배상법의 목적은 가해적 사태(채무불이행 또는 불법행위)에 의하여 야기된 결과에 대한 보상(전보), 즉 손해 발생 전의 상태로의 회복에 있다.

〈4-4-1〉 손해배상 일반에 관한 판례

㉮ 제2차적 급부의무로서 손해배상의무는 제1차적 급부의무와 동일성을 가지는데, 전보배상에서 급부의무의 대용(代用)/변형이고(대판 2000.2.25. 97다30066 참조), 지연배상에서는 급부의무의 연장의 성질을 가진다(대판 1976.9.28. 76다582).

따라서 본래의 채권에 대한 담보는 손해배상청구권도 담보한다. 그리고 대판

2018.2.28. 2016다45779: "본래의 채권이 시효로 소멸한 때에는 손해배상채권도 함께 소멸한다."

다만 절차법상 지연손해금채권은 원본채권과는 별개의 소송물이다. 가령 대판 2009.6.11. 2009다12399: "금전채무 불이행의 경우에 발생하는 원본채권과 지연손해금채권은 별개의 소송물이므로, 불이익변경에 해당하는지 여부는 원금과 지연손해금부분을 각각 따로 비교하여 판단하여야 하고, 별개의 소송물을 합산한 전체 금액을 기준으로 판단하여서는 아니 된다."

㉯ 「채무불이행」시부터 손해배상청구권의 소멸시효가 진행한다(대판 1990.11.9. 90다카22513).[21] 이중매매의 경우에, 제2매수인이 소유권을 취득하면 제1매수인에 대한 소유권이전등기의무는 이행불능으로 되고 그때에 손해배상의무로 전환되는데, 이 손해배상청구권의 소멸시효는 이행불능의 시점부터 진행된다(대판 2002.12.27. 2000다47361).

2. 손해배상의 요건

(1) 채무불이행을 이유로 한 손해배상의 요건 중 실제로 유의미한 것은 ① 손해의 발생과 인과관계 그리고 ② 가해자의 귀책사유이고, 위법성과 책임능력은 크게 중요하지 않다.

〈4-4-2〉 위법성에 관한 판례

대판 2002.12.27. 2000다47361: "채무불이행에 있어서 확정된 채무의 내용에 좇은 이행이 행하여지지 아니하였다면 그 자체가 바로 위법한 것으로 평가되는 것이고, 다만 그 이행하지 아니한 것이 위법성을 조각할 만한 행위에 해당하게 되는 특별한 사정이 있는 때에는 채무불이행이 성립하지 않는 경우도 있을 수 있다."[22]

21) 소유권이전등기말소등기의무의 이행불능으로 인한 전보배상청구권의 소멸시효는 말소등기의무가 이행불능상태에 돌아간 때부터 진행된다고 한 대판 2005.9.15. 2005다29474도 참조.

22) 강박에 의하여 X에게 부동산(甲)에 관한 증여의 의사표시를 한 Y가 취소권을 행사하지 않은 채 甲을 D에게 매도하고 취소권의 제척기간마저 도과하여 버린 후 D에게 甲에 관한 소유권

⑵ 손해의 발생 및 인과관계에 관하여 본다.

① 학설은 일반적으로 차액설(差額說)에 의하여 손해를 파악하고, 판례의 입장도 같다. 다만 손해는 규범적으로 파악될 수도 있다.

② 학설과 판례가 따르는 상당인과관계는 배상범위의 문제도 인과관계의 차원에서 다루는데, 손해배상책임의 성립요건으로서 인과관계는 「그 행위가 없었다면 그 손해는 발생하지 않았을 것」이라는, 자연적·사실적인 원인과 결과의 관계, 즉 조건관계로 충분하다.

〈4-4-3〉 손해의 발생 및 인과관계에 관한 판례

1) 손해의 발생

㉮ 대판(전) 1992.6.13. 91다33070은, 불법행위로 인한 재산상의 손해는 위법한 가해행위로 인하여 발생한 재산상의 불이익, 즉 위법행위가 없었더라면 존재하였을 재산상태와 그 위법행위가 가해진 현재의 재산상태의 차이를 말하고, 그것은 기존의 이익이 상실되는 적극적 손해의 형태와 장차 얻을 이익을 얻지 못한 소극적 손해의 형태로 구분된다고 하여, 차액설을 따랐다.

한편 규범적 손해에 관하여 대판 1990.11.23. 90다카21022: "타인의 불법행위로 인하여 상해를 입고 노동능력의 일부를 상실한 경우에 피해자가 입은 일실이익의 산정방법에 대하여서는 알려진 것으로 일실이익의 본질을 불법행위가 없었더라면 피해자가 얻을 수 있는 소득의 상실로 보아 불법행위 당시의 소득과 불법행위 후의 향후 소득과의 차액을 산출하는 방법(소득상실설 또는 차액설)과 일실이익의 본질을 소득창출의 근거가 되는 노동능력의 상실 자체로 보고 상실된 노동능력의 가치를 사고 당시의 소득이나 추정소득에 의하여 평가하는 방법(가동능력상실설 또는 평가설)의 대립이 있는데 판례는 당해 사건에 현출된 구체적 사정을 기초로 하여 합리적이고 객관성 있는 기대수익액을 산정할 수 있으면 족한 것이고 반드시 어느 하나의 산정방법만을 정당한 것이라고 고집해서는 안 된다고 한다. 그런데 이 사건에 있어서는 사고

이전등기를 경료하여 줌으로써 X에 대한 증여계약상의 소유권이전등기의무를 이행불능케 한 경우에, Y의 X에 대한 증여계약 자체에 대한 채무불이행이 성립하고, Y의 위와 같은 이중매매행위가 사회상규에 위배되지 않는 정당행위 등에 해당하여 위법성이 조각된다고 볼 수 없다고 한 사례.

전후에 있어서의 현실적인 소득의 차액이 변론과정에서 밝혀지지 않고 있는 경우이므로 앞에서 본 차액설의 방법에 의하여 일실이익을 산정하는 것은 불가능하고 평가설에 의하여 이를 산정하는 것이 합리적이고 정의와 형평에도 합당하다."[23][24]

㉯ 채무불이행으로 인하여 채권자가 제3자에게 채무를 부담하게 된 경우에, 채권자가 채무자에게 제3자에 대한 채무액과 동일한 금액을 손해배상금으로 청구하기 위해서는 채무의 부담이 현실적·확정적이어서 실제로 변제해야 할 성질의 것이어야 한다(대판 2001.7.13. 2001다22833).[25]

㉰ 채권자가 손해배상책임의 발생원인사실에 관하여 주장·증명을 하였더라도 손해의 발생사실에 관한 주장·증명을 하지 않았다면, 변론주의의 원칙상 법원은 당사자가 주장하지 않은 손해의 발생사실을 기초로 하여 손해액을 산정할 수는 없지만(대판 2000.2.11. 99다49644), 적극적으로 석명권을 행사하고 증명을 촉구해야 한다(대판 1997.12.26. 97다42892·42908).

㉱ 계약상 의무의 위반으로 인한 주된 피침해이익이 재산적인 것이라면 재산상 손해의 전보에 의하여 통상 정신적 고통 또는 불이익도 전보되는 것으로 볼 수 있으므로(대판 2004.11.12. 2002다53865), 채무불이행으로 인한 「정신적 손해」는 특별손해에 해당하고, 채무자가 이를 알았거나 알 수 있었을 경우에 한하여 그 배상을 청구할 수 있다(제393조 제2항). 가령 대판 1994.12.13. 93다59779: "일반적으로 임대차계약에 있어서 임대인의 채무불이행으로 인하여 임차인이 임차의 목적을 달할 수 없게 되어 손해가 발생한 경우, 이로 인하여 임차인이 받은 정신적 고통은 그 재산적 손해에 대한 배상이 이루어짐으로써 회복된다고 보아야 할 것이므로, 임차인이 재산적 손해의 배상만으로는 회복될 수 없는 정신적 고통을 입었다는 특별한

---

23) X가 사고로 인한 부상 및 후유증으로 인하여 노동능력의 32%를 상실하였다면 X는 그가 종사하는 국가공무원으로서의 직무를 수행할 때 그에 상응하는 정도의 지장이 초래되었다고 인정하는 것이 우리의 경험칙에도 합치되므로 X가 원심 인정의 후유장애에도 불구하고 원심 변론종결시까지 종전과 같은 직장에서 종전과 다름없는 보수를 지급받고 있다는 이유만으로 위와 같은 신체훼손으로 인한 재산상의 손해가 없다고 단정하는 것은 잘못이라고 한 사례.

24) 이상의 판결들은 불법행위에 관한 것이지만, 채무불이행의 경우에도 다르지 않다.

25) 부동산교환계약의 일방당사자(Y)가 상대방(X)의 대출금채무 및 임차보증금반환채무를 인수하여 이행하기로 약정하고서도 이를 위반함에 따라 X가 은행과 임차인으로부터 대출금 및 임차보증금반환청구소송을 제기당하여 패소판결을 선고받고 나아가 그들로부터 다른 부동산을 가압류당하기까지 하였다면, X의 은행 및 임차인에 대한채무의 부담은 현실적, 확정적이어서 실제로 변제해야 할 성질의 것이 되므로 그 채무액 상당의 손해를 현실적으로 입게 되었다고 본 사례.

사정이 있고, 임대인이 이와 같은 사정을 알았거나 알 수 있었을 경우에 한하여 정신적 고통에 대한 위자료를 인정할 수 있다."

한편 판례는 제752조의 채무불이행에의 유추를 부정한다. 가령 대판 2000.11.24. 2000다38718·38725: "숙박업자가 숙박계약상의 고객보호의무를 다하지 못하여 투숙객이 사망한 경우, 숙박계약의 당사자가 아닌 그 투숙객의 근친자가 그 사고로 인하여 정신적 고통을 받았다 하더라도 숙박업자의 그 망인에 대한 숙박계약상의 채무불이행을 이유로 위자료를 청구할 수는 없다."

㉮ 참고로 불법행위의 경우에 제750조가 간접적 피해자의 손해배상청구권을 「일반적으로」 배제하지는 않는다. 관련하여 대판 1999.7.27. 99다19384: "도시재개발법에 의하여 설립된 재개발조합의 조합원이 조합의 이사 기타 조합장 등 대표기관의 직무상의 불법행위로 인하여 직접 손해를 입은 경우에는 도시재개발법 제21조, 민법 제35조에 의하여 재개발조합에 대하여 그 손해배상을 청구할 수 있으나, 재개발조합의 대표기관의 불법행위로 조합에게 과다한 채무를 부담하게 함으로써 재개발조합이 손해를 입고 결과적으로 조합원의 경제적 이익이 침해되는 손해와 같은 간접적인 손해는 민법 제35조에서 말하는 손해의 개념에 포함되지 아니하므로 이에 대하여는 위 법조항에 의하여 손해배상을 청구할 수 없다."[26]

2) 이른바 「적법한 대체행위의 항변」과 관련하여 대판 2005.12.9. 2003다9742: "법규에 위반한 행위로 손해를 발생시킨 가해자가 당해 행위에 대응하는 적법한 행위를 선택할 가능성이 있었지만 적법행위에 의했더라도 피해자에게 동일한 손해의 전부 또는 일부를 발생시킬 수 있었던 사정을 이유로 가해자가 면책을 주장할 수 있는지 여부를 판단함에 있어서는, 위반한 당해 법규가 손해의 방지를 주된 목적으로 한 것이 아니라 절차의 엄격한 준수 자체를 요구하는 것이거나, 피해자의 자기결정권 자체가 중요한 의미를 갖는 경우에는 가해자 측의 적법행위 선택의 개연성만으로 인과관계가 부정된다거나 위법성이 조각된다고 평가할 수는 없는 것이고, 그 정도에 이르지 아니한다 하더라도 적법한 행위에 의한 동일한 손해의 발생 여부가 피해자의 별도의 의사결정 혹은 행정관청의 허가 등 제3자의 행위에 의존하는 경우에는 동일한 결과발생의 가능성이 높아 명백히 예상되는 경우가 아닌 한 가해자측의 주장을 받아들이기 어렵다."

---

26) 손해의 귀속주체는 법인인 재개발조합이고, 여기서 "간접적인 손해"는 간접적 피해자를 전제하는 것이다.

(3) 과실책임의 원칙에 따라 요구되는 귀책사유에 관하여 본다.

① 귀책사유로 고의와 과실의 두 가지가 있는데, 손해배상책임의 인정근거로서 고의와 과실은 동가치적이다.

② 민법상 과실은 거래상 일반적으로 요구되는 주의, 즉「선량한 관리자의 주의」(또는 줄여서 '선관주의')를 게을리함을 말하고(제374조 및 제681조 참조), 이러한 과실을 추상적(抽象的) 과실이라 하는데, 과실의 기본값이다. 그런데 선관주의의무 위반이 있는지 여부는 객관적·정형적 기준, 즉 그때그때 구체적인 사안에서의 평균적인 사람을 기준으로 판단된다.

③ 채무불이행에서 귀책사유의 존부에 대한 증명책임을 채무자가 진다(제390조 단서).

〈4-4-4〉 과실에 관한 판례

㉮ 대판 2011.8.25. 2011다43778: "계약당사자 일방이 자신이 부담하는 계약상 채무를 이행하는 데 장애가 될 수 있는 사유를 계약을 체결할 당시에 알았거나 예견할 수 있었음에도 이를 상대방에게 고지하지 아니한 경우에는, 비록 그 사유로 말미암아 후에 채무불이행이 되는 것 자체에 대하여는 그에게 어떠한 잘못이 없다고 하더라도, 상대방이 그 장애사유를 인식하고 이에 관한 위험을 인수하여 계약을 체결하였다거나 채무불이행이 상대방의 책임 있는 사유로 인한 것으로 평가되어야 하는 등의 특별한 사정이 없는 한, 그 채무가 불이행된 것에 대하여 귀책사유가 없다고 할 수 없다. 그것이 계약의 원만한 실현과 관련하여 각각의 당사자가 부담하여야 할 위험을 적절하게 분배한다는 계약법의 기본적 요구에 부합한다."[27]

㉯ 대판 2013.12.26. 2011다85352: "채무자가 자신에게 채무가 없다고 믿었고 그렇게 믿은 데 정당한 사유가 있는 경우에는 채무불이행에 고의나 과실이 없는 때

---

27) 지방공사가 아파트분양공고 및 분양계약 체결 당시 아파트 부지에 대한 문화재발굴조사과정에 유적지가 발견되어, 현지보존결정이 내려지면 아파트 건설사업 자체가 불가능하게 되거나 그 추진·실행에 현저한 지장을 가져올 수 있음을 충분히 알았음에도 입주자 모집공고문과 분양계약서에 이에 관한 구체적 언급을 하지 않았고, 이를 별도로 수분양자들에게 알리지도 않은 사안에서, 아파트 수분양자들이 위 장애사유에 관한 위험을 인수하였다고 볼 수 없으므로, 분양계약에 따른 아파트 공급의무 불이행에 대한 귀책사유가 지방공사에 있다고 한 사례.

에 해당한다고 할 수 있다. 그러나 채무자가 채무의 발생원인 내지 존재에 관한 법률적인 판단을 통하여 자신의 채무가 없다고 믿고 채무의 이행을 거부한 채 소송을 통하여 이를 다투었다고 하더라도, 채무자의 그러한 법률적 판단이 잘못된 것이라면 특별한 사정이 없는 한 채무불이행에 관하여 채무자에게 고의나 과실이 없다고는 할 수 없다."28)

㈐ 임차건물이 화재로 소실되었는데 그 화재의 발생원인이 불명인 경우에, 임차인이 임차물반환의무의 불능으로 인한 책임을 면하려면 그 임차건물의 보존에 관하여 선량한 관리자의 주의의무를 다했음을 증명해야 한다(대판 1994.10.14. 94다38182). 〈6-2-4〉도 참조.

(4) 이행보조자의 고의·과실(제391조)에 관하여 본다.

① 이행보조자(履行補助者)는 사실상 채무자의 수족(手足)이라 할 수 있고, 법정대리인의 등장 또한 채무자측의 사정에 불과하므로, 채무자는 이들과 무관함을 채권자에게 주장/대항하지 못한다고 해야 한다.

② 법정대리인 또는 이행보조자의 과책에 대한 책임은 「현존하는 채권관계의 테두리 안에서」만 발생할 수 있다.

〈4-4-5〉 이행보조자에 관한 판례

㉮ 이행보조자란 채무자의 의사관여 아래 그 채무의 이행행위에 속하는 활동을 하는 사람이면 족하고, 반드시 채무자에 대하여 사회적 종속관계(즉 채무자의 지시나 감독을 받는 관계)에 있어야 하는 것도 아니므로(대판 2011.5.26. 2011다1330), 독립한 기업가도 이행보조자일 수 있다(임대인이 토건업자에게 임차건물의 수리를 맡긴 경우에 관한 대판 2002.7.12. 2001다44338 참조).

---

28) 다만 대판 1998.5.26. 96다21362는, 토지보상법상의 환매요건이나 환매권 행사의 상대방 등에 관하여 그 해석이 법문 자체로 명백하지 않아서 여러 견해가 있을 수 있을 뿐더러 이에 대한 선례가 될 만한 판례도 없어 해석상 다툼의 여지가 있는 경우에, 지방자치단체에게 환매를 원인으로 한 소유권이전등기의무 및 토지인도의무가 있음을 명확히 한 대법원의 확정판결이 있기까지는 그 지방자치단체가 그와 같은 의무가 있음을 예견할 수 있었음에도 불구하고 이를 게을리하여 그 이행을 지체하였다고 보기 어렵다고 하였다.

이행보조자가 채무의 이행을 위하여 제3자를 복이행보조자로 사용하는 경우에도 채무자가 이를 승낙하였거나 적어도 묵시적으로 동의하였다면 제391조가 적용된다(앞의 2011다1330 판결).

㈏ 대판 2008.2.15. 2005다69458: "이행보조자의 행위가 채무자에 의하여 그에게 맡겨진 이행업무와 객관적, 외형적으로 관련을 가지는 경우에는 채무자는 그 행위에 대하여 책임을 져야 하고, 채무의 이행에 관련된 행위이면 가사 이행보조자의 행위가 채권자에 대한 불법행위가 된다고 하더라도 채무자가 면책될 수는 없다."29) 사용자책임에서의 외형이론(〈7-4-3〉 참조)을 차용한 것으로 보인다.

㈐ 이행보조자 등의 과책에 기한 채무자의 채무불이행책임과 이행보조자 등의 불법행위책임은 부진정연대의 관계에 있다(대판 1994.11.11. 94다22446).

3. 손해배상의 범위

(1) 먼저 손해의 귀책을 본다.

① 손해배상의 범위에 관하여 다수설과 판례는 상당인과관계설(相當因果關係說)을 따르지만, 예견가능성에 의하여 손해배상의 범위를 제한하는 제393조가 논의의 중심에 놓여야 한다.

② 채무불이행으로부터 일반적·객관적으로 발생하리라고 예견되는 통상손해는 언제나 배상되어야 하고(제393조 제1항), 당사자 사이의 개별적·구체적 사정에 기한(대판 2009.7.9. 2009다24842) 특별손해는 당해 사안에 특유한 사정을 기초로 채무자가 예견했거나 합리적인 제3자가 예견할 수 있었어야 배상범위에 포함된다(같은 조 제2항).

③ 매수인이 그 목적물에 관하여 제3자와 전매계약을 맺고 있었던 경우에 소

---

29) 클럽하우스 내 식당 등 영업장의 임대차에서 임대인의 직원들이 클럽하우스 등을 한 달 이상 무단점거함에 따라 정상적인 영업이 어렵게 된 임차인이 위 임대차계약을 해지하고 임대인을 상대로 손해배상을 구한 사안에서, 임대인의 이행보조자인 직원들의 위 불법점거행위를 채무의 이행에 관련된 행위로 보아 임대인의 채무불이행책임을 인정하고, 임차인이 위 해지에 따라 영업장에서 근무하던 직원들을 해고하고 그들에게 지급한 휴업수당과 해고예고수당도 상당인과관계가 있는 손해에 해당한다고 본 사례.

극적 손해인 「전매이익의 손해」가 통상손해인지 여부는 전매가 당해 사안에 일반적인 것인지에 따라 판단되어야 한다.[30)]

〈4-4-6〉 손해의 귀책에 관한 판례

1) 대판 2012.1.27. 2010다81315: "채무불이행으로 인한 손해배상의 범위를 정할 때에는 채무불이행과 손해 사이에 자연적 또는 사실적 인과관계가 존재하는 것만으로는 부족하고 이념적 또는 법률적 인과관계, 즉 상당인과관계가 있어야 한다."[31)]

2) 통상손해

㉮ 통상손해의 전형적인 예로, 매도인의 재산권이전의무가 불능으로 된 경우에 불능 당시의 시가 상당액(대판 1996.6.14. 94다61359·61366 등), 금전지급의무를 이행하지 않는 경우에 이자 상당액, 물건의 인도의무가 지체된 경우에 임료 상당액(공사도급계약에서 건축공사의 지체에 관한 대판 1995.2.10. 94다44774 참조), 담보권 실행의 비용 등.

㉯ 물건이 「훼손」되어 수리를 요하는 경우에, 그 수리비 상당액 외에 수리에 필요한 상당한 기간 동안 사용수익이 불가능하게 됨에 따른 손해도 통상손해에 해당한다.[32)]

한편 「영업용」 물건이 「멸실」된 경우에 관하여 대판(전) 2004.3.18. 2001다82507: "불법행위로 영업용 물건이 멸실된 경우, 이를 대체할 다른 물건을 마련하기 위하여 필요한 합리적인 기간 동안 그 물건을 이용하여 영업을 계속하였더라면 얻을 수 있었던 이익, 즉 휴업손해는 그에 대한 증명이 가능한 한 통상의 손해로서 그 교환가치와는 별도로 배상하여야 하고, 이는 영업용 물건이 일부 손괴된 경우, 수리를 위하여 필요한 합리적인 기간 동안의 휴업손해와 마찬가지"이다.

참고로 대판 2006.1.27. 2005다16591·16607: "임대인의 방해행위로 임차인의 임대차목적물에 대한 임차권에 기한 사용·수익이 사회통념상 불가능하게 됨으로써

30) 사인간의 부동산매매에서라면 특별손해이지만, 상행위인 동산매매에서라면 통상손해에 해당할 수 있다.

31) 채무자의 고의 또는 과실에 의하여 권리를 침해받은 채권자가 자신의 권리보호를 위하여 부득이하게 외국에서 소송을 제기하고 그와 관련하여 변호사비용을 지출할 수밖에 없었다 하더라도 채권자가 지출한 변호사보수 전액이 곧바로 상당인과관계가 있는 손해에 해당한다고 볼 수는 없고 상당한 범위 내의 변호사보수액만을 상당인과관계가 있는 손해로 본 사례.

32) 곧바로 수선에 착수할 수 없는 특별한 사정이 있는 경우에 수선의 착수가 가능한 시점까지 이를 사용을 하지 못함으로 인한 손해 역시 통상의 손해라고 한 대판 2000.11.24. 2000다38718·38725도 참조.

임대인의 귀책사유에 의하여 임대인으로서의 의무가 이행불능되어 임대차계약이 종료되었다고 하는 경우에도, […] 임차인으로서는 임대인에 대하여 그 임대차보증금반환청구권을 행사할 수 있고 그 이후의 차임지급의무를 면하는 한편 다른 특별한 사정이 없는 한 그 임대차목적물을 대신할 다른 목적물을 마련하기 위하여 합리적으로 필요한 기간 동안 그 목적물을 이용하여 영업을 계속하였더라면 얻을 수 있었던 이익, 즉 휴업손해를 그에 대한 증명이 가능한 한 통상의 손해로서 배상을 받을 수 있을 뿐이며(그 밖에 다른 대체건물로 이전하는 데에 필요한 부동산중개료, 이사비용 등은 별론으로 한다.), 더 나아가 장래 그 목적물의 임대차기간 만료시까지 계속해서 그 목적물을 사용·수익할 수 없음으로 인한 일실수입손해는 이를 별도의 손해로서 그 배상을 청구할 수 없다."

3) 특별손해

㉮ 돈을 이용하지 못함으로 인한 통상손해는 이용하지 못한 기간 동안의 이자 상당액이고(제397조 제1항 참조), 그 돈을 특수한 용도에 사용하여 이자 상당액을 넘는 특별한 이득을 보았을 것인데 이를 얻지 못하였다는 사정은 특별사정으로, 그로 인한 손해를 배상받자면 가해자가 그 특별사정을 알거나 알 수 있었어야 한다(대판 1991.1.11. 90다카16006).

그리고 대판 2009.7.23. 2008다79524: "부당한 가압류의 집행으로 그 가압류목적물의 처분이 지연되어 소유자가 손해를 입었다면 가압류신청인은 그 손해를 배상할 책임이 있다고 할 것이나, 가압류집행 당시 부동산의 소유자가 그 부동산을 사용·수익하는 경우에는 그 부동산의 처분이 지체되었다고 하더라도 그로 인한 손해는 그 부동산을 계속 사용·수익함으로 인한 이익과 상쇄되어 결과적으로 부동산의 처분이 지체됨에 따른 손해가 없다고 할 수 있을 것이고, 만일 그 부동산의 처분지연으로 인한 손해가 그 부동산을 계속 사용·수익하는 이익을 초과한다면 이는 특별손해"이다.[33]

㉯ 예견의 대상은 특별한 사정의 존재만이고 그러한 사정에 의하여 발생한 손해의 액수까지 알았거나 알 수 있었어야 하는 것은 아니다(대판 2002.10.25. 2002다23598).

㉰ 대판 1997.11.11. 97다26982·26999의 사실관계는 다음과 같다: 'X 무역회사는 Y가 생산하는 판지를 홍콩으로 수출하기 위하여 Y와 매매계약 체결 → X는 홍콩법인 A와 위 판지에 관한 매매계약을 체결하고 다시 A는 B와 판지 전매계약 체

33) 동지의 것으로 부당한 가처분에 관한 대판 2001.11.13. 2001다26774.

결 → Y는 X에게 계약물량 중 일부만 공급한 후 공급 중단 → B와 손해배상의 합의를 한 A가 홍콩법원에 제기한 손해배상청구에서 X 패소 확정'.

X가 Y를 상대로, A와의 매매계약에서 얻을 수 있었던 영업이익(❶), A에게 지급해야 할 손해배상액(❷)[34] 및 A가 B와 합의한 손해액(❸)의 지급을 구함에 대하여 대법원은 ❸을 제외한 나머지를 인용하였다: "제조회사가 무역회사와 물품공급계약을 체결하면서 무역회사가 수출을 위해 그 물품공급계약을 체결한다는 사실 및 공급물량 중의 일부에 대해서는 이미 외국의 수입업자와 교섭을 마친 사실을 알고 있었다면, 제조회사로서는 무역회사에게 물품을 공급하지 아니하면 무역회사 역시 수입업자에게 물품을 제때 공급하지 못하게 되어 그로부터 손해배상청구를 당할 수 있다는 사실을 예견할 수 있다고 할 것이므로, 이러한 경우 무역회사가 수입업자에게 통상 배상하게 될 손해배상액 상당의 금원, 예컨대 합리적인 범위 안에서의 약정위약금이나, 또는 수입업자가 시장에서 다른 회사로부터 같은 종류와 수량의 물품을 적정한 가액으로 구입하였다면 '그 구입가격과 무역회사와의 매매대금과의 차액과 그 구입에 소요된 합리적인 범위 안에서의 부대비용을 합산한 금액'에 관하여는 제조회사가 무역회사에게 배상할 책임이 있으나, 제조회사가 제조회사와 무역회사 사이의 계약 이후의 계약내용을 알고서 그 계약내용과 관련시켜 무역회사와 매매계약을 체결한 것이 아니라면, 수입업자가 자기가 수입할 물품에 관하여 다시 제3자와 매매계약을 체결하였다가 그 계약을 이행하지 못하게 됨으로써 그 제3자에게 손해배상책임을 지게 되고 그 손해배상채무를 무역회사가 다시 수입업자에게 상환하게 되어 같은 금액의 손해를 입게 될 것이라는 점에 대하여는 제조회사가 이를 알 수 있었다고 보기 어려우므로, 이는 제조회사가 알 수 없었던 특별손해로서 제조회사로서는 손해배상책임이 없다."

㉣ 대판 1985.9.10. 84다카1532는 특별사정에 대한 예견가능성 유무를 (계약당사자와) 계약성립시가 아니라 (채무자와) 「채무불이행시」를 기준으로 판단한다.[35]

---

34) 전매이익의 반대측면으로, 이러한 손해를 「책임손해」라고 한다.

35) 토지매도인의 소유권이전등기의무가 이행불능이고 매수인이 매수 후 그 지상에 신축한 건물도 위 사유로 인하여 철거될 운명에 이른 경우에 매도인에게 건물철거로 인한 손해까지 배상할 의무가 있는지에 관하여 대판 1992.8.14. 92다2028은 "토지매도인의 소유권이전등기의무가 이행불능상태에 이른 경우, 매도인이 매수인에게 배상하여야 할 통상의 손해배상액은 그 토지의 채무불이행 당시의 교환가격이나, 만약 그 매도인이 매매 당시 매수인이 이를 매수하여 그 위에 건물을 신축할 것이라는 사정을 이미 알고 있었고 매도인의 채무불이행으로 인하

(2) 손해배상의 방법에 관하여 민법이 금전배상주의(金錢賠償主義: 제394조)를 취함에 따라, 배상되어야 할 손해가 금전적으로 평가되어야 한다.

〈4-4-7〉 손해의 산정에 관한 판례

㉮ 대판 2010.10.14. 2010다40505: "채무불이행으로 인한 손해배상청구소송에서 재산적 손해의 발생사실은 인정되나 구체적인 손해의 액수를 증명하는 것이 사안의 성질상 곤란한 경우, 법원은 증거조사 결과와 변론 전체의 취지에 의하여 밝혀진 당사자들 사이의 관계, 채무불이행과 그로 인한 재산적 손해가 발생하게 된 경위, 손해의 성격, 손해가 발생한 이후의 여러 정황 등 관련된 모든 간접사실들을 종합하여 손해의 액수를 판단할 수 있다. 이러한 법리는 자유심증주의 아래에서 손해의 발생사실은 입증되었으나 사안의 성질상 손해액에 대한 입증이 곤란한 경우 증명도·심증도를 경감함으로써 손해의 공평·타당한 분담을 지도원리로 하는 손해배상제도의 이상과 기능을 실현하고자 함에 그 취지가 있는 것이지 법관에게 손해액의 산정에 관한 자유재량을 부여한 것은 아니므로, 법원이 위와 같은 방법으로 구체적 손해액을 판단하면서는, 손해액 산정의 근거가 되는 간접사실들의 탐색에 최선의 노력을 다해야 하고, 그와 같이 탐색해 낸 간접사실들을 합리적으로 평가하여 객관적으로 수긍할 수 있는 손해액을 산정해야 한다." 이러한 판례의 태도를 반영하여 2016년 민사소송법 제202조의2가 신설되었다.

㉯ 전보배상과 관련하여 가격변동이 있는 경우에 특히 문제되는 손해산정의 기준시기를 본다.

㉠ 협의의 이행불능을 원인으로 한 전보배상의 경우에 "이행불능 당시"를 기준으로 하고, 그 후의 등귀가격은 특별손해에 속한다(대판 1996.6.14. 94다61359·61366).

㉡ 이행지체 중의 전보배상의 경우에는 "최고하였던 '상당한 기간'이 경과한 당시"를 기준으로 한다(대판 1997.12.26. 97다24542).[36]

여 매수인이 신축한 건물이 철거될 운명에 이르렀다면, 그 손해는 적어도 특별한 사정으로 인한 것이고, 나아가 매도인은 이러한 사정을 알고 있었으므로 위 손해를 배상할 의무가 있다"고 하였는데, 여기서 "매매 당시"란 매매 당시부터 매도인이 그러한 사정을 알고 있었다면 배상범위에 포함됨을 의미할 뿐이고, 이 부분이 제393조 제2항의 특별사정에 대한 예견가능성의 판단시점을 채권성립시로 파악하는 것으로 「오해」해서는 안 된다.

36) 주류적 입장과 달리 사실심의 변론종결시라는 판결로 대판 1969.5.13. 68다1726.

㉰ 위자료의 보완적 기능에 관하여 대판 2004.11.12. 2002다53865: "재산적 손해의 발생이 인정되는데도 입증곤란 등의 이유로 그 손해액의 확정이 불가능하여 그 배상을 받을 수 없는 경우에 이러한 사정을 위자료의 증액사유로 참작할 수는 있다고 할 것이나, 이러한 위자료의 보완적 기능은 재산적 손해의 발생이 인정되는데도 손해액의 확정이 불가능하여 그 손해전보를 받을 수 없게 됨으로써 피해회복이 충분히 이루어지지 않는 경우에 이를 참작하여 위자료액을 증액함으로써 손해전보의 불균형을 어느 정도 보완하고자 하는 것이므로, 그 재산적 손해액의 주장·입증 및 분류·확정이 가능한 계약상 채무불이행으로 인한 손해를 심리·확정함에 있어서까지 함부로 그 보완적 기능을 확장하여 편의한 방법으로 위자료의 명목 아래 다수의 계약당사자들에 대하여 획일적으로 일정금액의 지급을 명함으로써 사실상 재산적 손해의 전보를 꾀하는 것과 같은 일은 허용될 수 없다."

⑶ 손해배상액의 조정에 관하여 본다.

① 과실상계(過失相計: 제396조)는 「손해배상」에서 손해의 공평한 분담을 위하여 손해에 대한 피해자 측의 몫을 공제하는 제도로, 채권자가 원래의 채무의 이행을 구하는 경우에는 적용되지 않는다.

② 채권자의 「과실」의 의미에 관하여 논란이 있지만, (채무불이행)책임의 요건으로서 과실과 다르다고 해야 한다.

③ 판례는 신의칙에 기한 「손해경감조치의무」를 전제로, 채권자가 자기의 손해를 줄이기 위하여 적절한 조치를 취하지 않은 경우에 제396조를 유추하여 손해배상의 범위를 제한한다.

〈4-4-8〉 과실상계에 관한 판례

㉮ 적용범위와 관련하여,

㉠ 손해배상이 아닌 경우, 예컨대 계약의 해제로 인한 원상회복청구권(대판 2014.3.13. 2013다34143), 정기예탁금 반환청구(대판 2001.2.9. 99다48801), 사용자의 수령지체로 인한 임금지급청구(대판 1993.7.27. 92다42743), 표현대리의 성립에 따른 본인의 이행책임(대판 1996.7.12. 95다49554), 손해담보계약에서 담보의무자의 책임(대판

2002.5.24. 2000다72572. 〈5-3-2〉 참조), 연대보증인의 이행책임(대판 1987.3.24. 84다카1324) 등에서 과실상계법리의 (유추)적용이 부정된 반면,

ⓛ 판례는, 무과실책임으로서 담보책임에 제396조가 준용될 수 없더라도, 담보책임이 민법의 지도이념인 공평의 원칙에 입각한 것인 이상, 하자발생 및 그 확대에 가공한 채권자의 잘못을 참작하여 손해배상의 범위를 정함이 상당하다고 한다. 예컨대 매도인의 담보책임에 관한 대판 1995.6.30. 94다23920, 수급인의 담보책임에 관한 대판 1990.3.9. 88다카31866.

㉯ 대판 2000.6.13. 98다35389: "과실상계제도는 채권자가 신의칙상 요구되는 주의를 다하지 아니한 경우 공평의 원칙에 따라 손해배상액을 산정함에 있어서 채권자의 그와 같은 부주의를 참작하게 하려는 것이므로 사회통념상 혹은 신의성실의 원칙상 단순한 부주의라도 그로 말미암아 손해가 발생하거나 확대된 원인을 이루었다면 채권자에게 과실이 있는 것으로 보아 과실상계를 할 수 있"다.

㉰ 손해경감조치의무와 관련하여 대판 2005.7.28. 2003다12083: "용선계약이 해지됨과 동시에 운송인은 계약의 구속력에서 해방되기 때문에 통상은 다른 곳에 선박을 용선하여 줌으로써 동일한 정도의 수입을 얻어 손해의 발생을 방지할 수 있는 것이고, 또한 다른 곳에 용선하여 줌에 있어서도 합리적인 노력을 기울여 채무불이행으로부터 발생하여야 할 손해를 최소한으로 해야 할 신의칙상의 의무가 있으므로, 용선계약이 해지됨으로 인하여 용선자가 배상하여야 할 손해의 범위는 위 선박의 최종항차 종료일부터 용선계약 종료일까지의 기간 전부에 대한 손해가 아니라 용선시장의 사정과 거래관행 등을 고려하여 용선계약에 투입이 예정된 선박을 위 선박의 최종항차 종료일 후 다른 곳에 정상적으로 용선하여 줄 수 있는 시점까지의 합리적인 기간 동안의 손해로 한정함이 상당하다."

㉱ 「일부청구」에 관하여 대판 2008.12.24. 2008다51649: "일개의 손해배상청구권 중 일부가 소송상 청구되어 있는 경우에 과실상계를 함에 있어서는 손해의 전액에서 과실비율에 의한 감액을 하고 그 잔액이 청구액을 초과하지 않을 경우에는 그 잔액을 인용할 것이고 잔액이 청구액을 초과할 경우에는 청구의 전액을 인용하는 것으로 해석하여야 할 것이며, 이와 같이 풀이하는 것이 일부청구를 하는 당사자의 통상적 의사라고 할 것이고, 이러한 방식에 따라 원고의 청구를 인용한다고 하여도 처분권주의에 위배되는 것이라고 할 수는 없다." 이러한 입장을 외측설(外側說)이라 한다.

㉤ 대판 2011.5.26. 2007다83991: "고의에 의한 채무불이행으로서 채무자가 그 채무발생의 원인이 된 계약을 체결할 당시 채권자가 계약내용의 중요부분에 관하여 착오에 빠진 사실을 알면서도 이를 이용하거나 이에 적극 편승하여 계약을 체결하고 그 결과 채무자가 부당한 이익을 취득하게 되는 경우 등과 같이 채무자로 하여금 채무불이행으로 인한 이익을 최종적으로 보유하게 하는 것이 공평의 이념이나 신의칙에 반하는 결과를 초래하는 경우에는 채권자의 과실에 터 잡은 채무자의 과실상계주장을 허용하여서는 안 될 것"이다.

그런데 피용자가 피해자의 부주의를 이용하여 고의로 불법행위를 저지른 경우에, 피용자는 과실상계를 주장하지 못하지만, 사용자의 배상범위를 정함에 피해자의 부주의가 고려되므로 피용자와 사용자의 배상범위가 달라질 수 있다(대판 2008.6.12. 2008다22276[37] 참조).

㉥ 그 밖에 늘 반복되는 판시로,

㉠ 과실상계사유에 관한 사실인정이나 그 비율을 정하는 것은 그것이 「형평의 원칙에 비추어 현저히 불합리한 것이 아닌 한」 사실심의 전권사항이다(대판 2000.6.13. 98다35389 등).

㉡ 피해자의 「과실」에 대한 가해자의 주장이 없더라도 법원은 직권으로 피해자의 과책을 심리·판단해야 한다(대판 2005.10.7. 2005다32197 등).

〈4-4-9〉 손익상계에 관한 판례

㉮ 채무불이행에 대하여 채권자에게 「과실」이 있고 채권자가 채무불이행으로 인하여 이익을 얻은 경우에, 과실상계는 배상범위의 결정과 관련되는 반면, 손익상계는 이익공제의 문제이므로, 과실상계를 한 후 손익상계가 행해져야 한다(대판 1990.5.8. 89다카29129 등).

㉯ 손익상계에 의하여 공제해야 할 이익의 범위도 배상해야 할 손해의 범위와 마찬가지로 손해배상책임의 원인인 불법행위와 상당인과관계가 있는 것에 국한된다

37) 중개보조원이 업무상 행위로 거래당사자인 피해자에게 고의로 불법행위를 저지른 경우라 하더라도 그 중개보조원을 고용하였을 뿐 이러한 불법행위에 가담하지 아니한 중개업자에게 책임을 묻는 피해자에게 과실이 있다면, 법원은 과실상계의 법리에 좇아 손해배상의 책임 및 그 금액을 정함에 이를 참작해야 한다고 한 사례.

(대판 1992.12.22. 92다31361 등).

그리고 대판 2012.6.14. 2010다77293: "피해자가 수령한 휴업급여금이나 장애급여금이 법원에서 인정된 소극적 손해액을 초과하더라도 그 초과부분을 기간과 성질을 달리하는 손해배상액에서 공제할 것은 아니며, 휴업급여는 휴업기간 중의 일실수입에 대응하는 것이므로 그것이 지급된 휴업기간 중의 일실수입 상당의 손해액에서만 공제되어야" 한다.

㉰ 참고로 대판(전) 2015.1.22. 2014다46211: "손해보험의 보험사고에 관하여 동시에 불법행위나 채무불이행에 기한 손해배상책임을 지는 제3자가 있어 피보험자가 그를 상대로 손해배상청구를 하는 경우에, 피보험자가 손해보험계약에 따라 보험자로부터 수령한 보험금은 보험계약자가 스스로 보험사고의 발생에 대비하여 그때까지 보험자에게 납입한 보험료의 대가적 성질을 지니는 것으로서 제3자의 손해배상책임과는 별개의 것이므로 이를 그의 손해배상책임액에서 공제할 것이 아니다. 따라서 위와 같은 피보험자는 보험자로부터 수령한 보험금으로 전보되지 않고 남은 손해에 관하여 제3자를 상대로 그의 배상책임(다만 과실상계 등에 의하여 제한된 범위 내의 책임이다. 이하 같다)을 이행할 것을 청구할 수 있는바, 전체 손해액에서 보험금으로 전보되지 않고 남은 손해액이 제3자의 손해배상책임액보다 많을 경우에는 제3자에 대하여 그의 손해배상책임액 전부를 이행할 것을 청구할 수 있고, 위 남은 손해액이 제3자의 손해배상책임액보다 적을 경우에는 그 남은 손해액의 배상을 청구할 수 있다. 후자의 경우에 제3자의 손해배상책임액과 위 남은 손해액의 차액 상당액은 보험자대위에 의하여 보험자가 제3자에게 이를 청구할 수 있다(상법 제682조)."

4. 특수문제

(1) 먼저 금전채무의 불이행에 관한 특칙인 제397조를 본다.

① 채무자는 과실 없었음을 항변하지 못하므로 「결과책임」을 부담하고, 채권자는 손해의 발생과 손해액에 대한 증명책임을 지지 않는다. 그렇다고 하여 그에 대한 주장책임까지 면제되지는 않는다.

② 금전채무 불이행에서 '위약금약정에 따른 지연손해금률 → 약정이율 → 법

정이율'의 순으로 손해액을 산정하는 기준으로 된다.

〈4-4-10〉 제397조에 관한 판례

㉮ 채권자가 금전채무의 불이행을 원인으로 손해배상을 구할 때 지연이자 상당의 손해가 발생하였다는 취지의 주장은 해야 하고, 주장조차 하지 않아서 그 손해를 청구한다고 볼 수 없는 경우에도 지연이자부분만큼의 손해를 인용해 줄 수는 없다(대판 2000.2.11. 99다49644).

㉯ 제397조 제1항에서 이자율의 약정이란 원본의 사용대가로서의 약정이율을 말하고, 원본채무의 이행지체에 대비하여 약정한 이율은 위약금의 약정이다(대판 2000.7.28. 99다38637). 그런데 대판 1981.9.8. 80다2649: "소비대차에서 변제기 후의 이자약정이 없는 경우 특별한 의사표시가 없는 한 변제기가 지난 후에도 당초의 약정이자를 지급하기로 한 것으로 보는 것이 당사자의 의사이다."

㉰ 대판 2009.12.24. 2009다85342는, 약정이율이 법정이율 이상인 경우에만 약정이율에 의한다는 입장이다.[38]

38) 그러한 판단의 근거로 "우선 금전채무에 관하여 아예 이자약정이 없어서 이자청구를 전혀 할 수 없는 경우에도 채무자의 이행지체로 인한 지연손해금은 법정이율에 의하여 청구할 수 있으므로, 이자를 조금이라도 청구할 수 있었던 경우에는 더욱이나 법정이율에 의한 지연손해금을 청구할 수 있다고 하여야 할 것이다. 나아가 원칙으로 보면 금전채권자도 채무자의 채무불이행으로 인하여 입은 구체적인 손해를 주장·입증하여 그 손해가 민법 제393조 등의 배상범위에 있는 것이면 그 배상을 청구할 수 있는 것이나, 오늘날 금전의 범용성으로 인하여 그 이용양태는 무궁무진하므로 금전채무의 불이행으로 인한 이용가능성의 박탈이라는 손해가 채권자에게 발생하리라는 것은 쉽사리 일반적으로 추인되는 반면 위와 같은 일반원칙에 의하면 그 구체적인 배상액의 산정은 매우 다양하여 균형을 잃을 수 있으므로, 금전채무 불이행으로 인한 손해배상문제를 균일하게 처리하기 위하여 추상적인 손해로서 법정이율로 산정한 액을 기준으로 하는 민법 제397조 제1항 본문을 마련하였다고 할 것인데, 그러한 균일처리의 필요는 이율을 법정이율보다 낮게 약정한 경우에도 이자가 아니라 손해배상이 문제되는 한 마찬가지로 시인되어야 하는 것이다. 또한 민법 제397조 제1항 단서에서 약정이율이 있으면 이에 좇도록 한 것은 약정이율이 법정이율보다 높은 경우에 법정이율에 의한 지연손해금만으로 족하다고 하면 채권자로서는 위에서 본 대로 원칙적으로는 허용되었을 터인보다 많은 손해의 주장이 봉쇄됨으로써 채무자가 이행지체로 오히려 이익을 얻게 되어 불합리하다는 점을 고려한 것으로서, 약정이율이 법정이율보다 낮은 경우에는 그러한 불합리가 운위될 소지가 없다. 마지막으로 민법 제397조에 대응하는 의용민법 제419조는 제1항 단서에서 명문으로 "약정이율이 법정이율을 넘는 때"에 한하여 약정이율에 의하도록 정하고 있었는데, 민법의 제정과정에서 그와 달리 약정이율이 법정이율보다 낮은 경우에도 위 단서규정이 적용된다는 것이 입법자의사이었다고 볼 아무런 자료가 없는 것"이다.

한편 지연손해금률에 관하여 당사자 사이에 별도의 약정이 있으면 그에 따라야 하는데, 설사 그것이 법정이율보다 낮더라도 마찬가지이다(대판 2013.4.26. 2011다50509).

㉣ 대판 1991.10.11. 91다25369: "매도인이 매수인으로부터 매매대금을 약정된 기일에 지급받지 못한 결과 제3자로부터 부동산을 매수하고 그 잔대금을 지급하지 못하여 그 계약금을 몰수당함으로써 손해를 입었다고 하더라도 이는 특별한 사정으로 인한 손해이므로 매수인이 이를 알았거나 알 수 있었던 경우에만 그 손해를 배상할 책임이 있다." 약정이율 또는 법정이율에 따라 산정된 액을 초과하는 손해액도 제393조 제2항의 요건 하에 그 배상을 구할 수 있다는 입장으로 읽힌다.

(2) 위약금(違約金: 제398조 참조)에 관하여 본다.

① 위약금이 위약벌에 해당하면 위약금의 지급(또는 몰취) 외에 실제로 발생한 손해의 배상을 구할 수 있는 반면, 손해배상액의 예정이라면 위약금의 지급(또는 몰취)을 넘어서까지 손해배상을 청구할 수는 없다.

② 손해배상액의 예정에서 예정배상액을 구하기 위하여 손해발생의 사실 및 그 액을 증명할 필요는 없다(대판 2000.12.8. 2000다50350).

그런데 ⓐ 반대약정이 없는 한 채무자는 귀책사유 없음을 증명하여 손해배상액의 지급의무를 면할 수 있고, ⓑ 위법성요건이 충족되지 않는 경우에도 예정배상액의 지급의무가 발생하지 않는다.

한편 손해배상 예정액의 감액에 관한 제398조 제2항이 위약벌에는 적용되지 않는다는 것이 판례의 입장이다.

〈4-4-11〉 위약금에 관한 판례

1) 손해배상액의 예정

㉮ 손해배상액 예정의 목적은 손해의 발생사실과 손해액에 대한 입증곤란을 배제하고 분쟁을 사전에 방지하여 법률관계를 간이하게 해결하는 것 외에 채무자에

그런데 약정이율 자체가 당사자들이 금전의 사용가치를 고려하여 이해관계 조절을 위한 기준으로 정한 것이라는 관점에서 결론이나 근거에 대하여 검토할 점이 적지 않다.

게 심리적으로 경고를 줌으로써 채무이행을 확보하려는 데에 있으므로, 손해의 발생이 없다거나 손해액이 예정액보다 적더라도 채무자는 그 예정액의 지급을 면하거나 감액을 청구하지 못한다(대판 2008.11.13. 2008다46906). 그리고 반대특약이 없는 한 실제의 손해액이 예정된 배상액보다 많더라도 채권자는 예정된 배상액을 청구할 수 있을 뿐이고, 특별사정으로 인한 손해도 마찬가지이다(대판 1988.9.27. 86다카2375·2376; 대판 1993.4.23. 92다41719).

㈏ 대판 2007.12.27. 2006다9408: "채무자는 채권자와 채무불이행에 있어 채무자의 귀책사유를 묻지 아니한다는 약정을 하지 아니한 이상 자신의 귀책사유가 없음을 주장·입증함으로써 예정배상액의 지급책임을 면할 수 있다. […] 당사자의 통상의 의사는 채무자의 귀책사유로 인한 채무불이행에 대해서만 손해배상액을 예정한 것으로 봄이 상당하므로, 채무자의 귀책사유를 묻지 않기로 하는 약정의 존재는 엄격하게 제한하여 인정하여야 한다."

㈐ 대판 2009.1.30. 2007다10337: "부동산매매계약에 있어서 매수인이 매도인에게 중도금 또는 잔금을 정해진 기한까지 이행하지 않으면 이미 지급한 중도금 또는 잔금의 전부 내지 일부를 포기한 것으로 본다는 내용의 위약금약정을 한 경우라도 매수인이 중도금 또는 잔금의 지급을 매도인의 반대의무보다 선이행하기로 약정하는 등의 특별한 사정이 없는 이상 매수인이 중도금 또는 잔금 지급의무를 다하지 않는 것 외에 매도인으로서도 소유권이전등기에 필요한 서류 등을 매수인에게 이행제공하여 매수인으로 하여금 이행지체상태에 이르게 하여야 비로소 그 위약금약정의 효력이 발생한다."

㈑ 예정된 손해배상액이 부당하게 과다하면 법원이 직권으로 이를 감액할 수 있는데(제398조 제2항),[39] 판례는 감액된 부분을 처음부터 무효인 것으로 본다(대판 1991.7.9. 91다11490). 그리고 과실상계과의 관계에 관하여 대판 2002.1.25. 99다57126: "지체상금이 손해배상의 예정으로 인정되어 이를 감액함에 있어서는 채무자가 계약을 위반한 경위 등 제반 사정이 참작되므로 손해배상액의 감경에 앞서 채권자의 과실 등을 들어 따로 감경할 필요는 없다." 그리고 손해배상액 예정이 없더라도 채무자가 당연히 지급의무를 부담하던 금액보다 적은 금액으로 감액하는 것은 손해배상액 예정에 관한 약정 자체를 전면 부인하는 것과 같은 결과가 되기

39) 대판 2021.11.25. 2017다8876: "손해배상 예정액을 감액하기 위한 요건인 '부당성'은 […] 일반 사회관념에 비추어 예정액의 지급이 경제적 약자의 지위에 있는 채무자에게 부당한 압박을 가하여 공정성을 잃는 결과를 초래하는 경우에 인정된다."

때문에 감액의 한계를 벗어나는 것이다(대판 2023.8.18. 2022다227619).

한편 위약금이 손해배상액의 예정과 위약벌의 성질을 함께 가질 수도 있는데, 이 경우 제398조 제2항에 따른 감액은 위약금 전체금액을 기준으로 한다(대판 2018.10.12. 2016다257978).

㉮ 손해배상예정액의 청구와 채무불이행으로 인한 손해배상액의 청구는 그 청구원인을 달리하는 별개의 청구이므로, 손해배상예정액의 청구 가운데 채무불이행으로 인한 손해배상액의 청구가 포함되어 있다고 볼 수 없다(대판 2000.2.11. 99다49644).

㉯ 대판 2022.4.14. 2019다292736·292743: "계약당사자가 채무불이행으로 인한 전보배상에 관하여 손해배상액을 예정한 경우에 채권자가 채무불이행을 이유로 계약을 해제하거나 해지하더라도 원칙적으로 손해배상액의 예정은 실효되지 않고, 전보배상에 관하여 특별한 사정이 없는 한 손해배상액의 예정에 따라 배상액을 정해야 한다. 다만 위와 같은 손해배상액의 예정이 계약의 유지를 전제로 정해진 약정이라는 등의 사정이 있는 경우에 채무불이행을 이유로 계약을 해제하거나 해지하면 손해배상액의 예정도 실효될 수 있다."

2) 위약벌

㉮ 대판 2000.12.8. 2000다35771: "도급계약서 및 그 계약내용에 편입된 약관에 수급인의 귀책사유로 인하여 계약이 해제된 경우에는 계약보증금이 도급인에게 귀속한다는 조항이 있을 때 이 계약보증금이 손해배상액의 예정인지 위약벌인지는 도급계약서 및 위 약관 등을 종합하여 구체적 사건에서 개별적으로 결정할 의사해석의 문제이고, <u>위약금은 민법 제398조 제4항에 의하여 손해배상액의 예정으로 추정되므로 위약금이 위약벌로 해석되기 위하여는 특별한 사정이 주장·입증되어야 하는바</u>, 당사자 사이의 도급계약서에 계약보증금 외에 지체상금도 규정되어 있다는 점만을 이유로 하여 계약보증금을 위약벌로 보기는 어렵다."[40]

㉯ 위약벌의 감액에 관하여 본다.

㉠ 대판(전) 2022.7.21. 2018다248855·248862의 다수의견: "위약벌의 약정은

40) 그리고 아래 2018다248855·248862 판결: "위약금은 민법 제398조 제4항에 따라 손해배상액의 예정으로 추정되지만, 당사자 사이의 위약금약정이 채무불이행으로 인한 손해의 배상이나 전보를 위한 것이라고 보기 어려운 특별한 사정, 특히 하나의 계약에 채무불이행으로 인한 손해의 배상에 관하여 손해배상예정에 관한 조항이 따로 있다거나 실손해의 배상을 전제로 하는 조항이 있고 그와 별도로 위약금조항을 두고 있어서 그 위약금조항을 손해배상액의 예정으로 해석하게 되면 이중배상이 이루어지는 등의 사정이 있을 때에는 그 위약금은 위약벌로 보아야 한다."

채무의 이행을 확보하기 위하여 정하는 것으로서 손해배상액의 예정과 그 내용이 다르므로 손해배상액의 예정에 관한 민법 제398조 제2항을 유추적용하여 그 액을 감액할 수 없다. 위와 같은 현재의 판례는 타당하고 그 법리에 따라 거래계의 현실이 정착되었다고 할 수 있으므로 그대로 유지되어야 한다."[41]

㉡ 다만 그 의무의 강제에 의하여 얻어지는 채권자의 이익에 비하여 약정된 벌이 과도하게 무거울 때에는 그 일부 또는 전부가 공서양속에 반하여 무효로 된다(대판 2002.4.23. 2000다56976; 대판 1993.3.23. 92다46905 등). 그런데 대판 2016.1.28. 2015다239324는, 당사자가 약정한 위약벌의 액수가 과다하다는 이유로 법원이 계약의 구체적 내용에 개입하여 약정의 전부 또는 일부를 무효로 하는 것은 사적자치의 원칙에 대한 중대한 제약이 될 수 있고, 스스로가 한 약정을 이행하지 않겠다며 계약의 구속력에서 이탈하고자 하는 당사자를 보호하는 결과가 될 수 있으므로 가급적 자제해야 하고, 이러한 견지에서 위약벌약정이 공서양속에 반하는지를 판단할 때에는, 당사자 일방이 독점적 지위 내지 우월한 지위를 이용하여 체결한 것인지 등 당사자의 지위, 계약의 체결경위와 내용, 위약벌약정을 하게 된 동기와 경위, 계약위반과정 등을 고려하는 등 신중을 기해야 하고, 단순히 위약벌 액수가 많다는 이유만으로 선불리 무효라고 판단할 일은 아니라고 하였다.

㉢ 한편 대판 1997.6.24. 97다2221은, 도급인의 지위에 있는 행정기관이 당초의 입찰이나 계약체결시에 약정한 공사기간을 그 후 행정상의 이유로 일방적으로 수급인이 당초 전혀 예상하지 못했을 정도로 상당한 기간의 단축을 요구하여 수급인으로 하여금 부득이 이에 응하게 한 경우에, 공사기간을 단축할 당시의 기성공정률과 그 공사의 완공에 필요한 총기간 및 남은 공사기간 등을 참작하여 그 단축된 기간 내에 공사를 준공하는 것이 물리적으로 불가능하거나 총체적으로 부실공사를 강요하는 것이 될 수밖에 없다면, 당초의 지체상금에 관한 약정을 그대로 적용하여 지체상금의 배상을 그대로 물게 하는 것은 선량한 풍속 기타 사회질서에 비추어 허용할 수 없으므로, 준공기한을 앞당기기로 하는 그 합의는 「준공에 절대적으로 필요한 최소한의 기간에 해당하는」 지체상금부분에 한하여 무효라고 하였다. 이 판결은 위약금약정의 적용범위에 관한 것으로 앞에서 본 위약벌의 감액과 논점을 달리한다.

41) 대법관 6인의 반대의견은 유추적용을 해야 한다는 입장이다.

제 5 절 담보책임

1. 서 설

(1) 계약의 효과로 발생하는 「채무」들이 상호의존관계에 있는 쌍무계약과 달리, 당사자가 행하는 「급부」, 즉 출연(出捐)들이 대가적 의미를 가지는 계약이 유상계약(有償契約)이다.

그리고 담보책임은 유상계약에서 채권자가 넘겨받은 권리나 물건에 흠이 있는 경우에 「급부의 등가성」을 회복할 수 있도록 하는 제도이다.

(2) 급부에 흠이 있는 경우에 채권자에게 주어지는 구제수단으로 ① 담보책임에 기한 손해배상과 해제 그리고 ② 채무자의 귀책사유를 요하는 일반채무불이행책임이 있다.

〈4-5-1〉 담보책임 일반에 관한 판례

1) 대판 1995.6.30. 94다23920: 매도인의 하자담보책임은 "법이 특별히 인정한 무과실책임"이다.

2) 담보책임과 일반채무불이행책임의 관계

㉮ 먼저 「보호의 범위」와 관련하여, 보호의무 위반으로 인한 하자확대손해에 관하여 채무불이행책임과 담보책임이 경합할 수 있다. 특히 대판 2004.7.22. 2002다51586: "매도인이 성토작업을 기화로 다량의 폐기물을 은밀히 매립하고 그 위에 토사를 덮은 다음 도시계획사업을 시행하는 공공사업시행자와 사이에서 정상적인 토지임을 전제로 협의취득절차를 진행하여 이를 매도함으로써 매수자로 하여금 그 토지의 폐기물처리비용 상당의 손해를 입게 하였다면 매도인은 이른바 불완전이행으로서 채무불이행으로 인한 손해배상책임을 부담하고, 이는 하자 있는 토지의 매매로 인한 민법 제580조 소정의 하자담보책임과 경합적으로 인정된다."[42] 그런데

---

42) 관련하여 대판 2021.4.8. 2017다202050: "매매의 목적물에 하자가 있는 경우 [⋯] 특별한 사정이 없는 한 하자를 보수하기 위한 비용은 매도인의 하자담보책임과 채무불이행책임에서 말하는 손해에 해당한다."

참고로 (〈6-3-4〉에 소개된) 대판 2004.8.20. 2001다70337도 수급인의 담보책임에 관하

매매목적물의 하자로 인한 확대손해에 대하여 매도인에게 배상책임을 지우기 위해서는 하자 없는 목적물을 인도하지 못한 의무위반사실 외에 매도인에게 귀책사유가 있어야 함은 당연하다(대판 2003.7.22. 2002다35676).

㈏ 한편 「보호의 요건」과 관련하여 대판 1993.11.23. 93다37328: "타인의 권리를 매매의 목적으로 한 경우에 있어서 그 권리를 취득하여 매수인에게 이전하여야 할 매도인의 의무가 매도인의 귀책사유로 인하여 이행불능이 되었다면 매수인이 매도인의 담보책임에 관한 민법 제570조 단서의 규정에 의해 손해배상을 청구할 수 없다 하더라도 채무불이행 일반의 규정(민법 제546조, 제390조)에 좇아서 계약을 해제하고 손해배상을 청구할 수 있다."[43]

3) 대판 2002.9.4. 2002다11151: "매매의 목적이 된 부동산에 설정된 저당권의 행사로 인하여 매수인이 취득한 소유권을 잃은 때에는 매수인은 민법 제576조 제1항의 규정에 의하여 매매계약을 해제할 수 있지만, 매수인이 매매목적물에 관한 근저당권의 피담보채무를 인수하는 것으로 매매대금의 지급에 갈음하기로 약정한 경우에는 특별한 사정이 없는 한, 매수인으로서는 매도인에 대하여 민법 제576조 제1항의 담보책임을 면제하여 주었거나 이를 포기한 것으로 봄이 상당하므로, 매수인이 매매목적물에 관한 근저당권의 피담보채무 중 일부만을 인수한 경우 매도인으로서는 자신이 부담하는 피담보채무를 모두 이행한 이상 매수인이 인수한 부분을 이행하지 않음으로써 근저당권이 실행되어 매수인이 취득한 소유권을 잃게 되더라도 민법 제576조 소정의 담보책임을 부담하게 되는 것은 아니"다.

2. 매도인의 담보책임

(1) 먼저 물건의 하자(瑕疵)에 대한 담보책임을 본다.

① 물건의 흠은 용익에 대한 장애여서 제575조를 준용하지만, 그 흠을 알았거나 알 수 있었음에도 담보책임을 묻는 것은 적절하지 않으므로, 매수인이 선의·무과실이어야 한다.

여 경합을 인정하였다.

43) 매수인이 악의인 경우에 관하여 대판 1970.12.29. 70다2449도 같은 취지인데, 다만 귀책사유에 대한 증명책임을 채권자인 매수인에게 지운 점은 제390조 단서에 비추어 의문이다.

② 경매의 경우에 물건의 하자에 관한 규정이 적용되지 않는다(제580조 제2항).
③ 담보책임과 착오취소의 관계에 관하여 판례는 양자의 경합을 인정한다.

〈4-5-2〉 물건의 하자에 관한 판례

㉮ 대판 2014.10.27. 2014다22772: "아파트분양계약에서의 분양자의 채무불이행책임이나 하자담보책임은 분양된 아파트가 당사자의 특약에 의하여 보유하여야 하거나 주택법상의 주택건설기준 등 거래상 통상 갖추어야 할 품질이나 성질을 갖추지 못한 경우에 인정되고, 하자 여부는 당사자 사이의 계약내용, 해당 아파트가 설계도대로 건축되었는지 여부, 주택 관련법령에서 정한 기준에 적합한지 여부 등 여러 사정을 종합적으로 고려하여 판단하여야 한다."

그런데 매도인이 견본(제시된 카탈로그나 검사성적서) 등을 통하여 목적물의 특수한 품질이나 성능을 표시(보증)한 경우에, 통상의 표준이 아니라 그 특수한 표준에 따라 하자의 유무를 결정해야 한다(대판 2000.10.27. 2000다30554·30561).

㉯ 대판 2000.1.18. 98다18506: "건축을 목적으로 매매된 토지에 대하여 건축허가를 받을 수 없어 건축이 불가능한 경우, 위와 같은 법률적 제한 내지 장애 역시 매매목적물의 하자에 해당한다 할 것이나, 다만 위와 같은 하자의 존부는 매매계약 성립시를 기준으로 판단하여야 할 것"이다.[44]

그런데 이 판시가 하자의 존부에 대한 판단의 기준시기를 규정한 것으로 단정할 수 있는지는 검토를 요한다. 나아가 법률상의 장애를 물건의 하자로 보았는데, 그 장애로 인하여 사용수익이 제한되는 경우에 관한 판단이다.[45]

㉰ 6월의 권리행사기간에 관하여, 판례는 이 기간이 재판상 또는 재판 외에서의 권리행사에 관한 기간이므로 매수인은 소정기간 내에 재판 외에서 권리행사를 함으로써 그 권리를 보존할 수 있고, 재판 외에서의 권리행사는 특별한 형식을 요구하는 것이 아니므로 매수인이 매도인에 대하여 적당한 방법으로 물건에 하자가 있

44) 주택의 신축을 목적으로 토지에 대한 매매계약을 체결하였는데, 계약 당시에는 그 목적에 따라 건축허가를 받는 데 법률상의 제한이 없었으나 나중에 매수인이 사업계획을 변경하여 아파트를 건축·분양하기로 함에 따라 주택건설촉진법의 적용을 받게 되어 그 허가를 신청한 결과 부결된 경우에, 매매목적물에 하자가 있다고 볼 수 없다고 한 사례.

45) 물건의 하자로 본 예로, 매매의 목적인 대지 중 일부가 도로에 편입된 경우에 관한 대판 1979.7.24. 79다827, 운행정지된 차량의 매매에 관한 대판 1985.4.9. 84다카2525 등.

음을 통지하고 계약의 해제나 하자의 보수 또는 손해배상을 구하는 뜻을 표시함으로써 충분하다고 한다(대판 2003.6.27. 2003다20190).

한편 대판 2011.10.13. 2011다10266: "매도인에 대한 하자담보에 기한 손해배상청구권에 대하여는 민법 제582조의 제척기간이 적용되고, 이는 법률관계의 조속한 안정을 도모하고자 하는 데에 취지가 있다. 그런데 하자담보에 기한 매수인의 손해배상청구권은 권리의 내용·성질 및 취지에 비추어 민법 제162조 제1항의 채권소멸시효의 규정이 적용되고, 민법 제582조의 제척기간규정으로 인하여 소멸시효규정의 적용이 배제된다고 볼 수 없으며, 이때 다른 특별한 사정이 없는 한 무엇보다도 매수인이 매매목적물을 인도받은 때부터 소멸시효가 진행한다고 해석함이 타당하다." 이 판결에서는 이행이익을 초과하는 확대손해가 문제되었다.[46]

㉣ 손해배상에 과실상계의 법리가 유추됨에 관하여 (<4-4-8>에 소개된) 대판 1995.6.30. 94다23920 참조.

㉤ 대판 2014.5.16. 2012다72582: "민법의 하자담보책임에 관한 규정은 매매라는 유상·쌍무계약에 의한 급부와 반대급부 사이의 등가관계를 유지하기 위하여 민법의 지도이념인 공평의 원칙에 입각하여 마련된 것인데, 종류매매에서 매수인이 가지는 완전물급부청구권을 제한 없이 인정하는 경우에는 오히려 매도인에게 지나친 불이익이나 부당한 손해를 주어 등가관계를 파괴하는 결과를 낳을 수 있다. 따라서 매매목적물의 하자가 경미하여 수선 등의 방법으로도 계약의 목적을 달성하는 데 별다른 지장이 없는 반면 매도인에게 하자 없는 물건의 급부의무를 지우면 다른 구제방법에 비하여 지나치게 큰 불이익이 매도인에게 발생되는 경우와 같이 하자담보의무의 이행이 오히려 공평의 원칙에 반하는 경우에는, 완전물급부청구권의 행사를 제한함이 타당"하다.[47]

---

46) A가 B로부터 부동산을 매수하여 소유권이전등기를 마쳤는데 위 부동산을 순차 매수한 C가 부동산 지하에 매립되어 있는 폐기물을 처리한 후 A를 상대로 처리비용 상당의 손해배상청구소송을 제기하였고, A가 그 판결에 따라 C에게 손해배상금을 지급한 후 B를 상대로 하자담보책임에 기한 손해배상으로서 C에게 기지급한 돈의 배상을 구한 사안에서, A의 하자담보에 기한 손해배상청구권은 A가 B로부터 부동산을 인도받았을 것으로 보이는 소유권이전등기일로부터 소멸시효가 진행하는데, A가 그로부터 10년이 경과한 후 소를 제기하였으므로, A의 하자담보책임에 기한 손해배상청구권은 이미 소멸시효 완성으로 소멸되었다고 한 사례.

47) X가 Y 회사로부터 수입자동차를 매수하여 인도받은 지 5일 만에 계기판의 속도계가 작동하지 않는 하자가 발생하였음을 이유로 Y 등을 상대로 신차 교환을 구한 사안에서, 위 하자는 계기판 모듈의 교체로 큰 비용을 들이지 않고도 손쉽게 치유될 수 있는 하자로서 하자수리에 의하더라도 신차 구입이라는 매매계약의 목적을 달성하는 데 별다른 지장이 없고, 하자보수

㉶ 대판 2018.9.13. 2015다78703: "착오로 인한 취소제도와 매도인의 하자담보책임제도는 취지가 서로 다르고, 요건과 효과도 구별된다. 따라서 매매계약 내용의 중요부분에 착오가 있는 경우 매수인은 매도인의 하자담보책임이 성립하는지와 상관없이 착오를 이유로 매매계약을 취소할 수 있다."

⑵ 그 밖의 경우를 본다.

① 제569조는 타인권리의 매매가 유효함을 전제로 매도인에게 그 권리를 취득하여 매수인에게 이전할 의무를 지운다.

한편 제571조는 타인권리의 매매임에도 매수인이 해제하지 않는 경우에 "선의"의 매도인이 급부의무로부터 해방될 수 있는 선제적 구제수단이다.

〈4-5-3〉 타인권리의 매매에 관한 판례

㉮ 제569조가 타인권리의 매매를 유효하다고 정한 것은 선의의 매수인의 신뢰이익을 보호하기 위한 것이므로, 매수인이 매도인의 기망에 의하여 타인의 물건을 매도인의 것으로 잘못 알고 매수한다는 의사표시를 하였고 타인의 물건인 줄 알았더라면 매수하지 않았을 사정이 있었다면 매수인은 제110조에 기하여 매수의 의사표시를 취소할 수 있다(대판 1973.10.23. 73다268).

㉯ 부동산매수인이 자기 앞으로 등기를 경료하지 않은 채 전매한 경우에 관하여, 대판 1996.4.12. 95다55245는 타인권리의 매매에 해당하지 않는다고 한 반면, 대판 1982.1.26. 81다528은 타인권리의 매매라 하였고, 대판 2008.8.11. 2008다15824도 낙찰받은 부동산을 그 대금납부 전에 타에 매도하는 것은 타인권리의 매매에 해당한다고 보았다.

㉰ 이미 매수인 명의의 소유권이전등기가 경료된 경우에 이행불능이 성립하는 시기는 진정한 소유자가 제기한 소송에서 매수인이 패소한 때이고, 나아가 매수인이 전매하였는데 전득자가 진정한 소유자와의 소송에서 패소하였다면 매도인의 매수인에 대한 재산권이전의무와 매수인의 전득자에 대한 재산권이전의무 모두가 위

로 자동차의 가치하락에 영향을 줄 가능성이 희박한 반면, Y에게 하자 없는 신차의 급부의무를 부담하게 하면 다른 구제방법에 비하여 Y에 지나치게 큰 불이익이 발생되어서 오히려 공평의 원칙에 반하게 되어 X의 완전물급부청구권의 행사를 제한함이 타당하다고 한 사례.

소송에서 패소한 때에 이행불능으로 된다. 손해액 산정시기를 그때라고 한 대판 1993.4.9. 92다25946 참조.

㉣ "선의"의 매수인은 해제와 더불어 손해배상을 청구할 수 있는바, 그 범위는 「이행이익」(이행불능 당시의 목적물의 시가와 매매대금의 차액)의 배상이다. 즉 대판(전) 1967.5.18. 66다2618: "매매의 목적이 된 권리가 타인에게 속한 경우에 매도인이 그 권리를 취득하여 매수인에게 이전할 수 없을 때에는 매매의 목적이 된 권리가 매도인에게 속하지 아니함을 알지 못한 매수인이 매도인에게 대하여 손해배상을 청구함에는 매도인은 계약이 완전히 이행된 것과 동일한 경제적 이익을 배상함이 상당할 것임으로 그 손해는 매수인이 입은 손해뿐만 아니라 얻을 수 있었던 이익의 상실도 포함된다고 해석할 것이다. […] 위 경우의 손해액의 산정은 일반채무불이행으로 인한 손해배상액의 확정시기와 마찬가지로 원칙으로 매매의 목적이 된 권리를 취득하여 이전함이 불능하게 된 때의 싯가를 표준으로 하여 결정할 것"이다.

㉤ 판례는 여러 개의 권리를 일괄하여 매매의 목적으로 정한 경우[48]에도, 그중 이전할 수 없는 권리부분이 차지하는 비율에 따른 대금산출이 불가능한 경우 등 특별한 사정이 없는 한 일부이전불능에 관한 제572조가 적용된다고 한다(대판 1989. 11.14. 88다카13547).[49]

② 매매목적물인 특정물이 일정한 수량을 가진다는 것이 계약의 기초로 되는 경우에 「수량지정매매」가 성립하여 제574조가 적용될 수 있다.

〈4-5-4〉 수량지정매매에 관한 판례

㉮ 대판 2002.11.8. 99다58136은 "목적물이 일정한 면적(수량)을 가지고 있다는

48) 참고로 대판 2004.12.9. 2002다33557: "제571조 제1항은 선의의 매도인이 매매의 목적인 권리의 전부를 이전할 수 없는 경우에 적용될 뿐 매매의 목적인 권리의 일부를 이전할 수 없는 경우에는 적용될 수 없고, 마찬가지로 수개의 권리를 일괄하여 매매의 목적으로 정하였으나 그중 일부의 권리를 이전할 수 없는 경우에도 위 조항은 적용될 수 없다."

49) 부동산매매계약의 목적물인 대지의 일부가 타인에게 속하고 건물의 일부도 타인의 토지 위에 건립되어 있는데 건물의 일부가 그 피침범토지 소유자의 권리행사로 존립을 유지할 수 없게 된 경우에 제572조가 유추된다고 한 대판 2009.7.23. 2009다33570도 참조.

데 주안을 두고 대금도 면적을 기준으로 하여 정하여지는 아파트분양계약은 이른바 수량을 지정한 매매라 할 것"이라고 하면서, 아파트「분양시」 평형별 세대당 건물면적과 공유대지면적을 지정한 아파트분양계약을 수량지정매매로 보아 공유대지면적을 부족하게 이전해 준 경우에 제574조에 기한 대금감액청구권을 인정하였다.

㈏ 대판 2002.11.8. 99다58136: "수량지정매매에 있어서의 매도인의 담보책임에 기한 매수인의 대금감액청구권은 매수인이 선의인 경우에는 사실을 안 날로부터, 악의인 경우에는 계약한 날로부터 1년 이내에 행사하여야" 한다. 악의의 매수인에게도 대금감액청구권이 인정된다는 입장이다.

㈐ 유상계약의 원시적 일부불능의 경우에 제535조가 아니라 제574조가 적용됨에 관하여 〈1-3-2〉 참조.

③ 용익권능의 제한에 대한 담보책임을 제575조가 규정하는데, 매수인이 전세권 등의 부담을 인수하고 그만큼 매매대금을 감액하는 경우에는 당연히 동조가 적용되지 않는다.

④ 저당권의 실행 등으로 인한 소유권 상실의 위험에 대한 담보책임을 제576조가 규정하는데, 매수인이 그 부담을 인수하고 그만큼 매매대금을 감액한 경우에는 담보책임뿐만 아니라 일반채무불이행책임도 발생하지 않는다.

〈4-5-5〉 소유권 상실의 위험에 관한 판례

㈎ 가등기의 목적인 부동산을 매수한 이가 그 뒤 가등기에 기한 본등기가 경료됨으로써 그 부동산의 소유권을 상실한 경우(대판 1992.10.27. 92다21784) 또는 가압류의 목적인 부동산을 매수한 이가 그 후 가압류에 기한 강제집행으로 부동산소유권을 상실한 경우(대판 2011.5.13. 2011다1941)에 제576조가 유추된다.

㈏ 판례는 — 제570조에 기한 손해배상이 이행이익의 배상이라고 하는 것(〈4-5-3〉 참조)과 달리 — 제576조에서는 신뢰이익의 배상이라는 입장으로 보인다. 즉 앞의 92다21784 판결은, 가등기에 기한 본등기 경료로 인한 담보책임에 관한 판결이고 손해배상의 범위에 관하여 직접 언급하지는 않았지만, 신뢰이익,

즉 매매대금 및 그에 대한 법정이자 상당액의 배상에 한정된다는 원심의 판단을 긍인하였다.

---

⑤ 채권매매에 관한 제579조는 매도인이 담보한 「채무자의 자력」이 부존재하는 경우에 적용된다.

⑥ 제578조는 「공」경매에서 「권리의 흠결」로 인하여 매수인이 경매의 목적인 재산권을 완전히 취득할 수 없는 경우에, 매도인의 위치에 있는 (집행)채무자뿐만 아니라 채권자에게도 담보책임을 지움으로써 매수인(경락인)을 보호한다.

〈4-5-6〉 경매와 담보책임에 관한 판례

㉮ 경매절차 자체가 무효라면 경매에서의 채무자나 채권자의 담보책임은 인정될 여지가 없다. 집행권원인 약속어음 공정증서가 위조된 경우에 관한 대판 1991.10.11. 91다21640 참조. 그 밖에 〈5-2-9〉도 참조.

㉯ 매수인이 매매계약을 해제한 경우에 원상회복의무로서 대금반환의무를 부담하는 이가 누구인지가 특히 물상보증과 관련하여 문제되는데, 판례는 물상보증인이라는 입장이다(대판 1988.4.12. 87다카2641).

제6절 계약의 해소

1. 서 설

(1) 유효하게 성립한 계약의 「일방적」 파기는 허용되지 않지만,50) 예외적으로 "해제권"이라는 형성권을 매개로 적법성을 획득하면 가능하다.

(2) 계약당사자들 사이에 일방이 그 이행을 게을리하면 계약은 효력을 잃는다는 뜻의 특약이, 「채무불이행」이 있으면 당사자의 해제의 의사표시를 기다리지 않

50) 합의해제·해지와 같은 변경계약을 통하여 파기함은 자유의 영역에 속한다.

고 계약이 당연히 그 효력을 잃는다는 내용의 것이라면, 해제권의 유보가 아니라 해제조건부 계약이고, 이러한 계약조항을 실권약관(失權約款)이라 한다.

〈4-6-1〉 실권약관에 관한 판례

㉮ 대판 1992.10.27. 91다32022: "부동산매매계약에 있어서 매수인이 잔대금지급기일까지 그 대금을 지급하지 못하면 그 계약이 자동적으로 해제된다는 취지의 약정이 있더라도 특별한 사정이 없는 한 매수인의 잔대금지급의무와 매도인의 소유권이전등기의무는 동시이행의 관계에 있으므로 매도인이 잔대금지급기일에 소유권이전등기에 필요한 서류를 준비하여 매수인에게 알리는 등 이행의 제공을 하여 매수인으로 하여금 이행지체에 빠지게 하였을 때에 비로소 자동적으로 매매계약이 해제된다고 보아야 하고 매수인이 그 약정기한을 도과하였더라도 이행지체에 빠진 것이 아니라면 대금 미지급으로 계약이 자동해제된다고는 볼 수 없다."51)

㉯ 대판 2007.11.29. 2007다576도, 매수인이 잔금지급기일까지 그 대금을 지급하지 못하면 매도인이 계약을 해제할 수 있다는 취지의 약정이, 매도인이 소유권이전등기 등 소요서류를 갖추었는지 여부를 묻지 않고 매수인의 지급기한 도과 및 매도인의 해제통지만으로 계약을 해제시키기로 하는 특약이라고 볼 특별한 사정이 있는 경우에는 매수인의 지급기한 도과 및 매도인의 해제통지로써 위 매매계약은 해제된다고 보았다.

51) 사실관계는 다음과 같다: ㉠ Y가 甲 부동산을 X에게 매도하였고, X는 자금사정으로 연기된 중도금지급기일도 지키지 못하여 해제통고까지 받았다. ㉡ X가 중도금을 지급하면서 잔금은 약정기일까지 틀림없이 지급할 것이며, 그 기일을 넘길 경우 매매계약은 자동적으로 해제되고 이미 지급한 계약금과 중도금을 포기한다고 약속하였다. ㉢ X가 잔금기일을 넘긴 후 한 번 더 연장을 호소하며 이번에 위약하면 해제에 이의가 없을 것을 다짐하였다. ㉣ 최후통첩에도 잔금을 지급하지 않자 Y는 수령하였던 중도금을 변제공탁하였다.

대법원은, 앞의 사실관계에 비추어 Y가 이전등기 소요서류를 갖추었는지 여부를 묻지 않고 X의 지급기한 도과사실 자체만으로 계약을 실효시키기로 특약을 하였다고 볼 특별한 사정이 있다고 하면서, 이러한 특약을 한 후 Y가 약정된 잔대금지급기일에 X의 잔대금 일부의 지급을 거절하지 않고 수령하였다면 특별한 사정이 없는 한 당사자 사이에는 잔대금지급기일을 연기하려는 약정이 있었다고 봄이 상당하고 새로운 잔대금지급기일은 Y가 최고한 날짜로 연기되었다 할 것이며, X가 그 기한까지 나머지 잔금을 지급하지 않으면 매매계약은 실효된다고 보았다.

2. 해제의 요건

(1) 먼저 해제권의 발생을 본다.

① 모든 계약에 공통되는 「법정해제권」은 채무불이행을 요건으로 한다.

ⓐ 매매목적부동산에 설정된 근저당권의 피담보채무를 매수인이 인수하고 매매대금에서 그 채무액을 공제한 경우에, 특별한 사정이 없는 한 이행인수가 성립하고, 인수채무의 불이행을 이유로 매매계약을 해제할 수 없다. 이에 관하여 〈5－2－4〉 참조.

ⓑ 주된 급부의무가 아니라 부수의무의 불이행을 원인으로 하여 계약을 해제할 수 없다. 다만 그 불이행으로 인하여 채권자가 계약의 목적을 달성할 수 없는 경우 또는 특별한 약정이 있는 경우[52]에 예외적으로 해제할 수 있다(대판 2012.3.29. 2011다102301).

ⓒ 이행지체를 이유로 계약을 해제하려면 채권자가 상당한 기간을 정하여 이행을 「최고」해야 한다. 채무자에게 다시 한번 기회를 준다는 의미를 가지는데, 이행거절(〈4－2－1〉 참조), 정기행위(추완이 불가능하거나 지체된 이행이 무의미한 경우) 및 반대특약이 있는 경우에 최고를 요하지 않는다.

〈4-6-2〉 법정해제권 발생 일반에 관한 판례

㉮ 보전처분의 존재에 관하여 대판 1999.6.11. 99다11045는, 매매목적물에 대하여 가압류집행이 되었다 하여 매매에 따른 소유권이전등기가 불가능한 것도 아니므로, 매수인으로서는 매매목적물이 가압류되었다는 사유만으로 매도인의 계약위반을 이유로 매매계약을 해제할 수는 없다고 하였는데, 처분금지가처분의 집행이 있는 경우에도 다르지 않다.

다만 대판 2006.6.16. 2005다39211: “매도인의 소유권이전등기청구권이 가압류되어 있거나 처분금지가처분이 있는 경우에는 그 가압류 또는 가처분의 해제를 조건으로 하여서만 소유권이전등기절차의 이행을 명받을 수 있는 것이어서, 매도인은

---

52) 계약조항상의 「부수적 의무」 위반을 이유로 한 약정해제권이 유보될 수 있음과 그 해제의 효과로서 손해배상의 청구를 할 수 없음에 관하여 대판 1983.1.18. 81다89·90도 참조.

그 가압류 또는 가처분을 해제하지 아니하고서는 매도인 명의의 소유권이전등기를 마칠 수 없고, 따라서 매수인 명의의 소유권이전등기도 경료하여 줄 수 없다고 할 것이므로, 매도인이 그 가압류 또는 가처분집행을 모두 해제할 수 없는 무자력의 상태에 있다고 인정되는 경우에는 매수인이 매도인의 소유권이전등기의무가 이행불능임을 이유로 매매계약을 해제할 수 있다."

㉯ 매도인이 미리 이행하지 않을 의사를 표시한 경우에 매수인이 계약을 해제할 수 있음에 관하여 〈4-2-1〉 참조.

㉰ 부수의무의 불이행을 이유로 계약을 해제할 수 없는데,[53] 대판 2005.7.14. 2004다67011은, 분양회사가 상가분양 당시 층별 지정업종 및 품목을 중복되지 않게 정해 놓고 수분양자들에게 분양을 원하는 층의 층별 지정업종의 범위 내에서 세부적인 취급품목을 지정하여 분양계약을 체결하고, 그 분양계약서에 '협의한 업종과 취급품목으로만 영업하여야 하며, 다른 업종이나 품목으로 변경하고자 할 경우에는 분양회사의 사전 서면승인을 받아야 하고, 수분양자가 위 계약을 위반할 경우에 분양회사는 계약을 해제할 수 있다'고 규정한 취지는, 경업금지를 분양계약의 내용으로 하여, 만약 분양계약 체결 후라도 수분양자가 경업금지의 약정을 위배하는 경우에 그 분양계약을 해제하는 등의 조치를 취함으로써 기존점포를 분양받은 상인들의 영업권이 실질적으로 보호되도록 최선을 다할 의무를 부담하겠다는 것이므로, 분양회사의 이러한 경업금지의무는 상가분양계약의 목적달성에 필요불가결하고 이를 이행하지 않으면 분양계약의 목적이 달성되지 않아서 수분양자들이 분양계약을 체결하지 않았을 것이라고 여겨질 정도의 주된 채무라고 봄이 상당하다고 했다.[54]

㉱ 사정변경을 이유로 한 해제의 가능성을 연 대판 2007.3.29. 2004다31302: "이른바 사정변경으로 인한 계약해제는, 계약 성립 당시 당사자가 예견할 수 없었던 현저한 사정의 변경이 발생하였고 그러한 사정의 변경이 해제권을 취득하는 당사자에게 책임 없는 사유로 생긴 것으로서, 계약내용대로의 구속력을 인정한다면 신

---

53) 대기환경보전법상의 배출시설설치신고에 필요한 사양서 등 서류의 교부의무는 배출시설설치계약에서 그 설치업자의 주된 채무라 볼 수 없어서 이 의무의 불이행을 사유로 한 계약해제는 효력이 없다고 한 대판 2005.11.25. 2005다53705·53712 참조.

54) 상가의 일부 층을 먼저 분양하면서 그 수분양자에게 장차 나머지 상가를 분양할 때 상가 내 기존업종과 중복되지 않는 업종을 지정하여 기존수분양자의 영업권을 보호하겠다고 약정한 경우에, 그 약정에 기한 영업권 보호채무를 분양계약의 주된 채무로 본 대결 1997.4.7. 97마575도 참조.

의칙에 현저히 반하는 결과가 생기는 경우에 계약준수원칙의 예외로서 인정되는 것이고, 여기에서 말하는 사정이라 함은 계약의 기초가 되었던 객관적인 사정으로서, 일방당사자의 주관적 또는 개인적인 사정을 의미하는 것은 아니다. 또한, 계약의 성립에 기초가 되지 아니한 사정이 그 후 변경되어 일방당사자가 계약 당시 의도한 계약목적을 달성할 수 없게 됨으로써 손해를 입게 되었다 하더라도 특별한 사정이 없는 한 그 계약내용의 효력을 그대로 유지하는 것이 신의칙에 반한다고 볼 수도 없다."[55] 그리고 대판 2017.6.8. 2016다249557: "특히 계속적 계약에서는 계약의 체결시와 이행시 사이에 간극이 크기 때문에 당사자들이 예상할 수 없었던 사정변경이 발생할 가능성이 높지만, 이러한 경우에도 위 계약을 해지하려면 경제적 상황의 변화로 당사자에게 불이익이 발생했다는 것만으로는 부족하고 위에서 본 요건을 충족하여야 한다."

사정변경의 원칙에 기한 해제는 예외적·제한적으로 인정되어야 한다는 대판 2012.3.29. 2011다90484도 참조.

〈4-6-3〉 **최고에 관한 판례**

㉮ 대판 2022.10.27. 2022다238053: "동시이행관계에 있는 반대급부의무를 지고 있는 채권자는 채무자의 변제의 제공이 없음을 이유로 계약해제를 하기 위하여는 스스로의 채무의 변제제공을 하여야 한다."

㉯ 과다최고(過多催告)는 부적법한데(대판 1990.6.26. 89다카34022), ㉠ 본래 급부해야 할 수량과의 차이가 비교적 작거나 채권자가 급부의 수량을 잘못 알고 과다한 최고를 하였는데 과다하게 최고한 진의가 본래의 급부를 청구하는 취지라면 그 최고는 본래 급부해야 할 수량의 범위 내에서 유효한 반면, ㉡ 과다한 정도가 현저하고 청구한 금액을 제공하지 않으면 그것을 수령하지 않을 것이라는 채권자의 의사

55) 다만 이 판결에서는 계약을 해제할 만한 사정변경이 인정되지 않았다. 즉 X는 개발제한구역 내의 토지를 그 해제결정이 있은 후 공유재산매각입찰에서 매각예정가격보다 훨씬 높은 가격으로 낙찰받아 매매대금을 지급하고 소유권이전등기를 마쳤는데, 그 토지가 건축개발을 할 수 없는 공공공지로 편입되어 의도한 음식점 등의 건축이 불가능하게 되자 X가 사정변경을 이유로 해제를 구함에 대하여, 건축가능 여부는 주관적 목적에 불과하여 매매계약을 해제할 만한 사정변경에 해당하지 않고, 매수인이 의도한 주관적인 매수목적을 달성할 수 없어 손해를 입었더라도 매매계약을 그대로 유지하는 것이 신의칙에 반한다고 볼 수도 없다고 하였는데, 계약이 이미 이행된 후에 사정변경이 발생하였음도 고려되었어야 할 것이다.

가 분명한 경우에 그 최고는 부적법하고 이러한 최고에 기한 계약의 해제는 그 효력이 없다(대판 2004.7.9. 2004다13083).

㉰ 이행의 최고는 반드시 미리 일정기간을 명시하여 최고해야 하는 것은 아니며, 최고한 때부터 상당한 기간이 경과하면 해제권이 발생하고, 매도인이 매수인에게 중도금을 지급하지 않았으니 매매계약을 해제하겠다는 통고를 한 때에는 이로써 중도금지급의 최고가 있었다고 보아야 하며, 그로부터 상당한 기간이 경과하도록 매수인이 중도금을 지급하지 않았다면 매도인은 매매계약을 해제할 수 있다(대판 1994.11.25. 94다35930).

㉱ 참고로 대판 2002.4.26. 2000다50497은, 계약해제를 위한 이행최고를 할 때 그 최고되는 채무가 소유권이전등기의무와 같이 그 채무의 성질상 채권자에게도 단순한 수령 이상의 행위를 하여야 이행이 완료되는 경우에는 채권자가 이행의 완료를 위하여 필요한 행위를 할 수 있는 일시·장소 등을 채무자에게 알리는 최고를 해야 할 필요성은 있으나, 위와 같은 채무의 이행은 채권자와 채무자의 협력에 의하여 이루어져야 하므로, 채권자가 위와 같은 내용을 알리는 최고를 하지 않고 단지 언제까지 이행해야 한다는 최고만을 했다고 하여 곧바로 그 이행최고를 계약해제를 위한 이행최고로서의 효력이 없다고 볼 수는 없고, 채권자가 위와 같은 최고를 한 경우에는 채무자로서도 채권자에게 문의를 하는 등의 방법으로 확정적인 이행일시 및 장소의 결정에 협력해야 할 것이며, 채무자가 이와 같이 하지 않고 만연히 최고기간을 도과한 때에는, 그에 이르기까지의 채권자와 채무자의 계약이행을 위한 성의(誠意), 채권자가 채무자에게 구두로 연락을 취하여 이행일시와 장소를 채무자에게 문의한 적이 있는지 등 기타 사정을 고려하여 위의 최고도 유효하다고 보아야 할 경우가 있을 수 있다고 하였다.

〈4-6-4〉 불능과 해제에 관한 판례

㉮ 불능으로 된 상대방의 잔대금지급의무가 매도인의 소유권이전등기의무와 동시이행관계에 있더라도, 그 이행의 제공을 필요로 하지 않는다(대판 2003.1.24. 2000다22850).

㉯ 채권자에게 책임 있는 사유로 인한 불능의 경우에 채권자는 해제를 하지 못한다(대판 2011.1.27. 2010다41010·41027).

㉰ 채무의 일부가 이행불능인 경우에도 계약의 목적을 달성할 수 없다면 계약 전부를 해제할 수 있다(대판 1995.7.25. 95다5929 참조).

㉱ 대판 2022.9.29. 2019다204593: "채무자가 이행해야 할 본래채무가 이행불능이라는 이유로 계약을 해제하려면 그 이행불능의 대상이 되는 채무자의 본래채무가 유효하게 존속하고 있어야 한다. [… 소멸시효의 완성에 소급효가 인정되므로 …] 채무불이행에 따른 해제의 의사표시 당시에 이미 채무불이행의 대상이 되는 본래채권이 시효가 완성되어 소멸하였다면, 채무자가 소멸시효의 완성을 주장하는 것이 신의성실의 원칙에 반하여 허용될 수 없다는 등의 특별한 사정이 없는 한, 채권자는 채무불이행시점이 본래채권의 시효 완성 전인지 후인지를 불문하고 그 채무불이행을 이유로 한 해제권 및 이에 기한 원상회복청구권을 행사할 수 없다." 그런데 소멸시효 완성의 소급효가 시효완성 전에 불능으로 되어 해제권이 발생한 경우에까지 미치는지와 관련하여 검토를 요한다.

② 장래의 사정변경에 대비하기 위하여 특약으로 「약정해제권」을 유보하기도 하는데(제565조의 의사추정도 참조), 그 행사방법이나 행사해야 할 시기 등에 대해서도 특약을 한 경우(이것이 통상적이다)에는 그 특약을 따라야 한다.

(2) 당사자가 해제권을 가지더라도, 그 권리가 행사되지 않는 한 해제의 효과가 발생하지 않는데, 해제의 의사표시가 상대방에게 도달해야 그 효력이 발생한다.

그런데 해제의 불가분성에 관한 제547조는 임의규정으로, 당사자의 특약에 의하여 배제될 수 있다(대판 1994.11.18. 93다46209).[56]

〈4-6-5〉 해제권의 행사에 관한 판례

㉮ 해제권의 행사는 재판상의 행위에 의해서도 할 수 있는데, 해제의 의사표시를 소 제기에 의하는 경우에 제척기간 내에 소장 부본이 상대방에게 송달되어야 한다. 해지에 관한 (〈3-5-13〉에 소개된) 대판 2000.1.28. 99다50712 참조.

56) 참고로 대판 2022.7.14. 2021다294674: "주택공급을 신청할 권리와 분리될 수 없는 청약저축의 가입자가 사망하였고 그에게 여러 명의 상속인이 있는 경우에 그 상속인들이 청약저축 예금계약을 해지하려면, 금융기관과 사이에 다른 내용의 특약이 있다는 등의 특별한 사정이 없는 한 상속인들 전원이 해지의 의사표시를 하여야 한다."

소 제기로 해제권을 행사한 경우에 그 후 소를 취하하더라도 해제권의 행사에는 영향이 없음에 관하여 〈1-2-2〉 참조.

㉯ 해제의 의사표시에 조건이나 기한을 붙이지 못하지만, 상대방의 불이익으로 되지 않는 조건을 붙이는 것은 무방하다. 예컨대 일정한 기간 내에 이행을 하지 않으면 계약은 당연히 해제된 것으로 한다는 이행청구는 그 이행청구와 동시에 그 기간 내에 이행이 없는 것을 정지조건으로 하여 미리 해제의 의사표시를 한 것으로 볼 것이고(대판 1981.4.14. 80다2381), 최고기간의 경과로 계약은 곧 해제된다(대판 1992.12.22. 92다28549).

㉰ 대판 1995.3.28. 94다59745는, 하나의 부동산을 여러 명이 공유하는 경우에 각 공유자는 각 그 소유의 지분을 자유롭게 처분할 수 있으므로, 공유자 전원이 공유물에 대한 각 그 소유지분 전부를 형식상 하나의 매매계약에 의하여 동일한 매수인에게 매도하는 경우라도 당사자들의 의사표시에 의하여 각 지분에 관한 소유권 이전의무, 대금지급의무를 불가분으로 하는 특별한 사정이 없는 한 실질상 각 공유지분별로 별개의 매매계약이 성립되고, 일부공유자가 매수인의 매매대금지급의무 불이행을 원인으로 한 그 공유지분에 대한 매매계약을 해제하는 것은 가능하다고 했다.[57)]

㉱ 해제권을 행사하기 전에 채무자가 이행 또는 이행제공을 하면(지체로 인하여 손해가 생긴 경우에는 그 손해도 아울러 배상하면서) 해제권은 소멸한다는 (<4-2-10>에 소개된) 대판 1996. 11.26. 96다35590·35606도 참조.

(3) 해제권에 특유한 소멸사유로 ① 상대방의 최고(제552조 참조), ② 해제권자의 고의나 과실로 인하여 계약의 목적물이 현저히 훼손되거나, 이를 반환할 수 없거나 또는 가공이나 개조로 인하여 다른 종류의 물건으로 변경된 경우(제553조), ③ 해제의 불가분성에 따른 소멸 등.

57) 이러한 일반론의 설시에도 불구하고, 당사자들의 의사표시에 의하여 각 지분에 관한 소유권 이전의무, 대금지급의무를 불가분으로 하는 실질상으로도 하나의 매매계약이라고 보아 매도인 중 공유자 1인이 그의 지분비율에 상응하는 매매대금 중 일부를 매수인으로부터 지급받지 못하였더라도 이를 이유로 자신의 지분에 관한 매매계약부분만을 해제할 수는 없다고 하였다.

3. 해제의 효과

(1) 해제의 효과에 관하여 직접효과설과 청산관계설이 첨예하게 대립하지만, 판례는 직접효과설(그중에서도 물권적 효과설)을 따른다.

〈4-6-6〉 해제의 효과의 법적 구성에 관한 판례

대판 1977.5.24. 75다1394: “민법 제548조 제1항 본문에 의하면 계약이 해제되면 각 당사자는 상대방을 계약이 없었던 것과 같은 상태에 복귀케 할 의무를 부담한다는 뜻을 규정하고 있는바 계약에 따른 채무의 이행으로 이미 등기나 인도를 하고 있는 경우에 그 원인행위인 채권계약이 해제됨으로써 원상회복된다고 할 때 그 이론구성에 관하여 소위 채권적 효과설과 물권적 효과설이 대립되어 있으나, 우리 법제가 물권행위의 독자성과 무인성을 인정하고 있지 않은 점과 민법 제548조 제1항 단서가 거래안정을 위한 특별규정이라는 점을 생각할 때 계약이 해제되면 그 계약의 이행으로 변동이 생겼던 물권은 당연히 그 계약이 없었던 원상태로 복귀한다.”

---

(2) 먼저 계약의 소급적 실효에 관하여 본다.

① 각 당사자는 계약적 구속으로부터 해방된다.

② 계약의 이행으로 이전된 권리는 당연히 복귀한다(물권적 효과설).

③ 나아가 각 당사자는 원상회복의무를 부담하는데(동시이행관계를 규정하는 제549조 참조), 이때 원상회복은 부당이득의 반환이고, 따라서 제548조 제2항의 이자는 지연배상을 의미하지 않는다.

〈4-6-7〉 계약의 소급적 실효에 관한 판례

1) 계약상 채권·채무의 운명

㉮ 주된 계약이 해제에 의하여 실효되면 종된 계약도 실효된다. 주된 계약인 매매계약이 적법하게 해제된 이상 부수적인 사용대차계약인 대지사용승낙의 약정도

그와 함께 실효되었다고 본 대판 1991.9.24. 91다9756·9763 참조.

㈏ 매매계약이 해제된 후에도 매도인이 별다른 이의 없이 일부변제를 수령한 경우에, 특별한 사정이 없는 한 당사자 사이에 해제된 계약을 부활시키는 약정이 있었다고 해석함이 상당하고, 이러한 경우에 매도인으로서는 새로운 이행의 최고 없이 바로 해제권을 행사할 수 없다(대판 1992.10.27. 91다483).

㈐ 참고로 대판 2001.6.1. 98다17930은, 채권에 대한 가압류는 제3채무자에 대하여 채무자에게의 지급금지를 명하는 것이므로 채권을 소멸 또는 감소시키는 등의 행위는 할 수 없고 그와 같은 행위로 채권자에게 대항할 수 없지만 채권의 발생원인인 법률관계에 대한 채무자의 처분까지도 구속하는 효력은 없으므로, 채무자와 제3채무자가 아무런 합리적 이유 없이 채권의 소멸만을 목적으로 계약관계를 합의해제한다는 등의 특별한 경우를 제외하고는, 제3채무자는 채권에 대한 가압류가 있은 후라도 채권의 발생원인인 법률관계를 합의해제하고 이로 인하여 가압류채권이 소멸되었다는 사유를 들어 가압류채권자에 대항할 수 있다고 하였다.

2) 해제로 인하여 이전되었던 권리는 당연히(부동산의 경우에 등기 없이) 복귀한다(대판 1977.5.24. 75다1394). 이때 문제되는 제3자의 보호에 관해서는 뒤에서 따로 본다.

3) 원상회복의무

㈎ 여기서의 원상회복은 부당이득반환의 성질을 가지는데(대판 1996.4.12. 96다28892), 반환의무의 범위에 관하여 제748조가 아니라 특칙인 제548조가 적용되어 이익의 현존 여부를 묻지 않고 받은 이익 전부를 상대방에게 반환해야 한다(대판 1998.12.23. 98다43175). 이때 과실상계가 적용되지 않음에 관하여 〈4-4-8〉 참조.

㈏ 원물반환이 불가능하다면 가액을 반환해야 하는데, 여기서의 가액은 채무불이행 당시의 목적물의 대가 또는 그 시가 상당액과 처분으로 얻은 이익이고, 그 가액에 그 이득일부터의 법정이자를 가산한 금액을 반환해야 한다(대판 2013.12.12. 2013다14675).

㈐ 제548조 제2항에 따라 가산되는 이자는 원상회복의 범위에 속하는 것으로서 일종의 부당이득반환의 성질을 가지는 것이고 반환의무의 이행지체로 인한 지연손해금이 아니다(대판 2003.7.22. 2001다76298).[58] 운용이익도 채권자가 그 목적물로부터 당연히 취득하였으리라고 인정되는 범위 내에서 반환되어야 한다(대판 2006.9.8.

58) 소송촉진법 제3조 제1항의 이율이 원상회복의무의 범위에 속하는 이자의 반환에는 적용되지 않지만, 원상회복의무의 이행지체로 인한 손해배상에는 적용된다고 한 사례.

2006다26328·26335).[59)]

㉣ 해제된 계약의 보증인은 해제로 인한 원상회복의무(및 손해배상의무)까지 보증하는지에 관하여 대판 1972.5.9. 71다1474는 보증인의 책임이 원상회복의무에도 미친다고 하였다.

㉤ 원상회복에 대한 예외로 대판 1997.2.25. 96다43454는, 건축공사도급계약이 공사 도중 해제된 경우에, 그 공사가 상당한 정도로 진척되어 원상회복이 중대한 사회적·경제적 손실을 초래하고 완성된 부분이 도급인에게 이익이 된다면, 도급계약은 미완성부분에 대해서만 실효되어 수급인은 해제된 상태 그대로 그 건물을 도급인에게 인도하고, 도급인은 그 건물의 기성고 등을 참작하여 인도받은 건물에 대하여 상당한 보수를 지급할 의무가 있다고 하였다.

(3) 제551조는 해제와 손해배상의 양립을 인정한다. 그런데 아래에서 보는 것처럼 손해배상의 범위에 관하여 판례는 변천을 겪었다.

〈4-6-8〉 손해배상에 관한 판례

1) 대판 2016.4.15. 2015다59115: "계약상대방의 채무불이행을 이유로 한 계약의 해지 또는 해제는 손해배상의 청구에 영향을 미치지 아니하지만(민법 제551조), 다른 특별한 사정이 없는 한 그 손해배상책임 역시 채무불이행으로 인한 손해배상책임과 다를 것이 없으므로, 상대방에게 고의 또는 과실이 없을 때에는 배상책임을 지지 아니한다(민법 제390조). 이는 상대방의 채무불이행과 상관없이 일정한 사유가 발생하면 계약을 해지 또는 해제할 수 있도록 하는 약정해지·해제권을 유보한 경우에도 마찬가지이고 그것이 자기책임의 원칙에 부합한다."

2) 손해배상의 범위

㉮ 대판 1983.5.24. 82다카1667: "계약이 해제되었을 때에는 당사자는 상대방으

59) 참고로 대판 2021.7.8. 2020다290804: "매매계약이 해제된 경우에 매수인이 목적물을 인도받아 사용하였다면 원상회복으로서 그 목적물을 반환하는 외에 그 사용이익을 반환할 의무를 부담하고, 여기에서 사용이익의 반환의무는 부당이득반환의무에 해당하므로, 특별한 사정이 없는 한 매수인이 점유·사용한 기간 동안 그 재산으로부터 통상 수익할 수 있을 것으로 예상되는 이익, 즉 임료 상당액을 매수인이 반환하여야 할 사용이익으로 보아야 한다."

로부터 받은 돈, 물건 등의 반환 등 서로 상대방을 원상으로 회복케 할 의무를 지고 있고 이 경우의 손해배상의 청구도 채무불이행으로 인한 손해배상과 다를 것이 없으므로 전보배상으로서 그 계약의 이행으로 인하여 채권자가 얻었을 이익, 즉 소위 이행이익을 손해로서 청구하여야 하고 그 계약이 해제되지 아니하였을 경우 채권자가 그 채무의 이행으로 소요하게 된 비용, 즉 소위 신뢰이익의 배상을 청구할 수는 없는 법리"이다.[60]

㈏ 그러나 대판 1992.4.28. 91다29972가 "계약의 일방당사자가 상대방의 이행을 믿고 지출한 비용인 이른바 신뢰이익"의 배상을 구할 수 있다는 입장을 취한 이후 같은 취지의 판결이 반복되고 있다. 특히 이행이익의 배상과 신뢰이익의 배상을 선택적으로 인정한 대판 2002.6.11. 2002다2539: "채무불이행을 이유로 계약해제와 아울러 손해배상을 청구하는 경우에 그 계약이행으로 인하여 채권자가 얻을 이익 즉 이행이익의 배상을 구하는 것이 원칙이지만, 그에 갈음하여 그 계약이 이행되리라고 믿고 채권자가 지출한 비용 즉 신뢰이익의 배상을 구할 수도 있다고 할 것이고, 그 신뢰이익 중 계약의 체결과 이행을 위하여 통상적으로 지출되는 비용은 통상의 손해로서 상대방이 알았거나 알 수 있었는지의 여부와는 관계없이 그 배상을 구할 수 있고, 이를 초과하여 지출되는 비용은 특별한 사정으로 인한 손해로서 상대방이 이를 알았거나 알 수 있었던 경우에 한하여 그 배상을 구할 수 있다고 할 것이고, 다만 그 신뢰이익은 과잉배상금지의 원칙에 비추어 이행이익의 범위를 초과할 수 없다."[61]

㈐ 계약해제와 관련하여 판례가 언급하는 「신뢰이익」은 제535조가 규정하는 개념(즉 계약이 무효임에도 불구하고 유효라고 믿음에 따른 손해)과 구별되어야 한다. 즉 손해의 종류가 아니라 손해산정의 방법(이행이익의 증명이 곤란한 경우에 증명을 용이하게 하기 위한)에 관한 것이다. 그래서인지 최근 "신뢰이익"이라는 용어 대신 "지출비용 상당"이라는 표현이 사용된다(앞의 2015다59115 판결).

그런데 「추상적 손해산정」의 한 모습으로서 지출비용의 배상은 이행이익의 범위를 넘을 수 없다. 따라서 채권자가 계약의 이행으로 얻을 수 있는 이익이 인정되지

60) 이행이익의 배상을 인정한 예로 대판 2012.10.11. 2010다3162 참조.

61) 이 판결은 채권입찰제 방식의 아파트분양에서 주택채권을 액면가로 매입하였다가 그 액면가에 미달하는 금액으로 매각한 후 분양자의 채무불이행으로 인하여 아파트분양계약이 해제된 경우에, 주택채권의 매입가와 그 시세에 상당하는 매각대금의 차액을 신뢰이익의 배상으로 청구할 수 있다고 하였는데, 아파트를 취득하기 위한 매수인의 출연이 아파트의 분양대금만이 아니라 위의 차액을 포함하는 것으로 본다면 그 차액은 이행이익의 범주에 포섭될 수 있다.

않는 경우라면, 채권자에게 배상해야 할 손해가 발생하였다고 볼 수 없으므로, 당연히 지출비용의 배상을 청구할 수 없다(대판 2017.2.15. 2015다235766).62)

(4) 제548조 제1항 단서는 제3자를 보호하기 위하여 해제의 소급효를 제한하는데, 이때 제3자는 해제의 의사표시가 있기 전에 해제된 계약에 기하여 생긴 법률관계를 기초로 새로운 이해관계를 가졌을 뿐만 아니라 등기, 인도 등으로 완전한 권리를 취득한 이에 한정된다.

〈4-6-9〉 제3자 보호에 관한 판례

1) 대판 1982.11.23. 81다카1110

㉮ 사실관계 및 사건의 경과는 다음과 같다: ㉠ Y는 그 소유의 甲 부동산을 A에게 매도하고, 잔금 미지급상태에서 소유권을 넘겨주는 대신 자신을 권리자로 하는, 매매예약에 기한 가등기를 마쳤는데, 이 가등기는 A가 잔금채무를 지체하여 위 매매계약이 해제되는 경우에 甲의 소유권을 회복하기 위한 목적으로 마쳐졌다. ㉡ 甲에 관하여 X 명의로 이전등기가 마쳐진 후 Y가 A의 채무불이행을 이유로 위 매매계약이 해제되었음을 이유로 가등기에 기한 본등기를 경료하였고, X 명의의 등기가 직권말소되었다. ㉢ X가 Y를 상대로 위 본등기의 말소를 구하였다. ㉣ 원심은 X의 청구를 인용하였으나, 대법원은 이를 파기하였다.

㉯ 대법원은,

㉠ "매매계약이 해제되면 그 계약의 이행으로 변동이 생겼던 물권은 당연히 그 계약이 없었던 원상태로 복귀하나, 매매계약 해제 이전에 매매목적물에 관하여 제3자에게 소유권이전등기가 경료된 뒤에 계약이 해제된 경우에는 계약해제의 효과로서 당연히 그 소유권이 매도인에게 복귀하지 않으므로 매도인은 소유권에 기하여 매수인 명의의 소유권이전등기의 말소를 청구할 수 없다"는 직접효과설 중 물권적

62) 참고로 해제에 관한 것은 아니지만 대판 2023.7.27. 2023다223171 · 223188: "계약의 일방당사자가 상대방의 이행을 믿고 지출한 비용도 그러한 지출사실을 상대방이 알았거나 알 수 있었고 또 그것이 통상적인 지출비용의 범위 내에 속한다면 그에 대하여도 이행이익의 한도 내에서는 배상을 청구할 수 있으며 다만 이러한 비용 상당의 손해를 일실이익 상당의 손해와 같이 청구하는 경우에는 중복배상을 방지하기 위하여 일실이익은 제반 비용을 공제한 순이익에 한정된다고 보아야 한다."

효과설(〈4－6－6〉 참조)을 전제로,

㉡ “부동산등기법 제3조에서 말하는 청구권이란 동법 제2조에 규정된 물권 또는 부동산임차권의 변동을 목적으로 하는 청구권을 말하는 것이라 할 것이므로 부동산등기법상의 가등기는 위와 같은 청구권을 보전하기 위해서만 가능하고 이 같은 청구권이 아닌 물권적 청구권을 보존하기 위해서는 할 수 없”지만, “매매계약 당시 계약당사자 사이에 계약이 해제되면 매수인은 매도인에게 소유권이전등기를 하여 주기로 하는 약정이 있는 경우에는 매도인은 그 약정에 기하여 매수인에 대하여 소유권이전등기절차의 이행을 청구할 수 있다 할 것이고 이 경우의 매도인의 소유권이전등기청구권은 물권변동을 목적으로 하는 청구권이라 할 것이므로 이러한 청구권은 가등기에 의하여 보전될 수 있”다고 하면서,63)

㉢ “가등기는 본등기의 순위를 보전하는 효력이 있어 후일 가등기에 기한 본등기가 마쳐진 때에는 가등기 후 본등기 전에 이루어진 중간처분은 실효되는 것이므로 매매계약 해제시 원상회복방법으로 매도인에게 소유권이전등기를 하기로 하는 약정에 따른 청구권을 보전하기 위한 가등기가 된 경우에도 그 가등기 후 본등기 전에 된 제3자 명의의 소유권이전등기는 후일 가등기에 기한 본등기가 마쳐지면 말소를 면할 수 없다 할 것인바, 위와 같은 가등기의 경료 후에 매매계약당사자가 아닌 제3자가 취득한 권리는 이미 이루어진 가등기에 의하여 보전된 청구권에 기한 본등기가 마쳐지면 실효될 가능성을 띤 상태에서 취득한 권리라고 할 것이고 그 제3자의 지위는 가등기에 의하여 순위가 보전된 매도인의 권리보다 앞설 수는 없다 할 것이며 또 위와 같이 매매계약당사자 사이의 약정에 의하여 생긴 매도인의 소유권이전등기청구권은 계약해제의 소급효 그 자체에 의하여 생긴 것이 아니므로 그 등기청구권의 실현과 계약해제의 소급효 제한에 관한 민법 제548조 제1항 단서의 규정과는 직접적으로 관련이 없”다고 하였다.

㈐ 해제에 따른 본등기와 가등기에 기한 본등기는 별개의 것으로, 전자에서의 전득자의 보호는 제548조 제1항 단서의 문제인 반면, 후자에 기한 진정한 권리자의 보호는 부동산등기법의 문제이다.

2) 제3자로서 보호받기 위한 요건

㉮ 대판 2005.1.14. 2003다33004: “제548조 제1항 단서에서 말하는 제3자란 일반적으로 그 해제된 계약으로부터 생긴 법률효과를 기초로 하여 해제 전에 새로운

63) 이 사건에서 Y는 물권적 청구권과 채권적 청구권인 원상회복청구권을 모두 가진다.

이해관계를 가졌을 뿐 아니라 등기, 인도 등으로 완전한 권리를 취득한 자"를 말한다.

㉯ 제548조 제1항 단서에 기한 임차인의 보호는 매수인이 완전한 소유권을 취득한 경우에 한하고, 매수인 명의의 등기가 경료되지 않은 상태에서 매수인이 임대한 경우에 임차인은 보호받지 못한다(대판 1990.12.7. 90다카24939).

㉰ 제3자의 선·악의는 문제될 여지가 없지만(대판 2010.12.23. 2008다57746 참조), 해제의 의사표시가 있은 후 해제를 원인으로 하는 말소등기가 있기 전에 이해관계를 가진 「선의」의 제3자도 보호된다(대판 2000.4.21. 2000다584). 이처럼 제3자의 범위가 확장되는 경우에 해제를 주장하는 이가 제3자의 악의를 증명해야 한다(대판 2005.6.9. 2005다6341).

3) 제548조 제1항 단서에 의하여 보호되는 제3자

㉮ 대판 2003.8.22. 2003다12717은, 소유권을 취득하였다가 계약해제로 인하여 소유권을 상실한 임대인으로부터 그 계약이 해제되기 전에 주택을 임차받아 주택의 인도와 주민등록을 마침으로써 주택임대차법 제3조 제1항에 의한 대항요건을 갖춘 임차인은 제548조 제1항 단서에 따라 계약해제로 인하여 권리를 침해받지 않는 제3자에 해당하므로 임대인의 임대권원의 바탕이 되는 계약의 해제에도 불구하고 자신의 임차권을 새로운 소유자에게 대항할 수 있고, 이 경우 계약해제로 소유권을 회복한 제3자는 주택임대차법 제3조 제2항에 따라 임대인의 지위를 승계한다고 했다(따라서 임대차가 종료되면 임차인에 대한 보증금반환의무를 부담한다).

㉯ 대판 2008.4.10. 2007다38908·38915: "주택임대차보호법이 적용되는 임대차로서는 반드시 임차인과 주택의 소유자인 임대인 사이에 임대차계약이 체결된 경우에 한정된다고 할 수는 없고, 주택의 소유자는 아니지만 주택에 관하여 적법하게 임대차계약을 체결할 수 있는 권한(적법한 임대권한)을 가진 임대인과 사이에 임대차계약이 체결된 경우도 포함되고, 매매계약의 이행으로 매매목적물을 인도받은 매수인은 그 물건을 사용·수익할 수 있는 지위에서 그 물건을 타인에게 적법하게 임대할 수 있으며, 이러한 지위에 있는 매수인으로부터 매매계약이 해제되기 전에 매매목적물인 주택을 임차받아 주택의 인도와 주민등록을 마침으로써 주택임대차보호법 제3조 제1항에 의한 대항요건을 갖춘 임차인은 민법 제548조 제1항 단서의 규정에 따라 계약해제로 인하여 권리를 침해받지 않는 제3자에 해당하므로 임대인의 임대권원의 바탕이 되는 계약의 해제에도 불구하고 자신의 임차권을 새로

운 소유자에게 대항할 수 있다."[64]

반면 대판 1995.12.12. 95다32037은, 주택매매계약에 부수하여 매매대금 수령 이전에 매수인에게 임대권한을 부여한 것을 매매계약의 해제를 해제조건으로 한 것으로 보고, "매도인으로부터 매매계약의 해제를 해제조건부로 전세권한을 부여받은 매수인이 주택을 임대한 후 매도인과 매수인 사이의 매매계약이 해제됨으로써 해제조건이 성취되어 그때부터 매수인이 주택을 전세 놓을 권한을 상실하게 되었다면, 임차인은 전세계약을 체결할 권한이 없는 자와 사이에 전세계약을 체결한 임차인과 마찬가지로 매도인에 대한 관계에서 그 주택에 대한 사용수익권을 주장할 수 없게 되어 매도인의 명도청구에 대항할 수 없게 되는바, 이러한 법리는 임차인이 그 주택에 입주하고 주민등록까지 마쳐 주택임대차보호법상의 대항요건을 구비하였거나 전세계약서에 확정일자를 부여받았다고 하더라도 마찬가지"라고 하였다.

한편 미등기매수인이 매도인의 동의를 얻어 제3자에게 임대하였는데 임차인이 「대항력을 갖추지 못한」 경우에 매매계약이 해제되면 그 권리를 보호받을 수가 없음은 당연하다(대판 1990.12.7. 90다카24939[65] 참조).

㉰ 대판 2021.8.19. 2018다244976: "제3자를 위한 계약에서도 낙약자와 요약자 사이의 법률관계(기본관계)에 기초하여 수익자가 요약자와 원인관계(대가관계)를 맺음으로써 해제 전에 새로운 이해관계를 갖고 그에 따라 등기, 인도 등을 마쳐 권리를 취득하였다면, 수익자는 민법 제548조 제1항 단서에서 말하는 계약해제의 소급

---

64) 아파트 수분양자가 분양자로부터 열쇠를 교부받아 임차인을 입주케 하고 임차인이 주택임대차법상 대항력을 갖춘 후, 수분양자가 분양계약상 아파트 입주를 위하여 요구되는 의무를 다하지 못하여 분양계약이 해제되어 수분양자가 주택의 소유권을 취득하지 못하더라도 임차인은 「아파트소유자인 분양자에 대하여」 임차권으로 대항할 수 있다고 한 사례.

그러나 「제3자(예: 대위소송을 제기한 매도인의 채권자나 제3취득자)에 대해서는」 그 지위를 주장할 수 없다고 해야 한다.

65) 건물매수인이 아직 건물의 소유권을 취득하지 못한 채 매도인의 동의를 얻어 제3자에게 임대하였으나 매수인(임대인)의 채무불이행으로 매도인이 매매계약을 해제하고 임차인에게 건물의 인도를 구하는 경우에 임차인은 매도인에 대한 관계에서 건물의 전차인의 지위와 흡사하다 할 것인바, 임대인의 동의 있는 전차인도 임차인의 채무불이행으로 임대차계약이 해지되면 특단의 사정이 없는 한 임대인에 대해서 전차인의 전대인에 대한 권리를 주장할 수가 없고, 임차인이 매매계약목적물에 대하여 직접 임차권을 취득했다고 보더라도 「대항력을 갖추지 아니한 상태」에서는 그 매매계약이 해제되어 소급적으로 실효되면 그 권리를 보호받을 수가 없다는 점에 비추어 볼 때, 임차인의 건물인도의무와 매수인(임대인)의 보증금반환의무를 동시이행관계에 두는 것은 오히려 공평의 원칙에 반한다고 한 사례.

효가 제한되는 제3자에 해당한다고 봄이 타당하다."[66]

㉣ 그 밖에 해제된 교환계약의 목적물을 전득한 이(대판 1997.12.26. 96다44860), 계약해제 전 해제된 계약에 의하여 채무자의 책임재산이 된 계약의 「목적물」을 가압류한 가압류채권자(대판 2000.1.14. 99다40937), 매수인과 매매예약을 체결한 후 그에 기한 소유권이전청구권 보전을 위한 가등기를 마친 이(대판 2014.12.11. 2013다14569) 등도 제548조 제1항 단서에서 말하는 제3자에 포함된다.

4) 제548조 제1항 단서에 의하여 보호되지 않는 제3자

㉮ 대판 2003.1.24. 2000다22850은 'A로부터 건물을 분양받은 X가 분양대금 일부를 A에게 지급 → A가 분양대금채권을 Y에게 양도한 후 X가 Y에게 잔금 지급 → 위 건물에 근저당권설정등기 외에 여러 개의 압류 및 가압류등기가 있고 A가 무자력상태에 빠지자 X가 A의 이전등기의무가 불능으로 되었음을 들어 분양계약을 해제하고 Y를 상대로 분양대금의 반환청구'의 사안에서, 계약상의 채권을 양수한 이는 제548조 제1항 단서의 제3자에 해당하지 않는다고 하였다. 즉 계약이 해제된 경우에 계약해제 이전에 해제로 소멸하는 채권을 양수한 이는 계약해제의 효과에 반하여 자신의 권리를 주장할 수 없음은 물론이고, 나아가 특단의 사정이 없는 한 채무자로부터 이행받은 급부를 원상으로 회복할 의무가 있다고 하면서 X의 청구를 인용하였다.[67] 해제된 계약에 기한 채권(예: 소유권이전등기청구권) 자체를 압류하거나 전부받은 채권자(대판 2000.4.11. 99다51685)도 같다.

㉯ 그 밖에 미등기 무허가건물에 관한 매매계약이 해제되기 전에 매수인으로부

66) 제3자를 위한 계약의 수익자가 제548조 제1항 단서의 제3자에 해당하지 않는다는 학설의 입장과 다르다. 그런데 기본관계를 기초로 하여 대가관계가 성립한 경우에 수익자를 전득자와 차별화할 이유가 없다는 점에서 판시 자체에 일반론으로서의 가치를 부여할 수 있다. 그러나 방위사업의 일환으로 건조 중이던 군함과 그에 탑재된 함포가 침수되자, 선박건조업체(요약자)와 대한민국(수익자) 사이에 현물변상계약이 체결되고 그 후 요약자와 장비생산업체(낙약자)가 방위사업청(수익자)을 위하여 침수된 것과 동일한 함포를 제작·납품하기로 하는 함포납품계약을 체결하였는데, 함포가 납품된 후 낙약자가 대금지급 지체를 이유로 함포납품계약을 해제한 사안에 관한 판시인데, 여기서는 대가관계(현물변상계약)가 성립한 후 이를 이행하기 위하여 기본관계(함포납품계약)가 성립하였다는 점에서 위 판시의 일반론이 적용될 사안이 아니다. 다만 제3자를 위한 계약이 해제되면 부당이득은 낙약자와 요약자 사이에의 문제로 요약자가 반환의무를 부담한다는 점([4531] 참조)에서 결론 자체는 정당하다고 할 수 있다.

67) 이러한 태도는 「가장」채권이 양도된 경우에 그 양수인이 제108조 제2항 소정의 제3자에 해당한다는 대판 2011.4.28. 2010다100315 등 및 「목적물」의 가압류채권자는 제548조 제1항 단서에 의하여 보호된다는 점(앞의 99다40937 판결)과 현저히 다르다.

터 그 건물을 다시 매수하고 무허가건물관리대장에 소유자로 등재된 이(대판 2014. 2.13. 2011다64782), 「토지」를 매도하였다가 대금지급을 받지 못하여 그 매매계약을 해제한 경우에 그 토지 위에 신축된 「건물」의 매수인(대판 1991.5.28. 90다카16761), 물권변동의 성립요건을 갖추지 못한 전득자(합의해제에 관한 대판 1991.4.12. 91다2601 참조) 등은 여기서 말하는 제3자가 아니다.

㉰ 참고로 대판 1993.7.27. 93다20986·20993은, A가 그 소유의 토지에 관하여 B로 하여금 건물을 신축하는 데 사용하도록 승낙하였고 B가 이에 따라 건물을 신축하여 C 등에게 분양하였다면, A는 위 건물을 신축하게 한 원인을 제공했다 할 것이므로, 이를 신뢰하고 136세대에 이르는 규모로 견고하게 신축한 건물 중 각 부분을 분양받은 C 등에게 위 토지에 대한 B와의 매매계약이 해제되었음을 이유로 그 철거를 요구하는 것은 비록 그것이 위 토지에 대한 소유권에 기한 것이라도 신의성실의 원칙에 비추어 용인될 수 없다고 하였는데, 제548조 제1항 단서에 의한 보호를 받을 수 없어서 신의칙이 적용되었다.

〈4-6-10〉 합의해제에 관한 판례

㉮ 계약의 합의해제는 명시적으로뿐만 아니라 당사자 쌍방의 묵시적인 합의에 의해서도 할 수 있으나, 묵시적인 합의해제를 한 것으로 인정되려면 계약이 체결되어 그 일부가 이행된 상태에서 당사자 쌍방이 장기간에 걸쳐 나머지 의무를 이행하지 아니함으로써 이를 방치한 것만으로 부족하고, 당사자 쌍방에게 계약을 실현할 의사가 없거나 계약을 포기할 의사가 있다고 볼 수 있을 정도에 이르러야 한다(대판 2011.2.10. 2010다77385).[68]

㉯ 매매계약이 합의해제되면 매수인에게 이전되었던 소유권은 당연히 매도인에게 복귀하므로, 합의해제에 따른 매도인의 원상회복청구권은 소유권에 기한 물권적

68) 관련하여 대판 2007.11.29. 2006다2490·2506: "매매계약을 합의해제하는 경우에 이미 지급된 계약금, 중도금의 반환 및 손해배상금에 관하여는 아무런 약정도 하지 아니한 채 매매계약을 해제하기만 하는 것은 우리의 경험칙에 비추어 이례에 속"한다. "당사자 사이에 계약을 종료시킬 의사가 일치되었더라도 계약 종료에 따른 법률관계가 당사자들에게 중요한 관심사가 되고 있는 경우 그러한 법률관계에 관하여 아무런 약정 없이 계약을 종료시키는 합의만 하는 것은 경험칙에 비추어 이례적이고, 이 경우 합의해지가 성립하였다고 보기 어렵다"고 한 대판 2018.12.27. 2016다274270·274287도 참조.

청구권이고 이는 소멸시효의 대상이 아니다(대판 1982.7.27. 80다2968).

㉰ 대판 2021.5.7. 2017다220416: "계약이 합의에 따라 해제되거나 해지된 경우에는 상대방에게 손해배상을 하기로 특약하거나 손해배상청구를 유보하는 의사표시를 하는 등 다른 사정이 없는 한 채무불이행으로 인한 손해배상을 청구할 수 없다. 그와 같은 손해배상의 특약이 있었다거나 손해배상청구를 유보하였다는 점은 이를 주장하는 당사자가 증명할 책임이 있다."

㉱ 대판 2005.6.9. 2005다6341은 "계약의 합의해제에 있어서도 민법 제548조의 계약해제의 경우와 같이 이로써 제3자의 권리를 해할 수 없다"고 하면서,[69] 계약해제시 계약은 소급적으로 소멸하여 해약당사자는 각 원상회복의 의무를 부담하는데, 이때 계약해제로 인한 원상회복등기 등이 이루어지기 전에 해약당사자와 양립되지 않는 법률관계를 가지게 되었고 계약해제사실을 몰랐던 제3자에 대해서는 계약해제를 주장할 수 없고, 제3자가 악의라는 사실의 주장·증명책임은 계약해제를 주장하는 이에게 있다고 하였다.

그리고 대판 2004.7.8. 2002다73203: "상속재산 분할협의가 합의해제되면 그 협의에 따른 이행으로 변동이 생겼던 물권은 당연히 그 분할협의가 없었던 원상태로 복귀하지만, 민법 제548조 제1항 단서의 규정상 이러한 합의해제를 가지고서는, 그 해제 전의 분할협의로부터 생긴 법률효과를 기초로 하여 새로운 이해관계를 가지게 되고 등기·인도 등으로 완전한 권리를 취득한 제3자의 권리를 해하지 못한다고 보아야 한다."[70]

69) 「계약의 상대효」에 따라 해제계약이 그 당사자 아닌 제3자에게 영향을 미칠 수 없음은 당연한데, 판례가 제3자 보호에 관한 제548조 제1항 단서를 끌어들인 것이 적절한지 의문이다.

70) 피상속인 사망 후 공동상속인 중 1인(A)이 무단으로 상속재산에 속하는 부동산에 관하여 Y에게 근저당권을 설정해 주었는데 그 후 A에게 단독상속시키기로 하는 상속재산 분할협의가 행하여졌다가 다시 A가 상속세 및 상속 관련채무를 모두 변제함을 정지조건으로 하여 동일한 취지로 재차 상속재산 분할협의를 한 사안에서, 위 새로운 분할협의는 그 정지조건이 성취되지 않아서 결국 실효되었지만, 당초의 분할협의에 의하여 위 토지에 관하여 완전한 근저당권을 취득한 Y는 그 분할협의로부터 생긴 법률효과를 기초로 하여 합의해제되기 전에 새로운 이해관계를 가진 이에 해당한다고 하여, A를 제외한 다른 공동상속인들이 Y를 상대로 제기한 위 근저당권설정등기의 말소청구를 배척한 사례.

〈4-6-11〉 계약의 해지에 관한 판례

㉮ 대판 1996.7.26. 96다14616은, 영업허가권 및 시설물 일체를 매매하면서 매수인이 계약금을 지급하고 잔금지급 이전에 그 목적물을 인도받아 이를 사용·수익하면서 잔금에 대한 이자 상당액으로서 매월 일정금액 및 그 인도받은 날부터 그 업소와 관련하여 아직 영업허가 등의 명의가 매도인에게 남아 있는 관계로 매도인 앞으로 부과되는 제세 공과금, 임대료 및 관리비 등 건물주가 청구하는 일체의 금원을 지급하기로 한 경우에, 그 계약의 법적 성격은 단순한 매매가 아니라 매매계약과 매매계약금을 임차보증금으로 하고 월차임을 잔금에 대한 이자 상당액으로 하는 임대차계약이 혼합된 계약으로 봄이 상당하므로, 그 계약이 매도인의 귀책사유로 이행불능되어 매수인이 이를 해제하였더라도 그 계약으로 생겼던 법률효과가 모두 소급적으로 소멸한다고는 할 수 없고, 그 계약 중 임대차계약의 성질을 가진 부분은 그 이행불능시까지 이미 완전히 목적을 달성하였으므로 그 이행불능으로 해지된 것으로서 장래에 향해서만 계약관계가 종료되었다고 보았다.

㉯ 대판 2002.11.26. 2002두5948은, 계속적 계약은 당사자 상호간의 신뢰관계를 그 기초로 하므로, 당해 계약의 존속 중에 당사자의 일방이 그 계약상의 의무를 위반함으로써 그로 인하여 <u>계약의 기초가 되는 신뢰관계가 파괴되어 계약관계를 그대로 유지하기 어려운 정도에 이른 경우</u>에, 상대방은 그 계약관계를 곧바로 해지함으로써 그 효력을 장래에 향하여 소멸시킬 수 있다고 보았다. 이때 계약관계를 유지하기 어려운 정도에 이른 사정에 관하여 계약관계의 소멸을 주장하는 이가 증명해야 한다(대판 2015.4.23. 2011다19102·19119).

㉰ 대판 2011.6.24. 2008다44368: "사정변경으로 인한 계약해지는, 계약 성립 당시 당사자가 예견할 수 없었던 현저한 사정변경이 발생하였고 그러한 사정변경이 해제권을 취득하는 당사자에게 책임 없는 사유로 생긴 것으로서, 계약내용대로 구속력을 인정한다면 신의칙에 현저히 반하는 결과가 생기는 경우에 계약준수원칙의 예외로서 인정된다."

㉱ 대판 2008.9.25. 2006다62492·62508: "계약해지의 의사표시는 반드시 그 상대방에게 명시적으로 하여야 하는 것은 아니고 묵시적으로 할 수도 있는바, 법정 혹은 약정 해지사유가 발생한 경우에 당사자가 경매신청 등 계약의 해지를 전제로 하는 행위 또는 기존계약관계를 유지할 의사가 없음을 파악할 수 있는 어떤 외부

적, 객관적 행위를 하고, 그에 따라 법원에 의하여 경매개시결정이 상대방에게 송달되는 등 상대방도 그와 같은 사정 때문에 계약이 종료됨을 객관적으로 인식할 수 있었던 경우라면, 그로써 계약해지의 효과는 발생한다."71)

71) 건물의 소유를 목적으로 하는 토지임대차에서 차임을 담보할 목적으로 그 건물에 대한 근저당권을 설정받은 임대인이 차임 연체를 이유로 근저당권을 실행하여 임의경매를 신청하였다면 이는 묵시적 임대차계약 해지의 의사표시라 볼 수 있으므로, 법원의 경매개시결정이 임차인에게 송달된 때에 위 임대차가 종료되었다고 본 사례.

제 5 장

계약이행의 확보

제 1 절　책임재산의 보전
제 2 절　담보물권
제 3 절　인적 담보

□□□□□■■■□□□□□

제 5 장
계약이행의 확보

제 1 절 책임재산의 보전

1. 서 설

(1) 채권은 채권자의 만족을 통한 소멸을 목표로 한다. 그런데 이런저런 이유로 채무내용에 좇은 이행이 없는 경우에 채권자는 국가권력을 통하여 채권의 내용을 강제적으로 실현할 수 있으며, 이를 강제이행(强制履行)이라고 한다.

(2) 책임재산(責任財産)에 관하여 본다.

① 실현가능성이 없는 채권은 「그림의 떡」일 뿐이다. 채권자는 당연히 (인적 또는) 물적 담보를 통하여 채권의 실현가능성을 높이려 하지만, 그렇지 않은 경우에 채권의 만족을 얻을 수 있는지는 결국 ―강제집행의 대상인― 채무자의 재산에 좌우된다. 여기서 물적 담보를 가지지 않은 채권자를 「일반채권자」, 채무자의 재산을 「책임재산」 또는 「일반재산」(물적 담보의 대상인 특별재산과 대비되는)이라 한다.

② 채무자는 자기의 재산인 책임재산을 자유롭게 운용하고 처분할 수 있지만, 채권자의 입장에서 책임재산이 감소되면 채권의 만족을 얻을 수 없게 된다. 그래서 채권의 회수를 위태롭게 하는, 책임재산의 부적절한 감소나 부증가를 피하기 위하여, 예외적으로(따라서 엄격한 요건 하에) 일반채권자가 채무자의 행위(재산처분 등의 작위 외에 부작위도 포함하여)에 간섭할 수 있도록 한다. 이것이 「책임재산의 보전」이다.

(3) 책임재산을 보전하기 위한 제도로 채권자대위권과 채권자취소권이 있다.

2. 채권자대위권

(1) 채권자대위권의 요건을 대위자인 채권자, 피대위자인 채무자 및 피대위권리의 세 측면에서 파악할 수 있다. 그중 채권자대위권에 특유하게 문제되는 것은 피보전채권의 존재 및 보전의 필요성이다. 이들은 「왜 제3(채무)자가 자신의 채권자 아닌 이(채권자의 채권자)의 청구를 감수해야 하는지」와 관련되는 당사자적격(보다 정확하게는 원고적격)의 문제로, 이 요건이 갖추어지지 않으면 채권자대위소송은 부적법하여 각하된다(대판 2012.8.30. 2010다39918 등).

〈5-1-1〉 채권자대위의 요건에 관한 판례

1) 피보전채권

㉮ 채무자에게 대항할 수 없는 채권자가 채무자의 권리를 대위행사할 수 없음은 당연하지만(임대인의 동의 없이 임차권을 양수한 이는 임대인의 권한을 대위행사할 수 없다고 한 대판 1985.2.8. 84다카188 참조), 피보전채권이 제3(채무)자에게 대항할 수 있는지 여부는 문제되지 않는다(대판 2003.4.11. 2003다1250).

그런데 채권자가 채무자를 상대로 하여 피보전채권에 기한 이행청구의 소를 제기하여 승소판결이 확정되면 제3(채무)자는 그 청구권의 존재를 다툴 수 없다(대판 2000.6.9. 98다18155; 대판 2007.5.10. 2006다82700·82717).[1]

㉯ 대판 2009.4.23. 2009다3234: "채권자대위소송에서 대위에 의하여 보전될 채권자의 채무자에 대한 권리(피보전채권)가 존재하는지 여부는 소송요건으로서 법원의 직권조사사항이므로, 법원으로서는 그 판단의 기초자료인 사실과 증거를 직권으로 탐지할 의무까지는 없다 하더라도, 법원에 현출된 모든 소송자료를 통하여 살펴보아 피보전채권의 존부에 관하여 의심할 만한 사정이 발견되면 직권으로 추가적인 심리·조사를 통하여 그 존재 여부를 확인하여야 할 의무가 있다."

2) 보전의 필요성

㉮ 보전의 필요성이 인정되기 위하여 우선 적극적 요건으로 채권자가 채권자대

---

1) 다만 피보전채권의 취득이 강행법규에 위반되어 무효라면, 확정판결의 무효를 주장할 수 없는 경우라도 피보전권리가 존재하지 않는다고 보아야 한다는 대판 2019.1.31. 2017다228618 참조.

위권을 행사하지 않으면 피보전채권의 완전한 만족을 얻을 수 없게 될 위험의 존재가 인정되어야 하고, 나아가 채권자대위권을 행사하는 것이 그러한 위험을 제거하여 피보전채권의 현실적 이행을 유효·적절하게 확보하여 주어야 하며, 다음으로 소극적 요건으로 채권자대위권의 행사가 채무자의 자유로운 재산관리행위에 대한 부당한 간섭이 된다는 사정이 없어야 한다. 이러한 적극적 요건과 소극적 요건은 채권자가 보전하려는 권리의 내용, 보전하려는 권리가 금전채권인 경우 채무자의 자력 유무, 피보전채권과 채권자가 대위행사하는 채무자의 권리와의 관련성 등을 종합적으로 고려하여 인정 여부를 판단해야 한다(대판(전) 2022.8.25. 2019다229202).[2]

보전의 필요성은 채권자가 증명해야 하고, 사실심의 변론종결시를 기준으로 판단한다(대판 1976.7.13. 75다1086).

㈏ 채권자대위의 요건으로서 무자력(無資力)이란 채무자에게 변제자력이 없음을 뜻하고 특히 임의변제를 기대할 수 없는 경우에 강제집행을 통한 변제가 고려되어야 하므로, 소극재산이든 적극재산이든 이러한 목적에 부합할 수 있는 재산인지 여부가 변제자력 유무 판단의 고려요소이다. 채무자 소유의 부동산에 제3자 명의로 소유권이전청구권 보전의 가등기가 마쳐져 있는 경우에 적극재산을 산정할 때 이를 제외해야 한다는 대판 2009.2.26. 2008다76556 참조.

㈐ 다만 판례는 임차보증금반환채권의 양수인이 임대인을 대위하여 임차인에게 가옥인도를 구하는 경우에 예외적으로 채무자의 무자력을 요하지 않는다고 하고(대판 1989.4.25. 88다카4253·4260), 제688조 제2항에 기한 수임인의 대변제청구권을 보전하기 위한 경우에도 예외를 인정한다(대판 2002.1.25. 2001다52506).

3) 권리의 불행사

㈎ 채무자 스스로 권리의 행사에 착수한 이상, 그 행사가 부적절하거나 결과적으로 채권자에게 불리하더라도, 다시 말하면 그 행사의 방법이나 결과 여하를 불문하고 채권자는 대위권을 행사할 수 없다(대판 1992.11.10. 92다30016; 대판 2009.3.12. 2008다65839).

㈏ 대판 2018.10.25. 2018다210539: "채권자가 대위권을 행사할 당시에 이미 채무자가 그 권리를 재판상 행사하였을 때에는 채권자는 채무자를 대위하여 채무자

2) 피보전채권과 피대위채권이 모두 금전채권이고 채무자가 무자력이 아닌 경우에도 채권자대위권을 행사할 수 있는지가 문제된 사안에서, 보전의 필요성을 부정한 사례.

의 권리를 행사할 수 없다. 그런데 비법인사단이 사원총회의 결의 없이 제기한 소는 소 제기에 관한 특별수권을 결하여 부적법하고, 그 경우 소 제기에 관한 비법인사단의 의사결정이 있었다고 할 수 없다. 따라서 비법인사단인 채무자 명의로 제3채무자를 상대로 한 소가 제기되었으나 사원총회의 결의 없이 총유재산에 관한 소가 제기되었다는 이유로 각하판결을 받고 그 판결이 확정된 경우에는 채무자가 스스로 제3채무자에 대한 권리를 행사한 것으로 볼 수 없다." 그런데 재판 외에서 권리를 행사한 경우를 제외할 이유는 없을 것이다.

4) 피대위권리

㉮ 판례상 피대위권리로 인정된 재산권으로, 시효원용권(대판 2012.5.10. 2011다109500 등), 청구권(물권적 청구권이라도 무방함에 관하여 대판 1966.9.27. 66다1334 참조), 채권자대위권(대판 1968.1.23. 67다2440)과 채권자취소권(대판 2001.12.27. 2000다73049), 토지거래허가구역 내의 토지매매에서 신청절차협력의무의 이행청구권(대판 1996.10.25. 96다23825; 대판 1995.9.5. 95다22917), 민법상 조합원의 조합탈퇴권(대결 2007.11.30. 2005마1130) 등.

그런데 채무자 스스로 행사할 수 없는 권리가 대위의 목적으로 될 수 없음은 당연하다. 채무자로부터 제3자 앞으로 확정판결에 기하여 소유권이전등기가 경료된 경우에 소유자를 대위하여 그 등기의 말소를 구하는 것은 확정판결의 기판력에 저촉되므로 허용될 수 없다고 한 대판 1999.2.24. 97다46955 참조.

한편 비재산권은 대위의 대상이 아니다. 후견인의 행위에 대한 취소권이 채권자대위권의 목적이 될 수 없다고 한 대판 1996.5.31. 94다35985 참조.

㉯ 재산권이라도 행사상의 일신전속권은 대위의 목적으로 되지 못한다(제404조 제1항 단서).[3] 관련하여 대판 2012.3.29. 2011다100527: "계약의 청약이나 승낙과 같이 비록 행사상의 일신전속권은 아니지만 <u>이를 행사하면 그로써 새로운 권리의무관계가 발생하는 등으로 권리자 본인이 그로 인한 법률관계 형성의 결정권한을 가지도록 할 필요가 있는 경우</u>에는, 채무자에게 이미 그 권리행사의 확정적 의사가 있다고 인정되는 등 특별한 사정이 없는 한, 그 권리는 채권자대위권의 목적이 될 수 없다고 봄이 상당하다. 그리고 이는 일반채권자의 책임재산의 보전을 위한 경우

3) 예컨대 대판 2010.5.27. 2009다93992: "유류분반환청구권은 그 행사 여부가 유류분권리자의 인격적 이익을 위하여 그의 자유로운 의사결정에 전적으로 맡겨진 권리로서 행사상의 일신전속성을 가진다고 보아야 하므로, 유류분권리자에게 그 권리행사의 확정적 의사가 있다고 인정되는 경우가 아니라면 채권자대위권의 목적이 될 수 없다."

뿐만 아니라 특정채권의 보전이나 실현을 위하여 채권자대위권을 행사하고자 하는 경우에 있어서도 마찬가지"이다.

한편 대판 2007.5.10. 2006다82700·82717은, 「임대인」의 임대차계약에 대한 해지권을 오로지 임대인의 의사에 행사의 자유가 맡겨져 있는 행사상의 일신전속권에 해당하는 것으로 보기 어렵다고 하였다. 그런데 채무자가 「임차인」인 경우에, 채권자가 임차보증금반환청구권(임대차의 종료를 전제하는)을 대위행사할 수 있지만, 주택임대차에서 주거권이 가지는 의미 및 앞서 본 2011다100527 판결의 취지에 비추어 임대차계약상의 지위(예: 해지권)를 대위행사할 수는 없다고 해야 한다.[4)]

㈐ 대판(전) 2020.5.21. 2018다879의 다수의견은, 먼저 ㉠ 공유물분할청구권이 채권자대위권의 목적이 될 수 있음을 긍정하였다: "공유물분할청구권은 공유관계에서 수반되는 형성권으로서 공유자의 일반재산을 구성하는 재산권의 일종이다. 공유물분할청구권의 행사가 오로지 공유자의 자유로운 의사에 맡겨져 있어 공유자 본인만 행사할 수 있는 권리라고 볼 수는 없다. 따라서 공유물분할청구권도 채권자대위권의 목적이 될 수 있다." 다만 ㉡ 「금전채권자」는 극히 예외적인 경우에만 자신의 채권을 보전하기 위하여 채무자가 보유한 부동산에 관한 공유물분할청구권을 대위행사할 수 있다고 하였다: "보전의 필요성은 채권자가 보전하려는 권리의 내용, 채권자가 보전하려는 권리가 금전채권인 경우 채무자의 자력 유무, 채권자가 보전하려는 권리와 대위하여 행사하려는 권리의 관련성 등을 종합적으로 고려하여 채권자가 채무자의 권리를 대위하여 행사하지 않으면 자기채권의 완전한 만족을 얻을 수 없게 될 위험이 있어 채무자의 권리를 대위하여 행사하는 것이 자기채권의 현실적 이행을 유효·적절하게 확보하기 위하여 필요한지 여부를 기준으로 판단하여야 하고, 채권자대위권의 행사가 채무자의 자유로운 재산관리행위에 대한 부당한 간섭이 되는 등 특별한 사정이 있는 경우에는 보전의 필요성을 인정할 수 없다. [···] 채권자가 자신의 금전채권을 보전하기 위하여 채무자를 대위하여 부동산에 관한 공유물분할청구권을 행사하는 것은, 책임재산의 보전과 직접적인 관련이 없어 채권의 현실적 이행을 유효·적절하게 확보하기 위하여 필요하다고 보기 어렵

4) 관련하여 공공임대주택 임차인의 임대차계약 중도해지권을 「행사상의 일신전속권」으로 본 대판 2022.9.7. 2022다230165: "공공주택 특별법에 따른 공공임대주택의 임차인이 공공주택사업자에 대한 임대차보증금반환채권을 자신의 대출채권자에게 양도하고, 대출금의 상환이 지체되면 대출채권자 또는 지정된 제3자에게 임차주택을 인도하겠다는 각서를 교부한 경우에도 채권자가 대출금의 상환이 지체되었다는 이유로 임차인을 대위하여 공공임대주택의 임대차계약을 해지할 수 없다."

고 채무자의 자유로운 재산관리행위에 대한 부당한 간섭이 되므로 보전의 필요성을 인정할 수 없다. 또한 특정분할방법을 전제하고 있지 않는 공유물분할청구권의 성격 등에 비추어 볼 때 그 대위행사를 허용하면 여러 법적 문제들이 발생한다. 따라서 극히 예외적인 경우가 아니라면 금전채권자는 부동산에 관한 공유물분할청구권을 대위행사할 수 없다고 보아야 한다. 이는 채무자의 공유지분이 다른 공유자들의 공유지분과 함께 근저당권을 공동으로 담보하고 있고, 근저당권의 피담보채권이 채무자의 공유지분 가치를 초과하여 채무자의 공유지분만을 경매하면 남을 가망이 없어 민사집행법 제102조에 따라 경매절차가 취소될 수밖에 없는 반면, 공유물분할의 방법으로 공유부동산 전부를 경매하면 민법 제368조 제1항에 따라 각 공유지분의 경매대가에 비례해서 공동근저당권의 피담보채권을 분담하게 되어 채무자의 공유지분 경매대가에서 근저당권의 피담보채권 분담액을 변제하고 남을 가망이 있는 경우에도 마찬가지이다."

㉣ 채권자의 대위행사가 소송을 통하여 이루어질 수 있음은 당연하지만, 이미 채무자와 제3자 사이에 소송이 계속된 후에 소송수행상의 개개의 행위를 대위하는 것은 허용되지 않는다(대결 1961.10.26. 4294민재항559).

⑵ 대위권 행사의 통지에 의하여 채무자의 처분권이 제한되지만, 대위권 행사로 인하여 제3자의 지위가 열악하게 되지 않는다. 즉 제3채무자는 채무자에 대하여 가지는 모든 항변사유로써 채권자에게 대항할 수 있다.

그리고 대위권 행사의 효과는 채무자에게 귀속되어 전 채권자의 공동담보로 된다.

〈5-1-2〉 채권자대위권의 행사 및 그 효과에 관한 판례

1) 대판 2014.9.25. 2014다211336: 비법인사단이 총유재산에 관한 소송을 제기할 때 특별한 사정이 없는 한 사원총회 결의를 거쳐야 하는 것은 "비법인사단의 대표자가 비법인사단 명의로 총유재산에 관한 소를 제기하는 경우에 비법인사단의 의사결정과 특별수권을 위하여 필요한 내부적인 절차이다. 채권자대위권은 채무자가 스스로 자기의 권리를 행사하지 아니하는 때에 채권자가 채무자에 대한 채권을

보전하기 위하여 채무자의 의사와는 상관없이 채무자의 권리를 대위하여 행사할 수 있는 권리로서 그 권리행사에 채무자의 동의를 필요로 하는 것은 아니므로, 비법인사단이 총유재산에 관한 권리를 행사하지 아니하고 있어 비법인사단의 채권자가 채권자대위권에 기하여 비법인사단의 총유재산에 관한 권리를 대위행사하는 경우에는 사원총회의 결의 등 비법인사단의 내부적인 의사결정절차를 거칠 필요가 없다." 비법인사단의 내부적인 사정 때문에 그 채권자를 해쳐서는 안 된다는 점에서 정당한 결론이라고 생각된다.

2) 통지에 의한 처분권의 제한

㉮ 통지에 의하여 제한되는 처분행위로, 대위에 기한 말소등기청구에서 무권리자의 처분에 대한 추인(대판 1989.3.14. 88다카112)이나 대위에 기한 이전등기청구에서 합의해제(대판 2007.6.28. 2006다85921; 대판 1996.4.12. 95다54167)와 같이 채무자의 제3자에 대한 권리를 소멸시키는 행위나 제3자에 대한 채권을 양도하는 행위 등.

반면 변제의 수령(변제로서 이루어진 소유권이전등기가 처분행위에 해당하지 않는다고 한 대판 1991.4.12. 90다9407)이나 제3자가 신청한 지급명령에 이의를 제기하지 않는 것(대판 2007.9.6. 2007다34135) 등은 제외된다.

한편 「합의해제」는 처분행위에 해당하지만, 「법정해제」를 당하는 것, 즉 채무자가 자신의 채무불이행을 이유로 매매계약이 해제되도록 한 것은 — 해제를 의도적으로 유발하는 경우 등을 제외하고 — 제405조 제2항의 '처분'에 해당하지 않는다. 대판(전) 2012.5.17. 2011다87235도 'X가 A에게 돈을 대여하고 그에 대하여 B가 연대보증 그리고 A 또는 B가 Y로부터 매입예정인 토지를 X에게 이전해 주기로 약정 → B가 Y로부터 위 토지를 매수 → 양도소득세는 B가 부담한다는 특약에도 불구하고 미지급되자, 2009. 8. 31.까지 양도소득세 상당액을 지급하지 않으면 위 매매와 관련된 B의 모든 권리를 포기한다는 각서 제출 → X가 2009. 4. 14. B를 대위하여 Y를 상대로 양도소득세 상당액의 수령과 상환으로 위 토지의 이전등기절차를 구하는 소 제기'의 사안에서 위 각서에 따라 매매계약이 실효된 것이 처분에 해당하지 않는다고 하면서,[5] 이와 다른 입장의 대판 2003.1.10. 2000다27343을 변경하였다.

5) "민법 제405조 제2항[…]의 취지는 채권자가 채무자에게 대위권 행사사실을 통지하거나 채무자가 채권자의 대위권 행사사실을 안 후에 채무자에게 대위의 목적인 권리의 양도나 포기 등 처분행위를 허용할 경우 채권자에 의한 대위권 행사를 방해하는 것이 되므로 이를 금지하는 데에 있다. 그런데 채무자의 채무불이행사실 자체만으로는 권리변동의 효력이 발생하지 않아 이를 채무자가 제3채무자에 대하여 가지는 채권을 소멸시키는 적극적인 행위로 파악할

㉯ 대위권 행사의 통지가 없었더라도 채무자가 대위권 행사의 사실을 알고 있었다면 통지가 있었던 경우와 마찬가지로 채무자의 처분권이 제한된다(대판 1988.1.19. 85다카1792).

3) 대위의 상대방의 지위

㉮ 채권자는 채무자의 입장에서 권리를 행사하므로, 채무자 자신이 주장할 수 있는 사유의 범위 내에서 주장할 수 있을 뿐 자기와 제3(채무)자 사이의 독자적인 사정에 기한 사유를 주장할 수는 없다(대판 2009.5.28. 2009다4787).[6]

㉯ 제3(채무)자는 채무자가 채권자에 대하여 가지는 항변권이나 형성권 등과 같이 권리자에 의한 행사를 필요로 하는 사유를 들어 채권자의 채무자에 대한 권리가 인정되는지 여부를 다툴 수 없지만, 채권자의 채무자에 대한 권리의 발생원인이 된 법률행위가 무효라거나 위 권리가 변제 등으로 소멸하였다는 등의 사실을 주장하여 채권자의 채무자에 대한 권리가 인정되는지 여부를 다투는 것은 가능하고, 이 경우 법원은 제3채무자의 주장을 고려하여 채권자의 채무자에 대한 권리가 인정되는지 여부에 관하여 직권으로 심리·판단해야 한다(대판 2015.9.10. 2013다55300).

그런데 대판 2004.2.12. 2001다10151은, 채권자대위권을 행사하는 채권자에 대하여 제3(채무)자는 채무자가 채권자에 대하여 가지는 항변으로 대항할 수 없고, 채

수 없는 점, 더구나 법정해제는 채무자의 객관적 채무불이행에 대한 제3채무자의 정당한 법적 대응인 점, 채권이 압류·가압류된 경우에도 압류 또는 가압류된 채권의 발생원인이 된 기본계약의 해제가 인정되는 것과 균형을 이룰 필요가 있는 점 등을 고려할 때 채무자가 자신의 채무불이행을 이유로 매매계약이 해제되도록 한 것을 두고 민법 제405조 제2항에서 말하는 '처분'에 해당한다고 할 수 없다. 따라서 채무자가 채권자대위권 행사의 통지를 받은 후에 채무를 불이행함으로써 통지 전에 체결된 약정에 따라 매매계약이 자동적으로 해제되거나, 채권자대위권 행사의 통지를 받은 후에 채무자의 채무불이행을 이유로 제3채무자가 매매계약을 해제한 경우 제3채무자는 계약해제로써 대위권을 행사하는 채권자에게 대항할 수 있다. 다만 형식적으로는 채무자의 채무불이행을 이유로 한 계약해제인 것처럼 보이지만 실질적으로는 채무자와 제3채무자 사이의 합의에 따라 계약을 해제한 것으로 볼 수 있거나, 채무자와 제3채무자가 단지 대위채권자에게 대항할 수 있도록 채무자의 채무불이행을 이유로 하는 계약해제인 것처럼 외관을 갖춘 것이라는 등의 특별한 사정이 있는 경우에는 채무자가 피대위채권을 처분한 것으로 보아 제3채무자는 계약해제로써 대위권을 행사하는 채권자에게 대항할 수 없다."

6) 채권자(G)가 무효인 소유권이전등기청구권의 보전을 위한 가등기의 유용합의에 따라 부동산 소유자인 채무자(S)로부터 그 가등기 이전의 부기등기를 마친 제3채무자(D)를 상대로 S를 대위하여 가등기의 말소를 구함에 대하여, G가 그 부기등기 전에 부동산을 가압류한 사실을 주장하는 것은 S가 아닌 G 자신이 D에 대하여 가지는 사유에 관한 것이어서 허용되지 않는다고 한 사례.

권의 소멸시효가 완성된 경우에 이를 원용할 수 있는 이는 시효이익을 직접 받는 이뿐으로, 채권자대위소송의 제3(채무)자는 이를 행사할 수 없다고 하였다(대판 2009.9.10. 2009다34160도 동지). 다만 대판 2008.1.31. 2007다64471: "채권자가 채무자에 대한 채권을 보전하기 위하여 제3채무자를 상대로 채무자의 제3채무자에 대한 채권에 기한 이행청구의 소를 제기하는 한편, 채무자를 상대로 피보전채권에 기한 이행청구의 소를 제기한 경우, 채무자가 그 소송절차에서 소멸시효를 원용하는 항변을 하였고, 그러한 사유가 현출된 채권자대위소송에서 심리를 한 결과, 실제로 피보전채권의 소멸시효가 적법하게 완성된 것으로 판단되면, 채권자는 더 이상 채무자를 대위할 권한이 없게 된다."

4) 대위권 행사의 효과

㉮ 대위권 행사의 효과는 채무자에게 귀속된다. 채권자대위소송의 제기로 인한 소멸시효 중단의 효과는 채무자에게 생긴다고 한 대판 2011.10.13. 2010다80930[7] 참조.

㉯ 대판 2005.4.15. 2004다70024는, 집행채무자의 채권자가 집행채권자를 상대로 부당이득금반환채권을 대위행사하는 경우에, 집행채무자에게 그 반환의무를 이행하도록 청구할 수도 있지만 직접 대위채권자에게 이행하도록 청구할 수도 있다고 하여 채권자의 대위수령(代位受領)을 허용하면서, 이와 같이 채권자대위권을 행사하는 채권자에게 변제수령의 권한을 인정하더라도 그것이 채권자 평등의 원칙에 어긋난다거나 제3채무자를 이중변제의 위험에 빠뜨리게 하는 것이라고 할 수 없다고 하였다.[8]

한편 대판 1996.2.9. 95다27998은, 채권자대위권을 행사할 때 채권자가 제3채무자에 대하여 자기에게 직접 급부를 요구해도 상관없고 자기에게 급부를 요구하여도 어차피 그 효과는 채무자에게 귀속되므로, 채권자대위권을 행사하여 채권자가 제3채무자에게 그 명의의 소유권보존등기나 소유권이전등기의 말소절차를 직접 자기에게 이행할 것을 청구하여 승소하였다 해도 그 효과는 원래의 소유자인 채무자

7) 채무자 B의 C에 대한, 부동산에 관한 부당이득반환을 원인으로 한 소유권이전등기청구권의 소멸시효는 A, D, E의 「순차적인 채권자대위소송에 따라」 최초의 재판상 청구인 A의 채권자대위소송 제기로 중단되었다고 본 사례.

8) 제3채무자로부터 급부를 대위수령한 채권자는 그것을 채무자에게 인도해야 하지만(위임에 준하는 법정채권관계에 따라), 채권자의 채무자에 대한 채권과 채무자의 채권자에 대한 인도채권이 상계적상에 있다면 상계의 의사표시에 의하여 「사실상」의 우선변제를 받을 수 있다.

에게 귀속되는 것이니, 법원이 채권자대위권을 행사하는 채권자에게 직접 말소등기절차를 이행할 것을 명하였다 해서 무슨 위법이 있다고 할 수 없다고 하였는데, 등기절차상 말소등기가 경료되면 등기는 당연히 종전 등기명의인인 채무자에게 복귀한다.[9)]

5) 재판상 대위

㉮ 채권자대위소송의 판결의 효력(특히 기판력)이 채무자에게 미치는지에 관하여 판례는 채권자대위소송이 제기된 사실을 채무자가 알았는지 여부를 기준으로 한다. 즉 대판(전) 1975.5.13. 74다1664는, 어떠한 사유로든 채권자대위소송이 제기된 사실을 채무자가 알았을 경우에 그 판결의 효력은 채무자에게 미친다고 보는 것이 상당하다고 했다.

㉯ 대위소송의 판결의 효력이 채무자에게 미치는 경우에, 그 후 다른 채권자가 동일한 소송물에 대하여 채권자대위권에 기한 소를 제기하면 전소의 기판력을 받지만, 채무자가 전소인 채권자대위소송이 제기된 사실을 알지 못하였다면 전소의 기판력이 다른 채권자가 제기한 후소인 채권자대위소송에 미치지 않는다(대판 1994.8.12. 93다52808).[10)]

(3) 판례는 특정채권의 보전을 위한 채권자대위권의 전용(轉用)을 인정하는데, 이 경우 채무자의 무자력을 요하지 않는 대신(대판 1992.10.27. 91다483), 채권자는 채무자의 제3(채무)자에 대하여 그 특정물에 관한 권리만 대위행사할 수 있다(대판 1993.4.23. 93다289).

---

9) 그런데 「말소등기청구」가 아니라 「이전등기청구」에서는 채권자가 대위수령을 할 수 없으므로(뒤에서 보는 전용의 경우가 아니라면) 이러한 판지가 유지될 수 없다.

10) 참고로 확정판결의 집행력은 채무자에게 미치지 않는다. 대결 1979.8.10. 79마232: "채권자대위권에 기한 확정판결의 기판력이 소외인인 채무자에게도 미치는 경우가 있다 하더라도 위 확정판결의 집행력만은 원·피고 간에 생기는 것이고 원고와 소외인 사이에는 생기지 아니한다."

〈5-1-3〉 채권자대위권의 전용에 관한 판례

1) 등기청구권의 대위행사

㉮ 부동산의 매수인(C)은 매도인(B)을 대위하여 前매도인(A)인 등기명의자에게 B 앞으로의 소유권이전등기를 구할 수 있는데(대판 1969.10.28. 69다1351), 이때 B에게 충분한 자력이 있는지는 따지지 않는다. 그리고 법정지상권을 가진 건물소유자로부터 건물을 양수하면서 법정지상권까지 양도받기로 한 이는 채권자대위의 법리에 따라 前건물소유자 및 대지소유자에 대하여 차례로 지상권의 설정등기 및 이전등기절차이행을 구할 수 있다(대판(전) 1985.4.9. 84다카1131·1132. 그 실천적 의미에 관하여 〈8-6-1〉 참조).

㉯ 말소등기청구의 경우에도 같다. 즉 취득시효 완성 후 제3자 앞으로 경료된 소유권이전등기가 원인무효인 경우에, 취득시효 완성으로 인한 소유권이전등기청구권을 가진 이가 취득시효 완성 당시의 소유자를 대위하여 제3자 명의 등기의 말소를 구할 수 있고(대판 1990.11.27. 90다6651), 대판 1971.10.22. 71다1888·1889는, A가 그 소유 부동산을 B에게 매도 후 등기이전 전에 C에 대한 채무담보의 목적으로 C 앞으로 이전등기를 경료한 경우에, B는 A에 대한 등기청구권자로서 A의 채무를 변제할 정당한 이해관계 있는 제3자이므로, 특별한 사정이 없는 한 C에게 A의 채무를 변제한 후 A를 대위하여 C 앞으로 된 소유권이전등기의 말소청구를 할 수 있다고 하였다.

그 밖에 사회질서에 반하는 이중매매에서 등기말소청구권을 대위행사할 수 있음에 관하여 〈2-2-12〉 참조.

㉰ 대판 2010.11.11. 2010다43597은, 부동산을 공동매수한 채권자가 채무자에 대한 소유권이전등기청구권을 피보전채권으로 하여 제3채무자를 상대로 채무자의 제3채무자에 대한 소유권이전등기청구권을 대위행사하는 소송을 제기한 사안에서, 위 채권자는 공동매수인 중 1인에 불과하므로 그의 매수지분범위 내에서만 채무자의 제3채무자에 대한 소유권이전등기청구권을 대위행사할 수 있고, 그 지분을 초과하는 부분에 관해서는 채무자를 대위할 보전의 필요성이 없다고 하였다.

한편 대판 2014.10.27. 2013다25217은 "채무자 소유의 부동산을 시효취득한 채권자의 공동상속인이 채무자에 대한 소유권이전등기청구권을 피보전채권으로 하여 제3채무자를 상대로 채무자의 제3채무자에 대한 소유권이전등기의 말소등기청구권을 대위행사하는 경우, 공동상속인은 자신의 지분범위 내에서만 채무자의 제3채무자에 대한 소유권이전등기의 말소등기청구권을 대위행사할 수 있고, 지분을 초과하는 부분에 관하여는 채무자를 대위할 보전의 필요성이 없다"고 하면서 앞의 판결을 인용하였는데, 앞의 판결에서 이전등기청구권의 대위행사가 문제된 반면, 이 판결에서는 말소등기청구권의 대위행사가 문제되었다는 점에서 판지(등기의 범위에 관한)에 대하여 검토할 점이 없지 않다.

2) 전용의 두 번째 유형은 임대인의 방해제거 또는 예방청구권의 대위행사인데, 지하도상가 운영목적의 도로점용허가를 받은 이가 그 상가소유자인 市를 대위하여 불법점유자에 대하여 직접 자기에게 인도할 것을 청구할 수 있다고 한 대판 1995.5.12. 93다59502 참조. 미등기매수인도 매도인을 대위하여 부동산의 불법점유자에 대하여 직접 자기에게 인도할 것을 청구할 수 있다(대판 1980.7.8. 79다1928).

3) 채권자대위권 전용범위의 확대를 인정한 대판 2001.5.8. 99다38699: "채권자는 채무자에 대한 채권을 보전하기 위하여 채무자를 대위해서 채무자의 권리를 행사할 수 있는바, ㉠ 채권자가 보전하려는 권리와 대위하여 행사하려는 채무자의 권리가 밀접하게 관련되어 있고 채권자가 채무자의 권리를 대위하여 행사하지 않으면 자기채권의 완전한 만족을 얻을 수 없게 될 위험이 있어 ㉡ 채무자의 권리를 대위하여 행사하는 것이 자기채권의 현실적 이행을 유효·적절하게 확보하기 위하여 필요한 경우에는 ㉢ 채권자대위권의 행사가 채무자의 자유로운 재산관리행위에 대한 부당한 간섭이 된다는 등의 특별한 사정이 없는 한 채권자는 채무자의 권리를 대위하여 행사할 수 있어야 하고, 피보전채권이 특정채권이라 하여 반드시 순차매도 또는 임대차에 있어 소유권이전등기청구권이나 명도청구권 등의 보전을 위한 경우에만 한하여 채권자대위권이 인정되는 것은 아니"다(원문자는 필자. 대판 2006.1.27. 2005다39013도 동지).

3. 채권자취소권

(1) 사해행위(詐害行爲)는 「채권자를 해치는」 그러나 그 자체로는 「유효한」(책임재산의 처분은 채무자의 자유영역에 속한다) 법률행위라는 양면성을 가지므로, 사해행위취소에서 전자에 기한 취소채권자의 이익뿐만 아니라 후자에 기한 수익자 및/또는

전득자의 이익(채무자의 법률행위 자유의 반면으로서)도 고려되어야 한다.

⑵ 이러한 이익상황을 고려하여 채권자취소권의 요건을 정리하면, ① 채권자에게 피보전채권이 존재하고, ② 무자력상태의 채무자가 사해의사를 가지고, ③ 책임재산을 감소시키는 행위를 하면 채권자가 그 행위의 효력을 부인하고 책임재산을 회복할 수 있지만, ④ 일탈된 책임재산을 취득한 수익자나 전득자가 선의인 경우에는 그렇지 않다.

〈5-1-4〉 피보전채권에 관한 판례

1) 피보전채권으로서의 적격

㉮ 「특정채권」의 보전을 위해서는 채권자취소권을 행사할 수 없다는 것이 판례의 입장이다. 가령 대판 1999.4.27. 98다56690은, 부동산의 이중매매에서 제1양수인이 자신의 소유권이전등기청구권 보전을 위하여 양도인과 제3자 사이에서 이루어진 이중양도에 대하여 채권자취소권을 행사할 수 없다고 하였다.11)

㉯ 물적 담보가 붙은 채권의 경우에 우선변제권이 확보된 범위 내에서 채권자취소권을 행사할 수 없는데, 채권자취소권을 행사하는 채권자로서는 담보권의 존재에도 불구하고 자신이 주장하는 피보전채권이 그 우선변제권의 범위 밖에 있음을 주장·증명해야 한다(대판 2002.11.8. 2002다41589). 이때 담보로 제공한 부동산 가액의 평가는 — 가액의 하락이 예상되는 등의 특별한 사정이 인정되지 않는 한 — 사후에 환가된 가액을 기준으로 할 것이 아니라, 「재산처분행위 당시」의 시가를 기준으로 한다(대판 2014.9.4. 2012다63656).12)

㉰ 취소채권자의 채권이 정지조건부 채권이라도, 장래에 정지조건이 성취되기 어려울 것으로 보이는 등 특별한 사정이 없는 한, 이를 피보전채권으로 하여 채권

11) 이 판결은 부동산 이중매매에서 이행불능으로 인한 전보배상청구권은 사해행위 취소의 피보전채권으로 될 수 없다고도 하였지만, 피보전채권의 성립시기의 관점에서의 판단으로 보아야 한다.

12) 다만 담보로 제공된 부동산이 토지이고 그 위에 건물이 존재한다면 장차 그 토지가 경매 등에 의하여 제3자에게 매각되는 경우에 법정지상권이 성립하는지 여부를 따져 그에 따라 평가한 토지의 가격을 담보물의 가액으로 보아야 하고, 법정지상권이 성립하지 않더라도 건물의 규모, 구조와 용도 및 건물에 관련된 권리관계에 비추어 사실상 건물의 철거가 곤란하거나 철거에 상당한 시간과 비용이 소요되는 등의 경우에는 이러한 모든 사정들을 감안하여 토지의 가액을 평가해야 한다고 했다.

자취소권을 행사할 수 있다(대판 2011.12.8. 2011다55542).

2) 장래의 채권

㉮ 채권자취소권에 의하여 보전되는 채권은 사해행위가 행하여지기 전에 발생한 것이어야 한다(대판 2002.4.12. 2000다43352).

㉯ 판례는 나중에 성립한 채권임에도 이전의 감소되지 않은 상태의 책임재산을 전제로 하는 경우에 예외를 인정한다. 즉 ❶ 사해행위 당시 이미 채권 성립의 기초가 되는 법률관계가 발생되어 있고, ❷ 가까운 장래에 그 법률관계에 기하여 채권이 성립하리라는 점에 대한 고도의 개연성이 있으며, ❸ 실제로 가까운 장래에(늦어도 채권자취소소송의 사실심 변론종결시까지) 그 개연성이 현실화되어 채권이 성립한 경우에, 그 채권도 채권자취소권의 피보전채권이 될 수 있다고 한다(대판 1995.11.28. 95다27905 등).

그런데 ❶의 법률관계는 주로 구상금채권관계이지만(대판 2000.2.25. 99다53704 등), 당사자 사이에 계약의 교섭이 상당히 진행되어 그 계약 체결의 개연성이 고도로 높아진 단계도 여기에 포함된다(대판 2002.11.8. 2002다42957).[13]

3) 절차법적 관점

㉮ 대판 2003.5.27. 2001다13532는, 채권자가 사해행위의 취소를 구하면서 보전하고자 하는 채권을 추가하거나 교환하는 것은 그 사해행위 취소권을 이유 있게 하는 공격방법에 관한 주장을 변경하는 것일 뿐이지 소송물 또는 청구 자체를 변경하는 것이 아니므로 소의 변경이라 할 수 없다고 하였다.

㉯ 기판력 등의 사유로 채무자에 대하여 행사할 수 없는 채권을 보전하기 위한 사해행위 취소청구는 인용될 수 없다(대판 1993.2.12. 92다25151).

〈5-1-5〉 채무자와 관련된 요건에 관한 판례

1) 채무자의 무자력

㉮ 소극재산이든 적극재산이든 강제집행을 통한 변제의 대상이 될 수 있는 재산인지 여부가 변제자력 유무 판단의 중요한 고려요소이다(대판 2006.2.10. 2004다

---

13) 관련하여 특별한 사정이 없는 한 사해행위 당시 계속적인 물품거래관계가 존재하였다는 사정만으로 채권 성립의 기초가 되는 법률관계가 발생하여 있었다고 할 수 없다고 한 대판 2023.3.16. 2022다272046 참조.

2564). 가령 임차보증금반환채권은 전액이 적극재산에 포함되는(대판 2013.4.26. 2012다118334) 반면, 압류금지재산은 제외된다(대판 2005.1.28. 2004다58963).

㉯ 대판 2021.11.25. 2016다263355: "주채무자 또는 제3자 소유의 부동산에 관하여 채권자 앞으로 근저당권이 설정되어 있고, 부동산의 가액 및 채권최고액이 당해 채무액을 초과하여 채무 전액에 대하여 채권자에게 우선변제권이 확보되어 있다면 그 범위 내에서는 채무자의 재산처분행위가 채권자를 해하지 아니하므로, 채무자가 비록 재산을 처분하는 법률행위를 하더라도 채권자에 대하여 사해행위가 성립하지 않고, 채무액이 부동산의 가액 및 채권최고액을 초과하는 경우에는 '그 담보물로부터 우선변제받을 금액'을 공제한 나머지 채권액에 대하여만 채권자취소권이 인정된다. 이때 취소채권자가 '담보물로부터 우선변제받을 금액'은 사해행위 당시를 기준으로 담보물의 가액에서 취소채권자에 앞서는 선순위담보물권자가 변제받을 금액을 먼저 공제한 다음 산정하여야 한다."

공동저당권이 설정된 경우에 관하여 대판(전) 2013.7.18. 2012다5643: "수개의 부동산에 공동저당권이 설정되어 있는 경우 책임재산을 산정함에 있어 각 부동산이 부담하는 피담보채권액은 특별한 사정이 없는 한 민법 제368조의 규정취지에 비추어 공동저당권의 목적으로 된 각 부동산의 가액에 비례하여 공동저당권의 피담보채권액을 안분한 금액이라고 보아야 한다. 그러나 그 수개의 부동산 중 일부는 채무자의 소유이고 다른 일부는 물상보증인의 소유인 경우에는, 물상보증인이 민법 제481조, 제482조의 규정에 따른 변제자대위에 의하여 채무자 소유의 부동산에 대하여 저당권을 행사할 수 있는 지위에 있는 점 등을 고려할 때, 그 물상보증인이 채무자에 대하여 구상권을 행사할 수 없는 특별한 사정이 없는 한 채무자 소유의 부동산에 관한 피담보채권액은 공동저당권의 피담보채권액 전액으로 봄이 상당하다."[14)]

㉰ 대판 2011.1.13. 2010다68084: "채권자취소권 행사의 요건인 채무자의 무자력 여부를 판단함에 있어서 그 대상이 되는 소극재산은 원칙적으로 사해행위라고 볼 수 있는 행위가 행하여지기 전에 발생된 것임을 요하지만, 그 사해행위 당시에 이미 채무 성립의 기초가 되는 법률관계가 성립되어 있고, 가까운 장래에 그 법률관계에 터 잡아 채무가 성립되리라는 점에 대한 고도의 개연성이 있으며, 실제로

14) 물상보증인 소유의 부동산이 부담하는 피담보채권액은 공동저당권의 피담보채권액에서 채무자 소유의 부동산이 부담하는 피담보채권액을 제외한 나머지라고 한 대판 2016.8.18. 2013다90402도 참조.

가까운 장래에 그 개연성이 현실화되어 채무가 성립된 경우에는 그 채무도 채무자의 소극재산에 포함시켜야 한다."[15]

㉱ 무자력요건은 처분행위 당시는 물론 채권자가 취소권을 행사할 당시(사해행위 취소소송의 사실심 변론종결시)에도 갖추어야 하므로, 처분행위 당시에는 채권자를 해치는 것이었더라도 그 후 채무자가 자력을 회복하여 사해행위 취소소송의 사실심 변론종결시에는 채권자를 해치지 않게 되었다면 책임재산 보전의 필요성이 없어져서 채권자취소권이 소멸하는 것으로 보아야 하는바, 그러한 사정변경이 있다는 사실은 채권자취소소송의 상대방이 증명해야 한다(대판 2007.11.29. 2007다54849).

2) 채무자의 사해의사

㉮ 대판 2009.3.26. 2007다63102: "사해의사란 채무자가 법률행위를 함에 있어 그 채권자를 해함을 안다는 것이다. 여기서 '안다'고 함은 의도나 의욕을 의미하는 것이 아니라 단순한 인식으로 충분하다. 결국 사해의사란 공동담보 부족에 의하여 채권자가 채권변제를 받기 어렵게 될 위험이 생긴다는 사실을 인식하는 것이며, 이러한 인식은 일반채권자에 대한 관계에서 있으면 족하고, 특정의 채권자를 해한다는 인식이 있어야 하는 것은 아니"다. 그런데 보증인으로서 주채무자의 자산상태가 채무를 담보하는 데 부족하게 되리라는 것까지 인식했어야 하는 것은 아니다(대판 2010.6.10. 2010다12067).

㉯ 채무자의 사해의사 유무는 사해행위 당시를 기준으로 판단한다(대판 1960.8.18. 4293민상86).

㉰ 사해행위가 그 자체로는 유효한 행위이므로, 채권자가 채무자의 악의에 대한 증명책임을 진다(대판 1997.5.23. 95다51908).

---

15) 나아가 대판 2021.11.25. 2016다263355: "이러한 법리는 물적 담보권자가 채권자취소권을 행사할 수 있는 피보전채권의 범위를 정하는 경우에도 마찬가지로 적용된다. [… 따라서] 취소채권자가 '담보물로부터 우선변제받을 금액'은 사해행위 당시를 기준으로 담보물의 가액에서 우선변제권 있는 임금채권액을 먼저 공제한 다음 산정하여야 하고, 취소채권자는 그 채권액에서 위와 같이 산정된 '담보물로부터 우선변제받을 금액'을 공제한 나머지 채권액에 대하여만 채권자취소권이 인정된다."

〈5-1-6〉 사해행위에 관한 판례

1) 사해행위 일반

㉮ 채권행위인지 물권행위인지를 불문한다(대판 1975.4.8. 74다1700).

그리고 대판 2010.4.29. 2009다105734: "사해행위 취소권은 채무자와 수익자 간의 사해행위를 취소함으로써 채무자의 책임재산을 보전하는 데 그 목적이 있으므로, 공법상의 허가권 등의 양도행위가 사해행위로서 채권자취소권의 대상이 되기 위해서는, 행정관청의 허가 없이 그 허가권 등을 자유로이 양도할 수 있는 등으로 그 허가권 등이 독립한 재산적 가치를 가지고 있어 민사집행법 제251조 소정의 '그 밖의 재산권'에 대한 집행방법에 의하여 강제집행할 수 있어야" 한다.

㉯ 대판 2018.12.28. 2018다272261: "채무자가 제3자로부터 자금을 차용하여 부동산을 매수하고 해당 부동산을 차용금채무에 대한 담보로 제공하거나, 채무자가 제3자로부터 부동산을 매수하여 매매대금을 지급하기 전에 소유권이전등기를 마치고 해당 부동산을 매매대금채무에 대한 담보로 제공한 경우와 같이 기존채권자들의 공동담보가 감소되었다고 볼 수 없는 경우에는 담보제공행위를 사해행위라고 할 수 없다. 나아가 위와 같은 부동산매수행위와 담보제공행위가 한꺼번에 이루어지지 않고 단기간 내에 순차로 이루어졌다고 하더라도 다른 특별한 사정이 없는 한 일련의 행위 전후를 통하여 기존채권자들의 공동담보에 증감이 있었다고 평가할 것도 아니므로, 담보제공행위만을 분리하여 사해행위에 해당한다고 할 수 없다."

그리고 대판 2012.8.30. 2011다32785·32792: "채권양도의 경우 권리이전의 효과는 원칙적으로 당사자 사이의 양도계약 체결과 동시에 발생하며 채무자에 대한 통지 등은 채무자를 보호하기 위한 대항요건일 뿐이므로, 채권양도행위가 사해행위에 해당하지 않는 경우에 양도통지가 따로 채권자취소권 행사의 대상이 될 수는 없다."[16]

---

16) 나아가 대판 2021.9.30. 2019다266409: "가등기에 기하여 본등기가 마쳐진 경우 가등기의 원인인 법률행위와 본등기의 원인인 법률행위가 다르지 않다면 사해행위요건의 구비 여부는 가등기의 원인인 법률행위를 기준으로 하여 판단해야 한다. 그러나 가등기와 본등기의 원인인 법률행위가 다르다면 사해행위요건의 구비 여부는 본등기의 원인인 법률행위를 기준으로 판단해야 하고 제척기간의 기산일도 본등기의 원인인 법률행위가 사해행위임을 안 때라고 보아야 한다. 채무자가 유일한 재산인 부동산에 관하여 가등기의 효력이 소멸한 상태에서 새로 매매계약을 체결하고 말소되어야 할 가등기를 기초로 하여 본등기를 한 행위는 가등기의 원인인 법률행위와 별개로 일반채권자의 공동담보를 감소시키는 것으로 특별한 사정이 없는 한 채권자취소권의 대상인 사해행위이고, 이때 본등기의 원인인 새로운 매매계약을 기준으로 사해행위 여부나 제척기간의 준수 여부를 판단해야 한다."

㉰ 판례는 채무자의 법률행위가 가장행위에 해당하여 무효인 경우에도 채권자취소권의 대상일 수 있고, 다른 한편 채권자취소권의 대상으로 된 채무자의 법률행위라도 허위표시의 요건을 갖춘 경우에는 무효라고 한다(대판 1998.2.27. 97다50985. 대판 2012.7.26. 2012다30861 등도 동지).[17)]

2) 책임재산 감소의 의미

㉮ 대판 2009.3.26. 2007다63102: "특정한 채권에 대한 공동연대보증인 중 1인이 다른 공동연대보증인에게 재산을 증여하여 특정채권자가 추급할 수 있는 채무자들의 총 책임재산에는 변동이 없다고 하더라도, 재산을 증여한 연대보증인의 재산이 감소되어 그 특정한 채권자를 포함한 일반채권자들의 공동담보에 부족이 생기거나 그 부족이 심화된 경우에는, 그 증여행위의 사해성을 부정할 수는 없다."

㉯ 담보권이 설정된 부동산이 양도된 경우를 본다.

㉠ 이러한 경우에 사해행위는 부동산의 가액에서 저당권의 피담보채권액을 공제한 잔액의 범위 내에서 성립하고, 피담보채권액이 부동산의 가액을 초과한다면 당해 부동산의 양도는 사해행위에 해당한다고 할 수 없다(대판 2008.2.14. 2006다33357). 여기서 피담보채권액은 근저당권의 경우에 채권최고액이 아니라 실제로 이미 발생하여 있는 채권금액을 뜻한다(대판 2001.10.9. 2000다42618).

㉡ 저당권의 피담보채권액이 목적물의 가액을 초과하였더라도 채무자가 목적물을 양도하기에 앞서 자신의 출재로 피담보채무의 일부를 변제하여 잔존 피담보채권액이 목적물의 가액을 초과하지 않게 되었다면 목적물의 양도로 목적물의 가액에서 잔존 피담보채권액을 공제한 잔액의 범위 내에서 사해행위가 성립하고, 채무자의 출재에 의한 피담보채무의 일부변제가 양도계약 체결 후 이에 따른 소유권이전등기 등이 마쳐지는 과정에서 이루어진 경우에도 마찬가지로 보아야 한다(대판 2017.1.12. 2016다208792).

㉢ 대판 2018.4.24. 2017다287891: "채무자가 근저당권이 설정된 부동산을 처분하면서 매매대금으로 그 부동산에 대해서 다른 채권자에 우선하여 변제를 받을 수 있는 지위에 있는 근저당권자의 피담보채권액 중 일부를 변제하고 근저당권을 말소한 경우라면 특별한 사정이 없는 한 부동산처분행위를 사해행위로 볼 수 없다."

㉣ 참고로 사해행위 당시 어느 부동산이 「가압류」되어 있다는 사정은 채권자 평

---

17) 허위의 근저당권에 기하여 배당이 이루어진 경우에, 배당채권자는 채권자취소의 소로써 통정허위표시를 취소하지 않았더라도 그 무효를 주장하여 그에 기한 채권의 존부, 범위, 순위에 관한 배당이의의 소를 제기할 수 있다고 한 대판 2001.5.8. 2000다9611도 참조.

등의 원칙상 채권자의 공동담보로서 그 부동산의 가치에 영향을 미치지 않으므로, 가압류가 된 여부나 그 청구채권액의 다과에 관계없이 그 부동산 전부에 대하여 사해행위가 성립한다(대판 2003.2.11. 2002다37474).

㈐ 명의신탁의 경우를 본다.

㉠ 명의수탁자인 채무자 명의의 소유권이전등기가 무효라면 신탁부동산(甲)은 채무자의 책임재산이 아니고, 채무자가 甲에 관하여 제3자에게 근저당권을 설정해 주었더라도 이를 사해행위라 할 수 없다(대판 2000.3.10. 99다55069).

반면 대판 2012.10.25. 2011다107375는, 양자간 등기명의신탁에서 신탁부동산은 여전히 신탁자의 소유로서 신탁자의 일반채권자들의 공동담보에 제공되는 책임재산이므로, 신탁부동산에 관하여 채무자인 신탁자가 직접 자신의 명의 또는 수탁자의 명의로 제3자와 매매계약을 체결하는 등 신탁자가 실질적 당사자가 되어 법률행위를 하는 경우에, 이러한 신탁자의 법률행위는 사해행위에 해당할 수 있다고 하였다.[18]

㉡ 계약명의신탁에서 명의수탁자가 유효하게 취득한 부동산(甲)은 채무자인 명의수탁자의 책임재산이 되고 명의신탁자는 명의수탁자에 대한 관계에서 금전채권자 중 한 명에 지나지 않으므로, 명의수탁자의 재산이 채무의 전부를 변제하기에 부족한 경우에 명의수탁자가 甲을 명의신탁자 또는 그가 지정하는 이에게 양도하는 행위는 특별한 사정이 없는 한 다른 채권자의 이익을 해치는 것으로서 다른 채권자들에 대한 관계에서 사해행위가 된다(대판 2008.9.25. 2007다74874).[19]

3) 가족법상의 행위

㈎ 「이혼에 따른 재산분할」에 관하여 대판 2000.9.29. 2000다25569: “이미 채무초과상태에 있는 채무자가 이혼을 하면서 배우자에게 재산분할로 일정한 재산을 양도함으로써 결과적으로 일반채권자에 대한 공동담보를 감소시키는 결과로 되어도, 그 재산분할이 민법 제839조의2 제2항의 규정취지에 따른 상당한 정도를 벗어

18) 이 경우 취소의 대상은 신탁자와 제3자 사이의 법률행위이고, 원상회복은 제3자가 수탁자에게 말소등기절차를 이행하는 방법에 의할 것이라고 하였다.

19) 참고로 대판 2013.9.12. 2011다89903: 이처럼 “신탁자가 수탁자에 대하여 부당이득반환채권만을 가지는 경우에는 그 부동산은 신탁자의 일반채권자들의 공동담보에 제공되는 책임재산이라고 볼 수 없고, 신탁자가 위 부동산에 관하여 제3자와 매매계약을 체결하는 등 신탁자가 실질적인 당사자가 되어 처분행위를 하고 소유권이전등기를 마쳐주었다고 하더라도 그로써 신탁자의 책임재산에 감소를 초래한 것이라고 할 수 없으므로, 이를 들어 신탁자의 일반채권자들을 해하는 사해행위라고 할 수 없다.”

나는 과대한 것이라고 인정할 만한 특별한 사정이 없는 한, 사해행위로서 취소되어야 할 것은 아니고, 다만 상당한 정도를 벗어나는 초과부분에 대하여는 적법한 재산분할이라고 할 수 없기 때문에 이는 사해행위에 해당하여 취소의 대상으로 될 수 있을 것이나, 이 경우에도 취소되는 범위는 그 상당한 정도를 초과하는 부분에 한정하여야 하고, 위와 같이 상당한 정도를 벗어나는 과대한 재산분할이라고 볼 만한 특별한 사정이 있다는 점에 관한 입증책임은 채권자에게 있다."[20]

㉯ 「상속재산 분할협의」에 관하여 대판 2001.2.9. 2000다51797: "상속재산의 분할협의는 상속이 개시되어 공동상속인 사이에 잠정적 공유가 된 상속재산에 대하여 그 전부 또는 일부를 각 상속인의 단독소유로 하거나 새로운 공유관계로 이행시킴으로써 상속재산의 귀속을 확정시키는 것으로 그 성질상 재산권을 목적으로 하는 법률행위이므로 사해행위 취소권 행사의 대상이 될 수 있다." 그런데 채무초과상태에 있는 채무자가 상속재산 분할협의를 하면서 상속재산에 관한 권리를 포기함으로써 결과적으로 일반채권자에 대한 공동담보가 감소되었더라도, 그 재산분할의 결과가 채무자의 구체적 상속분에 상당하는 정도에 미달하는 과소한 것이라고 인정되지 않는 한 사해행위로서 취소되어야 할 것은 아니고, 구체적 상속분에 상당하는 정도에 미달하는 과소한 경우에도 사해행위로서 취소되는 범위는 그 미달하는 부분에 한정해야 한다.

㉰ 「상속포기」에 관하여 대판 2011.6.9. 2011다29307: "상속의 포기는 비록 포기자의 재산에 영향을 미치는 바가 없지 아니하나(그러한 측면과 관련하여서는 '채무자 회생 및 파산에 관한 법률' 제386조도 참조) 상속인으로서의 지위 자체를 소멸하게 하는 행위로서 순전한 재산법적 행위와 같이 볼 것이 아니다. 오히려 상속의 포기는 1차적으로 피상속인 또는 후순위상속인을 포함하여 다른 상속인 등과의 인격적 관계를 전체적으로 판단하여 행하여지는 '인적 결단'으로서의 성질을 가진다. 그러한 행위에 대하여 비록 상속인인 채무자가 무자력상태에 있다고 하여서 그로 하여금 상속포기를 하지 못하게 하는 결과가 될 수 있는 채권자의 사해행위 취소를 쉽사리 인정할 것이 아니다. 그리고 상속은 피상속인이 사망 당시에 가지던 모든 재

20) '㉠ 기술신용보증기금(X)이 A의 B 은행에 대한 어음할인채무에 관하여 신용보증, ㉡ A가 부도를 내자 B는 1998. 5. 25. X에게 신용사고 통지, ㉢ 한편 1982년 A와 결혼한 Y는 1998. 3. 5. 협의이혼약정서를 작성하면서 위자료조로 A 소유의 아파트를 받기로 하고 소유권이전등기 경료, ㉣ X가 Y를 상대로 사해행위 취소소송 제기'의 사안에서, 증여계약 전부를 취소한 원심을 파기한 사례.

산적 권리 및 의무·부담을 포함하는 총체재산이 한꺼번에 포괄적으로 승계되는 것으로서 다수의 관련자가 이해관계를 가지는데, 위와 같이 상속인으로서의 자격 자체를 좌우하는 상속포기의 의사표시에 사해행위에 해당하는 법률행위에 대하여 채권자 자신과 수익자 또는 전득자 사이에서만 상대적으로 그 효력이 없는 것으로 하는 채권자취소권의 적용이 있다고 하면, 상속을 둘러싼 법률관계는 그 법적 처리의 출발점이 되는 상속인 확정의 단계에서부터 복잡하게 얽히게 되는 것을 면할 수 없다. 또한 상속인의 채권자의 입장에서는 상속의 포기가 그의 기대를 저버리는 측면이 있다고 하더라도 채무자인 상속인의 재산을 현재의 상태보다 악화시키지 아니한다. 이러한 점들을 종합적으로 고려하여 보면, 상속의 포기는 민법 제406조 제1항에서 정하는 "재산권에 관한 법률행위"에 해당하지 아니하여 사해행위 취소의 대상이 되지 못한다."[21]

㉣ 「유증의 포기」에 관하여 대판 2019.1.17. 2018다260855: "유증을 받을 자는 유언자의 사망 후에 언제든지 유증을 승인 또는 포기할 수 있고, 그 효력은 유언자가 사망한 때에 소급하여 발생하므로(민법 제1074조), 채무초과상태에 있는 채무자라도 자유롭게 유증을 받을 것을 포기할 수 있다. 또한 채무자의 유증 포기가 직접적으로 채무자의 일반재산을 감소시켜 채무자의 재산을 유증 이전의 상태보다 악화시킨다고 볼 수도 없다. 따라서 유증을 받을 자가 이를 포기하는 것은 사해행위 취소의 대상이 되지 않는다고 보는 것이 옳다."

21) '㉠ X가 A를 상대로 약정금청구소송을 제기하여 승소판결 확정, ㉡ 甲 부동산은 B 소유였는데, B가 사망하여 B의 처 C와 자식인 A 및 Y가 공동상속, ㉢ A의 상속지분에 관한 강제경매절차에서 Y가 경락, ㉣ 그 후 C가 사망하자 A의 상속포기의 신고가 수리되고, 甲에 관하여 Y 명의의 등기 경료'의 사안에서, 상속포기가 사해행위 취소의 대상이 될 수 없다고 본 원심의 판단을 수긍한 사례.

그 밖에 중요한 판시로 "상속의 포기는 상속이 개시된 때에 소급하여 그 효력이 있고(민법 제1042조), 포기자는 처음부터 상속인이 아니었던 것이 된다. 따라서 상속포기의 신고가 아직 행하여지지 아니하거나 법원에 의하여 아직 수리되지 아니하고 있는 동안에 포기자를 제외한 나머지 공동상속인들 사이에 이루어진 상속재산 분할협의는 후에 상속포기의 신고가 적법하게 수리되어 상속포기의 효력이 발생하게 됨으로써 공동상속인의 자격을 가지는 사람들 전원이 행한 것이 되어 소급적으로 유효하게 된다. 이는 설사 포기자가 상속재산 분할협의에 참여하여 그 당사자가 되었다고 하더라도 그 협의가 그의 상속포기를 전제로 하여서 포기자에게 상속재산에 대한 권리를 인정하지 아니하는 내용인 경우에는 마찬가지이다."

뜬금없지만 상속인의 배우자와 자녀 중 자녀 전부가 상속을 포기한 경우에, 배우자가 단독상속인이 된다(대결(전) 2023.3.23. 2020그42의 다수의견. 이 결정에 의하여, 피상속인의 배우자와 손자녀 또는 직계존속이 공동상속인이 된다고 한 대판 2015.5.14. 2013다48852가 변경되었다).

4) 행위유형별 검토

㉮ 부동산을 상당한 가격에 매각한 경우라도,

㉠ 채무자가 채무초과상태에서 일부채권자와 「통모하여」 채무자 소유의 중요한 재산을 그 채권자에게 매각하되 실제로 매매대금 대부분을 지급받지 않은 경우에 다른 채권자에 대하여 사해행위가 된다(대판 1995.6.30. 94다14582).

㉡ 채무자가 채무 있음을 알면서 자기의 「유일한 재산」인 부동산을 매각하여 소비하기 쉬운 금전으로 바꾸는 행위는, 그 매각이 일부채권자에 대한 정당한 변제에 충당하기 위하여 상당한 가격으로 이루어졌다는 등의 특별한 사정이 없는 한, 채권자에 대하여 사해행위로 되는데, 채무자의 사해의사는 추정되고 이를 매수한 수익자에게 악의가 없었음에 대한 증명책임은 수익자 자신에게 있다(대판 2001.4.24. 2000다41875; 대판 2015.10.29. 2013다83992).[22]

㉯ 채무의 변제 또는 대물변제를 본다.

㉠ 일부채권자와 통모하여 다른 채권자를 해칠 의도로 변제한 경우에 사해행위가 성립하는데, 채무자가 일부의 채권자와 통모하여 다른 채권자를 해할 의사를 가지고 변제를 하였다는 점은 당연히 사해행위임을 주장하는 사람이 증명해야 한다(대판 2005.3.25. 2004다10985·10992).

㉡ 이미 채무초과상태에 빠진 채무자가 「유일한 재산」을 특정채권자에게 대물변제로 넘겨주는 것도 다른 채권자에 대한 관계에서 사해행위로 된다(대판 2005.11.10. 2004다7873 등). 다만 그러한 대물변제가 채무자의 갱생을 도모하기 위하여 부득이 한 것이라는 등의 사정이 있으면 예외가 인정된다(대판 2010.9.30. 2007다2718).

㉰ 담보의 제공에 관하여 본다.

㉠ 이미 채무초과상태에 빠진 채무자가 특정채권자에게 물적 담보를 제공하면 특별한 사정이 없는 한 다른 채권자에 대하여 사해행위로 되고(대판 1986.9.23. 86다카83 등), 그 담보물이 채무자 소유의 유일한 부동산인 경우에 한하여 사해행위가 성립한다고 볼 수는 없다(대판 2008.2.14. 2005다47106·47113·47120).

㉡ 이에 대한 예외로 우선 대판 2002.3.29. 2000다25842: "자금난으로 사업을 계속추진하기 어려운 상황에 처한 채무자가 자금을 융통하여 사업을 계속추진하는 것이 채무변제력을 갖게 되는 최선의 방법이라고 생각하고 자금을 융통하기 위하

---

22) 채무초과상태에 있는 채무자가 상속재산의 분할협의를 하면서 유일한 상속재산인 부동산에 관한 상속분을 포기하고 대신 현금을 지급받기로 한 것은 사해행위에 해당한다고 한 대판 2008.3.13. 2007다73765도 참조.

여 부득이 부동산을 특정채권자에게 담보로 제공하고 그로부터 신규자금을 추가로 융통받았다면 특별한 사정이 없는 한 채무자의 담보권설정행위는 사해행위에 해당하지 않으며, 다만 사업의 계속추진과는 아무런 관계가 없는 기존채무를 아울러 피담보채무범위에 포함시켰다면, 그 부분에 한하여 사해행위에 해당할 여지는 있"다.[23]

나아가 공동담보의 감소를 초래하지 않는 경우에 관하여 1) ㉯에서 본 2018다272261 판결 참조(대판 2017.9.21. 2017다237186도 동지).

㉱ 그 밖에 주택임대차법상의 소액임차권을 설정하여 주는 행위(대판 2005.5.13. 2003다50771), 소멸시효이익의 포기(대결 2013.5.31. 2012마712)도 사해행위에 해당할 수 있다.

〈5-1-7〉 수익자 또는 전득자에 관한 판례

㉮ 수익자나 전득자의 악의는 채무자와 수익자 사이의 법률행위가 채권자를 해친다는 사실, 즉 사해행위의 객관적 요건을 구비했다는 것에 대한 인식을 의미한다(대판 2015.6.11. 2014다237192).

그리고 선·악의는 사해행위 또는 전득 당시를 기준으로 판단하고, 과실 유무는 따지지 않는다(대판 2008.7.10. 2007다74621).

㉯ 채무자의 행위가 객관적으로 사해행위에 해당하면 수익자 또는 전득자의 악의가 추정되고(대판 2006.4.14. 2006다5710), 따라서 선의의 증명책임은 수익자 또는 전득자에게 있다(대판 1998.2.13. 97다6711).

㉰ 채권자 중 1인에게 채무내용에 좇은 변제를 하거나 대물변제를 하는 경우에, 채무자와 그 채권자, 즉 수익자가 통모하여 다른 채권자를 해칠 의사를 가지고 있어야 비로소 사해행위가 성립하므로(대판 2004.5.28. 2003다60822), 이러한 예외적인 경우에 채권자취소권을 행사하는 채권자가 수익자의 악의(보다 정확하게는 채무자와의 통모)를 증명해야 하고, 전득자는 자신의 선의를 증명해야 반환책임을 면할 수 있다.

23) 나아가 계속적인 거래관계에 있는 구입처로부터 외상매입대금채무에 대한 담보를 제공하지 않으면 사업에 필요한 물품의 공급을 중단하겠다는 통보를 받고, 물품을 공급받기 위하여 담보를 제공한 경우에도 예외를 인정하였다.

(3) 채권자취소권의 행사에 관하여 본다.

① 채권자는 채권자취소권을 재판상으로만 행사할 수 있는데, 채권자취소권 행사의 상대방은 원상회복의 주체인 수익자 및/또는 전득자이고(대판 1988.2.23. 87다카1586), 채무자는 상대방이 아니다.

② 채권자취소권은 제척기간에 걸린다.

〈5-1-8〉 채권자취소권의 행사에 관한 판례

1) 행사의 방법 및 범위

㉮ 대판 1978.6.13. 78다404: "사해행위 취소에 관한 주장은 취소의 선언을 소구하지 않고, 단지 항변으로서는 할 수 없다."[24)]

㉯ 채권자취소권 행사의 범위는 취소채권자의 사해행위 당시의 채권액을 표준으로 하지만,[25)] 대판 1975.2.25. 74다2114는, 대지와 그 지상 건물이 사해행위의 목적물인 경우에, 대지의 가격만도 채권자의 채권액을 넘더라도 대지와 건물 중 일방만 취소하면 건물의 소유자와 대지의 소유자가 다르게 되어 그 가격의 효용을 현저히 감소시킨다는 이유로, 대지와 건물 전부에 대한 취소와 그 등기의 말소를 인정하였다.

㉰ 채권자가 사해행위의 취소 및 원상회복을 구하는 소송을 제기한 후 소송계속 중에 사해행위가 해제 또는 해지되고 채권자가 사해행위의 취소에 의해 복귀를 구하는 재산이 벌써 채무자에게 복귀한 경우에는, 특별한 사정이 없는 한 사해행위 취소소송의 목적은 이미 실현되어 더 이상 소에 의해 확보할 권리보호의 이익이 없어진다. 이러한 법리는 사해행위 취소소송이 제기되기 전에 사해행위의 취소에 의

---

24) 참고로 대판 2019.3.14. 2018다277785·277792: 원고의 본소청구에 대하여 피고가 본소청구를 다투면서 사해행위 취소 및 원상회복을 구하는 반소를 제기한 경우에 "사해행위의 취소 여부는 반소의 청구원인임과 동시에 본소청구에 대한 방어방법이자, 본소청구 인용 여부의 선결문제가 될 수 있다. 그 경우 법원이 반소청구가 이유 있다고 판단하여, 사해행위의 취소 및 원상회복을 명하는 판결을 선고하는 경우, 비록 반소청구에 대한 판결이 확정되지 않았다고 하더라도, 원고의 소유권 취득의 원인이 된 법률행위가 취소되었음을 전제로 원고의 본소청구를 심리하여 판단할 수 있다고 봄이 타당하다. 그때에는 반소 사해행위 취소판결의 확정을 기다리지 않고, 반소 사해행위 취소판결을 이유로 원고의 본소청구를 기각할 수 있다."

25) 사해행위 이후 사실심 변론종결시까지 발생한 이자나 지연손해금도 포함된다(대판 2001.9.4. 2000다66416).

해 복귀를 구하는 재산이 채무자에게 복귀한 경우에도 마찬가지로 타당하다(대판(전) 2015.5.21. 2012다952).

2) 채권자취소소송의 당사자

㉮ 대판 2004.8.30. 2004다21923: "채권자가 채권자취소권을 행사하려면 사해행위로 인하여 이익을 받은 자나 전득한 자를 상대로 그 법률행위의 취소를 청구하는 소송을 제기하여야 되는 것으로서 채무자를 상대로 그 소송을 제기할 수는 없다."

㉯ 대판 2005.11.25. 2005다51457은, 채권자취소권의 요건을 갖춘 각 채권자는 「고유의 권리로서」 채무자의 재산처분행위를 취소하고 그 원상회복을 구할 수 있으므로, 복수의 채권자가 동시에 또는 시기를 달리하여 사해행위 취소 및 원상회복청구의 소를 제기한 경우에, 이들 소가 중복제소에 해당하지 않을 뿐만 아니라, 어느 한 채권자가 동일한 사해행위에 관하여 사해행위 취소 및 원상회복청구를 하여 승소판결을 받아 그 판결이 확정되었다는 것만으로 그 후 제기된 다른 채권자의 동일한 청구가 권리보호의 이익이 없게 되는 것은 아니고, 「그에 기하여 재산이나 가액의 회복을 마친 경우에 비로소」 다른 채권자의 사해행위 취소 및 원상회복청구는 그와 중첩되는 범위 내에서 권리보호의 이익이 없게 된다고 하였고, 나아가 여러 명의 채권자가 사해행위 취소 및 원상회복청구의 소를 제기하여 여러 개의 소송이 계속 중인 경우에 각 소송에서 채권자의 청구에 따라 사해행위의 취소 및 원상회복을 명하는 판결을 선고해야 하고, 수익자(전득자를 포함한다)가 가액배상을 해야 할 경우에도 수익자가 반환해야 할 가액을 채권자의 채권액에 비례하여 채권자별로 안분한 범위 내에서 반환을 명할 것이 아니라, 수익자가 반환해야 할 가액범위 내에서 각 채권자의 피보전채권액 전액의 반환을 명해야 한다고 했다.[26]

---

26) 나아가 대판 2022.8.11. 2018다202774: "여러 개의 사해행위 취소소송에서 각 가액배상을 명하는 판결이 선고되어 확정된 경우, 각 채권자의 피보전채권액을 합한 금액이 사해행위목적물의 가액에서 일반채권자들의 공동담보로 되어 있지 않은 부분을 공제한 잔액(이하 '공동담보가액'이라 한다)을 초과한다면 수익자가 채권자들에게 반환하여야 할 가액은 공동담보가액이 될 것인데, 그럼에도 수익자는 공동담보가액을 초과하여 반환하게 되는 범위 내에서 이중으로 가액을 반환하게 될 위험에 처할 수 있다. 이때 각 사해행위 취소판결에서 산정한 공동담보가액의 액수가 서로 달라 수익자에게 이중지급의 위험이 발생하는지를 판단하는 기준이 되는 공동담보가액은, 그중 다액(多額)의 공동담보가액이 이를 산정한 사해행위 취소소송의 사실심 변론종결 당시의 객관적인 사실관계와 명백히 다르고 해당 소송에서의 공동담보가액의 산정경위 등에 비추어 그 가액을 그대로 인정하는 것이 심히 부당하다고 보이는 등의 특별한 사정이 없는 한 그 다액에 해당하는 금액이라고 보는 것이 채권자취소권의 취지 및 채권자취소소송에서 변론주의원칙 등에 부합한다. 따라서 수익자가 어느 채권자에게 자신이 배상할 가액의 일부 또는 전부를 반환한 때에는 다른 채권자에 대하여 각 사해행위 취소판결

3) 채권자취소권의 행사기간

㉮ 1년의 기산점으로 채권자가 취소원인을 알았다고 하기 위하여 단순히 채무자가 재산의 처분행위를 하였다는 사실을 아는 것만으로 부족하고 그 법률행위가 채권자를 해치는 행위라는 것, 즉 그에 의하여 채권의 공동담보에 부족이 생기거나 이미 부족상태에 있는 공동담보가 한층 더 부족하게 되어 채권을 완전하게 만족시킬 수 없게 되었으며 나아가 채무자에게 사해의 의사가 있었다는 사실까지 알 것을 요한다(대판 2003.7.11. 2003다19435; 대판 2006.7.4. 2004다61280).

그러나 수익자나 전득자의 악의까지 알아야 하는 것은 아니다(대판 2000.9.29. 2000다3262).

㉯ 대판 2001.12.27. 2000다73049: "채권자가 채무자의 채권자취소권을 대위행사하는 경우, 제소기간은 대위의 목적으로 되는 권리의 채권자인 채무자를 기준으로 하여 그 준수 여부를 가려야 할 것이고, 따라서 채권자취소권을 대위행사하는 채권자가 취소원인을 안 지 1년이 지났다 하더라도 채무자가 취소원인을 안 날로부터 1년, 법률행위가 있은 날로부터 5년 내라면 채권자취소의 소를 제기할 수 있다."

㉰ 채권자가 수익자를 상대로 사해행위의 취소를 구하는 소를 이미 제기하여 채무자와 수익자 사이의 법률행위를 취소하는 내용의 판결을 선고받아 확정되었더라도, 그 판결의 효력은 그 소송의 피고가 아닌 전득자에게는 미칠 수 없으므로, 채권자가 그 소송과는 별도로 전득자에 대하여 채권자취소권을 행사하여 원상회복을 구하기 위해서는 제406조 제2항에서 정한 기간 안에 전득자에 대한 관계에서 채무자와 수익자 사이의 사해행위를 취소하는 청구를 하지 않으면 안 된다(대판 2005.6.9. 2004다17535).

㉱ 사해행위가 있은 후 채권자가 취소원인을 알면서 피보전채권을 양도하고 양수인이 그 채권을 보전하기 위하여 채권자취소권을 행사하는 경우에, 채권의 양도인이 취소원인을 안 날을 기준으로 제척기간 도과 여부를 판단해야 한다(대판 2018.4.10. 2016다272311).

㉲ 법원은 직권으로 행사기간의 준수 여부를 심리해야 하는데, 법원에 현출된 모든 소송자료를 통하여 살펴보았을 때 기간이 도과되었다고 의심할 만한 사정이 발

에서 가장 다액으로 산정된 공동담보가액에서 자신이 반환한 가액을 공제한 금액을 초과하는 범위에서 청구이의의 방법으로 집행권원의 집행력의 배제를 구할 수 있을 뿐이다."

견되지 않는 경우까지 법원이 직권으로 추가적인 증거조사를 하여 기간준수 여부를 확인할 의무는 없다(대판 2002.7.26. 2001다73138·73145; 대판 2001.2.27. 2000다44348). 그리고 제척기간의 도과에 관한 증명책임은 채권자취소소송의 상대방에게 있다(대판 2009.3.26. 2007다63102).

---

(4) 채권자취소권 행사의 효과를 본다.

① 채권자취소권은 종국적으로 — 책임재산에 관하여 — 「사해행위가 있기 전의 상태」로의 복귀, 즉 원상회복을 목적으로 한다.

원상회복의 방법에 관하여 다수설과 판례는 원물반환을 원칙으로 하고, 예외적으로 가액상환을 인정한다.

〈5-1-9〉 원상회복의 방법에 관한 판례

1) 대판 2018.12.28. 2017다265815: "사해행위로 부동산소유권이 이전된 후 그 부동산에 관하여 제3자가 저당권이나 지상권 등의 권리를 취득한 경우에는 수익자가 부동산을 저당권 등의 제한이 없는 상태로 회복하여 채무자에게 이전하여 줄 수 있다는 등의 특별한 사정이 없는 한 채권자는 수익자를 상대로 원물반환 대신 가액상당의 배상을 구할 수 있지만, 그렇다고 하여 <u>채권자가 스스로 위험이나 불이익을 감수하면서 원물반환을 구하는 것까지 허용되지 않는 것은 아니다</u>. 채권자는 원상회복방법으로 가액배상 대신 수익자 명의 등기의 말소를 구하거나 수익자를 상대로 채무자 앞으로 직접 소유권이전등기절차를 이행할 것을 구할 수도 있다. 이 경우 원상회복청구권은 사실심 변론종결 당시 채권자의 선택에 따라 원물반환과 가액배상 중 어느 하나로 확정된다. 채권자가 일단 사해행위 취소 및 원상회복으로서 수익자 명의 등기의 말소를 청구하여 승소판결이 확정되었다면, 어떠한 사유로 수익자 명의 등기를 말소하는 것이 불가능하게 되었다고 하더라도 다시 수익자를 상대로 원상회복청구권을 행사하여 가액배상을 청구하거나 원물반환으로서 채무자 앞으로 직접 소유권이전등기절차를 이행할 것을 청구할 수는 없으므로, 그러한 청구는 권리보호의 이익이 없어 허용되지 않는다."

한편 채권자가 채권자취소권을 행사하면서 원상회복만 구하는 경우에도 법원은 가액상환을 명할 수 있다(대판 2001.9.4. 2000다66416). 즉 사해행위인 계약 전부의 취소와 부동산 자체의 반환을 구하는 청구취지 속에는 일부취소를 해야 할 경우에 그 일부취소와 가액상환을 구하는 취지도 포함되어 있다고 볼 수 있으므로, 청구취지의 변경이 없더라도 바로 가액반환을 명할 수 있다(대판 2001.6.12. 99다20612).

2) 원물반환

㉮ 사해행위로 등기가 마쳐진 경우에 원상회복은 그 등기의 말소 또는 진정명의 회복을 위한 소유권이전등기의 방법에 의한다(대판 2000.2.25. 99다53704).[27]

㉯ 근저당권설정계약이 사해행위인 경우에, 그로 인한 근저당권설정등기가 경락으로 인하여 말소되었더라도 근저당권설정계약의 취소를 구할 이익이 있는데, 원상회복의 방법은 배당표가 확정되었으나 배당금 지급 전이라면 배당금지급채권의 양도와 그 채권양도의 통지를 배당금지급채권의 채무자에게 할 것을 청구하는 형태가 될 것인 반면(대판 1997.10.10. 97다8687), 배당금이 지급되었다면 수익자가 받은 배당금을 반환해야 한다(대판 2001.2.27. 2000다44348).

3) 가액상환

㉮ 원물반환에 의하면 사해행위 이전상태보다 불리하게 되는 경우뿐만 아니라 저당권부 부동산이 사해행위로 양도된 후 변제 등에 의하여 저당권이 소멸한 경우(대판 2001.12.11. 2001다64547 등)처럼 사해행위가 있기 전보다 유리하게 되는 경우에도 — 매매계약 전부를 취소하여 그 부동산 자체의 회복을 명하는 것은 당초 담보로 되어 있지 않던 부분까지 회복시키는 것이 되어 공평에 반하는 결과가 되므로 — 가액상환에 의한다.

㉯ 가액상환에서 가액의 산정은 사실심 변론종결시를 기준으로 하는데(대판 2001.12.27. 2001다33734), 수익자나 전득자가 실제로 받은 대가와 상관없이 객관적으로 평가한다(대판 2010.4.29. 2009다104564).

㉰ 대판 2018.9.13. 2018다215756: "저당권이 설정되어 있는 부동산에 관하여

---

27) 근저당권설정계약의 일부가 사해행위인 경우에 불완전한 원물반환으로서 근저당권 변경등기에 의한다는 대판 2006.12.7. 2006다43620 및 공유물분할 이후 당초 공유지분에 담보가등기를 설정한 공유자의 단독소유로 귀속된 부동산에 종전의 담보가등기를 대체하는 새로운 담보가등기를 설정하고 다른 공유자의 소유로 분할된 부동산에 전사된 담보가등기는 모두 말소한 경우에, 담보권설정자에 대한 채권자가 채권자취소권을 행사할 때에는 공유물분할 자체가 불공정하게 이루어져 사해행위에 해당한다는 등 특별한 사정이 없는 한 공유물분할이 되어 단독소유로 된 부동산에 설정된 담보가등기설정계약의 취소와 담보가등기의 말소를 구하는 방법으로 할 수 있다고 한 대판 2016.5.27. 2014다230894도 참조.

사해행위 후 변제 등으로 저당권설정등기가 말소되어 사해행위 취소와 함께 가액반환을 명하는 경우, 부동산 가액에서 저당권의 피담보채권액을 공제한 한도에서 가액반환을 하여야 한다. 그런데 그 부동산에 위와 같은 저당권 이외에 우선변제권 있는 임차인이 있는 경우에는 임대차계약의 체결시기 등에 따라 임차보증금 공제 여부가 달라질 수 있다. 가령 사해행위 이전에 임대차계약이 체결되었고 임차인에게 임차보증금에 대해 우선변제권이 있다면, 부동산 가액 중 임차보증금에 해당하는 부분이 일반채권자의 공동담보에 제공되었다고 볼 수 없으므로 수익자가 반환할 부동산 가액에서 우선변제권 있는 임차보증금 반환채권액을 공제하여야 한다. 그러나 부동산에 관한 사해행위 이후에 비로소 채무자가 부동산을 임대한 경우에는 그 임차보증금을 가액반환의 범위에서 공제할 이유가 없다. 이러한 경우에는 부동산 가액 중 임차보증금에 해당하는 부분도 일반채권자의 공동담보에 제공되어 있음이 분명하기 때문"이다.

㉣ 사해행위(증여) 후 그 목적물에 관하여 선의의 제3자가 저당권을 취득한 경우에도 가액상환을 명해야 하는데, 이 경우 사해행위 당시 일반채권자들의 공동담보로 되어 있었던 부동산 가액 전부의 상환을 명해야 하고, 그 가액에서 제3자가 취득한 저당권의 피담보채권액을 공제할 것은 아니다(대판 2003.12.12. 2003다40286).

㉤ 대판(전) 2015.5.21. 2012다952: "사해행위인 매매예약에 기하여 수익자 앞으로 가등기를 마친 후 전득자 앞으로 가등기 이전의 부기등기를 마치고 나아가 가등기에 기한 본등기까지 마쳤다 하더라도, 위 부기등기는 사해행위인 매매예약에 기초한 수익자의 권리의 이전을 나타내는 것으로서 부기등기에 의하여 수익자로서의 지위가 소멸하지는 아니하며, 채권자는 수익자를 상대로 사해행위인 매매예약의 취소를 청구할 수 있다. 그리고 설령 부기등기의 결과 가등기 및 본등기에 대한 말소청구소송에서 수익자의 피고적격이 부정되는 등의 사유로 인하여 수익자의 원물반환의무인 가등기말소의무의 이행이 불가능하게 된다 하더라도 달리 볼 수 없으며, 특별한 사정이 없는 한 수익자는 가등기 및 본등기에 의하여 발생된 채권자들의 공동담보 부족에 관하여 원상회복의무로서 가액을 배상할 의무를 진다."[28] 이 판결로,

28) 사실관계는 다음과 같다: ㉠ 2006. 9. 13. A 소유의 甲 부동산에 관하여 2006. 8. 31.자 매매예약을 원인으로 한 B 회사 명의의 소유권이전청구권 가등기가 마쳐졌다가 2006. 9. 18. 등기관이 착오발견을 이유로 직권으로 그 가등기권자를 Y 및 B로 경정하는 각 부기등기가 마쳐졌다. ㉡ 이어서 甲에 관하여 C 앞으로 매매 또는 계약양도를 원인으로 한 가등기 이전의 부기등기가 마쳐졌다가 그 가등기에 기한 본등기가 마쳐졌다.

A의 채권자인 X의 사해행위 취소청구에 대하여 원심은, 甲에 관하여 Y 및 B로부터 제3자

사해행위인 매매예약에 기하여 마친 가등기를 부기등기에 의하여 이전하고 그 가등기에 기한 본등기를 마친 경우에, 그 가등기에 의한 권리의 양도인은 가등기말소등기청구소송의 상대방이 될 수 없고 본등기의 명의인도 아니므로 가액배상의무를 부담하지 않는다는 취지의 대판 2005.3.24. 2004다70079(미공간)가 변경되었다.[29]

㉥ 판례에 의하면, 가액상환의 방법으로 원상회복을 구하는 경우에 그 이행의 상대방은 취소채권자이므로(대판 2008.4.24. 2007다84352), 그는 직접 자기에게 가액배상금을 지급할 것을 청구할 수 있고, 이렇게 지급받은 가액배상금을 분배하는 방법이나 절차 등에 관한 아무런 규정이 없는 현행법 아래에서 다른 채권자들이 위 가액배상금에 대하여 배당요구를 할 수도 없으므로, 결국 취소채권자는 자신의 채권액을 초과하여 가액배상을 구할 수 없다(대판 2008.11.13. 2006다1442). 이때 다른 채권자가 민사집행법 등의 법률상 절차를 거치지 않은 채 취소채권자를 상대로 채권의 공동담보로 회복된 채무자의 책임재산으로부터 안분액의 지급을 직접 구할 수 있는 권리를 취득한다거나 취소채권자에게 인도받은 가액배상금에 대한 분배의무가 인정된다고 볼 수는 없다(대판 2008.6.12. 2007다37837).

따라서 금전채권자가 원상회복으로 가액상환을 구하는 경우에, (집행권원을 갖춘) 다른 채권자가 없다면 그 가액으로부터 자기채권의 만족을 얻을 수 있다.[30] 이때 가액을 상환해야 하는 수익자 또는 전득자는 자신도 채권자임을 이유로 안분액의 분배 또는 채무자에 대한 자기의 채권과의 상계를 주장할 수도 없지만(대판 2001.6.1. 99다63183),[31] 가액상환으로 채권자가 만족을 얻었으므로 채무자를 상대로 자

인 C에게 가등기 이전의 부기등기가 마쳐졌고 본등기명의인도 아니므로 Y 및 B가 사해행위 취소채권자에 대하여 가액배상의무를 지지 않는다고 하며, 위 가등기에 관한 사해행위 취소 및 가액배상청구를 기각하였다. 그러나 대법원은 원심을 파기하였다(경정등기에 관한 사항은 〈8-3-6〉 참조).

29) 가등기의 순위보전적 효력 때문에 채권자가 채무자의 재산으로부터 완전한 변제를 받지 못하게 될 수 있어서 채권자를 해치는 가등기의 원인인 법률행위는 사해행위로서 취소의 대상이고, 가등기 이전의 부기등기는 사해행위인 매매예약에 기초한 수익자의 권리의 이전을 나타내는 것으로서 위 부기등기에 의하여 수익자로서의 지위가 소멸하지는 않음을 그 근거로 한다.

30) 관련하여 앞의 2007다37837 판결: "가액배상금을 수령한 취소채권자가 이러한 분배의무를 부담하지 아니함으로 인하여 사실상 우선변제를 받는 불공평한 결과를 초래하는 경우가 생기더라도, 이러한 불공평은 채무자에 대한 파산절차 등 도산절차를 통하여 시정하거나 가액배상금의 분배절차에 관한 별도의 법률규정을 마련하여 개선하는 것은 별론으로 하고, 현행 채권자취소 관련규정의 해석상으로는 불가피하다."

31) 다만 수익자가 — 채무자에 대한 채권이 아니라 — 「취소채권자에 대한 별개의」 채권을 집행

신의 출재로 채무자의 채무가 소멸한 것을 이유로 부당이득의 반환을 구할 수 있다.

② 채권자취소권 행사의 효과로서 취소와 원상회복은 채무자의 책임재산의 유지(감소방지)라는 결과를 가져온다.

취소채권자도 회복된 책임재산으로부터 우선변제를 받을 권리를 가지지 않는다. 다만 취소채권자가 회복재산을 「대위수령」할 수 있는데, 채권자의 채무자에 대한 채권과 채무자의 회복된 책임재산에 대한 반환채권이 상계적상에 있으면 상계의 의사표시에 의하여 「사실상」 우선변제를 받을 수 있다.

〈5-1-10〉 원상회복 효과의 귀속에 관한 판례

㉮ 가액상환의 경우에 상환액은 취소채권자에게 그대로 귀속되는 것이 아니라 채무자의 「책임재산」으로 회복된다(대판 2005.8.25. 2005다14595).

㉯ 책임재산 회복의 효력이 미치는 제407조의 채권자는 사해행위 당시 채권을 가지던 이 및 채권자취소권의 피보전채권으로서의 적격을 가지는 장래의 채권을 가진 이에 한정되고, 사해행위 후의 채권자는 이에 포함되지 않는다(대판 2009.6.23. 2009다18502).

㉰ 가액상환의 경우에 또 다른 채권자인 수익자도 회복된 책임재산에 대하여 「집행권원에 기하여」 배당에 참가할 수 있다(대판 2003.6.27. 2003다15907).

그런데 가액상환을 하면서 안분액의 분배나 상계를 주장할 수 없음에 관하여 〈5－1－9〉 참조.

③ 사해행위 취소는 취소소송의 당사자인 취소채권자와 취소의 상대방인 수익자/전득자 사이에서만 사해행위를 무효로 만들 뿐이고, 채무자 및 취소의 상대방으로 되지 않은 수익자/전득자에 대한 관계에서 법률행위(사해행위)는 유효하게 존

하기 위하여 채권자의 수익자에 대한 가액배상채권을 압류하고 전부명령을 받는 것은 허용된다(대결 2017.8.21. 2017마499).

속한다: 「취소의 상대효」.

〈5-1-11〉 취소의 상대효에 관한 판례[30)]

㉮ 대판 2017.3.9. 2015다217980: "채무자와 수익자 사이의 부동산매매계약이 사해행위로 취소되고 그에 따른 원상회복으로 수익자 명의의 소유권이전등기가 말소되어 채무자의 등기명의가 회복되더라도, 그 부동산은 취소채권자나 민법 제407조에 따라 사해행위 취소와 원상회복의 효력을 받는 채권자와 수익자 사이에서 채무자의 책임재산으로 취급될 뿐, 채무자가 직접 부동산을 취득하여 권리자가 되는 것은 아니[다. …] 채무자가 사해행위 취소로 등기명의를 회복한 부동산을 제3자에게 처분하더라도 이는 무권리자의 처분에 불과하여 효력이 없으므로, 채무자로부터 제3자에게 마쳐진 소유권이전등기나 이에 기초하여 순차로 마쳐진 소유권이전등기 등은 모두 원인무효의 등기로서 말소되어야 한다. 이 경우 취소채권자나 민법 제407조에 따라 사해행위 취소와 원상회복의 효력을 받는 채권자는 채무자의 책임재산으로 취급되는 부동산에 대한 강제집행을 위하여 원인무효등기의 명의인을 상대로 등기의 말소를 청구할 수 있다."[33)]

㉯ 대판 2017.9.26. 2015다38910: "채무자의 법률행위가 사해행위에 해당하여 취소를 이유로 원상회복이 이루어지는 경우, 특별한 사정이 없는 한 채무자는 수익자 또는 전득자에게 부당이득반환채무를 부담한다. 채무자의 책임재산이 위와 같이 원상회복되어 그로부터 채권자가 채권의 만족을 얻음으로써 채무자의 다른 공동채무자도 자신의 채무가 소멸하는 이익을 얻을 수 있다. 이러한 경우에 공동채무의 법적 성격이나 내용에 따라 채무자와 다른 공동채무자 사이에 구상관계가 성립

32) 사해행위의 목적부동산(甲)에 수익자에 대한 채권자의 가압류등기가 경료된 후 채무자와 수익자 사이의 매매계약이 사해행위라는 이유로 취소되어 수익자 명의의 소유권이전등기가 말소되었더라도 사해행위의 취소는 상대적 효력밖에 없어 특단의 사정이 없는 한 가압류의 효력이 당연히 소멸되는 것은 아니므로 채무자로부터 甲을 진전하여 양도받은 이는 가압류의 부담이 있는 소유권을 취득했다고 한 대판 1990.10.30. 89다카35421 및 "채권압류명령 등 당시 피압류채권이 이미 제3자에 대한 대항요건을 갖추어 양도되어 그 명령이 효력이 없는 것이 되었다면, 그 후의 사해행위 취소소송에서 위 채권양도계약이 취소되어 채권이 원채권자에게 복귀하였다고 하더라도 이미 무효로 된 채권압류명령 등이 다시 유효로 되는 것은 아니"라고 한 대판 2022.12.1. 2022다247521도 참조.

33) 사해행위의 대상인 재산은 여전히 수익자의 소유라고 한 대판 2016.11.25. 2013다206313도 참조.

하는 것은 별론으로 하고 공동채무자가 수익자나 전득자에게 직접 부당이득반환채무를 부담하는 것은 아니다. 따라서 채무자의 공동채무자가 수익자나 전득자의 가액배상의무를 대위변제한 경우에도 특별한 사정이 없는 한 수익자나 전득자에게 구상할 수 있다."

제 2 절 담보물권

1. 담보제도 총설

(1) 채권의 확실한 실현을 위하여 채권자가 강구하는 법적 수단을 담보(擔保)라 하는데, 인적 담보(채무자 아닌 이의 일반재산에 의한 담보)와 물적 담보(특별재산에 의한 담보)로 나뉜다(그 밖에 이른바 기능적 담보도 있다).

(2) 물적 담보로 채권자와 설정자(채무자에 한정되지 않는다) 사이의 합의에 의하여 성립하는 약정담보물권과 일정한 요건이 충족되면 법률상 당연히 발생하는 법정담보물권이 있다.[34]

(3) 담보물권이 공통적으로 가지는 성질을 통유성(通有性)이라고 하는데, 부종성, 수반성, 불가분성 및 물상대위성이 이에 해당한다.

〈5-2-1〉 담보물권 일반에 관한 판례

㉮ 피담보채권이 소멸하면 저당권은 부종성에 의하여 당연히 소멸하므로, 그 말소등기가 경료되기 전에 그 저당권부 채권을 가압류하고 압류 및 전부명령을 받은 이가 저당권 이전의 부기등기를 경료하였더라도, 그 가압류 전에 그 저당권의 피담보채권이 소멸된 이상, 그 근저당권을 취득할 수 없고, 실체관계에 부합하지 않는 그 근저당권설정등기를 말소할 의무를 부담한다(대판 2002.9.24. 2002다27910).

㉯ 대판 2004.4.28. 2003다61542: "담보권의 수반성이란 피담보채권의 처분이 있으면 언제나 담보권도 함께 처분된다는 것이 아니라 채권담보라고 하는 담보권

34) 아래의 물적 담보를 읽기 전에 제8장의 제1절과 제3절을 미리 읽기를 권한다.

제도의 존재목적에 비추어 볼 때 특별한 사정이 없는 한 피담보채권의 처분에는 담보권의 처분도 당연히 포함된다고 보는 것이 합리적이라는 것일 뿐이므로, 피담보채권의 처분이 있음에도 불구하고, 담보권의 처분이 따르지 않는 특별한 사정이 있는 경우에는 채권양수인은 담보권이 없는 무담보의 채권을 양수한 것이 되고 채권의 처분에 따르지 않은 담보권은 소멸한다."

그리고 대판 2020.4.29. 2016다235411: "저당권으로 담보된 채권에 질권을 설정한 경우 원칙적으로는 저당권이 피담보채권과 함께 질권의 목적이 된다고 보는 것이 합리적이지만, 질권자와 질권설정자가 피담보채권만을 질권의 목적으로 하고 저당권은 질권의 목적으로 하지 않는 것도 가능하고 이는 저당권의 부종성에 반하지 않는다. 이는 저당권과 분리해서 피담보채권만을 양도한 경우 양도인이 채권을 상실하여 양도인 앞으로 된 저당권이 소멸하게 되는 것과 구별된다. 이와 마찬가지로 담보가 없는 채권에 질권을 설정한 다음 그 채권을 담보하기 위하여 저당권이 설정된 경우 원칙적으로는 저당권도 질권의 목적이 되지만, 질권자와 질권설정자가 피담보채권만을 질권의 목적으로 하였고 그 후 질권설정자가 질권자에게 제공하려는 의사 없이 저당권을 설정받는 등 특별한 사정이 있는 경우에는 저당권은 질권의 목적이 되지 않는다. 이때 저당권은 저당권자인 질권설정자를 위해 존재하며, 질권자의 채권이 변제되거나 질권설정계약이 해지되는 등의 사유로 질권이 소멸한 경우 저당권자는 자신의 채권을 변제받기 위해서 저당권을 실행할 수 있다."

㉰ 채무담보를 위하여 근저당권설정등기, 가등기 등이 경료되어 있는 경우에, 그 채무의 변제의무는 그 등기의 말소의무보다 선행되는 것이며, 채무의 변제와 그 등기말소절차의 이행을 교환적으로 구할 수 없다(대판 1991.4.12. 90다9872).

2. 저당권 1: 의의와 성립요건

(1) 저당권은 채무자의 재산(「책임재산」)으로부터의 만족(채권자 평등의 원칙이 지배한다)을 넘어 「특별재산(特別財産)」인 저당목적물의 매각대금으로부터 다른 채권자(「일반채권자」)에 우선하여 자기의 채권(「피담보채권」)을 변제받을 수 있도록 하는(우선변제적 효력) 제도이다(제356조).

그런데 점유 및 용익을 설정자에게 남긴다는 속성에 따라 가치권과 용익권의 충돌도 저당권에서 중요한 쟁점으로 된다.

(2) 저당권은 원칙적으로 저당권 설정에 관한 당사자 사이의 물권적 합의인 저당권설정계약에 의하여 설정된다.

① 부종성 때문에 저당권자는 피담보채권의 채권자여야 하는데, 판례는 예외를 인정한다.

② 저당권의 설정은 처분행위에 해당하므로, 저당권설정자는 목적물에 관한 처분권을 가져야 한다.

③ 타인의 채무를 담보하기 위하여 자기의 물건 위에 저당권을 설정하는 「물상보증인(物上保證人)」은 채무를 지지 않고, 담보로 제공한 물건의 한도에서 「책임」을 부담할 뿐이다.

피담보채무를 (대위)변제하거나 저당권이 실행되어 저당물의 소유권을 잃으면 물상보증인은 채무자에 대한 구상권을 가지는데, 물상보증인의 구상권에 대하여 보증채무에 관한 규정이 준용된다(제370조, 제341조).

〈5-2-2〉 저당권의 당사자에 관한 판례

1) 제3자 명의의 설정등기

㉮ 대판(전) 2001.3.15. 99다48948의 다수의견: "근저당권은 채권담보를 위한 것이므로 원칙적으로 채권자와 근저당권자는 동일인이 되어야 하지만, 제3자를 근저당권 명의인으로 하는 근저당권을 설정하는 경우 그 점에 대하여 채권자와 채무자 및 제3자 사이에 합의가 있고, 채권양도, 제3자를 위한 계약, 불가분적 채권관계의 형성 등 방법으로 채권이 그 제3자에게 실질적으로 귀속되었다고 볼 수 있는 특별한 사정이 있는 경우에는 제3자 명의의 근저당권설정등기도 유효하다고 보아야 할 것이고, 한편 부동산을 매수한 자가 소유권이전등기를 마치지 아니한 상태에서 매도인인 소유자의 승낙 아래 매수부동산을 타에 담보로 제공하면서 당사자 사이의 합의로 편의상 매수인 대신 등기부상 소유자인 매도인을 채무자로 하여 마친 근저당권설정등기는 실제 채무자인 매수인의 근저당권자에 대한 채무를 담보하는 것으로서 유효하다고 볼 것인바, 위 양자의 형태가 결합된 근저당권이라 하여도 그 자체만으로는 부종성의 관점에서 근저당권이 무효라고 보아야 할 어떤 질적인 차

이를 가져오는 것은 아니라 할 것이다."[35]

㉯ 제3자 명의의 저당권설정등기가 유효한 경우에 명의신탁약정의 금지에 위반된다고 할 것은 아니다(대판 2000.12.12. 2000다49879).

2) 물상보증인

㉮ 근저당에서 물상보증인은 피담보채권의 최고액만 변제하면 근저당권설정등기의 말소청구를 할 수 있고 채권최고액을 초과하는 부분까지 변제할 의무를 지지는 않는다(대판 1974.12.10. 74다998).

㉯ 물상보증인은 시효원용권을 가지지만, 물상보증인이 제기한 저당권설정등기 말소등기 청구소송에 응소하는 것으로는 소멸시효가 중단되지 않는다(대판 2004.1.16. 2003다30890. 〈3-5-6〉 참조).

㉰ 저당권의 실행으로 저당물의 소유권을 잃은 경우에, 물상보증인이 채무자에게 구상할 수 있는 범위는 특별한 사정이 없는 한 담보권의 실행으로 부동산의 소유권을 잃게 된 때, 즉 매수인이 매각대금을 다 낸 때의 부동산 시가를 기준으로 해야 하고, 매각대금을 기준으로 할 것이 아니다(대판 2018.4.10. 2017다283028).[36]

---

35) 사실관계는 다음과 같다: ㉠ A가 그 소유의 대지(甲)를 B에게 매도하면서, B 명의의 등기를 마치기 전에 B가 甲을 담보로 대출받은 돈으로 중도금과 잔금을 지급하되, 잔금의 지급을 담보하기 위하여 甲에 A가 지정하는 사람 명의로 근저당권을 설정하기로 약정하였다. ㉡ 그 약정에 따라 A와 Y가 형식상 소비대차계약을 체결하고 그에 기하여 甲에 Y 명의의 근저당권이 설정되었다. ㉢ B는 X로부터 자금을 대출받으면서 甲에 X 명의의 2순위근저당권을 설정해 주었다. ㉣ B의 이행지체에 따라 X가 임의경매를 신청하였는데, 배당절차에서 Y를 1순위로 하는 배당표가 작성되자 X가 그에 대하여 이의를 제기하였다.

대법원은, "매매잔대금채무를 지고 있는 부동산매수인이 매도인과 사이에 소유권이전등기를 경료하지 아니한 상태에서 그 부동산을 담보로 하여 대출받는 돈으로 매매잔대금을 지급하기로 약정하는 한편, 매매잔대금의 지급을 위하여 당좌수표를 발행·교부하고 이를 담보하기 위하여 그 부동산에 제1순위근저당권을 설정하되, 그 구체적 방안으로서 채권자인 매도인과 채무자인 매수인 및 매도인이 지정하는 제3자 사이의 합의 아래 근저당권자를 제3자로, 채무자를 매도인으로 하기로 하고, 이를 위하여 매도인이 제3자로부터 매매잔대금 상당액을 차용하는 내용의 차용금증서를 작성·교부하였다면, 매도인이 매매잔대금채권의 이전 없이 단순히 명의만을 제3자에게 신탁한 것으로 볼 것은 아니고, 채무자인 매수인의 승낙 아래 매매잔대금채권이 제3자에게 이전되었다고 보는 것이 일련의 과정에 나타난 당사자들의 진정한 의사에 부합하는 해석일 것이므로, 제3자 명의의 근저당권설정등기는 그 피담보채무가 엄연히 존재하고 있어 그 원인이 없거나 부종성에 반하는 무효의 등기라고 볼 수 없다"고 하며, X의 청구를 인용한 원심을 파기하였다.

36) "경매절차에서 유찰 등의 사유로 소유권 상실 당시의 시가에 비하여 낮은 가격으로 매각되는 경우가 있는데, 이 경우 소유권 상실로 인한 부동산 시가와 매각대금의 차액에 해당하는 손해는 채무자가 채무를 변제하지 못한 데 따른 담보권의 실행으로 물상보증인에게 발생한 손

㉣ 대판 2009.7.23. 2009다19802 · 19819: "민법 제370조에 의하여 민법 제341조가 저당권에 준용되는데, 민법 제341조는 타인의 채무를 담보하기 위한 저당권설정자가 그 채무를 변제하거나 저당권의 실행으로 인하여 저당물의 소유권을 잃은 때에 채무자에 대하여 구상권을 취득한다고 규정하여 물상보증인의 구상권 발생요건을 보증인의 경우와 달리 규정하고 있는 점, 물상보증은 채무자 아닌 사람이 채무자를 위하여 담보물권을 설정하는 행위이고 채무자를 대신해서 채무를 이행하는 사무의 처리를 위탁받는 것이 아니므로 물상보증인은 담보물로서 물적 유한책임만을 부담할 뿐 채권자에 대하여 채무를 부담하는 것이 아닌 점, 물상보증인이 채무자에게 구상할 구상권의 범위는 특별한 사정이 없는 한 채무를 변제하거나 담보권의 실행으로 담보물의 소유권을 상실하게 된 시점에 확정된다는 점 등을 종합하면, 원칙적으로 수탁보증인의 사전구상권에 관한 민법 제442조는 물상보증인에게 적용되지 아니하고 물상보증인은 사전구상권을 행사할 수 없다."

㉤ 물상보증은 채무자 아닌 사람이 채무자를 위하여 담보물권을 설정하는 행위이고 채무자를 대신해서 채무를 이행하는 사무의 처리를 위탁받는 것이 아니므로, 물상보증인이 변제 등에 의하여 채무자를 면책시키는 것은 위임사무의 처리가 아니라 법적 의미에서는 의무 없이 채무자를 위하여 사무를 관리한 것에 유사하고, 따라서 물상보증인의 채무자에 대한 구상권은 「그들 사이의 물상보증 위탁계약의 법적 성질과 관계없이」 민법에 의하여 인정된 별개의 독립한 권리이고, 그 소멸시효에 대해서는 민법상 일반채권에 관한 규정이 적용된다(대판 2001.4.24. 2001다6237).

㉥ 대판 2019.2.14. 2017다274703: "구상권 취득의 요건인 '채무의 변제'라 함은 채무의 내용인 급부가 실현되고 이로써 채권이 그 목적을 달성하여 소멸하는 것을 의미하므로, 기존채무가 동일성을 유지하면서 인수 당시의 상태로 종래의 채무자로부터 인수인에게 이전할 뿐 기존채무를 소멸시키는 효력이 없는 면책적 채무인수는 설령 이로 인하여 기존채무자가 채무를 면한다고 하더라도 이를 가리켜 채무가 변제된 경우에 해당한다고 할 수 없다. 따라서 채무인수의 대가로 기존채무자가 물상보증인에게 어떤 급부를 하기로 약정하였다는 등의 사정이 없는 한 물상보증인이 기존채무자의 채무를 면책적으로 인수하였다는 것만으로 물상보증인이 기존채무자에 대하여 구상권 등의 권리를 가진다고 할 수 없다."

해이므로, 이를 채무자에게 구상할 수 있어야 하기 때문"이다.

(3) 저당권은 설정등기가 있어야 성립한다(제186조).

저당권설정등기와 관련해서는 무효인 저당권등기의 유용과 유효하게 경료된 저당권등기의 불법말소가 실무상 많이 문제된다.

〈5-2-3〉 저당권등기에 관한 판례

1) 무효인 저당권등기의 유용

㉮ 피담보채무의 변제 등으로 저당권이 소멸하면 저당권설정등기 또한 효력을 상실하여 말소되어야 하지만, 말소되지 않은 저당권등기를 새로운 채무를 담보하기 위하여 유용할 수 있는데, 부동산소유자(E)가 새로운 제3의 채권자(D)로부터 금원을 차용하면서 저당권등기 유용의 합의를 한 경우에 D 앞으로 저당권 이전의 부기등기를 마쳐야 한다.

㉯ 대판 1998.3.24. 97다56242: "부동산의 소유자 겸 채무자가 채권자인 저당권자에게 당해 저당권설정등기에 의하여 담보되는 채무를 모두 변제함으로써 저당권이 소멸된 경우 그 저당권설정등기 또한 효력을 상실하여 말소되어야 할 것이나, 그 부동산의 소유자가 새로운 제3의 채권자로부터 금원을 차용함에 있어 그 제3자와 사이에 새로운 차용금채무를 담보하기 위하여 잔존하는 종전 채권자 명의의 저당권설정등기를 이용하여 이에 터 잡아 새로운 제3의 채권자에게 저당권이전의 부기등기를 경료하기로 하는 내용의 ㉠ 저당권등기 유용의 합의를 하고 실제로 그 부기등기를 경료하였다면, 그 저당권이전등기를 경료받은 새로운 제3의 채권자로서는 언제든지 부동산의 소유자에 대하여 그 등기유용의 합의를 주장하여 저당권설정등기의 말소청구에 대항할 수 있다고 할 것이고, 다만 그 ㉡ 저당권 이전의 부기등기 이전에 등기부상 이해관계를 가지게 된 자에 대하여는 위 등기유용의 합의사실을 들어 위 저당권설정등기 및 그 저당권 이전의 부기등기의 유효를 주장할 수는 없다."(원문자는 필자)[37]

---

37) 나아가 "채무자인 부동산소유자와 새로운 제3의 채권자와 사이에 저당권등기의 유용의 합의를 하였으나 아직 종전의 채권자 겸 근저당권자의 협력을 받지 못하여 저당권 이전의 부기등기를 경료하지 못한 경우에는 부동산소유자와 종전의 채권자 사이에서는 저당권설정등기는 여전히 등기원인이 소멸한 무효의 등기라고 할 것이므로 부동산소유자는 종전의 채권자에 대하여 그 저당권설정등기의 말소를 구할 수 있다고 할 것이지만, 부동산소유자와 종전의 채권자 그리고 새로운 제3의 채권자 등 3자가 합의하여 저당권설정등기를 유용하기로 합의한 경우라면 종전의 채권자는 부동산소유자의 저당권설정등기 말소청구에 대하여 그 3자 사이

2) 저당권등기가 불법말소된 경우의 단계별 법률관계

㉮ 등기는 물권의 효력발생요건이고 존속요건은 아니어서 저당권등기가 원인 없이 말소되더라도 그 사실만으로 저당권은 소멸하지 않고 말소등기의 회복등기를 할 수 있는데(대판 1968.8.30. 68다1187), 불법말소 후 제3자가 그 저당권의 말소를 신뢰하여 이해관계를 가졌더라도, 등기에 공신력이 인정되지 않기 때문에 말소회복등기를 할 수 있다. 그리고 회복등기가 마쳐지기 전이라도 말소된 등기의 등기명의인은 적법한 담보권자로 추정된다(대판 2002.10.22. 2000다59678).

㉯ 저당부동산이 이미 경락되었다면 저당권은 순위에 관계없이 당연히 소멸하여(민사집행법 제268조, 제91조 제2항) 저당권등기가 회복될 수 없다(대판 2014.12.11. 2013다28025[38] 참조). 이 경우 저당권자는 배당기일에 출석하여 이의를 하고 배당이의의 소를 제기하여 구제를 받을 수 있다(앞의 2000다59678 판결).

㉰ 배당표가 확정되었더라도, 확정된 배당표에 의하여 배당을 실시하는 것은 실체법상의 권리를 확정하는 것이 아니기 때문에, 경매절차에서 실제로 배당받은 이에 대하여 부당이득반환청구로서 그 배당금의 한도 내에서 그 근저당권설정등기가 말소되지 않았더라면 배당받았을 금액의 지급을 구할 수 있다(앞의 2000다59678 판결).

의 등기유용의 합의사실을 들어 대항할 수 있고 또한 부동산소유자로부터 그 부동산을 양도받기로 하였으나 아직 소유권이전등기를 경료받지 아니하여 그 소유자를 대위하여 저당권설정등기의 말소를 구할 수밖에 없는 자에 대하여도 마찬가지로 대항할 수 있다"고 하였다.

참고로 대판 2007.1.11. 2006다50055는, 채권자(G)가 채무자(S)와 근저당권설정계약을 체결하였으나 그 계약에 기한 근저당권설정등기가 G 아닌 제3자(D)의 명의로 경료되고 그 후 다시 G가 부기등기의 방법으로 위 근저당권을 이전받았다면 특별한 사정이 없는 한 그때부터 위 근저당권설정등기는 실체관계에 부합하는 유효한 등기로 볼 수 있음을 전제로, D 명의의 근저당권설정등기가 경료된 부동산에 소유권이전청구권 가등기가 경료되고 그 후 다시 G 명의의 위 근저당권 이전의 부기등기가 경료된 경우에, G는 「위 부기등기가 경료된 시점에 비로소」 근저당권을 취득하는데, 부기등기의 순위가 주등기의 순위에 의하도록 되어 있는 부동산등기법 제5조에 따라 등기부상으로는 G가 D 명의의 근저당권설정등기가 경료된 시점에 근저당권을 취득한 것이 되어 위 가등기보다 그 순위가 앞서므로, 결국 위 근저당권설정등기는 실체관계에 부합하는 유효한 등기라고 볼 수 없다고 하였다.

38) 원인 없이 말소된 근저당권설정등기의 회복등기절차 이행과 회복등기에 대한 승낙의 의사표시를 구하는 소송 도중에 근저당목적물인 부동산에 관하여 경매절차가 진행되어 매각허가결정이 확정되고 매수인이 매각대금을 완납한 경우에, 회복등기절차 이행이나 회복등기에 대한 승낙의 의사표시를 구할 법률상 이익이 없다고 한 사례.

3. 저당권 2: 저당권 실행 전의 법률관계

(1) 저당부동산의 제3취득자에 관하여 본다.

① 거래의 실제에서 저당부동산의 양수인이 저당권의 부담을 인수하고 이를 대금결정에 참작하여 공제하는 경우가 드물지 않는데, 판례는 특별한 사정이 없는 한 이를 이행인수(履行引受)로 새긴다.

② 제3취득자는 "그 부동산으로 담보된 채권"만 변제하고 저당권의 소멸을 청구할 수 있고(제364조), 비용상환청구권도 가진다(제367조).

〈5-2-4〉 제3취득자의 지위에 관한 판례

1) 이행인수의 법률관계

㉮ 대판 2007.9.21. 2006다69479·69486: "부동산의 매수인이 매매목적물에 관한 채무를 인수하는 한편 그 채무액을 매매대금에서 공제하기로 약정한 경우, 그 인수는 특별한 사정이 없는 한 매도인을 면책시키는 채무인수가 아니라 이행인수로 보아야" 한다. 특히 대판 2002.5.24. 2002다7176: "저당부동산에 관한 매매계약을 체결하는 당사자 사이에 매매대금에서 피담보채무 또는 채권최고액을 공제한 잔액만을 현실로 수수하였다는 사정만을 가지고 언제나 매수인이 매도인의 저당채권자에 대한 피담보채무를 인수한 것으로 보아 제3취득자는 채권자에 대한 관계에서 제3취득자가 아니라 채무자와 동일한 지위에 놓이게 됨으로써 <u>저당부동산의 제3취득자가 원래 행사할 수 있었던 저당권소멸청구권</u>을 상실한다고 볼 수는 없고, 오히려 이러한 매매대금 지급방법상의 약정은 다른 특별한 사정이 없는 한 매매당사자 사이에서는 매수인이 피담보채무 또는 채권최고액에 해당하는 매매대금부분을 매도인에게 지급하는 것이 아니라 채권자에게 직접 지급하기로 하여 그 매매목적부동산에 관한 저당권의 말소를 보다 확실하게 보장하겠다고 하는 취지로 그런 약정을 하게 된 것이라고 볼 것이다."[39]

㉯ (채무인수가 아니라) 이행인수의 경우에 매수인은 제3취득자로서 피담보채무를 변제하고 저당권의 소멸을 청구할 수 있다(제364조). 그리고 매수인이 인수한 부분

---

39) 채무인수로 되려면 채권자의 동의가 있어야 함에 관한 (〈2-1-12〉에 소개된) 대판 2012.5.24. 2009다88303도 참조.

의 이행을 게을리함으로써 근저당권이 실행되어 매수인이 취득한 소유권을 잃은 경우에, 매도인은 제576조 소정의 담보책임을 부담하지 않고(대판 2002.9.4. 2002다11151), 위험부담과 관련해서도 매도인의 소유권이전등기의무가 이행불능으로 된 것에 대해 매도인에게 과실이 있다고 볼 수 없다(대판 2008.8.21. 2007다8464·8471 등). 한편 이행인수에서 구상 및 변제자대위는 문제되지 않음은 당연하다(대결 2012.7.16. 2009마461 참조).

㈐ 앞의 2006다69479·69486 판결: 이행인수의 경우에 "매수인은 매매계약시 인수한 채무를 현실적으로 변제할 의무를 부담하는 것은 아니며, 특별한 사정이 없는 한 매수인이 매매대금에서 그 채무액을 공제한 나머지를 지급함으로써 잔금지급의 의무를 다하였다 할 것이므로, 설사 매수인이 위 채무를 현실적으로 변제하지 아니하였다 하더라도 그와 같은 사정만으로는 매도인은 매매계약을 해제할 수 없는 것이지만, 매수인이 인수채무를 이행하지 아니함으로써 매매대금의 일부를 지급하지 아니한 것과 동일하다고 평가할 수 있는 특별한 사유가 있을 때에는 계약해제권이 발생한다. […] '특별한 사정'이 있는지의 여부는, 매매계약의 당사자들이 그러한 내용의 매매계약에 이르게 된 경위, 매수인의 인수채무 불이행으로 인하여 매도인이 입게 되는 구체적인 불이익의 내용과 그 정도 등 제반 사정을 종합적으로 고려하여 […] 판단하여야" 한다.[40]

그런데 특별한 사정으로 ㉠ 매수인이 피담보채무의 변제를 게을리함으로써 매매목적물에 관하여 저당권의 실행으로 임의경매절차가 개시되고 매도인이 경매절차의 진행을 막기 위하여 피담보채무를 변제한 경우(대판 2004.7.9. 2004다13083)[41]와

40) 'X가 그 소유의 甲 토지를 Y에게 매도하면서 甲에 관한 A 명의 근저당권의 피담보채무(차용금채무와 동액이어서 이자부분은 담보되지 않는다)를 Y가 승계하고 명의이전서류를 받는 날부터 잔금에 대한 이자를 지급하기로 약정 → 소유권이전등기에 필요한 서류를 법무사에게 맡겨 두고 여러 차례의 최고가 있었음에도 Y가 피담보채무의 변제를 하지 않아서 A가 임의경매신청 → X가 피담보채무의 원리금 등을 지급하여 임의경매신청이 취하됨 → X가 Y를 상대로 해제를 주장하며 매매에 기한 소유권이전등기의무의 부존재 확인을 구하는 소 제기'의 사안에서, 매매계약의 해제가 부적법하다고 판단한 원심을 파기한 사례.

41) 이 판결은, 부동산매매계약과 함께 이행인수계약이 이루어진 경우에, 매수인이 인수한 채무는 매매대금채무에 갈음한 것으로서 매도인이 매수인의 인수채무 불이행으로 말미암아 또는 임의로 인수채무를 대신 변제하였다면, 그로 인한 손해배상채무 또는 구상채무는 인수채무의 변형으로서 매매대금채무에 갈음한 것의 변형이므로 매수인의 손해배상채무 또는 구상채무와 매도인의 소유권이전등기의무는 대가적 의미가 있어 이행상 견련관계에 있다고 인정되고, 따라서 양자는 동시이행의 관계에 있다고 해석함이 공평의 관념 및 신의칙에 합당하다고 했다.

㉡ 공동저당의 목적인 매도인 소유자의 또 다른 부동산에 대한 임의경매의 우려가 있는 경우(대판 1998.10.27. 98다25184) 등.

2) 제3취득자의 대위변제와 저당권소멸청구

㉮ 제3취득자는 저당권자에게 "그 부동산으로 담보된 채권"만 변제하고 저당권의 소멸을 청구할 수 있는데(제364조), 근저당의 경우에 피담보채무가 확정될 때까지의 채무의 소멸 또는 이전은 근저당권에 영향을 미치지 않으므로, 근저당부동산에 대하여 소유권을 취득한 제3자는 피담보채무가 확정된 「후」에 그 확정된 피담보채무를 채권최고액의 범위 내에서 변제하고 근저당권의 소멸을 청구할 수 있다(대판 2002.5.24. 2002다7176).[42)]

㉯ 물상보증의 목적인 저당부동산의 제3취득자가 채무를 변제하거나 저당권의 실행으로 저당물의 소유권을 잃은 때에는 물상보증인의 구상권에 관한 제370조, 제341조를 유추하여 보증채무에 관한 규정에 따라 채무자에 대한 구상권을 가진다(대판 1997.7.25. 97다8403; 대판 2014.12.24. 2012다49285).

㉰ 후순위근저당권자가 선순위근저당권의 피담보채무가 확정된 후 그 확정된 피담보채무를 변제한 것이 제469조에 의한 이해관계 있는 제3자의 변제로서 유효할 수 있지만, 제364조에 따라 선순위근저당권의 소멸을 청구할 수 있는 사유로 삼을 수는 없다(대판 2006.1.26. 2005다17341).

3) 제3취득자의 비용상환청구권

㉮ 대판 2004.10.15. 2004다36604: 제3취득자의 비용상환청구권에 관한 제367조의 "취지는 저당권설정자가 아닌 제3취득자가 저당물에 관한 필요비 또는 유익비를 지출하여 저당물의 가치가 유지·증가된 경우, 매각대금 중 그로 인한 부분은 일종의 공익비용과 같이 보아 제3취득자가 경매대가에서 우선상환을 받을 수 있도록 한 것이므로 저당물에 관한 지상권, 전세권을 취득한 자만이 아니고 소유권을 취득한 자도 민법 제367조 소정의 제3취득자에 해당한다."

㉯ 대판 2023.7.13. 2022다265093: "제3취득자가 민법 제367조에 의하여 우선상

---

42) 이 판결은 피담보채무의 확정에 관한 근저당권설정자의 권한을 근저당부동산의 제3취득자가 원용할 수 있음도 판시하였다.
한편 근저당권이 설정된 부동산의 제3취득자로서는 채무자 또는 제3자의 변제 등으로 피담보채권이 일부 소멸하였더라도 잔존 피담보채권이 채권최고액을 초과하는 한 담보부동산에 의한 자신의 책임이 그 변제 등으로 인하여 감축되었다고 주장할 수 없다(대판 2007.4.26. 2005다38300).

환을 받으려면 저당부동산의 경매절차에서 배당요구의 종기까지 배당요구를 하여야 한다(민사집행법 제268조, 제88조). [···] 제367조에 의한 우선상환은 제3취득자가 경매절차에서 배당받는 방법으로 민법 제203조 제1항, 제2항에서 규정한 비용에 관하여 경매절차의 매각대금에서 우선변제받을 수 있다는 것이지 이를 근거로 제3취득자가 직접 저당권설정자, 저당권자 또는 경매절차 매수인 등에 대하여 비용상환을 청구할 수 있는 권리가 인정될 수 없다. 따라서 제3취득자는 민법 제367조에 의한 비용상환청구권을 피담보채권으로 주장하면서 유치권을 행사할 수 없다."

(2) 저당권자가 투하자본을 회수하기 위하여 저당권을 처분하는 방법으로 저당권을 양도하거나 저당권부 채권을 입질하는 방법이 있다.

〈5-2-5〉 저당권의 처분에 관한 판례

㉮ 저당권부 채권을 양도하려면 저당권의 양도와 채권양도가 모두 있어야 하고, 피담보채권의 양도에 제450조 이하의 규정이 적용된다.

그런데 채권양도의 대항요건을 갖추지 못한 그러나 저당권이전의 부기등기를 갖춘 양수인의 경매신청에 관하여, 판례는 경매신청을 위하여 채권양도의 대항요건을 갖출 필요는 없고, 채무자가 이 점을 경매개시결정에 대한 이의나 즉시항고절차에서 다툴 수 있지만, 경매절차가 실효되지 않은 이상 양수인이 양수채권의 변제를 받을 수 있다는 입장이다. 즉 대판 2012.4.12. 2011다109357: "피담보채권을 근저당권과 함께 양수한 자는 <u>근저당권 이전의 부기등기를 마치고 근저당권 실행의 요건을 갖추고 있는 한 채권양도의 대항요건을 갖추고 있지 아니하더라도 경매신청을 할 수 있으며</u>, 채무자는 경매절차의 이해관계인으로서 채권양도의 대항요건을 갖추지 못하였다는 사유를 들어 경매개시결정에 대한 이의나 즉시항고절차에서 다툴 수 있고, 이 경우는 신청채권자가 대항요건을 갖추었다는 사실을 증명하여야 할 것이나, 이러한 절차를 통하여 채권 및 근저당권의 양수인의 신청에 의하여 개시된 경매절차가 실효되지 아니한 이상 그 경매절차는 적법한 것이고, 또한 그 경매신청인은 양수채권의 변제를 받을 수도 있다. 그리고 채권양도의 대항요건의 흠결의 경우 채권을 주장할 수 없는 채무자 이외의 제3자는 양도된 채권 자체에 관하여 양수인의 지위와 양립할 수 없는 법률상 지위를 취득한 자에 한하므로, 선순위의 근저당권부 채권을 양수한 채권자보다 후순위의 근저당권자는 채권양도의 대항요건을 갖추지 아니한 경우 대항할 수 없는 제3자에 포함되지 않는다. 이러한 이치는 근저당권부 채권의 양도통지 후 채권양도계약이 해제된 경우에 양수인의 채무자에 대한 해제사실의 통지 없이 양도인이 경매신청을 하는 경우에도 마찬가지"이다(대판 2005.6.23. 2004다29279도 동지).

㉯ 저당권의 양도와 관련하여 물권변동의 일반원칙에 따라 저당권을 이전할 것을 목적으로 하는 물권적 합의와 부기등기가 있어야 저당권이 이전하는데, 이때 물권적 합의는 저당권을 양도·양수하는 당사자 사이에 있으면 족하고 그 외에 채무자나 물상보증인 사이에까지 있어야 하는 것은 아니다(대판 2005.6.10. 2002다15412·15429).

㉰ 대판 2003.10.10. 2001다77888: "채권양도와 근저당권이전등기 사이에 어느 정도 시차가 불가피한 이상 피담보채권이 먼저 양도되어 일시적으로 피담보채권과 근저당권의 귀속이 달라진다고 하여 근저당권이 무효로 된다고 볼 수는 없"다.

㉱ 대판 2020.4.29. 2016다235411: "저당권에 의하여 담보된 채권에 질권을 설정하였을 때 저당권의 부종성으로 인하여 등기 없이 성립하는 권리질권이 당연히 저당권에도 효력이 미친다고 한다면, 공시의 원칙에 어긋나고 그 저당권에 의하여 담보된 채권을 양수하거나 압류한 사람, 저당부동산을 취득한 제3자 등에게 예측할 수 없는 질권의 부담을 줄 수 있어 거래의 안전을 해할 수 있다. 이에 따라 민법 제348조는 저당권설정등기에 질권의 부기등기를 한 때에만 질권의 효력이 저당권에 미치도록 한 것이다. 이는 민법 제186조에서 정하는 물권변동에 해당한다. 이러한 민법 제348조의 입법취지에 비추어 보면, '담보가 없는 채권에 질권을 설정한 다음 그 채권을 담보하기 위해서 저당권을 설정한 경우'에도 '저당권으로 담보한 채권에 질권을 설정한 경우'와 달리 볼 이유가 없다. 또한 담보가 없는 채권에 질권을 설정한 다음 그 채권을 담보하기 위해 저당권을 설정한 경우에, 당사자간 약정 등 특별한 사정이 있는 때에는 저당권이 질권의 목적이 되지 않을 수 있으므로, 질권의 효력이 저당권에 미치기 위해서는 질권의 부기등기를 하도록 함으로써 이를 공시할 필요가 있다. 따라서 담보가 없는 채권에 질권을 설정한 다음 그 채권을 담보하기 위해 저당권이 설정되었더라도, 민법 제348조가 유추적용되어 저당권설정등기에 질권의 부기등기를 하지 않으면 질권의 효력이 저당권에 미친다고 볼 수 없다."

(3) 저당권의 침해에 대한 구제를 본다.

① 저당권자는 물권적 청구권을 행사하여 방해의 제거·예방을 청구할 수 있다(제370조, 제214조).

② 저당권의 침해로 저당권자가 완전한 만족을 얻을 수 없게 되는 경우에 손해배상청구권이 발생한다.

③ 그 밖에 저당물보충청구권이 인정되고(제362조), 즉시변제청구도 가능하다(기한이익의 상실: 제388조 제2호 참조).

〈5-2-6〉 저당권의 침해에 관한 판례

1) 저당권설정자의 용익권과의 충돌과 관련하여, "저당부동산에 대한 점유가 저당부동산의 본래의 용법에 따른 사용·수익의 범위를 초과하여 그 교환가치를 감소시키거나, 점유자에게 저당권의 실현을 방해하기 위하여 점유를 개시하였다는 점이 인정되는 등, 그 점유로 인하여 정상적인 점유가 있는 경우의 경락가격과 비교하여 그 가격이 하락하거나 경매절차가 진행되지 않는 등 저당권의 실현이 곤란하게 될 사정"(대판 2005.4.29. 2005다3243)이 있는 경우에 저당권의 침해가 인정될 수 있는데, 그러한 사정에 대한 증명책임은 저당권의 침해를 주장하는 이가 진다.

2) 저당권자의 방해제거청구권

대판 2006.1.27. 2003다58454: 저당권자는 "저당권 설정 이후 환가에 이르기까지 저당물의 교환가치에 대한 지배권능을 보유하고 있으므로 저당목적물의 소유자 또는 제3자가 저당목적물을 물리적으로 멸실·훼손하는 경우는 물론 그 밖의 행위로 저당부동산의 교환가치가 하락할 우려가 있는 등 저당권자의 우선변제청구권의 행사가 방해되는 결과가 발생한다면 저당권자는 저당권에 기한 방해배제청구권을 행사하여 방해행위의 제거를 청구할 수 있다. […] 대지의 소유자가 나대지상태에서 저당권을 설정한 다음 대지상에 건물을 신축하기 시작하였으나 피담보채무를 변제하지 못함으로써 저당권이 실행에 이르렀거나 실행이 예상되는 상황인데도 소유자 또는 제3자가 신축공사를 계속한다면 신축건물을 위한 법정지상권이 성립하지 않는다고 할지라도 경매절차에 의한 매수인으로서는 신축건물의 소유자로 하여금 이를 철거하게 하고 대지를 인도받기까지 별도의 비용과 시간을 들여야 하므로, 저당목적대지 상에 건물신축공사가 진행되고 있다면, 이는 경매절차에서 매수희망자를 감소시키거나 매각가격을 저감시켜 결국 저당권자가 지배하는 교환가치의 실현을 방해하거나 방해할 염려가 있는 사정에 해당한다."[43] 요컨대 이행지체 등으로 인하여 저당권의 실행이 임박한 상황에 이르면 저당권설정자의 용익권능이 제약을 받는다.

3) 손해배상

㉮ 대판 1998.11.10. 98다34126: 담보물을 권한 없이 멸실·훼손하거나 담보가치를 감소시키는 행위에 의하여 "채권자가 입게 되는 손해는 담보목적물의 가액의 범위 내에서 채권최고액을 한도로 하는 피담보채권액으로 확정될 뿐 그 피담보채무의 변제기가 도래하여 그 담보권을 실행할 때 비로소 발생하는 것은 아니"다.

㉯ 타인의 불법행위로 인하여 근저당권이 소멸한 경우에,[44] 그로 인하여 근저당권자가 입는 손해는 근저당목적물인 부동산의 가액범위 내에서 채권최고액을 한도로 하는 피담보채권액인데(대판 1997.11.25. 97다35771), 근저당목적물인 부동산의 시가에서 소멸된 근저당권에 우선하는 선순위담보권 등의 피담보채권액을 공제한 잔액, 즉 잔존 담보가치 상당액이 채권최고액 또는 피담보채권액보다 적은 경우에 그 잔존 담보가치 상당액을 손해로 보아야 한다(대판 2010.7.29. 2008다18284·18291).[45]

㉰ 대판 2009.5.28. 2006다42818: "근저당권의 공동담보물 중 일부를 권한 없이 멸실·훼손하거나 담보가치를 감소시키는 행위로 인하여 근저당권자가 나머지 저당목적물만으로 채권의 완전한 만족을 얻을 수 없게 되었다면 근저당권자는 불법행위에 기한 손해배상청구권을 취득한다. 이때 이와 같은 불법행위 후 근저당권이 확정된 경우 근저당권자가 입게 되는 손해는 채권최고액 범위 내에서 나머지 저당목적물의 가액에 의하여 만족을 얻지 못하는 채권액과 멸실·훼손되거나 또는 담보

43) 'A 회사가 甲 토지 위에 지하 6층, 지상 20층 규모의 오피스텔 신축공사에 착수하고 선분양 → B 은행으로부터 공사대금을 차용하면서 甲에 근저당권 설정 → A가 지하 1층을 완성한 상태에서 부도를 내자 수분양자들로 결성된 Y 조합이 건축사업의 시행권을 양수하고 공사재개 → B로부터 대여금채권과 근저당권을 양수한 X 회사가 임의경매를 신청하고 Y를 상대로 근저당권에 기한 방해배제청구권을 피보전권리로 하는 공사중지가처분을 신청하여 가처분결정 → 그에 기하여 건축공사중지청구소송 제기'의 사안에서, X의 공사중지청구를 인용한 사례.

44) 저당권등기가 불법말소되더라도 저당권이 소멸하지 않음에 관하여 〈8-3-2〉 참조.

45) 이러한 경우에 저당권자는 우선배당받은 후순위권리자에 대하여 부당이득반환청구권을 행사할 수 있으나, 이 점이 저당권자의 손해배상청구권 자체에 영향을 미치지는 않는다(앞의 97다35771 판결).

가치가 감소된 저당목적물부분(이하 '소멸된 저당목적물부분'이라 한다)의 가액 중 적은 금액이다. 여기서 나머지 저당목적물의 가액에 의하여 만족을 얻지 못하는 채권액은 위 근저당권의 실행 또는 제3자의 신청으로 개시된 경매절차에서 근저당권자가 배당받을 금액이 확정되었거나 확정될 수 있는 때에는 그 금액을 기준으로 하여 산정하며, 그렇지 아니한 경우에는 손해배상청구소송의 사실심 변론종결시를 기준으로 산정하여야 하고, 소멸된 저당목적물부분의 가액 역시 같은 시점을 기준으로 산정하여야 한다."

4. 저당권 3: 저당권의 실행

(1) 저당권의 실행 일반을 본다.

① 저당권의 본체적 효력인 우선변제권과 관련하여 저당권의 순위가 중요한데, 용익권과의 사이에서 우선순위는 「최선순위」 저당권과의 선후에 따라 결정되고, 조세채권과 임금 등의 채권에는 일정한 범위에서 우선권이 주어진다.

② 유저당(流抵當)의 유효성이 일반적으로 부정되지는 않는다.

③ 제365조는 저당권자의 일괄경매권(一括競賣權)을 인정한다.

〈5-2-7〉 저당권의 실행 일반에 관한 판례

1) 저당권의 순위

㉮ 저당부동산이 제3자에게 양도되었는데 저당권설정자에게 저당권에 우선하여 징수당할 아무런 조세의 체납이 없었다면, 양수인인 제3자에 대하여 부과한 국세 또는 지방세를 법정기일이 앞선다거나 당해세라고 하여 우선징수할 수 없다(대판 2005.3.10. 2004다51153).

㉯ 임금채권의 우선권과 관련하여,

㉠ 3월(근로기준법 제38조 제2항) 또는 3년(퇴직급여보장법 제12조 제2항)의 기간은 배당요구의 종기부터 소급하여 산정되며(대판 2015.8.19. 2015다204762), 지연손해금 채권에 대해서는 최우선변제권이 인정되지 않는다(대결 2000.1.28. 99마5143).

㉡ 대판 2004.5.27. 2002다65905는, 사용자가 특정승계하기 전에 이미 설정된

저당권에 의하여 담보된 채권에는 우선하지 않는다고 하였다.[46]

2) 판례는 대물변제의 예약을 저당권의 사적 실행방법으로 전용함에 대하여 「약한 의미의 양도담보」로서의 효력을 인정한다. 즉 대판 1968.6.28. 68다762·763: "대물반환의 예약을 하고 그 목적물인 부동산에 대한 소유권이전등기에 필요한 일체의 서류를 채권자에게 교부한 경우에 대물반환 예약의 효력은 인정될 수 없다 하여도 양도담보의 효력은 인정되어야 할 것이며 그 채무담보를 위하여 근저당권설정등기가 되어 있다 하여도 아무런 영향을 줄 바 못 된다."

3) 일괄경매권

㉮ 건물의 철거를 피하면서 경매를 쉽게 하고 담보가치를 유지하여 저당권자를 보호하려는 데 일괄경매제도의 취지가 있다(대판 2012.3.15. 2011다54587).

이러한 취지에 따라 대판 2003.4.11. 2003다3850: "저당지상의 건물에 대한 일괄경매청구권은 저당권설정자가 건물을 축조한 경우뿐만 아니라 저당권설정자로부터 저당토지에 대한 용익권을 설정받은 자가 그 토지에 건물을 축조한 경우라도 그 후 저당권설정자가 그 건물의 소유권을 취득한 경우에는 저당권자는 토지와 함께 그 건물에 대하여 경매를 청구할 수 있다."

㉯ 대판 2012.3.15. 2011다54587: "동일인의 소유에 속하는 토지 및 지상건물에 관하여 공동저당권이 설정된 후 건물이 철거되고 새로 건물이 신축된 경우에는, 신축건물의 소유자가 토지의 소유자와 동일하고 토지의 저당권자에게 신축건물에 관하여 토지의 저당권과 동일한 순위의 공동저당권을 설정해 주었다는 등 특별한 사정이 없는 한 저당물의 경매로 인하여 토지와 신축건물이 다른 소유자에 속하게 되더라도 신축건물을 위한 법정지상권이 성립하지 않으므로, 위와 같은 경우 토지와 신축건물에 대하여 민법 제365조에 의하여 일괄매각이 이루어졌다면 <u>일괄매각대금 중 토지에 안분할 매각대금은 법정지상권 등 이용제한이 없는 상태의 토지로 평가하여 산정하여야 한다</u>."

㉰ 참고로 토지만 경매하여 그 대금으로부터 충분히 피담보채권의 변제를 받을 수 있더라도, 제365조에 의한 일괄경매에 과잉경매의 제한(민사집행법 제124조)은 적용되지 않는다(대결 1967.12.22. 67마1162).

---

46) 한편 대판 2011.12.8. 2011다68777은, 사용자가 사용자지위를 취득하기 전에 설정한 저당권에 의하여 담보된 채권에도 우선하여 변제되어야 한다고 했는데, 저당권 설정 당시에 설정자는 사용자가 아니어서 앞의 2002다65905 판결과 사실관계가 본질적으로 다르지 않다는 점에서 수긍하기 어렵다.

(2) 저당권의 효력이 미치는 범위를 본다.

① 피담보채권의 범위는 설정계약에 의하지만, 이해관계인들 사이의 이해를 조정하기 위하여 제360조가 피담보채권의 범위를 제한한다.

② 저당권의 효력이 미치는 목적물의 범위는 소유권의 범위와 일치하는데, 그에 관한 특칙으로 제358조와 제359조 참조.

③ 저당목적물의 멸실로 저당권을 잃은 저당권자는 그 가치대표물에 대하여 저당권을 행사할 수 있다: 「물상대위(物上代位)」.

〈5-2-8〉 저당권의 효력이 미치는 범위에 관한 판례

1) 피담보채권의 범위에 관한 제360조가 채무자에 대한 관계에서는 적용되지 않는다(대판 1992.5.12. 90다8855).

2) 저당권의 효력이 미치는 목적물의 범위

㉮ 토지에 대한 경매절차에서 그 지상 건물을 토지의 부합물 내지 종물로 보아 경매법원이 저당토지와 함께 경매를 진행하고 경락허가를 했다고 하여, 그 건물의 소유권에 변동이 초래될 수는 없다(대판 1997.9.26. 97다10314).

㉯ 건물의 증축부분이 기존건물에 부합하여 기존건물과 분리해서는 별개의 독립물로서의 효용을 갖지 못하는 이상 증축부분에도 기존건물에 대한 근저당권의 효력이 미치므로, 기존건물에 대한 경매절차에서 경매목적물로 평가되지 않았더라도 경락인은 부합된 증축부분의 소유권을 취득한다(대판 2002.10.25. 2000다63110).

㉰ 저당권의 실행으로 개시된 경매절차에서 부동산을 경락받은 이는 종물의 소유권을 취득하고, 저당권이 설정된 후에 그 종물에 대하여 강제집행을 한 이는 경락인에게 강제집행의 효력을 주장할 수 없다(대판 1993.8.13. 92다43142).

한편 저당부동산의 상용에 이바지하는 물건이 타인의 소유에 속하는 경우에, 부동산의 경락인이 그 물건의 소유권을 취득하지 못하지만 선의취득의 가능성은 있다(대판 2008.5.9. 2007다36933·36940 참조).

㉱ 대판 1996.4.26. 95다52864는, 건물에 대한 저당권의 효력은 그 건물에 종된 권리인 건물의 소유를 목적으로 하는 지상권에도 미치므로, 건물에 대한 저당권이 실행되어 경락인이 그 건물의 소유권을 취득하였다면, <u>경락 후 건물을 철거한다는 등의 매각조건에서 경매되었다는 등 특별한 사정이 없는 한</u> 경락인은 건물 소유를

위한 지상권도 제187조에 따라 등기 없이 당연히 취득하고, 이때 경락인이 건물을 제3자에게 양도하였다면 특별한 사정이 없는 한 제100조 제2항의 유추에 의하여 건물과 함께 종된 권리인 지상권도 양도하기로 한 것으로 보았다.[47]

㉮ 대판 2016.7.27. 2015다230020: "민법 제359조 전문[의] '과실'에는 천연과실뿐만 아니라 법정과실도 포함되므로, 저당부동산에 대한 압류가 있으면 압류 이후의 저당권설정자의 저당부동산에 관한 차임채권 등에도 저당권의 효력이 미친다."[48]

3) 물상대위

㉮ 물상대위에 압류를 요하는 근거에 관하여, 판례는 반드시 저당권자 자신이 저당목적물의 변형물인 금전 기타 물건을 압류해야 하는 것은 아니고, 다른 채권자(일반채권자 또는 후순위저당권자)가 이미 압류한 경우에 저당권자는 민사집행법 제247조에 기하여 배당요구를 함으로써 우선변제를 받을 수 있다고 하는데(대판 1996.7.12. 96다21058), 이른바 특정성 유지설을 따르는 것으로 보인다.[49]

㉯ 보험금청구권도 실질적으로 목적물의 가치대표물이므로, 그에 대하여 물상대위가 인정된다(대판 2004.12.24. 2004다52798).

㉰ 판례는 저당권의 목적인 전세권이 기간의 만료로 소멸한 경우(대판 2014.10.27. 2013다91672. 〈8-6-5〉 참조)와 물상보증인 소유의 부동산에 설정된 공동저당권이 실행되어 공동저당권자의 피담보채권이 만족을 얻은 경우(대판 1994.5.10. 93다25417. 〈5-2-12〉 참조)에도 물상대위를 인정한다.

㉱ 물상대위권의 행사는 민사집행법 제273조에 따라 담보권의 존재를 증명하는 서류를 집행법원에 제출하여 채권압류 및 추심명령 또는 전부명령을 신청하거나 같은 법 제247조에 의하여 배당요구를 하는 방법에 의하고, 늦어도 배당요구의 종기까지 해야 한다. 그런데 저당권자의 물상대위권 행사로서 압류 및 전부는 그 명

47) 토지임차권에 관한 대판 1993.4.13. 92다24950도 동지.

48) "다만 저당부동산에 대한 경매절차에서 저당부동산에 관한 차임채권 등을 관리하면서 이를 추심하거나 저당부동산과 함께 매각할 수 있는 제도가 마련되어 있지 아니하므로, 저당권의 효력이 미치는 차임채권 등에 대한 저당권의 실행이 저당부동산에 대한 경매절차에 의하여 이루어질 수는 없고, 그 저당권의 실행은 저당권의 효력이 존속하는 동안에 채권에 대한 담보권의 실행에 관하여 규정하고 있는 민사집행법 제273조에 따른 채권집행의 방법으로 저당부동산에 대한 경매절차와 별개로 이루어질 수 있을 뿐이다." 〈6-2-6〉에 소개된 대판 2016.7.27. 2015다230020 참조.

49) 판시에 '제3자의 보호'가 추가되기도 하지만 특별한 의미를 가지지는 않는다고 여겨진다.

령이 제3채무자에게 송달됨으로써 효력이 생기므로, 배당요구의 종기가 지난 후에 물상대위에 기한 채권압류 및 전부명령이 제3채무자에게 송달되었다면, 물상대위권자는 배당절차에서 우선변제를 받을 수 없다(대판 2003.3.28. 2002다13539).[50]

㉤ 압류나 배당요구가 있기 전에 대위물이 지급되거나 배당된 경우에,

㉠ 저당물소유자(물상보증인이나 제3취득자)가 가치변형물을 취득하였다면, 그 수령한 금액 가운데 저당권의 채권최고액을 한도로 하는 피담보채권액의 범위 내에서 부당이득이 성립한다(대판 2009.5.14. 2008다17656. 〈7−5−3〉 참조).

㉡ 반면 채권양수인이나 압류채권자가 지급받거나 배당받은 경우에, 그의 권리취득은 종국적이고 저당권자는 그에게 부당이득의 반환을 구할 수 없다.[51]

㉢ 참고로 물상대위권자의 압류 전에 양도나 전부명령에 의하여 보상금채권이 타인에게 이전된 경우라도 보상금이 직접 지급되거나 보상금지급청구권에 관한 강제집행절차에서 배당요구의 종기에 이르기 전에는 여전히 그 청구권에 대한 추급이 가능하다(대판 2000.6.23. 98다31899).

---

(3) 저당권의 실행을 본다.

① 담보권 실행경매는 채무자가 이행지체에 빠진 후 '경매신청 → 경매개시결정(동시에 압류를 명한다) → 매각허가결정 → 배당'의 순으로 진행된다.

② 경매에 의하여 부동산이 매각되면 그 위에 존재하던 용익권이나 담보권의 부담이 어떻게 되는지에 관하여, 민사집행법 제91조는 소멸주의(消滅主義. 소제주의라

---

50) 물상대위의 범위에 관하여 대판 2022.8.11. 2017다256668: "저당권자가 물상대위권을 행사하여 채권압류 및 추심명령 또는 전부명령(이하 '채권압류명령 등'이라 한다)을 신청하면서 그 청구채권 중 이자·지연손해금 등 부대채권(이하 '부대채권'이라 한다)의 범위를 신청일 무렵까지의 확정금액으로 기재한 경우, 그 신청취지와 원인 및 집행실무 등에 비추어 저당권자가 부대채권에 관하여는 신청일까지의 액수만 배당받겠다는 의사를 명확하게 표시하였다고 볼 수 있는 등의 특별한 사정이 없는 한, 그 배당절차에서는 채권계산서를 제출하였는지 여부에 관계없이 배당기일까지의 부대채권을 포함하여 원래 우선변제권을 행사할 수 있는 범위에서 우선배당을 받을 수 있다고 봄이 타당하다."

51) 물상대위권의 행사에 나아가지 않은 채 단지 수용대상토지에 대하여 담보물권의 등기가 된 것만으로는 그 보상금으로부터 우선변제를 받을 수 없고, 저당권자가 물상대위권의 행사에 나아가지 않아서 우선변제권을 상실한 이상 「다른 채권자」가 그 보상금 또는 이에 관한 변제공탁금으로부터 이득을 얻었더라도 저당권자는 이를 부당이득으로서 반환청구할 수 없다고 한 대판 2002.10.11. 2002다33137 참조.

고도 한다)를 기본으로 하고 이에 인수주의(引受主義)를 가미한다.

③ 경매절차 진행 중에 저당권이 소멸하더라도 경매종료 「후」에는 그 하자를 다투지 못한다(민사집행법 제267조).

〈5-2-9〉 저당권의 실행에 관한 판례

㉮ 저당권부 채권의 양수인이 채권양도의 대항요건을 갖추지 못한 채 경매신청을 한 경우에 관하여 〈5-2-5〉 참조.

㉯ 경매와 부당이득, 특히 실체법상의 우선변제권자라도 「배당요구채권자」라면 배당요구를 하지 않은 경우에 부당이득반환을 청구하지 못함 및 채권의 일부에 대해서만 경매신청 또는 배당요구를 한 경우에 나머지 부분에 대하여 부당이득이 성립하지 않음에 관하여 〈7-5-6〉 참조.

㉰ 민사집행법 제267조는 유효하게 성립한 저당권이 경매개시결정 후에 소멸한 경우에 적용되고, 처음부터 피담보채권이 없기 때문에 저당권이 불성립한 경우(또는 위조문서에 기하여 원인무효의 저당권등기가 경료된 경우)에는 적용되지 않는다(대판 2012.1.12. 2011다68012). 이러한 경우에 저당권등기는 무효이고, 무효등기에 기하여 개시된 경매절차는 효력이 없어서 경매절차에서의 매수인은 저당부동산의 소유권을 취득하지 못하며,[52] 배당채권자에 대하여 부당이득의 반환을 청구할 수 있을 뿐이다(대판 1993.5.25. 92다15574).

민사집행법 제267조의 적용범위에 관하여 대판(전) 2022.8.25. 2018다205209의 다수의견: "종래 대법원은 민사집행법 제267조가 신설되기 전에도 실체상 존재하는 담보권에 기하여 경매개시결정이 이루어졌으나 그 후 경매과정에서 담보권이 소멸한 경우에는 예외적으로 공신력을 인정하여, 경매개시결정에 대한 이의 등으로 경매절차가 취소되지 않고 매각이 이루어졌다면 경매는 유효하고 매수인이 소유권을 취득한다고 해석해 왔다. 대법원은 민사집행법 제267조가 신설된 후에도 같은 입장을 유지하였다. 즉, 민사집행법 제267조는 경매개시결정이 있은 뒤에 담보권이 소멸하였음에도 경매가 계속 진행되어 매각된 경우에만 적용된다고 보는 것이 대법원의 일관된 입장이다. 위와 같은 현재의 판례는 타당하므로 그대로 유지되어야 한다."[53]

52) 따라서 제578조에 기한 담보책임을 물을 수 없다.

53) 담보권의 소멸은 그 소멸시기가 경매개시결정 전인지 또는 후인지에 따라 그 법률적 의미가

(4) 저당권 실행에 따라 가치권과 용익권 사이의 긴장관계가 겉으로 드러나는데, 이를 조절하기 위하여 법정지상권(法定地上權)이 인정된다(법정지상권 일반에 관하여 〈8-6-1〉 참조).

제366조를 적용할 때 담보가치에 대한 저당권자의 예상(담보가치의 증가에 대한 기대 또는 감소에 대한 각오) 및 그에 기한 담보가치의 평가를 존중해야 한다.

〈5-2-10〉 제366조의 법정지상권에 관한 판례

1) 제366조는 가치권과 이용권의 조절이라는 공익상의 요청에 기한 강행규정이다(대판 1988.10.25. 87다카1564).

2) 「최선순위」저당권이 설정될 당시 건물이 존재해야 한다는 요건

㉮ 나대지, 즉 건물이 없는 토지에 저당권을 설정한 후 저당권설정자가 건물을 신축한 경우에, 법정지상권(관습상의 법정지상권도)이 성립하지 않는데(대결 1995.11.21. 95마1262), 저당권설정자가 법정지상권의 성립을 인정한다는 저당권자의 동의를 얻어 건물을 신축한 경우에도 마찬가지이다(대판 2003.9.5. 2003다26051).

한편 저당권 설정 당시 건물이 신축 중이었던 경우에 관하여 판례는, 저당권 설정 당시 사회관념상 독립된 건물로 볼 수 있는 정도에 이르지 않았더라도, 건물의 규모, 종류가 외형상 예상할 수 있는 정도까지 건축이 진전되었고 그 후 경매절차에서 「매수인이 매각대금을 다 낸 때까지」 독립된 부동산으로서 건물의 요건을 갖추면 법정지상권의 성립을 인정한다(대판 2004.6.11. 2004다13533).

㉯ 토지에 저당권이 설정된 후 그 지상 건물이 증·개축된 경우에 관하여 대판 1991.4.26. 90다19985는, 저당권 설정 당시 건물이 존재한 이상 그 후 건물을 개축·증축하는 경우는 물론이고 건물이 멸실되거나 철거된 후 재축·신축하는 경우에도 법정지상권이 성립하고, 이 경우 <u>법정지상권의 내용인 존속기간, 범위 등은 「구 건물」을 기준으로 하여 그 이용에 일반적으로 필요한 범위 내로 제한된다</u>고 하였다.

다만 토지와 그 지상 건물에 공동저당권이 설정된 후 그 건물이 재축된 경우에는 그렇지 않다. 즉 대판(전) 2003.12.18. 98다43601의 다수의견: "동일인의 소유에 속

본질적으로 다르다는 점을 강조하는 다수의견과 달리, 별개의견은 "이미 소멸한 담보권에 기초하여 경매절차가 개시되고 부동산이 매각된 경우에도 특별한 사정이 없는 한 경매는 유효하고 매각대금을 다 낸 매수인은 부동산소유권을 적법하게 취득한다고 보아야 한다"는 입장이다.

하는 토지 및 그 지상 건물에 관하여 공동저당권이 설정된 후 그 지상건물이 철거되고 새로 건물이 신축된 경우에는 그 신축건물의 소유자가 토지의 소유자와 동일하고 토지의 저당권자에게 신축건물에 관하여 토지의 저당권과 동일한 순위의 공동저당권을 설정해 주는 등 특별한 사정이 없는 한 저당물의 경매로 인하여 토지와 그 신축건물이 다른 소유자에 속하게 되더라도 그 신축건물을 위한 법정지상권은 성립하지 않는다고 해석하여야 하는바, 그 이유는 동일인의 소유에 속하는 토지 및 그 지상 건물에 관하여 공동저당권이 설정된 경우에는, 처음부터 지상건물로 인하여 토지의 이용이 제한받는 것을 용인하고 토지에 대하여만 저당권을 설정하여 법정지상권의 가치만큼 감소된 토지의 교환가치를 담보로 취득한 경우와는 달리, 공동저당권자는 토지 및 건물 각각의 교환가치 전부를 담보로 취득한 것으로서, 저당권의 목적이 된 건물이 그대로 존속하는 이상은 건물을 위한 법정지상권이 성립해도 그로 인하여 토지의 교환가치에서 제외된 법정지상권의 가액 상당 가치는 법정지상권이 성립하는 건물의 교환가치에서 되찾을 수 있어 궁극적으로 토지에 관하여 아무런 제한이 없는 나대지로서의 교환가치 전체를 실현시킬 수 있다고 기대하지만, 건물이 철거된 후 신축된 건물에 토지와 동순위의 공동저당권이 설정되지 아니하였는데도 그 신축건물을 위한 법정지상권이 성립한다고 해석하게 되면, 공동저당권자가 법정지상권이 성립하는 신축건물의 교환가치를 취득할 수 없게 되는 결과 법정지상권의 가액 상당 가치를 되찾을 길이 막혀 위와 같이 당초 나대지로서의 토지의 교환가치 전체를 기대하여 담보를 취득한 공동저당권자에게 불측의 손해를 입게 하기 때문"이다.[54]

3) 저당권 설정 당시 토지와 건물이 동일한 소유자에게 속해야 한다는 요건

㉮ 대지 또는 그 지상 건물의 소유명의를 타인에게 신탁한 경우에, 신탁자는 제3자에 대하여 그 대지 또는 지상건물이 자기의 소유임을 주장할 수 없으므로, 동일소유자라는 요건이 충족되지 않는다. 대지의 명의신탁에 관한 대판 1993.6.25. 92다20330, 건물의 명의신탁에 관한 대판 2004.2.13. 2003다29043 참조.

㉯ 토지와 건물이 저당권 설정 당시 동일인에게 속하였다면, 그 후 저당권의 실행으로 토지가 낙찰되기 전에 어느 한쪽 또는 양쪽이 제3자에게 양도되어 각각 다

---

54) 'Y 소유의 대지(甲) 및 그 지상 단층주택(乙)에 A를 위한 공동근저당권 설정 → 乙의 철거와 그 자리에 3층 주택의 신축 → 위 근저당권의 실행을 위한 임의경매절차 개시 → 乙은 이미 철거되었으므로 그에 대한 경매절차 취소 → B가 甲을 경락받은 후 X에게 양도 → X의 Y에 대한 건물철거 및 대지인도 청구'의 사안에서 법정지상권의 성립을 부정한 사례.

른 소유자에게 속하게 되었더라도, 법정지상권의 성립이 인정될 수 있다(대판 1999. 11.23. 99다52602).

㉰ 「토지」공유자 중 1인이 다른 공유자의 동의를 얻어 그 지상에 건물을 소유하면서 자기의 토지지분에 저당권을 설정한 후 경매로 인하여 그 공유지분과 건물의 소유자가 달라진 경우에, 그 건물을 위하여 법정지상권이 인정될 수 없다(대판 2014.9.4. 2011다73038·73045).55)

반면 「건물」공유자 중 1인이 그 건물의 부지인 토지를 단독으로 소유하면서 그 토지에 관해서만 저당권을 설정하였다가 위 저당권에 의한 경매로 인하여 토지의 소유자가 달라진 경우에, 건물공유자들은 토지 전부에 관하여 건물의 존속을 위한 법정지상권을 취득한다(대판 2011.1.13. 2010다67159).

㉱ 미등기건물을 그 대지와 함께 매수한 사람이 그 대지에 관해서만 소유권이전등기를 넘겨받고 건물에 관해서는 그 등기를 이전받지 못하다가 대지에 저당권을 설정하고 그 저당권의 실행으로 대지가 경매되어 다른 사람의 소유로 된 경우에, 그 저당권의 설정 당시에 이미 대지와 건물이 각각 다른 사람의 소유에 속하고 있었으므로 법정지상권이 성립될 여지가 없다(대판(전) 2002.6.20. 2002다9660).

4) 법정지상권이 인정되는 경우에 일괄경매청구는 허용되지 않는다(대판 1987.4. 28. 86다카2856).

5. 특수한 저당권

(1) 먼저 근저당(根抵當)에 관하여 본다.

① 근저당권은 설정계약에서 정해지고 등기된 최고액을 한도로 결산기에 실제로 존재하는 채권액 전부를 담보한다.

② 근저당권이 확정되기 전까지 피담보채무에 변동이 생기더라도 근저당권에 영향을 미치지 않는다.

③ 설정단계에서 피담보채권의 특정 대신 우선변제를 받을 수 있는 상한으로서 최고액만 정해지지만, 실행시에는 우선변제를 받을 피담보채권이 특정되어야

55) 구분소유적 공유관계에서는 그렇지 않음에 관하여 대판 2004.6.11. 2004다13533 참조.

한다. 여기서 「근저당권의 확정」(특히 확정의 시기)이 문제되는데, 근저당권이 확정되면 그때를 기준으로 부동(浮動)하던 피담보채권이 고정되고, 그 후 발생하는 채권은 더 이상 근저당권에 의하여 담보되지 않는다(대판 1993.3.12. 92다48567).

〈5-2-11〉 근저당에 관한 판례

1) 피담보채권의 범위

㉮ 대판 2004.7.9. 2003다27160: 불특정채무를 담보하기 위하여 동일인이 근보증과 물상보증을 한 경우에, 근보증약정과 근저당권설정계약이 별개의 계약이지만, "근보증의 주채무와 근저당권의 피담보채무가 동일한 채무인 이상 <u>근보증과 근저당권은 특별한 사정이 없는 한 동일한 채무를 담보하기 위한 중첩적인 담보</u>로서 근저당권의 실행으로 변제를 받은 금액은 근보증의 보증한도액에서 공제되어야 할 것"이다.56)

한편 대판 1993.7.13. 93다17980 등은, 동일한 사람이 동일채권의 담보를 위하여 연대보증계약과 근저당설정계약을 체결하였더라도 위 두 계약은 별개의 계약이므로, 연대보증책임의 범위가 근저당권의 채권최고액의 범위 내로 제한되기 위하여 이를 인정할 만한 특별한 사정의 존재가 증명되어야 한다고 했다.

㉯ 「근저당권의 준공유」에 관하여 대판 2008.3.13. 2006다31887: "여러 채권자가 같은 기회에 어느 부동산에 관하여 하나의 근저당권을 설정받아 이를 준공유하는 경우에, 그 근저당권은 준공유자들의 피담보채권액을 모두 합쳐서 채권최고액까지 담보하게 되고, 피담보채권이 확정되기 전에는 근저당권에 대한 준공유비율을 정할 수 없으나 <u>피담보채권액이 확정되면 각자 그 확정된 채권액의 비율에 따라 근저당권을 준공유</u>하는 것이 되므로, 준공유자는 각기 그 채권액의 비율에 따라 변제받는 것이 원칙이다. 그러나 준공유자 전원의 합의로 피담보채권의 확정 전에 위와 다른 비율을 정하거나 준공유자 중 일부가 먼저 변제받기로 약정하는 것을 금할 이유가 없으므로 그와 같은 약정이 있으면 그 약정에 따라야 하며, 이와 같은 <u>별도의 약정을 등기하게 되면 제3자에 대하여도 효력이 있다</u>. 그런데 <u>근저당권의 준공</u>

---

56) 대법원은 동일한 피담보채무에 대한 근보증과 근저당의 관계를 중첩적 담보로 새기는 반면, 당사자들의 의사를 고려하여 — 누적공동근저당의 개념에 따라 — 근보증과 근저당의 담보적 효력의 누적이 인정되어야 한다는 견해도 유력하다.

유자들이 각자의 공유지분을 미리 특정하여 근저당권설정등기를 마쳤다면 그들은 처음부터 그 지분의 비율로 근저당권을 준공유하는 것이 되고, 이러한 경우에 다른 특별한 사정이 없는 한 준공유자들 사이에는 각기 그 지분비율에 따라 변제받기로 하는 약정이 있었다고 봄이 상당하므로, 그 근저당권의 실행으로 인한 경매절차에서 배당을 하는 경매법원으로서는 배당시점에서의 준공유자 각자의 채권액의 비율에 따라 안분하여 배당할 것이 아니라 각자의 지분비율에 따라 안분하여 배당해야 하며, 어느 준공유자의 실제 채권액이 위 지분비율에 따른 배당액보다 적어 잔여액이 발생하게 되면 이를 다른 준공유자들에게 그 지분비율에 따라 다시 안분하는 방법으로 배당해야 한다."

㉰ 이른바 「누적적 근저당」에 관하여 대판 2020.4.9. 2014다51756·51763: "당사자 사이에 하나의 기본계약에서 발생하는 동일한 채권을 담보하기 위하여 여러 개의 부동산에 근저당권을 설정하면서 각각의 근저당권 채권최고액을 합한 금액을 우선변제받기 위하여 공동근저당권의 형식이 아닌 개별근저당권의 형식을 취한 경우, 이러한 근저당권은 민법 제368조가 적용되는 공동근저당권이 아니라 피담보채권을 누적적(累積的)으로 담보하는 근저당권에 해당한다. 이와 같은 누적적 근저당권은 공동근저당권과 달리 담보의 범위가 중첩되지 않으므로, 누적적 근저당권을 설정받은 채권자는 여러 개의 근저당권을 동시에 실행할 수도 있고, 여러 개의 근저당권 중 어느 것이라도 먼저 실행하여 그 채권최고액의 범위에서 피담보채권의 전부나 일부를 우선변제받은 다음 피담보채권이 소멸할 때까지 나머지 근저당권을 실행하여 그 근저당권의 채권최고액 범위에서 반복하여 우선변제를 받을 수 있다."

2) 채권최고액

㉮ 물상보증인이나 근저당부동산의 제3취득자는 채권최고액만 변제하고 근저당권의 소멸을 청구할 수 있다(대판 1974.12.10. 74다998).

㉯ 반면 대판 2010.5.13. 2010다3681: "근저당권은 원본, 이자, 위약금, 채무불이행으로 인한 손해배상 및 근저당권의 실행비용을 담보하는 것이며, 이것이 근저당에 있어서의 채권최고액을 초과하는 경우에 근저당권자로서는 그 채무자 겸 근저당권설정자와의 관계에 있어서는 그 채무의 일부인 채권최고액과 지연손해금 및 집행비용만을 받고 근저당권을 말소시켜야 할 이유는 없을 뿐 아니라, 채무금 전액에 미달하는 금액의 변제가 있는 경우에 이로써 우선 채권최고액 범위의 채권에 변제충당한 것으로 보아야 한다는 이유도 없으니 채권 전액의 변제가 있을 때까지

근저당의 효력은 잔존채무에 여전히 미친다."[57]

㉰ 대판(전) 2017.12.21. 2013다16992: "민법 제368조는 공동근저당권의 경우에도 적용[되는데,] 공동근저당권이 설정된 목적부동산에 대하여 동시배당이 이루어지는 경우에 공동근저당권자는 채권최고액 범위 내에서 피담보채권을 민법 제368조 제1항에 따라 부동산별로 나누어 각 환가대금에 비례한 액수로 배당받으며, 공동근저당권의 각 목적부동산에 대하여 채권최고액만큼 반복하여, 이른바 누적적으로 배당받지 아니한다. 그렇다면 공동근저당권이 설정된 목적부동산에 대하여 이시배당이 이루어지는 경우에도 동시배당의 경우와 마찬가지로 공동근저당권자가 공동근저당권 목적부동산의 각 환가대금으로부터 채권최고액만큼 반복하여 배당받을 수는 없다고 해석하는 것이 민법 제368조 제1항 및 제2항의 취지에 부합한다. 그러므로 공동근저당권자가 스스로 근저당권을 실행하거나 타인에 의하여 개시된 경매 등의 환가절차를 통하여 공동담보의 목적부동산 중 일부에 대한 환가대금 등으로부터 다른 권리자에 우선하여 피담보채권의 일부에 대하여 배당받은 경우에, 그와 같이 우선변제받은 금액에 관하여는 공동담보의 나머지 목적부동산에 대한 경매 등의 환가절차에서 다시 공동근저당권자로서 우선변제권을 행사할 수 없다고 보아야 하며, 공동담보의 나머지 목적부동산에 대하여 공동근저당권자로서 행사할 수 있는 우선변제권의 범위는 피담보채권의 확정 여부와 상관없이 최초의 채권최고액에서 위와 같이 우선변제받은 금액을 공제한 나머지 채권최고액으로 제한된다고 해석함이 타당하다. 그리고 이러한 법리는 채권최고액을 넘는 피담보채권이 원금이 아니라 이자·지연손해금인 경우에도 마찬가지로 적용된다."

3) 근저당권 확정까지의 사정변경

㉮ 근저당권이 확정되기 전에 채무자가 변경되면 변경 후의 채무자에 대한 채권만이 당해 근저당권에 의하여 담보되고, 변경 전의 채무자에 대한 채권은 그 근저당권에 의하여 담보되는 채무의 범위에서 제외된다(대판 1999.5.14. 97다15777).[58]

㉯ 근저당권의 피담보채권이 확정되기 전에 그 채권의 일부를 양도하거나 대위

57) 공동근저당권자가 채무자 겸 근저당권설정자로부터 공동근저당목적물 등의 매매대금으로 피담보채권의 일부를 임의변제받은 경우에, 그 변제된 금원은 우선변제권이 있는 피담보채권에 우선 충당해야 하는 것이 아니고 「변제충당의 일반법리에 따라」 공동근저당권자의 채무자에 대한 채권 전부의 변제에 충당해야 하며 공동근저당권자는 그 변제충당 후 나머지 채권에 대하여 채권최고액을 한도로 우선변제권을 가진다고 한 사례.

58) 채권자의 의사에 반하는 채무자변경이 허용되지 않으므로 채권자에게 불이익이 생길 염려는 없다.

변제한 경우에 근저당권이 양수인이나 대위변제자에게 이전할 여지가 없다(대판 1996.6.14. 95다53812). 그리고 피담보채무의 범위 또는 채무자를 변경할 때 이해관계인의 승낙을 받을 필요가 없고, 등기사항의 변경이 있다면 변경등기를 해야 하지만, 등기사항에 속하지 않는 사항은 당사자의 합의만으로 변경의 효력이 발생한다(대판 2021.12.16. 2021다255648).

㈐ 대판 2002.7.26. 2001다53929: 근저당권 확정 전에 피담보채무를 대위변제한 경우에 "그 근저당권에 의하여 담보되는 피담보채권이 확정되게 되면, 그 피담보채권액이 그 근저당권의 채권최고액을 초과하지 않는 한 그 근저당권 내지 그 실행으로 인한 경락대금에 대한 권리 중 그 피담보채권액을 담보하고 남는 부분은 저당권의 일부이전의 부기등기의 경료 여부와 관계없이 대위변제자에게 법률상 당연히 이전된다." 근저당권의 확정 전에 그때까지 존재하던 피담보채무 전부를 변제하였더라도 그 후 다시 피담보채무가 발생할 수 있으므로 확정 전의 변제는 일부변제로 평가되고, 일부변제의 경우에 채권자가 대위변제자에 우선하기 때문이다.

4) 근저당권의 확정

㈎ 존속기간이나 결산기가 정해진 경우에, 근저당권에 의하여 담보되는 채권이 전부 소멸하고 채무자가 채권자로부터 새로 금원을 차용하는 등 거래를 계속할 의사가 없다면, 그 존속기간 또는 결산기가 경과하기 전이라도 근저당권설정자는 계약을 해지하고 근저당권설정등기의 말소를 구할 수 있다.[59] 한편 존속기간이나 결산기의 정함이 없는 경우에 근저당권의 피담보채무의 확정방법에 관한 다른 약정이 있으면 그에 따르되, 이러한 약정이 없다면 근저당권설정자가 근저당권자를 상대로 언제든지 해지의 의사표시를 함으로써 피담보채무를 확정시킬 수 있다(대판 2002.5.24. 2002다7176).

㈏ 판례는 「근저당권자」가 피담보채무의 이행지체를 이유로 경매신청을 하면 피

59) 피담보채무를 확정시키는 근저당권설정자의 근저당권설정계약의 해제 또는 해지에 관한 권한은 근저당부동산의 소유권을 취득한 제3취득자도 원용할 수 있는데, 제3취득자가 명시적인 해지의 의사표시를 하지는 않았지만 근저당권자에게 저당목적부동산을 취득하였음을 내세우면서 앞으로 대위변제를 통하여 채권최고액 범위 내에서 피담보채무를 소멸시키고 근저당권의 소멸을 요구할 것이라는 전제에서 채무자의 피담보채무에 대하여 채무를 일부변제하기 시작하는 등 제3취득자가 기존 근저당권설정계약의 존속을 통한 피담보채무의 증감변동을 더 이상 용인하지 않겠다는 의사를 파악할 수 있는 어떤 외부적·객관적 행위를 하고, 채권자도 그러한 사정 때문에 그 계약이 종료됨으로써 피담보채무가 확정된다고 하는 점을 객관적으로 인식할 수 있었다면, 제3취득자는 근저당권설정계약을 해지하는 묵시적인 의사표시를 한 것으로 볼 수 있으므로, 근저당권의 피담보채무는 그 설정계약에서 정한 바에 따라 확정된다.

담보채무가 확정되고, 확정시기는 「경매신청시」라고 한다(아래 2001다73022 판결).

그런데 경매신청이 취하되면 압류의 효력이 소멸하지만(민사집행법 제93조 제1항), 실체법적으로는 경매신청에 묵시적인 해지의 의사표시가 담겨 있고, 경매신청에 따라 압류등기가 경료됨으로써 근저당권설정자에게 요지가능한 상태에 이르렀다면 해지의 효력이 발생하는데, 그 후 근저당권자가 일방적으로 해지의 효력을 부정할 수 없다(대판 2002.11.26. 2001다73022). 형성권의 재판상 행사에 관한 〈1-2-2〉도 참조.

㉰ 「근저당권자 아닌 이」의 경매신청에 의해서도 근저당권이 확정되는데, 판례는 이러한 경우에 근저당권의 피담보채권은 「매수인이 매각대금을 완납한 때」에 확정된다고 한다. 즉 대판 1999.9.21. 99다26085는, 부동산경매절차에서 경매신청기입등기 이전에 등기되어 있는 근저당권은 경락으로 소멸하는 대신 그 근저당권자는 민사집행법 제88조가 정하는 배당요구를 하지 않았더라도 당연히 그 순위에 따라 배당을 받을 수 있고, 이 때문에 선순위근저당권이 설정되어 있는 부동산에 대하여 근저당권을 취득하려는 사람들은 선순위근저당권의 채권최고액만큼의 담보가치는 이미 선순위근저당권자에 의하여 파악되어 있는 것으로 인정하고 거래를 하는 것이 보통이므로, 담보권 실행을 위한 경매절차가 개시되었음을 선순위근저당권자가 안 때 이후의 어떤 시점에 선순위근저당권의 피담보채무액이 증가하더라도 그와 같이 증가한 피담보채무액이 선순위근저당권의 채권최고액 한도 안에 있다면 경매를 신청한 후순위근저당권자가 예측하지 못한 손해를 입게 된다고 볼 수 없는 반면, 선순위근저당권자는 자신이 경매신청을 하지 않았으면서도 경락으로 인하여 근저당권을 상실하는 처지에 있으므로 거래의 안전을 해치지 않는 한도에서 선순위근저당권자가 파악한 담보가치를 최대한 활용할 수 있도록 함이 타당하다는 관점에서, 후순위근저당권자가 경매를 신청한 경우에 선순위근저당권의 피담보채권은 그 근저당권이 소멸하는 시기, 즉 경락인이 경락대금을 완납한 때 확정된다고 보았다.[60]

60) 참고로 근질의 확정시기에 관하여 대판 2009.10.15. 2009다43621은 「근질권자가 제3자의 압류로 경매가 개시된 사실을 알게 된 때」라고 하여 근저당에서와 다른 입장이다: "근질권자가 제3자의 압류사실을 알고서도 채무자와 거래를 계속하여 추가로 발생시킨 채권까지 근질권의 피담보채권에 포함시킨다고 하면 그로 인하여 근질권자가 얻을 수 있는 실익은 별 다른 것이 없는 반면 제3자가 입게 되는 손해는 위 추가된 채권액만큼 확대되고 이는 사실상 채무자의 이익으로 귀속될 개연성이 높아 부당할 뿐 아니라, 경우에 따라서는 근질권자와 채무자가 그러한 점을 남용하여 제3자 등 다른 채권자의 채권회수를 의도적으로 침해할 수 있는 여지도 제공하게 된다." 근질에서는 채권최고액을 공시할 방법이 없어서 다른 채권자 등의 채권회수를 침해할 가능성이 있음을 고려한 결과로 보인다.

⑵ 공동저당(共同抵當)을 본다.

① 담보가치를 집적하고 담보목적물 중 일부의 가치하락(멸실이나 훼손 포함)에 대비할 수 있다는 장점 때문에 공동저당이 널리 활용된다.

② 공동저당권의 실행에서 배당을 어떻게 하는지에 따라 각 부동산의 후순위 권리자들 사이에 이해의 충돌(특히 기대에 반하는 결과의 발생)이 생길 수 있다. 그래서 제368조는 동시배당에서 책임의 안분을 통하여 그리고 이시배당에서는 후순위저당권자의 대위를 통하여 이해관계를 조절한다.

〈5-2-12〉 공동저당에 관한 판례

1) 대판 2010.12.23. 2008다57746은 "공동저당관계의 등기를 공동저당권의 성립요건이나 대항요건이라고 할 수 없다"는 일반론을 설시하였다. 그런데 건물에 설정된 근저당권과 그 건물 일부분에 관한 전세권에 설정된 전세권근저당권 사이의 관계라는 특수한 사안을 다룬 이 판결에서 과연 위와 같은 일반론이 필요하였는지 하는 의문은 별론으로 하고, 공동저당이라는 취지가 공시되지 않았음에도 제368조를 적용하여 후순위저당권자 등 이해관계인에게 예기치 않은 결과(유리하든지 불리하든지 관계없이)를 지우는 것이 적절한지 의문이 아닐 수 없다. 특히 누적적 근저당(대판 2020.4.9. 2014다51756·51763 참조)과의 구별을 위해서라도 공동저당이라는 취지가 공시되어야 한다.

한편 대판 2012.3.29. 2011다74932: "저당권이 설정된 1필의 토지가 전체 집합건물에 대한 대지권의 목적인 토지가 되었을 경우에는 종전의 저당목적물에 대한 담보적 효력은 그대로 유지된다고 보아야 하므로 저당권은 개개의 전유부분에 대한 각 대지권 위에 분화되어 존속하고, 각 대지권은 저당권의 공동담보가 된다고 봄이 타당하다. 따라서 집합건물이 성립하기 전 집합건물의 대지에 관하여 저당권이 설정되었다가 집합건물이 성립한 후 어느 하나의 전유부분 건물에 대하여 경매가 이루어져 경매대가를 먼저 배당하는 경우에는 저당권자는 매각대금 중 대지권에 해당하는 경매대가에 대하여 우선변제받을 권리가 있고 그 경우 공동저당 중 이른바 이시배당에 관하여 규정하고 있는 민법 제368조 제2항의 법리에 따라 저당권의 피담보채권액 전부를 변제받을 수 있다고 보아야 한다."[61]

---

61) A, B 등 명의로 지분이 나뉘어 있는 분할 전 대지 중 A 지분에 관하여 C 명의로 근저당권이

2) 「동시배당」에서 각 부동산별로 매각대금에서 선순위권리자의 피담보채권액을 공제하여 경매대가를 정하고 이를 기준으로 각 공동저당의 책임분담을 결정해야 한다(대판 2003.9.5. 2001다66291).

3) 이시배당에서의 대위

㉮ 책임분담액에 관하여, 다른 부동산이 경매될 때를 기다리지 않더라도 대위발생시 다른 부동산의 가격까지 평가하여 대위의 범위를 확정할 수 있다는 이전범위설과 각 부동산이 실제로 경매되어 경매가격이 정해진 후가 아니면 안 된다는 행사범위설이 대립하는데, 판례는 행사범위설을 따른다(대판 1994.5.10. 93다25417).

㉯ 대판 2009.12.10. 2009다41250: "채무자 소유의 수개 부동산에 관하여 공동저당권이 설정된 경우 민법 제368조 제2항 후문에 의한 후순위저당권자의 대위권은 선순위공동저당권자가 공동저당의 목적물인 부동산 중 일부의 경매대가로부터 배당받은 금액이 그 부동산의 책임분담액을 초과하는 경우에 비로소 인정되는 것이지만, 후순위저당권자로서는 선순위공동저당권자가 피담보채권을 변제받지 않은 상태에서도 추후 공동저당목적부동산 중 일부에 관한 경매절차에서 선순위공동저당권자가 그 부동산의 책임분담액을 초과하는 경매대가를 배당받는 경우 다른 공동저당목적부동산에 관하여 선순위공동저당권자를 대위하여 저당권을 행사할 수 있다는 대위의 기대를 가진다고 보아야 하고, 후순위저당권자의 이와 같은 대위에 관한 정당한 기대는 보호되어야 하므로, 선순위공동저당권자가 피담보채권을 변제받기 전에 공동저당목적부동산 중 일부에 관한 저당권을 포기한 경우에는, 후순위저당권자가 있는 부동산에 관한 경매절차에서, 저당권을 포기하지 아니하였더라면 후순위저당권자가 대위할 수 있었던 한도에서는 후순위저당권자에 우선하여 배당을 받을 수 없다고 보아야 하고, 이러한 법리는 공동근저당권의 경우에도 마찬가지로 적용된다고 보아야 한다."

설정되어 있었고, 이후 B 지분을 양수한 D가 위 대지를 분할하여 분할된 일부대지(甲) 위에 집합건물을 신축하여 소유권보존등기를 하면서 甲에 관하여 대지권등기를 마쳤는데, 그 후 집합건물 중 일부전유부분과 그 대지권에 관하여 경매절차가 진행된 사안에서, 甲에 관한 대지권 성립 전에 설정된 위 근저당권은 그 후 甲이 집합건물의 대지권 목적이 되었더라도 종전 저당목적물에 대한 담보적 효력을 그대로 유지하므로 C는 위 전유부분에 대한 전체 매각대금 중 대지권에 대한 부분에 관하여 우선변제받을 권리가 있고, 근저당권의 공동담보 중 일부인 대지권의 경매대가를 먼저 배당하게 되었으므로, C는 근저당권의 피담보채권 전액을 기준으로 배당에 참가할 수 있다고 한 사례.

4) 공동저당목적부동산 중 일부가 물상보증인이나 그로부터의 제3취득자의 소유인 경우

㉮ 후순위저당권자의 대위(제368조 제2항)와 변제자대위(제482조 제1항)의 우열에 관하여, 판례는 기본적으로 변제자대위 우선설을 따른다.

㉠ 물상보증인 소유의 부동산에 설정된 저당권이 먼저 실행되어 그 매각대금이 선순위공동저당권에게 배당된 경우에 관하여 대판 1994.5.10. 93다25417: "공동저당의 목적인 채무자 소유의 부동산과 물상보증인 소유의 부동산에 각각 채권자를 달리하는 후순위저당권이 설정되어 있는 경우, 물상보증인 소유의 부동산에 대하여 먼저 경매가 이루어져 그 경매대금의 교부에 의하여 1번저당권자가 변제를 받은 때에는 물상보증인은 채무자에 대하여 구상권을 취득함과 동시에, 민법 제481조, 제482조의 규정에 의한 변제자대위에 의하여 채무자 소유의 부동산에 대한 1번저당권을 취득하고, 이러한 경우 물상보증인 소유의 부동산에 대한 후순위저당권자는 물상보증인에게 이전한 1번저당권으로부터 우선하여 변제를 받을 수 있으며, 물상보증인이 수인인 경우에도 마찬가지라 할 것이므로(이 경우 물상보증인들 사이의 변제자대위의 관계는 민법 제482조 제2항 제4호, 제3호에 의하여 규율될 것이다), 자기 소유의 부동산이 먼저 경매되어 1번저당권자에게 대위변제를 한 물상보증인은 1번저당권을 대위취득하고, 그 물상보증인 소유의 부동산의 후순위저당권자는 1번저당권에 대하여 물상대위를 할 수 있다. […] 물상보증인이 대위취득한 선순위저당권설정등기에 대하여는 말소등기가 경료될 것이 아니라 물상보증인 앞으로 대위에 의한 저당권이전의 부기등기가 경료되어야 할 성질의 것이며, 따라서 아직 경매되지 아니한 공동저당물의 소유자로서는 1번저당권자에 대한 피담보채무가 소멸하였다는 사정만으로는 말소등기를 청구할 수 없다."62)

62) 'Y가 A에 돈을 빌려주면서 A 소유의 부동산(甲)과 X 소유의 부동산(乙) 및 B 소유의 부동산(丙)에 공동근저당권 설정 → 그 후 C를 위하여 乙에 후순위근저당권 설정 → A가 대출금 상환을 연체하자 Y는 위 부동산들에 대하여 따로따로 임의경매 신청 → 甲 및 丙에 대한 경매절차가 종료되어 배당절차에서 Y가 피담보채권 전부의 변제를 받자 乙에 대한 경매를 취하하였는데, 후순위저당권자 C는 전혀 배당을 받지 못한 상태 → X가 피담보채무 전부 소멸을 이유로 Y를 상대로 근저당권말소청구'의 사안에서, 乙에 대한 B의 변제자대위가 C의 후순위저당권자 대위에 우선함을 밝힌 사례.

참고로 이 경우에 채무자는 물상보증인에 대한 반대채권이 있더라도 특별한 사정이 없는 한 물상보증인의 구상금채권과 상계함으로써 물상보증인 소유의 부동산에 대한 후순위저당권자에게 대항할 수 없다. 채무자는 선순위공동저당권자가 물상보증인 소유의 부동산에 대해 먼저 경매를 신청한 경우에 비로소 상계할 것을 기대할 수 있는데, 이처럼 우연한 사정에 의

ⓒ 채무자 소유의 부동산에 대한 저당권이 먼저 실행되어 배당이 이루어진 경우에도 다르지 않다. 즉 대판 1996.3.8. 95다36596은, 채권자가 물상보증인 소유 토지(甲)와 공동담보로 채무자 소유 토지(乙)에 1번근저당권을 취득한 후 이와 별도로 乙에 2번 근저당권을 취득한 사안에서, 먼저 乙에 대하여 피담보채무의 불이행을 이유로 근저당권이 실행되어 경매대금에서 1번근저당권의 피담보채권액을 넘는 금액이 배당된 경우에, 변제자대위의 법리에 비추어 볼 때 제368조 제2항은 적용되지 않으므로 후순위(2번)저당권자인 채권자는 甲에 대하여 자신의 1번근저당권을 대위행사할 수 없고, 따라서 물상보증인의 근저당권설정등기는 그 피담보채무의 소멸로 인하여 말소되어야 한다고 했다. 이러한 법리는 채무자 소유의 부동산에 후순위저당권이 설정된 후에 물상보증인 소유의 부동산이 추가로 공동저당의 목적으로 된 경우에도 마찬가지로 적용된다(대판 2014.1.23. 2013다207996).

㉯ 공동근저당의 목적인 채무자(S) 소유 부동산(甲)과 물상보증인(B) 소유 부동산(乙) 중 乙이 먼저 경락되어 공동근저당권자(G)가 변제를 받았는데, 乙에 대한 후순위저당권자 C가 B 명의로 대위의 부기등기를 하지 않고 있는 동안 G가 임의로 甲에 설정되어 있던 공동근저당권을 말소하였고, 그 후 甲에 D 명의의 근저당권이 설정되었다가 경매로 甲이 제3자에게 매각되어 대금이 완납된 경우에, C는 매각대금 완납으로 더 이상 B의 권리를 대위하여 공동근저당권설정등기의 회복등기절차 이행을 구하거나 경매절차에서 실제로 배당받은 이에 대하여 부당이득반환청구로서 배당금 한도 내에서 공동근저당권설정등기가 말소되지 않았더라면 배상받았을 금액의 지급을 구할 여지가 없으므로,[63] 매각대금이 완납된 날 G의 공동근저당권 불법말소로 인한 C의 손해가 확정적으로 발생하였고, 乙의 매각대금으로 G가 배당을 받은 날과 공동근저당권이 말소된 날 사이에 C가 대위의 부기등기를 마치지 않은 사정만으로 G의 불법행위와 C의 손해 사이에 존재하는 인과관계가 단절된다고 할 수 없다(대판 2011.8.18. 2011다30666·30673).

하여 좌우되는 상계에 대한 기대가 물상보증인 소유의 부동산에 대한 후순위저당권자가 가지는 법적 지위에 우선할 수 없기 때문이다(대판 2017.4.26. 2014다221777·221784).

63) 공동저당목적부동산 전부가 물상보증인 소유인 경우와 관련하여 "먼저 경매된 부동산의 후순위저당권자가 다른 부동산에 공동저당의 대위등기를 하지 아니하고 있는 사이에 선순위저당권자 등에 의해 그 부동산에 관한 저당권등기가 말소되고, 그와 같이 저당권등기가 말소되어 등기부상 저당권의 존재를 확인할 수 없는 상태에서 그 부동산에 관하여 소유권이나 저당권 등 새로 이해관계를 취득한 사람에 대해서는, 후순위저당권자가 민법 제368조 제2항에 의한 대위를 주장할 수 없다"고 한 대판 2015.3.20. 2012다99341도 참조.

㉰ 대판 2018.7.11. 2017다292756: "공동저당에 제공된 채무자 소유 부동산과 물상보증인 소유 부동산 가운데 물상보증인 소유 부동산이 먼저 경매되어, 매각대금에서 선순위공동저당권자가 변제를 받은 때에는, 물상보증인은 채무자에 대하여 구상권을 취득함과 동시에 변제자대위에 의하여 채무자 소유 부동산에 대한 선순위공동저당권을 대위취득한다. 또한 물상보증인 소유 부동산에 대한 후순위저당권자는 물상보증인이 대위취득한 채무자 소유 부동산에 대한 선순위공동저당권에 대하여 물상대위를 할 수 있다. 이러한 법리는 공동근저당권의 경우에도 마찬가지로 적용[되고,] 채무자 소유 부동산과 물상보증인 소유 부동산에 공동근저당권을 설정한 채권자가 공동담보 중 채무자 소유 부동산에 대한 담보 일부를 포기하거나 순위를 불리하게 변경하여 담보를 상실하게 하거나 감소하게 한 경우, 물상보증인은 그로 인하여 상환받을 수 없는 한도에서 책임을 면한다. 그리고 이 경우 공동근저당권자는 나머지 공동담보목적물인 물상보증인 소유 부동산에 관한 경매절차에서, 물상보증인이 위와 같이 담보 상실 내지 감소로 인한 면책을 주장할 수 있는 한도에서는, 물상보증인 소유 부동산의 후순위근저당권자에 우선하여 배당받을 수 없다."

㉱ 실질적인 채무자와 물상보증인의 지위가 바뀐 경우에도 판례는 외형상 채무자의 변제자대위가 우선한다는 입장이다. 즉 대판 2015.11.27. 2013다41097·41103: "실질적인 채무자와 실질적인 물상보증인이 공동으로 담보를 제공하여 대출을 받으면서 실질적인 물상보증인이 저당권설정등기에 자신을 채무자로 등기하도록 한 경우, 실질적 물상보증인인 채무자는 채권자에 대하여 채무자로서의 책임을 지는지와 관계없이 내부관계에서는 실질적 채무자인 물상보증인이 변제를 하였더라도 그에 대하여 구상의무가 없으므로, 실질적 채무자인 물상보증인이 채권자를 대위하여 실질적 물상보증인인 채무자에 대한 담보권을 취득한다고 할 수 없다. 그리고 이러한 법리는 실질적 물상보증인인 채무자와 실질적 채무자인 물상보증인 소유의 각 부동산에 공동저당이 설정된 후에 실질적 채무자인 물상보증인 소유의 부동산에 후순위저당권이 설정되었다고 하더라도 다르지 아니하다. 이와 같이 물상보증인이 채무자에게 구상권이 없어 변제자대위에 의하여 채무자 소유의 부동산에 대한 선순위공동저당권자의 저당권을 대위취득할 수 없는 경우에는 물상보증인 소유의 부동산에 대한 후순위저당권자는 물상대위할 대상이 없으므로 채무자 소유의 부동산에 대한 선순위공동저당권자의 저당권에 대하여 물상대위를 할 수

없다."[64]

㉮ 공동저당목적부동산이 채무자 소유와 물상보증인 소유로 이루어진 경우에도 동시배당과 이시배당에서 동일한 결과에 이르러야 한다. 즉 대판 2010.4.15. 2008다41475: "공동저당권이 설정되어 있는 수개의 부동산 중 일부는 채무자 소유이고 일부는 물상보증인의 소유인 경우 위 각 부동산의 경매대가를 동시에 배당하는 때에는, 물상보증인이 민법 제481조, 제482조의 규정에 의한 변제자대위에 의하여 채무자 소유 부동산에 대하여 담보권을 행사할 수 있는 지위에 있는 점 등을 고려할 때, […] 민법 제368조 제1항은 적용되지 아니한다고 봄이 상당하다. 따라서 이러한 경우 경매법원으로서는 채무자 소유 부동산의 경매대가에서 공동저당권자에게 우선적으로 배당을 하고, 부족분이 있는 경우에 한하여 물상보증인 소유 부동산의 경매대가에서 추가로 배당을 하여야 한다."[65]

㉯ 공동저당목적부동산 일부의 양도 등 사후적인 사정변경에 의하여 이해관계가 왜곡되어서는 안 된다. 즉 대판 2011.10.13. 2010다99132: "민법 제368조 제2항에 의하여 공동저당부동산의 후순위저당권자에게 인정되는 대위를 할 수 있는 지위 내지 그와 같은 대위에 관한 정당한 기대를 보호할 필요성은 그 후 공동저당부동산이 제3자에게 양도되었다는 이유로 달라지지 않는다. 즉 공동저당부동산의 일부를 취득하는 제3자로서는 공동저당부동산에 관하여 후순위저당권자 등 이해관계인들이 갖고 있는 기존의 지위를 전제로 하여 공동저당권의 부담을 인수한 것으로 보아야 하기 때문에 공동저당부동산의 후순위저당권자의 대위에 관한 법적 지위 및 기대는 공동저당부동산의 일부가 제3자에게 양도되었다는 사정에 의해 영향을 받지 않는다."[66]

---

64) 이 판결이 실질적 채무자인 물상보증인에 대한 내부관계에서 정당하지만, 내부관계와 무관한 이, 특히 후순위저당권자에 대해서도 그러한지에 대하여 섣불리 긍정할 것은 아니다. 즉 외형상의 물상보증인 소유의 부동산에 후순위저당권을 설정받은 이는 등기된 바에 따라 '변제자대위 + 물상대위'를 기대하였는데, 내부관계를 들어 그 기대를 깨뜨리는 것이 정당하다고 할 것인지 검토를 요한다.

65) 이러한 취지가 사해행위 취소에서 책임재산액을 정함에도 유지된다는 (〈5-1-5〉에 소개된) 대판(전) 2013.7.18. 2012다5643도 참조.

66) 나아가 대판 2021.12.16. 2021다247258: "같은 물상보증인이 소유하는 복수의 부동산에 공동저당이 설정되고 그중 한 부동산에 후순위저당권이 설정된 다음에 그 부동산이 채무자에게 양도됨으로써 채무자 소유의 부동산과 물상보증인 소유의 부동산에 대해 공동저당이 설정된 상태에 있게 된 경우에는 물상보증인의 변제자대위는 후순위저당권자의 지위에 영향을 주지 않는 범위에서 성립한다고 보아야 하고, 이는 물상보증인으로부터 부동산을 양수한 제3취득자가 변제자대위를 하는 경우에도 마찬가지이다. 이 경우 물상보증인이 자신이 변제한

㈓ 판례는 공동저당의 법리를 임금채권 우선특권(대판 2002.12.10. 2002다48399), 주택임대차법 소정의 소액보증금반환청구권(대판 2003.9.5. 2001다66291) 및 조세우선특권(대판 2001.11.27. 99다22311) 등에 대하여 유추한다.

6. 질 권

(1) 질권은 유치적 효력(인도거절권능)을 통하여 변제를 간접적으로 강제하는데, 설정자가 질물을 이용하지 못한다는 단점을 가진다.

(2) 유치적 효력을 확보하려는 점유질(占有質)원칙에 따라 목적물의 인도가 있어야 하는데, 점유개정에 의해서는 질권이 성립할 수 없고, 채권자의 대리점유(채무자를 직접점유자로 하는 간접점유)도 허용되지 않는다.

(3) 질권과 관련하여 ① 질권 자체에 기한 물권적 청구권의 인정 여부, ② 전질(轉質)의 법률관계 및 ③ 유질계약(流質契約)의 금지를 둘러싸고 논란이 있다.

(4) 권리질권은 교환가치의 담보적 지배라는 가치권으로 순화된 질권으로서, 물권의 법기술을 차용하는 제도라고 할 수 있다.

〈5-2-13〉 질권에 관한 판례

㉮ 전질에 의하여 원질권을 소멸케 하는 원질권자의 처분행위가 제한되는데, 이는 질권자가 질권의 목적의 교환가치에 대하여 가지는 배타적 지배권능을 보호하기 위한 것이다(대판 2018.12.27. 2016다265689).67)

채권 전부에 대해 변제자대위를 할 수 있다고 본다면, 후순위저당권자는 저당부동산이 채무자에게 이전되었다는 우연한 사정으로 대위를 할 수 있는 지위를 박탈당하는 반면, 물상보증인 또는 그로부터 부동산을 양수한 제3취득자는 뜻하지 않은 이득을 얻게 되어 부당하다. 같은 물상보증인이 소유하는 복수의 부동산에 공동저당이 설정된 경우 그 부동산 중 일부에 대한 후순위저당권자는 선순위공동저당권자가 공동저당이 설정된 부동산의 가액에 비례하여 배당받는 것을 전제로 부동산의 담보가치가 남아있다고 기대하여 저당권을 설정받는 것이 일반적이고, 이러한 기대를 보호하는 것이 민법 제368조의 취지에 부합한다."

67) 따라서 제3채무자가 질권자의 동의 없이 질권의 목적인 채무를 변제하거나 질권설정자와 상계합의를 하더라도 이로써 질권자에게 대항할 수 없고, 질권자는 여전히 제3채무자에 대하여 직접 채무의 변제를 청구할 수 있다. 요컨대 질권설정자가 질권의 목적인 채권의 변제를 받

㉯ 대판 2017.7.18. 2017다207499는 "질권설정계약에 포함된 유질약정이 상법 제59조에 따라 유효하기 위해서는 질권설정계약의 피담보채권이 상행위로 인하여 생긴 채권이면 충분하고, 질권설정자가 상인이어야 하는 것은 아니다. 또한 상법 제3조는 "당사자 중 그 1인의 행위가 상행위인 때에는 전원에 대하여 본법을 적용한다."라고 정하고 있으므로, 일방적 상행위로 생긴 채권을 담보하기 위한 질권에 대해서도 유질약정을 허용한 상법 제59조가 적용된다"고 하였는데, 검토를 요한다.68)

㉰ 채권질권의 설정을 위하여 교부되어야 하는 채권증서란 채권의 존재를 증명하기 위하여 채권자에게 제공되고 장차 변제 등으로 채권이 소멸하면 제475조에 따라 채무자가 채권자에게 그 반환을 청구할 수 있는 문서를 말하는데, 임대차계약서는 이에 해당하지 않는다(대판 2013.8.22. 2013다32574).

㉱ 채권질권에서 질권자의 동의가 없으면 질권의 목적인 채권을 소멸케 하거나 질권자의 이익을 해치는 변경을 하지 못하는데(제352조), 질권설정자와 제3채무자가 질권의 목적된 권리를 소멸하게 하는 행위를 하였더라도 이는 질권자에 대한 관계에서 무효일 뿐이어서 질권자 아닌 제3자가 그 무효의 주장을 할 수는 없다(대판 1997.11.11. 97다35375). 그리고 질권의 목적인 채권의 양도행위는 제352조 소정의 질권자의 이익을 해치는 변경에 해당되지 않으므로 질권자의 동의를 요하지 않는다(대판 2005.12.22. 2003다55059).

㉲ 대판 2023.1.12. 2020다296840: "민법 제355조의 규정에 의하여 권리질권에 준용되는 민법 제334조 전문은 '질권은 원본, 이자, 위약금, 질권실행의 비용, 질물보존의 비용 및 채무불이행 또는 질물의 하자로 인한 손해배상의 채권을 담보한다.' 고 정하고 있다. 부동산등기법 제76조 제1항은 등기관이 민법 제348조에 따라 저당권부 채권에 대한 질권의 등기를 할 때에는 부동산등기법 제48조에서 규정한 사

았더라도 질권자에게 손해가 발생하지 않는다(이 경우 배임죄가 성립하지 않는다고 한 대판 2016.4.29. 2015도5665 참조).

68) 1인주주가 자금조달을 위하여 주식에 질권을 설정한 당해 사안의 특수성을 고려하면 결론을 수긍할 수 있지만, 상인 아닌 질권설정자의 궁박한 사정 하에 체결된 유질계약에도 판지를 일반화하는 것은 적절하지 않다고 해야 한다.

한편 상법은 유질약정이 체결된 경우에 질권의 실행방법이나 절차에 관하여 아무런 규정을 두고 있지 않으므로, 유질약정이 포함된 질권설정계약이 체결된 경우에 질권의 실행방법이나 절차는 원칙적으로 질권설정계약에서 정한 바에 따라야 한다(대판 2021.11.25. 2018다304007).

항 외에 '채권액 또는 채권최고액, 채무자의 성명 또는 명칭과 주소 또는 사무소 소재지, 변제기와 이자의 약정이 있는 경우에는 그 내용'을 기록하여야 한다고 정하고 있어 채권의 지연손해금을 등기사항으로 정하고 있지 않다. 이러한 사정에 비추어 보면, 채권의 지연손해금을 별도로 등기부에 기재하지 않았더라도 근저당권부 질권의 피담보채권의 범위가 등기부에 기재된 약정이자에 한정된다고 볼 수 없다."

그리고 채권질권의 효력은 질권의 목적인 채권의 지연손해금 등 부대채권에도 미치므로, 채권질권자는 피담보채권의 범위에 속하는 자기의 채권액에 대한 부분에 한하여 질권의 목적인 채권과 그에 대한 지연손해금채권을 직접 추심하여 자기채권의 변제에 충당할 수 있다(대판 2005.2.25. 2003다40668).

7. 유치권

(1) 유치권(留置權) 일반에 관하여 본다.

① 법정담보물권[69]으로서 유치권은 공평의 원칙에 기한 것이다.

② 담보물권의 통유성이 유치권에서도 인정되지만, 타담보 제공에 의한 유치권의 소멸청구(제327조)에 의하여 불가분성이 완화되고, 우선변제권이 없으므로 물상대위성도 인정되지 않는다.

〈5-2-14〉 유치권 일반에 관한 판례

㉮ 유치권은 — 인수주의(민사집행법 제91조 제5항)에 따라 — 성립의 선후를 따지지 않고 저당권자 등 이해관계인에 우선하므로 「사실상」 최우선순위의 담보권으로 기능한다.

㉯ 대판 2013.2.28. 2010다57350: "상사유치권의 대상이 되는 목적물을 '채무자 소유의 물건'에 한정하는 취지는, 상사유치권의 경우에는 목적물과 피담보채권 사이의 견련관계가 완화됨으로써 피담보채권이 목적물에 대한 공익비용적 성질을 가지지 않아도 되므로 피담보채권이 유치권자와 채무자 사이에 발생하는 모든 상사

69) 대판 2023.4.27. 2022다273018: "유치권은 점유하는 물건으로써 유치권자의 피담보채권에 대한 우선적 만족을 확보하여 주는 법정담보물권."

채권으로 무한정 확장될 수 있고, 그로 인하여 이미 제3자가 목적물에 관하여 확보한 권리를 침해할 우려가 있어 상사유치권의 성립범위 또는 상사유치권으로 대항할 수 있는 범위를 제한한 것으로 볼 수 있다. 즉 상사유치권이 채무자 소유의 물건에 대해서만 성립한다는 것은, 상사유치권은 성립 당시 채무자가 목적물에 대하여 보유하고 있는 담보가치만을 대상으로 하는 제한물권이라는 의미를 담고 있다 할 것이고, 따라서 유치권 성립 당시에 이미 목적물에 대하여 제3자가 권리자인 제한물권이 설정되어 있다면, 상사유치권은 그와 같이 제한된 채무자의 소유권에 기초하여 성립할 뿐이고, 기존의 제한물권이 확보하고 있는 담보가치를 사후적으로 침탈하지는 못한다고 보아야 한다. 그러므로 채무자 소유의 부동산에 관하여 이미 선행(先行)저당권이 설정되어 있는 상태에서 채권자의 상사유치권이 성립한 경우, 상사유치권자는 채무자 및 그 이후 채무자로부터 부동산을 양수하거나 제한물권을 설정받는 자에 대해서는 대항할 수 있지만, 선행저당권자 또는 선행저당권에 기한 임의경매절차에서 부동산을 취득한 매수인에 대한 관계에서는 상사유치권으로 대항할 수 없다."

㉰ 타담보 제공에 의한 소멸청구에서, 유치물의 가격이 채권액에 비하여 과다한 경우에 채권액 상당의 가치가 있는 담보를 제공하면 되고, 한편 당해 유치물에 관하여 이해관계를 가지는 채무자나 유치물의 소유자는 상당한 담보가 제공되어 있는 이상 유치권소멸청구의 의사표시를 할 수 있다(대판 2001.12.11. 2001다59866).[70]

그리고 점유의 침탈로 인하여 유치권은 소멸하지만, 유치권자가 점유를 회복하면 점유를 상실하지 않았던 것으로 되어(제192조 제2항) 유치권이 되살아난다(대판 2012.2.9. 2011다72189).

한편 유치권자의 선관주의의무 위반으로 인한 소멸청구에 관하여 대판 2022.6.16. 2018다301350: "하나의 채권을 피담보채권으로 하여 여러 필지의 토지에 대하여 유치권을 취득한 유치권자가 그중 일부필지의 토지에 대하여 선량한 관리자의 주의의무를 위반하였다면 특별한 사정이 없는 한 위반행위가 있었던 필지의 토지에 대하여만 유치권소멸청구가 가능하다고 해석하는 것이 타당하다."

㉱ 그 밖에 수급인이 자신의 재료와 노력으로 완성시킨 건물은 수급인 소유이

70) 나아가 대판 2023.8.31. 2019다295278: "민법 제324조에서 정한 유치권소멸청구는 유치권자의 선량한 관리자의 주의의무 위반에 대한 제재로서 채무자 또는 유치물의 소유자를 보호하기 위한 규정이므로, 특별한 사정이 없는 한 민법 제324조 제2항을 위반한 임대행위가 있은 뒤에 유치물의 소유권을 취득한 제3자도 유치권소멸청구를 할 수 있다."

므로 그 건물에 대하여 「타물권」으로서 유치권을 가질 수 없다고 한 대판 1993.3. 26. 91다14116, 근저당권자는 유치권신고를 한 사람을 상대로 유치권 전부의 부존재뿐만 아니라 경매절차에서 유치권을 내세워 대항할 수 있는 범위를 초과하는 유치권의 부존재 확인을 구할 법률상 이익이 있다고 한 대판 2016.3.10. 2013다99409[71])도 참조.

---

(2) 성립요건을 보자.

① 유치권의 성립요건은 ⓐ 타인 소유의 물건 또는 유가증권에 대한 적법한 점유, ⓑ 변제기에 있는 피담보채권, ⓒ 채권과 물건 사이의 견련관계("그 물건이나 유가증권에 관하여 생긴"), ⓓ 유치권의 성립을 배제하는 특약의 부존재이다.

② 이들 중 ―학설상 다툼이 심한― 견련관계의 판단에는 유치권의 폐해를 극복하기 위한 노력도 반영된다.

③ 실무상 압류와의 관계가 자주 문제되는데, 압류 전에 목적물의 점유 및 피담보채권의 요건 모두가 구비되지 않았다면 유치권이 성립하지 않는다고 해야 한다.

〈5-2-15〉 유치권의 성립요건에 관한 판례

1) 목적물의 점유에 관한 요건

㉮ 유치권자의 점유에 간접점유도 포함되지만(대결 2002.11.27. 2002마3516), 유치적 효력을 통하여 채무자의 변제를 간접적으로 강제한다는 제도의 취지에 따라 「채무자의 직접점유를 매개로 한」 간접점유는 제외되어야 한다(대판 2008.4.11. 2007다27236).

---

71) 나아가 대판 2020.1.16. 2019다247385: "경매절차에서 유치권이 주장되지 아니한 경우에는, 담보목적물이 매각되어 그 소유권이 이전됨으로써 근저당권이 소멸하였더라도 채권자는 유치권의 존재를 알지 못한 매수인으로부터 민법 제575조, 제578조 제1항, 제2항에 의한 담보책임을 추급당할 우려가 있고, 위와 같은 위험은 채권자의 법률상 지위를 불안정하게 하는 것이므로, <u>채권자인 근저당권자로서는 위 불안을 제거하기 위하여 유치권 부존재 확인을 구할 법률상 이익이 있다</u>. 반면 채무자가 아닌 소유자는 위 각 규정에 의한 담보책임을 부담하지 아니하므로, 유치권의 부존재 확인을 구할 법률상 이익이 없다."

㈏ "점유가 불법행위로 인한 경우"에 유치권이 성립하지 않는데(제320조 제2항), 불법행위가 제3자에 대해서 행하여진 경우에도 마찬가지이다(대판 1989.2.14. 87다카3073). 그리고 점유가 불법행위로 인하여 개시되었다는 점에 대한 증명책임은 반환청구자에게 있다(대판 1966.6.7. 66다600·601).

2) 동시이행관계에 있는 피담보채권의 변제기요건에 관하여 대판 2014.1.16. 2013다30653: "건물신축 도급계약에서 수급인이 공사를 완성하였더라도, 신축된 건물에 하자가 있고 그 하자 및 손해에 상응하는 금액이 공사잔대금액 이상이어서, 도급인이 수급인에 대한 하자보수청구권 내지 하자보수에 갈음한 손해배상채권 등에 기하여 수급인의 공사잔대금채권 전부에 대하여 동시이행의 항변을 한 때에는, 공사잔대금채권의 변제기가 도래하지 아니한 경우와 마찬가지로 수급인은 도급인에 대하여 하자보수의무나 하자보수에 갈음한 손해배상의무 등에 관한 이행의 제공을 하지 아니한 이상 공사잔대금채권에 기한 유치권을 행사할 수 없다."

3) 견련관계

㈎ 대판 2007.9.7. 2005다16942[72]는, '그 물건에 관하여 생긴 채권'은 유치권제도 본래의 취지인 공평의 원칙에 특별히 반하지 않는 한 ㉠ 채권이 목적물 자체로부터 발생한 경우는 물론이고, ㉡ 채권이 목적물의 반환청구권과 동일한 법률관계나 사실관계로부터 발생한 경우도 포함한다고 함으로써 기본적으로 다수설과 같은 입장이지만, 실제로 ㉡의 예를 찾기 어렵다.

㈏ 대결 2008.5.30. 2007마98: "건물의 신축공사를 한 수급인이 그 건물을 점유하고 있고 또 그 건물에 관하여 생긴 공사금채권이 있다면, 수급인은 그 채권을 변제받을 때까지 건물을 유치할 권리가 있는 것이지만, 건물의 신축공사를 도급받은 수급인이 사회통념상 독립한 건물이라고 볼 수 없는 정착물을 토지에 설치한 상태에서 공사가 중단된 경우에 위 정착물은 토지의 부합물에 불과하여 이러한 정착물에 대하여 유치권을 행사할 수 없는 것이고, 또한 공사중단시까지 발생한 공사금채권은 토지에 관하여 생긴 것이 아니므로 위 공사금채권에 기하여 토지에 대하여 유치권을 행사할 수도 없"다.

㈐ 물건 자체에 관한 채권(예: 유익비상환청구권)과 물건으로 인한 손해배상청구권

72) 다세대주택의 창호 등의 공사를 완성한 하수급인이 공사대금채권 잔액을 변제받기 위하여 위 다세대주택 중 한 세대를 점유하여 유치권을 행사하는 경우에, 유치권은 그 한 세대에 관한 공사대금만이 아니라 다세대주택 전체에 관한 공사대금채권의 잔액 전부를 피담보채권으로 하여 성립한다고 본 사례.

의 경우에 견련관계가 인정된다.

반면 견련관계가 부정된 예로 ㉠ 임차보증금반환채권(대판 1976.5.11. 75다1305)이나 권리금반환채권(대판 1994.10.14. 93다62119), ㉡ 계약명의신탁에서 명의수탁자에 대한 부동산 매수자금 상당의 부당이득반환채권(대판 2009.3.26. 2008다34828), ㉢ 매도인의 매매대금채권(대결 2012.1.12. 2011마2380.[73] 수급인에 대한 건축자재대금채권에 관한 대판 2012.1.26. 2011다96208도 참조) 등.

㉣ 채무불이행에 의한 손해배상청구권은 원채권의 연장이므로, 「물건과 원채권 사이에 견련관계가 있다면」 그 손해배상채권과 그 물건 사이에도 견련관계가 있다 할 것이어서 손해배상채권에 관하여 유치권항변을 내세울 수 있다(대판 1976.9.28. 76다582).

4) 대결 2011.5.13. 2010마1544: "유치권은 법정담보물권이기는 하나 채권자의 이익 보호를 위한 채권담보의 수단에 불과하므로 이를 포기하는 특약은 유효하고, 유치권을 사전에 포기한 경우 다른 법정요건이 모두 충족되더라도 유치권이 발생하지 않는 것과 마찬가지로 유치권을 사후에 포기한 경우 곧바로 유치권은 소멸한다고 보아야 하며, 채권자가 유치권의 소멸 후에 그 목적물을 계속하여 점유한다고 하여 여기에 적법한 유치의 의사나 효력이 있다고 인정할 수 없고 다른 법률상 권원이 없는 한 무단점유에 지나지 않는다."

참고로 대판 1975.4.22. 73다2010은, 건물임차인이 임대차관계 종료시 건물을 원상으로 복구하여 임대인에게 인도하기로 약정한 것은 건물에 지출한 각종 유익비 또는 필요비의 상환청구권을 미리 포기하기로 한 취지의 특약이라고 볼 수 있어 임차인은 유치권을 주장을 할 수 없다고 하였는데, 사안에서 (사전)포기의 직접적 대

---

73) "부동산매도인이 매매대금을 다 지급받지 아니한 상태에서 매수인에게 소유권이전등기를 마쳐주어 목적물의 소유권을 매수인에게 이전한 경우에는, 매도인의 목적물인도의무에 관하여 동시이행의 항변권 외에 물권적 권리인 유치권까지 인정할 것은 아니다. 왜냐하면 법률행위로 인한 부동산물권변동의 요건으로 등기를 요구함으로써 물권관계의 명확화 및 거래의 안전·원활을 꾀하는 우리 민법의 기본정신에 비추어 볼 때, 만일 이를 인정한다면 매도인은 등기에 의하여 매수인에게 소유권을 이전하였음에도 매수인 또는 그의 처분에 기하여 소유권을 취득한 제3자에 대하여 소유권에 속하는 대세적인 점유의 권능을 여전히 보유하게 되는 결과가 되어 부당하기 때문이다. 또한 매도인으로서는 자신이 원래 가지는 동시이행의 항변권을 행사하지 아니하고 자신의 소유권이전의무를 선이행함으로써 매수인에게 소유권을 넘겨 준 것이므로 그에 필연적으로 부수하는 위험은 스스로 감수하여야 한다. 따라서 매도인이 부동산을 점유하고 있고 소유권을 이전받은 매수인에게서 매매대금 일부를 지급받지 못하고 있다고 하여 매매대금채권을 피담보채권으로 매수인이나 그에게서 부동산소유권을 취득한 제3자를 상대로 유치권을 주장할 수 없다."

상은 비용상환청구권이지만, 그 포기에 (이를 피담보채권으로 하는) 유치권의 포기도 포함되어 있다고 볼 것이다.

5) 압류와 유치권의 성립 여부

㉮ 압류의 효력이 발생한 후에 점유를 이전받은 경우에 관하여 대판 2005.8.19. 2005다22688: "채무자 소유의 건물 등 부동산에 강제경매개시결정의 기입등기가 경료되어 압류의 효력이 발생한 이후에 채무자가 위 부동산에 관한 공사대금채권자에게 그 점유를 이전함으로써 그로 하여금 유치권을 취득하게 한 경우, 그와 같은 점유의 이전은 목적물의 교환가치를 감소시킬 우려가 있는 처분행위에 해당하여 민사집행법 제92조 제1항, 제83조 제4항에 따른 압류의 처분금지효에 저촉되므로 점유자로서는 위 유치권을 내세워 그 부동산에 관한 경매절차의 매수인에게 대항할 수 없다."[74][75]

㉯ 점유개시는 경매개시결정 기입등기 전이지만 「채권의 취득」이 그 후인 경우에 관하여 대판 2011.10.13. 2011다55214: "채무자 소유의 건물에 관하여 증·개축 등 공사를 도급받은 수급인이 경매개시결정의 기입등기가 마쳐지기 전에 채무자에게서 건물의 점유를 이전받았다 하더라도 경매개시결정의 기입등기가 마쳐져 압류의 효력이 발생한 후에 공사를 완공하여 공사대금채권을 취득함으로써 그때 비로

74) 'A 회사로부터 공장건물 신축공사를 도급받은 Y가 공장건물 신축 → A의 채권자가 위 건물 및 그 대지에 관하여 강제경매를 신청하여 2002. 5. 6. 강제경매개시결정 그리고 2002. 5. 13. 그 기입등기 경료 → 공사대금을 받지 못한 Y가 2002. 12. 5. 위 건물을 유치하고 위 강제경매절차에서 유치권 신고 → 위 부동산들을 경락받아 소유권을 취득한 X가 Y를 상대로 위 부동산들의 인도청구'의 사안에서 Y의 유치권항변을 배척한 사례.

그런데 「처분금지효」를 유치권의 제한사유로 드는 것(아래 2006다22050 판결에서도 마찬가지이다)은 — 역시 처분금지효를 가지는 — 가압류만 있는 상태에서는 유치권의 성립을 인정하는 아래 2009다19246 판결에 비추어 적절하다고 하기 어렵고, 점유의 이전이나 피담보채무의 부담이 처분에 해당하는지도 의문이다.

75) 나아가 「점유 및 채권의 취득」이 경매개시결정 기입등기 후인 경우에 관하여 대판 2006.8.25. 2006다22050: "채무자 소유의 부동산에 경매개시결정의 기입등기가 경료되어 압류의 효력이 발생한 이후에 채권자가 채무자로부터 위 부동산의 점유를 이전받고 이에 관한 공사 등을 시행함으로써 채무자에 대한 공사대금채권 및 이를 피담보채권으로 한 유치권을 취득한 경우, 이러한 점유의 이전은 목적물의 교환가치를 감소시킬 우려가 있는 처분행위에 해당하여 민사집행법 제92조 제1항, 제83조 제4항에 따른 압류의 처분금지효에 저촉되므로, 위와 같은 경위로 부동산을 점유한 채권자로서는 위 유치권을 내세워 그 부동산에 관한 경매절차의 매수인에게 대항할 수 없고, 이 경우 위 부동산에 경매개시결정의 기입등기가 경료되어 있음을 채권자가 알았는지 여부 또는 이를 알지 못한 것에 관하여 과실이 있는지 여부 등은 채권자가 그 유치권을 매수인에게 대항할 수 없다는 결론에 아무런 영향을 미치지 못한다."

소 유치권이 성립한 경우에는, 수급인은 유치권을 내세워 경매절차의 매수인에게 대항할 수 없다."

㉰ 반면 경매로 인한 압류의 효력이 발생하기 전에 유치권이 성립하였다면, 유치권의 성립시기가 저당권 설정 후라거나 유치권 성립 전에 설정된 근저당권에 기하여 경매절차가 개시되었더라도 점유자는 유치권으로 경매절차의 매수인에게 대항할 수 있다(대판 2009.1.15. 2008다70763).[76)]

㉱ 관련하여 대판(전) 2014.3.20. 2009다60336의 다수의견: "부동산에 관한 민사집행절차에서는 경매개시결정과 함께 압류를 명하므로 압류가 행하여짐과 동시에 매각절차인 경매절차가 개시되는 반면, 국세징수법에 의한 체납처분절차에서는 그와 달리 체납처분에 의한 압류(이하 '체납처분압류'라고 한다)와 동시에 매각절차인 공매절차가 개시되는 것이 아닐 뿐만 아니라, 체납처분압류가 반드시 공매절차로 이어지는 것도 아니다. 또한 체납처분절차와 민사집행절차는 서로 별개의 절차로서 공매절차와 경매절차가 별도로 진행되는 것이므로, 부동산에 관하여 체납처분압류가 되어 있다고 하여 경매절차에서 이를 그 부동산에 관하여 경매개시결정에 따른 압류가 행하여진 경우와 마찬가지로 볼 수는 없다. 따라서 체납처분압류가 되어 있는 부동산이라고 하더라도 그러한 사정만으로 경매절차가 개시되어 경매개시결정등기가 되기 전에 부동산에 관하여 민사유치권을 취득한 유치권자가 경매절차의 매수인에게 유치권을 행사할 수 없다고 볼 것은 아니"다.

㉲ 한편 대판 2011.11.24. 2009다19246: "부동산에 가압류등기가 경료되어 있을 뿐 현실적인 매각절차가 이루어지지 않고 있는 상황 하에서는 채무자의 점유이전으로 인하여 제3자가 유치권을 취득하게 된다고 하더라도 이를 처분행위로 볼 수는 없다."[77)] 요컨대 가압류만 있고 본압류로 전이되기 전의 상태에서는 유치권의

---

76) 관련하여 「변제기의 유예」로 경매개시결정 당시 공사대금채권이 변제기에 있지 않았음에도, 제반 사정에 비추어 유치권의 행사를 허용하더라도 경매절차의 이해관계인에게 예상하지 못한 손해를 주지 않고 집행절차의 법적 안정성을 해치지 않기 때문에 유치권의 행사를 제한할 필요가 없다고 한 대판 2022.12.29. 2021다253710도 참조.

77) 가압류채권자에게 대항할 수 없는 "처분행위란 당해 부동산을 양도하거나 이에 대해 용익물권, 담보물권 등을 설정하는 행위를 말하고 특별한 사정이 없는 한 점유의 이전과 같은 사실행위는 이에 해당하지 않는다. 다만 부동산에 경매개시결정의 기입등기가 경료되어 압류의 효력이 발생한 후에 채무자가 제3자에게 당해 부동산의 점유를 이전함으로써 그로 하여금 유치권을 취득하게 하는 경우 그와 같은 점유의 이전은 처분행위에 해당한다는 것이 당원의 판례이나, 이는 어디까지나 경매개시결정의 기입등기가 경료되어 압류의 효력이 발생한 후에 채무자가 당해 부동산의 점유를 이전함으로써 제3자가 취득한 유치권으로 압류채권자에게

성립이 제한되지 않는다.

---

(3) 유치권의 효력을 본다.

① 인도거절을 통한 심리적 압박으로 변제를 촉구하는 것이 유치권의 본체적 효력인데, 인도거절권은 「모든 이」에 대하여 행사될 수 있다.

② 유치권자는 과실을 수취하여 채무의 변제에 충당할 수 있으며, 비용상환청구권을 가진다.

③ 유치권자는 경매권을 가지고 간이변제충당도 인정된다. 한편 우선변제권이 없어서 배당을 받을 수 없지만(대판 1996.8.23. 95다8713), 인수주의의 결과로 「사실상」 우선변제를 받는다.

〈5-2-16〉 유치권의 효력에 관한 판례

㉮ 일반채권자에 의한 강제집행에서 유치권자는 경매에서의 매수인뿐만 아니라 집행관에게도 목적물의 인도를 거절할 수 있다(대결 2012.9.13. 2011그213).

㉯ 대판 2011.12.22. 2011다84298: "유치권제도는 "시간에서 앞선 사람은 권리에서도 앞선다"는 일반적 법원칙의 예외로 인정되는 것으로서, 특히 부동산담보거래에 일정한 부담을 주는 것을 감수하면서 마련된 것이다. [… 즉] 유치권제도와 관련하여서는 거래당사자가 유치권을 자신의 이익을 위하여 고의적으로 작출함으

대항할 수 있다고 한다면 경매절차에서의 매수인이 매수가격 결정의 기초로 삼은 현황조사보고서나 매각물건명세서 등에서 드러나지 않는 유치권의 부담을 그대로 인수하게 되어 경매절차의 공정성과 신뢰를 현저히 훼손하게 될 뿐만 아니라, 유치권신고 등을 통해 매수신청인이 위와 같은 유치권의 존재를 알게 되는 경우에는 매수가격의 즉각적인 하락이 초래되어 책임재산을 신속하고 적정하게 환가하여 채권자의 만족을 얻게 하려는 민사집행제도의 운영에 심각한 지장을 줄 수 있으므로, 위와 같은 상황 하에서는 채무자의 제3자에 대한 점유이전을 압류의 처분금지효에 저촉되는 처분행위로 봄이 타당하다는 취지이다."

토지에 대한 담보권 실행 등을 위한 경매가 개시된 후 그 지상 건물에 가압류등기가 경료되었는데, A가 채무자인 B로부터 건물점유를 이전받아 그 건물에 관한 공사대금채권을 피담보채권으로 한 유치권을 취득하였고, 그 후 건물에 대한 강제경매가 개시되어 C가 토지와 건물을 낙찰받은 사안에서, 건물에 가압류등기가 경료된 후 B가 A에게 건물의 점유를 이전한 것은 처분행위에 해당하지 않아 가압류의 처분금지효에 저촉되지 않으므로, A는 C에게 건물에 대한 유치권을 주장할 수 있다고 한 사례.

로써 […] 유치권의 최우선순위담보권으로서의 지위를 부당하게 이용하고 전체 담보권질서에 관한 법의 구상을 왜곡할 위험이 내재한다. 이러한 위험에 대처하여, 개별사안의 구체적인 사정을 종합적으로 고려할 때 신의성실의 원칙에 반한다고 평가되는 유치권제도 남용의 유치권 행사는 이를 허용하여서는 안" 된다.[78]

㉰ 대판 2013.4.11. 2011다107009는 "공사대금채권에 기하여 유치권을 행사하는 자가 스스로 유치물인 주택에 거주하며 사용하는 것은 특별한 사정이 없는 한 유치물인 주택의 보존에 도움이 되는 행위로서 유치물의 보존에 필요한 사용에 해당하므로, 그러한 경우에는 유치권의 소멸을 청구할 수 없다"고 하였는데, 검토를 요한다.[79]

㉱ 경매와 유치권에 관하여 본다.

㉠ 유치권에 기한 경매도 강제경매나 담보권 실행을 위한 경매와 마찬가지로 목적부동산 위의 부담을 소멸시키는 것을 법정매각조건으로 하여 실시되고, 우선채권자뿐만 아니라 일반채권자의 배당요구도 허용되며, 유치권자는 일반채권자와 동일한 순위로 배당을 받을 수 있다(대결 2011.6.15. 2010마1059).[80]

㉡ 인수주의를 규정하는 민사집행법 제91조 제5항에서 '변제할 책임이 있다'는 의미는 부동산상의 부담을 승계한다는 취지로서 인적 채무까지 인수한다는 취지는

---

78) 채무자 A 소유 건물에 B 은행 명의의 1순위근저당권이 설정되어 있는데 2순위근저당권자인 C 회사가 A와 건물 일부에 관하여 임대차계약을 체결하고 건물 일부를 점유하던 중 B의 신청에 의하여 개시된 경매절차에서 유치권신고를 한 사안에서, 경매개시결정 기입등기가 마쳐지기 전에 임대차계약이 체결되어 C가 건물 일부를 점유하고 있으며, C의 A에 대한 채권은 상행위로 인한 채권으로서 임대차계약 당시 이미 변제기에 도달하였고 상인인 C가 건물 일부를 임차한 행위는 채무자인 A에 대한 상행위로 인한 것으로 인정되므로, C는 상사유치권자로서 A에 대한 채권의 변제를 받을 때까지 유치목적물인 건물 일부를 점유할 권리가 있으나, 제반 사정에 비추어 C는 선순위근저당권자인 B의 신청에 의하여 건물 등에 관한 경매절차가 곧 개시되리라는 사정을 충분히 인식하면서 임대차계약을 체결하고 그에 따라 유치목적물을 이전받았다고 보이므로, C가 선순위근저당권자의 신청에 의하여 개시된 경매절차에서 유치권을 주장하는 것은 신의칙상 허용될 수 없다고 본 사례.

79) 유치권자가 유치물의 보존에 필요한 사용을 한 경우에도 특별한 사정이 없는 한 차임에 상당한 이득을 소유자에게 반환할 의무가 있다고 한 대판 2009.9.24. 2009다40684도 참조.

80) 다만 집행법원은 부동산 위의 이해관계를 살펴 위와 같은 법정매각조건과 달리 매각조건 변경결정을 통하여 목적부동산 위의 부담을 소멸시키지 않고 매수인으로 하여금 인수하도록 정할 수 있다.

유치권에 기한 경매절차가 정지된 상태에서 그 목적물에 대한 강제경매 또는 담보권 실행을 위한 경매절차가 진행되어 매각이 이루어졌다면, <u>유치권에 기한 경매절차가 소멸주의를 원칙으로 하여 진행된 경우와는 달리</u> 그 유치권은 소멸하지 않는다고 본 대판 2011.8.18. 2011다35593도 참조.

아니므로, 유치권자는 경락인에 대하여 그 피담보채권의 변제가 있을 때까지 유치목적물인 부동산의 인도를 거절할 수 있을 뿐이고 그 피담보채권의 변제를 청구할 수는 없다(대판 1996.8.23. 95다8713).

8. 비전형담보

(1) 먼저 권리이전(예약)형 담보 일반에 관하여 본다.

① 민법상 전형담보의 한계 때문에 등장한 권리이전(예약)형 담보에서 「담보」라는 목적보다 훨씬 큰 「권리이전」이라는 형식을 취함에 따라 폭리 등 부작용의 여지가 넓다.

② 현행법은 사적 실행에서 공정성을 확보하기 위하여 제607조와 제608조를 신설하였는데, 판례는 그 밖의 경우에도 청산의무를 인정한다.

〈5-2-17〉 권리이전(예약)형 담보의 규제에 관한 판례

㉮ 판례는, 제607조에 위반된 대물변제의 약정은 무효이고 이에 기한 소유권이전등기도 무효라고 한 초기의 입장(대판 1962.10.11. 62다290 등)과 달리, 제607조와 제608조에 따라 대물변제의 약정이 무효라도 그에 기한 소유권이전등기는 「채무자의 채무원리금을 담보하는 범위 안」에서 그대로 효력이 있으며, 이러한 경우의 담보는 당사자 사이에 청산절차를 예정하는 「약한 의미의 양도담보」라는 입장을 취한다. 예컨대 대물변제예약이 제607조, 제608조에 따라 무효일지라도 양도담보의 목적범위에서는 유효하다고 한 대판 1982.7.13. 81다254.

㉯ 대판 1996.11.15. 96다31116: "양도담보에 기한 소유권이전등기는 당사자들이 달리 특별한 약정을 하지 아니하는 한 채권담보의 목적으로 경료된 것으로서 당사자 사이에 정산절차를 예정하고 있는 이른바 '약한 의미의 양도담보'가 된 것으로 보아야 한다."[81] 그리고 대판 1998.4.10. 97다4005: "부동산에 관하여 정산절차를 예정한 약한 의미의 양도담보약정이 이루어졌다면 채권자는 채무의 변제기 후

81) 가등기담보법이 적용되지 않는, 공사잔대금의 지급을 담보하기 위하여 체결된 양도담보계약에 관한 판시이다.

반드시 담보권 실행을 위한 정산절차를 거쳐야만 하는 것이고, 채무자로서는 채권자가 담보권을 실행하여 정산절차를 마치기 전에는 채무를 변제하고 부동산에 대한 채권자 명의의 소유권이전등기의 말소를 구할 수 있다고 할 것인바, 이는 양도담보 약정 당시 당해 부동산의 시가가 채권원리금에 미달한다 하더라도 마찬가지"이다.

(2) 권리이전(예약)형의 담보의 원형으로서 양도담보에 관하여 본다.

① 양도담보의 법적 구성에 관한 논의에는 목적(채권의 「담보」)과 형식(소유권의 「양도」)이 조응(照應)되지 않음에 따른 이해의 충돌을 해결하기 위한 노력이 투영되어 있다.

② 양도담보의 성립과 관련하여,

ⓐ 점유개정에 의해서도 동산의 양도담보가 성립할 수 있는데, 그 때문에 이중의 양도담보가 문제될 수 있다.

ⓑ 유동집합물도 양도담보의 목적으로 될 수 있는데, 그 법률관계가 복잡하다.

③ 양도담보가 설정되면, 대내적으로 목적물의 점유 내지 이용의 권리는 담보제공자에게 속하지만, 대외적으로 소유권은 양도담보권자에게 귀속된다.

④ 양도담보권자가 외관상(등기 등을 통하여) 소유자로 되어 있더라도 청산을 마쳐야 완전한 소유권을 취득한다.

〈5-2-18〉 양도담보에 관한 판례

1) 양도담보의 법적 구성

판례는 기본적으로 신탁적 소유권이전설을 따른다.

㉮ 가등기담보법 시행 후의 「부동산」양도담보에 관하여 대판 2013.12.12. 2012다200974는, A가 B에 대한 채무를 담보하기 위하여 신축건물의 소유권보존등기를 B 명의로 마쳤고(양도담보의 성립), 그 후 C 앞으로 근저당권설정등기가 경료되었는데, A의 채권자인 D가 A를 대위하여 C를 상대로 위 근저당권설정등기의 말소를 구한 사안에서, D가 C에 대하여 위 건물이 양도담보권설정자인 A의 소유라는 주장을 할 수 없고, 양도담보권의 피담보채권 등이 사후적으로 소멸하였다는 사유만으로 C의 권리가 함께 소멸한 것으로 볼 수 없다고 하였다.

㈏ 「동산」양도담보에 관한 대판 2005.2.18. 2004다37430도 아래 2003다30463 판결과 같은 내용의 판시를 하며 신탁적 소유권이전설을 따랐다.

㈐ 다만 대판 2016.4.28. 2012다19659는, 양도담보로 제공된 선박에 카고펌프가 부합됨에 따라 제261조에 기한 보상청구가 문제된 사안에서 "양도담보권의 목적인 주된 동산에 다른 동산이 부합되어 부합된 동산에 관한 권리자가 권리를 상실하는 손해를 입은 경우 주된 동산이 담보물로서 가치가 증가된 데 따른 실질적 이익은 주된 동산에 관한 양도담보권설정자에게 귀속되는 것이므로, 이 경우 부합으로 인하여 권리를 상실하는 자는 양도담보권설정자를 상대로 민법 제261조에 따라 보상을 청구할 수 있을 뿐 양도담보권자를 상대로 보상을 청구할 수는 없다"고 하였는데, 양도담보의 실질을 고려한 예로 볼 수 있다.

2) 양도담보의 성립

㈎ 점유개정에 의한 양도담보의 성립은 동산의 이중양도담보와 관련하여 문제된다. 가령 대판 2004.10.28. 2003다30463: "금전채무를 담보하기 위하여 채무자가 그 소유의 동산을 채권자에게 양도하되 점유개정에 의하여 채무자가 이를 계속 점유하기로 한 경우 특별한 사정이 없는 한 동산의 소유권은 신탁적으로 이전됨에 불과하여 채권자와 채무자 사이의 대내적 관계에서 채무자는 의연히 소유권을 보유하나 대외적인 관계에 있어서 채무자는 동산의 소유권을 이미 채권자에게 양도한 무권리자가 되는 것이어서 다시 다른 채권자와의 사이에 양도담보설정계약을 체결하고 점유개정의 방법으로 인도를 하더라도 선의취득이 인정되지 않는 한 나중에 설정계약을 체결한 채권자는 양도담보권을 취득할 수 없는데, 현실의 인도가 아닌 점유개정으로는 선의취득이 인정되지 아니하므로, 결국 뒤의 채권자는 양도담보권을 취득할 수 없다."[82] 관련하여 점유개정에 의해서는 선의취득이 인정되지 않음에 관하여 〈8-4-1〉 참조.

㈏ 유동집합동산의 양도담보를 본다.

㉠ 담보목적물의 특정에 관하여 대판 2003.3.14. 2002다72385: "일단의 증감변동하는 동산을 하나의 물건으로 보아 이를 채권담보의 목적으로 삼는 이른바 유동

82) '양돈업자 A가 B, X, Y와 순차로 농장의 돼지에 대하여 각 점유개정의 방법으로 양도담보계약 체결 → A가 Y에게 돼지 전부를 인도하고 Y가 이를 처분 → X가 양도담보권 침해를 이유로 Y에게 손해배상청구'의 사안에서 X의 청구를 배척한 사례. A에 대하여 채권을 가질 뿐인 X가 Y에게 그 채권을 주장할 수 없고, 다른 한편 Y는 현실인도를 통하여 돼지의 소유권을 선의취득하였다.

집합물에 대한 양도담보설정계약의 경우에, 양도담보의 효력이 미치는 범위를 명시하여 제3자에게 불측의 손해를 입지 않도록 하고 권리관계를 미리 명확히 하여 집행절차가 부당히 지연되지 않도록 하기 위하여 그 목적물을 특정할 필요가 있으므로, 담보목적물은 담보설정자의 다른 물건과 구별될 수 있도록 그 종류, 소재하는 장소 또는 수량의 지정 등의 방법에 의하여 외부적·객관적으로 특정되어 있어야 하고, 목적물의 특정 여부 및 목적물의 범위는 목적물의 종류, 장소, 수량 등에 관한 계약의 전체적 내용, 계약당사자의 의사, 목적물 자체가 가지는 유기적 결합의 정도, 목적물의 성질, 담보물 관리와 이용방법 등 여러 가지 사정을 종합하여 구체적으로 판단하여야 한다."[83)]

㉡ 양도담보의 목적인 돼지가 출산한 새끼돼지에 대하여 양도담보의 효력이 미치는지에 관하여,

❶ 부정한 예로 대판 1996.9.10. 96다25463: "돼지를 양도담보의 목적물로 하여 소유권을 양도하되 점유개정의 방법으로 양도담보설정자가 계속하여 점유·관리하면서 무상으로 사용·수익하기로 약정한 경우, 양도담보목적물로서 원물인 돼지가 출산한 새끼돼지는 천연과실에 해당하고 그 천연과실의 수취권은 원물인 돼지의 사용·수익권을 가지는 양도담보설정자에게 귀속되므로, 다른 특별한 약정이 없는 한 천연과실인 새끼돼지에 대하여는 양도담보의 효력이 미치지 않는다."

❷ 긍정한 예로 대판 2004.11.12. 2004다22858: ⓐ "돈사에서 대량으로 사육되는 돼지를 집합물에 대한 양도담보의 목적물로 삼은 경우, 그 돼지는 번식, 사망, 판매, 구입 등의 요인에 의하여 증감변동하기 마련이므로 양도담보권자가 그때마다 별도의 양도담보권설정계약을 맺거나 점유개정의 표시를 하지 않더라도 하나의

83) 대판 1990.12.26. 88다카20224는, 양도담보계약서 중 양도물건목록에 소재지, 보관창고명과 목적물이 양만장 내 뱀장어, 수량 약 백만 마리라고 기재되어 있을 뿐이고 특별히 위 양만장 내의 뱀장어 중 1,000,000마리로 그 수량을 지정하여 담보의 범위를 제한한 사실이 인정되지 않는다면, 위 양도담보계약서에 기재된 수량은 단순히 계약 당시 위 양만장 내에 보관하고 있던 뱀장어 등의 수를 개략적으로 표시한 것에 불과하고 당사자는 위 양만장 내의 뱀장어 등 어류 전부를 그 목적으로 하였다고 봄이 당사자의 의사에 합치된다고 하면서, 집합물에 대한 양도담보권설정계약이 이루어지면 그 집합물을 구성하는 개개의 물건이 변동되거나 변형되더라도 「한 개」의 물건으로서 동일성을 잃지 않으므로 양도담보권의 효력은 항상 현재의 집합물 위에 미치고, 양도담보권자가 담보권설정계약 당시 존재하는 집합물을 점유개정의 방법으로 그 점유를 취득하면 그 후 양도담보설정자가 그 집합물을 이루는 개개의 물건을 반입할 때마다 별도의 양도담보권설정계약을 맺거나 점유개정의 표시를 해야 하는 것은 아니라고 하였다.

집합물로서 동일성을 잃지 아니한 채 양도담보권의 효력은 항상 현재의 집합물 위에 미치"고, ⓑ "양도담보설정자로부터 위 목적물을 양수한 자가 이를 선의취득하지 못하였다면 위 양도담보권의 부담을 그대로 인수하게 되고, 돈사에서 대량으로 사육되는 돼지를 집합물에 대한 양도담보의 목적물로 삼은 경우, 위 양도담보권의 효력은 양도담보설정자로부터 이를 양수한 양수인이 당초 양수한 돈사 내에 있던 돼지들 및 통상적인 양돈방식에 따라 그 돼지들을 사육·관리하면서 돼지를 출하하여 얻은 수익으로 새로 구입하거나 그 돼지와 교환한 돼지 또는 그 돼지로부터 출산시켜 얻은 새끼돼지에 한하여 미치는 것이지 양수인이 별도의 자금을 투입하여 반입한 돼지에까지는 미치지 않"는데, ⓒ "유동집합물에 대한 양도담보계약의 목적물을 선의취득하지 못한 양수인이 그 양도담보의 효력이 미치는 목적물에다 자기 소유인 동종의 물건을 섞어 관리함으로써 당초의 양도담보의 효력이 미치는 목적물의 범위를 불명확하게 한 경우에는 양수인으로 하여금 그 양도담보의 효력이 미치지 아니하는 물건의 존재와 범위를 입증하도록 하는 것이 공평의 원칙에 부합한다."84)

3) 양도담보의 효력

㉮ 대판 2005.2.18. 2004다37430은, 양돈업자 A가 농장에서 사육하고 있거나 장래 사육하게 될 모든 돼지를 목적으로 하여 Y와 피담보채권액 1억 원의 양도담보계약을 체결한 후, X와 위 돼지를 목적으로 하여 피담보채권액 2억 원의 양도담보계약을 체결하고, 다시 Y와 피담보채권액 2억 원의 양도담보계약을 체결한 경우(인도는 모두 점유개정의 방법으로 이루어졌다)에, 그 후 유체동산경매절차를 통하여 위 돼지들이 B에게 1억 5,000만 원에 일괄매각되었다면 매각대금은 모두 Y에게 배당되어야 한다고 하면서, Y와의 두 번째 양도담보계약은 그들 사이의 첫 번째 양도담보계약의 피담보채권액을 증액한 것으로 보았다.85)

---

84) 무상의 사용·수익약정이 있었던(이러한 약정이 없더라도 반대특약이 없는 한 결과가 다르지 않다) ❶에서와 달리 ❷는 돼지를 계속 점유·관리하면서 양도담보권자의 승낙을 얻어 처분하여 그 대금으로 사료대금을 변제하며, 항상 3,000두를 유지하기로 하는 내용의 양도담보계약, 즉 「유동집합물」에 대한 양도담보계약이 체결된 경우에 관한 것이라는 점이 새끼돼지의 귀속에 영향을 미친 것이다.

한편 ❷가 집합물론을 따르는 한 양수인이 별도의 자금을 투입하여 반입한 돼지도 집합물에 포함되지 않는가 하는 의문이 있을 수 있는데, 그렇게 한다면 양수인에게 불리한 반면 양도담보권자에게는 유리할 뿐만 아니라 유동집합물을 담보목적으로 한다는 양도담보계약의 당사자 사이의 합의가 양수인에게 효력을 미칠 수 없다는 점에서 — 양수인에게 증명책임을 지움을 전제로(위 ⓒ) — 집합물에 포함되지 않는다고 한 태도가 수긍될 수 있다.

85) Y에게 돼지들의 소유권이 신탁적으로 이전된 이상 A는 무권리자이고, 점유개정의 방법으로

㉯ 판례는 양도담보에서 화재보험금청구권에 대하여 물상대위성을 인정한다. 즉 대판 2009.11.26. 2006다37106: "양도담보권자는 양도담보목적물이 소실되어 양도담보설정자가 보험회사에 대하여 화재보험계약에 따른 보험금청구권을 취득한 경우에도 담보물가치의 변형물인 위 화재보험금청구권에 대하여 양도담보권에 기한 물상대위권을 행사할 수 있다." 그리고 대판 2014.9.25. 2012다58609는 "동산양도담보권자가 물상대위권 행사로 양도담보설정자의 화재보험금청구권에 대하여 압류 및 추심명령을 얻어 추심권을 행사하는 경우 특별한 사정이 없는 한 제3채무자인 보험회사는 양도담보 설정 후 취득한 양도담보설정자에 대한 별개의 채권을 가지고 상계로써 양도담보권자에게 대항할 수 없다. 그리고 이는 보험금청구권과 본질이 동일한 공제금청구권에 대하여 물상대위권을 행사하는 경우에도 마찬가지"이다.

㉰ 대내적 효력을 본다.

㉠ 담보계약은 담보목적으로 소유권을 취득한 채권자의 소유권 행사의 제약에 관한 합의를 포함하고, 별도의 합의가 없는 한 청산절차를 개시하기까지 채무자는 적법하게 담보목적물을 점유하고 이용할 수 있으며(대판 1988.11.22. 87다카2555), 목적물을 임대할 권한도 담보제공자가 가진다(대판 2001.12.11. 2001다40213).

㉡ 담보권 실행을 위한 담보권자의 인도청구에 대하여 담보제공자가 명도를 거부하는 경우에는 담보권 실행이 방해된 것을 이유로 하는 손해배상청구를 할 수 있으나, 그러한 경우에도 양도담보권자에게 목적부동산에 대한 사용수익권이 없으므로 차임 상당의 손해배상을 구할 수는 없다(대판 1979.10.30. 79다1545).

㉱ 대외적 효력을 본다.

㉠ 채무의 담보를 위하여 채무자가 건물의 건축허가명의를 채권자 앞으로 함으로써 완성될 건물을 양도담보로 제공하기로 하는 담보권설정 합의시 채무자가 신축건물을 처분하여 그 대금으로 채무변제에 충당하기로 약정하였고 그 약정에 기하여 신축건물의 처분행위가 이루어졌다면, 신축건물에 관한 채권자의 담보권은 이미 실행되어 소멸된 것으로 보거나 담보권주장을 포기한 것으로 볼 여지가 있어 채권자는 채무자 또는 제3자를 상대로 인도청구를 할 수 없으나, 그 약정이 신축건물의 처분 이전에 실효되거나 해제되었다면 채권자가 인도청구를 할 수 있음은 당연하다(대판 2002.1.11. 2001다48347).

는 선의취득이 인정되지 않으므로 X는 양도담보권을 취득하지 못했으며, 그 결과 A와 Y가 새로운 피담보채무를 추가함에 X와의 양도담보계약은 장애로 되지 않는다.

㉡ 양도담보가 성립한 후 선박법의 개정에 따라 등기대상으로 된 부선에 관하여 마쳐진 담보제공자 명의의 보존등기 및 제3자 앞으로의 이전등기가 원인무효의 등기라고 한 대판 2015.3.12. 2014다21410 참조.

㉢ 대판 1988.4.25. 87다카2696은, 부동산의 등기명의가 양도담보권자 앞으로 되어 있더라도 양도담보권설정자는 불법점유자인 제3자에 대하여「실질적 소유자」임을 주장하여 불법점유의 상태의 배제권을 행사할 수 있다고 하였다.

4) 양도담보권자는 양도담보목적물의 가액으로부터 우선변제를 받고 남은 것이 있으면 담보제공자에게 반환해야 하는데, 대판 1984.2.14. 83다카1645 등은 반환할 청산금을 부당이득으로 본다.

---

(3) 그 밖의 비전형담보를 본다.

① 가등기담보법에 기한, 권리취득에 의한 사적 실행은, 변제를 통한 소유권 회복의 가능성과 청산금의 확실한 지급을 고려하여 '실행의 통지 → 청산기간의 경과 → 청산금의 지급과 상환으로 소유권 취득'[86]의 단계를 거친다.

② 동산담보에서 점유질원칙에 따른 문제점을 그리고 집합채권의 담보에서 대항요건 구비의 어려움을 극복하기 위하여 담보등기제도를 채택한 동산채권담보법이 제정되었다. 그런데 — 가등기담보법에서 허용되지 않는 — 처분청산형 실행도 허용되고, 채권담보에서 등기를 제3자에 대한 대항요건으로 하고, 제3채무자에 대해서는 등기사항증명서의 교부를 통한 통지를 해야 대항할 수 있도록 한 점이 이채롭다.

③ 양도담보에서 담보목적으로 소유권을 이전하는 반면, (기능적 담보로서) 소유권유보에서는 소유권을 유보함으로써 담보목적이 구현된다.

---

86) 대판 2022.4.14. 2021다263519: "가등기담보법이 적용되는 경우에는 채권자가 담보목적부동산에 관하여 소유자로 등기되어 있다고 하더라도 청산절차 등 법에 정한 요건을 충족해야만 비로소 담보목적 부동산의 소유권을 취득할 수 있다."

〈5-2-19〉 그 밖의 비전형담보에 관한 판례

1) 가등기담보

㉮ 가등기담보법은 제607조, 제608조를 구체화한 특별법으로 제정되었기 때문에 그에 포섭될 수 있는 경우에만 적용된다(대판 1998.6.26. 97다1495). 즉

㉠ 매매대금채권(대판 2002.12.24. 2002다50484), 공사대금채권(대판 1992.4.10. 91다45356·45363), 매매계약의 해제에 따른 대금반환채권(대판 1996.11.29. 96다31895) 등 소비대차 외의 채권을 담보하기 위하여 가등기가 경료된 경우에는 적용되지 않는다.[87]

㉡ 가등기담보부동산에 대한 예약 당시의 시가가 그 피담보채무액에 미치지 못하는 경우에도 적용되지 않는데(대판 1993.10.26. 93다27611), 재산권 이전의 예약 당시 선순위근저당권이 설정되어 있다면 재산의 가액에서 피담보채무액을 공제한 나머지 가액이 차용액 및 이에 붙인 이자의 합산액을 초과해야만 적용된다(대판 2006.8.24. 2005다61140).

㉯ 대결 1998.10.7. 98마1333: "국세압류등기 이전에 소유권이전등기청구권 보전의 가등기가 경료되고 그 후 본등기가 이루어진 경우, 그 가등기가 매매예약에 기한 순위보전의 가등기라면 그 이후에 경료된 압류등기는 효력을 상실하여 말소되어야 할 것이지만, 그 가등기가 채무담보를 위한 가등기 즉 담보가등기라면 그 후 본등기가 경료되더라도 가등기는 담보적 효력을 갖는 데 그치므로 압류등기는 여전히 유효하므로 말소될 수 없다."[88]

㉰ 대판 2011.7.14. 2011다28090: "채권자와 채무자가 가등기담보권설정계약을 체결하면서 가등기 이후에 발생할 채권도 후순위권리자에 대하여 우선변제권을 가지는 가등기담보권의 피담보채권에 포함시키기로 약정할 수 있고, 가등기담보권을

87) 소비대차나 준소비대차에 기한 차용금반환채무와 그 밖의 원인으로 발생한 채무를 동시에 담보할 목적으로 경료된 가등기나 소유권이전등기에 가등기담보법이 적용된다고 한 대판 2004.4.27. 2003다29968도 참조.

88) 나아가 ㉠ 당해 가등기가 담보가등기라는 점에 관한 소명자료가 제출되어 담보가등기인지 여부가 이해관계인 사이에 실질적으로 다투어지고 있다면 가등기에 기한 본등기권자의 태도 여하에 불구하고 형식적 심사권밖에 없는 등기공무원으로서는 당해 가등기를 순위보전의 가등기로 인정하여 국세압류등기를 직권말소할 수 없고, ㉡ 당해 가등기가 담보가등기인지 여부는 당해 가등기가 실제상 채권담보를 목적으로 한 것인지 여부에 의하여 결정되는 것이지 당해 가등기의 등기부상 원인이 매매예약으로 기재되어 있는지 아니면 대물변제예약으로 기재되어 있는지 하는 형식적 기재에 의하여 결정되는 것이 아니라고 하였다.

설정한 후에 채권자와 채무자의 약정으로 새로 발생한 채권을 기존 가등기담보권의 피담보채권에 추가할 수도 있으나, 가등기담보권 설정 후에 후순위권리자나 제3취득자 등 이해관계 있는 제3자가 생긴 상태에서 새로운 약정으로 기존 가등기담보권에 피담보채권을 추가하거나 피담보채권의 내용을 변경, 확장하는 경우에는 이해관계 있는 제3자의 이익을 침해하게 되므로, 이러한 경우에는 피담보채권으로 추가, 확장한 부분은 이해관계 있는 제3자에 대한 관계에서는 우선변제권 있는 피담보채권에 포함되지 않는다고 보아야 한다." 이러한 태도는 양도담보에 관한 (<5-2-18>에 소개된) 대판 2005.2.18. 2004다37430과는 확연히 다르다.

㉱ 가등기담보권의 실행에 관하여 본다.

㉠ 가등기담보권의 실행방법으로 이른바 처분청산(處分淸算)형은 허용되지 않는다(대판 2002.12.10. 2002다42001).

㉡ 대판 2019.6.13. 2018다300661: 권리취득에 의한 사적 실행절차를 정하는 가등기담보법 제3조와 제4조는 "강행법규에 해당하여 이를 위반하여 담보가등기에 기한 본등기가 이루어진 경우 본등기는 무효라고 할 것이고, 설령 그와 같은 본등기가 가등기권리자와 채무자 사이에 이루어진 특약에 의하여 이루어졌다고 할지라도 만일 특약이 채무자에게 불리한 것으로서 무효라고 한다면 본등기는 여전히 무효일 뿐, 이른바 약한 의미의 양도담보로서 담보의 목적 내에서는 유효하다고 할 것이 아니다. 다만 가등기권리자가 가등기담보법 제3조, 제4조에 정한 절차에 따라 청산금의 평가액을 채무자 등에게 통지한 후 채무자에게 정당한 청산금을 지급하거나 지급할 청산금이 없는 경우에는 채무자가 통지를 받은 날부터 2월의 청산기간이 지나면 위와 같이 무효인 본등기는 실체적 법률관계에 부합하는 유효한 등기로 될 수 있을 뿐이다." 청산절차를 거치지 않은 채 제소전 화해조서에 기하여 소유권이전의 본등기를 경료한 경우에도 마찬가지이다(대판 2002.12.10. 2002다42001).

㉢ 실행통지에서 목적부동산의 평가액은 채권자의 「주관적 평가액」으로 족하고, 그것이 객관적 가액에 미치지 못하더라도 실행통지로서의 효력이나 청산기간의 진행에 영향을 미치지 않는다(대판 1996.7.30. 96다6974·6981). 일단 통지하면 「채권자」는 자기가 통지한 청산금의 액수에 관하여 다툴 수 없는(법 제9조) 반면, 채무자 등은 「정당하게 평가된」 청산금을 지급받을 때까지 목적부동산의 소유권이전등기 및 인도채무의 이행을 거절할 수 있다(대판 2008.4.11. 2005다36618).

그리고 통지의 상대방이 여러 명인 경우에, 일부에 대하여 통지가 누락되면 통지

의 효력이 발생하지 않는다(대판 2002.4.23. 2001다81856).[89]

㉣ 참고로 배당과 관련하여 대판 1992.3.27. 91다44407: 가압류의 상대적 효력에 따라 "가등기담보권에 대하여 선순위 및 후순위 가압류채권이 있는 경우 부동산의 경매에 의한 매득금 중 경매비용을 제외한 나머지 금원을 배당함에 있어 가등기담보권자는 선순위가압류채권에 대하여는 우선변제권을 주장할 수 없어 그 피담보채권과 선순위 및 후순위 가압류채권에 대하여 1차로 채권액에 따른 안분비례에 의하여 평등배당을 하되, 담보가등기권자는 위 후순위가압류채권에 대하여는 우선변제권이 인정되어 그 채권으로부터 받을 배당액으로부터 자기의 채권액을 만족시킬 때까지 이를 흡수하여 변제받을 수 있으며 선순위와 후순위 가압류채권이 동일인의 권리라 하여 그 귀결이 달라지는 것이 아니다."

㉤ 대판 2022.11.30. 2017다232167·232174: 가등기담보법 제12조 제1항 전문, 제13조 전문, 제14조의 "문언형식과 내용 및 체계에 더하여 담보목적부동산에 대한 경매절차가 개시된 경우 그 경매절차에 참가할 수 있을 것이라는 후순위권리자 등의 기대를 보호할 필요가 있는 점 등을 고려하면, 담보가등기권리자가 담보목적부동산의 경매를 청구하는 방법을 선택하여 그 경매절차가 진행 중인 때에는 특별한 사정이 없는 한 가등기담보법 제3조에 따른 담보권을 실행할 수 없으므로 그 가등기에 따른 본등기를 청구할 수 없다고 봄이 타당하다."

㉥ 채권자가 적법한 청산절차를 거치지 않고 담보목적부동산에 관하여 본등기를 마쳤더라도 그러한 사실을 모르고 그 본등기에 터 잡아 소유권이전등기를 마친 이는 가등기담보법 제11조 단서 후문에 의하여 보호되는데, 이 경우 반사적 효과로서 무효인 채권자 명의의 본등기는 그 등기를 마친 시점으로 소급하여 확정적으로 유효하게 되고, 이에 따라 담보목적부동산에 관한 채권자의 가등기담보권은 소멸하며, 청산절차를 거치지 않아 무효였던 채권자의 위 본등기에 터 잡아 이루어진 등기 역시 소급하여 유효하게 된다고 보아야 한다. 다만 이 경우에도 채무자 등과 채권자 사이의 청산금지급을 둘러싼 채권·채무관계까지 모두 소멸하는 것은 아니고, 채무자 등은 채권자에게 청산금의 지급을 청구할 수 있다(대판 2021.10.28. 2016다248325[90]).

89) 참고로 대판 2007.12.13. 2007다49595는, 청산합의가 청산기간을 단축하는 특약으로 가등기담보법 제4조 제2항에 위배될 뿐 아니라 청산합의에서 정한 담보부동산의 평가액도 적정하지 않은 경우에 같은 조 제4항에 의하여 무효라도 담보권 실행의 통지로서의 효력은 있다고 하였다.

90) "이러한 법리는 경매의 법적 성질이 사법상 매매인 점에 비추어 보면 무효인 본등기가 마쳐진 담보목적부동산에 관하여 진행된 경매절차에서 경락인이 본등기가 무효인 사실을 알지

2) 동산채권담보법

㉮ 대판 2022.3.31. 2017다263901: "동산담보권이 설정된 유체동산에 대하여 다른 채권자의 신청에 의한 강제집행절차가 진행되는 경우 민사집행법 제148조 제4호를 유추적용하여 집행관의 압류 전에 등기된 동산담보권을 가진 채권자는 배당요구를 하지 않아도 당연히 배당에 참가할 수 있다고 보아야 한다."

㉯ 이른바 채권담보권에 관하여 대판 2016.7.14. 2015다71856·71863: 동산채권담보법에 의한 "채권담보권자가 담보등기를 마친 후에서야 동일한 채권에 관한 채권양도가 이루어지고 확정일자 있는 증서에 의한 채권양도의 통지가 제3채무자에게 도달하였으나, 동산채권담보법 제35조 제2항에 따른 담보권설정의 통지는 제3채무자에게 도달하지 않은 상태에서는, 제3채무자에 대한 관계에서 채권양수인만이 대항요건을 갖추었으므로 제3채무자로서는 채권양수인에게 유효하게 채무를 변제할 수 있고 이로써 채권담보권자에 대하여도 면책된다. 다만 채권양수인은 채권담보권자에 대한 관계에서는 후순위로서, 채권담보권자의 우선변제적 지위를 침해하여 이익을 받은 것이 되므로, 채권담보권자는 채권양수인에게 부당이득으로서 변제받은 것의 반환을 청구할 수 있다. 그러나 그 후 동산채권담보법 제35조 제2항에 따른 담보권설정의 통지가 제3채무자에게 도달한 경우에는, 그 통지가 채권양도의 통지보다 늦게 제3채무자에게 도달하였더라도, 채권양수인에게 우선하는 채권담보권자가 제3채무자에 대한 대항요건까지 갖추었으므로 제3채무자로서는 채권담보권자에게 채무를 변제하여야 하고, 채권양수인에게 변제하였다면 특별한 사정이 없는 한 이로써 채권담보권자에게 대항할 수 없다. [… 동산채권담보법에 의한] 채권담보권자가 채권양수인보다 우선하고 담보권설정의 통지가 제3채무자에게 도달하였는데도, 그 통지보다 채권양도의 통지가 먼저 도달하였다는 등의 이유로 제3채무자가 채권양수인에게 채무를 변제한 경우에 채권담보권자가 무권한자인 채권양수인의 변제수령을 추인하였다면, 추인에 의하여 제3채무자의 채권양수인에 대한 변제는 유효하게 되는 한편 채권담보권자는 채권양수인에게 부당이득으로서 변제받은 것의 반환을 청구할 수 있다."91)

못한 채 담보목적부동산을 매수한 경우에도 마찬가지로 적용된다."

91) 사실관계는 다음과 같다: ㉠ X는 2013. 8. 13. A 회사와 사이에 X의 A에 대한 물품대금채권을 담보하기 위하여 A의 B 회사에 대한 채권에 관하여 채권최고액 3억 원인 담보권을 설정하기로 하는 계약을 체결하고, 2013. 8. 14. 담보권설정등기가 마쳐졌다. ㉡ A는 2013. 8. 28. Y에게 위 채권을 양도하고, 2013. 10. 1. B에게 내용증명우편으로 채권양도사실을 통지

3) 소유권유보

㉮ 소유권유보부 매매의 법적 성질에 관하여 판례는 정지조건부 소유권이전설을 따른다. 가령 대판 1999.9.7. 99다30534: 동산의 소유권유보부 매매에서 "목적물의 소유권을 이전한다는 당사자 사이의 물권적 합의는 매매계약을 체결하고 목적물을 인도한 때 이미 성립하지만 대금이 모두 지급되는 것을 정지조건으로 하므로, 목적물이 매수인에게 인도되었다고 하더라도 특별한 사정이 없는 한 매도인은 대금이 모두 지급될 때까지 매수인뿐만 아니라 제3자에 대하여도 유보된 목적물의 소유권을 주장할 수 있"다.

㉯ 대판 2010.2.11. 2009다93671: "동산의 매매에서 [⋯] 소유권 유보약정이 있는 경우에, [⋯] 대금이 모두 지급되지 아니한 상태에서 매수인이 목적물을 다른 사람에게 양도하더라도, 양수인이 선의취득의 요건을 갖추거나 소유자인 소유권유보매도인이 후에 처분을 추인하는 등의 특별한 사정이 없는 한 그 양도는 목적물의 소유자가 아닌 사람이 행한 것으로서 효력이 없어서, 그 양도로써 목적물의 소유권이 매수인에게 이전되지 아니한다."

하였으며, 그 통지는 2013. 10. 2. B에게 도달하였다. ㉢ 이 사건 담보권으로 담보된 X의 A에 대한 물품대금채권이 3억 원에 달하자, X는 2013. 10. 14. B에 설정계약서 사본과 등기사항증명서 사본을 첨부하여 담보권설정사실을 통지하였고, 그 통지는 2013. 10. 15. B에 도달하였다. ㉣ B는 2013. 10. 31. Y에게 이 사건 채권의 변제조로 2억 원을 지급하였다. ㉤ 이에 X는 Y를 상대로 B로부터 변제받은 것에 대한 부당이득반환청구를 하는 한편 B를 상대로는 이 사건 담보권의 실행으로써 이 사건 채권의 지급청구를 하였는데, 제1심 계속 중이던 2014. 12. 18. 'X는 B에 대한 청구를 포기하고, X와 B는 이 사건 채권에 관하여 일체의 민·형사상 청구를 하지 아니한다'는 등의 내용으로 조정을 갈음하는 결정이 내려졌고, 위 결정은 X와 B 사이에서 그 무렵 확정되었다.

대법원은, 채권담보권자 X가 채권양수인 Y보다 우선하고 담보권설정의 통지가 제3채무자인 B에 도달하였으므로, B는 「그 이후」에 한 Y에 대한 변제로써 X에게 대항할 수 없었으나, X가 제1심에서의 조정을 갈음하는 결정에 따라 B에 대한 청구를 포기함으로써 무권한자인 Y의 변제수령을 추인하였다고 할 것이므로, 이러한 추인에 의하여 B의 Y에 대한 변제는 유효하게 되는 한편 X는 Y에게 부당이득으로서 그 변제받은 것의 반환을 청구할 수 있다고 하면서, X의 Y에 대한 부당이득반환청구를 배척한 원심을 파기하였다.

제3절 인적 담보

1. 다수당사자의 채권관계 개관

(1) 다수당사자의 채권관계 중 채무자가 복수인 경우(분할채무를 제외하고)는 다수채무자의 책임재산을 집적(集積)함으로써 채권의 효력을 강화하는 기능을 담당한다: 「인적 담보」.

(2) 다수당사자의 채권관계는 ① 「외부관계」(복수의 채무자/채권자와 상대방 사이의 이행청구/변제의 효력), ② 「영향관계」(복수의 채무자/채권자 중 1인에게 생긴 사유가 다른 채무자/채권자에게 미치는 영향) 및 ③ 「정산관계」(채무자/채권자들 사이의 분배/구상의 관계)의 세 측면에서 접근해야 한다.

〈5-3-1〉 다수당사자의 채권관계 일반에 관한 판례[92]

㉮ 분할채권의 예로, 매매계약의 무효를 원인으로 복수의 매도인을 상대로 부당이득으로서 계약금의 반환을 구하는 채권(대판 1993.8.14. 91다41316), 채권이 일부양도된 경우의 각 분할된 부분에 대한 채권(대판 2002.2.8. 2000다50596), 채권자에 대하여 자기의 부담부분 이상을 변제하여 공동의 면책을 얻은 공동불법행위자 중 1인이 다른 복수의 공동불법행위자에 대하여 가지는 구상채권(대판 2002.9.27. 2002다15917)[93] 등.

㉯ 판례는 건물공유자가 공동으로 건물을 임대하고 보증금을 수령한 경우에 보증금반환채무는 불가분적 이득의 반환의무라 하고(대판 1998.12.8. 98다43137; 대판

92) 참고로 대판 2014.8.20. 2014다26521: "민법상 다수당사자가 함께 채무자가 되는 경우 특별한 의사표시가 없으면 그 다수의 채무자는 분할채무를 부담하는 것이 원칙이기는 하지만, 당사자들의 의사표시에 의해 채권관계가 발생할 경우 그 급부의 성질·거래의 관행·당사자들의 의사·당사자들의 관계·거래경위 등에 비추어 복수의 채무자가 불가분적인 채무를 부담하기로 한 것으로 해석함이 상당한 경우도 있으므로, 법원으로서는 다수당사자가 계약에 의해 함께 채무자가 되는 구체적 사건의 해석에 있어서 위와 같은 사정을 잘 살펴서 그 다수의 채무자가 분할하여 채무를 부담하기로 한 것인지 혹은 불가분적인 채무로서 채무 전액에 대하여 중첩적으로 책임을 지기로 한 것인지를 구별하여야 할 것"이다.

93) 다만 구상권자에게 과실이 없는 경우에 관한 예외를 인정하는 대판 2005.10.13. 2003다24147에 관하여 〈5-3-8〉 참조.

2017.5.30. 2017다205073), 여러 명이 공동으로 법률상 원인 없이 타인의 재산을 사용한 경우에 부당이득반환도 불가분채무라고 하였다(대판 2001.12.11. 2000다13948).

2. 보증채무

(1) 보증(保證) 일반에 관하여 본다.

① 보증은 채권의 담보를 본래적 기능으로 하는 「인적 담보」의 전형적 모습이다.

② 보증채무는 주채무와 별개의 독립한 채무이지만(독립성), 주채무와 동일한 내용의 급부를 목적으로 한다(내용적 동일성). 그리고 보증채무는 주채무의 담보를 위한 것으로 주채무에 종된 채무이고(부종성), 주채무의 이행이 없을 때 2차적 의무로서 보증인이 이행책임을 진다(보충성).

③ 보증채무는 채권자와 보증인 사이의 보증계약에 의하여 성립하는데, 2015년 민법개정으로 서면주의가 채택되고 채권자는 일정한 범위에서 정보제공 및 통지의무를 진다.

〈5-3-2〉 보증채무 일반에 관한 판례

1) 보증의 법적 성질

㉮ 보증채무에 대한 소멸시효가 중단되었다 하여 이로써 주채무에 대한 소멸시효가 중단되는 것은 아니지만, 주채무가 소멸시효 완성으로 소멸하면 보증채무도 그 자체의 시효중단에도 불구하고 부종성에 따라 당연히 소멸한다(대판 2002.5.14. 2000다62476. 제183조도 참조).

㉯ 주채무자에 대한 채권이 이전되면 보증인에 대한 채권도 이전되는데(「수반성」), 채권양도의 대항요건도 주채권의 이전에 관하여 구비하면 되고, 별도로 보증채권에 관하여 대항요건을 갖출 필요는 없다(대판 2002.9.10. 2002다21509).

그리고 주채권과 보증채권의 귀속주체를 달리하는 것은 보증채무의 부종성에 반하고, 주채권을 가지지 않는 이에게 보증채권만 인정할 실익도 없기 때문에 주채권과 분리하여 보증채권만 양도하기로 하는 약정은 그 효력이 없다(앞의 2002다21509 판결).

㉰ 대판 2014.6.12. 2011다76105: "보증채무는 주채무와는 별개의 독립한 채무이므로 보증채무와 주채무의 소멸시효기간은 채무의 성질에 따라 각각 별개로 정해진다. 그리고 주채무자에 대한 확정판결에 의하여 민법 제163조 각 호의 단기소멸시효에 해당하는 주채무의 소멸시효기간이 10년으로 연장된 상태에서 주채무를 보증한 경우, 특별한 사정이 없는 한 보증채무에 대하여는 민법 제163조 각 호의 단기소멸시효가 적용될 여지가 없고, 성질에 따라 보증인에 대한 채권이 민사채권인 경우에는 10년, 상사채권인 경우에는 5년의 소멸시효기간이 적용된다."

그리고 대판 2003.6.13. 2001다29803: "보증채무는 주채무와는 별개의 채무이기 때문에 보증채무 자체의 이행지체로 인한 지연손해금은 보증한도액과는 별도로 부담하고, 이 경우 보증채무의 연체이율에 관하여 특별한 약정이 있으면 그에 따르고, 특별한 약정이 없는 경우라면 그 거래행위의 성질에 따라 상법 또는 민법에서 정한 법정이율에 따라야 할 것이고, 주채무에 관하여 약정된 연체이율이 당연히 여기에 적용되는 것은 아니다."

2) 보통의 보증에서 보증인의 지위는 상속된다.

한편 계속적 보증에서 보증한도액이 정해져 있다면 특별한 사정이 없는 한 상속인들이 보증인의 지위를 승계하는 반면(대판 1999.6.22. 99다19322), 보증기간과 보증한도액의 정함이 없다면 보증인의 지위가 상속인에게 상속되지 않지만 기왕에 발생된 보증채무는 상속된다(대판 2001.6.12. 2000다47187).

3) 보증계약의 성립

㉮ 판례는 보증의 무상성을 근거로 보증인의 보증의사의 존재 및 보증범위를 엄격하게 심사한다. 가령 대판 1998.12.8. 98다39923: "보증계약의 성립을 인정하려면 당연히 그 전제로서 보증인의 보증의사가 있어야 하고, 이러한 보증의사의 존부는, 당사자가 거래에 관여하게 된 동기와 경위, 그 관여형식 및 내용, 당사자가 그 거래행위에 의하여 달성하려는 목적, 거래의 관행 등을 종합적으로 고찰하여 판단하여야 할 당사자의 의사해석 및 사실인정의 문제이지만, 보증은 이를 부담할 특별한 사정이 있을 경우 이루어지는 것이므로, 보증의사의 존재나 보증범위는 이를 엄격하게 제한하여 인정"해야 한다. 그 연장선상에서 보증행위에 대한 제126조의 표현대리의 성립에 관하여 엄격한 입장임에 관하여 〈2-4-7〉도 참조.

㉯ 보증계약의 서면주의에 따라 요구되는, 보증인의 「서명」은 보증인이 직접 자신의 이름을 쓰는 것을 의미하므로 타인이 보증인의 이름을 대신 쓰는 것은 이에

해당하지 않지만, 보증인의 「기명날인」은 타인이 이를 대행하는 방법으로 해도 무방하다(대판 2019.3.14. 2018다282473).94)

㈐ 채권자가 보증인에게 채무자의 신용상태를 고지할 신의칙상의 의무는 존재하지 않는다는 것이 판례의 입장이었으나(대판 1998.7.24. 97다35276), 2015년 신설된 제436조의2 제1항은 보증계약을 체결하거나 갱신할 때 채권자는 "보증계약의 체결 여부 또는 그 내용에 영향을 미칠 수 있는 주채무자의 채무 관련 신용정보"를 보유하거나 알고 있는 경우에 보증인에게 그 정보를 알려야 한다고 규정한다.

4) 참고로 대판 2002.5.24. 2000다72572는, 손해담보계약상 담보의무자의 책임은 손해배상책임이 아니라 이행의 책임이고, 따라서 담보계약상 담보권리자의 담보의무자에 대한 청구권의 성질은 손해배상청구권이 아니라 이행청구권이므로, 제396조의 과실상계규정이 준용될 수 없음은 물론 과실상계의 법리를 유추하여 그 담보책임을 감경할 수도 없지만, 담보권리자의 고의 또는 과실로 손해가 야기되는 등의 구체적인 사정에 비추어 담보권리자의 권리행사가 신의칙 또는 형평의 원칙에 반하는 경우에는 그 권리행사의 전부 또는 일부가 제한될 수는 있다고 하였다.

그 밖에 주채무자에 해당하는 보험계약자의 기망을 이유로 보험자가 보증보험계약 체결의 의사표시를 취소한 경우에 관하여 (〈2-3-7〉에 소개된) 대판 2001.2.13. 99다13737 참조.

⑵ 채권자와 보증인 사이의 관계를 본다.

① 보증채무의 내용은 보증계약에 의하여 결정되지만, 「내용적 동일성」(부종성의 일부이다)에 따라 주채무의 내용과 동일하다.

② 보증인은 「부종성/내용적 동일성」에 기하여 주채무자의 항변사유를 원용할 수 있고, 나아가 「보충성」에 기한 고유의 항변권(최고·검색의 항변권)도 가진다.

〈5-3-3〉 채권자와 보증인 사이의 관계에 관한 판례

1) 보증채무의 범위

㉮ 보증계약이 성립한 후의 「주채무의 목적이나 형태의 변경」으로 인하여 ㉠ 주

94) 근보증에서 보증채무의 최고액을 서면으로 특정해야 한다는 제428조의3에 관한 판시이다.

채무의 실질적 동일성이 상실되었다면, 당초의 주채무는 경개로 인하여 소멸하였다고 보아야 하므로 보증채무도 당연히 소멸하고(「부종성」), ㉡ 주채무의 실질적 동일성이 상실되지 않고 동시에 주채무의 부담내용이 축소·감경되었다면, 보증인은 그와 같이 축소·감경된 주채무의 내용에 따라 보증책임을 지지만,[95] ㉢ 주채무의 실질적 동일성이 상실되지 않고 주채무의 부담내용이 확장·가중되었다면, 보증인은 그와 같이 확장·가중된 주채무의 내용에 따른 보증책임은 지지 않고 변경되기 전의 주채무의 내용에 따른 보증책임만을 진다(대판 2000.1.21. 97다1013).[96]

㈏ 「거래기간의 연장」에 관하여 본다.

㉠ 확정채무의 경우에 거래기간의 연장이 보증채무의 확장·가중을 의미하지 않지만(대판 1996.2.23. 95다49141),

㉡ 계속적 거래관계에 기한 불확정채무에서 거래기간의 종료는 주채무 및 보증채무의 확정사유이므로, 보증인이 기간 연장에 동의하지 않는 한, 주계약상의 거래기간이 연장되더라도 보증채무는 영향을 받지 않는다(대판 1999.8.24. 99다26481).

㉢ 참고로 보증보험 등 유상보증의 경우에도 보증인은 연장된 거래기간에 대해서는 보증책임을 지지 않는다(대판 2001.2.13. 2000다5961).

㈐ 물적 담보와 인적 담보가 경합하는 경우에 관하여 대판 2005.4.29. 2005다3137: "계속적인 거래관계로부터 장래 발생하는 불특정채무를 보증하는 근보증을 하고 아울러 그 불특정채무를 담보하기 위하여 동일인이 근저당권설정등기를 하여 물상보증도 하였을 경우, 이 근저당권의 피담보채무와 근보증에 의하여 담보되는 주채무가 별개의 채무인가 아니면 그와는 달리 근저당권에 의하여 담보되는 채권이 위 근보증에 의하여도 담보되는 것인가의 문제는 계약당사자의 의사해석문제"이다.[97] (<5-2-11>에 소개된) 대판 2004.7.9. 2003다27160도 참조.

---

95) 참고로 주채무자에 대한 회생절차가 개시되어 회생계획인가의 결정이 있어서 회생채권자의 권리에 변동이 생기더라도 보증인의 채무(또는 물상보증인의 책임)에는 영향을 미치지 않는다(채무자회생법 제250조 제2항 및 회사정리절차에 관한 대판 2005.11.10. 2005다48482 참조).

96) 주채무자의 채무불이행시의 손해배상의 범위에 관하여 주채무자와 채권자 사이의 합의로 보증인의 관여 없이 그 손해배상예정액이 결정되었더라도 보증인으로서는 위 합의로 결정된 손해배상예정액이 채무불이행으로 인하여 주채무자가 부담할 손해배상책임의 범위를 초과하지 아니한 한도 내에서 보증책임이 있다고 한 대판 1996.2.9. 94다38250도 참조.

97) 채무자의 채권자에 대한 불특정채무를 담보하기 위하여 제3자가 자신의 부동산에 근저당권설정등기를 하고 다음날 위 피담보채무를 한도로 근보증계약을 체결한 경우에, 근저당권의 피담보채무와 근보증에 의하여 담보되는 주채무는 별개의 채무가 아니라 동일한 채무로서 채무의 액수는 근저당권의 채권최고액 겸 근보증의 보증한도액에 한정된다고 한 사례.

그리고 대판 1997.11.14. 97다34808: "물상보증과 연대보증의 피담보채무의 중첩성이 인정될 경우, 특히 근저당권이 담보하는 피담보채무와 연대보증계약상의 주채무가 동일한 것으로 보아야 할 경우에 달리 특별한 사정이 없는 한 근저당권의 소멸과 동시에 연대보증계약도 해지되어 장래에 향하여 그 효력을 상실한다고 봄이 상당하므로 연대보증인은 위 해지 이전에 발생한 보증채무에 대하여는 연대보증계약을 해지하였다고 하더라도 면제 등의 특별한 사정이 없는 한 그 책임을 면할 수는 없다."

㉣ 부동산매매계약과 함께 부동산의 매수인이 매매목적물에 관한 근저당권의 피담보채무, 가압류채무, 임대차보증금반환채무를 인수하는 한편, 그 채무액을 매매대금에서 공제하기로 하는 이행인수계약이 이루어진 경우에, 그 매매대금채무나 매수인이 인수한 채무를 보증한 이는 매도인이 매수인의 인수채무 불이행으로 말미암아 또는 임의로 인수채무를 대신 변제하여 매수인이 매도인에게 부담하게 되는 손해배상채무 또는 구상채무에 대해서도 보증채무를 부담하며, 나아가 매수인의 인수채무 불이행으로 인한 손해가 계속적으로 발생하거나 매도인이 매수인의 인수채무를 계속적으로 대신 변제하여 나가는 경우도 있을 수 있고, 이러한 경우의 보증은 계속적 보증의 성질도 가진다(대판 2002.5.10. 2000다18578).

2) 보증인의 항변

㉮ 주채무가 시효로 소멸한 경우에 보증인도 그 시효소멸을 원용할 수 있으며, 주채무자의 시효이익 포기는 보증인에게 효력을 미치지 않는다(대판 1991.1.29. 89다카1114).

그리고 대판 2012.7.12. 2010다51192: "주채무에 대한 소멸시효가 완성되어 보증채무가 소멸된 상태에서 보증인이 보증채무를 이행하거나 승인하였다고 하더라도, 주채무자가 아닌 보증인의 행위에 의하여 주채무에 대한 소멸시효이익의 포기 효과가 발생된다고 할 수 없으며, 주채무의 시효소멸에도 불구하고 보증채무를 이행하겠다는 의사를 표시한 경우 등과 같이 부종성을 부정하여야 할 다른 특별한 사정이 없는 한 보증인은 여전히 주채무의 시효소멸을 이유로 보증채무의 소멸을 주장할 수 있다고 보아야 한다."[98]

98) B가 S의 G에 대한 채무를 연대보증하였는데, S의 채무가 소멸시효 완성으로 소멸한 상태에서 G가 B의 보증채무에 기초하여 B 소유 부동산에 관한 강제경매를 신청하여 경매절차에서 배당금을 수령하는 것에 대하여 B가 아무런 이의를 제기하지 않은 사안에서, 변제충당 등에 따른 보증채무에 대한 소멸시효이익의 포기효과가 발생할 수 있다는 사정만으로 주채무에

㉯ 주채무자에 대한 시효의 중단은 보증인에 대해서도 그 효력을 미친다는 제440조는, 주채무자에 대한 시효중단의 사유가 발생하였을 때에는 그 보증인에 대한 별도의 중단조치가 이루어지지 않아도 동시에 시효중단의 효력이 생기도록 한 것이고, 그 시효중단사유가 압류, 가압류 또는 가처분이라도 이를 보증인에게 통지해야 비로소 시효중단의 효력이 발생하는 것은 아니다(대판 2005.10.27. 2005다35554·35561).

---

(3) 보증과 구상에 관하여 본다.

① 보증인은 주채무자에 대하여 전부구상을 할 수 있고, 사후구상이 원칙이다.

② 수탁보증인은 면책된 날 이후의 법정이자 및 피할 수 없는 비용 기타 손해에 대해서도 구상권을 행사할 수 있고, 사전구상(事前求償)도 허용된다.99)

③ 주채무자(수탁보증인에 대한 관계에서만) 및 보증인이 면책행위를 한 후 통지를 게을리하면 구상권이 제한될 수 있다.

〈5-3-4〉 보증과 구상에 관한 판례

1) 구상의 당사자

㉮ 대판 2002.12.10. 2002다47631은, 금융기관으로부터 대출을 받을 때 제3자가 자신의 명의를 사용하도록 한 경우에, 그가 채권자인 금융기관에 대하여 주채무자로서 책임을 지는지 여부와 관계없이 「내부관계에서는 실질상의 주채무자가 아닌 한」 연대보증책임을 이행한 연대보증인에 대하여 당연히 주채무자로서 구상의무를 부담한다고 할 수는 없고, 그 연대보증인이 제3자가 실질적 주채무자라고 믿고 보증을 하였거나 보증책임을 이행하였고 그와 같이 믿은 데 제3자에게 귀책사유가 있어 제3자에게 그 책임을 부담시키는 것이 구체적으로 타당하다고 보이는 경우

대한 소멸시효이익의 포기효과가 발생하였다거나 B가 주채무의 시효소멸에도 불구하고 보증채무를 이행하겠다는 의사를 표시한 것으로 보기 부족하고 달리 보증채무의 부종성을 부정할 특별한 사정도 없으므로, B가 여전히 보증채무의 부종성에 따라 주채무의 소멸시효 완성을 이유로 보증채무의 소멸을 주장할 수 있다고 한 사례.

99) 물상보증인에게 사전구상권이 인정되지 않음에 관하여 (〈5-2-2〉에 소개된) 대판 2009.7.23. 2009다19802·19819 참조.

등에 한하여 제3자가 연대보증인에 대하여 주채무자로서 전액 구상의무를 부담한다고 했다.[100]

㉯ 대판 2003.11.14. 2003다37730은, 채권자와 보증인 사이에 보증인이 주채무를 중첩적으로 인수하기로 약정했더라도 특별한 사정이 없는 한 보증인은 주채무자에 대한 관계에서는 종전의 보증인의 지위를 그대로 유지한다고 봄이 상당하므로, 채무인수로 인하여 보증인과 주채무자 사이의 주채무에 관련된 구상관계가 달라지는 것은 아니라고 하였다.

2) 수탁보증인의 사전구상권[101]

㉮ 수탁보증인의 사전구상권은 사후구상권과는 별개의 독립한 권리이다. 즉 양자는 종국적 목적과 사회적 효용을 같이하지만, 사후구상권은 보증인이 채무자에 갈음하여 변제 등 자신의 출연으로 채무를 소멸시켰다는 사실에 의하여 발생하는 반면, 사전구상권은 제442조 제1항 소정의 사유나 약정으로 정한 일정한 사실에 의하여 발생하는 등 그 발생원인을 달리하고 그 법적 성질도 달리하는 별개의 독립된 권리이므로, 사후구상권이 발생한 이후에도 사전구상권은 소멸하지 아니하고 병존하며, 다만 목적달성으로 일방이 소멸하면 타방도 소멸하는 관계에 있을 뿐이다(대판 2019.2.14. 2017다274703). 따라서 사후구상권의 소멸시효는 사전구상권이 발생하였는지 여부와 관계없이 사후구상권 그 자체가 발생하여 이를 행사할 수 있는 때부터 진행된다(대판 1992.9.25. 91다37553).

㉯ 사전구상으로서 청구할 수 있는 범위는 주채무인 원금과 사전구상에 응할 때

---

100) 주채무명의자인 제3자(A)가 실질적 주채무자가 아니라는 사실을 연대보증인(B)이 알고서 보증을 하였거나 보증책임을 이행하였더라도 A가 실질상의 주채무자를 연대보증한 것으로 인정할 수 있는 경우에는 A가 B에 대하여 「공동보증인간의 구상권 행사법리」에 따른 구상의무를 부담하고, 제3자가 금융기관으로부터 대출을 받을 때 자신을 주채무자로 하도록 승낙한 경우의 제3자의 의사는, 특별한 사정이 없는 한 대출에 따른 경제적 효과는 실질상의 주채무자에게 귀속시킬지라도 법률상의 효과는 자신에게 귀속시킬 의사로서, 최소한 연대보증의 책임은 지겠다는 의사였다고 본 사례.

101) 참고로 대판 2023.2.2. 2020다283578: "주채무자는 수탁보증인이 민법 제442조에 정한 바에 따라 주채무자에게 사전구상의무 이행을 구하면 민법 제443조 전단을 근거로 수탁보증인에게 담보의 제공을 구할 수 있고, 그러한 담보제공이 있을 때까지 사전구상의무 이행을 거절할 수 있다. 만약 수탁보증인이 주채무자의 담보제공청구에 응하여 구상금액에 상당한 담보를 특정하여 제공할 의사를 표시한다면 법원은 주채무자가 수탁보증인으로부터 그 특정한 담보를 제공받음과 동시에 사전구상의무를 이행하여야 한다고 판결하여야 하지만, 수탁보증인이 주채무자의 담보제공청구를 거절하거나 구상금액에 상당한 담보를 제공하려는 의사를 표시하지 않는다면 법원은 수탁보증인의 사전구상금청구를 기각하는 판결을 하여야 한다."

까지 이미 발생한 이자와 기한 후의 지연손해금, 피할 수 없는 비용 기타의 손해액이 포함될 뿐이고, 주채무인 원금에 대한 완제일까지의 지연손해금이 사전구상권의 범위에 포함될 수 없음은 당연하다(대판 2004.7.9. 2003다46758).

3) 대판 1997.10.10. 95다46265는, 주채무자의 면책통지의무를 정하는 제446조가 제445조 제1항을 전제로 하는 것이어서 같은 항의 사전통지를 하지 않은 수탁보증인까지 보호하는 취지의 규정은 아니므로, 수탁보증에서 주채무자가 면책행위를 하고도 그 사실을 보증인에게 통지하지 않고 있던 중에 보증인도 사전통지를 하지 않은 채 이중의 면책행위를 하였다면, 보증인은 주채무자에 대하여 제446조에 의하여 자기의 면책행위의 유효를 주장할 수 없다고 봄이 상당하고, 따라서 이 경우에는 이중변제의 기본원칙으로 돌아가 먼저 이루어진 주채무자의 면책행위가 유효하고 나중에 이루어진 보증인의 면책행위는 무효로 보아야 하므로, 보증인은 제446조에 기하여 주채무자에게 구상권을 행사할 수 없다고 하여, 제1의 면책행위가 유효하다는 입장이다.

4) 대판 2010.5.27. 2009다85861: "어느 부진정연대채무자를 위하여 보증인이 된 자가 채무를 이행한 경우에는 다른 부진정연대채무자에 대하여도 직접 구상권을 취득하게 되고, 그와 같은 구상권을 확보하기 위하여 채권자를 대위하여 채권자의 다른 부진정연대채무자에 대한 채권 및 그 담보에 관한 권리를 구상권의 범위 내에서 행사할 수 있다."

---

(4) 특수한 보증을 본다.

① 연대보증인은, 주채무자와 「연대하여」 채무를 부담하지만, 어디까지나 「보증인」이다.

② 분별의 이익(分別의 利益)을 갖지 못하는 공동보증인들 중 1인이 변제하면 다른 공동보증인에게 구상할 수 있지만(제448조 제2항), 연대채무에서와 달리 「자기의 부담부분 이상」을 변제해야 구상권이 인정된다.

③ 보증인의 책임 유무 및/또는 그 범위가 불확정하다는 특성을 가지는 근보증(계속적 보증)에서 보증인을 보호하기 위하여 법률이 서면을 요구하는 등 근보증의 성립을 엄격하게 하는 외에, 판례는 해지를 통한 책임존속의 제한과 신의칙에 기한 책임범위의 한정을 인정한다.

〈5-3-5〉 특수한 보증에 관한 판례

1) 수인의 연대보증인 상호간의 구상

㉮ 대판 2009.6.25. 2007다70155: 분별의 이익을 가지지 않는 "연대보증인 가운데 한 사람이 자기의 부담부분을 초과하여 변제하였을 때에는 다른 연대보증인에 대하여 구상을 할 수 있는데, 다만 다른 연대보증인 가운데 이미 자기의 부담부분을 변제한 사람에 대하여는 구상을 할 수 없으므로 그를 제외하고 아직 자기의 부담부분을 변제하지 아니한 사람에 대하여만 구상권을 행사[할 수 있고,] 연대보증인 가운데 한 사람이 자기의 부담부분을 초과하여 변제하여 다른 연대보증인에 대하여 구상을 하는 경우의 부담부분은 수인의 연대보증이 성립할 당시 주채무액에 분담비율을 적용하여 산출된 금액으로 일단 정하여지지만, 그 후 주채무자의 변제 등으로 주채무가 소멸하면 부종성에 따라 각 연대보증인의 부담부분이 그 소멸액만큼 분담비율에 따라 감소하고 또한 연대보증인의 변제가 있으면 당해 연대보증인의 부담부분이 그 변제액만큼 감소하게 된다. 그러므로 자기의 부담부분을 초과한 변제를 함으로써 그 초과변제액에 대하여 다른 연대보증인을 상대로 구상권을 행사할 수 있는 연대보증인인지 여부는 당해 변제시를 기준으로 판단하되, 구체적으로는 우선 그때까지 발생·증가하였던 주채무의 총액에 분담비율을 적용하여 당해 연대보증인의 부담부분 총액을 산출하고 그 전에 앞서 본 바와 같은 사유 등으로 감소한 그의 부담부분이 있다면 이를 위 부담부분 총액에서 공제하는 방법으로 당해 연대보증인의 부담부분을 확정한 다음 당해 변제액이 위 확정된 부담부분을 초과하는지 여부에 따라 판단하여야 한다. 한편, 이미 자기의 부담부분을 변제함으로써 위와 같은 구상권 행사의 대상에서 제외되는 다른 연대보증인인지 여부도 원칙적으로 구상의 기초가 되는 변제 당시에 위와 같은 방법에 의하여 확정되는 그 연대보증인의 부담부분을 기준으로 판단하여야 한다."

㉯ 대판 2010.9.30. 2009다46873: "공동연대보증인 중 1인이 채무 전액을 대위변제한 후 주채무자로부터 구상금의 일부를 변제받은 경우, 대위변제를 한 연대보증인은 자기의 부담부분에 관하여는 다른 연대보증인들로부터는 구상을 받을 수 없고 오로지 주채무자로부터만 구상을 받아야 하므로 주채무자의 변제액을 자기의 부담부분에 상응하는 주채무자의 구상채무에 먼저 충당할 정당한 이익이 있는 점, 대위변제를 한 연대보증인이 다른 연대보증인들에 대하여 각자의 부담부분을 한도

로 갖는 구상권은 주채무자의 무자력위험을 감수하고 먼저 대위변제를 한 연대보증인의 구상권 실현을 확보하고 공동연대보증인들 간의 공평을 기하기 위하여 민법 제448조 제2항에 의하여 인정된 권리이므로, 다른 연대보증인들로서는 주채무자의 무자력시 주채무자에 대한 재구상권 행사가 곤란해질 위험이 있다는 사정을 내세워 대위변제를 한 연대보증인에 대한 구상채무의 감면을 주장하거나 이행을 거절할 수 없는 점 등을 고려하면, 주채무자의 구상금 일부변제는 특별한 사정이 없는 한 대위변제를 한 연대보증인의 부담부분에 상응하는 주채무자의 구상채무를 먼저 감소시키고 이 부분 구상채무가 전부 소멸되기 전까지는 다른 연대보증인들이 부담하는 구상채무의 범위에는 아무런 영향을 미치지 않는다고 보아야 한다. 그러나 주채무자의 구상금 일부변제금액이 대위변제를 한 연대보증인의 부담부분을 넘는 경우에는 그 넘는 변제금액은 주채무자의 구상채무를 감소시킴과 동시에 다른 연대보증인들의 구상채무도 각자의 부담비율에 상응하여 감소시킨다."

2) 근보증

㉮ 대판 2003.1.24. 2000다37937: "계속적 보증계약에 있어서 보증인의 주채무자에 대한 신뢰가 깨어지는 등 보증인으로서 보증계약을 해지할 만한 상당한 이유가 있는 경우에 보증인으로 하여금 그 보증계약을 그대로 유지 존속케 하는 것은 사회통념상 바람직하지 못하므로 그 계약해지로 인하여 상대방인 채권자에게 신의칙상 묵과할 수 없는 손해를 입게 하는 등 특단의 사정이 있는 경우를 제외하고 보증인은 일방적으로 이를 해지할 수 있다."

그리고 특별해지권에 관하여 판례는 보증계약의 기간이나 한도액이 정해져 있는지를 묻지 않는데(대판 1998.6.26. 98다11826), 근보증이나 계속적 보증 등 채무액이 불확정적이고 계속적인 거래로 인한 채무에 대하여 한 보증에 한하고, 「확정채무에 대한 보증」에서는 이러한 해지권이 인정되지 않는다.[102] 한편 기간을 정하지 않은 계속적 보증계약이라 하여 상당한 기간이 경과했다는 사정만으로 임의해지권이 발생한다고 할 수는 없다(대판 2001.11.27. 99다8353).[103]

102) 이사 재직 중 회사의 「확정」채무에 대하여 보증을 한 후 사임한 경우에 사정변경을 이유로 그 보증계약을 해제할 수 없다고 한 대판 1996.2.9. 95다27431 및 대판 1999.12.28. 99다25938 등 참조.

103) 회사 임원의 지위에서 부득이하게 연대보증인으로 된 후 퇴사한 경우에, 해지의 의사표시가 반드시 서면에 의해야 하는 것은 아니지만, 채권자가 연대보증인의 퇴사사실을 인식하고 있다고 해서 연대보증인의 채권자에 대한 해지의 의사표시 없이 보증계약이 당연히 해지되는 것은 아니라고 한 대판 1996.10.29. 95다17533도 참조.

그런데 보증인이 「보증계약 해지 후에 발생한」 채무에 대해서는 보증책임을 지지 않음은 당연하다(대판 2002.2.26. 2000다48265).

㉯ 보증한도액의 의미에 관하여 대판 2000.4.11. 99다12123: "보증한도액을 정한 근보증에 있어 보증채무는 특별한 사정이 없는 한 보증한도범위 안에서 확정된 주채무 및 그 이자, 위약금, 손해배상 기타 주채무에 종속한 채무를 모두 포함한다." 한편 대판 1999.3.23. 98다64639는, 계속적 보증책임의 한도액이 있는 경우에, 그 보증한 한도 내의 채무가 잔존하는 이상 그 잔존채무가 위 한도액 범위 내의 거래로 인하여 발생한 채무이든 또는 그 한도액을 초과한 거래로 인하여 발생한 채무 중 주채무자로부터 일부변제되고 잔존한 채무이든 불문하고 그 보증한도에서 책임을 진다고 하였다.

㉰ 계속적 보증에서 보증인은 변제기에 있는 주채무 전액에 대하여 책임을 지지만, 보증인의 부담으로 돌아갈 주채무의 액수가 보증 당시 보증인이 예상하였거나 예상할 수 있었을 범위를 상회하고 주채무 과다발생의 원인이 채권자가 주채무자의 자산상태가 현저히 악화된 사실을 잘 알거나 중대한 과실로 알지 못한 탓으로 이를 알지 못하는 보증인에게 아무런 통보나 의사타진도 없이 고의로 거래규모를 확대함에 연유하는 등 신의칙에 반하는 사정이 있는 경우에 한하여 보증인의 책임을 합리적인 범위 내로 제한할 수 있다(대판 1998.6.12. 98다8776).

㉱ 신의칙에 의한 보증책임의 제한에 관하여 대판 2004.1.27. 2003다45410: "채권자와 채무자 사이에 계속적인 거래관계에서 발생하는 불확정한 채무를 보증하는 이른바 계속적 보증의 경우뿐만 아니라 특정채무를 보증하는 일반보증의 경우에 있어서도, 채권자의 권리행사가 신의칙에 비추어 용납할 수 없는 성질의 것인 때에는 보증인의 책임을 제한하는 것이 예외적으로 허용될 수 있[는데, 다만] 일단 유효하게 성립된 보증계약에 따른 책임을 신의칙과 같은 일반원칙에 의하여 제한하는 것은 자칫 잘못하면 사적자치의 원칙이나 법적 안정성에 대한 중대한 위협이 될 수 있으므로 신중을 기하여 극히 예외적으로 인정하여야 한다."

3. 연대채무

(1) 채권자는 연대채무자들 중 누구에 대해서도 채무 전부의 이행을 청구할 수

있으므로(제413조), 연대채무자 전원의 자력이 채권의 담보로 된다.

⑵ 외부관계에서 채권자는 이행청구의 상대방을 임의로 선택할 수 있지만(제414조), 채권액을 넘어서까지 변제받을 수 있는 것은 아니다.

⑶ 영향관계에 관하여 민법은 제423조의 표제처럼 “효력의 상대성의 원칙”을 취하지만, 절대적 효력 있는 사유[104]의 범위를 — 변제와 그 대용(대물변제와 공탁)을 넘어 — 넓게 인정함에 따라 「원칙」이 그 의미를 거의 상실하였고, 부진정연대가 판례상 인정되기에 이르렀다.

〈5-3-6〉 영향관계에 관한 판례

㉮ 최고에 의한 시효중단은 절대적 효력을 가져서 모든 채무자에게 미치는데, 연대채무자 1인의 소유 부동산에 대하여 경매신청을 한 경우에 이행청구로서 절대적 효력을 인정한 대판 2001.8.21. 2001다22840 참조. 다만 그 효력이 지속되기 위해서는 채무자 중 누군가에 대하여 제174조 소정의 요건이 갖추어져야 한다.[105]

반면 채권자의 이행청구 외의 사유로 인한 소멸시효의 중단은 상대적 효력을 가질 뿐이다. 압류에 의한 중단에 관한 대판 2001.8.21. 2001다22840 참조.

㉯ 대판 2019.8.14. 2019다216435: “연대채무자 중 1인이 채무 일부를 면제받는 경우에 그 연대채무자가 지급해야 할 잔존 채무액이 부담부분을 초과하는 경우에는 그 연대채무자의 부담부분이 감소한 것은 아니므로 다른 연대채무자의 채무에도 영향을 주지 않아 다른 연대채무자는 채무 전액을 부담하여야 한다. 반대로 일부면제에 의한 피면제자의 잔존 채무액이 부담부분보다 적은 경우에는 차액(부담부분−잔존 채무액)만큼 피면제자의 부담부분이 감소하였으므로, 차액의 범위에서 면제의 절대적 효력이 발생하여 다른 연대채무자의 채무도 차액만큼 감소한다.”

---

104) 절대적 효력 있는 사유 중 이행청구, 채권자지체, 경개 및 상계는 채무 전부에 대하여 절대적 효력이 있는 반면(이른바 일체형), 면제, 혼동 및 소멸시효의 완성은 그 사유가 발생한 채무자의 부담부분에 관해서만 절대적 효력을 가진다(이른바 부담부분형).

105) 앞의 2001다22840 판결은, 재판상 청구의 상대방에 대해서만 그 효력이 지속하는 듯 판시하였지만, 재판상 청구 역시 이행청구로서 절대적 효력을 가지므로 다른 채무자에 대해서도 효력이 지속된다고 할 것이다.

(4) 정산관계, 즉 연대채무자 사이의 구상관계를 본다(제424조 이하).

① 대내적으로 연대채무자 상호간에 출재를 서로 분담하기로 하는 비율을 「부담부분」이라고 한다.

② 구상의 요건으로 출재에 의한 공동면책 외에 사전 및 사후의 통지가 필요한데, 통지요건은 이중변제에 따른 부당이득반환청구의 불편이나 위험의 부담과 관련된다.

③ 자기의 출재로 공동면책을 가져온 연대채무자는 다른 연대채무자의 부담부분에 대하여 구상할 수 있다(제425조): 부분구상(部分求償).

〈5-3-7〉 정산관계에 관한 판례

㉮ 연대채무에서 부담부분은 균등한 것으로 추정된다(제424조). 그러나 연대채무자 사이에 부담부분에 관한 특약이 있거나 특약이 없더라도 채무의 부담과 관련하여 각 채무자의 수익비율이 다르다면 그 특약 또는 비율에 따라 부담부분이 결정된다(대판 2020.7.9. 2020다208195).[106]

㉯ 공동보증이나 부진정연대에서 구상권의 행사에 출재를 한 이의 「부담부분을 넘는」 변제를 요하지만, 연대채무에서는 공동면책이 있기만 하면 된다. 대판 2013.11.14. 2013다46023: "연대보증인들 사이의 내부관계에서는 연대보증인 각자가 자신의 분담금액을 한도로 일부보증을 한 것과 같이 볼 수 있어서 그 분담금액 범위 내의 출재에 관한 구상관계는 주채무자만을 상대로 해결할 것을 예정하고 있는 반면, 연대채무자들 사이에서는 연대채무자 각자가 행한 모든 출재에 관하여 다른 연대채무자의 공동부담을 기대하는 것이 보통이다. 그리하여 민법은 연대보증인 중의 한 사람이 공동면책을 이유로 다른 연대보증인에게 구상권을 행사하려면 '자기의 부담부분을 넘은' 변제를 하였을 것을 그 요건으로 규정하였으나(제448조 제2항), 연대채무자 중의 한 사람이 공동면책을 이유로 다른 연대채무자에게 구상권을 행사하는 데 있어서는 그러한 제한 없이 '부담부분'에 대하여 구상권을 행사할 수 있는 것으로 규정하고 있다(제425조 제1항). 따라서 연대채무자 사이의 구상권 행사에 있어서 '부담부분'이란 연대채무자가 그 내부관계에서 출재를 분담하기로 한 비

106) 이러한 법리는 불가분채무에도 마찬가지로 적용된다고 하였다.

율을 말한다고 봄이 타당하다. 그 결과 변제 기타 자기의 출재로 일부 공동면책되게 한 연대채무자는 역시 변제 기타 자기의 출재로 일부 공동면책되게 한 다른 연대채무자를 상대로 하여서도 자신의 공동면책액 중 다른 연대채무자의 분담비율에 해당하는 금액이 다른 연대채무자의 공동면책액 중 자신의 분담비율에 해당하는 금액을 초과한다면 그 범위에서 여전히 구상권을 행사할 수 있다고 보아야 한다."

㉰ 대판 1998.6.26. 98다5777은, 통지의무를 규정하는 제426조의 취지가 연대채무에서는 채무자들 상호간에 공동목적을 위한 주관적인 연관관계가 있고 이와 같은 주관적인 연관관계의 발생근거가 된 대내적 관계에 터 잡아 채무자 상호간에 출연분담에 관한 관련관계가 있으므로, 구상관계에서도 상호 밀접한 주관적인 관련관계를 인정하고 변제에 관하여 상호 통지의무를 인정함으로써 과실 없는 변제자를 보다 보호하려는 데 있다고 하면서, 출연분담에 관한 주관적인 밀접한 연관관계가 없고 단지 채권만족이라는 목적만을 공통으로 하는 부진정연대채무에서는 그 변제에 관하여 채무자 상호간에 통지의무관계를 인정할 수 없고, 변제로 인한 공동면책이 있는 경우에 채무자 상호간에 어떤 대내적인 특별관계에서 또는 형평의 관점에서 손해를 분담하는 관계가 있는 데 불과하므로, 부진정연대채무에 해당하는 공동불법행위로 인한 손해배상채무에서도 채무자 상호간에 구상요건으로서 통지에 관한 제426조를 유추할 수는 없다고 하였다.

⑸ 부진정연대(不眞正連帶)를 본다.

① 채무자 1인에게 발생한 사유 중 변제 또는 이에 준하는 사유 외의 사유는 다른 채무자에게 영향을 주지 않는 부진정연대채무에서 채권의 효력은 연대채무에서보다 강하다.

② 부진정연대채무에게 형평의 원칙에 기하여 부담부분이 인정되는 경우에, 「자기의 부담부분 이상」을 변제한 이는 다른 부진정연대채무자에게 그 부담부분의 비율에 따라 구상권을 행사할 수 있다.

〈5-3-8〉 부진정연대에 관한 판례

1) 부진정연대채무가 성립하는 예로, 공동불법행위에서 가해자들의 손해배상의무 상호간(대판 1999.2.26. 98다52469), 사용자책임에서 피용자의 손해배상의무와 사용자의 손해배상의무 상호간(대판 2000.3.14. 99다67376), 이행보조자의 과책에 기한 채무자의 채무불이행책임과 이행보조자의 불법행위책임 상호간(대판 1994.11.11. 94다22446), 설계용역계약상의 채무불이행으로 인한 손해배상채무와 공사도급계약상의 채무불이행으로 인한 손해배상채무 상호간(대판 2015.2.26. 2012다89320), 채무자가 부담하는 채무불이행으로 인한 손해배상채무와 제3자가 부담하는 불법행위로 인한 손해배상채무의 원인이 동일한 사실관계에 기한 경우에 손해배상채무들 상호간(대판 2006.9.8. 2004다55230) 등.

2) 「상계」의 절대적 효력을 인정한 대판(전) 2010.9.16. 2008다97218의 다수의견: "부진정연대채무자 중 1인이 자신의 채권자에 대한 반대채권으로 상계를 한 경우에도 채권은 변제, 대물변제, 또는 공탁이 행하여진 경우와 동일하게 현실적으로 만족을 얻어 그 목적을 달성하는 것이므로, 그 상계로 인한 채무소멸의 효력은 소멸한 채무 전액에 관하여 다른 부진정연대채무자에 대하여도 미친다고 보아야 한다. 이는 부진정연대채무자 중 1인이 채권자와 상계계약을 체결한 경우에도 마찬가지이다. 나아가 이러한 법리는 채권자가 상계 내지 상계계약이 이루어질 당시 다른 부진정연대채무자의 존재를 알았는지 여부에 의하여 좌우되지 아니한다."

한편 대판 1994.5.27. 93다21521: "민법 제418조 제2항을 적용하기 위하여는 채권자에 대하여 채권을 가지고 있는 연대채무자가 이를 가지고 자신의 채권자에 대한 채무와 상계할 수 있음이 전제가 되어야 하고, 또 위 조항에 의하여 다른 연대채무자가 상계권을 행사하는 경우에도 그 상계의 수동채권은 여전히 원래의 상계권자인 연대채무자의 채무이며(다만 위 채무가 소멸하면 그 효과로서 상계권을 행사하는 다른 연대채무자의 채무도 같이 소멸하는 것일 뿐이다) 실제로 상계권을 행사하는 다른 연대채무자의 채권자에 대한 채무가 직접 상계의 수동채권이 되는 것은 아니다. […] 부진정연대채무에 있어서 부진정연대채무자 1인이 한 상계가 다른 부진정연대채무자에 대한 관계에 있어서도 공동면책의 효력 내지 절대적 효력이 있는 것인지는 별론으로 하더라도, 부진정연대채무자 사이에는 고유의 의미에 있어서의 부담부분이 존재하지 아니하므로 위와 같은 고유의 의미의 부담부분의 존재를 전제로 하는 민법 제418조 제2항은 부진정연대채무에는 적용되지 아니하는 것으로 봄이 상당하고, 따라서 부진정연대채무에 있어서는 한 부진정연대채무자가 채권자에 대하여 상계할 채권을 가지고 있음에도 상계를 하지 않고 있다 하더라도 다른 부진정연대채무자가 그 채권을 가지고 상계를 할 수는 없는 것으로 보아야 한다."

3) 부진정연대채무에서 상대효의 예로 대판 2010.12.23. 2010다52225는, 공동불법행위자 중 1인의 손해배상채무가 시효로 소멸한 후 다른 공동불법행위자가 피해자에게 자기의 부담부분을 넘는 손해를 배상한 경우에, 손해를 배상한 공동불법행위자는 손해배상채무가 시효로 소멸한 다른 공동불법행위자에게 구상권을 행사할 수 있다고 하였다(대판 1997.12.23. 97다42830도 동지). 그리고 대판 2011.4.14. 2010다91886: "부진정연대채무에서는 채무자 1인에 대한 이행청구 또는 채무자 1인이 행한 채무의 승인 등 소멸시효의 중단사유나 시효이익의 포기가 다른 채무자에게 효력을 미치지 아니한다."

4) 부진정연대채무자 1인이 일부변제한 경우

㉮ 소액의 채무를 부담하는 이의 일부변제는 당연히 다액의 채무부담자의 채무를 그만큼 감축시킨다(대판 2012.2.9. 2009다72094).

㉯ 다액의 채무를 부담하는 이가 자기채무의 일부를 변제한 경우에 감축되는 부분에 관하여 이른바 외측설을 따른다. 즉 대판(전) 2018.3.22. 2012다74236: "금액이 다른 채무가 서로 부진정연대관계에 있을 때 다액채무자가 일부변제를 하는 경우 변제로 인하여 먼저 소멸하는 부분은 당사자의 의사와 채무 전액의 지급을 확실히 확보하려는 부진정연대채무제도의 취지에 비추어 볼 때 다액채무자가 단독으로 채무를 부담하는 부분으로 보아야 한다. 이러한 법리는 사용자의 손해배상액이 피해자의 과실을 참작하여 과실상계를 한 결과 타인에게 직접 손해를 가한 피용자 자신의 손해배상액과 달라졌는데 다액채무자인 피용자가 손해배상액의 일부를 변제한 경우에 적용되고, 공동불법행위자들의 피해자에 대한 과실비율이 달라 손해배상액이 달라졌는데 다액채무자인 공동불법행위자가 손해배상액의 일부를 변제한 경우에도 적용된다."107)

107) 중개보조원을 고용한 개업공인중개사의 공인중개사법 제30조 제1항에 따른 손해배상액이 과실상계를 한 결과 거래당사자에게 직접 손해를 가한 중개보조원 자신의 손해배상액과 달라졌는데 다액채무자인 중개보조원이 손해배상액의 일부를 변제한 사례.

나아가 대판 2022.11.30. 2017다841·858: "이러한 법리는 공동불법행위자들의 피해자에 대한 과실비율이 달라 손해배상액이 달라졌는데 다액채무자인 공동불법행위자가 손해배상액

5) 정산관계

㉮ 복수의 구상의무자들의 구상권자에 대한 채무는 각자의 부담부분에 따른 분할채무이므로(대판 2002.9.27. 2002다15917), 공동불법행위의 경우에 각자의 과실부분에 상응하여 부분구상을 할 수 있다(대판 2002.9.24. 2000다69712). 다만 대판 2005. 10.13. 2003다24147은 구상권리자인 공동불법행위자에게 과책이 없는 경우(즉 내부적 부담부분이 없는 경우)에 복수의 구상의무자들이 부진정연대의 관계에 있다고 하였는데, 이러한 경우에는 예외적으로 다른 공동불법행위자에 대한 전부구상이 허용된다.

㉯ 제3자가 부진정연대채무관계에 있는 채무자 중 1인을 위하여 채무를 변제한 경우에, 그와 중첩되는 다른 채무자의 채무도 소멸하므로, 제3자는 그 다른 채무자에 대하여 그의 부담부분에 한하여 구상권을 취득할 수 있다(대판 2009.8.20. 2007다7959).

의 일부를 변제한 경우에도 적용된다."

제 6 장

각종의 계약

제 1 절 총 설

제 2 절 임대차

제 3 절 그 밖의 계약유형

제6장
각종의 계약

제1절 총 설

1. 서 설

(1) 지금까지 매매를 염두에 두고 계약의 일생을 살펴보았는데, 매매에 관하여 남은 쟁점들을 정리한 후 나머지 유형들로 시야를 넓힌다.

(2) 비전형계약의 법적 취급에 관하여 의견이 갈리는데, 판례는 가령 제작물공급계약에 관하여 당해 계약의 중심적 요소에 따라 적용법규가 결정된다는 입장이다(〈6-3-4〉 참조).

2. 매 매

(1) 유상계약의 전형으로서 매매에 관한 규정은 다른 유상계약에 준용된다(제567조).[1]

(2) 매매의 효력에 관하여 본다.

① 매도인의 재산권이전의무(제568조)는 결과채무이므로, 매수인이 소유권을 취득해야 소멸한다.

1) 담보책임에 관한 규정을 임차보증금반환채권의 양도에 준용한 대판 1993.6.25. 93다13131 참조.

② 대금지급과 목적물인도가 동시이행관계에 있는 통상의 경우를 전제하는 제587조의 취지는 매매목적물의 소유권의 변동과 무관하게 매수인의 용익(과실수취)과 대금의 이자가 상계되도록 함으로써 분쟁을 예방함에 있다.

〈6-1-1〉 매매에 관한 판례

㉮ 매매계약의 목적물이 타인의 권리에 속하더라도 계약은 당사자간에 유효하고, 양도인은 그 목적물을 취득하여 양수인에게 이전해야 한다(대판 1993.8.24. 93다24445).

㉯ 부동산의 매매계약에서 동시이행관계에 서는 채무들에 관하여 (〈4-2-6〉에 소개된) 대판 2000.11. 28. 2000다8533 참조.

㉰ 매수인의 대금지급거절권(제588조)과 관련하여 대판 1996.5.10. 96다6554는, 매도인이 말소할 의무를 부담하는 매매목적물상의 근저당권을 말소하지 못하고 있다면 매수인은 그 위험의 한도에서 매매대금의 지급을 거절할 수 있고, 그 결과 제587조 단서에 의하여 매수인이 매매목적물을 인도받았더라도 미지급대금에 대한 인도일 이후의 이자를 지급할 의무가 없으나, 이때 지급을 거절할 수 있는 매매대금이 어느 경우에나 근저당권의 채권최고액에 상당하는 금액인 것은 아니고, 매수인이 근저당권의 피담보채무액을 확인하여 이를 알고 있는 경우와 같은 특별한 사정이 있는 경우에 지급을 거절할 수 있는 매매대금은 확인된 피담보채무액에 한정된다고 하였다.

㉱ 제587조에 관한 판례를 본다.

㉠ 매매목적물이 인도되지 않고 대금도 완제(完濟)되지 않은 경우에, 과실(果實)은 매도인에게 귀속되고, 따라서 매수인은 인도의무의 지체로 인한 손해배상을 청구할 수 없다(대판 2004.4.23. 2004다8210). 그에 상응하여 매매목적물이 인도되지 않았다면, 매도인은 매매대금에 대한 지연이자의 지급을 구할 수 없다(대판 1995.6.30. 95다14190).

㉡ 매매목적물이 인도되지 않았더라도 매수인이 대금을 완제하면 그 시점 이후의 과실은 매수인에게 귀속된다(앞의 2004다8210 판결; 대판 1993.11.9. 93다28928). 반면 소유권이 이전되었더라도 대금이 완제되지 않았다면 과실은 매도인에게 속한다(대판 1992.4.28. 91다32527).

㉢ 매매목적물이 인도된 경우에, 매수인은 그 목적물의 과실을 수취할 수 있으나 대신 대금에 대한 법정이자를 지급해야 한다(대판 1996.6.25. 95다12682 · 12699). 다만 매수인의 대금지급의무와 매도인의 근저당권설정등기 내지 가압류등기 말소의무가 동시이행관계에 있는 등으로 매수인이 대금지급을 거절할 정당한 사유가 있는 경우에는 매매목적물을 미리 인도받았더라도 제587조에 의한 이자를 지급할 의무는 없다(대판 2018.9.28. 2016다246800).

㉣ 대판 1993.5.14. 92다45025는, 쌍무계약이 취소된 경우에, 선의의 매수인은 수령한 매매목적물로부터 수취한 과실을 반환할 필요가 없으므로(제201조 제1항 참조), 형평의 관점에서 (제587조를 유추하여) 선의의 매도인도 수령한 매매대금으로부터 수취한 이자(또는 대금의 운용이익)를 반환할 필요가 없다고 하였다.

㉤ 참고로 농지의 매매에 관하여 대판 1998.2.27. 97다49251: "농지법 제8조 제1항 소정의 농지취득자격증명은 농지를 취득하는 자가 그 소유권에 관한 등기를 신청할 때에 첨부하여야 할 서류로서(농지법 제8조 제4항), 농지를 취득하는 자에게 농지취득의 자격이 있다는 것을 증명하는 것일 뿐 농지취득의 원인이 되는 법률행위(매매 등)의 효력을 발생시키는 요건은 아니[고,] 농지에 대한 소유권이전등기절차이행의 소송에서, 비록 원고가 사실심 변론종결시까지 농지취득자격증명을 발급받지 못하였다고 하더라도 민사소송절차의 종료 후 얼마든지 농지취득자격증명을 발급받아 농지의 소유권을 취득할 수 있으므로, 원고가 농지취득자격증명을 발급받은 바 없다는 이유로 그 청구가 배척되지는 않는다."

(3) 매도인이 매매계약과 "동시에" 매수인과의 특약으로 환매권을 보류한 경우에, 매수인이 목적물의 소유권을 취득하지만, 매도인은 일정한 기간 내에 환매권을 행사하여 매매목적물을 도로 찾을 수 있다(제590조). 그런데 매매목적물이 부동산인 경우에, 매매등기와 동시에 환매권의 보류를 등기하면 제3자에 대해서도 그 효력이 있고(제592조), 환매에 의한 권리취득은 이전등기의 방법으로 한다(대판 1990.12.26. 90다카16914).

제2절 임대차

1. 대차형 계약 총설

(1) 민법이 규정하는 15종의 전형계약 중 소비대차, 사용대차, 임대차가 이른바 대차형 계약에 속하는데, 상법이 규정하는 금융리스(상법 제168조의2 이하 참조) 역시 이에 속한다.

(2) 대차형 계약은 이용형과 신용형으로 나눌 수 있는데, 신용형에 속하는 소비대차는 뒤에서 따로 본다.

(3) 이용형 중 사용대차는 대가(차임) 없는 계약으로서 그 경제적 의의가 크지 않다.[2)]

2. 민법상의 임대차

(1) 임대차의 성립을 본다.[3)]

① 임대차는 당사자들의 합의(임대차의 본질적 요소인 목적물과 차임에 관한[4)])에 의

2) 참고로 대판 1993.11.26. 93다36806: "일반으로 건물의 소유를 목적으로 하는 토지사용대차에 있어서는, 당해 토지의 사용수익의 필요는 당해 지상건물의 사용수익의 필요가 있는 한 그대로 존속하는 것이고, 이는 특별한 사정이 없는 한 차주 본인이 사망하더라도 당연히 상실되는 것이 아니어서 그로 인하여 곧바로 계약의 목적을 달성하게 되는 것은 아니라고 봄이 통상의 의사해석에도 합치되므로, 이러한 경우에는 민법 제614조의 규정에 불구하고 대주가 차주의 사망사실을 사유로 들어 사용대차계약을 해지할 수는 없[고,] 민법 제613조 제2항 소정의 사용수익에 충분한 기간이 경과하였는지의 여부는 사용대차계약 당시의 사정, 차주의 사용기간 및 이용상황, 대주가 반환을 필요로 하는 사정 등을 종합적으로 고려하여 공평의 입장에서 대주에게 해지권을 인정하는 것이 타당한가의 여부에 의하여 판단하여야 한다."

3) 참고로 대판 2023.6.1. 2023다209045: "임대차기간이 영구인 임대차계약을 인정할 실제의 필요성도 있고, 이러한 임대차계약을 인정한다고 하더라도 사정변경에 의한 차임증감청구권이나 계약 해지 등으로 당사자들의 이해관계를 조정할 수 있는 방법이 있을 뿐만 아니라, 임차인에 대한 관계에서만 사용·수익권이 제한되는 외에 임대인의 소유권을 전면적으로 제한하는 것도 아닌 점 등에 비추어 보면, 당사자들이 자유로운 의사에 따라 임대차기간을 영구로 정한 약정은 이를 무효로 볼 만한 특별한 사정이 없는 한 계약자유의 원칙에 의하여 허용된다고 보아야 한다."

4) 매매 등 재산권이전형 계약에서 이행기한은 계약의 「본질적 요소」가 아니다. 한편 대차형 계약에서 흔히 반환시기의 합의는 계약의 '불가결한 요소'라고 하는데, 반환시기의 정함이 없다

하여 성립하는 낙성계약이다(제618조).

② 처분권한 없는 이가 타인의 소유물을 자기 이름으로 임대하더라도 의무부담행위로서 임대차계약은 유효하다(제569조 참조).

〈6-2-1〉 처분권한 없는 이의 임대에 관한 판례

㉮ 임대인의 소유권 보유에 관한 착오를 이유로 임대차계약을 취소하지 못하고, 목적물이 임대인의 소유일 것을 특히 계약의 내용으로 삼은 경우라야 착오를 이유로 임차인이 임대차계약을 취소할 수 있다(대판 1975.1.28. 74다2069).

㉯ 임대인의 의무는 목적물을 사용·수익케 할 의무로서 목적물에 대한 소유권 있음을 요건으로 하지 않으므로, 임대인이 소유권을 상실하였다는 이유만으로 그 의무가 불능하게 되었다고 단정할 수 없다(대판 1994.5.10. 93다37977).

그러나 임차인이 진정한 소유자에게 임차목적물을 반환해야 하거나 사용수익의 가액을 부당이득으로 반환해야 하는 때(또는 임차인이 소유자와 별도의 임대차계약을 체결한 때)에 임대인의 의무는 이행불능으로 된다(대판 1996.3.8. 95다15087).

㉰ 타인의 물건의 임대와 차임청구에 관하여 대판 1996.9.6. 94다54641: "임대인이 임대차목적물에 대한 소유권 기타 이를 임대할 권한이 없다고 하더라도 임대차계약은 유효하게 성립하고, 따라서 임대인은 임차인으로 하여금 그 목적물을 완전하게 사용·수익케 할 의무가 있고 또한 임차인은 이러한 임대인의 의무가 이행불능으로 되지 아니하는 한 그 사용·수익의 대가로 차임을 지급할 의무가 있으며, 그 임대차관계가 종료되면 임차인은 임차목적물을 임대인에게 반환하여야 할 계약상의 의무가 있지만, 임차인이 진실한 소유자로부터 목적물의 반환청구나 임료 내지 그 해당액의 지급요구를 받는 등의 이유로 임대인이 임차인으로 하여금 사용·수익케 할 수가 없게 되었다면 임대인의 채무는 이행불능으로 되고, 임차인은 이행불능으로 인한 임대차의 종료를 이유로 그때 이후의 임대인의 차임지급청구를 거절할 수 있다."5)

고 하여 계약의 성립 자체를 부정할 것은 아니라는 점에서, 목적물의 반환청구를 하기 위한 요건에 불과하다고 해야 한다.

5) 대판 2009.9.24. 2008다38325도 동지.

(2) 임대차의 효력에 관하여 본다.

① 임차인이 목적물을 사용·수익할 수 있게 하기 위하여 임대인은 우선 목적물을 인도해야 한다. 나아가 임대차기간 중 임대목적물의 사용·수익에 필요한 상태를 유지해야 할 적극적 의무로 임대인은 임차목적물에 대한 수선의무(修繕義務)를 진다(제623조).

② 임대차에서 임차인의 기본적 의무는 차임(借賃)지급의무인데, 건물 기타 공작물의 임대차에서 임차인이 2기의 차임액을 연체하면 임대인은 계약을 해지할 수 있다(제640조).

③ 당사자들이 임대차계약을 갱신할 수 있는데, 이 경우 전후의 임대차 사이에 동일성이 유지된다.

〈6-2-2〉 임대차의 효력에 관한 판례

1) 임대인의 수선의무

㉮ 임차목적물에 생긴 파손이나 장해가 별 비용을 들이지 않고도 손쉽게 고칠 수 있을 정도의 사소한 것이어서 임차인의 사용·수익을 방해할 정도의 것이 아니라면 임대인은 수선의무를 부담하지 않지만, 그것을 수선하지 않으면 임차인이 계약에 의하여 정해진 목적에 따라 사용·수익할 수 없는 상태로 될 정도의 것이라면 임대인은 그 수선의무를 부담한다(대판 2000.3.23. 98두18053).

㉯ 임대인은 자기에게 귀책사유가 없는 훼손의 경우에도 수선의무를 부담한다(대판 2010.4.29. 2009다96984).

㉰ 특약에서 수선의무의 범위를 명시하는 등 특별한 사정이 없는 한 <u>특약에 의하여 임대인이 수선의무를 면하거나 임차인이 그 수선의무를 부담하는 것은 통상 생길 수 있는 파손의 수선 등 소규모의 수선에 한하고</u>, 대파손의 수리, 건물의 주요 구성부분에 대한 대수선, 기본적 설비부분의 교체 등과 같은 대규모의 수선은 이에 포함되지 않고 여전히 임대인이 그 수선의무를 부담한다(대판 1994.12.9. 94다34692·34708).

㉱ 임대차에서 목적물을 사용·수익하게 할 임대인의 의무와 임차인의 차임지급의무는 상호 대응관계에 있으므로, 임대인이 목적물을 사용·수익하게 할 의무를

불이행하여 임차인이 목적물을 전혀 사용할 수 없을 경우에 임차인은 차임 전부의 지급을 거절할 수 있으나, 목적물의 사용·수익이 부분적으로 지장이 있는 상태인 경우에는 그 지장의 한도 내에서 차임의 지급을 거절할 수 있을 뿐 그 전부의 지급을 거절할 수는 없다(대판 2015.2.26. 2014다65724; 대판 1997.4.25. 96다44778·44785).

㉤ 대판 2017.8.29. 2017다227103은, 건물의 유지·관리에 관한 건축법 제35조와 민법 제623조를 근거로 "건물을 타인에게 임대한 소유자가 건물을 적합하게 유지·관리할 의무를 위반하여 임대목적물에 필요한 안전성을 갖추지 못한 설치·보존상의 하자가 생기고 그 하자로 인하여 임차인에게 손해를 입힌 경우, 건물의 소유자 겸 임대인은 임차인에게 공작물책임과 수선의무 위반에 따른 채무불이행책임을 진다"고 하였다.[6)]

2) 차임지급의무

㉮ 차임연체로 인한 소멸청구를 하기 위하여, ㉠ 임대인이 교체된 경우에 새 임대인에 대한 차임의 연체액이 2기분 이상이어야 하고(대판 2008.10.9. 2008다3022), ㉡ 임대인이 연체차임의 일부지급을 이의 없이 수령하여 연체차임이 2기분 미만으로 된 경우에 소멸청구를 할 수 없다고 해야 한다(지상권에 관한, 〈8-6-2〉에 소개된 대판 2014.8.28. 2012다102384 참조).

㉯ 대판 1974.8.30. 74다1124: "민법 제628조에 의하여 장래에 대한 차임의 증액을 청구하였을 때에 그 청구가 상당하다고 인정되면 그 효력은 재판시를 표준으로 할 것이 아니고 그 청구시에 곧 발생한다고 보는 것이 상당하고 그 청구는 재판외의 청구라도 무방하다."

㉰ 차임 상당의 부당이득의 반환을 구하는 장래이행의 소가 확정된 후에 사정변경이 생긴 경우에 부당이득반환의 소를 다시 제기할 수 있는지에 관하여 대판(전) 1993.12.21. 92다46226: "토지의 소유자가 법률상 원인 없이 토지를 점유하고 있는

6) A 회사가 그 소유 상가건물 중 1층을 '창고형 할인매장' 용도로 임대하였는데, 1층 천장 겸 2층 바닥으로 사용되는 콘크리트 슬래브에 매설된 상수도 배관이 부식되어 파열되면서 누수가 발생하여 1층에 입점한 점포의 시설과 재고자산 등이 침수피해를 입은 사안에서, 위 콘크리트 슬래브는 상가건물의 특정한 층에 배타적으로 귀속된 것이 아니라 건물 전체에 공동으로 제공되거나 인접한 층들에 공동으로 제공·사용되는 부분이어서 위 건물 1층의 소유에도 필요한 부분이므로, 1층의 소유자인 A는 이를 유지·관리할 의무를 지고, 1층의 소유자 겸 임대인으로서 위 콘크리트 슬래브에 존재하는 설치·보존상 하자와 관련된 사고가 발생하면 1층의 점유자나 임차인이 입은 손해를 배상할 책임이 있다고 한 사례.

자를 상대로 장래의 이행을 청구하는 소로서 그 점유자가 토지를 인도할 때까지 토지를 사용·수익함으로 인하여 얻을 토지의 임료에 상당하는 부당이득금의 반환을 청구하여 그 청구의 전부나 일부를 인용하는 판결이 확정된 경우에 그 소송의 사실심 변론종결 후에 토지의 가격이 현저하게 앙등하고 조세 등의 공적인 부담이 증대되었을 뿐더러 그 인근 토지의 임료와 비교하더라도 그 소송의 판결에서 인용된 임료액이 상당하지 아니하게 되는 등 경제적 사정의 변경으로 당사자간의 형평을 심하게 해할 특별한 사정이 생긴 때에는 토지의 소유자는 점유자를 상대로 새로 소를 제기하여 전소 판결에서 인용된 임료액과 적정한 임료액의 차액에 상당하는 부당이득금의 반환을 청구할 수 있다." 이에 대하여 해석론의 한계를 벗어나는 판결이라는 비판이 있었는데, 민사소송법 제252조가 정기금판결에 대한 변경의 소를 도입함으로써 입법적으로 해결되었다.

3) 묵시의 갱신에서 제639조 제2항에 따라 제3자가 제공한 담보가 소멸하는 것은 담보를 제공한 이의 예상하지 못한 불이익(담보기간의 연장에 따른)을 방지하기 위한 것인데, 이 규정이 임대차 기간연장에 관한 당사자들의 합의에는 적용되지 않는다(대판 2005.4.14. 2004다63293).

⑶ 임대차의 종료를 둘러싼 법률관계를 본다.

① 임대차는 존속기간의 만료, 해지 또는 해지통고에 의하여 종료된다.

② 임대차계약이 종료되면 임차인은 임대인에게 임차물을 반환해야 하는데(제654조, 제615조), 이 의무는 임대인의 보증금반환의무와 동시이행의 관계에 선다(대판(전) 1977.9.28. 77다1241·1242). 그리고 임차인은 계약의 종료로 목적물을 반환할 때까지 선량한 관리자의 주의로써 임차물을 보존해야 한다(제374조).

③ 임차인은 부속시킨 물건을 철거할 수 있지만, 그것만으로 투하자본의 회수에 충분하지 않으므로, 일정한 요건 하에 지상물매수청구권(제643조, 제644조, 제283조)과 부속물매수청구권(제646조, 제647조)도 인정된다.

〈6-2-3〉 임대차의 종료 일반에 관한 판례

㉮ 임대인이 임차목적물을 양도하여 임대할 권한을 상실한 경우에, 양수인이 임

대인의 지위를 승계하더라도 신의칙상 임대차의 승계를 원하지 않는 임차인은 이의를 제기함으로써 임대인과의 임대차관계를 즉시 해지할 수 있다. 임대인과 임차목적물의 양수인 사이의 계약에 의하여 임대인지위가 승계된 경우에 관한 대결 1998.9.2. 98마100, 주택임대차법 제3조 제2항에 의하여 임대인지위가 승계되는 경우에 관한 대판 2002.9.4. 2001다64615, 경매로 인하여 매수인에게 임대차관계가 승계되는 경우에 관한 대판 1998.9.18. 97다28407 등 참조.[7]

㉯ 임대목적물이 타인 소유물이라도, 그 타인이 목적물의 반환청구나 임료 내지 그 해당액의 지급을 요구하는 등 특별한 사정이 없는 한, 임대차가 종료하면 임차인은 임대인에게 그 부동산을 인도하고 임대차 종료일까지의 차임을 지급할 의무가 있음은 물론, 임대차 종료일 이후부터 부동산 인도완료일까지 그 부동산을 점유·사용함에 따른 차임 상당의 부당이득금을 반환할 의무도 있고, 이와 같은 법리는 임차인이 임차물을 전대하였다가 임대차 및 전대차가 모두 종료된 경우의 전차인에 대해서도 특별한 사정이 없는 한 그대로 적용된다(대판 2001.6.29. 2000다68290).

〈6-2-4〉 임차인의 선관주의의무 및 원상회복의무에 관한 판례

1) 선관주의의무

㉮ 임차인은 임차목적물을 인도할 때까지 선량한 관리자의 주의로 이를 보존해야 하고, 이러한 주의의무를 위반하여 임대목적물이 멸실, 훼손되면 그에 대한 손해를 배상할 채무가 발생하며, 임차인이 임대목적물의 멸실, 훼손에 따른 책임을 면하려면 임차목적물의 보존에 관하여 선량한 관리자의 주의의무를 다하였음을 증명해야 한다(대판 1991.10.25. 91다22605·22612).[8]

㉯ 증명책임의 소재(를 통한 위험의 배분)에 관한 이러한 법리는 임차건물이 소훼(燒燬)되었는데 화재의 발생원인이 불명인 경우에도 적용되지만(대판 2001.1.19. 2000다57351), 목적물반환의무의 불능이 임대인의 지배영역에 속하는 사정에 기인하는

7) 대판 2001.9.25. 2001다1942는, 경매에서 대항력 있는 임차인의 배당요구가 임대차계약 해지의 의사표시에 해당하고, 따라서 배당요구의 사실이 임대인에게 통지되어야 임대차가 해지되고, 통지가 없으면 임대차관계는 소멸하지 않고 매수인이 임대인의 지위에 편입된다고 하였다.

8) 임대차가 종료된 후 임차인이 동시이행의 항변권에 기하여 목적물을 유치하는 경우에 관한 판시이다.

경우에까지 이러한 이론을 관철할 수 없다. 가령 대판 2009.5.28. 2009다13170: “이행불능이 임대차목적물을 임차인이 사용·수익하기에 필요한 상태로 유지하여야 할 임대인의 의무 위반에 원인이 있음이 밝혀진 경우에까지 임차인이 별도로 목적물보존의무를 다하였음을 주장·입증하여야만 그 책임을 면할 수 있는 것은 아니[고,] 주택 기타 건물 또는 그 일부의 임차인이 임대인으로부터 목적물을 인도받아 점유·용익하고 있는 동안에 목적물이 화재로 멸실된 경우, 그 화재가 건물소유자 측이 설치하여 건물구조의 일부를 이루는 전기배선과 같이 임대인이 지배·관리하는 영역에 존재하는 하자로 인하여 발생한 것으로 추단된다면, 그 하자를 보수·제거하는 것은 임대차목적물을 사용·수익하기에 필요한 상태로 유지할 의무를 부담하는 임대인의 의무에 속하는 것이므로, 그 화재로 인한 목적물반환의무의 이행불능 등에 관한 손해배상책임을 임차인에게 물을 수 없다.”[9] 영역설[10]에 터 잡은 이러한 접근방법은 임대인이 훼손된 임차목적물에 관하여 수선의무를 부담하더라도 동일하게 적용된다(대판 2019.4.11. 2018다291347 참조).

㈐ 대판(전) 2017.5.18. 2012다86895·86901은,

㉠ “임대차목적물이 화재 등으로 인하여 소멸됨으로써 임차인의 목적물반환의무가 이행불능이 된 경우에, 임차인은 이행불능이 자기가 책임질 수 없는 사유로 인한 것이라는 증명을 다하지 못하면 목적물반환의무의 이행불능으로 인한 손해를 배상할 책임을 지며, 화재 등의 구체적인 발생원인이 밝혀지지 아니한 때에도 마찬가지이다. 또한 이러한 법리는 임대차 종료 당시 임대차목적물반환의무가 이행불능 상태는 아니지만 반환된 임차건물이 화재로 인하여 훼손되었음을 이유로 손해배상을 구하는 경우에도 동일하게 적용된다.”는 증명책임의 소재에 관한 일반법리와 “임대인은 목적물을 임차인에게 인도하고 임대차계약 존속 중에 그 사용, 수익에 필요한 상태를 유지하게 할 의무를 부담하므로(민법 제623조), 임대차계약 존속 중

9) ‘건물주 A와 X 보험회사가 화재보험계약 체결 → Y가 건물 일부를 임차하여 공방 운영 → Y의 공방 쪽에서 전기합선이 원인으로 추정되는 화재가 발생하여 건물 대부분 소훼 → X가 A에게 보험금을 지급한 후 보험자대위에 기하여 Y에게 손해배상청구’의 사안에서 Y의 손해배상책임을 부정한 사례.

역시 전기배선의 이상으로 인한 화재임에도 대판 2006.1.13. 2005다51013·51020은 임차인의 손해배상책임을 인정하였는데, 당해 임대차가 장기간 계속되었고 화재의 원인이 된 전기배선을 임차인이 직접 하는 등 전기배선에 대한 관리가 「임차인」의 지배관리영역 내에 있었음을 근거로 한다.

10) 누구라도 자기의 위험영역 내지 책임영역에서 발생한 사정에 대해서는 손해배상책임을 진다는 이론.

에 발생한 화재가 임대인이 지배·관리하는 영역에 존재하는 하자로 인하여 발생한 것으로 추단된다면, 그 하자를 보수·제거하는 것은 임대차목적물을 사용·수익하기에 필요한 상태로 유지하여야 하는 임대인의 의무에 속하며, 임차인이 하자를 미리 알았거나 알 수 있었다는 등의 특별한 사정이 없는 한, 임대인은 화재로 인한 목적물반환의무의 이행불능 등에 관한 손해배상책임을 임차인에게 물을 수 없다"는 영역설을 설시하여 종래의 입장을 유지하면서도,

ⓛ「임차인이 임대인 소유 건물의 일부를 임차하여 사용·수익하던 중 임차부분에서 화재가 발생하여 임차부분이 아닌 건물부분까지 불에 타 그로 인해 임대인에게 재산상 손해가 발생한 경우」에 관하여 입장을 변경하였다. 즉 다수의견은 "임차인이 임대인 소유 건물의 일부를 임차하여 사용·수익하던 중 임차건물부분에서 화재가 발생하여 임차건물부분이 아닌 건물부분(이하 '임차 외 건물부분'이라 한다)까지 불에 타 그로 인해 임대인에게 재산상 손해가 발생한 경우에, 임차인이 보존·관리의무를 위반하여 화재가 발생한 원인을 제공하는 등 화재 발생과 관련된 임차인의 계약상 의무 위반이 있었음이 증명되고, 그러한 의무 위반과 임차 외 건물부분의 손해 사이에 상당인과관계가 있으며, 임차 외 건물부분의 손해가 그러한 의무 위반에 따른 통상의 손해에 해당하거나, 임차인이 그 사정을 알았거나 알 수 있었을 특별한 사정으로 인한 손해에 해당한다고 볼 수 있는 경우라면, 임차인은 임차 외 건물부분의 손해에 대해서도 민법 제390조, 제393조에 따라 임대인에게 손해배상책임을 부담하게 된다"고 하면서, "종래 대법원은 임차인이 임대인 소유 건물의 일부를 임차하여 사용·수익하던 중 임차건물부분에서 화재가 발생하여 임차 외 건물부분까지 불에 타 그로 인해 임대인에게 재산상 손해가 발생한 경우에, 건물의 규모와 구조로 볼 때 건물 중 임차건물부분과 그 밖의 부분이 상호 유지·존립함에 있어서 구조상 불가분의 일체를 이루는 관계에 있다면, 임차인은 임차건물의 보존에 관하여 선량한 관리자의 주의의무를 다하였음을 증명하지 못하는 이상 임차건물부분에 한하지 아니하고 건물의 유지·존립과 불가분의 일체관계에 있는 임차 외 건물부분이 소훼되어 임대인이 입게 된 손해도 채무불이행으로 인한 손해로 배상할 의무가 있다고 판단하여 왔다. 그러나 임차 외 건물부분이 구조상 불가분의 일체를 이루는 관계에 있는 부분이라 하더라도, 그 부분에 발생한 손해에 대하여 임대인이 임차인을 상대로 채무불이행을 원인으로 하는 배상을 구하려면, 임차인이 보존·관리의무를 위반하여 화재가 발생한 원인을 제공하는 등 화재 발생과 관련된

임차인의 계약상 의무 위반이 있었고, 그러한 의무 위반과 임차 외 건물부분의 손해 사이에 상당인과관계가 있으며, 임차 외 건물부분의 손해가 의무 위반에 따라 민법 제393조에 의하여 배상하여야 할 손해의 범위 내에 있다는 점에 대하여 임대인이 주장·증명하여야 한다. 이와 달리 위와 같은 임대인의 주장·증명이 없는 경우에도 임차인이 임차건물의 보존에 관하여 선량한 관리자의 주의의무를 다하였음을 증명하지 못하는 이상 임차 외 건물부분에 대해서까지 채무불이행에 따른 손해배상책임을 지게 된다고 판단한 종래의 대법원판결들은 이 판결의 견해에 배치되는 범위 내에서 이를 모두 변경하기로 한다"고 했다.[11]

2) 원상회복의무

㉮ 임대인의 귀책사유로 임대차계약이 해지되었더라도, 임차인은 그로 인한 손해배상을 청구할 수 있음은 별론으로 하고 원상회복의무를 부담하지 않는다고 할 수는 없다(대판 2002.12.6. 2002다42278).

㉯ 원상회복의무 면제의 (묵시적) 합의에 관하여, ㉠ 대판 2002.11.22. 2002다38828은, 임대차계약에서 임대차계약이 해제(종료를 포함)된 때에 임차인은 자기의 비용으로 임차한 목적물을 원상복구하여 임대인에게 인도해야 한다고 정해져 있으나, 그 임대차계약에서 임차인은 목적물의 관리 및 유지·보존에 따른 관리비와 수리비, 조세 공과금 등 일체의 유지비를 부담하기로 약정한 사실에 비추어, 임차인은 시설비용이나 보수비용의 상환청구권을 포기하는 대신 원상복구의무도 부담하지 않기로 합의를 한 것이라고 보았다. 반면 ㉡ 대판 2002.12.6. 2002다42278은, 임차인이 자신의 영업을 위하여 설치한 시설에 관한 비용을 임대인에게 청구하지 않기로 약정한 사정만으로 원상복구의무를 부담하지 않기로 하는 합의가 있었다고 볼 수 없고, 임대차계약서상 기재된 임차인의 원상복구의무에 관한 조항이 단지 부동문자로 남아 있는 무의미한 내용에 불과하다고 볼 수는 없다고 하였다(대판 2006.10.13. 2006다39720도 동지).

11) 임차 외 건물부분에 발생한 재산상 손해에 관해서는 불법행위책임만이 성립한다는 별개의견 및 화재로 불에 탄 부분이 임차물 자체인지 임차물 이외의 부분인지는 손해배상범위의 문제라는 반대의견도 참조.

〈6-2-5〉 투하자본의 회수에 관한 판례

1) 비용상환청구권

㉮ 임차인의 비용상환청구가 제203조에 의할 수 없음에 관하여 (〈8-5-21〉에 소개된) 대판 2003.7.25. 2001다64752 참조.

㉯ 비용상환청구권의 (사전)포기가 유효함에 관하여 아래 94다44705·44712 판결 참조.

㉰ 대판 2019.11.14. 2016다227694: 제626조 제1항에서 "'필요비'란 임차인이 임차물의 보존을 위하여 지출한 비용을 말한다. 임대차계약에서 임대인은 목적물을 계약존속 중 사용·수익에 필요한 상태를 유지하게 할 의무를 부담하고, 이러한 의무와 관련한 임차물의 보존을 위한 비용도 임대인이 부담해야 하므로, 임차인이 필요비를 지출하면, 임대인은 이를 상환할 의무가 있다. 임대인의 필요비상환의무는 특별한 사정이 없는 한 임차인의 차임지급의무와 서로 대응하는 관계에 있으므로, 임차인은 지출한 필요비 금액의 한도에서 차임의 지급을 거절할 수 있다."

㉱ 유익비는 임대인이 실제의 지출액과 가치증가액 중 선택하여 상환할 수 있는데, 지출액과 가치증가액에 대한 증명책임은 임차인이 진다(대판 1962.10.18. 62다437).

2) 부속물매수청구권

㉮ 기존건물과 분리되어 독립한 소유권의 객체가 될 수 없는 증축부분이나 임대인의 소유에 속하기로 한 부속물은 매수청구의 대상이 될 수 없다(대판 1982.1.19. 81다1001).

㉯ 대판 1996.8.20. 94다44705·44712는, 건물임차인이 자신의 비용을 들여 증축한 부분을 임대인 소유로 귀속시키기로 하는 약정은 임차인이 원상회복의무를 면하는 대신 투입비용의 변상이나 권리주장을 포기하는 내용이 포함된 것으로서 특별한 사정이 없는 한 유효하므로, 그 약정이 부속물매수청구권을 포기하는 약정으로서 강행규정에 반하여 무효라고 할 수 없고,[12] 증축부분의 원상회복이 불가능

12) 건물임차인이 증·개축한 시설물과 부대시설을 포기하고 임대차 종료시의 현상대로 임대인의 소유에 귀속하기로 하는 대가로 임대차계약의 보증금 및 월차임을 파격적으로 저렴하게 하고, 임대기간도 장기간으로 약정하고, 임대인은 임대차계약의 종료 즉시 임대건물을 철거하고 그 부지에 건물을 신축하려고 하고 있으며 임대차계약 당시부터 임차인도 그와 같은 사정을 알고 있었던 경우에 부속물의 귀속에 관한 약정이 임차인에게 불리하다고 할 수 없다는 앞의 81다1001 판결도 참조.

하다고 해서 유익비의 상환을 청구할 수도 없다고 하였다.

㈐ 임대차계약이 「임차인」의 채무불이행으로 인하여 해지되었다면 부속물매수청구권이 인정되지 않는다고 해야 한다(대판 1990.1.23. 88다카7245·7252).[13]

3) 지상물매수청구권

㈎ 지상물매수청구권은 국민경제적 관점에서 지상건물의 잔존가치를 보존하고 토지소유자의 배타적 소유권 행사로 인하여 희생당하기 쉬운 임차인을 보호하기 위한 제도이므로, 미등기 무허가건물도 지상물매수청구권의 대상이 될 수 있고, 그 건물을 매수하였으나 등기를 마치지 않은 임차인도 지상물매수청구권을 행사할 수 있다(대판 2013.11.28. 2013다48364·48371).

임대차가 종료하기 전에 임차인이 임대인과 건물 기타 지상시설 일체를 포기하기로 약정하였더라도, 임대차계약의 조건이나 계약이 체결된 경위 등 제반 사정을 종합적으로 고려하여 「실질적으로 임차인에게 불리하다고 볼 수 없는 특별한 사정」이 인정되지 않는 한, 그러한 약정은 그 효력이 없다(대판 2002.5.31. 2001다42080).

㈏ 기간의 정함이 없는 임대차에서 임대인이 해지통고를 한 경우에, 임차인은 바로(즉 갱신청구의 유무를 불문하고) 매수청구를 할 수 있다(대판(전) 1995.7.11. 94다34265).

반면 임차인의 채무불이행(특히 차임연체)을 이유로 임대차가 종료(해지)되면 ― 갱신청구를 전제로 하는 ― 매수청구권이 인정되지 않는다(대판 2003.4.22. 2003다7685).

㈐ 토지소유자(E) 아닌 제3자(D)가 토지임대행위를 한 경우에, D가 E를 적법하게 대리하거나 E가 D의 무권대리행위를 추인하는 등으로 임대차계약의 효과가 E에게 귀속되었다면 E가 임대인으로서 지상물매수청구의 상대방이 되지만, D가 임대차계약의 당사자로서 토지를 임대하였다면 E가 임대인의 지위를 승계하였다는 등의 특별한 사정이 없는 한 임대인이 아닌 E가 직접 지상물매수청구의 상대방이 될 수는 없다(대판 2017.4.26. 2014다72449·72456).

㈑ 대판(전) 1996.3.21. 93다42634: "건물 소유를 목적으로 하는 토지임대차에 있어서 임차인 소유 건물이 임대인이 임대한 토지 외에 임차인 또는 제3자 소유의 토지 위에 걸쳐서 건립되어 있는 경우에는, 임차지 상에 서 있는 건물부분 중 구분소유의 객체가 될 수 있는 부분에 한하여 임차인에게 매수청구가 허용된다."[14]

13) 학설은 대체로 반대의 입장이다.

14) 'Y가 A로부터 X 소유 토지와 인접대지 위에 건립된 건물을 매수하고, 그 건물을 소유하기 위하여 X로부터 그 소유의 토지를 기간의 정함이 없이 임차하였는데, X가 임대차의 해지를

㈒ 참고로 대판(전) 1995.7.11. 94다34265는, 토지임대인이 임차인을 상대로 지상건물의 철거와 그 부지의 인도를 구하자 임차인이 지상물매수청구권을 행사한 사안에서, 임대인의 청구에 건물매수대금지급과 동시에 건물인도를 구하는 청구가 포함되어 있다고 볼 수 없지만, 이러한 경우에 "법원으로서는 임대인이 종전의 청구를 계속 유지할 것인지, 아니면 대금지급과 상환으로 지상물의 명도를 청구할 의사가 있는 것인지(예비적으로라도)를 석명하고 임대인이 그 석명에 응하여 소를 변경한 때에는 지상물 명도의 판결을 함으로써 분쟁의 1회적 해결을 꾀하여야 한다"고 했다.

(4) 임차인이 부담하는 차임 기타 채무를 담보하기 위하여 임대인에게 교부되는 보증금(保證金)은 정지조건부 반환의무를 수반하는 금전소유권의 이전이다.

권리금에 관하여 〈6－2－9〉 참조.

〈6-2-6〉 보증금에 관한 판례

1) 특별한 사정이 없는 한 공제대상채무 상당액은 임대차관계의 종료 후 목적물이 반환될 때 별도의 의사표시 없이 당연히 보증금에서 공제되므로(대판 1999.12.7. 99다50729),[15] 임대인은 보증금에서 그 채무액을 공제한 잔액을 임차인에게 반환하면 된다(대판 2005.9.28. 2005다8323·8330).

그리고 보증금반환청구에서 공제대상채무의 발생사실은 임대인의 항변사유이고, 그 채무가 소멸한 사실은 임차인의 재항변사유이다(앞의 2005다8323·8330 판결).

한편 임대차계약 종료 전에는 공제 등 별도의 의사표시 없이 연체차임이 임대차

통고하고 지상건물의 철거 및 대지의 인도를 구함에 대하여 Y가 지상물매수청구권을 행사한 사안'에 관한 판시이다.

15) 나아가 대판 2016.7.27. 2015다230020: "보증금이 수수된 저당부동산에 관한 임대차계약이 저당부동산에 대한 경매로 종료되었는데, 저당권자가 차임채권 등에 대하여는 민사집행법 제273조에 따른 채권집행의 방법으로 별개로 저당권을 실행하지 아니한 경우에 저당부동산에 대한 압류의 전후와 관계없이 임차인이 연체한 차임 등의 상당액이 임차인이 배당받을 보증금에서 당연히 공제됨은 물론, 저당권자가 차임채권 등에 대하여 위와 같은 방법으로 별개로 저당권을 실행한 경우에도 채권집행절차에서 임차인이 실제로 차임 등을 지급하거나 공탁하지 아니하였다면 잔존하는 차임채권 등의 상당액은 임차인이 배당받을 보증금에서 당연히 공제된다."

보증금에서 당연히 공제되는 것은 아니고, 임차인도 임대차보증금의 존재를 이유로 차임의 지급을 거절할 수 없는데(대판 2016.11.25. 2016다211309), 보증금은 임대차계약이 종료된 후 임차인이 목적물을 인도할 때까지 발생하는 차임도 담보하기 위하여 교부된 것이므로, 특별한 사정이 없는 한 임대차계약이 종료되었더라도 목적물이 인도되지 않았다면 임차인은 보증금이 있음을 이유로 연체차임의 지급을 거절할 수 없다(대판 1999.7.27. 99다24881).

2) 공제대상채무

㉮ 대판 2017.3.22. 2016다218874: "임차건물의 양수인이 건물소유권을 취득한 후 임대차관계가 종료되어 임차인에게 임대차보증금을 반환해야 하는 경우에 임대인의 지위를 승계하기 전까지 발생한 연체차임이나 관리비 등이 있으면 이는 특별한 사정이 없는 한 임대차보증금에서 당연히 공제된다. 일반적으로 임차건물의 양도시에 연체차임이나 관리비 등이 남아있더라도 나중에 임대차관계가 종료되는 경우 임대차보증금에서 이를 공제하겠다는 것이 당사자들의 의사나 거래관념에 부합하기 때문"이다.[16)]

㉯ 대판 2013.2.28. 2011다49608·49615: "임대인이 차임채권을 양도하는 등의 사정으로 인하여 차임채권을 가지고 있지 아니한 경우에는 특별한 사정이 없는 한 임대차계약 종료 전에 임대차보증금에서 공제한다는 의사표시를 할 수 있는 권한이 있다고 할 수도 없다."

한편 대판 2015.3.26. 2013다77225는, 차임채권 양수인의 연체차임청구에 대하여 「임차인」이 당연공제를 주장한 사안에서, 차임채권이 양도되었더라도 임차인은 「차임채권의 양수인에 대하여」 임대차계약이 종료되어 목적물을 반환할 때까지 연체한 차임 상당액을 보증금에서 공제할 것을 주장할 수 있다고 하였다.

3) 임차목적물이 양도된 경우

㉮ 주택의 임차인이 제3자에 대한 대항력을 갖춘 후 임차주택의 소유권이 양도되어 그 양수인이 임대인의 지위를 승계하는 경우에, 보증금반환채무도 부동산소유권과 결합하여 일체로서 이전되므로 양도인의 임대인으로서의 지위나 보증금반환채무는 소멸하고, 대항력을 갖춘 임차인이 양수인이 된 경우라 하여 달리 볼 이유가 없으므로 대항력을 갖춘 임차인이 당해 주택을 양수한 때에도 임대인의 보증금반환채무는 소멸하고 양수인인 임차인이 임대인의 자신에 대한 보증금반환채무

16) 상가임대차법 제3조 제2항에 따라 임대인의 지위가 승계된 사안에 관한 판시이다.

를 인수하여, 결국 임차인의 보증금반환채권은 혼동으로 인하여 소멸한다(대판 1996. 11.22. 96다38216).

㉯ 주택양수인이 임차인에게 임대차보증금을 반환하였더라도, 이는 자신의 채무를 변제한 것에 불과할 뿐, 양도인의 채무를 대위변제한 것이라거나 양도인이 위 금액 상당의 반환채무를 면함으로써 법률상 원인 없이 이익을 얻고 양수인이 그로 인하여 위 금액 상당의 손해를 입었다고 할 수 없는데(대판 1993.7.16. 93다17324), 보증금의 귀속에 관하여 별도의 합의가 없는 경우에 주택양수인이 양도인을 상대로 보증금 상당액의 지급을 구할 수 있음은 별개의 문제이다.

㉰ 대항력을 갖춘 임차인이 저당권설정등기 후에 임대인과 보증금을 증액하기로 합의하고 초과부분을 지급한 경우에, 임차인이 저당권설정등기 전에 취득한 임차권으로 선순위로서 저당권자에게 대항할 수 있음은 물론이나, 저당권설정등기 후에 건물주와의 사이에 임차보증금을 증액하기로 한 합의는 건물주가 저당권자를 해치는 법률행위를 할 수 없게 된 결과 그 합의당사자 사이에서만 효력이 있고 저당권자에게는 대항할 수 없다고 할 수밖에 없으므로, 임차인은 위 저당권에 기하여 건물을 경락받은 소유자의 건물인도청구에 대하여 증액 전 임차보증금을 상환받을 때까지 그 건물을 인도할 수 없다고 주장할 수 있을 뿐이고, 저당권설정등기 이후에 증액한 임차보증금으로 소유자에게 대항할 수 없다(대판 1990.8.24. 90다카11377).[17]

4) 보증금의 반환

㉮ 보증금의 반환의무와 임차목적물의 인도의무가 동시이행관계에 있음에 관하여 (〈4-2-11〉에 소개된) 대판(전) 1977.9.28. 77다1241·1242 참조.

㉯ 임대차계약 종료 후에도 임차인이 동시이행의 항변권을 행사하여 임차건물을 계속 점유해 왔다면, 임대인이 임차인에게 위 보증금반환의무를 이행하거나 그 현실적인 제공을 하여 임차인의 건물인도의무가 지체에 빠지는 등의 사유로 동시이행 항변권을 상실하였다는 점에 관하여 임대인의 주장·증명이 없는 이상 임차인의 위 건물에 대한 점유를 불법점유라 할 수 없어서(대판 1990.12.21. 90다카24076) 손해배상책임을 지지는 않는다.

㉰ 이러한 경우에 임차인이 임차목적물을 「사용·수익」하였다면 「차임」 상당액

---

17) 가등기가 경료된 경우(대판 1986.9.9. 86다카757)나 체납처분에 의한 압류등기가 경료된 경우(대판 2010.5.13. 2010다12753)에도 같다.

의 범위에서 부당이득반환의무를 지고(대판 1998.7.10. 98다15545), 보증금에서 당연히 공제된다. 반면 임차인이 「실제로 사용·수익하지 않는다면」 부당이득이 성립하지 않는다는 것이 판례의 입장이다(대판 1984.5.15. 84다카108 등). 즉 부당이득의 반환에서 「이득」이 실질적인 이익을 가리키므로 법률상 원인 없이 건물을 점유하더라도 이를 사용·수익하지 않았다면 이익을 얻은 것이라고 볼 수 없고, 임차인이 임대차계약 종료 후에도 임차건물부분을 계속 점유하기는 했으나 이를 사용·수익하지 아니하여 실질적인 이득을 얻은 바 없는 경우에는 그로 인하여 임대인에게 손해가 발생하였더라도 임차인의 부당이득반환의무는 성립될 여지가 없고(대판 1990.12.21. 90다카24076), 임차인의 사정으로 인하여 사용·수익하지 못한 경우에도 그렇다고 한다(대판 2006.10.12. 2004재다818).[18]

⑸ 임대차와 제3자에 관하여 본다.

① 먼저 임차권의 양도와 전대(轉貸)를 본다.

ⓐ 임차인이 임차권을 양도하거나 전대를 하려면 임대인의 동의를 받아야 하는데, 판례는 이른바 배신행위이론을 통하여 임대인의 자의적(恣意的)인 해지를 제한한다.

ⓑ 임대인의 동의가 있더라도 전대에 의하여 전차인과 임대인 사이에 직접적인 법률관계가 생기지 않지만, 법은 실제로 임차목적물을 용익하는 전차인이 임대인에 대하여 「직접」 차임지급의무 등을 부담하도록 한다.

② 부동산임차인의 지위를 강화하기 위한 「부동산임차권의 물권화경향」의 일환으로 등기하면 부동산임차권은 대항력을 취득한다.

---

18) 임차목적물의 용익에 따른 부당이득의 대상은 그 이용가능성이라는 점에서, ⓐ 임차인이 임차목적물을 반환할 의도를 명백히 가지고 있었음에도 오직 임대인의 임차보증금반환의무의 이행을 확보하기 위하여 인도를 거절하는 경우에는 판례의 태도를 수긍할 수 있지만, ⓑ 그 밖의 경우, 특히 임차인의 사정으로 용익하지 못한 경우라면 그렇게 볼 것은 아니다.

〈6-2-7〉 임대차와 제3자에 관한 판례

1) 임차권의 양도와 전대

㉮ 임차권의 양도에서 임대인 동의요건에 대한 예외를 인정하는 배신행위이론을 처음 거론한 대판 1993.4.13. 92다24950은,

㉠ "건물의 소유를 목적으로 하여 토지를 임차한 사람이 그 토지 위에 소유하는 건물에 저당권을 설정한 때에는 민법 제358조 본문에 따라서 저당권의 효력이 건물뿐만 아니라 건물의 소유를 목적으로 한 토지의 임차권에도 미친다고 보아야 할 것이므로, 건물에 대한 저당권이 실행되어 경락인이 건물의 소유권을 취득한 때에는 특별한 다른 사정이 없는 한 건물의 소유를 목적으로 한 토지의 임차권도 건물의 소유권과 함께 경락인에게 이전된다"고 전제한 후, 이러한 "경우에도 민법 제629조가 적용되기 때문에 토지의 임대인에 대한 관계에서는 그의 동의가 없는 한 경락인은 그 임차권의 취득을 대항할 수 없다고 할 것인바, 민법 제622조 제1항은 건물의 소유를 목적으로 한 토지임대차는 이를 등기하지 아니한 경우에도 임차인이 그 지상건물을 등기한 때에는 토지에 관하여 권리를 취득한 제3자에 대하여 임대차의 효력을 주장할 수 있음을 규정한 취지임에 불과할 뿐, 건물의 소유권과 함께 건물의 소유를 목적으로 한 토지의 임차권을 취득한 사람이 토지의 임대인에 대한 관계에서 그의 동의가 없이도 임차권의 취득을 대항할 수 있는 것까지 규정한 것이라고는 볼 수 없다"고 하면서도,

㉡ "임차인의 변경이 당사자의 개인적인 신뢰를 기초로 하는 계속적 법률관계인 임대차를 더 이상 지속시키기 어려울 정도로 당사자간의 신뢰관계를 파괴하는 임대인에 대한 배신행위가 아니라고 인정되는 특별한 사정이 있는 때에는 임대인은 자신의 동의 없이 임차권이 이전되었다는 것만을 이유로 민법 제629조 제2항에 따라서 임대차계약을 해지할 수 없고, 그와 같은 특별한 사정이 있는 때에 한하여 경락인은 임대인의 동의가 없더라도 임차권의 이전을 임대인에게 대항할 수 있다고 봄이 상당한바, 위와 같은 특별한 사정이 있는 점은 경락인이 주장 입증하여야 한다"고 했는데, 이 사안에서는 특별한 사정에 대한 주장조차 없어서 이 이론이 적용되지 않았다.[19)]

19) 배신행위이론이 실제로 적용된 것은 대판 1993.4.27. 92다45308에서인데, 임차인 A가 B와 동거하면서 가구점을 경영하다가 협의이혼을 하면서 위자료 명목으로 B에게 가구점을 양도한 후 A와 B가 다시 혼인한 사안에서, 특별한 사정을 인정하여 임대인의 해지주장을 배척하였다.

㉯ 임대인의 동의를 얻은 전대에서 임대인과 전차인의 관계를 본다.

㉠ 대판 2018.7.11. 2018다200518: "전대인과 전차인은 계약자유의 원칙에 따라 전대차계약의 내용을 변경할 수 있다. 그로 인하여 민법 제630조 제1항에 따라 전차인이 임대인에 대하여 직접 부담하는 의무의 범위가 변경되더라도, 전대차계약의 내용변경이 전대차에 동의한 임대인 보호를 목적으로 한 민법 제630조 제1항의 취지에 반하여 이루어진 것이라고 볼 특별한 사정이 없는 한 전차인은 변경된 전대차계약의 내용을 임대인에게 주장할 수 있다. 전대인과 전차인이 전대차계약상의 차임을 감액한 경우도 마찬가지이다. 또한 그 경우, 임대차 종료 후 전차인이 임대인에게 반환하여야 할 차임 상당 부당이득액을 산정함에 있어서도, 부당이득 당시의 실제 차임액수를 심리하여 이를 기준으로 삼지 아니하고 약정차임을 기준으로 삼는 경우라면, 전차인이 임대인에 대하여 직접 의무를 부담하는 차임인 변경된 차임을 기준으로 할 것이지, 변경 전 전대차계약상의 차임을 기준으로 할 것은 아니다."

㉡ 대판 2008.3.27. 2006다45459: 제630조 제1항 후문에 의하여 "전차인이 임대인에게 대항할 수 없는 차임의 범위는 전대차계약상의 차임지급시기를 기준으로 하여 그 전에 전대인에게 지급한 차임에 한정되고, 그 이후에 지급한 차임으로는 임대인에게 대항할 수 있다." 이를 기초로, 전대차계약의 종료와 전대차목적물의 반환 당시 전차인의 연체차임은 전대차보증금에서 당연히 공제되어 소멸하고, 이는 전대차계약상의 차임지급시기 이후 발생한 채무소멸사유이므로 전차인은 이로써 임대인에게 대항할 수 있다고 보았다.

㉢ 전대차 종료 후의 점유와 부당이득에 관하여 대판 2007.8.23. 2007다21856·21863: "임차인은 임대차계약이 종료된 경우 특별한 사정이 없는 한 임대인에게 그 목적물을 명도하고 임대차 종료일까지의 연체차임을 지급할 의무가 있음은 물론, 임대차 종료일 이후부터 목적물 명도완료일까지 그 부동산을 점유·사용함에 따른 차임 상당의 부당이득금을 반환할 의무도 있다고 할 것인데, 이와 같은 법리는 임차인이 임차물을 전대하였다가 임대차 및 전대차가 모두 종료된 경우의 전차인에 대하여도 특별한 사정이 없는 한 그대로 적용된다. [···] 타인 소유의 토지 위에 권한 없이 건물을 소유하고 있는 자는 그 자체로서 특별한 사정이 없는 한 법률상 원인 없이 타인의 재산으로 토지의 차임에 상당하는 이익을 얻고 그로 인하여 타인에게 동액 상당의 손해를 주고 있다고 보아야 하는데, 건물 이외의 공작물의 소유를

목적으로 한 토지전차인이 당해 토지 위에 권한 없이 공작물을 소유하고 있는 경우에도 이와 마찬가지로 풀이하여야 한다."

㉰ 임대인의 동의 없는 임차권 양도나 전대의 경우에도 임대차계약이 존속하는 한 임대인이 제3자에게 차임 상당의 손해배상청구 등을 할 수 없음에 관하여 (<8-1-4>에 소개된) 대판 2008.2.28. 2006다10323 참조.

2) 임차권과 등기

㉮ 건물대지임대차에 관한 제622조 제1항의 취지는, 토지임차인이 임차지상의 건물을 등기함으로써 임대차의 등기가 없더라도 제3자에게 임대차의 효력을 주장할 수 있다는 것이지, 그러한 건물만 취득한 이에게 당연히 임차권이 생긴다는 것은 아니다(대판 1975.7.30. 74다2032).

㉯ 대판 2002.2.26. 99다67079는 등기된 임차권에 「담보권적 권능」까지 인정하는데, 임대차기간이 종료되면 용익권적 권능은 임차권등기의 말소등기 없이도 곧바로 소멸하나 담보권적 권능은 곧바로 소멸하지 않고, 임차권자는 임대차기간이 종료한 후에도 임차보증금을 반환받기까지는 임대인이나 그 승계인에 대하여 임차권등기의 말소를 거부할 수 있고, 따라서 임차권등기가 원인 없이 말소된 때에는 그 방해를 배제하기 위한 청구를 할 수 있다고 하였다.[20]

3. 특별법상의 임대차

(1) 주택임대차보호법(이하 '법'이라고만 한다)을 본다.

① 법은 최단존속기간, 묵시적 갱신, 계약갱신요구권(법 제6조의3)[21] 등을 통하여 임대차의 존속을 보장하고, 나아가 차임 등의 증액을 제한한다.

② 주택의 인도(引渡)와 주민등록을 갖추면 「대항력」을 취득한다(법 제3조 제1

---

20) 이 판결은 임차권등기가 되어 있는 「선박」에 원인무효의 등기가 경료된 경우에 관한 것이다.

21) 대판 2022.12.1. 2021다266631: "임차인이 [법] 제6조의3 제1항 본문에 따라 계약갱신을 요구하였더라도, 임대인으로서는 특별한 사정이 없는 한 [법] 제6조 제1항 전단에서 정한 기간 내라면 제6조의3 제1항 단서 제8호에 따라 임대인이 목적주택에 실제 거주하려고 한다는 사유를 들어 임차인의 계약갱신요구를 거절할 수 있고, [법] 제3조 제4항에 의하여 임대인의 지위를 승계한 임차주택의 양수인도 그 주택에 실제 거주하려는 경우 위 갱신거절기간 내에 위 제8호에 따른 갱신거절사유를 주장할 수 있다고 보아야 한다."

항). 이 중 주민등록은 인도를 보완하는 것이지만, 실제로는 그 비중이 역전되어 주민등록이 대항력의 취득을 위한 공시방법으로 기능한다.

③ 나아가 임차인에게 「우선변제권」도 인정되는데, 확정일자에 기한 우선변제권은 부동산담보권과 유사한 반면, 소액보증인의 우선변제권은 채권임에도 선일자(先日字)의 「물권」에도 우선한다는 점에서 우선특권의 실질을 가진다. 그런데 우선변제(및 이에 기한 부당이득의 반환)를 받기 위해서는 경매절차에서 배당요구를 해야 한다.

④ 임차인은 법원에 임차권등기명령을 신청하여 대항력 및 우선변제권을 유지 또는 취득할 수 있다.

〈6-2-8〉 주택임대차에 관한 판례

1) 법의 적용범위

㉮ 어느 건물이 주택에 해당하는 이상 비록 그 건물에 관하여 아직 등기를 마치지 않았거나 등기가 이루어질 수 없는 사정이 있더라도 다른 특별한 규정이 없는 한 법이 적용된다(대판(전) 2007.6.21. 2004다26133).

㉯ 대판 2009.8.20. 2009다26879는, 점포 및 사무실로 사용되던 건물에 근저당권이 설정된 후 그 건물이 주거용 건물로 용도변경된 경우에, 이를 임차한 소액임차인도 특별한 사정이 없는 한 법 제8조에 의하여 보증금 중 일정액을 근저당권자보다 우선하여 변제받을 권리가 있다고 하였는데, 근저당권자가 파악한 담보가치를 해칠 수 있다는 점에서 검토를 요한다.

㉰ 대판 2016.10.13. 2014다218030·218047: "외국인 또는 외국국적 동포가 구 출입국관리법(2010. 5. 14. 법률 제10282호로 개정되기 전의 것)이나 구 재외동포의 출입국과 법적 지위에 관한 법률(2008. 3. 14. 법률 제8896호로 개정되기 전의 것)에 따라서 한 외국인등록이나 체류지변경신고 또는 국내거소신고나 거소이전신고에 대하여는, 주택임대차보호법 제3조 제1항에서 주택임대차의 대항력 취득요건으로 규정하고 있는 주민등록과 동일한 법적 효과가 인정된다. 이는 외국인등록이나 국내거소신고 등이 주민등록과 비교하여 공시기능이 미약하다고 하여 달리 볼 수 없다. […] 주택임대차보호법 제3조 제1항에 의한 대항력 취득의 요건인 주민등록은 임차인 본인뿐 아니라 배우자나 자녀 등 가족의 주민등록도 포함되고, 이러한 법리는

구 재외동포의 출입국과 법적 지위에 관한 법률에 의한 재외국민이 임차인인 경우에도 마찬가지로 적용된다."

㉱ 법인은 법의 보호대상이 아니다(대판 1997.7.11. 96다7236).

2) 제3자에 대한 대항력

㉮ 주택의 인도 및 주민등록은 대항력의 취득요건이자 존속요건이다(대판 2002.10.11. 2002다20957).

그런데 주민등록의 이전으로 주택임차권의 대항력을 상실한 임차인이 다시 원래의 주소지로 주민등록을 재전입하더라도 이로써 이미 소멸한 대항력이 당초에 소급하여 회복되는 것이 아니라 재전입한 때부터 새로운 대항력이 다시 발생한다(대판 1998.1.23. 97다43468). 다만 임차인의 의사에 기하지 않고 주민등록이 이전된 경우에는 대항력이 유지된다(대판 2000.9.29. 2000다37012).

㉯ 대판 1999.4.23. 98다49753은, 주택의 소유자가 아니지만 주택에 관하여 적법하게 임대차계약을 체결할 수 있는 권한(적법한 임대권한)을 가진 명의신탁자와의 사이에 임대차계약이 체결된 경우에도 대항력을 취득하고, 이때 임차인은 등기부상 주택의 소유자인 명의수탁자에 대한 관계에서도 적법한 임대차임을 주장할 수 있는 반면 명의수탁자는 임차인에 대하여 그 소유자임을 내세워 인도를 구할 수 없다고 하였다. 그런데 소유자와의 대내적인 관계에서 임대권한을 가지는 이로부터 임차한 경우에 「그 권한의 범위 내에서만」 대항력을 가진다고 해야 한다. 미등기매수인으로부터 주택을 임차하여 대항요건을 갖춘 경우에도 매도인(및 그의 포괄승계인)에 대해서만 대항력을 주장할 수 있다(대판 2008.4.10. 2007다38908·38915. 〈4-6-9〉 참조).

다만 임대인(예컨대 미등기매수인)이 (대외적) 소유권을 취득하면 그 다음날 온전한 대항력(과 우선변제권)을 취득한다(대판 2012.7.26. 2012다45689).

㉰ 대판 1999.4.23. 98다32939: "주택임대차보호법 제3조 제1항에서 주택의 인도와 더불어 대항력의 요건으로 규정하고 있는 주민등록은 거래의 안전을 위하여 임대차의 존재를 제3자가 명백히 인식할 수 있게 하는 공시방법으로 마련된 것"이다. 아래에서 공시의 문제를 임차권의 주체와 객체로 나누어 살핀다.

㉱ 먼저 임차권의 주체(「누가」 대항력 있는 임차권을 가지는지)와 관련하여 판례는 비교적 너그러운 태도를 보인다.[22]

22) 심지어 대판 1988.6.14. 87다카3093·3094는 세대주의 동거인으로서의 전입신고에 대해서도

㉠ 임차인의 배우자나 자녀 등 점유보조자의 주민등록으로도 대항요건이 구비된다(대결 1995.6.5. 94마2134).

㉡ 임차인이 임차주택을 간접점유하는 경우에, 직접점유자가 주민등록을 마치면 그 다음날부터 임차인은 대항력을 취득한다(대판 2001.1.19. 2000다55645). 가령 대판 2007.11.29. 2005다64255: "주택임차인이 임차주택을 직접점유하여 거주하지 않고 그곳에 주민등록을 하지 아니한 경우라 하더라도, 임대인의 승낙을 받아 적법하게 임차주택을 전대하고 그 전차인이 주택을 인도받아 자신의 주민등록을 마친 때에는, 이로써 당해 주택이 임대차의 목적이 되어 있다는 사실이 충분히 공시될 수 있으므로, 임차인은 주택임대차보호법에 정한 대항요건을 적법하게 갖추었[고, 임대인의 동의가 없더라도 배신행위에 해당하지 않아서] 주택의 전대차가 그 당사자 사이뿐 아니라 임대인에 대하여도 주장할 수 있는 적법, 유효한 것이라고 평가되는 경우에는, 전차인이 임차인으로부터 주택을 인도받아 자신의 주민등록을 마치고 있다면 이로써 주택이 임대차의 목적이 되어 있다는 사실은 충분히 공시될 수 있고 또 이러한 경우 다른 공시방법도 있을 수 없으므로, 결국 임차인의 대항요건은 전차인의 직접점유 및 주민등록으로써 적법, 유효하게 유지, 존속한다고 보아야 한다."[23]

㉢ 주민등록이 유효한 공시방법으로 되려면, 단순히 형식적으로 주민등록이 되어 있다는 것만으로 부족하고, 주민등록에 의하여 표상되는 점유관계가 임차권을 매개로 하는 점유임을 제3자가 인식할 수 있는 정도는 되어야 한다. 이 점은 특히 소유자가 주택을 매도한 후 매수인과 임대차계약을 체결하고 임차인으로서 계속

대항력을 인정하였다.

나아가 대판 2021.10.28. 2021다238650: "주택의 공동임차인 중 1인이라도 주택임대차보호법 제3조 제1항에서 정한 대항력요건을 갖추게 되면 그 대항력은 임대차 전체에 미치므로, 임차건물이 양도되는 경우 특별한 사정이 없는 한 공동임차인에 대한 보증금반환채무 전부가 임대인지위를 승계한 양수인에게 이전되고 양도인의 채무는 소멸한다. 이러한 법리는 계약당사자 사이에 공동임차인의 임대차보증금 지분을 별도로 정한 경우에도 마찬가지이다."

23) '1995년 X(법상의 소액임차인)가 A 회사로부터 아파트를 임차하여 입주하고 전입신고(임대차계약에는 임차권양도 및 전대를 금지하는 특약이 있었고 임대주택법에 의해서도 임차권양도나 전대가 금지된다) → 약정임대차기간 만료 무렵인 1997년 A가 부도나서 연락 두절 → 2000년 경 이사를 가야할 사정이 생겨 임차보증금 반환을 구하는 내용증명우편을 발송한 후 B와 전대차계약 체결 → X가 주민등록을 이전하고 B가 그 아들을 세대주로 하여 전입신고 → 1994년 위 아파트에 근저당권을 설정받은 Y의 신청에 의한 임의경매에서 X가 권리신고 및 배당요구를 하였으나 배당에서 제외 → X가 배당이의의 소 제기'의 사안에서, X의 청구를 인용하는 취지로 원심을 파기한 사례.

거주하는 경우에 문제되는데, 매수인 앞으로 소유권이전등기가 경료된 때에 대항요건이 구비되었다 할 것이어서, 그 다음날부터 대항력이 발생한다(대판 2000.2.11. 99다59306).

㉣ 임대인이 임대차계약 체결 및 임차인의 전입신고 후에 임차주택의 소유권을 취득한 경우에 임대인 앞으로 등기가 경료되면 바로 대항력이 발생한다(대판 2001.1.30. 2000다58026·58033).

㉤ 임차권의 주체와 달리 임차권의 객체(「어느 주택」에 대하여 대항력 있는 임차권을 가지는지)에 관해서는 판례가 엄격한 입장을 취한다.

㉠ 임차권의 목적인 주택에 부합하는 주소에 주민등록이 있어야 하는데, 임차인이 전입신고를 한 당시의 지번을 기준으로 한다.[24]

그리고 주민등록이 등기부상의 주택의 현황과 일치하지 않는다면 유효한 공시방법이라 할 수 없음은 당연하다(대판 2001.12.27. 2001다63216).

㉡ 임차주택의 부지를 비롯한 세 필의 토지가 같은 담장 안에 있고 그 지상에 임차주택 외에 다른 건물이 건립되어 있지 않지만 임차인이 임차주택의 부지 아닌 인접한 다른 토지의 지번으로 주민등록을 마친 경우(대판 2001.4.24. 2000다44799)와 임대차계약을 체결하면서 그 임차주택을 등기부상 표시와 다르게 현관문에 부착된 호수의 표시대로 그 임대차계약서에 표시하고 주택에 입주하여 그 계약서상의 표시대로 전입신고를 하여 그와 같이 주민등록표에 기재된 후 그 임대차계약서에 확정일자를 부여받은 경우(대판 1996.4.12. 95다44574)에 공시방법으로서의 유효성이 부정되었다. 대판 2003.5.16. 2003다10940도, 건축 중인 주택에 대한 소유권보존등기가 경료되기 전에 그 일부를 임차하여 주민등록을 마친 임차인의 주민등록상의 주소 기재가 그 당시의 주택의 현황과 일치하더라도 그 후 사정변경으로 등기부 등의 주택의 표시가 달라졌다면, 특별한 사정이 없는 한 달라진 주택의 표시를 전제로 등기부상 이해관계를 가지게 된 제3자로서는 당초의 주민등록에 의하여 당해 주택에 임차인이 주소 또는 거소를 가진 이로 등록되어 있다고 인식하기 어려우므로, 그 주민등록은 그 제3자에 대한 관계에서 유효한 임대차의 공시방법이 될 수 없으며, 이러한 이치는 입찰절차에서의 이해관계인 등이 잘못된 임차인의 주민등록

24) 전입신고 후 토지분할 등의 사정으로 지번이 변경되었더라도 공시방법으로서 유효하다고 한 대판 1999.12.7. 99다44762·44779, 보존등기 전에 집합건축물대장에 따라 전입신고를 하였으나 등기기록에는 그와 달리 등재된 경우에 공시방법으로의 유효성을 인정한 대판 2002.5.10. 2002다1796 참조.

상의 주소가 건축물관리대장 및 등기부상의 주소를 지칭하는 것을 알고 있었더라도 마찬가지라고 하였다.[25)]

반면 사회통념상 임차인이 그 지번에 주소를 가진 것으로 제3자가 인식할 수 있는 경우[26)] 또는 경매절차에서 이해관계인에게 오해를 불러일으킬 염려가 없는 경우[27)]에 등기부의 기재와 다른 주민등록에 공시방법으로서의 유효성을 인정한다.

㉢ 아파트, 「다세대주택」 등 주택법상 공동주택의 경우에, 지번만 기재하거나 부동산등기기록상의 표시와 다르게 전입신고를 하였다면 임대차의 공시방법으로 유효하다고 할 수 없다.[28)]

반면 「다가구주택」은 주택법상 공동주택이 아니라 단독주택이므로 전입신고를 할 때 지번만 기재하면 되고, 편의상 부여된 호수를 기재하지 않거나 잘못 기재했더라도 대항력에는 영향을 미치지 않는다.[29)]

㉳ 대항력과 다른 권리의 관계는 요건 구비의 선후에 의한다. 대판 2001.1.5. 2000다47682: 법 제3조의2의 "대항요건을 갖춘 주택임차인이라고 하더라도 그에 앞서 담보권을 취득한 담보권자에게는 대항할 수 없고, 그러한 경우에는 그 주택임차인은 그 담보권에 기한 환가절차에서 당해 주택을 취득하는 취득자에 대하여도

---

25) 건물 입구의 "다"동 표시에 따라 전입신고를 하였으나 건축물대장 및 등기부에는 "비"동으로 기재되었는데, 「근저당권이 설정된 후」에 주소정정을 한 사안에 관한 판결이다.

26) 대판 2001.12.27. 2001다63216은, 임차주택의 소유권보존등기가 경료된 후 토지의 분할 등으로 인하여 지적도, 토지대장, 건축물대장 등의 주택의 지번표시가 분할 후의 지번으로 변경되었음에도 등기부에는 종전 지번으로 등재되어 있는 경우에, 임차인이 전입신고를 하면서 토지대장 및 건축물대장에 일치하게 주택의 지번과 동호수를 표시한 경우에 유효한 임대차의 공시방법이 된다고 하였다.

27) 대판 2003.6.10. 2002다59351은, 부동산등기부상 건물의 표제부에 '에이(A)동'이라고 기재되어 있는 연립주택의 임차인이 전입신고를 하면서 주소지를 '가동'으로 신고하였으나, 주소지 대지 위에 2개 동의 연립주택 외에는 다른 건물이 없고 그 2개 동도 층당 세대수가 한 동은 4세대씩, 다른 동은 6세대씩으로서 크기가 달라서 외관상 혼동의 여지가 없으며 실제 건물 외벽에 '가동', '나동'으로 표기되어 사회생활상 그렇게 호칭되어 왔다면, 사회통념상 '가동', '나동', '에이동', '비동'은 표시순서에 따라 각각 같은 건물을 의미하는 것이라고 인식될 여지가 있고, 더욱이 경매기록에서 경매목적물의 표시가 '에이동'과 '가동'으로 병기되어 있었던 이상, 경매가 진행되면서 낙찰인을 포함하여 「입찰에 참가하고자 한 사람들」로서도 위 임대차를 대항력 있는 임대차로 인식하는 데 아무런 어려움이 없었다는 이유로, 임차인의 주민등록이 임대차의 공시방법으로 유효하다고 판단했다.

28) 다세대주택의 동·호수 표시 없이 그 부지 중 일부지번으로만 주민등록을 한 경우에 관한 대판 1996.2.23. 95다48421 참조.

29) 다가구주택의 등기기록의 갑구란의 각 지분표시 뒤에 각 그 호수가 기재되어 있는 경우에도 지번의 기재만으로 충분하다고 한 대판 1997.11.14. 97다29530 참조.

자신의 임차권을 주장할 수 없다고 할 것인바, 이러한 법리는 채무의 담보를 위하여 부동산의 소유권을 이전하는 양도담보의 경우에도 그대로 타당하다."

㈓ 주택임차인이 대항력을 갖춘 후 전세권등기도 경료한 경우에, 경매로 인하여 전세권이 소멸하더라도 최선순위의 저당권보다 먼저 법상의 대항요건을 갖추었다면, 임차권은 그대로 존속한다(대판 1993.11.23. 93다10552·10569).

그리고 대결 2010.7.26. 2010마900: "주택에 관하여 최선순위로 전세권설정등기를 마치고 등기부상 새로운 이해관계인이 없는 상태에서 전세권설정계약과 계약당사자, 계약목적물 및 보증금(전세금액) 등에 있어서 동일성이 인정되는 임대차계약을 체결하여 주택임대차보호법상 대항요건을 갖추었다면, 전세권자로서의 지위와 주택임대차보호법상 대항력을 갖춘 임차인으로서의 지위를 함께 가지게 된다. 이러한 경우 전세권과 더불어 주택임대차보호법상의 대항력을 갖추는 것은 자신의 지위를 강화하기 위한 것이지 원래 가졌던 권리를 포기하고 다른 권리로 대체하려는 것은 아니라는 점, 자신의 지위를 강화하기 위하여 설정한 전세권으로 인하여 오히려 주택임대차보호법상의 대항력이 소멸된다는 것은 부당하다는 점, 동일인이 같은 주택에 대하여 전세권과 대항력을 함께 가지므로 대항력으로 인하여 전세권 설정 당시 확보한 담보가치가 훼손되는 문제는 발생하지 않는다는 점 등을 고려하면, 최선순위전세권자로서 배당요구를 하여 전세권이 매각으로 소멸되었다 하더라도 변제받지 못한 나머지 보증금에 기하여 대항력을 행사할 수 있고, 그 범위 내에서 임차주택의 매수인은 임대인의 지위를 승계한 것으로 보아야 한다."

3) 보증금의 우선변제

㉮ 먼저 확정일자에 기한 우선변제권을 본다.

㉠ 대판 2017.8.29. 2017다212194: "임차인이 임대인에게 임차보증금의 일부만을 지급하고 주택임대차보호법 제3조 제1항에서 정한 대항요건과 임대차계약증서상의 확정일자를 갖춘 다음 나머지 보증금을 나중에 지급하였다고 하더라도 특별한 사정이 없는 한 대항요건과 확정일자를 갖춘 때를 기준으로 임차보증금 전액에 대해서 후순위권리자나 그 밖의 채권자보다 우선하여 변제를 받을 권리를 갖는다고 보아야 한다."

㉡ 판례는 확정일자를 우선변제의 순위를 정하는 기준으로 보는데(대판 2007.11.15. 2007다45562), 대항요건에서와 같이 엄격하지는 않다.[30]

30) 임차목적물의 표시에 일부 누락이 있는 경우에 관한 대판 1999.6.11. 99다7992, 대지 및 건

㉢ 선순위인지 여부는 대항요건 및 확정일자를 모두 갖춘 날을 기준으로 판단한다(대판 1992.10.13. 92다30597).[31]

㉣ 우선변제의 대상에 포함되는 대지에 관하여 선순위권리자가 있는 경우에 그에 대항하지 못함은 당연하고(대판 2010.6.10. 2009다101275), 역으로 임대차 성립 당시 임대인 소유였던 대지가 양도된 경우에 대지의 환가대금에서 우선변제를 받을 수 있다(대판(전) 2007.6.21. 2004다26133).

그리고 우선변제와 관련하여 주택임차인은 대지와 건물 전부에 대한 공동저당권자와 유사한 지위에 서므로, 공동저당에 관한 제368조가 유추된다.[32]

㉤ 임차인이 대항요건과 확정일자를 모두 갖춘 후에 임대차계약이 갱신되더라도 대항요건과 확정일자를 갖춘 때를 기준으로 종전 임대차내용에 따른 우선변제권을 행사할 수 있다(대판 2012.7.26. 2012다45689).[33]

이와 달리 대항력을 취득한 후 주민등록을 이전하였다가 재전입한 경우의 우선변제권에 관하여 대판 1998.12.11. 98다34584: "주택의 임차인이 그 주택의 소재지로 전입신고를 마치고 입주함으로써 <u>임차권의 대항력을 취득한 후 일시적이나마 다른 곳으로 주민등록을 이전하였다면</u> 그 전출 당시 대항요건을 상실함으로써 대항력은 소멸하고, 그 후 임차인이 다시 그 주택의 소재지로 주민등록을 이전하였다면 <u>대항력은 당초에 소급하여 회복되는 것이 아니라 재전입한 때로부터 새로운 대항력이 다시 발생</u>하며, 이 경우 전출 이전에 이미 임대차계약서상에 확정일자를 갖추었고 임대차계약도 재전입 전후를 통하여 그 동일성을 유지한다면, 임차인은 <u>재전입시 임대차계약서상에 다시 확정일자를 받을 필요 없이</u> 재전입 이후에 그 주택에 관하여 담보물권을 취득한 자보다 우선하여 보증금을 변제받을 수 있다."

㈏ 소액보증금의 우선변제에 관하여 본다.

㉠ 미등기주택 임차인의 우선변제권을 인정한 대판(전) 2007.6.21. 2004다

물 전부에 관한 임대차임에도 건물에 관한 전세권설정계약을 체결하고 계약일자도 다른 경우에 관한 대판 2002.11.8. 2001다51725 등은 우선변제권 취득을 긍정하였다.

31) 전입신고를 먼저 하고 다음날 이후에 확정일자를 갖춘 경우에 확정일자를 갖춘 날 경료된 저당권등기와의 선후가 밝혀지지 않는다면 동순위로 되는 반면, 확정일자를 미리 갖춘 경우에 — 우선변제권은 대항력을 전제로 하므로 — 대항요건을 갖춘 다음날 오전 0시를 기준으로 우선순위가 결정된다. 대판 1997.12.12. 97다22393 참조.

32) 소액보증금의 최우선변제권에 관한 대판 2003.9.5. 2001다66291 참조.

33) 갱신과 더불어 임차보증금이 인상되었다면 인상(갱신) 전의 보증금에 한하여 우선변제권이 인정된다는 대판 1990.8.24. 90다카11377도 참조.

26133: "대항요건 및 확정일자를 갖춘 임차인과 소액임차인에게 우선변제권을 인정한 주택임대차보호법 제3조의2 및 제8조가 미등기주택을 달리 취급하는 특별한 규정을 두고 있지 아니하므로, 대항요건 및 확정일자를 갖춘 임차인과 소액임차인의 임차주택 대지에 대한 우선변제권에 관한 법리는 임차주택이 미등기인 경우에도 그대로 적용된다. […] 다만, 소액임차인의 우선변제권에 관한 같은 법 제8조 제1항이 그 후문에서 '이 경우 임차인은 주택에 대한 경매신청의 등기 전에' 대항요건을 갖추어야 한다고 규정하고 있으나, 이는 소액보증금을 배당받을 목적으로 배당절차에 임박하여 가장임차인을 급조하는 등의 폐단을 방지하기 위하여 소액임차인의 대항요건의 구비시기를 제한하는 취지이지, 반드시 임차주택과 대지를 함께 경매하여 임차주택 자체에 경매신청의 등기가 되어야 한다거나 임차주택에 경매신청의 등기가 가능한 경우로 제한하는 취지는 아니라 할 것이다. 대지에 대한 경매신청의 등기 전에 위 대항요건을 갖추도록 하면 입법취지를 충분히 달성할 수 있으므로, 위 규정이 미등기주택의 경우에 소액임차인의 대지에 관한 우선변제권을 배제하는 규정에 해당한다고 볼 수 없다."

㉡ 소액임차인이 확정일자를 갖춘 경우에, 소액임차인으로서 최우선변제를 받을 수 있으며, 배당받지 못한 나머지 금액에 관하여 확정일자부 임차인으로서 우선변제를 받을 수 있다(대판 2007.11.15. 2007다45562).

㉢ 대지에 관한 저당권의 실행으로 경매가 진행된 경우에도 그 지상 건물의 소액임차인은 대지의 환가대금 중에서 소액보증금을 우선변제받을 수 있으나, 이러한 법리는 대지에 관한 저당권 설정 당시에 이미 그 지상건물이 존재하는 경우에만 적용될 수 있고, 저당권 설정 후에 비로소 건물이 신축된 경우에까지 공시방법이 불완전한 소액임차인에게 우선변제권을 인정한다면 저당권자로서 예측할 수 없는 손해를 입는 범위가 지나치게 확대되어 부당하므로, 이러한 경우에 소액임차인은 대지의 환가대금에 대하여 우선변제를 받을 수 없다고 보아야 한다(대판 1999.7.23. 99다25532).

㈐ 우선변제권의 실현을 본다.

㉠ 임차보증금의 우선변제권이 인정되는 주택임차인이라도 적법한 배당요구를 하지 않은 이상, 그가 적법한 배당요구를 하였더라면 배당받을 수 있었던 금액 상당이 후순위채권자에게 배당되었다 하여 이를 법률상 원인 없는 것이라고 할 수 없다(대판 1998.10.13. 98다12379). 다만 경매개시결정 전에 임차권등기를 마쳤다면 배

당요구를 하지 않더라도 배당에서 배제되지 않고(대판 2005.9.15. 2005다33039), 주택 임차인이 집행권원에 기하여 강제경매를 신청한 경우에 별도의 배당요구가 필요 없음은 당연하다(대판 2013.11.14. 2013다27831).

㉡ 우선변제를 받기 위해서는 배당요구의 종기까지 대항요건을 유지해야 한다(대판 2007.6.14. 2007다17475).[34] 그런데 대항력과 우선변제권이 있는 임차인이 배당요구를 하였다가 매각대금으로부터 임차보증금을 전액 돌려받지 못하면 낙찰자로부터 잔액을 반환받을 수 있다(대판 1997.8.29. 97다11195).

㉢ 법상의 대항력과 우선변제권의 두 가지를 모두 가지는 임차인이 우선변제권을 선택하여 제1경매절차에서 보증금 전액에 대하여 배당요구를 하였으나 보증금 전액을 배당받을 수 없었던 경우에, 경락인에게 대항하여 이를 반환받을 때까지 임대차관계의 존속을 주장할 수 있을 뿐이고,[35] 임차인의 우선변제권은 경락으로 인하여 소멸하므로 제2경매절차에서 우선변제권에 의한 배당을 받을 수 없다(대판 2006.2.10. 2005다21166).[36]

㉣ 임차주택에 대한 경매가 행하여진 경우에 임차권은 그 임차주택의 매각에 의하여 소멸하지만, 보증금이 전액 변제되지 않은 대항력 있는 임차권은 소멸하지 않는데(법 제3조의5), 여기서 경락인에게 대항할 수 있는 보증금 잔액은 보증금 중 경매절차에서 올바른 배당순위에 따른 배당이 실시될 경우의 배당액을 공제한 나머지 금액을 의미하는 것이지 임차인이 배당절차에서 현실로 배당받은 금액을 공제한 나머지 금액을 의미하는 것은 아니고, 따라서 임차인이 배당받을 수 있었던 금액이 현실로 배당받은 금액보다 많은 경우에 임차인이 그 차액에 관하여 과다배당받은 후순위배당채권자를 상대로 부당이득의 반환을 구하는 것은 별론으로 하고

34) 대판 2007.6.28. 2004다69741은, 주택임차인이 그 지위를 강화하고자 별도로 전세권설정등기를 마쳤더라도 법 제3조 제1항의 대항요건을 상실하면 이미 취득한 법상의 대항력 및 우선변제권을 상실한다고 했는데, 선순위저당권의 존재 때문에 전세권의 주장이 의미를 가지지 못하여 소액보증금의 우선변제권만이 문제되었으나, 전세권에 기한 권리 자체가 부정되는 것은 아니다. 앞의 2010마900 결정 참조.

35) 임차인이 대항력을 구비한 후 임차주택을 양수한 이는 그와 같이 존속되는 임대차의 임대인 지위를 당연히 승계한다.

36) 나아가 대판 2023.2.2. 2022다255126: “이는 주택임대차보호법 제3조의2 제7항에서 정한 금융기관이 임차인으로부터 보증금반환채권을 계약으로 양수함으로써 양수한 금액의 범위에서 우선변제권을 승계한 다음 경매절차에서 배당요구를 하여 보증금 중 일부를 배당받은 경우에도 마찬가지이다. 따라서 주택임대차의 대항요건이 존속되는 한 임차인은 보증금반환채권을 양수한 금융기관이 보증금 잔액을 반환받을 때까지 임차주택의 양수인을 상대로 임대차관계의 존속을 주장할 수 있다.”

경락인을 상대로 그 반환을 구할 수는 없다(대판 2001.3.23. 2000다30165).

4) 당사자지위의 변동

㉮ 임대인의 지위를 승계하는 임차주택의 양수인에는 임대차의 목적인 주택을 신탁법에 따라 신탁한 경우의 수탁자도 포함된다(대판 2002.4.12. 2000다70460).

반면 후순위저당권의 실행으로 목적부동산이 경락되어 선순위저당권이 함께 소멸한 경우에, 후순위저당권자에게는 대항할 수 있는 임차권이라도 소멸된 선순위저당권보다 뒤에 등기되었거나 대항력을 갖춘 임차권은 함께 소멸하므로, 이 경우의 경락인은 임차주택의 양수인 중에 포함되지 않고, 따라서 임차인은 경락인에 대하여 그 임차권의 효력을 주장할 수 없다(대결 1990.1.23. 89다카33043).

㉯ 임차주택의 양수인 기타 임대할 권리를 승계한 이가 임대인의 지위를 승계하는 것은 법률상의 당연승계로, 임대주택이 양도된 경우에 양수인은 주택의 소유권과 결합하여 임대인의 임대차계약상 권리·의무 일체를 그대로 승계한다. 그 결과 양수인이 임대차보증금반환채무를 면책적으로 인수하고, 양도인은 임대차관계에서 탈퇴하여 임차인에 대한 임대차보증금반환채무를 면한다.[37]

이러한 법리를 전제로 한 대판(전) 2013.1.17. 2011다49523의 다수의견: "임차인에 대하여 임대차보증금반환채무를 부담하는 임대인임을 당연한 전제로 하여 임대차보증금반환채무의 지급금지를 명령받은 제3채무자의 지위는 임대인의 지위와 분리될 수 있는 것이 아니므로, 임대주택의 양도로 임대인의 지위가 일체로 양수인에게 이전된다면 채권가압류의 제3채무자의 지위도 임대인의 지위와 함께 이전된다고 볼 수밖에 없다. 한편 주택임대차보호법상 임대주택의 양도에 양수인의 임대차보증금반환채무의 면책적 인수를 인정하는 이유는 임대주택에 관한 임대인의 의무 대부분이 그 주택의 소유자이기만 하면 이행가능하고 임차인이 같은 법에서 규정하는 대항요건을 구비하면 임대주택의 매각대금에서 임대차보증금을 우선변제받을 수 있기 때문인데, 임대주택이 양도되었음에도 양수인이 채권가압류의 제3채무자의 지위를 승계하지 않는다면 가압류권자는 장차 본집행절차에서 주택의 매각대금으로부터 우선변제를 받을 수 있는 권리를 상실하는 중대한 불이익을 입게 된다. 이러한 사정들을 고려하면, 임차인의 임대차보증금반환채권이 가압류된 상태에서 임대주택이 양도되면 양수인이 채권가압류의 제3채무자의 지위도 승계하고, 가압

37) 임차인이 임대차보증금반환채권에 질권을 설정하고 임대인이 그 질권 설정을 승낙한 후에 임대주택이 양도된 경우에도 임대인은 임대차관계에서 탈퇴하고 임차인에 대한 임대차보증금반환채무를 면한다고 한 대판 2018.6.19. 2018다201610 참조.

류권자 또한 임대주택의 양도인이 아니라 양수인에 대하여만 위 가압류의 효력을 주장할 수 있다고 보아야 한다."

㉰ 임대주택의 양도와 임차인의 지위를 본다.

㉠ 대판 1996.7.12. 94다37646: "임차주택의 양수인에게 대항할 수 있는 임차권자라도 스스로 임대차관계의 승계를 원하지 아니할 때에는 승계되는 임대차관계의 구속을 면할 수 있다고 보아야 하므로, 임차주택이 임대차기간의 만료 전에 경매되는 경우 임대차계약을 해지함으로써 종료시키고 우선변제를 청구할 수 있다. 그 경우 임차인에게 인정되는 해지권은 임차인의 사전동의 없이 임대차목적물인 주택이 경락으로 양도됨에 따라 임차인이 임대차의 승계를 원하지 아니할 경우에는 스스로 임대차를 종료시킬 수 있어야 한다는 공평의 원칙 및 신의성실의 원칙에 근거한 것이므로, 해지통고 즉시 그 효력이 생긴다. […] 임대차의 목적물인 주택이 경매되는 경우에 대항력을 갖춘 임차인이 임대차기간이 종료되지 아니하였음에도 경매법원에 배당요구를 하는 것은, 스스로 더 이상 임대차관계의 존속을 원하지 아니함을 명백히 표명하는 것이어서 다른 특별한 사정이 없는 한 이를 임대차 해지의 의사표시로 볼 수 있고, […] 경매법원이 […] 임대인에게 배당요구사실의 통지를 하면 결국 임차인의 해지의사가 경매법원을 통하여 임대인에게 전달되어 그 때 해지통지가 임대인에게 도달된 것으로 볼 것이니, 임대차관계는 그 배당요구통지의 임대인에 대한 도달 즉시 해지로 종료된다. 따라서 임차주택이 임대차기간의 만료 전에 경매되는 경우에 대항력 있는 임차인이 배당요구를 하고 그 배당요구의 통지가 임대인에게 도달하였다면 임대차관계는 이로써 종료되어 주택임대차보호법 제3조의2 제1항 단서에 해당하지 않게 되므로, 임차인에게 같은 법조 제1항 본문 또는 제8조 제1항에 의한 우선변제권을 인정하여야 한다."

㉡ 대판 2002.9.4. 2001다64615는, 대항력 있는 주택임대차에서 기간 만료나 당사자의 합의 등으로 임대차가 종료된 경우에도 법 제4조 제2항에 의하여 임차인은 보증금을 반환받을 때까지 임대차관계가 존속하는 것으로 의제되므로, 그러한 상태에서 임차목적물인 부동산이 양도되는 경우에는 법 제3조 제2항에 의하여 양수인에게 임대차가 종료된 상태에서의 임대인으로서의 지위가 당연히 승계되고, 양수인이 임대인의 지위를 승계하는 경우에는 보증금반환채무도 부동산의 소유권과 결합하여 일체로서 이전하는 것이므로 양도인의 임대인으로서의 지위나 보증금반환채무는 소멸하는 것이지만, 임차인의 보호를 위한 법의 입법취지에 비추어 임차인이

임대인의 지위승계를 원하지 않는 경우에는 임차인이 임차주택의 양도사실을 안 때부터 상당한 기간 내에 이의를 제기함으로써 승계되는 임대차관계의 구속으로부터 벗어날 수 있다고 봄이 상당하고, 그와 같은 경우에는 양도인의 임차인에 대한 보증금반환채무는 소멸하지 않는다고 하였다.

(2) 상가건물 임대차보호법(이하 '법'이라고만 한다)은 주택임대차법과 큰 틀에서 유사하지만, ① 보증금의 회수에 관한 규정의 적용범위를 보증금액의 다과(多寡)에 따라 제한하고, ② 권리금의 회수를 보장하는 규정을 둔 점 등에서 다르다.

〈6-2-9〉 상가임대차에 관한 판례

1) 권리금의 회수를 제외한 나머지 사항들

㉮ 임차인의 갱신요구권에 관하여 본다.

㉠ 법정갱신과의 관계에 관하여 대판 2010.6.10. 2009다64307: "[법] 제10조 제1항에서 정하는 임차인의 계약갱신요구권은 임차인이 임대차기간이 만료되기 6개월 전부터 1개월 전까지 사이에 계약의 갱신을 요구하면 그 단서에서 정하는 사유가 없는 한 임대인이 그 갱신을 거절할 수 없는 것을 내용으로 하여서 임차인의 주도로 임대차계약의 갱신을 달성하려는 것이다. 이에 비하여 같은 조 제4항은 임대인이 위와 같은 기간 내에 갱신거절의 통지 또는 조건변경의 통지를 하지 아니하면 임대차기간이 만료된 때에 임대차의 갱신을 의제하는 것으로서, 기간의 만료로 인한 임대차관계의 종료에 임대인의 적극적인 조치를 요구한다. 이와 같이 이들 두 법조항상의 각 임대차갱신제도는 그 취지와 내용을 서로 달리하는 것이므로, 임차인의 갱신요구권에 관하여 전체 임대차기간을 5년으로 제한하는 같은 조 제2항의 규정은 같은 조 제4항에서 정하는 법정갱신에 대하여는 적용되지 아니한다."

㉡ 대판 2014.4.30. 2013다35115는, 법 제10조 제4항에 따른 임대인의 갱신거절의 통지에 같은 조 제1항 제1호 내지 제8호 소정의 정당한 사유가 없는 한 그와 같은 임대인의 갱신거절의 통지의 선후와 관계없이 임차인은 같은 조 제1항에 따른 계약갱신요구권을 행사할 수 있고, 이러한 임차인의 계약갱신요구권의 행사로 인하여 종전 임대차는 같은 조 제3항에 따라 갱신된다고 하면서, 임차인이 계약갱신요구권을 행사한 후 임차인과 임대인이 종전 임대차기간이 만료할 무렵 신규 임

대차계약의 형식을 취한 경우에도 그것이 임차인의 계약갱신요구권 행사에 따른 갱신의 실질을 갖는다고 평가되는 한 이를 두고 종전 임대차에 관한 재계약으로 볼 것은 아니라고 하였다.

㉢ 대판 2021.5.13. 2020다255429: "임대차기간 중 어느 때라도 차임이 3기분에 달하도록 연체된 사실이 있다면 임차인과의 계약관계 연장을 받아들여야 할 만큼의 신뢰가 깨어졌으므로 임대인은 계약갱신요구를 거절할 수 있고, 반드시 임차인이 계약갱신요구권을 행사할 당시에 3기분에 이르는 차임이 연체되어 있어야 하는 것은 아니다."

㉯ 법이 허용하는 증액비율을 초과하여 지급하기로 하는 차임에 관한 약정은 증액비율을 초과하는 범위 내에서 무효이고, 임차인은 초과지급된 차임에 대하여 부당이득으로 반환을 구할 수 있다(앞의 2013다35115 판결).

㉰ 일부임대차에 관하여 대판 2008.9.25. 2008다44238: "사업자등록신청서에 첨부한 임대차계약서상의 임대차목적물 소재지가 당해 상가건물에 대한 등기부상의 표시와 불일치하는 경우에는 특별한 사정이 없는 한 그 사업자등록은 제3자에 대한 관계에서 유효한 임대차의 공시방법이 될 수 없다. 또한 […] 사업자가 상가건물의 일부분을 임차하는 경우에는 사업자등록신청서에 해당 부분의 도면을 첨부하여야 하고, 이해관계인은 임대차의 목적이 건물의 일부분인 경우 그 부분 도면의 열람 또는 제공을 요청할 수 있도록 하고 있으므로, 건물의 일부분을 임차한 경우 그 사업자등록이 제3자에 대한 관계에서 유효한 임대차의 공시방법이 되기 위해서는 사업자등록 신청시 그 임차부분을 표시한 도면을 첨부하여야 한다."[38)]

㉱ 대판 2006.1.13. 2005다64002: "부가가치세법 제5조 제4항, 제5항의 규정취지에 비추어 보면, 상가건물을 임차하고 사업자등록을 마친 사업자가 임차건물의 전대차 등으로 당해 사업을 개시하지 않거나 사실상 폐업한 경우에는 그 사업자등

---

38) 다만 사업자등록이 공시방법으로 마련된 취지에 비추어 볼 때, 상가의 일부분을 임차한 사업자가 사업자등록시 임차부분을 표시한 도면을 첨부하지는 않았지만, 상가의 특정층 전부 또는 명확하게 구분되어 있는 특정호실 전부를 임차한 후 이를 제3자가 명백히 인식할 수 있을 정도로 사업자등록사항에 표시한 경우 또는 그 현황이나 위치, 용도 등의 기재로 말미암아 도면이 첨부된 경우에 준할 정도로 임차부분이 명백히 구분됨으로써 당해 사업자의 임차부분이 어디인지를 객관적으로 명백히 인식할 수 있을 정도로 표시한 경우와 같이 일반 사회통념상 그 사업자등록이 도면 없이도 제3자가 해당 임차인이 임차한 부분을 구분하여 인식할 수 있을 정도로 특정이 되어 있다고 볼 수 있는 경우에는 그 사업자등록을 제3자에 대한 관계에서 유효한 임대차의 공시방법으로 볼 수 있다고 한 대판 2011.11.24. 2010다56678 도 참조.

록은 부가가치세법 및 상가건물 임대차보호법이 상가임대차의 공시방법으로 요구하는 적법한 사업자등록이라고 볼 수 없고, 이 경우 임차인이 상가건물 임대차보호법상의 대항력 및 우선변제권을 유지하기 위해서는 건물을 직접 점유하면서 사업을 운영하는 전차인이 그 명의로 사업자등록을 하여야 한다." 그리고 사업자가 폐업신고를 하였다가 다시 같은 상호 및 등록번호로 사업자등록을 하였더라도 대항력 및 우선변제권이 그대로 존속한다고 할 수 없다(대판 2006.10.13. 2006다56299).[39]

그 밖에 단순히 상품의 보관·제조·가공 등 사실행위만 이루어지는 공장·창고 등은 영업용으로 사용하는 경우라 할 수 없으나 그곳에서 그러한 사실행위와 더불어 영리를 목적으로 하는 활동이 함께 이루어진다면 법의 적용대상인 상가건물에 해당한다는 대판 2011.7.28. 2009다40967도 참조.

㉤ 임대인지위의 승계와 관련하여 대판 2021.1.28. 2015다59801: "소유권 변동의 원인이 매매 등 법률행위든 상속·경매 등 법률의 규정이든 상관없이 [법 제3조 제2항]이 적용되므로, <u>상속에 따라 임차건물의 소유권을 취득한 자도 위 조항에서 말하는 임차건물의 양수인에 해당한다</u>. 임대인지위를 공동으로 승계한 공동임대인들의 임차보증금 반환채무는 성질상 불가분채무에 해당한다."

2) 권리금의 회수

㉮ 먼저 권리금에 관한 규정이 신설되기 전의 판례의 태도를 본다.

㉠ 대판 2002.7.26. 2002다25013은, (권리금을 수령한) 임대인의 사정으로 임대차계약이 중도해지됨으로써 당초 보장된 기간 동안의 이용이 불가능하였다는 등의 특별한 사정이 있을 경우에 임대인은 임차인에 대하여 그 권리금의 반환의무를 지고, 그때 임대인이 반환의무를 부담하는 권리금의 범위는 <u>지급된 권리금을 경과기간과 잔존기간에 대응하는 것으로 나누어</u>, 임대인은 임차인으로부터 수령한 권리금 중 임대차계약이 종료될 때까지의 기간에 대응하는 부분을 공제한 잔존기간에 대응하는 부분만을 반환할 의무를 부담한다고 봄이 공평의 원칙에 합치된다고 하였다.

㉡ 대판 2000.4.11. 2000다4517·4524는, 통상 권리금은 새로운 임차인으로부터만 지급받을 수 있을 뿐이고 임대인에 대해서는 지급을 구할 수 없으므로, 임대인이 임대차계약서의 단서조항에 '모든 권리금을 인정함'이라는 기재를 하였더라도

39) 요컨대 사업자등록의 효력 상실은 주택임대차에서의 전출신고에 상응하여 대항력뿐만 아니라 보증금의 우선변제권도 상실하고(대판 1998.12.11. 98다34584 참조), 전차인의 사업자등록은 주택임대차에서의 간접점유에 비견될 수 있다(대판 2001.1.19. 2000다55645 참조).

임대차 종료시 임차인에게 권리금을 반환하겠다고 약정했다고 볼 수 없고, 단지 임차인이 나중에 임차권을 승계한 이로부터 권리금을 수수하는 것을 임대인이 용인하고, 나아가 임대인이 정당한 사유 없이 인도를 요구하거나 점포에 대한 임대차계약의 갱신을 거절하고 타에 처분하면서 권리금을 지급받지 못하도록 하는 등으로 임차인의 권리금 회수기회를 박탈하거나 권리금 회수를 방해하는 경우에 임대인이 임차인에게 직접 권리금 지급을 책임지겠다는 취지로 해석할 것이라고 하였다.

㈏ 권리금 회수기회 보호의무 위반을 이유로 하는 손해배상을 본다.

㉠ 대판 2019.7.4. 2018다284226: "임차인이 임대인에게 권리금 회수 방해로 인한 손해배상을 구하기 위해서는 원칙적으로 임차인이 신규임차인이 되려는 자를 주선하였어야 한다. 그러나 <u>임대인이 정당한 사유 없이 임차인이 신규임차인이 되려는 자를 주선하더라도 그와 임대차계약을 체결하지 않겠다는 의사를 확정적으로 표시하였다면</u> 이러한 경우에까지 임차인에게 신규임차인을 주선하도록 요구하는 것은 불필요한 행위를 강요하는 결과가 되어 부당하다. 이와 같은 특별한 사정이 있다면 임차인이 실제로 신규임차인을 주선하지 않았더라도 임대인의 위와 같은 거절행위는 상가임대차법 제10조의4 제1항 제4호에서 정한 거절행위에 해당한다고 보아야 한다. 따라서 임차인은 같은 조 제3항에 따라 임대인에게 권리금 회수 방해로 인한 손해배상을 청구할 수 있다."[40]

㉡ 대판 2019.7.10. 2018다239608: "임차인이 구체적인 인적 사항을 제시하면서 신규임차인이 되려는 자를 임대인에게 주선하였는데, 임대인이 제10조의4 제1항에서 정한 기간에 이러한 신규임차인이 되려는 자에게 권리금을 요구하는 등 제1항 각 호의 어느 하나에 해당하는 행위를 함으로써 임차인이 신규임차인으로부터 권리금을 회수하는 것을 방해한 때에는 임대인은 임차인이 입은 손해를 배상할 책임이 있고, 이때 권리금 회수 방해를 인정하기 위하여 반드시 임차인과 신규임차인이 되려는 자 사이에 권리금계약이 미리 체결되어 있어야 하는 것은 아니다."

㉢ 대판 2019.5.16. 2017다225312·225329: "[법] 제10조의4의 문언과 내용, 입법취지에 비추어 보면, [법] 제10조 제2항에 따라 최초의 임대차기간을 포함한 전

40) 상가임차인 M이 임대차기간 만료 전 임대인 V에게 M이 주선하는 신규임차인과 임대차계약을 체결하여 줄 것을 요청하였으나, V가 상가를 인도받은 후 직접 사용할 계획이라고 답변하였고, 이에 M이 신규임차인 물색을 중단하고 임대차기간 만료일에 V에게 상가를 인도한 후 V를 상대로 권리금 회수 방해로 인한 손해배상을 구한 사안에서 M이 V에게 손해배상을 청구할 수 없다고 한 원심을 파기한 사례.

체 임대차기간이 5년을 초과하여 임차인이 계약갱신요구권을 행사할 수 없는 경우에도 임대인은 [법] 제10조의4 제1항에 따른 권리금 회수기회 보호의무를 부담한다고 보아야 한다."[41] 다만 이러한 태도는 검토를 요한다.

㉣ 대판 2022.1.14. 2021다272346: "상가건물 임대차보호법 제10조의4 제2항 제3호에서 정하는 '임대차목적물인 상가건물을 1년 6개월 이상 영리목적으로 사용하지 아니한 경우'는 임대인이 임대차 종료 후 임대차목적물인 상가건물을 1년 6개월 이상 영리목적으로 사용하지 아니하는 경우를 말하고, 위 조항에 따른 정당한 사유가 있다고 하기 위해서는 임대인이 임대차 종료시 그러한 사유를 들어 임차인이 주선한 자와 신규임대차계약 체결을 거절하고, 실제로도 1년 6개월 동안 상가건물을 영리목적으로 사용하지 않아야 한다. 이때 종전소유자인 임대인이 임대차 종료 후 상가건물을 영리목적으로 사용하지 아니한 기간이 1년 6개월에 미치지 못하는 사이에 상가건물의 소유권이 변동되었더라도, 임대인이 상가건물을 영리목적으로 사용하지 않는 상태가 새로운 소유자의 소유기간에도 계속하여 그대로 유지될 것을 전제로 처분하고, 실제 새로운 소유자가 그 기간 중에 상가건물을 영리목적으로 사용하지 않으며, 임대인과 새로운 소유자의 비영리 사용기간을 합쳐서 1년 6개월 이상이 되는 경우라면, 임대인에게 임차인의 권리금을 가로챌 의도가 있었다고 보기 어려우므로, 그러한 임대인에 대하여는 위 조항에 의한 정당한 사유를 인정할 수 있다."[42]

㉤ 대판 2023.2.2. 2022다260586: "권리금 회수기회를 방해한 임대인이 부담하게 되는 손해배상액은 임대차 종료 당시의 권리금을 넘지 않도록 규정되어 있는 점, 임대인에게 손해배상을 청구할 권리의 소멸시효 기산일 또한 임대차가 종료한

41) A가 B와 상가 임대차계약을 체결한 다음 A가 상가를 인도받아 음식점을 운영하면서 2회에 걸쳐 계약을 갱신하였고, 최종 임대차기간이 만료되기 전 C와 권리금계약을 체결한 후 B에게 C와 새로운 임대차계약을 체결해 줄 것을 요청하였으나, B가 노후화된 건물을 재건축하거나 대수선할 계획을 가지고 있다는 등의 이유로 C와의 임대차계약 체결에 응하지 않은 사안에서, A가 법 제10조의4 제1항에 따라 임대차기간이 끝나기 3개월 전부터 임대차 종료시까지 신규임차인을 주선하였으므로, B는 정당한 사유 없이 신규임차인과 임대차계약 체결을 거절해서는 안 되고, 이는 A와 B 사이의 전체 임대차기간이 5년을 지난 경우에도 마찬가지인데도, A가 C와 권리금계약을 체결할 당시 더 이상 임대차계약의 갱신을 요구할 수 없었던 상황이었으므로 B가 권리금 회수기회 보호의무를 부담하지 않는다고 본 원심을 파기한 사례.

42) 임대인이 다른 사유로 신규임대차계약 체결을 거절한 후 사후적으로 1년 6개월 동안 상가건물을 영리목적으로 사용하지 않았다는 사정만으로 법 제10조의4 제2항 제3호에 따른 정당한 사유로 인정할 수 없다고 한 대판 2021.11.25. 2019다285257도 참조.

날인 점 등 상가임대차법 규정의 입법취지, 보호법익, 내용이나 체계를 종합하면, 임대인의 권리금 회수기회 방해로 인한 손해배상책임은 상가임대차법이 요건, 배상범위 및 소멸시효를 특별히 규정한 법정책임이고, 그 손해배상채무는 임대차가 종료한 날에 이행기가 도래하여 그 다음날부터 지체책임이 발생하는 것으로 보아야 한다."

임차인의 임차목적물 반환의무와 임대인의 권리금 회수 방해로 인한 손해배상의무는 동시이행관계에 있지 않다는 대판 2019.7.10. 2018다242727도 참조.

제3절 그 밖의 계약유형

1. 증여와 교환

(1) 증여는 전형적인 무상계약(無償契約)이다. 따라서 증여자는 담보책임을 지지 않지만(제559조 제1항 본문), 증여자가 그 하자나 흠결을 알고도 이를 수증자에게 고지하지 않은 경우(같은 항 단서)와 부담부 증여(같은 조 제2항)에서 담보책임을 지고, 당사자의 특약에 의해 담보책임이 발생할 수 있다.

(2) 증여에 특유한 해제를 본다.

① 증여의 의사가 서면으로 표시되지 않은 경우(제555조), 수증자의 증여자에 대한 망은행위가 있는 경우(제556조 제1항) 및 증여계약 후 증여자의 재산상태에 사정변경이 있는 경우(제557조)에 증여자는 증여를 해제할 수 있다.

② 증여에 특유한 해제의 경우에, 이미 이행한 부분에 대해서는 영향을 미치지 않는다(제558조).

〈6-3-1〉 증여의 해제에 관한 판례

㉮ 대판 1996.3.8. 95다54006: "'서면에 의한 증여'란 증여계약당사자간에 있어서 증여자가 자기의 재산을 상대방에게 준다는 증여의사가 문서를 통하여 확실히 알 수 있는 정도로 서면에 나타낸 증여를 말하는 것으로서, 비록 서면 자체는 증여계

약서로 되어 있지 않더라도 그 서면의 작성에 이르게 된 경위를 아울러 고려할 때 그 서면이 바로 증여의사를 표시한 서면이라고 인정되면 이는 민법 제555조에서 말하는 서면에 해당한다."43)

㈏ 제555조에 기한 해제는 민법총칙상의 취소와 요건 및 효과를 달리하므로, 서면에 의한 출연이라도 출연자가 착오를 이유로 출연의 의사표시를 취소할 수 있고, 상대방 없는 단독행위인 재단법인에 대한 출연행위라 하여 달리 볼 것은 아니다(대판 1999.7.9. 98다9045).

㈐ 증여에 특유한 해제는 실질적으로 특수한 철회에 해당하고, 따라서 본래의 의미의 해제와 달리 제척기간의 적용을 받지 않는다(대판 2003.4.11. 2003다1755).

그런데 <u>증여자의 의사에 기하지 않고 원인무효의 등기가 경료된 경우</u>에, 증여계약의 적법한 이행이 있었다고 볼 수 없으므로 서면에 의하지 아니한 증여자의 증여계약의 해제에 대해서 수증자가 실체관계에 부합한다는 주장으로 대항할 수 없다(대판 2009.9.24. 2009다37831).

한편 증여자가 서면에 의하지 않고 소유권이전등기가 경료되지 않은 매수토지를 증여하였으나 위 토지에 관한 소유권이전등기청구권을 수증자에게 양도하고 매도인에게 양도통지까지 마친 경우에, 그 후 증여자의 상속인들에 의한 서면에 의하지 아니한 증여라는 이유의 해제는 이에 영향을 미치지 않는다(대판 1998.9.25. 98다22543).

---

(3) 특수한 증여를 본다.

① 부담부 증여는 쌍무계약도 또한 유상계약도 아니지만, 수증자의 부담의 한도에서 증여자는 매도인과 같은 담보책임을 지고(제559조 제2항), 부담부 증여에 쌍무계약에 관한 규정이 적용된다(제561조).

② 사인증여에 유증의 규정이 준용된다(제562조). 그런데 유증의 방식에 관한 제1065조 내지 제1072조는 유증이 단독행위임을 전제로 하는 것이어서 계약인 사인증여에는 적용되지 않고, 유증의 효력에 관한 규정의 「일부」만이 준용된다.

---

43) 증여자가 부동산을 증여하고 증여의 의사를 강제집행의 방법으로 실현하기 위하여 스스로 선임료를 지급하고 소송대리인을 선임하여 당해 부동산에 가압류신청을 하고 나아가 자신을 상대로 사실혼관계 해소에 따른 위자료 지급을 구하는 조정신청을 하도록 했다는 사정만으로는 그 증여의 의사표시가 서면으로 표시되었다고 볼 수 없다고 한 사례.

〈6-3-2〉 특수한 증여에 관한 판례

㉮ 부담부 증여에서 수증자가 자신의 의무를 이행하지 않으면, 비록 증여계약이 이미 이행되었더라도 증여자는 계약을 해제할 수 있고, 이때 제555조와 제558조는 적용되지 않는다(대판 1997.7.8. 97다2177).

한편 부담부 증여에서 증여자의 증여 이행이 완료되지 않았더라도 수증자가 부담의 이행을 완료한 경우에 제555조가 적용되지 않는다는 것이 판례의 입장이다.[44]

㉯ 대판 1996.4.12. 94다37714·37721: "제562조는 사인증여에 관하여는 유증에 관한 규정을 준용하도록 규정하고 있지만, 유증의 방식에 관한 민법 제1065조 내지 제1072조는 그것이 단독행위임을 전제로 하는 것이어서 계약인 사인증여에는 적용되지 아니한다. […] 제562조[…]를 근거로 포괄적 유증을 받은 자는 상속인과 동일한 권리의무가 있다고 규정하고 있는 민법 제1078조가 포괄적 사인증여에도 준용된다고 해석하면 포괄적 사인증여에도 상속과 같은 효과가 발생하게 된다. 그러나 포괄적 사인증여는 낙성·불요식의 증여계약의 일종이고, 포괄적 유증은 엄격한 방식을 요하는 단독행위이며, 방식을 위배한 포괄적 유증은 대부분 포괄적 사인증여로 보여질 것인바, 포괄적 사인증여에 민법 제1078조가 준용된다면 양자의 효과는 동일하게 되므로, 결과적으로 포괄적 유증에 엄격한 방식을 요하는 요식행위로 규정한 조항들은 무의미하게 된다. 따라서 민법 제1078조가 포괄적 사인증여에 준용된다고 하는 것은 사인증여의 성질에 반하므로 준용되지 아니한다고 해석함이 상당하다."[45]

---

44) 대판 2022.9.29. 2021다299976·299983: 제561조에 따라 "부담부 증여에도 […] 증여에 관한 일반조항들이 그대로 적용되므로, 증여의 의사가 서면으로 표시되지 않은 경우 각 당사자는 원칙적으로 민법 제555조에 따라 부담부 증여계약을 해제할 수 있다. 그러나 부담부 증여계약에서 증여자의 증여 이행이 완료되지 않았더라도 수증자가 부담의 이행을 완료한 경우에는, 그러한 부담이 의례적·명목적인 것에 그치거나 그 이행에 특별한 노력과 비용이 필요하지 않는 등 실질적으로는 부담 없는 증여가 이루어지는 것과 마찬가지라고 볼 만한 특별한 사정이 없는 한, 각 당사자가 서면에 의하지 않은 증여임을 이유로 증여계약의 전부 또는 일부를 해제할 수는 없다고 봄이 타당하다."

45) 한편 특별한 사정이 없는 한 유증의 철회에 관한 제1108조 제1항은 사인증여에 준용된다고 한 대판 2022.7.28. 2017다245330, 유류분반환청구에서는 사인증여도 유증에 준하여 규율된다는 대판 2001.11.30. 2001다6947도 참조.

(4) 교환계약에서 보충금(補充金)에 대하여 매매대금에 관한 규정이 준용된다(제597조).

2. 소비대차

(1) 준소비대차에 의하여 기존채무는 소멸하고 소비대차상의 채무가 성립하는데, 경개에서와 달리 양 채무 사이에 동일성이 인정된다.

(2) 소비대차에서 차주를 보호하기 위하여 법은 ① 이자의 상한을 제한하고, ② 특히 대물반환의 예약을 규제한다.

〈6-3-3〉 소비대차와 관련된 판례

1) 소비대차 일반

㉮ 준소비대차에서 소비대차상의 채무와 기존의 채무 사이에 동일성이 인정되므로, 당사자의 의사나 그 계약의 성질에 반하지 않는 한 기존의 채무에 관하여 존재하던 동시이행의 항변권은 존속하고, 담보권이나 보증도 신채무를 위하여 존속한다(대판 2007.1.11. 2005다47175). 다만 소멸시효기간은 준소비대차에 의하여 성립하는 신채무를 기준으로 결정된다(대판 1981.12.22. 80다1363).

㉯ 소비대차는 낙성계약이므로 현실로 금전 등을 수수하거나 현실의 수수가 있은 것과 같은 경제적 이익을 취득해야만 소비대차가 성립하는 것은 아니라는 대판 1991.4.9. 90다14652도 참조.

㉰ 대판 2021.10.28. 2017다224302: "금전소비대차계약이 성립된 이후에 차주의 신용불안이나 재산상태의 현저한 변경이 생겨 장차 대주의 대여금반환청구권 행사가 위태롭게 되는 등 사정변경이 생기고 이로 인하여 당초의 계약내용에 따른 대여의무를 이행케 하는 것이 공평과 신의칙에 반하게 되는 경우에 대주는 대여의무의 이행을 거절할 수 있다고 보아야 한다."

2) 이 자

㉮ 원본채권의 소멸시효가 지분권인 이자채권의 소멸시효에 앞서 완성되면, 비록 이자채권 자체의 소멸시효는 완성되지 않았더라도 제183조에 따라 이자채권도

소멸한다(대판 2008.3.14. 2006다2940).

㈏ 이자제한법 부활 전의 사안에서 대판(전) 2007.2.15. 2004다50426의 다수의견은

㉠ "금전소비대차계약과 함께 이자의 약정을 하는 경우, 양쪽 당사자 사이의 경제력의 차이로 인하여 그 이율이 당시의 경제적·사회적 여건에 비추어 사회통념상 허용되는 한도를 초과하여 현저하게 고율로 정하여졌다면, 그와 같이 허용할 수 있는 한도를 초과하는 부분의 이자약정은 대주가 그의 우월한 지위를 이용하여 부당한 이득을 얻고 차주에게는 과도한 반대급부 또는 기타의 부당한 부담을 지우는 것이므로 선량한 풍속 기타 사회질서에 위반한 사항을 내용으로 하는 법률행위로서 무효"이고,

㉡ 이른바 불법비교설(〈7-5-11〉에서 다루는)에 기하여 "선량한 풍속 기타 사회질서에 위반하여 무효인 부분의 이자약정을 원인으로 차주가 대주에게 임의로 이자를 지급하는 것은 통상 불법의 원인으로 인한 재산급여라고 볼 수 있을 것이나, 불법원인급여에 있어서도 그 불법원인이 수익자에게만 있는 경우이거나 수익자의 불법성이 급여자의 그것보다 현저히 커서 급여자의 반환청구를 허용하지 않는 것이 오히려 공평과 신의칙에 반하게 되는 경우에는 급여자의 반환청구가 허용되므로, 대주가 사회통념상 허용되는 한도를 초과하는 이율의 이자를 약정하여 지급받은 것은 그의 우월한 지위를 이용하여 부당한 이득을 얻고 차주에게는 과도한 반대급부 또는 기타의 부당한 부담을 지우는 것으로서 그 불법의 원인이 수익자인 대주에게만 있거나 또는 적어도 대주의 불법성이 차주의 불법성에 비하여 현저히 크다고 할 것이어서 차주는 그 이자의 반환을 청구할 수 있다"고 하였다.

㈐ 대판 2021.2.25. 2020다230239: "금전을 대여한 채권자가 고의 또는 과실로 이자제한법을 위반하여 최고이자율을 초과하는 이자를 받아 채무자에게 손해를 입힌 경우에는 특별한 사정이 없는 한 민법 제750조에 따라 불법행위가 성립한다고 보아야 한다. 최고이자율을 초과하여 지급된 이자는 이자제한법 제2조 제4항에 따라 원본에 충당되므로, 이와 같이 충당하여 원본이 소멸하고도 남아 있는 초과지급액은 이자제한법 위반행위로 인한 손해라고 볼 수 있다. 부당이득반환청구권과 불법행위로 인한 손해배상청구권은 서로 별개의 청구권으로서, 제한초과이자에 대하여 부당이득반환청구권이 있다고 해서 그것만으로 불법행위의 성립이 방해되지 않는다. 나아가 채권자와 공동으로 위와 같은 이자제한법 위반행위를 하였거나 이

에 가담한 사람도 민법 제760조에 따라 연대하여 손해를 배상할 책임이 있다."

㉱ 참고로 대판 2007.3.15. 2006다73072는, 대여금에 대한 약정이자의 지급청구에 법정이자의 지급을 구하는 취지도 포함되어 있다고 보았다.

3) 차주의 보호를 위하여 대물반환의 예약을 규제하는 제607조와 제608조의 취지를 살리기 위하여 제정된 가등기담보법에 관하여 〈5-2-19〉 참조.

3. 도 급

⑴ 민법이 규정하는 노무공급(勞務供給)형 계약으로 고용, 도급, 여행계약, 현상광고, 위임이 있는데, 이 중 도급은 「일의 완성」에 대하여 보수를 지급하는 쌍무·유상의 계약이다.

⑵ 도급의 효력을 본다.

① 수급인은 일을 완성(한 후 일의 내용이 유형물의 완성이라면 완성물을 인도)해야 하고, 완성된 일의 하자에 대하여 담보책임을 부담한다.

그런데 「결과채무」라는 속성 때문에 수급인은 — 일의 성질이나 당사자의 의사에 의하여 금지되지 않는 한 — 하수급인을 이용할 수 있다.

② 이에 대하여 도급인은 보수지급의무를 진다.

〈6-3-4〉 도급에 관한 판례

1) 대판 1996.6.28. 94다42976: "이른바 제작물공급계약은, 그 제작의 측면에서는 도급의 성질이 있고 공급의 측면에서는 매매의 성질이 있어 이러한 계약은 대체로 매매와 도급의 성질을 함께 가지고 있는 것으로서, 그 적용법률은 계약에 의하여 제작 공급하여야 할 물건이 대체물인 경우에는 매매로 보아서 매매에 관한 규정이 적용된다고 할 것이나, 물건이 특정의 주문자의 수요를 만족시키기 위한 부대체물인 경우에는 당해 물건의 공급과 함께 그 제작이 계약의 주목적이 되어 도급의 성질을 띠는 것"이다.

2) 수급인의 의무

㉮ 먼저 일을 완성할 의무와 관련하여,

㉠ 일의 완성에 관한 주장·증명책임은 일의 결과에 대한 보수의 지급을 구하는 수급인이 부담한다(대판 1994.11.22. 94다26684·26691).

㉡ 반대특약(일의 성질에 따른 제한도 포함하여)이 없는 한 수급인 스스로 일을 완성해야 하는 것은 아니며, 수급인이 이행보조자 또는 이행대행자를 사용하더라도 관계없다(대판 2002.4.12. 2001다82545·82552).

㉢ 특히 건설공사도급계약에서 지체상금이 약정되는 경우가 많은데,

ⓐ 수급인이 공사를 완성하지 못한 채 완공기한을 넘겨 도급계약이 해제된 경우에, 그 지체상금 발생의 시기(始期)는 완공기한 다음날이고(대판 2002.9.4. 2001다1386), 그 종기(終期)는 수급인이 공사를 중단하거나 기타 해제사유가 있어 도급인이 이를 해제할 수 있었을 때를 기준으로 하여 도급인이 다른 업자에게 의뢰하여 같은 건물을 완공할 수 있었던 시점이다(대판 2001.1.30. 2000다56112).

ⓑ 지체상금에 관한 약정은 수급인이 일의 완성을 지체한 데 대한 손해배상액의 예정이므로, 수급인이 약정된 기간 내에 그 일을 완성하여 도급인에게 인도하지 않아서 지체상금을 지급할 의무가 있는 경우에, 법원은 제398조 제2항에 따라 지체상금액이 부당하게 과다하다고 인정되면 이를 적당히 감액할 수 있다(대판 2002.9.4. 2001다1386).

ⓒ 도급인의 지체상금채권과 수급인의 공사대금채권은 특별한 사정이 없는 한 동시이행의 관계에 있다고 할 수 없다(대판 2015.8.27. 2013다81224·81231).

㉯ 완성물인도의무와 관련하여 완성물의 소유권 귀속이 문제된다.

㉠ 판례는 기본적으로 건물의 독립성 취득시기를 기준으로 건축재료의 전부 또는 중요부분을 제공한 이가 소유권보존등기나 건축허가 명의와 무관하게 소유권을 원시취득한다는 입장으로, 수급인이 자기의 노력과 출재로 건축 중이거나 완성한 건물의 소유권은, 특약으로 달리 정하거나 기타 특별한 사정이 없는 한, 도급인이 약정에 따른 건축공사비 등을 청산하여 소유권을 취득하기 전에는 수급인의 소유에 속한다고 봄이 상당하다고 하여 「수급인귀속설」을 따른다(대판 1999.2.9. 98두16675). 이러한 태도는 채권담보를 위하여 담보권자 명의로 건축허가를 받은 경우(대판 2002.4.26. 2000다16350)[46] 및 건축공사가 중단되었던 미완성의 건물을 인도받

46) 건축업자가 타인의 대지를 매수하여 그 대금을 지급하지 않은 채 그 위에 자기의 노력과 재

아 완공한 경우(대판 2006.5.12. 2005다68783)[47]에도 유지된다.

㉡ 다만 도급인과 수급인 사이에 완성물의 소유권 귀속에 관한 「특약」이 있으면 그에 의한다. 즉 수급인이 자기의 노력과 재료를 들여 건물을 완성하더라도 도급인과 수급인 사이에 도급인 명의로 건축허가를 받아 소유권보존등기를 하기로 하는 등 완성된 건물의 소유권을 도급인에게 귀속시키기로 합의한 것으로 보일 경우에 그 건물의 소유권은 도급인에게 원시적으로 귀속된다(대판 1997.5.30. 97다8601).

㉰ 수급인의 담보책임을 본다.

㉠ 하자확대손해에 관하여 채무불이행책임과 담보책임이 경합할 수 있음과 수급인의 귀책사유가 있는 경우에 담보책임 외에 일반채무불이행책임이 성립할 수 있음은 담보책임 일반(〈4-5-1〉 참조)에서와 다르지 않다. 즉 대판 2004.8.20. 2001다70337: "액젓저장탱크의 제작·설치공사 도급계약에 의하여 완성된 저장탱크에 균열이 발생한 경우, 보수비용은 민법 제667조 제2항에 의한 수급인의 하자담보책임 중 하자보수에 갈음하는 손해배상이고, 액젓 변질로 인한 손해배상은 위 하자담보책임을 넘어서 수급인이 도급계약의 내용에 따른 의무를 제대로 이행하지 못함으로 인하여 도급인의 신체·재산에 발생한 손해에 대한 배상으로서 양자는 별개의 권원에 의하여 경합적으로 인정된다."

나아가 대판 2005.11.10. 2004다37676은, 수급인이 도급계약에 따른 의무를 제대로 이행하지 못하여 「도급인의 신체 또는 재산」에 손해가 발생한 경우에, 수급인에게 귀책사유가 없었다는 점을 스스로 증명하지 못하는 한 도급인에게 그 손해를 배상할 의무가 있다고 보면서, "하자확대손해로 인한 수급인의 손해배상채무와 도급인의 공사대금채무도 동시이행관계에 있는 것으로 보"았다.[48]

㉡ 담보책임을 이유로 지급을 거절할 수 있는 보수는 하자 및/또는 손해에 상응하는 금액에 한정된다(대판 2007.8.23. 2007다26455·26462).[49]

료를 들여 건물을 건축하면서 건축허가명의를 대지소유자로 한 경우에, 완성된 건물의 소유권은 일단 이를 건축한 「채무자가 원시적으로 취득」한 후 채권자 명의로 소유권보존등기를 마침으로써 담보목적의 범위 내에서 위 채권자에게 그 소유권이 이전된다고 본 사례.

47) 다만 공사중단시점에 이미 사회통념상 독립한 건물의 형태와 구조를 갖추었다면 원래의 건축주가 소유권을 원시취득한다(대판 1998.9.22. 98다26194 참조).

48) 도급인은 하자보수비용을 제667조 제2항에 따라 하자담보책임으로 인한 손해배상으로 청구할 수도 있고, 제390조에 따라 채무불이행으로 인한 손해배상으로 청구할 수도 있다고 한 대판 2020.6.11. 2020다201156도 참조.

49) 기성고(旣成高)에 따라 공사대금을 분할해서 지급하기로 약정한 경우라도 특별한 사정이 없는 한 하자보수의무와 동시이행관계에 있는 공사대금지급채무는 당해 하자가 발생한 부분의

㉢ 도급인의 손해배상청구권과 수급인의 보수지급청구권은 동시이행관계에 서는데(제667조 제3항), 동시이행관계가 인정되는 보수는 손해에 상당하는 범위의 것이다(대판 1996.6.11. 95다12798).

㉣ 하자로 인한 통상의 손해는 특별한 사정이 없는 한 도급인이 하자 없이 시공하였을 경우의 목적물의 교환가치와 하자가 있는 현재의 상태대로의 교환가치의 차액이다(대판 1997.2.25. 96다45436).[50] 그런데 교환가치의 차액을 산출하기가 현실적으로 불가능하다면 하자 없이 시공하였을 경우의 시공비용과 하자 있는 상태대로의 시공비용의 차액이라고 봄이 상당하다(대판 1998.3.13. 97다54376).

㉤ 제668조 단서에 의하여 해제권이 배제되는 것은 건물 기타 토지의 공작물이 완성된 경우이고, 완성되기 전에는 채무불이행의 일반원칙에 따라 해제할 수 있지만(대판 1996.10.25. 96다21393·21409), 판례는 이 경우에도 공사가 상당히 진척되어 원상회복이 사회적·경제적 손실을 초래하고 완성된 부분이 도급인에게 이익이라면 해제권을 제한한다(대판 1994.11.4. 94다18584).

㉥ 대판 2012.11.15. 2011다56491: "수급인의 담보책임에 기한 하자보수에 갈음하는 손해배상청구권에 대하여는 민법 제670조 또는 제671조의 제척기간이 적용되고, 이는 법률관계의 조속한 안정을 도모하고자 하는 데에 취지가 있다. 그런데 이러한 도급인의 손해배상청구권에 대하여는 권리의 내용·성질 및 취지에 비추어 민법 제162조 제1항의 채권소멸시효의 규정 또는 도급계약이 상행위에 해당하는 경우에는 상법 제64조의 상사시효의 규정이 적용되고, 민법 제670조 또는 제671조의 제척기간규정으로 인하여 위 각 소멸시효규정의 적용이 배제된다고 볼 수 없다."

3) 도급의 보수

㉮ 선급금(先給金)과 관련하여 대판 2007.9.20. 2007다40109는, 선급금을 지급한 후 계약이 해제 또는 해지되는 등의 사유로 중도에 선급금을 반환하게 된 경우에, 선급금이 공사대금의 일부로 지급된 것인 이상 선급금은「별도의 상계의사표시 없이」그때까지의 기성고에 해당하는 공사대금에 당연 충당되고, 그래도 공사대금이

기성공사대금에 한정되지 않는다는 대판 2001.9.18. 2001다9304도 참조.

50) 참고로 대판 2016.8.18. 2014다31691·31707: "하자가 중요한 경우에는 비록 보수에 과다한 비용이 필요하더라도 보수에 갈음하는 비용, 즉 실제로 보수에 필요한 비용이 모두 손해배상에 포함된다. 나아가 완성된 건물 기타 토지의 공작물(이하 '건물 등'이라 한다)에 중대한 하자가 있고 이로 인하여 건물 등이 무너질 위험성이 있어서 보수가 불가능하고 다시 건축할 수밖에 없는 경우에는, 특별한 사정이 없는 한 건물 등을 철거하고 다시 건축하는 데 드는 비용 상당액을 하자로 인한 손해배상으로 청구할 수 있다."

남는다면 그 금액만 지급하면 되고, 거꾸로 선급금이 미지급공사대금에 충당되고 남는다면 그 남은 선급금에 관하여 도급인이 반환채권을 가진다고 보는 것이 선급금의 성질에 비추어 타당하다고 했다.[51]

㉯ 대판 2023.3.30. 2022다289174: "도급계약에서 수급인의 보수는 완성된 목적물의 인도와 동시에 지급하여야 하고, 인도를 요하지 않는 경우 일을 완성한 후 지체 없이 지급하여야 하며, 도급인은 완성된 목적물의 인도의 제공이나 일의 완성이 있을 때까지 보수지급을 거절할 수 있으므로, 도급계약에서 정한 일의 완성 이전에 계약이 해제된 경우 수급인으로서는 도급인에게 보수를 청구할 수 없음이 원칙이다. […] 민법 제665조 제1항은 도급계약에서 보수는 완성된 목적물의 인도와 동시에 지급해야 한다고 정하고 있는데, 이때 목적물의 인도는 단순한 점유의 이전만을 의미하는 것이 아니라 도급인이 목적물을 검사한 후 목적물이 계약내용대로 완성되었음을 명시적 또는 묵시적으로 시인하는 것까지 포함하는 의미이다."

그리고 완성된 물건이 자기의 소유가 아니라면, 수급인은 보수를 전부 지급받을 때까지 그 물건의 인도를 거절할 수 있다. 즉 보수채권에 기한 유치권이 성립한다(대판 1995.9.15. 95다16202 · 16219).[52] 그러나 공사금채권이 토지에 관한 것이 아니므로 「토지」에 대해서는 유치권을 행사할 수 없음은 당연하다(대결 2008.5.30. 2007마98).

㉰ 대판 2016.10.27. 2014다211978: "㉠ 건물신축공사에 관한 도급계약에서 수급인이 자기의 노력과 출재로 건물을 완성하여 소유권이 수급인에게 귀속된 경우에는 수급인으로부터 건물신축공사 중 일부를 도급받은 하수급인도 수급인에 대하여 민법 제666조에 따른 저당권설정청구권을 가진다. […] ㉡ 도급받은 공사의 공사대금채권은 민법 제163조 제3호에 따라 3년의 단기소멸시효가 적용되고, 공사에

51) 나아가 "하수급인이 시공한 부분은 수급인의 기성고로 볼 수밖에 없다. 또한, 하수급인은 수급인의 이행보조자에 불과하므로 수급인의 기성공사금액에는 그 이행보조자인 하수급인의 기성공사부분이 당연히 포함된다고 보아야 한다. 따라서 선급금을 지급한 후 계약의 해제 또는 해지 등의 사유가 발생한 경우에는 하수급인의 기성공사부분에 대한 공사대금도 포함한 수급인의 기성고를 선급금에서 공제하여야 하고, 그래도 남는 공사대금이 있는 경우에 한하여 하도급대금을 하수급인에게 직접 지급하여야 한다."

52) 참고로 대판 2014.1.16. 2013다30653은, 건물신축공사 도급계약에서 수급인이 공사를 완성하였더라도, 신축된 건물에 하자가 있고 그 하자 및 손해에 상응하는 금액이 공사잔대금액 이상이어서, 도급인이 수급인에 대한 하자보수청구권 내지 하자보수에 갈음한 손해배상채권 등에 기하여 수급인의 공사잔대금 채권 전부에 대하여 동시이행의 항변을 한 때에는, 공사잔대금채권의 변제기가 도래하지 않은 경우와 마찬가지로 수급인은 도급인에 대하여 하자보수의무나 하자보수에 갈음한 손해배상의무 등에 관한 이행의 제공을 하지 않은 이상 공사잔대금채권에 기한 유치권을 행사할 수 없다고 하였다.

부수되는 채권도 마찬가지인데, 민법 제666조에 따른 저당권설정청구권은 공사대금채권을 담보하기 위하여 저당권설정등기절차의 이행을 구하는 채권적 청구권으로서 공사에 부수되는 채권에 해당하므로 소멸시효기간 역시 3년[이고,] 건물신축공사에서 하수급인의 수급인에 대한 민법 제666조에 따른 저당권설정청구권(이하 '저당권설정청구권'이라 한다)은 수급인이 건물의 소유권을 취득하면 성립하고 특별한 사정이 없는 한 그때부터 권리를 행사할 수 있지만, 건물소유권의 귀속주체는 하수급인의 관여 없이 도급인과 수급인 사이에 체결된 도급계약의 내용에 따라 결정되고, 더구나 건물이 완성된 이후 소유권 귀속에 관한 법적 분쟁이 계속되는 등으로 하수급인이 수급인을 상대로 저당권설정청구권을 행사할 수 있는지를 객관적으로 알기 어려운 상황에 있어 과실 없이 이를 알지 못한 경우에도 청구권이 성립한 때부터 소멸시효가 진행한다고 보는 것은 정의와 형평에 맞지 않을 뿐만 아니라 소멸시효제도의 존재이유에도 부합한다고 볼 수 없다. 그러므로 이러한 경우에는 객관적으로 하수급인이 저당권설정청구권을 행사할 수 있음을 알 수 있게 된 때부터 소멸시효가 진행한다."(원문자는 필자)[53]

4) 도급계약의 해소와 관련하여 대판 1994.11.4. 94다18584는, 건축공사 도급계약의 수급인이 일을 완성하지 못한 상태에서 그의 채무불이행으로 말미암아 건축공사 도급계약이 해제되었으나, 해제 당시 공사가 상당한 정도로 진척되어 이를 원상회복하는 것이 중대한 사회적·경제적 손실을 초래하고 완성된 부분이 도급인에게 이익이 되는 경우에, 그 도급계약은 미완성부분에 대해서만 실효되고 수급인은 해제 당시의 상태 그대로 그 건물을 도급인에게 인도하고 도급인은 특별한 사정이 없는 한 인도받은 미완성건물에 대한 보수를 지급해야 하는 권리의무관계가 성립하며,[54] 이와 같은 사정으로 말미암아 수급인의 공사대금채권이 남아 있는 경우에는 설사 그 도급계약의 일부가 해제되었더라도 그에 부수된 공사대금채권 양도금지특약은 실효되지 않는다고 보았다.

---

53) 판시 ㉠에 관하여 신축건물의 도급인이 수급인의 저당권설정청구권(수급인이 사실상 목적물로부터 공사대금을 우선적으로 변제받을 수 있도록 하는 데 그 취지가 있다)의 행사에 따라 공사대금채무의 담보로 그 건물에 저당권을 설정하는 행위는 특별한 사정이 없는 한 사해행위에 해당하지 않는다고 한 대판 2008.3.27. 2007다78616·78623도 참조.

54) 건축공사 도급계약이 중도해제된 경우에 도급인이 지급해야 할 보수는 특별한 사정이 없는 한 당사자 사이에 약정한 총 공사비에 기성고비율을 적용한 금액이지 수급인이 실제로 지출한 비용을 기준으로 할 것은 아니라고 한 대판 2017.1.12. 2014다11574·11581도 참조.

4. 위임과 사무관리

(1) 먼저 위임(委任)을 본다.

① 위임은 타인의 사무를 처리하는 법률관계의 원형을 이루는데, 수임인이 한 사무처리의 결과(권리뿐만 아니라 의무도 포함하여)는 고스란히 위임인에게 이전되어야 한다.

② 도급과 달리 위임에서 사무처리의 결과가 위임인의 기대에 반하더라도 당연히 채무불이행이 성립하지는 않는 반면(「수단채무」), 수임인은 위임인의 이익을 배려할 의무(선관주의의무는 그 일부이다)를 진다. 그 결과 위임이 유상이 아니라도(무상이 기본값이다) 수임인은 언제나 위임의 본지(本旨)에 따라 「선량한 관리자의 주의」로써 위임사무를 처리해야 한다(제681조).

③ 인적 신뢰관계를 기초로 하는 위임에서 유상이든 무상이든 상관없이 그리고 이유를 따지지 않고 해지(解止)를 인정하는데, 다만 불리한 시기에 따른 손해배상책임이 성립할 수 있다.

〈6-3-5〉 위임에 관한 판례

1) 판례는 부동산중개업자에의 중개의뢰(대판 2015.1.29. 2012다74342), 지입계약(대판 2000.10.13. 2000다20069), 공사감리계약(대판 2001.5.29. 2000다40001),[55] 은행보증서의 발행을 위한 보증의뢰계약(대판 1994.12.9. 93다43873), 상가활성화를 위한 상가개발비약정(대판 2013.10.24. 2010다22415) 등에서 위임관계의 존재를 인정하였다.

2) 수임인의 선관주의의무

㉮ 대판 2004.5.14. 2004다7354는, 소송위임에서 구체적인 위임사무의 범위는 변호사와 의뢰인 사이의 위임계약의 내용에 의하여 정해지지만, (심급대리의 원칙에 따라) 위임사무의 종료단계에서 패소판결이 있었던 경우에 의뢰인으로부터 상소에 관하여 특별한 수권이 없더라도 그 판결을 점검하여 의뢰인에게 불이익한 계산상

---

55) 동일한 공사에서 공사감리자의 감리계약에 따른 채무불이행으로 인한 손해배상채무와 공사시공자의 도급계약에 따른 채무불이행으로 인한 손해배상채무는 서로 별개의 원인으로 발생한 독립된 채무이지만 동일한 경제적 목적을 가진 채무이므로 서로 중첩되는 부분에 관하여 부진정연대채무의 관계에 있다고 한 대판 2017.12.28. 2014다229023도 참조.

의 잘못이 있다면 의뢰인에게 그 판결의 내용과 상소하는 때의 승소가능성 등에 대하여 구체적으로 설명하고 조언할 의무가 있다고 하였다.

㉯ 대판 2006.9.28. 2004다55162는, 소유자 등으로부터 거액의 근저당권설정등기에 관한 등기사무를 의뢰받고 전세권자로부터는 최선순위인 전세권의 존속기간 변경 등을 이유로 한 등기사무를 의뢰받은 법무사가 전세권자에게 전세권의 우선권 상실(부기등기에 의하면 우선권을 유지할 수 있음도 포함하여)에 관하여 설명·조언하지 않은 채 근저당권설정등기, 위 전세권의 말소등기 그리고 전세권자 명의의 새로운 전세권설정등기를 차례로 마침에 따라 전세권자가 우선권을 상실한 사안에서, 법무사의 설명·조언의무 위반을 이유로 전세권자에 대한 손해배상책임을 인정하였다.[56]

㉰ 대판 2002.2.5. 2001다71484는, 부동산중개계약에 따른 중개업자의 확인·설명의무와 이에 위반한 경우의 손해배상의무는, 민법상 위임계약에서 무상위임의 경우에도 수임인이 수임사무의 처리에 관하여 선량한 관리자의 주의를 기울일 의무가 면제되지 않는 점 등에 비추어 볼 때, 중개의뢰인이 중개업자에게 소정의 수수료를 지급하지 않았다고 해서 당연히 소멸되는 것이 아니라고 하였다.

3) 보수지급의무와 관련하여[57] 대판 2010.12.23. 2008다75119는, 공인중개사 자격이 없는 이가 중개사무소 개설등록을 하지 아니한 채 부동산중개업을 하면서 체결한 중개수수료 지급약정은 무효라고 하였다.

4) 위임계약의 해지

㉮ 대판 2019.5.30. 2017다53265는, 당사자가 위임계약을 체결하면서 제689조 제1항, 제2항에 규정된 바와 다른 내용으로 해지사유 및 절차, 손해배상책임 등을 정하였다면, 제689조 제1항, 제2항이 이러한 약정과는 별개 독립적으로 적용된다고 볼 만한 특별한 사정이 없는 한, 약정에서 정한 해지사유 및 절차에 의하지 않고는

---

56) 압류등기가 되어 있는 부동산에 설정된 기존 근저당권설정등기를 말소하고 새로운 근저당권설정등기를 의뢰받은 경우에 관한 대판 2003.1.10. 2000다61671도 참조.

57) 참고로 대판 2016.7.7. 2014다1447: "항소심사건의 소송대리인인 변호사 또는 법무법인, 법무법인(유한), 법무조합(이하 '변호사 등'이라 한다)의 위임사무는 특별한 약정이 없는 한 항소심 판결이 송달된 때에 종료되므로, 변호사 등은 항소심 판결이 송달되어 위임사무가 종료되면 원칙적으로 그에 따른 보수를 청구할 수 있다. 그러나 항소심 판결이 상고심에서 파기되고 사건이 환송되는 경우에는 사건을 환송받은 항소심법원이 환송 전의 절차를 속행하여야 하고 환송 전 항소심에서의 소송대리인인 변호사 등의 소송대리권이 부활하므로, 환송 후 사건을 위임사무의 범위에서 제외하기로 약정하였다는 등의 특별한 사정이 없는 한 변호사 등은 환송 후 항소심사건의 소송사무까지 처리하여야만 비로소 위임사무의 종료에 따른 보수를 청구할 수 있다."

계약을 해지할 수 없고, 손해배상책임에 관한 당사자간 법률관계도 약정이 정한 바에 의하여 규율된다고 보았다.

㊁ 대판 2015.12.23. 2012다71411은,

㉠ "위임계약의 일방당사자가 타방당사자의 채무불이행을 이유로 위임계약을 해지한다는 의사표시를 하였으나 실제로는 채무불이행을 이유로 한 계약해지의 요건을 갖추지 못한 경우라도, 특별한 사정이 없는 한 위 의사표시에는 민법 제689조 제1항에 따른 임의해지로서의 효력이 인정된다"고 하고,[58]

㉡ 나아가 "민법상의 위임계약은 유상계약이든 무상계약이든 당사자 쌍방의 특별한 대인적 신뢰관계를 기초로 하는 위임계약의 본질상 각 당사자는 언제든지 해지할 수 있고 그로 말미암아 상대방이 손해를 입는 일이 있어도 그것을 배상할 의무를 부담하지 않는 것이 원칙이며, 다만 상대방이 불리한 시기에 해지한 때에는 해지가 부득이한 사유에 의한 것이 아닌 한 그로 인한 손해를 배상하여야 하나, 배상의 범위는 위임이 해지되었다는 사실로부터 생기는 손해가 아니라 적당한 시기에 해지되었더라면 입지 아니하였을 손해에 한한다. 그리고 수임인이 위임받은 사무를 처리하던 중 사무처리를 완료하지 못한 상태에서 위임계약을 해지함으로써 위임인이 사무처리의 완료에 따른 성과를 이전받거나 이익을 얻지 못하더라도, 별도로 특약을 하는 등 특별한 사정이 없는 한 위임계약에서는 시기를 불문하고 사무처리 완료 전에 계약이 해지되면 당연히 위임인이 사무처리의 완료에 따른 성과를 이전받거나 이익을 얻지 못하는 것으로 계약 당시에 예정되어 있으므로, 수임인이 사무처리를 완료하기 전에 위임계약을 해지한 것만으로 위임인에게 불리한 시기에 해지한 것이라고 볼 수는 없다"고 하였다.[59]

---

58) 참고로 도급의 경우에 그렇지 않음에 관하여 대판 2022.10.14. 2022다246757 참조.

59) 위임인이 임의해지한 경우에, 사무처리의 결과는 전부 위임인에게 귀속되므로, 제686조 제3항에 기하여 비례적 보수청구권을 가지는 수임인에게 특별한 이해관계가 발생할 여지가 없다. 반면 수임인의 임의해지의 경우에, 선관주의의무를 다한 사무처리 및 그 결과의 발생에 대한 위임인의 기대가 깨어짐에 그치는 것이 아니라 그 이상의 손해가 발생할 수 있다.

그런데 이 판결에서 "별도로 특약을 하는 등 특별한 사정이 없는 한 위임계약에서는 시기를 불문하고 사무처리 완료 전에 계약이 해지되면 당연히 위임인이 사무처리의 완료에 따른 성과를 이전받거나 이익을 얻지 못하는 것으로 계약 당시에 예정되어 있으므로"라고 한 부분은 유상위임에서 「위임인」의 임의해지에 관한 대판 1991.4.9. 90다18968과 대판 2000.6.9. 98다64202에서 비롯된 것으로 (앞의 2012다71411 판결에서 문제된) 「수임인」의 해지에는 적절하지 않은 근거라는 점에서 검토를 요한다.

⑵ 사무관리(事務管理)를 본다(제734조 이하).

① 사무관리에서 본인을 위하여 사무를 처리하는 관리자와 자기도 모르는 사이에 사무를 관리당하는 본인 사이의 이해관계의 조절이 중심문제로 된다. 그래서 법은 위탁 없이 타인의 사무를 처리한 경우에, 위법성을 조각(阻却)하고(「소극적 허용」) 사무관리자에게 —「의제된」 본인의 의사에 따라 — 사무처리를 계속할 의무를 지운다.

② 사무관리의 효과로 본인은 비용상환의무를 지지만, 보수지급의무를 지지는 않는다.

③ 관리의사가 없는 경우에 관리자의 이득을 반환케 하는 법적 구성으로 준사무관리를 인정할 것인지에 관하여 학설상 다툼이 있다.

〈6-3-6〉 사무관리에 관한 판례

㉮ 관리자가 본인에 대하여 사무를 처리할 의무를 지지 않지만 제3자에 대한 관계에서 그 의무를 지는 경우에 사무관리가 성립하지 않는다(대판 2013.9.26. 2012다43539).60)

㉯ 대판 1997.10.10. 97다26326: "사무관리가 성립하기 위하여는 우선 그 사무가 타인의 사무이고 타인을 위하여 사무를 처리하는 의사, 즉 관리의 사실상의 이익을 타인에게 귀속시키려는 의사가 있어야 함은 물론 나아가 그 사무의 처리가 본인에게 불리하거나 본인의 의사에 반한다는 것이 명백하지 아니할 것을 요한다."

㉰ 상인의 사무관리와 보수에 관하여 대판 2010.1.14. 2007다55477: "직업 또는 영업에 의하여 유상으로 타인을 위하여 일하는 사람이 향후 계약이 체결될 것을 예정하여 그 직업 또는 영업의 범위 내에서 타인을 위한 행위를 하였으나 그 후 계약이 체결되지 아니함에 따라 타인을 위한 사무를 관리한 것으로 인정되는 경우에 상법 제61조는 상인이 그 영업범위 내에서 타인을 위하여 행위를 한 때에는 이에 대하여 상당한 보수를 청구할 수 있다고 규정하고 있어 직업 또는 영업의 일환으로 제공한 용역은 그 자체로 유상행위로서 보수 상당의 가치를 가진다고 할 수 있으므

60) 타인의 사무가 국가의 사무인 경우에, 사무처리의 긴급성 등 국가의 사무에 대한 사인의 개입이 정당화되는 경우에 한하여 사무관리가 성립할 수 있다는 대판 2014.12.11. 2012다15602도 참조.

로 그 관리자는 통상의 보수를 받을 것을 기대하고 사무관리를 하는 것으로 보는 것이 일반적인 거래관념에 부합하고, 그 관리자가 사무관리를 위하여 다른 사람을 고용하였을 경우 지급하는 보수는 사무관리비용으로 취급되어 본인에게 반환을 구할 수 있는 것과 마찬가지로, 다른 사람을 고용하지 않고 자신이 직접 사무를 처리한 것도 통상의 보수 상당의 재산적 가치를 가지는 관리자의 용역이 제공된 것으로서 사무관리의사에 기한 자율적 재산희생으로서의 비용이 지출된 것이라 할 수 있으므로 그 통상의 보수에 상응하는 금액을 필요비 내지 유익비로 청구할 수 있다고 봄이 타당하고, 이 경우 통상의 보수의 수준이 어느 정도인지는 거래관행과 사회통념에 의하여 결정하되, 관리자의 노력의 정도, 사무관리에 의하여 처리한 업무의 내용, 사무관리 본인이 얻은 이익 등을 종합적으로 고려하여 판단하여야 한다."61)

5. 임 치

(1) 임치(任置)는 물건의 보관 자체를 목적으로 하는 이른바 「예탁형 계약」으로, 대개 계속적 채권관계를 발생시킨다.

① 무상임치에서 보관의무가 경감되어, 수치인은 자기의 재산과 동일한 주의로써 보관하는 것으로 충분하다(제695조).

② 임치에서는 채권자인 임치인이 기한의 이익을 가진다(제698조).

(2) 예금계약에 관하여 본다.

① 예금계약의 법적 성질에 관하여 판례는 소비임치라는 입장이다.62)

---

61) 나아가 "특히 관리자가 본인의 사무를 관리하게 된 주된 의도나 목적이 사무관리에 따른 보수를 지급받아 자신의 경제적 이익을 추구하고자 하는 데 있는 것으로 볼 수 있는 경우에는, 위와 같은 경제적 이익의 추구라고 하는 동기 때문에 관리자가 타인의 생활관계에 지나치게 개입함으로써 사적자치의 원칙을 훼손시키고 오히려 사회적 상호부조의 이상에도 반할 우려가 있으므로, 이러한 경우 관리자에게 사무관리에 따른 비용청구권이 있는지를 판단함에 있어서는 그 사무의 처리가 본인의 이익과 의사에 부합하는지 여부 등 사무관리 성립요건의 충족 여부에 관하여 보다 엄격하고도 신중한 판단이 이루어져야 할 것"이다.

62) 다만 대판 2023.6.29. 2023다218353: "예금계약은 은행 등 법률이 정하는 금융기관을 수치인으로 하는 금전의 소비임치계약으로서 수치인은 임치물인 금전 등을 보관하고 그 기간 중 이를 소비할 수 있고 임치인의 청구에 따라 동종 동액의 금전을 반환할 것을 약정함으로써 성

② 예금계약에 특유한 쟁점으로 예금계약당사자의 확정, 공동예금의 법률관계, 착오송금에 따른 후속의 법률관계 등이 있다. 이 중 착오송금에 관해서는 〈7-5-6〉 참조.

〈6-3-7〉 예금계약에 관한 판례

1) 판례는 예금계약이 요물계약이라는 입장이다. 가령 대판 2005.12.23. 2003다30159: "예금계약은 예금자가 예금의 의사를 표시하면서 금융기관에 돈을 제공하고 금융기관이 그 의사에 따라 그 돈을 받아 확인을 하면 그로써 성립하며, 금융기관의 직원이 그 받은 돈을 금융기관에 실제로 입금하였는지 여부는 예금계약의 성립에는 아무런 영향을 미치지 아니한다."

2) 금융실명제 하에서 기명식 예금의 예금주 결정

㉮ 계약당사자의 확정 일반에 관하여 〈2-1-6〉 참조.

㉯ 기명식 예금에서 자금을 출연한 이와 예금명의인이 다른 경우에 누구를 예금주(預金主)로 볼 것인지에 관하여, 판례는 종래 명의 여하를 불문하고 또 금융기관이 누구를 예금주라고 믿었는지와 무관하게 예금을 실질적으로 지배하는 이로서 자기의 출연에 의하여 자기의 예금으로 한다는 의사를 가지고 스스로 또는 사자나 대리인을 통하여 예금계약을 한 이를 예금주로 보아 이른바 객관설을 따랐으나(대판 1987.5.12. 86다카2903 등), 금융실명제가 시행됨에 따라 달라졌다. 즉 금융실명법 제3조 제1항[63]에 따라 금융기관으로서는 주민등록증 등을 통하여 실명확인을 한 예금명의자를 거래자로 보아 그와 예금계약을 체결할 의도를 가지고 있었다고 하여 예금명의자를 예금주로 본다(대판 1998.1.23. 97다35658).

㉰ 명시적 또는 묵시적 약정이 있는 경우에 예외적으로 출연자를 예금주로 볼 수 있는지에 관하여 대판(전) 2009.3.19. 2008다45828의 다수의견: "금융실명거래 및 비밀보장에 관한 법률에 따라 실명확인절차를 거쳐 예금계약을 체결하고 그 실명확인사실이 예금계약서 등에 명확히 기재되어 있는 경우에는, 일반적으로 그 예금계약서에 예금주로 기재된 예금명의자나 그를 대리한 행위자 및 금융기관의 의사

립하는 것이므로 소비대차에 관한 민법의 규정이 준용되나 사실상 그 계약의 내용은 약관에 따라 정해진다고 보아야 한다."

63) 이 규정이 단속규정임에 관하여 대판 2001.12.28. 2001다17565 참조.

는 예금명의자를 예금계약의 당사자로 보려는 것이라고 해석하는 것이 경험법칙에 합당하고, 예금계약의 당사자에 관한 법률관계를 명확히 할 수 있어 합리적이다. 그리고 이와 같은 예금계약당사자의 해석에 관한 법리는, 예금명의자 본인이 금융기관에 출석하여 예금계약을 체결한 경우나 예금명의자의 위임에 의하여 자금출연자 등의 제3자(이하 '출연자 등'이라 한다)가 대리인으로서 예금계약을 체결한 경우 모두 마찬가지로 적용된다고 보아야 한다. 따라서 본인인 예금명의자의 의사에 따라 예금명의자의 실명확인절차가 이루어지고 예금명의자를 예금주로 하여 예금계약서를 작성하였음에도 불구하고, 예금명의자가 아닌 출연자 등을 예금계약의 당사자라고 볼 수 있으려면, 금융기관과 출연자 등과 사이에서 실명확인절차를 거쳐 서면으로 이루어진 예금명의자와의 예금계약을 부정하여 예금명의자의 예금반환청구권을 배제하고 출연자 등과 예금계약을 체결하여 출연자 등에게 예금반환청구권을 귀속시키겠다는 명확한 의사의 합치가 있는 극히 예외적인 경우로 제한되어야 한다. 그리고 이러한 의사의 합치는 금융실명거래 및 비밀보장에 관한 법률에 따라 실명확인절차를 거쳐 작성된 예금계약서 등의 증명력을 번복하기에 충분할 정도의 명확한 증명력을 가진 구체적이고 객관적인 증거에 의하여 매우 엄격하게 인정하여야 한다."[64] 이 판결이 "명확한 의사의 합치"가 있는 경우에 예외가 인정되는 듯 판시하였으나, 처분문서의 증명력에 관한 판례법리와 실명확인을 구하는 금융실명제의 취지 등을 들어 예외인정을 사실상 봉쇄한 것으로 볼 수 있다.

3) 공동명의의 예금계약

㉮ 대판 2001.6.12. 2000다70989는, 공동명의예금계약에서 공동명의자 전원을 거래자로 보아 예금계약을 체결할 의도가 있다고 보아야 하므로, 공동명의자 중 일부만이 금원을 출연하였더라도 출연자만이 공동명의예금의 예금주라고 할 수 없다고 하였다.

㉯ 은행에 공동명의로 예금을 하고 은행에 대하여 그 권리를 함께 행사하기로 한 경우의 법률관계는 공동명의인들 사이의 관계에 따른다. 즉 동업자금을 공동명의로

---

64) X가 배우자 Y를 대리하여 금융기관과 Y의 실명확인절차를 거쳐 Y 명의의 예금계약을 체결하였는데, Y가 예금자보호법에 따른 보험금의 지급을 구한 사안에서, X와 Y의 내부관계에 불과한 자금출연경위, 거래인감 및 비밀번호의 등록·관리, 예금의 인출상황 등의 사정을 근거로 금융기관과 X 사이에 예금명의자 Y가 아닌 출연자 X를 예금계약의 당사자로 하기로 하는 묵시적 약정이 체결되었다고 보아 X를 예금계약의 당사자라고 본 원심을 파기한 사례.

예금한 경우라면 채권의 준합유관계에 있으나, 공동명의예금채권자들 각자가 분담하여 출연한 돈을 동업 이외의 특정목적을 위하여 공동명의로 예치해 둠으로써 그 목적이 달성되기 전에는 공동명의예금채권자가 단독으로 예금을 인출할 수 없도록 방지·감시하고자 하는 목적으로 공동명의로 예금을 개설한 경우라면, 하나의 예금채권이 분량적으로 분할되어 각 공동명의예금채권자들에게 공동으로 귀속되고, 각 공동명의예금채권자들이 예금채권에 대하여 갖는 각자의 지분에 대한 관리처분권은 각자에게 귀속된다(대판 2004.10.14. 2002다55908).[65]

6. 기 타

(1) 거래계의 기획여행/패키지여행을 염두에 둔 여행계약은 기본적으로 도급의 성질을 가지지만, 그 밖의 사항도 포함하므로 도급계약과는 별개의 독립된 계약이라 할 것이다.

그런데 여행주최자는 여행자에 대하여 여행계약상의 부수의무로 보호의무를 진다(대판 2014.9.25. 2014다213387).

〈6-3-8〉 여행계약에 관한 판례

대판 2019.4.3. 2018다286550: "여행자가 해외여행계약에 따라 여행하는 도중 여행업자의 고의 또는 과실로 상해를 입은 경우 계약상 여행업자의 여행자에 대한 국내로의 귀환운송의무가 예정되어 있고, 여행자가 입은 상해의 내용과 정도, 치료행위의 필요성과 치료기간은 물론 해외의 의료기술수준이나 의료제도, 치료과정에서 발생할 수 있는 언어적 장애 및 의료비용의 문제 등에 비추어 현지에서 당초 예정한 여행기간 내에 치료를 완료하기 어렵거나, 계속적, 전문적 치료가 요구되어

65) 나아가 "공동명의예금채권자 중 1인에 대한 별개의 대출금채권을 가지는 은행으로서는 그 대출금채권을 자동채권으로 하여 그의 지분에 상응하는 예금반환채권에 대하여 상계할 수 있다 할 것이고, 다만 공동명의예금채권자 중 1인이 다른 공동명의예금채권자의 지분을 양수하였음을 이유로 그 지분에 대한 은행의 상계주장에 대항하기 위해서는 공동명의예금채권자들과 은행 사이에 예금반환채권의 귀속에 관한 별도의 합의가 있거나 채권양도의 대항요건을 갖추어야 한다."

사회통념상 여행자가 국내로 귀환할 필요성이 있었다고 인정된다면, 이로 인하여 발생하는 귀환운송비 등 추가적인 비용은 여행업자의 고의 또는 과실로 인하여 발생한 통상손해의 범위에 포함되고, 이 손해가 특별한 사정으로 인한 손해라고 하더라도 예견가능성이 있었다고 보아야 한다."

⑵ 분쟁해결형 계약으로서 화해(和解)는, 「분쟁의 종지(終止)」를 향한 자기구속을 핵심내용으로 하므로,[66] 착오를 이유로 화해계약을 취소하는 것은 원칙적으로 허용되지 않는다(제733조).

〈6-3-9〉 화해에 관한 판례

㉮ 착오를 이유로 하는 화해계약의 취소를 가능하게 하는 "화해의 목적인 분쟁 이외의 사항"이란 분쟁의 대상이 아니라 분쟁의 전제 또는 기초가 된 사항으로 쌍방당사자가 예정한 것이어서 상호양보의 내용으로 되지 않고 다툼이 없는 사실로 양해된 사항을 말한다(대판 1997.4.11. 95다48414).

그리고 화해계약에서 중요부분에 관한 착오의 존재 및 이것이 당사자의 자격이나 목적인 분쟁 이외의 사항에 관한 것이라는 점은 착오를 이유로 화해계약의 취소를 주장하는 이가 증명해야 한다(대판 2004.8.20. 2002다20353).

㉯ 손해배상청구권을 포기하기로 하는 합의 당시 예기치 못한 후유증(後遺症) 등의 손해가 나중에 발생한 경우에 관하여, 착오를 이유로 합의를 취소할 수 있다는 판결이 있는가 하면(대판 1971.4.30. 71다399 참조), "합의가 손해 발생의 원인인 사고 후 얼마 지나지 아니하여 손해의 범위를 정확히 확인하기 어려운 상황에서 이루어진 것이고, 후발손해가 합의 당시의 사정으로 보아 예상이 불가능한 것으로서, 당사자가 후발손해를 예상하였더라면 사회통념상 그 합의금액으로는 화해하지 않았을 것이라고 보는 것이 상당할 만큼 그 손해가 중대한 것일 때에는 당사자의 의사가 이러한 손해에 대해서까지 그 배상청구권을 포기한 것이라고 볼 수 없으므로 다시 그 배상을 청구할 수 있다고 보아야 한다"고 함으로써 합의범위의 해석문제로

66) 대판 2021.9.9. 2016다203933: "당사자들이 분쟁을 인식하지 못한 상태에서 일방당사자가 이행해야 할 채무액에 관하여 협의하였다거나 일방당사자의 채무이행에 대해 상대방당사자가 이의를 제기하지 않았다는 사정만으로는 묵시적 화해계약이 성립하였다고 보기 어렵다."

파악하는 판결도 보인다(대판 2000.3.23. 99다63176).[67]

㉰ 참고로 소송상 화해를 본다.

㉠ 소송상 화해는 소송행위로서 소송법의 법리에 따라 규율되고, 민법의 화해에 관한 규정은 적용되지 않는다(대판 2002.12.6. 2002다44014).

㉡ 소송상 화해의 효력에 관하여 확립된 판례는 무제한기판력설을 따른다. 즉 화해 성립과정에서의 흠은 — 당연무효가 아닌 한 — 준재심의 소(민사소송법 제461조)에 의하여 효력을 다투는 방법 외에는 그 무효를 주장할 수 없다(대판 1992.11.27. 92다8521).

㉢ 제소전 화해조서에도 무제한적 기판력이 인정된다(대판 1990.12.11. 90다카24953).

---

67) 가령 사고 당시 3세 8월 남짓 된 피해자의 母와 보험자 사이에 교통사고로 인한 손해액에 관하여 319,600원에 합의가 성립되었으나, 그 후 38.8%의 노동능력 상실이 인정되고 그에 따른 손해액이 44,491,668원 정도로 산정된 사안에서, 나중에 밝혀진 후유장애로 인한 손해에 대하여 당초 합의의 효력을 부정한 대판 1997.4.11. 97다423.

제 7 장
법정채권관계

제 7 장
법정채권관계

제 1 절 불법행위 총설

(1) 불법행위는 1차적으로 손해를 입은 피해자가 그에 따른 불이익을 스스로 부담하지 않고 귀책사유를 근거로 그 불이익을 가해자에게 전가(轉嫁)할 수 있도록 하는 제도이지만, 부차적으로 사고의 예방, 즉 장래의 불법행위를 억제하는 제도로서 기능하기도 한다.

(2) 민법은 「과실(過失) 없으면 책임(責任) 없다」는 원칙을 따르면서도, 피해의 구제 및 손해의 공평한 분담을 위하여 예외적으로 무과실책임을 인정한다.

(3) 불법행위책임과 채무불이행책임의 관계에 관하여 판례는 청구권경합설을 따른다. 특히 대판(전) 1983.3.22. 82다카1533: "해상운송인이 운송 도중 운송인이나 그 사용인 등의 고의 또는 과실로 인하여 운송물을 감실 훼손시킨 경우, 선하증권 소지인은 운송인에 대하여 운송계약상의 채무불이행으로 인한 손해배상청구권과 아울러 소유권 침해의 불법행위로 인한 손해배상청구권을 취득하며 그중 어느 쪽의 손해배상청구권이라도 선택적으로 행사할 수 있다."[1][2]

---

1) 나아가 "운송계약상의 채무불이행책임에 관하여 법률상 면책의 특칙이 있거나 또는 운송계약에 그와 같은 면책특약을 하였다고 하여도 일반적으로 이러한 특칙이나 특약은 이를 불법행위책임에도 적용하기로 하는 명시적 또는 묵시적 합의가 없는 한 당연히는 불법행위책임에 적용되지 않는"다.

2) 그 밖에 대판 2021.6.24. 2016다210474: "채무불이행책임과 불법행위책임은 각각 요건과 효과를 달리하는 별개의 법률관계에서 발생하는 것이므로 하나의 행위가 계약상 채무불이행의 요건을 충족함과 동시에 불법행위의 요건도 충족하는 경우에는 두 개의 손해배상청구권이

제2절 일반불법행위의 요건

1. 손해의 발생 그리고 가해행위와의 인과관계

(1) 먼저 손해의 발생에 관하여 본다.

① 손해를 위법한 가해행위가 있은 후인 현재의 재산상태와 그 행위가 없었더라면 있었을 것으로 추정되는 가정적 재산상태의 차액으로 파악하는 「차액설」이 판례의 입장이다(대판(전) 1992.6.23. 91다33070 등). 〈4-4-3〉도 참조.

② 손해의 발생에 대한 증명책임을 피해자가 진다(대판 2012.12.13. 2011다25695).[3]

〈7-2-1〉 손해에 관한 판례

1) 일반법리

㉮ 손해는 법익의 침해를 의미하는데, 여기서 법익은 법적으로 보호할 가치 있는 것이어야 한다. 보호가치 없는 위법소득의 상실은 손해에 해당하지 않는다는 대판 1992.10.27. 92다34582 참조.

㉯ 불법행위로 인하여 피해자가 제3자에 대하여 채무를 부담하게 된 경우에, 가해자에게 채무액과 동일한 배상을 구하기 위해서는 채무의 부담이 현실적·확정적이어서 실제로 변제해야 할 성질의 것임을 요한다(대판 2019.8.14. 2016다217833).[4]

경합하여 발생하고, 권리자는 위 두 개의 손해배상청구권 중 어느 것이든 선택하여 행사할 수 있다. 다만 동일한 사실관계에서 발생한 손해의 배상을 목적으로 하는 경우에도 채무불이행을 원인으로 하는 배상청구와 불법행위를 원인으로 한 배상청구는 청구원인을 달리하는 별개의 소송물이므로, 법원은 원고가 행사하는 청구권에 관하여 다른 청구권과는 별개로 그 성립요건과 법률효과의 인정 여부를 판단하여야 한다. <u>계약 위반으로 인한 채무불이행이 성립한다고 하여 그것만으로 바로 불법행위가 성립하는 것은 아니다</u>."

3) 상표법 제110조와 같이 손해액을 추정하는 규정이 있는 경우에, 이는 손해에 관한 상표권자 등의 주장·증명책임을 경감하는 취지의 규정이지만, 상표권자가 침해자와 동종의 영업을 하고 있음을 증명하였다면 특별한 사정이 없는 한 상표권 침해에 의하여 영업상의 손해를 입었음이 사실상 추정된다(대판 2013.7.25. 2013다21666).

4) A가 소유하던 구분건물의 대지지분이 등기공무원의 과실로 실제지분보다 많은 지분으로 등기부에 잘못 기재된 상태에서 B가 임의경매절차를 통해 위 구분건물을 낙찰받아 소유권이전등기를 마친 다음 이를 C에게 매도하여 C 명의의 소유권이전등기가 이루어졌는데, 그 후 C

㉰ 피해자가 다른 방법에 의하여 손해를 전보받을 수 있더라도 그것을 이유로 가해자가 불법행위책임을 면할 수는 없다(아래 2007다76580 판결).[5]

㉱ 대판 2012.1.27. 2011다74949: "소유자가 상대방이 목적물을 권원 없이 점유·사용하여 소유권을 침해함으로 말미암아 재산상 손해를 입었다고 주장하여 그 손해의 배상을 청구하는 경우에는, 무엇보다도 상대방의 그러한 권리침해로 인하여 소유자에게 재산상 손해가 발생하였는지를 살펴보아야 할 것인데, 그 경우 손해의 유무는 상대방이 당해 물건을 점유하는지에 의하여 좌우되지 아니하며, 점유 여부는 단지 배상되어야 할 손해의 구체적인 액을 산정함에 있어서 고려될 여지가 있을 뿐"이다.

2) 손해의 발생이 긍정된 예

㉮ 대판 1993.11.23. 93다35421은, 불법행위로 인한 후유장애로 말미암아 외모에 추상이 생긴 경우에, 그 사실만으로 바로 육체적인 활동기능에 장애를 가져오지 않더라도 추상의 부위 및 정도, 피해자의 성별, 나이 등과 관련하여 그 추상이 장래의 취직, 직종선택, 승진, 전직에의 가능성 등에 영향을 미칠 정도로 현저하다면 추상장애로 인하여 노동능력의 상실이 있다고 보았다.

㉯ 대판 2009.3.12. 2007다76580은, 환지과정에서 등기관이 새로운 등기부를 편제하면서 근저당권설정등기 및 압류등기의 이기를 누락하였고, 그 등기부를 신뢰하여 부동산을 매수한 매수인이 매매대금을 전부 지급한 후 위 근저당권설정등기 및

가 B에게 '구분건물의 대지지분이 등기부 기재와 다르므로 등기부 기재대로 부족지분을 취득하여 이전해 달라'는 취지의 내용증명을 보내자, B가 등기공무원의 과실로 구분건물의 대지지분이 잘못 기재되는 바람에 실제 취득하지 못한 부족지분에 상응하는 만큼 매매대금을 과다지급하는 손해를 입었다며 국가를 상대로 손해배상을 구한 사안에서, 국가 소속 등기공무원의 과실로 등기부에 대지지분이 잘못 기재되는 바람에 B가 실제로 취득하지 못한 부족지분에 상응하는 만큼 매매대금을 과다지급하였지만, 이후 C에게 등기부 기재대로 대지지분이 존재하는 것을 전제로 구분건물을 매도하고 자신이 지급한 매수대금 이상의 매매대금을 수령한 이상, 최종매수인인 C가 국가의 불법행위로 매매대금이 초과지급된 현실적인 손해를 입었다고 보아야 하고, 중간매도인인 B는 C로부터 담보책임을 추궁당해 손해배상금을 지급하였거나 C에 대하여 손해배상의 지급을 명하는 판결을 받는 등으로 C에 대해 현실적·확정적으로 실제 변제해야 할 성질의 채무를 부담하는 등 특별한 사정이 없는 한 위와 같이 매매대금을 과다지급하였다거나 C로부터 부족지분의 이전을 요구받았다는 사정만으로 현실적으로 손해를 입었다고 볼 수 없다고 한 사례. 대판 1992.11.27. 92다29948; 대판 2003.4.8. 2000다53038도 참조.

5) 피해자가 다른 구제수단에 의하여 실제로 손해를 전보받은 경우에, 과잉배상금지의 요청에 따라 그 한도에서 가해자의 손해배상의무가 감축될 수 있음은 별개의 문제이다.

압류등기가 이기된 사안에서, 등기관의 직무상 과실로 위법하게 이루어진 등기부상 기재를 믿고 법률상 또는 계약상 지급할 의무가 없는 금원을 지급한 사실 자체로서 매수인에게 현실적으로 손해가 발생했다고 보았는데, "비록 사후적으로 원고가 매도인측과의 소송 등을 통하여 위 손해를 회복할 수 있는 다른 법적 구제수단이 존재한다고 하여 일단 있었던 손해의 발생사실 자체를 부정할 수는 없다"고 하였다.

㉰ 그 밖에 영업비밀 등을 부정취득한 경우에 취득한 영업비밀을 실제 사용하였는지 여부와 관계없이 부정취득행위 자체만으로 보유자에게 손해를 입힌다고 본 대판 2017.9.26. 2014다27425도 참조.

3) 손해의 발생이 부정된 예

㉮ 대판 2010.2.11. 2009다68408: "등기는 물권의 효력발생요건이고 존속요건은 아니어서 등기가 원인 없이 말소된 경우에는 그 물권의 효력에 아무런 영향이 없고, 그 회복등기가 마쳐지기 전이라도 말소된 등기의 등기명의인은 적법한 권리자로 추정되며, 그 회복등기신청절차에 의하여 말소된 등기를 회복할 수 있으므로(부동산등기법 제75조), 근저당권설정등기가 불법행위로 인하여 원인 없이 말소되었다 하더라도 말소된 근저당권설정등기의 등기명의인이 곧바로 근저당권 상실의 손해를 입게 된다고 할 수는 없다."

㉯ 대판 2001.1.19. 2000다58132는, 부동산의 등기청구권을 보전하기 위한 처분금지가처분이 부당하게 집행되었더라도, 이러한 처분금지가처분은 처분금지에 대하여 상대적 효력만 가지는 것이어서 그 집행 후에도 채무자는 당해 부동산에 대한 사용·수익을 계속하면서 여전히 이를 처분할 수 있으므로, 비록 그 가처분의 존재로 인하여 처분기회를 상실하였거나 그 대가를 제때 지급받지 못하는 불이익을 입었더라도 그것이 당해 부동산을 보유하면서 얻는 점용이익을 초과하지 않는 한 손해가 발생하였다고 보기 어렵다고 하였다.[6]

(2) 가해행위[7]와 손해 사이의 인과관계를 보자.

6) 나아가 점용이익을 초과하는 불이익을 입어 손해가 발생하였더라도 그 손해는 특별한 사정으로 인한 손해로서 가처분채권자가 그 사정을 알았거나 알 수 있었을 때에 한하여 배상책임을 진다고 하였다.

7) 참고로 대판 1999.6.11. 98다22963은, ㉠ 소유권이전등기청구권의 가압류는 청구권의 목적물인 부동산 자체의 처분을 금지하는 대물적 효력은 없고, 그 부동산에 관하여 제3채무자나 채무자로부터 이전등기를 경료한 제3자에 대해서는 취득한 등기가 원인무효라고 주장하여

① 다수설과 판례는 상당인과관계설을 취하는데, 책임성립요건으로서 인과관계는 조건설적 의미에서 자연적·사실적인 '원인과 결과'의 관계가 있으면 족하다는 견해도 유력하다.

② 피해자가 사실적 인과관계의 존재를 증명해야 하는데, 고도의 개연성의 증명으로 충분하다. 그런데 학설·판례는 인과관계의 증명에 고도의 전문지식을 요하는 불법행위유형에서 피해자의 증명책임을 경감하려 하고, 간접반증이론은 그 대표적인 예이다.

③ 인과관계의 중단과 가해원인의 경합도 손해배상책임의 주체 및/또는 범위와 관련하여 이해관계에 큰 영향을 미친다.

〈7-2-2〉 인과관계에 관한 판례

1) 인과관계의 존부(存否)

㉮ 대판 2008.6.12. 2007다36445는, 무권리자(Y)가 위법한 방법으로 그 명의로 소유권보존등기나 소유권이전등기를 경료한 후 그 부동산을 전전매수한 제3자의 등기부시효취득이 인정됨으로써 소유자(X)가 소유권을 상실한 경우에, Y의 위법한 등기경료행위가 없었더라면 X의 소유권 상실이라는 결과가 당연히 발생하지 않았을 것이고 또한 이러한 소유권 상실은 위법한 등기경료행위 당시에 통상 예측할 수 있었으므로, Y의 위법한 등기경료행위와 X의 소유권 상실 사이에 인과관계가 있다고 하였다.

㉯ 대판 2009.9.10. 2006다64627은, 감정평가업자가 담보목적물에 대하여 부당한 감정을 함으로 인하여 금융기관이 그 감정을 믿고 정당한 감정가격을 초과한 대

말소를 청구할 수는 없으므로, 제3채무자가 가압류결정을 무시하고 이전등기를 이행하고 채무자가 다시 제3자에게 이전등기를 경료하여 준 결과 채권자에게 손해를 입힌 때에는 불법행위를 구성하고 그에 따른 배상책임을 지는데, ㉡ 변제금지의 효력이 미치는 제3채무자로서는 일반채권이 가압류된 경우와 달리 채무자 또는 그 채무자를 대위한 이로부터 제기된 소유권이전등기청구소송에 응소하여 그 소유권이전등기청구권이 가압류된 사실을 주장하고 자신이 송달받은 가압류결정을 제출하는 방법으로 입증해야 할 의무가 있으므로, 제3채무자가 고의 또는 과실로 위 소유권이전등기청구소송에 응소하지 아니한 결과 의제자백에 의한 판결이 선고되어 확정됨에 따라 채무자에게 소유권이전등기가 경료되고 다시 제3자에게 처분된 결과 채권자가 손해를 입었다면, 제3채무자가 채무자에게 임의로 소유권이전등기를 경료하여 준 것과 마찬가지로 불법행위를 구성한다고 보았다.

출을 함으로써 재산상 손해를 입게 되리라는 것은 쉽사리 예견할 수 있으므로, 다른 특별한 사정이 없는 한 감정평가업자의 위법행위와 금융기관의 손해 사이에 인과관계가 있고, 그 손해의 발생에 금융기관의 과실이 있다면 — 과실상계의 법리에 따라 그 과실의 정도를 비교교량하여 감정평가업자의 책임을 면하게 하거나 감경하는 것은 별론으로 하고 — 그로 인하여 감정평가업자의 부당감정과 손해 사이에 존재하는 인과관계가 단절된다고 할 수 없다고 하였다.[8)]

㉰ 그 밖에 인터넷상에서 포털서비스사업을 하는 Y 회사가 제공하는 온라인 서비스에 가입한 회원들의 개인정보가 해킹사고로 유출되자 서비스 이용자인 X가 Y를 상대로 손해배상을 구한 사안에서, 보호조치의 미이행과 해킹사고의 발생 사이에 인과관계가 인정되지 않는다고 한 대판 2018.1.25. 2015다24904·24911·24928·24935도 참조.

2) 인과관계의 증명

㉮ 간접반증이론에 관한 선도적 판결인 대판 1984.6.12. 81다558: "일반적으로 불법행위로 인한 손해배상청구사건에 있어서 가해행위와 손해 발생 간의 인과관계의 입증책임은 청구자인 피해자가 부담하나, 수질오탁으로 인한 이 사건과 같은 공해로 인한 손해배상청구소송에 있어서는 기업이 배출한 원인물질이 물을 매체로 간접적으로 손해를 끼치는 수가 많고 공해문제에 관하여는 현재의 과학수준으로도 해명할 수 없는 분야가 있기 때문에 가해행위와 손해 발생 간의 인과관계의 고리를 모두 자연과학적으로 증명하는 것은 곤란 내지 불가능한 경우가 대부분이므로 피해자에게 사실적 인과관계의 존재에 관한 엄밀한 과학적 증명을 요구함은 공해의 사법적 구제의 사실상 거부가 될 우려가 있는 반면에 가해기업은 기술적, 경제적으로 피해자보다 원인조사가 훨씬 용이할 뿐 아니라 그 원인을 은폐할 염려가 있어, <u>가해기업이 배출한 어떤 유해한 원인물질이 피해물질에 도달하여 손해가 발생하였다면 가해자측에서 그 무해함을 입증하지 못하는 한 책임을 면할 수 없다고 봄이 사회형평의 관념에 적합하다</u>. […] 수질오탁으로 인한 공해소송에서 <u>(1) 피고공장에서 김의 생육에 악영향을 줄 수 있는 폐수가 배출되고 (2) 그 폐수 중 일부가 해류를 통하여 이 사건 김 양식장에 도달하였으며 (3) 그 후 김에 피해가 있었다는</u>

8) 분식회계사실을 밝히지 못한 외부감사인의 과실과 기업체가 발행한 기업어음 매입 사이에 인과관계가 인정된다는 대판 2008.6.26. 2007다90647 및 기업체의 분식회계와 금융기관의 대출 또는 지급보증 사이의 인과관계가 인정된다는 대판 2008.1.18. 2005다65579 및 대판 2007.6.28. 2006다52259도 참조.

사실이 각 모순 없이 증명된 이상 피고공장의 폐수배출과 양식 김에 병해가 발생함으로 말미암은 손해 간의 인과관계가 일응 증명되었다고 할 것이므로, 피고가 (1) 피고공장 폐수 중에는 김의 생육에 악영향을 끼칠 수 있는 원인물질이 들어 있지 않으며 (2) 원인물질이 들어 있다 하더라도 그 해수혼합률이 안전농도 범위 내에 속한다는 사실을 반증을 들어 인과관계를 부정하지 못하는 한 그 불이익은 피고에게 돌려야 마땅하다." 그런데 적어도 가해자가 유해한 원인물질을 배출한 사실, 그 유해의 정도가 사회생활상 통상의 수인한도를 넘는다는 사실, 그것이 피해물건에 도달한 사실 및 그 후 피해자에게 손해가 발생한 사실에 관한 증명책임은 여전히 피해자가 부담한다(대판 2013.10.24. 2013다10383).

㉯ 집단적·통계적 접근방법인 「역학적 인과관계이론」이 고엽제에 관한 대판 2013.7.12. 2006다17539; 대판 2013.7.12. 2006다17553, 담배소송에 관한 대판 2014.4.10. 2011다22092, 자동차 배출가스에 관한 대판 2014.9.4. 2011다7437 등에서 거론되었다. 가령 2006다17539 판결: "비특이성 질환의 경우에는 특정 위험인자와 비특이성 질환 사이에 역학적 상관관계가 인정된다 하더라도, 어느 개인이 위험인자에 노출되었다는 사실과 비특이성 질환에 걸렸다는 사실을 증명하는 것만으로 양자 사이의 인과관계를 인정할 만한 개연성이 증명되었다고 볼 수 없다. 이러한 경우에는 위험인자에 노출된 집단과 노출되지 않은 다른 일반집단을 대조하여 역학조사를 한 결과 위험인자에 노출된 집단에서 비특이성 질환에 걸린 비율이 위험인자에 노출되지 않은 집단에서 비특이성 질환에 걸린 비율을 상당히 초과한다는 점을 증명하고, 그 집단에 속한 개인이 위험인자에 노출된 시기와 노출 정도, 발병시기, 위험인자에 노출되기 전의 건강상태, 생활습관, 질병상태의 변화, 가족력 등을 추가로 증명하는 등으로 위험인자에 의하여 비특이성 질환이 유발되었을 개연성이 있다는 점을 증명하여야 한다."[9)]

---

9) 이러한 판단에 기하여 X 등 베트남전 참전군인들이 Y 외국법인 등에 의하여 제조되어 베트남전에서 살포된 고엽제 때문에 각종 질병이 발생하였다며 Y 등을 상대로 제조물책임 등에 따른 손해배상을 구한 사안에서, 염소성 여드름 등에 관해서는 고엽제에 함유된 유해물질인 TCDD에 대한 개개인의 신체적 감수성이 염소성 여드름 발현 여부와 형태에 미치는 영향, TCDD에 노출된 후 염소성 여드름이 발병하는 기간 등 제반 사정을 종합하여, 참전군인들 중 일부가 고엽제에 함유된 TCDD에 노출되어 특이성 질환인 염소성 여드름이 발생하였을 개연성이 인정된다는 이유로, 그들이 베트남전 동안 복무지역 등에 살포되거나 잔류하는 고엽제의 TCDD에 노출되어 염소성 여드름이 발생하는 손해를 입었다고 보았다. 반면 당뇨병 등에 관해서는 고엽제 노출과 당뇨병 등 비특이성 질환 사이에 통계학적 연관성이 있다는 사정과 참전군인들 중 일부가 비특이성 질환에 걸렸다는 사정만으로 그들 개개인이 걸린 비

3) 가해행위의 경합

㉮ 손해의 발생 또는 확대에 체질적 소인이나 기왕증 등 피해자 본인의 기여가 있다면, 그것이 피해자 측의 귀책사유와 무관하더라도, 기여의 정도에 따라 피해자의 손해 중 그에 상응한 배상액을 부담케 하는 것이 손해의 공평한 부담이라는 견지에서 타당하다(대판 2004.11.26. 2004다47734).

㉯ 가해행위와 자연력이 경합하여 손해가 발생한 경우에, 가해자의 배상범위는 자연력의 기여로 인정되는 부분을 공제한 나머지 부분으로 한정되어야 한다. 다만 가해자가 자연적 조건이나 그에 따른 위험의 정도를 미리 예상할 수 있었고 또 과도한 노력이나 비용을 들이지 않고도 적절한 조치를 취하여 자연적 조건에 따른 위험의 발생을 사전에 예방할 수 있었다면, 책임의 경감이 허용되지 않는다(대판 2003.6.27. 2001다734).

㉰ 최초의 가해행위와 무관하게 피해자 또는 제3자의 행위가 사후적으로 개입되어 손해가 발생한 경우에, 최초의 가해행위와의 인과관계가 중단되고, 2차 사고에 따른 손해는 피해자 자신 또는 제3자의 몫으로 남는다. 1차 사고가 없었더라면 2차 사고도 발생하지 않았을 것이라고 인정되는 것과 같은 조건적 관계가 존재하지 않는 경우에 1차 사고의 가해자는 2차 사고로 인하여 피해자가 사망한 때까지의 손해만 배상하면 된다는 대판 1995.2.10. 94다51895 참조.

㉱ 1차 손해의 확대를 방지하기 위하여 필요한 조치를 하던 중 제3자의 행위로 2차 손해가 발생한 경우에, 제3자의 고의나 중대한 과실 등 특별한 사정이 있다면 인과관계가 중단되었다고 볼 것이고, 특별한 사정의 존재에 대한 증명책임은 1차 손해를 야기한 이에게 있다(대판 2000.9.8. 99다48245).

한편 제3자의 과책에 기한 행위가 개입되었지만 최초의 가해행위의 연장선상에서 손해가 발생하였다면, 손해에 대한 인과관계가 양자 모두에게 인정되어 공동불법행위가 성립한다(대판 2005.9.30. 2004다52576).

특이성 질환이 베트남전 당시 살포된 고엽제에 노출되어 발생하였을 개연성을 인정할 수 없다고 하였다.

그 밖에 이 판결은 이른바 비율적 인과관계를 배척하였다.

2. 가해행위의 위법성

(1) 일반법리를 본다.

① 위법성은 관련행위 전체를 일체로만 판단하는 것은 아니고, "문제가 되는 행위마다 개별적·상대적으로 판단"하는데(대판 2003.6.27. 2001다734), 피침해법익의 내용(특히 제3자효를 가지는지 여부)과 침해행위의 모습이 상관적으로 고려되어야 한다.

② 타인의 법익을 침해하는 행위는 일응 위법하므로, 위법성의 존재에 대한 조사는 대개 위법성조각사유의 존재가 주장되는 경우에 행하여지고, 가해자가 위법성조각사유를 증명해야 한다.

〈7-2-3〉 위법성 일반에 관한 판례

1) 부작위의 위법성

㉮ 부작위에서 위법성을 인정하기 위하여 「작위의무」가 존재하는지를 확인해야 하는데, 작위의무가 객관적으로 인정되는 이상 의무자가 의무의 존재를 인식하지 못했더라도 상관없다. 당사자의 부주의나 착오 등으로 고지의무 있음을 인식하지 못했다고 하여 위법성이 부정되지 않는다고 한 대판 2012.4.26. 2010다8709 참조. 나아가 그 행위가 의무자에게 기대될 수 있어야 한다.

㉯ 대판 2014.4.10. 2012다54997: "일반적으로 매매거래에서 매수인은 목적물을 염가로 구입할 것을 희망하고 매도인은 목적물을 고가로 처분하기를 희망하는 이해상반의 지위에 있으며, 각자가 자신의 지식과 경험을 이용하여 최대한으로 자신의 이익을 도모할 것으로 예상되기 때문에, 당사자 일방이 알고 있는 정보를 상대방에게 사실대로 고지하여야 할 신의칙상 의무가 인정된다고 볼 만한 특별한 사정이 없는 한, 매수인이 목적물의 시가를 묵비하여 매도인에게 고지하지 아니하거나 혹은 시가보다 낮은 가액을 시가라고 고지하였다 하더라도, 상대방의 의사결정에 불법적인 간섭을 하였다고 볼 수 없으므로 불법행위가 성립한다고 볼 수 없다."

㉰ 대판 2002.2.26. 2001다74353은, 채권자인 Y 은행이 A에 대하여 대출금채권을 가지고 있었고, A는 Y에 대하여 예금채권 등을 가지고 있어 이를 대등액에서

상계할 수 있었는데도 Y가 상계를 하지 않음으로써, 보증인 B가 A의 채무를 대위변제하고 채무담보를 위하여 설정된 근저당권을 일부이전 받은 후 그 근저당권에 기한 임의경매를 신청하자 근저당권의 목적물인 부동산에 관하여 소유권이전등기를 경료한 제3자 X가 담보권 실행을 방지하기 위하여 B에게 변제한 사안에서, 일반적으로 채권자가 자신의 채무자에 대하여 상계권을 행사할지 아니할지는 채권자의 권리일 뿐 특별한 사정이 없는 한 제3자의 이익을 위하여 상계를 해야 할 작위의무를 부담한다고 할 수는 없으므로, Y가 상계권을 행사하지 않은 것이 X에 대하여 불법행위를 구성한다고 할 수 없다고 하였다.

2) 위법성 판단의 기준으로서「수인한도/참을 한도」

대판 2016. 11.10. 2013다71098: "항공기가 토지의 상공을 통과하여 비행하는 등으로 토지의 사용·수익에 대한 방해가 있음을 이유로 비행금지 등 방해의 제거 및 예방을 청구하거나 손해배상을 청구하려면, 토지소유권이 미치는 범위 내의 상공에서 방해가 있어야 할 뿐 아니라 방해가 사회통념상 일반적으로 참을 한도를 넘는 것이어야 한다. 이때 방해가 참을 한도를 넘는지는 피해의 성질 및 정도, 피해이익의 내용, 항공기 운항의 공공성과 사회적 가치, 항공기의 비행고도와 비행시간 및 비행빈도 등 비행의 태양, 그 토지 상공을 피해서 비행하거나 피해를 줄일 수 있는 방지조치의 가능성, 공법적 규제기준의 위반 여부, 토지가 위치한 지역의 용도 및 이용상황 등 관련사정을 종합적으로 고려하여 판단하여야 한다. 한편 항공기의 비행으로 토지소유자의 정당한 이익이 침해된다는 이유로 토지 상공을 통과하는 비행의 금지 등을 구하는 방지청구와 금전배상을 구하는 손해배상청구는 내용과 요건이 다르므로, 참을 한도를 판단하는 데 고려할 요소와 중요도에도 차이가 있을 수 있다. 그중 특히 방지청구는 그것이 허용될 경우 소송당사자뿐 아니라 제3자의 이해관계에도 중대한 영향을 미칠 수 있으므로, 방해의 위법 여부를 판단할 때는 청구가 허용될 경우 토지소유자가 받을 이익과 상대방 및 제3자가 받게 될 불이익 등을 비교·형량해 보아야" 한다.

3) 행위유형별 판례

㉮ 검사가 수사 및 공판과정에서 피고인에게 유리한 증거를 발견하였다면 피고인의 이익을 위하여 이를 법원에 제출해야 하고, 그것을 은폐하였다면 국가배상책임이 인정된다(대판 2002.2.22. 2001다23447).[10]

10) 강도강간의 피해자가 제출한 팬티에 대한 국립과학수사연구소의 유전자검사 결과 그 팬티에

㉯ 「소 제기」에 관하여 대판 2002.5.31. 2001다64486: "법적 분쟁의 해결을 구하기 위하여 소를 제기하는 것은 원칙적으로 정당한 행위이고, 단지 제소자가 패소의 판결을 받아 확정되었다는 것만으로 바로 그 소의 제기가 불법행위였다고 단정할 수는 없으나, 반면 소를 제기당한 사람 쪽에서 보면, 응소를 강요당하고 어쩔 수 없이 그를 위하여 변호사비용을 지출하는 등의 경제적·정신적 부담을 지게 되는 까닭에 응소자에게 부당한 부담을 강요하는 결과를 가져오는 소의 제기는 위법하게 되는 경우가 있을 수 있으므로, 민사소송을 제기한 사람이 패소판결을 받아 확정된 경우에 그와 같은 소의 제기가 상대방에 대하여 위법한 행위가 되는 것은 당해 소송에 있어서 제소자가 주장한 권리 또는 법률관계가 사실적·법률적 근거가 없고, 제소자가 그와 같은 점을 알면서, 혹은 통상인이라면 그 점을 용이하게 알 수 있음에도 불구하고 소를 제기하는 등 소의 제기가 재판제도의 취지와 목적에 비추어 현저하게 상당성을 잃었다고 인정되는 경우에 한한다."

㉰ 「확정판결에 기한 강제집행」에 관하여 대판 2001.11.13. 99다32899: "판결이 확정되면 기판력에 의하여 대상이 된 청구권의 존재가 확정되고 그 내용에 따라 집행력이 발생하는 것이므로, 그에 따른 집행이 불법행위를 구성하기 위하여는 소송당사자가 상대방의 권리를 해할 의사로 상대방의 소송관여를 방해하거나 허위의 주장으로 법원을 기망하는 등 부정한 방법으로 실체의 권리관계와 다른 내용의 확정판결을 취득하여 집행을 하는 것과 같은 특별한 사정이 있어야 하고, 그와 같은 사정이 없이 확정판결의 내용이 단순히 실체적 권리관계에 배치되어 부당하고 또한 확정판결에 기한 집행채권자가 이를 알고 있었다는 것만으로는 그 집행행위가 불법행위를 구성한다고 할 수 없"다.[11]

서 범인으로 지목되어 기소된 원고나 피해자의 남편과 다른 남자의 유전자형이 검출되었다는 감정결과를 검사가 공판과정에서 입수한 경우에, 그 감정서는 원고의 무죄를 입증할 수 있는 결정적인 증거에 해당하는데도 검사가 그 감정서를 법원에 제출하지 않고 은폐하였다면 검사의 그와 같은 행위는 위법하다고 보아 국가배상책임을 인정한 사례.

참고로 재판작용에 대한 국가배상책임에 관한 판례는 재판에 대한 불복절차 또는 시정절차가 마련되어 있으면 이를 통한 시정을 구하지 않고서는 원칙적으로 국가배상을 구할 수 없다는 것으로, 보전재판이라고 해서 이와 달리 보아야 할 이유가 없다(대판 2022.3.17. 2019다226975).

11) 나아가 "편취된 판결에 기한 강제집행이 불법행위로 되는 경우가 있다고 하더라도 당사자의 법적 안정성을 위해 확정판결에 기판력을 인정한 취지나 확정판결의 효력을 배제하기 위하여는 그 확정판결에 재심사유가 존재하는 경우에 재심의 소에 의하여 그 취소를 구하는 것이 원칙적인 방법인 점에 비추어 볼 때 불법행위의 성립을 쉽게 인정하여서는 아니 되고, 확정판결에 기한 강제집행이 불법행위로 되는 것은 당사자의 절차적 기본권이 근본적으로 침해

㉣ 민사소송의 변론과정에서 당사자가 상대방의 privacy나 명예에 관한 사항을 주장하고 이에 관한 증거자료를 제출함으로써 상대방의 privacy가 침해되거나 명예가 훼손되었더라도, 그 주장과 증명이 당사자에게 허용되는 정당한 변론활동의 범위를 일탈한 것이 아니라면 위법성이 없다(대판 2008.2.15. 2006다26243).12)

㉤ 구 간접투자자산 운용업법에 관하여 대판 2011.7.28. 2010다76368: "자산운용회사는 판매회사나 투자자에게 투자신탁의 수익구조와 위험요인에 관한 올바른 정보를 제공함으로써 투자자가 정보를 바탕으로 합리적인 투자판단을 할 수 있도록 투자자를 보호하여야 할 주의의무와 이에 따른 불법행위책임을 부담한다." 참고로 자본시장법 제46조 이하가 투자권유 등과 관련하여 적합성의 원칙, 적정성의 원칙, 설명의무 등 금융투자업자의 주의의무를 규정한다.

㉥ 종립학교의 종교교육에 관하여 대판(전) 2010.4.22. 2008다38288은 "헌법상의 기본권은 제1차적으로 개인의 자유로운 영역을 공권력의 침해로부터 보호하기 위한 방어적 권리이지만 다른 한편으로 헌법의 기본적인 결단인 객관적인 가치질서를 구체화한 것으로서, 사법(私法)을 포함한 모든 법영역에 그 영향을 미치는 것이므로 사인간의 사적인 법률관계도 헌법상의 기본권규정에 적합하게 규율되어야 한다. 다만 기본권규정은 그 성질상 사법관계에 직접 적용될 수 있는 예외적인 것을 제외하고는 사법상의 일반원칙을 규정한 민법 제2조, 제103조, 제750조, 제751조 등의 내용을 형성하고 그 해석기준이 되어 간접적으로 사법관계에 효력을 미치게 된다"고 하면서, 종교의 자유라는 기본권의 침해와 관련한 불법행위의 성립 여부도 위와 같은 일반규정을 통하여 사법상으로 보호되는 종교에 관한 인격적 법익침해 등의 형태로 구체화되어 논해져야 한다고 했다.13)

된 상태에서 판결이 선고되었거나 확정판결에 재심사유가 존재하는 등 확정판결의 효력을 존중하는 것이 정의에 반함이 명백하여 이를 묵과할 수 없는 경우로 한정하여야 한다."

12) 수사과정에서 다른 이에게 불리한 진술을 한 경우에 관한 대판 2007.5.11. 2007다2145도 참조.

13) 나아가 "종립학교가 고등학교 평준화정책에 따라 학생 자신의 신앙과 무관하게 입학하게 된 학생들을 상대로 종교적 중립성이 유지된 보편적인 교양으로서의 종교교육의 범위를 넘어서서 학교의 설립이념이 된 특정의 종교교리를 전파하는 종파교육형태의 종교교육을 실시하는 경우에는 그 종교교육의 구체적인 내용과 정도, 종교교육이 일시적인 것인지 아니면 계속적인 것인지 여부, 학생들에게 그러한 종교교육에 관하여 사전에 충분한 설명을 하고 동의를 구하였는지 여부, 종교교육에 대한 학생들의 태도나 학생들이 불이익이 있을 것을 염려하지 아니하고 자유롭게 대체과목을 선택하거나 종교교육에 참여를 거부할 수 있었는지 여부 등의 구체적인 사정을 종합적으로 고려하여 사회공동체의 건전한 상식과 법감정에 비추어 볼 때 용인될 수 있는 한계를 초과한 종교교육이라고 보이는 경우에는 위법성을 인정할 수 있

㉳ 대판 2012.3.29. 2010다20044: "경쟁자가 상당한 노력과 투자에 의하여 구축한 성과물을 상도덕이나 공정한 경쟁질서에 반하여 자신의 영업을 위하여 무단으로 이용함으로써 경쟁자의 노력과 투자에 편승하여 부당하게 이익을 얻고 경쟁자의 법률상 보호할 가치가 있는 이익을 침해하는 행위는 부정한 경쟁행위로서 민법상 불법행위에 해당한다."[14]

㉴ 그 밖에 서울 YMCA가 여성 회원들을 총회원 자격심사에서 배제한 것이 남녀차별로서 불법행위를 구성한다고 본 대판 2011.1.27. 2009다19864[15], 법령에 위반하여 영위하는 사업이 불법행위로 인하여 불이익을 받은 경우에 관한 대판 2012.1.12. 2010다79947, 이른바 KIKO 사건에 관한 대판(전) 2013.9.26. 2011다53683·53690; 대판(전) 2013.9.26. 2012다1146·1153; 대판(전) 2013.9.26. 2012다13637; 대판(전) 2013.9.26. 2013다26746, 카지노 출입제한 및 베팅한도 규정 위반에 관한 대판(전) 2014.8.21. 2010다92438 등도 참조.[16]

다." 이러한 취지에 따라 종립학교가 고등학교 평준화정책에 따라 강제배정된 학생들을 상대로 특정종교의 교리를 전파하는 종파적인 종교행사와 종교과목수업을 실시하면서 참가거부가 사실상 불가능한 분위기를 조성하고 대체과목을 개설하지 않는 등 신앙을 갖지 않거나 학교와 다른 신앙을 가진 학생의 기본권을 고려하지 않은 것은, 우리 사회의 건전한 상식과 법감정에 비추어 용인될 수 있는 한계를 벗어나 학생의 종교에 관한 인격적 법익을 침해하는 위법한 행위이고, 그로 인하여 인격적 법익을 침해받는 학생이 있을 것임이 충분히 예견가능하고 그 침해가 회피가능하므로 과실 역시 인정된다고 하였다.

14) 불법행위에 기한 금지청구를 인용한 (〈7-3-5〉에 소개된) 대결 2010.8.25. 2008마1541도 참조.

15) 앞의 2008다38288 판결의 판시를 언급하면서, "사적 단체를 포함하여 사회공동체 내에서 개인이 성별에 따른 불합리한 차별을 받지 아니하고 자신의 희망과 소양에 따라 다양한 사회적·경제적 활동을 영위하는 것은 그 인격권 실현의 본질적 부분에 해당하므로 평등권이라는 기본권의 침해도 민법 제750조의 일반규정을 통하여 사법상 보호되는 인격적 법익 침해의 형태로 구체화되어 논하여질 수 있고, 그 위법성 인정을 위하여 반드시 사인간의 평등권 보호에 관한 별개의 입법이 있어야만 하는 것은 아니"라고 한 사례.

16) 한편 대판(전) 2022.8.30. 2018다212610의 다수의견: "구 국가안전과 공공질서의 수호를 위한 대통령긴급조치(1975. 5. 13. 대통령긴급조치 제9호, 이하 '긴급조치 제9호'라고 한다)는 위헌·무효임이 명백하고 긴급조치 제9호 발령으로 인한 국민의 기본권 침해는 그에 따른 강제수사와 공소제기, 유죄판결의 선고를 통하여 현실화되었다. 이러한 경우 긴급조치 제9호의 발령부터 적용·집행에 이르는 일련의 국가작용은, 전체적으로 보아 공무원이 직무를 집행하면서 객관적 주의의무를 소홀히 하여 그 직무행위가 객관적 정당성을 상실한 것으로서 위법하다고 평가되고, 긴급조치 제9호의 적용·집행으로 강제수사를 받거나 유죄판결을 선고받고 복역함으로써 개별국민이 입은 손해에 대해서는 국가배상책임이 인정될 수 있다."

⑵ 인격권의 침해를 본다.

① 법의 보호를 받는 사람의 인격적 가치를 「인격권」이라 하는데, 성명권, 초상권 등 개인의 사적 영역에 대한 침해, 개인정보 자기결정권의 침해 등이 특히 문제된다.

② 빈번한 인격권 침해유형인 명예훼손(名譽毁損)에서는 개인의 인격권과 표현의 자유가 충돌하므로, 양 법익 사이의 형량이 중요하다. 판례는 — 형법 제310조를 차용하여 — 진실성과 공익성이 있으면 위법성이 조각된다는 입장이다.

〈7-2-4〉 인격권의 침해 일반에 관한 판례

1) 자연인뿐만 아니라 법인이나 단체도 인격권의 주체일 수 있다. 회사에 관한 대판 1996.4.12. 93다40614, 종중에 관한 대판 1997.10.24. 96다17851 등 참조.

2) 인격권 침해의 모습

㉮ 대판 2013.6.27. 2012다31628: "개인의 사생활과 관련된 사항의 공개가 사생활의 비밀을 침해하는 것이더라도, 사생활과 관련된 사항이 공공의 이해와 관련되어 공중의 정당한 관심의 대상이 되는 사항에 해당하고, 공개가 공공의 이익을 위한 것이며, 표현내용·방법 등이 부당한 것이 아닌 경우에는 위법성이 조각될 수 있다. 초상권이나 사생활의 비밀과 자유를 침해하는 행위를 둘러싸고 서로 다른 두 방향의 이익이 충돌하는 경우에는 구체적 사안에서의 사정을 종합적으로 고려한 이익형량을 통하여 침해행위의 최종적인 위법성이 가려진다. 이러한 이익형량과정에서, 첫째 침해행위의 영역에 속하는 고려요소로는 침해행위로 달성하려는 이익의 내용 및 중대성, 침해행위의 필요성과 효과성, 침해행위의 보충성과 긴급성, 침해방법의 상당성 등이 있고, 둘째 피해이익의 영역에 속하는 고려요소로는 피해법익의 내용과 중대성 및 침해행위로 인하여 피해자가 입는 피해의 정도, 피해이익의 보호가치 등이 있다. 그리고 일단 권리의 보호영역을 침범함으로써 불법행위를 구성한다고 평가된 행위가 위법하지 아니하다는 점은 이를 주장하는 사람이 증명하여야 한다."[17]

---

17) A 회사 등이 B 등의 동의 없이 B 등의 사생활영역에 속하는 양가 상견례, 데이트 장면 등을 상세히 묘사하고 B 등을 무단으로 촬영한 사진을 함께 싣는 보도를 한 사안에서, A 등은 위 보도를 통해 B 등의 사생활의 비밀과 자유, B의 초상권을 침해하였으므로 공동불법행위자로

㉯ 대판 2016.3.10. 2012다105482: "헌법 제10조의 인간의 존엄과 가치, 행복추구권과 헌법 제17조의 사생활의 비밀과 자유에서 도출되는 개인정보 자기결정권은 자신에 관한 정보가 언제 누구에게 어느 범위까지 알려지고 또 이용되도록 할 것인지를 정보주체가 스스로 결정할 수 있는 권리이다. 개인정보 자기결정권의 보호대상이 되는 개인정보는 개인의 신체, 신념, 사회적 지위, 신분 등과 같이 인격주체성을 특징짓는 사항으로서 개인의 동일성을 식별할 수 있게 하는 일체의 정보를 의미하며, 반드시 개인의 내밀한 영역에 속하는 정보에 국한되지 않고 공적 생활에서 형성되었거나 이미 공개된 개인정보까지도 포함한다. 또 헌법 제21조에서 보장하고 있는 표현의 자유는 개인이 인간으로서의 존엄과 가치를 유지하고 국민주권을 실현하는 데 필수불가결한 자유로서, 자신의 신원을 누구에게도 밝히지 않은 채 익명 또는 가명으로 자신의 사상이나 견해를 표명하고 전파할 익명표현의 자유도 보호영역에 포함된다. 한편 헌법상 기본권의 행사는 국가공동체 내에서 타인과의 공동생활을 가능하게 하고 다른 헌법적 가치나 국가의 법질서를 위태롭게 하지 않는 범위 내에서 이루어져야 하므로, 개인정보 자기결정권이나 익명표현의 자유도 국가안전보장·질서유지 또는 공공복리를 위하여 필요한 경우에는 헌법 제37조 제2항에 따라 법률로써 제한될 수 있다."

㉰ 대판(전) 2011.9.2. 2008다42430: "정보주체의 동의 없이 개인정보를 공개함으로써 침해되는 인격적 법익과 정보주체의 동의 없이 자유롭게 개인정보를 공개하는 표현행위로서 보호받을 수 있는 법적 이익이 하나의 법률관계를 둘러싸고 충돌하는 경우에는, 개인이 공적인 존재인지 여부, 개인정보의 공공성 및 공익성, 개인정보 수집의 목적·절차·이용형태의 상당성, 개인정보 이용의 필요성, 개인정보 이용으로 인해 침해되는 이익의 성질 및 내용 등 여러 사정을 종합적으로 고려하여, 개인정보에 관한 인격권 보호에 의하여 얻을 수 있는 이익(비공개이익)과 표현행위에 의하여 얻을 수 있는 이익(공개이익)을 구체적으로 비교 형량하여, 어느 쪽 이익이 더욱 우월한 것으로 평가할 수 있는지에 따라 그 행위의 최종적인 위법성

서 B 등이 입은 정신적 손해를 배상할 의무가 있다고 한 사례.

참고로 대판 2006.10.13. 2004다16280은 초상권 침해가 불법행위에 해당함을 밝힌 최초의 판결인데, 'Y 보험회사의 자동차보험에 가입한 피보험차량에 의하여 X가 부상 → X가 손해배상청구를 하여 신체장해율에 대한 감정결과가 회신되자, Y의 직원 Z가 1주일에 걸쳐 X의 운전이나 보행 등을 촬영한 사진을 제출하여 재감정을 신청하고 장해율이 하향조정된 재감정결과가 회신됨 → X가 Y 및 Z를 상대로 초상권 및 사생활 침해를 이유로 위자료청구'의 사안에서 X의 청구를 인용하였다.

여부를 판단하여야 한다."[18]

㉣ 대판 2018. 5. 30. 2015다251539·251546·251553·251560·251577: "정보주체의 동의를 얻지 아니하고 개인의 위치정보를 수집한 경우, 그로 인하여 손해배상책임이 인정되는지는 위치정보 수집으로 정보주체를 식별할 가능성이 발생하였는지, 정보를 수집한 자가 수집된 위치정보를 열람 등 이용하였는지, 위치정보가 수집된 기간이 장기간인지, 위치정보를 수집하게 된 경위와 그 수집한 정보를 관리해 온 실태는 어떠한지, 위치정보 수집으로 인한 피해 발생 및 확산을 방지하기 위하여 어떠한 조치가 취하여졌는지 등 여러 사정을 종합적으로 고려하여 구체적 사건에 따라 개별적으로 판단하여야 한다."[19]

㉤ 대판(전) 2014.11.20. 2011므2997: "제3자도 타인의 부부공동생활에 개입하여 부부공동생활의 파탄을 초래하는 등 혼인의 본질에 해당하는 부부공동생활을 방해하여서는 아니 된다. 제3자가 부부의 일방과 부정행위를 함으로써 혼인의 본질에 해당하는 부부공동생활을 침해하거나 유지를 방해하고 그에 대한 배우자로서의 권리를 침해하여 배우자에게 정신적 고통을 가하는 행위는 원칙적으로 불법행위를

18) 이러한 판시를 전제로, 변호사정보 제공 웹사이트 운영자가 제공하는 서비스 중 ⓐ 대법원 홈페이지에서 제공하는 '나의 사건검색' 서비스를 통해 수집한 사건정보를 이용하여 변호사들의 승소율이나 전문성지수 등을 제공하는 서비스에 관해서는 공적 존재인 변호사들의 지위, 사건정보의 공공성 및 공익성, 사건정보를 이용한 승소율이나 전문성지수 등 산출방법의 합리성 정도, 승소율이나 전문성지수 등의 이용필요성, 이용으로 인하여 변호사들 이익이 침해될 우려의 정도 등을 종합적으로 고려하면, 웹사이트 운영자가 사건정보를 이용하여 승소율이나 전문성지수 등을 제공하는 서비스를 하는 행위는 그에 의하여 얻을 수 있는 법적 이익이 이를 공개하지 않음으로써 얻을 수 있는 정보주체의 인격적 법익에 비하여 우월한 것으로 보여 변호사들의 개인정보에 관한 인격권을 침해하는 위법한 행위로 평가할 수 없다고 한 반면, ⓑ 변호사들의 개인신상정보를 기반으로 변호사들의 인맥지수를 산출하여 공개하는 서비스에 관하여 견해가 갈렸는데, 다수의견은 인맥지수의 사적·인격적 성격, 산출과정에서의 왜곡가능성, 인맥지수 이용으로 인한 변호사들의 이익 침해와 공적 폐해의 우려, 그에 반하여 이용으로 달성될 공적인 가치의 보호필요성 정도 등을 종합적으로 고려하면, 운영자가 변호사들의 개인신상정보를 기반으로 한 인맥지수를 공개하는 표현행위에 의하여 얻을 수 있는 법적 이익이 이를 공개하지 않음으로써 보호받을 수 있는 변호사들의 인격적 법익에 비하여 우월하다고 볼 수 없어, 결국 운영자의 인맥지수 서비스 제공행위는 변호사들의 개인정보에 관한 인격권을 침해하는 위법한 것으로 보았다.

19) A 외국법인이 출시한 휴대폰 등에서 사용자가 위치서비스 기능을 「끔」으로 설정하였음에도 A가 휴대폰 등의 위치정보와 사용자의 개인위치정보를 수집하는 버그가 발생하자, A와 그의 자회사로서 국내 판매법인인 B 회사로부터 휴대폰 등을 구매한 후 이를 사용하는 C 등이 손해배상을 구한 사안에서, 위치정보 또는 개인위치정보의 수집으로 인하여 C 등에 대한 손해배상책임이 인정된다고 보기 어렵다고 한 사례.

구성한다. [⋯ 다만] 비록 부부가 아직 이혼하지 아니하였지만 [⋯] 실질적으로 부부공동생활이 파탄되어 회복할 수 없을 정도의 상태에 이르렀다면, 제3자가 부부의 일방과 성적인 행위를 하더라도 이를 두고 부부공동생활을 침해하거나 유지를 방해하는 행위라고 할 수 없고 또한 그로 인하여 배우자의 부부공동생활에 관한 권리가 침해되는 손해가 생긴다고 할 수도 없으므로 불법행위가 성립한다고 보기 어렵다. 그리고 이러한 법률관계는 재판상 이혼청구가 계속 중에 있다거나 재판상 이혼이 청구되지 않은 상태라고 하여 달리 볼 것은 아니"다.

3) 인격권은 성질상 일단 침해된 후의 구제수단(금전배상이나 명예회복 처분 등)만으로는 그 피해의 완전한 회복이나 손해전보의 실효성을 기대하기 어려우므로 인격권의 침해에 대해서는 사전(예방적) 구제수단으로 침해행위 정지·방지 등의 금지청구권이 인정될 수 있다(대판 2022.11.17. 2018다249995).

4) 이른바 「잊혀질 권리」에 관하여 대판 2013.3.28. 2010다60950: "㉠ 인격권 침해를 이유로 한 방해배제청구권으로서 기사삭제청구의 당부를 판단할 때는 그 표현내용이 진실이 아니거나 공공의 이해에 관한 사항이 아닌 기사로 인해 현재 원고의 명예가 중대하고 현저하게 침해받고 있는 상태에 있는지를 언론의 자유와 인격권이라는 두 가치를 비교·형량하면서 판단하면 되는 것이고, 피고가 그 기사가 진실이라고 믿은 데 상당한 이유가 있었다는 등의 사정은 형사상 명예훼손죄나 민사상 손해배상책임을 부정하는 사유는 될지언정 기사삭제를 구하는 방해배제청구권을 저지하는 사유로는 될 수 없다. [⋯] ㉡ 허위기사로 자신의 명예를 훼손당하였다고 주장하며 기사삭제를 청구하는 피해자는 그 기사가 진실하지 아니하다는 데에 대한 증명책임을 부담한다. 한편 사실적 주장이 진실한지 아닌지를 판단함에 있어서 그것이 특정되지 아니한 기간과 공간에서의 구체화되지 아니한 사실인 경우에, 그 부존재를 증명하는 것은 사회통념상 불가능에 가까운 반면 그 사실이 존재한다고 주장·증명하는 것이 보다 용이한 것이어서 이러한 사정은 증명책임을 다하였는지를 판단할 때 고려되어야 하는 것이므로, 의혹을 받을 일을 한 사실이 없다고 주장하는 자에 대하여 의혹을 받을 사실이 존재한다고 적극적으로 주장하는 자는 그러한 사실의 존재를 수긍할 만한 소명자료를 제시할 부담을 지고 피해자는 제시된 자료의 신빙성을 탄핵하는 방법으로 허위성의 증명을 할 수 있다."(원문자는 필자)

〈7-2-5〉 명예훼손에 관한 판례

1) 성립요건 일반

㉮ 명예훼손이 성립하기 위하여 사실의 적시가 있어야 하는데, 의견의 표명 또는 논평이 동시에 묵시적으로라도 그 전제가 되는 사실을 적시하는 등 그로 인하여 명예, 즉 객관적인 사회적 평판이 저하된다면 명예훼손에 해당할 수 있다(대판 1999.2.9. 98다31356).[20][21]

㉯ 「범죄피의자의 실명공개」에 관하여 대판 2009.9.10. 2007다71: "언론기관이 범죄사실을 보도하면서 피의자를 가명(假名)이나 두문자(頭文字) 내지 이니셜 등으로 특정하는 경우에는 그 보도 대상자의 주변사람들만이 제한적 범위에서 피의자의 범죄사실을 알게 될 것이지만, 피의자의 실명을 공개하여 범죄사실을 보도하는 경우에는 피의자의 범죄사실을 알게 되는 사람들의 범위가 훨씬 확대되고 피의자를 더 쉽게 기억하게 되어 그에 따라 피의자에 대한 법익침해의 정도 역시 훨씬 커질 것이므로, 범죄사실의 보도와 함께 피의자의 실명을 공개하기 위해서는 피의자의 실명을 보도함으로써 얻어지는 공공의 정보에 관한 이익과 피의자의 명예나 사생활의 비밀이 유지됨으로써 얻어지는 이익을 비교 형량한 후 전자의 이익이 후자의 이익보다 더 우월하다고 인정되어야 한다. 또한, 전자의 이익이 더 우월하다고 판단되더라도 그 보도의 내용이 진실과 다를 경우 실명이 보도된 피의자에 대한 법익침해의 정도는 그렇지 아니한 경우보다 더욱 커지므로, 언론기관이 피의자의 실명을 공개하여 범죄사실을 보도할 경우에는 그 보도내용이 진실인지 여부를 확인할 주의의무는 더 높아진다. […] 개인은 자신의 성명의 표시 여부에 관하여 스스로 결정할 권리를 가지나, 성명의 표시행위가 공공의 이해에 관한 사실과 밀접불가분한 관계에 있고 그 목적 달성에 필요한 한도에 있으며 그 표현내용·방법이 부당

20) 대판 2000.7.28. 99다6203은, X가 경제위기의 책임자로 지목되면서 검찰수사 등이 거론되고 새로 출범할 정부가 경제위기의 원인규명과 책임자 처벌에 강한 의지를 피력하고 있는 상황에서 X가 항공권을 구입하거나 해외도피를 의논하고 있는 장면을 담고 있는 풍자만화를 기고하여 이를 일간지에 게재한 경우에, X가 경제위기와 관련된 책임추궁 등을 면하기 어려운 절박한 상황에 처해 있음을 희화적으로 묘사하거나 X가 해외로 도피할 가능성이 없지 않음을 암시함과 아울러 이들에 대한 출국금지조치가 필요하다는 견해를 우회하여 표현한 것일 뿐 X가 해외로 도피할 의사를 갖고 있다거나 해외도피를 계획 또는 모의하고 있다는 구체적 사실을 적시했다고 볼 수 없다는 이유로 명예훼손의 성립을 부정하였다.

21) 표현행위가 명예훼손에 해당하는지를 판단할 때 고려해야 할 사항 및 타인에 대하여 비판적인 의견을 표명하는 것이 불법행위가 되는 경우에 관하여 아래 2014다61654 판결 참조.

한 것이 아닌 경우에는 그 성명의 표시는 위법하다고 볼 수 없다. 따라서 범죄사실에 관한 보도과정에서 대상자의 실명공개에 대한 공공의 이익이 대상자의 명예나 사생활의 비밀에 관한 이익보다 우월하다고 인정되어 실명에 의한 보도가 허용되는 경우에는, 비록 대상자의 의사에 반하여 그의 실명이 공개되었다고 하더라도 그의 성명권이 위법하게 침해되었다고 할 수 없다."

㉰ 명예훼손의 피해자에는 사망한 이(대결 2019.3.6. 2018마6721)와 법인 또는 법인 아닌 사단·재단(법인에 관한 대판 1999.10.22. 98다6381, 법인 아닌 사단·재단에 관한 대판 1997.10.24. 96다17851)도 포함된다.

2) 명예훼손의 위법성

㉮ 대판 1988.10.11. 85다카29: "형사상이나 민사상으로 타인의 명예를 훼손하는 행위를 한 경우에도 그것이 공공의 이해에 관한 사항으로서 그 목적이 오로지 공공의 이익을 위한 것일 때에는 진실한 사실이라는 증명이 있으면 위 행위에 위법성이 없으며 또한 그 증명이 없더라도 행위자가 그것을 진실이라고 믿을 상당한 이유가 있는 경우에는 위법성이 없다." 요컨대 공익성과 진실성(또는 상당성)이 위법성 조각사유이다. 그리고 위법성 조각사유에 대한 증명책임은 당연히 명예훼손행위를 한 측에 있다(대판 2004.2.27. 2001다53387).

㉯ 이른바 공적 인물론(公的 人物論)을 수용한 대판 2002.1.22. 2000다37524·37531: "㉠ 언론·출판의 자유와 명예보호 사이의 한계를 설정함에 있어서 표현된 내용이 사적(私的) 관계에 관한 것인가 공적(公的) 관계에 관한 것인가에 따라 차이가 있는바, 즉 당해 표현으로 인한 피해자가 공적인 존재인지 사적인 존재인지, 그 표현이 공적인 관심사안에 관한 것인지 순수한 사적인 영역에 속하는 사안에 관한 것인지, 그 표현이 객관적으로 국민이 알아야 할 공공성, 사회성을 갖춘 사안에 관한 것으로 여론형성이나 공개토론에 기여하는 것인지 아닌지 등을 따져보아 공적 존재에 대한 공적 관심사안과 사적인 영역에 속하는 사안 간에는 심사기준에 차이를 두어야 하며, 당해 표현이 사적인 영역에 속하는 사안에 관한 것인 경우에는 언론의 자유보다 명예의 보호라는 인격권이 우선할 수 있으나, 공공적·사회적인 의미를 가진 사안에 관한 것인 경우에는 그 평가를 달리하여야 하고 언론의 자유에 대한 제한이 완화되어야 하며, 피해자가 당해 명예훼손적 표현의 위험을 자초한 것인지의 여부도 또한 고려되어야 한다. […] ㉡ 당해 표현이 공적인 존재의 정치적 이념에 관한 것인 경우, 그 공적인 존재가 가진 국가·사회적 영향력이 크면 클수

록 그 존재가 가진 정치적 이념은 국가의 운명에까지 영향을 미치게 되므로 그 존재가 가진 정치적 이념은 더욱 철저히 공개되고 검증되어야 하며, 이에 대한 의문이나 의혹은 그 개연성이 있는 한 광범위하게 문제제기가 허용되어야 하고 공개토론을 받아야 한다. 정확한 논증이나 공적인 판단이 내려지기 전이라 하여 그에 대한 의혹의 제기가 공적 존재의 명예 보호라는 이름으로 봉쇄되어서는 안 되고 찬반토론을 통한 경쟁과정에서 도태되도록 하는 것이 민주적인데, 사람이나 단체가 가진 정치적 이념은 흔히 위장하는 일이 많을 뿐 아니라 정치적 이념의 성질상 그들이 어떠한 이념을 가지고 있는지를 정확히 증명해 낸다는 것은 거의 불가능한 일이므로 이에 대한 의혹의 제기나 주관적인 평가가 진실에 부합하는지 혹은 진실하다고 믿을 만한 상당한 이유가 있는지를 따짐에 있어서는 일반의 경우에 있어서와 같이 엄격하게 입증해 낼 것을 요구해서는 안 되고, <u>그러한 의혹의 제기나 주관적인 평가를 내릴 수도 있는 구체적 정황의 제시로 입증의 부담을 완화해 주어야 한다</u>. 그리고 그러한 구체적 정황을 입증하는 방법으로는 그들이 해 나온 정치적 주장과 활동 등을 입증함으로써 그들이 가진 정치적 이념을 미루어 판단하도록 할 수 있고, 그들이 해 나온 정치적 주장과 활동을 인정함에 있어서는 공인된 언론의 보도내용이 중요한 자료가 될 수 있으며, 여기에 공지의 사실이나 법원에 현저한 사실도 활용할 수 있으나, […] ㉢ 아무리 공적인 존재의 공적인 관심사에 관한 문제의 제기가 널리 허용되어야 한다고 하더라도 구체적 정황의 뒷받침도 없이 악의적으로 모함하는 일이 허용되지 않도록 경계해야 함은 물론 구체적 정황에 근거한 것이라 하더라도 그 표현방법에 있어서는 상대방의 인격을 존중하는 바탕 위에서 어휘를 선택하여야 하고, 아무리 비판을 받아야 할 사항이 있다고 하더라도 <u>모멸적인 표현으로 모욕을 가하는 일은 허용될 수 없다</u>."(원문자는 필자)22)

㉰ 대판 2006.1.27. 2003다66806: "인터넷에서 무료로 취득한 공개정보는 누구나 손쉽게 복사·가공하여 게시·전송할 수 있는 것으로서, 그 내용의 진위가 불명확함은 물론 궁극적 출처도 특정하기 어려우므로, 특정한 사안에 관하여 관심이 있는 사람들이 접속하는 인터넷상의 가상공동체(cyber community)의 자료실이나 게시판 등에 게시·저장된 자료를 보고 그에 터 잡아 달리 사실관계의 조사나 확인이 없이 다른 사람의 사회적 평판을 저하할 만한 사실의 적시를 하였다면, 가사 행위

22) 공적인 존재의 정치적 이념을 비판하는 표현에 대한 법적 규제의 및 그 한계에 관하여 아래 2014다61654 판결 참조.

자가 그 내용이 진실이라 믿었다 한들, 그렇게 믿을 만한 상당한 이유가 있다고 보기 어렵다."

3) 표현의 자유를 보장하기 위한 「숨 쉴 공간」을 인정한 대판(전) 2018.10.30. 2014다61654의 다수의견: "(다) 어느 시대, 어느 사회에서나 부정확하거나 바람직하지 못한 표현들은 있기 마련이다. 그렇다고 해서 이러한 표현들 모두에 대하여 무거운 법적 책임을 묻는 것이 그 해결책이 될 수는 없다. 일정한 한계를 넘는 표현에 대해서는 엄정한 조치를 취할 필요가 있지만, 그에 앞서 자유로운 토론과 성숙한 민주주의를 위하여 표현의 자유를 더욱 넓게 보장하는 것이 전제되어야 한다. 자유로운 의견표명과 공개토론과정에서 부분적으로 잘못되거나 과장된 표현은 피할 수 없고, 표현의 자유가 제 기능을 발휘하기 위해서는 그 생존에 필요한 숨 쉴 공간이 있어야 하기 때문이다. 따라서 명예훼손이나 모욕적 표현을 이유로 법적 책임을 지우는 범위를 좁히되, 법적으로 용인할 수 있는 한계를 명백히 넘는 표현에 대해서는 더욱 엄정하게 대응해야 한다. 명예훼손으로 인한 책임으로부터 표현의 자유를 보장하기 위해서는 이른바 '숨 쉴 공간'을 확보해 두어야 한다. 부적절하거나 부당한 표현에 대해서는 도의적 책임이나 정치적 책임을 져야 하는 경우도 있고 법적 책임을 져야 하는 경우도 있다. 도의적·정치적 책임을 져야 하는 사안에 무조건 법적 책임을 부과하려고 해서는 안 된다. 표현의 자유를 위해 법적 판단으로부터 자유로운 중립적인 공간을 남겨두어야 한다. 표현의 자유를 보장하는 것은 좌우의 문제가 아니다. 진보든 보수든 표현을 자유롭게 보장해야만 서로 장점을 배우고 단점을 보완할 기회를 가질 수 있다. 비록 양쪽이 서로에게 벽을 치고 서로 비방하는 상황이라고 하더라도, 일반 국민은 그들의 토론과 논쟁을 보면서 누가 옳고 그른지 판단할 수 있는 기회를 가져야 한다. 정치적·이념적 논쟁과정에서 통상 있을 수 있는 수사학적인 과장이나 비유적인 표현에 불과하다고 볼 수 있는 부분에 대해서까지 금기시하고 법적 책임을 지우는 것은 표현의 자유를 지나치게 제한하는 결과가 될 수 있다."[23]

---

23) A 등이 트위터 글이나 기사들에 B 등을 비판하는 글을 작성·게시하면서 '종북', '주사파' 등의 표현으로 지칭한 사안에서, 위 표현행위의 의미를 객관적으로 확정할 경우 사실적시가 아니라 의견표명으로 볼 여지가 있는 점, 명예훼손에 해당하려면 사실의 적시가 있는지 따져보고 그것이 진실인지 허위인지에 따라 손해의 정도를 달리 보아야 하는데, 위 표현행위에 사실의 적시가 포함되어 있다고 하더라도 공인인 B 등에 대한 의혹의 제기나 주장이 진실이라고 믿을 만한 상당한 이유가 있다고 볼 만한 구체적 정황의 제시가 있는 점 등에 비추어, A

(3) 제3자의 채권침해를 본다.

등이 트위터 글이나 기사들에서 한 위 표현행위는 의견표명이나 구체적인 정황 제시가 있는 의혹제기에 불과하여 불법행위가 되지 않거나 B 등이 공인이라는 점을 고려할 때 위법하지 않다고 한 사례.

그 밖의 판시로: "(가) 명예훼손과 모욕적 표현은 구분해서 다루어야 하고 그 책임의 인정 여부도 달리함으로써 정치적 논쟁이나 의견표명과 관련하여 표현의 자유를 넓게 보장할 필요가 있다. 표현행위로 인한 명예훼손책임이 인정되려면 사실을 적시함으로써 명예가 훼손되었다는 점이 인정되어야 한다. 명예는 객관적인 사회적 평판을 뜻한다. 누군가를 단순히 '종북'이나 '주사파'라고 하는 등 부정적인 표현으로 지칭했다고 해서 명예훼손이라고 단정할 수 없고, 그러한 표현행위로 말미암아 객관적으로 평판이나 명성이 손상되었다는 점까지 증명되어야 명예훼손책임이 인정된다. 표현행위가 명예훼손에 해당하는지를 판단할 때에는 사용된 표현뿐만 아니라 발언자와 그 상대방이 누구이고 어떤 지위에 있는지도 고려해야 한다. '극우'든 '극좌'든, '보수우익'이든 '종북'이나 '주사파'든 그 표현만을 들어 명예훼손이라고 판단할 수 없고, 그 표현을 한 맥락을 고려하여 명예훼손에 해당하는지를 판단해야 한다. 피해자의 지위를 고려하는 것은 이른바 공인이론에 반영되어 있다. 공론의 장에 나선 전면적 공적 인물의 경우에는 비판을 감수해야 하고 그러한 비판에 대해서는 해명과 재반박을 통해서 극복해야 한다. 발언자의 지위나 평소 태도도 그 발언으로 상대방의 명예를 훼손했는지 판단할 때 영향을 미칠 수 있다. 민주주의 국가에서는 여론의 자유로운 형성과 전달에 의하여 다수의견을 집약시켜 민주적 정치질서를 생성·유지시켜 나가야 하므로 표현의 자유, 특히 공적 관심사에 대한 표현의 자유는 중요한 헌법상 권리로서 최대한 보장되어야 한다. 다만 개인의 사적 법익도 보호되어야 하므로, 표현의 자유 보장과 인격권 보호라는 두 법익이 충돌하였을 때에는 구체적인 경우에 표현의 자유로 얻어지는 가치와 인격권의 보호에 의하여 달성되는 가치를 비교형량하여 그 규제의 폭과 방법을 정하여야 한다. 타인에 대하여 비판적인 의견을 표명하는 것은 극히 예외적인 사정이 없는 한 위법하다고 볼 수 없다. 그러나 표현행위의 형식과 내용이 모욕적이고 경멸적인 인신공격에 해당하거나 타인의 신상에 관하여 다소간의 과장을 넘어서 사실을 왜곡하는 공표행위를 하는 등으로 인격권을 침해한 경우에는 의견표명으로서의 한계를 벗어난 것으로서 불법행위가 될 수 있다.

(나) 언론에서 공직자 등에 대해 비판하거나 정치적 반대의견을 표명하면서 사실의 적시가 일부 포함된 경우에도 불법행위책임을 인정하는 것은 신중해야 한다. [···] 대법원이 언론보도가 공직자 또는 공직사회에 대한 감시·비판·견제라는 정당한 언론활동의 범위를 벗어나 악의적이거나 심히 경솔한 공격으로서 현저히 상당성을 잃은 것으로 평가되는 경우에 한하여 책임을 인정하고 있는 것도 이러한 맥락이다. 표현이 공적인 존재의 정치적 이념에 관한 것인 때에는 특별한 의미가 있다. 공적인 존재가 가진 국가·사회적 영향력이 크면 클수록 그 존재가 가진 정치적 이념은 국가의 운명에까지 영향을 미치게 된다. 그러므로 그 존재가 가진 정치적 이념은 더욱 철저히 공개되고 검증되어야 하며, 이에 대한 의문이나 의혹은 그 개연성이 있는 한 광범위하게 문제제기가 허용되어야 하고 공개토론을 받아야 한다. 정확한 논증이나 공적인 판단이 내려지기 전이라고 해서 그에 대한 의혹의 제기가 공적 존재의 명예보호라는 이름으로 봉쇄되어서는 안 되고 찬반토론을 통한 경쟁과정에서 도태되도록 하는 것이 민주적이다. 그런데 사람이나 단체가 가진 정치적 이념은 외부적으로 분명하게 드러나지 않는 경우가 많을 뿐 아니라 정치적 이념의 성질상 그들이 어떠한 이념을 가지고 있는지를 정확히 증명해 낸다는 것은 거의 불가능한 일이다. 그러므로 이에 대한 의혹의 제기나 주관적인 평가가 진실에 부합하는지 혹은 진실하다고 믿을 만한 상당한 이유가 있는지를 따질 때

① 채권에는 배타성이 인정되지 않을 뿐만 아니라 채권자 상호간 및 채권자와 제3자 사이에 자유경쟁이 허용된다. 따라서 제3자에 의한 채권침해로 불법행위가 성립하기 위해서는 특히 제3자의 귀책사유와 위법성이 문제된다.

② 채권의 일반적 효력으로 제3자에 대하여 방해제거청구권을 인정할 수 없다는 것이 판례의 입장이다(채권적인 일시경작권에 기한 인도청구를 부정한 대판 1981.6.23. 80다1362).

〈7-2-6〉 제3자의 채권침해에 관한 판례

㉮ 제3자의 채권침해로 인한 불법행위와 관련하여 거의 언제나 침해행위가 위법한지(및 그와 짝을 이루는 제3자의 고의가 인정되는지) 여부가 문제되는데,[24] "채권침해의 위법성은 침해되는 채권의 내용, 침해행위의 태양, 침해자의 고의 내지 해의의 유무 등을 참작하여 구체적, 개별적으로 판단하되, 거래자유 보장의 필요성, 경제·사회정책적 요인을 포함한 공공의 이익, 당사자 사이의 이익균형 등을 종합적으로 고려하여야 한다"(대판 2003.3.14. 2000다32437).[25]

에는 일반의 경우와 같이 엄격하게 증명해 낼 것을 요구해서는 안 되고, 그러한 의혹의 제기나 주관적인 평가를 내릴 수도 있는 구체적 정황의 제시로 증명의 부담을 완화해 주어야 한다. 나아가 공방의 대상으로 된 좌와 우의 이념문제 등은 국가의 운명과 이에 따른 국민 개개인의 존재양식을 결정하는 중차대한 쟁점이고 이 논쟁에는 필연적으로 평가적인 요소가 수반되는 특성이 있다. 그러므로 이 문제에 관한 표현의 자유는 넓게 보장되어야 하고 이에 관한 일방의 타방에 대한 공격이 타방의 기본입장을 왜곡시키는 것이 아닌 한 부분적인 오류나 다소의 과장이 있다 하더라도 이를 들어 섣불리 불법행위의 책임을 인정함으로써 이 문제에 관한 언로를 봉쇄하여서는 안 된다. 정치적 이념에 관한 논쟁이나 토론에 법원이 직접 개입하여 사법적 책임을 부과하는 것은 바람직하지 않다. 어떤 사람이 가지고 있는 정치적 이념은 사실문제이기는 하지만, 많은 경우 의견과 섞여 있어 논쟁과 평가 없이는 이에 대해 판단하는 것 자체가 불가능하기 때문이다."

24) 가령 대판 2007.9.6. 2005다25021: "강제집행면탈 목적을 가진 채무자가 제3자와 명의신탁약정을 맺고 채무자 소유의 부동산에 관하여 제3자 앞으로 소유권이전등기를 경료한 경우에, 제3자가 채권자에 대한 관계에서 직접 불법행위책임을 지기 위하여는 단지 그가 채무자와의 약정으로 당해 명의수탁등기를 마쳤다는 것만으로는 부족하고, 그 명의신탁으로써 채권자의 채권의 실현을 곤란하게 한다는 점을 알면서 채무자의 강제집행면탈행위에 공모 가담하였다는 등의 사정이 입증되어 그 채권침해에 대한 고의·과실 및 위법성이 인정되어야 한다."

25) Y가 A로부터 특정물품의 제작을 주문받아 A에게만 공급하기로 약정하였는데, A가 공급받은 물품에 대하여 X에게 독점판매권을 부여함으로써 X가 독점판매자의 지위에 있음을 알면서 Y가 위 약정에 위반하여 그 물품을 다른 곳에 유출하여 X의 독점판매권을 침해한 경우에,

㈏ 채권침해의 구체적 모습을 본다.

㉠ 대판 1999.4.27. 98다61593은, 보험자(X)로부터 보험금을 수령한 피보험자(Y)가 제3자(D)로부터 손해배상을 받음으로써 X가 보험자대위권에 기하여 취득한 채권(D에 대한 손해배상청구권)의 귀속이 침해된 경우에, X는 Y에 대하여 부당이득반환 또는 손해배상을 청구할 수 있다고 하였다.

㉡ 제3자(D)가 타인(G)의 채권의 존재를 알면서도 채무자(S)와의 계약을 통하여 동일한 내용의 채권을 취득함으로써 결과적으로 G에게 손해를 입혔더라도, 그 행위가 자유경쟁이 허용되는 범위에서 공정한 경쟁에 의하여 이루어졌다면 불법행위가 성립하지 않고, 다만 D의 권리취득이 부정한 방법에 의하여 G를 해칠 목적으로 행하여지거나 사기나 강박 또는 이와 유사한 수단에 의하여 S의 자유로운 의사결정을 방해함으로써 채권을 침해한 경우에는 위법한 것으로 평가된다(대판 2001.5.8. 99다38699).

나아가 제3자가 채무자와의 계약을 위반하여 채권자의 독점판매권 등의 영업상의 이익을 침해한 경우에, 채무자에 대한 채무불이행책임과 별도로 채권자에 대한 관계에서 불법행위가 성립할 수 있다(앞의 2000다32437 판결).

㉢ 대판 2019.5.10. 2017다239311: "제3자가 채무자에 대한 채권자의 존재 및 그 채권의 침해사실을 알면서 채무자와 적극 공모하거나 채권행사를 방해할 의도로 사회상규에 반하는 부정한 수단을 사용하는 등으로 채무자의 책임재산을 감소시키는 행위를 함으로써 채권자로 하여금 채권의 실행과 만족을 불가능 내지 곤란하게 한 경우 채권자에 대한 불법행위를 구성할 수 있다. […] 채무자의 재산을 은닉하는 방법으로 제3자에 의한 채권침해가 이루어질 당시 채무자가 가지고 있던 다액의 채무로 인하여 제3자의 채권침해가 없었더라도 채권자가 채무자로부터 일정액 이상으로 채권을 회수할 가능성이 없었다고 인정될 경우에는 위 일정액을 초과하는 손해와 제3자의 채권침해로 인한 불법행위 사이에는 상당인과관계를 인정할 수 없다. 이때의 채권회수가능성은 불법행위시를 기준으로 채무자의 책임재산과 채무자가 부담하는 채무의 액수를 비교하는 방법으로 판단할 수 있고, 불법행위 당시에 이미 이행기가 도래한 채무는 채권자가 종국적으로 권리를 행사하지 아니할 것으로 볼 만한 특별한 사정이 없는 한 비교대상이 되는 채무자 부담의 채무에 포함되며, 더 나아가 비교대상 채무에 해당하기 위하여 불법행위 당시 채무자의 재산에

Y의 행위가 — A에 대한 책임과는 별도로 — X에 대하여 불법행위를 구성한다고 한 사례.

대한 압류나 가압류가 되어 있을 것을 요하는 것은 아니"다.

3. 가해자의 고의나 과실

(1) 자기책임의 원칙에 따라 요구되는 귀책사유로 고의[26]와 과실이 있는데, 손해의 전보라는 관점에서 양자 사이에 차이가 없다.

(2) 과실(過失)에 관하여 본다.

① 불법행위에서는 객관화·정형화된 추상적(抽象的) 과실이 요구되고, 구체적 과실이 문제될 여지는 없다.

② 실화자에게 중대한 과실이 없는 경우에 손해배상액을 경감할 수 있도록 하는 실화책임법과 제758조의 관계에 관하여 〈7－4－5〉 참조.

③ 불법행위에서 고의 또는 과실은 적극적 요건으로 그에 대한 증명책임을 피해자가 지는데, 과실이 추정되기도 한다.

〈7-2-7〉 과실에 관한 판례

㉮ 대판 2001.1.19. 2000다12532: 추상적 과실은 "사회평균인으로서의 주의의무를 위반한 경우를 가리키는 것이지만, 그러나 여기서의 '사회평균인'이라고 하는 것은 추상적인 일반인을 말하는 것이 아니라 그때그때의 구체적인 사례에 있어서의 보통인을 말"한다.

㉯ 과실에 관한 몇 가지 구체적 사례를 본다.

㉠ 대판 2004.3.26. 2003다54490은, 위조인장에 의하여 타인 명의의 인감증명서가 발급되고 이를 토대로 소유권이전등기가 경료된 부동산을 담보로 금전을 대여한 이가 손해를 입은 경우에, 인감증명 발급업무 담당공무원의 직무집행상의 과실을 인정하였다.

---

26) 불법행위에서 고의에 위법성의 인식이 포함되지 않는다. "객관적으로 위법이라고 평가되는 일정한 결과의 발생이라는 사실의 인식만 있으면 되고 그 외에 그것이 위법한 것으로 평가된다는 것까지 인식하는 것을 필요로 하는 것은 아니"라고 한 대판 2002.7.12. 2001다46440 참조.

그 밖에 거래인감의 변경신고를 수리하는 은행(대판 2001.1.5. 2000다35597)이나 예금계좌의 개설에 임하는 금융기관(대판 2007.7.13. 2005다21821)도 서류의 발급 등과 관련하여 신원확인의무를 진다.

㉡ 혈액원의 업무를 수행하는 이는 수혈 또는 혈액제제의 제조를 위한 혈액의 순결과 공혈자 및 수혈자를 보호하고 혈액관리의 적정을 기하기 위하여 최선의 조치를 다해야 할 고도의 주의의무를 진다(대판 1995.8.25. 94다47803).

㉢ 법령에 대한 해석이 복잡, 미묘하여 워낙 어렵고 이에 대한 학설, 판례조차 귀일되어 있지 않는 등의 특별한 사정이 없는 한 일반적으로 공무원이 관계법규를 알지 못하거나 필요한 지식을 갖추지 못하고 법규의 해석을 그르쳐 행정처분을 하였다면 그가 법률전문가가 아닌 행정직 공무원이라고 하여 과실이 없다고는 할 수 없다(대판 2001.2.9. 98다52988).

㉣ 회사 임원이 담당 업무를 수행하면서 필요한 정보를 충분히 수집·조사하고 검토하는 절차를 거친 다음 이를 근거로 회사의 최대이익에 부합한다고 합리적으로 신뢰하고 신의성실에 따라 경영상의 판단을 내렸고, 그 내용이 현저히 불합리하지 아니하여 임원으로서 통상 선택할 수 있는 범위 안에 있는 것이라면, 즉 그의 행위가 「경영판단의 재량범위」 내에 있다면 회사에 대하여 손해배상책임을 지지 않는다(대판 2008.7.10. 2006다39935).

㉤ 회사 감사의 지위가 비상근, 무보수의 명예직으로 전문가가 아니고 형식적이었더라도 그러한 사정만으로 다른 임직원의 위법하거나 부적절한 업무집행을 감시할 주의의무를 면할 수 없다(대판 2008.9.11. 2006다57926). 한편 업무 수행 당시 선관주의를 다했다면 사후적인 결과를 들어 배상책임을 지우지 못한다(해고에 관한 대판 2009.2.12. 2008다74895 참조).

㉥ 대판(전) 2009.4.16. 2008다53812: "인터넷 종합정보 제공사업자가 보도매체가 작성·보관하는 기사에 대한 인터넷 이용자의 검색·접근에 관한 창구역할을 넘어서서, 보도매체로부터 기사를 전송받아 자신의 자료저장 컴퓨터설비에 보관하면서 스스로 그 기사 가운데 일부를 선별하여 자신이 직접 관리하는 뉴스게시공간에 게재하였고 그 게재된 기사가 타인의 명예를 훼손하는 내용을 담고 있다면, 이는 단순히 보도매체의 기사에 대한 검색·접근기능을 제공하는 경우와는 달리 인터넷 종합정보 제공사업자가 보도매체의 특정한 명예훼손적 기사내용을 인식하고 이를 적극적으로 선택하여 전파한 행위에 해당하므로, 달리 특별한 사정이 없는 이상 위

사업자는 명예훼손적 기사를 보도한 보도매체와 마찬가지로 그로 인하여 명예가 훼손된 피해자에 대하여 불법행위로 인한 손해배상책임을 [지고,] 명예훼손적 게시물이 게시된 목적, 내용, 게시기간과 방법, 그로 인한 피해의 정도, 게시자와 피해자의 관계, 반론 또는 삭제요구의 유무 등 게시에 관련한 쌍방의 대응태도 등에 비추어, 인터넷 종합정보 제공사업자가 제공하는 인터넷 게시공간에 게시된 명예훼손적 게시물의 불법성이 명백하고, 위 사업자가 위와 같은 게시물로 인하여 명예를 훼손당한 피해자로부터 구체적·개별적인 게시물의 삭제 및 차단요구를 받은 경우는 물론, 피해자로부터 직접적인 요구를 받지 않은 경우라 하더라도 그 게시물이 게시된 사정을 구체적으로 인식하고 있었거나 그 게시물의 존재를 인식할 수 있었음이 외관상 명백히 드러나며, 또한 기술적, 경제적으로 그 게시물에 대한 관리·통제가 가능한 경우에는, 위 사업자에게 그 게시물을 삭제하고 향후 같은 인터넷 게시공간에 유사한 내용의 게시물이 게시되지 않도록 차단할 주의의무가 있고, 그 게시물 삭제 등의 처리를 위하여 필요한 상당한 기간이 지나도록 그 처리를 하지 아니함으로써 타인에게 손해가 발생한 경우에는 부작위에 의한 불법행위책임이 성립한다."[27]

㉰ 과실의 「추정」에 관하여 대판 2002.9.24. 2000다46184: "가압류나 가처분 등 보전처분은 법원의 재판에 의하여 집행되는 것이기는 하나, 그 실체상 청구권이 있는지 여부는 본안소송에 맡기고 단지 소명에 의하여 채권자의 책임 아래 하는 것이므로, 그 집행 후에 집행채권자가 본안소송에서 패소 확정되었다면 그 보전처분의 집행으로 인하여 채무자가 입은 손해에 대하여는 특별한 반증이 없는 한 집행채권자에게 고의 또는 과실이 있다고 추정되고, 따라서 그 부당한 집행으로 인한 손해에 대하여 이를 배상할 책임이 있다."[28] 나아가 대판 2023.6.1. 2020다242935: "채권자가 가압류신청에서 진정한 채권액보다 지나치게 과다한 가액을 주장하여 그 가액대로 가압류결정이 된 후 본안소송에서 피보전권리가 없는 것으로 확인된 부분의 범위 내에서는 채권자의 고의·과실이 추정된다." 다만 채권자가 가압류신청 당시 그 주장하는 채권이 있다고 믿을 만한 상당한 이유가 있었다고 인정되면 이러한 추정이 번복되어 손해배상책임은 인정되지 않는다(대판 2011.7.14. 2011다13241).

㉱ 관련하여 대판 2019.11.28. 2017다14895: 제758조의 "'공작물의 설치·보존상

27) 저작권 침해 게시물에 관한 대판 2010.3.11. 2009다4343도 동지.

28) 담보권 실행경매절차에서 잠정처분으로서 경매절차를 정지하는 가처분을 받은 경우에 관한 대판 2001.2.23. 98다26484도 동지.

의 하자'란 공작물이 그 용도에 따라 통상 갖추어야 할 안전성을 갖추지 못한 상태에 있음을 말하고, 위와 같은 안전성의 구비 여부를 판단할 때에는 공작물을 설치·보존하는 자가 그 공작물의 위험성에 비례하여 사회통념상 일반적으로 요구되는 정도로 위험방지조치를 다하였는지 여부를 기준으로 판단하여야 한다. […] 이 경우 하자 여부를 판단할 때에는 위험의 현실화 가능성의 정도, 위험이 현실화하여 사고가 발생하였을 때 침해되는 법익의 중대성과 피해의 정도, 사고방지를 위한 사전조치에 드는 비용이나 위험방지조치를 함으로써 희생되는 이익 등을 종합적으로 고려하여야 한다. 이러한 법리는 '불합리한 손해의 위험'을 최소화하기 위한 조치로서 위험으로 인한 손해를 위험을 회피하기 위한 부담과 비교할 것을 요구한다는 측면에서 법경제학에서의 비용·편익분석임과 동시에 균형접근법에 해당한다. 법관이 법을 만들어나가는 속성을 지닌 불법행위법에서 법관이 수행해야 할 균형 설정의 역할이 중요함에도 불구하고, 이러한 균형 설정은 구체적 사안과의 관련성 속에서 비로소 실질적인 내용을 가지는 것이므로, 미리 세세한 기준을 작성하여 제시하기는 어려운 것이 현실이다. 이때는 이른바 'Hand Rule'을 참고하여, 사고방지를 위한 사전조치를 하는 데 드는 비용(B)과 사고가 발생할 확률(P) 및 사고가 발생할 경우 피해의 정도(L)를 살펴, 'B < P·L'인 경우에는 공작물의 위험성에 비하여 사회통념상 요구되는 위험방지조치를 다하지 않은 것으로 보아 공작물의 점유자에게 불법행위책임을 인정하는 접근방식도 고려할 수 있다."[29]

4. 책임능력과 감독자책임

(1) 일정한 정신작용으로서 고의나 과실에 기한 귀책은 본인에게 자기행위의 법률상 책임을 변식할 수 있는 판단능력이 존재해야 의미를 가진다: 「책임능력」.

(2) 감독자의 책임에 관하여 본다.

29) 하나의 수영조에 깊이가 다른 성인용 구역과 어린이용 구역이 수면 위에 떠있는 코스로프(course rope)만으로 구분되어 함께 설치되어 있는 수영장에서 6세 어린이가 성인용 구역에 빠져 다친 사안에서, 핸드의 공식을 적용하여 수영자 관리·운영의 주체인 지방공기업의 책임이 인정될 수 있다고 한 사례.

그런데 결론의 도출에 이 공식이 과연 필요하였는지 그리고 핸드공식은 과실의 유무를 판단하는 기준인데 무과실책임인 공작물책임에 적합한지 등 검토할 점이 적지 않다.

① 피감독자가 책임무능력자로서 제753조 또는 제754조에 의하여 손해배상책임을 지지 않는 경우여야 제755조가 적용된다: 감독자책임의 「보충성」(대판 1994.8.23. 93다60588).

② 감독의무자 등은 감독의무를 게을리하지 않았음을 증명하여 면책될 수 있다.

〈7-2-8〉 감독자책임에 관한 판례

㉮ 「책임능력 있는」 미성년자의 불법행위에 관하여 대판(전) 1994.2.8. 93다13605: "민법 제750조에 대한 특별규정인 민법 제755조 제1항에 의하여 책임능력 없는 미성년자를 감독할 법정의 의무 있는 자가 지는 손해배상책임은 그 미성년자에게 책임이 없음을 전제로 하여 이를 보충하는 책임이고, 그 경우에 감독의무자 자신이 감독의무를 해태하지 아니하였음을 입증하지 아니하는 한 책임을 면할 수 없는 것이나, 반면에 미성년자가 책임능력이 있어 그 스스로 불법행위책임을 지는 경우에도 <u>그 손해가 당해 미성년자의 감독의무자의 의무 위반과 상당인과관계가 있으면 감독의무자는 일반불법행위자로서 손해배상책임이 있다</u>고 할 것이므로, 이 경우에 그러한 감독의무 위반사실 및 손해 발생과 상당인과관계의 존재는 이를 주장하는 자가 입증하여야 할 것"이다.[30)]

그리고 「비양육친」의 책임에 관하여 대판 2022.4.14. 2020다240021: "이혼으로 인하여 부모 중 1명이 친권자 및 양육자로 지정된 경우 그렇지 않은 부모(이하 '비양육친'이라 한다)에게는 자녀에 대한 친권과 양육권이 없어 자녀의 보호·교양에 관한 민법 제913조 등 친권에 관한 규정이 적용될 수 없다. 비양육친은 자녀와 상호 면접교섭할 수 있는 권리가 있지만(민법 제837조의2 제1항), 이러한 면접교섭제도는 이혼 후에도 자녀가 부모와 친밀한 관계를 유지하여 정서적으로 안정되고 원만한 인격발달을 이룰 수 있도록 함으로써 자녀의 복리를 실현하는 것을 목적으로 하고, 제3자와의 관계에서 손해배상책임의 근거가 되는 감독의무를 부과하는 규정이라고 할 수 없다. 비양육친은 이혼 후에도 자녀의 양육비용을 분담할 의무가 있지만, 이

30) 고등학교 3학년생으로 만 17년 9개월 된 A(오토바이 운전면허 소지)가 오토바이 사고로 X에게 상해를 입히자 X가 A의 부모인 Y를 상대로 손해배상청구를 한 사안에서, 이러한 일반론에도 불구하고 X의 청구를 기각하였다.

것만으로 비양육친이 일반적, 일상적으로 자녀를 지도하고 조언하는 등 보호·감독할 의무를 진다고 할 수 없다. 이처럼 비양육친이 미성년자의 부모라는 사정만으로 미성년자녀에 대하여 감독의무를 부담한다고 볼 수 없다."31)

㉯ 대판 1997.6.27. 97다15258: "초등학교의 교장이나 교사는 학생을 보호·감독할 의무를 지는 것이나 이러한 학생에 대한 보호·감독의무는 학교 내에서의 학생의 모든 생활관계에 미치는 것은 아니고 학교에서의 교육활동 및 이에 밀접불가분의 관계에 있는 생활관계에 한하며, 그 의무의 범위 내의 생활관계라고 하더라도 사고가 학교생활에서 통상 발생할 수 있다고 하는 것이 예측되거나 또는 예측가능성(사고 발생의 구체적 위험성)이 있는 경우에만 교장이나 교사는 보호·감독의무 위반에 대한 책임을 진다고 할 것이고, 그 예측가능성에 대하여는 교육활동의 때, 장소, 가해자의 분별능력, 가해자의 성행, 가해자와 피해자의 관계, 기타 여러 사정을 고려하여 판단할 필요가 있다."

그리고 「집단따돌림」(속칭 왕따)에 관하여 대판 2007.11.15. 2005다16034: "집단따돌림이란 학교 또는 학급 등 집단에서 복수의 학생들이 한 명 또는 소수의 학생들을 대상으로 의도와 적극성을 가지고, 지속적이면서도 반복적으로 관계에서 소외시키거나 괴롭히는 현상을 의미[하고,] 집단따돌림으로 인하여 피해학생이 자살한 경우, 자살의 결과에 대하여 학교의 교장이나 교사의 보호감독의무 위반의 책임을 묻기 위하여는 피해학생이 자살에 이른 상황을 객관적으로 보아 교사 등이 예견하였거나 예견할 수 있었음이 인정되어야 한다. 다만, 사회통념상 허용될 수 없는 악질, 중대한 집단따돌림이 계속되고 그 결과 피해학생이 육체적 또는 정신적으로 궁지에 몰린 상황에 있었음을 예견하였거나 예견할 수 있었던 경우에는 피해학생이

---

31) "다만 비양육친도 부모로서 자녀와 면접교섭을 하거나 양육친과의 협의를 통하여 자녀 양육에 관여할 가능성이 있는 점을 고려하면, ① 자녀의 나이와 평소 행실, 불법행위의 성질과 태양, 비양육친과 자녀 사이의 면접교섭의 정도와 빈도, 양육환경, 비양육친의 양육에 대한 개입 정도 등에 비추어 비양육친이 자녀에 대하여 실질적으로 일반적이고 일상적인 지도, 조언을 함으로써 공동양육자에 준하여 자녀를 보호·감독하고 있었거나, ② 그러한 정도에는 이르지 않더라도 면접교섭 등을 통해 자녀의 불법행위를 구체적으로 예견할 수 있었던 상황에서 자녀가 불법행위를 하지 않도록 부모로서 직접 지도, 조언을 하거나 양육친에게 알리는 등의 조치를 취하지 않은 경우 등과 같이 비양육친의 감독의무를 인정할 수 있는 특별한 사정이 있는 경우에는, 비양육친도 감독의무 위반으로 인한 손해배상책임을 질 수 있다."

감독자책임이 인정되기 위해서는 감독에 관한 '법적' 의무가 있어야 하는데, 친권도 양육권도 없는 비양육친에게 자녀에 대한 '법적' 보호·교양의무가 없고 면접교섭권을 감독자책임의 근거로 삼을 수 없다. 다만 구체적 사안에서 감독의무를 인정할 특별한 사정이 있는 경우에 예외적으로 감독자책임이 인정될 수는 있다.

자살에 이른 상황에 대한 예견가능성도 있는 것으로 볼 수 있을 것이나, 집단따돌림의 내용이 이와 같은 정도에까지 이르지 않은 경우에는 교사 등이 집단따돌림을 예견하였거나 예견할 수 있었다고 하더라도 이것만으로 피해학생의 자살에 대한 예견이 가능하였던 것으로 볼 수는 없으므로, 교사 등이 집단따돌림 자체에 대한 보호감독의무 위반의 책임을 부담하는 것은 별론으로 하고 자살의 결과에 대한 보호감독의무 위반의 책임을 부담한다고 할 수는 없다."

사교육기관의 감독의무를 인정한 대판 2008.1.17. 2007다40437도 참조.

㈐ 배상의 범위는 제393조에 의하는데, 제2항 소정의 특별손해에 대한 예견가능성은 감독의무자 등을 기준으로 판단한다(대판 1968.6.11. 68다639).

제3절 불법행위의 효과

1. 손해배상청구권

(1) 손해배상청구의 당사자를 본다.

① 제750조가 일반조항으로서 넓은 포섭범위를 가짐에 따라 간접적 피해자의 손해배상청구권을 「일반적으로」 배제하지는 않는다고 보아야 한다.

② 한편 하나의 가해행위에 의하여 손해가 여러 명에게 순차적으로 발생하는 경우에 그들 모두가 직접적 피해자이다.

〈7-3-1〉 손해배상청구의 당사자에 관한 판례

㈎ 피해 당시 그 피해로 인한 정신적 고통을 느낄 수 없는 유아도 장래에 감득할 정신적 고통에 대한 위자료청구권을 가지며(대판 1971.3.9. 70다2992), 사실상의 혼인관계에 있는 배우자도 다른 배우자가 제3자의 불법행위로 인하여 상해를 입었다면 위자료청구권을 가진다(대판 1969.7.22. 69다684).

㈏ 제752조는 위자료청구권자를 한정적으로 열거한 것이 아니라 그에 열거된 친족의 증명책임을 면제하는 것으로, 그 외의 친족도 정신적 고통을 증명하면 제750

조, 제751조에 기하여 위자료를 청구할 수 있다는 것이 판례의 입장이다. 며느리의 위자료청구권을 인정한 대판 1978.1.17. 77다1942 참조.

그런데 생명침해의 불법행위로 인한 피해자 본인의 위자료청구권과 제752조에 기한 배우자 등 유족의 정신적 피해로 인한 고유의 위자료청구권은 별개이므로 소멸시효 완성 여부도 각각 그 권리를 행사한 때를 기준으로 판단해야 한다(대판 2013.8.22. 2013다200568).

㈐ 대판(전) 2016.5.19. 2009다66549의 다수의견: "토지의 소유자라 하더라도 토양오염물질을 토양에 누출·유출하거나 투기·방치함으로써 토양오염을 유발하였음에도 오염토양을 정화하지 않은 상태에서 오염토양이 포함된 토지를 거래에 제공함으로써 유통되게 하거나, 토지에 폐기물을 불법으로 매립하였음에도 처리하지 않은 상태에서 토지를 거래에 제공하는 등으로 유통되게 하였다면, 다른 특별한 사정이 없는 한 이는 <u>거래의 상대방 및 토지를 전전 취득한 현재의 토지소유자에 대한 위법행위</u>로서 불법행위가 성립할 수 있다. 그리고 토지를 매수한 현재의 토지소유자가 오염토양 또는 폐기물이 매립되어 있는 지하까지 토지를 개발·사용하게 된 경우 등과 같이 자신의 토지소유권을 완전하게 행사하기 위하여 오염토양 정화비용이나 폐기물 처리비용을 지출하였거나 지출해야만 하는 상황에 이르렀다거나 구 토양환경보전법에 의하여 관할 행정관청으로부터 조치명령 등을 받음에 따라 마찬가지의 상황에 이르렀다면 위법행위로 인하여 오염토양 정화비용 또는 폐기물 처리비용의 지출이라는 손해의 결과가 현실적으로 발생하였으므로, 토양오염을 유발하거나 폐기물을 매립한 종전 토지소유자는 오염토양 정화비용 또는 폐기물 처리비용 상당의 손해에 대하여 불법행위자로서 손해배상책임을 진다."[32]

⑵ 손해배상청구권의 내용에 관하여 본다.

① 불법행위에 기한 손해배상청구권은 양도성을 가지며, 상속의 대상이다.

② 재산적 손해의 경우에 불법행위 당시를 기준으로 손해배상액을 산정하고 별도의 이행청구가 없더라도 그때부터 지연손해금이 발생하지만, 정신적 손해에

32) 이 판결에서 쟁점은 Y가 자기 소유의 토지에 토양오염을 유발하고 폐기물을 유입한 행위가 현재의 토지소유자 X에 대하여 불법행위를 구성하는지 여부인데, 원심은 이를 부정한 반면, 대법원은 원심을 파기하였다.

이 사건에서 X는 중간자들과 더불어 Y의 위법행위에 따른 이른바 「다층적」 피해자이다.

대한 위자료는 사실심 변론종결시를 기준으로 액수가 결정되어야 한다는 것이 판례의 입장이다.

〈7-3-2〉 손해배상청구권의 내용에 관한 판례

㉮ 판례는 즉사한 경우에도 위자료청구권은 피해자가 이를 포기하거나 면제했다고 볼 수 있는 특별한 사정이 없는 한 당연히 상속된다고 하였다(대판 1966.10.18. 66다1335).

㉯ 정신적 손해의 산정기준시기에 관하여 대판(전) 2011.7.21. 2011재다199는, 불법행위시와 사실심 변론종결시 사이에 40년 이상의 오랜 세월이 경과되어 위자료를 산정함에 반드시 참작해야 할 변론종결시 통화가치 또는 국민소득수준 등에 불법행위시와 비교하여 상당한 변동이 생긴 때에는 예외적으로 위자료 산정의 기준시인 사실심 변론종결일부터 지연손해금이 발생한다고 판단한 재심대상판결(대판 2011.1.27. 2010다6680)[33]은 종전 대법원 판결들이 선언한 법리의 적용범위와 한계

33) "불법행위가 없었더라면 피해자가 그 손해를 입은 법익을 계속해서 온전히 향유할 수 있었다는 점에서 불법행위로 인한 손해배상채무에 대하여는 원칙적으로 별도의 이행최고가 없더라도 공평의 관념에 비추어 그 성립과 동시에 불법행위시로부터 지연손해금이 발생한다고 보아야 한다. 그런데 위자료를 산정함에 있어서는 사실심 변론종결 당시까지 발생한 일체의 사정이 그 참작대상이 될 뿐만 아니라, 위자료 산정의 기준이 되는 국민소득수준이나 통화가치 등도 변론종결시의 것을 반영해야만 하는바, 불법행위가 행하여진 시기와 가까운 무렵에 통화가치 등의 별다른 변동이 없는 상태에서 위자료액수가 결정된 경우에는 위와 같이 불법행위시로부터 지연손해금이 발생한다고 보더라도 특별히 문제될 것은 없으나, 불법행위시와 변론종결시 사이에 장기간의 세월이 경과되어 위자료를 산정함에 있어 반드시 참작해야 할 변론종결시의 통화가치 등에 불법행위시와 비교하여 상당한 변동이 생긴 때에도 덮어놓고 불법행위시로부터 지연손해금이 발생한다고 보는 경우에는 현저한 과잉배상의 문제가 제기된다. 왜냐하면 이때에는 위와 같이 변동된 통화가치 등을 추가로 참작하여 위자료의 수액을 재산정해야 하는데, 이러한 사정은 불법행위가 행하여진 무렵의 위자료 산정의 기초되는 기존의 제반 사정과는 명백히 구별되는 것이고, 변론종결의 시점에서야 전적으로 새롭게 고려되는 사정으로서 어찌 보면 변론종결시에 비로소 발생한 사정이라고도 할 수 있어, 이처럼 위자료 산정의 기준되는 통화가치 등의 요인이 변론종결시에 변동된 사정을 참작하여 위자료가 증액된 부분에 대하여 불법행위시로부터 지연이자를 붙일 수 있는 근거는 전혀 없다고 할 것이기 때문이다. 더구나 이 사건과 같이 피고 소속 공무원들에 의하여 원고에 대한 불법구금이 개시된 1969. 1. 28.경으로부터 원심의 변론종결일인 2009. 11. 11.까지 40년 이상의 오랜 세월이 경과하여 그 사이에 우리나라의 물가와 국민소득수준 등이 몇 곱절 상승함으로 말미암아 이를 반영하여 증액된 위자료에 대하여 이 사건 불법행위가 저질러진 시기와 가까운 때인 1969년 무렵부터 지연이자가 발생한다고 보는 경우에는, 합리적인 이유 없이 현저

를 분명히 하고 그 법리가 적용되지 않는 경우에 적용할 새로운 법리를 표시한 것일 뿐 종래 대법원이 표시한 의견을 변경한 경우에는 해당하지 않는다고 하였는데, 그 요지는 다음과 같다: "불법행위로 인한 손해배상에서 재산상 손해에 대한 배상액은 손해가 발생한 불법행위 당시를 기준으로 하여 액수를 산정하여야 하고, 공평의 관념상 별도의 이행최고가 없더라도 불법행위 당시부터 지연손해금이 발생하는 것이 원칙이다. 이에 비하여 정신상 손해에 대한 배상인 위자료는 불법행위 자체로 인하여 피해자가 입은 고통의 정도, 가해자가 보인 태도, 가해자와 피해자의 연령, 사회적 지위, 재산상태는 물론 국민소득수준 및 통화가치 등 여러 사정을 종합적으로 고려하여 사실심 변론종결시를 기준으로 수액이 결정되어야 한다. 그 결과, 불법행위시와 사실심 변론종결시가 통화가치 등의 변동을 무시해도 좋을 정도로 근접해 있는 경우에는 위자료에 대하여도 재산상 손해에 대한 배상액과 마찬가지로 불법행위 당시부터 지연손해금의 지급을 명하더라도 특별히 문제될 것은 없고, 그렇게 하는 것이 원칙이다. 그러나 불법행위시부터 사실심 변론종결시까지 장기간이 경과하고 통화가치 등에 상당한 변동이 생긴 경우에는, 그와 같이 변동된 사정까지 참작하여 사실심 변론종결시를 기준으로 한 위자료의 수액이 결정되어야 하는 것이므로, 그 위자료에 대하여는 원칙적인 경우와는 달리, 사실심 변론종결일 이후의 기간에 대하여 지연손해금을 지급하도록 하여야 하고, 불법행위시로 소급하여 그때부터 지연손해금을 지급할 아무런 합리적인 이유나 근거가 없다. 재심대상판결은 이러한 법리를 선언하고 있는 것으로서 정당하여 그대로 유지되어야 하고, 이를 변경할 이유나 필요도 없다."

㉰ 대판 2020.11.26. 2019다276307: "불법행위로 인한 위자료 배상채무의 지연손해금이 사실심 변론종결일부터 발생한다고 보아야 하는 예외적인 경우에는 불법행위시부터 지연손해금이 가산되는 원칙적인 경우보다 배상이 지연된 사정을 적절히 참작하여 사실심 변론종결시의 위자료 원금을 산정할 필요가 있[고,] 제1심판결에서 위와 같이 배상이 지연된 사정을 참작하여 제1심 변론종결일을 기준으로 위자료를 산정하였는데 항소심이 항소심 변론종결일을 기준으로 새로이 위자료를 산

하게 과잉된 지연배상을 허용하는 결과가 된다고 하겠다. 따라서 이처럼 불법행위시와 변론종결시 사이에 장기간의 세월이 경과되어 위자료를 산정함에 있어 반드시 참작해야 할 변론종결시의 통화가치 등에 불법행위시와 비교하여 상당한 변동이 생긴 때에는, 예외적으로라도 불법행위로 인한 위자료배상채무의 지연손해금은 그 위자료산정의 기준시인 사실심 변론종결 당일로부터 발생한다고 보아야만 할 것이다."

정하지 않고 제1심판결의 위자료 액수를 그대로 유지한 경우 위자료 배상채무의 지연손해금은 위자료 산정의 기준일인 제1심 변론종결일부터 발생한다."

⑶ 손해배상청구권의 행사기간을 본다.[34)]

① 제766조의 기간은 모두 소멸시효기간이다(대판(전) 1996.12.19. 94다22927).

② 소멸시효의 남용에 관하여 〈3－5－12〉 참조.

〈7-3-3〉 제766조에 관한 판례

㉮ 단기시효에 관한 제766조 제1항을 본다.

㉠ 3년의 시효기간의 기산점은 피해자 또는 그 법정대리인의 사실인식의 문제이지 법률적 평가의 문제가 아니다(대판 1993.8.27. 93다23879).

여기서 손해를 안다는 것은, 단순히 손해발생의 사실을 아는 것만으로 부족하고, 가해행위가 불법행위로서 이를 원인으로 하여 손해배상을 소구할 수 있다는 것까지 아는 것을 의미한다(대판 2010.12.9. 2010다71592). 그리고 "손해 및 가해자를 안 날"은 피해자나 법정대리인이 손해의 발생, 손해배상청구의 상대방으로 될 가해자, 위법한 가해행위의 존재, 가해행위와 손해발생 사이의 인과관계의 존재 등 불법행위의 요건사실에 관하여 현실적이고도 구체적으로 인식하였을 때를 뜻한다(대판 2011.3.10. 2010다13282).

한편 대판 1998.11.10. 98다34126은, 법인의 경우에 단기소멸시효의 기산점인 '손해 및 가해자를 안 날'은 통상 대표자가 이를 안 날을 뜻하지만, 법인의 대표자가 가해자에 가담하여 법인에 대하여 공동불법행위가 성립하는 경우에는, 법인과 그 대표자는 이익이 상반하므로 현실로 그로 인한 손해배상청구권을 행사하리라고 기대하기 어려울 뿐만 아니라 일반적으로 그 대표권도 부인될 것이므로, 단지 그 대표자가 손해 및 가해자를 아는 것만으로 부족하고, 적어도 법인의 이익을 정당하게 보전할 권한을 가진 다른 임원 또는 사원이나 직원 등이 손해배상청구권을 행사할 수 있을 정도로 이를 안 때에 비로소 시효가 진행한다고 해석함이 상당하다

34) 2020년 개정에서 미성년자에 대한 성적 침해의 경우에 "이로 인한 손해배상청구권의 소멸시효는 그가 성년이 될 때까지 진행되지 아니한다"는 제766조 제3항이 신설되었다.

고 했다(법인에서 인식의 귀속에 관하여 〈1-4-6〉 참조).

ⓛ 대판 2001.1.19. 2000다11836: "가해행위와 이로 인한 현실적인 손해의 발생 사이에 시간적 간격이 있는 불법행위에 기한 손해배상채권에 있어서 소멸시효의 기산점이 되는 불법행위를 안 날이라 함은 단지 관념적이고 부동적인 상태에서 잠재하고 있던 손해에 대한 인식이 있었다는 정도만으로는 부족하고 그러한 손해가 그 후 현실화된 것을 안 날을 의미한다."35)

그리고 후유증 등으로 인하여 불법행위 당시에는 전혀 예견할 수 없었던 새로운 손해가 발생하였다거나 예상 외로 손해가 확대된 경우에, 그러한 사유가 판명된 때 새로이 발생 또는 확대된 손해를 알았다고 보아야 하고, 이와 같이 새로이 발생 또는 확대된 손해부분에 대하여는 그러한 사유가 판명된 때부터 제766조 제1항에 의한 시효소멸기간이 진행된다(대판 2001.9.14. 99다42797).36)

ⓒ 대판 2008.6.12. 2007다36445는, 무권리자가 위법한 방법으로 그 명의로 부동산에 관한 소유권보존등기나 소유권이전등기를 마친 다음 제3자에게 이를 매도하여 제3자 명의로 소유권이전등기를 마쳐준 경우에, 제3자가 소유자의 등기말소청구에 대하여 시효취득을 주장하는 때에는 제3자 명의의 등기의 말소 여부는 소송 등의 결과에 따라 결정되는 특별한 사정이 있으므로, 소유자의 소유권 상실이라는 손해는 소송 등의 결과가 나오기까지는 관념적이고 부동적인 상태에서 잠재적으로만 존재하고 있을 뿐 아직 현실화되었다고 볼 수 없고, 소유자가 제3자를 상대로 제기한 등기말소청구소송이 패소 확정될 때에 그 손해의 결과발생이 현실화된다고 볼 것이며, 그 등기말소청구소송에서 제3자의 등기부시효취득이 인정된 결과 소유자가 패소하였더라도 그 등기부취득시효 완성 당시에 이미 손해가 현실화되었

35) 사고 당시 피해자는 만 2세 남짓한 유아로 좌족부의 성장판을 다쳐 의학적으로 뼈가 성장을 멈추는 만 18세가 될 때까지는 위 좌족부가 어떻게 변형될지 모르는 상태였던 경우에, 피해자가 고등학교 1학년 재학 중 담당의사에게 진찰을 받은 결과 비로소 피해자의 좌족부 변형에 따른 후유장해의 잔존 및 그 정도 등을 가늠할 수 있게 되었다면, 피해자의 법정대리인도 그때서야 현실화된 손해를 구체적으로 알았다고 보아 그 무렵을 소멸시효의 기산점으로 삼은 사례.

36) 나아가 대판 2021.7.29. 2016다11257: "손해를 안다는 것은 현실로 손해가 발생한 것을 안 경우뿐만 아니라 손해 발생을 예견할 수 있을 때를 포함한다. […] 전문적인 감정 등을 통해서 상해를 입은 피해자의 여명에 관한 예측을 토대로 손해배상의 범위가 결정되어 소송 또는 합의 등을 통하여 정기금 지급방식이 아닌 일시금 지급방식으로 배상이 이루어졌는데, 이후 예측된 여명기간을 지나 피해자가 계속 생존하게 되면 종전에 배상이 이루어질 당시에는 예상할 수 없었던 새로운 손해가 발생할 수 있다. 이 경우 예측된 여명기간 내에 그 기간을 지나 생존할 것을 예상할 수 있는 사정이 생겼다면 그때에, 그러한 사정이 발생하지 않고 예측된 여명기간이 지나면 그때에 장래에 발생가능한 손해를 예견할 수 있다고 보아야 한다."

다고 볼 것은 아니라고 하였다.

㉣ 피해자나 그 법정대리인이 그 손해 및 가해자를 안 시점에 대해서는 시효완성을 주장하는 이가 증명책임을 진다(대판 1995.6.30. 94다13435).

㉤ 참고로 대판 2023.2.2. 2020다270633: "국가배상청구권에 관한 3년의 단기소멸시효기간 기산에는 민법 제766조 제1항 외에 소멸시효의 기산점에 관한 일반규정인 민법 제166조 제1항이 적용된다. 따라서 3년의 단기소멸시효기간은 그 '손해 및 가해자를 안 날'에 더하여 그 '권리를 행사할 수 있는 때'가 도래하여야 비로소 시효가 진행한다."

㉯ 대판 2005.5.13. 2004다71881: "제766조 제2항에 의한 소멸시효의 기산점이 되는 '불법행위를 한 날'이란 가해행위가 있었던 날이 아니라 현실적으로 손해의 결과가 발생한 날을 의미하지만, 그 손해의 결과발생이 현실적인 것으로 되었다면 그 소멸시효는 피해자가 손해의 결과발생을 알았거나 예상할 수 있는가 여부에 관계없이 가해행위로 인한 손해가 현실적인 것으로 되었다고 볼 수 있는 때로부터 진행한다."[37)]

그리고 대판 2022.1.14. 2019다282197: "가해행위와 이로 인한 현실적인 손해의 발생 사이에 시간적 간격이 있는 불법행위에 기한 손해배상채권의 경우, 장기소멸시효의 기산점이 되는 '불법행위를 한 날'의 의미는 단지 관념적이고 부동적인 상태에서 잠재적으로만 존재하고 있는 손해가 그 후 현실화되었다고 볼 수 있는 때, 즉 손해의 결과발생이 현실적인 것으로 되었다고 할 수 있을 때로 보아야 한다."

한편 손해의 발생시기에 대한 증명책임은 소멸시효의 이익을 주장하는 이에게 있다(대판 2013.7.12. 2006다17539).

㉰ 계속적 불법행위에 관하여 대판(전) 1966.6.9. 66다615: "불법점거에 의한 불법행위로 인하여 피해자의 토지에 관한 소유권이 상실되지 아니하였다면 가해자의

37) 참고로 대판 2019.11.14. 2018다233686: "헌법재판소는 2018. 8. 30. 민법 제166조 제1항, 제766조 제2항 중 진실·화해를 위한 과거사정리 기본법(이하 '과거사정리법'이라 한다) 제2조 제1항 제3호의 '민간인 집단희생사건', 같은 항 제4호의 '중대한 인권침해사건·조작의혹사건'에 적용되는 부분은 헌법에 위반된다는 결정을 선고하였다. […] 위 위헌결정의 효력은 과거사정리법 제2조 제1항 제3호의 '민간인 집단희생사건'이나 같은 항 제4호의 '중대한 인권침해사건·조작의혹사건'에서 공무원의 위법한 직무집행으로 입은 손해에 대한 배상을 청구하는 소송이 위헌결정 당시까지 법원에 계속되어 있는 경우에도 미친다고 할 것이어서, 그 손해배상청구권에 대해서는 민법 제166조 제1항, 제766조 제2항에 따른 '객관적 기산점을 기준으로 하는 소멸시효'는 적용되지 않고, 국가에 대한 금전 급부를 목적으로 하는 권리의 소멸시효기간을 5년으로 규정한 국가재정법 제96조 제2항(구 예산회계법 제96조 제2항) 역시 이러한 객관적 기산점을 전제로 하는 경우에는 적용되지 않는다."

불법행위는 계속하여 이루어지고 그로 인하여 손해도 계속 발생하여 나날이 새로운 불법행위에 기인하여 발생하는 것이고, 따라서 민법 제766조의 적용에 관하여서는 나날이 발생한 새로운 각 손해를 안 날로부터 별개로 소멸시효가 진행한다."

2. 손해배상의 방법과 범위

(1) 손해배상의 범위를 본다.

① 불법행위로 인한 손해배상에서도 예견가능성에 의하여 배상범위가 제한된다(제763조, 제393조).

② 직무상의 의무를 위반한 사안에서 규범목적설에 따라 예견가능성에도 불구하고 배상책임을 부정하기도 한다.

〈7-3-4〉 손해배상의 범위에 관한 판례

㉮ 판례는 소 제기나 응소 또는 항쟁 그 자체가 불법행위로 인정되는 경우와 가해자가 부당하게 책임을 회피하거나 이행청구에 불응하여 청구소송을 제기한 경우에 변호사비용을 통상손해로 보았다(대결 2004.7.5. 2004마177, 대판 2009.6.23. 2007다3650·3667).

㉯ 대판 1997.10.10. 96다52311은, A 회사 트럭 운전자가 과실로 B 회사 시내버스를 추돌하고 그 충격으로 시내버스가 인도에 설치된 전주를 들이받아 발생한 지락전류가 인근 공장 내에 흘러들어가 발생한 화재에 대하여, 이러한 간접적 손해는 특별한 사정으로 인한 것으로 "<u>가해행위와 너무 먼 손해</u>"라 할 것이므로, 당시 A 회사 운전자나 B 회사 운전자가 인근 공장에 그와 같은 손실이 발생할 것이라는 것을 알거나 알 수 있었다고 보기 어렵다고 하여 A 회사 및 B 회사의 손해배상책임을 부인하였다.[38]

㉰ 규범목적설의 수용에 관하여 본다.

㉠ 상당인과관계를 판단함에 규범목적을 고려한 대판 1993.2.12. 91다43466: "공무원에게 부과된 직무상 의무의 내용이 단순히 공공 일반의 이익을 위한 것이거나

38) 같은 전신주사건임에도 예견가능성을 인정한 예로 대판 1996.1.26. 94다5472도 참조.

행정기관 내부의 질서를 규율하기 위한 것이 아니고, 전적으로 또는 부수적으로 사회구성원 개인의 안전과 이익을 보호하기 위하여 설정된 것이라면, 공무원이 그와 같은 직무상 의무를 위반함으로 인하여 피해자가 입은 손해에 대하여는 상당인과관계가 인정되는 범위 내에서 국가배상책임을 지는 것이고, 이때 상당인과관계의 유무를 판단함에 있어서는 일반적인 결과발생의 개연성은 물론, 직무상 의무를 부과하는 법령 기타 행동규범의 목적이나 가해행위의 태양 및 피해의 정도 등을 종합적으로 고려하여야 할 것"이다.

㉡ 구체적 예로 국가배상사건에 관한 대판 2001.10.23. 99다36280: "소속 공무원이 전적으로 또는 부수적으로라도 국민 개개인의 안전과 이익을 보호하기 위하여 법령에서 정한 직무상의 의무에 위반하여 국민에게 손해를 가하면 상당인과관계가 인정되는 범위 안에서 국가 또는 지방자치단체가 배상책임을 부담하는 것이지만, 공무원이 직무를 수행하면서 그 근거되는 법령의 규정에 따라 구체적으로 의무를 부여받았어도 그것이 국민의 이익과는 관계없이 순전히 행정기관 내부의 질서를 유지하기 위한 것이거나, 또는 국민의 이익과 관련된 것이라도 직접 국민 개개인의 이익을 위한 것이 아니라 전체적으로 공공 일반의 이익을 도모하기 위한 것이라면 그 의무에 위반하여 국민에게 손해를 가하여도 국가 또는 지방자치단체는 배상책임을 부담하지 아니한다."[39]

나아가 대판 1995.1.12. 94다21320: "동일인에 대한 일정액을 넘는 대출 등을 원칙적으로 금하고 있는 상호신용금고법 제12조의 규정취지는 원래 영리법인인 상호신용금고의 대출업무 등은 그 회사의 자율에 맡기는 것이 원칙이겠지만 그가 갖는 자금중개기능에 따른 공공성 때문에 특정인에 대한 과대한 편중여신을 규제함으로써 보다 많은 사람에게 여신의 기회를 주고자 함에 있는 것이지, 상호신용금고로부터 급부, 대출, 어음할인을 받은 자와 거래를 하려는 제3자로 하여금 상호신용금고가 대출 등을 받은 자에 대하여 가지게 될 채권의 범위를 예측할 수 있게 하거나 상호신용금고가 위 법령에 규정된 여신한도 범위 내에서 대출 등을 할 것으로 신뢰한 자를 보호하고자 함에 있는 것은 아"니다.[40]

---

39) 국가 또는 지방자치단체가 법령이 정하는 상수원수 수질기준 유지의무를 다하지 못하고, 법령이 정하는 고도의 정수처리방법이 아닌 일반적 정수처리방법으로 수돗물을 생산·공급하였다는 사유만으로 그 수돗물을 마신 개인에 대하여 손해배상책임을 부담하지는 않는다고 한 사례.

40) 'Y 상호신용금고가 A 회사에게 4회에 걸쳐 7억 원을 대출하고 A의 부동산에 근저당권 설정 → X는 A에게 6억 원을 대출하고 A 소유의 부동산에 후순위근저당권 설정 → Y는 다시

⑵ 손해배상의 방법에 관하여 본다.

① 다른 약정이 없는 한 손해는 금전으로 배상되어야 하지만(제763조, 제394조), 제764조가 명예훼손에 관하여 특칙을 규정한다.

② 나아가 판례는 불법행위에 기한 금지청구권도 인정한다.

〈7-3-5〉 손해배상의 방법에 관한 판례

㉮ 손해의 배상을 정기금에 의한 지급과 일시금에 의한 지급 중 어느 방식에 의하여 청구할 것인지는 손해배상청구권자인 피해자 자신이 임의로 선택할 수 있지만, 식물인간 등의 경우처럼 후유장애의 계속기간이나 잔존여명이 단축된 정도 등을 확정하기 곤란하여 일시금지급방식에 의한 손해의 배상이 사회정의와 형평의 이념에 비추어 현저하게 불합리한 결과를 초래할 우려가 있다고 인정되면 피해자가 일시금배상을 구하더라도 법원은 재량으로 정기금배상을 명할 수 있다(대판 1995. 6.9. 94다30515).[41]

㉯ 제764조의 특칙은, 명예훼손의 경우에 그로 인한 피해자의 재산적·정신적 손해의 범위 및 그 금전적 평가를 구체적으로 증명하는 것이 곤란하고 또 금전배상만으로 피해자의 구제가 실질적으로 불충분·불완전한 경우가 많으므로, 이러한 결함을 보완하여 피해자를 효과적으로 구제하기 위한 것이다(대판 2007.12.27. 2007다29379).[42]

㉰ 불법행위에 기한 금지청구에 관하여 대결 2010.8.25. 2008마1541: "경쟁자가 상당한 노력과 투자에 의하여 구축한 성과물을 상도덕이나 공정한 경쟁질서에 반하여 자신의 영업을 위하여 무단으로 이용함으로써 경쟁자의 노력과 투자에 편승하여 부당하게 이익을 얻고 경쟁자의 법률상 보호할 가치가 있는 이익을 침해하는 행위는 부정한 경쟁행위로서 민법상 불법행위에 해당하는바, 위와 같은 무단이용 상태가 계속되어 금전배상을 명하는 것만으로는 피해자 구제의 실효성을 기대하

상호신용금고법이 정하는 동일인 대출한도를 초과하여 A에게 3억 원 추가대출(선순위근저당권의 채권최고액의 범위 내에 속한다) → Y의 신청에 기한 임의경매의 배당절차에서 추가대출금 때문에 X는 일부배당만 받음 → X가 Y를 상대로 추가대출로 인하여 배당받지 못한 부분의 손해에 대하여 배상을 구하는 소 제기'의 사안에서, X의 청구를 기각한 사례.

41) 일시금과 정기금을 혼용하여 일실손해를 산정한 예로 대판 2002.11.26. 2001다72678 참조.

42) 종래 명예회복에 적당한 처분으로 신문지상의 사죄광고가 널리 이용되었지만, 헌재결 1991. 4.1. 89헌마160이 그 처분에 사죄광고를 포함시키는 것은 양심의 자유 및 인격권을 침해하는 것으로 헌법에 위반된다고 하였다.

기 어렵고 무단이용의 금지로 인하여 보호되는 피해자의 이익과 그로 인한 가해자의 불이익을 비교·교량할 때 피해자의 이익이 더 큰 경우에는 그 행위의 금지 또는 예방을 청구할 수 있다."[43]

(3) 실무상 매우 중요하면서도 어려운 문제인 손해배상액의 산정에 관하여 민사소송법 제202조의2: "손해가 발생한 사실은 인정되나 구체적인 손해의 액수를 증명하는 것이 사안의 성질상 매우 어려운 경우에 법원은 변론 전체의 취지와 증거조사의 결과에 의하여 인정되는 모든 사정을 종합하여 상당하다고 인정되는 금액을 손해배상액수로 정할 수 있다."

〈7-3-6〉 손해배상액의 산정에 관한 판례

1) 손해액 산정의 기준시기

㉮ 학설상 논란이 있으나, 손해액은 불법행위 당시를 기준으로 산정한다는 것이 판례의 입장이다. 가령 대판 2010.4.29. 2009다91828: 불법행위로 인한 재산상 손해액의 산정기준시로서 "'현재'는 '기준으로 삼은 그 시점'이란 의미에서 '불법행위시'를 뜻하는 것이지 '지금의 시간'이란 의미로부터 '사실심 변론종결시'를 뜻하는 것은 아니"다.[44] 그런데 대판 2014.7.10. 2013다65710: "불법행위로 인한 손해액

43) X는 인터넷 포털사이트를 운영하며 광고영업을 하는 회사인데, Y가 배포한 프로그램을 설치한 사용자들이 X의 사이트를 방문하면 X가 제공하는 광고 대신 Y의 광고가 나타나게 한 사안에서, X의 신청에 기한, 위 프로그램의 제조 및 배포를 금지하는 가처분신청을 인용한 원심의 판단을 대법원이 정당하다고 본 사례.

대판 2011.10.13. 2010다63720도, A가 일반인들의 통행에 제공되어 온 도로에 토지관리소를 축조하고 개폐식 차단기를 설치한 다음 자동차운전자들에게 행선지 및 방문목적 등을 확인한 후 차단기를 열어 통행할 수 있게 하면서 B 등이 운행하는 자동차에 대하여 통행을 금지한 사안에서, "일반 공중의 통행에 제공된 도로를 통행하고자 하는 자는, 그 도로에 관하여 다른 사람이 가지는 권리 등을 침해한다는 등의 특별한 사정이 없는 한, 일상생활상 필요한 범위 내에서 다른 사람들과 같은 방법으로 도로를 통행할 자유가 있고, 제3자가 특정인에 대하여만 도로의 통행을 방해함으로써 일상생활에 지장을 받게 하는 등의 방법으로 특정인의 통행자유를 침해하였다면 민법상 불법행위에 해당하며, 침해를 받은 자로서는 그 방해의 배제나 장래에 생길 방해를 예방하기 위하여 통행방해행위의 금지를 소구할 수 있다고 보아야 한다"고 하며, B 등으로서는 A에게 통행방해행위의 금지를 구할 수 있다고 하였다.

44) 매수인(K)이 매도인(V)의 기망행위로 인하여 부동산을 고가에 매수함으로써 입은 손해는 부

산정의 기준시점은 불법행위시라고 할 것이나, 다만 불법행위시와 결과발생시 사이에 시간적 간격이 있는 경우에는 결과가 발생한 때에 불법행위가 완성된다고 보아 불법행위가 완성된 시점, 즉 손해발생시가 손해액 산정의 기준시점이 된다."

㉯ 정신적 손해에 대한 위자료 산정의 기준시기에 관하여 〈7-3-2〉 참조.

2) 인신손해의 산정

㉮ 생명침해나 신체상해 등의 불법행위와 관련하여 실무는 「손해 3분설」에 따라 불법행위로 인한 손해를 적극적 재산적 손해, 소극적 재산적 손해 및 정신적 손해의 3가지로 나눈다(대판 2002.9.10. 2002다34581).

다만 대판(전) 1996.7.18. 94다20051은, 인신사고로 인한 손해배상청구소송처럼 소송물이 다른 재산적 손해와 위자료 등에 관한 청구가 하나의 판결로 선고되는 경우에, 당사자 일방이 그 소송물의 범위를 특정하지 않은 채 일정금액부분에 대해서만 항소하였다면, 그 불복하는 부분을 특정할 수 있는 등의 특별한 사정이 없는 한 불복범위에 해당하는 재산적 손해와 위자료에 관한 청구가 모두 항소심에 이심되어 항소심의 심판의 대상이 된다고 하였다.

㉯ 일실이익을 산정하는 기초가 되는 피해자의 기대여명은 변론주의가 적용되는 주요사실로서 재판상 자백의 대상인데, 일단 재판상 자백이 성립하면 그것이 적법하게 취소되지 않는 한 법원도 이에 구속되므로, 법원은 당사자 사이에 다툼이 없는 사실에 관하여 성립된 자백과 배치되는 사실을 증거에 의하여 인정할 수 없다(대판 2018.10.4. 2016다41869).

㉰ 육체노동의 가동연한에 관하여 대판(전) 2019.2.21. 2018다248909의 다수의견: "대법원은 1989. 12. 26. 선고한 88다카16867 전원합의체 판결(이하 '종전 전원합의체 판결'이라 한다)에서 일반육체노동을 하는 사람 또는 육체노동을 주로 생계활동으로 하는 사람(이하 '육체노동'이라 한다)의 가동연한을 경험칙상 만 55세라고 본 기존견해를 폐기하였다. 그 후부터 현재에 이르기까지 육체노동의 가동연한을 경험칙상 만 60세로 보아야 한다는 견해를 유지하여 왔다. 그런데 우리나라의 사회적·경제적 구조와 생활여건이 급속하게 향상·발전하고 법제도가 정비·개선됨에 따라 종전 전원합의체 판결 당시 위 경험칙의 기초가 되었던 제반 사정들이 현저히 변하

동산의 매수 당시의 시가와 매수가격의 차액이고, 그 후 K가 위 부동산 중 일부에 대하여 보상금을 수령하였다거나 부동산 시가가 상승하여 매수가격을 상회하게 되었다고 하여 K에게 손해가 발생하지 않았다고 할 수 없다고 한 사례.

였기 때문에 위와 같은 견해는 더 이상 유지하기 어렵게 되었다. 이제는 특별한 사정이 없는 한 만 60세를 넘어 만 65세까지도 가동할 수 있다고 보는 것이 경험칙에 합당하다."[45]

㉱ 일실이익 산정의 기초인 수익은 가해행위 당시의 것을 기준으로 하지만,[46] 장차 임금수익이 증가할 것이 상당할 정도로 확실하게 예측할 수 있는 객관적 자료가 있으면 장래의 증가할 임금수익은 통상손해에 해당한다(대판(전) 1989.12.26. 88다카6761).

㉲ 대판(전) 2013.5.16. 2012다202819: "불법행위로 입은 비재산적 손해에 대한 위자료액수에 관하여는 사실심법원이 여러 사정을 참작하여 그 직권에 속하는 재량에 의하여 이를 확정할 수 있고, 법원이 그 위자료 액수결정의 근거가 되는 제반 사정을 판결이유 중에 빠짐없이 명시해야만 하는 것은 아니나, 이것이 위자료의 산정에 법관의 자의가 허용된다는 것을 의미하는 것은 물론 아니다. 위자료의 산정에도 그 시대와 일반적인 법감정에 부합될 수 있는 액수가 산정되어야 한다는 한계가 당연히 존재하고, 따라서 그 한계를 넘어 손해의 공평한 분담이라는 이념과 형평의 원칙에 현저히 반하는 위자료를 산정하는 것은 사실심법원이 갖는 재량의 한계를 일탈한 것이 된다."[47]

그리고 대판 2008.10.9. 2006다53146: "민법 제751조 제1항은 불법행위로 인한 재산 이외의 손해에 대한 배상책임을 규정하고 있고, 재산 이외의 손해는 정신상 고통만을 의미하는 것이 아니라 그 외에 수량적으로 산정할 수 없으나 사회통념상

45) 나아가 "사실심법원이 일실수입 산정의 기초가 되는 가동연한을 인정할 때에는, 국민의 평균여명, 경제수준, 고용조건 등의 사회적·경제적 여건 외에 연령별 근로자 인구수, 취업률 또는 근로참가율 및 직종별 근로조건과 정년 제한 등 제반 사정을 조사하여 이로부터 경험칙상 추정되는 가동연한을 도출하거나 피해자의 연령, 직업, 경력, 건강상태 등 구체적인 사정을 고려하여, 가동연한을 인정할 수 있다."

46) 참고로 대판 2021.7.15. 2016다260097: "피해자가 사고 당시 일정한 직업의 소득이 없는 사람이라면 그 수입상실액은 보통사람이면 누구나 종사하여 얻을 수 있는 일반노동임금을 기준으로 하되, 특정한 기능이나 자격 또는 경력을 가지고 있어서 장차 그에 대응한 소득을 얻을 수 있는 상당한 개연성이 인정되는 경우에는 그 통계소득을 기준으로 산정할 수 있다."

47) 나아가 "'진실·화해를 위한 과거사정리 기본법'(이하 '과거사정리법'이라 한다)에 의한 진실규명결정을 거친 한국전쟁 전후 희생사건은 그 피해가 발생한 때로부터 무려 약 60년이 경과되었고, 과거사정리법도 그 피해의 일률적인 회복을 지향하고 있으며, 피해자의 숫자도 매우 많을 뿐 아니라 전국적으로 분포되어 있는 등 특수한 사정이 있다. 따라서 그에 대한 위자료의 액수를 정할 때는 피해자들 상호간의 형평도 중요하게 고려하여야 하고 손해배상을 청구하는 희생자 유족의 숫자 등에 따른 적절한 조정도 필요하다."

금전평가가 가능한 무형의 손해도 포함하므로, 법인의 명예나 신용을 훼손한 자는 그 법인에게 재산 이외의 손해에 대하여도 배상할 책임이 있다. 그런데, 법인의 명예나 신용을 훼손하는 행위에는 법인의 목적사업 수행에 영향을 미칠 정도로 법인의 사회적 평가를 저하하는 일체의 행위가 포함되므로, 이에는 구체적인 사실을 적시하거나 의견을 표명하는 행위 등뿐만이 아니라, 고급이미지의 의류로서 명성과 신용을 얻고 있는 타인의 의류와 유사한 디자인의 의류를 제조하여 이를 저가로 유통시키는 방법 등으로 타인인 법인의 신용을 훼손하는 행위도 포함된다."

㉥ 위자료의 보완적 기능에 관하여 (〈4-4-7〉에 소개된) 대판 2004.11.12. 2002다53865 참조.

3) 물적 손해의 산정

㉮ 멸실이나 처분(추급이 불가능한 경우에 한하여) 등의 사유로 물건의 소유권을 상실한 경우에, 「상실 당시」 그 물건의 객관적 교환가치가 통상손해이고(대판 2003.1.10. 2000다34426) 이에 지연이자가 추가되는데, 상실 후의 목적물의 가격등귀에 따른 손해는 특별손해이다. 증권회사가 고객 소유의 주식을 위법하게 처분한 경우에 관한 대판 2000.11.24. 2000다1327 참조.

㉯ 소유물이 훼손된 경우에, 수리가 가능하면 불법행위 당시의 수리비가 통상손해이고, 수리가 불가능하면 훼손으로 인하여 교환가치가 감소한 부분이 통상손해로 되는데(대판 1993.12.24. 93다38284), 수리로 인하여 훼손 전보다 물건의 교환가치가 증가하였다면 손익상계의 법리에 따라 수리비에서 교환가치 증가분을 공제해야 한다(대판 2004.2.27. 2002다39456).

㉰ 원인무효의 등기를 신뢰하여 제3자가 입은, 소유권을 취득하지 못한 손해에 관하여 대판(전) 1992.6.23. 91다33070은, 타인 소유의 토지에 관하여 매도증서, 위임장 등 등기 관계서류를 위조하여 원인무효의 소유권이전등기를 경료하고 다시 이를 다른 사람에게 매도하여 순차로 소유권이전등기가 경료된 후에 토지의 진정한 소유자가 최종매수인을 상대로 말소등기청구소송을 제기하여 소유자 승소의 판결이 확정된 경우에, 위 불법행위로 인하여 최종매수인이 입은 손해는 무효의 소유권이전등기를 유효한 등기로 믿고 위 토지를 매수하기 위하여 출연한 금액, 즉 매매대금(계약체결을 위한 비용을 포함한다)으로, 이는 기존이익의 상실인 적극적 손해에 해당하고, 최종매수인은 처음부터 위 토지의 소유권을 취득하지 못한 것이어서 위 말소등기를 명하는 판결의 확정으로 비로소 위 토지의 소유권을 상실한 것이 아니

므로, 위 토지의 소유권 상실을 손해로 볼 수 없다고 하였다.[48] 대판(전) 1992.6.23. 91다43848도 같은 취지에서, 위조된 수표를 할인에 의하여 취득한 사람이 그로 인하여 입는 손해액은 특별한 사정이 없는 한 그 위조수표를 취득하기 위하여 현실적으로 출연한 할인금이지, 그 수표가 진정한 것이라면 그 수표의 소지인이 지급받았을 것으로 인정되는 그 수표금액에 상당하는 금액이 아니라고 했다.[49]

그리고 대판 2007.11.16. 2005다55312: "부동산의 매수인이 불법행위자가 타인 소유의 부동산에 관하여 등기 관계서류를 위조하여 매각한다는 사정을 알지 못한 채 불법행위자에게 매매대금을 지급하고 자신의 명의로 원인무효의 소유권이전등기를 마친 다음 유효하게 부동산을 취득한 것으로 믿고 다른 사람에게 이를 양도하여 중간매도인이 되었으나, 후에 진정한 소유자가 중간매도인을 상대로 말소등기청구소송을 제기하여 승소함에 따라 중간매도인 명의로 된 소유권이전등기가 말소됨으로써 최종매수인에 대하여 매도인의 담보책임을 부담하게 되고 그 이행으로 손해배상금을 지급하게 된 경우, 불법행위로 인하여 중간매도인이 입은 통상의 손해는, 부동산의 시가가 하락하는 등의 특별한 사정이 없는 이상, 담보책임의 이행으로 지급한 손해배상금에서 자신이 전매를 통하여 취한 이득을 공제한 금액 상당이라고 봄이 상당하고, 그 금액은 중간매도인이 부동산을 유효하게 취득하기 위하여 출연한 매매대금과 매도인의 담보책임의 이행으로 지급한 손해배상금에서 매수인으로부터 지급받은 매매대금을 공제한 나머지 금액을 합한 것과 같다."

㉣ 담보목적물에 대하여 감정평가업자가 부당한 감정을 함으로써 감정의뢰인이 그 감정을 믿고 정당한 감정가격을 초과한 대출을 한 경우에, 부당한 감정가격에 근거하여 산출된 담보가치와 정당한 감정가격에 근거하여 산출된 담보가치의 차액을 한도로 하여 대출금 중 정당한 감정가격에 근거하여 산출된 담보가치를 초과한 부분이 손해액이다(대판 2009.9.10. 2006다64627).

㉤ 대판(전) 2004.3.18. 2001다82507: "일반적으로 타인의 불법행위 등에 의하여

48) 최종매수인이 자기의 거래상대방에 대하여 담보책임을 추급하는 경우에 이행이익의 배상을 구할 수 있는데(중간매도인의 손해배상에 관한 아래 2005다55312 판결 참조), 이 경우 손해액뿐만 아니라 지연이자의 기산점도 다르다.

49) 위조수표의 액면에 상당하는 금액은 그 수표가 위조된 것이 계기가 되어 그 소지인이 그 금액을 얻을 수 있으리라는 기대를 갖게 되는 이익에 지나지 않고, 수표의 위조라는 불법행위가 없었더라면 그 소지인이 원래 얻을 수 있었던 것으로서 그 수표의 위조행위로 말미암아 얻을 수 없게 된 이익은 아니므로, 그 소지인이 그 액면에 상당하는 금액을 지급받지 못하게 된 것이 불법행위로 인한 소극적 손해에 해당한다고 볼 수 없기 때문이라고 하였다.

재산권이 침해된 경우에는 그 재산적 손해의 배상에 의하여 정신적 고통도 회복된다고 보아야 할 것이므로 재산적 손해의 배상에 의하여 회복할 수 없는 정신적 손해가 발생하였다면, 이는 특별한 사정으로 인한 손해로서 가해자가 그러한 사정을 알았거나 알 수 있었을 경우에 한하여 그 손해에 대한 위자료를 청구할 수 있다."

㈓ 참고로 대판 2018.9.13. 2016다35802: "불법행위로 영업을 중단한 자가 영업중단에 따른 손해배상을 구하는 경우 영업을 중단하지 않았으면 얻었을 순이익과 이와 별도로 영업중단과 상관없이 불가피하게 지출해야 하는 비용도 특별한 사정이 없는 한 손해배상의 범위에 포함될 수 있다. 위와 같은 순이익과 비용의 배상을 인정하는 것은 이중배상에 해당하지 않는다."

그리고 대판 2023.3.13. 2022다293999: "타인 소유의 토지를 법률상 권원 없이 점유함으로 인하여 토지소유자가 입은 통상의 손해는 특별한 사정이 없는 한 점유토지의 임료 상당액이지만, 수익자가 단지 공로에 이르는 통로로 통행지를 통행함에 그치고 통행지소유자의 점유를 배제할 정도의 배타적인 점유를 하고 있지 않다면, 통행지소유자가 통행지를 본래 목적대로 사용·수익할 수 없게 되는 경우의 손해액이라 할 수 있는 임료 상당액 전부가 통행지소유자의 손해액이 된다고 볼 수는 없"다.

(4) 손해배상액의 조정에 관하여 본다.[50]

① 불법행위로 인한 손해의 발생 또는 확대에 피해자가 유책적으로 공동(共動)하였다면, 손해배상책임의 유무 또는 그 범위를 정할 때 이를 참작해야 한다(제763조, 제396조).

② 나아가 과도한 배상을 막기 위하여 손익상계가 이루어진다.

〈7-3-7〉 손해배상액의 조정에 관한 판례

㉮ 피해자가 일정한 조치를 취하지 않은 동안 불법행위가 행하여진 경우에 손해배상책임을 제한할 수 있는지에 관하여 대판 1995.8.22. 95다10303: "시효취득자가 처분금지가처분 등 조치를 취하지 아니함으로써 그 부동산 소유명의자의 부동산 처분이라는 불법행위가 가능하게 되었더라도, 그 불법행위가 시효취득자가 가처분

50) 〈4-4-8〉 및 〈4-4-9〉도 참조.

등의 권리보전절차를 취하지 아니한 것에 유발되거나 도발된 것은 아니어서 그와 같은 조치를 취하지 아니한 것이 소유명의자의 불법행위로 인한 손해의 발생에 원인이 되었다고 할 수 없으며, 시효취득자가 그와 같은 조치를 취하지 아니하였다는 사유를 들어 소유명의자의 불법행위로 인한 손해배상책임을 제한하는 것이 공평 내지 신의칙의 견지에서 타당하지도 아니하다."

㉯ 피해자의 부주의를 이용하여 고의로 불법행위를 저지른 이가 그 피해자의 부주의를 이유로 과실상계를 주장할 수 없다(대판 2008.6.12. 2007다36445).

다만 대판 2016.4.12. 2013다31137은,

㉠ "피해자의 부주의를 이용하여 고의로 불법행위를 저지른 자가 바로 그 피해자의 부주의를 이유로 자신의 책임을 감하여 달라고 주장하는 것은 허용될 수 없으나, 이는 그러한 사유가 있는 자에게 과실상계의 주장을 허용하는 것이 신의칙에 반하기 때문이므로, 불법행위자 중 일부에게 그러한 사유가 있다고 하여 그러한 사유가 없는 다른 불법행위자까지도 과실상계의 주장을 할 수 없다고 해석할 것은 아니"라고 하여 위 법리의 「인적」 적용범위를 한정하고,[51]

㉡ 나아가 "피해자의 부주의를 이용하여 고의로 불법행위를 저지른 자가 바로 그 피해자의 부주의를 이유로 자신의 책임을 감하여 달라고 주장하는 것이 허용되지 아니하는 것은, 그와 같은 고의적 불법행위가 영득행위에 해당하는 경우 과실상계와 같은 책임의 제한을 인정하게 되면 가해자로 하여금 불법행위로 인한 이익을 최종적으로 보유하게 하여 공평의 이념이나 신의칙에 반하는 결과를 가져오기 때문이므로, 고의에 의한 불법행위의 경우에도 위와 같은 결과가 초래되지 않는 경우에는 과실상계와 공평의 원칙에 기한 책임의 제한은 얼마든지 가능하다"고 하여 「사항적」 적용범위를 제한하였다.

㉰ 이른바 「피해자 측의 과실」에 관하여 판례는 감독의무자인 부모(대판 1969.9.23. 69다1164) 또는 일정한 친족(형이 운전하는 오토바이 뒤에 동승한 동생이 사망한 경우에 관한 대판 1991.11.12. 91다30156)의 과실을 고려하였다.

㉱ 「손해경감조치의무」에 관하여 대판 2003.7.25. 2003다22912: "신의칙 또는 손해부담의 공평이라는 손해배상제도의 이념에 비추어 볼 때, 불법행위의 피해자

51) 참고로 대판 2011.7.14. 2011다21143: "중개보조원이 업무상 행위로 거래당사자인 피해자에게 고의로 불법행위를 저지른 경우라 하더라도 중개보조원을 고용하였을 뿐 이러한 불법행위에 가담하지 아니한 중개업자에게 책임을 묻고 있는 피해자에 과실이 있다면, 법원은 과실상계의 법리에 좇아 손해배상책임 및 그 금액을 정하면서 이를 참작하여야 한다."

에게는 그로 인한 손해의 확대를 방지하거나 감경하기 위하여 노력하여야 할 일반적인 의무가 있으며 피해자가 합리적인 이유 없이 손해경감조치의무를 이행하지 않을 경우에는 법원이 그 손해배상액을 정함에 있어 민법 제763조, 제396조를 유추적용하여 그 손해확대에 기여한 피해자의 의무불이행의 점을 참작할 수 있고, 한편 손해의 확대를 방지하거나 경감하는 데 적절한 법적 조치가 존재하는 경우 이는 손해경감조치에 해당될 수 있고, 피해자가 그 법적 조치를 취함에 있어 감당하기 어려운 많은 비용이 소요된다든가, 그 결과가 불확실하다거나, 판단을 받기까지 현저하게 많은 시간이 필요하다는 등의 사정이 없음에도 불구하고 합리적인 이유 없이 그 법적 조치를 취하지 아니한 경우에는 그 손해확대에 기여한 피해자의 의무불이행의 점을 손해배상액을 정함에 있어 참작할 수 있다."

㉮ 손익상계가 허용되기 위해서는 손해배상책임의 원인인 행위로 인하여 피해자가 새로운 이득을 얻었을 뿐만 아니라 그 이득은 배상의무자가 배상해야 할 손해의 범위에 대응하는 것이어야 한다(대판 2011.4.28. 2009다98652).52)

참고로 대판(전) 2009.5.21. 2008다13104: "근로자가 업무상 재해로 사망함에 따라 근로복지공단이 구 산업재해보상보험법(2007.4.11. 법률 제8373호로 전문 개정되기 전의 것)에 의한 유족급여를 수급권자에게 지급하였다 하더라도, 수급권자가 아닌 망인의 공동상속인들이 상속한 손해배상채권과 그 유족급여의 수급권은 그 귀속주체가 서로 상이하여 상호보완적 관계를 인정할 수 없으므로, 수급권자에 대한 유족급여의 지급으로써 그 수급권자가 아닌 다른 공동상속인들에 대한 보험가입자의 손해배상책임까지 같은 법 제48조 제2항에 의하여 당연히 소멸된다고 할 수는 없[고,] 근로자가 업무상 재해로 사망함에 따라 발생하는 망인의 일실수입 상당 손해배상채권은 모두가 그 공동상속인들에게 각자의 상속분비율에 따라 공동상속되고, 근로복지공단이 구 산업재해보상보험법에 의하여 수급권자에게 지급하는 유족급여는 당해 수급권자가 상속한 일실수입 상당 손해배상채권을 한도로 하여 그 손해배상채권에서만 공제하는 것으로 해석하여야 하고, 이와 달리 망인의 일실수입 상당 손해배상채권에서 유족급여를 먼저 공제한 후 그 나머지 손해배상채권을 공동상속인들이 각자의 상속분비율에 따라 공동상속하는 것으로 해석할 것은 아니"다.

한편 대판(전) 2022.3.24. 2021다241618의 요지는 다음과 같다: ㉠ 근로복지공

---

52) 피해자가 근로기준법이나 산재보험법에 따라 휴업급여나 장해급여 등을 이미 지급받은 경우에 그 급여액을 일실수입의 배상액에서 공제하는 것은 그 손해의 성질이 동일하여 상호보완적 관계에 있는 것 사이에서만 가능하다고 한 대판 2020.6.25. 2020다216240도 참조.

단이 제3자의 불법행위로 재해근로자(유족 등 보험급여수급자 포함)에게 보험급여를 한 다음 산재보험법 제87조 제1항에 따라 재해근로자의 제3자에 대한 손해배상청구권을 대위할 수 있는 범위는 보험급여 중 제3자의 책임비율에 해당하는 금액이다; ㉡ 산재보험법에 따라 보험급여를 받은 재해근로자가 제3자를 상대로 손해배상을 청구할 때 그 손해 발생에 재해근로자의 과실이 경합된 경우에 재해근로자의 손해배상청구액을 산정하는 방식에 관하여, 대판(전) 2021.3.18. 2018다287935(국민건강보험공단의 보험급여 공제와 과실상계의 선후에 관한)의 태도에 따라 보험급여와 같은 성질의 손해액에서 보험급여를 공제한 후 과실상계를 해야 한다고 함으로써, '과실상계 후 공제'방식을 취하던 종래의 입장을 재해근로자에게 더 유리한 '공제 후 과실상계'방식으로 변경하였다[53]; ㉢ 산업재해가 사업주와 제3자의 공동불법행위로 인하여 발생하고 그 손해 발생에 재해근로자의 과실이 경합된 경우에 근로복지공단이 재해근로자의 제3자에 대한 손해배상청구권을 대위할 수 있는 범위는 보험급여에서 재해근로자의 과실비율 상당액을 공제한 다음, 여기서 다시 재해근로자가 배상받을 손해액 중 사업주의 과실비율 상당액을 공제한 차액이다; ㉣ 사업주나 제3자의 손해배상 후 재해근로자가 보험급여를 받은 경우에, 근로복지공단이 산재보험법 제84조에 따라 재해근로자에게 부당이득으로 징수할 수 있는 범위는 보험급여 중 사업주나 제3자의 책임비율에 해당하는 금액이다.

제 4 절 특수한 불법행위

1. 공동불법행위

(1) 공동불법행위의 모습을 본다.

① 제760조 제1항의 「협의의 공동불법행위」가 성립하기 위하여 여러 명이 공

---

53) 이는 결국 재해근로자의 과실비율에 상응하는 비용을 재해근로자와 근로복지공단 중 누가 부담하는지의 문제인데, 대법원은 근로복지공단이 부담해야 한다는 입장이다. 즉 "보험급여 중 재해근로자의 과실비율에 해당하는 금액에 대해서는 공단이 재해근로자를 대위할 수 없으며 이는 보험급여 후에도 여전히 손해를 전보받지 못한 재해근로자를 위해 공단이 종국적으로 부담한다고 보아야 한다."

동의 불법행위를 하여 타인에게 손해를 가했어야 하는데, "공동의"의 의미에 관하여 판례는 객관적 관련공동설을 따른다.

② 가해자 불명의 복수행위에 관한 제2항은 피해자의 인과관계 증명의 곤란을 구제하는 기능을 담당한다.

③ 제3항의 교사자나 방조자도 직접의 불법행위자와 연대하여 손해를 배상할 책임을 진다.

〈7-4-1〉 공동불법행위의 유형별로 본 판례

㉮ 협의의 공동불법행위를 본다.

㉠ 대판 1998.9.25. 98다9205: "공동불법행위의 성립에는 공동불법행위자 상호간에 의사의 공통이나 공동의 인식이 필요하지 아니하고 객관적으로 그들의 각 행위에 관련공동성이 있으면 족하고 그 관련공동성 있는 행위에 의하여 손해가 발생하였다면 그 손해배상책임을 면할 수 없"다.

㉡ 대판 2008.4.24. 2007다44774: "공동불법행위가 성립하려면 행위자 사이에 의사의 공통이나 행위공동의 인식이 필요한 것은 아니지만, 객관적으로 보아 행위자 각자의 고의 또는 과실에 기한 행위가 공동으로 행하여져 피해자에 대한 권리침해 및 손해 발생에 공통의 원인이 되었다고 인정되는 경우라야 할 것이므로, 공동불법행위를 이유로 손해배상책임을 인정하기 위하여는 먼저 행위자 각자의 고의 또는 과실에 기한 행위가 공동으로 행하여졌다는 점이 밝혀져야 한다."

㉯ 대판 2008.4.10. 2007다76306: "제760조 제2항은 여러 사람의 행위가 경합하여 손해가 생긴 경우 중 같은 조 제1항에서 말하는 공동의 불법행위로 보기에 부족할 때, 입증책임을 덜어줌으로써 피해자를 보호하려는 입법정책상의 고려에 따라 각각의 행위와 손해 발생 사이의 인과관계를 법률상 추정한 것이므로, 이러한 경우 개별행위자가 자기의 행위와 손해 발생 사이에 인과관계가 존재하지 아니함을 증명하면 면책되고, 손해의 일부가 자신의 행위에서 비롯된 것이 아님을 증명하면 배상책임이 그 범위로 감축된다."

㉰ 대판 2007.6.14. 2005다32999: "민법 제760조 제3항은 […] 교사자나 방조자에게 공동불법행위자로서 책임을 부담시키고 있는바, 방조라 함은 불법행위를 용이하게 하는 직접, 간접의 모든 행위를 가리키는 것으로서 작위에 의한 경우뿐만 아

니라 작위의무 있는 자가 그것을 방지하여야 할 여러 조치를 취하지 아니하는 부작위로 인하여 불법행위자의 실행행위를 용이하게 하는 경우도 포함하고, 이러한 불법행위의 방조는 형법과 달리 손해의 전보를 목적으로 하여 과실을 원칙적으로 고의와 동일시하는 민법의 해석으로서는 과실에 의한 방조도 가능하며, 이 경우의 과실의 내용은 불법행위에 도움을 주지 말아야 할 주의의무가 있음을 전제로 하여 이 의무에 위반하는 것을 말하고, 방조자에게 공동불법행위자로서의 책임을 지우기 위해서는 방조행위와 피방조자의 불법행위 사이에 상당인과관계가 있어야 한다."[54)]

그런데 대판 2014.12.24. 2013다98222는, 과실에 의한 방조와 불법행위에 의한 피해자의 손해 발생 사이의 상당인과관계를 판단할 때 과실에 의한 행위로 인하여 해당 불법행위를 용이하게 한다는 사정에 관한 예견가능성과 함께 과실에 의한 행위가 피해 발생에 끼친 영향, 피해자의 신뢰형성에 기여한 정도, 피해자 스스로 쉽게 피해를 방지할 수 있었는지 등을 종합적으로 고려하여 그 책임이 지나치게 확대되지 않도록 신중을 기해야 한다고 하였다.[55)] 함부로 작위의무를 확대하여 공동불법행위책임을 부과할 것은 아니라고 한 대판 2012.4.26. 2010다8709도 참조.

---

54) 이러한 판시의 효시를 이루는 대판 1994.3.11. 93다33975는, 석유회사가 유류인도청구권이 표창된 유가증권과 같은 외관을 갖춘 제품출고요청서를 백지상태로 교부한 경우에 그 제품출고요청서를 이용하여 금원을 편취한 불법행위를 방조한 것으로 인정하였다.

참고로 대판 2018.1.25. 2015다210231: "광고란 널리 불특정 다수의 일반인에게 알릴 목적으로 이루어지는 일체의 수단을 말한다. 그런데 실질은 광고이지만 기사의 형식을 빌린 이른바 '기사형 광고'도 광고의 일종이다. […] 일반 독자는 광고를 보도기사로 알고 신문사나 인터넷신문사 등(이하 '신문사 등'이라 한다)이 정보수집능력을 토대로 보도기사 작성에 필요한 직무상 주의의무를 다하여 내용을 작성한 것으로 신뢰하고 이를 사실로 받아들일 가능성이 크다. […] 따라서 […] 신문사 등이 광고주로부터 전달받은 허위 또는 과장광고에 해당하는 내용을 보도기사로 게재하거나 광고주로부터 전달받은 내용을 바탕으로 허위내용을 작성하여 보도기사로 게재함으로써 이를 광고가 아닌 보도기사로 신뢰한 독자가 광고주와 상거래를 하는 등으로 피해를 입었다면, 기사형 광고 게재행위와 독자의 손해 발생 사이에 상당인과관계가 인정되는 범위 내에서는 신문사 등도 방조에 의한 공동불법행위책임을 부담할 수 있다."

55) 나아가 "접근매체를 통하여 전자금융거래가 이루어진 경우에 그 전자금융거래에 의한 법률효과를 접근매체의 명의자에게 부담시키는 것을 넘어서서 그 전자금융거래를 매개로 이루어진 개별적인 거래가 불법행위에 해당한다는 이유로 접근매체의 명의자에게 과실에 의한 방조책임을 지우기 위해서는, 접근매체 양도 당시의 구체적인 사정에 기초하여 접근매체를 통하여 이루어지는 개별적인 거래가 불법행위에 해당한다는 점과 그 불법행위에 접근매체를 이용하게 함으로써 그 불법행위를 용이하게 한다는 점에 관하여 예견할 수 있어 접근매체의 양도와 불법행위로 인한 손해 사이에 상당인과관계가 인정되는 경우라야 한다."

⑵ 공동불법행위의 효과를 본다.

① 손해에 대하여 공동불법행위자 「전원」이 「전부」급부의무를 진다(대판 1999. 2.26. 98다52469 등).

② 공동불법행위의 피해자에게 과실이 있고 가해자 각자에 대한 과실비율이 다른 경우에, 판례의 주류는 가해자 전원에 대한 것으로 평가하여 가해자별로 과실상계의 비율을 달리할 수는 없다는 이른바 전체평가설을 따른다.

③ 공동불법행위가 성립하면 피해자에 대한 관계에서 복수의 가해자들은 손해 전부에 대한 배상책임을 지지만(부진정연대책임), 공동불법행위자 중 1인이 「자기의 부담부분 이상」을 변제한 경우에 구상이 문제로 된다.

〈7-4-2〉 공동불법행위의 효과에 관한 판례

1) 기여도에 따른 감책가능성에 관하여 대판 2005.10.13. 2003다24147: (협의의) "공동불법행위로 인한 손해배상책임의 범위는 피해자에 대한 관계에서 가해자들 전원의 행위를 전체적으로 함께 평가하여 정하여야 하고, 그 손해배상액에 대하여는 가해자 각자가 그 금액의 전부에 대한 책임을 부담하는 것이며, 가해자의 1인이 다른 가해자에 비하여 불법행위에 가공한 정도가 경미하다고 하더라도 피해자에 대한 관계에서 그 가해자의 책임범위를 위와 같이 정하여진 손해배상액의 일부로 제한하여 인정할 수 없다." 제3항의 경우에도 같은 반면, 제2항의 경우에는 기여도의 증명을 통한 면책이나 감책이 허용된다(〈7-4-1〉에 소개된 2007다76306 판결 참조).

2) 복수의 가해자 중 일부가 한 일부변제의 효과에 관하여 〈5-3-8〉 참조.

3) 과실상계

㉮ 판례의 주류는 전체평가설을 따른다. 가령 대판 1998.6.12. 96다55631: "공동불법행위책임은 가해자 각 개인의 행위에 대하여 개별적으로 그로 인한 손해를 구하는 것이 아니라 가해자들이 공동으로 가한 불법행위에 대하여 그 책임을 추궁하는 것으로, 법원이 피해자의 과실을 들어 과실상계를 함에 있어서는 피해자의 공동불법행위자 각인에 대한 과실비율이 서로 다르더라도 피해자의 과실을 공동불법행위자 각인에 대한 과실로 개별적으로 평가할 것이 아니고 그들 전원에 대한 과실로

전체적으로 평가하여야 한다."[56] 따라서 공동불법행위자들 사이의 과실의 경중(이나 구상권 행사의 가능 여부 등)을 고려할 여지가 없다(대판 1991.5.10. 90다14423).

㈏ 이에 대하여 일정한 예외가 인정된다.[57]

㉠ 절차법적 특수성 때문에 전체평가설이 관철되지 못할 수도 있다. 대판 2001.2.9. 2000다60227은, 피해자가 — 공동불법행위자들을 모두 피고로 삼아 한꺼번에 손해배상청구의 소를 제기지 않고 — 공동불법행위자별로 별개의 소를 제기하여 소송을 진행하는 경우에는, 각 소송에서 제출된 증거가 서로 다르고 이에 따라 사고의 경위와 피해자의 손해액 산정의 기초가 되는 사실이 달리 인정됨으로 인하여 과실상계비율과 손해액도 서로 달리 인정될 수 있다고 하면서, 피해자가 공동불법행위자들 중 일부를 상대로 한 전소에서 승소한 금액을 전부 지급받았더라도 그 금액이 나머지 공동불법행위자에 대한 후소에서 산정된 손해액에 미치지 못한다면 후소의 피고는 그 차액을 피해자에게 지급할 의무가 있다고 하였다.

㉡ 한편 피해자의 부주의를 이용하여 고의로 불법행위를 저지른 이가 그 피해자의 부주의를 이유로 과실상계를 주장할 수 없으나, 그러한 사유가 없는 다른 불법행위자까지도 과실상계의 주장을 할 수 없는 것은 아니다(대판 2007.6.14. 2005다32999. 〈7-3-7〉도 참조). 이러한 취지를 받아서 대판 2010.2.11. 2009다68408 등은, 전체평가설은 과실상계를 위한 피해자의 과실을 평가할 때 공동불법행위자 전원에 대한 과실로 전체적으로 평가해야 한다는 것이지, 공동불법행위자 중에 고의로 불법행위를 행한 이가 있는 경우에는 피해자에게 과실이 없는 것으로 보아야 한다거나 모든 불법행위자가 과실상계의 주장을 할 수 없게 된다는 의미는 아니라고 하였다.

㉢ 참고로 대판 2022.7.28. 2017다16747·16754: "공동불법행위자의 관계는 아니지만 서로 별개의 원인으로 발생한 독립된 채무가 동일한 경제적 목적을 가지고 있고 서로 중첩되는 부분에 관하여 한쪽의 채무가 변제 등으로 소멸하면 다른 쪽의 채무도 소멸하는 관계에 있기 때문에 부진정연대채무관계가 인정되는 경우가 있다. 이러한 경우까지 과실상계를 할 때 반드시 채권자의 과실을 채무자 전원에 대하여 전체적으로 평가하여야 하는 것은 아니다."

---

56) 'A가 승용차를 운전하여 국도를 주행하던 중 중앙선을 침범한 B의 승합차와 충돌하고, A의 차를 바짝 뒤따르던 Y가 미처 피하지 못하고 A의 차를 추돌 → 이 사고로 A가 사망하자 그의 상속인 X가 B와 Y를 상대로 손해배상청구'의 사안에 관한 판결이다.

57) 개별평가설을 따른 예외적인 판결로 대판 1992.2.11. 91다34233도 참조.

4) 복수의 가해자들 사이의 구상

㉮ 대판 2001.1.19. 2000다33607: 부진정연대의 관계에 있는 복수의 책임주체 중 1인이 자기의 부담부분 이상을 변제한 후 구상권을 행사하는 경우에 "부담부분의 비율을 판단함에 있어서는, 불법행위 및 손해와 관련하여 그 발생 내지 확대에 대한 각 부진정연대채무자의 주의의무의 정도에 상응한 과실의 정도를 비롯한 기여도 등 사고 내지 손해와 직접적으로 관련된 대외적 요소를 고려하여야 함은 물론, 나아가 부진정연대채무자 사이에 특별한 내부적 법률관계가 있어 그 실질적 관계를 기초로 한 요소를 참작하지 않으면 현저하게 형평에 어긋난다고 인정되는 경우에는 그 대내적 요소도 참작하여야 하며, 일정한 경우에는 그와 같은 제반 사정에 비추어 손해의 공평한 분담이라는 견지에서 신의칙상 상당하다고 인정되는 한도 내에서만 구상권을 행사하도록 제한할 수도 있다."

㉯ 일부의 공동면책도 면책행위자의 부담부분을 넘어서는 범위에서 구상권을 발생시킨다(대판 2006.2.9. 2005다28426). 그리고 구상권은 구상권자가 현실로 피해자에게 손해배상금을 지급한 때 발생한다(대판 1997.12.12. 96다50896).

㉰ 대판 2012.3.15. 2011다52727: "공동불법행위자 중 1인에 대하여 구상의무를 부담하는 다른 공동불법행위자가 수인인 경우에는 특별한 사정이 없는 이상 그들의 구상권자에 대한 채무는 각자의 부담부분에 따른 분할채무로 보는 것이 타당하지만, 구상권자인 공동불법행위자측에 과실이 없는 경우, 즉 내부적인 부담부분이 전혀 없는 경우에는 이와 달리 그에 대한 수인의 구상의무를 부진정연대관계로 보는 것이 타당하다."

㉱ 피해자의 다른 공동불법행위자에 대한 손해배상청구권이 시효소멸한 경우에도 — 부진정연대채무에서 시효소멸은 절대효를 가지지 않으므로 — 구상권을 행사할 수 있다(앞의 96다50896 판결).

2. 사용자책임

(1) 피용자의 가해행위로 인한 손해에 대하여 사용자에게 배상의무를 부담시키는 사용자책임(제756조)은 규정상으로 선임·감독상의 과실에 기한 사용자의 자기책임이지만, 실질은 타인(피용자)의 행위에 대한 대위책임(代位責任)이다.

(2) ① 타인을 사용하여 어느 사무에 종사하게 한 이는 ② 피용자가 그 사무집행에 관하여 ③ 제3자에게 손해를 가한 경우에 그 손해를 배상할 책임이 있다. 다만 ④ 사용자가 피용자의 선임과 사무감독에 상당한 주의를 하였거나 상당한 주의를 하더라도 손해가 있을 경우에는 손해배상의 책임이 없다. 이들 중 요체는 ②, 즉 사무집행관련성이고, 특히 ④는 거의 기능하지 않는다. 그런데 판례는 사무집행관련성을 이른바 외형이론에 따라 판단한다.

〈7-4-3〉 사용자책임의 요건에 관한 판례

1) 사용관계

㉮ 사용관계가 유효한 고용관계를 의미하지 않고(대판 2003.12.26. 2003다49542), 자기가 「선임」하지 않은 이에 관해서도 사용관계를 인정할 수 있지만,[58] 사용자가 불법행위자를 실질적으로 「지휘·감독하는 관계」에 있어야 한다(대판 1999.10.12. 98다62671).

㉯ 대판 2003.10.9. 2001다24655: "파견사업주와 파견근로자 사이에는 민법 제756조의 사용관계가 인정되어 파견사업주는 파견근로자의 파견업무에 관련한 불법행위에 대하여 파견근로자의 사용자로서의 책임을 져야 하지만, 파견근로자가 사용사업주의 구체적인 지시·감독을 받아 사용사업주의 업무를 행하던 중에 불법행위를 한 경우에 파견사업주가 파견근로자의 선발 및 일반적 지휘·감독권의 행사에 있어서 주의를 다하였다고 인정되는 때에는 면책된다." 이 경우 사용사업주가 사용자책임을 질 수 있음은 별개의 문제이다.[59]

㉰ 대판 2001.8.21. 2001다3658은, 타인에게 어떤 사업에 관하여 자기명의를 사용할 것을 허용한 경우에, 그 사업이 내부관계에서는 타인의 사업이고 명의자의 고용인이 아니더라도 외부에 대한 관계에서는 그 사업이 명의자의 사업이고 또 그 타인은 명의자의 종업원임을 표명한 것과 다름이 없으므로, 명의사용을 허용받은 이가 업무수행을 하면서 고의 또는 과실로 다른 이에게 손해를 끼쳤다면 명의사용

58) 이삿짐센터와 고용관계에 있지 않았으나 오랫동안 이삿짐 운반에 종사해 온 작업원을 피용자라고 본 대판 1996.10.11. 96다30182 참조.

59) 다단계판매원은 다단계판매업자와의 관계에서 제756조에 규정된 피용자에 해당한다고 한 대판 2008.11.27. 2008다56118도 참조.

을 허용한 이는 제756조에 의하여 그 손해를 배상할 책임이 있다고 하였다.

㉣ 수급인은 피용자가 아니기에 도급인이 수급인의 불법행위에 대하여 사용자책임을 부담하지 않지만, 도급인이 수급인의 일의 진행 및 방법에 관하여 구체적인 지휘감독권을 유보하고 공사의 시행에 관하여 구체적으로 지휘감독을 하는 「노무도급」의 경우에 도급인이 사용자로서 배상책임을 짐에 관하여 제757조 및 대판 2005.11.10. 2004다37676 참조.

㉤ 대판 1998.4.28. 96다25500은, 「위임」의 경우에도 위임인과 수임인 사이에 지휘·감독관계가 있고 수임인의 불법행위가 외형상 객관적으로 위임인의 사무집행에 관련된다면 위임인은 수임인의 불법행위에 대하여 사용자책임을 진다고 하면서, 상속재산 분할 등의 사무를 수임한 변호사가 당해 부동산을 다른 이에게 처분하여 매각대금을 편취한 경우에 위임인의 사용자책임을 인정하였는데, 상속재산과 관련하여 변호사가 장기간에 걸쳐 상속인들의 지휘감독을 받아온 특수한 사안에 관한 판결로 이를 위임관계 전반에 대하여 일반화할 것은 아니다.

2) 사무집행관련성

㉮ 판례는 이른바 외형이론(外形理論)을 따른다. 즉 '사무집행에 관하여'라는 뜻은 피용자의 불법행위가 <u>외형상 객관적으로 사용자의 사업활동 내지 사무집행행위 또는 그와 관련된 것이라고 보일 때에는 행위자의 주관적 사정을 고려함이 없이</u> 이를 사무집행에 관하여 한 행위로 본다는 것이고, 여기에서 외형상 객관적으로 사용자의 사무집행에 관련된 것인지 여부는 피용자의 본래직무와 불법행위의 관련 정도 및 사용자에게 손해 발생에 대한 위험 창출과 방지조치 결여의 책임이 어느 정도 있는지를 고려하여 판단해야 한다는 입장이다(대판 2003.1.10. 2000다34426 등).[60] 피용자가 사용자의 구체적 명령 또는 위임에 따르지 않고 그 지위를 남용하여 자기 또는 제3자의 이익을 도모하였더라도, 그 위험은 사용관계 일반에 따른 것으로 사용자가 이를 부담해야 하고, 피해자에게 전가할 수는 없다(대판 1985.8.13. 84다카979).

60) 이러한 취지에서 대판 2001.3.9. 2000다66119는, 증권회사의 전 지점장이 회사를 퇴직한 후 같은 지점에서 투자상담사로 근무하다가 그 직을 그만두었음에도 불구하고 이를 숨기고 고객들을 상대로 투자상담사로서의 업무를 계속하였고, 증권회사도 그의 업무수행을 묵인하고 회사의 투자상담사로서 업무를 수행하는 것처럼 외관을 갖게 하였다면, 그가 고객들의 증권카드와 인감을 사용하여 금원을 인출한 행위에 대하여 증권회사는 사용자책임을 면할 수 없다고 하였다.

「사실적 불법행위」에 관해서도 같은 입장인데(당연히 판단요소에 관하여 다소의 변용이 가해진다), 가령 대판 2000.2.11. 99다47297: "피용자가 고의에 기하여 다른 사람에게 가해행위를 한 경우 그 행위가 피용자의 사무집행 그 자체는 아니라 하더라도 사용자의 사업과 시간적, 장소적으로 근접하고, 피용자의 사무의 전부 또는 일부를 수행하는 과정에서 이루어지거나 가해행위의 동기가 업무처리와 관련된 것일 경우에는 외형적, 객관적으로 사용자의 사무집행행위와 관련된 것이라고 보아 사용자책임이 성립한다고 할 것이고, 이 경우 사용자가 위험 발생 및 방지조치를 결여하였는지 여부도 손해의 공평한 부담을 위하여 부가적으로 고려할 수 있다."[61]

㉯ 외형이론은 피용자와 거래한 상대방의 신뢰를 보호하려는 배려에서 출발하였고, 따라서 피용자의 불법행위가 외관상 사무집행의 범위 내에 속하는 것처럼 보이더라도 피용자의 행위가 사용자나 사무감독자의 사무집행행위에 해당하지 않음을 피해자 자신이 알았거나 중대한 과실로 알지 못했다면 사용자의 배상책임이 부정된다(대판 1996.4.26. 94다29850).

3) 사용자나 사무감독자는 피용자의 선임 및 사무감독에 상당한 주의를 하였거나 상당한 주의를 하더라도 손해가 있을 경우에는 손해배상의 책임이 없는데, 이러한 사정은 사용자 등이 주장 및 증명을 해야 한다(대판 1998.5.15. 97다58538). 다만 판례가 사용자의 면책가능성을 사실상 봉쇄함에 따라 사용자책임은 사실상 무과실책임으로 운용된다.

(3) 효과를 본다.

① 사용자의 책임은 피용자 자신의 일반불법행위책임과 병존할 수 있는데, 양자는 부진정연대의 관계에 선다.

② 피해자에게 배상한 사용자는 피용자에 대하여 구상할 수 있는데, 판례는 제반 사정을 고려하여 신의칙에 기하여 구상권을 제한할 수 있다는 입장이다(대판 1994.12.13. 94다17246 등).

---

61) 피용자가 다른 피용자를 성추행 또는 간음하는 등 고의적인 가해행위를 한 경우에도 사무집행관련성을 인정한 대판 2009.2.26. 2008다89712도 참조.

〈7-4-4〉 효과에 관한 판례

㉮ 피해자에게 손해의 발생과 확대에 기여한 과실이 있다면 이러한 과실을 고려하여 사용자책임의 범위를 제한할 수 있다(대판 2002.12.26. 2000다56952).

㉯ 대판 2009.6.11. 2008다79500: "피용자가 권한 없이 사용자를 대리하여 한 법률행위가 상대방에 대한 관계에서 기망에 의한 불법행위에 해당하여 사용자가 손해배상책임을 지는 경우에, 사용자가 피용자의 무권대리행위를 추인하였다고 하더라도 그것만으로는 이미 성립된 사용자책임이 소멸되는 것이라고 볼 수 없다."

㉰ 대판(전) 1994.11.8. 93다21514: "어음이 위조된 경우에 피위조자는 민법상 표현대리에 관한 규정이 유추적용될 수 있다는 등의 특별한 경우를 제외하고는 원칙적으로 어음상의 책임을 지지 아니하나, 피용자가 어음위조로 인한 불법행위에 관여한 경우에 그것이 사용자의 업무집행과 관련한 위법한 행위로 인하여 이루어졌으면 그 사용자는 민법 제756조에 의한 손해배상책임을 지는 경우가 있고, 이 경우에 사용자가 지는 책임은 어음상의 책임이 아니라 민법상의 불법행위책임이므로 그 책임의 요건과 범위가 어음상의 그것과 일치하는 것이 아니"다.

㉱ 대판(전) 1992.6.23. 91다33070: "피용자와 제3자가 공동불법행위로 피해자에게 손해를 가하여 그 손해배상채무를 부담하는 경우에 피용자와 제3자는 공동불법행위자로서 서로 부진정연대관계에 있고, 한편 사용자의 손해배상책임은 피용자의 배상책임에 대한 대체적 책임이어서 사용자도 제3자와 부진정연대관계에 있다고 보아야 할 것이므로, 사용자가 피용자와 제3자의 책임비율에 의하여 정해진 피용자의 부담부분을 초과하여 피해자에게 손해를 배상한 경우에는 사용자는 제3자에 대하여도 구상권을 행사할 수 있으며, 그 구상의 범위는 제3자의 부담부분에 국한된다."

㉲ 피용자가 불법행위 성립 후 손해의 일부를 변제한 경우에 관하여 〈5-3-8〉 참조.

3. 공작물책임

사용자책임이 다른 「사람의 행위」에 대한 책임인 반면, 공작물책임은 가해의 원인인 「물건의 위험성」에 대한 책임이다(제758조).

〈7-4-5〉 공작물책임에 관한 판례

㉮ 대판 1996.11.22. 96다39219: "민법 제758조는 공작물의 설치·보존의 하자로 인하여 타인에게 손해를 가한 경우 그 점유자 또는 소유자에게 일반불법행위와 달리 이른바 위험책임의 법리에 따라 책임을 가중시킨 규정일 뿐이고, 그 공작물 시공자가 그 시공상의 고의·과실로 인하여 피해자에게 가한 손해를 민법 제750조에 의하여 직접 책임을 부담하게 되는 것을 배제하는 취지의 규정은 아니"다.

㉯ 대판 1992.4.24. 91다37652: "공작물의 설치보존상의 하자란 공작물이 그 용도에 따라 통상 갖추어야 할 안전성을 갖추지 못한 상태에 있음을 말하는 것이고, 공작물의 설치 및 보존에 있어서 항상 완전무결한 상태를 유지할 정도의 고도의 안정성이 언제나 요구되는 것은 아니다. […] 공작물의 설치보존자에게 부과되는 방호조치의무의 정도는 그 공작물의 위험성에 비례하여 사회통념상 일반적으로 요구되는 정도의 것을 말한다." 이와 관련하여 핸드공식을 언급한 (〈7-2-7〉에 소개된) 대판 2019.11.28. 2017다14895도 참조.

그리고 안전성은 공작물 자체의 용도에 한정된 안전성이 아니라 공작물이 현실적으로 설치되어 사용되는 상황에서 요구되는 안전성을 포함한다(대판 2017.8.29. 2017다227103). 가령 대판 2007.6.15. 2004다37904·37911: "안전성을 갖추지 못한 상태, 즉 타인에게 위해를 끼칠 위험성이 있는 상태라 함은 당해 공작물을 구성하는 물적 시설 그 자체에 있는 물리적·외형적 흠결이나 불비로 인하여 그 이용자에게 위해를 끼칠 위험성이 있는 경우뿐만 아니라, 그 공작물이 [본래의 목적 등으로] 이용됨에 있어 그 이용상태 및 정도가 일정한 한도를 초과하여 제3자에게 사회통념상 수인할 것이 기대되는 한도를 넘는 피해를 입히는 경우까지 포함된다고 보아야 하고, 이 경우 제3자의 수인한도의 기준을 결정함에 있어서는 일반적으로 침해되는 권리나 이익의 성질과 침해의 정도뿐만 아니라 침해행위가 갖는 공공성의 내용과 정도, 그 지역환경의 특수성, 공법적인 규제에 의하여 확보하려는 환경기준, 침해를 방지 또는 경감시키거나 손해를 회피할 방안의 유무 및 그 난이 정도 등 여러 사정을 종합적으로 고려하여 구체적 사건에 따라 개별적으로 결정하여야 한다."

㉰ 대판 2015.2.12. 2013다61602는, 화재가 공작물의 설치 또는 보존상의 하자가 아닌 다른 원인으로 발생하였거나 화재의 발생원인이 밝혀지지 않은 경우에도, 공작물의 설치 또는 보존상의 하자로 인하여 화재가 확산되어 손해가 발생하였다면 공작물의 설치 또는 보존상의 하자는 화재사고의 공동원인의 하나가 되었다고 볼 수 있다고 하였다.

그런데 일단 하자 있음이 인정되고 그 하자가 사고의 공동원인이 되는 이상, 그 사고가 위와 같은 하자가 없었더라도 불가피한 것이었다는 점이 공작물의 소유자나 점유자에 의하여 증명되지 않는다면 그 손해는 공작물의 설치 또는 보존의 하자에 의하여 발생한 것으로 해석함이 타당하다(대판 2019.11.28. 2017다14895).

㉱ 2009년 개정된 실화책임법은 손해배상의무의 「성립」 자체를 제한하는 것이 아니라 손해배상액의 경감에 관한 특례규정을 두고 있을 뿐이므로 공작물의 하자로 인하여 직접 발생한 화재로 인한 손해뿐만 아니라 그 화재로부터 연소한 부분의 손해에 대해서도 제758조가 적용되고, 다만 연소한 부분의 손해에 대해서는 실화책임법 제3조에 의하여 손해배상액이 경감될 수 있다(대판 2012.6.28. 2010다58056).

㉲ 공작물 등의 설치 또는 보존의 하자로 인한 배상책임을 1차적으로 점유자가 지는데, 직접점유자가 간접점유자보다 먼저 책임을 진다(대판 1981.7.28. 81다209).

㉳ 공작물의 임차인인 직접점유자나 그와 같은 지위에 있는 이가 공작물의 설치 또는 보존의 하자로 인하여 피해를 입은 경우에, 그 가옥의 소유자는 제758조 제1항에 따라 그 손해를 배상할 책임을 지고, 그 피해자에게 보존상의 과실이 있더라도 이는 과실상계의 사유가 될 뿐이다(대판 1993.2.9. 92다31668[62]; 대판 1996.11.9. 93다40560).

4. 특별법상의 불법행위

(1) 운전기사가 일으킨 자동차사고에 대하여 기사 본인의 불법행위책임과 함께 사용자책임을 물을 수 있지만, 자동차손배법은 그보다 피해자에게 유리한 책임으로서 「자동차운행자」의 책임을 규정한다.

62) 임차인과 함께 임차방실에 기거하던 직장동료가 연통에서 새어나온 연탄가스에 중독되어 사망한 사안에서, 가옥소유자의 손해배상책임을 인정한 사례.

〈7-4-6〉 자동차운행자의 책임에 관한 판례

㉮ 당사자의 주장이 없더라도 법원은 직권으로 — 민법의 특별법으로서 — 자동차손배법을 적용해야 하지만(대판 1997.11.28. 95다29390), 그렇다고 하여 일반규정으로서 민법이 전적으로 배제되는 것은 아니다.[63]

㉯ 운행자의 판단에 관하여 판례는, 자동차의 운행에 지배를 미치고 자동차의 운행으로부터 이익을 얻는다는, 운행지배와 운행이익의 2요소를 모두 고려한다(대판 1987.7.21. 87다카51 등).

㉰ 판례는 피해자 보호를 위하여 "운행"개념을 확장하여, 자동차가 주행상태에 있지 않더라도 주행의 전후단계로서 주·정차상태에서 문을 열고 닫는 등 각종 부수적인 장치를 사용하는 경우(주정차를 잘못한 경우에 관한 대판 2005.3.25. 2004다71232) 및 자동차에 구조상 설치된 장치를 그 목적에 맞게 조작·사용하는 경우(구급차에 비치된 간이침대를 잘못 조작한 경우에 자동차손배법을 적용한 대판 2004.7.9. 2004다20340·20357)도 포함시킨다.

㉱ 피해자로서 "다른 사람"에 호의동승자도 포함된다(대판 1999.2.9. 98다53141).[64]

㉲ 교통사고의 가해자가 피해자를 상속한 경우에 관하여 대판 2005.1.14. 2003다38573·38580은,[65]

㉠ "자동차손해배상보장법 제9조 제1항에 의한 피해자의 보험자에 대한 직접청구권이 수반되는 경우에는 그 직접청구권의 전제가 되는 자동차손해배상보장법 제3조에 의한 피해자의 운행자에 대한 손해배상청구권은 비록 위 손해배상청구권과 손해배상의무가 상속에 의하여 동일인에게 귀속되더라도 혼동에 의하여 소멸되지 않고 이러한 법리는 자동차손해배상보장법 제3조에 의한 손해배상의무자가 피해자를 상속한 경우에도 동일하지만, 예외적으로 가해자가 피해자의 상속인이 되는 등

---

63) 자동차손배법상의 손해배상책임이 인정되지 않는 경우에도 민법상의 불법행위책임을 인정할 수는 있다고 한 대판 2001.6.29. 2001다23201·23218 참조.

64) 나아가 "사고차량에 단순히 호의로 동승하였다는 사실만 가지고 바로 이를 배상액 경감사유로 삼을 수 있는 것은 아니다."

65) 'A가 자동차를 운전하던 중 교통사고를 일으켜 동승한 그의 아들 B가 사망 → A가 상속을 포기하고 B의 아버지 Y가 B를 단독상속 → A와 책임보험계약을 체결한 X가 Y에 대하여 원래의 상속지분을 초과하는 범위에서 보험금지급채무가 없음의 확인을 구하는 소 제기 → Y가 직접청구권의 행사로서 책임보험금의 지급을 구하는 반소 제기'의 사안에서, 반소청구 중 A의 지분에 해당하는 부분을 혼동의 법리 또는 신의칙을 들어 A의 지분에 해당하는 부분을 배척한 원심을 파기한 사례.

특별한 경우에 한하여 손해배상청구권과 손해배상의무가 혼동으로 소멸하고 그 결과 피해자의 보험자에 대한 직접청구권도 소멸한다"는 일반법리를 전제하면서도,

㉡ "상속포기는 자기를 위하여 개시된 상속의 효력을 상속개시시로 소급하여 확정적으로 소멸시키는 제도로서 피해자의 사망으로 상속이 개시되어 가해자가 피해자의 자신에 대한 손해배상청구권을 상속함으로써 그 손해배상청구권과 이를 전제로 하는 자동차손해배상보장법 제9조 제1항에 의한 보험자에 대한 직접청구권이 소멸하였다고 할지라도 가해자가 적법하게 상속을 포기하면 그 소급효로 인하여 위 손해배상청구권과 직접청구권은 소급하여 소멸하지 않았던 것으로 되어 다른 상속인에게 귀속되고, 그 결과 '가해자가 피해자의 상속인이 되는 등 특별한 경우'에 해당하지 않게 되므로 위 손해배상청구권과 이를 전제로 하는 직접청구권은 소멸하지 않는다"고 하였다.

⑵ 의료과오책임을 본다.

① 의료과오사건에서 일반불법행위의 성립요건 중 과실과 인과관계가 특히 문제된다.

② 의료계약에 기한 업무상의 의무로서 자기결정권 등 환자의 법익을 보호하기 위하여 의사의 설명의무(說明義務)가 요구된다.

〈7-4-7〉 의료과오책임에 관한 판례

1) 대판 2006.9.28. 2004다61402는, 의료행위의 속성상 환자의 구체적인 증상이나 상황에 따라 위험을 방지하기 위하여 요구되는 최선의 조치를 취해야 할 주의의무를 부담하는 의료진이 환자의 기대에 반하여 환자의 치료에 전력을 다하지 않은 경우에 그 업무상 주의의무를 위반한 것이라고 보면서, "다만, 그 주의의무 위반의 정도가 일반인의 처지에서 보아 수인한도를 넘어설 만큼 현저하게 불성실한 진료를 행한 것이라고 평가될 정도에 이른 경우라면 그 자체로서 불법행위를 구성하여 그로 말미암아 환자나 그 가족이 입은 정신적 고통에 대한 위자료의 배상을 명할 수 있"고, "이때 그 수인한도를 넘어서는 정도로 현저하게 불성실한 진료하였다는

점은 불법행위의 성립을 주장하는 피해자들이 이를 입증하여야 한다"고 했다.[66]

2) 과실의 판단

㉮ 의료사고에서 의사의 과실은 그와 같은 업무와 직무에 종사하는 사람이라면 누구나 보통 할 수 있는 주의의 정도를 표준으로 결정된다(대판 1999.11.23. 98다21403 등).

㉯ 의사의 주의의무는 진료행위를 할 당시 의료기관 등 임상의학분야에서 실천되는 진료의 수준을 기준으로 삼되, 그 의료수준은 진료행위 당시 통상의 의사에게 일반적으로 알려지고 또 시인되는 이른바 의학상식을 뜻하므로, 진료환경 및 조건, 의료행위의 특수성 등을 고려하여 규범적으로 파악되어야 하고, 당해 의사나 의료기관의 구체적 상황에 따라 판단되어서는 안 된다(대판 1998.7.24. 98다12270; 대판 2005.10.28. 2004다13045 등).

㉰ 의사가 행한 진료행위가 당시의 의료수준에 비추어 최선을 다한 것으로 인정되면 의사에게 환자를 진료할 때 요구되는 주의의무를 위반한 과실이 있다고 할 수 없고, 특히 의사의 질병진단의 결과에 과실이 없다고 인정되는 이상 그 요법으로 어떠한 조치를 취해야 할 것인지는 의사 스스로 환자의 상황 기타 이에 터 잡은 자기의 전문적 지식·경험에 따라 결정하며, 생각할 수 있는 몇 가지의 조치가 의사로서 취할 수 있는 조치로서 합리적인 것인 한 그중 어떤 것을 선택할 것인지는 당해 의사의 재량범위 내에 속하고, 반드시 그중 어느 하나만이 정당하고 이와 다른 조치를 취한 것은 모두 과실이 있는 것이라고 할 수는 없다(대판 1999.3.26. 98다45379·45386; 대판 2007.5.31. 2005다5867 등).

㉱ 대판 2023.7.13. 2020다217533: "진단은 문진·시진·촉진·청진 및 각종 임상검사 등의 결과에 기초하여 질병 여부를 감별하고 그 종류, 성질 및 진행 정도 등을 밝혀내는 임상의학의 출발점으로서 이에 따라 치료법이 선택되는 중요한 의료행위이므로, 진단상의 과실 유무를 판단할 때에는 해당 의사가 비록 완전무결한 임상진단의 실시는 불가능할지라도 적어도 임상의학분야에서 실천되고 있는 진단수준의 범위 안에서 전문직업인으로서 요구되는 의료상의 윤리와 의학지식 및 경험에 기초하여 신중히 환자를 진찰하고 정확히 진단함으로써 위험한 결과 발생을 예견하고 이를 회피하는 데에 필요한 최선의 주의의무를 다하였는지 여부를 따져

66) 참고로 이 판결은 의료과오와 환자의 사망 등 결과 사이에 인과관계가 인정되지 않는 경우에도 의료과오 그 자체를 이유로 위자료청구가 허용된다는 일반론을 제시하였다.

보아야 한다."

3) 과실과 인과관계의 증명[67]

대판 2000.9.8. 99다48245: "원래 의료행위에 있어서 주의의무 위반으로 인한 불법행위 또는 채무불이행으로 인한 책임이 있다고 하기 위하여는 의료행위상의 주의의무의 위반과 손해의 발생과의 사이의 인과관계의 존재가 전제되어야 하나, 의료행위가 고도의 전문적 지식을 필요로 하는 분야이고, 그 의료의 과정은 대개의 경우 환자 본인이 그 일부를 알 수 있는 외에 의사만이 알 수 있을 뿐이며, 치료의 결과를 달성하기 위한 의료기법은 의사의 재량에 달려 있기 때문에 손해 발생의 직접적인 원인이 의료상의 과실로 말미암은 것인지 여부는 전문가인 의사가 아닌 보통인으로서는 도저히 밝혀낼 수 없는 특수성이 있어서 환자측이 의사의 의료행위상의 주의의무 위반과 손해의 발생과 사이의 인과관계를 의학적으로 완벽하게 입증한다는 것은 극히 어려우므로, 환자가 치료 도중에 사망한 경우에 있어서는, 피해자측에서 일련의 의료행위과정에 있어서 저질러진 일반인의 상식에 바탕을 둔 의료상의 과실 있는 행위를 입증하고 그 결과와 사이에 일련의 의료행위 외에 다른 원인이 개재될 수 없다는 점, 이를테면 환자에게 의료행위 이전에 그러한 결과의 원인이 될 만한 건강상의 결함이 없었다는 사정을 증명한 경우에 있어서는 의료행위를 한 측이 그 결과가 의료상의 과실로 말미암은 것이 아니라 전혀 다른 원인으로 말미암은 것이라는 입증을 하지 아니하는 이상 의료상 과실과 결과 사이의 인과관계를 추정하여 손해배상책임을 지울 수 있도록 입증책임을 완화하는 것이 손해의 공평·타당한 부담을 그 지도원리로 하는 손해배상제도의 이상에 맞는다고 하지 않을 수 없다."[68] 다만 대판 2004.10.28. 2002다45185: "의사의 과실로 인한

67) 참고로 대판 1995.3.10. 94다39567: "의료분쟁에 있어서 의사측이 가지고 있는 진료기록 등의 기재가 사실인정이나 법적 판단을 함에 있어 중요한 역할을 차지하고 있는 점을 고려하여 볼 때, 의사측이 진료기록을 변조한 행위는, 그 변조이유에 대하여 상당하고도 합리적인 이유를 제시하지 못하는 한, 당사자간의 공평의 원칙 또는 신의칙에 어긋나는 입증방해행위에 해당한다 할 것이고, 법원으로서는 이를 하나의 자료로 하여 자유로운 심증에 따라 의사측에게 불리한 평가를 할 수 있다."

68) 진찰 결과 장파열, 복강내출혈 및 비장손상 등의 가능성이 있어 응급개복술의 시행이 필요한 부상자를 그 처의 요청으로 집 근처 병원으로 이송시키던 중 부상자가 복강내출혈 등으로 사망한 경우에, 다른 사망원인이나 의사가 즉시 개복수술을 시행했더라도 사망하였을 것이라는 점에 대한 증명이 없는 이상 의사가 수술을 실시하지 아니한 채 만연히 부상자를 다른 병원으로 이송하도록 한 과실로 수술이 지연되어 부상자가 사망하였다고 추정함이 상당하다고 본 사례.

결과 발생을 추정할 수 있을 정도의 개연성이 담보되지 않는 사정들을 가지고 막연하게 중한 결과에서 의사의 과실과 인과관계를 추정함으로써 결과적으로 의사에게 무과실의 입증책임을 지우는 것까지 허용되는 것은 아니"다.

그런데 일련의 의료행위과정에서 일반인의 상식에 바탕을 둔 의료상 과실의 존재는 환자측에서 증명해야 하는데, 의료과정에서 어떠한 주의의무 위반의 잘못을 인정할 수 없다면 그 청구는 배척될 수밖에 없다(대판 2003.11.27. 2001다20127).

4) 의사의 설명의무

㉮ 대판(전) 2009.5.21. 2009다17417: "환자가 의사 또는 의료기관(이하 '의료인'이라 한다)에게 진료를 의뢰하고 의료인이 그 요청에 응하여 치료행위를 개시하는 경우에 의료인과 환자 사이에는 의료계약이 성립된다. […] 질병의 진행과 환자상태의 변화에 대응하여 이루어지는 가변적인 의료의 성질로 인하여, 계약 당시에는 진료의 내용 및 범위가 개괄적이고 추상적이지만, 이후 질병의 확인, 환자의 상태와 자연적 변화, 진료행위에 의한 생체반응 등에 따라 제공되는 진료의 내용이 구체화되므로, 의료인은 환자의 건강상태 등과 당시의 의료수준 그리고 자기의 지식경험에 따라 적절하다고 판단되는 진료방법을 선택할 수 있는 상당한 범위의 재량을 가진다. 그렇지만 환자의 수술과 같이 신체를 침해하는 진료행위를 하는 경우에는 질병의 증상, 치료방법의 내용 및 필요성, 발생이 예상되는 위험 등에 관하여 당시의 의료수준에 비추어 상당하다고 생각되는 사항을 설명하여, 당해 환자가 그 필요성이나 위험성을 충분히 비교해 보고 그 진료행위를 받을 것인지의 여부를 선택하도록 함으로써 그 진료행위에 대한 동의를 받아야 한다. 환자의 동의는 헌법 제10조에서 규정한 개인의 인격권과 행복추구권에 의하여 보호되는 자기결정권을 보장하기 위한 것으로서, 환자가 생명과 신체의 기능을 어떻게 유지할 것인지에 대하여 스스로 결정하고 진료행위를 선택하게 되므로, 의료계약에 의하여 제공되는 진료의 내용은 의료인의 설명과 환자의 동의에 의하여 구체화된다."[69]

---

69) 임상시험단계의 의료행위(중간엽 줄기세포 이식술)에 대한 의사의 설명의무로서 해당 의료행위의 안전성 및 유효성(치료효과)에 관하여 그 시행 당시 임상에서 실천되는 일반적·표준적 의료행위와 비교하여 설명할 의무와 의약품의 공급에 따른 의약품공급자의 고지의무를 인정한 대판 2010.10.14. 2007다3162, 의사의 설명의무는 의료행위가 행해질 때까지 적절한 시간적 여유를 두고 이행되어야 한다고 한 대판 2022.1.27. 2021다265010, 환자가 미성년자라도 의사결정능력이 있는 이상 자신의 신체에 위험을 가하는 의료행위에 관한 자기결정권을 가질 수 있으므로 원칙적으로 의사는 미성년자인 환자에 대해서 의료행위에 관하여 설명할 의무를 부담하지만, 의사가 미성년자인 환자의 친권자나 법정대리인에게 의료행위에 관

㉯ 의료행위의 주체가 설명의무를 소홀히 하여 환자로 하여금 자기결정권을 실질적으로 행사할 수 없게 하였다면 그 자체만으로 불법행위가 성립할 수 있다(대판 2017.2.15. 2014다230535).70)

㉰ 특별한 사정이 없는 한 의사측에 설명의무를 이행한 데 대한 증명책임이 있다(대판 2007.5.31. 2005다5867).

㉱ 환자가 ㉠ 자기결정권을 행사하여 그러한 결과의 수용 여부를 스스로 판단할 수 있는 기회를 박탈당하였다는 정신적 고통에 대한 위자료만 청구한다면, 설명의 결여 내지 부족으로 선택의 기회를 상실하였다는 사실을 증명함으로써 충분하고, 설명을 받았더라면 사망 등의 결과는 생기지 않았을 것이라는 관계까지 증명할 필

하여 설명하였다면, 그러한 설명이 친권자나 법정대리인을 통하여 미성년자인 환자에게 전달됨으로써 의사는 미성년자인 환자에 대한 설명의무를 이행하였다고 볼 수 있다고 한 대판 2023.3.9. 2020다218925도 참조.

70) “국가가 한센병 환자의 치료 및 격리수용을 위하여 운영·통제해 온 국립 소록도병원 등에 소속된 의사나 간호사 또는 의료보조원 등이 한센인들에게 시행한 정관절제수술과 임신중절수술은 신체에 대한 직접적인 침해행위로서 그에 관한 동의 내지 승낙을 받지 아니하였다면 헌법상 신체를 훼손당하지 아니할 권리와 태아의 생명권 등을 침해하는 행위이다. 또한 한센인들의 임신과 출산을 사실상 금지함으로써 자손을 낳고 단란한 가정을 이루어 행복을 추구할 권리는 물론이거니와 인간으로서의 존엄과 가치, 인격권 및 자기결정권, 내밀한 사생활의 비밀 등을 침해하거나 제한하는 행위임이 분명하다. 더욱이 위와 같은 침해행위가 정부의 정책에 따른 정당한 공권력의 행사라고 인정받으려면 법률에 그에 관한 명시적인 근거가 있어야 하고, 과잉금지의 원칙에 위배되지 아니하여야 하며, 침해행위의 상대방인 한센인들로부터 ‘사전에 이루어진 설명에 기한 동의(prior informed consent)’가 있어야 한다. 만일 국가가 위와 같은 요건을 갖추지 아니한 채 한센인들을 상대로 정관절제수술이나 임신중절수술을 시행하였다면 설령 이러한 조치가 정부의 보건정책이나 산아제한정책을 수행하기 위한 것이었다고 하더라도 이는 위법한 공권력의 행사로서 민사상 불법행위가 성립한다”고 하며 국가배상책임을 인정한 사례.

자기결정권의 한계에 관하여 대판 2023.3.16. 2022다283305: “환자는 생명과 신체의 기능을 어떻게 유지할 것인지에 대하여 스스로 결정하고 의료행위를 선택할 권리를 보유하지만, 신의칙 또는 손해부담의 공평이라는 손해배상제도의 이념에 비추어 볼 때 불법행위의 피해자인 환자에게는 그로 인한 손해의 확대를 방지하거나 감경하기 위하여 노력하여야 할 일반적인 의무가 있으므로, 수술과 같이 신체침해를 수반하는 의료행위가 위험하거나 중대하지 않아 결과가 불확실하지 아니하고 그 의료행위가 관례적이며 그로 인하여 상당한 호전을 기대할 수 있는 경우에는, 피해자가 합리적인 이유 없이 자기결정권을 행사하여 이와 같은 의료행위를 거부함으로써 손해가 확대되면 손해의 공평한 부담이라는 견지에서 그 확대된 손해부분을 공제한 나머지 부분으로 가해자의 배상범위를 제한하여야 하고, 그러한 수술로 피해자의 후유증이 개선될 수 있는 경우에 신체 손상으로 인한 일실이익 산정의 전제가 되는 노동능력상실률은 다른 특별한 사정이 없는 한 그 수술을 시행한 후에도 여전히 남을 후유증을 기준으로 정하여야 한다.”

요가 없다. 거기서 나아가 ㉡ 설명의무 위반을 이유로 환자에게 발생한 중대한 결과 전부에 대한 배상을 구하기 위해서는 그 중대한 결과와 의사의 설명의무 위반 내지 승낙취득과정에서의 잘못 사이에 인과관계가 존재해야 하고, 이러한 경우의 설명의무 위반은 환자의 자기결정권 내지 치료행위에 대한 선택의 기회를 보호하기 위한 것인 점에 비추어 환자의 생명, 신체에 대한 구체적 치료과정에서 요구되는 의사의 주의의무 위반과 동일시할 정도의 것이어야 한다(대판 2004.10.28. 2002다45185).

(3) 제조물책임에 관하여 본다.

① 대량생산된 제품에 의존할 수밖에 없는 소비사회에 대한 불법행위법의 대응이 제조물책임이다.[71)]

② 제조물책임의 요건으로서 "결함"은 과실보다 피해자에게 유리하다.

③ 제조물책임법은 2017년 개정을 통하여 징벌적 손해배상제도를 도입하였다.

〈7-4-8〉 제조물책임에 관한 판례

㉮ 상품적합성이 결여되어 제조물 자체에 발생한 손해는 담보책임의 대상일 뿐이고(대판 2000.7.28. 98다35525) 제조물책임법의 적용을 받지 않는데, 대판 2015.3.26. 2012다4824는 '제조물에 대하여만 발생한 재산상 손해'에 제조물의 결함 때문에 발생한 영업손실로 인한 손해도 포함되므로 제조물책임법의 적용대상이 아니라고 하였다.

㉯ 대판 2014.4.10. 2011다22092: "이른바 설계상의 결함이 있는지는 제품의 특성 및 용도, 제조물에 대한 사용자의 기대의 내용, 예상되는 위험의 내용, 위험에 대한 사용자의 인식, 사용자에 의한 위험회피의 가능성, 대체설계의 가능성 및 경제적 비용, 채택된 설계와 대체설계의 상대적 장단점 등 여러 사정을 종합적으로 고려하여 사회통념에 비추어 판단하여야 한다."[72)] 그리고 고엽제 피해에 관한 대판

---

71) 대판 2023.5.18. 2022다230677: "제조물책임법은 불법행위에 관한 민법의 특별법이라 할 것이므로, 제조물의 결함으로 손해를 입은 자가 제조물책임법에 의하여 손해배상을 주장하지 않고 민법상 불법행위책임을 주장하였더라도 법원은 민법에 우선하여 제조물책임법을 적용하여야 하고, 제조물책임법의 요건이 갖추어지지 않았지만 민법상 불법행위책임 요건을 갖추었다면 민법상 불법행위책임을 인정할 수도 있다."

72) 니코틴과 타르를 제거하면 담배 본래의 효용이 상실되므로, 니코틴이나 타르를 완전히 제거

2013.7.12. 2006다17539는, 제조업자가 고도의 위험방지의무를 위반한 채 생명·신체에 위해를 발생시킬 위험이 있는 화학제품을 설계하여 그대로 제조·판매한 경우에는 특별한 사정이 없는 한 그 화학제품에 사회통념상 통상적으로 기대되는 안전성이 결여된 설계상의 결함이 존재한다고 보았다.

㉰ 앞의 2011다22092 판결: "제조상 내지 설계상의 결함이 인정되지 아니하는 경우라 할지라도, 제조업자 등이 합리적인 설명, 지시, 경고 기타의 표시를 하였더라면 당해 제조물에 의하여 발생될 수 있는 피해나 위험을 줄이거나 피할 수 있었음에도 이를 하지 아니한 때에는 그와 같은 표시상의 결함(지시·경고상의 결함)에 대하여도 불법행위로 인한 책임이 인정될 수 있고, 그와 같은 결함이 존재하는지에 대한 판단을 할 때에는 제조물의 특성, 통상 사용되는 사용형태, 제조물에 대한 사용자의 기대의 내용, 예상되는 위험의 내용, 위험에 대한 사용자의 인식 및 사용자에 의한 위험회피의 가능성 등 여러 사정을 종합적으로 고려하여 사회통념에 비추어 판단하여야 한다."[73)]

㉱ 인과관계의 증명에 관하여 대판 2000.2.25. 98다15934: "물품을 제조·판매한 자에게 손해배상책임을 지우기 위하여서는 결함의 존재, 손해의 발생 및 결함과 손해의 발생과의 사이에 인과관계의 존재가 전제되어야 하는 것은 당연하지만, 고도의 기술이 집약되어 대량으로 생산되는 제품의 경우, 그 생산과정은 대개의 경우 소비자가 알 수 있는 부분이 거의 없고, 전문가인 제조업자만이 알 수 있을 뿐이며, 그 수리 또한 제조업자나 그의 위임을 받은 수리업자에 맡겨져 있기 때문에, 이러한 제품에 어떠한 결함이 존재하였는지, 나아가 그 결함으로 인하여 손해가 발생한 것인지 여부는 전문가인 제조업자가 아닌 보통인으로서는 도저히 밝혀낼 수 없는 특수성이 있어서 소비자측이 제품의 결함 및 그 결함과 손해의 발생과의 사이의 인과관계를 과학적·기술적으로 완벽하게 입증한다는 것은 지극히 어려우므로, 텔레

할 수 있는 방법이 있더라도 이를 채용하지 않은 것 자체를 설계상의 결함으로 볼 수 없다고 한 사례.

그런데 의약품의 부작용에 관하여 대판 2008.2.28. 2007다52287: 위의 "법리는 의약품의 경우에도 마찬가지로 적용되어야 하되, 다만 의약품은 통상 합성화학물질로서 인간의 신체 내에서 화학반응을 일으켜 질병을 치유하는 작용을 하는 한편 정상적인 제조과정을 거쳐 제조된 것이라 하더라도 본질적으로 신체에 유해한 부작용이 있다는 측면을 고려하여야 한다."

73) 담배제조자인 국가 등이 법률의 규정에 따라 담뱃갑에 경고문구를 표시하는 외에 추가적인 설명이나 경고 기타의 표시를 하지 않았다 하여 담배에 표시상의 결함이 인정된다고 하기 어렵다고 한 사례.

비전이 정상적으로 수신하는 상태에서 발화·폭발한 경우에 있어서는, 소비자측에서 그 사고가 제조업자의 배타적 지배 하에 있는 영역에서 발생한 것임을 입증하고, 그러한 사고가 어떤 자의 과실 없이는 통상 발생하지 않는다고 하는 사정을 증명하면, 제조업자측에서 그 사고가 제품의 결함이 아닌 다른 원인으로 말미암아 발생한 것임을 입증하지 못하는 이상, 위와 같은 제품은 이를 유통에 둔 단계에서 이미 그 이용시의 제품의 성상이 사회통념상 당연히 구비하리라고 기대되는 합리적 안전성을 갖추지 못한 결함이 있었고, 이러한 결함으로 말미암아 사고가 발생하였다고 추정하여 손해배상책임을 지울 수 있도록 입증책임을 완화하는 것이 손해의 공평·타당한 부담을 그 지도원리로 하는 손해배상제도의 이상에 맞는다." 제조물책임법이 시행되기 전의 판결인데, 이러한 태도는 지금도 유지되고 있다.

(4) 환경오염으로 인한 손해배상사건에서도 위법성 및 인과관계가 특히 문제된다.

〈7-4-9〉 환경오염에 관한 판례

㉮ 판례는 사전적 구제수단인 금지청구는 물권법적으로(제217조도 참조), 사후적 구제수단인 손해배상청구는 불법행위법적으로 구성한다. 즉 대판 1997.7.22. 96다56153은 환경권 자체에 기한 방해제거청구권을 부정하고 금지청구의 근거를 물권적 청구권에서 구하고, 대판 1974.12.10. 72다1774 등은 손해배상청구의 근거를 불법행위에서 구한다.

㉯ 환경정책기본법 제44조가 무과실책임을 규정함에 따라 과실은 더 이상 문제되지 않는데, 대판 2020.6.25. 2019다292026·292033·292040은 이 규정이 "민법의 불법행위규정에 대한 특별규정으로서, 환경오염 또는 환경훼손의 피해자가 원인자에게 손해배상을 청구할 수 있는 근거규정"이라고 하였다.[74]

---

74) 경마공원 인근에서 화훼농원을 운영하는 A 등이 한국마사회(B)가 경마공원을 운영하면서 경주로 모래의 결빙을 방지하기 위하여 살포한 소금이 지하수를 통해 농원으로 유입되어 A 등이 재배하던 분재와 화훼 등이 고사하였다고 주장하며 B를 상대로 손해배상을 구한 사안에서, B가 겨울철마다 경주로 모래의 결빙을 방지하기 위하여 뿌린 소금이 땅속으로 스며들어 지하수로 유입되었고 A 등이 사용한 지하수의 염소이온농도는 농업용수 수질기준을 초과하거나 이에 근접한 수치로서 경마공원 부근의 지하수는 농원이 위치한 곳을 지나 주변하천으로 흐르고 있으므로 다량의 소금 유입이 A 등이 사용하는 지하수 염소이온농도의 상승에 영

참고로 환경을 누릴 사법상의 권리로서 환경권은 판례에 의하여 부정되었다(대결 1995.5.23. 94마2218).

㈐ 수인한도(受忍限度)가 환경침해의 위법성을 판단하는 기준인데, 수인한도를 정할 때에는 일반적으로 침해되는 권리나 이익의 성질과 침해 정도뿐만 아니라 침해행위가 갖는 공공성의 내용과 정도, 지역환경의 특수성, 공법적인 규제에 의하여 확보하려는 환경기준, 침해를 방지 또는 경감시키거나 손해를 회피할 방안의 유무 및 난이 정도 등 여러 사정을 종합적으로 고려하여 구체적 사건에 따라 개별적으로 결정해야 한다(대판 2012.1.12. 2009다84608·84615·84622·84639 등).

㈑ 인과관계의 증명, 특히 간접반증이론에 관하여 〈7-2-2〉 참조.

㈒ 일조방해에 관하여 본다.

㉠ 일조방해의 위법성에 관하여 대판 2002.12.10. 2000다72213은, 건물의 신축으로 인하여 그 이웃 토지상의 거주자가 직사광선이 차단되는 불이익을 받은 경우에, 그 신축행위가 정당한 권리행사의 범위를 벗어나 사법상 위법한 가해행위로 평가되기 위해서는 그 일조방해의 정도가 사회통념상 일반적으로 인용하는 수인한도를 넘어야 한다고 하면서, 건축법 등 관계법령에 일조방해에 관한 직접적인 단속법규가 있다면 그 법규에 적합한지 여부가 사법상 위법성을 판단할 때 중요한 판단자료가 될 것이지만, 이러한 공법적 규제에 의하여 확보하고자 하는 일조는 원래 사법상 보호되는 일조권을 공법적인 면에서도 가능한 한 보증하려는 것으로서 특별한 사정이 없는 한 일조권 보호를 위한 최소한도의 기준으로 봄이 상당하고, 구체적인 경우에 어떠한 건물 신축이 건축 당시의 공법적 규제에 형식적으로 적합하더라도 현실적인 일조방해의 정도가 현저하게 커 사회통념상 수인한도를 넘은 경우에는 위법행위로 평가될 수 있고, 일조방해행위가 사회통념상 수인한도를 넘었는지 여부는 피해의 정도, 피해이익의 성질 및 그에 대한 사회적 평가, 가해건물의 용도, 지역성, 토지이용의 선후관계, 가해방지 및 피해회피의 가능성, 공법적 규제의 위반 여부, 교섭경과 등 모든 사정을 종합적으로 고려하여 판단해야 하며, 건축 후에 신설된 일조권에 관한 새로운 공법적 규제 역시 이러한 위법성의 평가에서 중요한 자료가 될 수 있다고 하였다.

㉡ 동시에 또는 거의 같은 시기에 건축된 가해건물들이 피해건물에 대하여 전체

향을 미쳤다고 보이는 점, 환경관리공단의 조사에 따르면 B가 경주로에서 사용한 염분에 의한 오염물질이 지하수로 흘러 들어가 인근 지역으로 이동하였을 가능성이 추정되는 점 등에 비추어, 환경정책기본법 제44조 제1항에 따라 B의 손해배상책임이 인정된다고 한 사례.

적으로 수인한도를 초과하는 일조침해의 결과를 야기한 경우에, 각 가해건물들이 함께 피해건물의 소유자 등이 종래 향유하던 일조를 침해하게 된다는 점을 예견할 수 있었다면 특별한 사정이 없는 한 각 가해건물의 건축자 등은 일조침해로 피해건물의 소유자 등이 입은 손해 전부에 대하여 공동불법행위자로서 손해배상책임을 진다(대판 2006.1.26. 2005다47014 · 47021 · 47038).[75)]

ⓒ 손해배상청구권의 소멸시효와 관련하여 대판(전) 2008.4.17. 2006다35865의 다수의견: "일반적으로 위법한 건축행위에 의하여 건물 등이 준공되거나 외부골조 공사가 완료되면 그 건축행위에 따른 일영의 증가는 더 이상 발생하지 않게 되고 해당 토지의 소유자는 그 시점에 이러한 일조방해행위로 인하여 현재 또는 장래에 발생가능한 재산상 손해나 정신적 손해 등을 예견할 수 있다고 할 것이므로, 이러한 손해배상청구권에 관한 민법 제766조 제1항 소정의 소멸시효는 원칙적으로 그 때부터 진행한다. 다만, 위와 같은 일조방해로 인하여 건물 등의 소유자 내지 실질적 처분권자가 피해자에 대하여 건물 등의 전부 또는 일부에 대한 철거의무를 부담하는 경우가 있다면, 이러한 철거의무를 계속적으로 이행하지 않는 부작위는 새로운 불법행위가 되고 그 손해는 날마다 새로운 불법행위에 기하여 발생하는 것이므로 피해자가 그 각 손해를 안 때로부터 각별로 소멸시효가 진행한다."

---

75) 참고로 대판 2010.6.24. 2008다23729: "피해건물이 이미 타인 소유의 다른 기존건물에 의하여 일조방해를 받고 있는 상황에서 가해건물이 신축됨으로써 일조방해의 정도가 심화되어 피해건물에 수인한도를 넘는 일조방해의 피해가 발생하고 그로 인하여 피해건물의 재산적 가치가 하락된 경우 신축건물 소유자는 피해건물소유자에 대하여 불법행위로 인한 재산상 손해배상책임을 부담한다. 그런데 이때 다른 기존건물의 일조방해가 위와 같이 수인한도를 넘는 데 기여한 부분에 대한 책임을 신축건물의 소유자에게 전부 부담시킨다면 신축건물의 소유자는 이미 건립되어 있던 기존건물로 인한 일조방해를 자신의 전적인 책임으로 인수하는 것이 되어 불합리하고, 반대로 기존건물의 일조방해가 수인한도를 넘는 데 기여한 부분에 대한 책임을 피해건물의 소유자에게 전부 부담시킨다면, 실제로 기존건물과 신축건물에 의하여 생긴 일영이 결합하여 피해건물에 수인한도를 넘는 일조방해의 피해가 발생하였는데도 피해자가 아무런 구제를 받을 수 없게 될 수 있으므로 이 역시 불합리하다. 따라서 이러한 경우에는 상린관계에 있는 이웃 간의 토지이용의 합리적인 조정이라는 요청과 손해부담의 공평이라는 손해배상제도의 이념에 비추어, 특별한 사정이 없는 한 기존건물의 일조방해가 수인한도를 넘는 데 기여함으로써 피해건물의 소유자가 입게 된 재산적 손해가 신축건물의 소유자와 피해건물의 소유자 사이에서 합리적이고 공평하게 분담될 수 있도록 정하여야 하고, 이를 위해서는 특히 가해건물이 신축되기 전부터 있었던 기존건물로 인한 일조방해의 정도, 신축건물에 의하여 발생하는 일조방해의 정도, 가해건물 신축 후 위 두 개의 원인이 결합하여 피해건물에 끼치는 전체 일조방해의 정도, 기존건물로 인한 일조방해와 신축건물에 의한 일조방해가 겹치는 정도, 신축건물에 의하여 발생하는 일조방해시간이 전체 일조방해시간 중 차지하는 비율 등을 고려하여야 한다."

㉥ 대판 2004.9.13. 2003다64602: "어느 토지나 건물의 소유자가 종전부터 향유하고 있던 경관이나 조망이 그에게 하나의 생활이익으로서의 가치를 가지고 있다고 객관적으로 인정된다면 법적인 보호의 대상이 될 수 있는 것인바, 이와 같은 조망이익은 원칙적으로 특정의 장소가 그 장소로부터 외부를 조망함에 있어 특별한 가치를 가지고 있고, 그와 같은 조망이익의 향유를 하나의 중요한 목적으로 하여 그 장소에 건물이 건축된 경우와 같이 당해 건물의 소유자나 점유자가 그 건물로부터 향유하는 조망이익이 사회통념상 독자의 이익으로 승인되어야 할 정도로 중요성을 갖는다고 인정되는 경우에 비로소 법적인 보호의 대상이 되는 것이라고 할 것이고, 그와 같은 정도에 이르지 못하는 조망이익의 경우에는 특별한 사정이 없는 한 법적인 보호의 대상이 될 수 없다."

㉦ 대판 2003.9.5. 2001다68358은, 고속도로 확장공사 및 차량통행에 따른 소음·진동으로 인하여 종전 사업장에서 더 이상 양돈업을 할 수 없게 된 경우에 양돈업자들이 입은 소극적 손해는 그곳에서의 양돈장을 폐업, 이전함으로 인하여 상실한 수입인데, 그 손해기간은 차량통행으로 인한 소음·진동으로 양돈장의 정상적인 영업이 불가능하여 이를 폐업한 때부터 위 양돈장과 유사한 정도의 시설물 건설 및 양돈상태 조성에 드는 기간에 정상적인 노력으로 위 양돈장을 위한 대체지와 양돈 영업시설을 확보하는 데 소요되는 통상의 기간을 더한 기간이라고 하였다.

제5절 부당이득

1. 서 설

(1) 재화의 귀속이 정당하지 않은 경우에 제201조 이하, 제548조 등 다른 제도에 의하여 규율될 수 있으면 부당이득법이 작동하지 않는데, 이를 「부당이득의 보충성」이라고 한다.

(2) 부당이득에의 접근방법으로 다수설은 부당이득을 하나의 자족적·통일적 제도로 이해하는 통일설을 따르는 반면, 실질에 따라 부당이득을 유형화하고자 하는 유형론도 유력하다.

〈7-5-1〉 부당이득 일반에 관한 판례

1) 다른 제도와의 관계

㉮ 계약상의 의무를 지는 이가 그 의무를 이행하지 않는 경우에, 형식적으로는 채무자가 변제하지 않음으로써 부당하게 이득을 얻는 것처럼 보이지만, 그가 계약 상대방의 손실에 의하여 이득하는 것은 아니므로, 부당이득이 성립하지 않고 채무불이행이 문제될 뿐이다(대판 2005.4.28. 2005다3113).

㉯ 대판 2013.9.13. 2013다45457: "부당이득반환청구권과 불법행위로 인한 손해배상청구권은 서로 실체법상 별개의 청구권으로 존재하고 그 각 청구권에 기초하여 이행을 구하는 소는 소송법적으로도 소송물을 달리하므로, 채권자로서는 어느 하나의 청구권에 관한 소를 제기하여 승소 확정판결을 받았다고 하더라도 아직 채권의 만족을 얻지 못한 경우에는 다른 나머지 청구권에 관한 이행판결을 얻기 위하여 그에 관한 이행의 소를 제기할 수 있다. 그리고 채권자가 먼저 부당이득반환청구의 소를 제기하였을 경우 특별한 사정이 없는 한 손해 전부에 대하여 승소판결을 얻을 수 있었을 것임에도 우연히 손해배상청구의 소를 먼저 제기하는 바람에 과실상계 또는 공평의 원칙에 기한 책임제한 등의 법리에 따라 그 승소액이 제한되었다고 하여 그로써 제한된 금액에 대한 부당이득반환청구권의 행사가 허용되지 않는 것도 아니"다.

2) 부당이득에의 접근방법

㉮ 판례는 "공평의 이념에 입각하고 있는 부당이득제도의 근본취지"라고 하는 등(대판(전) 1979.11.13. 79다483) 기본적으로 통일설을 따른다.

㉯ 판례도 부분적으로 유형론을 수용한다. 특히 대판 2018.1.24. 2017다37324: "당사자 일방이 자신의 의사에 따라 일정한 급부를 한 다음 급부가 법률상 원인 없음을 이유로 반환을 청구하는 이른바 급부부당이득의 경우에는 법률상 원인이 없다는 점에 대한 증명책임은 부당이득반환을 주장하는 사람에게 있다. 이 경우 부당이득의 반환을 구하는 자는 급부행위의 원인이 된 사실의 존재와 함께 그 사유가 무효, 취소, 해제 등으로 소멸되어 법률상 원인이 없게 되었음을 주장·증명하여야 하고, 급부행위의 원인이 될 만한 사유가 처음부터 없었음을 이유로 하는 이른바 착오송금과 같은 경우에는 착오로 송금하였다는 점 등을 주장·증명하여야 한다. 이는 타인의 재산권 등을 침해하여 이익을 얻었음을 이유로 부당이득반환을 구하

는 이른바 침해부당이득의 경우에는 부당이득반환청구의 상대방이 이익을 보유할 정당한 권원이 있다는 점을 증명할 책임이 있는 것과 구별된다."

2. 부당이득의 요건

(1) 부당이득의 요건은 이득과 손실 및 그들 사이의 인과관계 그리고 법률상 원인의 결여인데(제741조), 이득의 「부당성」이 가지는 의미에 따라 부당이득을 유형화한 후 요건을 재정리할 필요가 있다.

(2) 판례는 차액설의 입장에서 이득과 손실을 파악하고, 사회관념상 양자 사이에 관련을 인정할 수 있으면 충분하다고 한다(「사회관념상의 인과관계」). 그리고 이득과 손실은 같은 것일 필요가 없고 그 평가액이 같을 필요도 없지만, 손실액이 이득액보다 적으면 손실액의 한도에서만 반환의무가 발생한다고 한다(「중복기준설」).

〈7-5-2〉 이득과 손실 및 인과관계에 관한 판례

㉮ 판례는 통일설의 입장에서,

㉠ 이득은 실질적 이익을 가리키므로, 법률상 원인 없이 건물을 점유하더라도 이를 본래의 용도대로 사용·수익할 수 없었다면 본래의 용도에 따른 실질적 이익을 얻은 것이라고 볼 수 없고(대판 1992.11.24. 92다25830·25847 등),[76]

㉡ 손실은 사회통념상 손실자가 당해 재산으로부터 통상 수익할 수 있을 것으로 예상되는 이익 상당액이라고 한다(대판(전) 2014.7.16. 2011다76402).

㉯ 유형론의 입장에서 먼저 「급부이득」을 본다.

㉠ 급부이득에서 수익과 손실은 채무의 이행으로 행하여진 급부를 관점을 달리하여 파악한 것에 불과하다. 즉 대판 2010.3.11. 2009다98706: "계약상 채무의 이행으로 당사자가 상대방에게 급부를 행하였는데 그 계약이 무효이거나 취소되는 등으로 효력을 가지지 못하는 경우에 당사자들은 각기 상대방에 대하여 계약이 없었던 상태의 회복으로 자신이 행한 급부의 반환을 청구할 수 있다. 계약의 효력 불

76) 채권의 취득도 이득이 된다는 대판 1996.11.22. 96다34009도 참조.

발생에서의 이러한 원상회복의무를 법적으로 뒷받침하는 것이 민법 제741조 이하에서 정하는 부당이득법이 수행하는 핵심적인 기능의 하나이다. 이 경우의 부당이득반환의무에서는, 예를 들면 소유권 등의 권리에 기하여 소유자 기타의 사람에게 배타적으로 귀속되어야 하는 이익이 제3자에게 귀속됨으로써 그 권리가 객관적으로 침해당하였으나 그 이익취득자에게 이익의 보유를 법적으로 정당화하는 권원이 없어서 권리자가 그에 대하여 그 취득한 이익을 부당이득으로 반환청구하는 경우에 상대방이 얻는 이익의 구체적인 내용을 따져서 과연 부당이득반환의 대상이 될 만한 것인지를 살펴보아야 하는 것(종전의 재판례가 부당이득반환청구소송에서 피고에게 '실질적인 이득'이 있어야 한다고 설시하는 것은 대체로 이러한 사건맥락에서이다)과는 달리, 상대방이 얻은 계약상 급부는 다른 특별한 사정이 없는 한 당연히 부당이득으로 반환되어야 한다. 다시 말하면 이 경우의 부당이득반환의무에서 민법 제741조가 정하는 '이익' 또는 '그로 인한 손해'의 요건은 계약상 급부의 실행이라는 하나의 사실에 해소되는 것"이다.

㉡ 급부자가 급부목적물의 종국적인 귀속주체가 아니라는 점은 문제되지 않는다. 특히 타인권리의 매매계약이 매수인에 의하여 해제된 경우에, 무권리자인 매도인이 매수인에 대하여 사용수익의 대가를 반환청구할 수 있다(대판 1993.4.9. 92다25946).

㉢ 대판 2017.12.5. 2017다225978·225985: "채무를 면하는 경우와 같이 어떠한 사실의 발생으로 당연히 발생하였을 손실을 보지 않는 것도 이익에 해당한다."[77]

㉣ 참고로 대판 2022.7.28. 2020다231928: "부당이득반환청구에서 법률상의 원인 없는 사유를 계약의 불성립, 취소, 무효, 해제 등으로 주장하는 것은 공격방법에 지나지 않으므로, 그중 어느 사유를 주장하여 패소한 경우에 다른 사유를 주장하여 청구하는 것은 기판력에 저촉되어 허용할 수 없다. 또한 판결의 기판력은 그 소송의 변론종결 전에 주장할 수 있었던 모든 공격방어방법에 미치는 것이므로, 그 당시 당사자가 알 수 있었거나 또는 알고서 이를 주장하지 않았던 사항에 한해서만

77) 다만 상계계약에서 "두 채권의 소멸은 서로 인과관계가 있으므로 한쪽 당사자의 채권이 불성립 또는 무효이어서 그 면제가 무효가 되면 상대방의 채무면제도 당연히 무효가 된다. 이때 상대방의 채권이 유효하게 존재하였던 경우라면, 그 채권은 여전히 존재하는 것이 되므로 채무자는 그 채무를 이행할 의무를 부담한다. 채무자가 이를 이행하지 않았다고 하더라도 그가 법률상 원인 없이 채무를 면하는 이익을 얻었다고 볼 수 없다. 그리고 상대방의 채권도 불성립 또는 무효이어서 존재하지 않았던 경우라면, 채무자는 부존재하는 채무에 관하여 무효인 채무면제를 받은 것에 지나지 않으므로 채무를 이행할 의무도 없고 채무를 면하는 이익을 얻은 것도 아니다."

기판력이 미친다고 볼 수 없다."

㉰ 「침해이득」에 관하여 본다.

㉠ 대판 2009.11.26. 2009다35903: "물건의 소유자는 다른 특별한 사정이 없는 한 법률의 범위 내에서 그 물건에 관한 모든 이익(민법 제211조에서 명문으로 정하는 '사용, 수익, 처분'의 이익이 대표적인 예이다)을 배타적으로 향유할 권리를 가진다. 따라서 물건의 소유자가 그 물건에 관한 어떠한 이익을 상대방이 권원 없이 취득하고 있다고 주장하여 그 이익을 부당이득으로 반환청구하는 경우에는, 우선 상대방이 얻는 이익의 구체적인 내용을 따져서 그 취득을 내용으로 하는 권리가 일반적으로 유상으로 부여되는 것이어서 그 이익이 부당이득반환의 대상이 될 만한 것인지를 살펴보아야 하며, 그 경우 그러한 이익의 유무는 상대방이 당해 물건을 점유하는지에 의하여 좌우되지 아니하고 점유 여부는 단지 반환되어야 할 이익의 구체적인 액을 산정함에 있어서 고려될 뿐이다. 그리고 그와 같은 이익이 긍정된다면 나아가 그 이익이 소유자의 손실로 얻어진 것인지, 그리고 상대방에게 민법 제741조에서 정하는 그 이익의 보유에 관한 '법률상 원인'이 있는지, 즉 당해 이익을 보유하는 것을 내용으로 하는 소유자에 대항할 수 있는 권원이 있는지 여부를 살펴야 한다."[78]

㉡ 대판 1995.3.28. 94다50526: "임차인이 임대차계약관계가 소멸된 이후에도 임차건물부분을 계속 점유하기는 하였으나 이를 본래의 임대차계약상의 목적에 따라 사용·수익하지 아니하여 실질적인 이득을 얻은 바 없는 경우에는 그로 인하여 임대인에게 손해가 발생하였다 하더라도 임차인의 부당이득반환의무는 성립되지 않는다."[79]

한편 대판 2012.5.10. 2012다4633은, 건물에 관한 임대차계약 종료 후 이를 계속

78) 지방자치단체(Y)가 X 소유 임야 중 일부토지 위에 자신의 계획과 비용으로 수도시설, 안내판, 관리소 등을 설치하여 유지·관리해 온 데 대하여 X가 그 차임 상당액을 부당이득으로 반환청구한 사안에서, Y가 위 시설의 부지가 되는 부분을 점유한다고 보아야 하고 설사 점유하지 않더라도 그 부분을 위 시설물들의 부지로 사용하는 이익을 얻고 있으므로 X에게 그 이익을 부당이득으로 반환할 의무가 있고, 그러한 토지의 사용이 복지증진 등 Y 본연의 임무를 수행하는 과정에서 부수적으로 발생한 것이라고 하여 달라지지 않는다고 한 사례.

79) 동시이행의 항변권을 행사하면서 임차건물로부터 집기 등을 반출하고 그 출입구를 자물쇠로 잠그고 열쇠를 반환하지 않은 경우(대판 1995.7.25. 95다14664·14671), 임차건물부분을 원래의 용도대로 사용하지 않고 동시이행의 항변권의 실효성을 확보하기 위하여 최소한의 점유사용만 하는 경우(대판 1993.11.23. 92다38980), 금원에 관하여 처분권을 취득한 것이 아니라 그 금원을 단지 일시 보관하다가 반환한 경우(대판 2003.6.13. 2003다8862) 등에서 부당이득의 성립이 부정되었다.

점유·사용하는 건물임차인은 건물소유자에 대한 관계에서 「건물부지의 사용·수익으로 인한 이득이 포함된」 건물임료 상당의 부당이득을 하였다고 보았다.80)

㉢ 대판 2002.12.6. 2000다57375는, 불법점유를 당한 부동산의 소유자가 불법점유자에 대하여 그로 인한 임료 상당 손해의 배상이나 부당이득의 반환을 구할 수 있으나, 불법점유라는 사실이 발생하지 않았더라도 부동산소유자에게 임료 상당 이익이나 기타 소득이 발생할 여지가 없는 특별한 사정이 있다면 손해배상이나 부당이득반환을 청구할 수 없다고 하였다.81)

(3) 급부이득에서 "법률상 원인"의 흠결은 「청구원인사실」로 급부자, 즉 반환청구자가 그에 대한 증명책임을 진다.

반면 침해이득에서 "법률상 원인"은 「항변사유」로서 반환의무자가 그에 대한 증명책임을 지는데, 법률의 규정에 의한 이득의 경우에 그 규정이 법률상 원인을 구성한다.82) 다만 첨부의 경우에는 제261조에 의하여 부당이득의 성립이 인정된다. 그 밖에 확정판결이 법률상 원인을 이루기도 한다(대판 2001.11.13. 99다32905).83)

80) "건물에 관한 임대차계약이 종료된 이후 이를 건물임대인에게 반환하지 않고 그대로 계속 점유·사용하는 자는 점유기간 동안 건물의 사용·수익에 따른 차임 상당액을 부당이득으로 반환할 의무가 있는데, 여기서 차임 상당액을 산정할 때 통상적으로 건물을 임대하는 경우 당연히 부지부분의 이용을 수반하는 것이고 차임 상당액 속에는 건물차임 외에도 부지부분차임(지대)도 포함되므로, 건물차임은 물론이고 부지부분차임도 함께 계산되어야 한다. 그리고 건물소유자가 부지부분에 관한 소유권을 상실하였다 하여도 건물소유자는 의연 토지소유자와 관계에서는 토지 위에 있는 건물의 소유자인 관계로 건물부지의 불법점유자라 할 것이고, 따라서 건물부지부분에 관한 차임 상당의 부당이득 전부에 관한 반환의무를 부담하게 되며, 건물을 점유하고 있는 건물임차인이 토지소유자에게 부지점유자로서 부당이득반환의무를 진다고 볼 수 없다. 그러므로 건물소유자는 이러한 채무의 부담한도 내에서 건물임차인의 건물 불법점유에 상응하는 부지부분의 사용·수익에 따른 임료 상당의 손실이 생긴 것이고, 건물에 관한 임대차계약 종료 이후 이를 계속 점유·사용하는 건물임차인은 건물소유자에 대한 관계에서 건물부지의 사용·수익으로 인한 이득이 포함된 건물임료 상당의 부당이득을 하였다고 보아야 한다."

81) 지방자치단체가 농업용 수로로 사용되던 도랑의 일부를 복개하여 인근 주민들의 통행로와 주차장소 등으로 제공한 경우에, 도랑소유자가 그 부분을 사용·수익하지 못함으로 인한 손해를 입었다고 보기 어렵다는 이유로 지방자치단체의 부당이득반환의무를 부정한 사례.

82) 선의취득에 관하여 제249조, 선의점유자의 과실취득에 관하여 제201조 제1항 등.

83) 급부이득에서도 다르지 않다. 대판 2023.6.29. 2021다243812: "확정판결은 재심의 소 등으로 취소되지 않는 한 그 소송당사자를 기속하므로 확정판결에 기한 이행으로 받은 급부는 법률상 원인 없는 이익이라고 할 수 없다. 그리고 이는 해당 급부뿐만 아니라 그 급부의 대가로서

〈7-5-3〉 법률상 원인에 관한 판례

1) 급부이득에 관하여

대판 1992.6.26. 92다10425는, A가 자기의 소유인 토지(甲)를 점유·사용하여 온 B를 상대로 부당이득금반환청구소송을 제기하여 승소 확정판결을 받아 B로부터 그 판결 인용금액을 수령하는 한편 B와 甲에 대한 임대차계약을 체결하여 B로부터 차임을 지급받는 등으로 甲에 대한 임료 또는 임료 상당의 부당이득금을 지급받은 경우에, 위 부당이득금반환청구의 소에 대한 확정판결은 재심의 소 등으로 취소되지 않는 한 그 효력이 소송당사자인 A, B를 기속하므로 <u>후일 그 판결의 기초가 된 일부토지에 대한 소유권이 A 아닌 B에게 있었던 것으로 밝혀지더라도</u> A가 그 판결에 기하여 지급받은 금원이 바로 법률상 원인 없이 지급된 것이라 할 수 없고, 한편 A와 B 사이의 임대차계약에 기하여 지급된 임료 역시 <u>그 임대차계약이 무효로 되거나 취소되지 않는 이상</u> 그 지급이 법률상 원인 없이 이루어진 것이라고 할 수 없으며, 그 임대차의 목적인 토지의 일부가 임차인 B의 소유인 것으로 후일 밝혀졌다 하여 임대차계약이 당연무효가 된다고는 할 수 없다고 하였다.

2) 침해이득이 인정된 경우

㉮ 타인 소유의 토지 위에 권원 없이 건물을 소유하는 이는 그 자체로써 특별한 사정이 없는 한 법률상 원인 없이 타인의 재산으로 인하여 토지의 차임에 상당하는 이익을 얻고 이로 인하여 타인에게 동액 상당의 손해를 주는데(대판 1998.5.8. 98다2389), 이 경우 부당이득의 반환범위는 그 부동산의 차임 상당액이다(대판 1995.8.22. 95다11955·11962).[84)]

㉯ 유치권이나 동시이행의 항변권에 기하여 목적물을 계속 「사용·수익」하는 경우에, 이러한 권리는 인도를 거절할 수 있는 권능일 뿐이고 사용수익을 정당화하는

기존급부와 동일성을 유지하면서 형태가 변경된 것에 불과한 처분대금 등에 대해서도 마찬가지이다."

84) 그리고 대판 2022.11.30. 2017다257043: "토지의 상공에 고압전선이 통과하게 됨으로써 토지소유자가 토지 상공의 사용·수익을 제한받게 되는 경우, 특별한 사정이 없는 한 고압전선의 소유자는 토지소유자의 사용·수익이 제한되는 상공부분에 대한 차임 상당의 부당이득을 얻고 있으므로, 토지소유자는 이에 대한 반환을 구할 수 있다. 이때 토지소유자의 사용·수익이 제한되는 상공의 범위에는 고압전선이 통과하는 부분뿐만 아니라 관계법령에서 고압전선과 건조물 사이에 일정한 거리를 유지하도록 규정하고 있는 경우 그 거리 내의 부분도 포함된다."

사유가 아니므로(대판 1981.1.13. 80다1201 등) 차임 상당의 부당이득이 성립한다.

㉰ 채무자 아닌 이의 소유에 속하는 동산을 경매한 경우에, 경매절차에서 그 동산을 경락받아 경락대금을 납부하고 이를 인도받은 경락인은 동산의 소유권을 선의취득하지만, 「그 동산의 매득금은 채무자의 것이 아니어서 채권자가 이를 배당받았더라도 채권은 소멸하지 않고 계속 존속」하므로, 배당을 받은 채권자는 이로 인하여 법률상 원인 없는 이득을 얻고 소유자는 경매에 의하여 소유권을 상실하는 손해를 입게 되었으니, 그 동산의 소유자는 배당을 받은 채권자에 대하여 부당이득으로서 배당받은 금원의 반환을 청구할 수 있다(대판 1998.3.27. 97다32680; 대판 2003.7.25. 2002다39616).[85]

㉱ 대판 2011.7.14. 2009다76522·76539: "공유토지에 관하여 과반수 지분권을 가진 자가 그 공유토지의 특정된 한 부분을 배타적으로 사용·수익할 것을 정하는 것은 공유물의 관리방법으로서 적법하다고 할 것이지만, 이 경우에 비록 그 특정한 부분이 자기의 지분비율에 상당하는 면적의 범위 내라 할지라도 다른 공유자들 중 지분은 있으나 사용·수익은 전혀 하고 있지 아니함으로써 손해를 입고 있는 자에 대하여는 과반수 지분권자를 포함한 모든 사용·수익을 하고 있는 공유자가 그 자의 지분에 상응하는 부당이득을 하고 있"다.[86]

㉲ 대판 2011.4.14. 2010다5694는, 질권자가 피담보채권을 초과하여 질권의 목적이 된 금전채권을 추심하였다면 그중 피담보채권을 초과하는 부분은 특별한 사정이 없는 한 법률상 원인이 없는 것으로서 질권설정자에 대한 관계에서 부당이득이 되고, 이러한 법리는 채무담보목적으로 채권이 양도된 경우에도 마찬가지라고 하였다.

㉳ 대판 2009.5.14. 2008다17656: 저당권자가 압류하기 전에 저당물의 소유자가 금전 등을 수령하여 저당권자는 더 이상 물상대위권을 행사할 수 없게 된 경우에, "저당권자는 저당권의 채권최고액 범위 내에서 저당목적물의 교환가치를 지배하고 있다가 저당권을 상실하는 손해를 입게 되는 반면에, 저당목적물의 소유자는 저당권의 채권최고액 범위 내에서 저당권자에게 저당목적물의 교환가치를 양보하여야

85) 그리고 대판 2011.6.10. 2010다40239: "무권리자가 타인의 권리를 제3자에게 처분하였으나 선의의 제3자 보호규정에 의하여 원래 권리자가 권리를 상실하는 경우, 권리자는 무권리자를 상대로 제3자에게서 처분의 대가로 수령한 것을 이른바 침해부당이득으로 보아 반환청구할 수 있다."

86) 이러한 법리가 집합건물 대지의 공유관계에 그대로 적용될 수 없음에 관하여 대판(전) 2022.8.25. 2017다257067 참조.

할 지위에 있다가 마치 그러한 저당권의 부담이 없었던 것과 같은 상태에서의 대가를 취득하게 되는 것이므로, 그 수령한 금액 가운데 저당권의 채권최고액을 한도로 하는 피담보채권액의 범위 내에서는 이득을 얻게 된다. 저당목적물소유자가 얻은 위와 같은 이익은 저당권자의 손실로 인한 것으로서 인과관계가 있을 뿐 아니라, 공평의 관념에 위배되는 재산적 가치의 이동이 있는 경우 수익자로부터 그 이득을 되돌려 받아 손실자와 재산상태의 조정을 꾀하는 부당이득제도의 목적에 비추어 보면 위와 같은 이익을 소유권자에게 종국적으로 귀속시키는 것은 저당권자에 대한 관계에서 공평의 관념에 위배되어 법률상 원인이 없다고 봄이 상당하므로, 저당목적물소유자는 저당권자에게 이를 부당이득으로 반환할 의무가 있다."(〈5-2-8〉도 참조)

㉳ 참고로 대판 2005.4.15. 2004다70024: "채무자 또는 그 대리인의 유효한 작성촉탁과 집행인낙의 의사표시에 터 잡아 작성된 공정증서를 집행권원으로 하는 금전채권에 대한 강제집행절차에서, 비록 그 공정증서에 표시된 청구권의 기초가 되는 법률행위에 무효사유가 있다고 하더라도 그 강제집행절차가 청구이의의 소 등을 통하여 적법하게 취소·정지되지 아니한 채 계속 진행되어 채권압류 및 전부명령이 적법하게 확정되었다면, 그 강제집행절차가 반사회적 법률행위의 수단으로 이용되었다는 등의 특별한 사정이 없는 한, 단지 이러한 법률행위의 무효사유를 내세워 확정된 전부명령에 따라 전부채권자에게 피전부채권이 이전되는 효력 자체를 부정할 수는 없고, 다만 위와 같이 전부명령이 확정된 후 그 집행권원인 집행증서의 기초가 된 법률행위 중 전부 또는 일부에 무효사유가 있는 것으로 판명된 경우에는 그 무효부분에 관하여는 집행채권자가 부당이득을 한 셈이 되므로, 그 집행채권자는 집행채무자에게, 위 전부명령에 따라 전부받은 채권 중 실제로 추심한 금전부분에 관하여는 그 상당액을 반환하여야 하고, 추심하지 아니한 나머지 부분에 관하여는 그 채권 자체를 양도하는 방법에 의하여 반환하여야 한다."

3) 침해이득이 부정된 경우

㉮ 대판 1987.9.22. 86다카1996·1997: "민법 제201조 제1항에 의하면 선의의 점유자는 점유물의 과실을 취득한다고 규정하고 있고, 한편 토지를 사용함으로써 얻는 이득은 그 토지로 인한 과실과 동시할 것이므로 선의의 점유자는 비록 법률상 원인 없이 타인의 토지를 점유사용하고 이로 말미암아 그에게 손해를 입혔다 하더라도 그 점유사용으로 인한 이득을 그 타인에게 반환할 의무는 없다."

㉯ 대판 1988.11.22. 87다카2555: "일반적으로 부동산을 채권담보의 목적으로 양도한 경우 특별한 사정이 없는 한 목적부동산에 대한 사용수익권은 채무자인 양도담보설정자에게 있는 것이므로 양도담보권자는 사용수익할 수 있는 정당한 권한이 있는 채무자나 채무자로부터 그 사용수익할 수 있는 권한을 승계한 자에 대하여는 사용수익을 하지 못한 것을 이유로 임료 상당의 손해배상이나 부당이득반환청구는 할 수 없다." 반면 담보권자의 용익은 특별한 사정이 없는 한 담보설정자에 대하여 부당이득을 구성한다(대판 1986.2.11. 85다카119).

㉰ 부동산에 대한 취득시효가 완성되면 점유자는 소유명의자에 대하여 취득시효 완성을 원인으로 한 소유권이전등기절차의 이행을 청구할 수 있고 소유명의자는 이에 응할 의무가 있으므로, 비록 점유자가 그 명의로 소유권이전등기를 경료하지 아니하여 아직 그 소유권을 취득하지 못했더라도 소유명의자는 점유자에 대하여 점유로 인한 부당이득반환청구를 할 수 없다(대판 1993.5.25. 92다51280).

㉱ 배타적 사용수익권의 포기(〈8-1-1〉 참조)와 부당이득에 관하여 대판 2001.4.13. 2001다8493은, 종전부터 자연발생적으로 또는 도로예정지로 편입되어 사실상 일반 공중의 통행로로 사용되어 온 토지의 소유자가 독점적이고 배타적인 사용수익권을 포기한 것으로 볼 경우에도, 일반 공중의 통행을 방해하지 않는 범위 내에서는 토지소유자로서 토지를 처분하거나 사용수익할 권능을 상실하지 않으므로, 토지를 불법점유하는 제3자에 대하여 물권적 청구권을 행사하여 토지의 반환 내지 방해의 제거, 예방을 청구할 수 있으나, 특별한 사정이 없는 한 토지소유자는 그 이후에도 토지를 독점적, 배타적으로 사용수익할 수는 없고, 따라서 제3자가 그 토지를 불법점유하였더라도 이로 인하여 토지소유자에게 어떠한 손실이 생긴다고 할 수 없어 그 점유로 인한 부당이득의 반환을 청구할 수는 없다고 하였다.

㉲ 대판 2022.12.29. 2019다272275: "적법한 원인 없이 타인 소유 부동산에 관하여 소유권보존등기를 마친 무권리자가 그 부동산을 제3자에게 매도하고 소유권이전등기를 마쳐주었다고 하더라도, 그러한 소유권보존등기와 소유권이전등기는 실체관계에 부합한다는 등의 특별한 사정이 없는 한 모두 무효이다. 따라서 이 경우 원소유자가 소유권을 상실하지 아니하고, 또 무권리자가 제3자와 체결한 매매계약의 효력이 원소유자에게 미치는 것도 아니므로, 무권리자가 받은 매매대금이 부당이득에 해당하여 이를 원소유자에게 반환하여야 한다고 볼 수는 없다. […] 무권리자로부터 부동산을 매수한 제3자나 그 후행등기 명의인이 과실 없이 점유를 개시

한 후 소유권이전등기가 말소되지 않은 상태에서 소유의 의사로 평온, 공연하게 선의로 점유를 계속하여 10년이 경과한 때에는 민법 제245조 제2항에 따라 바로 그 부동산에 대한 소유권을 취득하고, 이때 원소유자는 소급하여 소유권을 상실함으로써 손해를 입게 된다. 그러나 이는 민법 제245조 제2항에 따른 물권변동의 효과일 뿐 무권리자와 제3자가 체결한 매매계약의 효력과는 직접 관계가 없으므로, 무권리자가 제3자와의 매매계약에 따라 대금을 받음으로써 이익을 얻었다고 하더라도 이로 인하여 원소유자에게 손해를 가한 것이라고 볼 수도 없다."

㉳ 그 밖에 불법행위로 인한 손해배상청구소송의 판결이 확정된 후 피해자가 그 판결에서 손해배상액 산정의 기초로 인정된 기대여명보다 일찍 사망한 경우에 기지급된 손해배상금 일부를 부당이득으로 반환을 구할 수 없다고 한 대판 2009.11.12. 2009다56665, 토지에 대하여 가압류가 집행된 후에 제3자(D)가 그 토지의 소유권을 취득함으로써 가압류의 처분금지효력을 받고 있던 중 그 토지가 공익사업법에 따라 수용되어 D가 수용보상금을 온전히 지급받았더라도 법률상 원인 없는 부당이득이라고 할 것은 아니라고 한 대판 2009.9.10. 2006다61536·61543도 참조.

3. 부당이득의 성립 여부 또는 그 당사자가 문제되는 경우들

(1) 먼저 전용물소권을 본다.

① 계약에 기한 급부가 계약상대방뿐만 아니라 제3자에게도 이익으로 되는 경우에, 급부자가 계약상대방으로부터 받지 못한 계약상의 대가를 제3자에 대하여 부당이득의 형태로 반환청구하는 것이 전용물소권(轉用物訴權)이다.

② 판례는 전용물소권을 부정하는데, 전용물소권을 인정한다면, 급부자로서는 계약상대방의 무자력 등의 사유로 계약관계가 예상과 달리 진전되더라도 부당이득을 통하여 보상받을 수 있어 유리한 반면, 제3자로서는 스스로 체결하지 않은 계약의 뒤처리를 맡아야 한다는 불측의 손해를 입을 우려가 있다.

〈7-5-4〉 전용물소권에 관한 판례

㉮ 전용물소권에 관한 선도적 판결로 대판 2002.8.23. 99다66564·66571: "계약상의 급부가 계약의 상대방뿐만 아니라 제3자의 이익으로 된 경우에 급부를 한 계약당사자가 계약상대방에 대하여 계약상의 반대급부를 청구할 수 있는 이외에 그 제3자에 대하여 직접 부당이득반환청구를 할 수 있다고 보면, 자기책임 하에 체결된 계약에 따른 위험부담을 제3자에게 전가시키는 것이 되어 계약법의 기본원리에 반하는 결과를 초래할 뿐만 아니라, 채권자인 계약당사자가 채무자인 계약상대방의 일반채권자에 비하여 우대받는 결과가 되어 일반채권자의 이익을 해치게 되고, 수익자인 제3자가 계약상대방에 대하여 가지는 항변권 등을 침해하게 되어 부당하므로, 위와 같은 경우 계약상의 급부를 한 계약당사자는 이익의 귀속주체인 제3자에 대하여 직접 부당이득반환을 청구할 수는 없다고 보아야 한다."[87]

㉯ 이러한 법리는 「급부가 사무관리에 기하여 이루어진 경우」에도 마찬가지로 적용된다. 즉 대판 2013.6.27. 2011다17106: "의무 없이 타인을 위하여 사무를 관리한 자는 타인에 대하여 민법상 사무관리규정에 따라 비용상환 등을 청구할 수 있는 외에 사무관리에 의하여 결과적으로 사실상 이익을 얻은 다른 제3자에 대하여 직접 부당이득반환을 청구할 수는 없다."

㉰ 한편 대판 2009.9.24. 2009다15602: 첨부에 따른 "보상청구가 인정되기 위해서는 민법 제261조 자체의 요건만이 아니라, 부당이득법리에 따른 판단에 의하여 부당이득의 요건이 모두 충족되었음이 인정되어야 한다. 매도인에게 소유권이 유보된 자재가 제3자와 매수인 사이에 이루어진 도급계약의 이행으로 제3자 소유 건물의 건축에 사용되어 부합된 경우 보상청구를 거부할 법률상 원인이 있다고 할 수 없지만, 제3자가 도급계약에 의하여 제공된 자재의 소유권이 유보된 사실에 관하여 과실 없이 알지 못한 경우라면 선의취득의 경우와 마찬가지로 제3자가 그 자재의 귀속으로 인한 이익을 보유할 수 있는 법률상 원인이 있다고 봄이 상당하므로, 매도인으로서는 그에 관한 보상청구를 할 수 없다."[88]

87) 'ⓐ 甲 건물을 Y가 1/2 지분, A와 B가 각 1/4지분으로 공유, ⓑ A가 Y의 동의 없이 X와 甲의 창호공사에 관한 도급계약 체결, ⓒ X가 약정기간 내에 공사를 완료하였으나, A는 공사대금 미지급, ⓓ X가 Y에게 甲의 가치증가분 중 Y의 지분에 상당하는 금액을 부당이득으로 청구'의 사안에서, X의 청구를 기각한 사례.

88) 'ⓐ X는 공장건물 신축공사의 수급인 A에게 소유권유보부로 철강제품을 공급하고 아직 대금을 지급받지는 못함, ⓑ 기성고가 80%인 상태에서 A가 공사를 중단하자, 도급인 Y가 위 철

이 사안에서 X에게 유보된 소유권의 효력은 당연히 Y에게 미친다는 점에서 계약의 효력(특히 계약에 기한 급부청구권)이 제3자에게 확장될 수 있는지를 다루는 전용물소권의 법리가 적용될 수 없다.

㉱ 참고로 급부의 이익이 미치는 제3자에게 비용상환청구권을 행사할 수 있는 비용지출자에 관하여 (<8-5-21>에 소개된) 대판 2002.8.23. 99다66564·66571 등 참조.

---

(2) 이른바 삼각관계에서의 부당이득을 본다.

① 제3자를 위한 계약이나 단축된 급부에서, 외관상 하나의 급부가 있을 뿐이지만, 규범적으로는 복수의 급부로 평가되어야 한다.

② 이러한 경우에 계약의 무효 등으로 인한 부당이득은 규범적 관점에서의 급부의 당사자들 사이에서 이루어져야 한다. 그렇지 않으면 당사자의 의사에 기한 위험배분이 왜곡될 수 있기 때문이다.

〈7-5-5〉 삼각관계에서의 부당이득에 관한 판례

1) 단축된 급부

㉮ 대판 2008.9.11. 2006다46278: "계약의 일방당사자가 상대방의 지시 등으로 [급부과정을 단축하여] 상대방과 또 다른 계약관계를 맺고 있는 제3자에게 직접 급부한 경우(이른바 삼각관계에서의 급부가 이루어진 경우), 그 급부로써 급부를 한 당사자의 상대방에 대한 급부가 이루어질 뿐 아니라 그 상대방의 제3자에 대한 급부도 이루어지는 것이므로 계약의 일방당사자는 제3자를 상대로 법률상 원인 없이 급부를 수령하였다는 이유로 부당이득반환청구를 할 수 없다. 이러한 경우에 계약의 일방당사자가 상대방에 대하여 급부를 한 원인관계인 법률관계에 무효 등의 흠이 있다는 이유로 제3자를 상대로 직접 부당이득반환청구를 할 수 있다고 보면 자기책임 하에 체결된 계약에 따른 위험부담을 제3자에게 전가하는 것이 되어 계약법의

강제품 중 공사현장에 남아 있던 것을 투입하여 잔여공사를 마치고 신축건물의 소유권보존등기 경료, ⓒ X가 Y를 상대로 철강제품 매매대금 상당의 부당이득반환청구'의 사안에서, Y는 X와 A 사이의 철강제품 공급계약의 제3자에 불과하므로 X가 Y에게 직접 부당이득을 구할 수 없다는 Y의 주장을 배척하고 X의 청구를 인용한 원심을 파기한 사례.

원리에 반하는 결과를 초래할 뿐만 아니라 수익자인 제3자가 상대방에 대하여 가지는 항변권 등을 침해하게 되어 부당하기 때문이다. 이와 같이 삼각관계에서의 급부가 이루어진 경우에, 제3자가 급부를 수령함에 있어 계약의 일방당사자가 상대방에 대하여 급부를 한 원인관계인 법률관계에 무효 등의 흠이 있었다는 사실을 알고 있었다 할지라도 계약의 일방당사자는 제3자를 상대로 법률상 원인 없이 급부를 수령하였다는 이유로 부당이득반환청구를 할 수 없다."89)

그리고 대판 2010.3.11. 2009다98706: "계약상 금전채무를 지는 이가 채권자 甲의 지시에 좇아 甲에 대한 채권자 또는 甲이 증여하고자 하는 이에게 직접 금전을 지급한 경우 또는 남의 경사를 축하하기 위하여 꽃을 산 사람이 경사의 당사자에게 직접 배달시킨 경우와 같이, 계약상 급부가 실제적으로는 제3자에게 행하여졌다고 하여도 그것은 계약상 채무의 적법한 이행(이른바 '제3자방 이행')이라고 할 것이다. 이때 계약의 효력이 불발생하였으면, 그와 같이 적법한 이행을 한 계약당사자는 다른 특별한 사정이 없는 한 그 제3자가 아니라 계약의 상대방당사자에 대하여 계약의 효력 불발생으로 인한 부당이득을 이유로 자신의 급부 또는 그 가액의 반환을 청구하여야 한다."

㉯ 다만 ㉠ B의 지시가 있었지만 A가 C에게 이중으로 또는 과다하게 급부한 경우(대판 1990.6.8. 89다카20481)처럼 원인관계의 당사자가 상대방의 제3자에 대한 출연에 대하여 아무런 유인을 제공하지 않는 경우 또는 ㉡ A가 B의 지시에 따라 자발적으로 급부한 것이 아니라 채권양도에 의하여 비자발적으로 C에게 급부한 경우(대판 2003.1.24. 2000다22850)에는 A의 C에 대한 부당이득반환청구가 인정된다.

2) 대판 2005.7.22. 2005다7566·7573: "제3자를 위한 계약관계에서 낙약자와 요약자 사이의 법률관계(이른바 기본관계)를 이루는 계약이 해제된 경우 그 계약관계의 청산은 계약의 당사자인 낙약자와 요약자 사이에 이루어져야 하므로, 특별한 사정이 없는 한 낙약자가 이미 제3자에게 급부한 것이 있더라도 낙약자는 계약해제에 기한 원상회복 또는 부당이득을 원인으로 제3자를 상대로 그 반환을 구할 수 없다."90)

---

89) 대판 2003.12.26. 2001다46730도 '재개발조합(Y)이 아파트와 상가를 신축 → A가 Y와 상가 매매계약을 체결한 후 X 등에게 분양 → X는 A의 지시에 따라 분양대금을 Y의 계좌로 송금 → A와 Y 사이의 위 매매계약 해제 → 상가를 분양받지 못한 X가 Y에게 송금한 돈에 관하여 부당이득반환을 청구'의 사안에서, X의 청구를 배척하였다.

90) 대판 2010.8.19. 2010다31860·31877도 '매도인 A와 매수인 B가 토지거래허가구역 내 토지

〈7-5-6〉 그 밖의 경우들에 관한 판례

1) 편취금전에 의한 변제

㉮ 대판 2003.6.13. 2003다8862: "채무자가 피해자로부터 횡령한 금전을 그대로 채권자에 대한 채무변제에 사용하는 경우 피해자의 손실과 채권자의 이득 사이에 인과관계가 있음이 명백하고, 한편 채무자가 횡령한 금전으로 자신의 채권자에 대한 채무를 변제하는 경우 채권자가 그 변제를 수령함에 있어 악의 또는 중대한 과실이 있는 경우에는 채권자의 금전취득은 피해자에 대한 관계에 있어서 법률상 원인을 결여한 것으로 봄이 상당하나, 채권자가 그 변제를 수령함에 있어 단순히 과실이 있는 경우에는 그 변제는 유효하고 채권자의 금전취득이 피해자에 대한 관계에 있어서 법률상 원인을 결여한 것이라고 할 수 없다."[91]

㉯ 이러한 법리는 채무자가 편취한 금원을 자신의 채권자에 대한 채무변제에 직접 사용하지 않고 자신의 채권자의 다른 채권자에 대한 채무를 대신 변제하는 데 사용한 경우(대판 2008.3.13. 2006다53733 · 53740)[92] 및 채무자가 횡령한 돈을 제3자에게 증여한 경우(대판 2012.1.12. 2011다74246)[93]에도 마찬가지로 적용된다.

의 지분에 관한 매매계약을 체결하면서 매매대금을 C에게 지급하기로 하는 제3자를 위한 계약을 체결하고 그 후 B가 매매대금을 C에게 지급하였는데, 유동적 무효였던 위 매매계약이 확정적으로 무효가 된 사안'에서, B는 C에게 매매대금 상당액의 부당이득반환을 구할 수 없다고 하였다.

91) 'X 회사의 출납담당과장 A가 Y에 대한 채무를 변제하기 위해 자신이 관리 중인 X의 예금계좌에서 Y의 예금계좌로 직접 계좌이체하는 방식으로 송금하였고, 이에 X가 Y에게 송금액 상당의 금원을 부당이득으로서 반환청구한 사안'에서, Y에게 중과실이 없다고 하여 X의 청구를 기각한 사례.

92) 경리업무 담당자가 회사자금의 횡령사실을 은폐할 목적으로 권한 없이 Y 회사 명의로 X 은행과 대출계약을 체결하여 그 대출금을 편취한 후 이를 Y 또는 그 채권자인 거래처의 예금계좌에 송금하여 횡령금 상당액을 변제한 사안에서, 위 송금 당시 이러한 사정에 대하여 Y의 악의 또는 중과실이 없는 한 Y가 금전취득 또는 채무소멸의 이익을 얻은 것은 편취행위의 피해자인 X에 대한 관계에서 법률상 원인이 있다고 한 사례.

93) A가 지방세무공무원으로 재직하던 중 아무런 과오납 환부사유가 없는 사망자나 관외거주자 등에게 과오납 환부사유가 있는 것처럼 서류를 작성하여 친정아버지인 B를 포함한 가족들 또는 지인들 명의의 계좌로 과오납금을 송금하는 방법으로 수차례 횡령을 하였는데, B가 자신에게 송금된 돈 중 A에게 다시 계좌이체를 해 주고 남은 돈 및 횡령금의 일부로서 A에게서 별도로 교부받은 돈을 집 수리비용과 차량 구입비용으로 사용한 사안에서, A가 횡령금 중 일부를 B에게 송금하거나 교부함으로써 증여하였다고 볼 수 있으므로, B가 위 돈을 송금받거나 교부받을 당시 그것이 횡령한 것이라는 점에 대하여 악의 또는 중대한 과실이 있었는지에 관하여 심리한 다음 부당이득 성립 여부를 판단했어야 한다고 한 사례.

2) 착오송금과 부당이득

㉮ 예금거래기본약관에 따라 송금의뢰인(X)이 수취인(Y)의 예금계좌에 자금이체를 하여 예금원장에 입금의 기록이 된 때에 Y와 수취은행 사이에 위 입금액 상당의 예금계약이 성립하고 Y가 수취은행에 대하여 위 입금액 상당의 예금채권을 취득하는데(대판 2002.12.26. 2002다54479), 특별한 사정이 없는 한 X와 Y 사이에 자금이체의 원인인 법률관계가 존재하는지 여부를 따지지 않는다(대판 2007.11.29. 2007다51239): 원인관계 불요설.

㉯ X와 Y 사이에 계좌이체의 원인이 되는 법률관계가 존재하지 않음에도 불구하고 X의 계좌이체에 의하여 Y가 계좌이체 금액 상당의 예금채권을 취득한 경우에, X는 Y에 대하여 위 금액 상당의 부당이득반환청구권을 가지지만, 수취은행은 이익을 얻은 것이 없으므로 수취은행에 대해서는 부당이득반환청구를 할 수 없다(앞의 2007다51239 판결).

㉰ 수취은행은 Y에 대한 별도의 채권을 자동채권으로 하여 위 예금채권과 상계할 수 있지만,[94] 권리남용에 해당할 수 있다. 즉 대판 2010.5.27. 2007다66088: "송금의뢰인이 착오송금임을 이유로 거래은행을 통하여 혹은 수취은행에 직접 송금액의 반환을 요청하고 수취인도 송금의뢰인의 착오송금에 의하여 수취인의 계좌에 금원이 입금된 사실을 인정하고 수취은행에 그 반환을 승낙하고 있는 경우, 수취은행이 수취인에 대한 대출채권 등을 자동채권으로 하여 수취인의 계좌에 착오로 입금된 금원 상당의 예금채권과 상계하는 것은, 수취은행이 선의인 상태에서 수취인의 예금채권을 담보로 대출을 하여 그 자동채권을 취득한 것이라거나 그 예금채권이 이미 제3자에 의하여 압류되었다는 등의 특별한 사정이 없는 한, 공공성을 지닌 자금이체시스템의 운영자가 그 이용자인 송금의뢰인의 실수를 기화로 그의 희생 하에 당초 기대하지 않았던 채권회수의 이익을 취하는 행위로서 상계제도의 목적이나 기능을 일탈하고 법적으로 보호받을 만한 가치가 없으므로, 송금의뢰

94) 대판 2022.6.30. 2016다237974: 종합통장자동대출에서 "약정계좌의 잔고가 마이너스로 유지되는 상태, 즉 대출채무가 있는 상태에서 약정계좌로 자금이 이체되면, 그 금원에 대해 수취인의 예금채권이 성립됨과 동시에 수취인과 수취은행 사이의 대출약정에 따라 수취은행의 대출채권과 상계가 이루어지게 된다. 그 결과 수취인은 대출채무가 감소하는 이익을 얻게 되므로, 설령 송금의뢰인과 수취인 사이에 자금이체의 원인인 법률관계가 없더라도, 송금의뢰인은 수취인에 대하여 이체금액 상당의 부당이득반환청구권을 가지게 될 뿐이고, 수취인과의 적법한 대출거래약정에 따라 대출채권의 만족을 얻은 수취은행에 대하여는 부당이득반환청구권을 취득한다고 할 수 없다."

인에 대한 관계에서 신의칙에 반하거나 상계에 관한 권리를 남용하는 것"이다.

한편 수취인의 채권자는 예금채권을 압류할 수 있고(대판 2006.3.24. 2005다59673),[95] 이에 대하여 송금의뢰인은 제3자이의의 소를 제기할 수 없다(대판 2009. 12.10. 2009다69746).

㉣ 참고로 지급지시나 출금동의에 관한 은행의 착오에 의한 자금이체의 경우에, 수취인에 대한 은행의 부당이득반환청구권이 성립하고 입금기장 정정이 허용된다는 점(대판 2012.10.25. 2010다47117)에서 송금의뢰인의 착오송금과 다르다.

3) 경매에서의 배당과 부당이득

㉮ 대판 2007.3.29. 2006다49130: "확정된 배당표에 의하여 배당을 실시하는 것은 실체법상의 권리를 확정하는 것이 아니므로, 배당을 받아야 할 채권자가 배당을 받지 못하고 배당을 받지 못할 자가 배당을 받은 경우에는 배당을 받지 못한 채권자로서는 배당에 관하여 이의를 한 여부에 관계없이 배당을 받지 못할 자이면서도 배당을 받았던 자를 상대로 부당이득반환청구권을 갖는다 할 것이고, 배당을 받지 못한 그 채권자가 일반채권자라고 하여 달리 볼 것은 아니다."

그리고 대판 2000.10.10. 99다53230은, 배당절차에서 권리 없는 이가 배당받은 경우에 그 배당이 잘못되지 않았더라면 배당을 받을 수 있었던 사람이 손실자이고, 다음 순위의 배당을 받을 수 있는 사람이 있는 경우에도 채무자에게 귀속된다고 할 수는 없다고 하였다.

㉯ 우선변제권자가 배당받지 못한 경우에 관하여 대판(전) 2019.7.18. 2014다206983의 다수의견: "대법원은 배당받을 권리 있는 채권자가 자신이 배당받을 몫을 받지 못하고 그로 인해 권리 없는 다른 채권자가 그 몫을 배당받은 경우에는 배당이의 여부 또는 배당표의 확정 여부와 관계없이 배당받을 수 있었던 채권자가 배당금을 수령한 다른 채권자를 상대로 부당이득반환청구를 할 수 있다는 입장을 취해 왔다. 이러한 법리의 주된 근거는 배당절차에 참가한 채권자가 배당이의 등을 하지 않아 배당절차가 종료되었더라도 그의 몫을 배당받은 다른 채권자에게 그 이득을 보유할 정당한 권원이 없는 이상 잘못된 배당의 결과를 바로잡을 수 있도록

95) 참고로 대판 2022.7.14. 2020다212958: "수취인의 계좌에 착오로 입금된 금원 상당의 예금채권이 이미 제3자에 의하여 압류되었다는 특별한 사정이 있어 수취은행이 수취인에 대한 대출채권 등을 자동채권으로 하여 수취인의 그 예금채권과 상계하는 것이 허용되더라도 이는 피압류채권액의 범위 내에서만 가능하고, 그 범위를 벗어나는 상계는 신의칙에 반하거나 권리를 남용하는 것으로서 허용되지 않는다."

하는 것이 실체법 질서에 부합한다는 데에 있다. 나아가 위와 같은 부당이득반환청구를 허용해야 할 현실적 필요성(배당이의의 소의 한계나 채권자취소소송의 가액반환에 따른 문제점 보완), 현행 민사집행법에 따른 배당절차의 제도상 또는 실무상 한계로 인한 문제, 민사집행법 제155조의 내용과 취지, 입법연혁 등에 비추어 보더라도, 종래 대법원 판례는 법리적으로나 실무적으로 타당하므로 유지되어야 한다."

그런데 민법·상법 기타 법률에 의하여 우선변제청구권이 있는 채권자 등 「배당요구채권자」는 배당요구의 종기까지 배당요구를 한 경우에 한하여 배당을 받을 수 있으며, 적법한 배당요구를 하지 않은 경우에 실체법상 우선변제청구권이 있는 채권자라도 매각대금으로부터 배당을 받을 수 없어서(대판 2005.8.25. 2005다14595), 배당받은 후순위권리자에 대하여 부당이득반환을 청구하지 못한다. 구체적인 예로 주택임차권에 관한 〈6-2-8〉 참조.

㉰ 근저당권자가 경매신청서에 피담보채권 중 일부만 청구금액으로 기재하여 담보권의 실행을 위한 경매를 신청한 후 청구금액을 확장한 채권계산서를 제출하였을 뿐 달리 경락기일까지 이중경매를 신청하는 등 필요한 조치를 취하지 아니한 채 그대로 경매절차를 진행시켜 경매신청서에 기재된 청구금액을 기초로 배당표가 작성·확정되고 그에 따라 배당이 실시되었다면, 신청채권자가 청구하지 아니한 부분의 해당 금원이 후순위채권자들에게 배당되었다 하여 이를 법률상 원인이 없는 것이라고 볼 수는 없다(대판 1997.2.28. 96다495).[96]

㉱ 대결 2013.4.26. 2009마1932: "배당절차에서 작성된 배당표가 잘못되어 배당을 받아야 할 채권자가 배당을 받지 못하고 배당을 받을 수 없는 사람이 배당받는 것으로 되어 있을 경우, 배당금이 실제 지급되었다면 배당금 상당의 금전지급을 구하는 부당이득반환청구를 할 수 있지만 아직 배당금이 지급되지 아니한 때에는 배당금지급청구권의 양도에 의한 부당이득의 반환을 구하여야지 그 채권 가액에 해당하는 금전의 지급을 구할 수는 없고, 그 경우 집행의 보전은 가압류에 의할 것이 아니라 배당금지급금지가처분의 방법으로 하여야 한다."

4) 과세처분이 부존재하거나 당연무효라면 이 과세처분에 의하여 납세의무자가 납부하거나 징수당한 오납금은 국가가 법률상 원인 없이 취득한 부당이득에 해당하고, 이러한 오납금에 대한 납세의무자의 부당이득반환청구권은 처음부터 법률상

96) 배당요구채권의 경우에도 채권자가 채권의 일부금액만을 배당요구하였다면 배당요구의 종기 이후에는 배당요구하지 않은 채권을 추가하거나 확장할 수 없다(대판 2012.5.10. 2011다44160).

원인 없이 납부 또는 징수된 것이므로 납부 또는 징수시에 발생하여 확정된다(대판(전) 1992.3.31. 91다32053).

4. 부당이득의 효과

(1) 부당이득이 성립하면 수익자는 자기가 얻은 이익을 손실자에게 반환할 의무를 진다(제741조).

① 여기서 「이익」이 무엇을 의미하는지에 관하여 견해가 갈리는데, 판례는 차액설을 따른다(대판 1995.5.12. 94다25551 등).

② 부당이득의 반환에서 원물반환이 기본값이지만, 수익자가 그 받은 목적물을 원상태로 반환할 수 없다면 그 가액, 즉 객관적 시가를 반환해야 한다. 악의무상전득자의 반환의무에 관한 제747조 제2항도 참조.

③ 반환되어야 할 원물과 수익자의 노력·재능이 결합하여 발생한 초과이득(超過利得)이 반환범위에 포함되는지에 관하여 논란이 있는데, 판례는 이를 부정하여, 수익자가 취득한 대상으로 인하여 취득한 것 전부가 아니라 부당이득한 재산의 「통상의 가치」를 반환하면 족하다는 입장이다.

〈7-5-7〉 부당이득의 효과 일반에 관한 판례

1) 대판 2009.12.24. 2009다32324: "유치권자가 유치물에 관하여 제3자와의 사이에 전세계약을 체결하여 전세금을 수령하였다면 전세금이 종국에는 전세입자에게 반환되어야 할 것임에 비추어 다른 특별한 사정이 없는 한 그가 얻은 구체적 이익은 그가 전세금으로 수령한 금전의 이용가능성이고, 그가 이와 같이 구체적으로 얻은 이익과 관계없이 추상적으로 산정된 차임 상당액을 부당이득으로 반환하여야 한다고 할 수 없다. 그리고 이러한 이용가능성은 그 자체 현물로 반환될 수 없는 성질의 것이므로 그 '가액'을 산정하여 반환을 명하여야 하는바, 그 가액은 결국 전세금에 대한 법정이자 상당액"이다.

2) 부당이득반환청구권은 기한의 정함이 없는 채권이므로, 반환의무자는 이행청

구를 받은 다음날부터 지체책임을 진다(대판 2008.2.1. 2007다8914). 다만 쌍무계약에 기한 급부의 반환청구에서 반환의무 사이에 동시이행관계가 인정되므로(대판 1995.9.15. 94다55071), 변제 또는 그 제공이 있을 때까지 지체책임이 성립하지 않는다.

참고로 대판(전) 2018.7.19. 2017다242409: "조세환급금은 조세채무가 처음부터 존재하지 않거나 그 후 소멸하였음에도 불구하고 국가가 법률상 원인 없이 수령하거나 보유하고 있는 부당이득에 해당하고, 환급가산금은 그 부당이득에 대한 법정이자로서의 성질을 가진다. 부당이득반환의무는 일반적으로 기한의 정함이 없는 채무로서, 수익자는 이행청구를 받은 다음날부터 이행지체로 인한 지연손해금을 배상할 책임이 있다. 그러므로 납세자가 조세환급금에 대하여 이행청구를 한 이후에는 법정이자의 성질을 가지는 환급가산금청구권 및 이행지체로 인한 지연손해금청구권이 경합적으로 발생하고, 납세자는 자신의 선택에 좇아 그중 하나의 청구권을 행사할 수 있다."

3) 부당이득반환의무의 이행방법

㉮ 부당한 채권양도가 통지나 승낙 등의 대항요건을 갖춘 경우에, 취소·해제 등의 사실을 통지하지 않으면 대항할 수 없으므로, 양수인에게 이러한 통지를 할 것을 부당이득반환의무의 이행으로 구할 수 있다(대판 1995.12.5. 95다22061).

㉯ 집행권원에 기한 강제집행의 일환으로 채권압류 및 전부명령이 확정된 후 그 집행권원상의 집행채권이 소멸한 것으로 판명된 경우에, 그 소멸한 부분에 관해서는 집행채권자가 집행채무자에 대한 관계에서 부당이득을 한 셈이므로, 집행채권자는 그가 위 전부명령에 따라 전부받은 채권 중 실제로 추심한 금전부분에 관해서는 그 상당액을, 추심하지 않은 부분에 관해서는 그 채권 자체를 집행채무자에게 양도하는 방법으로 반환해야 한다(대판 2010.12.23. 2009다37725).

㉰ 현재의 부당이득뿐만 아니라 장래의 부당이득도 ― 그 이행기에 지급을 기대할 수 없어 미리 청구할 필요가 있으면 ― 미리 청구할 수 있다(대판(전) 1975.4.22. 74다1184).

㉱ 무효인 계약의 당사자들이 민법상의 부당이득반환과 다른 약정을 한 경우에 그에 따라야 한다(대판 1996.11.22. 96다31703).

4) 가액반환시 가액은 원물반환이 성질상 처음부터 불가능하다면 부당이득 성립시를, 사후적으로 가액반환청구권으로 변경된 경우에는 변경된 때, 즉 반환불능으로 된 시점을 기준으로 산정한다(대판 1981.8.11. 80다2885·2886).

그리고 대판 2011.6.10. 2010다40239: "수익자가 법률상 원인 없이 이득한 재산을 처분함으로 인하여 원물반환이 불가능한 경우에 반환하여야 할 가액을 산정할 때에는 법률상 원인 없는 이득을 얻기 위하여 지출한 비용은 수익자가 반환하여야 할 이득의 범위에서 공제되어야 할 것이나, 타인 소유의 부동산을 처분하여 매각대금을 수령한 경우, 수익자는 그러한 처분행위가 없었다면 부동산 자체를 반환하였어야 할 지위에 있던 사람이므로 자신의 처분행위로 인하여 발생한 양도소득세 기타 비용은 수익자가 이익취득과 관련하여 지출한 비용에 해당한다고 할 수 없어 이를 반환하여야 할 이득에서 공제할 것은 아니다."

5) 「초과이득」이 발생한 경우

이에 관한 선도적 판결로 대판 1995.5.12. 94다25551: "일반적으로 수익자가 법률상 원인 없이 이득한 재산을 처분함으로 인하여 원물반환이 불가능한 경우에 있어서 반환하여야 할 가액은 특별한 사정이 없는 한 그 처분 당시의 대가이나, 이 경우에 수익자가 그 법률상 원인 없는 이득을 얻기 위하여 지출한 비용은 수익자가 반환하여야 할 이득의 범위에서 공제되어야 하고, 수익자가 자신의 노력 등으로 부당이득한 재산을 이용하여 남긴 이른바 운용이익도 그것이 사회통념상 수익자의 행위가 개입되지 아니하였더라도 부당이득된 재산으로부터 손실자가 당연히 취득하였으리라고 생각되는 범위 내의 것이 아닌 한 수익자가 반환하여야 할 이득의 범위에서 공제되어야 한다."

다만 이득자의 노력과 재능이 더해지지 않은 경우의 초과이득까지 수익자의 몫이라고 할 수는 없다.[97)]

6) 그 밖에 장래의 부당이득금의 계속적·반복적 지급을 명하는 판결의 주문에 사용하는 '원고의 소유권 상실일까지'라는 기재가 이행판결의 주문표시로서 바람직하지 않다는 대판 2019.2.14. 2015다244432도 참조.

---

97) 대판 2008.1.18. 2005다34711: "금전을 정기예금에 예치함에는 예치자의 특별한 노력이나 비용, 수완 등을 필요로 하지 않고, 실제로 피고 역시 별다른 노력이나 비용 등을 들이지 않고 이 사건 매매대금을 정기예금에 예치하여 그 이자를 수령하였으며, 또한 이 사건 매매대금이 정기예금에 예치되어 있던 기간의 대부분은 외환위기 직후인 1997. 말부터 2002. 2.까지로서 예금의 이율이 역사상 이례적으로 높던 시기이므로 일반인의 경우 여유자금이 있다면 통상 은행에 예금할 가능성이 상당히 높다고 할 것이고, 위 매매대금과 같은 거액의 금전을 장기간 예금하는 경우에는 보통예금보다는 정기예금에 예치하는 것이 일반적이라고 볼 수 있으므로 사정이 이와 같다면 다른 특별한 사정이 없는 한, 위 정기예금이자 상당액은 사회통념상 피고의 행위가 개입되지 아니하였더라도 위 매매대금으로부터 원고가 통상 취득하였으리라고 생각되는 범위 내의 이익으로 볼 수 있어, 피고가 반환해야 할 이득의 범위에 포함되는 것으로 보아야 한다."

(2) 선의수익자는 "그 받은 이익이 현존한 한도에서" 반환의무를 부담한다(제748조 제1항).

① 수익자가 선의인지 아니면 악의인지는 법률상 원인 없는 이득임을 알았는지 여부에 따라 결정되며, 과실 유무는 따지지 않는다.

② 「현존이익」으로 반환범위를 제한하는 것은 법률상 원인 없는 이득을 유효하다고 믿은 수익자의 신뢰를 보호하기 위해서이다.

〈7-5-8〉 선의수익자의 반환범위에 관한 판례

㉮ 매매계약이 매도인의 기망을 이유로 취소되었더라도 그 사유를 들어 매수인의 수익자로서의 악의성을 부정할 수 없으며 또 매수인의 가액반환의무가 매도인의 매매대금반환채무와 동시이행관계에 있다 하여 달리 볼 것도 아니다(대판 1993.2.26. 92다48635·48642).

㉯ 부동산을 점유·사용함으로써 얻은 이익은 특별한 사정이 없는 한 임료 상당액이므로, 매수인이 부동산을 인도받아 그 용도대로 사용하였다면 매수인은 임료 상당의 이익을 받았다 할 것이고, 그 부동산을 사용하여 영위한 영업이 전체적으로 적자였더라도 사용으로 인한 이익 자체를 부정할 수는 없다(대판 1997.12.9. 96다47568).

㉰ 증명책임에 관하여 본다.

㉠ 수익자의 악의에 대해서는 이를 주장하는 손실자가 증명책임을 진다(대판 2010.1.28. 2009다24187·24194).

㉡ 판례는, 부당이득한 것이 금전이라면 이를 취득한 이가 소비하였는지 여부를 불문하고 이익이 현존하는 것으로 추정한다(대판 1996.12.10. 96다32881; 대판 2009.5.28. 2007다20440·20457).[98]

98) 한편 급부받은 것이 금전이 아닌 경우에 수익자가 현존이익 없음을 증명해야 한다는 입장(대판 1970.10.30. 70다1390·1391)과 반환청구권자가 이익현존사실에 대한 증명책임을 진다는 입장(대판 1970.2.10. 69다2171)으로 나뉘는데, 앞의 판례는 무효인 임대차계약에 기하여 차임으로 벼를 받은 사안에 관한 것으로 금전에 준하여 판단한 것으로 짐작된다.

(3) 악의수익자의 반환범위를 본다(제748조 제2항).

① 수익자의 보호가치가 부정되므로, 손실자를 부당이득의 원인사실이 없었으면 있었을 상태에 놓이게 해야 한다.

② 수익자의 악의인정에 관한 제749조는 수익자가 악의로 되는 시점, 즉 선의수익자의 반환의무의 한계로서 현존이익의 유무를 판정하는 기준시에 관한 규정이다.

〈7-5-9〉 악의수익자의 반환범위에 관한 판례

㉮ 악의수익자란 자신의 이익보유가 법률상 원인 없는 것임을 인식하면서 이득한 이를 말하는데, 그 이익의 보유를 법률상 원인이 없는 것이 되도록 하는 사정, 즉 부당이득반환의무의 발생요건에 해당하는 사실이 있음을 인식하는 것만으로는 부족하다(대판 2010.1.28. 2009다24187·24194).[99]

㉯ 제748조 제2항의 이자와 관련하여 대판 2003.11.14. 2001다61869는, 타인의 소유물을 무단으로 사용·수익한 경우에 당해 침해행위가 없었더라면 손실자가 임료 상당액으로부터 통상 얻었을 법정이자 상당액을 말하는 것으로, 악의의 수익자는 위 「이자의 이행지체로 인한 지연손해금」도 지급해야 한다고 했는데,[100] 검토를 요한다.

그리고 대판 2017.3.9. 2016다47478은, 매매계약이 무효인 경우에 매도인이 악의라면 그는 특별한 사정이 없는 한 반환할 매매대금에 대하여 연 5%의 민사법정이율에 의한 이자를 붙여 반환해야 하는데, 이러한 법정이자의 부가는 — 반환의무의 지체로 인한 손해배상이 아니라 — 부당이득반환의 성질을 가지므로 매도인의

99) 계약명의신탁에서 명의수탁자가 수령한 매수자금이 명의신탁약정에 기하여 지급되었다는 사실을 알았더라도 그 약정이 부동산실명법 제4조 제1항에 의하여 무효임을 알았다는 등의 사정이 부가되지 않는 한 명의수탁자가 그 금전의 보유에 관하여 법률상 원인 없음을 알았다고 쉽사리 말할 수 없다고 한 사례.

100) 한국전력공사가 권원 없이 타인 소유 토지의 상공에 송전선을 설치함으로써 토지를 사용·수익한 경우에, 구분지상권에 상응하는 임료 상당의 부당이득금에 대하여 점유일 이후의 법정이자 및 그 이자에 대한 지연손해금을 인정한 사례.

이 판결의 입장은, 그 물건의 임료 상당액이 「받은 이익」이고, 이 이득에 대하여 부당이득으로서 「이자」가 부가되며, 그에 대한 이행지체가 성립하면 받은 이익과 이자에 대한 지연이자를 배상해야 한다고 정리될 수 있다.

매매대금 반환의무와 매수인의 소유권이전등기 말소등기절차 이행의무가 동시이행의 관계에 있는지 여부와 관계가 없다고 하였다.

㉰ 악의를 의제하는 제749조 제2항과 관련하여,

㉠ 악의로 의제되는 시점은, 선의수익자의 신뢰를 보호하고자 하는 제748조 제1항의 취지에 비추어, 법문과 달리 소송계속시, 즉 소장 부본이 수익자에게 송달된 때라고 해야 한다, 판례는 법문대로 소 제기시를 기준으로 삼던 종래의 입장[101]과 달리 대판 2014.2.13. 2012다119481[102] 등은 소장 부본이 피고에게 송달된 때라고 한다.[103]

㉡ (제197조 제2항 및) 제749조 제2항의 '패소한 때'란 점유자 또는 수익자가 종국판결에 의하여 패소 확정되는 것을 뜻하지만, 이는 악의의 점유자 또는 수익자로 보는 효과가 그때 발생한다는 것뿐이고 점유자 등의 패소판결이 확정되기 전에는 이를 전제로 하는 청구를 하지 못한다는 의미가 아니다. 그러므로 소유자가 점유자 등을 상대로 물건의 반환과 아울러 권원 없는 사용으로 얻은 이익의 반환을 청구하면서 물건의 반환청구가 인용될 것을 전제로 하여 그에 관한 소송이 계속된 때 이후의 기간에 대한 사용이익의 반환을 청구하는 것은 허용된다(대판 2016.7.29. 2016다220044).

5. 부당이득 반환의 제한

(1) 비채변제(非債辨濟)를 본다.

① 변제 당시 채무 없음을 알고 있었던 악의의 비채변제(제742조)와 도의관념에 적합한 비채변제(제744조)의 경우에 반환청구가 금지되고, 착오변제의 경우에도 채권자의 신뢰보호를 위하여 일정한 경우에 반환청구가 제한된다(제745조).

② 법은 기한 전의 변제에 대해서도 반환청구를 할 수 없다고 규정하는데(제743조), 그 실질은 비채변제가 아니라 기한이익의 포기에 지나지 않는다.

---

101) 부당이득반환청구소송에서 패소한 선의의 수익자는 소 제기일 이전에는 부당이득에 대한 법정이자를 반환할 의무가 없다고 한 대판 2008.6.26. 2008다19966 참조.

102) 법원 외부에서 접근할 수 없는 판결인데, 이러한 중요한 의미를 가지는 판결을 왜 숨기는지 그리고 언제까지 숨길 수 있다고 보는지 도저히 이해할 수 없다.

103) 제197조 제2항에 관한 (〈8-2-3〉에 소개된) 대판 2016.12.29. 2016다242273도 참조.

〈7-5-10〉 비채변제에 관한 판례

㉮ 반환청구가 금지되는 것은 변제자의 임의의 급부행위에 한한다. 즉 변제를 강요당한 경우나 변제거절로 인한 사실상의 손해를 피하기 위하여 부득이 변제한 경우 등 변제가 변제자의 자유로운 의사에 반하여 이루어진 것으로 볼 수 있는 사정이 있는 때에는 변제자가 반환청구권을 상실하지 않는다(대판 2006.7.28. 2004다54633; 대판 1997.7.25. 97다5541).104)

㉯ 악의의 비채변제에서 변제자의 악의에 대한 증명책임은 반환청구권을 부인하는 변제수령자가 지며(대판 1962.6.28. 61다1453), 채무 없음을 알지 못했다면 그 이유나 그에 대한 과실 유무는 문제되지 않는다(대판 1998.11.13. 97다58453).

㉰ 대판 2013.11.14. 2012다78702는, A가 B의 C 은행에 대한 대출원리금을 대위변제하자 C가 이에 관한 근저당권설정등기를 말소한 사안에서, 채권자 C로서는 A의 변제가 B의 의사에 반한다는 것을 과실 없이 알지 못하고(제469조 제2항 참조), 그 채무의 담보인 근저당권을 말소함으로써 채무자 B를 상대로 한 채권 보전이나 행사가 어렵게 되었다는 이유로, 제745조 제1항을 유추하여 A가 C에 대하여 위 대위변제금의 반환을 청구할 수 없다고 하였다.

㉱ 참고로 대판 2014.8.20. 2012다54478: "경과실이 있는 공무원이 피해자에 대하여 손해배상책임을 부담하지 아니함에도 피해자에게 손해를 배상하였다면 그것은 채무자 아닌 사람이 타인의 채무를 변제한 경우에 해당하고, 이는 민법 제469조의 '제3자의 변제' 또는 민법 제744조의 '도의관념에 적합한 비채변제'에 해당하여 피해자는 공무원에 대하여 이를 반환할 의무가 없고, 그에 따라 피해자의 국가에 대한 손해배상청구권이 소멸하여 국가는 자신의 출연 없이 채무를 면하게 되므로, 피해자에게 손해를 직접 배상한 경과실이 있는 공무원은 특별한 사정이 없는 한 국가에 대하여 국가의 피해자에 대한 손해배상책임의 범위 내에서 공무원이 변제한 금액에 관하여 구상권을 취득한다고 봄이 타당하다."105)

104) 가령 대판 1966.7.19. 66다906은, 가집행선고부 판결에 의한 강제집행절차 진행 중에 피고가 강제집행을 당할 형편에 있어 부득이 지급한 것이라면, 이를 임의변제라고 볼 수 없고 이로 인한 지급물은 가집행선고로 인한 지급물이라고 보았다.

105) 공중보건의 A의 치료를 받던 B가 사망하자 B의 유족들이 A 등을 상대로 손해배상청구의 소를 제기하였고, A의 의료과실이 인정된다는 이유로 A 등의 손해배상책임을 인정한 판결이 확정되어 A가 B의 유족들에게 판결금채무를 지급한 사안에서, A가 국가에 대하여 변제금액에 관하여 구상권을 취득한다고 한 사례.

(2) 불법원인급여에 관하여 본다.

① "제746조가 불법의 원인으로 인하여 재산을 급여하거나 노무를 제공한 때에 그 이익의 반환을 청구하지 못하도록 규정한 것은, 그에 대한 법적 보호를 거절함으로써 소극적으로 법적 정의를 유지하려고 하는 취지"에 기한 것이다(대판 1994. 12.22. 93다55234).

② 부당한 재산귀속상태를 시정하려는 제746조 단서의 취지를 관철하기 위하여, 수익자의 불법성과 급여자의 그것을 비교하는 이른바 불법비교설(不法比較說)이 등장한다.

〈7-5-11〉 불법원인급여에 관한 판례

1) 대판 1994.12.22. 93다55234: 제746조의 "이익에는 사실상의 이익도 포함되나, 그 이익은 재산상 가치가 있는 종국적인 것이어야 하고, 그것이 종속적인 것에 불과하여 수령자가 그 이익을 향수하려면 경매신청을 하는 것과 같이 별도의 조치를 취하여야 하는 것은 이에 해당하지 않는다."[106]

2) 요건으로서 "불법"의 의미

㉮ 대판 2001.5.29. 2001다1782: "제746조가 규정하는 불법원인이라 함은 그 원인되는 행위가 선량한 풍속 기타 사회질서에 위반하는 경우를 말하는 것으로서 법률의 금지에 위반하는 경우라 할지라도 그것이 선량한 풍속 기타 사회질서에 위반하지 않는 경우에는 이에 해당하지 않는다."

㉯ 대판 2017.3.15. 2013다79887·79894: 제746조 소정의 "'불법'이 있다고 하려면, 급부의 원인이 된 행위가 그 내용이나 성격 또는 목적이나 연유 등으로 볼 때 선량한 풍속 기타 사회질서에 위반될 뿐 아니라 반사회성·반윤리성·반도덕성이 현저하거나, 급부가 강행법규를 위반하여 이루어졌지만 이를 반환하게 하는 것이 오히려 규범목적에 부합하지 아니하는 경우 등에 해당하여야 한다."[107]

106) 도박자금을 제공함에 따른 채권의 담보로 부동산(甲)에 관하여 근저당권설정등기가 경료되었을 뿐이라면 이러한 근저당권설정등기로 근저당권자가 받을 이익은 소유권이전과 같은 종국적인 것이 되지 못하고, 따라서 甲의 소유자는 그 말소를 청구할 수 있다고 한 사례.

107) 나아가 "농지임대차가 구 농지법에 위반되어 계약의 효력을 인정받을 수 없다고 하더라도, 임대목적이 농지로 보전되기 어려운 용도에 제공하기 위한 것으로서 농지로서의 기능을 상실하게 하는 경우라거나 임대인이 자경할 의사가 전혀 없이 오로지 투기의 대상으로 취득한 농지를 투하자본 회수의 일환으로 임대하는 경우 등 사회통념으로 볼 때 헌법 제121조 제2

㉰ 대판 2013.6.14. 2011다65174: "성매매알선 등 행위의 처벌에 관한 법률 제10조는 성매매알선 등 행위를 한 사람 또는 성을 파는 행위를 할 사람을 고용한 사람이 그 행위와 관련하여 성을 파는 행위를 하였거나 할 사람에게 가지는 채권은 그 계약의 형식이나 명목에 관계없이 무효로 한다고 규정하고 있고, 부당이득의 반환청구가 금지되는 사유로 민법 제746조가 규정하는 불법원인급여는 그 원인이 되는 행위가 선량한 풍속 기타 사회질서에 반하는 경우를 말하는바, 윤락행위 및 그것을 유인·강요하는 행위는 선량한 풍속 기타 사회질서에 반하므로, 윤락행위를 할 사람을 고용하면서 성매매의 유인·권유·강요의 수단으로 이용되는 선불금 등 명목으로 제공한 금품이나 그 밖의 재산상 이익 등은 불법원인급여에 해당하여 그 반환을 청구할 수 없고, 나아가 성매매의 직접적 대가로서 제공한 경제적 이익뿐만 아니라 성매매를 전제하고 지급하였거나 성매매와 관련성이 있는 경제적 이익이면 모두 불법원인급여에 해당하여 반환을 청구할 수 없다."

반면 대판 2003.11.27. 2003다41722는, 부동산실명법이 비록 부동산등기제도를 악용한 투기·탈세·탈법행위 등 반사회적 행위를 방지하는 것 등을 목적으로 제정되었더라도, 무효인 명의신탁약정에 기하여 타인 명의의 등기가 마쳐졌다는 이유만으로 그것이 당연히 불법원인급여에 해당한다고 볼 수 없다고 하였고, 대판(전) 2019.6.20. 2013다218156도 이러한 입장을 유지하였다(〈8-5-19〉 참조).

3) 불법비교설

이에 관한 선도적 판결로 대판 1993.12.10. 93다12947: "어느 급여가 불법원인급여에 해당되고 급여자에게 불법원인이 있는 경우에는 수익자에게 불법원인이 있는지의 여부나 그 수익자의 불법원인의 정도 내지 불법성이 급여자의 그것보다 큰지의 여부를 막론하고 급여자는 그 불법원인급여의 반환을 청구할 수 없는 것이 원칙이라 할 것이다. 그러나 수익자의 불법성이 급여자의 그것보다 현저히 크고, 그에 비하면 급여자의 불법성은 미약한 경우에도 급여자의 반환청구를 허용하지 않는다고 하는 것은 공평에 반하고 신의성실의 원칙에도 어긋난다고 할 것이므로, 이러한 경우에는 민법 제746조 본문의 적용이 배제되어 급여자의 반환청구는 허용된다고

항이 농지임대의 정당한 목적으로 규정한 농업생산성의 제고 및 농지의 합리적 이용과 전혀 관련성이 없고 구 농지법의 이념에 정면으로 배치되어 반사회성이 현저하다고 볼 수 있는 특별한 사정이 있는 경우가 아니라면, 농지임대인이 임대차기간 동안 임차인의 권원 없는 점용을 이유로 손해배상을 청구한 데 대하여 임차인이 불법원인급여의 법리를 이유로 반환을 거부할 수는 없다."

해석함이 상당"하다.[108]

이미 지급된 제한초과이자의 반환청구를 불법비교설에 기하여 긍정한 예로 대판(전) 2007.2.15. 2004다50426에 관하여 〈6-3-3〉 참조.

4) 효 과

㉮ 부동산의 이중매매에서 제1매수인이 양도인을 대위하여 제2매수인에게 경료된 등기의 말소를 구할 수 있음에 관하여 〈2-2-12〉 참조.

㉯ 대판 2010.5.27. 2009다12580: "불법원인급여 후 급부를 이행받은 자가 급부의 원인행위와 별도의 약정으로 급부 그 자체 또는 그에 갈음한 대가물의 반환을 특약하는 것은 불법원인급여를 한 자가 그 부당이득의 반환을 청구하는 경우와는 달리 그 반환약정 자체가 사회질서에 반하여 무효가 되지 않는 한 유효하다. [⋯] 한편 반환약정이 사회질서에 반하여 무효라는 점은 수익자가 이를 입증하여야 한다."[109]

한편 불법의 원인으로 인하여 금원을 급여한 이가, 금원의 교부가 송금위탁계약에 기한 것으로 이의 해제를 전제로 반환을 구하는 것도 허용되지 않는다고 한 대판 1992.12.11. 92다33169도 참조.

㉰ 대판(전) 1979.11.13. 79다483: "민법 746조는 단지 부당이득제도만을 제한하는 것이 아니라 민법 103조와 함께 사법의 기본이념으로서, 결국 사회적 타당성이 없는 행위를 한 사람은 스스로 불법한 행위를 주장하여 형식 여하에 불구하고 그 복구를 소구할 수 없다는 이상을 표현한 것이므로, 급여를 한 사람은 그 원인행위가 법률상 무효라 하여 상대방에게 부당이득반환청구를 할 수 없음은 물론, 급여한 물건의 소유권이 여전히 자기에게 있다고 하여 소유권에 기한 반환청구도 할 수 없고, 따라서 급여한 물건의 소유권은 급여를 받은 상대방에게 귀속된다."

㉱ 대판 2013.8.22. 2013다35412: "불법의 원인으로 재산을 급여한 사람은 상대방수령자가 그 '불법의 원인'에 가공하였다고 하더라도 상대방에게만 불법의 원인이 있거나 그의 불법성이 급여자의 불법성보다 현저히 크다고 평가되는 등으로 제

---

108) 'X가 A 종중으로부터 甲 부동산을 매수하려다 실패 → 甲의 명의수탁자 Y에게 매도를 권유하여 매수한 후 이전등기 경료 → A의 제소로 이전등기 말소 → X가 Y에게 부당이득으로 매매대금의 반환청구'의 사안에서, Y가 甲을 매도한 것이 반사회적 행위로서 무효인 경우에, Y의 불법성이 X의 그것보다 크다고 하여 청구를 인용한 사례.

109) 'Y가 X로부터 정치자금 명목의 20억 원과 불법목적의 12억 원 수령 → 위 12억 원 중 10억 원 반환 → X의 요구에 따라 Y가 수령한 전액을 반환한다는 취지의 변제확약서 교부'의 사안에서, 20억 원 부분에 한하여 X의 반환청구가 인정될 수 있다는 취지의 판시를 한 사례.

반 사정에 비추어 급여자의 손해배상청구를 인정하지 아니하는 것이 오히려 사회상규에 명백히 반한다고 평가될 수 있는 특별한 사정이 없는 한 상대방의 불법행위를 이유로 그 재산의 급여로 말미암아 발생한 자신의 손해를 배상할 것을 주장할 수 없다고 할 것이다. 그와 같은 경우에 급여자의 위와 같은 손해배상청구를 인용한다면, 이는 급여자는 결국 자신이 행한 급부 자체 또는 그 경제적 동일물을 환수하는 것과 다름없는 결과가 되어, 민법 제746조에서 실정법적으로 구체화된 법이념에 반하게" 된다.

제 8 장
물권법

제 8 장
물권법

제 1 절 물권법 서론

1. 서 설

(1) 1개의 물건에 관하여 양립할 수 없는 수개의 물권이 성립할 수 없고(배타성), 물권자는 누구에 대해서도 자기의 권리를 주장할 수 있으며 누구의 침해로부터도 물권이 보호된다(절대권). 이러한 속성 때문에 잠재적 이해관계인이 물권의 현상(존재 및 내용)을 인식할 수 있도록 하기 위하여 공시(公示)가 요청된다.

(2) 공시의 요청 때문에 물권의 종류와 내용이 법정되어 있다(제185조): 「물권법정주의」.

〈8-1-1〉 배타적 사용·수익권의 채권적 포기의 법리에 관한 판례

㉮ 어느 사유지가 자연발생적으로 또는 도로예정지로 편입되어 사실상 일반 공중의 교통에 공용되는 도로로 사용되는 경우에, 토지소유자가 사후적으로 그 사용이득의 반환을 구함에 대하여, 판례는 대체로 「배타적 사용·수익권의 채권적 포기」[1]의 법리를 들어 청구를 배척하였다(대판 2017.6.19. 2017다211528·211535 등. 특히

1) 그 밖에 '사용·수익권의 포기', '배타적 사용·수익권의 포기', '독점적·배타적 사용·수익권의 포기', '무상으로 통행할 권한의 부여' 등으로 표현되기도 한다.

참고로 대판 2021.10.14. 2021다242154: "어떤 토지가 개설경위를 불문하고 일반 공중의 통행에 공용되는 도로, 즉 공로가 되면 그 부지의 소유권 행사는 제약을 받게 되며, 이는 소유자가 수인하여야만 하는 재산권의 사회적 제약에 해당한다."

〈7－5－3〉에 소개된 대판 2001.4.12. 2002다8493 참조).2)

㉯ 대판(전) 2019.1.24. 2016다264556은 이 법리의 유효범위를 밝혔는데, 다수의견을 정리하면 다음과 같다: ① 토지소유자의 독점적이고 배타적인 사용·수익권 행사의 제한 여부를 판단하기 위해서는 토지소유자의 소유권 보장과 공공의 이익을 비교형량해야 한다. ② 소유자(E)가 그 소유의 토지에 대한 독점적·배타적인 사용·수익권을 포기한 것으로 볼 수 있다면, 타인(D. 국가나 지방자치단체도 이에 해당할 수 있다)이 그 토지를 점유·사용하더라도 특별한 사정이 없는 한 E는 D를 상대로 부당이득반환을 청구할 수 없고, 토지의 인도 등을 구할 수도 없다. ③ 소유권의 핵심적 권능에 속하는 사용·수익권능의 대세적·영구적 포기는 물권법정주의에 반하여 허용할 수 없으므로, 일반 공중의 무상이용이라는 토지이용현황과 양립 또는 병존하기 어려운 E의 독점적이고 배타적인 사용·수익이 제한될 뿐이고, E는 일반 공중의 통행 등 이용을 방해하지 않는 범위 내에서는 그 토지를 처분하거나 사용·수익할 권능을 상실하지 않는다. ④ E의 독점적·배타적인 사용·수익권 행사가 제한되더라도 특별한 사정이 있다면 특정승계인(상속인 등 포괄승계인은 제외하고)의 독점적·배타적인 사용·수익권 행사가 허용될 수 있지만, E의 독점적·배타적인 사용·수익권의 행사가 제한되는 토지의 소유권을 경매, 매매, 대물변제 등에 의하여 특정승계한 자(U)는 특별한 사정이 없는 한 그와 같은 사용·수익의 제한이라는 부담이 있다는 사정을 용인하거나 적어도 그러한 사정이 있음을 알고서 그 토지의 소유권을 취득하였다고 볼 것이므로, U는 그 토지부분에 대하여 독점적·배타적인 사용·수익권을 행사할 수 없다. ⑤ E의 독점적·배타적인 사용·수익권의 행사가 제한되더라도, 그 후 토지이용상태에 중대한 변화가 생기는 등으로 독점적·배타적인 사용·수익권의 행사를 제한하는 기초가 된 객관적인 사정이 현저히 변경되고, E가 일반 공중의 사용을 위하여 그 토지를 제공할 당시 이러한 변화를 예견할 수 없었으며, 사용·수익권 행사가 계속하여 제한된다고 보는 것이 당사자의 이해에 중대한 불균형을 초래하는 경우에, E는 그러한 사정변경이 발생한 때부터 다시 사용·수익권능을 포함한 완전한 소유권에 기한 권리를 주장할 수 있다.3)

---

2) 일반 공중의 통행에 무상으로 제공하는 토지임을 들어 토지소유자를 상대로 '배타적 사용·수익권이 존재하지 않는다'는 취지의 확인을 구하는 것은 특별한 사정이 없는 한 확인의 이익이 없다고 한 대판 2012.6.28. 2010다81049도 참조.

3) 그 밖에 ㉠ 위와 같은 법리는 E가 그 소유의 토지를 도로 이외의 다른 용도로 제공한 경우에

(3) 물권은 특정의 물건을 직접(다른 이의 매개 없이) 지배함을 내용으로 하므로, 물권내용의 실현 자체는 법적으로 거의 문제되지 않고 제3자와의 관계가 주로 문제된다. 구체적으로 물권적 청구권에 의하여 배타적 효력이 실현되고, 그 전제로서 우선적 효력이 문제된다.

(4) 물권자는 물권의 실현을 방해하는 이에 대하여 방해의 제거 또는 예방에 필요한 행위 등 물권내용의 실현을 가능하게 하는 행위(작위 또는 부작위)를 청구할 수 있다: 「물권적 청구권」.

〈8-1-2〉 물권적 청구권에 관한 판례

1) 물권적 청구의 당사자

㉮ 소유권을 상실한 前소유자는 물권적 청구권을 행사할 수 없다(대판(전) 1969. 5.27. 68다725; 대판 1980.9.9. 80다7).

참고로 등기말소청구권은 대표적인 물권적 (방해제거)청구권이지만, 「채권적」 말소청구권을 인정한 대판(전) 1994.1.25. 93다16338: "근저당권이 설정된 후에 그 부동산의 소유권이 제3자에게 이전된 경우에는 현재의 소유자가 자신의 소유권에 기하여 피담보채무의 소멸을 원인으로 그 근저당권설정등기의 말소를 청구할 수 있음은 물론이지만, 근저당권설정자인 종전의 소유자도 <u>근저당권설정계약의 당사자로서 근저당권 소멸에 따른 원상회복으로 근저당권자에게 근저당권설정등기의 말소를 구할 수 있는 계약상 권리</u>가 있으므로 이러한 계약상 권리에 터 잡아 근저당권자에게 피담보채무의 소멸을 이유로 하여 그 근저당권설정등기의 말소를 청구할 수 있다고 봄이 상당하고, 목적물의 소유권을 상실하였다는 이유만으로 그러한 권리를 행사할 수 없다고 볼 것은 아니"다. 요컨대 근저당권설정계약의 당사자로서 「계약상의 권리」에 기하여 근저당권설정등기의 말소를 구할 수 있다는 입장인데, 이때의 등기말소청구권은 당연히 채권적인(계약상대방에 대해서만 행사할 수 있는) 것이다.

㉯ 「피고적격」에 관하여 본다. 물권적 청구의 일환으로 불법점유를 이유로 인도

도 적용되고, ㉡ 토지의 지하부분에 대한 독점적이고 배타적인 사용·수익권의 행사 역시 제한되는 것으로 해석해야 하며, ㉢ 그 토지가 상속재산에 해당하는 경우에 상속인의 독점적·배타적 사용·수익권의 행사 역시 제한된다고 보아야 한다는 점 등도 밝혔다.

를 구하려면 현실적으로 그 목적물을 점유하는 이를 상대로 해야 하고, 불법점유자(B)라도 그 물건을 다른 이에게 인도하여 현실적으로 점유를 하고 있지 않다면 B를 상대로 한 인도청구는 부당하다(대판 1999.7.9. 98다9045).

2) 본권에 기한 물권적 청구권이 물권으로부터 독립하여 소멸시효에 걸리는지에 관하여 견해가 나뉘는데, 판례는 소유권에 기한 물권적 청구권이 소멸시효의 대상이 아니라는 입장이다. 예컨대 합의해제에 따른 매도인의 원상회복청구권은 소유권에 기한 물권적 청구권으로 소멸시효의 대상이 되지 않는다고 한 대판 1982.7.27. 80다2968, 피담보채무 소멸을 이유로 하는 양도담보권자에 대한 소유권이전등기청구권이 소멸시효의 대상이 아니라고 한 대판 1993.12.21. 91다41170.[4)]

3) 기 타

㉮ 물권 외에도 배타성을 가지는 권리에 기하여 침해행위의 금지를 구할 수 있다. 명예를 위법하게 침해당한 이가 인격권으로서 명예권에 기초하여 가해자에게 현재 이루어지고 있는 침해행위의 배제 또는 장래 침해행위의 금지를 구할 수 있다고 한 대판 2013.3.28. 2010다60950, 임차권등기가 되어 있는 선박에 관하여 임차권등기가 원인 없이 말소된 경우에 방해배제청구를 할 수 있다고 한 (〈6-2-7〉에 소개된) 대판 2002.2.26. 99다67079 등 참조.

㉯ 참고로 (〈4-3-2〉에 소개된) 대판(전) 2012.5.17. 2010다28604의 다수의견은 이행불능 및 전보배상에 관한 규정이 물권적 청구권에 적용되지 않는다고 하였다.

〈8-1-3〉 상속회복청구권에 관한 판례

㉮ 상속회복청구권의 법적 성질에 관하여 판례는 단일·독립된 청구권이 아니라 상속재산을 구성하는 개개의 재산에 관하여 생기는 개별적 청구권의 집합으로 보는 집합권리설(集合權利說)을 따른다. 즉 대판(전) 1991.12.24. 90다5740: "상속회복의 소는 [···] 재산상속권이 [···] 참칭재산상속인으로 인하여 침해된 때에 진정한 상속권자가 그 회복을 청구하는 소를 가리키는 것이나, 재산상속에 관하여 진정한 상속인임을 전제로 그 상속으로 인한 소유권 또는 지분권 등 재산권의 귀속을 주장하고, 참칭상속인 또는 자기들만이 재산상속을 하였다는 일부 공동상속인들을 상대

---

4) 제한물권에 관한 판결은 보이지 않는다.

로 상속재산인 부동산에 관한 등기의 말소 등을 청구하는 경우에도, 그 소유권 또는 지분권이 귀속되었다는 주장이 상속을 원인으로 하는 것인 이상 그 청구원인 여하에 불구하고 이는 민법 제999조 소정의 상속회복청구의 소라고 해석함이 상당하[고,] 재산상속회복청구의 소인 이상 위 민법 제999조 […] 제2항 소정의 제척기간의 적용이 있다 할 것이며, 상속개시일로부터 10년을 경과한 후에 상속권의 침해가 있는 경우라도 10년의 제척기간 경과로 인하여 상속회복청구권은 소멸되었다고 보아야 한다."[5)]

이처럼 상속회복청구권과 개개의 물권적 청구권은 법조경합관계에 있으므로, 개개의 물권적 청구권을 행사하더라도 권리의 귀속원인으로 상속을 주장하는 이상 이는 상속회복청구권의 행사라고 봄에 따라, 상속을 이유로 상속재산의 반환을 구하는 소는 — 그 명칭이 어떠하든 또한 상대가 누구이든(즉 참칭상속인이든 제3자이든) — 상속회복청구권의 행사로서 이행의 소이며, 제999조 제2항의 기간이 경과하면 개개의 재산에 대한 물권적 청구권도 행사할 수 없다. 그리고 판결의 효력은 청구된 목적물에만 미친다.[6)]

㉯ 상속회복청구의 상대방은 정당한 상속권이 없음에도 상속인임을 신뢰케 하는 외관(예컨대 가족관계등록부 등 공부상 상속인으로 기재된 경우)을 갖추고 상속재산의 전부 또는 일부를 점유하는 참칭상속인(僭稱相續人)이다(대판 1998.3.27. 96다37398).[7)]

참칭상속인인지 여부가 문제되는 경우로,

㉠ 대판 1991.2.22. 90다카19470: "공동상속인의 한 사람이 다른 상속인의 상속

---

5) 원고의 청구가, 계쟁토지가 원소유자의 재산상속인들인 원고, 피고 및 소외인 등이 공동상속한 것임에도 피고가 그 단독 명의로 소유권보존등기를 마친 것이므로 그 상속지분을 초과한 부분은 원인무효라고 주장하고 그 말소를 구하는 것이어서 위 법리에 따라 상속회복청구의 소에 해당한다고 한 사례.

그에 앞서 대판(전) 1981.1.27. 79다854: "진정상속인이 참칭상속인을 상대로 상속재산인 부동산에 관한 등기의 말소 등을 구하는 경우에 그 소유권 또는 지분권 등의 귀속원인을 상속으로 주장하고 있는 이상 청구원인 여하에 불구하고 이는 민법 제999조 소정의 상속회복청구의 소라고 해석하여야 할 것이므로 [민법] 제982조 제2항 소정의 제척기간의 적용이 있[고,] 진정상속인이 참칭상속인으로부터 상속재산을 양수한 제3자를 상대로 등기말소청구를 하는 경우에도 상속회복청구권의 단기의 제척기간이 적용된다."

6) 상속재산의 일부에 대한 상속회복청구의 제소기간을 준수했다고 하여 그로써 다른 상속재산에 대한 소송에 그 기간 준수의 효력이 생기지 않는다고 한 대판 1981.6.9. 80므84·85·86·87 참조.

7) 그의 선·악의나 과실 유무는 불문하고, 그에게 상속권 침해의 의사가 있어야 하는 것은 아니며, 객관적으로 상속권 침해의 상태가 존재하면 된다.

권을 부정하고 자기만이 상속권이 있다고 참칭하는 경우도 [참칭상속인]에 해당한다 할 것이고, 이와 같은 요건을 충족하면서 진정한 상속인의 상속권(또는 상속분)을 침해하기만 하면 참칭상속인은 별다른 요건을 필요로 하지 아니하고 상속회복청구의 상대방이 될 수 있"다.

㉡ 참칭상속인으로부터 권리를 이전받은 제3자이나 참칭상속인의 상속인도 상속회복청구의 상대방이 되는데(대판 1989.1.17. 87다카2311), 제3취득자의 선·악의는 문제되지 않는다.

㉢ 반면 상속이 아니라 별도의 취득원인(예: 매매나 증여)에 기하여 상속재산에 대한 권리를 주장하는 경우(대판 1982.1.26. 81다851·852) 또는 상속재산을 점유하는 이가 상속을 원인으로 주장하지만 피상속인이 다른 사람인 경우(진정상속인이 주장하는 피상속인과 참칭상속인이 주장하는 피상속인이 동명이인인 경우에 관한 대판 1994.4.15. 94다798) 등은 상속회복청구의 상대방인 참칭상속인이 아니다.

㉰ 상속회복청구권의 소멸을 본다.[8]

㉠ 대판 2007.10.25. 2007다36223: "상속회복청구권의 제척기간 기산점이 되는 [···] '상속권의 침해를 안 날'이라 함은 <u>자기가 진정한 상속인임을 알고 또 자기가 상속에서 제외된 사실을 안 때</u>를 가리키는 것으로서, 단순히 상속권 침해의 추정이나 의문만으로는 충분하지 않으며, 언제 상속권의 침해를 알았다고 볼 것인지는 개별적 사건에 있어서 여러 객관적 사정을 참작하고 상속회복청구가 사실상 가능하게 된 상황을 고려하여 합리적으로 인정하여야 한다."[9]

㉡ 대판 2009.10.15. 2009다42321: "<u>제척기간의 준수 여부는 상속회복청구의 상대방별로 각각 판단</u>하여야 할 것이어서, 진정한 상속인이 참칭상속인으로부터 상속재산에 관한 권리를 취득한 제3자를 상대로 제척기간 내에 상속회복청구의 소를

---

8) 집합권리설에 의하면 상속회복청구권이 소멸함에 따라 개별적 청구권도 행사할 수 없다.

9) 공동상속인 중 1인이 나머지 공동상속인들을 상대로 제기한 상속재산 분할심판사건에서 공동상속인 일부의 소송대리권이 흠결된 채로 소송대리인 사이에 재판상 화해나 조정이 성립하여 화해조서 또는 조정조서가 작성되고, 그 조서에 기하여 공동상속인 중 1인 명의로 상속재산 협의분할을 원인으로 한 소유권이전등기가 경료된 경우에, 위와 같은 화해나 조정은 무효이지만, 그 조서에 확정판결과 같은 효력이 있는 이상 그 조서가 준재심에 의해 취소되기 전에는 당사자들로서는 위 화해나 조정의 무효를 확신할 수 없는 상태에 있고, 그 후 소송대리권의 흠결 여부가 다투어진 끝에 준재심에 의해 화해조서나 조정조서가 취소되었다면, 나머지 공동상속인들은 그 「준재심의 재판이 확정된 때」에 비로소 공동상속인 중 1인에 의해 자신들의 상속권이 침해된 사실을 알게 되었다고 봄이 상당하므로 상속회복청구권의 제척기간은 그때부터 기산된다고 한 사례.

제기한 이상 그 제3자에 대하여는 민법 제999조에서 정하는 상속회복청구권의 기간이 준수되었으므로, 참칭상속인에 대하여 그 기간 내에 상속회복청구권을 행사한 일이 없다고 하더라도 그것이 진정한 상속인의 제3자에 대한 권리행사에 장애가 될 수는 없다."

㉢ 참고로 대판(전) 2016.10.19. 2014다46648의 다수의견: "남북가족특례법 제11조 제1항은 피상속인인 남한주민으로부터 상속을 받지 못한 북한주민의 상속회복청구에 관한 법률관계에 관하여도 민법 제999조 제2항의 제척기간이 적용됨을 전제로 한 규정이며, 따라서 남한주민과 마찬가지로 북한주민의 경우에도 다른 특별한 사정이 없는 한 상속권이 침해된 날부터 10년이 경과하면 민법 제999조 제2항에 따라 상속회복청구권이 소멸한다."

2. 물 건

⑴ 제98조는 "유체물 및 전기 기타 관리할 수 있는 자연력"이라고 하여 물권의 객체, 즉 배타적 지배의 대상이라는 관점에서 물건을 정의한다.

⑵ 물건은 여러 기준에 따라 분류되는데, 구별의 의미도 음미할 필요가 있다.

① 제99조가 동산과 부동산을 구별하는 이유로 공시방법의 차이(제186조, 제188조 참조)가 주된 것이고, 그 밖에 시효취득의 요건, 공신의 원칙의 인정 여부 등도 다르다.

② 주물의 상용(常用)에 이바지하기 위한 종물은 주물과 법률적 운명을 같이한다(제100조 제2항. 제358조도 참조).

③ 민법은 원물과 과실을 나누는데, 과실수취권의 귀속(경합하는 경우에는 우열)이 중요한 쟁점이다. 그리고 과실을 천연과실과 법정과실로 나누는 것은 과실수취권의 변동이 생긴 경우에 관한 편의적인 것이다.

⑶ 인격이 없는 물건에 대한 직접적 지배권인 물권이 경합하는 경우에, 그들 사이의 우열은 우선적 효력에 따라 객관적으로 결정되어야 하는데, 이를 위하여 1개의 물건에 1개의 물권만이 성립하도록 해야 한다: 「일물일권주의」.

〈8-1-4〉 물건에 관한 판례

㉮ 대판(전) 2008.11.20. 2007다27670의 다수의견: "사람의 유체·유골은 매장·관리·제사·공양의 대상이 될 수 있는 유체물로서, 분묘에 안치되어 있는 선조의 유체·유골은 민법 제1008조의3 소정의 제사용 재산인 분묘와 함께 그 제사주재자에게 승계되고, 피상속인 자신의 유체·유골 역시 위 제사용 재산에 준하여 그 제사주재자에게 승계[되고,] 피상속인이 생전행위 또는 유언으로 자신의 유체·유골을 처분하거나 매장장소를 지정한 경우에, 선량한 풍속 기타 사회질서에 반하지 않는 이상 그 의사는 존중되어야 하고 이는 제사주재자로서도 마찬가지이지만, 피상속인의 의사를 존중해야 하는 의무는 도의적인 것에 그치고, 제사주재자가 무조건 이에 구속되어야 하는 법률적 의무까지 부담한다고 볼 수는 없다." 참고로 이 판결 중 제사주재자의 결정에 관한 판시는 변경되었다.[10]

㉯ 어떤 토지가 지적공부에 1필의 토지로 등록되면 그 토지의 소재, 지번, 지적 및 경계는 이 등록으로써 특정되고 그 소유권의 범위는 현실의 경계와 관계없이 공부상의 경계에 의하여 확정되므로, 매매의 대상인 토지의 현실의 경계와 지적공부상의 경계가 일치하지 않는 경우에, 특별한 사정[11]이 없는 한 지적공부상의 경계와 지적에 의하여 확정된 토지를 매매의 대상으로 보아야 한다(대판 1993.11.9. 93다22845).

한편 토지에 관하여 분할절차(공간정보관리법 제64조, 제66조 참조)를 거치지 않았다면, 비록 분필의 등기가 경료되었더라도 분할의 효과가 발생하지 않으며(대판 1995.6.16. 94다4615), 그 등기는 1부동산 1등기기록주의(부동산등기법 제15조)에 반하는 것으로 무효이다(대판 1990.12.7. 90다카25208). 하나의 부동산 중 일부에 관하여 소유권보존등기를 경료하거나 하나의 부동산에 관하여 경료된 소유권보존등기 중 일부에 관한 등기를 말소하는 것이 허용되지 않는다고 한 대판 2000.10.27. 2000다39582도 참조.

---

10) 대판(전) 2023.5.11. 2018다248626의 다수의견: "공동상속인들 사이에 협의가 이루어지지 않는 경우에는 제사주재자의 지위를 인정할 수 없는 특별한 사정이 있지 않는 한 피상속인의 직계비속 중 남녀, 적서를 불문하고 최근친의 연장자가 제사주재자로 우선한다고 보는 것이 가장 조리에 부합한다."

11) 지적도의 작성에서 기점을 잘못 선택하는 등의 기술적 착오로 인한 경우 또는 당사자들이 사실상의 경계대로 매매할 의사를 가진 경우 등.

㉰ 신축 중인 건물의 독립성은 거래관념에 의하여 판단되고 등기에 의하여 비로소 독립성을 취득하거나 상실하는 것은 아닌데, 판례에 의하면 최소한의 기둥과 지붕 그리고 주벽(主壁)이 갖추어지면 독립성을 취득한다(대판 2001.1.16. 2000다51872).[12]

㉱ 아무 권원 없이 남의 토지에 「농작물」을 경작·재배하였더라도, 그 농작물이 성숙하여 독립한 물건의 존재를 갖추었다면 그 농작물의 소유권이 언제나 경작자에게 속하고, 이때 명인방법을 갖추었는지 여부는 문제되지 않는다(대판 1979.8.28. 79다784).[13]

㉲ 제100조는 권리 상호간에도 유추된다. 예컨대 경매에서 주된 권리인 건물소유권과 그에 종된 권리인 토지임차권은 법률적 운명을 같이한다(대판 1993.4.13. 92다24950).[14]

㉳ 임차인이 임대인의 동의를 받지 않고 제3자(D)에게 임차권을 양도하거나 전대하는 등의 방법으로 임차물을 사용·수익하게 하더라도, 임대인이 이를 이유로 임대차계약을 해지하거나 그 밖의 다른 사유로 임대차계약이 적법하게 종료되지 않는 한 임대인은 임차인에 대하여 여전히 차임청구권을 가지므로, 임대차계약이 존속하는 한도 내에서는 D에게 불법점유를 이유로 한 차임 상당 손해배상청구나 부당이득반환청구를 할 수 없다(대판 2008.2.28. 2006다10323).[15] 지상권이 설정된 경우에 관한 대판 1974.11.12. 74다1150도 참조.

---

12) 지하 1층부터 지하 3층까지 기둥, 주벽 및 천장 슬라브공사가 완료된 상태였을 뿐만 아니라 지하 1층의 일부점포가 일반에 분양되기까지 하였다면, 미완성상태이지만 독립된 건물로서의 요건을 갖추었다고 본 대판 2003.5.30. 2002다21592·21608도 참조.

13) 수목에 대해서는 위의 판례이론이 적용되지 않는데(대판 1989.7.11. 88다카9067), 대판 1990.1.23. 89다카21095는, 토지의 사용대차권에 기하여 식재된 수목은 이를 식재한 이에게 그 소유권이 있고 그 토지에 부합되지 않으므로(제256조 단서 참조), 비록 그 수목이 식재된 후에 경매에 의하여 그 토지를 경락받았더라도 경락인이 그 수목까지 취득하는 것은 아니라고 하였다.

14) 저당권 실행을 위한 경매에서 건물을 경락받은 이가 그 건물을 양도한 경우에 건물과 함께 종된 권리인 지상권도 양도하기로 한 것으로 본 (〈5-2-8〉에 소개된) 대판 1996.4.26. 95다52864도 참조.

15) 임대차계약이 종료된 후에는 임대인이 임차물의 소유자로서 D를 상대로 위와 같은 손해배상청구나 부당이득반환청구를 할 수 있다(대판 2023.3.30. 2022다296165).

제2절 점유법

1. 점유법 총설

(1) 점유에 관한 민법규정은 크게 보아 ① 사실적 지배 자체를 보호하는 규정(여기서는 점유가 어떤 모습의 것인지를 따지지 않는다), ② 물권의 취득요건으로서 점유에 관한 규정(특히 시효취득이나 선의취득은 일정한 모습의 점유를 기초로 한다) 및 ③ 점유자의 지위를 강화하는 규정(소유자에게 점유물을 반환한 「선의」점유자는 일정한 범위에서 보호된다)으로 나눌 수 있다. 이 중 ②는 관련되는 부분에서, ③은 물권적 반환청구의 후속 법률관계로 다룬다.

(2) 점유를 본다.

① 점유의 요건으로서 「사실적 지배」가 있는지 여부는 사회통념에 따라 합목적적으로 판단해야 하는데, 점유의 인정에 규범적·비사실적 요소가 포함될 수도 있다.

② 점유가 관념화된 형태로

ⓐ 간접점유의 경우에 사실적 지배가 없음에도 점유의 성립이 인정되는데(제194조), 간접점유자는 점유매개관계의 유지에 대한 이익(임대인으로서의 의무의 이행 등과 관련하여)을 가지므로 그 한도에서 보호된다(제207조 참조).

ⓑ 반면 점유보조자는 물건을 사실상 지배를 함에도 점유권이 인정되지 않는데(제195조), 그의 사실적 지배에 별도의 보호를 줄 필요가 없기 때문이다.

〈8-2-1〉 점유에 관한 판례

1) 점유 일반

㉮ 대판 2012.9.27. 2011다76747: "물건에 대한 점유란 사회관념상 어떤 사람의 사실적 지배에 있다고 보이는 객관적 상태를 말하는 것으로서 사실적 지배가 있다고 하기 위해서는 반드시 물건을 물리적·현실적으로 지배해야만 하는 것은 아니고 물건과 사람과의 시간적·공간적 관계와 본권관계, 타인지배의 가능성 등을 고려하여 사회관념에 따라 합목적적으로 판단하여야 한다."

㉯ 건물은 대지를 떠나서 존재할 수 없으므로 건물소유자가 건물의 대지인 토지를 점유한다고 볼 수 있는데, 건물소유자가 현실적으로 건물이나 대지를 점유하지 않더라도 건물의 소유를 위하여 대지를 점유한다고 보아야 한다(대판 2017.1.25. 2012다72469; 대판 2003.11.13. 2002다57935).[16)]

㉰ 소유자로 등기한 이의 점유에 관하여 대판 2013.7.11. 2012다201410: "특히 임야에 대한 점유의 이전이나 점유의 계속은 반드시 물리적이고 현실적인 지배를 요한다고 볼 것은 아니고, 관리나 이용의 이전이 있으면 인도가 있었다고 보아야 하고, 임야에 대한 소유권을 양도하는 경우라면 그에 대한 지배권도 넘겨지는 것이 거래에서 통상적인 형태라고 할 것이다. 또한 대지의 소유자로 등기한 이는 보통의 경우 등기할 때에 대지를 인도받아 점유를 얻은 것으로 보아야 하므로 등기사실을 인정하면서 특별한 사정의 설시 없이 점유사실을 인정할 수 없다고 판단해서는 아니 된다. 그러나 이는 임야나 대지 등이 매매 등을 원인으로 양도되고 이에 따라 소유권이전등기가 마쳐진 경우에 그렇다는 것이지, 소유권보존등기의 경우에도 마찬가지라고 볼 수는 없다. 소유권보존등기는 이전등기와 달리 해당 토지의 양도를 전제로 하는 것이 아니어서, 보존등기를 마쳤다고 하여 일반적으로 등기명의자가 그 무렵 다른 사람으로부터 점유를 이전받는다고 볼 수는 없기 때문"이다.

2) 간접점유

㉮ 간접점유가 성립하기 위해서는 점유매개관계(占有媒介關係)가 있어야 하는

---

16) 미등기건물을 양수하여 건물에 관한 사실상의 처분권을 보유하게 됨으로써 건물부지 역시 아울러 점유한다고 볼 수 있는 등의 특별한 사정이 없는 한 건물의 소유명의자가 아닌 이는 실제 건물을 점유하고 있더라도 그 부지를 점유하는 이로 볼 수 없다고 한 대판 2009.9.10. 2009다28462도 참조.

한편 대판 2022.9.29. 2018다243133·243140: "타인 소유의 토지 위에 권원 없이 건물을 소유하는 자는 그 자체로써 건물부지가 된 토지를 점유하고 있는 것이므로 특별한 사정이 없는 한 법률상 원인 없이 타인의 재산으로 인하여 토지의 차임에 상당하는 이익을 얻고 이로 인하여 타인에게 동액 상당의 손해를 주고 있다고 할 것이고, 이는 건물소유자가 미등기건물의 원시취득자이고 그 건물에 관하여 사실상의 처분권을 보유하게 된 양수인이 따로 존재하는 경우에도 다르지 아니하므로, 미등기건물의 원시취득자는 토지소유자에 대하여 부당이득반환의무를 진다. 한편 미등기건물을 양수하여 건물에 관한 사실상의 처분권을 보유하게 됨으로써 그 양수인이 건물부지 역시 아울러 점유하고 있다고 볼 수 있는 경우에는 미등기건물에 관한 사실상의 처분권자도 건물부지의 점유·사용에 따른 부당이득반환의무를 부담한다. 이러한 경우 미등기건물의 원시취득자와 사실상의 처분권자가 토지소유자에 대하여 부담하는 부당이득반환의무는 동일한 경제적 목적을 가진 채무로서 부진정연대채무관계에 있다고 볼 것이다."

데,[17] 직접점유하는 점유매개자에 대한 반환청구권이 그 본질적 요소이다. 따라서 점유매개자의 점유는 타주점유여야 한다(대판 2012.2.23. 2011다61424·61431).

㈏ 타인 소유의 물건에 대하여 직접점유자와 간접점유자가 있는 경우에, 그 물건의 점유·사용으로 인한 부당이득의 반환의무는 동일한 경제적 목적을 가진 채무로서 「서로 중첩되는 부분」에 관해서는 일방의 채무가 변제 등으로 소멸하면 타방의 채무도 소멸하는 이른바 부진정연대의 관계에 있다(대판 2012.9.27. 2011다76747).[18]

2. 점유 자체의 보호

⑴ 점유보호청구권은 실체법상의 청구권인데, 현상태의 안정(즉 침해가 있기 전에 「있던」 상태로의 복귀)을 목표로 한다는 점(특히 간접점유에 관한 제207조 제2항 참조)에서 본권에 기한 물권적 청구권과 다르다.

① 점유회수청구권을 행사하여 점유를 회수하면 점유권은 상실되지 않은 것으로 다루어진다(제192조 제2항 단서).

② 사실적 지배를 그대로 보호하는 「점유권」과 점유를 정당화하는 적법한 권원(소유권, 임차권 등)으로서 「본권」이 구별됨에 따라, 점유의 소에서 본권에 기한 항변은 허용되지 않는다(제208조 제2항). 그러나 별소나 예비적 반소[19] 제기는 가능하다.

⑵ 자력구제는 국가구제가 불가능하거나 극히 곤란한 경우에 질서교란행위가

17) 위임관청은 위임조례 등을 점유매개관계로 하여 법령상 관리청인 수임관청 또는 그가 속하는 지방자치단체가 직접점유하는 공원 등의 부지가 된 토지를 간접점유한다고 본 대판 2018.3.29. 2013다2559·2566 참조. 나아가 대판 2023.8.18. 2021다249810: "점유매개관계를 이루는 임대차계약 등이 종료된 이후에도 직접점유자가 목적물을 점유한 채 이를 반환하지 않고 있는 경우에는, 간접점유자의 반환청구권이 소멸한 것이 아니므로 간접점유의 점유매개관계가 단절된다고 할 수 없다."

18) 점유매개자가 임차인이나 전세권자 등 용익권자인 경우에 제201조에 따라 부당이득반환청구권이 부정될 수 있음은 별개의 문제이다.

19) 대판 2021.3.25. 2019다208441: "점유권을 기초로 한 본소에 대하여 본권자가 본소청구의 인용에 대비하여 본권에 기초한 장래이행의 소로서 예비적 반소를 제기하고 양 청구가 모두 이유 있는 경우, 법원은 점유권에 기초한 본소와 본권에 기초한 예비적 반소를 모두 인용해야 하고 점유권에 기초한 본소를 본권에 관한 이유로 배척할 수 없다."

계속되는 동안 종전의 상태를 유지하려는 전화(轉化)의 단계에서만 인정된다. 반면 질서교란행위가 끝나 새로운 지배상태가 확립되면, 자력구제권은 인정되지 않고 점유보호청구권만 인정된다.

〈8-2-2〉 점유의 보호에 관한 판례

㉮ 집행권원 없이 이루어진 위법한 강제집행에 의하여 점유자의 점유를 빼앗은 경우도 점유의 침탈에 해당한다(대판 1987.6.9. 86다카1683).

반면 사기에 의하여 점유를 이전한 경우에는 점유회수청구권을 행사할 수 없고(대판 1992.2.28. 91다17443), 직접점유자가 임의로 점유를 다른 이에게 넘겼다면, 그 점유이전이 간접점유자의 의사에 반하더라도 간접점유자는 점유의 회수를 구할 수 없다(대판 1993.3.9. 92다5300).

한편 점유의 상호침탈에 관하여 대판 2023.8.18. 2022다269675: "상대방으로부터 점유를 위법하게 침탈당한 점유자가 상대방으로부터 점유를 탈환하였을 경우(이른바 '점유의 상호침탈'), 상대방의 점유회수청구가 받아들여지더라도 점유자가 상대방의 점유침탈을 문제 삼아 점유회수청구권을 행사함으로써 다시 자신의 점유를 회복할 수 있다면 상대방의 점유회수청구를 인정하는 것이 무용할 수 있다. 따라서 이러한 경우 점유자의 점유탈환행위가 민법 제209조 제2항의 자력구제에 해당하지 않는다고 하더라도 특별한 사정이 없는 한 상대방은 자신의 점유가 침탈당하였음을 이유로 점유자를 상대로 민법 제204조 제1항에 따른 점유의 회수를 청구할 수 없다고 보는 것이 타당하다."

㉯ 대판 2002.4.26. 2001다8097·8103: 제204조 제3항과 제205조 제2항에서 "제척기간의 대상이 되는 권리는 형성권이 아니라 통상의 청구권인 점과 점유의 침탈 또는 방해의 상태가 일정한 기간을 지나게 되면 그대로 사회의 평온한 상태가 되고 이를 복구하는 것이 오히려 평화질서의 교란으로 볼 수 있게 되므로 일정한 기간을 지난 후에는 원상회복을 허용하지 않는 것이 점유제도의 이상에 맞고 여기에 점유의 회수 또는 방해제거 등 청구권에 단기의 제척기간을 두는 이유가 있는 점 등에 비추어 볼 때, 위의 제척기간은 재판 외에서 권리행사하는 것으로 족한 기간이 아니라 반드시 그 기간 내에 소를 제기하여야 하는 이른바 출소기간으로 해석함이 상당하다."

그리고 점유보유청구(방해제거청구)에서 제척기간(출소기간)의 기산점은 방해행위가 종료한 날을 의미한다(대판 2016.7.29. 2016다214483 · 214490).

㉰ 자력구제권 행사의 시간적 한계로서 "직시(直時)"는 '객관적으로 가능한 한 신속히' 또는 '사회관념상 가해자를 배제하여 점유를 회복하는 데 필요하다고 인정되는 범위 안에서 되도록 속히'라는 뜻이다(대판 2017.9.7. 2017도9999).

점유침탈을 당한 후 상당한 시간이 흘렀다면 자력탈환권을 행사할 수 없다고 한 대판 1993.3.26. 91다14116도 참조.

3. 점유와 본권

(1) 점유자가 점유물에 대하여 행사하는 권리는 적법하게 보유한 것으로 추정된다(제200조). 특히 제197조 제1항과 결합하여 점유자는 소유자로 추정되므로, 점유가 타주점유라는 점에 대한 증명책임을 상대방이 부담한다.

(2) 나아가 점유가 시효취득이나 선의취득의 요건인데, 여기서는 본권 취득의 요건으로 점유의 모습(제197조)에 관한 일반법리를 살핀다.

① 권리취득의 요건으로서 점유의 모습은 일정한 주관적 요소를 기초로 하는데, 점유의사의 배제로 점유가 객관화됨에 따라 「객관화된」 주관적 요소를 기준으로 점유의 모습을 판단해야 한다.

② 취득시효(제245조), 무주물 선점(제252조) 및 점유자의 책임(제202조) 등과 관련하여 실익을 가지는 소유의 의사 유무는 점유취득시를 기준으로 권원(權原)의 성질에 의하여 객관적으로 결정되는데, 점유자는 「소유의 의사」로 점유하는 것으로 추정된다(제197조 제1항).

(3) 점유의 계속 및 분리 · 병합(제198조, 제199조)도 본권 취득의 요건으로 기능한다.

〈8-2-3〉 점유와 본권에 관한 판례

1) 부동산물권에 관해서는 등기의 추정력이 인정되므로, 제200조가 적용되지 않

는다(대판 1982.4.13. 81다780).

2) 타주점유가 자주점유로 전환되기 위해서는 새로운 권원에 기하여 소유의 의사로 점유를 시작하거나 소유자에 대하여 소유의 의사를 표시해야 한다는 것이 판례의 입장이다(대판 1993.7.16. 92다37871; 대판 1998.3.27. 97다53823).[20]

한편 점유의 상속에서 피상속인의 점유는 타주점유이지만 상속인이 소유의 의사로 현실적 지배를 개시한 경우에, 그때부터라도 상속인의 자주점유로의 전환을 인정할 수 있는지에 관하여 판례는 "새로운 권원에 의하여 자기 고유의 점유를 개시하지 않는 한" 이를 부정한다(대판 2004.9.24. 2004다27273 등). 즉 피상속인의 점유를 포괄적으로 승계하는 상속은 타주점유가 자주점유로 전환하기 위한 요건으로서 새로운 권원이 아니다.[21]

3) 타주점유로의 전환[22]

㉮ 진정한 소유자가 점유자를 상대로 토지에 관한 점유자 명의의 소유권이전등기의 말소등기청구소송을 제기하여 그 소송이 점유자의 패소로 확정되었다면, 그 점유자는 제197조 제2항에 따라 「소장 부본의 송달시」(아래 2016다242273 판결 참조)부터 「악의」의 점유자로 의제(간주)되고, 이때 토지점유자가 소유권이전등기말소등기청구소송의 직접당사자가 되어 소송을 수행했고 결국 그 소송을 통해 토지의 정당한 소유자를 알게 되었으며, 나아가 패소판결의 확정으로 점유자로서는 토지에 관한 점유자 명의의 소유권이전등기에 관하여 정당한 소유자에 대하여 말소등기의무를 부담하게 되었음이 확정되었으므로, 단순한 악의점유의 상태와는 달리 객관적으로 그와 같은 의무를 부담하는 점유자로 변한 것이어서 점유자의 토지에 대한 점유는 「패소판결 확정 후부터」는 「타주」점유로 전환되었다고 보아야 한다(대판 1996.

20) 그런데 소유의사의 표명에 의하여 자주점유로 전환된다는 언명(의용민법 제185조 참조)이, 소유의 의사 유무가 권원의 성질에 따라 객관적으로 판단된다는 판례의 기본입장과 충돌하지 않는지 음미를 요한다.

21) 가령 대판 1997.12.12. 97다40100: "상속에 의하여 점유권을 취득한 경우에는 상속인이 새로운 권원에 의하여 자기 고유의 점유를 시작하지 않는 한 피상속인의 점유를 떠나 자기만의 점유를 주장할 수 없고, 또 선대의 점유가 타주점유인 경우 선대로부터 상속에 의하여 점유를 승계한 자의 점유도 그 성질 내지 태양을 달리하는 것이 아니어서 특별한 사정이 없는 한 그 점유가 자주점유로 될 수 없고, <u>그 점유가 자주점유가 되기 위하여는 점유자가 소유자에 대하여 소유의 의사가 있는 것을 표시하거나 새로운 권원에 의하여 다시 소유의 의사로써 점유를 시작하여야 한다</u>."

22) 부동산을 다른 사람에게 매도하여 그 인도의무를 지는 매도인의 점유는 특별한 사정이 없는 한 타주점유로 변경된다는 대판 2004.9.24. 2004다27273도 참조.

10.11. 96다19857. 대판 2000.12.8. 2000다14934·14941도 동지).

㈏ 반면 토지의 점유자가 소유자를 상대로 그 토지에 관하여 소유권이전등기말소절차의 이행을 구하는 소를 제기했다가 패소하고 그 판결이 확정되었더라도 그 소송은 점유자가 소유자를 상대로 소유권이전등기의 말소를 구하는 것이므로 그 패소판결의 확정으로 점유자의 소유자에 대한 말소등기청구권이 부정될 뿐, 그로써 점유자가 소유자에 대하여 어떠한 의무를 부담하게 되었다든가 그러한 의무가 확인되었다고 볼 수는 없고, 따라서 점유자가 그 소송에서 패소하고 그 판결이 확정되었다는 사정만으로 토지점유자의 자주점유의 추정이 번복되어 타주점유로 전환된다고 할 수 없다(대판 1999.9.17. 98다63018).

4) 점유자는 선의, 평온 및 공연하게 점유한 것으로 추정되는데(제197조 제1항), 점유가 불법이라고 주장하는 이로부터 이의를 받은 사실이 있거나 점유물의 소유권을 둘러싸고 당사자 사이에 법률상의 분쟁이 있었더라도 그러한 사실만으로 곧바로 그 점유의 평온·공연성이 상실된다고 할 수 없다(대판 1994.12.9. 94다25025).

반면 과실 없는 점유는 추정되지 않으므로, 이에 대해서는 그 주장자가 증명책임을 부담한다(대판 1983.10.11. 83다카531).

5) 선의의 점유자라도 본권에 관한 소에서 패소한 경우에는 그 소가 제기된 때부터 악의의 점유자로 의제된다(제197조 제2항).[23] 여기서 "그 소가 제기된 때"란 소송계속이 생긴 때, 즉 소장 부본이 송달된 때로 이해해야 한다. 가령 대판 2016.12.29. 2016다242273: "점유자는 선의로 점유한 것으로 추정되고(민법 제197조 제1항), 권원 없는 점유였음이 밝혀졌다고 하여 바로 그동안의 점유에 대한 선의의 추정이 깨어졌다고 볼 것은 아니지만, 선의의 점유자라도 본권에 관한 소에서 패소한 때에는 그 소가 제기된 때부터 악의의 점유자로 보며(민법 제197조 제2항), '소가 제기된 때'란 소송이 계속된 때, 즉 소장 부본이 피고에게 송달된 때를 말한다."

6) 대판(전) 1995.3.28. 93다47745는, 前점유자의 점유를 승계한 이는 그 점유 자체와 하자만 승계할 뿐, 그 점유로 인한 법률효과(특히 시효완성에 따른 등기청구권)까지 승계하는 것은 아니라고 하였다(〈8-5-5〉도 참조).

23) '본권의 소'에는 소유권에 기하여 점유물의 인도를 구하는 소송은 물론 부당점유자를 상대로 점유로 인한 부당이득의 반환을 구하는 소송도 포함된다는 대판 2002.11.22. 2001다6213도 참조.

제 3 절 부동산물권의 변동

1. 물권변동 총설

(1) 물권변동은 물권의 발생, 변경 및 소멸을 총칭하는바, 물권변동의 모습으로 중요한 것은 공시방법과 관련되는 ① 법률행위에 의한 물권변동과 법률행위에 의하지 않은 물권변동의 구별 및 ② 동산물권의 변동과 부동산물권의 변동의 구별이다.

(2) 배타성을 가지는 물권의 존재와 내용 및 그 변동을 외부에서 확인할 수 있도록 함으로써, 잠재적인 이해관계인을 보호하기 위하여 「공시(公示)」가 요청된다.

① 공시방법을 갖추지 않은 경우에 물권변동의 효력을 부인하는 것이 「공시의 원칙」인데, 공시방법을 갖추어야 비로소 권리변동의 효력이 발생한다(제186조, 제188조 이하).

② 공신의 원칙은 공시방법 있는 곳에 물권이 존재한다는 신뢰를 보호하는 원칙인데, 이 원칙에 따른 거래안전의 보호는 그로 인하여 권리를 잃는 진정한 권리자의 피해로 귀결된다. 민법은 부동산에 관해서는 공신력을 인정하지 않는다.

(3) 처분행위로서 물권행위에 관하여 본다.

① 처분행위가 유효하기 위해서는 처분행위자에게 처분권한과 처분능력이 있어야 한다. 처분권한 없는 이의 물권행위는 무효이지만, 제3자 보호규정이 작동할 수 있고, 동산의 경우에는 선의취득에 의한 보호도 가능하며(제249조 참조), 처분권자는 무권한자의 처분행위를 추인할 수 있다.

② 물권행위의 독자성과 무인성의 인정 여부가 한때 물권법에서 치열한 이론적 논쟁의 대상이었지만, 이제는 무대의 뒷면으로 사라졌다. 판례는 일관되게 ⓐ 채권행위와 별개로 물권행위 또는 물권적 합의라는 개념을 인정하면서도, ⓑ 별도의 합의가 없는 한 의무부담행위로서 채권행위와 처분행위로서 물권행위가 합체되어 행하여지고(독자성 부정), ⓒ 채권행위가 실효(失效)되면 그 이행으로 행하여진, 그 자체로는 흠 없는 물권행위도 무효로 된다고 한다(무인성 부정).

(4) 법률행위에 의하지 않은 물권변동에서 물권변동의 「여부 및 시기」가 외부

의 객관적 사정에 달려있으므로, 공시를 요하지 않는다(제187조. 예외로서 제245조 제1항 참조).

〈8-3-1〉 물권변동에 관한 판례

1) 물권변동 일반

㉮ 물권행위의 무인성을 부정하는 대판 1977.5.24. 75다1394에 관하여 〈4-6-6〉 참조.

㉯ 해제조건부 증여로 인한 부동산소유권이전등기를 마쳐진 경우에 관하여 (<2-1-2>에 소개된) 대판 1992.5.22. 92다5584 참조.

㉰ 대판 1998.7.10. 98다18643: "어떠한 물건에 대한 소유권과 다른 물권이 동일한 사람에게 귀속한 경우 그 제한물권은 혼동에 의하여 소멸하는 것이 원칙이지만, 본인 또는 제3자의 이익을 위하여 그 제한물권을 존속시킬 필요가 있다고 인정되는 경우에는 민법 제191조 제1항 단서의 해석에 의하여 혼동으로 소멸하지 않는다."

임차권이 대항요건을 갖춘 후에 저당권이 설정된 경우에, 임차권은 혼동으로 소멸하지 않는다고 한 대판 2001.5.15. 2000다12693도 참조.

2) 제187조

㉮ 유증에 관하여 대판 2003.5.27. 2000다73445: "포괄적 유증을 받은 자는 민법 제187조에 의하여 법률상 당연히 유증받은 부동산의 소유권을 취득하게 되나, 특정유증을 받은 자는 유증의무자에게 유증을 이행할 것을 청구할 수 있는 채권을 취득할 뿐이므로, 특정유증을 받은 자는 유증받은 부동산의 소유권자가 아니어서 직접 진정한 등기명의의 회복을 원인으로 한 소유권이전등기를 구할 수 없다." 유증은 —특정유증뿐만 아니라 포괄유증도— 법률행위인데 등기의 要否와 관련하여 특정유증과 포괄유증을 달리 취급하는 것이 정당한가 하는 관점에서 검토할 점이 적지 않다.

㉯ 상속재산 분할심판이 확정되면 등기 없이도 해당 부동산에 관한 물권변동의 효력이 발생한다고 한 (〈8-5-16〉에 소개된) 대판 2020.8.13. 2019다249312 및 공유물분할에 관한 조정의 성립이 이에 해당하지 않음에 관하여 (<8-5-14>에 소개된) 대판(전) 2013.11.21. 2011두1917 참조.

한편 공동상속인 중 1인(A)이 상속부동산을 처분한 후 그 이전등기 전에 상속인 전원이 그 부동산을 다른 공동상속인(B)의 단독소유로 협의분할한 경우에, 상속재산 분할의 소급효(제1015조 참조) 때문에 상속부동산의 소유권은 B에게 귀속되고, A로부터의 양수인은 그 부동산의 소유권을 취득하지 못한다(대판 1996.4.26. 95다54426 · 54433).

㉰ 도급에 의하여 완성된 건물의 소유권 귀속에 관하여 〈6-3-4〉 참조.

2. 공시방법으로서 등기

(1) 법률행위에 의한 물권변동이 일어나기 위해서는 등기가 있어야 하는데(제186조), 등기신청만으로 족한 것이 아니라 등기부에의 기재 자체가 있어야 한다.

① 유효하게 마쳐진 등기가 불법말소되더라도, 물권의 효력에 영향을 미치지 않는다.

② 등기를 갖추지 않은 부동산매수인은 소유권을 주장할 수 없다. 그러나 ⓐ 매매계약의 이행으로 목적부동산을 인도받았다면 이를 점유·사용할 권리가 생기므로 「매도인」의 물권적 청구나 부당이득반환청구에 대항할 수 있고, 등기청구권과 과실수취권(제587조)을 가진다. 한편 ⓑ 점유보호청구권의 행사는 등기 여부와 무관하다.

〈8-3-2〉 공시방법으로서 등기 일반에 관한 판례

㉮ 유효하게 경료된 등기가 「불법말소」된 경우에, — 등기가 물권변동의 효력발생요건일 뿐 효력존속요건은 아니므로(대판 2001.1.16. 98다20110) — 물권의 효력에 영향을 미치지 않는다. 즉

㉠ 말소회복등기를 마치기 전이라도 적법한 권리자로 추정된다. 다만 제3자 앞으로 이전등기가 마쳐졌다면 그 등기가 실체관계에 부합하지 않는다는 점에 대한 증명책임을 부담한다(대판 1982.9.14. 81다카923).

㉡ 말소회복등기를 하면 종전의 순위를 보유하는데, 회복등기의 상대방은 말소당시의 소유명의인이고, 말소 후에 등기명의를 취득한 이는 이해관계 있는 제3자로

서 승낙의무를 부담한다(대판 1997.9.30. 95다39526).

저당권등기가 불법말소되었지만 경매와 관련하여 회복등기가 불가능한 경우도 있음에 관하여 〈5－2－3〉 참조.

㉯ 대판 2001.12.11. 2001다45355: "토지의 매수인이 아직 소유권이전등기를 경료받지 아니하였다 하여도 <u>매매계약의 이행으로 그 토지를 인도받은 때에는 매매계약의 효력으로서 이를 점유·사용할 권리가 생기게 된 것으로 보아야</u> 하고, 또 매수인으로부터 위 토지를 다시 매수한 자는 위와 같은 토지의 점유사용권을 취득한 것으로 봄이 상당하므로 매도인은 매수인으로부터 다시 위 토지를 매수한 자에 대하여 토지소유권에 기한 물권적 청구권을 행사하거나 그 점유·사용을 법률상 원인이 없는 이익이라고 하여 부당이득반환청구를 할 수는 없다고 할 것인바, 이러한 법리는 […] 부동산의 소유권을 이전받게 되는 자가 이미 당해 부동산을 점유·사용하고 있거나, 그로부터 다시 이를 임차하여 점유·사용하고 있는 경우에도 마찬가지로 적용된다."[24)]

㉰ 미등기매수인의 지위에 관하여 판례는,

㉠ 미등기건물의 매수인에게 점유 중인 건물에 대한 「법률상 또는 사실상 처분을 할 수 있는 지위」를 인정하기도 하는데, 이러한 지위는 주로 제214조에 기한 미등기건물의 철거청구의 피고적격과 관련된다. 예컨대 대판 2003.1.24. 2002다61521: "건물철거는 그 소유권의 종국적 처분에 해당되는 사실행위이므로 원칙으로는 그 소유자(민법상 원칙적으로는 등기명의자)에게만 그 철거처분권이 있다 할 것이고, 예외적으로 건물을 前소유자로부터 매수하여 점유하고 있는 등 그 권리의 범위 내에서 그 점유 중인 건물에 대하여 법률상 또는 사실상 처분을 할 수 있는 지위에 있는 자에게도 그 철거처분권이 있다."[25)]

㉡ 나아가 「사실상 소유 또는 실질적 소유」라는 개념을 사용하기도 하지만, 과세 등 공법상의 법률관계와 관련될 뿐이다. 지방세법 제105조 제2항 소정의 "사실

24) 이러한 법리는 매도인에 대한 「채권적 지위」에 기한 것이므로, 매수인(또는 그로부터의 전득자나 임차인)은 매도인으로부터의 양수인 등(공시방법을 갖춘)에 대하여 ―그가 매도인의 지위를 포괄적으로 승계하지 않은 한― 대항할 수 없다. 토지의 미등기매수인이 신축한 건물을 취득한 이에 대해서도 토지소유권에 기한 물권적 청구권을 행사할 수 없다고 한 대판 1988.4.25. 87다카1682도 참조.

25) 다만 미등기건물에 대한 양도담보계약상의 채권자의 지위를 승계하여 건물을 관리하는 이는 건물의 소유자가 아님은 물론 건물에 대하여 법률상 또는 사실상 처분권을 가지고 있는 이라고 할 수도 없어서 건물에 대한 철거처분권을 가지는 이라고 할 수 없다고 하였다.

상의 취득"에 관한 대판 2001.2.9. 2000두2204 및 대판(전) 2018.3.22. 2014두43110 참조.

---

(2) 등기가 유효하기 위해서는 우선 부동산등기법이 정한 절차에 따라 등기가 적법하게 행해져야 한다.

① 「보존등기」가 중복된 중복등기(重複登記)에서 어느 등기가 유효한지에 관하여 판례는, ⓐ 동일인 명의로 보존등기가 중복된 경우에 언제나 후등기기록이 무효이고(대판 1983.12.13. 83다카743 등), ⓑ 중복된 보존등기의 등기명의인이 동일인이 아닌 경우에는 선등기기록에 우선적 지위를 부여하여, 그 등기기록이 원인무효로 되지 않는 한 후차의 보존등기가 무효라고 하여 이른바 절차법적 절충설을 따른다.

② 등기의 절차적 유효요건이 갖추어지지 않았더라도, 등기청구권과 부합하는 등기가 경료되었고, 현재의 등기명의인의 등기청구권 행사를 저지할 만한 실체법상의 항변사유가 없어서 진실한 권리관계와 합치되는 경우에, 그 등기는 유효하다.

〈8-3-3〉 등기의 절차적 유효요건에 관한 판례

㉮ 등기명의인을 달리하는 중복등기에 관하여 대판(전) 1990.11.27. 87다카2961, 87다453의 다수의견: "동일부동산에 관하여 등기명의인을 달리하여 중복된 소유권보존등기가 경료된 경우에는 먼저 이루어진 소유권보존등기가 원인무효가 되지 아니하는 한 뒤에 된 소유권보존등기는 비록 그 부동산의 매수인에 의하여 이루어진 경우에도 일부동산 일용지주의를 채택하고 있는 부동산등기법 아래에서는 무효라고 해석함이 상당하다."[26]

참고로 대판(전) 2001.2.15. 99다66915: "동일부동산에 관하여 등기명의인을 달리하여 멸실회복에 의한 각 소유권이전등기가 중복등재되고 각 그 바탕이 된 소유

---

26) 이러한 법리가 후행 보존등기 또는 그에 기하여 이루어진 소유권이전등기의 명의인이 당해 부동산의 소유권을 원시취득한 경우에도 그대로 적용된다고 하며 무효인 후행 보존등기에 기하여 소유권이전등기를 마친 이가 점유취득시효를 완성하였더라도 후행 보존등기가 유효로 될 수 없다고 한 대판 2011.7.14. 2010다107064도 참조.

권보존등기가 동일등기인지 중복등기인지, 중복등기라면 각 소유권보존등기가 언제 이루어졌는지가 불명인 경우에는 위 법리로는 중복등기의 해소가 불가능하므로 이러한 경우에는 적법하게 경료된 것으로 추정되는 각 회복등기 상호간에는 각 회복등기일자의 선후를 기준으로 우열을 가려야 한다."

㉯ 실체관계에 부합하는 등기에 관한 선도적 판결인 대판 1978.8.22. 76다343: "부동산의 소유권을 이전할 것을 목적으로 하는 계약이 있고 동 계약당사자 간에 등기청구권을 실현하는 데 있어서 법률상 하등의 지장이 없고 따라서 등기의무자가 그 의무의 이행을 거절할 정당한 하등의 사유가 없는 경우에 양도인이 동 계약에 터 잡고 양수인으로 하여금 사실상 그 목적부동산에 대한 전면적인 지배를 취득케 하여 그로써 양도인에 대한 관계에 있어서는 양수인은 소유권의 개념으로서 통합되어 그의 실질적인 내용을 이룩하고 있는 것으로 되어 있는 사용, 수익, 처분 등의 모든 권능을 취득하였다고 할 수 있는 상태에 이르렀다면은 특별한 사정이 없는 한 법적으로도 양도인과 양수인과의 이와 같은 실질적인 관계를 외면할 수 없는 것이라고 할 것이니 위와 같은 상태에서 양 당사자 간의 관계를 상대적으로 다투는 데 있어서는 등기 전이라고 하더라도 소유권은 실질적으로 양수인에게 옮겨져 있는 것으로 해도 무방하다 할 것이며 등기가 위와 같은 양 당사자의 실질적인 관계에 상응하는 것이라면 동 등기가 등기의무자의 신청에 의하지 아니한 하자가 있다고 해서 이를 반드시 무효로 하지 않으면 안 될 이유가 있다고도 할 것이 아니므로 등기가 실체관계에 부합하여 유효하다고 할 때 위와 같은 경우까지를 이에 포함시켜 무방하다."27)

실체관계에 부합하여 유효한 등기의 예로, 뒤에서 따로 보는 중간생략등기 외에, 실제와 다른 등기원인에 의한 등기(대판 1980.7.22. 80다791: 증여를 매매로 가장한 사

---

27) 나아가 "등기가 양 당사자의 위와 같은 실질적인 관계에 부응하는 것이라면 그 등기는 의당 있어야 마땅한 등기라고 할 것이고 이와 같은 등기는 일반적으로 등기의무자의 의사에 터 잡고 있는 것이라고 할 수 있다. 양 당사자 간의 실질적인 관계가 위와 같은 상태에 이르렀다면 그와 같은 상태에 이르게끔 한 양도인의 행위는 특별한 사정이 없는 한 일반적으로 소유권의 양도계약 등 물권변동을 위한 법률행위 당시에 잠재적이고 부동적이었던 등기의무자의 등기의사를 현실화시키고 확정적인 것으로 하려는 의사에 연유하는 것이라고 보아 무방하다 할 것이므로 위와 같은 상태 하에서의 당사자 간의 그 실질관계에 부합되는 등기는 등기의무자의 등기의사를 바탕으로 하고 있다고 보아서 안 될 이유가 있는 것이 아니므로 가사 그 등기가 등기의무자의 신청에 의하지 아니하였다고 하더라도 그것을 단지 등기의무자의 의사에 기하지 아니하였다고 하고 등기의무자의 말소청구를 시인하여야 할 이유나 필요는 없다."

안), 3자간의 등기명의신탁에서 명의수탁자가 유예기간 경과 후 자의로 명의신탁자에게 소유권이전등기를 경료해 준 경우(대판 2004.6.25. 2004다6764), 다른 공유자의 동의 없이 공유물의 특정부분을 처분하여 소유권이전등기를 마친 경우(대판 1994.12.2. 93다1596. 당연히 처분공유자의 공유지분 범위 내에서만) 등.

참고로 대판 2015.11.17. 2013다84995: "사해행위 취소 및 원상회복으로 소유권이전등기의 말소를 명한 판결의 소송당사자가 아닌 다른 채권자가 위 판결에 기하여 채무자를 대위하여 마친 말소등기는 등기절차상의 흠에도 불구하고 실체관계에 부합하는 등기로서 유효하다."[28)]

(3) 등기는 당사자가 법률행위에 의하여 달성하고자 하는 물권변동에 부합하는 것이어야 하고, 그렇지 못한 등기는 효력이 없다. 중간생략등기를 제외한 나머지를 먼저 본다.

① 무효등기의 유용으로 물권변동의 효력이 발생하는데(등기상 이해관계가 있는 제3자가 생기지 않은 경우에 한하여), 그 효과는 유용의 합의가 있는 때에 생기고(당연히 등기가 실체관계에 부합함을 전제로) 등기시점으로 소급하지 않는다.

② 진정명의 회복을 위한 소유권이전등기는 등기절차상 말소등기가 행하여지기 어려운 경우에 그 대안으로 기능한다.

---

28) "사해행위 취소의 효력은 채무자와 수익자의 법률관계에 영향을 미치지 아니하고, 사해행위 취소로 인한 원상회복판결의 효력도 소송의 당사자인 채권자와 수익자 또는 전득자에게만 미칠 뿐 채무자나 다른 채권자에게 미치지 아니하므로, 어느 채권자가 수익자를 상대로 사해행위 취소 및 원상회복으로 소유권이전등기의 말소를 명하는 판결을 받았으나 말소등기를 마치지 아니한 상태라면 소송의 당사자가 아닌 다른 채권자는 위 판결에 기하여 채무자를 대위하여 말소등기를 신청할 수 없다. 그럼에도 불구하고 다른 채권자의 등기신청으로 말소등기가 마쳐졌다면 등기에는 절차상의 흠이 존재한다. 그러나 채권자가 사해행위 취소의 소를 제기하여 승소한 경우 취소의 효력은 민법 제407조에 따라 모든 채권자의 이익을 위하여 미치므로 수익자는 채무자의 다른 채권자에 대하여도 사해행위의 취소로 인한 소유권이전등기의 말소등기의무를 부담하는 점, 등기절차상의 흠을 이유로 말소된 소유권이전등기가 회복되더라도 다른 채권자가 사해행위 취소판결에 따라 사해행위가 취소되었다는 사정을 들어 수익자를 상대로 다시 소유권이전등기의 말소를 청구하면 수익자는 말소등기를 해 줄 수밖에 없어서 결국 말소된 소유권이전등기가 회복되기 전의 상태로 돌아가는데 이와 같은 불필요한 절차를 거치게 할 필요가 없는 점 등에 비추어" 위의 결론에 이르렀다.

〈8-3-4〉 등기의 실체적 유효요건에 관한 판례

1) 대판 1989.10.27. 87다카425: "가등기의 등기원인이 실효된 이후에 前소유자와의 무효등기의 유용에 관한 합의에 따라 가등기명의인이던 甲 명의로 마쳐진 소유권이전의 본등기는 그 등기유용의 합의가 이루어지기 전에 이미 소유권이전등기를 한 등기상의 이해관계인인 乙에 대한 관계에서는 실질관계를 결한 무효의 등기로 평가되므로, 위 甲 명의 소유권이전등기나 이 등기를 기초로 하여 마쳐진 丙 명의의 소유권이전등기가 원인무효의 등기로 말소될 때에는, 직권말소된 乙 명의의 소유권이전등기에 관하여 등기공무원이 직권으로 그 말소등기의 회복등기를 하여야 하는 것으로서 그 말소회복등기가 되기 전이라도 乙은 등기명의인으로서의 권리를 그대로 보유하고 있기 때문에 소유자로 추정된다."

2) 진정명의 회복을 위한 소유권이전등기

㉮ 대판(전) 1990.11.27. 89다카12398: "이미 자기 앞으로 소유권을 표상하는 등기가 되어 있었거나 법률에 의하여 소유권을 취득한 자가 진정한 등기명의를 회복하기 위한 방법으로는 현재의 등기명의인을 상대로 그 등기의 말소를 구하는 외에 "진정한 등기명의의 회복"을 원인으로 한 소유권이전등기절차의 이행을 직접 구하는 것도 허용되어야 한다."

㉯ 말소등기의 대용으로서 진정명의 회복을 위한 소유권이전등기를 구하는 소의 당사자적격은 물권적 청구로서 말소등기청구에서와 다르지 않다.

㉠ 원고적격자는 「이미 자기 앞으로 소유권을 표상하는 등기가 되어 있었거나 법률에 의하여 소유권을 취득한 이」, 결국 물권자에 한한다. 자기 앞으로 소유권을 표상하는 등기가 되어 있지 않았고 법률에 의하여 소유권을 취득하지도 않은 이는 소유자를 대위하여 현재의 등기명의인을 상대로 그 등기의 말소를 청구할 수 있을 뿐, 진정명의 회복을 위한 소유권이전등기청구를 할 수 없다(대판 2003.5.13. 2002다64148).[29]

㉡ 진정한 등기명의의 회복을 위한 소유권이전등기청구는 현재의 등기명의인을 상대로 해야 하고, 현재의 등기명의인이 아닌 이는 피고적격이 없다(대판 2017.12.5. 2015다240645).

㉰ 말소등기청구소송의 기판력은 진정명의 회복을 위한 소유권이전등기청구소송

29) 명의신탁자의 원고적격을 부정한 대판 2001.8.21. 2000다36484도 참조.

에 미친다. 대판(전) 2001.9.20. 99다37894의 다수의견은, 말소등기청구권과 진정명의 회복을 위한 소유권이전등기청구권은 모두 소유권에 기한 방해제거청구권으로 그 법적 근거와 성질이 동일하므로, 비록 후자는 이전등기, 전자는 말소등기의 형식을 취하더라도 그 소송물은 실질상으로 동일한 것으로 보아야 하고, 따라서 소유권이전등기말소청구소송에서 패소 확정판결을 받았다면 그 기판력은 그 후 제기된 진정명의 회복을 원인으로 한 소유권이전등기청구소송에 미친다고 하였다.[30]

---

(4) 중간생략등기에 관하여 본다.

① 이미 경료된 중간생략등기의 효력에 관하여 의논이 분분하지만, 판례는 실체관계에 부합한다면 유효하다는 입장이다.

② 한편 최종양수인의 최초양도인에 대한 등기청구에 관해서도 의견이 갈리는데, 판례는 관계당사자 전원의 의사합치가 있어야 직접 등기청구를 할 수 있다는 입장이다.

〈8-3-5〉 중간생략등기에 관한 판례

㉮ 이미 경료된 중간생략등기가 유효하기 위하여,

㉠ 3자, 즉 최초양도인, 중간자 및 최종양수인 사이의 합의가 있어야 하지만,

㉡ 당사자 사이에 적법한 원인행위가 성립되어 일단 중간생략등기가 이루어진 이상 중간등기 생략에 관한 합의가 없었다는 이유만으로 중간생략등기가 무효라고 할 수 없다(대판 2005.9.29. 2003다40651).[31]

㉯ 부동산의 양도계약이 A와 B 사이 그리고 B와 C 사이에 순차 이루어진 경우에, C가 A에게 직접 소유권이전등기청구권을 행사하기 위해서는 관계당사자 전원

30) '㉠ X 명의의 부동산에 관하여 소유권이전등기가 X → Y → A → Y의 순으로 순차 경료, ㉡ X가 절대적 강박을 이유로 A와 Y를 상대로 소유권이전등기의 말소를 구하는 소 제기, ㉢ 그 소의 패소 확정 후 다시 Y를 상대로 진정명의 회복을 위한 소유권이전등기청구'의 사안에서 X의 청구를 기각한 사례. 이 판결은 앞의 89다카12398 판결이 말소등기청구소송 패소 후에 진정명의 회복을 위한 소유권이전등기를 허용한 것을 변경했다.

31) 다만 토지거래허가구역 내의 토지에 대한 중간생략등기는 적법한 토지거래허가 없이 경료된 등기로서 무효라고 해야 한다(대판 1997.11.11. 97다33218).

의 의사합치, 즉 중간등기 생략에 대한 A와 B의 동의와 함께 A와 C 사이에도 중간등기 생략의 합의가 있어야 한다(대판 1995.5.24. 93다47738).[32]

그런데 중간등기 생략의 합의는 중간등기를 생략해도 당사자 사이에 이의가 없고 또 그 등기의 효력에 영향을 미치지 않겠다는 의미가 있을 뿐이지, 그러한 합의가 있었다 하여 B의 소유권이전등기청구권이 소멸된다거나 A의 B에 대한 소유권이전등기의무가 소멸되는 것은 아니다(대판 1991.12.13. 91다18316).

㉰ 대판 1995.8.22. 95다15575: "부동산이 전전 양도된 경우에 중간생략등기의 합의가 없는 한 그 최종양수인은 최초양도인에 대하여 직접 자기명의로의 소유권이전등기를 청구할 수 없고, 부동산의 양도계약이 순차 이루어져 최종양수인이 중간생략등기의 합의를 이유로 최초양도인에게 직접 그 소유권이전등기청구권을 행사하기 위하여는 관계당사자 전원의 의사합치, 즉 중간생략등기에 대한 최초양도인과 중간자의 동의가 있는 외에 최초양도인과 최종양수인 사이에도 그 중간등기 생략의 합의가 있었음이 요구되므로, 비록 최종양수인이 중간자로부터 소유권이전등기청구권을 양도받았다고 하더라도 최초양도인이 그 양도에 대하여 동의하지 않고 있다면 최종양수인은 최초양도인에 대하여 채권양도를 원인으로 하여 소유권이전등기절차이행을 청구할 수 없다."[33]

그 근거로 매매로 인한 소유권이전등기청구권은 그 이행과정에 신뢰관계가 따르므로, 반드시 채무자의 동의나 승낙을 받아야 대항력이 생긴다고 하는 점(대판 2001.10.9. 2000다51216 등) 및 취득시효 완성으로 인한 소유권이전등기청구권에는 이러한 양도제한의 법리가 적용되지 않는다는 점(대판 2018.7.12. 2015다36167)에 관하여 〈2-1-8〉 참조.

㉱ 중간등기 생략의 합의 후에 한 매매대금 증액합의의 효력에 관하여 대판 2005.4.29. 2003다66431: "중간생략등기의 합의란 부동산이 전전 매도된 경우 각 매매계약이 유효하게 성립함을 전제로 그 이행의 편의상 최초의 매도인으로부터 최종의 매수인 앞으로 소유권이전등기를 경료하기로 한다는 당사자 사이의 합의에 불과할 뿐이므로, 이러한 합의가 있다고 하여 최초의 매도인이 자신이 당사자가 된 매매계약상의 매수인인 중간자에 대하여 갖고 있는 매매대금청구권의 행사가 제한

---

32) C가 B를 대위하여 A에 대하여 B에게 소유권이전등기를 할 것을 청구할 수 있음은 별개의 문제이다.

33) 이러한 법리는 명의신탁자가 부동산에 관한 유효한 명의신탁약정을 해지한 후 이를 원인으로 한 소유권이전등기청구권을 양도한 경우에도 적용된다(대판 2021.6.3. 2018다280316).

되는 것은 아니다."[34]

3. 부동산등기

(1) 공시방법으로서 등기는 여러 기준에 따라 분류되는데, 우선 소유권에 기한 방해배제청구권 행사의 일환으로서 말소등기를 본다.

① 前소유자는 물권적 청구로서 말소등기를 구할 수 없지만, 계약에 기하여 채권적인 저당권말소등기청구권을 행사할 수 있음에 관하여 (〈8-1-2〉에 소개된) 대판(전) 1994.1.25. 93다16338 참조.

② 'A → B → C'로 소유권이전등기가 순차 경료되었는데 A가 방해제거청구(제214조)로 B, C 명의 등기의 말소를 구하는 경우에, C 명의 등기를 말소하기 위하여 A가 B의 말소등기청구권을 대위행사할 수 있음에 관하여 〈5-1-3〉 참조.

〈8-3-6〉 부동산등기에 관한 판례

1) 등기 일반

㉮ 부기등기는 기존의 주등기에 종속되어 주등기와 일체를 이루는 것이어서 주등기가 말소되면 직권으로 말소되어야 할 성질의 것이므로, 주등기 및 부기등기가 원인무효의 것이라면 주등기의 말소만 구하면 되고, 부기등기의 말소청구는 권리보호의 이익이 없는 부적법한 청구이다(대판 2000.10.10. 2000다19526).[35]

㉯ 대판 2023.4.27. 2021다276225·276232: "부동산등기법 제23조 [⋯] 제4항에

---

34) '㉠ 토지소유자 A가 B와 토지매매계약을 체결하면서 미등기상태에서 제3자에게 분양함을 용인, ㉡ B는 그 토지의 일부를 C에게 분양하고 대금 전부를 지급받음, ㉢ 그 후 A의 요청에 따라 A와 B가 대금증액에 합의, ㉣ C가 A를 상대로 소유권이전등기를 구하는 소를 제기'의 사안에서, C의 청구를 인용한 원심을 파기한 사례.

그런데 A, B, C 사이에 3면적 합의(이 사안에서는 순차로 이루어진)에 의하여 C가 등기청구권을 취득한 후 그중 일부인 A와 B가 계약내용을 변경하기로 합의한 경우에, 그 합의가 3면적 합의에 기한 C(변경합의의 당사자가 아닌)의 등기청구권에 영향을 미칠 수 있는지와 관련하여 검토를 요한다.

35) 다만 부기등기에 한하여 무효사유가 있다는 이유로 부기등기만의 효력을 다투는 경우에 예외가 인정됨에 관하여 대판 2005.6.10. 2002다15412·15429 참조.

따라 등기절차의 이행 또는 인수를 명한 판결에 의한 등기는 승소한 등기권리자 또는 등기의무자가 단독으로 신청할 수 있다. 여기서 말하는 '등기절차의 이행을 명한 판결'은 주문에 반드시 등기절차를 이행하라는 등기의무자의 등기신청의사를 진술하는 내용 등이 포함되어 있어야 한다(대법원 등기예규 제1692호 판결 등 집행권원에 의한 등기의 신청에 관한 업무처리지침 2. 참조)."

㉰ 참고로 대판(전) 2015.5.21. 2012다952: "등기명의인의 경정등기는 명의인의 동일성이 인정되는 범위를 벗어나면 허용되지 아니한다. 그렇지만 등기명의인의 동일성 유무가 명백하지 아니하여 경정등기신청이 받아들여진 결과 명의인의 동일성이 인정되지 않는 위법한 경정등기가 마쳐졌다 하더라도, 그것이 일단 마쳐져서 경정 후의 명의인의 권리관계를 표상하는 결과에 이르렀고 그 등기가 실체관계에도 부합하는 것이라면 등기는 유효하다. 이러한 경우에 경정등기의 효력은 소급하지 않고 경정 후 명의인의 권리취득을 공시할 뿐이므로, 경정 전의 등기 역시 원인무효의 등기가 아닌 이상 경정 전 당시의 등기명의인의 권리관계를 표상하는 등기로서 유효하고, 경정 전에 실제로 존재하였던 경정 전 등기명의인의 권리관계가 소급적으로 소멸하거나 존재하지 않았던 것으로 되지도 아니한다."

2) 말소등기

㉮ X가 그 소유의 부동산에 관하여 Y 명의로 마쳐진 소유권이전등기의 말소를 구하려면 먼저 X에게 그 말소를 청구할 수 있는 권원이 있음을 주장·증명해야 하고, X에게 그러한 권원이 있음이 인정되지 않는다면 설사 Y 명의의 소유권이전등기가 말소되어야 할 무효의 등기라도 X의 청구를 인용할 수 없는데, 이러한 법리는 Y 명의의 소유권이전등기가 X 명의의 소유권이전등기로부터 전전하여 경료된 것으로서 선행하는 X 명의의 소유권이전등기의 유효함을 전제로 해야만 그 효력을 주장할 수 있는 경우라 하여 달리 볼 것은 아니다(대판 2005.9.28. 2004다50044).[36]

㉯ 소유권이전등기의 말소등기가 경료된 경우에, 그 말소등기가 적법하게 이루어졌고 따라서 이전등기 명의인의 소유권은 소멸한 것으로 추정되지만, 원인 없이 말소되었다면 그 회복등기가 경료되기 전이라도 말소된 소유권이전등기의 최종명

36) Y로부터 매매 등의 방법으로 부동산에 대한 권리가 순차적으로 이전되어 최종적으로 소유권이전등기를 마친 제3자가 시효취득을 원인으로 부동산에 대한 소유권을 취득함에 따라 당초 부동산의 소유자인 X가 소유권을 상실하게 되면, 비록 Y 명의의 소유권이전등기가 원인무효라도 X에게 Y 명의의 소유권이전등기의 말소를 청구할 수 있는 권원이 없으므로, X는 Y에 대하여 소유권에 기한 등기말소청구를 할 수 없다고 한 대판 2019.7.10. 2015다249352도 참조.

의인은 적법한 권리자로 추정된다(대판 1982.12.28. 81다카870).

㈐ 확립된 판례의 태도에 따르면,

㉠ 「이전등기」청구소송에서 — 등기원인을 달리하면 이는 공격방법의 차이가 아니라 등기청구권 발생원인의 차이여서 — 각 등기원인마다 소송물이 별개이다. 가령 대물변제예약에 기한 소유권이전등기청구권과 매매계약에 기한 소유권이전등기청구권의 소송물이 다르다고 한 대판 1997.4.25. 96다32133 참조.

㉡ 반면 소유권에 기한 물권적 방해제거청구로서 「말소등기」청구소송에서 소송물은 당해 등기의 말소등기청구권이고, 그 등기청구권의 발생원인은 당해 등기원인의 무효이며, 등기원인의 무효를 이루는 개개의 사유는 공격방법에 불과하여 별개의 청구원인을 구성하지 않는다(대판 1999.9.17. 97다54024). 따라서 등기원인의 무효를 뒷받침하는 개개의 사유가 전소의 변론종결 전에 이미 발생한 것이라면, 전소와 후소는 그 소송물이 동일하여 후소에서의 주장사유들은 전소의 확정판결의 기판력에 저촉되어 허용될 수 없다.37)

㈑ 말소등기에서 말소에 대하여 등기상 이해관계 있는 제3자가 있으면 그의 승낙이 있어야 하는데(부동산등기법 제57조), 여기서 「등기상 이해관계 있는 제3자」는 말소등기를 함으로써 손해를 입을 우려가 있는 등기상의 권리자로서 그 손해를 입을 우려가 있다는 것이 등기부 기재에 의하여 형식적으로 인정되어야 한다(예컨대 말소될 소유권이전등기에 기하여 저당권을 설정받은 이). 그리고 제3자가 승낙의무를 부담하는지 여부는 그 제3자가 말소등기권리자에 대한 관계에서 승낙을 해야 할 「실체법상」의 의무가 있는지 여부에 따라 결정된다(대판 2007.4.27. 2005다43753).

㈒ 참고로 대판 2008.6.12. 2007다36445: "순차로 경료된 등기들의 말소를 청구하는 소송은 권리관계의 합일적인 확정을 필요로 하는 필요적 공동소송이 아니라 통상공동소송이며, 이와 같은 통상공동소송에서는 공동당사자들 상호간의 공격방어방법의 차이에 따라 모순되는 결론이 발생할 수 있고, 이는 변론주의를 원칙으로 하는 소송제도 아래서는 부득이한 일로서 판결의 이유모순이나 이유불비가 된다고 할 수 없으며, 이 경우 후순위등기에 대한 말소청구가 패소 확정됨으로써 그 전순위등기의 말소등기 실행이 결과적으로 불가능하게 되더라도, 그 전순위등기의 말소를 구할 소의 이익이 없다고는 할 수 없다."

37) 말소등기청구와 진정명의 회복을 위한 소유권이전등기청구가 동일한 소송물에 관한 것이라는 대판 2009.1.15. 2007다51703 및 〈8-3-4〉도 참조.

⑵ 이미 확보한 등기순위를 유지하기 위한 부기등기와 반대로 앞으로 행하여질 등기의 순위를 미리 확보하는 제도로서 「가등기」를 본다.

① 본등기가 경료되기 전에 가등기인 상태에서 아무런 실체법상의 효력(특히 처분금지효)이 인정되지 않지만, 본등기 후에는 가등기가 본등기의 순위를 보전하는 효력을 가진다.

② 가등기상 권리의 변동은 부기등기에 의한다.

〈8-3-7〉 가등기에 관한 판례

㉮ 가등기의 효력은 본등기의 「순위」에 관한 것으로, 물권변동은 본등기가 마쳐진 때에 일어나고 그 시기가 가등기를 마친 때로 소급하지 않는다(대판 1982.6.22. 81다1298·1299).

㉯ 적법한 가등기가 불법말소되면, 가등기권리자는 위법하게 말소된 가등기의 회복등기를 청구할 수 있는데, 회복등기가 마쳐지기 전이라도 말소된 등기의 등기명의인은 적법한 권리자로 추정되므로 원인 없이 말소된 등기의 효력을 다투는 쪽에서 그 무효사유를 주장·증명해야 한다(대판 1997.9.30. 95다39526).

㉰ 가등기에 기한 본등기청구와 단순한 소유권이전등기청구는, 비록 그 등기원인이 동일하더라도, 서로 다른 청구로 보아야 한다(대판 1994.4.26. 92다34100).

㉱ 대판(전) 1998.11.19. 98다24105: “가등기는 원래 순위를 확보하는 데에 그 목적이 있으나, 순위보전의 대상이 되는 물권변동의 청구권은 그 성질상 양도될 수 있는 재산권일 뿐만 아니라 가등기로 인하여 그 권리가 공시되어 결과적으로 공시방법까지 마련된 셈이므로, 이를 양도한 경우에는 양도인과 양수인의 공동신청으로 그 가등기상의 권리의 이전등기를 가등기에 대한 부기등기의 형식으로 경료할 수 있다고 보아야 한다.” 이 판결은 「가등기의 부기등기」를 긍정하면서, 「가등기의 가등기」를 부정한 대결 1972.6.2. 72마399를 폐기하였다는 점이 이채롭다.

⑶ 등기의 진정을 확보하기 위하여 부동산등기법 제23조 제1항은 「공동신청주의」를 취한다. 여기서 등기권리자와 등기의무자 중 어느 일방이 등기신청에 공동하지 않는 경우에, 타방이 등기에 협력해 줄 것을 청구할 수 있는 실체법상의 권

리로서 등기청구권(登記請求權)이 등장한다.

〈8-3-8〉 등기청구권에 관한 판례

㉮ 부동산등기법 제23조 제4항에서 판결에 의한 등기를 승소한 등기권리자 외에 등기의무자도 단독으로 신청할 수 있게 한 것은 "통상의 채권채무관계에서는 채권자가 수령을 지체하면 채무자가 공탁 등에 의한 방법으로 채무부담에서 벗어날 수 있으나 등기에 관한 채권채무관계에서는 이러한 방법을 사용할 수 없으므로", 등기의무자가 자기명의로 있어서는 안 될 등기가 자기명의로 있음으로 인하여 사회생활상 또는 법상 불이익을 입을 우려가 있는 경우에 소의 방법으로 등기권리자를 상대로 등기를 인수받아 갈 것을 구하고 그 판결을 받아 등기를 강제로 실현할 수 있도록 한 것이다(대판 2001.2.9. 2000다60708).

㉯ 판례는 부동산매매에 기한 매수인의 등기청구권을 채권적 청구권으로 본다. 따라서 부동산매수인의 등기청구권은 10년의 소멸시효에 걸리지만,[38] 매수인이 그 목적물을 인도받아 사용·수익하고 있거나(대판(전) 1976.11.6. 76다148) 이를 타에 처분한(대판(전) 1999.3.18. 98다32175) 경우에 소멸시효에 걸리지 않는다(〈3-5-1〉 참조).

(4) 등기의 효력으로 권리변동적 효력, 순위확정적 효력, 대항적 효력 등도 있지만, 특히 중요한 것은 증명책임과 관련되는 추정적 효력이다.

① 명문규정이 없음에도 판례(대판 1979.6.26. 79다741 등)는 등기의 추정력을 인정하는데, 그 본질은 법률상의 권리추정이라고 하면서, 그 근거를 등기가 실체관계와 부합할 개연성에서 구한다.

② 어느 부동산에 관하여 등기가 경료되어 있으면, 그 원인과 절차에 있어서 적법하게 경료된 것으로 추정되고, 나아가 전세금이나 임차보증금의 존재 등 「기재사항」의 적법에도 추정력이 미친다.

38) 토지를 매수한 후 소유권이전청구권 보전을 위한 가등기를 경료하고 그 토지에 타인이 건물 등을 축조하여 점유 사용하는 것을 방지하기 위하여 지상권을 설정한 뒤 가등기에 기한 본등기청구권이 시효로 소멸하면, 위 지상권도 소멸한다고 한 대판 1991.3.12. 90다카27570 참조.

〈8-3-9〉 등기의 추정력에 관한 판례

1) 추정력 일반

㉮ 토지의 소유권이전등기 명의자는 등기의 효력으로서 그 토지의 소유자로 추정된다(대판 1983.11.22. 83다카894).

㉯ 前등기명의인인 미성년자가 부동산을 친권자에게 증여한 행위는 이해상반행위이지만(제921조 및 〈2-4-2〉 참조), 일단 친권자에게 이전등기가 경료되었다면, 특별한 사정이 없는 한 그 이전등기에 관하여 필요한 절차를 적법하게 거친 것으로 추정된다(대판 2002.2.5. 2000다72029). 지분이전등기가 경료된 경우에도, 그 등기는 적법하게 된 것으로서 진실한 권리상태를 공시하는 것이라고 추정되므로, 그 등기가 위법하게 된 것이라고 주장하는 상대방에게 그 추정력을 번복할 만한 반대사실을 증명할 책임이 있다(대판 1992.10.27. 92다30047).

㉰ 대판 1993.10.12. 93다18914는, 소유권이전이 前등기명의인(X)의 직접적인 처분행위에 의한 것이 아니라 제3자(D)가 그 처분행위에 개입된 경우에, 現등기명의인(Y)이 D가 X의 대리인이라고 주장하더라도 Y의 등기가 적법하게 이루어진 것으로 추정되므로, 그 등기가 원인무효임을 이유로 말소를 청구하는 X로서는 그 반대사실, 즉 D에게 X를 대리할 권한이 없었다든지 또는 D가 X의 등기서류를 위조했다는 등의 무효사실에 대한 증명책임을 진다고 하였다(대판 2009.9.24. 2009다37831도 동지).

2) 추정력의 인적 적용범위

㉮ 대판 2013.1.10. 2010다75044·75051: "부동산에 관하여 소유권이전등기가 마쳐져 있는 경우, 등기명의자는 제3자에 대하여서뿐만 아니라 그 전의 소유자에 대하여도 적법한 등기원인에 의하여 소유권을 취득한 것으로 추정되므로, 이를 다투는 측에서 무효사유를 주장·입증하여야 한다."

㉯ 다만 소유권보존등기의 추정력은 등기명의인이 원시취득자가 아님이 증명되면 깨어진다. ㉠ 신축된 건물의 소유권은 이를 건축한 사람이 원시취득하므로, 건물소유권보존등기의 명의자가 이를 신축한 것이 아니라면 그 등기의 추정력은 깨어져서, 등기명의자가 스스로 적법하게 그 소유권을 취득한 사실을 증명해야 하고(대판 1996.7.30. 95다30734), ㉡ 토지조사부에 소유자로 등재되어 있는 이는 재결에 의하여 사정내용이 변경되었다는 등의 반증이 없는 이상 토지의 소유자로 사정받

고 그 사정이 확정된 것으로 추정되므로(대판(전) 1986.6.10. 84다카1773. 임야조사부의 기재에 관해서도 같다), 소유권보존등기의 추정력은 보존등기명의인 아닌 이가 그 토지를 사정받은 것으로 밝혀지면 깨어진다(대판 1997.5.23. 95다46654·46661).

3) 추정의 복멸

㉮ 대판 2018.11.29. 2018다200730: "사망자 명의로 신청하여 이루어진 이전등기는 일단 원인무효의 등기라고 볼 것이어서 등기의 추정력을 인정할 여지가 없으므로, 등기의 유효를 주장하는 자가 현재의 실체관계와 부합함을 증명할 책임이 있다."39)

㉯ 반면 등기명의인이 등기원인을 다소 다르게 주장하더라도 등기의 추정력은 복멸되지 않는다. 즉 등기명의인이 등기부상 기록된 등기원인에 의하지 않고 다른 원인으로 적법하게 취득했다고 하면서 등기원인행위의 태양이나 과정을 다소 다르게 주장한다고 해서 이러한 주장만으로 그 등기의 추정력이 깨어진다고 할 수 없다(대판 1994.9.13. 94다10160).

4) 참고로 대장의 기록에 대해서는 추정력이 인정되지 않는다(토지대장에 관한 대판 2013.7.11. 2013다202878 참조).

제 4 절　동산물권의 취득

1. 일반론

(1) 동산물권변동에서도 형식주의에 따라(제188조 이하), 법률행위와 함께 공시방법으로서 인도(引渡)가 있어야 물권변동이 일어난다.

(2) 공시방법 중 간이인도에서 타주점유가 자주점유로 바뀜에 따라 외관에 기한 추정(제200조, 제197조 제1항 참조)과 일치하지 않던 권리관계가 일치하게 되는 반

39) 다만 등기원인이 이미 존재함에도 등기신청을 하지 않고 있는 동안 등기의무자에 대하여 상속이 개시된 경우에, "피상속인이 살아 있다면 그가 신청하였을 등기를 상속인이 신청한 경우 또는 등기신청을 등기공무원이 접수한 후 등기를 완료하기 전에 본인이나 그 대리인이 사망한 경우와 같은 특별한 사정"이 있으면 그렇지 않다는 대판 2008.4.10. 2007다82028도 참조.

면, 점유개정에서는 역으로 됨에 따라 외관에 기한 추정과 반대되는 상황으로 된다. 따라서 점유개정의 유효범위가 제한된다.

(3) 판례는 관습법상의 공시방법으로서 명인방법도 인정한다.

2. 선의취득

(1) 공신력(公信力)은 「유효」한 거래를 전제로 권리의 흠결「만」을 치유한다. 즉 선의취득은 「점유」라는 외관에서 추정되는 바(제200조 참조)에 대한 신뢰로 양도인의 「처분권한」이라는 요건을 갈음하는 제도이다.

그런데 선의취득에 의하여 거래안전의 보호, 즉 「동적 안전」은 확보되지만, 진정한 권리자의 보호, 즉 「정적 안전」이 침해되므로, 제249조를 해석할 때 위의 두 법익을 비교·형량해야 한다.

(2) 선의취득의 요건은 무권한자의 점유와 양수인의 보호가치 있는 신뢰(평온, 공연, 선의 및 무과실), 유효한 양도행위, 양수인의 점유취득인데, 이 중에서 특히 점유개정의 경우에도 선의취득이 인정되는지에 관하여 논란이 많다.

(3) 선의취득에 의하여 양수인이 동산물권을 원시취득하지만, 점유이탈물에 관하여 특칙이 적용된다.

〈8-4-1〉 선의취득에 관한 판례

㉮ 대판 1998.6.12. 98다6800: "선의취득제도는 동산을 점유하는 자의 권리외관을 중시하여 이를 신뢰한 자의 소유권 취득을 인정하고 진정한 소유자의 추급을 방지함으로써 거래의 안전을 확보하기 위하여 법이 마련한 제도"이다.

㉯ 선의·무과실 판단의 기준시점은 "물권행위가 완성되는 때", 즉 물권적 합의와 인도 중에서 나중에 갖추어진 요건이 완성되는 때이다(대판 1991.3.22. 91다70).

그리고 선의는 제197조 제1항에 의하여 추정되는데, 무과실에 대한 증명책임에 관하여 판례는 동산질권의 선의취득에서 취득자의 선의·무과실을 동산질권자가 증명해야 한다는 입장이다(대판 1981.12.22. 80다2910).

㉰ 목적물반환청구권 양도에 의한 선의취득이 인정되는(지명채권양도의 대항요건을

갖추었을 때 선의취득에 필요한 점유의 취득요건을 충족한다고 한 대판 1999.1.26. 97다48906 참조) 반면, 점유개정에 의한 선의취득은 부정된다(대판 1978.1.17. 77다1872).

한편 판례는 동산소유자가 점유개정의 방법으로 동산을 이중으로 매도한 경우에, 먼저 현실의 인도를 받은 양수인이 소유권을 취득한다는 입장이다(대판 1975.1.28. 74다1564; 대판 1989.10.24. 88다카26802[40] 등). 그런데 88다카26802 판결과 같이 이중으로 양도담보를 설정한 경우에, 양도담보의 법적 성질에 관하여 신탁적 소유권 이전설을 취하는 판례의 태도(〈5-2-18〉 참조)를 따라, 점유개정에 의한 소유권취득은 확정적이므로 먼저 점유개정에 의하여 양도담보를 설정받은 이가 소유권을 취득한다. 그렇다면 판례의 입장은 나중에 「점유개정」에 의하여 양도담보권을 설정받은 이는 선의취득을 할 수 없지만(대판 2004.10.28. 2003다30463; 대판 2005.2.18. 2004다37430), 현실인도를 받으면 그때 점유취득의 요건을 충족하여 소유권을 선의취득할 수 있다는 의미로 이해되어야 한다. 진정양도가 이중으로 행하여진 경우에도 마찬가지로 볼 것이다.

㉣ 앞의 98다6800 판결: "민법 제249조의 동산선의취득제도는 동산을 점유하는 자의 권리외관을 중시하여 이를 신뢰한 자의 소유권 취득을 인정하고 진정한 소유자의 추급을 방지함으로써 거래의 안전을 확보하기 위하여 법이 마련한 제도이므로, 위 법조 소정의 요건이 구비되어 동산을 선의취득한 자는 권리를 취득하는 반면 종전 소유자는 소유권을 상실하게 되는 법률효과가 법률의 규정에 의하여 발생되므로, <u>선의취득자가 임의로 이와 같은 선의취득 효과를 거부하고 종전 소유자에게 동산을 반환받아 갈 것을 요구할 수 없다</u>."

㉤ 도품·유실물에 관하여 앞의 91다70 판결은, 위탁물 횡령 또는 점유보조자나 소지기관의 횡령은 제250조의 문제가 아니라고 하고, "민법 제251조는 민법 제249조와 제250조를 전제로 하고 있는 규정이므로 무과실도 당연한 요건이라고 해석하여야 한다"고 했다.

---

40) 다만 "양수인 중 한 사람이 처분금지가처분집행을 하고 그 동산의 인도를 명하는 판결을 받은 경우에는 다른 양수인이 위 가처분집행 후에 양도인으로부터 그 동산을 현실로 인도받아 점유를 승계하였더라도 그 동산을 선의취득한 것이 아닌 한 이와 같은 양수인은 가처분채권자가 본안소송에서의 승소판결에 따른 채무명의에 터 잡아 강제집행을 하는 경우 이를 수인하여야 하는 지위에 있으므로 가처분채권자와의 사이에서는 그 동산의 소유권을 취득하였다고 주장할 수 없다."

제5절 소유권

1. 소유권의 취득 1: 취득시효

(1) 취득시효는 점유의 계속(시간의 경과)을 요건으로 한 물권의 법정취득사유이다.41)

〈8-5-1〉 시효취득의 대상에 관한 판례

1) 국유재산

㉮ 일반재산에 대하여 취득시효가 완성된 후 그 일반재산이 행정재산으로 되면 시효완성을 이유로 소유권이전등기를 청구할 수 없다(대판 1997.11.14. 96다10782). 반면 행정재산이 공용폐지에 의하여 일반재산으로 되면 그때부터 시효취득이 가능하다. 공용폐지되기 전까지는 "시효취득의 대상이 되지 않는" 행정재산이라고 한 대판 2010.11.25. 2010다58957 참조.

㉯ 결국 국유재산을 시효취득하기 위해서는 취득시효기간 동안 계속하여 시효취득의 대상이 되는 일반재산이어야 하고, 이 점에 대한 증명책임은 시효취득을 주장하는 측에 있다(공유재산에 관한 대판 2009.12.10. 2006다19177).

2) 자기 소유의 부동산

㉮ 대판 2016.10.27. 2016다224596: "부동산에 관하여 적법·유효한 등기를 마치고 소유권을 취득한 사람이 자기 소유의 부동산을 점유하는 경우에는 특별한 사정이 없는 한 사실상태를 권리관계로 높여 보호할 필요가 없고, 부동산의 소유명의자는 부동산에 대한 소유권을 적법하게 보유하는 것으로 추정되어 소유권에 대한 증명의 곤란을 구제할 필요 역시 없으므로, 그러한 점유는 취득시효의 기초가 되는 점유라고 할 수 없다. 다만 그 상태에서 다른 사람 명의로 소유권이전등기가 되는 등으로 소유권의 변동이 있는 때에 비로소 취득시효의 요건인 점유가 개시된다고

41) 대판 2022.7.28. 2017다204629: "부동산에 대한 취득시효제도의 존재이유는 부동산을 점유하는 상태가 오랫동안 계속된 경우 권리자로서 외형을 지닌 사실상태를 존중하여 이를 진실한 권리관계로 높여 보호함으로써 법질서의 안정을 도모하고, 장기간 지속된 사실상태는 진실한 권리관계와 일치될 개연성이 높다는 사실을 고려하여 권리관계에 관한 분쟁이 생긴 경우 점유자의 증명곤란을 구제하려는 데에 있다."

볼 수 있을 뿐이다."

따라서 상호명의신탁에서 배타적 사용·수익의 대상인 특정부분의 점유는 자기 소유의 토지를 점유하는 것이어서 취득시효의 기초가 되는 점유가 아니다. 토지의 특정한 일부를 매도한 경우에 관한 대판 2001.4.13. 99다62036·62043, 매수한 경우에 관한 대판 2009.10.15. 2007다83632 참조.[42]

㉯ 다만 대판 2022.7.28. 2017다204629: "소유권에 기초하여 부동산을 점유하는 사람이더라도 그 등기를 하고 있지 않아 자신의 소유권을 증명하기 어렵거나 소유권을 제3자에게 대항할 수 없는 등으로 점유의 사실상태를 권리관계로 높여 보호하고 증명곤란을 구제할 필요가 있는 예외적인 경우에는, 자기 소유 부동산에 대한 점유도 취득시효를 인정하기 위해 기초가 되는 점유로 볼 수 있다."[43]

3) 부동산의 일부에 대한 시효취득도 가능하지만(대판 1989.4.25. 88다카9494 참조), 이를 위해서는 그 부분이 다른 부분과 구분되어 시효취득자의 점유에 속한다는 것을 인식하기에 족한 객관적인 징표가 계속하여 존재해야 하고(대판 1997.3.11. 96다37428), 소유권 취득에 분필(분할)등기가 선행되어야 한다(대판 2023.6.15. 2022다303766 참조).

4) 대판 2003.11.13. 2002다57935는, 건물공유자 중 일부만이 당해 건물을 점유하는 경우라도 그 건물의 부지는 건물 소유를 위하여 공유명의자 전원이 공동으로 이를 점유하는 것으로 볼 것이며, 건물공유자들이 건물부지의 공동점유로 인하여 건물부지에 대한 소유권을 시효취득하는 경우라면 그 취득시효 완성을 원인으로 한 소유권이전등기청구권은 당해 건물의 공유지분비율과 같은 비율로 건물공유자들에게 귀속된다고 하였다.

그런데 집합건물의 공용부분은 취득시효에 의한 소유권 취득의 대상이 될 수 없다(대판 2013.12.12. 2011다78200·78217).

---

42) 사해행위 취소의 상대효를 근거로 수익자의 등기부취득시효를 부정한 대판 2016.11.25. 2013다206313도 참조.

43) 이례적으로 대판 2001.7.13. 2001다17572는, 시효제도의 존재이유 및 제245조가 '타인의 물건'임을 요구하지 않은 점 등에 비추어 「자기 소유의 부동산」도 취득시효의 대상일 수 있다고 하였는데, 이 판결은 A가 C로부터 매수한 토지에 관하여 B와 명의신탁약정을 맺고 C와 매수인명의를 수탁자 B로 하는 경개계약을 체결하여 B 앞으로 소유권이전등기가 경료되었으나 A가 토지를 인도받아 점유·사용하여 온 사안에 관한 것으로, 대외적으로 소유권을 주장할 수 없는 A의 입장에서 자기 소유물에 대한 시효취득의 예로 볼 수 있는지 음미를 요한다.

(2) 점유취득시효에 기하여 부동산소유권을 취득하려면, ❶ 자주점유이자 평온·공연한 점유를 기초사실로 하여, ❷ 20년의 시효기간이 경과한 후 ❸ 등기를 마쳐야 한다(제245조 제1항).

① ❶의 점유요건 중 실제로 문제되는 것은 자주점유인지 여부인데, 점유자는 「소유의 의사」로 점유하는 것으로 추정된다(제197조 제1항).[44]

② ❷와 ❸의 요건은 점유개시 후에 소유권이나 점유 등에 변동이 있는 경우에 누가 누구를 상대로 시효완성에 기한 등기를 청구할 수 있느냐 하는 점에서 밀접하게 관련되는데,[45] 시효완성에 따라 점유자는 「채권적」 등기청구권을 가질 뿐이라는 점(대판 1993.9.14. 93다10989)에서 출발해야 한다.

〈8-5-2〉 **자주점유에 관한 판례**

㉮ 소유의 의사 유무는 ㉠ 점유개시시를 기준으로(대판 1996.5.28. 95다40328), ㉡ 점유자의 내심의 의사와 관계없이 점유취득의 원인이 된 권원의 성질이나 점유와 관계있는 모든 사정에 의하여 외형적·객관적으로(대판 2002.2.26. 99다72743) 결정된다. 이 기준에 의하여 자주점유인지 여부가 판단되지 않는 경우에 비로소 제197조의 추정이 작동한다.

구체적으로 공유자 1인이 공유토지 전부를 점유하는 경우에, 다른 공유자의 지분범위 내에서 권원의 성질상 타주점유이고(대판 1995.1.12. 94다19884), 매수인에게 소유권이전등기를 경료하여 주거나 대금을 완불받았음에도 불구하고 매도인이 매매목적물을 계속 점유하는 경우에, 특별한 사정이 없는 한 매도인의 점유는 타주점유이다(대판 1995.5.23. 94다51871). 명의수탁자나 상속에 의하여 그의 점유를 승계한 이의 점유가 권원의 성질상 자주점유라고 할 수 없다고 한 대판 1996.6.11. 96다7403, 부동산의 할부급 매매에서 대금완납시까지 타주점유로 본 대판 1995.12. 22. 95다30062도 참조.

44) 취득시효의 요건인 점유는 직접점유뿐만 아니라 간접점유도 포함한다는 대판 1998.2.24. 96다8888, 점유가 불법이라고 주장하는 이로부터 이의를 받은 사실이 있거나 점유물의 소유권을 둘러싸고 당사자 사이에 법률상 분쟁이 있었더라도 그러한 사실만으로 곧 그 점유의 평온·공연성이 상실된다고 할 수 없다고 한 대판 1992.4.24. 92다6983도 참조.

45) 시효권리자와 목적물에 대하여 이해관계 있는 제3자 사이의 이해충돌을 어떻게 조정할 것인지가 관건이다.

㈏ 자주점유의 추정에 관한 선도적 판결인 대판(전) 1983.7.12. 82다708·709, 82다카1792·1793: "취득시효에 있어서 자주점유의 요건인 소유의 의사는 객관적으로 점유취득의 원인이 된 점유권원의 성질에 의하여 그 존부를 결정하여야 하는 것이나 다만 점유권원의 성질이 분명하지 아니한 때에는 민법 제197조 제1항에 의하여 점유자는 소유의 의사로 점유한 것으로 추정되므로 점유자가 스스로 그 점유권원의 성질에 의하여 자주점유임을 입증할 책임이 없고 점유자의 점유가 소유의 의사 없는 타주점유임을 주장하는 상대방에게 타주점유에 대한 입증책임이 있다고 할 것이고 따라서 점유자가 스스로 매매 또는 증여와 같은 자주점유의 권원을 주장하였으나 이것이 인정되지 않는 경우에도 원래 위와 같은 자주점유의 권원에 관한 입증책임이 점유자에게 있지 아니한 이상 그 점유권원이 인정되지 않는다는 사유만으로 자주점유의 추정이 번복된다거나 또는 점유권원의 성질상 타주점유라고 볼 수는 없다."

토지의 점유자가 소유자를 상대로 그 토지에 관하여 매매를 원인으로 한 소유권이전등기청구소송을 제기했다가 패소 확정되었더라도 타주점유로 전환되지는 않는다고 한 대판 1997.12.12. 97다30288도 참조.

㈐ 예외적으로 자주점유의 추정이 깨어지는데, 특히 주목할 것은 악의의 무단점유(惡意의 無斷占有)의 경우에 자주점유의 추정을 부정한 대판(전) 1997.8.21. 95다28625이다.

㉠ 이 판결의 다수의견은 앞에서 본 82다708·709, 82다카1792·1793 판결의 법리를 전제로 하면서도 "점유자가 점유개시 당시에 소유권 취득의 원인이 될 수 있는 법률행위 기타 법률요건이 없이 그와 같은 법률요건이 없다는 사실을 잘 알면서 타인 소유의 부동산을 무단점유한 것임이 입증된 경우에도 특별한 사정이 없는 한 점유자는 타인의 소유권을 배척하고 점유할 의사를 갖고 있지 않다고 보아야 할 것이므로 이로써 소유의 의사가 있는 점유라는 추정은 깨어졌다"고 하여, 점유자가 타인 소유의 토지를 악의로 무단점유한 경우에 특별한 사정이 없는 한 소유의 의사로 점유한 것이라는 추정은 깨어졌다고 하였는데,[46] 시효취득을 다투는 이가 악의의 무단점유임에 대한 증명책임을 부담하고, 특별한 사정에 대해서는 점유자가 증명책임을 진다.

---

46) 'A가 매수한 대지에 주택을 신축하면서 인접한 Y 소유의 대지를 점유 → A로부터 대지와 주택을 매수한 X가 Y를 상대로 취득시효 완성을 원인으로 소유권이전등기청구'의 사안에서 X의 청구를 인용한 원심을 파기한 사례.

㉡ 이 판결의 태도를 이어받아 대판 1999.6.25. 99다5866·5873은, 매매대상건물 부지의 면적이 등기부상의 면적을 상당히 초과하는 경우에, 매도인이 그 초과부분에 대한 소유권을 취득하여 이전해 주기로 약정하는 등의 특별한 사정이 없는 한 그 초과부분은 단순한 「점용권」의 매매로 보아야 하고, 따라서 그 점유는 권원의 성질상 타주점유에 해당한다고 했다.47)

㉢ 한편 대판(전) 2000.3.16. 97다37661의 다수의견: "토지의 매수인이 매매계약에 의하여 목적토지의 점유를 취득한 경우 설사 그것이 타인의 토지의 매매에 해당하여 그에 의하여 곧바로 소유권을 취득할 수 없다고 하더라도 그것만으로 매수인이 점유권원의 성질상 소유의 의사가 없는 것으로 보이는 권원에 바탕을 두고 점유를 취득한 사실이 증명되었다고 단정할 수 없을 뿐만 아니라, 매도인에게 처분권한이 없다는 것을 잘 알면서 이를 매수하였다는 등의 특별한 사정이 입증되지 않는 한, 그 사실만으로 바로 그 매수인의 점유가 소유의 의사가 있는 점유라는 추정이 깨어지는 것이라고 할 수 없고, 민법 제197조 제1항이 규정하고 있는 점유자에게 추정되는 소유의 의사는 사실상 소유할 의사가 있는 것으로 충분한 것이지 반드시 등기를 수반하여야 하는 것은 아니므로 <u>등기를 수반하지 아니한 점유임이 밝혀졌다고 하여 이 사실만 가지고 바로 점유권원의 사실상 소유의 의사가 결여된 타주점유라고 할 수 없다</u>."

〈8-5-3〉 시효기간의 경과와 등기에 관한 판례

㉮ 시효기간이 경과하였더라도 등기 전에는 아직 소유자가 아니지만, 시효가 완성됨에 따라 시효권리자에게 등기를 해 줄 의무를 지는 소유명의자는 시효권리자에 대하여 불법점유임을 이유로 건물의 철거 및 대지의 인도를 청구할 수 없고(대판 1988.5.10. 87다카1979), 점유로 인한 부당이득의 반환청구도 할 수 없다(대판

47) 나아가 대판 2022.5.12. 2019다249428: "계약명의신탁에서 명의신탁자는 부동산의 소유자가 명의신탁약정을 알았는지 여부와 관계없이 부동산의 소유권을 갖지 못할 뿐만 아니라 매매계약의 당사자도 아니어서 소유자를 상대로 소유권이전등기청구를 할 수 없고, 이는 명의신탁자도 잘 알고 있다고 보아야 한다. 명의신탁자가 명의신탁약정에 따라 부동산을 점유한다면 명의신탁자에게 점유할 다른 권원이 인정되는 등의 특별한 사정이 없는 한 명의신탁자는 소유권 취득의 원인이 되는 법률요건이 없이 그와 같은 사실을 잘 알면서 타인의 부동산을 점유한 것이다. 이러한 명의신탁자는 타인의 소유권을 배척하고 점유할 의사를 가지지 않았다고 할 것이므로 소유의 의사로 점유한다는 추정은 깨어진다."

1993.5.25. 92다51280).

㉯ 판례는, 취득시효의 기산점은 법률효과의 판단에 관하여 직접 필요한 주요사실이 아니라 간접사실에 속하고, 따라서 법원으로서는 「당사자의 주장에 구애됨이 없이」 소송자료에 의하여 인정되는 바에 따라 진정한 점유의 개시시기를 인정하고, 그에 터 잡아 취득시효 주장의 당부를 판단해야 한다고 하여 「고정시설」을 취하는데(대판 1994.4.15. 93다60120; 대판 1995.5.23. 94다39987), 이러한 태도는 〈3−5−2〉에서 본 소멸시효에서와 현저히 다르다.

다만 全 점유기간을 통틀어(前점유자의 점유를 승계했더라도 문제되지 않는다) 등기명의인이 동일하고 이해관계인도 나타나지 않았다면, 취득시효의 완성을 주장할 수 있는 시점에 시효기간이 경과한 사실만 확정되면 충분하므로 임의의 시점을 기산점으로 삼을 수 있다고 하여(대판 1990.1.25. 88다카22763; 대판 1998.5.12. 97다8496·8502), 예외적으로 「역산설」을 수용한다.

㉰ 등기청구의 상대방은 시효완성 당시의 소유자인데, 시효완성 당시의 소유권보존등기 또는 이전등기가 무효인 경우에, 시효권리자는 진정한 소유자를 대위하여 위 무효등기의 말소를 구하고 다시 위 소유자를 상대로 취득시효 완성을 이유로 한 소유권이전등기를 구해야 한다(대판 2005.5.26. 2002다43417; 대판 2009.12.24. 2008다71858).[48]

㉱ 취득시효 완성에 기한 등기청구권은 채권적 청구권으로 소멸시효의 대상임에 관하여 〈3−5−1〉 참조.

〈8−5−4〉 시효의 완성과 소유권 등의 변동에 관한 판례

1) 시효완성 「전」에 등기명의가 변경되는 등의 경우

㉮ 시효진행 중 등기명의의 변경으로 종래의 점유상태가 파괴되었다고 볼 수 없어서, 이를 취득시효의 중단사유라고 할 수 없다(대판 1997.4.25. 97다6186; 대판 1993.5.25. 92다52764·52771).

---

48) 원인무효의 등기가 기판력 있는 확정판결에 의하여 경료된 경우에는 기판력 때문에 그 등기부상의 소유명의자를 상대로 등기를 청구할 수 있음에 관하여 대판 1999.7.9. 98다29575 참조.

㈏ 시효완성 「전」에 소유권이전등기청구권을 보전하기 위하여 가등기가 경료된 경우에,

㉠ 시효완성 후 점유자 앞으로 등기가 마쳐지면 가등기에 의하여 보전된 매매예약상의 매수인의 지위는 소멸하지만(대판 2004.9.24. 2004다31463),

㉡ 점유자 앞으로 등기를 마치지 아니한 이상 가등기의 부담은 소멸되지 않고(앞의 2004다31463 판결), 그 가등기에 기하여 시효완성 「후」에 본등기가 경료되면 토지소유자의 점유자에 대한 등기의무는 이행불능으로 된다(대판 1992.9.25. 92다21258).

2) 시효완성 「후」에 권리변동등기가 마쳐진 경우

㈎ 시효완성 후 제3자 앞으로 소유권이전등기가 마쳐진 경우에, 시효권리자는 「채권적」 등기청구권으로 양수인에게 대항하지 못하여 소유권을 취득하지 못한다(대판 1993.9.28. 93다22883; 대판 1998.4.10. 97다56495). 이때 제3자가 악의라는 점은 문제되지 않으며(대판 1994.4.12. 93다50666·50673), 이전등기의 원인이 시효완성 전의 것이라도 상관없다(대판 1998.7.10. 97다45402).

소유권 변경의 예로, 증여(대판 2012.3.15. 2011다59445), 공동상속인 사이의 상속분의 양수(대판 1993.9.28. 93다22883), 공유물분할(대판 2009.12.10. 2006다55784·55791), 명의신탁의 해지(대판 1995.12.8. 95다38493; 대판 2001.10.26. 2000다8861)나 새로운 명의신탁(대판 2000.8.22. 2000다21987) 등에 기하여 이전등기가 마쳐진 경우 등.

그리고 시효완성 후 시효취득의 대상인 부동산의 일부공유자의 지분이 이전된 경우에, 그 지분의 양수인에 대해서는 시효완성을 주장하지 못하고 그와의 공유관계가 성립한다(대판 1995.9.5. 95다24586; 대판 2001.11.27. 2000다33638·33645).

㈏ 시효완성 후 제3자가 소유권 이외의 권리를 취득한 경우에도 그 부담이 인수된다. 가령 시효완성 후 제3자를 위하여 가등기가 경료된 경우에, 점유자는 가등기의 부담 있는 소유권을 취득하고, 가등기에 기한 본등기가 경료되면 점유자 명의의 등기는 이른바 중간처분등기로 직권말소될 것이지만, 본등기가 경료되기 전이라면 소유명의자의 점유자에 대한 이전등기의무가 이행불능이라고 할 수 없다(대판 1993.9.14. 93다12268).

그런데 대판 2006.5.12. 2005다75910: "원소유자가 취득시효의 완성 이후 그 등기가 있기 전에 그 토지를 제3자에게 처분하거나 제한물권의 설정, 토지의 현상변경 등 소유자로서의 권리를 행사하였다 하여 시효취득자에 대한 관계에서 불법행위가 성립하는 것이 아님은 물론 위 처분행위를 통하여 그 토지의 소유권이나 제한

물권 등을 취득한 제3자에 대하여 취득시효의 완성 및 그 권리취득의 소급효를 들어 대항할 수도 없다 할 것이니, 이 경우 시효취득자로서는 원소유자의 적법한 권리행사로 인한 현상의 변경이나 제한물권의 설정 등이 이루어진 그 토지의 사실상 혹은 법률상 현상 그대로의 상태에서 등기에 의하여 그 소유권을 취득하게 된다. 따라서 시효취득자가 원소유자에 의하여 그 토지에 설정된 근저당권의 피담보채무를 변제하는 것은 시효취득자가 용인하여야 할 그 토지상의 부담을 제거하여 완전한 소유권을 확보하기 위한 것으로서 그 자신의 이익을 위한 행위라 할 것이니, 위 변제액 상당에 대하여 원소유자에게 대위변제를 이유로 구상권을 행사하거나 부당이득을 이유로 그 반환청구권을 행사할 수는 없다."

3) 2)에 대한 예외

㉮ 먼저 소유권의 변동 후에 다시 시효기간이 경과한 경우에 예외가 인정된다.

㉠ 대판(전) 1994.3.22. 93다46360은, 취득시효 완성 후 토지소유자가 바뀌더라도 당초의 점유자가 계속 점유하고 소유자가 바뀐 시점을 새로운 기산점으로 삼아도 다시 취득시효의 점유기간이 완성되는 경우에, 시효취득을 주장하는 점유자로서는 소유권 변동시를 새로운 취득시효의 기산점으로 삼아 2차의 취득시효의 완성을 주장할 수 있다고 하였다.

㉡ 대판(전) 2009.7.16. 2007다15172·15189의 다수의견: "취득시효기간이 경과하기 전에 등기부상의 소유명의자가 변경된다고 하더라도 그 사유만으로는 점유자의 종래의 사실상태의 계속을 파괴한 것이라고 볼 수 없어 취득시효를 중단할 사유가 되지 못하므로, 새로운 소유명의자는 취득시효 완성 당시 권리의무변동의 당사자로서 취득시효 완성으로 인한 불이익을 받게 된다 할 것이어서 시효완성자는 그 소유명의자에게 시효취득을 주장할 수 있는바, 이러한 법리는 새로이 2차의 취득시효가 개시되어 그 취득시효기간이 경과하기 전에 등기부상의 소유명의자가 다시 변경된 경우에도 마찬가지로 적용된다고 봄이 상당하다."[49] 2차의 취득시효에 관해서도 시효완성 전의 소유권 변동이 영향을 미치지 않는다는 법리를 채택한 이 판결에 의하여 93다46360 판결이 변경되었다.

49) 'Y가 1961년부터 甲 토지를 점유·사용 → 1982년과 1988년에 甲에 관하여 각 소유권이전등기가 마쳐져 현재 X가 등기명의인 → X의 토지인도청구의 소 제기에 대하여 Y가 2002년 취득시효 완성을 원인으로 하는 소유권이전등기청구의 반소 제기'의 사안에서 Y의 반소를 인용한 사례.

㉯ 그 밖의 예외를 본다.

㉠ 제3자 명의의 등기가 원인무효라면,[50] 점유자는 소유명의자를 대위하여 제3자 명의로 경료된 소유권이전등기의 말소를 구하고(제214조 참조) 아울러 소유명의자에 대하여 시효완성을 원인으로 한 등기를 청구할 수 있다(대판 1993.9.14. 93다12268).

㉡ 어떤 연유로든 시효완성 당시의 소유명의자에게 소유권이 복귀되면, 점유자는 소유명의자에게 시효의 완성을 주장할 수 있다는 것이 판례의 입장이다. 즉 대판 1991.6.25. 90다14225: "부동산에 대한 점유로 인한 소유권취득시효가 완성되었다 하더라도 이를 등기하지 않고 있는 사이에 그 부동산에 관하여 제3자에게로 소유권이전등기가 경료되면 점유자가 그 제3자에게는 그 시효취득으로 대항할 수 없으나, 그로 인하여 점유자가 취득시효 완성 당시의 소유자에 대한, 시효취득으로 인한 소유권이전등기청구권을 상실하게 되는 것은 아니고, 위 소유권의 점유자에 대한 소유권이전등기의무가 이행불능으로 된 것이라고 할 것인데, 그 후 어떠한 사유로 취득시효 완성 당시의 소유자에게로 소유권이 회복되면 그 소유자에게 시효취득의 효과를 주장할 수 있다."[51]

㉢ 나아가 시효완성 당시 미등기로 남아 있던 토지에 관하여 소유권을 가지던 이가 시효완성 후 그 명의로 소유권보존등기를 마친 경우에, 시효완성 후의 「새로운 이해관계인」이 아니기 때문에 그 이에 대하여 시효완성을 주장할 수 있다(대판 1995.2.10. 94다28468; 대판 2007.6.14. 2006다84423).[52]

4) 시효를 완성하였음에도 권리를 취득하지 못한 점유자의 보호

㉮ 소유자가 자기의 부동산에 대하여 시효가 완성된 사실을 알고 이를 제3자에게 처분하여 소유권이전등기를 넘겨줌으로써 점유자에게 손해를 입혔다면 불법행위를 구성하여 손해배상책임이 발생할 수 있는데, 이 경우 위법성이 인정되기 위해서는 점유자가 등기명의자에 대하여 점유로 인한 취득시효기간이 만료되었음을 이유로 그 권리를 주장하였거나 취득시효기간 만료를 원인으로 한 등기청구권을 행

50) 가령 부동산소유자(E)가 시효완성의 사실을 알면서 부동산을 제3자(D)에게 처분하였고 D도 E의 불법행위에 적극 가담하였다면, 그 처분행위는 무효라고 한 대판 1993.2.9. 92다47892 참조.

51) 대판 1999.2.12. 98다40688도 동지.

52) 소유자의 상속인 명의로 소유권보존등기가 경료된 경우에도 같다. 대판 1998.4.14. 97다44089 참조.

사했어야 한다(대판 1995.7.11. 94다4509).

㉯ 점유로 인한 시효취득기간 만료를 원인으로 한 등기청구권이 이행불능으로 되었다고 하여 대상청구권을 행사하기 위해서는, 그 이행불능 전에 등기명의자에 대하여 점유로 인한 취득시효기간이 만료되었음을 이유로 그 권리를 주장하였거나 취득시효기간 만료를 원인으로 한 등기청구권을 행사했어야 하고, 그 이행불능 전에 그와 같은 권리의 주장이나 행사에 이르지 않았다면 대상청구권을 행사할 수 없다는 것이 판례의 입장이다(대판 1996.12.10. 94다43825).

㉰ 판례는 소유명의자의 채무불이행책임을 물을 수 없다고 한다(대판 1995.7.11. 94다4509).

〈8-5-5〉 시효의 완성과 점유상태의 변동에 관한 판례

㉮ 시효진행 중에 점유를 「상실」하면 시효가 중단되지만(다만 제192조 제2항 참조), 점유의 「승계」는 시효중단사유가 아니다. 그리고 前점유자의 점유를 함께 주장하는 경우에 어느 점유자의 점유까지를 주장할 것인지에 대하여 선택권을 가지지만, 前점유자의 점유를 아울러 주장하면서 그 점유의 개시시기를 어느 점유자의 점유기간 중 임의의 시점으로 정할 수는 없다(대판 1998.4.10. 97다56822).

㉯ 시효완성 후 점유상태가 변동된 경우에 관하여 대판(전) 1995.3.28. 93다47745의 다수의견은,

㉠ 점유자가 취득시효기간의 만료로 소유권이전등기청구권을 취득한 이상, 그 후 「점유를 상실」했더라도 이를 「시효이익의 포기」로 볼 수 있는 경우가 아닌 한 이미 취득한 등기청구권이 소멸하지 않는다고 하였다.[53]

㉡ 나아가 시효완성 후 「점유가 승계」된 경우에 "전 점유자의 점유를 승계한 자는 그 점유 자체와 하자만을 승계하는 것이지 그 점유로 인한 법률효과까지 승계하는 것은 아니므로 부동산을 취득시효기간 만료 당시의 점유자로부터 양수하여 점유를 승계한 현 점유자는 자신의 전 점유자에 대한 소유권이전등기청구권을 보전하기 위하여 전 점유자의 소유자에 대한 소유권이전등기청구권을 대위행사할 수 있을 뿐, 전 점유자의 취득시효 완성의 효과를 주장하여 직접 자기에게 소유권이

53) 점유를 상실한 경우에 등기청구권은 10년의 소멸시효에 걸린다(대판 1996.3.8. 95다34866·34873).

전등기를 청구할 권원은 없다"고 하였다.[54]

(3) 등기부취득시효에서는 점유취득시효의 요건에 「선의·무과실」의 점유와 소유자로서의 「등기」라는 요건이 추가되는 대신 시효기간이 10년으로 단축된다(제245조 제2항).

〈8-5-6〉 등기부취득시효의 요건에 관한 판례

㉮ 선의·무과실은 등기에 관한 것이 아니라 점유에 관한 것이다(대판 1998.1.20. 96다48527). 그리고 선의·무과실이 全 시효기간을 통하여 계속되어야 하는 것은 아니고(대판 1993.11.23. 93다21132), 점유개시시에 선의·무과실이면 된다.

그런데 등기의 추정력에 따라 무과실이 추정된다. 즉 등기부상의 명의인을 소유자로 믿고 부동산을 매수하여 점유하는 이는 특별한 사정이 없는 한 과실 없는 점유자에 해당한다(대판 1994.6.28. 94다7829).

㉯ 등기부취득시효의 요건으로서 "소유자로 등기한 자"가 적법·유효한 등기를 마쳤을 필요는 없고, 무효인 등기를 마친 경우도 포함하지만(대판 1994.2.8. 93다23367), 중복등기기록 중 폐쇄되어야 하는 등기기록상의 보존등기나 그에 터 잡은 이전등기를 근거로 한 등기부취득시효는 부정된다(대판(전) 1996.10.17. 96다12511).

한편 상속등기를 경료하지 않은 상속인도 제245조 제2항 소정의 "부동산의 소유자로 등기한 자"에 해당하여 등기부취득시효를 할 수 있다(대판 1989.12.26. 89다카6140).

㉰ 대판(전) 1985.1.29. 83다카1730은 소유자로 등기된 기간과 점유기간이 때를 같이하여 10년이어야 한다고 했으나, 대판(전) 1989.12.26. 87다카2176은 곧바로 태도를 변경하여 현재 「등기의 승계」가 긍정된다.

54) 점유의 승계와 함께 취득시효로 인한 등기청구권까지 양도된 경우에 점유승계인이 직접(물론 대항요건을 갖추어) 직접 자기에게 소유권이전등기를 구할 수 있음은 별개의 문제이다(대판 2018.7.12. 2015다36167 참조).

〈8-5-7〉 취득시효의 장애 및 시효이익의 포기에 관한 판례

㉮ 공유자 중 1인이 공유물의 보존행위로서 제소한 경우라도 그 제소로 인한 시효중단의 효력은 재판상의 청구를 한 그 공유자에 한하여 발생하고, 다른 공유자에게는 미치지 않는다(대판 1979.6.26. 79다639).

㉯ 대판 2019.4.3. 2018다296878은, 점유로 인한 부동산소유권의 시효취득에서 취득시효의 중단사유는 종래의 점유상태의 계속을 파괴하는 것으로 인정될 수 있는 사유여야 하는데, 제168조 제2호에서 정하는 '압류 또는 가압류'는 금전채권의 강제집행을 위한 수단이거나 그 보전수단에 불과하여 취득시효기간의 완성 전에 부동산에 압류 또는 가압류 조치가 이루어졌더라도 이로써 종래의 점유상태의 계속이 파괴되었다고는 할 수 없으므로, 이는 취득시효의 중단사유가 될 수 없다고 하였다. 반면 가처분은 취득시효에서도 중단사유에 속한다.

㉰ 시효중단사유로서 청구는 소유권침해의 경우에 그 소유권을 기초로 하는 방해배제 및 손해배상 혹은 부당이득의 반환을 구하는 소송도 포함한다(대판 1997.4.25. 96다46484; 대판 1995.10.13. 95다33047). 응소도 중단사유인데 응소행위로 인한 중단주장은 시효가 완성된 후라도 사실심 변론종결 전이라면 언제든지 할 수 있다(대판 1995.2.28. 94다18577; 대판 2003.6.13. 2003다17927·17934).

㉱ 취득시효 완성으로 인한 권리변동의 당사자는 시효취득자와 취득시효 완성 당시의 진정한 소유자이므로, 시효이익의 포기는 특별한 사정이 없는 한 시효취득자가 취득시효 완성 당시의 진정한 소유자에 대하여 해야 그 효력이 발생한다(대판 2009.12.10. 2006다19177).

(4) 취득시효의 요건이 갖추어지면 점유자는 권리를 취득한다.

〈8-5-8〉 취득시효의 효과에 관한 판례

㉮ 대판 1989.4.11. 88다카·5850: "취득시효기간 완성 후 아직 그것을 원인으로 소유권이전등기를 경료하지 아니한 자는 종전소유자로부터 그 부동산에 대한 등기부상 소유명의를 넘겨받은 제3자에 대하여 시효취득을 주장할 수 없으나 취득시효기간 만료 전에 등기명의를 넘겨받은 시효완성 당시의 등기명의자에 대하여는 그

소유권취득을 주장할 수 있다."

한편 등기부취득시효가 완성된 후 점유자 명의의 등기가 불법말소되거나 적법한 원인 없이 다른 사람 앞으로 소유권이전등기가 경료되더라도 그 점유자는 등기부취득시효의 완성에 의하여 취득한 소유권을 상실하지 않는다(대판 2001.1.16. 98다20110).

㉯ 대판 2015.2.26. 2014다21649: "부동산점유취득시효는 원시취득에 해당하므로 특별한 사정이 없는 한 원소유자의 소유권에 가하여진 각종 제한에 의하여 영향을 받지 아니하는 완전한 내용의 소유권을 취득하는 것이지만, 진정한 권리자가 아니었던 채무자 또는 물상보증인이 채무담보의 목적으로 채권자에게 부동산에 관하여 저당권설정등기를 경료해 준 후 그 부동산을 시효취득하는 경우에는, 채무자 또는 물상보증인은 피담보채권의 변제의무 내지 책임이 있는 사람으로서 이미 저당권의 존재를 용인하고 점유하여 온 것이므로, 저당목적물의 시효취득으로 저당권자의 권리는 소멸하지 않는다. 이러한 법리는 부동산 양도담보의 경우에도 마찬가지이므로, 양도담보권설정자가 양도담보부동산을 20년간 소유의 의사로 평온, 공연하게 점유하였다고 하더라도, 양도담보권자를 상대로 피담보채권의 시효소멸을 주장하면서 담보목적으로 경료된 소유권이전등기의 말소를 구하는 것은 별론으로 하고, 점유취득시효를 원인으로 하여 담보목적으로 경료된 소유권이전등기의 말소를 구할 수 없고, 이와 같은 효과가 있는 양도담보권설정자 명의로의 소유권이전등기를 구할 수도 없다."[55]

취득시효 완성으로 인한 소유권의 취득은 원시취득인데(대판 2004.9.24. 2004다31463), 여기서 「원시취득」이란 승계취득을 제외한 나머지를 지칭하는 것으로 前主의 권리에 붙은 부담을 승계하지 않는다는 의미를 가질 뿐이고, 시효를 완성한 점유자가 언제나 아무런 제한이 없는 완전한 소유권을 취득하는 것은 아니다. 이 판

55) 甲 토지의 진정한 권리자가 아닌 B가 채권담보를 위하여 채권자 A 명의의 등기를 경료하고 甲을 점유한 사안에서, ㉠ 원심은, 양도담보권자 A는 담보목적의 범위 내에서 甲에 관한 소유권을 신탁적으로 취득할 뿐이고, 양도담보권설정자 B는 실질적 소유자로서 소유의 의사로 甲을 점유·사용해 왔다고 할 것이므로, B의 상속인으로서 그 점유를 승계한 X 또한 甲을 자주점유하여 왔다고 전제한 다음, X는 B로부터 점유를 상속받은 1990. 8. 22.부터 20년이 경과한 2010. 8. 22. 甲을 시효취득했다고 판단하여 A의 상속인인 Y를 상대로 점유취득시효를 원인으로 한 X의 소유권이전등기청구를 모두 인용하였으나, ㉡ 대법원은, X가 Y를 상대로 피담보채권의 시효소멸을 주장하면서 담보목적으로 경료된 소유권이전등기의 말소를 구하는 것은 별론으로 하고, 점유취득시효를 원인으로 한 소유권이전등기를 구할 수는 없다고 하며 원심을 파기한 사례.

결은 그 예외를 명시적으로 밝혔다는 의미를 가진다. 특히 전주가 아니라 점유자 자신의 행위로 인한 부담은 유지되어야 한다. 따라서 양도담보의 법적 성질에 관하여 소유권적 구성을 취하는 한 취득시효 완성에도 불구하고 양도담보권자 명의의 등기가 유지되어야 할 것이다. 이 판결도 이 점을 고려하여 담보목적의 소유권이전등기의 말소를 별론으로 한다고 덧붙인 것으로 보인다.

㈐ 취득시효가 완성된 경우에, 점유자는 원소유자에 대하여 부당이득반환의무를 부담하지 않는다(대판 1993.5.25. 92다51280).

㈑ 원소유자는 점유자 명의로 소유권이전등기가 경료되기까지는 소유자로서 그 토지에 관한 권리를 행사할 수 있고, 따라서 그 권리행사로 인하여 점유자의 토지에 대한 점유상태가 변경되었다면 그 뒤 소유권이전등기를 경료한 점유자는 변경된 점유상태를 용인해야 한다(대판 1999.7.9. 97다53632. 불법행위가 성립할 수 있음에 관하여 〈8-5-4〉 참조).

2. 소유권의 취득 2: 첨부

(1) 첨부(添附)의 유형으로서 부합, 혼화 및 가공은, 어떤 물건이 다른 물건 또는 노동력과 결합하여 새로운 물건으로 되는 경우에 원상회복을 방지함으로써 소유권의 효용을 제고하고 그 소유권의 귀속을 정하는 제도로서 취지를 같이한다.

(2) 첨부로 인하여 소유권을 상실한 이는 부당이득에 관한 규정에 의하여 보상을 청구할 수 있다(제261조).

〈8-5-9〉 첨부에 관한 판례

㈎ 판례는 제261조에서 부당이득의 효과에 관한 규정(제747조, 제748조)만이 아니라 부당이득의 요건에 관한 규정(제741조 이하)도 준용된다는 입장이다. 즉 대판 2009.9.24. 2009다15602: 제261조에 기한 "보상청구가 인정되기 위해서는 민법 제261조 자체의 요건만이 아니라, 부당이득법리에 따른 판단에 의하여 부당이득의 요건이 모두 충족되었음이 인정되어야 한다." 나아가 대판 2018.3.15. 2017다282391: "이러한 법리는 매도인에게 소유권이 유보된 자재가 본인에게 효력이 없

는 계약에 기초하여 매도인으로부터 무권대리인에게 이전되고, 무권대리인과 본인 사이에 이루어진 도급계약의 이행으로 본인 소유 건물의 건축에 사용되어 부합된 경우에도 마찬가지로 적용된다."

㉯ 건물이 합동(合棟)된 경우에 관하여 대판 2010.1.14. 2009다66150: "경매대상 건물이 인접한 다른 건물과 합동됨으로 인하여 건물로서의 독립성을 상실하게 되었다면 경매대상건물만을 독립하여 양도하거나 경매의 대상으로 삼을 수는 없고, 이러한 경우 경매대상건물에 대한 채권자의 저당권은 위 합동으로 인하여 생겨난 새로운 건물 중에서 위 경매대상건물이 차지하는 비율에 상응하는 공유지분 위에 존속하게 된다."[56] 따라서 근저당권자인 채권자는 경매대상건물 대신 위 공유지분에 관하여 경매신청을 할 수밖에 없다(대결 1993.11.10. 93마929).

㉰ 대판 2007.7.27. 2006다39270·39278은, 부합물에 관한 소유권 귀속의 예외를 규정한 제256조 단서는 타인이 그 권원에 의하여 부속시킨 물건이라도 그 부속된 물건이 분리하여 경제적 가치가 있는 경우에 한하여 부속시킨 타인의 권리에 영향이 없다는 취지이지, 분리해도 경제적 가치가 없는 경우(이른바 「강한 부합」)에는 원래의 부동산소유자의 소유에 귀속되고, 경제적 가치의 판단은 부속시킨 물건에 대한 일반 사회통념상의 경제적 효용의 독립성 유무를 그 기준으로 해야 한다고 하였다.[57]

한편 대판 1989.7.11. 88다카9067은, 토지소유자가 아니라 그 임차인의 승낙만을 받아 그 부동산 위에 나무를 심었다면 특별한 사정이 없는 한 「토지소유자에 대하여」 그 나무의 소유권을 주장할 수 없다고 하였다.

㉱ 대판 2018.3.15. 2015다69907: "지상권설정등기가 경료되면 토지의 사용·수익권은 지상권자에게 있고, 지상권을 설정한 토지소유자는 지상권이 존속하는 한 토지를 사용·수익할 수 없다. 따라서 <u>지상권을 설정한 토지소유자로부터 토지를 이용할 수 있는 권리를 취득하였다고 하더라도 지상권이 존속하는 한 이와 같은 권리는 원칙적으로 민법 제256조 단서가 정한 '권원'에 해당하지 아니한다</u>." 다만

56) 참고로 인접한 구분건물들 사이의 격벽이 제거되는 등의 방법으로 각 구분건물이 건물로서의 독립성을 상실하여 일체화되고 이러한 일체화 후의 구획을 전유부분으로 하는 1개의 건물이 되었다면 기존 구분건물에 대한 등기는 합동으로 인하여 생겨난 새로운 건물 중에서 위 구분건물이 차지하는 비율에 상응하는 공유지분등기로서의 효력만 인정된다(대판 2020.2.27. 2018다232898).

57) 가스공급업자가 아파트에 설치한 가스공급시설은 그 대지와 일체를 이루는 구성부분으로 부합됨으로써 그 대지지분권을 양수한 아파트 구분소유자들의 소유로 되었다고 한 사례.

담보지상권의 경우에는 예외를 인정한다.[58]

3. 소유권의 내용과 범위

(1) 사적 소유의 법적 표현으로서 소유권은 시장경제질서에 터 잡은 우리 헌법 하에서 법적·경제적 질서의 토대이다.

(2) 민법은 소유권의 정의에 관한 규정을 두지 않고, 제211조에서 그 내용을 정하고 있을 뿐이다. 즉 재산권을 보장하는 헌법 제23조를 구체화하여 "소유자는 법률의 범위 내에서 그 소유물을 사용, 수익, 처분할 권리가 있다"고 규정한다.

〈8-5-10〉 **소유권의 범위에 관한 판례**

형식적 형성의 소인 토지경계확정의 소는 인접한 토지의 경계가 사실상 불분명하여 다툼이 있는 경우에 재판으로 그 경계를 확정해 줄 것을 구하는 소로서, 법원은 당사자가 주장하는 경계선에 기속되지 않고 스스로 진실하다고 인정하는 바에 따라 경계를 확정해야 한다(대판 1993.11.23. 93다41792·41808). 따라서 특별한 사정이 없는 한 원고가 주장하는 경계가 인정되지 않더라도 청구의 전부 또는 일부를 기각할 수 없다(대판 2021.8.19. 2018다207830).

(3) 이웃하는 토지들은 서로 접하고 있다는 점에서 일정한 제약을 주고받고, 그 결과 상린관계(相隣關係)는 토지소유권의 확장 또는 축소의 형태로 나타난다.

상린관계에 관한 규정들 중 실제로 중요한 것은 생활방해의 금지(제217조)와 주위토지통행권(제219조, 제220조) 정도이다.

58) "금융기관이 대출금채권의 담보를 위하여 토지에 저당권과 함께 지료 없는 지상권을 설정하면서 채무자 등의 사용·수익권을 배제하지 않은 경우, 지상권은 저당권이 실행될 때까지 제3자가 용익권을 취득하거나 목적토지의 담보가치를 하락시키는 침해행위를 하는 것을 배제함으로써 저당부동산의 담보가치를 확보하는 데에 목적이 있으므로, 토지소유자는 저당부동산의 담보가치를 하락시킬 우려가 있는 등의 특별한 사정이 없는 한 토지를 사용·수익할 수 있다고 보아야 한다. 따라서 그러한 토지소유자로부터 토지를 사용·수익할 수 있는 권리를 취득하였다면 이러한 권리는 민법 제256조 단서가 정한 '권원'에 해당한다고 볼 수 있다."

〈8-5-11〉 상린관계에 관한 판례

1) 대판 2012.12.27. 2010다103086: "인접하는 토지 상호간의 이용의 조절을 위한 상린관계에 관한 민법 등의 규정은 인접지소유자에게 소유권에 대한 제한을 수인할 의무를 부담하게 하는 것이므로 적용요건을 함부로 완화하거나 유추하여 적용할 수는 없고, 상린관계규정에 의한 수인의무의 범위를 넘는 토지이용관계의 조정은 사적자치의 원칙에 맡겨야 한다."

2) 생활방해의 금지

㉮ 생활방해가 수인한도(또는 「참을 한도」) 내의 것이라면 위법성이 인정되지 않는다.[59]

㉯ 대판 1997.7.22. 96다56153은, X 사찰이 6m의 이격거리를 둔 채 높이 87.5m의 19층 고층빌딩을 건축 중인 Y에 대하여 사찰의 환경이익 침해를 이유로 공사금지가처분신청을 한 사안에서, 사법상의 권리로서의 환경권을 인정하는 명문의 규정이 없음을 근거로 환경권에 기한 방해배제청구권을 부정하면서도, 소유권에 기하여 방해의 제거나 예방을 위하여 필요한 청구를 할 수 있다고 하였다.[60]

3) 주위토지통행권

㉮ 주위토지통행권은 공로와의 사이에 그 용도에 필요한 통로가 없는 토지의 이용이라는 공익목적을 위하여 피통행지소유자의 손해를 무릅쓰고 특별히 인정되므로, 그 통행로의 폭이나 위치 등을 정할 때 피통행지의 소유자에게 가장 손해가 적게 되는 방법이 고려되어야 하고, 주위토지통행권의 확인을 구하기 위해서는 통행의 장소와 방법을 특정하여 청구취지로써 이를 명시해야 한다(대판 2006.6.2. 2005다70144).[61]

59) 수인한도의 기준에 관하여 대판 1999.7.27. 98다47528: "침해가 사회통념상 일반적으로 수인할 정도를 넘어서는지 여부는 피해의 성질 및 정도, 피해이익의 공공성, 가해행위의 태양, 가해행위의 공공성, 가해자의 방지조치 또는 손해회피의 가능성, 인·허가관계 등 공법상 기준에의 적합 여부, 지역성, 토지이용의 선후관계 등 모든 사정을 종합적으로 고려하여 판단하여야 한다."

60) 옥상에 자동기상관측장비가 설치된 대학교 첨단과학관의 인접대지에 건축 중인 24층 예정의 아파트에 대하여 소유권에 기한 방해의 제거나 예방을 청구할 수 있다고 한 대판 1995.9.15. 95다23378도 참조.

61) 나아가 주위토지통행권의 본래적 기능 발휘를 위해서는 그 통행에 방해가 되는 담장과 같은 축조물도 위 통행권의 행사에 의하여 철거되어야 한다고 했다.

그리고 "공로에 출입할 수 없"는 경우는 토지와 공로 사이에 통로가 전혀 없는 경우뿐만 아니라 기존의 통로가 있더라도 그것이 「토지의 용도에 필요한 통로」로 기능하지 못하는 경우를 포함한다(대판 2003.8.19. 2002다53469).

㉯ 대판 2009.6.11. 2008다75300·75317·75324: "주거는 사람의 사적인 생활공간이자 평온한 휴식처로서 인간생활에서 가장 중요한 장소라고 아니할 수 없어 우리 헌법도 주거의 자유를 보장하고 있는바, 주위토지통행권을 행사함에 있어서도 이러한 주거의 자유와 평온 및 안전을 침해하여서는 아니 된다."[62]

㉰ 대판 2004.5.13. 2004다10268은, 통행지역권과 달리 주위토지통행권에서 통행로가 항상 특정한 장소로 고정되어 있지는 않고, 주위토지의 현황이나 사용방법이 달라짐에 따라 주위토지통행권자가 주위토지소유자를 위하여 보다 손해가 적은 다른 장소로 옮겨 통행할 수밖에 없는 경우도 있으므로, 확정판결이나 화해조서 등에 의하여 특정의 구체적 구역이 위 요건에 맞는 통행로로 인정되었더라도 그 후 그 전제가 되는 포위된 토지나 주위토지 등의 현황이나 구체적 이용상황에 변동이 생긴 경우에 제219조의 입법취지나 신의성실의 원칙 등에 비추어 구체적 상황에 맞게 통행로를 변경할 수 있고, 그 과정에서 포위된 토지와 주위토지의 각 소유자 간에 원만한 합의가 이루어지지 않는 경우에 일방이 상대방에 대하여 기존의 확정판결이나 화해조서 등이 인정한 통행장소와 다른 곳을 통행로로 삼아 주위토지통행권의 확인이나 통행방해의 배제·예방 또는 통행금지 등을 소로써 구하더라도 그 청구가 위 확정판결이나 화해조서 등의 기판력에 저촉된다고 볼 수 없다고 하였다.

㉱ 판례는, 무상통행권에 관한 제220조가 토지의 직접분할자 또는 일부양도의 당사자 사이에만 적용되고 포위된 토지 또는 피통행지의 특정승계인에게는 적용되지 않는데, 이러한 법리는 분할자 또는 일부양도의 당사자가 무상주위통행권에 기하여 이미 통로를 개설해 놓은 다음 특정승계가 이루어진 경우에도 마찬가지라고 하였다(대판 2002.5.31. 2002다9202). 그리고 포위된 토지 또는 피통행지의 특정승계의 경우에 일반원칙으로 돌아가 그 통행권의 범위를 따로 정해야 한다고 했다(대판 1996.11.29. 96다33433).

---

62) 인접토지의 일부를 통행로로 이용하던 중 그 토지 위에 연립주택이 건축된 경우에, 연립주택단지 내 기존통행로는 연립주택 주민들 전체의 주거공간이므로, 공로로 통할 수 있는 다른 인접토지가 있다면 별도의 통행로를 개설하는 비용이 들더라도 그 인접토지를 통하여 공로로 나가는 것이 연립주택단지 내의 주거의 평온과 안전에 대한 침해를 최소화할 수 있다는 이유로, 기존통행로에 대한 주위토지통행권을 인정한 원심을 파기한 사례.

4. 공 유

(1) 민법은 공동소유의 형태로 공유, 합유, 총유의 3가지를 규정한다.

이 중 공유(共有)란 특정의 물건이 지분에 의하여 여러 명의 소유로 된 것을 말하는데(제262조 제1항), 공유자가 공유물에 대하여 가지는 권리로서 소유권의 분량적 일부를 지분(持分. 또는 지분권)이라고 한다. 합유와 총유에 관하여 제1장 제4절 6.과 7. 참조.

(2) 공유자 사이의 법률관계를 개관한다.

① 공유물의 용익(제3자에의 임대를 포함하여) 등의 관리행위를 하기 위해서는 「지분의 과반수」를 요한다(제265조). 그런데 용익에서 배제되더라도 부당이득반환 또는 손해배상을 통하여 지분의 비율에 기한 용익권이 실현될 수 있다.

② 공유자 각자가 자기의 몫인 지분을 자유롭게 처분할 수 있지만(제263조), 공유물의 처분이나 변경은 각 공유자의 지위에 직접적인 영향을 미치므로 공유자 전원의 동의가 필요하다(제264조).

③ 공유물의 현상유지가 다른 공유자의 이익으로 추정되므로 공유물의 보존행위는 공유자 각자가 할 수 있지만(제265조 단서), 그 추정이 깨어진다면 할 수 없다.

〈8-5-12〉 공유자 사이의 법률관계에 관한 판례

1) 지분은 자유롭게 포기할 수 있다. 관련하여 대판 2016.10.27. 2015다52978: "공유지분의 포기는 법률행위로서 상대방 있는 단독행위에 해당하므로, 부동산공유자의 공유지분 포기의 의사표시가 다른 공유자에게 도달하더라도 이로써 곧바로 공유지분 포기에 따른 물권변동의 효력이 발생하는 것은 아니고, <u>다른 공유자는 자신에게 귀속될 공유지분에 관하여 소유권이전등기청구권을 취득하며, 이후 민법 제186조에 의하여 등기를 하여야 공유지분 포기에 따른 물권변동의 효력이 발생한다</u>. 그리고 부동산공유자의 공유지분 포기에 따른 등기는 해당 지분에 관하여 다른 공유자 앞으로 소유권이전등기를 하는 형태가 되어야 한다."

2) 공유물의 관리와 부담

㉮ 부동산에 관하여 과반수 지분을 가진 이는 다른 공유자와의 협의 없이 공유물

의 관리에 관한 사항을 단독으로 결정할 수 있으므로, 과반수 지분을 가진 이가 공유토지의 특정부분을 배타적으로 사용·수익할 것을 정하는 것도 공유물의 관리방법으로서 적법한데(대판 1991.9.24. 88다카33855), 공유물 전부에 대해서도 마찬가지이다(대판 2002.10.11. 2000다17803 참조). 나아가 과반수 지분의 공유자로부터 사용·수익을 허락받은 점유자에 대하여 소수지분의 공유자는 그 점유자가 사용·수익하는 건물의 철거나 퇴거 등 점유배제를 구할 수 없다(대판 2002.5.14. 2002다9738).

㈏ 대판 2014.2.27. 2011다42430: "공유건물에 관하여 과반수 지분권을 가진 자가 공유건물의 특정된 한 부분을 배타적으로 사용·수익할 것을 정하는 것은 공유물의 관리방법으로서 적법하지만, 이 경우 비록 그 특정부분이 자기의 지분비율에 상당하는 면적의 범위 내라 할지라도 다른 공유자들 중 지분은 있으나 사용·수익은 전혀 하고 있지 아니함으로써 손해를 입고 있는 자에 대하여는 과반수 지분권자를 포함한 모든 사용·수익을 하고 있는 공유자가 그 자의 지분에 상응하는 부당이득을 하고 있다고 보아야 한다. 왜냐하면, 모든 공유자는 공유물 전부를 지분의 비율로 사용·수익할 수 있기 때문"이다. 그런데 과반수 지분의 공유자(A)로부터 특정부분의 사용·수익을 허락받은 제3자(D)의 점유는 A의 공유물관리권에 터 잡은 적법한 점유이므로 D는 소수지분권자에 대해서도 그 점유로 인하여 법률상 원인 없이 이득을 얻고 있다고는 볼 수 없고(앞의 2002다9738 판결), 소수지분권자는 A에 대하여 부당이득의 반환이나 손해배상을 구할 수 있을 뿐이다.

㈐ 상가임대차법이 적용되는 상가건물의 공유자인 임대인이 같은 법 제10조 제4항에 의하여 임차인에게 갱신거절의 통지를 하는 행위는 실질적으로 임대차계약의 해지와 같이 공유물의 임대차를 종료시키는 것이므로 공유물의 관리행위에 해당하여 공유자의 지분의 과반수로써 결정해야 한다(대판 2010.9.9. 2010다37905).

반면 다수지분권자라 하여 나대지에 새로이 건물을 건축한다든지 하는 것은 '관리'의 범위를 넘어서므로 지분 과반수로 결정할 수 없다(대판 2001.11.27. 2000다33638·33645).[63]

㈑ 각 공유자는 지분의 비율로 공유물의 관리비용 기타 의무를 부담하지만, 대외적으로 공유물에 대한 부담은 불가분채무이고, 따라서 공유자 각자가 부담 전부를

63) 나아가 공유토지에 관하여 점유취득시효가 완성된 후 취득시효 완성 당시의 공유자들 일부로부터 과반수에 미치지 못하는 소수지분을 양수한 제3자는 나머지 과반수 지분에 관하여 취득시효에 의한 소유권이전등기를 경료받아 과반수 지분권자로 될 지위에 있는 시효취득자(점유자)에 대하여 지상건물의 철거와 토지의 인도 등 점유배제를 청구할 수 없다고 하였다.

이행할 의무를 진다(대판 1985.4.9. 83다카1775). 건물의 공유자가 공동으로 공유건물을 임대한 경우에, 임차보증금 반환채무는 성질상 불가분채무에 해당한다는 대판 2017.5.30. 2017다205073도 참조.

㉤ 공유물의 사용·수익·관리에 관한 공유자 사이의 특약은 유효하고 특정승계인에게도 승계되지만, 그 특약이 지분권자로서의 사용·수익권을 사실상 포기하는 등으로 공유지분권의 본질적 부분을 침해하는 경우에는 특정승계인이 그러한 사실을 알고도 공유지분권을 취득하였다는 등의 특별한 사정이 없다면 특정승계인에게 당연히 승계된다고 볼 수 없다(대판 2013.3.14. 2011다58701). 그리고 대판 2005.5.12. 2005다1827: "공유자간의 공유물에 대한 사용수익·관리에 관한 특약은 공유자의 특정승계인에 대하여도 당연히 승계된다고 할 것이나, [제265조에 따라] 위와 같은 특약 후에 공유자에 변경이 있고 특약을 변경할 만한 사정이 있는 경우에는 공유자의 지분의 과반수의 결정으로 기존특약을 변경할 수 있다."

3) 공유물의 처분·변경과 보존

㉮ 공유물의 처분에 관하여 다른 공유자들이 사전동의했다는 사실은 변론주의가 적용되는 「요건사실」이다(대판 2008.4.24. 2008다5073).

㉯ 판례는 공유자 1인의 처분이라도 그 공유자의 지분범위 내에서는 유효하므로, 지분범위를 넘는 부분만이 무효로 된다는 입장이다(대판(전) 1965.4.22. 65다268).

㉰ 공유부동산에 제3자 명의의 등기가 경료된 경우에 각 공유자는 보존행위로서 그 등기 전부의 말소를 구할 수 있다(대판 1993.5.11. 92다52870). 등기의 말소에 갈음하여 공유물에 경료된 원인무효의 등기에 관하여 각 공유자에게 해당 지분별로 진정명의 회복을 원인으로 한 소유권이전등기를 이행할 것을 단독으로 청구할 수도 있다(대판 2005.9.29. 2003다40651).

그런데 다른 공유자가 다투지 않을 의사를 명백히 한 경우에까지 보존행위가 허용되지는 않는다(대판 1995.4.7. 93다54736). 같은 취지에서, 상속에 의하여 다수인의 공유로 된 부동산에 관하여 그 공유자 중의 1인이 부정한 방법으로 공유물 전부에 관한 소유권이전등기를 그 단독명의로 경료함으로써 다른 공유자가 공유물에 대하여 갖는 권리를 방해한 경우에 그 방해를 받는 공유자 중 1인은 공유물의 보존행위로서 위 단독명의로 등기를 경료한 공유자에 대하여 「그 공유자의 공유지분을 제외한 나머지 공유지분 전부에 관하여」 소유권이전등기말소등기절차의 이행을 구할 수 있다(대판 1988.2.23. 87다카961).

㉣ 나대지인 공유지 위에 제3자가 건물을 신축한 경우에, 공유자 각자는 보존행위로 건물의 철거 및 대지 전부의 인도를 청구할 수 있다. 한편 공유물의 소수지분권자가 다른 공유자와 협의 없이 건물을 신축한 경우에 건물의 철거를 청구할 수 있지만 대지의 인도청구가 허용되지 않는다는 것이 판례의 입장인데(〈8-5-13〉에 소개된 2018다287522 판결), 그로 인한 부당이득반환(손해배상의 경우에도 같다)은 대지 점유부분의 통상의 차임에 해당하는 액 중 자신의 지분에 해당하는 부분에 한정된다(대판 2002.10.11. 2000다17803).

(3) 제3자 또는 다른 공유자가 공유물의 사용을 방해하는 경우를 본다.

① 지분의 과반수에 기한 관리방법에 따라 공유자의 1인이 공유물의 전부 또는 일부를 배타적으로 점유하며 용익하는 경우에, 다른 공유자는 그 용익을 수인해야 한다.

반면 공유물의 소수지분권자가 다른 공유자와 협의 없이 공유물의 전부 또는 일부를 독점적으로 점유·사용하는 경우에, 다른 「소수」지분권자는 공유물의 보존행위로서 공유물을 자신에게 인도하라고 청구할 수 없고,[64] 자신의 공유지분권에 기하여 공유물에 대한 방해상태를 제거하거나 공동점유·사용을 방해하는 행위의 금지 등을 청구할 수 있을 뿐이라는 것이 판례의 입장이다.

② 제3자가 공유물을 불법점유하는 경우에 각 공유자는 단독으로 공유물 전부의 인도를 청구할 수 있다.

③ 일부공유자가 공유물을 배타적으로 사용·수익하거나 제3자가 공유물을 사용·수익하는 경우에, 용익하지 못한 공유자는 용익을 한 이 또는 용익권을 부여한 이를 상대로 단독으로 자기의 지분에 대응하는 비율의 범위 안에서(대판 1979.1.30. 78다2088 참조) 부당이득반환청구권 및/또는 손해배상청구권을 행사할 수 있다. 이 점은 지분의 과반수에 의하여 적법하게 관리방법으로 정해진 경우에도 마찬가지이다.

---

64) 「과반수」 지분권자의 인도청구가 인용됨은 당연하다. 즉 대판 2022.11.17. 2022다253243: "공유지분 과반수 소유자의 공유물인도청구는 민법 제265조의 규정에 따라 공유물의 관리를 위하여 구하는 것으로서 그 상대방인 타 공유자는 민법 제263조의 공유물의 사용수익권으로 이를 거부할 수 없다."

〈8-5-13〉 대판(전) 2020.5.21. 2018다287522

㉮ 사실관계와 쟁점은 다음과 같다.

㉠ X는 甲 토지의 1/2 지분을 소유하는 공유자(이른바 소수지분권자)로서, 甲 지상에 소나무를 심어 甲을 독점적으로 점유하는 다른 공유자 Y를 상대로 소나무 등 지상물의 수거와 甲의 인도를 청구하였다. 원심은 X가 공유물의 보존행위로서 甲에 대한 방해배제와 인도를 청구할 수 있다고 보아 X의 청구를 모두 받아들였다.

㉡ 이 사건의 주된 쟁점은, 甲의 소수지분권자인 Y가 다른 공유자와 협의 없이 甲(의 전부 또는 일부)을 독점적으로 점유하는 경우에, 다른 소수지분권자인 X가 공유물의 보존행위로서 방해배제와 인도를 청구할 수 있는지 여부이다.

㉯ 다수의견의 요지는 다음과 같다:

"(가) 공유물의 소수지분권자인 피고가 다른 공유자와 협의하지 않고 공유물의 전부 또는 일부를 독점적으로 점유하는 경우 다른 소수지분권자인 원고가 피고를 상대로 공유물의 인도를 청구할 수는 없다고 보아야 한다.65)

(나) 공유자들은 공유물의 소유자로서 공유물 전부를 사용·수익할 수 있는 권리가 있고(민법 제263조), 이는 공유자들 사이에 공유물 관리에 관한 결정이 없는 경우에도 마찬가지이다. 공유물을 일부라도 독점적으로 사용할 수 없는 등 사용·수익의

65) 다수의견이 제시하는 상세한 이유는 다음과 같다. "① 공유자 중 1인인 피고가 공유물을 독점적으로 점유하고 있어 다른 공유자인 원고가 피고를 상대로 공유물의 인도를 청구하는 경우, 그러한 행위는 공유물을 점유하는 피고의 이해와 충돌한다. […] 이러한 행위는 민법 제265조 단서에서 정한 보존행위라고 보기 어렵다. ② 피고가 다른 공유자를 배제하고 단독소유자인 것처럼 공유물을 독점하는 것은 위법하지만, […] 피고가 공유물을 독점적으로 점유하는 위법한 상태를 시정한다는 명목으로 원고의 인도청구를 허용한다면, 피고의 점유를 전면적으로 배제함으로써 피고가 적법하게 보유하는 '지분비율에 따른 사용·수익권'까지 근거 없이 박탈하는 부당한 결과를 가져온다. ③ 원고의 피고에 대한 물건인도청구가 인정되려면 먼저 원고에게 인도를 청구할 수 있는 권원이 인정되어야 [하는데, …] 원고 역시 피고와 마찬가지로 소수지분권자에 지나지 않으므로 원고가 공유자인 피고를 전면적으로 배제하고 자신만이 단독으로 공유물을 점유하도록 인도해 달라고 청구할 권원은 없다. ④ 공유물에 대한 인도판결과 그에 따른 집행의 결과는 […] '일부 소수지분권자가 다른 공유자를 배제하고 공유물을 독점적으로 점유'하는 인도 전의 위법한 상태와 다르지 않다. ⑤ 원고는 공유물을 독점적으로 점유하면서 원고의 공유지분권을 침해하고 있는 피고를 상대로 지분권에 기한 방해배제청구권을 행사함으로써 피고가 자의적으로 공유물을 독점하고 있는 위법상태를 충분히 시정할 수 있다. 따라서 […] 피고의 점유를 원고의 점유로 대체하는 방법을 사용하지 않더라도, 원고는 피고의 위법한 독점적 점유와 방해상태를 제거하고 공유물이 본래의 취지에 맞게 공유자 전원의 공동사용·수익에 제공되도록 할 수 있다."

방법에 일정한 제한이 있다고 하여, 공유자들의 사용·수익권이 추상적·관념적인 것에 불과하다거나 공유물 관리에 관한 결정이 없는 상태에서는 구체적으로 실현할 수 없는 권리라고 할 수 없다.

공유자들 사이에 공유물 관리에 관한 결정이 없는 경우 공유자가 다른 공유자를 배제하고 공유물을 독점적으로 점유·사용하는 것은 위법하여 허용되지 않지만, 다른 공유자의 사용·수익권을 침해하지 않는 방법으로, 즉 비독점적인 형태로 공유물 전부를 다른 공유자와 함께 점유·사용하는 것은 자신의 지분권에 기초한 것으로 적법하다.

일부공유자가 공유물의 전부나 일부를 독점적으로 점유한다면 이는 다른 공유자의 지분권에 기초한 사용·수익권을 침해하는 것이다. 공유자는 자신의 지분권 행사를 방해하는 행위에 대해서 민법 제214조에 따른 방해배제청구권을 행사할 수 있고, 공유물에 대한 지분권은 공유자 개개인에게 귀속되는 것이므로 공유자 각자가 행사할 수 있다.

원고는 공유물의 종류(토지, 건물, 동산 등), 용도, 상태(피고의 독점적 점유를 전후로 한 공유물의 현황)나 당사자의 관계 등을 고려해서 원고의 공동점유를 방해하거나 방해할 염려 있는 피고의 행위와 방해물을 구체적으로 특정하여 방해의 금지, 제거, 예방(작위·부작위의무의 이행)을 청구하는 형태로 청구취지를 구성할 수 있다. 법원은 이것이 피고의 방해상태를 제거하기 위하여 필요하고 원고가 달성하려는 상태가 공유자들의 공동점유상태에 부합한다면 이를 인용할 수 있다.

(다) 이와 같이 <u>공유물의 소수지분권자가 다른 공유자와 협의 없이 공유물의 전부 또는 일부를 독점적으로 점유·사용하고 있는 경우 다른 소수지분권자는 공유물의 보존행위로서 그 인도를 청구할 수는 없고, 다만 자신의 지분권에 기초하여 공유물에 대한 방해상태를 제거하거나 공동점유를 방해하는 행위의 금지 등을 청구할 수 있다</u>고 보아야 한다."[66]

㈐ 참고로 이 판결에 의하여 변경된 대판(전) 1994.3.22. 93다9392·9408을 본다.

㉠ 'X와 Y가 절반씩 투자하여 토지를 경락받아 Y 단독명의로 이전등기를 하고(명의신탁), 그 지상에 건물을 신축하여 Y 명의로 보존등기 → Y가 수익을 반분하기로 하고 위 건물을 A에게 여관으로 임대 → 임대차기간 만료 무렵 임차보증금 반

66) 이에 대하여 소수지분권자인 공유자도 공유물의 보존행위로서 점유공유자에 대하여 방해배제와 인도를 청구할 수 있다는 반대의견과 양자가 모두 허용되어서는 안 된다는 반대의견이 있다.

환에 갈음하여 위 부동산들에 대한 Y의 지분 중 1/2을 A에게 양도하기로 약정 → X와 A가 명의신탁을 해지하고 각자의 지분에 관하여 이전등기청구의 본소 제기 → 이에 대하여 Y가 A를 상대로 여관의 인도와 임대차 종료 후의 차임 상당의 부당이득의 반환을 구하는 반소 제기'의 사안에서, 반소에 관하여 "지분을 소유하고 있는 공유자나 그 지분에 관한 소유권이전등기청구권을 가지고 있는 자라고 할지라도 다른 공유자와의 협의 없이는 공유물을 배타적으로 점유하여 사용 수익할 수 없는 것이므로, 다른 공유권자는 자신이 소유하고 있는 지분이 과반수에 미달되더라도 공유물을 점유하고 있는 자에 대하여 공유물의 보존행위로서 공유물의 인도나 명도를 청구할 수 있다."고 하며 여관의 인도청구를 인용하였다.

㉡ 이 판결의 다수의견은 그 근거로 보존행위를 들었다. 즉 과반수 지분권자가 아닌 일부공유자가 공유물을 배타적으로 점유하면 이는 권원 없는 점유이기 때문에, 그러한 점유를 배제하는 것은 공유물의 보존행위에 해당하여, 각 공유자는 제265조 단서에 기하여 단독으로 방해제거를 청구할 수 있을 뿐만 아니라 공유물 전부를 자기에게 인도할 것을 청구할 수 있다고 하였다.

---

(4) 공유물의 분할에 관하여 본다.

① 각 공유자는 언제든지 공유물의 분할을 통하여 공유관계를 해소할 수 있다(제268조 제1항 본문).

② 공유물분할에 의하여 공유관계가 종료하고, 각 공유자는 분할된 부분에 대하여 소유권을 취득한다.

〈8-5-14〉 공유물의 분할에 관한 판례

㉮ 분할에 관한 협의가 성립한 경우에 공유물분할의 소를 제기하거나 유지하는 것은 허용되지 않는다(대판 1995.1.12. 94다30348·30355).

㉯ 공유물분할의 소는 「형식적 형성의 소」로서, 공유자 전원이 원·피고로 참여해야 하는 필수적 공동소송이다.[67] 따라서 공동소송인 중 일부가 제기한 상소로

67) 대판 2022.6.30. 2020다210686·210693: "공유물분할청구소송은 분할을 청구하는 공유자가 원고가 되어 다른 공유자 전부를 공동피고로 삼아야 하는 고유필수적 공동소송이다. 따라서 소송계속 중 변론종결일 전에 공유자의 지분이 이전된 경우에는 변론종결시까지 민사소송법

공동소송인 전원에 대한 관계에서 판결의 확정이 차단되고 그 소송은 전체로서 상소심에 이심된다(대판 2003.12.12. 2003다44615·44622). 그리고 법원은 공유물분할을 청구하는 이가 구하는 방법에 구애받지 않고 자유로운 재량에 따라 공유관계나 그 객체인 물건의 제반 상황에 따라 공유자의 지분비율에 따른 합리적인 분할을 하면 된다(대판 2022.9.7. 2022다244805).

㉰ 협의분할에서 분할방법에 대한 제한이 없지만, 재판상 분할에서 현물분할이 원칙이고, 현물로 분할할 수 없거나 현물로 분할을 하면 현저히 가액이 감손될 염려가 있는 경우에 법원은 예외적으로 물건의 경매를 명하여 대금분할을 할 수 있다(제269조 제2항). 그런데 토지를 분할하는 경우에, 토지의 형상이나 위치, 그 이용상황이나 경제적 가치가 균등하지 않다면 경제적 가치가 지분비율에 상응되도록 분할하는 것도 허용되고, 나아가 일정한 요건이 갖추어진다면 공유자 상호간에 금전으로 경제적 가치의 과부족을 조정하게 하여 분할을 하는 것도 현물분할의 한 방법으로 허용되며, 여러 사람이 공유하는 물건을 현물분할하면서 분할을 원하지 않는 나머지 공유자는 공유로 남는 방법도 허용된다(대판 1993.12.7. 93다27819).[68]

㉱ 공유물분할의 소송절차 또는 조정절차에서 공유자 사이에 공유토지에 관한 현물분할의 협의가 성립하여 조정이 성립한 경우에 제187조(재판상 분할에 적용되는)가 아니라 제186조가 적용된다. 즉 대판(전) 2013.11.21. 2011두1917의 다수의견:

제81조에서 정한 승계참가나 민사소송법 제82조에서 정한 소송인수 등의 방식으로 일부지분권을 이전받은 자가 소송당사자가 되어야 한다. 그렇지 못할 경우에는 소송 전부가 부적법하게 된다."

68) 참고로 대판 2023.6.29. 2020다260025: "재판에 의하여 공유물을 분할하는 경우에 법원은 현물로 분할하는 것이 원칙이므로, 불가피하게 경매분할을 할 수밖에 없는 요건에 관한 객관적·구체적인 심리 없이 단순히 공유자들 사이에 분할의 방법에 관하여 의사가 합치하고 있지 않다는 등의 주관적·추상적인 사정을 들어 함부로 경매분할을 명하는 것은 허용될 수 없다. 특히 공동상속을 원인으로 하는 공유관계처럼 공유자들 사이에 긴밀한 유대관계가 있어서 이들 사이에 공유물 사용에 관한 명시적 또는 묵시적 합의가 있었고, 공유자 전부 또는 일부가 분할의 목적이 된 공유토지나 그 지상 건물에서 거주·생활하는 등 공유물 점유·사용의 형태를 보더라도 이러한 합의를 충분히 추단할 수 있는 사안에서, 그러한 공유자 일부의 지분을 경매 등으로 취득한 사람이 공유물 점유·사용에 관한 기존의 명시적·묵시적 합의를 무시하고 경매분할의 방법으로 분할할 것을 주장한다면 법원으로서는 기존공유자들의 합의에 의한 점유·사용관계를 해치지 않고 공유물을 분할할 수 있는 방법을 우선적으로 강구하여야 한다. 따라서 이러한 경우 법원이 경매분할을 선택하기 위해서는 현물로 분할할 수 없거나 현물로 분할하게 되면 그 가액이 현저히 감손될 염려가 있다는 사정이 분명하게 드러나야 하고, 현물분할을 위한 금전적 조정에 어려움이 있다고 하여 경매분할을 명하는 것에는 매우 신중하여야 한다."

"공유물분할의 소송절차 또는 조정절차에서 공유자 사이에 공유토지에 관한 현물분할의 협의가 성립하여 그 합의사항을 조서에 기재함으로써 조정이 성립하였다고 하더라도, 그와 같은 사정만으로 재판에 의한 공유물분할의 경우와 마찬가지로 그 즉시 공유관계가 소멸하고 각 공유자에게 그 협의에 따른 새로운 법률관계가 창설되는 것은 아니고, 공유자들이 협의한 바에 따라 토지의 분필절차를 마친 후 각 단독소유로 하기로 한 부분에 관하여 다른 공유자의 공유지분을 이전받아 등기를 마침으로써 비로소 그 부분에 대한 대세적 권리로서의 소유권을 취득하게 된다고 보아야 한다."

㉲ 대판 2012.3.29. 2011다74932: "부동산의 일부 공유지분에 관하여 저당권이 설정된 후 부동산이 분할된 경우, 그 저당권은 분할된 각 부동산 위에 종전의 지분비율대로 존속하고, 분할된 각 부동산은 저당권의 공동담보가 된다." 〈5-2-12〉도 참조.

㉳ 공유물분할청구권의 대위행사에 관하여 (<5-1-1>에 소개된) 대판(전) 2020.5.21. 2018다879 참조.

〈8-5-15〉 이혼에 따른 재산분할에 관한 판례

㉮ 재산분할청구권의 법적 성질에 관하여 견해가 나뉘는데, 다수설과 판례는 청산 및 부양설을 따른다(대판 2000.9.29. 2000다25569 등).[69]

한편 재산분할청구권의 성립시기와 관련하여 판례는 "협의 또는 심판에 의하여 구체적 내용이 형성되기까지는 범위 및 내용이 불명확하기 때문에 구체적으로 권리가 발생하였다고 할 수 없다"고 하여(대판 2001.9.25. 2001므725·732; 대판 2014.9.4. 2012므1656 등) 형성설 내지 절충설을 따르는 것으로 보인다.[70]

---

69) 대판 2001.5.8. 2000다58804는 "이혼에 있어서 재산분할은 부부가 혼인 중에 가지고 있었던 실질상의 공동재산을 청산하여 분배함과 동시에 이혼 후에 상대방의 생활유지에 이바지하는 데 있지만, 분할자의 유책행위에 의하여 이혼함으로 인하여 입게 되는 정신적 손해(위자료)를 배상하기 위한 급부로서의 성질까지 포함하여 분할할 수도 있다"고 하였으나(대판 2005.1.28. 2004다58963도 같다), 이 판결은 — 사해행위 취소의 범위에 관한 판단의 전제로 — 위자료 명목의 증여도 이혼에 따르는 재산분할의 성격을 포함하는 「이혼급부」로 볼 수 있다고 한 것일 뿐이다.

70) 나아가 대결 2022.7.28. 2022스613: "이혼으로 인한 재산분할청구권은 그 행사 여부가 청구인의 인격적 이익을 위하여 그의 자유로운 의사결정에 전적으로 맡겨진 권리로서 행사상의

㉯ 유책배우자라도 혼인 중에 취득한 실질적인 공동재산에 대하여 재산분할을 청구할 수 있다(대결 1993.5.11. 93스6).

그리고 사실혼배우자에 관하여 판례는, 부부재산의 청산의 의미를 갖는 재산분할에 관한 규정은 부부의 생활공동체라는 실질에 비추어 인정되는 것이므로 사실혼관계에도 준용 또는 유추적용할 수 있지만(대판 1995.3.10. 94므1379·1386),[71] 사망으로 인한 사실혼 해소의 경우(대판 2006.3.24. 2005두15595)와 중혼적 사실혼 해소의 경우(대판 1996.9.20. 96므530)에는 재산분할청구가 허용되지 않는다는 입장이다.

㉰ 재산분할의 대상인 재산에 관하여 중요한 판례를 본다.

㉠ 대결 1993.5.11. 93스6: "부부가 협의에 의하여 이혼할 때 쌍방의 협력으로 이룩한 재산이 있는 한, 처가 가사노동을 분담하는 등으로 내조를 함으로써 夫의 재산의 유지 또는 증가에 기여하였다면 쌍방의 협력으로 이룩된 재산은 재산분할의 대상이 된다." 법정부부재산제와 관련하여 혼인생활에서 내조의 공이 있었다는 것만으로 특유재산의 추정이 번복되지 않는다는 태도(대판 1998.6.12. 97누7707 등)와 현저히 다르다.

㉡ 장래의 수입인 퇴직급여에 관하여 "비록 이혼 당시 부부 일방이 아직 재직 중이어서 실제 퇴직급여를 수령하지 않았더라도 이혼소송의 사실심 변론종결시에 이미 잠재적으로 존재하여 경제적 가치의 현실적 평가가 가능한 재산인 퇴직급여채권은 재산분할의 대상에 포함시킬 수 있으며, 구체적으로는 이혼소송의 사실심 변론종결시를 기준으로 그 시점에서 퇴직할 경우 수령할 수 있을 것으로 예상되는 퇴직급여 상당액의 채권이 그 대상"인데(대판(전) 2014.7.16. 2013므2250), "연금수급권자인 배우자가 매월 수령할 퇴직연금액 중 일정비율에 해당하는 금액을 상대방배우자에게 정기적으로 지급하는 방식의 재산분할도 가능하"며, 공무원 퇴직연금수

일신전속성을 가지므로, 채권자대위권의 목적이 될 수 없고 파산재단에도 속하지 않는다고 보아야 한다."

71) 대판 2023.7.13. 2017므11856·11863: "사실혼 해소를 원인으로 한 재산분할에서 분할의 대상이 되는 재산과 액수는 사실혼이 해소된 날을 기준으로 하여 정하여야 한다. 한편 […] 사실혼 해소 이후 재산분할청구사건의 사실심 변론종결시까지 사이에 혼인 중 공동의 노력으로 형성·유지한 부동산 등에 발생한 외부적, 후발적 사정으로서, 그로 인한 이익이나 손해를 일방에게 귀속시키는 것이 부부공동재산의 공평한 청산·분배라고 하는 재산분할제도의 목적에 현저히 부합하지 않는 결과를 가져오는 등의 특별한 사정이 있는 경우에는 이를 분할대상재산의 가액 산정에 참작할 수 있다."

급권과 다른 일반재산을 구분하여 개별적으로 분할비율을 정하는 것도 가능하다(대판(전) 2014.7.16. 2012므2888).

㉢ 제3자 명의의 재산이라도 그것이 부부 중 일방에 의하여 명의신탁된 재산 또는 부부의 일방이 실질적으로 지배하는 재산으로서 부부 쌍방의 협력에 의하여 형성된 것이거나 부부 쌍방의 협력에 의하여 형성된 유형, 무형의 자원에 기한 것이라면 그러한 사정도 참작해야 한다는 의미에서 재산분할의 대상이 된다(대판 1998.4.10. 96므1434; 대결 2009.6.9. 2008스111).

㉣ 부부 일방이 혼인 중 제3자에 대하여 부담한 채무에 관하여 대판(전) 2013.6.20. 2010므4071·4088의 다수의견: "소극재산의 총액이 적극재산의 총액을 초과하여 재산분할을 한 결과가 결국 채무의 분담을 정하는 것이 되는 경우에도 법원은 채무의 성질, 채권자와의 관계, 물적 담보의 존부 등 일체의 사정을 참작하여 이를 분담하게 하는 것이 적합하다고 인정되면 구체적인 분담의 방법 등을 정하여 재산분할청구를 받아들일 수 있다 할 것이다. […] 다만 재산분할청구사건에 있어서는 혼인 중에 이룩한 재산관계의 청산뿐 아니라 이혼 이후 당사자들의 생활보장에 대한 배려 등 부양적 요소 등도 함께 고려할 대상이 되므로, 재산분할에 의하여 채무를 분담하게 되면 그로써 채무초과상태가 되거나 기존의 채무초과상태가 더욱 악화되는 것과 같은 경우에는 채무부담의 경위, 용처, 채무의 내용과 금액, 혼인생활의 과정, 당사자의 경제적 활동능력과 장래의 전망 등 제반 사정을 종합적으로 고려하여 채무를 분담하게 할지 여부 및 분담의 방법 등을 정할 것이고, 적극재산을 분할할 때처럼 재산형성에 대한 기여도 등을 중심으로 일률적인 비율을 정하여 당연히 분할귀속되게 하여야 한다는 취지는 아니라는 점을 덧붙여 밝혀 둔다."[72]

한편 공동채무의 처리와 관련하여 대판 1999.11.26. 99므1596·1602는, 재산분할에 관한 판결의 이유에서 부부의 공동채무를 처에게 귀속시킨다고 설시한 경우에, 그 판결이 그대로 확정되더라도 그로써 위 채무 중 남편이 부담해야 할 부분이 처에게 면책적으로 인수되는 법률적 효력이 발생한다고 볼 근거는 없으므로, 위 채무가 모두 처에게 귀속됨을 전제로 이를 재산분할금에 가산하여 재산분할의 판결을 할 수는 없다고 하였고, 대판 1997.8.22. 96므912는 재산분할의 방법으로 임대차의 목적물인 부동산의 소유권이 이전되는 경우에, "그 부동산이 주거용 건물로서 주택

72) 이에 대하여 반대의견과 복수의 별개의견이 있는데, 총 소극재산이 총 적극재산을 초과하는 경우에 재산분할이 허용되는지에 관하여 다수의견은 긍정적인 반면, 반대의견은 부정적이고, 별개의견은 순재산 또는 적극재산의 한도에서 허용된다는 절충적 입장이다.

임대차보호법에 따라 임대인의 지위가 당연히 승계되는 등의 특별한 사정이 없는 한" 부동산의 소유권이 이전된다고 하여 그에 수반하여 당해 부동산에 대한 임대차보증금반환채무가 새로운 소유자에게 면책적으로 인수되는 것은 아니라고 하였다.

㉱ 재산분할의 대상이 되는 재산과 그 가액은 이혼소송의 사실심 변론종결시를 기준으로 정해진다(대판 2000.9.22. 99므906).

한편 혼인관계가 파탄된 후 변론종결일 사이에 생긴 재산관계의 변동이 부부 일방에 의한 후발적 사정에 의한 것으로서 혼인 중 공동으로 형성한 재산관계와 무관하다는 등 특별한 사정이 있다면 그 변동된 재산은 재산분할 대상에서 제외해야 하지만(대판 2013.11.28. 2013므1455·1462), 부부의 일방이 혼인관계 파탄 이후에 취득한 재산이라도 그것이 혼인관계 파탄 이전에 쌍방의 협력에 의하여 형성된 유형·무형의 자원에 기한 것이라면 재산분할의 대상이 된다(대판 2019.10.31. 2019므12549·12556).[73]

㉲ 대결 2022.11.10. 2021스766: "민법 제843조, 제839조의2 제3항은 협의상 또는 재판상 이혼시의 재산분할청구권에 관하여 '이혼한 날부터 2년을 경과한 때에는 소멸한다.'고 정하고 있는데, 위 기간은 제척기간이고, 나아가 재판 외에서 권리를 행사하는 것으로 족한 기간이 아니라 그 기간 내에 재산분할심판청구를 하여야 하는 출소기간이다. 재산분할청구 후 제척기간이 지나면 그때까지 청구목적물로 하지 않은 재산에 대해서는 특별한 사정이 없는 한 제척기간을 준수한 것으로 볼 수 없다. 그러나 청구인지위에서 대상재산에 대해 적극적으로 재산분할을 청구하는 것이 아니라, 이미 제기된 재산분할청구사건의 상대방지위에서 분할대상재산을 주장하는 경우에는 제척기간이 적용되지 않는다."

㉳ 대판 1994.10.28. 94므246·253: "이혼소송과 재산분할청구가 병합된 경우, 배우자 일방이 사망하면 이혼의 성립을 전제로 하여 이혼소송에 부대한 재산분할청구 역시 이를 유지할 이익이 상실되어 이혼소송의 종료와 동시에 종료된다."

㉴ 재산분할로 취득한 재산에 대하여 증여세를 부과할 수 없고(헌재결 1997.10.30. 96헌바14; 대판 1997.11.28. 96누4725 등), 재산분할에 의한 자산의 이전에 양도소득세

73) A가 혼인 전에 개설한 주택청약종합저축계좌를 통해 청약주택 관련 1순위자격요건을 충족한 상태에서 B와 혼인신고를 한 다음 아파트의 예비당첨자로 당첨되어 아파트에 관한 공급계약을 체결하였고, 그 후 별거로 인하여 혼인관계가 파탄된 시점까지 아파트의 분양대금 중 계약금 및 중도금 등을 납입하였으며, 혼인관계의 파탄 이후 잔금을 지급하고 A 명의로 소유권이전등기를 마친 경우에, 재산분할의 대상은 혼인관계 파탄 이전에 납입한 분양대금이 아니라 사실심 변론종결일 이전에 취득한 아파트라고 본 사례.

를 부과할 수도 없다(대판 2003.11.14. 2002두6422).[74] 그 밖에 재산분할이 사해행위로 될 수 있음에 관하여 (〈5-1-6〉에 소개된) 대판 2000.9.29. 2000다25569 참조.

〈8-5-16〉 상속재산 분할에 관한 판례

㉮ 대판 2023.4.27. 2020다292626: "공동상속인들은 상속이 개시되어 상속재산의 분할이 있을 때까지 민법 제1007조에 기하여 각자의 법정상속분에 따라서 이를 잠정적으로 공유하다가 특별수익 등을 고려한 구체적 상속분에 따라 상속재산을 분할함으로써 위와 같은 잠정적 공유상태를 해소하고 최종적으로 개개의 상속재산을 누구에게 귀속시킬 것인지를 확정하게 된다. 그러므로 공동상속인들 사이에서 상속재산의 분할이 마쳐지지 않았음에도 특정 공동상속인에 대하여 특별수익 등을 고려하면 그의 구체적 상속분이 없다는 등의 이유를 들어 그 공동상속인에게는 개개의 상속재산에 관하여 법정상속분에 따른 권리승계가 아예 이루어지지 않았다거나, 부동산인 상속재산에 관하여 법정상속분에 따라 마쳐진 상속을 원인으로 한 소유권이전등기가 원인무효라고 주장하는 것은 허용될 수 없다."

참고로 한정승인에 따른 청산절차가 종료되지 않은 상태에서도 상속재산 분할청구를 할 수 있다(대결 2014.7.25. 2011스226).

㉯ 대결 2022.6.30. 2017스98·99·100·101: "상속재산 분할은 법정상속분이 아니라 특별수익(피상속인의 공동상속인에 대한 유증이나 생전 증여 등)이나 기여분에 따라 수정된 구체적 상속분을 기준으로 이루어진다. 구체적 상속분을 산정함에 있어서는, 상속개시 당시를 기준으로 상속재산과 특별수익재산을 평가하여 이를 기초로 하여야 하고, 공동상속인 중 특별수익자가 있는 경우 구체적 상속분 가액의 산정을 위해서는, 피상속인이 상속개시 당시 가지고 있던 재산 가액에 생전증여의 가액을 가산한 후, 이 가액에 각 공동상속인별로 법정상속분율을 곱하여 산출된 상속분의 가액으로부터 특별수익자의 수증재산인 증여 또는 유증의 가액을 공제하는 계산방법에 의한다. 이렇게 계산한 상속인별 구체적 상속분 가액을 전체 공동상속인들 구체적 상속분 가액 합계액으로 나누면 상속인별 구체적 상속분비율, 즉 상속재산 분할의 기준이 되는 구체적 상속분을 얻을 수 있다. 한편 위와 같이 구체적 상속분

74) 이혼에 따른 재산분할을 원인으로 하는 부동산소유권의 이전이 지방세법상의 취득세나 등록세의 비과세대상에 해당하지 않음에 관하여 대판 2003.8.19. 2003두4331 참조.

가액을 계산한 결과 공동상속인 중 특별수익이 법정상속분 가액을 초과하는 초과특별수익자가 있는 경우, 그러한 초과특별수익자는 특별수익을 제외하고는 더 이상 상속받지 못하는 것으로 처리하되(구체적 상속분 가액 0원), 초과특별수익은 다른 공동상속인들이 그 법정상속분율에 따라 안분하여 자신들의 구체적 상속분 가액에서 공제하는 방법으로 구체적 상속분 가액을 조정하여 위 구체적 상속분비율을 산출함이 바람직하다. 결국 초과특별수익자가 있는 경우 그 초과된 부분은 나머지 상속인들의 부담으로 돌아가게 된다."

㈐ 분할의 대상인 상속재산은 피상속인이 남겨 놓은 재산 중 일신전속적인 것을 제외한 나머지 전부인데,

㉠ 금전채권 등 급부의 내용이 가분인 채권은 상속개시와 동시에 당연히 법정상속분에 따라 공동상속인에게 분할되어 귀속되므로, 상속재산 분할의 대상이 아니다(가분채무도 마찬가지이다). 다만 대결 2016.5.4. 2014스122: "가분채권을 일률적으로 상속재산 분할의 대상에서 제외하면 부당한 결과가 발생할 수 있다. 예를 들어 공동상속인들 중에 초과특별수익자가 있는 경우 초과특별수익자는 초과분을 반환하지 아니하면서도 가분채권은 법정상속분대로 상속받게 되는 부당한 결과가 나타난다. 그 외에도 특별수익이 존재하거나 기여분이 인정되어 구체적인 상속분이 법정상속분과 달라질 수 있는 상황에서 상속재산으로 가분채권만이 있는 경우에는 모든 상속재산이 법정상속분에 따라 승계되므로 수증재산과 기여분을 참작한 구체적 상속분에 따라 상속을 받도록 함으로써 공동상속인들 사이의 공평을 도모하려는 민법 제1008조, 제1008조의2의 취지에 어긋나게 된다. 따라서 이와 같은 특별한 사정이 있는 때는 상속재산 분할을 통하여 공동상속인들 사이에 형평을 기할 필요가 있으므로 가분채권도 예외적으로 상속재산분할의 대상이 될 수 있다."

한편 상속재산 분할의 대상이 될 수 없는 상속채무에 관하여 공동상속인들 사이에 분할의 협의가 있다고 하여 그 협의가 제1013조에서 말하는 상속재산의 협의분할에 해당하는 것은 아니다(대판 1997.6.24. 97다8809).

㉡ 대판 2018.8.30. 2015다27132·27149: "상속개시 후 상속재산 분할이 완료되기 전까지 상속재산으로부터 발생하는 과실(이하 '상속재산과실'이라 한다)은 상속개시 당시에는 존재하지 않았던 것이다. 상속재산 분할심판에서 이러한 상속재산과실을 고려하지 않은 채, 분할의 대상이 된 상속재산 중 특정 상속재산을 상속인 중 1인의 단독소유로 하고 그의 구체적 상속분과 특정 상속재산의 가액과의 차액을 현금

으로 정산하는 방법(이른바 대상분할의 방법)으로 상속재산을 분할한 경우, 그 특정 상속재산을 분할받은 상속인은 민법 제1015조 본문에 따라 상속개시된 때에 소급하여 이를 단독소유한 것으로 보게 되지만, 상속재산과실까지도 소급하여 상속인이 단독으로 차지하게 된다고 볼 수는 없다. 이러한 경우 상속재산과실은 특별한 사정이 없는 한, 공동상속인들이 수증재산과 기여분 등을 참작하여 상속개시 당시를 기준으로 산정되는 '구체적 상속분'의 비율에 따라, 이를 취득한다고 보는 것이 타당하다."

한편 앞의 2017스98·99·100·101 결정: "상속개시 당시에는 상속재산을 구성하던 재산이 그 후 처분되거나 멸실·훼손되는 등으로 상속재산 분할 당시 상속재산을 구성하지 아니하게 되었다면 그 재산은 상속재산 분할의 대상이 될 수 없다. 다만 상속인이 그 대가로 처분대금, 보험금, 보상금 등 대상재산(代償財産)을 취득하게 된 경우, 대상재산(代償財産)은 종래의 상속재산이 동일성을 유지하면서 형태가 변경된 것에 불과할 뿐만 아니라 상속재산 분할의 본질이 상속재산이 가지는 경제적 가치를 포괄적·종합적으로 파악하여 공동상속인에게 공평하고 합리적으로 배분하는 데에 있는 점에 비추어, 그 대상재산(代償財産)이 상속재산분할의 대상이 될 수 있다."

㉢ 판례는 구체적 상속분 산정을 위한 재산의 평가는 상속개시시를 기준으로 하면서, 대상분할에서 분할의 대상인 재산은 분할시를 기준으로 재평가하여 정산해야 한다는 입장이다. 즉 대결 1997.3.21. 96스62: "공동상속인 중에 피상속인으로부터 재산의 증여 또는 유증 등의 특별수익을 받은 자가 있는 경우에는 이러한 특별수익을 고려하여 상속인별로 고유의 법정상속분을 수정하여 구체적인 상속분을 산정하게 되는데, 이러한 구체적 상속분을 산정함에 있어서는 상속개시시를 기준으로 상속재산과 특별수익재산을 평가하여 이를 기초로 하여야 할 것이고, 다만 법원이 실제로 상속재산 분할을 함에 있어 분할의 대상이 된 상속재산 중 특정의 재산을 1인 및 수인의 상속인의 소유로 하고 그의 상속분과 그 특정의 재산의 가액과의 차액을 현금으로 정산할 것을 명하는 방법(소위 대상분할의 방법)을 취하는 경우에는, 분할의 대상이 되는 재산을 그 분할시를 기준으로 하여 재평가하여 그 평가액에 의하여 정산을 하여야 한다."

㉣ 상속재산의 분할은 '지정분할 → 협의분할 → 심판에 의한 분할'의 순으로 이루어진다.

㉠ 지정분할은 유언으로 해야 하므로(제1012조 전단), 생전행위에 의한 지정은 그 효력이 없어 상속인들이 피상속인의 의사에 구속되지 않는다(대판 2001.6.29. 2001다28299).

㉡ 공동상속인간의 계약으로서 상속재산의 협의분할에는 포괄수유자를 포함하여 공동상속인 전원이 참여해야 한다. 따라서 일부상속인만에 의한 경우(대판 1995.4.7. 93다54736) 또는 공동상속인 중 일부의 동의가 없거나 그 의사표시에 대리권의 흠결이 있는 경우(대판 2001.6.29. 2001다28299. 〈2-4-2〉 참조)에 분할은 무효이다.

㉢ 협의분할은 공동상속인 전원의 합의에 기한 것이므로, 분할로 인하여 각자가 취득할 가액이 어떤 비율로 되든 상관없고, 어떤 상속인의 상속분을 「0」으로 하는 협의도 가능하다(대판 1996.3.26. 95다45545·45552·45569 참조). 판례는 이 경우 법정상속분을 초과하는 재산을 취득한 공동상속인이 그 초과분을 다른 공동상속인으로부터 증여받은 것이 아니라 상속개시 당시에 피상속인으로부터 승계한 것으로 본다(대판 2001.11.27. 2000두9731; 대판 1985.10.8. 85누70).

한편 제921조와 관련하여 대판 2011.3.10. 2007다17482: "상속재산에 대하여 소유의 범위를 정하는 내용의 공동상속재산 분할협의는 그 행위의 객관적 성질상 상속인 상호간 이해의 대립이 생길 우려가 없다고 볼 만한 특별한 사정이 없는 한 민법 제921조의 이해상반되는 행위에 해당한다. 그리고 피상속인의 사망으로 인하여 1차상속이 개시되고 그 1차상속인 중 1인이 다시 사망하여 2차상속이 개시된 후 1차상속의 상속인들과 2차상속의 상속인들이 1차상속의 상속재산에 관하여 분할협의를 하는 경우에 2차상속인 중에 수인의 미성년자가 있다면 이들 미성년자 각자마다 특별대리인을 선임하여 각 특별대리인이 각 미성년자를 대리하여 상속재산 분할협의를 하여야 하고, 만약 2차상속의 공동상속인인 친권자가 수인의 미성년자 법정대리인으로서 상속재산 분할협의를 한다면 이는 민법 제921조에 위배되는 것이며, 이러한 대리행위에 의하여 성립된 상속재산 분할협의는 피대리자 전원에 의한 추인이 없는 한 전체가 무효"이다.[75]

75) 2차상속의 공동상속인 중 1인이 친권자로서 다른 공동상속인인 수인의 미성년자를 대리하여 1차상속재산에 관하여 1차상속의 공동상속인들과 상속재산 분할협의를 체결한 사안에서, 강행법규인 제921조에 위배되는 위 상속재산 분할협의에 참가한 1차상속의 공동상속인 중 1인이 그 상속재산 분할협의가 무효라고 주장하는 것이 모순행위금지의 원칙이나 신의칙에 반하는 것이라고 할 수 없고, 제921조에 의하여 무효가 되는 것은 위 상속재산 분할협의 전체이며, 2차상속의 공동상속인 사이의 상속재산 분할협의에 한정되는 것이 아니라고 한 사례.

㉣ 상속재산 분할협의가 합의해제될 수 있음에 관하여 (<4-6-10>에 소개된) 대판 2004.7.8. 2002다73203; 상속재산 분할협의가 사해행위에 해당할 수 있음에 관하여 (〈5-1-6〉에 소개된) 대판 2001.2.9. 2000다51797 각 참조.

㉤ 심판분할에서 현물분할이 가액분할에 우선한다. 그런데 대판 2014.11.25. 2012스156·157: "상속재산 분할방법은 상속재산의 종류 및 성격, 상속인들의 의사, 상속인들 간의 관계, 상속재산의 이용관계, 상속인의 직업·나이·심신상태, 상속재산분할로 인한 분쟁 재발의 우려 등 여러 사정을 고려하여 법원이 후견적 재량에 의하여 결정할 수 있다."[76]

㉥ 상속재산의 분할은 소급효를 가지지만, 제3자의 권리를 침해하지 못한다(제1015조).

이와 관련하여 대판 2020.8.13. 2019다249312: 제1015조는 "상속재산 분할의 소급효를 인정하여 공동상속인이 분할내용대로 상속재산을 피상속인이 사망한 때에 바로 피상속인으로부터 상속한 것으로 보면서도, 상속재산 분할 전에 이와 양립하지 않는 법률상 이해관계를 가진 제3자에게는 상속재산 분할의 소급효를 주장할 수 없도록 함으로써 거래의 안전을 도모하고자 한 것이다. 이때 민법 제1015조 단서에서 말하는 제3자는 일반적으로 상속재산 분할의 대상이 된 상속재산에 관하여 상속재산 분할 전에 새로운 이해관계를 가졌을 뿐만 아니라 등기, 인도 등으로 권리를 취득한 사람을 말한다. [···] 상속재산인 부동산의 분할귀속을 내용으로 하는 상속재산 분할심판이 확정되면 민법 제187조에 의하여 상속재산 분할심판에 따른 등기 없이도 해당 부동산에 관한 물권변동의 효력이 발생한다. 다만 민법 제1015조 단서의 내용과 입법취지 등을 고려하면, 상속재산 분할심판에 따른 등기가 이루어지기 전에 상속재산 분할의 효력과 양립하지 않는 법률상 이해관계를 갖고 등기를 마쳤으나 상속재산 분할심판이 있었음을 알지 못한 제3자에 대하여는 상속재산 분할의 효력을 주장할 수 없다고 보아야 한다. 이 경우 제3자가 상속재산 분할심판이 있었음을 알았다는 점에 관한 주장·증명책임은 상속재산 분할심판의 효력을 주

76) A가 공동상속인인 B를 상대로 상속재산 분할을 구하면서 상속재산인 부동산의 분할방법에 관하여 상속지분에 따른 공유방식을 주장한 사안에서, A와 B가 남매임에도 오랜 기간 피상속인의 부양이나 상속재산 분할문제로 첨예하게 대립해 왔고 두 사람의 악화된 관계가 다시 회복되기는 매우 곤란해 보이는 점, 이러한 상황에서 A의 주장대로 상속지분에 따른 공유방식으로 분할하면 위 부동산의 관리, 처분을 둘러싸고 분쟁이 계속될 수밖에 없는 점 등에 비추어, 부동산을 경매한 뒤 경매대금을 구체적 상속분 가액비율에 따라 분배하는 것이 상당하다고 한 사례.

장하는 자에게 있다."

㉥ 상속분가액지급청구권(제1014조)을 본다.

㉠ 공동상속인 중 1인이 사후피인지자인 경우(재판의 확정에 의하여 공동상속인으로 된 경우에도 같다)에, 그의 참여가 없는 분할은 효력이 없음에도 불구하고 그 효력을 인정해 주는[77] 대신, 사후피인지자로 하여금 분할 또는 처분을 한 공동상속인에게 "그 상속분에 상당한 가액의 지급"을 청구할 권리를 인정하는 것이 제1014조이다(대판 1993.8.24. 93다12 참조).

㉡ 대판 2007.7.26. 2006므2757·2764는 「상속회복청구권」인 피인지자 등의 상속분상당가액지급청구권에 제999조 제2항 소정의 제척기간이 적용되고, 같은 항에서 3년의 제척기간의 기산일로 규정한 '그 침해를 안 날'은 피인지자가 자신이 진정상속인인 사실과 자신이 상속에서 제외된 사실을 안 때를 가리키는 것으로 혼인 외의 子가 법원의 인지판결 확정으로 공동상속인이 되었다면 그 인지판결이 확정된 날 상속권이 침해되었음을 알았다고 보았다.

㉢ 앞의 2006므2757·2764 판결: "인지 전에 공동상속인들에 의해 이미 분할되거나 처분된 상속재산은 이를 분할받은 공동상속인이나 공동상속인들의 처분행위에 의해 이를 양수한 자에게 그 소유권이 확정적으로 귀속되는 것이며, 그 후 그 상속재산으로부터 발생하는 과실은 상속개시 당시 존재하지 않았던 것이어서 이를 상속재산에 해당한다 할 수 없고, 상속재산의 소유권을 취득한 자(분할받은 공동상속인 또는 공동상속인들로부터 양수한 자)가 민법 제102조에 따라 그 과실을 수취할 권능도 보유한다고 할 것이며, 민법 제1014조도 '이미 분할 내지 처분된 상속재산' 중 피인지자의 상속분에 상당한 가액의 지급청구권만을 규정하고 있을 뿐 '이미 분할 내지 처분된 상속재산으로부터 발생한 과실'에 대해서는 별도의 규정을 두지 않고 있으므로, 결국 민법 제1014조에 의한 상속분상당가액지급청구에 있어 상속재산으로부터 발생한 과실은 그 가액산정대상에 포함된다고 할 수 없다." 같은 사안에 관한[78] 대판 2007.7.26. 2006다83796: "인지 이전에 공동상속인들에 의해 이미 분할되거나 처분된 상속재산은 민법 제860조 단서가 규정한 인지의 소급효 제한에

---

77) 즉 사후피인지자가 하지 않은 처분은 그의 상속지분에 관하여 무권리자의 처분이어서 처분의 효력이 발생하지 않음에도 불구하고 그 효력을 인정한다.

78) 인지에 의하여 상속인으로 된 이가 앞의 2006므2757·2764 판결의 1심에서 분할된 재산의 과실에 해당하는 주식의 배당금 및 부동산의 차임 상당의 가액지급청구가 받아들여지지 않자 별소로 민사소송을 제기하여 부당이득으로 그 반환을 구하였다.

따라 이를 분할받은 공동상속인이나 공동상속인들의 처분행위에 의해 이를 양수한 자에게 그 소유권이 확정적으로 귀속되는 것이며, 상속재산의 소유권을 취득한 자는 민법 제102조에 따라 그 과실을 수취할 권능도 보유한다고 할 것이므로, 피인지자에 대한 인지 이전에 상속재산을 분할한 공동상속인이 그 분할받은 상속재산으로부터 발생한 과실을 취득하는 것은 피인지자에 대한 관계에서 부당이득이 된다고 할 수 없다."

5. 건물의 구분소유

(1) 구분소유가 성립하기 위하여 객관적 요건으로서 구조상 및 이용상의 독립성 외에 주관적 요건으로서 구분행위(區分行爲)가 있어야 한다.

그런데 구분소유가 성립하면 구분소유권과 대지사용권의 일체성이 인정된다는 점에서 구분행위를 인정함에 신중해야 한다.

〈8-5-17〉 구분행위/구분폐지행위에 관한 판례

㉮ 구분행위에 관하여 판례는 종래 건물 전체가 완성되어 구분건물로서 건축물대장에 등록되거나 등기부에 등기된 시점에 구분소유가 성립한다고 하였으나(대판 2006.11.9. 2004다67691 등), 구분의사가 대외적·객관적으로 표시되면 충분하고, 건축허가신청, 분양계약 등도 구분행위의 범주에 포섭된다는 입장으로 변경되었다. 즉 대판(전) 2013.1.17. 2010다71578의 다수의견: "구분행위는 건물의 물리적 형질에 변경을 가함이 없이 법률관념상 건물의 특정부분을 구분하여 별개의 소유권의 객체로 하려는 일종의 법률행위로서, 그 시기나 방식에 특별한 제한이 있는 것은 아니고 처분권자의 구분의사가 객관적으로 외부에 표시되면 인정된다. 따라서 구분건물이 물리적으로 완성되기 전에도 건축허가신청이나 분양계약 등을 통하여 장래 신축되는 건물을 구분건물로 하겠다는 구분의사가 객관적으로 표시되면 구분행위의 존재를 인정할 수 있고, 이후 1동의 건물 및 그 구분행위에 상응하는 구분건물이 객관적·물리적으로 완성되면 아직 그 건물이 집합건축물대장에 등록되거나 구분건물로서 등기부에 등기되지 않았더라도 그 시점에서 구분소유가 성

립한다."[79)]

㉯ 대판 2019.10.17. 2017다286485: "이와 같이 구분소유가 성립하는 이상 구분행위에 상응하여 객관적·물리적으로 완성된 구분건물이 구분소유권의 객체가 되고, 구분건물에 관하여 집합건축물대장에 등록하거나 등기부에 등재하는 것은 구분소유권의 내용을 공시하는 사후적 절차일 뿐"이다.[80)]

다만 대판 2016.6.28. 2016다1854·1861: "단독주택 등을 주용도로 하여 일반건물로 등록·등기된 기존의 건물에 관하여 건축물대장의 전환등록절차나 구분건물로의 변경등기가 마쳐지지 아니한 상태에서 구분행위의 존재를 인정하는 데에는 매우 신중하여야 한다."

㉰ 대판 2020.9.7. 2017다204810: "구분건물로 등기된 1동의 건물 중 일부에 해당하는 구분건물들 사이에서 구조상의 구분이 소멸되는 경우에 그 구분건물에 해당하는 일부 건물부분은 종전 구분건물 등기명의자의 공유로 된다. 구조상의 독립성이 상실되지 아니한 나머지 구분건물들의 구분소유권은 그대로 유지됨에 따라 그 일부 건물부분은 나머지 구분건물들과 독립되는 구조를 이룬다고 할 것이고, 또

---

79) "부동산소유권의 내용을 변경시키는 법적 행위로서 구분행위가 부동산물권변동에서 요구되는 공시방법인 등기에 준할 정도로 명료한 공시기능을 갖추는 것이 반드시 필요하다"는 반대의견도 참조.

80) 층마다 1호, 2호의 2개의 구분건물이 좌우로 위치하면서 면적과 구조가 동일한 세대로 되어 있는 한 동의 건물이 신축된 후 집합건축물대장을 만드는 과정에서 층별로 전유부분 출입문에 표시된 호수가 뒤바뀐 건축물 현황도가 첨부되었고, 그 밖의 사항은 집합건축물대장과 부동산등기부 표제부의 기재가 일치하였는데, 건물의 구분소유자들이 등기부 표제부의 건물번호와 일치하는 전유부분 출입문 표시대로 구분건물에 관한 점유를 개시하여 이를 기초로 모든 법률관계가 형성되어 오다가, 층별로 각 호수의 건축물 현황도를 맞바꾸는 방법으로 집합건축물대장이 정정되었는데, 위 구분건물 중 등기부상 제2층 제1호를 경매절차에서 매수한 A가 당초 건축물 현황도의 표시대로 특정되었던 구분건물의 소유권을 취득하였다고 주장하면서 등기부상 제2층 제2호를 점유하는 B를 상대로 건물인도 등을 구한 사안에서, 건물의 구분소유자들이 구분건물의 사용을 개시한 때부터 형성된 법률관계 등에 비추어 건물의 건축주는 출입문 표시대로 전유부분을 구분하였고, 다만 집합건축물대장 등록신청시 착오로 좌우 건물번호가 뒤바뀐 건축물 현황도를 첨부한 것으로 볼 수 있으며, 층별 각 호수의 전유부분의 면적이 동일하기 때문에 출입문 표시와 집합건축물대장에 첨부된 건축물 현황도가 일치하지 않으면 등기부 기재만으로 어느 전유부분이 몇 호인지를 구분할 수 없지만, 건물 건축주가 위와 같이 전유부분을 구분한 것으로 볼 수 있는 이상 그러한 구분행위에 상응하여 출입문 표시대로 구분건물이 구분소유권의 객체가 되고 그것이 등기부에 반영된 것으로 보아야 하며, 또한 경매절차에서 구분건물을 매매한 경우에 매수인이 소유권을 취득하는 대상은 등기부가 표상하는 구분건물이므로 A가 경매절차에서 매수한 구분건물이 B가 점유하는 구분건물이라고 볼 수 없다고 한 사례.

한 집합건물 중 일부 구분건물에 대한 공유도 당연히 허용되므로 그 일부 건물부분과 나머지 구분건물들로 구성된 1동의 건물 전체는 집합건물의 소유 및 관리에 관한 법률의 적용을 받는다."

한편 대결 2022.12.29. 2019마5500: "인접한 구분건물 사이에 설치된 경계벽이 제거됨으로써 각 구분건물이 구분건물로서의 구조상 및 이용상 독립성을 상실하게 되었다고 하더라도, 각 구분건물의 위치와 면적 등을 특정할 수 있고 사회통념상 그것이 구분건물로서의 복원을 전제로 한 일시적인 것일 뿐만 아니라 복원이 용이한 것이라면, 각 구분건물이 구분건물로서의 실체를 상실한다고 쉽게 단정할 수는 없고, 아직도 그 등기는 구분건물을 표상하는 등기로서 유효하다고 해석해야 한다."

---

(2) 건물의 구분소유란 전유부분에 대한 단독소유(구분소유권)와 공용부분 및 대지사용권에 대한 공유가 결합된 형태인데,

① 전유부분과 공용부분에 대해서는, 하나의 건물을 공동으로 이용함에 따른 제약 및 이때의 공유는 건물의 구분소유라는 공동의 목적으로 위한 것으로 민법상의 공유와 다르다는 점을 제외하면, 소유권 일반에서와 크게 다르지 않다.

② 한편 대지사용권은 규약이나 공정증서로써 달리 정하지 않은 한 건물과 분리하여 처분할 수 없다(집합건물법 제20조 제1항, 제2항).

〈8-5-18〉 구분소유의 법률관계에 관한 판례

1) 공용부분의 법률관계

㉮ 공용부분의 배타적 용익에 관하여 대판(전) 2020.5.21. 2017다220744의 다수의견: "구분소유자 중 일부가 정당한 권원 없이 집합건물의 복도, 계단 등과 같은 공용부분을 배타적으로 점유·사용함으로써 이익을 얻고, <u>그로 인하여 다른 구분소유자들이 해당 공용부분을 사용할 수 없게 되었다면</u>, 공용부분을 무단점유한 구분소유자는 특별한 사정이 없는 한 해당 공용부분을 점유·사용함으로써 얻은 이익을 부당이득으로 반환할 의무가 있다. <u>해당 공용부분이 구조상 이를 별개용도로 사용하거나 다른 목적으로 임대할 수 있는 대상이 아니더라도, 무단점유로 인하여 다</u>

른 구분소유자들이 해당 공용부분을 사용·수익할 권리가 침해되었고 이는 그 자체로 민법 제741조에서 정한 손해로 볼 수 있다."[81]

그리고 구분소유자가 아닌 집합건물 대지의 공유지분권자가 있는 경우의 대지의 사용·수익에 따른 부당이득에 관하여 대판(전) 2022.8.25. 2017다257067: "공유자는 공유물 전부를 지분의 비율로 사용·수익할 수 있으므로 공유토지의 일부를 배타적으로 점유하면서 사용·수익하는 공유자는 그가 보유한 공유지분의 비율에 관계없이 다른 공유자에 대하여 부당이득반환의무를 부담한다. 그런데 일반건물에서 대지를 사용·수익할 권원이 건물의 소유권과 별개로 존재하는 것과는 달리, 집합건물의 경우에는 대지사용권인 대지지분이 구분소유권의 목적인 전유부분에 종속되어 일체화되는 관계에 있으므로, 집합건물 대지의 공유관계에서는 이와 같은 민법상 공유물에 관한 일반법리가 그대로 적용될 수 없고, 이는 대지공유자들 중 구분소유자 아닌 사람이 있더라도 마찬가지이다. 집합건물에서 전유부분 면적비율에 상응하는 적정대지지분을 가진 구분소유자는 그 대지 전부를 용도에 따라 사용·수익할 수 있는 적법한 권원을 가지므로, 구분소유자 아닌 대지공유자는 그 대지공유지분권에 기초하여 적정대지지분을 가진 구분소유자를 상대로는 대지의 사용·수익에 따른 부당이득반환을 청구할 수 없다."[82]

㈏ 집합건물의 대지에 관하여 구분소유자 아닌 다른 공유자가 있는 경우에, 다른 공유자가 자신의 공유지분권에 의한 사용·수익권을 포기하였다거나 그 포기에 관한 특약 등을 승계하였다고 볼 수 있는 사정 등이 없는 한, 구분소유자들이 무상으로 그 대지를 전부 사용·수익할 수 있는 권원을 가진다고 단정할 수 없고 다른 공유자는 그 대지 공유지분권에 기초하여 부당이득의 반환을 청구할 수 있다(대판 2013.3.14. 2011다58701).[83]

---

81) 부당이득의 성립을 부정한 대판 2014.7.24. 2014다202608 등이 변경되었다.

82) 나아가 대판 2023.9.14. 2016다12823: "적정대지지분보다 부족한 대지공유지분(이하 '과소대지지분'이라 한다)을 가진 구분소유자는, 과소대지지분이 적정대지지분에 매우 근소하게 부족하여 그에 대한 부당이득반환청구가 신의성실의 원칙에 반한다고 볼 수 있는 경우, 구분건물의 분양 당시 분양자로부터 과소대지지분만을 이전받으면서 건물대지를 무상으로 사용할 수 있는 권한을 부여받았고 이러한 약정이 분양자의 대지지분을 특정승계한 사람에게 승계된 것으로 볼 수 있는 경우, 또는 과소대지지분에 기하여 전유부분을 계속 소유·사용하는 현재의 사실상태가 장기간 묵인되어 온 경우 등과 같은 특별한 사정이 없는 한, 구분소유자 아닌 대지공유자에 대하여 적정대지지분에서 부족한 지분의 비율에 해당하는 차임 상당의 부당이득반환의무를 부담한다고 봄이 타당하다."

83) 나아가 대판 2022.9.29. 2021다292425: "정당한 권원 없는 사람이 집합건물의 공용부분이나

㉰ 그 밖에 구분소유자가 공용부분과 대지에 대해 그 지분권에 기하여 권리를 행사할 때 이것이 다른 구분소유자들의 이익에 어긋날 수 있다면 이는 각 구분소유자가 집합건물법 제16조 제1항 단서에 의하여 개별적으로 할 수 있는 보존행위라고 볼 수 없고 제16조 제1항 본문에 따라 관리단집회의 결의를 거쳐야 하는 관리행위라고 본 대판 2019.9.26. 2015다208252도 참조.[84)]

2) 대지사용권과 전유부분의 일체성

㉮ 대지사용권과 전유부분의 일체성은 집합건물의 전유부분과 대지사용권이 분리되는 것을 최대한 억제하여 대지사용권 없는 구분소유권의 발생을 방지함으로써 집합건물에 관한 법률관계의 안정과 합리적 규율을 도모함에 그 취지가 있으므로(대판 2006.3.10. 2004다742), 전유부분과 대지사용권의 일체성에 반하는 대지의 처분행위는 효력이 없고, 집합건물법 제20조 제3항의 분리처분금지로 대항할 수 없는 '선의'의 제3자라 함은 원칙적으로 집합건물의 대지로 되어 있는 사정을 모른 채 대지사용권의 목적이 되는 토지를 취득한 제3자를 의미한다(대판(전) 2013.1.17. 2010다71578).

㉯ 집합건물의 전유부분과 함께 대지지분을 취득하기 위한 실질적 요건을 모두 갖추었지만 대지지분에 대한 등기를 아직 마치지 못한 경우에, 대지에 관한 구분소유자의 권리(점유·사용권)가 대지사용권인지에 관하여 대판(전) 2000.11.16. 98다45652·45669: "아파트와 같은 대규모 집합건물의 경우, 대지의 분·합필 및 환지절차의 지연, 각 세대당 지분비율 결정의 지연 등으로 인하여 전유부분에 대한 소유권이전등기만 수분양자를 거쳐 양수인 앞으로 경료되고, 대지지분에 대한 소유권이전등기는 상당기간 지체되는 경우가 종종 생기고 있는데, 이러한 경우 집합건물의 건축자로부터 전유부분과 대지지분을 함께 분양의 형식으로 매수하여 그 대금을 모두 지급함으로써 소유권 취득의 실질적 요건은 갖추었지만 전유부분에 대한

대지를 점유·사용함으로써 이익을 얻고, 구분소유자들이 해당 부분을 사용할 수 없게 되어 부당이득반환을 구하는 법률관계는 구분소유자의 공유지분권에 기초한 것이어서 그에 대한 소송은 1차적으로 구분소유자가 각각 또는 전원의 이름으로 할 수 있다."

84) 나아가 대지 위에 구분소유권의 목적인 건물이 속하는 1동의 건물이 있으면, 대지의 공유자는 건물의 사용에 필요한 범위 내의 대지에 대하여 분할을 청구하지 못한다는 집합건물법 제8조에 대한 예외로 대판 2023.9.14. 2022다271753: "집합건물의 대지를 집합건물의 구분소유자인 공유자와 구분소유자가 아닌 공유자가 공유하고 있고, 당해 대지를 집합건물의 구분소유자인 공유자에게 취득시키고 구분소유자가 아닌 다른 공유자에게는 그 지분의 가격을 취득시키는 것이 공유자간의 실질적인 공평을 해치지 않는다고 인정되는 특별한 사정이 있어 그와 같이 공유물을 분할하는 것이 허용되는 경우에는, 그러한 공유물에 대한 분할청구는 집합건물법 제8조의 입법취지에 비추어 허용된다고 보는 것이 타당하다."

소유권이전등기만 경료받고 대지지분에 대하여는 위와 같은 사정으로 아직 소유권 이전등기를 경료받지 못한 자는 매매계약의 효력으로써 전유부분의 소유를 위하여 건물의 대지를 점유·사용할 권리가 있는바, 매수인의 지위에서 가지는 이러한 점유·사용권은 단순한 점유권과는 차원을 달리하는 본권으로서 집합건물의 소유 및 관리에 관한 법률 제2조 제6호 소정의 구분소유자가 전유부분을 소유하기 위하여 건물의 대지에 대하여 가지는 권리인 대지사용권에 해당한다고 할 것이고, 수분양자로부터 전유부분과 대지지분을 다시 매수하거나 증여 등의 방법으로 양수받거나 전전양수받은 자 역시 당초 수분양자가 가졌던 이러한 대지사용권을 취득한다."[85]

그리고 대판 2017.1.25. 2012다72469: "1동의 건물의 구분소유자들은 전유부분을 구분소유하면서 공용부분을 공유하므로 특별한 사정이 없는 한 건물의 대지 전체를 공동으로 점유한다. 이는 집합건물의 대지에 관한 점유취득시효에서 말하는 '점유'에도 적용되므로, 20년간 소유의 의사로 평온, 공연하게 집합건물을 구분소유한 사람은 등기함으로써 대지의 소유권을 취득할 수 있다. 이와 같이 점유취득시효가 완성된 경우에 집합건물의 구분소유자들이 취득하는 대지의 소유권은 전유부분을 소유하기 위한 대지사용권에 해당[하고, 이 경우] 구분소유자들은 대지사용권으로 전유부분의 면적비율에 따른 대지지분을 보유한다고 보아야 [하므로,] 집합건물의 대지 일부에 관한 점유취득시효의 완성 당시 구분소유자들 중 일부만 대지권등기나 지분이전등기를 마치고 다른 일부 구분소유자들은 이러한 등기를 마치지 않았다면, 특별한 사정이 없는 한 구분소유자들은 각 전유부분의 면적비율에 따라 대지권으로 등기되어야 할 지분에서 부족한 지분에 관하여 등기명의인을 상대로 점유취득시효 완성을 원인으로 한 지분이전등기를 청구할 수 있다."

㉰ 구분건물의 전유부분만에 관하여 설정된 저당권의 효력은 대지사용권의 분리처분이 가능하도록 규약으로 정하는 등의 특별한 사정이 없는 한 전유부분의 소유자가 「사후에라도」 대지사용권을 취득함으로써 전유부분과 대지권이 동일소유자의 소유에 속하면 당연히 종된 권리인 그 대지사용권에까지 미친다(대판 2001.2.9. 2000다62179).[86]

---

85) 이러한 대지사용권도 전유부분과 분리처분하지 못한다.

86) 나아가 구분건물의 전유부분만에 관하여 저당권설정등기가 경료된 후에 대지권등기가 경료되면서 그 저당권설정등기는 전유부분만에 관한 것이라는 취지의 부기등기가 「직권으로」 경료되었더라도 이를 대지사용권의 분리처분이 가능하도록 규약으로 정하거나 공정증서로써 정한 경우에 해당한다고 볼 수 없다고 하였다.

그리고 분양자가 지적정리 등의 지연으로 대지권에 대한 지분이전등기는 지적정리 후 해 주기로 하는 약정 하에 우선 전유부분만에 관하여 소유권보존등기를 한 후 수분양자에게 소유권이전등기를 마쳤는데, 그 후 대지에 대한 소유권이전등기가 되지 않은 상태에서 전유부분에 관한 경매절차가 진행되어 제3자가 전유부분을 경락받은 경우에, 그 「경락인」은 본권으로서 대지사용권을 취득하는데(대판 2004.7.8. 2002다40210), 구분건물의 대지지분등기가 경료된 후 집행법원의 촉탁에 의하여 경락인이 대지지분에 관하여 소유권이전등기를 경료받은 것을 두고 법률상 원인 없이 이득을 얻은 것이라고 할 수 없다(대판 2001.9.4. 2001다22604).

한편 채권적 토지사용권도 대지사용권으로 될 수 있지만, 사후에 효력을 상실하여 소멸한 토지사용권은 더 이상 전유부분을 위한 대지사용권일 수 없는데, 구분소유자의 의사에 기하지 않고 대지사용권 발생의 원인이 된 계약에 따라 대지사용권이 소멸한 경우에 이를 집합건물법 제20조에서 금지하는 대지사용권의 분리처분에 해당한다고 볼 수 없고, 집합건물의 부지가 되는 토지의 소유자로서 구분소유자 아닌 이가 위 토지를 처분했다고 하여 위 조항에 위배된다고 볼 수도 없다(대판 2011.9.8. 2010다15158).

3) 특별승계인에게 前구분소유자의 체납관리비를 승계하도록 한 관리규약은 「공용부분」에 관한 부분에 한하여 유효하다.87)

---

87) 대판(전) 2001.9.20. 2001다8677: "아파트의 관리규약에서 체납관리비채권 전체에 대하여 입주자의 지위를 승계한 자에 대하여도 행사할 수 있도록 규정하고 있다 하더라도, '관리규약이 구분소유자 이외의 자의 권리를 해하지 못한다.'고 규정하고 있는 집합건물의 소유 및 관리에 관한 법률(이하 '집합건물법'이라 한다) 제28조 제3항에 비추어 볼 때, 관리규약으로 前입주자의 체납관리비를 양수인에게 승계시키도록 하는 것은 입주자 이외의 자들과 사이의 권리·의무에 관련된 사항으로서 입주자들의 자치규범인 관리규약 제정의 한계를 벗어나는 것이고, 개인의 기본권을 침해하는 사항은 법률로 특별히 정하지 않는 한 사적자치의 원칙에 반한다는 점 등을 고려하면, 특별승계인이 그 관리규약을 명시적, 묵시적으로 승인하지 않는 이상 그 효력이 없다고 할 것이며, 집합건물법 제42조 제1항 및 공동주택관리령 제9조 제4항의 각 규정은 공동주택의 입주자들이 공동주택의 관리·사용 등의 사항에 관하여 관리규약으로 정한 내용은 그것이 승계 이전에 제정된 것이라고 하더라도 승계인에 대하여 효력이 있다는 뜻으로서, 관리비와 관련하여서는 승계인도 입주자로서 관리규약에 따른 관리비를 납부하여야 한다는 의미일 뿐, 그 규정으로 인하여 승계인이 前입주자의 체납관리비까지 승계하게 되는 것으로 해석할 수는 없다. 다만, 집합건물의 공용부분은 전체 공유자의 이익에 공여하는 것이어서 공동으로 유지·관리해야 하고 그에 대한 적정한 유지·관리를 도모하기 위하여는 소요되는 경비에 대한 공유자간의 채권은 이를 특히 보장할 필요가 있어 공유자의 특별

6. 명의신탁

(1) 명의신탁약정이 무효일 뿐만 아니라 그에 따른 등기로 이루어진 부동산의 물권변동도 무효이다(부동산실명법 제4조). 명의신탁의 유형에 따라 무효의 유효범위를 살펴본다.[88]

(2) 양자간 등기명의신탁에서,

① X가 여전히 甲의 소유권을 가지는데, Y가 甲을 처분하여 양수인이 법 제4조 제3항에 따라 유효하게 소유권을 취득하면, X는 Y를 상대로 불법행위에 기한 손해배상 또는 부당이득의 반환을 구할 수 있다.

② 법 제11조 소정의 유예기간이 경과하더라도 여전히 '甲의 소유자'인 X는 Y를 상대로 그 명의 등기의 말소를 구할 수 있다.

(3) 3자간 등기명의신탁에서,

① Y 명의의 등기는 무효이므로(법 제4조 제2항), 甲의 소유권은 Z에게 남는다. 그런데 무효로 되는 것은 X와 Y 사이의 명의신탁약정(및 그를 포함하는 위임 등의 계약)뿐이고, Z와 X 사이의 매매계약은 무효로 되지 않아서 X는 Z에게 매수인으로서의 권리를 행사할 수 있다.

② 유예기간 경과시 甲의 소유권은 Z에게 복귀하지만, Z와 X 사이의 계약은 유효하므로 X는 Z를 상대로 재산권이전청구권을 행사할 수 있다.

(4) 계약명의신탁에 관하여 본다.

① 명의신탁약정이 3자간 등기명의신탁인지 아니면 계약명의신탁인지의 구별은 계약당사자가 누구인지의 해석문제, 즉 부동산소유권의 취득을 위한 원인계약에 명의수탁자가 관여하는지 여부를 확정하는 문제로 귀결된다(대판 2010.10.28. 2010다52799; 대결 2013.10.7. 2013스133[89]).

승계인에게 그 승계의사의 유무에 관계없이 청구할 수 있도록 집합건물법 제18조에서 특별규정을 두고 있는바, <u>위 관리규약 중 공용부분관리비에 관한 부분은 위 규정에 터 잡은 것으로서 유효하다고 할 것</u>이므로, 아파트의 특별승계인은 前입주자의 체납관리비 중 공용부분에 관하여는 이를 승계하여야 한다고 봄이 타당하다."

88) 아래에서 명의신탁부동산을 甲, 명의신탁자를 X, 명의수탁자를 Y, 매도인은 Z라 하고, 부동산실명법을 '법'이라고만 한다.

89) 타인을 통하여 부동산을 매수하면서 매수인명의를 그 타인 명의로 하기로 하였다면 이때의

② 계약명의신탁에서도 X와 Y의 명의신탁약정은 무효이다. 그런데 甲에 관한 Y에게로의 물권변동은, Z가 계약명의신탁약정의 존재를 알았다면 무효이지만, 몰랐다면 유효하다(법 제4조 제2항 단서).

(5) 명의신탁약정과 명의신탁등기 및 계약명의신탁의 무효는 제3자에게 대항하지 못하는데(법 제4조 제3항), 제3자의 선·악의를 불문한다.

〈8-5-19〉 명의신탁에 관한 판례

1) 일반법리

㉮ 수인에 대한 부동산의 명의신탁에서 명의수탁자 상호간의 소유형태는 단순한 공유관계이다(대판 1982.11.23. 81다39).90)

그리고 대판(전) 1999.6.17. 98다58443의 다수의견: "여러 필지의 토지의 각 일부지분을 명의신탁받은 명의수탁자가 임의로 명의신탁관계가 없는 다른 공유자들과의 공유물분할의 협의에 따라 특정토지를 단독으로 소유하고 나머지 토지에 대한 지분을 다른 공유자에게 이전한 경우, 명의수탁자가 특정토지를 단독으로 소유하게 된 것은 형식적으로는 다른 공유자들의 지분의 등기명의를 승계취득한 것과 같은 형태를 취하고 있으나 실질적으로는 명의신탁받은 여러 필지의 토지에 분산되어 있는 지분을 분할로 인하여 취득하는 특정토지에 집중시켜 그에 대한 소유형태를 변경한 것에 불과하다고 할 것이므로, 그 공유물분할이 명의신탁자의 의사와 관계없이 이루어진 것이라고 하더라도 명의신탁자와 명의수탁자 사이의 명의신탁

명의신탁관계는 그들 사이의 내부관계에 불과하므로, 설령 계약상대방인 Z가 명의신탁관계를 알고 있었더라도, 계약명의자인 Y가 아니라 X에게 계약에 따른 법률효과를 직접 귀속시킬 의도로 계약을 체결하였다는 등의 특별한 사정이 인정되지 아니하는 한, 그 명의신탁관계는 계약명의신탁에 해당한다고 보아야 함이 원칙이라고 한 사례.

참고로 대판 2022.4.28. 2019다300422: "계약명의자가 명의수탁자로 되어 있다 하더라도 계약당사자를 명의신탁자로 볼 수 있다면 이는 3자간 등기명의신탁이 된다. 따라서 계약명의자인 명의수탁자가 아니라 명의신탁자에게 계약에 따른 법률효과를 직접 귀속시킬 의도로 계약을 체결한 사정이 인정된다면 명의신탁자가 계약당사자이고, 이 경우의 명의신탁관계는 3자간 등기명의신탁으로 보아야 한다."

90) 이러한 경우에 명의수탁자들이 명의신탁부동산에 대하여 공유물분할을 하는 것은 명의신탁의 목적에 반하고 명의신탁자가 명의신탁을 한 취지에도 어긋나지만, 공유물분할을 하여 단독소유로 한 경우에, 그것은 대외적인 소유형태를 변경하는 것에 불과하므로 그 등기가 무효의 등기라고 할 수는 없다(대판 1987.2.24. 86다215, 86다카1071).

관계는 위 특정토지 전부에 그대로 존속한다."

㉯ 대판(전) 2019.6.20. 2013다218156의 다수의견은, 농지법상 처분명령을 회피하기 위한 목적으로 농지(甲)에 관하여 양자간 명의신탁약정이 체결되고 그에 따라 Y에게 소유권이전등기가 마쳐졌는데, X가 사망하여 그를 상속한 P가, Y가 사망함에 따라 상속을 원인으로 甲에 관한 소유권이전등기를 마친 Y를 상대로 진정명의회복을 원인으로 한 소유권이전등기절차의 이행을 구한 사안에서, 정당하게도 "부동산실명법 규정의 문언, 내용, 체계와 입법목적 등을 종합하면, 부동산실명법을 위반하여 무효인 명의신탁약정에 따라 명의수탁자 명의로 등기를 하였다는 이유만으로 그것이 당연히 불법원인급여에 해당한다고 단정할 수는 없다. 이 사건과 같이 농지법에 따른 제한을 회피하고자 명의신탁을 한 경우에도 마찬가지"라고 하여 종래의 입장을 유지하였다.91)

㉰ 법에 위반한 명의신탁에서 Y가 甲을 임의로 처분한 행위가 형사상 횡령죄로 처벌되지 않는다(양자간 명의신탁에 관한 대판(전) 2021.2.18. 2016도18761; 3자간 명의신탁에 관한 대판(전) 2016.5.19. 2014도6992). 다만 불법행위는 형사책임과 별개의 관점에서 검토되어야 하므로, Y가 甲을 자기 마음대로 처분하는 것은 불법행위에 해당하여 Y는 X에게 손해배상책임을 질 수 있다(양자간 명의신탁에 관한 대판 2021.6.3. 2016다34007; 3자간 명의산탁에 관한 대판 2022.6.9. 2020다208997).

2) 3자간 등기명의신탁

㉮ 대판 2022.9.29. 2022다228933: "이른바 3자간 등기명의신탁의 경우 명의신탁약정과 그에 기한 등기는 무효로 되고[부동산 실권리자명의 등기에 관한 법률(이하 '부동산실명법'이라 한다) 제4조 제1항, 제2항], 그 결과 명의신탁된 부동산은 매도인 소유로 복귀하므로 매도인은 명의수탁자에게 무효인 그 명의 등기의 말소를 구할 수 있게 된다. 한편 부동산실명법은 매도인과 명의신탁자 사이의 매매계약의 효력을 부정하는 규정을 두고 있지 아니하므로 매도인과 명의신탁자 사이의 매매계약은 여전히 유효하고, 명의신탁자는 매도인에 대하여 매매계약에 기한 소유권이전등기를 청구하거나 그 소유권이전등기청구권을 보전하기 위하여 매도인을 대위하여 명의수탁자에게 무효인 그 명의 등기의 말소를 구할 수 있다. 그러므로 이러한 지위에 있는 명의신탁자가 제3자와 사이에 부동산 처분에 관한 약정을 맺고 그 약정에 기

91) 법에 위반하여 Y에게 등기가 마쳐졌다는 사정만으로 당연히 불법원인급여에 해당한다고 보기는 어렵다는 이유로 X의 청구를 받아들인 원심을 긍인한 사례.

하여 명의수탁자에서 제3자 앞으로 마쳐준 소유권이전등기는 다른 특별한 사정이 없는 한 실체관계에 부합하는 등기로서 유효하다고 보아야 한다." 요컨대 Z는 — Y 명의의 등기에도 불구하고 — X에 대하여 여전히 소유권이전등기의무를 부담하는데, X는 Z를 대위하여 Y를 상대로 무효인 그 명의 등기의 말소를 구하고 아울러 Z를 상대로 소유권이전등기청구를 할 수 있다(대판 1999.9.17. 99다21738; 대판 2002. 11.22. 2002다11496).

㉯ Y가 甲을 처분하여 양수인이 유효하게 소유권을 취득한 경우에, X에 대한 재산권이전의무가 Z에게 책임 없는 사유로 인하여 불능으로 되는데, 스스로 Y 명의로 등기가 경료되게 한 X에게 책임 있는 사유로 이행불능으로 되었기에(대판 2002. 3.15. 2001다61654 참조), 위험부담에 관하여 제537조가 아니라 제538조 제1항 전문이 적용되어야 한다.

이때 X가 입은 손해는 Y와의 관계에서 전보되어야 하는데, 유예기간 경과 후의 처분 등에 관하여 대판 2011.9.8. 2009다49193·49209: "명의신탁자는 신탁부동산의 소유권을 이전받을 권리를 상실하는 손해를 입게 되는 반면, 명의수탁자는 신탁부동산의 처분대금이나 보상금을 취득하는 이익을 얻게 되므로, 명의수탁자는 명의신탁자에게 그 이익을 부당이득으로 반환할 의무가 있다."

나아가 대판(전) 2021.9.9. 2018다284233의 다수의견: "① 3자간 등기명의신탁에서 명의수탁자의 임의처분 또는 강제수용이나 공공용지 협의취득 등(이러한 소유명의 이전의 원인관계를 통틀어 이하에서는 '명의수탁자의 처분행위 등'이라 한다)을 원인으로 제3자 명의로 소유권이전등기가 마쳐진 경우, 특별한 사정이 없는 한 제3자는 유효하게 소유권을 취득한다[부동산 실권리자명의 등기에 관한 법률(이하 '부동산실명법'이라 한다) 제4조 제3항]. 그 결과 매도인의 명의신탁자에 대한 소유권이전등기의무는 이행불능이 되어 명의신탁자로서는 부동산의 소유권을 이전받을 수 없게 되는 한편, 명의수탁자는 부동산의 처분대금이나 보상금 등을 취득하게 된다. 판례는, 명의수탁자가 그러한 처분대금이나 보상금 등의 이익을 명의신탁자에게 부당이득으로 반환할 의무를 부담한다고 보고 있다. 이러한 판례는 타당하므로 그대로 유지되어야 한다. [···] ② 명의수탁자가 부동산에 관하여 제3자에게 근저당권을 설정하여 준 경우에도 부동산의 소유권이 제3자에게 이전된 경우와 마찬가지로 보아야 한다. 명의수탁자가 제3자에게 부동산에 관하여 근저당권을 설정하여 준 경우에 제3자는 부동산실명법 제4조 제3항에 따라 유효하게 근저당권을 취득한다. 이 경우 매도인의 부동산에 관한 소유권이전등기의무가 이행불능된 것은 아니므로, 명의신탁자는 여전히 매도인을 대위하여 명의수탁자의 부동산에 관한 진정명의 회복을 원인으로 한 소유권이전등기 등을 통하여 매도인으로부터 소유권을 이전받을 수 있지만, 그 소유권은 명의수탁자가 설정한 근저당권이 유효하게 남아 있는 상태의 것이다. 명의수탁자는 제3자에게 근저당권을 설정하여 줌으로써 피담보채무액 상당의 이익을 얻었고, 명의신탁자는 매도인을 매개로 하더라도 피담보채무액 만큼의 교환가치가 제한된 소유권만을 취득할 수밖에 없는 손해를 입은 한편, 매도인은 명의신탁자로부터 매매대금을 수령하여 매매계약의 목적을 달성하였으면서도 근저당권이 설정된 상태의 소유권을 이전하는 것에 대하여 손해배상책임을 부담하지 않으므로 실질적인 손실을 입지 않는다. 따라서 3자간 등기명의신탁에서 명의수탁자가 부동산에 관하여 제3자에게 근저당권을 설정한 경우 명의수탁자는 근저당권의 피담보채무액 상당의 이익을 얻었고 그로 인하여 명의신탁자에게 그에 상응하는 손해를 입혔으므로, 명의수탁자는 명의신탁자에게 이를 부당이득으로 반환할 의무를 부담한다."(원문자는 필자)

㈐ 유예기간 경과에 따른 법률관계를 본다.

㉠ 유예기간의 경과로 명의신탁약정과 그에 기한 등기가 무효로 되더라도, X와 Z 사이의 매매계약은 여전히 유효하므로 X는 Z에 대하여 그 계약에 기한 소유권이전등기를 청구할 수 있는데, X가 甲을 인도받아 점유하는 경우에 Z에 대한 소유권이전등기청구권은 소멸시효가 진행되지 않는다(대판 2013.12.12. 2013다26647). 그리고 소유권이전등기청구권을 보전하기 위하여 매도인을 대위하여 명의수탁자에게 무효인 명의등기의 말소를 구할 수 있다(앞의 2009다49193·49209 판결). 다만 Y가 자의로 X에게 소유권이전등기를 경료하면, 그 등기는 실체관계에 부합하는 등기여서 X가 甲의 소유권을 취득하는데(대판 2004.6.25. 2004다6764), 이 등기에 의하여 Z의 X에 대한 재산권이전의무도 이행된 것으로 다루어진다.

㉡ 대판 2008.11.27. 2008다55290·55306: "이른바 3자간 등기명의신탁의 경우 부동산 실권리자명의 등기에 관한 법률에서 정한 유예기간 경과에 의하여 그 명의신탁약정과 그에 의한 등기가 무효로 되더라도 명의신탁자는 매도인에 대하여 매매계약에 기한 소유권이전등기청구권을 보유하고 있어 그 유예기간의 경과로 그 등기명의를 보유하지 못하는 손해를 입었다고 볼 수 없다. 또한 명의신탁부동산의 소유권이 매도인에게 복귀한 마당에 명의신탁자가 무효인 등기의 명의인인 명의수

탁자를 상대로 그 이전등기를 구할 수도 없다. 결국 3자간 등기명의신탁에 있어서 명의신탁자는 명의수탁자를 상대로 부당이득반환을 원인으로 한 소유권이전등기를 구할 수 없다." 다만 유예기간 경과 후 Y가 甲을 임의로 처분하거나 수용 등을 원인으로 제3취득자 명의로 이전등기가 마쳐진 경우에 Z의 X에 대한 소유권이전등기의무는 이행불능으로 되고, Y는 X에게 甲의 처분대금이나 보상금을 부당이득으로 반환해야 한다(앞의 2009다49193·49209 판결).

㉢ 대판 2010.2.11. 2008다16899: "부동산소유자가 그 소유하는 부동산의 전부 또는 일부지분에 관하여 제3자(명의신탁자)를 위하여 '대외적으로만' 보유하는 관계에 관한 약정(명의신탁약정)을 하는 경우에도 '부동산 실권리자명의 등기에 관한 법률'에서 정하는 명의신탁관계가 성립할 수 있[고, 유예기간의 경과로] 위 명의신탁약정이 무효로 됨에 따라 명의수탁자가 당해 부동산에 관한 완전한 소유권을 취득하게 된 경우, 위 유예기간이 경과하기 전까지는 명의수탁자는 명의신탁약정에 따라 당해 부동산에 관한 소유명의를 취득한 것으로서 명의신탁자는 언제라도 명의신탁약정을 해지하고 당해 부동산에 관한 소유권을 취득할 수 있었다고 할 것이므로, 명의수탁자는 위 법 시행에 따라 당해 부동산에 관한 완전한 소유권을 취득함으로써 당해 부동산 자체를 부당이득하였다고 보아야 하고, 위 법 제3조 및 제4조가 명의신탁자에게 소유권이 귀속되는 것을 막는 취지의 규정은 아니므로 명의수탁자는 명의신탁자에게 자신이 취득한 당해 부동산을 부당이득으로 반환할 의무가 있다."[92]

㉣ 대결 1997.5.1. 97마384는, 유예기간 내에 실명등기를 하지 않은 경우에, 유예기간 경과 후 명의신탁 해지를 원인으로 한 X의 소유권이전등기신청은 부적법하여 각하되어야 한다고 했다. 참고로 양자간 등기명의신탁에서라면 유예기간 경과 후라도 여전히 소유자인 X는 Y 명의 등기의 말소를 구할 수 있다(대판 2002.9.6. 2002다35157).

㉤ 그 밖에 명의신탁약정에 기하여 마쳐진, X의 Y에 대한 소유권이전등기청구권을 보전하기 위한 가등기는 원인무효이고, 한편 X가 명의신탁약정과는 별개의 적

92) 나아가 "피상속인 사망 후 공동상속인 중 1인이 다른 공동상속인에게 자신의 상속지분을 중간생략등기방식으로 명의신탁하였다가 그 명의신탁이 '부동산 실권리자명의 등기에 관한 법률'이 정한 유예기간의 도과로 무효가 되었음을 이유로 명의수탁자를 상대로 상속지분의 반환을 구하는 경우, 그러한 청구는 명의신탁이 유예기간의 도과로 무효로 되었음을 원인으로 하여 소유권의 귀속을 주장하는 것일 뿐 상속으로 인한 재산권의 귀속을 주장하는 것이라고 볼 수 없고, 나아가 명의수탁자로 주장된 피고를 두고 진정상속인의 상속권을 침해하고 있는 참칭상속인이라고 할 수도 없으므로, 위와 같은 청구가 상속회복청구에 해당한다고 할 수 없다."

법한 원인에 기하여 Y에 대하여 소유권이전등기청구권을 가지더라도 이를 보전하기 위하여 X 명의가 아닌 제3자(D) 명의로 가등기를 마친 경우에 위 가등기는 X와 D 사이의 명의신탁약정에 기한 것으로 약정의 무효로 말미암아 효력이 없다고 한 대판 2015.2.26. 2014다63315도 참조.

3) 계약명의신탁

㉮ 甲에 관한 Y에게로의 물권변동이, Z가 계약명의신탁약정의 존재를 알았다면 무효인 반면 몰랐다면 유효한데, Z가 알았는지 여부는 계약체결시를 기준으로 판단한다(대판 2018.4.10. 2017다257715).

㉯ 계약명의신탁약정의 존재에 대하여 Z가 선의인 경우에, Y는 甲에 관한 완전한 소유권을 취득하는데, 이때 X는 Z에 대하여 아무런 청구도 하지 못하고, Y를 상대로 부당이득으로서 매매대금의 반환을 청구할 수 있을 뿐이다. 즉 대판 2005.1.28. 2002다66922: "명의신탁자와 명의수탁자 사이의 명의신탁약정의 무효에도 불구하고 그 명의수탁자는 당해 부동산의 완전한 소유권을 취득하게 되고, 다만 명의수탁자는 명의신탁자에 대하여 부당이득반환의무를 부담하게 될 뿐이라 할 것인데, 그 계약명의신탁약정이 부동산 실권리자명의 등기에 관한 법률 시행 후인 경우에는 명의신탁자는 애초부터 당해 부동산의 소유권을 취득할 수 없었으므로 위 명의신탁약정의 무효로 인하여 명의신탁자가 입은 손해는 당해 부동산 자체가 아니라 명의수탁자에게 제공한 매수자금이라 할 것이고, 따라서 명의수탁자는 당해 부동산 자체가 아니라 명의신탁자로부터 제공받은 매수자금을 부당이득하였다."[93] 그런데 Y가 X와 매수자금반환의무의 이행에 갈음하여 甲을 양도하기로 합의하고 그에 기하여 X 앞으로 소유권이전등기를 마쳐준 경우에, 그 등기는 대물변제로서 유효하다(대판 2014.8.20. 2014다30483).

한편 「부동산실명법 시행 전」이라면 Y가 甲의 소유권을 취득하지만, 유효한 명의신탁약정에 포함된 위임법리에 따라 취득물 인도의무를 지고, 법 제3조와 제4조가 명의신탁자에게 소유권이 귀속되는 것을 막는 취지의 규정은 아니므로, X는 Y를 상대로 甲의 소유권을 부당이득으로 반환청구할 수 있다(대판 2002.12.26. 2000다21123).[94] 다만 법 시행 전의 명의신탁이라도 X가 소유권을 취득할 수 없었다면 甲

93) 원인무효의 등기를 신뢰한 제3자의 손해에 관한 (〈7-3-6〉에 소개된) 대판(전) 1992.6.23. 91다33070에 비견된다. 관련하여 甲의 매매대금 상당액 외에 X가 Y에게 지급한 취득세, 등록세 등의 취득비용도 반환범위에 포함된다는 대판 2010.10.14. 2007다90432도 참조.

94) 법 시행 전의 계약명의신탁에 관하여, 장차 甲의 처분대가를 X에게 지급하기로 하는 정산약

의 소유권을 부당이득으로 반환청구할 수 없다. 유예기간이 경과하기까지 X 명의로 소유권이전등기를 함에 법률상 장애사유가 있었던 경우에 관한 대판 2008.5.15. 2007다74690 참조.

㉰ 반면 Z가 악의인 경우에, Y 명의의 등기는 그 효력을 상실하여 甲의 소유권은 Z에게 복귀하는데, 원인계약 자체가 무효이므로 3자간의 등기명의신탁과 달리 Z는 계약상의 의무를 지지 않는다. 이 경우 Y가 甲을 제3자에게 처분하면 Z의 소유권 침해행위로서 불법행위가 성립하지만, Z가 이미 Y로부터 매매대금을 수령했다면, Y의 처분행위가 유효하게 확정되더라도 Z로서는 매매대금 반환채무의 이행을 거절할 수 있어서 특별한 사정이 없는 한 그 처분행위로 인하여 어떠한 손해도 입지 않는다(대판 2013.9.12. 2010다95185).

4) 제3자의 보호

㉮ 법 제4조 제3항의 제3자는, Y로부터 물권을 설정받거나 이전받은 이나 甲에 대한 가등기권리자, (가)압류채권자와 같이 명의신탁약정의 당사자나 포괄승계인 아닌 이로서 「명의수탁자가 물권자임을 기초로 그와의 사이에 직접 새로운 이해관계를 맺은 이」를 의미하는데, 제3자의 선의를 요하지 않는다(대판 2009.3.12. 2008다36022).[95]

㉯ 법 제4조 제3항 소정의 제3자에 해당하지 않는 이로부터의 「전득자」가 보호

정을 한 경우에, 그 후 법이 시행되었다거나 甲의 처분이 법 시행 후에 이루어졌더라도 그러한 사정만으로 위 정산약정까지 당연히 무효로 된다고 볼 수 없다(대판 2021.7.21. 2019다266751).

참고로 대판 2009.7.9. 2009다23313은, X가 甲의 회복을 위해 Y에 대하여 가지는 소유권이전등기청구권은 부당이득반환청구권으로서 10년의 기간이 경과함으로써 시효로 소멸하는데, X가 甲의 점유 및 사용 등 권리를 행사하고 있더라도 마찬가지라고 하였다.

95) Z가 악의여서 무효인 계약명의신탁에서 Y로부터 甲(주택)을 임차하여 주택임대차법 소정의 대항요건을 갖춘 임차인도 이에 속한다는 대판 2022.3.17. 2021다210720도 참조.

한편 대판 2004.8.30. 2002다48771은, X와 甲에 관한 물권을 취득하기 위한 계약을 맺고 단지 등기명의만을 Y로부터 경료받은 것 같은 외관을 갖춘 이는 여기의 제3자에 해당되지 않으므로, 이러한 이로서는 자신의 등기가 실체관계에 부합하여 유효라고 주장하는 것은 별론으로 하더라도 위 조항을 들어 무효인 명의신탁등기에 터 잡아 경료된 자신의 등기의 유효를 주장할 수는 없다고 하였다.

그리고 대판 2022.9.29. 2022다228933: "오로지 명의신탁자와 부동산에 관한 물권을 취득하기 위한 계약을 맺고 단지 등기명의만을 명의수탁자로부터 경료받은 것 같은 외관을 갖춘 자는 [법 제4조 제3항]의 제3자에 해당하지 아니하므로, 위 조항에 근거하여 무효인 명의신탁등기에 터 잡아 경료된 자신의 등기의 유효를 주장할 수는 없다. 그러나 이러한 자도 자신의 등기가 실체관계에 부합하는 등기로서 유효하다는 주장은 할 수 있다."

되는지에 관하여 대판 2005.11.10. 2005다34667·34674는, 등기부상 Y로부터 소유권이전등기를 이어받은 이의 등기가 무효인 이상 부동산등기에 관하여 공신력이 인정되지 않는 우리 법제 아래서는 그 무효인 등기에 기초하여 새로운 법률원인으로 이해관계를 맺은 이가 다시 등기를 이어받았다면 그 명의의 등기 역시 특별한 사정이 없는 한 무효임을 면할 수 없으므로, 이렇게 Y와 직접 이해관계를 맺은 것이 아니라 법 제4조 제3항에 정한 제3자가 아닌 이와 사이에서 무효인 등기를 기초로 다시 이해관계를 맺은 데 불과한 이는 위 조항이 규정하는 제3자에 해당하지 않는다고 하였는데, 검토를 요한다.96)

㈐ 대판 2013.2.28. 2010다89814: "양자간 등기명의신탁에서 명의수탁자가 신탁부동산을 처분하여 제3취득자가 유효하게 소유권을 취득하고 이로써 명의신탁자가 신탁부동산에 대한 소유권을 상실하였다면, 명의신탁자의 소유권에 기한 물권적 청구권, 즉 말소등기청구권이나 진정명의 회복을 원인으로 한 이전등기청구권도 더 이상 그 존재 자체가 인정되지 않는다. 그 후 명의수탁자가 우연히 신탁부동산의 소유권을 다시 취득하였다고 하더라도 명의신탁자가 신탁부동산의 소유권을 상실한 사실에는 변함이 없으므로, 여전히 물권적 청구권은 그 존재 자체가 인정되지 않는다."

5) 상호명의신탁

㉮ 구분소유적 공유의 법적 성질에 관하여, 판례는 공유자들이 각자의 배타적 사용·수익의 대상인 특정부분을 제외한 나머지 부분에 관한 등기를 「상호명의신탁」하는 것으로 본다(대판(전) 1980.12.9. 79다634). 따라서 각 구분소유자는 ㉠ 내부관계에서 특정부분에 한하여 소유권을 취득하여 이를 배타적으로 사용, 수익할 수 있고, 다른 구분소유자의 방해행위에 대하여 소유권에 터 잡아 그 배제를 구할 수 있으나, ㉡ 외부관계에서는 1필지 전체에 관하여 공유관계가 성립되고 공유자로서의 권리만 주장할 수 있으므로, 제3자의 방해행위에 대하여 자기의 구분소유부분뿐 아니라 전체토지에 대하여 공유물의 보존행위로서 그 배제를 구할 수 있다(대판 1994.2.8. 93다42986).

㉯ 공유물분할청구는 공유자의 일방이 그 공유지분권에 터 잡아서 하는 것이므

---

96) 관련하여 특별한 사정이 없는 한 명의신탁약정에 따라 형성된 외관을 토대로 다시 명의신탁이 이루어지는 등 연속된 명의신탁관계에서 최후의 명의수탁자가 물권자임을 기초로 그와 사이에 직접 새로운 이해관계를 맺은 이도 보호된다고 한 대판 2021.11.11. 2019다272725 참조.

로, 공유지분권을 주장하지 않고 목적물의 특정부분을 소유한다고 주장하는 이는 그 부분에 대하여 신탁적으로 지분등기를 가지는 이를 상대로 하여 그 특정부분에 대한 명의신탁 해지를 원인으로 한 지분이전등기절차의 이행을 구하면 되고, 이에 갈음하여 공유물분할청구를 할 수는 없다(대판 1996.2.23. 95다8430. 건물의 구분소유적 공유에 관한 대판 2010.5.27. 2006다84171도 동지).

㉰ 대판 2014.6.26. 2012다25944는, 1필의 토지 중 특정부분에 대한 구분소유적 공유관계를 표상하는 공유지분을 목적으로 하는 근저당권이 설정된 후 구분소유하는 특정부분별로 독립한 필지로 분할되고 나아가 구분소유자 상호간에 지분이전등기를 하는 등으로 구분소유적 공유관계가 해소되더라도 그 근저당권은 종전의 구분소유적 공유지분의 비율대로 분할된 토지들 전부의 위에 그대로 존속하고, 근저당권설정자의 단독소유로 분할된 토지에 당연히 집중되는 것은 아니라고 하였다.

7. 물권적 청구권

(1) 물권의 직접지배성을 관철하기 위하여 소유자에게 주어지는, 방해의 배제 또는 예방을 청구할 수 있는 강력한 구제수단이 물권적 청구권이다(제213조, 제214조).

(2) 물권적 청구권은 방해의 모습에 따라 반환청구권, 방해제거청구권 및 방해예방청구권으로 나뉜다.

〈8-5-20〉 물권적 청구권에 관한 판례

1) 물권적 청구의 당사자

㉮ 등기를 갖추지 않은 부동산매수인은 소유자가 아니므로 물권적 청구권을 행사할 수 없지만, 매도인의 물권적 청구권을 대위행사할 수 있다(대판 2007.6.15. 2007다11347).[97]

97) 미등기 무허가건물의 양수인은 소유권에 기한 방해제거청구를 할 수 없다고 한 대판 2016.7.29. 2016다214483·214490도 참조.

㈏ 공동소유의 경우를 본다.

㉠ 공유자도 물권적 청구권을 가지는데, 부동산의 공유자 중 한 사람은 공유물에 대한 보존행위로서 그 공유물에 관한 원인무효의 등기 전부의 말소를 구할 수 있고, 각 공유자에게 해당 지분별로 진정명의 회복을 원인으로 한 소유권이전등기를 이행할 것을 단독으로 청구할 수 있다(대판 2005.9.29. 2003다40651).[98]

㉡ 합유자도 제272조 단서에 따라 각자 보존행위로 합유물의 반환을 청구할 수 있다(대판 1997.9.9. 96다16896).

㉢ 반면 총유에서 비법인사단의 구성원 각자는 보존행위로 반환청구를 할 수 없음에 관하여 〈1－4－13〉 참조.

㈐ 소유권을 상실한 前소유자는 소유권에 기한 물권적 청구권을 행사할 수 없지만, 저당권설정계약의 당사자로서 「채권적」인 말소청구권을 가질 수 있음에 관하여 (<8－1－2>에 소개된) 대판(전) 1994.1.25. 93다16338 참조.

㈑ 판례는 공동점유자도 지분의 범위 내에서 소유물반환의무를 부담하므로 반드시 그들 전원을 상대로 반환청구(방해제거청구의 경우에도 같다)를 해야 하는 것은 아니라고 한다.[99] 다만 그 집행을 위해서는 지분의 합이 「1」이 되어야 한다.

㈒ 건물점유를 통하여 대지를 점유하는 경우에 <u>건물철거청구의 상대방은 대지인도청구의 상대방과 분리될 수 없는데</u>, 건물의 철거는 건물을 멸실시키는 처분행위이므로, 그 청구의 상대방은 그 건물을 철거할 수 있는 권능, 즉 처분권을 가져야 한다(대판 1993.1.26. 92다48963). 다만 미등기건물이 양도된 경우에 판례는 그 양수인이 「법률상 또는 사실상 처분할 수 있는 지위」에 있다고 하여 그에 대한 건물철거 및 토지의 인도청구를 인정함에 관하여 〈8－3－2〉 참조.

㈓ 타인의 토지 위에 건물을 무단으로 신축한 이가 건물을 다른 이에게 임대한 경우에, 건물철거의 전제로서 건물점유를 제거하기 위하여 임차인에게 「퇴거」를 구해야 하는데(대판 1967.11.28. 67다2155), 「건물」임차권이 대항력을 가지더라도 이를 「토지」소유자에게 대항할 수는 없다(대판 2010.8.19. 2010다43801).[100]

---

98) 이른바 소수지분권자가 공유물을 독점적으로 점유·용익하는 경우에 다른 소수지분권자가 보존행위로 공유물의 인도를 청구하지 못함에 관하여 (〈8－5－13〉에 소개된) 대판(전) 2020.5.21. 2018다287522 참조.

99) 타인 소유의 토지 위에 설치된 공작물을 철거할 의무가 있는 수인을 상대로 그 공작물의 철거를 청구하는 소송은 필요적 공동소송이 아니라고 한 대판 1993.2.23. 92다49218 참조.

100) 반면 대판 2022.6.30. 2021다276256: “건물소유자가 건물의 소유를 통하여 타인 소유의 토지를 점유하고 있다고 하더라도 토지소유자로서는 건물의 철거와 대지부분의 인도를 청구할

㉳ 그 밖에 반사회적 법률행위를 원인으로 하여 부동산에 관한 소유권이전등기를 마쳤더라도 그 등기는 원인무효로서 말소될 운명에 있으므로 등기명의자가 소유권에 기한 물권적 청구권을 행사하는 경우에 권리행사의 상대방은 법률행위의 무효를 항변으로서 주장할 수 있다고 한 대판 2016.3.24. 2015다11281도 참조.

2) 반환청구

㉮ 매도인의 물권적 청구권에 대하여 제568조의 재산권이전청구권도 "점유할 권리"에 해당하고(대판 2001.12.11. 2001다45355), 명의신탁자로부터의 임차인(대판 1995.10.12. 95다22283) 또는 법정지상권의 미등기양수인(대판(전) 1985.4.9. 84다카1131·1132) 등도 반환청구를 거부할 수 있다.

㉯ 대판 2014.4.10. 2010다84932는, A 소유의 점포를 B가 점유하는 상황에서 A가 점포 인도를 구하는 것과 별도로 B를 상대로 점포에 대한 유치권 부존재확인을 구하는 것은 확인의 이익이 없어 부적법하다고 했다.

3) 방해제거청구에서 방해는 현재(사실심의 변론종결시) 계속되고 있어야 한다. 즉 대판 2003.3.28. 2003다5917: "소유권에 기한 방해배제청구권에 있어서 '방해'라 함은 현재에도 지속되고 있는 침해를 의미하고, 법익침해가 과거에 일어나서 이미 종결된 경우에 해당하는 '손해'의 개념과는 다르다 할 것이어서, 소유권에 기한 방해배제청구권은 방해결과의 제거를 내용으로 하는 것이 되어서는 아니 되며(이는 손해배상의 영역에 해당한다 할 것이다) 현재 계속되고 있는 방해의 원인을 제거하는 것을 내용으로 한다."[101]

4) 상속회복청구권과의 관계에 관하여 〈8-1-3〉 참조.

---

(3) 소유물 반환에 따른 후속의 법률관계를 제201조 내지 제203조가 규정한다: 「점유자와 회복자의 관계」.

① 점유자와 회복자 사이에 계약관계 등 적법한 법률관계가 있는 경우에 그에

수 있을 뿐, 자기 소유의 건물을 점유하고 있는 사람에 대하여 건물에서 퇴거할 것을 청구할 수 없다. 이러한 법리는 건물이 공유관계에 있는 경우에 건물의 공유자에 대해서도 마찬가지로 적용된다."

101) 쓰레기 매립으로 조성한 토지에 소유자가 매립에 동의하지 않은 쓰레기가 매립되어 있더라도 이는 과거의 위법한 매립공사로 인하여 생긴 결과로서 소유권자가 입은 손해에 해당할 뿐, 그 쓰레기가 현재 소유권에 대하여 별도의 침해를 지속하고 있다고 볼 수 없다는 이유로 소유권에 기한 방해배제청구권을 행사할 수 없다고 한 사례.

따라 법률관계가 정리되어야 하는 반면, 소유자가 본권(점유할 권리) 없이 물건을 점유하는 이를 상대로 소유물반환을 구하는 경우에 — 선의취득에 갈음하여 — 선의의 점유자를 부분적/한시적으로 보호하기 위한 특칙이 제201조 내지 제203조이다.

② 선의「수익」자의 반환범위에 관한 제748조 제1항에 대한 특칙으로 제201조 제2항이 선의「점유」자의 과실취득권을 인정하는데, 앞서 본 취지에 따라 과실수취권을 가지는 선의점유자의 범위가 제한된다(목적론적 축소). 즉 타인의 소유물을 점유할 수 있는, 과실수취권을 포함하는 본권이 있다고 오신(誤信)해야 하고, 나아가 오신할 만한 정당한 근거가 있어야 한다(대판 2000.3.10. 99다63350).

③ 제202조는 「선의의 자주점유자」의 손해배상범위에 관한 제750조의 특칙이다.

④ 제203조는 점유자의 선·악의 또는 소유의 의사 유무를 구별하지 않는 특별한 부당이득반환청구권을 규정한다.

〈8-5-21〉 점유자와 회복자의 관계에 관한 판례

1) 매매계약의 이행으로 동산을 인도했는데 계약이 취소된 경우에, 판례(대판 1993.5.14. 92다45025; 대판 2003.11.14. 2001다61869 등)는 매도인이 점유에 대한 부당이득의 반환뿐만 아니라 소유물반환청구권도 행사할 수 있다고 하여 양자의 경합을 인정하는데, 이에 반대하는 견해가 유력하다.

2) 대판 2003.7.25. 2001다64752: "민법 제203조 제2항에 의한 점유자의 회복자에 대한 유익비상환청구권은 점유자가 계약관계 등 적법하게 점유할 권리를 가지지 않아 소유자의 소유물반환청구에 응하여야 할 의무가 있는 경우에 성립되는 것으로서, 이 경우 점유자는 그 비용을 지출할 당시의 소유자가 누구이었는지 관계없이 점유회복 당시의 소유자 즉 회복자에 대하여 비용상환청구권을 행사할 수 있는 것이나, <u>점유자가 유익비를 지출할 당시 계약관계 등 적법한 점유의 권원을 가진 경우에 그 지출비용의 상환에 관하여는 그 계약관계를 규율하는 법조항이나 법리 등이 적용되는 것</u>이어서, 점유자는 그 계약관계 등의 상대방에 대하여 해당 법조항이나 법리에 따른 비용상환청구권을 행사할 수 있을 뿐 계약관계 등의 상대방이 아닌 점유회복 당시의 소유자에 대하여 민법 제203조 제2항에 따른 지출비용의 상환

을 구할 수는 없다." 대판 2014.3.27. 2011다101209는 같은 판시를 하면서도 "사용대차에 있어서 차주의 유익비상환청구에는 민법 제203조의 규정이 적용된다."고 하였는데, 제611조 제2항과 제594조 제2항을 거쳐 제203조로 돌아온 것으로, 이해해야 한다.102)

이러한 법리는 제201조나 제202조에도 적용되어야 한다.

3) 선의점유자의 과실수취권

㉮ 과실취득권이 인정되는 범위에서 점유자의 회복자에 대한 부당이득은 성립하지 않는다(대판 1978.5.23. 77다2169). 그리고 건물을 사용함으로써 얻는 이득은 그 건물의 과실에 준하는 것이므로, 선의의 점유자는 비록 법률상 원인 없이 타인의 건물을 점유·사용하고 이로 말미암아 그에게 손해를 입혔더라도 그 점유·사용으로 인한 이득을 반환할 의무를 지지 않는다(대판 1996.1.26. 95다44290).

㉯ 판례는 계약해제의 경우에 부당이득반환에 관한 특칙인 제548조를 근거로 제201조 제1항의 적용을 부정한다(대판 1998.12.23. 98다43175). 반면 매매계약이 무효이거나 취소된 경우에 선의의 매수인에 대하여 제201조 제1항의 적용을 긍정한다(대판 1993.5.14. 92다45025. 〈6-1-1〉 참조).

4) 악의점유자의 과실반환

㉮ 악의의제에 관하여 〈8-2-3〉 참조.103)

㉯ 판례는 악의점유자의 반환범위가 제748조 제2항에 따라 정해진다는 입장이다. 즉 한국전력공사가 권원 없이 타인 소유 토지의 상공에 송전선을 설치함으로써 토지를 사용·수익한 경우에 관하여 대판 2003.11.14. 2001다61869는 "악의수익자가 반환하여야 할 범위는 민법 제748조 제2항에 따라 정하여지는 결과 그는 받은 이익에 이자를 붙여 반환하여야 하며, 위 이자의 이행지체로 인한 지연손해금도 지급하여야 한다"고 하고,104) 제201조 제2항과 제748조 제2항의 관계에 관하여 "악의점유자는 과실을 반환하여야 한다고만 규정한 민법 제201조 제2항이, 민법 제748조 제2항에 의한 악의수익자의 이자지급의무까지 배제하는 취지는 아니기 때문

102) 사용차주에게 부속물수거권이 인정되지만(대판 1990.1.23. 89다카21095 참조), 부속물매추청구권이 인정되지 않는다.

103) 선의수유자의 과실수취권이 인정되지만, 유류분반환청구의 소가 확정되면 그때부터 악의로 의제되어 과실 및 사용이익의 반환책임이 인정된다는 대판 2013.3.14. 2010다42624·42631도 참조.

104) 구분지상권에 상응하는 임료 상당의 부당이득금에 대하여 점유일 이후의 법정이자 및 그 이자에 대한 지연손해금을 인정하였다.

에, 악의수익자의 부당이득금반환범위에 있어서 민법 제201조 제2항이 민법 제748조 제2항의 특칙이라거나 우선적으로 적용되는 관계를 이루는 것은 아니"라고 하였다(〈7-5-9〉도 참조).

5) 비용상환청구권

㉮ 유효한 도급계약에 기하여 수급인이 도급인으로부터 제3자 소유 물건의 점유를 이전받아 이를 수리한 결과 그 물건의 가치가 증가한 경우에, 도급인이 그 물건을 간접점유하면서 궁극적으로 자신의 계산으로 비용지출과정을 관리한 것이므로, 도급인만이 소유자에 대한 관계에서 제203조에 의한 비용상환청구권을 행사할 수 있는 비용지출자이고, 수급인은 그러한 비용지출자에 해당하지 않는다(대판 2002.8.23. 99다66564·66571).

㉯ 비용지출 후 소유권이 양도된 경우에 현재의 소유자가 비용상환의무를 진다(대판 2003.7.25. 2001다64752).

㉰ 유익비의 상환범위는 '점유자가 유익비로 지출한 금액'과 '현존하는 증가액' 중에서 회복자가 선택하는 것으로 정해지는데, 실제 지출금액 및 현존 증가액에 관한 증명책임은 모두 유익비의 상환을 구하는 점유자에게 있다(대판 2018.6.15. 2018다206707).

㉱ 대판 2011.12.13. 2009다5162: "물건의 점유자는 소유의 의사로 선의, 평온 및 공연하게 점유한 것으로 추정되고 점유자가 점유물에 대하여 행사하는 권리는 적법하게 보유하는 것으로 추정된다(민법 제197조 제1항, 제200조). 따라서 점유물에 대한 필요비와 유익비 상환청구권을 기초로 하는 유치권주장을 배척하려면 적어도 점유가 불법행위로 인하여 개시되었거나 점유자가 필요비와 유익비를 지출할 당시 점유권원이 없음을 알았거나 중대한 과실로 알지 못하였다고 인정할 만한 사유에 대한 상대방당사자의 주장·증명이 있어야 한다. […] 물건의 인도를 청구하는 소송에서 피고의 유치권 항변이 인용되는 경우에는 물건에 관하여 생긴 채권의 변제와 상환으로 물건의 인도를 명하여야 한다."

㉲ 대판 2021.4.29. 2018다261889: "민법 제203조 제1항 단서에서 말하는 '점유자가 과실을 취득한 경우'란 점유자가 선의의 점유자로서 민법 제201조 제1항에 따라 과실수취권을 보유하고 있는 경우를 뜻한다고 보아야 한다. 선의의 점유자는 과실을 수취하므로 물건의 용익과 밀접한 관련을 가지는 비용인 통상의 필요비를 스스로 부담하는 것이 타당하기 때문이다. 따라서 과실수취권이 없는 악의의 점유자

에 대해서는 위 단서규정이 적용되지 않는다."

㉳ 대판 2022.6.30. 2020다209815: "점유자가 점유물반환 이외의 원인으로 물건의 점유자지위를 잃어 소유자가 그를 상대로 물권적 청구권을 행사할 수 없게 되었다면, 그들은 더 이상 민법 제203조가 규율하는 점유자와 회복자의 관계에 있지 않으므로, 점유자는 위 조항을 근거로 비용상환청구권을 행사할 수 없고, 다만 비용지출이 사무관리에 해당할 경우 그 상환을 청구하거나(민법 제739조), 자기가 지출한 비용으로 물건소유자가 얻은 이득의 존재와 범위를 증명하여 반환청구권(민법 제741조)을 행사할 수 있을 뿐이다."105)

제6절 용익물권

1. 지상권

(1) 용익물권으로서 지상권(地上權)은 토지의 사용가치를 배타적·독점적으로 지배함을 내용으로 한다(제279조).

그런데 토지소유자와 지상권자의 합의에 기하여 지상권이 성립하기도 하지만, 실제로 빈번하게 문제되는 것은 「법정지상권」이다.

〈8-6-1〉 법정지상권 일반에 관한 판례

㉮ 법정지상권의 인정근거에 관하여, 대판 1999.11.23. 99다52602가 제366조 소정의 법정지상권을 인정하는 법의 취지는 저당물의 경매로 인하여 토지와 그 지상 건물이 각 다른 사람의 소유에 속하게 된 경우에 건물이 철거되는 것과 같은 사회

105) P가 D 종중 소유의 임야(甲)를 매수하여 소유권이전등기를 마친 후 공장용지로 개발하고 그 지상에 건물(乙)을 신축하였는데, P의 채권자의 신청으로 甲과 乙에 대하여 경매절차가 개시되었고, 다른 한편 甲에 관하여 P 앞으로 마쳐진 소유권이전등기는 위 매매가 총회 결의 없이 이루어졌음을 들어 말소됨에 따라 위 경매에서 乙만 매각되어 그 매수인이 乙의 부지인 甲을 현재 점유하고 있는 사안에서, P가 제203조 제2항에 기한 유익비상환청구로 甲을 공장용지로 개발하기 위하여 지출한 비용의 상환을 D에게 구할 수 없다고 한 사례.

경제적 손실을 방지하려는 공익상 이유에 있다고 하는 등 공익적 측면을 강조하기도 하지만, 특히 제366조와 관련하여 담보가치에 대한 저당권자의 예상(담보가치의 증가에 대한 기대 및/또는 감소에 대한 각오)도 함께 고려한다(특히 〈5－2－10〉에 소개된 대판(전) 2003.12.18. 98다43601 참조).

㉯ 건물이 증·개축된 경우에 「구 건물」을 기준으로 그 유지 또는 사용을 위하여 일반적으로 필요한 범위 내의 대지에 한하여 법정지상권이 인정된다(대판 1997.1.21. 96다40080).

㉰ 법정지상권의 취득에는 등기를 요하지 않으며, 토지가 양도된 경우에 법정지상권자는 등기 없이도 양수인에게 대항할 수 있다(대판(전) 1965.9.23. 65다1222).

㉱ 법정지상권이 붙은 건물이 양도된 경우에, 법정지상권에 관한 등기를 경료하지 않은 이상 건물의 소유권을 취득한 사실만으로 법정지상권을 취득하였다고 할 수 없다. 그런데

㉠ 경매에 의하여 건물의 소유권을 이전받은 매수인은 매수 후 건물을 철거한다는 등의 매각조건 하에서 경매되는 경우 등 특별한 사정이 없는 한 건물의 매수취득과 함께 위 지상권도 당연히 취득한다(대판 2014.12.24. 2012다73158).[106)]

㉡ 관습상 법정지상권이 붙은 건물의 소유자가 건물을 제3자에게 처분한 경우에, 특별한 사정이 없는 한 건물과 함께 법정지상권도 양도하기로 하는 채권적 계약이 있었다고 할 것이어서 양수인은 양도인을 대위하여 토지소유자 및 건물의 전소유자에 대하여 법정지상권의 설정등기 및 이전등기절차이행을 구할 수 있다(대판 1995.4.11. 94다39925).

나아가 건물양수인이 법정지상권의 등기 없이 토지소유자의 건물철거청구에 대항할 수 있는지에 관하여 대판(전) 1985.4.9. 84다카1131·1132의 다수의견: "법정지상권을 가진 건물소유자로부터 건물을 양수하면서 법정지상권까지 양도받기로 한 자는 채권자대위의 법리에 따라 前건물소유자 및 대지소유자에 대하여 차례로 지상권의 설정등기 및 이전등기절차이행을 구할 수 있다 할 것이므로 이러한 법정지상권을 취득할 지위에 있는 자에 대하여 대지소유자가 소유권에 기하여 건물철거를 구함은 지상권의 부담을 용인하고 그 설정등기절차를 이행할 의무 있는 자가

---

106) 이러한 법리는 사해행위의 수익자 또는 전득자가 건물의 소유자로서 법정지상권을 취득한 후 채무자와 수익자 사이에 행하여진 건물의 양도에 대한 채권자취소권의 행사에 따라 수익자와 전득자 명의의 소유권이전등기가 말소된 다음 경매절차에서 건물이 매각되는 경우에도 적용된다고 하였다.

그 권리자를 상대로 한 청구라 할 것이어서 신의성실의 원칙상 허용될 수 없다."[107] 관습상의 법정지상권에 관한 대판 1996.3.26. 95다45545·45552·45569도 동지. 다만 건물양수인이 그 대지를 점유·사용함으로 인하여 얻은 이득은 부당이득으로서 대지소유자에게 반환해야 한다(대판 1997.12.26. 96다34665).

㉮ 대판 2001.12.27. 2000다1976: 제366조 소정의 "법정지상권이 건물의 소유에 부속되는 종속적인 권리가 되는 것이 아니며 하나의 독립된 법률상의 물권으로서의 성격을 지니고 있는 것이기 때문에 건물의 소유자가 건물과 법정지상권 중 어느 하나만을 처분하는 것도 가능하다." 일반지상권에 관한 대판 2006.6.15. 2006다6126·6133도 동지.

⑵ 지상권의 효력을 개관한다.

① 지상권자의 토지사용권은 지상권의 본체적 효력이다.

② 지료(地料)는 지상권의 요소가 아니지만, 지료지급에 관한 약정이 있는 경우 또는 법정지상권에서는 지료지급의무가 생기고, 지료가 체납되면 토지소유자의 이익을 보호하기 위하여 지상권소멸청구권이 주어진다(제287조).

③ 지상권의 존속기간을 당사자들이 임의로 정할 수 있지만, 법은 지상권의 최단기간을 정하고(제280조), 지상권자에게 갱신청구권을 인정하는(제283조 제1항) 등 지상권이 장기간 존속하도록 한다.

④ 지상권이 소멸하면 지상권자는 토지를 원상으로 회복해야 하지만, 지상권자 또는 지상권설정자에게 지상물매수청구권이 인정되기도 한다(제283조 제2항, 제285조 제2항).

107) 'A가 그 소유의 대지에 건물을 신축하고 미등기인 상태로 대지에만 근저당권 설정 → Y가 위 대지와 건물을 매수하고 대지에 관해서만 이전등기 경료 → 위 근저당권이 실행되어 B가 대지를 경락받고 이를 양수한 X 명의로 이전등기 경료 → 경락 후 건물에 관하여 Y 명의로 대위에 의한 보존등기 경료 → X의 Y에 대한 건물철거 및 대지인도 청구의 본소와 Y의 X에 대한 지상권설정등기청구의 반소'의 사안에서, 본소청구를 기각하고 반소청구를 인용한 사례.

〈8-6-2〉 지상권의 효력에 관한 판례

1) 과실수취권 침해에 따른 손해배상청구권의 귀속과 관련하여 대판 1974.11.12. 74다1150: "무릇 토지소유권은 그 토지에 대한 지상권 설정이 있어도 이로 인하여 그 권리의 전부 또는 일부가 소멸하는 것도 아니고 단지 지상권의 범위에서 그 권리 행사가 제한되는 것에 불과하며, 일단 지상권이 소멸되면 토지소유권은 다시 자동적으로 완전한 제한 없는 권리로 회복되는 법리라 할 것이므로 소유자가 그 소유 토지에 대하여 지상권을 설정하여도 그 소유자는 그 토지를 불법으로 점유하는 자에게 대하여 방해배제를 구할 수 있는 물권적 청구권이 있다고 해석함이 상당하[지만,] 본건 대지에 대하여는 건물 소유를 목적으로 지상권이 설정되어 그것이 존속하는 한 원고는 그 대지소유자라 하여도 그 소유권 행사에 제한을 받아 그 대지를 사용 수익할 수 없는 법리라 할 것이어서 특별한 사정이 없는 한 원고는 임료 상당의 손해금을 청구할 수 없"다. 부당이득과 관련해서도 다를 바가 없다.

2) 지료체납으로 인한 소멸청구

㉮ 지료지급의 연체가 지상권 이전의 전후에 걸쳐 이루어진 경우에 新지상권자에 대한 연체기간이 2년이 되지 않는다면 토지소유자는 지상권소멸청구를 할 수 없다(대판 1996.4.26. 95다52864).

㉯ 대판 2014.8.28. 2012다102384: "지상권설정자가 지상권의 소멸을 청구하지 않고 있는 동안 지상권자로부터 연체된 지료의 일부를 지급받고 이를 이의 없이 수령하여 연체된 지료가 2년 미만으로 된 경우에는 지상권설정자는 종전에 지상권자가 2년분의 지료를 연체하였다는 사유를 들어 지상권자에게 지상권의 소멸을 청구할 수 없으며, 이러한 법리는 토지소유자와 법정지상권자 사이에서도 마찬가지"이다.

㉰ 지료를 지급하지 않은 것이 지상권자에게 책임 있는 사유로 인한 것이어야 하는데, 법정지상권에서 당사자 사이에 지료에 관한 협의가 있었다거나 법원에 의하여 지료가 결정되었다는 점에 대한 증명이 없다면 소멸청구가 인정되지 않는다(대판 2001.3.13. 99다17142).

참고로 법정지상권의 경우에 지료지급의무가 당연히 인정되는데, 지료를 확정하는 재판이 있기 전이라고 하여 지료의 지급을 소구할 수 없는 것은 아니고, 법원에서 상당한 지료를 결정할 것을 전제로 바로 그 급부를 구하는 청구를 할 수 있다(대판 2003.12.26. 2002다61934). 그리고 대판 1993.3.12. 92다44749: "법정지상권이 성립되고 지료액수가 판결에 의하여 정해진 경우 지상권자가 판결확정 후 지료의 청구를 받고도 책임 있는 사유로 상당한 기간 동안 지료의 지급을 지체한 때에는 지체된 지료가 판결확정의 전후에 걸쳐 2년분 이상일 경우에도 토지소유자는 민법 제287조에 의하여 지상권의 소멸을 청구할 수 있다."

3) 「구분지상권」에 관하여 대판 2001.5.29. 99다66410: "존속기간이 영구인 지상권을 인정할 실제의 필요성도 있고, 이러한 지상권을 인정한다고 하더라도 지상권의 제한이 없는 토지의 소유권을 회복할 방법이 있을 뿐만 아니라, 특히 구분지상권의 경우에는 존속기간이 영구라고 할지라도 대지의 소유권을 전면적으로 제한하지 아니한다는 점 등에 비추어 보면, 지상권의 존속기간을 영구로 약정하는 것도 허용된다."

4) 갱신청구의 2차적 효과로서 주어지는 지상권자의 지상물매수청구권이 인정되기 위해서는 지상권이 존속기간의 만료로 소멸했어야 하고,[108] 그 밖의 사유로 인한 소멸의 경우에 성질상 갱신이 논의될 여지가 없다. 지료체납의 경우에 매수청구권을 부정한 대판 1993.6.29. 93다10781 참조.

(3) 특수한 지상권으로 구분지상권과 분묘기지권 및 담보지상권도 있지만, 특히 중요한 것은 관습상의 법정지상권이다.

관습상의 법정지상권은, 토지와 그 지상 건물이 동일인의 소유에 속하는 동안 잠재적 상태에 머물던 대지이용관계가 그 후 소유자를 달리하게 된 경우에, 사회경제적 고려(건물의 철거를 피하려는)에 기하여 판례에 의하여 인정되는데, 매매 기타 계약에서 토지의 용익에 관한 합의가 있었던 경우와의 평가모순이 발생하는 등 문제점이 적지 않다.[109]

---

108) 대판 2023.4.27. 2022다306642: "민법 제283조 제2항에서 정한 지상물매수청구권은 지상권이 존속기간의 만료로 인하여 소멸하는 때에 지상권자에게 갱신청구권이 있어 갱신청구를 하였으나 지상권설정자가 계약갱신을 원하지 아니할 때 비로소 행사할 수 있는 권리이다. 한편 지상권갱신청구권의 행사는 지상권의 존속기간 만료 후 지체 없이 하여야 한다. 따라서 지상권의 존속기간 만료 후 지체 없이 행사하지 아니하여 지상권갱신청구권이 소멸한 경우에는, 지상권자의 적법한 갱신청구권의 행사와 지상권설정자의 갱신거절을 요건으로 하는 지상물매수청구권은 발생하지 않는다."

109) 그럼에도 불구하고 대판(전) 2022.7.21. 2017다236749의 다수의견: "동일인 소유이던 토지와

〈8-6-3〉 관습상의 법정지상권의 성립요건에 관한 판례

1) 토지와 그 지상 건물의 「동일인 소유」의 요건

㉮ 건물의 요건을 갖추고 있다면 미등기나 무허가의 건물을 위해서도 관습상의 법정지상권이 성립한다(대판 1991.8.13. 91다16631).

그런데 미등기건물이 대지와 함께 양도되었으나 대지에 관해서만 소유권이전등기가 마쳐진 경우에, 건물소유자를 위하여 관습상의 법정지상권이 성립하지 않고(대판(전) 2002.6.20. 2002다9660),[110] 원소유자로부터 대지와 그 지상 건물이 한 사람에게 매도되었으나 대지에 관해서만 소유권이전등기가 경료되고 건물의 소유명의가 매도인에게 남게 되어 형식적으로 대지와 건물이 그 소유명의자를 달리하게 된 경우에도 관습상의 법정지상권은 성립하지 않는다(대판 1998.4.24. 98다4798).[111]

㉯ 토지공유자 중 1인이 지분 과반수의 동의에 기하여 공유지에 건물을 신축한 후 경매를 통하여 공유지가 분할됨에 따라 토지와 건물의 소유자가 달라진 경우(대판 1993.4.13. 92다55756) 또는 토지공유자 중 1인이 공유토지 위에 건물을 소유하다가 그의 대지지분만 양도한 경우(대판 1988.9.27. 87다카140; 대판 1987.6.23. 86다카2188)에 관습상의 법정지상권의 성립이 부정된다.[112]

㉰ 강제경매의 목적이 된 토지 또는 그 지상 건물에 관한 압류(또는 그에 선행하는 가압류나 저당권 설정) 당시 동일인 소유요건이 충족되지 않았다면 매각대금 완납시에 그 요건이 충족되더라도 법정지상권을 인정해서는 안 된다.

㉠ 경매에서 「압류의 효력이 발생하는 때」를 기준으로 동일인 소유인지 여부를 판단한다는 입장을 분명히 한 대판(전) 2012.10.18. 2010다52140: "관습상 법정지상권이 성립하려면 토지와 그 지상 건물이 애초부터 원시적으로 동일인의 소유에 속하였을 필요는 없고, 그 소유권이 유효하게 변동될 당시에 동일인이 토지와 그 지상 건물이 매매 등으로 인하여 각각 소유자를 달리하게 되었을 때 그 건물 철거특약이 없는 한 건물소유자가 법정지상권을 취득한다는 관습법은 현재에도 그 법적 규범으로서의 효력을 여전히 유지하고 있다고 보아야 한다."

110) 토지소유자가 지상건물의 처분권까지 함께 취득하므로 관습상의 법정지상권을 인정할 필요가 없다.

111) 그 대지의 점유·사용문제는 매매계약당사자 사이의 계약에 따라 해결될 수 있기 때문이다.

112) 관습상 법정지상권의 성립을 인정한다면 다른 공유자의 지분에 대해서까지 지상권설정의 처분행위를 허용하는 셈이 되어 부당하기 때문이다.

구분소유적 공유관계에 있는 이가 자신의 특정소유가 아닌 부분에 건물을 신축한 경우에 관습상 법정지상권이 성립하지 않는다는 대판 1994.1.28. 93다49871도 참조.

지상 건물을 소유하였던 것으로 족[한데,] 강제경매의 목적이 된 토지 또는 그 지상건물의 소유권이 강제경매로 인하여 그 절차상의 매수인에게 이전된 경우에 건물의 소유를 위한 관습상 법정지상권이 성립하는가 하는 문제에 있어서는 그 매수인이 소유권을 취득하는 매각대금의 완납시가 아니라 그 압류의 효력이 발생하는 때를 기준으로 하여 토지와 그 지상건물이 동일인에 속하였는지 여부가 판단되어야 한다. 강제경매개시결정의 기입등기가 이루어져 압류의 효력이 발생한 후에 경매목적물의 소유권을 취득한 이른바 제3취득자는 그의 권리를 경매절차상의 매수인에게 대항하지 못하고, 나아가 그 명의로 경료된 소유권이전등기는 매수인이 인수하지 아니하는 부동산의 부담에 관한 기입에 해당하므로(민사집행법 제144조 제1항 제2호 참조) 그 매각대금이 완납되면 직권으로 그 말소가 촉탁되어야 하는 것이어서, 결국 매각대금 완납 당시 소유자가 누구인지는 이 문제맥락에서 별다른 의미를 가질 수 없다는 점 등을 고려하여 보면 더욱 그러하"다.[113]

㉡ 강제경매개시결정 전에 가압류가 있은 경우에, 그 가압류가 강제경매개시결정으로 인하여 본압류로 이행되어 가압류집행이 본집행에 포섭됨으로써 당초부터 본집행이 있었던 것과 같은 효력이 있고, 따라서 경매의 목적이 된 부동산에 대하여 가압류가 있고 그것이 본압류로 이행되어 경매절차가 진행되었다면, 「애초 가압류가 효력을 발생하는 때」를 기준으로 토지와 그 지상 건물이 동일인에 속하였는지를 판단해야 한다(앞의 2010다52140 판결).

㉢ 강제경매를 위한 압류나 그 압류에 선행한 가압류가 있기 전에 저당권이 설정되었다가 강제경매로 인하여 그 저당권이 소멸하는 경우에, 그 저당권 설정 이후의 특정시점을 기준으로 토지와 그 지상 건물이 동일인의 소유에 속하였는지에 따라 관습상 법정지상권의 성립 여부를 판단하면, 저당권자로서는 저당권 설정 당시를 기준으로 그 토지나 지상건물의 담보가치를 평가하였음에도 저당권 설정 이후에 토지나 그 지상건물의 소유자가 변경되었다는 외부의 우연한 사정으로 인하여 자신이 당초에 파악하고 있던 것보다 부당하게 높아지거나 떨어진 가치를 가진 담보를 취득하는, 예상하지 못한 이익을 얻거나 손해를 입게 되므로, 「그 저당권

113) 'A 소유의 토지(甲) 위에 건립되어 있던 건물(乙)에 관하여 B 명의의 보존등기 → 2003년 乙에 대한 가압류등기 그리고 2004년 가압류를 바탕으로 강제경매개시결정의 기입등기 → X가 甲을 매수하여 2005. 11. 30. 이전등기 → 경매절차 진행 중 X가 乙을 매수하여 2005. 12. 12. 이전등기 → 경매절차에서 乙이 Y에게 경락되어 2006년 X 명의의 등기가 말소되고 Y 명의로 이전등기 경료 → X가 Y를 상대로 건물철거 및 대지인도 청구'의 사안에서, 매각대금 완납시를 기준으로 동일인 소유의 요건을 따진 원심을 파기한 사례.

설정 당시」를 기준으로 토지와 그 지상건물이 동일인에게 속하였는지에 따라 관습상 법정지상권의 성립 여부를 판단해야 한다(대판 2013.4.11. 2009다62059).

㉱ 타인의 토지 위에 토지소유자의 승낙을 얻어 신축한 건물을 매수·취득한 경우에 관습상의 법정지상권이 인정되지 않는다(대판 1966.5.17. 66다504). 매매대금을 전부 지급하기 전에 매도인의 사용승낙을 기초로 건물을 신축한 후 매매계약이 적법하게 해제된 경우에도 마찬가지인데(대판 1988.6.28. 87다카2895),[114] 다만 건물양수인에 대한 토지매도인의 건물철거청구가 신의칙에 반하여 허용되지 않을 수는 있다(〈4-6-9〉에 소개된 대판 1993.7.27. 93다20986·20993 참조).

㉲ 토지와 그 지상 건물이 함께 양도되었다가 채권자취소권의 행사에 따라 그중 건물에 관해서만 양도가 취소되고 수익자와 전득자 명의의 소유권이전등기가 말소된 경우에, 채권자취소권의 행사로 인한 사해행위의 취소와 일탈재산의 원상회복은 채권자와 수익자 또는 전득자에 대한 관계에서만 효력이 발생할 뿐이고 채무자가 직접 권리를 취득하는 것이 아니므로(취소의 상대효: 〈5-1-11〉 참조), '동일인의 소유에 속하던 토지와 그 지상건물이 매매 등으로 인하여 소유자가 다르게 된 경우'에 해당하지 않는다(대판 2014.12.24. 2012다73158).

㉳ 그 밖에 나대지에 담보목적의 가등기가 경료되고 나서 대지소유자가 그 지상에 건물을 신축한 후 본등기가 경료되어 대지와 건물의 소유자가 달라진 경우에 관습상의 법정지상권이 성립하지 않는다고 한 대판 1994.11.22. 94다5458, 동일인에의 소유권 귀속이 원인무효임이 밝혀져 말소등기가 이루어짐으로써 건물과 토지의 소유자가 달라진 경우에 관습상의 법정지상권이 성립하지 않는다고 한 대판 1999.3.26. 98다64189도 참조.

2) 나머지 요건들

㉮ 동일인 소유에 속하던 토지와 건물이 법률상 규정된 것이 아닌 원인으로 소유자를 달리하게 되어야 하는데, 그러한 원인으로 매매(대판 1997.1.21. 96다40080)나 대물변제(대판 1992.4.10. 91다45356·45363) 외에도 공유물분할(대판 1967.11.14. 67다1105), 강제경매(앞의 2010다52140 판결) 등이 판례상 인정된다.

㉯ 대판 1999.12.10. 98다58467: "건물철거의 합의가 관습상의 법정지상권 발생의 소극적 요건이 되는 이유는 그러한 합의가 없을 때라야 토지와 건물의 소유자가

114) 토지를 매수하여 사실상 처분권한을 가지는 이가 그 지상에 건물을 신축한 후 그 건물이 강제경매되었더라도 관습상 법정지상권이 성립하지 않는다고 한 대판 1994.4.12. 93다56053도 참조.

달라진 후에도 건물소유자로 하여금 그 건물의 소유를 위하여 토지를 계속 사용케 하려는 묵시적 합의가 있는 것으로 볼 수 있다는 데 있고, […] 위에서 말하는 '묵시적 합의'라는 당사자의 추정의사는 건물의 소유를 위하여 '토지를 계속 사용한다'는 데 중점이 있는 의사라 할 것이므로, 건물철거의 합의에 위와 같은 묵시적 합의를 깨뜨리는 효력, 즉 관습상의 법정지상권의 발생을 배제하는 효력을 인정할 수 있기 위하여서는, 단지 형식적으로 건물을 철거한다는 내용만이 아니라 건물을 철거함으로써 토지의 계속 사용을 그만두고자 하는 당사자의 의사가 그 합의에 의하여 인정될 수 있어야 한다."[115]

그런데 건물철거에 대한 합의 등 특별한 사정에 대한 증명책임은 그러한 사정을 주장하는 이가 진다(대판 1988.9.27. 87다카279).

〈8-6-4〉 나머지 특수한 지상권에 관한 판례

1) 분묘기지권의 시효취득과 관련하여 대판(전) 2017.1.19. 2013다17292의 다수의견: "타인 소유의 토지에 분묘를 설치한 경우에 20년간 평온, 공연하게 분묘의 기지를 점유하면 지상권과 유사한 관습상의 물권인 분묘기지권을 시효로 취득한다는 점은 오랜 세월 동안 지속되어 온 관습 또는 관행으로서 법적 규범으로 승인되어 왔고, 이러한 법적 규범이 장사법(법률 제6158호) 시행일인 2001. 1. 13. 이전에 설치된 분묘에 관하여 현재까지 유지되고 있다고 보아야 한다."

2) 이른바 담보지상권

㉮ 저당권과 함께 담보지상권이 설정된 경우에, 제3자가 토지소유자로부터 신축 중인 지상건물에 관한 건축주명의를 변경받았더라도, 담보지상권자에게 대항할 수 있는 권원이 없는 한 지상권자로서는 제3자에 대하여 목적토지 위에 건물을 축조하는 것을 중지하도록 요구할 수 있다(대결 2004.3.29. 2003마1753).

그리고 대판 2008.1.17. 2006다586은, 금융기관이 대출금채권의 담보를 위하여 토지에 저당권과 함께 지료 없는 지상권을 설정하면서 채무자 등의 사용·수익권을

115) 토지와 건물의 소유자가 토지만 타인에게 증여한 후 구 건물을 철거하되 그 지상에 자신의 이름으로 건물을 다시 신축하기로 합의한 경우에, 그 건물철거의 합의는 건물소유자가 토지의 계속 사용을 그만두고자 하는 내용의 합의로 볼 수 없어 관습상의 법정지상권의 발생을 배제하는 효력이 인정되지 않는다고 한 사례.

배제하지 않은 경우에, 위 지상권은 근저당목적물의 담보가치를 확보하는 데 목적이 있으므로, 그 위에 도로개설·옹벽축조 등의 행위를 한 무단점유자에 대하여 「지상권」 자체의 침해를 이유로 한 임료 상당 손해배상을 구할 수 없다고 하였다.

㉯ 담보목적으로 전용된 담보지상권에서는 「부종성」이 인정된다. 즉 등기된 지상권의 목적이나 존속기간은 관계없이 저당권의 소멸(피담보채무의 변제뿐만 아니라 시효소멸의 경우도 포함하여)에 따라 당연히 소멸하는데(대판 2011.4.14. 2011다6342), 저당권이 실행된 경우에도 같다(대판 2014.7.24. 2012다97871·97888).

2. 전세권

(1) 1984년 민법개정에 따라 전세권자는 전세권이 소멸된 후 전세금반환채권의 만족을 위하여 목적물 전부에 대한 우선변제권을 가진다(제303조 제1항). 이를 근거로 학설과 판례는 용익물권인 전세권이 담보물권의 성질도 가진다고 한다.

(2) 전세권은 전세권설정자와 전세권자 사이의 전세권설정에 관한 물권적 합의와 등기(부동산등기법 제72조)에 의하여 설정된다.

(3) 전세권의 효력을 본다.

① 전세권자는 목적부동산의 용익권능을 배타적으로 지배하는데, 건물전세권에서 대지이용권과의 불가분성이 인정되고(제304조) 나아가 법정지상권도 성립할 수 있다(제305조).

② 전세권자는 전세권의 양도나 담보제공, 전전세 등을 통하여 투하자본을 회수할 수 있다(제306조).

③ 전세금은 보증금의 성질을 가진다(제315조 제2항. 보증금에 관하여 〈6-2-6〉 참조).

(4) 전세권이 소멸하면,

① 전세권자는 목적부동산을 전세권설정자에게 반환하고 전세권등기를 말소해야 한다.

② 전세권설정자는 전세금을 전세권자에게 반환해야 한다. 부동산소유자가 전세금의 반환을 지체한 경우에, 전세권자는 전세목적물의 경매를 청구할 수 있고(제318조), 목적물 "전부에 대하여 후순위권리자 기타 채권자보다 전세금의 우선변제

를 받을 권리"를 가진다(제303조 제1항 후단).

〈8-6-5〉 전세권에 관한 판례

1) 대판 2021.12.30. 2018다40235·40242: "전세권설정계약의 당사자가 전세권의 핵심인 사용·수익권능을 배제하고 채권담보만을 위해 전세권을 설정하였다면, 법률이 정하지 않은 새로운 내용의 전세권을 창설하는 것으로서 물권법정주의에 반하여 허용되지 않고 이러한 전세권설정등기는 무효라고 보아야 한다."

그리고 대판 2005.3.25. 2003다35659: "전세권설정등기를 마친 민법상의 전세권은 그 성질상 용익물권적 성격과 담보물권적 성격을 겸비한 것으로서, 전세권의 존속기간이 만료되면 전세권의 용익물권적 권능은 전세권설정등기의 말소 없이도 당연히 소멸하고 단지 전세금반환채권을 담보하는 담보물권적 권능의 범위 내에서 전세금의 반환시까지 그 전세권설정등기의 효력이 존속하고 있다 할 것인데, 이와 같이 존속기간의 경과로서 본래의 용익물권적 권능이 소멸하고 담보물권적 권능만 남은 전세권에 대해서도 그 피담보채권인 전세금반환채권과 함께 제3자에게 이를 양도할 수 있다 할 것이지만 이 경우에는 민법 제450조 제2항 소정의 확정일자 있는 증서에 의한 채권양도절차를 거치지 않는 한 위 전세금반환채권의 압류·전부채권자 등 제3자에게 위 전세보증금반환채권의 양도사실로써 대항할 수 없다."[116)]

2) 전세금

㉮ 대판 1995.2.10. 94다18508: "전세금의 지급은 전세권 성립의 요소가 되는 것이지만 그렇다고 하여 전세금의 지급이 반드시 현실적으로 수수되어야만 하는 것은 아니고 기존의 채권으로 전세금의 지급에 갈음할 수도 있다."[117)] 반면 목적부

116) 전세기간 만료 후 전세권양도계약 및 「전세권이전의 부기등기」(구 부동산등기법 제156조의 2)가 이루어진 것만으로 전세금반환채권의 양도에 관하여 확정일자 있는 통지나 승낙이 있었다고 볼 수 없어, 이로써 제3자인 전세금반환채권의 압류·전부채권자에게 대항할 수 없다고 하였다.

그런데 전세권이 양도되면 경매청구권과 우선변제권도 수반한다.

117) 다세대주택 건축공사 수급인이 공사대금을 받기 위하여 도급인 명의로 보존등기가 마쳐진 다세대주택 중 하나(甲)에 관하여 명의신탁에 의하여 Y 명의로 전세권설정등기를 마쳤는데 그 후 甲을 경락받아 소유권을 취득한 X가 전세권설정등기의 말소를 구한 사안에서, 전세권설정등기가 채권담보를 위한 것이라도 무효는 아니라고 하면서 X의 청구를 인용한 원심을

동산의 인도는 전세권의 성립요건이 아니다.

㈏ 대판 2008.3.13. 2006다29372·29389는, 전세금은 그 성격에 비추어 제315조에 정한 전세권설정자의 전세권자에 대한 손해배상채권 외 다른 채권까지 담보한다고 볼 수 없다고 하였다.[118]

3) 전세권의 효력

㈎ 전세권설정자가 건물의 존립을 위한 토지용익권을 가지지 못하여 그가 토지소유자의 건물철거 등 청구에 대항할 수 없다면, 전세권자가 제304조를 들어 토지소유자의 권리행사에 대항할 수 없음은 당연하다(대판 2010.8.19. 2010다43801).

그리고 대지이용권과의 불가분성 때문에 제304조 제2항이 제한하는 것은 포기, 기간단축약정 등 건물전세권자의 지위에 불이익을 미치는 전세권설정자의 임의적인 행위이고,[119] 지상권자의 지료체납에 따라 지상권설정자가 취득하는 지상권소

파기한 사례.

참고로 대판 2021.12.30. 2018다268538: "임대차계약에 따른 임대차보증금반환채권을 담보할 목적으로 임대인과 임차인 사이의 합의에 따라 임차인 명의로 전세권설정등기를 마친 경우, 그 전세금의 지급은 이미 지급한 임대차보증금으로 대신한 것이고, 장차 전세권자가 목적물을 사용·수익하는 것을 완전히 배제하는 것도 아니므로, 그 전세권설정등기는 유효하다. 이때 임대인과 임차인이 그와 같은 전세권설정등기를 마치기 위하여 전세권설정계약을 체결하여도, 임대차보증금은 임대차계약이 종료된 후 임차인이 목적물을 인도할 때까지 발생하는 차임 및 기타 임차인의 채무를 담보하는 것이므로, 임대인과 임차인이 위와 같이 임대차보증금반환채권을 담보할 목적으로 전세권을 설정하기 위하여 전세권설정계약을 체결하였다면, 임대차보증금에서 연체차임 등을 공제하고 남은 돈을 전세금으로 하는 것이 임대인과 임차인의 합치된 의사라고 볼 수 있다. 그러나 그 전세권설정계약은 외관상으로는 그 내용에 차임지급약정이 존재하지 않고 이에 따라 전세금이 연체차임으로 공제되지 않는 등 임대인과 임차인의 진의와 일치하지 않는 부분이 존재한다. 따라서 그러한 전세권설정계약은 위와 같이 임대차계약과 양립할 수 없는 범위에서 통정허위표시에 해당하여 무효라고 봄이 타당하다. 다만 그러한 전세권설정계약에 의하여 형성된 법률관계에 기초하여 새로이 법률상 이해관계를 가지게 된 제3자에 대하여는 그 제3자가 그와 같은 사정을 알고 있었던 경우에만 그 무효를 주장할 수 있다"(전세권저당권자가 저당권설정 당시 전세권설정등기가 임대차보증금반환채권을 담보할 목적으로 마쳐진 것임을 알고 있었다면, 제3채무자인 전세권설정자는 전세권저당권자에게 그 전세권설정계약이 임대차계약과 양립할 수 없는 범위에서 무효임을 주장할 수 있으므로, 그 임대차계약에 따른 연체차임 등의 공제주장으로 대항할 수 있다고 한 사례).

118) 이 판결은 전세권이 저당권의 목적이고 전세권저당권자가 물상대위권을 행사한 경우(전세권설정자가 전세권자에 대한 "그 밖의" 채권을 자동채권으로 하는 상계로 전세권저당권자에게 대항할 수 없다고 하였다)에 관한 것이어서 이를 일반화할 수 있는지 검토를 요한다.

119) 전세권자의 동의 없이 법정지상권을 취득할 지위를 소멸시킨 경우에 대지소유자의 퇴거 및 인도청구를 배척한 원심을 긍정한 대판 2007.8.24. 2006다14684 참조.

멸청구권의 행사로 인하여 지상권이 소멸되는 효과를 제한하려는 것은 아니다(앞의 2010다43801 판결).

㈏ 전세권에 저당권이 설정된 후 저당권의 목적인 전세권이 기간 만료로 소멸한 경우에, 전세권저당권자는 전세권의 목적물인 부동산의 소유자에게 더 이상 저당권을 주장할 수 없고, 전세권설정자는 전세금반환채권에 대한 제3자의 압류 등이 없는 한 전세권자에 대해서만 전세금반환의무를 부담한다(대판 1999.9.17. 98다31301).

이와 관련하여 전세권저당권자가 저당권의 목적물인 전세권에 갈음하여 존속하는 것으로 볼 수 있는 전세금반환채권에 대하여 압류 및 추심명령 또는 전부명령을 받거나 제3자가 전세금반환채권에 대하여 실시한 강제집행절차에서 배당요구를 하는 등의 방법으로 물상대위권을 행사할 수 있다는 대판 2014.10.27. 2013다91672[120]도 참조.

㈐ 전세권과 분리하여 전세금반환채권만을 양도할 수 있는지에 관하여 판례는, 전세금은 전세권과 분리될 수 없는 요소일 뿐 아니라 그 설정행위에서 금지하지 않은 한 전세권자는 전세권 자체를 처분하여 전세금으로 지출한 자본을 회수할 수 있도록 되어 있음을 들어, 전세권이 존속하는 동안 전세금반환채권만 분리하여 「확정적으로」 양도하는 것은 허용되지 않는다고 하면서도, "전세권 존속 중에는 장래에 그 전세권이 소멸하는 경우에 전세금반환채권이 발생하는 것을 조건으로 그 장래의 조건부 채권을 양도할 수 있"다고 하여 예외를 인정한다(대판 2002.8.23. 2001다69122).[121]

120) 이 판결에서 실질적 쟁점은, 전세권저당권자가 전세금반환채권에 대하여 물상대위권을 행사한 경우에 전세권설정자가 전세권자에 대한 반대채권으로 상계함으로써 전세권저당권자에게 대항할 수 있는지 여부였는데, 대법원은 우선변제권을 근거로 전세권설정자가 전세권저당권자에게 상계로써 대항할 수 없다고 하면서도 "전세권저당권이 설정된 때에 이미 전세권설정자가 전세권자에 대하여 반대채권을 가지고 있고 반대채권의 변제기가 장래 발생할 전세금반환채권의 변제기와 동시에 또는 그보다 먼저 도래하는 경우와 같이 전세권설정자에게 합리적 기대이익을 인정할 수 있는 경우"에 예외를 인정하였다.

한편 앞의 2018다268538 판결: "전세권저당권자가 물상대위권을 행사하여 전세금반환채권에 대하여 압류 및 추심명령 또는 전부명령을 받고 이에 기하여 추심금 또는 전부금을 청구하는 경우 제3채무자인 전세권설정자는 일반적 채권집행의 법리에 따라 압류 및 추심명령 또는 전부명령이 송달된 때를 기준으로 하여 그 이전에 채무자와 사이에 발생한 모든 항변사유로 압류채권자에게 대항할 수 있다. 다만 임대차계약에 따른 임대차보증금반환채권을 담보할 목적으로 유효한 전세권설정등기가 마쳐진 경우에는 전세권저당권자가 저당권 설정 당시 그 전세권설정등기가 임대차보증금반환채권을 담보할 목적으로 마쳐진 것임을 알고 있었다면, 제3채무자인 전세권설정자는 전세권저당권자에게 그 전세권설정계약이 임대차계약과 양립할 수 없는 범위에서 무효임을 주장할 수 있으므로, 그 임대차계약에 따른 연체차임 등의 공제주장으로 대항할 수 있다."

121) 전세권이 존속기간의 만료로 소멸한 경우나 전세계약의 합의해지 또는 당사자간의 특약에

4) 전세권관계의 청산

㉮ 목적부동산의 반환 및 전세권등기의 말소등기에 필요한 서류의 교부의무와 전세금반환의무는 동시이행의 관계에 서므로(제317조), 전세권자가 전세부동산을 인도하였더라도 전세권설정등기의 말소등기에 필요한 서류를 교부하거나 그 이행의 제공을 하지 않은 이상 전세권설정자는 전세금의 반환을 거부할 수 있어서 그가 전세금에 대한 이자 상당액의 이득을 법률상 원인 없이 얻는다고 볼 수 없다(대판 2002.2.5. 2001다62091).

㉯ 전세권이 양도된 경우에 양도인의 법적 지위를 총체적으로 인수하는(제307조 참조) 양수인이 각 반환의무의 당사자로 된다.

한편 대판 2000.6.9. 99다15122는, 전세목적물의 소유권이 이전된 경우에 민법이 전세권관계로부터 생기는 상환청구, 소멸청구, 갱신청구, 전세금증감청구, 원상회복, 매수청구 등의 법률관계의 당사자로 규정하는 전세권설정자 또는 소유자는 모두 목적물의 소유권을 취득한 新소유자로 새길 수밖에 없으므로, 전세권은 전세권자와 목적물의 소유권을 취득한 新소유자 사이에서 계속 동일한 내용으로 존속한다고 보아야 하고, 따라서 목적물의 新소유자는 舊소유자와 전세권자 사이에 성립한 전세권의 내용에 따른 권리의무의 직접적인 당사자가 되어 전세권이 소멸하면 전세권자에 대하여 전세권설정자의 지위에서 전세금반환의무를 부담하고, 舊소유자는 전세권설정자의 지위를 상실하여 전세금반환의무를 면하며, 전세권이 전세금채권을 담보하는 담보물권적 성질을 가지더라도 전세권은 전세금이 존재하지 않으면 독립하여 존재할 수 없는 용익물권으로서 전세금은 전세권과 분리될 수 없는 요소이므로 전세권관계로 생기는 위와 같은 법률관계가 新소유자에게 이전되었다고 보는 이상, 전세금채권관계만이 따로 분리되어 前소유자와 사이에 남아 있다고 할 수는 없고, 당연히 新소유자에게 이전되었다고 보았다(대판 2006.5.11. 2006다6072도 동지).

㉰ 판례는, 전세권이 부동산의 일부에 설정된 경우에, 전세권의 목적이 아닌 나머지 부분에 대하여 경매신청을 할 수 없다는 입장이다(대결 1992.3.10. 91마256·257).[122]

의하여 전세권반환채권의 처분에도 불구하고 전세권의 처분이 따르지 않는 경우 등 특별한 사정이 있으면 채권양수인은 담보물권이 없는 무담보의 채권을 양수한 것으로 본 대판 1997.11.25. 97다29790도 참조.

122) 전세권의 목적인 부분이 구조상 또는 이용상 독립성이 없어 독립한 소유권의 객체로 분할할 수 없고 따라서 그 부분만의 경매신청이 불가능하다고 하여 달리 볼 것은 아니라고 한 대결 2001.7.2. 2001마212도 참조.

3. 지역권

(1) 「사람과 물건」의 관계를 다루는 보통의 물권과 달리, 지역권(地役權)은 「물건과 물건」 사이에서 편익을 주고받는 관계를 대상으로 한다.

(2) 지역권의 설정으로 요역지의 이용가치가 증가되는 반면, 승역지의 이용이 제한된다.

〈8-6-6〉 지역권에 관한 판례

㉮ 대판 2015.3.20. 2012다17479: "도로 설치에 의한 사용을 근거로 영구적인 통행지역권이 인정되는 통행지역권의 취득시효에 관한 여러 사정들과 아울러 주위토지통행권과의 유사성 등을 종합하여 보면, 종전의 승역지사용이 무상으로 이루어졌다는 등의 다른 특별한 사정이 없다면 통행지역권을 취득시효한 경우에도 주위토지통행권의 경우와 마찬가지로 요역지소유자는 승역지에 대한 도로 설치 및 사용에 의하여 승역지소유자가 입은 손해를 보상하여야 한다고 해석함이 타당하다."

㉯ 토지의 불법점유자는 토지소유권의 상린관계로서 위요지통행권의 주장이나 통행지역권의 시효취득 주장을 할 수 없다(대판 1976.10.29. 76다1694).

사항색인

판례색인

저자 약력

지 원 림
서울대학교 법과대학 졸업
법학박사(서울대학교)
현재 고려대학교 법학전문대학원 명예교수, 인하대학교 법학전문대학원 초빙교수

주요 저서
민법강의 제20판
민법원론 제 3 판
민법연습(공저) 제 4 판
Contract Law in South Korea(공저)

제2판
민법판례

초판발행 2021년 3월 30일
제2판발행 2023년 12월 15일

지은이 지원림
펴낸이 안종만 · 안상준

편 집 사윤지
기획/마케팅 조성호
표지디자인 권아린
제 작 고철민 · 조영환

펴낸곳 (주) 박영사
서울특별시 금천구 가산디지털2로 53, 210호(가산동, 한라시그마밸리)
등록 1959. 3. 11. 제300-1959-1호(倫)
전 화 02)733-6771
f a x 02)736-4818
e-mail pys@pybook.co.kr
homepage www.pybook.co.kr
ISBN 979-11-303-4577-2 93360

정 가 38,000원